Kannengiesser

PHP 5

Matthias Kannengiesser

PHP 5

Das Praxisbuch

Mit 81 Abbildungen

FRANZIS

Bibliografische Information Der Deutschen Bibliothek

Die Deutsche Bibliothek verzeichnet diese Publikation in der Deutschen Nationalbibliografie;
detaillierte Daten sind im Internet über **http://dnb.ddb.de** abrufbar

Wichtiger Hinweis

Alle Angaben in diesem Buch wurden vom Autor mit größter Sorgfalt erarbeitet bzw.
zusammengestellt und unter Einschaltung wirksamer Kontrollmaßnahmen reprodu-
ziert. Trotzdem sind Fehler nicht ganz auszuschließen. Der Verlag und der Autor sehen
sich deshalb gezwungen, darauf hinzuweisen, daß sie weder eine Garantie noch die
juristische Verantwortung oder irgendeine Haftung für Folgen, die auf fehlerhafte Angaben zurückgehen, übernehmen können. Für die Mitteilung etwaiger Fehler sind
Verlag und Autor jederzeit dankbar.

Internet-Adressen oder Versionsnummern stellen den bei Redaktionsschluss verfügbaren Informationsstand dar. Verlag und Autor übernehmen keinerlei Verantwortung
oder Haftung für Veränderungen, die sich aus nicht von ihnen zu vertretenden Umständen ergeben.

Evtl. beigefügte oder zum Download angebotene Dateien und Informationen dienen
ausschließlich der nichtgewerblichen Nutzung. Eine gewerbliche Nutzung ist nur mit
Zustimmung des Lizenzinhabers möglich.

Satz: DTP-Satz A. Kugge, München
art & design: www.ideehoch2.de
Druck: Bercker, 47623 Kevelaer
Printed in Germany

Einleitung

PHP ist die treibende Kraft im Internet. Mehrere Millionen dynamische Webanwendungen basieren heutzutage auf einer PHP-Lösung. Auf Grund seiner vielfältigen Einsatzmöglichkeiten, seiner leicht verständlichen Syntax und der Unterstützung diverser Betriebssysteme und Webserver hat sich PHP zur idealen Skriptsprache entwickelt.

Einer der Gründe, wieso PHP so erfolgreich ist, ist dessen Ursprung als Hilfsmittel zur Verarbeitung von HTML-Formularen und zur dynamischen Erzeugung von Webseiten. PHP ist in der Lage, mit einer Vielzahl von Datenbanken zu kommunizieren, und arbeitet mit zahlreichen Internetprotokollen zusammen.

Über dieses Buch

Das Buch soll Ihnen den Weg durch die vielseitige Struktur von PHP weisen. Durch die zahlreichen Erläuterungen und Lösungen für gängige Aufgaben bei der Arbeit mit PHP spreche ich sowohl Einsteiger und Umsteiger als auch Spezialisten an. Dieses Buch soll Ihnen als Schlüssel zum Erfolg dienen. Ich hoffe, das ist geglückt und Sie werden einiges aus dem Praxisbuch für Ihre tägliche Arbeit nutzen können.

Dieses Buch ist für Programmierer geschrieben, die im täglichen Einsatz von PHP Probleme zu lösen haben. Zusätzlich werden jedoch auch die grundlegenden Sprachelemente ausführlich beschrieben, so dass es zu einem unverzichtbaren Nachschlagewerk für Einsteiger und Umsteiger wird.

Auf eines weise ich jedoch bereits an dieser Stelle hin: Das Buch erhebt keinen Anspruch auf Vollständigkeit, da PHP in der fünften Generation bereits so umfangreich ist, dass man gut und gerne Dutzende von Büchern zum Thema verfassen könnte. Die zahlreichen PHP-Extensions würden dieses Unterfangen zum scheitern verurteilen.

Das erwartet Sie

Ich nehme nicht an, dass Sie sich hinsetzen und dieses Buch von Anfang bis Ende durchlesen werden, obwohl ich mich darüber freuen würde.

Ich verspreche Ihnen nicht, innerhalb kürzester Zeit und nur nach Lektüre dieses Buches zum PHP-Spezialisten zu werden. Erst die Arbeit an eigenen Projekten wird Ihnen zeigen, wie sinnvoll das Buch bei Ihrer alltäglichen Arbeit mit PHP ist.

Vorkenntnisse in PHP sind sicher kein Grund, das Buch nicht zu lesen – im Gegenteil, vor allem für Fortgeschrittene und Spezialisten sind weitergehende Informationen enthalten. Es handelt sich also nicht um eine von zahlreichen oberflächlichen Betrachtungen, sondern vielmehr um eine Vertiefung des Stoffs.

Das erwarte ich von Ihnen

Sie sollten bereits ein wenig programmieren können und die Welt der Datenbanken sollte Ihnen nicht unbekannt sein. Was PHP betrifft, erhalten sowohl Einsteiger als auch Spezialisten mit dem Buch eine kompakte Einführung und Vertiefung zu diversen PHP-Problemlösungen.

Quelle – Website zum Buch

Sie finden die dieses Buch begleitende Website unter *www.atomicscript.de*

Der Autor

Matthias Kannengiesser ist Dipl.-Informatiker und Projektmanager im IT-Bereich. Er arbeitet seit mehreren Jahren als IT-Consultant für namenhafte Unternehmen. In den letzten Jahren hat er vor allem an der Entwicklung von PHP/MySQL-basierten Lösungen gearbeitet. Seit mehr als 6 Jahren hält er Seminare, Workshops und Vorträge zu den Themen ActionScript, Lingo, JavaScript, PHP und Datenbank-Development ab. Er ist bundesweit als Fachdozent für Institute und Unternehmen tätig und Autor für Magazine wie *Internet Intern, Internet World, MX Magazin* und *Internet Professionell.*

Danksagung

Ich will mich von Herzen bei meinen lieben und geschätzten Freunden und Kollegen bedanken. Das sind insbesondere:

Dr. Perter Schisler, Ingrid Singer, Bianca Lange und Michael Wrobel (L4 Institut)

Thorsten Blach (Macromedia – akademie für neue medien)

Caroline Kannengiesser – Dank an mein Schwesterherz für die Unterstützung

Und: Alex, Frank, Ina, Conni, Ralph, Christopher (DJ Monty), Christian, Martin B., Benny, Toni, Franziska, Rico, Timor, Markus, Verena, Barbara, Gabi, Harald, Mario, Gökhan, Niels, Marc, Sascha, Saban, Thorsten, Johannes, Ralf, Jörg, Sebastian, Sven und all diejenigen, die ich hier vergessen habe.

Einen besonderen Dank möchte ich Frau Brigitte Bauer-Schiewek widmen, meiner Lektorin und Freundin beim Franzis' Verlag: Danke für die kompetente Betreuung bei der Umsetzung dieses Buchs – obwohl ich auch in diesem Fall die Seitenzahl maßlos überschritten habe. Ganz viele Umarmungen und Küsse gehen an meine großartige Mama.

Feedback

Ich würde mich über Reaktionen und Anregungen freuen. Ich bin unter folgender Adresse zu erreichen:

matthiask@atomicscript.de

Ihr Matthias Kannengiesser

Inhaltsverzeichnis

1 Sprachelemente und Syntax

In diesem Kapitel werden die wesentlichen Bestandteile und Strukturen der PHP-Programmierung vorgestellt. Da diese in allen Programmiersprachen in ähnlicher Form vorhanden sind, können Leser mit ausreichender Programmiererfahrung das Kapitel gerne überspringen, ohne den roten Faden zu verlieren. Dies ist aber nicht anzuraten, da doch immer wieder mit kleineren und größeren Abweichungen zwischen Programmiersprachen zu rechnen ist. Selbst erfahrenen Programmierern wird empfohlen, das Kapitel zumindest zu überfliegen. Für Leser ohne Programmiererfahrung ist es ohnehin eines der zentralen Kapitel des Buchs. Denken Sie jedoch daran, dass wir bewusst darauf verzichtet haben, in diesem Buch eine ausführliche Einführung zu geben, schließlich wollen wir Sie möglichst zielstrebig an die besonders schwierigen Themen der Programmierung heranführen und nicht die Online-Referenz nachahmen.

1.1 Integration von PHP

Hier nochmals eine kurze Zusammenfassung der Schreibweisen.

SGML-Stil (Standard Generalized Markup Language)

```
<?
        echo "Einbindung in SGML-Stil";
?>
```

XML (Extensible Markup Language)

```
<?PHP
        echo "Einbindung in XML-Stil";
?>
```

```
<?php
        echo "Einbindung in XML-Stil";
?>
```

ASP-Stil (Active Server Pages)

```
<%
        echo "Einbindung in ASP-Stil";
%>
```

<script>-Tag

```
<script language="php">
        echo "Einbindung im JavaScript-Stil";
</script>
```

1.1.1   Notationshinweise

Am Anfang ist die Gefahr groß, unübersichtliche Skripts zu erstellen, da Leerzeichen, Zeilenumbrüche und Tabulatoren vom PHP-Interpreter ignoriert werden. Sie können eine HTML-Seite samt PHP-Bestandteil wie folgt schreiben:

```
<html>
<head><title>Erste Schritte</title></head>
<body><?php echo "Dies ist ein Test" ?>
</body>
</html>
```

aber auch so:

```
<html>
<head>
       <title>Erste Schritte</title>
</head>
<body>
<?php
       echo "Dies ist ein Test"
?>
</body>
</html>
```

Je nach Umfang des in PHP geschriebenen Codes wird die eine oder andere Variante günstiger sein. Eine optisch eindeutige Trennung von HTML und PHP hat sich in der Praxis als sinnvoll erwiesen. Im nächsten Abschnitt wird das Einschließen von Dateien vorgestellt. Sie sollten so oft wie möglich Ihre PHP-Bestandteile auslagern. Diese Dateien werden dann Module genannt. Sie können so den Code in der HTML-Seite überschaubar halten. Bei größeren Anwendungen vereinfacht sich die Wartung deutlich.

Achtung: Befehle werden in PHP generell mit einem Semikolon abgeschlossen, lediglich wenn der Befehl allein zwischen <? und ?> steht, ist dies optional.

1.1.2   Einbindung externer Skripts

Include

Der Befehl `include("dateiname");` fügt an dieser Stelle den Inhalt der Datei *dateiname* ein. Dadurch ist es möglich, Quellcode, der in mehreren Dateien benötigt wird, zentral zu halten, so dass Änderungen einfacher durchzuführen sind.

Die Datei, die eingefügt wird, wird als HTML-Code interpretiert. Deshalb muss, wenn in der Datei nur PHP-Code steht, diese Datei mit `<?php` anfangen und mit `?>` enden bzw. mit anderen PHP-Code-Markierungen. Wenn `include()` in Verbindung mit Bedingungen oder Schleifen eingesetzt wird, muss es immer in geschweiften Klammern geschrieben werden.

```
// Falsch
if ( $Bedingung )
include ("Datei.inc");
```

```
// Richtig
if ( $Bedingung ) {
include ("Datei.inc");
}
```

require

Ganz analog zu include() funktioniert require(). Es wird aber von PHP etwas anders behandelt. Der require()-Ausdruck wird beim ersten Aufruf durch die Datei ersetzt. Wie bei include() wird erst einmal aus dem PHP-Modus herausgegangen. Es gibt drei wesentliche Unterschiede zu include():

• Zum einen wird require() immer ausgeführt, also auch dann, wenn es eigentlich abhängig von einer IF-Anweisung nicht ausgeführt werden dürfte.

• Zum anderen wird es innerhalb einer Schleife (for, while) nur ein einziges Mal ausgeführt – egal, wie oft die Schleife durchlaufen wird, der Inhalt der eingefügten Datei wird mehrmals abgearbeitet.

• Zum Dritten liegt der Unterschied in der Reaktion auf nicht vorhandene Dateien: include() gibt nur ein »Warning« aus und PHP läuft weiter, bei require() bricht PHP mit einem »Fatal error:« ab.

```
// Schreibweisen
require 'funktionen.php';
require $datn;
require ('funktionen.txt');
```

include_once, require_once

Seit PHP4 gibt es neben den Funktionen include() und require() auch noch die Funktionen include_once() und require_once(). Der Name zeigt schon, wo der Unterschied liegt: Bei den *_once()-Funktionen wird die Datei nur einmal eingefügt, unabhängig davon, wie häufig man versucht, sie einzufügen.

Der Sinn ist einfach: Bei umfangreichen Webseiten gibt es häufig eine Datei, die die zentralen Funktionen enthält. Da diese in den Webseiten benötigt werden, fügt man die Datei immer am Anfang ein. So weit kein Problem. Sobald aber mehrere zentrale Funktionsdateien existieren, die sich auch untereinander benötigen, wird es schwierig, weil jede nur einmal eingefügt werden darf.

Tipps im Umgang mit externen Dateien

Normalerweise können Benutzer den Inhalt der Skripts nicht sehen. Jede Datei mit der Endung .php3, .php4 oder .php wird vom Webserver an den PHP-Interpreter weitergeleitet und von diesem verarbeitet. Es ist natürlich ohne weiteres möglich, jede andere Endung anzugeben. Oft werden Dateien, die mit include eingeschlossen werden sollen, mit .inc bezeichnet. Auch diese Endung wird nicht verarbeitet. Das ist für den Ablauf des Skripts egal – die Verarbeitung erfolgt im Rahmen des »umgebenden« Skripts und damit unter dessen Regie.

Was jedoch nicht egal sein dürfte, ist das damit aufkommende Sicherheitsproblem. Sollte ein Nutzer den Pfad zu den Include-Dateien herausbekommen, kann er deren Namen in der Adresszeile des Browsers direkt eingeben. Der Webserver wird die Endung nicht kennen und dem Browser die Datei direkt zusenden. Der Browser erkennt ein einfaches Textdokument und stellt es dar. Da in Include-Dateien auch Kennwörter für Datenbanken stehen können, wäre dies äußerst problematisch.

Dieses Problem kann man jedoch recht schnell beseitigen. Benennen Sie sämtliche Include-Dateien in *.inc.php* um. So haben Sie eine eindeutige Kennzeichnung und erzwingen im Notfall das Parsen des Codes durch den PHP-Interpreter. Das mag zwar zu einer Fehlermeldung führen, sollte diese Datei einzeln aufgerufen werden, an den Inhalt gelangt der Benutzer dennoch nicht.

1.1.3   PHP und JavaScript

Oft wird von der Kombination PHP/JavaScript gesprochen. Beides hat direkt nichts miteinander zu tun. JavaScript wird im Browser abgearbeitet und PHP auf dem Server. Beide Sprachen basieren auf dem ECAMScript 3-Standard, daher sind eine Vielzahl von Sprachbestandteilen in ihrer Anwendung und Syntax identisch. Betrachten Sie Java-Script als Erweiterung zu HTML. Der neueste Entwicklungsstand DHTML geht ohnehin von JavaScript als Anweisungssprache aus.

Selbstverständlich können Sie ebenso wie HTML auch JavaScript-Anweisungen dynamisch erzeugen oder mit variablen Attributen versehen. Es bleibt Ihnen überlassen, was Sie daraus machen.

Wir werden im Übrigen nicht näher auf JavaScript eingehen, Sie können uns glauben: PHP ist spannend genug.

1.2   Einführung in PHP

Der folgende Abschnitt wendet sich vor allem an die PHP-Entwickler, die für die tägliche Arbeit eine kompakte Referenz benötigen, die sich zum Nachschlagen äußerst gut eignet.

1.2.1   Ausdrücke

Sollte man PHP mit einem Satz charakterisieren wollen, könnte man sagen, dass es sich um eine ausdrucksorientierte Sprache handelt.

Dadurch stellt sich gleich zu Begin die Frage, was ein Ausdruck ist. Ein Ausdruck ist ganz allgemein eine Aneinanderreihung von Zeichen unter Beachtung einer vorgegebenen Syntax. Ausdrücke können ganz unterschiedlich aufgebaut sein. Das wichtigste

Charakteristikum von Ausdrücken ist, dass sie immer einen Wert – und sei es den Wert 0 oder "" (leer String) – besitzen.

Ausdrücke stellen somit die wichtigsten Komponenten von PHP dar.

Elementare Ausdrücke

Der folgende Ausdruck ist im vorstehenden Sinne ein gültiger, elementarer PHP-Ausdruck.

```
1000
```

Es handelt sich um eine Integer-Konstante mit dem Wert 1000. Weitere elementare Ausdrücke sind beispielsweise Konstanten und Variablen.

Zusammengesetzte Ausdrücke

Zusammengesetzte Ausdrücke entstehen dadurch, dass elementare Ausdrücke mithilfe von Operatoren verknüpft oder dass Werte von Ausdrücken mithilfe von Zuweisungsoperatoren anderen Ausdrücken zugewiesen werden.

In der folgenden Anweisung wird dem Ausdruck $zahl der Ausdruck 1000, d.h. eine Integer-Konstante mit dem Wert 1000 zugewiesen.

```
$zahl = 1000;
```

Nach dieser Zuweisung ist der Wert von $zahl ebenfalls 1000. Somit sind hier zwei Werte im Spiel:

- Der Wert der Integer-Konstanten, nämlich 1000.

- Der Wert von $zahl, der auf 1000 geändert wird.

In der folgenden Anweisung wird dem Ausdruck $punkte der Ausdruck $zahl zugewiesen.

```
$punkte = $zahl;
```

Der gesamte Ausdruck, also $punkte = $zahl, hat aufgrund des vorhergehenden Ausdrucks nun den Wert 1000. $punkte ist also ebenfalls ein Ausdruck mit dem Wert 1000. Der Ausdruck $punkte = $zahl ist dabei gleichbedeutend mit dem Ausdruck $punkte = $zahl = 1000.

Funktionen als Ausdrücke

Ein weiteres Beispiel für Ausdrücke sind Funktionen. Funktionen sind ebenfalls Ausdrücke mit dem Wert ihres Rückgabewertes. Die folgende Funktion wert() ist also ein Ausdruck mit dem Wert 1000.

```
<?php
function wert() {
     return 1000;
}
```

```
// Ausgabe (1000)
echo wert();
?>
```

Bei dem zusammengesetzten Ausdruck:

```
$resultat = wert();
```

handelt es sich somit ebenfalls um einen Ausdruck mit dem Wert 1000.

Prä- und Post-Inkrement in Ausdrücken

Komplexere Ausdrücke in PHP verwenden die von der Sprache C bekannten Prä- und Post-Inkremente sowie die entsprechenden Dekremente.

Sowohl Prä-Inkremente als auch Post-Inkremente erhöhen den Wert einer Variablen. Der Unterschied besteht im Wert des Inkrement-Ausdrucks:

- Das Prä-Inkrement, welches `++$var` geschrieben wird, enthält als Wert den Wert der erhöhten Variablen.

- Das Post-Inkrement, welches `$var++` geschrieben wird, enthält dagegen den ursprünglichen Wert der Variablen vor der Erhöhung, d.h., PHP erhöht den Wert der Variablen erst, nachdem es ihren Wert ausgelesen hat.

Beispiel Prä-Inkrement:

```
<?php
$zahl = 1000;
echo ++$zahl;
?>
```

Ausgabe:

```
1001
```

Beispiel Post-Inkrement:

```
<?php
$zahl = 1000;
echo $zahl++;
?>
```

Ausgabe:

```
1000
```

Wann ist ein Ausdruck wahr?

Oft ist man nicht am spezifischen Wert eines Ausdrucks interessiert, sondern bewertet lediglich, ob der Ausdruck wahr oder falsch ist.

PHP kennt die Booleschen Konstanten TRUE (1) und FALSE (0). Ein Ausdruck ist in PHP dann wahr, wenn ihm, wie im folgenden Beispiel, die Boolesche Konstante TRUE oder ein anderer Ausdruck, dessen Wert TRUE ist, zugewiesen wurde.

```
<?php
$signal = TRUE;
echo "$signal";
?>
```

Ausgabe:

1

Vergleichsausdrücke

Eine weitere, auf dem im vorigen Abschnitt eingeführten Wahrheitswert basierende Kategorie von Ausdrücken sind die Vergleichsausdrücke. Vergleichsausdrücke werden z.B. in bedingten Anweisungen unter Verwendung von Vergleichsoperatoren eingesetzt:

```
if ($signal == TRUE) Anweisung;
```

In Vergleichsausdrücken wird immer der Wert zweier Teilausdrücke verglichen. Der Wert des Gesamtausdrucks ist, abhängig vom Ergebnis des Vergleichs, entweder also *Falsch* (0) oder *Wahr* (1).

Kombinierte Zuweisungs- und Operator-Ausdrücke

Sollten Sie schon mit der Sprache C gearbeitet haben, kennen Sie die Möglichkeit, Zuweisungs- und Operator-Ausdrücke zu kombinieren. In PHP ist dies ebenfalls möglich.

Um zum Beispiel den Wert einer Variablen um 10 zu erhöhen, kann in einer Anweisung der folgende Ausdruck verwendet werden:

```
$zahl += 100
```

Das ist gleichbedeutend mit:

»Nimm den Wert von $zahl, addiere 100 hinzu und weise den entstandenen Wert der Variablen $zahl zu«.

In solchen kombinierten Zuweisungs- und Operator-Ausdrücken kann jeder Operator, der zwei Elemente verbindet, zusammen mit einem Zuweisungsoperator verwendet werden.

```
<?php
$zahl = 100;
echo $zahl *= 10;
?>
```

Ausgabe:

1000

Konditionale Operatoren in Ausdrücken

Ein weiterer Typ von Ausdrücken, der in PHP oft gebraucht wird und den Sie vielleicht von der Sprache C her kennen, ist der dreifache konditionale Operator:

```
Ausdruck ? Ausdruck2 : Ausdruck3
```

Wenn der Wert des ersten Ausdrucks *Wahr* ist, dann wird der Wert des zweiten Ausdrucks zurückgegeben. Andernfalls, d.h. wenn der Wert von Ausdruck1 *Falsch* ist, nimmt der Wert des Gesamtausdrucks den Wert des dritten Ausdrucks an.

Beispiel:

```php
<?php
$punkte = 1000;
$highscore = 500;
$resultat = ($highscore > $punkte ) ? "Alter" : "Neu";
echo $resultat;
?>
```

Ausgabe:

```
Neu
```

Beispiel:

```php
<?php
$punkte = 500;
$highscore = 1000;
$resultat = ($highscore > $punkte ) ? "Alter" : "Neu";
echo $resultat;
?>
```

Ausgabe:

```
Alter
```

1.2.2   Anweisungen

Anweisungen werden zur Laufzeit eines Programms abgearbeitet und bewirken in der Regel Änderungen an Datenobjekten oder Interaktionen mit der Programmumgebung.

PHP kennt folgende Anweisungen:

- Zuweisungen
- Funktionsaufrufe
- Schleifen
- Bedingungen

Anweisungen werden in PHP wie in der Programmiersprache C mit einem Semikolon beendet.

Beispiel:

```php
<?php
echo ("Hallo Welt!");
?>
```

Ausgabe:

```
Hallo Welt!
```

Nachdem Sie genau wissen, was ein Ausdruck ist, fällt die Definition des Begriffs »Anweisung« nicht mehr schwer. Eine Anweisung ist ein Ausdruck, gefolgt von einem Semikolon, und hat somit die Form:

```
Ausdruck ;
```

Gültige Anweisungen

```php
<?php
$vorname = "Gülten";
echo $vorname;
?>
```

1.2.3   Codezeile

Eine Codezeile in PHP muss immer mit einem Semikolon beendet werden. Diese Schreibweise hat sich bei den nach der ECMA-Spezifikation genormten Programmiersprachen durchgesetzt, zu denen unter anderem auch JavaScript gehört.

Beispiel:

```php
<?php
// Array - Codezeilen mit Semikolon
$personen = array();
$personen[0] = "Caroline";
$personen[1] = "Matthias";

// Ausgabe - Matthias
echo $personen[1];
?>
```

1.2.4   Semikola

Semikola legen in PHP das Ende einer Anweisung fest. Das basiert auf Programmiersprachen wie C/C++ oder Java. Zusätzlich dient es als Abgrenzung der Anweisungen untereinander.

Beispiel:

```php
<?php
// Schreibweise - Fehlerfrei
$vorname = "Caroline";
```

```php
$nachnName = "Kannengiesser";

// Schreibweise - Fehlerhaft
$vorname = "Caroline"
$nachname = "Kannengiesser"
?>
```

Sie sollten möglichst auf das Setzen der Semikola achten.

> **Achtung:** Anweisungsblöcke oder Kontrollstrukturen werden nicht in jeder Zeile mit einem Semikolon abgeschlossen, besonders dann nicht, wenn bereits ein Block Trennzeichen, wie zum Beispiel eine geschweifte Klammern, existiert.

Beispiel:

```php
<?php

$signal = true;

if ($signal == true) {;
        echo "Signal ist true";
} else {;
        echo "Signal ist false";
};
?>
```

Das Beispiel ist syntaktisch gesehen fehlerfrei und wird auch korrekt ausgeführt. Nur ist es etwas zu viel des Guten, folgende Schreibweise wäre zu empfehlen.

```php
<?php
$signal = true;
if ($signal == true) {
        echo "Signal ist true";
} else {
        echo "Signal ist false";
}
?>
```

Beispiel:

```php
<?php
for ($i = 0; $i <= 10; $i++) {;
        echo "Wert: " . $i . "<br>";
};
?>
```

Besser:

```php
<?php
for ($i = 0; $i <= 10; $i++) {
        echo "Wert: " . $i . "<br>";
}
?>
```

Wie Sie sehen, veranschaulichen diese beiden Fallbeispiele die korrekte Platzierung des Semikolons in einem Anweisungsblock. Bei der Definition einer Funktion kann am Ende ein Semikolon gesetzt werden, das ist jedoch optional.

Beispiel:

```php
<?php
// Definition
function addition($zahlEins,$zahlZwei) {
        return $zahlEins + $zahlZwei;
};

// Aufruf der Funktion
$resultat = addition(10,5);

// Ausgabe
echo $resultat;
?>
```

1.2.5   Leerzeichen

PHP ignoriert Leerzeichen, Tabulatoren und Zeilentrenner, solange die im Programm enthaltenen Schlüsselwörter, Bezeichner, Zahlen und andere Einheiten nicht durch ein Leerzeichen oder einen Zeilenumbruch getrennt werden.

Beispiel:

```php
<?php
function setze
Ausgabe ($parameter wert) {
        echo $par ameter wert;
}
setzeAusgabe("Ausgabe bitte!");
?>
```

Dieses Fallbeispiel wäre vielleicht, unter dem Aspekt künstlerischer Freiheit betrachtet, ein schönes Bild, syntaktisch jedoch leider eine Katastrophe. Genau dies sollte man vermeiden.

Beispiel:

```php
<?php
function setzeAusgabe ($parameterwert) {
        echo $parameterwert;
}
setzeAusgabe("Ausgabe bitte!");
?>
```

So sollte der PHP-Code aussehen. Es bleibt Ihnen überlassen, Leerzeichen, Tabs und Zeilentrenner zu verwenden, doch sollten diese die Syntaxregeln beachten, dann steht einer optimalen Formatierung des Code nichts im Weg und die Programme sind leicht lesbar und verständlich.

Hinweis: Ein Leerzeichen wird auch als Whitespace bezeichnet.

1.2.6   Groß- und Kleinschreibung

In Sprachen, die zwischen Groß- und Kleinschreibung unterscheiden, würden die folgenden beiden Ausdrücke zwei eigenständige Variablen erzeugen.

Beispiel:

```php
<?php
// Variablen
$zahl = 1000;
$Zahl = "tausend";

// Ausgabe 1000
echo $zahl;
?>
```

Der in PHP integrierte Standard erwartet dies auch, die Groß- und Kleinschreibung ist durchgängig zu beachten. Nun kommt es zu einem Problem. PHP wurde kontinuierlich weiter entwickelt. Daher werden auch folgende Schreibweisen zugelassen:

```php
<?php
function AkTdAtuM() {
        $zeit = Time();
        $datum = GeTDatE($zeit);
        echo $datum[mday] . ". " . $datum[month] . " " . $datum[year];
}

// Ausführen - 10. December 2003
aktdatum();
?>
```

Besser:

```php
<?php
function aktDatum() {
        $zeit = time();
        $datum = getdate($zeit);
        echo $datum[mday] . ". " . $datum[month] . " " . $datum[year];
}

// Ausführen - 10. December 2003
aktDatum();
?>
```

Der Schlüssel zum Erfolg ist es, eine einheitliche Schreibweise einzuhalten. Man sollte im Quelltext einen Stil beibehalten und nicht immer mal groß und mal klein schreiben, da sonst Syntaxfehler sehr leicht entstehen

1.2.7 Geschweifte Klammern

In PHP nehmen die geschweiften Klammern einen besonderen Platz ein. Die PHP-Anweisungen werden, wie im folgenden Skript dargestellt, mit Hilfe geschweifter Klammern ({ }) zu Blöcken zusammengefasst:

Beispiel:

```php
<?php
$signal = true;

if ($signal == true) {
        //Anweisungsblock
        echo "Signal ist true";
        $signal = false;
}
?>
```

1.2.8 Runde Klammern

Runden Klammern dienen zum Zusammenfassen von bevorzugten Operationen, zum Beispiel um sie anderen Operationen nachzustellen. Außerdem können Sie mit Hilfe von runden Klammern die Reihenfolge der Verarbeitung von PHP-Operationen festlegen.

Beispiel:

```php
<?php
// Berechnung wertEins
$wertEins = 10 * 2 + 3;
// Berechnung wertZwei
$wertZwei = 10 * (2 + 3);

// Ausgabe (23)
echo $wertEins;
// Ausgabe (50)
echo $wertZwei;
?>
```

Beim Definieren einer Funktion werden die Parameter in runde Klammern gesetzt.

Beispiel:

```php
function meineFunktion ($vorname, $nachname, $anschrift){
        ...
}
```

Bei Aufruf einer Funktion werden alle zu übergebenden Parameter in runde Klammern gesetzt:

```php
meineFunktion ("Mike","Müller","Kapweg 10");
```

1.2.9 Schlüsselwörter

Es gibt eine Reihe von reservierten Wörtern in PHP. Das sind Wörter, die im PHP-Code nicht als Bezeichner (als Namen für Variablen, Funktionen etc.) verwendet werden dürfen.

Reservierte PHP-Schlüsselwörter

and	E_PARSE	old_function
$argv	E_ERROR	or
as	E_WARNING	parent
$argc	eval	PHP_OS
break	exit()	$PHP_SELF
case	extends	PHP_VERSION
cfunction	FALSE	print()
class	for	require()
continue	foreach	require_once()
declare	function	return()
default	$HTTP_COOKIE_VARS	static
do	$HTTP_GET_VARS	switch
die()	$HTTP_POST_VARS	stdClass
echo()	$HTTP_POST_FILES	$this
else	$HTTP_ENV_VARS	TRUE
elseif	$HTTP_SERVER_VARS	var
empty()	if	xor
enddeclare	include()	virtual()
endfor	include_once()	while
endforeach	global	__FILE__
endif	list()	__LINE__
endswitch	new	__sleep
endwhile	not	__wakeup
E_ALL	NULL	

Hinweis: Die Tabelle erhebt keinen Anspruch auf Vollständigkeit.

1.2.10 Zuweisungen

Sie haben in den PHP-Beispielen bereits Variablen im Einsatz gesehen. Bei der Zuweisung der Variablenwerte gilt es, Folgendes zu beachten: Wenn man der Variablen $a den Wert der Variablen $b zuweisen will, muss man dies mit Hilfe des Zuweisungsoperators (Gleichheitszeichen) durchführen. Das bedeutet aber auch, dass man Vergleiche in PHP nicht mit dem einfachen Gleichheitszeichen durchführen kann. Wie man dies erreicht, erfahren Sie noch im Abschnitt »Operatoren«.

Zuweisung (Variable $a und $b):

```
$a = $b;
```

1.2.11 Echo-Befehl

Der wichtigste Befehl, der Ihnen bei PHP über den Weg laufen wird, ist der echo-Befehl. Mit ihm haben Sie die Möglichkeit, Strings auszugeben. Der Text, der ausgegeben werden soll, muss natürlich in Anführungsstrichen stehen, da der Server sonst versucht, ihn als PHP-Befehl zu interpretieren. Dieses Vorgehen wird *Quoten* oder *Quoting* (engl. to quote: zitieren) genannt.

Bei den Anführungszeichen gibt es zwei Arten:

- das einfache Anführungszeichen ' und

- das doppelte Anführungszeichen ".

Es gibt auch einen Unterschied zwischen den beiden:

- Bei den doppelten Anführungsstrichen versucht der Server, den Text zu interpretieren.

- Bei den einfachen hingegen behandelt er ihn nicht speziell, sondern gibt ihn direkt aus.

```
$punkte = 1000;
echo 'Der akt. Punktestand $punkte !\ n';
echo "Der akt. Punktestand $punkte !\ n";
```

Das erste echo gibt »*Der akt. Punktestand $punkte !\ n*« aus, das zweite hingegen »*Der akt. Punktestand 1000 !*« mit anschließendem Zeilenumbruch.

```
echo "Mein \" Name \" ist Hase ";
```

Die Ausgabe bei diesem echo ist »*Mein »Name« ist Hase*«. Wie man sieht, müssen doppelte Anführungsstriche, die ausgegeben werden sollen, besonders gekennzeichnet werden. Diesen Vorgang nennt man Escapen. Es ist insbesondere für das Ausgeben von HTML-Quelltext in Verbindung mit echo und print nötig und kann zu Problemen führen, wenn man vergisst, in allen Teilstrings zu »quoten«.

> **Hinweis:** Beim Escapen entkommt das davon betroffene Zeichen der Interpretierung durch den Sprachinterpreter, im vorliegenden Fall PHP.

1.2.12 Print-Befehl

Neben dem echo-Befehl gibt es auch den print-Befehl. Im Endeffekt leisten beide dasselbe: Sie geben Text aus. echo ist ein internes Sprachkonstrukt, wohingegen print ein Ausdruck (Expression) ist. echo kann mehrere Argumente haben, die nicht in Klammern stehen dürfen. print kann nur genau ein Argument haben. Alle folgenden Anweisungen sind zulässig und geben dasselbe aus:

```
$wort1 = "Hallo ";
$wort2 = "Welt !";

echo $wort1 ," ", $wort2;

echo $wort1 ." ". $wortr2;
print ($wort1 ." ". $wort2);

$satz = print ($wort1 ." ". $wort2);
```

1.2.13 Unterschied zwischen echo und print

Im Gegensatz zu echo ist print eine richtige Funktion. Es gibt Fälle, in denen die Ausgabe mit einer Rückgabe gekoppelt werden muss, beispielsweise beim trinären Bedingungsoperator:

```php
<?php
    $wert == 0 ? print "wert ist 0" : print "wert ist nicht 0";
?>
```

Diese Konstruktion wertet eine Bedingung aus und führt entsprechend dem Ergebnis den ersten oder zweiten Teil aus. Es kommt zwar nur auf die Ausgabe an, die Konstruktion erwartet aber Rückgabewerte, der Raum zwischen ? : und ; darf aus syntaktischen Gründen nicht »leer« sein. Hier kann also niemals ein echo stehen.

Beispiel:

```php
<?php
    $wert == 0 ? echo "wert ist 0" : echo "wert ist nicht 0";
?>
```

Ausgabe:

```
Parse error: parse error, unexpected T_ECHO in C:\php5xampp-
dev\htdocs\php5\ersteschritte.php on line 2
```

Wie Sie sehen, führt der Einsatz von echo zu einer Fehlermeldung.

print darf nur ein Argument haben. Wenn Sie mehrere Werte haben, nutzen Sie die Schreibweise mit Anführungszeichen oder setzen eine Zeichenkette mit dem Punkt-Operator zusammen.

Hier ist echo flexibler, es sind beliebig viele Argumente erlaubt, die jeweils durch ein Komma getrennt werden:

```php
<?php
$vorname = "Matthias";
echo "Hallo ", $vorname ,"!";
?>
```

Der einzige Unterschied zu der Verknüpfung der Zeichenketten dürfte die Geschwindigkeit sein. In der Praxis ist die Ausgabe jedoch ohnehin der schnellste Teil des Skripts.

Damit bleibt als einziges Argument der optische Eindruck:

```php
<?php
 $vorname = "Matthias";
 echo "Hallo " . $vorname . "!";
?>
```

1.2.14 Heredoc

Eine andere Möglichkeit, Strings einzufassen, besteht im Gebrauch der *heredoc*-Syntax (*"<<<"*). Hierfür ist nach <<< ein Bezeichner zu setzen. Nun folgt der eigentliche String und dann derselbe Bezeichner, um den String abzuschließen. Der schließende Bezeichner muss in der ersten Spalte der Zeile stehen.

> **Achtung:** Es ist sehr wichtig zu beachten, dass die Zeile mit dem schließenden Bezeichner keine anderen Zeichen enthält, ausgenommen möglicherweise ein Semikolon (;). Das bedeutet, dass der Bezeichner nicht eingerückt werden darf. Es dürfen weiterhin keine Leerzeichen oder Tabulatoren vor oder nach dem Semikolon stehen.

```php
echo <<<EINTRAG
Beispiel eines Strings
über mehrere Skript-Zeilen
durch Gebrauch der heredoc-Syntax.
EINTRAG;
```

Heredoc-Text funktioniert wie ein String innerhalb doppelter Anführungszeichen, nur ohne doppelte Anführungszeichen. Anführungszeichen innerhalb von heredoc-Texten müssen also keiner Sonderbehandlung (Escapen) unterzogen werden. Sie können dennoch die oben aufgeführten Escape-Anweisungen verwenden. Variablen werden ausgewertet, aber besondere Aufmerksamkeit muss komplexen Variablen gewidmet werden, genau wie bei Strings.

```php
$name = 'Matthias';

echo <<<BUCH
Diese Buch stammt vom <b>$name</b> und stellt Ihnen PHP vor.
BUCH;
```

> **Hinweis:** Die heredoc-Unterstützung wurde in PHP 4 eingeführt.

Die Anwendung ist natürlich nicht auf den echo-Befehl beschränkt. Sie können auch einer Variablen einen solchen Block übergeben:

```php
<?php
$personen = <<<NAMEN
Matthias Kannengiesser,<br>
Caroline Kannengiesser,<br>
Gülten Kannengiesser
NAMEN;

print $personen;
?>
```

Das sieht unter Umständen viel übersichtlicher und einfacher aus, als wenn die Werte hintereinander stehen. Denken Sie aber daran, dass hier die Zeilenumbrüche erhalten bleiben – nicht in jedem Fall funktioniert das problemlos.

Typische Probleme

Am Anfang passiert es oft, dass der Interpreter nach dem Einbau der Blöcke Fehler meldet. Das folgende Beispiel funktioniert nicht wie erwartet:

```php
<?php

$ausgabe = 1;

if ($ausgabe == 1) {
        $personen = <<<NAMEN
        Matthias Kannengiesser,<br>
        Caroline Kannengiesser,<br>
        Gülten Kannengiesser
        NAMEN;

        echo $personen;
}

?>
```

Ausgabe:

```
Parse error: parse error, unexpected $end in C:\php5xampp-
dev\htdocs\php5\ersteschritte.php on line 16
```

Der Fehler liegt nicht direkt im Code, sondern in der Art, wie PHP diesen verarbeitet. Das Ende der heredoc-Sequenz wird nur erkannt, wenn das Schlüsselwort NAMEN am Anfang der Zeile steht. Durch die Einrückung wird es nicht mehr erkannt.

Korrekt:

```php
<?php

$ausgabe = 1;

if ($ausgabe == 1) {
        $personen = <<<NAMEN
        Matthias Kannengiesser,<br>
        Caroline Kannengiesser,<br>
        Gülten Kannengiesser
NAMEN;

        echo $personen;
}

?>
```

1.2.15 Kommentare

Jeder kennt die Situation: Man hat eine längere Berechnung durchgeführt, einen Artikel verfasst oder eine Skizze erarbeitet und muss diese Arbeit nun anderen Personen erklären. Leider ist die Berechnung, der Artikel oder die Skizze schon ein paar Tage alt und man erinnert sich nicht mehr an jedes Detail oder jeden logischen Schritt. Wie soll man seine Arbeit auf die Schnelle nachvollziehen?

In wichtigen Fällen hat man deshalb bereits beim Erstellen dafür gesorgt, dass jemand anders (oder man selbst) diese Arbeit auch später noch verstehen kann. Hierzu werden Randnotizen, Fußnoten und erläuternde Diagramme verwendet – zusätzliche Kommentare also, die jedoch nicht Bestandteil des eigentlichen Papiers sind.

Auch unsere Programme werden mit der Zeit immer größer werden. Wir brauchen deshalb eine Möglichkeit, unseren Text mit erläuternden Kommentaren zu versehen. Da sich Textmarker auf dem Monitor schlecht macht, besitzt die Sprache ihre eigenen Möglichkeiten, mit Kommentaren umzugehen.

Jedes Programm, auch das kleinste, sollte sauber kommentiert werden. Eine ordentliche Dokumentation erleichtert die Arbeit während der Entwicklung erheblich. Kommentare sind ein wesentlicher Bestandteil der Dokumentation. Stil und Inhalt sollten dem Programmierer die Übersicht in seinem Code erhalten, aber auch anderen, die mit dem Programm zu tun haben wie zum Beispiel die Teamkollegen bei Projektarbeiten. Denken Sie daran, dass Ihre Überlegungen bei der Umsetzung eines Problems nicht immer ohne weiteres nachvollziehbar sind. Oft gibt es sehr viele Lösungen für eine Idee, die umgesetzt werden soll. Warum Sie eine bestimmte Lösung gewählt haben und wie sie anzuwenden ist, wird in Kommentaren beschrieben.

Kommentare im PHP-Code werden nicht mit übertragen. Der Interpreter ignoriert diese Zeilen und entfernt sie vor der Übertragung. PHP unterstützt Kommentare sowohl nach Art von C/C++ als auch nach Art von Java/JavaScript. Dabei ist zwischen einzeiligen und mehrzeiligen Kommentaren zu unterscheiden. Wir wollen hier nun die unterstützen Kommentare vorstellen.

Im folgenden Kommentar wird festgehalten, wer die Autoren sind.

Einzeiliger Kommentar:

```
// Autor: Matthias Kannengiesser
// Autorin: Caroline Kannengiesser
```

Einzeiliger Kommentar am Zeilenende:

```
$name = "Caroline"; // Dies ist ein Kommentar am Zeilenende
```

Mehrzeiliger Kommentar:

```
/*
-- Anfang Beschreibung --
...
-- Ende Beschreibung --
*/
```

Tipp: Ein Kommentar kann auch dazu verwendet werden, einen Codeabschnitt zeitweilig, ohne direkt ältere Codezeilen zu löschen, zu deaktivieren. Dieses Vorgehen bezeichnet man in der Programmierung als Auskommentieren. Ein Vorteil beim Auskommentieren von Code liegt darin, diesen zu einem späteren Zeitpunkt, ohne größeren Aufwand, wieder herzustellen bzw. aktivieren zu können, indem die Kommentarzeichen entfernt werden.

Für den letzten Fall gibt es noch eine weitere Variante. Mit dem Zeichen # können ebenfalls Kommentare gekennzeichnet werden:

```
$vorname = "Matthias"; # Name des Autors
```

Hier ein Beispiel, in dem alle drei Kommentararten vorkommen:

```php
<?php
/*

Hier ein mehrzeiliger Kommentar
im PHP-Code

*/

$vorname = "Matthias"; # Vornname des Autors
$nachname = "Kannengiesser"; // Nachname des Autors

echo $vorname /* Ausgabe */
?>
```

Was letztlich zum Einsatz kommt, bleibt ganz Ihnen überlassen.

1.3   Datentypen

Daten sind nicht gleich Daten. Nehmen Sie zum Beispiel die Daten 1000 und »Gülten«. Sicherlich werden Sie erkennen, dass Sie es hier mit unterschiedlichen Typen von Daten zu tun haben:

10 ist eine Zahl.

»Gülten« ist eine Folge von Zeichen.

Auch PHP trifft diese Unterscheidung und geht dabei sogar noch einen Schritt weiter. PHP unterstützt acht so genannte »primitive« Typen.

Vier skalare Typen:

- Boolean
- Integer
- Fließkommazahl (float)
- String / Zeichenkette

Zwei zusammengesetzte Typen:

- Array
- Object

Und zuletzt zwei spezielle Typen:

- Resource
- NULL

Ein Datentyp beschreibt die Art der Informationen, die eine Variable oder ein PHP-Element enthalten kann.

Der Typ einer Variablen wird normalerweise nicht vom Programmierer bestimmt. Vielmehr wird zur Laufzeit von PHP entschieden, welchen Datentyp eine Variable erhält, abhängig vom Kontext, in dem die Variable verwendet wird.

1.3.1 Strings/Zeichenketten

Ein String oder auch Zeichenkette genannt ist eine Folge von Buchstaben, Ziffern und Sonderzeichen. Ein String wird von Anführungszeichen umschlossen, entweder von einfachen (Apostrophen) oder doppelten. Dabei ist zu beachten, dass unbedingt gerade Anführungszeichen `Umschalt` + `2` und Apostrophe `Umschalt` + `#` verwendet werden. Im Gegensatz zu anderen Programmiersprachen ist es egal, ob einfache oder doppelte Anführungszeichen verwendet werden, Hauptsache, die Zeichenkette wird mit derselben Art von Anführungszeichen beendet und eingeleitet.

```
$meineMutter = "Gülten";
$meineSchwester = 'Caroline';
```

Die verschiedenen Anführungszeichen haben unter anderem den folgenden Sinn: Wenn Sie beispielsweise einen Apostroph in einer Zeichenkette verwenden wollen, können Sie diese Zeichenkette schlecht mit Apostrophen eingrenzen, da der PHP-Interpreter dann nicht weiß, wo die Zeichenkette aufhört. In diesem Fall müssen Sie die andere Sorte von Anführungszeichen verwenden.

Beispiel:

```
// Fehlerhaft
$spruch = 'Ich bin's!';
// Korrekt
$spruch = "Ich bin's!";
```

Wenn man aber in die Verlegenheit kommt, beide Arten von Anführungszeichen in einer Zeichenkette verwenden zu müssen, kommt man in Schwierigkeiten. Hier hilft der Backslash (\) weiter. Das dem Backslash folgende Zeichen wird entwertet, d.h., es nimmt in der Zeichenkette keine besondere Bedeutung ein. Beim Anführungszeichen oder Apostroph bedeutet das, dass die Zeichenkette hiermit nicht beendet wird.

Beispiel:

```
// Backslash
$spruch = 'Ich bin\'s!';
```

Wenn man nun den Backslash selbst in der Zeichenkette verwenden will, muss man auch ihn entwerten.

```
// Verzeichnis
$dateiPfad = "C:\\PROGRAMME";
```

Hinweis: Sollten Sie vorhaben, andere Zeichen zu escapen, wird der Backslash ebenfalls ausgegeben! Daher besteht gewöhnlich keine Notwendigkeit, den Backslash selbst zu escapen.

Die Kombination eines Zeichens mit einem vorangestellten Backslash wird übrigens als Escape-Sequenz bezeichnet. Neben den Anführungszeichen können noch eine Reihe weiterer Zeichen in PHP nur durch eine solche Escape-Sequenz dargestellt werden, die wir Ihnen weiter unten in diesem Abschnitt vorstellen.

Syntax

Ein String kann auf dreierlei Art und Weise geschrieben werden:

- einfache Anführungszeichen (single quoted)
- doppelte Anführungszeichen (double quoted)
- Heredoc-Syntax

Einfache Anführungszeichen (single quoted)

Der leichteste Weg, einen einfachen String zu schreiben, ist das Einschließen in einfache Anführungszeichen (').

```
<?php
// Ausgabe - PHP 5 lässt es krachen
echo 'PHP 5 lässt es krachen';

// Ausgabe - Herzlich Willkommen, Wir sind Ihre...
echo 'Herzlich Willkommen,
        Wir sind Ihre...';
?>
```

Anders als bei den zwei anderen Schreibweisen werden Variablen innerhalb von single-quoted Strings nicht ausgewertet.

```
<?php
$person = "Caroline";

// Ausgabe - Guten Morgen, $person
echo 'Guten Morgen, $person';
?>
```

Doppelte Anführungszeichen (double quoted)

Wenn ein String in doppelte Anführungszeichen (") gesetzt wird, versteht PHP mehr Escape-Folgen für spezielle Zeichen:

Zeichenfolge	Bedeutung
\n	Zeilenvorschub (LF oder 0x0A als ASCII-Code).
\r	Wagenrücklauf (CR oder 0x0D als ASCII-Code).
\t	Tabulator (HT oder 0x09 als ASCII-Code).
\\	Backslash bzw. Rückstrich.
\$	Dollar-Symbol.
\'	Einfaches Anführungszeichen.
\"	Doppeltes Anführungszeichen.
\[0-7]{1,3}	Die Zeichenfolge, die dem regulären Ausdruck entspricht, ist ein Zeichen in Oktal-Schreibweise.
\x[0-9A-Fa-f]{1,2}	Die Zeichenfolge, die dem regulären Ausdruck entspricht, ist ein Zeichen in Hexadezimal-Schreibweise.

Sollten Sie versuchen, sonstige Zeichen zu escapen, wird der Backslash ebenfalls ausgegeben.

Der wohl wichtigste Vorteil von double-quoted Strings ist die Tatsache, dass Variablen ausgewertet werden.

```php
<?php
$person = "Caroline";

// Ausgabe - Guten Morgen, Caroline
echo "Guten Morgen, $person";
?>
```

Heredoc

Der Einsatz von Heredoc wurde bereits im Abschnitt »Einführung in PHP« beschrieben, daher hier lediglich einige weitere Besonderheiten.

Heredoc-Text funktioniert wie ein String innerhalb doppelter Anführungszeichen, nur ohne doppelte Anführungszeichen. Anführungszeichen innerhalb von heredoc-Texten müssen also keiner Sonderbehandlung (Escapen) unterzogen werden, aber Sie können dennoch die oben aufgeführten Escape-Anweisungen verwenden. Variablen werden ausgewertet.

```php
<?php
echo <<<ANREDE
Herzlich Willkommen,
Meine Damen und Herren...
ANREDE;
?>
```

Variablen-Analyse (parsing)

Wird ein String in doppelten Anführungszeichen oder mit `heredoc` angegeben, werden enthaltene Variablen ausgewertet (geparst).

Es gibt zwei Syntaxtypen, eine einfache und eine komplexe.

* Die einfache Syntax ist die geläufigste und bequemste. Sie bietet die Möglichkeit, eine Variable, einen Array-Wert oder eine Objekt-Eigenschaft auszuwerten (parsen).

* Die komplexe Syntax wurde in PHP 4 eingeführt und ist an den geschweiften Klammern {}erkennbar, die den Ausdruck umschließen.

Einfache Syntax

Sobald ein Dollarzeichen ($) auftaucht, wird der Parser versuchen, einen gültigen Variablennamen zu bilden. Schließen Sie Ihren Varaiblennamen in geschweifte Klammern ein, wenn Sie ausdrücklich das Ende des Namens angeben wollen.

```php
<?php
$marke = 'Audi';

/*
 Ausgabe - Auid's sind goldig
 Da ' kein gültiges Zeichen für einen
 Variablennamen darstellt.
*/
echo "$marke's sind goldig";

/*
 Ausgabe - Sie haben zahlreiche gefahren
 Da s ein gültiges Zeichen für einen
 Variablennamene darstellt, wird der
 Interpreter nach einer Variablen mit
 dem Namen $markes suchen.
*/
echo "Sie haben zahlreiche $markes gefahren";

//Ausgabe - Sie hanen zahlreiche Audis gefahren
echo "Sie haben zahlreiche ${marke}s gefahren";
?>
```

Auf ähnliche Weise können Sie erreichen, dass ein Array-Index oder eine Objekt-Eigenschaft ausgewertet wird. Bei Array-Indizes markiert die schließende eckige Klammer (]) das Ende des Index. Für Objekt-Eigenschaften gelten die gleichen Regeln wie bei einfachen Variablen, obwohl es bei Objekt-Eigenschaften keinen Trick gibt, wie dies bei Variablen der Fall ist.

```php
<?php
$autos = array( 'Viper' => 'gelb' , 'Ferrari' => 'rot' );

/*
 Ausgabe - Ein Ferarri ist rot
 Achtung: außerhalb von String-Anführungszeichen funktioniert das anders.
```

```
*/
echo "Ein Ferarri ist $autos[Ferrari].";
?>
```

```php
<?php
// Klasse
class Fahrzeug
{
    var $plaetze;

    function Fahrzeug()
    {
        $this->plaetze = 4;
    }
}


// Objekt
$meinauto = new Fahrzeug;

// Ausgabe - Dieses Auto hat Platz für 4 Personen.
echo "Dieses Auto hat Platz für $meinauto->plaetze Personen.";

// Ausgabe - Dieses Auto hat Platz für Personen.
// Funktioniert nicht. Für eine Lösung siehe die komplexe Syntax.
echo "Dieses Auto hat Platz für $meinauto->plaetze00 Personen.";
?>
```

Für komplexere Strukturen sollten Sie die komplexe Syntax verwenden.

Komplexe (geschweifte) Syntax

Diese Syntax wird nicht komplex genannt, weil etwa die Syntax komplex ist, sondern weil Sie auf diesem Weg komplexe Ausdrücke einbeziehen können.

Tatsächlich können Sie jeden beliebigen Wert einbeziehen, der einen gültigen Namensbereich als String besitzt. Schreiben Sie den Ausdruck einfach auf die gleiche Art und Weise wie außerhalb des Strings, und umschließen Sie diesen mit { und }. Da Sie '{' nicht escapen können, wird diese Syntax nur erkannt, wenn auf { unmittelbar $ folgt. Benutzen Sie »{\$« oder »\{$«, um ein wörtliches »{$« zu erhalten. Hier ein Beispiel:

```php
<?php
// Klasse
class Fahrzeug
{
    var $plaetze;

    function Fahrzeug()
    {
        $this->plaetze = 4;
    }
}

// Objekt
```

```
$meinauto = new Fahrzeug;

// Ausgabe - Dieses Auto hat Platz für 400 Personen.
echo "Dieses Auto hat Platz für {$meinauto->plaetze}00 Personen.";
?>
```

Umwandlung von Zeichenketten

Sobald ein String als numerischer Wert ausgewertet wird, wird der resultierende Wert und Typ wie folgt festgelegt. Der String wird als `float` ausgewertet, wenn er eines der Zeichen '.', 'e' oder 'E' enthält. Ansonsten wird er als Integer-Wert interpretiert.

Der Wert wird durch den Anfangsteil des Strings bestimmt. Sofern der String mit gültigen numerischen Daten beginnt, werden diese als Wert benutzt. Andernfalls wird der Wert 0 (Null) sein. Gültige numerische Daten sind ein optionales Vorzeichen, gefolgt von einer oder mehreren Zahlen (optional mit einem Dezimalpunkt). Wahlweise kann auch ein Exponent angegeben werden. Der Exponent besteht aus einem 'e' oder 'E', gefolgt von einer oder mehreren Zahlen.

```
<?php
$wert = 1 + "10.5";
// Ausgabe - $wert ist float (11.5)
echo $wert;

$wert2 = 1 + "Matze3";
// Ausgabe - $wert2 ist integer (1)
echo $wert2;

$wert3 = "10 Autos" + 1;
// Ausgabe - $wert3 ist integer (11)
echo $wert3;
?>
```

1.3.2   Zahlen

Zahlen sind der grundlegendste Datentyp überhaupt und benötigen wenig Erläuterung. Es kann sich dabei um ganze Zahlen oder Fließkommazahlen handeln. Ganze Zahlen (Integer) können dezimal, oktal oder hexadezimal geschrieben werden.

Der Datentyp für die Zahlen umfasst:

- ganzzahlige Zahlenwerte wie 10, 50, 1000000 oder −1000, die auch als Integer-Zahlen bezeichnet werden;

- Zahlen mit Nachkommastellen wie 9.95 oder 3.1415, die auch als Gleitkommazahlen (Float-Zahlen) bezeichnet werden.

Achtung: Sie sollten dabei beachten, dass der Punkt hier zur Abtrennung der Nachkommastellen und nicht wie im Deutschen üblich zur Kennzeichnung der Tausenderstellen dient.

Wie sieht es nun mit der Schreibweise von ganzzahligen Werten aus?

Beispiel:

```
$zahleins = 9000;
```

Dieser Zahlenwert kann auch als Hexadezimalzahl angegeben werden. Um dem PHP-Interpreter anzuzeigen, dass die folgende Zahl eine Hexadezimalzahl ist, stellen Sie dem Zahlenwert das Präfix 0x voran.

Beispiel:

```
$zahlEins = 0x2328;   // entspricht dezimal 9000
```

Nun zu den Fließkommazahlen:

```
$zahlzwei = 999.99;
```

Wie Sie sehen, werden Fließkommazahlen mit einem Punkt zwischen den Vorkomma- und Nachkommastellen geschrieben. Alternativ können Sie Fließkommazahlen auch in der Exponentialschreibweise angeben.

```
$zahldrei = 999.99e2; // entspricht 99999
```

> **Hinweis:** Der Buchstabe e wird in Fließkommazahlen zur Kennzeichnung eines nachfolgenden Exponenten zur Basis 10 verwendet. 999.99e2 bedeutet also 999.99 * 10^2, nicht zu verwechseln mit der Eulerschen Zahl.

PHP-Programme bearbeiten Zahlen, indem sie die arithmetischen Operatoren benutzen, die die Sprache zur Verfügung stellt. Dazu gehören:

Addition (+)

Substraktion (-)

Multiplikation (*)

Division (/)

Modulo (%)

Die vollständigen Einzelheiten bezüglich dieser und anderer arithmetischer Operatoren finden sich im Abschnitt »Operatoren«.

Zusätzlich zu diesen grundlegenden mathematischen Operationen unterstützt PHP komplizierte mathematische Operationen durch eine große Anzahl an mathematischen Funktionen, die zu den Kernbestandteilen der Sprache gehören.

Beispiel:

```
// Sinus von x berechnen
$sinusx = sin($x);
```

Die Anweisung ermöglicht es Ihnen, den Sinus eines Zahlenwerts x zu berechnen. Im Abschnitt der praktischen Anwendungsbeispiele werden wir einige nützliche Formeln aufzeigen.

Integer-Typen

In der Mathematik würde der Integer-Typ dem Wertebereich aus der Menge Z = {..., -2, -1, 0, 1, 2, ...} entsprechen. Wie bereits erwähnt, können Ganzzahlen in dezimaler (10-basierter), hexadezimaler (16-basierter) oder oktaler (8-basierter) Schreibweise angegeben werden, wahlweise mit einem vorangestellten -/+ Zeichen.

Schreibweisen:

- Für Oktalzahlen wird eine vorangestellte 0 benötigt.
- Für Hexadezimalzahlen wird ein vorangestelltes 0x benötigt.

Beispiel:

```php
<?php
// Dezimalzahl
$zahl = 1234;
echo $zahl;

// Negative Zahl
$zahl = -123;
echo $zahl;

// Oktalzahl (87)
$zahl = 0127;
echo $zahl;

// Hexadezimalzahl (255)
$zahl = 0xFF;
echo $zahl;
?>
```

Die Größe eines Integer-Werts ist von der jeweiligen Plattform abhängig, ein Maximalwert von ungefähr zwei Milliarden ist jedoch üblich (32 Bit).

Integer-Überlauf

Sollten Sie eine Zahl jenseits der Grenzen des Typs integer angeben, wird diese als Typ float interpretiert. Wenn Sie eine Operation ausführen, deren Ergebnis eine Zahl jenseits der Grenzen des Typs integer ist, wird ebenso eine Zahl vom Typ float zurückgegeben.

Beispiel:

```php
<?php
// Ausgabe: int(2147483647)
$zahl = 2147483647;
var_dump($zahl);

// Ausgabe: float(2147483648)
$zahl = 2147483648;
var_dump($zahl);
?>
```

Dies gilt auch für Integer in hexadezimaler Schreibweise.

Beispiel:

```
<?php
// Ausgabe: int(2147483647)
var_dump(0x7fffffff);

// Ausgabe: float(2147483648)
var_dump(0x80000000);
?>
```

Und für Integer, welche aus einer Rechenoperation resultieren.

Beispiel:

```
<?php
// Ausgabe: float(1.0E+11)
$zahl = 100000 * 1000000;
var_dump($zahl);
?>
```

In PHP gibt es keinen Operator für Integer-Divisionen. 1/2 ergibt 0.5.

Beispiel:

```
<?php
// Ausgabe: float(0.5)
var_dump(1/2);
?>
```

Umwandlung in integer

Um einen Wert ausdrücklich in einen Integer zu konvertieren, benutzen Sie entweder die Umwandlung mittels (int) oder (integer). In den allermeisten Fällen ist es jedoch nicht notwendig, die Umwandlung selbst vorzunehmen. Ein Wert wird automatisch konvertiert, falls ein Operator, eine Funktion oder eine Kontrollstruktur ein integer-Argument erfordert.

Beispiel:

```
<?php
// Ausgabe (10)
echo (int) 10.99;
// Ausgabe (10)
echo (integer) 10.99;
?>
```

Umwandlung von Booleans in integer

FALSE ergibt 0 (Null), und TRUE ergibt 1 (Eins).

Beispiel:

```php
<?php
// Boolean
echo (int) true;  // 1
echo (int) false; // 0
?>
```

Umwandlung von Fließkomma-Zahlen in integer

Bei der Umwandlung von float nach integer wird die Zahl in Richtung Null gerundet.

Beispiel:

```php
<?php
// Ausgabe (99999)
echo (int) 9999.4567;
?>
```

Wenn der float jenseits der Grenzen von integer liegt (üblicherweise +/- 2.15e+9 = 2^31), ist das Ergebnis nicht definiert, da float nicht genug Präzision besitzt, um ein genaues integer-Ergebnis zu liefern. Keine Warnung oder Fehlermeldung wird in diesem Fall ausgegeben.

Sie sollten nie einen Teilausdruck nach integer umwandeln, da dies in einigen Fällen zu unerwarteten Ergebnissen führen kann.

Beispiel:

```php
<?php
// Ausgabe (8)
echo ( (0.7+0.1) * 10 );
// Ausgabe (7)
echo (int) ( (0.7+0.1) * 10 );
?>
```

Umwandlung von Strings in integer

Natürlich lassen sich auch Zeichenketten in integer umwandeln.

```php
<?php
// Ausgabe (10)
echo 2 * "5 Äpfel";

// Ausgabe (6)
echo "5 Autos " + 1;

// Ausgabe (1)
echo 1 + "C-64";
?>
```

Float-Typen

Fließkommazahlenwerte, auch als Floats, Doubles oder reelle Zahlen bezeichnet, können durch eine der folgenden Anweisungen zugewiesen werden:

```php
<?php
// Ausgabe (1.234)
$wert = 1.234;
echo $wert;

// Ausgabe (1200)
$wert = 1.2e3;
echo $wert;

// Ausgabe (7E-10)
$wert = 7E-10;
echo $wert;
?>
```

Die Größe einer Fließkommazahl ist plattformabhängig, dennoch stellt ein Maximum von ~1.8e308 mit einer Genauigkeit von 14 Nachkommastellen einen üblichen Wert dar (das entspricht 64 Bit im IEEE-Format).

Fließkomma-Präzision

Es ist ziemlich normal, dass einfache Dezimalzahlen wie 0.1 oder 0.7 nicht in ihre internen binären Entsprechungen konvertiert werden können, ohne einen kleinen Teil ihrer Genauigkeit zu verlieren. Das kann zu verwirrenden Ergebnissen führen.

```php
<?php
// Ausgabe (7)
echo floor((0.1 + 0.7) * 10)
?>
```

Sie haben sicher 8 erwartet. Dieses Ergebnis stützt sich auf die Tatsache, dass es unmöglich ist, einige Dezimalzahlen durch eine endliche Anzahl an Nachkommastellen darzustellen. Dem Wert 1/3 entspricht z.B. der interne Wert von 0.3333333.

Daher sollten Sie nie den Ergebnissen von Fließkomma-Operationen bis auf die letzte Nachkommastelle trauen, sondern sie auf Gleichheit prüfen.

> **Tipp:** Benötigen Sie eine größere Genauigkeit, sollten Sie die mathematischen Funktionen beliebiger Genauigkeit oder die Gmp-Funktionen verwenden.

1.3.3 Boolean/Boolesche Werte

Die Datentypen für Zahlen und Strings können beliebig viele verschiedene Werte annehmen. Der Datentyp `boolean` kennt hingegen nur zwei mögliche Werte. Die zwei zulässigen booleschen Werte sind `true` (wahr) und `false` (falsch). Ein boolescher Wert stellt einen Wahrheitswert dar, der besagt, ob ein Sachverhalt wahr ist oder nicht.

> **Hinweis:** Die beiden Schlüsselwörter TRUE oder FALSE unterscheiden nicht zwischen Groß- und Kleinschreibung.
>
> **Tipp:** Um boolesche Werte besser zu verstehen, sollte man sich das einfache Schema eines Lichtschalters vorstellen. Ist das Licht an, steht der Lichtschalter auf »Ein«, dies entspricht dem booleschen Wert `true`. Ist das Licht aus, steht der Lichtschalter auf »Aus«, dies entspricht dem booleschen Wert `false`. Natürlich kann dieses Schema nur angewendet werden, wenn die Birne in der Lampe in Ordnung ist und der Stecker steckt!

Beispiel:

```
// Licht ist eingeschaltet
$licht = true;
// Licht ist ausgeschaltet
$licht = false;
```

Boolesche Werte sind im Allgemeinen das Ergebnis von Vergleichen, die in einem Programm vorgenommen werden. Wie sieht ein solcher Vergleich aus?

```
$name == "Matthias";
```

Hier sehen Sie einen Teil eines Vergleichs. Dabei wird überprüft, ob der Wert der Variablen `name` der Zeichenkette »Matthias« entspricht. Sollte dies der Fall sein, ist das Ergebnis des Vergleichs der boolesche Wert `true`. Wenn der Wert der Variablen `name` nicht der Zeichenkette entsprechen sollte, dann ist das Ergebnis des Vergleichs `false`. Boolesche Werte werden in PHP gewöhnlich durch Vergleiche erzeugt und zur Ablaufsteuerung genutzt.

In einer If-Else-Konstruktion wird eine Aktion ausgeführt, wenn ein boolescher Wert `true` ist, aber eine andere, wenn dieser Wert `false` ist. Häufig wird ein Vergleich, der einen booleschen Wert erzeugt, unmittelbar mit einer Anweisung kombiniert, die diesen Wert benutzt.

Beispiel:

```
<?php
if ($name == "Matthias") {
        $spruch = "Hallo " + $name;
        echo $spruch;
} else {
        $spruch = "Sie kenne ich nicht!";
        echo $spruch;
}
?>
```

Dieses Beispiel prüft, ob der Wert in der Variablen `$name` der Zeichenkette »Matthias« entspricht. Wenn ja, dann wird in die Variable `$spruch` die Zeichenkette »Hallo Matthias« eingesetzt, sonst wird in die Variable `$spruch` die Zeichenkette »Sie kenne ich nicht!« eingesetzt.

Eines sollte hier zu den booleschen Werten noch erwähnt werden: PHP ist in der Lage, die Zahlenwerte 1 und 0 als boolesche Werte `true` und `false` zu interpretieren.

Beispiel:

```
$signaleins = true;
$signalzwei = 1;
```

Beide Anweisungen enthalten unterschiedliche Datentypen, jedoch erst aus dem Kontext heraus wird ersichtlich, ob es sich bei der Variablen $signalzwei um einen Zahlenwert oder einen booleschen Wert handelt.

Beispiel:

```
<?php
// Variable
$signalzwei = 1;

// Zahl
$summe = $signalzwei + 5;

// Boolscher Wert
if ($signalzwei == true) {
        $zustand = "Signal ist Ein";
        echo $zustand;
}
?>
```

> **Achtung:** C/C++-Programmierer sollten beachten, dass PHP einen eigenen Datentyp Boolean hat. Dies steht im Gegensatz zu C/C++, die einfache ganzzahlige Werte benutzen, um boolesche Werte nachzuahmen.

Umwandlung nach boolean

Um einen Wert ausdrücklich nach boolean zu konvertieren, benutzen Sie entweder die Umwandlung mittels (bool) oder (boolean).

Beispiel:

```
<?php
// Ausgabe (1)
echo (bool) ((100));
// Ausgabe (1)
echo (boolean) ((100));
?>
```

In den allermeisten Fällen ist es jedoch nicht notwendig, die Umwandlung selbst vorzunehmen. Ein Wert wird automatisch konvertiert, falls ein Operator, eine Funktion oder eine Kontrollstruktur ein boolean Argument erfordert.

Bei der Umwandlung nach boolean werden folgende Werte als FALSE angesehen:

- das boolean FALSE
- die Integer 0 (Null)
- die Fließkommazahl 0.0 (Null)

- die leere Zeichenkette und die Zeichenkette »0«
- ein Array ohne Elemente
- ein Objekt ohne Elemente
- der spezielle Type NULL (einschließlich nicht definierter Variablen)

Jeder andere Wert wird als TRUE angesehen, einschließlich jeder Ressource.

> **Achtung:** -1 wird als TRUE angesehen, wie jede andere Zahl ungleich Null. Ob es sich dabei um eine negative oder positive Zahl handelt ist nicht relevant.

1.3.4   Objekte

Objekte gehören dem PHP-Datentyp `Object` an. Ein Objekt ist eine Sammlung benannter Daten. Die Namen dieser Datenelemente werden als Eigenschaften, Attribute oder Propertys des Objekts bezeichnet. Einige sprechen auch von den Feldern des Objekts. Diese Benennung kann jedoch zu Verwirrungen führen, da so genannte Felder (Arrays) auch als eigenständiger Datentyp existieren. Sie sollten sich daher auf eine der ersten drei Benennungen stützen. Um die Eigenschaft eines Objekts anzusprechen, sprechen wir zunächst das Objekt an, setzen dahinter ein -> und fügen anschließend den Namen der Eigenschaft an.

Beispiel:

```
$meinRechner->hersteller
$meinRechner->cpu
```

Hier haben wir ein Objekt namens `$meinRechner` mit den Eigenschaften `hersteller` und `cpu`. Die Eigenschaften von Objekten verhalten sich dabei in PHP wie Variablen. Sie können alle Datentypen enthalten, einschließlich Arrays, Funktionen und anderer Objekte. Wie bereits erwähnt, wird eine Funktion, die als Eigenschaft eines Objekts gespeichert ist, oft auch als Methode bezeichnet. Um eine Methode eines Objekts aufzurufen, benutzen Sie wiederum die Schreibweise mit dem ->, um den Funktions-Datenwert in dem Objekt ansprechen zu können.

Beispiel:

```
$meinRechner->starten();
```

Wir wollen Ihnen noch ein lauffähiges Beispiel für die aufgeführten Eigenschaften und die Funktion mit auf den Weg geben:

```php
<?php
/*
 Klasse (class)
 Definiert Eigenschaften, Methoden und Funktionen
 einer Gruppe von Objekten
*/
class Rechner {

        var $cpu;
```

```
      var $hersteller;

      function Rechner($taktrate,$unternehmen)
   {
      $this->cpu = $taktrate;
      $this->hersteller = $unternehmen;
   }
   function starten()
   {
            echo "Rechner gestartet!";
   }
}
// Objekterzeugen
$meinRechner = new Rechner(2000,"Intel");

// Ausgabe - Object id #1
echo $meinRechner;
// Ausgabe - Intel
echo $meinRechner->hersteller;
// Ausgabe - Rechner gestartet!
echo $meinRechner->starten();
?>
```

1.3.5 Arrays

Ein Array in PHP ist im eigentlichen Sinne eine geordnete Abbildung. Eine Abbildung ist ein Typ, der Werte auf Schlüssel abbildet. Dieser Typ ist auf mehrere Arten optimiert, so dass Sie ihn auf verschiedene Weise benutzen können:

- als reales Array
- als Liste (Vektor)
- als Hash-Tabelle
- als Verzeichnis
- als Sammlung
- als Stapel (Stack)
- als Warteschlange (Queue)

und vieles mehr.

Da Sie ein weiteres PHP-Array als Wert benutzen können, ist es recht einfach, Baumstrukturen zu simulieren und Verschachtelungen vorzunehmen.

Angabe mit array()

Ein Array kann mit Hilfe des Sprachkonstrukts `array()` erzeugt werden. Es benötigt eine bestimmte Anzahl von durch Komma getrennten `Schlüssel => Wert`-Paaren.

Ein Schlüssel ist entweder eine Zahl vom Typ `integer` oder ein String. Wenn ein Schlüssel die Standarddarstellung einer Integer-Zahl ist, wird er als solche interpretiert wird:

- »8« wird als 8 interpretiert.
- »08« wird als »08« interpretiert.

Wert

Der Wert eines Arrays-Eintrags kann ein beliebiger Datentyp sein.

Schlüssel

Falls Sie einen Schlüssel weglassen, wird das Maximum des Integer-Indizes genommen und der neue Schlüssel wird das Maximum + 1 sein. Das gilt auch für negative Indizes, da ein Integer negativ sein kann. Ist zum Beispiel der höchste Index -6, wird der neue Schlüssel den Wert -5 haben. Falls es bis dahin keine Integer-Indizes gibt, wird der Schlüssel zu 0 (Null). Falls Sie einen Schlüssel angeben, dem schon ein Wert zugeordnet wurde, wird dieser Wert überschrieben.

Wenn Sie `true` als Schlüssel benutzen, wird dies als Schlüssel vom Typ `integer` 1 ausgewertet. Benutzen Sie `false` als Schlüssel, wird dies als Schlüssel vom Typ `integer` 0 ausgewertet. Die Benutzung von `NULL` als Schlüssel führt dazu, dass der Schlüssel als leerer String gewertet wird. Verwenden Sie einen leeren String als Schlüssel, wird ein Schlüssel mit einem leeren String und seinem Wert erzeugt oder überschrieben. Das entspricht nicht der Verwendung von leeren Klammern.

Sie können keine Arrays oder Objekte als Schlüssel benutzen. Der Versuch wird mit einer Warnung enden: `Illegal offset type`.

```
// Schlüssel ist entweder ein string oder integer
// Wert kann irgendetwas sein.
array( [Schlüssel =>] Wert, ...)
```

Hier einige Beispiele:

```
<pre>
<?php
$arrays = array (
    "Fruechte" => array ("a"=>"Kirsche", "b"=>"Birne"),
    "Zahlen"   => array (1, 2, 3, 4, 5, 6),
    "Autos"    => array ("Audi", 5 => "Mercedes", "BMW")
);
print_r($arrays);
?>
</pre>
```

Ausgabe:

```
Array
(
    [Fruechte] => Array
```

```
        (
            [a] => Kirsche
            [b] => Birne
        )

    [Zahlen] => Array
        (
            [0] => 1
            [1] => 2
            [2] => 3
            [3] => 4
            [4] => 5
            [5] => 6
        )

    [Autos] => Array
        (
            [0] => Audi
            [5] => Mercedes
            [6] => BMW
        )

)
```

Automatischer Index mit array():

```
<pre>
<?php
$meinarray = array( 10,
                    20,
                    30,
                    40,
                    50,
                    60,
                    70,
                    4=>1,
                    5=>1,
                    6=>13
                    );

print_r($meinarray);
?>
</pre>
```

Ausgabe:

```
Array
(
    [0] => 10
    [1] => 20
    [2] => 30
    [3] => 40
    [4] => 1
    [5] => 1
    [6] => 13
)
```

Auf 1 basierter Index mit array():

```
<pre>
<?php
$monate  = array(1 => 'Januar', 'Februar', 'März');
print_r($monate);
?>
</pre>
```

Ausgabe:

```
Array
(
    [1] => Januar
    [2] => Februar
    [3] => März
)
```

Erzeugen/Verändern mit der eckigen Klammer-Syntax

Sie können ein bestehendes Array durch explizites Zuweisen von Werten verändern.
Weisen Sie dem Array Werte zu, indem Sie den Schlüssel in eckigen Klammern angeben.
Sie können den Schlüssel auch weglassen. In diesem Fall schreiben Sie einfach ein leeres
Klammerpaar ("[]") hinter den Variablennamen.

```
// Schlüssel ist entweder ein string oder ein nicht-negativer integer
// Wert kann irgendetwas sein.
$arr[Schlüssel] = Wert;
$arr[] = Wert;
```

Beispiel:

```
<pre>
<?php
$monate  = array(1 => 'Januar', 'Februar', 'März');
$monate[4] = "April";
$monate[] = "Mai";
print_r($monate);
?>
</pre>
```

Ausgabe:

```
Array
(
    [1] => Januar
    [2] => Februar
    [3] => März
    [4] => April
    [5] => Mai
)
```

Falls das Array bis dahin nicht existiert, wird es erzeugt. Das ist also eine alternative
Syntax, um ein Array zu erzeugen. Um einen bestimmten Wert zu ändern, weisen Sie
ihm einfach einen neuen Wert zu.

Beispiel:

```
<pre>
<?php
$personen[0] = "VW";
$personen[1] = "BMW";
$personen[2] = "OPEL";
print_r($personen);
?>
</pre>
```

Ausgabe:

```
Array
(
    [0] => VW
    [1] => BMW
    [2] => OPEL
)
```

Sollten Sie ein Schlüssel/Wert-Paar entfernen wollen, benutzen Sie unset().

Beispiel:

```
<pre>
<?php
$personen[0] = "VW";
$personen[1] = "BMW";
$personen[2] = "OPEL";

// Löschen
unset ($personen[1]);
print_r($personen);
?>
</pre>
```

Ausgabe:

```
Array
(
    [0] => VW
    [2] => OPEL
)
```

Nützliche Funktionen

Es existieren eine Vielzahl von nützlichen Funktionen, um mit Arrays zu arbeiten. Einige davon werden wir im Abschnitt »Arrays« gesondert behandeln.

Beispiel:

```
<?php
// Array
$daten[0] = 100;
$daten[1] = 300;
$daten[2] = 500;
```

```
$anzahl = count($daten);
// Ausgabe (3)
echo $anzahl;
?>
```

Schreibweisen und ihre Besonderheiten

Warum ist `$daten[eintrag]` falsch? – Sie sollten immer Anführungszeichen für einen assoziativen Index eines Arrays benutzen. Zum Beispiel sollten Sie `$daten['eintrag']` und nicht `$daten[eintrag]` benutzen. Aber warum ist `$daten[eintrag]` falsch? Sicher ist Ihnen folgende Syntax in einigen PHP-Skripts bereits begegnet:

```
<?php
$daten[eintrag] = "Matze";
// Ausgabe - Matze
echo $daten[eintrag];
?>
```

Diese Schreibweise funktioniert zwar, ist aber falsch. Der Grund ist, dass dieser Code eine undefinierte Konstante `eintrag` enthält anstatt eines Strings 'eintrag'. Beachten Sie die Anführungszeichen. PHP könnte in Zukunft Konstanten definieren, die unglücklicherweise für ihren Code den gleichen Namen verwenden. Es funktioniert, weil die undefinierte Konstante in einen String mit gleichem Namen umgewandelt wird. PHP nimmt an, dass Sie `eintrag` wörtlich gemeint haben, wie den String `'eintrag'`, aber vergessen haben, die Anführungszeichen zu setzen.

Daher ist die folgende Schreibweise zu bevorzugen:

```
<?php
$daten['eintrag'] = "Matze";
// Ausgabe - Matze
echo $daten['eintrag'];
?>
```

Hinweis: Noch mehr rund um das Thema Arrays erfahren Sie im Abschnitt »Arrays«.

1.3.6   Resource-Typ

Der Resource-Typ bezeichnet eine spezielle Variable, die eine Referenz auf eine externe Ressource enthält. Resourcen werden von bestimmten Funktionen erzeugt und benutzt. Einige Ressourcen:

- COM – Referenz auf ein COM-Objekt
- ftp – FTP-Verbindung
- gd – GD-Grafik
- imap – Verbindung zu einem IMAP- oder POP3-Server herstellen
- msql query – mSQL-Ergebnis
- mysql result – MySQL-Ergebnis

- file – Datei-Handle
- xml – XML-Parser

Hinweis: Der Resource-Typ wurde in PHP 4 eingeführt.

Freigabe von Ressourcen

Aufgrund des Reference-Counting-Systems, das mit der Zend-Engine von PHP 4 eingeführt wurde, wird automatisch erkannt, wenn auf eine Ressource nicht mehr zugegriffen wird. Wenn dies der Fall ist, werden alle Ressourcen, die für diese Ressource in Gebrauch waren, durch den »Müllsammler« (Garbage Collector) freigegeben. Aus diesem Grund ist es nur in seltenen Fällen notwendig, Speicher manuell durch Aufruf von free_result-Funktionen freizugeben.

Achtung: Persistente Datenbankverbindungen stellen einen Sonderfall dar, sie werden durch den Garbage Collector nicht automatisch entfernt.

1.3.7   NULL

Das PHP-Schlüsselwort NULL ist ein besonderer Wert, der für »kein Wert« steht. Technisch gesehen ist NULL ein Wert des Typs Objekt. Wenn eine Variable diesen Wert besitzt, weiß man demnach, dass sie kein gültiges Objekt oder Array enthält. Zudem weiß man, dass sie auch weder eine Zahl, eine Zeichenkette, einen booleschen Wert noch eine Funktion enthält.

C/C++-Programmierer sollten auch beachten, dass NULL in PHP nicht dasselbe ist wie 0. Unter bestimmten Umständen wird NULL zwar in eine 0 umgewandelt, aber es liegt keine Äquivalenz vor.

Eine Variable wird als NULL interpretiert, wenn:

- ihr die Konstante NULL als Wert zugewiesen wurde,
- ihr bis jetzt kein Wert zugewiesen wurde,
- sie mit unset() gelöscht wurde.

Beispiel:

```php
<?php
// Ausgane - Vorname ist NULL
if ($vorname == NULL) echo "Vorname ist NULL";
?>
```

Der Wert NULL kann in verschiedenen Situationen verwendet werden. Hier einige Beispiele für derartige Situationen:

- Eine Variable hat noch keinen Wert erhalten.
- Eine Variable enthält keinen Wert mehr.

- Eine Funktion kann keinen Wert zurückgeben, weil kein entsprechender Wert verfügbar ist; in diesem Fall wird der Nullwert zurückgegeben.

Hinweis: NULL ist der einzig mögliche Wert des Typs NULL.

1.3.8   Typen – Besonderheiten

Automatische Typenkonvertierung

Ein bedeutender Unterschied zwischen PHP und Sprachen wie C/C++ und Java liegt darin, dass PHP nicht typisiert ist. Das bedeutet, dass Variablenwerte beliebige Datentypen enthalten können. Im Gegensatz hierzu können Variablen in C/C++ und Java jeweils nur einen einzigen Datentyp enthalten.

Beispiel:

```
$zahl = 5;
$zahl = "fünf";
```

In PHP ist diese Zuweisung zulässig. Einer Variablen zahl wird zunächst eine Zahl und später eine Zeichenkette zugewiesen. In C/C++ oder Java wären diese Codezeilen unzulässig. Da PHP eine Sprache ohne explizite Typen ist, müssen Variablendeklarationen auch keinen Datentyp angeben, wie dies in C/C++ und Java der Fall ist. In diesen Sprachen deklariert man eine Variable, indem man den Namen des Datentyps angibt, den die Variable aufnehmen soll, und dahinter wird der Name der Variablen angegeben.

Beispiel:

```
// Deklaration einer Integer-Variablen in C/C++ oder Java
int zahl;
```

In PHP hingegen verwenden Sie für die Variablendeklaration lediglich einen gültigen Variablennamen und brauchen keinen Typ anzugeben.

Beispiel:

```
// Deklaration einer PHP-Variablen ohne Typ
$zahl = 100;
```

Eine Folge aus dem Nichtvorhandensein von Typen in PHP besteht darin, dass Werte automatisch zwischen verschiedenen Typen konvertiert werden können. Wenn man zum Beispiel versucht, eine Zahl an eine Zeichenkette anzuhängen, setzt PHP die Zahl automatisch in die entsprechende Zeichenkette um, die dann angehängt werden kann.

Beispiel:

```
<?php
// Variablen
$wort = "Besucher";
$nummer = 5;
$kombination = $nummer . $wort;
```

```
// Ausgabe - 5 Besucher
echo $kombination;
?>
```

Die Tatsache, dass PHP untypisiert ist, verleiht der Sprache die Flexibilität und Einfachheit, die für eine Skriptsprache wünschenswert ist. Im folgenden Abschnitt werden Sie die automatische Typkonvertierung genauer kennen lernen, da sie ein wesentlicher Bestandteil der Sprache ist.

Ein Beispiel für die automatische Typkonvertierung von PHP ist der +-Operator. Ist einer der zu addierenden Werte vom Typ float, werden alle Werte als float-Typ behandelt. Auch das Ergebnis der Addition wird vom Typ float sein. Andernfalls werden die Werte als integer-Typen angesehen und das Ergebnis wird ebenfalls vom Typ integer sein. Beachten Sie, dass hierdurch NICHT der Typ der Operanden selbst beeinflusst wird; der Unterschied liegt einzig und allein in der Auswertung dieser Operanden.

Beispiel:

```
<?php
// String
$wert = "0";
// Integer
$wert += 2;
// Ausgabe - 2 (Integer)
echo $wert;
?>
```

Hier eine Zusammenfassung zur automatischen Typzuweisung:

- In Anführungszeichen "" oder ' ' eingeschlossene Zeichen werden als String interpretiert.

- Eine Zahl ohne Punkt wird als Ganzzahl interpretiert.

- Eine Zahl mit Punkt wird als Fließkommazahl interpretiert.

- Bei der Auswertung von Ausdrücken bestimmt der verwendete Operator den Datentyp des Ergebnisses.

1.3.9 Typumwandlung

Explizite Typumwandlung

Typumwandlung in PHP funktioniert vielfach wie in C. Der Name des gewünschten Typs wird vor der umzuwandelnden Variablen in Klammern gesetzt, dies wird auch als cast-Operation bezeichnet.

Beispiel:

```
<?php
// Integer
$zahl = 100;
// Float
```

```
$zahl = (float) $zahl;
// Ausgabe - float(100)
echo var_dump($zahl);
?>
```

Folgende Umwandlungen sind möglich:

- (int), (integer) – nach integer
- (bool), (boolean) – nach boolean
- (float), (double), (real) – nach float
- (string) – nach string
- (array) – nach array
- (object) – Wandlung zum Objekt

Anstatt eine Variable in einen String umzuwandeln, können Sie die Variable auch in doppelte Anführungszeichen einschließen.

Beachten Sie, dass Tabulatoren und Leerzeichen innerhalb der Klammern erlaubt sind. Deshalb sind die folgenden Beispiele identisch:

```
$zahl = (int) $zahl;
$zahl = ( int ) $zahl;
```

Es ist nicht immer offenkundig, was bei der Typumwandlung geschieht. Sollten Sie eine Umwandlung eines Arrays zu einem String vornehmen oder erzwingen, ist das Ergebnis das Wort »Array«. Wenn Sie eine Umwandlung eines Objekts zu einem String vornehmen oder erzwingen, ist das Ergebnis das Wort »Objekt«.

Bei der Umwandlung einer skalaren oder String-Variablen zu einem Array wird die Variable das erste Element des Arrays:

```
<?php
$vorname = 'Caroline';
$personen = (array) $vorname;
// Ausgabe - Caroline
echo $personen[0];
?>
```

Sobald eine skalare oder String-Variable in ein Objekt gewandelt wird, wird die Variable zu einem Attribut des Objekts; der Eigenschaftsname wird 'scalar':

```
<?php
$vorname = 'Caroline';
$obj = (object) $vorname;
// Ausgabe - Caroline
echo $obj->scalar;
?>
```

Bei der Umwandlung sollten Sie berücksichtigen, dass nicht sämtliche Richtungen sinnvoll sind. In der folgenden Tabelle stellen wir Ihnen sinnvolle mögliche Kombinationen vor.

Zieltyp	Sinnvolle Quelltypen	Unwandlungsprinzip
integer	double	Dezimale werden abgeschnitten (keine Rundung).
int	string	Wird keine Zahl erkannt, wird 0 zurückgegeben.
double	integer	unverändert.
real	string	Wird keine Zahl erkannt, wird 0 zurückgegeben.
string	integer	Gibt die Zahl als Zeichenkette zurück.
	double	Gibt die Zahl als Zeichenkette zurück.
array	object	Wird direkt umgewandelt.
	integer	Es entsteht ein Array mit einem Element vom Ursprungstyp.
	string	Es entsteht ein Array mit einem Element vom Ursprungstyp.
	double	Es entsteht ein Array mit einem Element vom Ursprungstyp.
object	array	Wird direkt umgewandelt.
	integer	Es entsteht ein Objekt mit einer Eigenschaft, die durch die Variable repräsentiert wird.
	string	Es entsteht ein Objekt mit einer Eigenschaft, die durch die Variable repräsentiert wird.
	double	Es entsteht ein Objekt mit einer Eigenschaft, die durch die Variable repräsentiert wird.

Zeichenkettenkonvertierung

Bei der Umwandlung von Zeichenketten wendet PHP bestimmte Regeln an. Mit deren Kenntnis können Sie das Ergebnis voraussagen und von der Umwandlung sichern Gebrauch machen:

- `integer` entsteht, wenn die Zeichenkette mit einem gültigen numerischen Zeichen (Ziffer, Plus oder Minus) beginnt und dahinter nicht die Zeichen . , e oder E folgen. Ist der erste Teil der Zeichenkette ein gültiger Ausdruck, wird der Rest ignoriert.

- `float` (double) entsteht, wenn die Zeichenkette mit einem gültigen numerischen Zeichen (Ziffer, Plus oder Minus) beginnt und dahinter die Zeichen . , e oder E folgen. Ist der erste Teil der Zeichenkette ein gültiger Ausdruck, wird der Rest ignoriert.

Hinweis: Die Zeichen e oder E dienen der Darstellung von Exponenten. Die Schreibweise Enn steht für x10^{nn}. Generell dient der Punkt . als Dezimaltrennzeichen. Sie müssen dies bei Zuweisungen von Variablen berücksichtigen. Zur Ausgabe lassen sich Zahlen mit der Funktion `number_format` in die benötigte Form bringen (deutsche Schreibweise mit Komma).

Umwandlungsfunktion

Neben der Angabe des Datentyps als `cast`-Ausdruck kann auch die Funktion `settype()` eingesetzt werden. In manchen Ausdrücken wird eine Funktion erwartet, oft dient der Einsatz jedoch lediglich der besseren Lesbarkeit.

```
settype (string var, string type)
```

Der Typ der Variablen `var` wird festgelegt als `type`. Mögliche Werte für `type` sind:

- "integer"
- "double"
- "string"
- "array"
- "object"

Beispiel:

```php
<?php
$preis = 9.99;
settype($preis,"integer");
// Ausgabe (9)
echo $preis
?>
```

Beispiel:

```php
<?php
$preis = 9.99;
settype($preis,"object");
// Ausgabe Object id #1
echo $preis;
// Ausgabe (9.99)
echo $preis->scalar;
?>
```

Hinweis: Bei erfolgreicher Umwandlung liefert `settype()` TRUE, sonst FALSE. So haben Sie die Möglichkeit, auf eine fehlerhafte Umwandlung mit Hilfe einer Bedingung zu reagieren.

Beispiel:

```php
<?php
$preis = 9.99;
// Aushabe (9)
if (settype($preis,"integer") == 1) {
        echo $preis;
} else {
        echo "Fehler!";
}
?>
```

Sollte Ihnen `settype()` zu umständlich sein, können Sie auch die abgeleiteten `val`-Funktionen verwenden:

- `intval(string var)` – Diese Funktion wandelt in `integer` um.
- `doubleval (string var)` – Diese Funktion wandelt in `double` um.
- `strval(string var)` – Diese Funktion wandelt in `string` um.

Beispiel:

```php
<?php
$preis = 9.99;
// Aushabe (9)
echo intval($preis);
?>
```

1.3.10 Datentypen bestimmen

Einsatz von var_dump()

Um beispielsweise den Typ und den Wert eines bestimmten Ausdrucks (Expression) zu überprüfen, können Sie `var_dump()` einsetzen.

Beispiel:

```php
<pre>
<?php
$personen = array(array('Matthias','Kannengiesser',29),
                  array('Caroline','Kannengiesser',25),
                  array('Gülten','Kannengiesser', 59,
                        array('Eltern','Mutter')));
var_dump($personen);
?>
</pre>
```

Ausgabe:

```
array(3) {
  [0]=>
  array(3) {
    [0]=>
    string(8) "Matthias"
    [1]=>
    string(13) "Kannengiesser"
    [2]=>
    int(29)
  }
  [1]=>
  array(3) {
    [0]=>
    string(8) "Caroline"
    [1]=>
    string(13) "Kannengiesser"
```

```
      [2]=>
      int(25)
    }
    [2]=>
    array(4) {
      [0]=>
      string(6) "Gülten"
      [1]=>
      string(13) "Kannengiesser"
      [2]=>
      int(59)
      [3]=>
      array(2) {
        [0]=>
        string(6) "Eltern"
        [1]=>
        string(6) "Mutter"
      }
    }
}
```

Diese Funktion hat die Aufgabe, Informationen über Typ und Wert des Parameters zurückzugeben. Arrays und Objekte werden rekursiv, von innen nach außen, durchlaufen und mit entsprechender Einrückung dargestellt.

Sollten Sie zur Fehlersuche lediglich eine lesbare Darstellung eines Typs benötigen, steht Ihnen hierfür gettype() zur Verfügung.

Einsatz von gettype()

Beispiel:

```
<?php
$vorname = "Caroline";
$alter = 25;

// Ausgabe - string
echo gettype($vorname);
// Ausgabe - integer
echo gettype($alter);
?>
```

Die Funktion gibt die bereits bekannten Typbezeichner als Zeichenkette zurück. Konnte der Typ nicht erkannt werden, so wird die Zeichenkette unknown type erzeugt.

> **Achtung:** Um den Typ zu prüfen, sollten Sie nicht gettype() verwenden. Stattdessen sollten Sie die is_type-Funktionen verwenden. Diese finden sie weiter unten im Abschnitt »Datentypen bestimmen«.

Bei logischen Ausdrücken ist die Verwendung von gettype() zu umständlich. Sie können daher eine ganze Reihe von is_type-Funktionen einsetzen, die True (1) oder False (0) zurückgeben.

Funktion	Beschreibung
`is_long(string var)` `is_integer(string var)` `is_int(string var)`	Ermittelt, ob es sich um einen Ausdruck vom Typ `integer` handelt. Gibt 1 zurück, wenn die Variable vom Typ `integer` ist.
`is_double(string var)` `is_real(string var)` `is_float(string var)`	Ermittelt, ob es sich um einen Ausdruck vom Typ `double` bzw. `float` handelt. Gibt 1 zurück, wenn die Variable vom Typ `double` oder `float` ist.
`is_string(string var)`	Ermittelt, ob es sich um einen Ausdruck vom Typ `string` handelt. Gibt 1 zurück, wenn die Variable vom Typ `string` ist.
`is_numeric(string var)`	Ermittelt, ob es sich um einen numerischen Typ (`integer`, `double`) handelt. Gibt 1 zurück, wenn die Variable vom Typ `integer` oder `double` ist.
`is_bool(string var)`	Ermittelt, ob es sich um einen Ausdruck vom Typ `boolean` handelt. Gibt 1 zurück, wenn die Variable vom Typ `boolean` ist.
`is_array(string var)`	Ermittelt, ob es sich um einen Ausdruck vom Typ `array` handelt. Gibt 1 zurück, wenn die Variable vom Typ `array` ist.
`is_object(string var)`	Ermittelt, ob es sich um einen Ausdruck vom Typ `object` bzw. eine Objektvariable handelt. Gibt 1 zurück, wenn die Variable vom Typ `object` ist.
`is_null`	Ermittelt, ob es sich um einen Ausdruck vom Typ `null` handelt. Gibt 1 zurück, wenn die Variable vom Typ `null` ist.
`is_resource`	Ermittelt, ob es sich um einen Ausdruck vom Typ `resource` handelt. Gibt 1 zurück, wenn die Variable vom Typ `resource` ist.
`is_scalar`	Ermittelt, ob es sich um einen Ausdruck vom Typ `integer`, `float`, `string` oder `boolean` handelt. Gibt 1 zurück, wenn die Variable vom Typ `integer`, `float`, `string` oder `boolean` ist.

Beispiel:
```php
<?php
$preis = "9.99";
// Aushabe - Es ist ein String
if (is_string($preis)) {
      echo "Es ist ein String";
} else {
      echo "Kein String";
}
?>
```

Beispiel:
```php
<?php
$signal = FALSE;
// Aushabe - Ist bool
if (is_bool($signal)) {
      echo "Ist bool";
} else {
      echo "Kein bool";
}
?>
```

Allerdings verhalten sich die Funktionen nicht alle gleich. So akzeptiert die Funktion is_numeric() auch numerische Werte, die in Anführungszeichen, also als Strings übergeben werden. Der Wert darf lediglich keine Buchstaben enthalten.

Beispiel:

```php
<?php
$wert = "9.99";
// Aushabe - Ist eine Zahl
if (is_numeric($wert)) {
        echo "Ist eine Zahl";
} else {
        echo "Ist keine Zahl";
}
?>
```

Wenn Sie die Umwandlung in einen bestimmten Typ erzwingen wollen, erreichen Sie dies entweder durch cast-Ausdrücke oder durch Gebrauch der Funktion settype().

Beachten Sie, dass sich eine Variable in bestimmten Situationen unterschiedlich verhalten kann, abhängig vom Typ, dem die Variable zum Zeitpunkt ihrer Verarbeitung entspricht.

1.4 Variablen

1.4.1 Was ist eine Variable?

Eine der wichtigsten Merkmale einer Programmiersprache ist die Fähigkeit, Daten zu verwalten. Diese Daten werden in Variablen gespeichert und können aus diesen auch wieder ausgelesen werden. Eine Variable kann man sich wie einen Behälter für Informationen vorstellen.

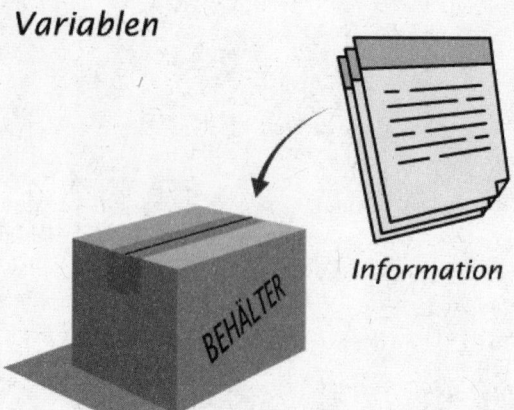

Bild 1.1:   Variable – ein Behälter, der Daten bzw. Informationen enthält

Eine Variable ist

- ein Lager mit einer eindeutigen Kennung, in das man Dinge ablegen und herausnehmen kann;

- eine Einkaufstüte, in die Sie Waren hineinlegen und herausnehmen können;

- ein Notizzettel, auf dem Sie Termine eintragen, entfernen oder ändern können.

Dabei müssen Sie sich eines klar machen: Der Behälter an sich bleibt immer gleich, lediglich sein Inhalt kann sich ändern. Machen Sie sich aber keine Sorgen, Sie können theoretisch so viele Variablen erzeugen, wie es Ihr Arbeitsspeicher zulässt.

> **Hinweis:** Variablen findet man in praktisch jeder Programmiersprache, sei es C/C++, Java, JavaScript oder PHP. Sie dienen dazu, Daten zu repräsentieren, die sich im Laufe eines Programms verändern können. Das Gegenstück zu den Variablen sind die Konstanten, deren Wert sich nicht ändert.

Es empfiehlt sich, einer Variablen beim Definieren stets einen bekannten Wert zuzuweisen. Dies wird als Initialisieren einer Variablen bezeichnet. Die Initialisierung ermöglicht es Ihnen, den Wert der Variablen zu überwachen und Veränderungen zu erfassen.

Der Datentyp des Werts einer Variablen bestimmt, wie dieser sich bei einer Zuweisung in einem Skript ändert. Zu den am häufigsten in Variablen gespeicherten Informationen gehören:

- Nutzerinformation (wie Nutzernamen, Anschrift, Telefonnumer etc.)

- Ergebnisse aus mathematischen Berechnungen

1.4.2 Variablendefinition

Variablen bestehen aus drei Teilen:

- dem Variablennamen,

- einem Speicherbereich,

- einem Wert.

Um in einer Variablen einen Wert ablegen zu können, muss es irgendein Medium geben, in dem der Wert der Variablen festgehalten werden kann. Wären Variablen Notizzettel, wäre Papier das gesuchte Medium. Da Variablen jedoch im Computer existieren, scheidet das Medium Papier aus.

Wo werden die Werte der Variablen gespeichert?

Natürlich werden Werte im Arbeitsspeicher gespeichert, genauer gesagt im Arbeitsspeicher des Computers, auf dem Serverrechner, auf dem der PHP-Code ausgeführt wird.

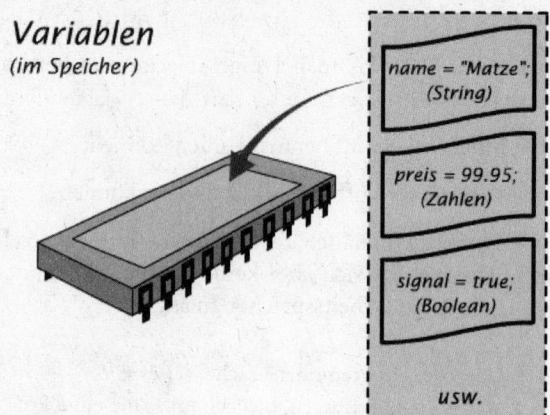

Variablen
(im Speicher)

name = "Matze";
(String)

preis = 99.95;
(Zahlen)

signal = true;
(Boolean)

usw.

Bild 1.2:   Variablen im Arbeitsspeicher

Sie sollten sich dabei folgendes Szenario vor Augen halten: Der PHP-Code, den wir erstellen, wird erst beim Aufruf des PHP-Dokuments ausgeführt. Trifft nun der PHP-Interpreter dabei auf eine Variablendefinition, reserviert er im Arbeitsspeicher einen passenden Speicherbereich und verbindet ihn mit der Variablen. Wird im PHP-Code der Wert der Variablen abgefragt, liest der Interpreter den aktuellen Wert aus, der im Speicherbereich der Variablen abgelegt ist, und liefert ihn zurück. Wird der Variablen ein neuer Wert zugewiesen, schreibt der Interpreter den neuen Wert in den Speicherbereich der Variablen, dabei wird der alte Wert gelöscht.

Die Besonderheit liegt darin, dass die gesamte Speicherverwaltung vom Interpreter übernommen wird. Sie brauchen sich als Programmierer nicht weiter darum kümmern, in welchen Speicherbereich die Variable abgelegt wurde. Ein Programmierer sollte wissen, dass hinter einer Variablen ein Speicherbereich steht, doch für die tägliche Arbeit genügt es zu wissen, dass Variablen über ihre Namen angesprochen werden. Dies hat auch Auswirkungen auf die gängige Sprachregelung.

Beispiel:

```
$vorname = "Matthias";
```

Für den Interpreter bedeutet diese Anweisung:

»Nimm die Zeichenkette Matthias und schreibe sie in den Speicherbereich, der für die Variable mit Namen $vorname reserviert wurde.«

Wir sagen dazu einfach:

»Der Variablen $vorname wird die Zeichenkette Matthias zugewiesen.«

1.4.3   L- und R-Wert

Wie Sie wissen, sind Variablen mit Speicherbereichen verbunden. Über den Variablennamen können Sie sowohl einen Wert in einer Variablen speichern als auch den Wert einer Variablen auslesen. Woher weiß der Interpreter, ob Sie den Wert einer Variablen auslesen oder einen neuen Wert in einer Variablen speichern wollen?

Das ist im Grunde recht einfach. Nach der Definition repräsentiert der Variablenname grundsätzlich den Wert der Variablen. Nur wenn der Variablenname auf der linken Seite einer Zuweisung auftaucht, steht er für den Speicherbereich, in dem der Inhaltswert des rechten Teils der Zuweisung abzulegen ist.

In einer einzigen Zuweisung kann ein Variablenname also sowohl den Wert der Variablen als auch den Speicherbereich der Variablen repräsentieren.

Beispiel:

```
zahlEins = zahlEins + 10;
```

Aus diesem Grund spricht man auch vom

- L-Wert (Linkswert = Speicherbereich der Variablen) und

- R-Wert (Rechtswert = akueller Wert der Variablen).

Sie sollten sich diesen Zusammenhang besonders gut merken, da Sie immer wieder damit konfrontiert werden.

1.4.4   Benennen von Variablen

Wie Sie bereits wissen, besitzt jede Variable einen Namen oder *Bezeichner*. Bei der Benennung von Variablen sind einige Regeln zu beachten:

- Bezeichner müssen immer mit einem Dollarzeichen *($)* beginnen.

- Die darauf folgenden Zeichen können beliebige Buchstaben, Ziffern oder Unterstriche sein.

- Zwischen Groß- und Kleinschreibung wird unterschieden.

- Es dürfen keine von PHP reservierten Wörter als Bezeichner verwendet werden.

- Bezeichner müssen in einer Zeile Platz finden.

- Bezeichner dürfen keine Leerzeichen enthalten.

Achtung: Der Variablenname sollte auch nie mehr als 255 Zeichen besitzen.

Gültige Variablennamen

```
$einheit = "Meter";
$zahl = 1000;
$_bilder = "foto.jpg";
$spielerName = "Thomas";
$max_wert = 100;
```

Ungültige Variablennamen

```
1einheit = "Meter";
%zahl = "100%";
$ = "Dollarzeichen";
_ = "Unterstrich";
max wert = 100;
wert: = "Zehntausend";
```

1.4.5   Variablenwerte

Wenn Sie eine oder mehrere Variablen deklariert haben, stellt sich die Frage, was Sie mit den Variablen anfangen können. Der erste Schritt wäre, der Variablen einen Wert zuzuweisen.

Wie man einer Variablen einen Wert zuweist, haben Sie bereits an zahlreichen Beispielen im Buch kennen gelernt. Der Variablen wird der neue Wert mit Hilfe des (=)-Operators zugewiesen.

Beispiel:

```
$artikelnummer = 12568;
$firmenname = "Madania Netware";
```

Die Syntax ist nicht schwierig, die Variable ist folgendermaßen aufgebaut:

- Links steht die Variable, der ein neuer Wert zugewiesen wird.

- Es folgt der Zuweisungsoperator (=)-Operator.

- Rechts vom Zuweisungsoperator steht der neue Wert der Variablen.

- Abgeschlossen wird die Zeile mit einem Semikolon.

Hinweis: Beim (=)-Operator handelt es sich um einen Zuweisungsoperator. Der Operator sorgt dafür, dass der Variablen ein neuer Wert zugewiesen wird. Ein Vergleich findet hier nicht statt. Natürlich kann auch auf der rechten Seite des Zuweisungsoperators ein Ausdruck stehen, den der Interpreter zu einem einzelnen Wert umberechnen kann.

Beispiel:

```
$summe = 10 + 10;      // Die Variable $summe enthält den Wert 20
```

In einem solchen Fall berechnet der Interpreter zuerst den Ausdruck auf der rechten Seite. Das Ergebnis der Berechnung weist er als neuen Wert der Variablen $summe zu. Die Variable hat danach den Wert 20. Nun kennen Sie auch die interne Arbeitsweise des Interpreters. Sie sollten nun versuchen, den gespeicherten Wert abzurufen. Denn eine Variable samt ihrem Wert ist nur dann interessant, wenn Sie den Wert der Variablen zu einem späteren Zeitpunkt abrufen können, beispielsweise um deren Wert einer anderen Variablen zuzuweisen oder um ihn in die Berechnung einer Formel einfließen zu lassen.

Beispiel:

```
$zahleins = 25;
$zahlzwei = 75;

$zahleins = $zahlzwei;
```

Hier wird der Variablen $zahleins der Wert der Variablen $zahlzwei zugewiesen. Danach enthalten beide Variablen den Wert 75.

Obwohl es in der Programmierung relativ häufig vorkommt, dass man einer Variablen den Wert einer anderen Variablen zuweist, ist es meist interessanter, wenn auf der Grundlage des einen Wertes ein neuer Wert berechnet wird.

Beispiel:

```
<?php
// Prozentberechnung (Anteil in Prozent)
$gesamt = 1000;
$aktanteil = 100;

// Wert 10 (entspricht 10%)
$prozentanteil = ($aktanteil * 100)/$gesamt;
// Ausgabe (10)
echo $prozentanteil;
?>
```

Hier wird der Wert der Variablen $aktanteil mit Hilfe des Multiplikations-Operators mit dem Faktor 100 multipliziert und anschließend durch den Wert der Variablen gesamt mit Hilfe des Divisions-Operators dividiert. Das Ergebnis wird in $prozentanteil gespeichert. Beachten Sie, dass die Werte der Variablen $aktanteil und gesamt dabei nicht verändert werden. Sie werden lediglich abgefragt und fließen in die Berechnung ein.

Variablenwerte ohne Hilfe von temporären Variablen austauschen

Sollten Sie die Werte zweier Variablen vertauschen wollen, ohne dabei zusätzliche Variablen in Anspruch zu nehmen, können Sie die Funktion list() verwenden.

Beispiel:

```
<?php
$wert1 = 100;
$wert2 = 999;
list($wert1,$wert2) = array($wert2,$wert1);
// Ausgabe (999)
echo "$wert1<br>";
// Ausgabe (100)
echo "$wert2<br>";
?>
```

Wie Sie sehen, werden den Elementen eines Arrays einzelne Variablen zugewiesen. Das Gegenstück auf der rechten Seite des Ausdrucks array() ermöglicht Ihnen, Arrays aus einzelnen Werten zu bilden. Indem Sie das Array, das von array() zurückgegeben wird, den Variablen in `list()` zuweisen, verändern Sie die Anordnung dieser Werte. Dies funktioniert im Übrigen auch mit mehr als zwei Variablen.

Beispiel:

```php
<?php
$wert1 = 100;
$wert2 = 999;
$wert3 = 10000;
list($wert1,$wert2,$wert3) = array($wert3,$wert2,$wert1);
// Ausgabe (10000)
echo "$wert1<br>";
// Ausgabe (999)
echo "$wert2<br>";
// Ausgabe (100)
echo "$wert3<br>";
?>
```

Achtung: Diese Methode ist nicht schneller als der Einsatz von temporären Variablen. Sie sollten sie aus Gründen der Lesbarkeit, nicht der Geschwindigkeit einsetzen.

Woher können die Daten einer Variablen noch kommen?

Hier einige mögliche Quellen:

Im einfachsten Fall sind es vordefinierte konstante Werte (Konstanten).

Beispiel:

```php
<?php
$version = PHP_VERSION;
$betrieb_os = PHP_OS;

// Ausgabe 5.0.0RC1-dev
echo $version;
// Ausgabe WIN32
echo $betrieb_os;
?>
```

Sie rufen eine Funktion bzw. Methode auf, die einen Ergebniswert zurückliefert.

Beispiel:

```php
<?php
$wert = abs(-10);
// Ausgabe (10)
echo $wert;
?>
```

1.4.6   Unwandeln und Prüfen von Variablen

PHP stellt eine Vielzahl von Funktionen zur Verarbeitung von Variablen zur Verfügung, so dass es dem Entwickler nicht schwer fallen wird, sie im Griff zu haben.

Einsatz von isset()

Bei logischen Vergleichen kann es äußerst wichtig sein zu prüfen, ob eine Variable mit 0 oder einem leeren String gefüllt wurde oder überhaupt noch nicht zugewiesen wurde. Sie können mit der Funktion isset() testen, ob eine Variable existiert.

Beispiel:

```php
<?php
$preis = 9.99;
if (isset($preis)) {
        echo $preis;
} else {
        echo "Umsonst!";
}
?>
```

Ausgabe:

```
9.99
```

Wie man sieht, lässt sich die Funktion hervorragend in einer Bedingung unterbringen und somit jederzeit überprüfen, ob die jeweilige Variable bereits existiert oder nicht.

Einsatz von empty()

Wenn Sie nur testen möchten, ob ein Wert zugewiesen wurde, ist die Funktion empty() genau das Richtige.

Beispiel:

```php
<?php
$vorname = "";
if (empty($vorname)) {
        echo "Ist leer und existiert";
} else {
        echo "Ist nicht leer und existiert";
}
?>
```

Ausgabe:

```
Ist leer und existiert
```

Die Funktion gibt 1 (True) zurück, wenn der Inhalt der Variablen 0 oder ein leeren String ist und die Variable existiert.

Einsatz von unset()

Sollten Sie vorhaben, eine Zuweisung bzw. Variable wieder aufzuheben und die Variable damit zu löschen, steht Ihnen die Funktion unset() zur Verfügung.

Beispiel:

```php
<?php
$vorname = "Caroline";
unset($vorname);
if (isset($vorname)) {
    echo "Existiert!";
} else {
    echo "Existiert Nicht!";
}
?>
```

Ausgabe:

Existiert Nicht!

Hier eine Aufstellung der wichtigsten Funktion zum Prüfen von Variablen samt ihren Rückgabewerten.

Funktion	Beschreibung	Rückgabewert
is_integer	Prüft, ob die Variable vom Typ integer ist.	TRUE (1)/FALSE (0)
is_int	Prüft, ob die Variable vom Typ integer ist.	TRUE (1)/FALSE (0)
is_long	Prüft, ob die Variable vom Typ integer ist.	TRUE (1)/FALSE (0)
is_real	Prüft, ob die Variable vom Typ real ist.	TRUE (1)/FALSE (0)
is_double	Prüft, ob die Variable vom Typ double ist.	TRUE (1)/FALSE (0)
is_float	Prüft, ob die Variable vom Typ float ist.	TRUE (1)/FALSE (0)
is_bool	Prüft, ob die Variable vom Typ bool ist.	TRUE (1)/FALSE (0)
is_array	Prüft, ob die Variable vom Typ array ist.	TRUE (1)/FALSE (0)
is_object	Prüft, ob die Variable vom Typ object ist.	TRUE (1)/FALSE (0)
is_string	Prüft, ob die Variable vom Typ string ist.	TRUE (1)/FALSE (0)
is_null	Prüft, ob die Variable vom Typ null ist.	TRUE (1)/FALSE (0)
is_numeric	Prüft, ob die Variable eine Zahl oder ein numerischer String ist.	TRUE (1)/FALSE (0)
is_resource	Prüft, ob die Variable eine Ressource ist.	TRUE (1)/FALSE (0)
is_scalar	Prüft, ob die Variable vom Typ integer, float, string oder boolean ist.	TRUE (1)/FALSE (0)
isset	Prüft, ob die Variable definiert ist.	TRUE (1)/FALSE (0)
unset	Löscht eine Variable aus dem Speicher.	1
empty	Prüft, ob die Variable »leer« ist.	TRUE (1)/FALSE (0)
intval	Wandelt den Typ einer Variablen in integer um.	integer
strval	Wandelt den Typ einer Variablen in string um.	string
doubleval	Wandelt den Typ einer Variablen in double um.	double
floatval	Wandelt den Typ einer Variablen in float um.	float
gettype	Ermittelt den Typ der Variablen.	string
settype	Legt den Typ der Variablen fest.	TRUE (1)/FALSE (0)

Einsatz von get_defined_vars()

Dies Funktion `get_defined_vars()` gibt ein mehrdimensionales Array zurück, welches eine Liste sämtlicher definierter Variablen enthält. Dabei handelt es sich um Variablen aus der Entwicklungsumgebung, vom Server oder um benutzerdefinierte Variablen.

Beispiel – Servervariablen:

```
<pre>
<?php
$liste = get_defined_vars();
print_r($liste["_SERVER"]);
?>
</pre>
```

Ausgabe:

```
Array
(
    [HTTP_ACCEPT] => */*
    [HTTP_ACCEPT_LANGUAGE] => de
    [HTTP_ACCEPT_ENCODING] => gzip, deflate
    [HTTP_USER_AGENT] => Mozilla/4.0…
    [HTTP_HOST] => localhost
    [HTTP_CONNECTION] => Keep-Alive
    [HTTP_CACHE_CONTROL] => no-cache
    [PATH] => C:\WINDOWS;C:\WINDOWS\COMMAND
    [COMSPEC] => C:\WINDOWS\COMMAND.COM
    [WINDIR] => C:\WINDOWS
    [SERVER_SIGNATURE] => Apache/2.0.48 (Win32) PHP/5.0…
    [SERVER_SOFTWARE] => Apache/2.0.48 (Win32) PHP/5.0…
    [SERVER_NAME] => localhost
    [SERVER_ADDR] => 127.0.0.1
    [SERVER_PORT] => 80
    [REMOTE_ADDR] => 127.0.0.1
    [DOCUMENT_ROOT] => C:/php5xampp-dev/htdocs
    [SERVER_ADMIN] => admin@localhost
    [SCRIPT_FILENAME] => C:/php5xampp-dev/htdocs/test.php
    [REMOTE_PORT] => 1334
    [GATEWAY_INTERFACE] => CGI/1.1
    [SERVER_PROTOCOL] => HTTP/1.1
    [REQUEST_METHOD] => GET
    [QUERY_STRING] =>
    [REQUEST_URI] => /php5/test.php
    [SCRIPT_NAME] => /php5/test.php
    [PHP_SELF] => /php5/test.php
)
```

Beispiel – Array Schlüssel des Systems:

```
<pre>
<?php
print_r(array_keys(get_defined_vars()));
?>
</pre>
```

Ausgabe:

```
Array
(
    [0] => GLOBALS
    [1] => HTTP_ACCEPT
    [2] => HTTP_ACCEPT_LANGUAGE
    [3] => HTTP_ACCEPT_ENCODING
    [4] => HTTP_USER_AGENT
    [5] => HTTP_HOST
    [6] => HTTP_CONNECTION
    [7] => HTTP_CACHE_CONTROL
    [8] => PATH
    [9] => COMSPEC
    [10] => WINDIR
    [11] => SERVER_SIGNATURE
    [12] => SERVER_SOFTWARE
    [13] => SERVER_NAME
    [14] => SERVER_ADDR
    [15] => SERVER_PORT
    [16] => REMOTE_ADDR
    [17] => DOCUMENT_ROOT
    [18] => SERVER_ADMIN
    [19] => SCRIPT_FILENAME
    [20] => REMOTE_PORT
    [21] => GATEWAY_INTERFACE
    [22] => SERVER_PROTOCOL
    [23] => REQUEST_METHOD
    [24] => QUERY_STRING
    [25] => REQUEST_URI
    [26] => SCRIPT_NAME
    [27] => PHP_SELF
    [28] => _POST
    [29] => HTTP_POST_VARS
    [30] => _GET
    [31] => HTTP_GET_VARS
    [32] => _COOKIE
    [33] => HTTP_COOKIE_VARS
    [34] => _SERVER
    [35] => HTTP_SERVER_VARS
    [36] => _ENV
    [37] => HTTP_ENV_VARS
    [38] => _FILES
    [39] => HTTP_POST_FILES
    [40] => _REQUEST
)
```

Beispiel:

```
<pre>
<?php
$liste = get_defined_vars();
print_r($liste);
?>
</pre>
```

Ausgabe:

Die Ausgabe haben wir uns und Ihnen erspart, nur so viel sei verraten: Sie erfahren dabei interessante Dinge über Ihren Server.

1.4.7 Gültigkeitsbereiche und Sichtbarkeit von Variablen

Ein wichtiges Thema im Zusammenhang mit Variablen ist deren Gültigkeitsbereich und Sichtbarkeit. Generell gilt, dass in PHP Variablen immer nur in ihrem lokalen Kontext sichtbar sind.

Dieser beinhaltet auch den Bereich für Dateien, die per `include`- oder `require`-Anweisung eingebunden wurden, z.B.:

```
$autor = "Matthias";
include "buch.inc.php";
```

Die Variable `$autor` ist auch in der eingebundenen Datei `buch.inc.php` verfügbar. Eine innerhalb einer Funktion definierte Variable ist außerhalb der Funktion nicht sichtbar. Umgekehrt gilt dasselbe, d.h., eine außerhalb sämtlicher Funktionsblöcke global definierte Variable hat innerhalb eines Funktionsblocks keine Gültigkeit.

Beispiel:

```php
<?php
// Globaler Bereich
$preis = 9.99;
function berechne() {
        // Referenz auf einen lokalen Bereich
        return $preis;
}
$betrag = berechne();
if ($betrag) {
        echo $betrag;
} else {
        echo "Keine Ausgabe, die Variable ist lokal nicht sichtbar!";
}
?>
```

Ausgabe:

```
Keine Ausgabe, die Variable ist lokal nicht sichtbar!
```

Um zu erreichen, dass die globale Variable `$preis` auch lokal innerhalb der Funktion berechne bekannt ist, muss diese explizit mithilfe des Schlüsselworts `global` innerhalb der Funktion bekannt gemacht werden, man lädt sie sozusagen ein.

Beispiel:

```php
<?php
$preis = 9.99;
function berechne() {
        global $preis;
```

```
        return $preis;
}
$betrag = berechne();
if ($betrag) {
        echo $betrag;
} else {
        echo "Keine Ausgabe, die Variable ist lokal nicht sichtbar!";
}
?>
```

Ausgabe:

```
9.99
```

> **Hinweis:** Auf den Einsatz und die Verwendung von Funktionen wird im Abschnitt »Funktionen und Prozeduren« eingegangen.

Zugriff über $GLOBALS

Eine andere Möglichkeit, im lokalen Kontext einer Funktion auf eine globale Variable zuzugreifen, steht über das von PHP definierte Array $GLOBALS zur Verfügung.

Dabei handelt es sich um ein assoziatives Array, das die Namen der globalen Variablen als Schlüsselwörter verwendet. Den Zugriff innerhalb des lokalen Kontextes einer Funktion über das Array $GLOBALS auf die lokale Variable $preis zeigt folgendes Beispiel:

```
<?php
$preis = 9.99;
function berechne() {
        return $GLOBALS[preis];
}
echo berechne();
?>
```

Ausgabe:

```
9.99
```

Speicherklassen von Variablen

Eine weitere wichtige Eigenschaft von Variablen ist deren Speicherklasse. Normale Variablen verlieren beim Verlassen des lokalen Kontextes ihren Wert und werden beim Wiedereintritt neu initialisiert.

Sollen Variablen auch nach dem Verlassen eines Funktionsblocks ihren Wert behalten, müssen sie mithilfe des Schlüsselworts static als statische Variablen vereinbart werden.

Im folgenden Beispiel hat die Variable $zaehler keine statische Lebensdauer, sie wird bei jedem Neueintritt in den Funktionsblock erneut initialisiert. Das Ergebnis der Ausgabe bleibt trotz zweimaligen Aufrufs der Funktion setzeZaehler() 1.

```php
<?php
function setzeZaehler() {
      $zaehler = 0;
      $zaehler++;
      return $zaehler;
}
$zustand1 = setzeZaehler();
// Ausgabe (1)
echo $zustand1;
$zustand2 = setzeZaehler();
// Ausgabe (1)
echo $zustand2;
?>
```

Wird die Variable $zaehler jedoch statisch vereinbar, behält sie auch nach dem Verlassen des Funktionsblocks und dem Wiedereintritt bei einem erneuten Aufruf der Funktion setzeZaehler() ihren Wert, so dass sich, wie das folgende Beispiel zeigt, ein anderes Ergebnis zeigt:

```php
<?php
function setzeZaehler() {
      static $zaehler = 0;
      $zaehler++;
      return $zaehler;
}
$zustand1 = setzeZaehler();
// Ausgabe (1)
echo $zustand1;
$zustand2 = setzeZaehler();
// Ausgabe (2)
echo $zustand2;
?>
```

Eine weitere interessante Anwendung in diesem Zusammenhang sind rekursive Funktionen. Das sind Funktionen, die sich aus sich selbst heraus aufrufen. Dabei besteht die Gefahr, so genannte Endlosschleifen bzw. Endlos-Rekursionen zu programmieren, welche die Performance des jeweiligen Systems äußerst negativ beeinflussen. Sie müssen also einen Weg vorsehen, eine solche Rekursion zu beenden. Die folgende Funktion setzeZaehler() zählt rekursiv bis 10. Die statische Variable $zaehler wird benutzt, um die Rekursion zu beenden:

```php
<?php
function setzeZaehler() {
    static $zaehler = 0;

    $zaehler++;
    echo $zaehler;
    if ($zaehler < 10) {
        setzeZaehler();
    }
}
// Ausgabe (12345678910)
setzeZaehler();
?>
```

Achtung: Sollten Sie keine statische Variable verwenden, kommt es zu einer Endlosschleife.

1.4.8   Dynamische Variablen

Interessant ist die Möglichkeit in PHP, auch Variablennamen selbst in Variablen zu speichern und so quasi auf Variablen zuzugreifen. Die Zuweisung erfolgt in zwei Schritten. Zuerst wird eine normale Variable erzeugt, der Sie den Namen der dynamischen Variablen zuordnen:

```
$varname = "meinevariable";
```

Eine dynamische Variable nimmt den Wert einer Variablen als Namen. Der implizierten Variablen können Sie einen Wert zuweisen, indem Sie ihr zwei $$-Zeichen voranstellen:

```
$$varname = "PHP";
```

Sollten Sie die zuvor gezeigte Definition verwendet haben, gibt das Skript nun mit echo($meinevariable) den Wert »PHP« aus. Einmal erfolgte Zuweisungen bleiben von späteren Umbenennungen der führenden Variablen unberührt. Das folgende Beispiel zeigt einige Varianten:

```
<?php
$varname = "meinevariable";
echo "Variable varname ist: $varname <BR>";
$name = "PHP";
echo "Variable name ist: $name <BR>";
$$varname = "Dynamisch";
echo "Variable varname ist: $meinevariable <BR>";
$varname = "Programmieren";
echo "Variable varname ist: $meinevariable <BR>";
echo "Variable varname ist: $varname <BR>";
?>
```

Ausgabe:

```
Variable varname ist: meinevariable
Variable name ist: PHP
Variable varname ist: Dynamisch
Variable varname ist: Dynamisch
Variable varname ist: Programmieren
```

Sie sollten sich dieses Ergebnis in Ruhe betrachten.

Dynamische Variablen mit Arrays

Dynamische Variablen können auch mit Arrays genutzt werden. In diesem Fall kann es zu Zuordnungsproblemen kommen. Der PHP-Interpreter kann nicht immer eindeutig erkennen, auf welchen Teil der Konstruktion sich die Indizes beziehen. So könnte mit $$zahl[1] sowohl $zahl[1] eine Variable sein oder $$zahl als Teil eines Arrays mit dem Index 1. In solchen Fällen fassen Sie die logisch zusammenhängenden Teile des

Ausdrucks mit geschweiften Klammern zusammen, entweder `${$zahl[1]}` oder `${$zahl}[1]`.

Anwendungsmöglichkeiten

Diese komplizierte Art der Verarbeitung von Variablen mag auf den ersten Blick wenig sinnvoll erscheinen. Das folgende Beispiel zeitig, wie es angewendet werden kann.

Angenommen, Sie möchten sich Variablen über mehrere Skripts hinweg merken. Das kann in einer Datei oder einer Datenbank geschehen. In jedem Fall speichern Sie die zu speichernden Variablen in einem Array, wobei immer der Name der Variablen und der Inhalt zusammen ein Element ergeben.

Beispiel:

```php
<?php
$personen = array(
        "vorname" => "Caroline",
        "nachname" => "Kannengiesser",
        "ort" => "Berlin",
        "alter" => 25
        );
if (is_array($personen)) {
        while (list($name,$wert) = each($personen)) {
                ${$name} = $wert;
                echo "$name : $name / ${$name} / $wert <BR>";
        }
}
?>
```

Ausgabe:

```
vorname : vorname / Caroline / Caroline
nachname : nachname / Kannengiesser / Kannengiesser
ort : ort / Berlin / Berlin
alter : alter / 25 / 25
```

Tipp: Betrachten Sie die Ausgabe und ziehen Sie Ihren eigenen Schluss!

Wenn dieses Skript abläuft, entstehen vier Variablen: `$vorname`, `$nachname`, `$ort` und `$alter`. Diese sind mit den Daten "Caroline", "Kannengiesser", 25 und "Berlin" belegt. Stellen Sie sich vor, anstatt des Arrays eine serialisierte Zeichenkette zu haben – dann steht der Speicherung im Tabellenfeld einer Datenbank nichts mehr im Wege.

Übrigens: Die wesentliche Codezeile, mit deren Hilfe aus der jeweiligen Zeichenkette eine gleichlautende Variable wird, ist `${$name} = $wert`.

1.4.9 Vordefinierte Variablen

PHP bietet jedem ausgeführten Skript eine Vielzahl von vordefinierten Variablen an. Wir werden uns im folgenden Abschnitt lediglich auf einige wesentliche Variablen beschränken.

Umgebungs-Variablen (Environment-Variablen)

Diese Variablen werden aus der Umgebung, in der PHP läuft, in den globalen Namensbereich von PHP importiert. Viele werden durch die jeweilige Shell, in der PHP läuft, unterstützt bzw. gebildet. Da es verschiedenste Systemumgebungen mit den unterschiedlichsten Shells gibt, ist es nicht möglich, eine abschließende Liste der definierten Umgebungs-Variablen aufzustellen. Lesen Sie deshalb in der Anleitung zu Ihrer Shell nach, um eine Liste dieser systembezogenen Variablen zu erhalten.

PHP-Variablen

Diese Variablen werden durch PHP selbst erzeugt. `$HTTP_*_VARS`-Variablen stehen nur zur Verfügung, wenn die Option *track_vars* in der *php.ini* auf »on« gesetzt ist. Wenn dies der Fall ist, werden diese Variablen immer gesetzt, selbst wenn es leere Arrays sind. Das verhindert, dass ein böswilliger Benutzer diese Variablen manipuliert.

Wenn `register_globals` aktiviert ist, stehen auch diese Variablen im globalen Namensbereich des Skripts zur Verfügung, z.B. getrennt von den Arrays `$HTTP_*_VARS` und `$_*`.

Variable	Beschreibung
$argv	Ein Array von Argumenten, die dem Skript übergeben werden. Wird das Skript an der Befehlszeile aufgerufen, ermöglicht dies C-ähnlichen Zugriff auf die Kommandozeilenparameter. Beim Aufruf per GET-Methode enthält dieses Array die Abfragewerte.
$argc	Anzahl der per Kommandozeile dem Skript übergebenen Parameter, wenn das Skript aus der Kommandozeile aufgerufen wurde.
$PHP_SELF	Der Dateiname des gerade ausgeführten Skripts, relativ zum Wurzelverzeichnis des Dokuments. Bei Kommandozeilenaufrufen ist diese Variable nicht verfügbar.
$HTTP_COOKIE_VARS	Ein assoziatives Array von Variablen, das dem aktuellen Skript über HTTP-Cookies übergeben wurde.
$_COOKIE	Ein assoziatives Array von Variablen, das dem aktuellen Skript über HTTP-Cookies übergeben wurde. Automatisch global in jedem Geltungsbereich. Eingeführt in PHP 4.1.0.
$HTTP_GET_VARS	Ein assoziatives Array von Variablen, das dem aktuellen Skript per HTTP-GET-Methode übergeben wurde.
$_GET	Ein assoziatives Array von Variablen, das dem aktuellen Skript per HTTP-GET-Methode übergeben wurde. Automatisch global in jedem Geltungsbereich. Eingeführt in PHP 4.1.0.

Variable	Beschreibung
$HTTP_POST_VARS	Ein assoziatives Array aus Variablen, welches dem aktuellen Skript per HTTP-POST-Methode übergeben wurde.
$_POST	Ein assoziatives Array aus Variablen, welches dem aktuellen Skript per HTTP-POST-Methode übergeben wurde. Automatisch global in jedem Geltungsbereich. Eingeführt in PHP 4.1.0.
$HTTP_POST_FILES	Ein assoziatives Array aus Variablen, das Informationen über per HTTP POST-Methode hochgeladene Dateien enthält.
$_FILES	Ein assoziatives Array aus Variablen, das Informationen über per HTTP POST-Methode hochgeladene Dateien enthält. Automatisch global in jedem Geltungsbereich. Eingeführt in PHP 4.1.0.
$HTTP_ENV_VARS	Ein assoziatives Array aus Variablen, die dem aktuellen Skript über die Umgebung zur Verfügung stehen.
$_ENV	Ein assoziatives Array aus Variablen, die dem aktuellen Skript über die Umgebung zur Verfügung stehen. Automatisch global in jedem Geltungsbereich. Eingeführt in PHP 4.1.0.
$HTTP_SERVER_VARS	Ein assoziatives Array aus Variablen, die dem aktuellen Skript vom jeweiligen HTTP-Server übermittelt werden.
$_SERVER	Ein assoziatives Array aus Variablen, die dem aktuellen Skript vom jeweiligen HTTP-Server übermittelt werden. Automatisch global in jedem Geltungsbereich. Eingeführt in PHP 4.1.0.
$HTTP_SESSION_VARS	Ein assoziatives Array aus Session-Variablen, die dem aktuellen Skript übergeben wurden.
$_SESSION	Ein assoziatives Array aus Session-Variablen, die dem aktuellen Skript übergeben wurden. Automatisch global in jedem Geltungsbereich. Werden dem Array $_SESSION neue Einträge hinzugefügt, werden diese automatisch als Session-Variablen registriert, so als ob die Funktion session_register() aufgerufen worden wäre. Eingeführt in PHP 4.1.0.
$_REQUEST	Ein assoziatives Array zusammengesetzt aus den GET-, POST- und Cookie-Variablen. Mit anderen Worten alle Informationen, die vom Benutzer kommen und denen aus Sichtweise der Sicherheit nicht zu trauen ist. Automatisch global in jedem Geltungsbereich. Eingeführt in PHP 4.1.0.

Hinweis: Die neuen »Superglobals« bzw. register_globals stehen seit der PHP-Version 4.1.0. zur Verfügung. Dies sind die Arrays $_GET, $_POST, $_ENV, $_SERVER, $_COOKIE, $_REQUEST, $_FILES und $_SESSION. Sie werden informell als Superglobals bezeichnet, da sie immer zur Verfügung stehen, ohne Berücksichtigung des Geltungsbereichs. Damit sind die $HTTP_*_VARS-Arrays veraltet. Im folgenden Abschnitt erfahren Sie mehr darüber.

1.4.10 Einsatz von register_globals

Welche PHP-Version verwenden Sie? Finden Sie es heraus! Prüfen Sie bei dieser Gelegenheit, wie die Variable *register_globals* bei Ihnen eingestellt ist. Dies gelingt mit Hilfe des PHP-Skripts

```
<?

phpinfo();

?>
```

Im Browserfenster wird eine umfangreiche Übersichtsseite erscheinen. Scrollen Sie in dieser Datei ein Stück nach unten und überprüfen Sie die Einstellung der Variablen

```
register_globals.
```

Die Einstellung der Variablen können Sie in der Konfigurationsdatei *php.ini* jederzeit selbst vornehmen. Der Eintrag in der Konfigurationsdatei stellt sich wie folgt dar:

```
register_globals = On
```

Seit der PHP-Version 4.2 wird diese Variable jedoch standardmäßig auf *Off* gesetzt.

```
register_globals = Off
```

Sie merken es vor allem dann, wenn Sie Ihren eigenen Webserver betreiben und updaten. Schalten Sie daher bei Problemen mit Ihren PHP-Skripts (vorerst) zurück auf *On*. Nach einem Neustart des Webservers stehen die geänderten Einstellungen zur Verfügung. Die meisten Provider mit PHP-Unterstützung haben in der Regel noch nicht auf *register_globals = Off* umgeschaltet. Zu groß wäre wohl der Aufschrei vieler Kunden. Schließlich würde diese Maßnahme bedeuten, dass viele Skripts auf einen Schlag nicht mehr funktionierten. Vor allem bei umfangreichen Projekten wäre die Umstellung mit einem erheblichen Aufwand verbunden.

Was hat es mit der Änderung auf sich?

Hinter dieser Änderung stecken z.B. die Informationen aus »GET« und »POST«, »COOKIES« und »SERVER« – also praktisch der gesamte Bereich externer Variablenquellen. Und diese Werte stehen nach der Änderung der Einstellung für *register_globals* nun nicht mehr zur Verfügung.

Die Informationen aus dieser Quelle können nun nicht mehr so einfach per $Variablennamen ausgelesen werden. Am Beispiel einer Formularauswertung wollen wir Ihnen dies verdeutlichen. Bisher war PHP wirklich einfach gestrickt. Der Name eines Formularfelds wurde automatisch zur Variablen.

```
<input type="text" name="telefon">
```

Im auswertenden PHP-Skript haben Sie folgendermaßen auf den Inhalt des Formularfelds zugegriffen:

```
$telefon
```

Dabei spielte es übrigens keine Rolle, ob das Formular per

```
method = "post"
```

oder

```
methode = "get"
```

abgeschickt wurde. Selbst die Werte von Cookies konnte man anhand ihres Namens ermitteln. Diese Schreibweise stellt sich als recht bequem dar, aber auch äußerst problematisch, wenn es um Eindeutigkeit und Sicherheit geht.

Probleme der Schreibweise – Eindeutigkeit

Es kann durchaus zu Verwechslungen kommen, vor allem wenn Sie nicht zu den diszipliniertesten Entwicklern gehören. Sie erzeugen etwa ein Formularfeld, das *name* heißt. Zufälligerweise steckt auch ein gleichnamiges Cookie in Ihrem Quellcode. Dann haben Sie ein Problem, denn sowohl der Inhalt des Formularfelds als auch der Wert des Cookies stehen nun über $name zur Verfügung. Diese Schwierigkeiten könnte man mit einer konsequenten Variablenbennenung vermeiden. Beginnen Sie Cookie-Variablen grundsätzlich mit einem kleinen c und Formular-Variablen mit einem kleinen f.

Probleme der Schreibweise – Sicherheit

Kommen wir nun zum Sicherheitsproblem. Es gibt bei schlampig programmiertem Code viele Angriffsmöglichkeiten für potentielle Hacker. Schauen Sie sich einmal folgenden Teil eines PHP-Skripts an:

```
if ($pw=="g1882m") {
        $login = true;
}
```

Hier wird mit der Signalvariablen $login gearbeitet. Nur bei Kenntnis des richtigen Passworts soll sie auf true gesetzt werden. Dummerweise wurde diese Variable am Anfang des Beispiels nicht mit false initialisiert. Kein großes Problem, denkt man – bei dem recht komplexen Passwort – aber im Gegenteil: Auf diese Weise kann ein Angreifer nun ganz einfach ohne Kenntnis des Passworts in den geschützten Bereich gelangen. Wie? Er muss an den URL lediglich ?login=true oder ?login=1 anhängen.

```
http://localhost/beispiel.php?login=true
```

Schon wird die Variable $login auf true gesetzt und der Zugang ist auch ohne Passwortkenntnis möglich. Dies wiederum stellt ein riesiges Sicherheitsloch dar.

Neue Schreibweise = mehr Eindeutigkeit und Sicherheit

Dieses Problem hat das PHP-Entwicklerteam erkannt und spätestens mit Einführung von PHP 4.1 elegant behoben. Sämtliche über method = "post" versendeten Formulardaten sind im neuen Array $_POST gespeichert, die per method = "get" erhältlichen Daten dagegen im neuen Array $_GET. Dazu gehören auch die an den URL angehängten Parameter. Es handelt sich bei $_POST und $_GET übrigens um assoziative Arrays. Der Schlüssel wird aus dem Namen des entsprechenden Formularfelds bzw. der entsprechenden Cookie-Variablen gebildet. Wenn der Wert des URL-Anhangs `?login=true` erfasst werden soll, gelingt dies über `$_GET["login"]`. Bei konsequent abgeschalteten `register_globals` ist eine Verwechslung mit einer Variablen `$login` nun nicht mehr möglich.

Um die alten Sicherheitslücken vollkommen zu schließen, wird seit PHP-Version 4.2 daher auch `register_globals = Off` als Standard gesetzt. Diese Einstellung bietet optimale Sicherheit und ist daher für zukünftige Projekte dringend zu empfehlen.

Erweiterungen

Wir wollen Ihnen natürlich nicht vorenthalten, dass seit Version 4.1 neben `$_POST` und `$_GET` folgende weitere assoziative Arrays eingeführt wurden:

`$_COOKIE`

Dieses Array enthält sämtliche Cookie-Variablen. Mit `$_COOKIE["besucher"]` würden Sie den Wert des Cookies *besucher* ermitteln.

`$_REQUEST`

Dieses Array nimmt eine Sonderposition ein. Es enthält sämtliche Werte aus `$_POST`, `$_GET` und `$_COOKIE`. Wir empfehlen, den Einsatz von `$_REQUEST` zu vermeiden, da es die Bemühungen um mehr Eindeutigkeit zunichte macht. Mit `$_REQUEST["login"]` können Sie z.B. sowohl auf ein Formularfeld namens `login` als auch auf das gleichnamige Cookie zurückgreifen.

Mit den neuen Variablen entfallen übrigens die bis Version 4.1 gültigen Arrays:

- `$HTTP_POST_VARS`
- `$HTTP_GET_VARS`
- `$HTTP_COOKIE_VARS`

Dies bedeutet wiederum eine Vereinfachung der Schreibweise.

Zusätzlich werden die neuen Array-Variablen `$_SERVER`, `$_ENV` und `$_SESSION` zur Verfügung gestellt. `$_ENV` ist für die Umgebungsvariablen und `$_SESSION` für das Session-Management verantwortlich. Am interessantesten ist sicher die erstgenannte Variable `$_SERVER`. Sie enthält sämtliche Servervariablen, also die Variablen, die der Webserver übergibt.

Wenn man früher Pfad und Dateinamen ermitteln wollte, schrieb man `$PHP_SELF`. Heute wird via `$_SERVER["PHP_SELF"]` auf diesen Wert zugegriffen.

Tipps zur neuen Schreibweise

Auf den ersten Blick wird die Schreibweise durch die neue Array-Syntax komplizierter. So konnte man ein Formularfeld im PHP-Skript nach der alten Schreibweise unkompliziert auslesen und weiterverarbeiten.

```
<input type="text" name="telefon">
```

Auslesen und Verarbeiten:

```
echo "Sie haben folgende Nummer $telefon";
```

Eine Verkettung des umgebenden Strings mit der Variablen ist dabei nicht nötig. Nach der neuen Syntax geht das offenbar nicht mehr so einfach. Versuchen Sie es noch einmal:

```
echo "Sie haben folgende Nummer $_POST['telefon']";
```

Die Ausgabe enthält nicht den Inhalt der Variablen, sondern es wird der String `$_POST['telefon']` ausgegeben. Dabei nützt es auch nichts, dass Sie die Regeln beherzigen, bei der Verschachtelung von Anführungszeichen nur ungleiche Anführungszeichen zu verwenden. Es wurden für den Array-Schlüssel die einfachen Anführungszeichen und für den gesamten String die doppelten Anführungszeichen verwendet. Doch das hilft alles nichts. Es muss verkettet werden:

```
echo "Sie haben folgende Nummer" . $_POST['telefon'];
```

Vor allem bei umfangreichen Auswertungen wird es dadurch schnell unübersichtlich und kompliziert. Doch folgender Trick könnte Ihnen bei Ihrer Arbeit behilflich sein. Lassen Sie die normalerweise üblichen Anführungszeichen vor und hinter dem Array-Schlüssel einfach weg:

```
echo "Sie haben folgende Nummer $_POST[telefon]";
```

Diese anführungszeichenfreie Schreibweise ist immer dann möglich, wenn die Array-Variable selbst innerhalb eines Anführungszeichenpaares steht. In allen anderen Fällen sollten Sie den Schlüssel je nach Bedarf stets mit einfachen oder doppelten Anführungszeichen versehen.

1.5 Konstanten

Eine Konstante ist ein Bezeichner (Name) für eine simple Variable. Wie der Name schon ausdrückt, kann sich der Wert einer Konstanten zur Laufzeit eines Skripts nicht ändern. Eine Konstante unterscheidet zwischen Groß- und Kleinschreibung (case-sensitive). Nach gängiger Konvention werden Konstanten immer in Großbuchstaben geschrieben.

- Eine Konstante können Sie über die Funktion define() definieren. Einmal definiert, kann eine Konstane weder verändert noch gelöscht werden.

- Konstanten können nur skalare Daten wie boolean, integer, float und string enthalten.

Unterschiede zwischen Konstanten und Variablen:

- Konstanten haben kein Dollarzeichen ($) vorangestellt.

- Konstanten können nur über die Funktion define() definiert werden, nicht durch einfache Zuweisung.

- Konstanten können überall definiert werden, und auf Ihren Wert können Sie ohne Rücksicht auf Namensraumregeln von Variablen zugreifen.

- Sobald Konstanten definiert sind, können sie nicht neu definiert oder gelöscht werden.

- Konstanten können nur skalare Datenwerte besitzen.

```php
<?php
define("SPRUCH", "Willkommen!");
// Ausgabe - "Willkommen!"
echo SPRUCH;
?>
```

Konstanten sind in allen Programmier- und Skriptsprachen nützlich, um feste, immer wieder benötigte Werte mit verständlichen Begriffen zu umschreiben. Der Einsatz erhöht die Lesbarkeit des Quellcodes.

1.5.1 Vordefinierte Konstanten

Viele dieser Konstanten werden jedoch von verschiedenen Erweiterungen definiert, die nur zur Verfügung stehen, wenn diese Erweiterungen selbst zur Verfügung stehen, entweder über dynamisches Laden zur Laufzeit oder weil sie einkompiliert sind. Eine Auswahl von Konstanten haben wir für Sie in der folgenden Tabelle zusammengestellt:

Konstante	Beschreibung
__LINE__	Liefert die aktuelle Zeilennummer einer Datei. Wird die Konstante in einer Datei verwendet, die per include() oder require() eingebunden wurde, liefert sie die Zeilennummer innerhalb der eingebundenen Datei.
__FILE__	Liefert den vollständigen Pfad- und Dateiname einer Datei. Wird diese Konstante in einer Datei verwendet, die per include() oder require() eingebunden wurde, liefert sie den Pfad- und Dateiname der eingebundenen Datei, nicht den der aufrufenden Datei.
__FUNCTION__	Der Name einer Funktion. Steht seit PHP 4.3.0 zur Verfügung.
__CLASS__	Der Name einer Klasse. Steht seit PHP 4.3.0 zur Verfügung.
__METHOD__	Der Name einer Klassenmethode. Steht seit PHP 5.0 zur Verfügung.
NULL	Der Wert NULL. NULL bedeutet im Gegensatz zu einem leeren String oder der Zahl 0, dass keine Eingabe erfolgt ist. Dies ist beispielsweise bei der Abfrage von Datenbankfeldern von Bedeutung. Die Prüfung des Datentyps einer Variablen, die NULL enthält, mit der Funktion gettype(), ergibt NULL.
PHP_OS	Der Name des Betriebssystems, auf dem der PHP-Interpreter ausgeführt wird.
PHP_VERSION	Eine Zeichenkette, die die Versionsnummer des PHP-Interpreters enthält.
TRUE	Der Wert Wahr (1). Die Konstante TRUE existiert seit PHP 4.0.
FALSE	Der Wert Falsch (0). Die Konstante FALSE existiert seit PHP 4.0.
E_ERROR	Fehler, der sich von einem *parsing error* unterscheidet. Die Ausführung des Skripts wird beendet.

Konstante	Beschreibung
E_WARNING	Warnung, das aktuelle Skript wird jedoch weiter ausgeführt.
E_PARSE	Ungültige Syntax in der Skriptdatei. Die Ausführung des Skripts wird beendet.
E_NOTICE	Anmerkung. Hinweis auf mögliche Fehler. Das aktuelle Skript wird jedoch weiter ausgeführt.
E_CORE_ERROR	Fehler, welcher während der Initialisierung des PHP-Interpreters auftritt. Die Ausführung des Skripts wird beendet.
E_CORE_WARNING	Warnung, welche während der Initialisierung des PHP-Interpreters auftritt. Das aktuelle Skript wird jedoch weiter ausgeführt.
E_STRICT	Wurde zur Abwärtskompatibilität seit PHP 5.0 eingeführt.

1.6 Operatoren

Bevor Sie die in PHP zur Verfügung stehenden Operatoren kennen lernen, gibt es eine kurze Einführung der Begriffe Vorrang (Priorität) und Assoziativität der Operatoren.

1.6.1 Operator-Rangfolge

Die Operator-Rangfolge legt fest, wie »eng« ein Operator zwei Ausdrücke miteinander verbindet. Zum Beispiel ist das Ergebnis des Ausdrucks 1 + 5 * 3 *16* und nicht *18*, da der Multiplikationsoperator *(*)* in der Rangfolge höher steht als der Additionsoperator (+). Wenn nötig, können Sie Klammern setzen, um die Rangfolge der Operatoren zu beeinflussen. Zum Beispiel: (1 + 5) * 3 ergibt 18.

In dieser Tabelle sind alle PHP-Operatoren und ihre Assoziativität vom höchsten bis zum niedrigsten Vorrang aufgeführt.

Operator	Beschreibung	Assoziativität
Höchster Vorrang		
new	Objekt zuweisen	keine Richtung
[ ]	Array-Element	rechts
+	unäres Plus	rechts
-	unäres Minus	rechts
~	Bit-Komplement	rechts
!	logisches NOT	rechts
++	Post-Inkrement	rechts
--	Post-Dekrement	rechts
( )	Funktionsaufruf	rechts
++	Prä-Inkrement	rechts
--	Prä-Dekrement	rechts

Operator	Beschreibung	Assoziativität
*	*	links
/	/	links
%	Modulo	links
.	Strukturelement	links
+	+	links
-	-	links
<<	bitweise Verschiebung nach links	links
>>	bitweise Verschiebung nach rechts	links
>>>	bitweise Verschiebung nach rechts (ohne Vorzeichen)	links
<	kleiner als	keine Richtung
<=	kleiner als oder gleich	keine Richtung
>	größer als	keine Richtung
>=	größer als oder gleich	keine Richtung
==	gleich	keine Richtung
!=	ungleich	keine Richtung
===	strikt gleich	keine Richtung
&	bitweises AND	links
^	bitweises XOR	links
|	bitweises OR	links
&&	logisches AND	links
||	logisches OR	links
?:	bedingt	links
=	Zuweisung	links
*=, /=, %=, +=, -=, &=, |=, ^=, ~=, <<=, >>=, >>>=	zusammengesetzte Zuweisung	links
,	mehrfache Auswertung	links
Niedrigster Vorrang		

1.6.2 Vorrang der Operatoren

In der Operatorliste wird der Begriff »Höchster/Niedrigster Vorrang« verwendet. Der Vorrang der Operatoren bestimmt, in welcher Reihenfolge die Operationen ausgeführt werden. Operatoren mit höherem Vorrang werden vor denen mit einem niedrigeren Vorrang ausgeführt.

Beispiel:

```
$summe = 10 + 5 * 2;                    // Ergebnis: 20
```

Der Multiplikationsoperator (*) hat einen höheren Vorrang als der Additionsoperator (+), deswegen wird die Multiplikation vor der Addition ausgeführt, »Punktrechnung vor Strichrechnung«. Zudem hat der Zuweisungsoperator (=) den niedrigsten Vorrang, deswegen wird die Zuweisung erst ausgeführt, wenn alle Operationen auf der rechten

Seite abgeschlossen sind. Der Vorrang von Operatoren kann durch Verwendung von Klammern außer Kraft gesetzt werden. Um in dem obigen Beispiel die Addition zuerst auszuführen, müssten wir also schreiben:

```
$summe = (10 + 5) * 2;        // Ergebnis: 30
```

Wenn Sie sich in der Praxis einmal unsicher sind, welcher der von Ihnen verwendeten Operatoren den Vorrang besitzt, ist es äußerst sinnvoll, Klammern zu verwenden, um so die Berechnungsreihenfolge explizit vorzugeben.

> **Tipp:** Durch Klammerung mit runden Klammern ( ) kann die vorgegebene Hierarchie überwunden werden.

1.6.3   Assoziativität der Operatoren

Wenn ein Ausdruck mehrere Operatoren enthält, die hinsichtlich ihrer Rangfolge gleichwertig sind, wird die Reihenfolge ihrer Ausführung durch ihre Assoziativität bestimmt. Dabei wird zwischen zwei Richtungen unterschieden.

- Linksassoziativität (in Links-Rechts-Richtung)
- Rechtsassoziativität (in Rechts-Links-Richtung)

Der Multiplikationsoperator ist beispielsweise linksassoziativ. Daher sind die beiden folgenden Anweisungen austauschbar.

Beispiel:

```
$summe = 5 * 10 * 2;        // Ergebnis: 100
$summe = (5 * 10) * 2;      // Ergebnis: 100
```

Eine tabellarische Übersicht über die Operatoren und ihre Assoziativität finden Sie in der Operatorliste am Ende dieses Abschnitts.

Nachdem die Zusammenhänge von Operatorvorrang und Assoziativität geklärt wurden, werden Sie jetzt die Operatoren kennen lernen.

1.6.4   Arithmetische Operatoren

Addition

Der Additionsoperator (+) addiert die beiden numerischen Operanden.

Beispiel:

```
// Addition
$summe = 7 + 3;           // Ergebnis: 10
$summe = 13 + 9 + 1;      // Ergebnis: 23
```

Subtraktion

Der Subtraktionsoperator (-) subtrahiert seinen zweiten Operanden vom ersten. Beide Operanden müssen Zahlen sein.

Beispiel:

```
// Subtraktion
$summe = 10 - 5;            // Ergebnis: 5
$summe = 1.5 - 0.5;         // Ergebnis: 1
```

Wenn (-) als unärer Operator vor einem einzigen Operanden eingesetzt wird, führt er eine unäre Negation durch, d.h., eine positive Zahl wird in die entsprechende negative umgewandelt, und umgekehrt.

Beispiel:

```
// Unäre Negation
$summe = -5;               // Ergebnis: -5
$summe = - (+5);           // Ergebnis: -5
$summe = - (-5);           // Ergbenis: 5
// Nicht so!
$summe = --5;              // Ergebnis: 4
```

Multiplikation

Der Multiplikationsoperator (*) multipliziert seine beiden Operanden, auch hier müssen beide Operanden Zahlen sein.

Beispiel:

```
// Multiplikation
$summe = 10 * 2;           // Ergebnis: 20
$summe = 5.75 * 2;         // Ergebnis: 11.5
```

Division

Der Divisionsoperator (/) dividiert seinen ersten Operanden durch den zweiten. Beide Operanden müssen Zahlen sein.

Beispiel:

```
// Division
$summe = 10 / 2;           // Ergebnis: 5
$summe = 5.75 / 2;         // Ergebnis: 2.875
```

Achtung: Der Divisions-Operator ("/") gibt immer eine Fließkommazahl zurück, sogar wenn die zwei Operanden Ganzzahlen sind (oder Zeichenketten, die nach Ganzzahlen umgewandelt wurden).

Modulo

Der Modulo-Operator (%) bildet den Rest aus einer Division zweier Operanden. Beide Operanden müssen Zahlen sein. Modulo ist also nichts anderes als die Ganzahldivision mit Rest. Dabei bildet der Rest der Division das Ergebnis der Modulo-Operation.

Beispiel:

```
// Modulo
$summe = 10 % 2;        // Ergebnis: (10 / 2 = 5) Rest 0
$summe = 10 % 3;        // Ergebnis: (10 / 3 = 3) Rest 1
```

Operator	Bezeichnung	Bedeutung
+	Positives Vorzeichen	+$a ist/entspricht $a.
-	Negatives Vorzeichen	-$a kehrt das Vorzeichen um.
+	Addition	$a + $b ergibt die Summe von $a und $b.
-	Subtraktion	$a – $b ergibt die Differenz von $a und $b.
*	Multiplikation	$a * $b ergibt das Produkt aus $a und $b.
/	Division	$a / $b ergibt den Quotienten von $a und $b.
%	Restwert (Modulo)	$a % $b ergibt den Restwert der Division von $a durch $b.

1.6.5 Zuweisungsoperator

Wie Sie bereits im Abschnitt zu den Variablen gesehen haben, wird in PHP (=) verwendet, um einer Variablen einen Wert zuzuweisen.

Beispiel:

```
$vorname = "Matze";
```

Auch wenn man eine solche PHP-Zeile nicht als Ausdruck ansieht, der ausgewertet werden kann und einen Wert hat, handelt es sich doch wirklich um einen Ausdruck. Technisch gesehen ist (=) ein Operator. Der Operator (=) erwartet als linken Operanden eine Variable. Als rechter Operand wird ein beliebiger Wert eines beliebigen Typs erwartet. Der Wert eines Zuweisungsausdrucks ist der Wert des rechten Operanden. Da (=) als Operator definiert ist, kann er auch als Bestandteil komplexerer Ausdrücke verwendet werden.

Beispiel:

```
$zahlEins = 200;
$zahlZwei = 250;
$pruefen = zahlEins == zahlZwei;      // Ergebnis: false
```

> **Hinweis:** Wenn Sie so etwas verwenden wollen, sollte Ihnen vorher der Unterschied zwischen den Operatoren (=) und (==) vollkommen klar sein.

Der Zuweisungsoperator ist von rechts nach links assoziativ, das bedeutet, dass bei mehreren Zuweisungsoperatoren innerhalb eines einzigen Ausdrucks von rechts nach links ausgewertet wird. Als Folge davon kann man Code wie den folgenden schreiben, um mehreren Variablen jeweils denselben Wert zuzuweisen.

Beispiel:

```
// Initialisierung mehrerer Variablen in einem Ausdruck
$i = $j = $k = 100;
```

Zuweisung mit Operation

Neben dem Zuweisungsoperator (=) unterstützt PHP noch eine Reihe weiterer Zuweisungsoperatoren, die eine Kurzform bzw. Kurznotation dafür darstellen, dass eine Zuweisung mit einer anderen Operation verbunden wird.

Beispiel:

```
// Initialisierung
$preis = 10.00;
$mwst = 1.60;
// Kurzform
$preis += $mwst;              // Ergebnis: 11.6
// Gleichbedeutend
$preis = $preis + $mwst       // Ergebnis: 11.6
```

Entsprechend gibt es auch -=, *=, /=, %= usw. Die nachfolgende Tabelle führt all diese Operatoren auf.

Beispiel:

```
// Initialisierung
$zahlEins = 50;
$zahlZwei = 25;

// Kurzformen
$zahlEins += $zahlZwei;       // Ergebnis: 75
$zahlEins -= 5;               // Ergebnis: 70
$zahlEins *= 2;               // Ergebnis: 140
$zahlZwei /= 5;               // Ergebnis: 5
$zahlZwei %= 2;               // Ergebnis: 1
```

Abschließend eine Übersicht über die Zuweisungsoperatoren in PHP.

Operator	Bezeichnung	Bedeutung
=	Einfache Zuweisung	$a = $b weist $a den Wert von $b zu und liefert $b als Rückgabewert.
+=	Additionszuweisung	$a += $b weist $a den Wert von $a + $b zu und liefert $a + $b als Rückgabewert.
-=	Subtraktionszuweisung	$a -= $b weist $a den Wert von $a – $b zu und liefert $a – $b als Rückgabewert.
*=	Multiplikationszuweisung	$a *= $b weist $a den Wert von $a * $b zu und liefert $a * $b als Rückgabewert.

Operator	Bezeichnung	Bedeutung
%=	Modulozuweisung	$a %= $b weist $a den Wert von $a % $b zu und liefert $a % $b als Rückgabewert.
/=	Divisionszuweisung	$a /= $b weist $a den Wert von $a / $b zu und liefert $a / $b als Rückgabewert.
.=	Zeichenkettenzuweisung	$a .= $b weist $a den Wert von $a . $b zu und liefert $a . $b als Rückgabewert.

Zuweisung »by reference«

Im Zusammenhang mit Zuweisungen ist noch ein wichtiger Punkt zu beachten:

Bei den bisher betrachteten Zuweisungen wird der Wert einer Variablen einer anderen Variablen zugewiesen. Es existieren also zwei unterschiedliche Variablen und somit auch zwei unterschiedliche Speicherbereiche, die nach der erfolgten Zuweisung zwar denselben Wert aufweisen, aber ansonsten völlig unabhängig voneinander im Arbeitsspeicher existieren. Diese Zuweisungsart wird auch als Zuweisung »by value« bezeichnet.

Seit PHP 4 steht Ihnen jedoch noch eine weitere Form der Zuweisung zur Verfügung, bei der nach erfolgter Zuweisung beide Variablen auf denselben Speicherbereich verweisen. In diesem Zusammenhang spricht man auch von Zuweisungen »by reference«. Wenn Sie Zuweisungen »by reference« vornehmen, weisen Sie also nicht einer Variablen den Wert einer anderen zu, sondern einer Variablen den Speicherbereich einer anderen, so dass im Ergebnis jetzt beide Variablen auf denselben Speicherbereich verweisen und somit nur noch eine Variable existiert, die allerdings zwei unterschiedliche Variablennamen besitzt.

Beispiel:

```
<?
$vorname = "Matthias";
$meinname = &$vorname;
// Ausgabe - Matthias
echo $meinname;
// Ausgabe - Matthias
echo $vorname;
$vorname = "Caroline";
// Ausgabe - Caroline
echo $meinname;
// Ausgabe - Caroline
echo $vorname;
$meinname = "Gülten";
// Ausgabe - Gülten
echo $meinname;
// Ausgabe - Gülten
echo $vorname;
?>
```

Operator	Bezeichnung	Bedeutung
$a = &$b	Zuweisung »by reference«	Der Speicherbereich der Variablen $a wird auf den Speicherbereich der Variablen $b gesetzt.

1.6.6   Vergleichsoperatoren

In diesem Abschnitt lernen Sie die Vergleichsoperatoren von PHP kennen. Es handelt sich hier um Operatoren, die Werte verschiedener Typen vergleichen und einen booleschen Wert (true oder false) liefern, je nach Ergebnis des Vergleichs. Die Vergleichsoperatoren werden am häufigsten in Konstruktionen wie If-Anweisungen und For/While-Schleifen eingesetzt. Hier haben sie die Aufgabe, den Programmablauf zu steuern.

Kleiner als

Der Operator (<) hat das Ergebnis true, wenn sein erster Operand kleiner ist als der zweite, sonst liefert er false. Die Operanden müssen Zahlen oder Strings sein. Strings werden dabei alphabetisch auf der Basis der Codewerte der Zeichen verglichen.

Beispiel:

```
// Kleiner als (mit Zahlen)
$preisHose = 75.50;
$preisJacke = 110.95;
$pruefen = $preisHose < $preisJacke;        // Ergebnis: true
```

Beispiel:

```
// Kleiner als (mit Strings)
$kundeEins = "Fred";
$kundeZwei = "Toni";
$pruefen = $kundeEins < $kundeZwei;         // Ergebnis: true
```

Größe als

Der Operator (>) hat das Ergebnis true, wenn sein erster Operand größer ist als der zweite, sonst liefert er false. Die Operanden müssen Zahlen oder Strings sein. Auch hier werden die Strings alphabetisch auf der Basis der Codewerte der Zeichen verglichen.

Beispiel:

```
// Grösser als (mit Zahlen)
$preisBrille = 65;
$preisUrlaub = 1150;
$pruefen = $preisUrlaub > $preisBrille;       // Ergebnis: true
```

Beispiel:

```
// Grösser als (mit Strings)
$kundeEins = "Timo";
$kundeZwei = "Bernd";
$pruefen = $kundeEins > $kundeZwei;          // Ergebnis: true
```

Kleiner oder gleich

Der Operator (<=) hat das Ergebnis true, wenn sein erster Operand kleiner als der zweite oder gleich diesem ist, sonst liefert er false. Die Operanden müssen Zahlen oder Strings sein, und Strings werden dabei alphabetisch auf der Basis der Codewerte der Zeichen verglichen.

Beispiel:

```
// Kleiner oder gleich (mit Zahlen)
$preisBrille = 65;
$preisUrlaub = 1150;
$pruefen = $preisBrille <= $preisUrlaub;      // Ergebnis: true

$preisBürste = 5.95;
$preisEimer = 5.95;
$pruefen = $preisBürste <= $preisEimer;       // Ergebnis: true
```

Beispiel:

```
// Kleiner oder gleich (mit Strings)
$kundeEins = "Bernd";
$kundeZwei = "Timo";
$pruefen = $kundeEins <= $kundeZwei;          // Ergebnis: true

$wortEins = "Sonntag";
$wortZwei = "Sonntag";
$pruefen = $wortEins <= $wortZwei;            // Ergebnis: true
```

Größer oder gleich

Der Operator (>=) hat das Ergebnis true, wenn sein erster Operand größer als der zweite oder gleich diesem ist, sonst liefert er false. Die Operanden müssen Zahlen oder Strings sein, und auch hier werden Strings alphabetisch auf der Basis der Codewerte der Zeichen verglichen.

Beispiel:

```
// Grösser oder gleich (mit Zahlen)
$preisAuto = 35000;
$preisUrlaub = 1150;
$pruefen = $preisAuto >= $preisUrlaub;        // Ergebnis: true

$preisBürste = 5.95;
$preisEimer = 5.95;
$pruefen = $preisBürste >= $preisEimer;       // Ergebnis: true
```

Beispiel:

```
// Grösser oder gleich (mit Strings)
$kundeEins = "Thomas";
$kundeZwei = "Caroline";
$pruefen = $kundeEins >= $kundeZwei;        // Ergebnis: true

$wortEins = "Sonntag";
$wortZwei = "Sonntag";
$pruefen = $wortEins >= $wortZwei;          // Ergebnis: true
```

Hier noch ein Beispiel mit jeweils einer Kontrollstruktur – eine If-Anweisung und eine For-Schleife.

Beispiel:

```
// Initialisierung
$preisAuto = 27500;
$preisBoot = 22500;

// Nach dem Vergleich enthält die Variable kaufen "Nein!"
if ($preisAuto <= $preisBoot) {
      $kaufen = "Ja!";
} else {
      $kaufen = "Nein!";
}
```

Beispiel:

```
// for-Schleife
// Ergebnis im Ausgabefenster 0 1 2 3 4 5 6 7 8 9 10
for ($i=0;$i<=10;$i++) {
      echo $i;
}
```

Achtung: Die Vergleichsoperatoren vergleichen zwei Strings in Bezug auf deren Anordnung zueinander. Der Vergleich benutzt dabei die alphabetische Ordnung. Zu beachten ist, dass diese Ordnung auf der von PHP verwendeten Zeichenkodierung Latin-1 (ISO8859-1) beruht, die eine Erweiterung des ASCII-Zeichensatzes darstellt. In dieser Kodierung kommen alle Großbuchstaben (ohne Umlaute) vor sämtliche Kleinbuchstaben, d.h., die Großbuchstaben sind kleiner!

Beispiel:

```
// Gross- u. Kleinbuchstaben Vergleich
$ortEins = "Zoo";
$ortZwei = "spielplatz";
$pruefen = $ortEins < $ortZwei;             // Ergebnis: true
```

Abschließend eine Übersicht über die Vergleichsoperatoren in PHP.

Operator	Bezeichnung	Bedeutung
<	Kleiner als	$a < $b ergibt true, wenn $a kleiner $b ist.
>	Größer als	$a > $b ergibt true, wenn $a größer $b ist.
<=	Kleiner oder gleich	$a <= $b ergibt true, wenn $a kleiner oder gleich $b ist.
>=	Größer oder gleich	$a >= $b ergibt true, wenn $a größer oder gleich $b ist.

1.6.7 Gleichheitsoperatoren

Gleichheit

Der Operator (==) liefert `true`, wenn seine beiden Operanden gleich sind; sind sie ungleich, liefert er `false`. Die Operanden können beliebige Typen haben, aber die Definition von gleich hängt vom Typ ab.

Noch etwas sollten Sie berücksichtigen: Normalerweise sind zwei Variablen nicht gleich, wenn sie verschiedene Typen haben. Da PHP aber bei Bedarf automatisch Datentypen umwandelt, ist dies nicht immer zutreffend.

Beispiel:

```
echo $pruefen = "1" == 1;          // Ergebnis: true
echo $pruefen = true == 1;         // Ergebnis: true
echo $pruefen = false == 0;        // Ergebnis: true
```

Achtung: Beachten Sie, dass der Gleichheitsoperator (==) etwas ganz anderes als der Zuweisungsoperator (=) ist, auch wenn Sie im Deutschen beide oft einfach als »gleich« lesen. Es ist wichtig, diese beiden Operatoren zu unterscheiden und in jeder Situation jeweils den richtigen Operator zu verwenden.

Ungleichheit

Auch hier gilt, der Operator (!=) liefert `true`, wenn seine beiden Operanden ungleich sind; sind sie gleich, liefert er `false`. Die Operanden können beliebige Typen haben, wie beim Operator (==).

Beispiel:

```
// Ungleichheit
$zahlEins = 999;
$zahlZwei = 99;
$pruefen = $zahlEins != $zahlZwei;     // Ergebnis: true
```

Beispiel:

```
// Initialisierung
$kundeEins = "Martin Klein";
$kundeZwei = "Fred Mustermann";
```

```
// Ergebnis: "Nicht identischer Kunde"
if ($kundeEins != $kundeZwei) {
      resultat = "Nicht identischer Kunde";
} else {
      resultat = "Identischer Kunde";
}
```

Strikte Gleichheit

Der Operator (===) funktioniert ähnlich wie der Gleichheitsoperator, führt jedoch keine Typumwandlung durch. Wenn zwei Operanden nicht denselben Typ aufweisen, gibt der strikte Gleichheitsoperator den Wert false zurück.

Beispiel:

```
// Initialiserung
$preisBuchEins = 45.95;
$preisBuchZwei = "45.95";

// Ergebnis: "Ungleich"
if ($preisBuchEins === $preisBuchZwei) {
      $pruefen = "Gleich";
} else {
      $pruefen = "Ungleich";
}
```

Strikte Ungleichheit

Der Operator (!==) funktioniert genau umgekehrt wie der strikte Gleichheitsoperator.

Beispiel:

```
// Initialiserung
$preisBuchEins = 45.95;
$preisBuchZwei = "45.95";

// Ergebnis: "Ungleich"
if ($preisBuchEins !== $preisBuchZwei) {
      $pruefen = "Ungleich";
} else {
      $pruefen = "Gleich";
}
```

Abeschließend eine Übersicht über die Gleichheitsoperatoren in PHP.

Operator	Bezeichnung	Bedeutung
==	Gleichheit	$a==$b ergibt true, wenn $a gleich $b ist.
===	Strikte Gleichheit	$a===$b ergibt true, wenn $a gleich $b ist vom gleichen Typ.
!=	Ungleichheit	$a!=$b ergibt true, wenn $a ungleich $b ist.
!==	Strikte Ungleichheit	$a!==$b ergibt true, wenn $a ungleich $b ist vom gleichen Typ.

1.6.8 Logische Operatoren

Logische Operatoren dienen zum Vergleichen boolescher Werte (`true` und `false`) und geben einen dritten booleschen Wert zurück. Bei der Programmierung werden sie normalerweise zusammen mit Vergleichsoperatoren verwendet, um auf diese Weise komplexe Vergleiche auszudrücken, die sich auf mehr als eine Variable beziehen.

Logisches Und

Der Operator (&&) ergibt dann und nur dann `true`, wenn gleichzeitig der erste und der zweite Operand `true` sind. Ergibt schon der erste Operand ein `false`, ist das Ergebnis ebenfalls `false`. Das ist der Grund dafür, weshalb sich der Operator (&&) gar nicht erst damit aufhält, den zweiten Operanden noch zu überprüfen.

Beispiel:

```
$wertEins = true;
$wertZwei = true;
// Beide Ausdrücke sind gleichwertig
// Ergebnis: true
echo $resultat = $wertEins && $wertZwei;
// Ergebnis: true
if ($wertEins && $wertZwei) $resultat = true;
```

Beispiel:

```
$wertEins = (10 * 2);
$wertZwei = (10 + 10);
// Beide Ausdrücke sind gleichwertig
// Ergebnis: true
if ($wertEins && $wertZwei) $resultat = true;
```

Um den logischen Operator (&&) noch besser zu verstehen, hier eine Wahrheitstabelle.

Operand 1	Operand 2	Operand 1 && Operand 2
true	false	false
false	true	false
true	true	true
false	false	false

Logisches Oder

Der Operator (II) ergibt nur dann `true`, wenn der erste oder der zweite Operand wahr ist oder auch beide gleichzeitig. Genau wie (&&) wertet auch dieser Operator den zweiten Operanden nicht aus, wenn der erste Operand das Ergebnis schon endgültig festlegt. Ergibt der erste Operand `true`, dann ist das Ergebnis ebenfalls `true`, der zweite Operand kann das Ergebnis nicht mehr ändern und wird daher nicht ausgewertet.

Beispiel:

```
$wertEins = (10 * 2);
$wertZwei = (10 + 10);
// Logische Operator (||) - OR
// Ergebnis: true
if ($wertEins || $wertZwei) $resultat = true;
```

Um den logischen Operator (||) noch besser zu verstehen, hier eine Wahrheitstabelle.

Operand 1	Operand 2	Operand 1 || Operand 2
true	false	true
false	true	true
true	true	true
false	false	false

Logisches Nicht

Der Operator (!) ist ein unärer Operator, der vor seinem einzigen Operanden steht. Sein Zweck besteht darin, den booleschen Wert seines Operanden umzukehren.

Beispiel:

```
$wertEins = true;
// Logische Operator (!) - NICHT
// Ergebnis: false
$resultat = !$wertEins;
```

Um den logischen Operator (!) noch besser zu verstehen, hier eine Wahrheitstabelle.

Operand 1	! Operand 1
true	false
false	true

Zusammenfassend eine Übersicht über die logischen Operatoren in PHP.

Operator	Bezeichnung	Bedeutung
&& / and	Logisches UND (AND) Verknüpfung	$a && $b ergibt true, wenn sowohl $a als auch $b wahr sind. Ist $a bereits falsch, so wird false zurückgegeben und $b nicht mehr ausgewertet.
|| / or	Logisches ODER (OR) Disjunktion	$a || $b ergibt true, wenn mindestens einer der beiden Ausdrücke $a oder $b wahr ist. Ist bereits $a wahr, so wird true zurückgegeben und $b nicht mehr ausgewertet.
xor	Exklusiv-ODER (XOR)	$a xor $b ergibt true, wenn genau einer der beiden Ausdrücke $a oder $b wahr ist.
!	Logisches NICHT Negation	!$a ergibt false, wenn $a wahr ist, und true, wenn $a false ist.

1.6.9 Bit-Operatoren

Bitweise Operatoren wandeln Fließkommazahlen intern in 32-Bit-Ganzzahlen um. Welche Rechenoperation jeweils ausgeführt wird, hängt vom verwendeten Operator ab. In jedem Falle werden bei der Berechnung des Ergebniswertes jedoch die einzelnen Binärziffern (Bits) der 32-Bit-Ganzzahl unabhängig voneinander ausgewertet. Glücklicherweise werden Sie diese doch recht komplizierten Operatoren relativ selten bis gar nicht benötigen.

Wir wollen Ihnen jedoch die Vorzüge der Bitwise-Operatoren nicht vorenthalten. Die Bitwise-Operatoren werden von den meisten PHP-Entwicklern, wie bereits erwähnt, ignoriert, da sie es nicht gewohnt sind, binär zu arbeiten. Das Zahlensystem, welches nur zwei Werte kennt, nämlich 0 oder 1, ist einer Vielzahl von Entwicklern suspekt. Wir empfehlen Ihnen jedoch, den Bitwise-Operatoren eine Chance zu geben.

Fallbeispiel: Rechner-Tuning:

Stellen Sie sich vor, Sie betreiben einen Shop. Darin bieten Sie das Tunen von Rechnern an (Aufrüstung). Folgende Komponenten können nachgerüstet werden:

- Zweite Festplatte
- Netzwerkkarte
- DVD-Brenner
- TV-Karte

Nun könnten Sie zur Verwaltung dieser Komponenten pro Kunde Variablen verwenden, die die Wünsche des Kunden berücksichtigen.

```
$extraHD = true;
$netzkarte = true;
$brenner = true;
$tvkarte = true;
```

Einen Nachteil hat dieser Ansatz: Wir benötigen für jede Komponente eine separate Variable, die jeweils den booleschen Wert:

- true (installieren)
- false (nicht installieren)

speichert. Dies bedeutet natürlich auch, dass jede Variable Speicherplatz in Anspruch nimmt. Genau hierfür eignet sich hervorragend der Einsatz von Bitwise-Operatoren. Sie ermöglichen die Verwaltung von Daten auf binärer Ebene und lassen sich hervorragend kombinieren, so das Sie nicht mehr vier Variablen benötigen, sondern lediglich eine – Sie haben richtig gelesen, eine!

> **Hinweis:** Dies schont den Speicher und ist vor allem um einiges schneller in der Verarbeitung, da Sie auf der untersten Ebene mit Ihrem Computer kommunizieren, sozusagen auf Maschinencode-Ebene, denn die binäre Ebene kennt nur 0/1.

Bit-Programmierung in die Praxis umzusetzen

Sie sollten sich zuerst im Klaren darüber sein, wie Ihr Computer Prozesse verarbeitet. In PHP gibt es die Möglichkeit, über die Bitwise-Operatoren diese Ebene zu ereichen und zu nutzen.

Ein binärer Zahlenwert wird in Zahlensequenzen von Nullen und Einsen gespeichert. Die Basis im binären Zahlensystem liegt bei 2. Um dieses Zahlensystem an unser Dezimalzahlensystem (mit Basis 10) anzupassen, müssen Sie die Beziehung zwischen beiden Systemen kennen. Hier einige binäre Zahlensequenzen, welche in Dezimalsequenzen umgewandelt werden, auf der linken Seite binär und auf der rechten dezimal (inkl. Umrechnung):

```
1 Bit        1 // 1: (1 x 1) = 1
2 Bit       10 // 2: (1 x 2) + (0 x 1) = 2
2 Bit       11 // 3: (1 x 2) + (1 x 1) = 3
3 Bit      100 // 4: (1 x 4) + (0 x 2) + (0 x 1) = 4
4 Bit     1000 // 8: (1 x 8) + (0 x 4) + (0 x 2) + (0 x 1) = 8
4 Bit     1001 // 9: (1 x 8) + (0 x 4) + (0 x 2) + (1 x 1) = 9
4 Bit     1100 // 12: (1 x 8) + (1 x 4) + (0 x 2) + (0 x 1) = 12
4 Bit     1111 // 15: (1 x 8) + (1 x 4) + (1 x 2) + (1 x 1) = 15
```

6 Bit 111111 // 63: (1 x 32) + (1 x 16) + (1 x 8) + (1 x 4) + (1 x 2) + (1 x 1) = 16

Wie Sie sehen, ist die Beziehung recht einfach, wenn man sich einmal die Umrechnung vor Augen hält. Immer wenn der binären Zahlensequenz eine weitere Ziffer hinzugefügt wird, wird sie die nächste Bit-Stufe erreichen und die Potenz wächst um das Doppelte.

Wenn Sie sich nun auf unser aktuelles Problem beziehen, haben wir es mit einer 4-Bit-Stufe zu tun. Da jede Variable durch ein Bit repräsentiert werden kann, würde sich diese Stufe hervorragend eignen.

Die vier Variablen lassen sich in einer einzigen Variable vereinen:

```
$auswahl = 1        // 0001; (extraHD)
$auswahl = 2        // 0010; (netzkarte)
$auswahl = 4        // 0100; (brenner)
$auswahl = 8        // 1000; (tvkarte)
```

Natürlich können Sie auch Komponenten miteinander kombinieren:

```
$auswahl = 5    // 0101; (extraHD und brenner)
$auswahl = 6    // 0110; (netzkarte und brenner)
$auswahl = 10   // 1010; (netzkarte und tvkarte)
$auswahl = 15   // 1111; (alle Komponenten)
```

Wie Sie sehen, ist die Zusammensetzung individuell zu bestimmen, ohne Probleme lassen sich diese Kombinationen in Form von Zahlen sichern. Das binäre System dahinter sorgt für die korrekte Zuordnung.

Wie können Sie nun die Komponenten hinzufügen, d.h., wie ereichen Sie es, den Brenner oder die TV-Karte der Variablen $auswahl zu übergeben, ohne die davor ausgewählte Komponente zu löschen?

Ein Beispiel:

```
$auswahl = 0; // Rechner ohne zusätzliche Komponenten
```

Hinzufügen von Komponenten – dabei können die einzelnen Komponenten gezielt bestimmt werden:

```
$auswahl += 2; // 0010 Rechner erhält eine Netzwerkkarte
$auswahl += 1; // 0011 Rechner erhält eine zusätzliche HD
$auswahl += 4; // 0111 Rechner erhält DVD-Brenner
$auswahl += 8; // 1111 Rechner erhält TV-Karte
```

Ergebnis:

Der Rechner ist voll ausgerüstet.

Der Vorteil besteht nun darin, dass man natürlich auch Komponenten entfernen kann.

```
$auswahl -= 4;  // 1011 DVD-Brenner wird entfernt
$auswahl -= 2;  // 1001 Netzwerkkarte wird entfernt
```

Ergebnis:

Der Rechner enthält lediglich eine »extra HD« und eine TV-Karte.

Nun sollten Sie sich die praktische Umsetzung betrachten. Um in PHP bitweise zu programmieren, kommen Sie um die Bitwise-Operatoren nicht herum.

Beispiel:

```
<?
// Alle Komponenten ausgewählt (kompletter Rechner)
$extraHD =     (1<<0); // 1 Bit: 0 (false), 1 (true)
$netzkarte =   (1<<1);      // 2 Bit: 0 (false), 2 (true)
$brenner =     (1<<2);      // 3 Bit: 0 (false), 4 (true)
$tvkarte =     (1<<3);      // 4 Bit: 0 (false), 8 (true)

// Die Komponenten in die Auswahl ablegen (Ergebnis 15)
$auswahl = $extraHD | $netzkarte | $brenner | $tvkarte;

// Hier nun eine Funktion, die den Preis berechnet
function berechne($auswahl) {
        $preis = 0;
        // Wenn das erste Bit gesetzt wurde, 200 Euro
        if ($auswahl & 1) {
                echo "+ Extra HD";
                $preis += 200;
        }
        // Wenn das zweite Bit gesetzt wurde, 150 Euro
        if ($auswahl & 2) {
                echo "+ Netzwerkkarte";
                $preis += 150;
        }
        // Wenn das dritte Bit gesetzt wurde, 450 Euro
        if ($auswahl & 4) {
                echo "+ DVD Brenner";
                $preis += 450;
```

```
        }
        // Wenn das vierte Bit gesetzt wurde, 100 Euro
        if ($auswahl & 8) {
                echo "+ TV-Karte";
                $preis += 100;
        }
        return $preis;
}

// Nun testen Sie die Umsetzung
echo berechne($auswahl);

/*
 Ausgabe:
 + Extra HD
 + Netzwerkkarte
 + DVD Brenner
 + TV-Karte
 900
*/

// Lediglich extraHD und tvkarte ausgewählt
$extraHD =    (1<<0); // 1 Bit: 0 (false), 1 (true)
$netzkarte = (0<<1);  // 2 Bit: 0 (false), 2 (true)
$brenner =    (0<<2);       // 3 Bit: 0 (false), 4 (true)
$tvkarte =    (1<<3);       // 4 Bit: 0 (false), 8 (true)

// Die Komponenten in die Auswahl ablegen (Ergebnis 9)
$auswahl = $extraHD | $netzkarte | $brenner | $tvkarte;

// Nun testen Sie die Umsetzung
echo berechne($auswahl);

/*
 Ausgabe:
 + Extra HD
 + TV-Karte
 300
*/

?>
```

Wir hoffen, Ihnen mit diesem Fallbeispiel einen Einblick in die Arbeit der Bitwise-Operatoren verschafft zu haben. Sie müssen natürlich selbst entscheiden, wie weit Sie sie in Ihre Anwendungen einbinden wollen.

Auflistung der Bitwise-Operatoren

Operator	Bezeichnung	Bedeutung
&	And	$a & $b – Bits, die in $a und $b gesetzt sind, werden gesetzt.
I	Or	$a I $b – Bits, die in $a oder $b gesetzt sind, werden gesetzt.
^	Xor	$a ^ $b – Bits, die entweder in $a oder $b gesetzt sind, werden gesetzt, aber nicht in beiden.

Operator	Bezeichnung	Bedeutung
~	Not	~ $a – Bits, die in $a nicht gesetzt sind, werden gesetzt, und umgekehrt.
<<	Shift left	$a << $b – Verschiebung der Bits von $a um $b Stellen nach links (jede Stelle entspricht einer Multiplikation mit zwei).
>>	Shift right	$a >> $b – Verschiebt die Bits von $a um $b Stellen nach rechts (jede Stelle entspricht einer Division durch zwei).

1.6.10 String-Operator

Der String-Operator ('.'), auch Zeichenkettenoperator genannt, nimmt eine Sonderstellung unter den Operatoren ein. Mit ihm lassen sich Strings zusammenfügen bzw. verbinden.

```
$a = "Hallo ";
$b = $a . "Welt !"; // Ergebnis $b = "Hallo Welt !"
```

Strings lassen sich mit Hilfe des String-Operators auch über mehrere Zeilen hinweg beschreiben.

```
$a = "Hallo ";
$a .= "Welt !"; // Ergebnis: $a = "Hallo Welt !"
```

1.6.11 Konditionaloperator

Der Konditionaloperator (? :) ist der einzige Operator, welcher drei Operanden benötigt. Der erste steht vor dem ?, der zweite zwischen ? und : und der dritte hinter dem :. Er wird übrigens auch als Bedingungsoperator bezeichnet, da man ihn für die Erzeugung einer einfachen If-Else-Anweisung nutzen kann.

(BEDINGUNG) ? AUSDRUCK1 : AUSDRUCK2;

Beispiel:

```
<?
$kAlter = 10;

// if-else Umsetzung
if ($kAlter >= 18) {
        echo "Erwachsener";
} else {
        echo "Zu jung!";
}

// Konditionaloperator (?:) Umsetzung
($kAlter >= 18) ? print "Erwachsener" : print "Zu jung!";
?>
```

Da der Operator die Ausdrücke nicht nur ausführt, sondern auch die Ergebnisse der Ausdrücke zurückliefert, können Sie ihn auch dazu verwenden, einer Variablen, in Abhängigkeit von einer Bedingung, unterschiedliche Werte zuzuweisen.

Beispiel:

```
// Initialisierung
$besuchName = "Matze";

$besuch = ($besuchName == "") ? "Hallo !" : "Hallo $besuchName";

echo $besuch; // Ausgabe: Hallo Matze
```

Hinweis: Die ?:-Syntax ist zwar sehr kurz und prägnant, sie ist aber auch relativ schwer zu lesen. Setzen Sie diese daher sparsam und nur in Fällen ein, wo sie leicht zu verstehen ist. Die Möglichkeit, komplexe Bedingungen aus mehreren Teilausdrücken zu verwenden, ist zwar gegeben, aber nicht ratsam.

1.6.12 Gruppierungsoperator

Der Gruppierungsoperator ( ) wird verwendet, um bevorzugte Operationen zusammenzufassen, oder dient bei Funktionen zum Übergeben von Parametern (Argumenten). Zusätzlich hat er die Aufgabe, Ausdrücke zu gruppieren, dabei kommt er vor allem bei If-Anweisungen zum Einsatz. Eine Besonderheit ist übrigens, dass er keine feste Anzahl von Operanden hat.

Beispiel:

```
// Berechnung (Addtion/Multiplikation)
$resultat = (1 + 2) * (3 + 4);          // Ergebnis: 21
$resultat = (1 + 2) * 3 + 4;            // Ergebnis: 13
$resultat = 1 + (2 * 3) + 4;            // Ergebnis: 11
$resultat = 1 + (2 * (3 + 4));          // Ergebnis: 15
```

Beispiel:

```
// Funktion (Parameter)
echo $resultat = sin(90);               // Ergebnis: 0.89
```

Achtung: Er bestimmt die Reihenfolge, in der die Operatoren im Ausdruck ausgeführt werden. Runde Klammern setzen die automatische Vorrangreihenfolge außer Kraft und bewirken, dass die Ausdrücke in Klammern zuerst ausgewertet werden. Bei verschachtelten Klammern wird der Inhalt der innersten Klammern vor dem Inhalt der äußeren Klammern ausgewertet.

1.6.13 Inkrement- bzw. Dekrementoperatoren

PHP unterstützt Prä- und Post-Inkrement- und Dekrementoperatoren im Stil der Programmiersprache C.

Zwei in der Programmierung häufig benötigte Operationen sind die Erhöhung bzw. Verminderung eines Zahlenwerts um 1.

- Die Erhöhung um 1 bezeichnet man als Inkrement.
- Die Verminderung um 1 als Dekrement.

Für Inkrement und Dekrement gibt es in PHP zwei spezielle Operatoren:

- ++ (Inkrement)
- -- (Dekrement)

Beide Operatoren weisen gegenüber den anderen arithmetischen Operatoren einige Besonderheiten auf:

- Sie haben nur einen Operanden,
- können ihrem Operanden vor- oder nachgestellt werden (Präfix/Postfix),
- verändern den Wert ihres Operanden.

Folgendes Beispiel: Sie wollen den Wert einer Variablen i um 1 vermindern. Ohne Dekrementoperator würden Sie dafür schreiben:

```
$i= $i - 1;
```

Mit dem Dekrementoperator geht es schneller:

```
$i--;
```

Statt der Postfixnotation, dabei wird der Operator seinem Operanden nachgestellt, können Sie auch die Präfixnotation, hier ist der Operator seinem Operanden vorangestellt, verwenden.

```
--$i;
```

Sofern Sie den Dekrement- oder Inkrementoperator allein verwenden, ist es gleich, ob Sie die Postfix- oder Präfixnotation verwenden. Wenn Sie den Dekrement- oder Inkrementoperator in einem Ausdruck verwenden, müssen Sie jedoch klar zwischen Postfix- und Präfixnotation unterscheiden, denn beide führen zu unterschiedlichen Ergebnissen.

Beispiel:

```
$summe = 0;
$zahl = 20;
$summe = ++$zahl;      // Ergebnis: $summe  und $zahl  gleich 21
```

Hier wird der Wert der Variablen $zahl um 1 hochgesetzt und der neue Wert wird der Variablen $summe zugewiesen. Nach Ausführung der Anweisung sind $summe und $zahl gleich. Anders sieht es aus, wenn Sie den Operator nachstellen.

Beispiel:

```
$summe = 0;
$zahl = 20;
$summe = $zahl++;      // Ergebnis: $summe  20 und $zahl  21
```

Hier wird ebenfalls der Wert der Variablen `$zahl` um 1 hoch gesetzt, doch der Variablen `$summe` wird noch der alte Wert zugewiesen. Nach Ausführung der Anweisung hat `$summe` den Wert 20, während `$zahl` den Wert 21 hat. Ein weiteres Beispiel soll dies mit Hilfe einer `If`-Anweisung veranschaulichen.

Beispiel:

```
if (++$gehalt >= 2000) {
    ...
}
```

Im Beispiel mit der Präfixnotation wird der Wert der Variablen `$gehalt` zuerst um 1 erhöht und anschließend mit der Zahl 2000 verglichen.

Beispiel:

```
if ($gehalt++ >= 2000) {
    ...
}
```

Im Beispiel mit der Postfixnotation wird der Wert der Variablen `$gehalt` zuerst mit der Zahl 2000 verglichen und anschließend um 1 erhöht. Auch hier gibt es einen Unterschied, den es zu beachten gilt.

Operator	Bezeichnung	Bedeutung
++	Präinkrement	++$a ergibt $a+1 und erhöht $a um 1
++	Postinkrement	$a++ ergibt a und erhöht $a um 1
--	Prädekrement	--$a ergibt $a–1 und verringert $a um 1
--	Postdekrement	$a-- ergibt $a und verringert $a um 1

1.6.14 Objekterzeugungs-Operator

Der Operator `new` wird durch ein Schlüsselwort dargestellt und nicht durch Sonderzeichen. Es handelt sich hier um einen Operator, der vor seinem Operanden steht.

```
new Konstruktor
```

Konstruktur muss ein Funktionsaufruf-Ausdruck sein, d.h., es muss ein Ausdruck darin vorkommen, der sich auf eine Funktion bezieht, sogar auf eine ganze spezielle Funktion.

Beispiel:

```php
<?php
// Klasse
class Haus
{
    var $zimmer;
    function Haus($zimmer)
    {
        $this->zimmer = $zimmer;
```

```
        }
}

// Objekt
$meinHaus = new Haus(8);

// Ausgabe - Object id #1
echo $meinHaus;
// Ausgabe (8)
echo $meinHaus->zimmer;
?>
```

Der Operator new funktioniert wie folgt: Zuerst wird ein neues Objekt ohne jegliche Eigenschaften angelegt und anschließend wird die angegebene Konstruktorfunktion mit den angegebenen Parametern aufgerufen.

1.6.15 Array-Operatoren

Der einzige Array-Operator in PHP ist der +-Operator. Das rechtsstehende Array wird an das linksstehende Array angehängt, wobei doppelte Schlüssel NICHT überschrieben werden.

Beispiel:

```
<pre>
<?php
$personen = array("a" => "Matthias", "b" => "Carolline");
$fruechte = array("a" =>"Kirsche", "b" => "Erdbeere", "c" => "Birne");
$gesamt = $personen + $fruechte;
var_dump($gesamt);
?>
</pre>
```

Ausgabe:

```
array(3) {
  ["a"]=>
  string(8) "Matthias"
  ["b"]=>
  string(9) "Carolline"
  ["c"]=>
  string(5) "Birne"
}
```

1.6.16 Operatoren zur Programmausführung

PHP unterstützt einen Operator zur Ausführung externer Programme: den Backtick (``` ` ```). Achtung: Die Backticks sind keine einfachen Anführungszeichen! PHP versucht, den Text zwischen den Backticks als Kommandozeilenbefehl auszuführen. Die Ausgabe des aufgerufenen Programms wird zurückgegeben und kann somit einer Variablen zugewiesen werden.

```
<pre>
<?php
$ausgabe = 'ls -al';
echo $ausgabe;
?>
</pre>
```

Achtung: Der Backtick-Operator steht nicht zur Verfügung, wenn der Safe Mode aktiviert ist oder die Funktion `shell_exec()` deaktiviert wurde.

1.6.17 Fehler-Kontroll-Operatoren

PHP unterstützt einen Operator zur Fehlerkontrolle. Es handelt sich dabei um das @-Symbol. Stellt man @ in PHP vor einen Ausdruck, werden alle Fehlermeldungen, die von diesem Ausdruck erzeugt werden könnten, ignoriert.

Hinweis: Ist das track_errors-Feature aktiviert, werden alle Fehlermeldungen, die von diesem Ausdruck erzeugt werden, in der Variablen `$php_errormsg` gespeichert. Da diese Variable mit jedem neuen Auftreten eines Fehlers überschrieben wird, sollte man sie möglichst bald nach Verwendung des Ausdrucks überprüfen, wenn man mit ihr arbeiten will.

Beispiel:

```php
<?php
// Beabsichtigter Dateifehler
// Beabsichtigter Mailfehler
$email = @mail ('nicht_vorhandene_mail') or
    die ("Mail konnte nicht versandt werden:'$php_errormsg'");

// Das funktioniert bei jedem Ausdruck
// erzeugt keine Notice, falls der Index
// $key nicht vorhanden ist.
$value = @$cache[$key];
?>
```

Der Fehler-Kontroll-Operator @ verhindert jedoch keine Meldungen, welche aus Fehlern beim Parsen resultieren.

Achtung: Der @-Operator funktioniert nur bei Ausdrücken. Eine einfache Daumenregel: Wenn Sie den Wert von etwas bestimmen können, dann können Sie den @-Operator davor schreiben. Zum Beispiel können Sie ihn vor Variablen, Funktionsaufrufe und vor `include()` setzen, vor Konstanten und so weiter. Nicht verwenden können Sie diesen Operator vor Funktions- oder Klassendefinitionen oder vor Kontrollstrukturen wie zum Beispiel `if` und `foreach` und so weiter.

Achtung: Zum gegenwärtigen Zeitpunkt deaktiviert der Fehler-Kontroll-Operator @ die Fehlermeldungen selbst bei kritischen Fehlern, die die Ausführung eines Skripts beenden. Unter anderem bedeutet das, wenn Sie @ einer bestimmten Funktion voranstellen, diese aber nicht zur Verfügung steht oder falsch geschrieben wurde, Ihr PHP-Skript einfach beendet wird, ohne Hinweis auf die Ursache.

1.7 Kontrollstrukturen

Die Kontrollstrukturen haben die Aufgabe, den Ablauf eines Programms zu beeinflussen. Sie sind in der Lage, die Programmausführung in Abhängigkeit von einer Bedingung zu steuern oder einzelne Anweisungen oder Anweisungsblöcke wiederholt auszuführen. In diesem Abschnitt soll Ihnen die Arbeitsweise der Kontrollstrukturen näher gebracht werden. Sie werden dabei feststellen, dass PHP eine Vielzahl von Steuerungsmöglichkeiten besitzt.

1.7.1 if-Anweisung

Die if-Anweisung dient dazu, anhand einer Bedingung, z.B. des Werts einer Variablen, des Rückgabewerts einer Funktion oder des Wahrheitswerts eines booleschen Werts, zu entscheiden, ob die nachfolgende Anweisung ausgeführt werden soll oder nicht.

Definition:

IF (BEDINGUNG/AUSDRUCK)
      ANWEISUNG;

Bild 1.3: Ablaufschema einer if-Anweisung

Beispiel:

```
$punkteStand = 100;

// Schreibweise
if ($punkteStand == 100)
    echo "Vorhanden!";

// Schreibweise (Ebenfalls möglich)
if ($punkteStand == 100) echo "Vorhanden!";
```

Sie können die if-Anweisung wie folgt übersetzen:

»Wenn (if) die Bedingung erfüllt (true liefert, also die Variable $punkteStand existiert), dann führe die Anweisung aus (Variable kommt zustande mit dem Wert »Vorhanden!«). Ist die Bedingung nicht erfüllt, führe die Anweisung nicht aus.«

> **Hinweis:** Die if-Anweisung entscheidet über die Ausführung der direkt nachfolgenden Anweisung bzw. des nachfolgenden Anweisungsblocks. Üblicherweise rückt man die betreffenden Anweisungen im Quelltext um zwei bis drei Leerzeichen ein. Dies dient jedoch ausschließlich der besseren Lesbarkeit des Codes, auf die Ausführung der if-Anweisung hat die Einrückung keinen Einfluss.

Wenn Sie mit einer if-Anweisung nicht nur die Ausführung einer einzelnen, sondern mehrerer aufeinander folgender Anweisungen steuern wollen, müssen Sie die betreffenden Anweisungen in geschweifte Klammern setzen.

Definition:

```
IF (BEDINGUNG/AUSDRUCK) {
        ANWEISUNG/EN;
}
```

```
$punkteStand = 100;

// Anweisungsblock
if ($punkteStand == 100) {
    echo "Vorhanden!";
    $bonus = 50;
}
```

> **Hinweis:** Eine Folge von Anweisungen, die in geschweifte Klammern eingefasst sind, bezeichnet man als Anweisungsblock. Einige Programmierer würden dies auch als zusammengesetzte Anweisungen bezeichnen. Es bleibt Ihnen überlassen, wie Sie das Gebilde nennen.

Alternative Syntax

In PHP steht Ihnen für die if-Anweisung eine alternative Schreibweise zur Verfügung.

Definition:

IF (BEDINGUNG/AUSDRUCK): ANWEISUNG; ENDIF;

Beispiel – alternative Schreibweise:

```
$vorname = "Caroline";
if ($vorname == "Caroline"):
        echo "Name: $vorname";
        echo "Mehrzeilig!";
endif;
```

Verwechselung von == und = vermeiden

Um Verwechselungen beim Durchführen von Vergleichen innerhalb von if-Anweisungen zu vermeiden, sollten Sie sich folgenden Rat zu Herzen nehmen:

Schreiben Sie anstatt

```
<?
$mitarbeiter = 10;
if ($mitarbeiter == 10) { echo "10 Mitarbeiter"; }
?>
```

besser:

```
<?
$mitarbeiter = 10;
if (10 == $mitarbeiter) { echo "10 Mitarbeiter"; }
?>
```

Denn sollten Sie die Konstante auf der linken Seite mit einem Zuweisungsoperator versehen, wird der PHP-Interpreter eine Fehlermeldung ausgeben.

```
<?
$mitarbeiter = 10;
// Führt zu:
// parse error, unexpected '='
if (10 = $mitarbeiter) { echo "10 Mitarbeiter"; }
?>
```

Die Gefahr, durch einen Eingabefehler falsche Werte zu erhalten, verringert sich dadurch und Sie können relativ sicher sein, innerhalb von if-Anweisungen keine falsch platzierten Zuweisungen vorliegen zu haben.

> **Hinweis:** Diese Schreibweise hat sich in vielen Fällen jedoch nicht durchgesetzt. Es scheint eine Frage des Geschmacks zu sein, da eine Vielzahl von PHP-Entwickler doch lieber ihrem eigenem Können vertrauen.

1.7.2   if-else-Anweisung

Die einfache if-Anweisung entspricht der Anweisung »Wenn die Bedingung erfüllt ist, dann führe die Anweisung aus. Danach fahre mit der Ausführung des Programms fort.«

Die zweite Form der if-Anweisung führt den else-Teil ein, der ausgeführt wird, wenn die Bedingung nicht erfüllt, also der Ausdruck false ist. Die Aussage der Anweisung lautet dann: »Wenn die Bedingung erfüllt ist, dann führe die Anweisung aus, sonst (else) führe die Anweisung im erweiterten Teil aus. Danach fahre normal mit der Ausführung des Programms fort.«.

Definition:

IF (BEDINGUNG/AUSDRUCK)
        ANWEISUNG;
ELSE
        ANWEISUNG;

Beispiel:

```
$punkteStand = 50;

// Schreibweise
if ($punkteStand >= 100)
        echo "Wahr";
else
        echo "Unwahr!";
```

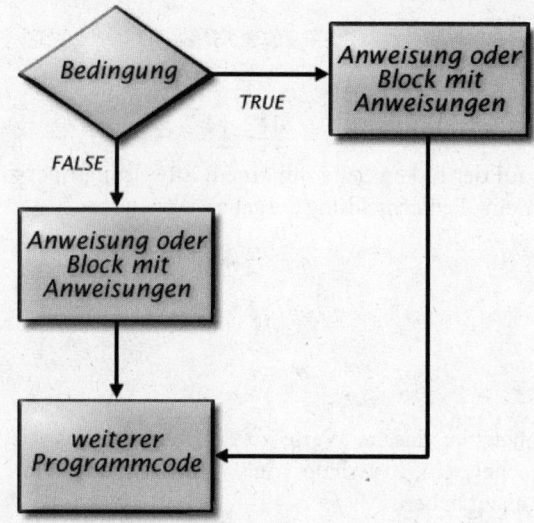

Bild 1.4:   Ablaufschema einer if-else-Anweisung

Wie sieht es nun mit einem Anweisungsblock in einer if-else-Anweisung aus? Auch das stellt kein Problem dar:

Definition:

IF (BEDINGUNG/AUSDRUCK) {
      ANWEISUNG/EN;
} ELSE {
      ANWEISUNG/EN;
}

```
$punkteStand = 50;

// Anweisungsblock
if ($punkteStand >= 100) {
        echo "Wahr";
} else {
        echo "Unwahr!";
}
```

Alternative Syntax

In PHP steht Ihnen für die `if-else`-Anweisung eine alternative Schreibweise zur Verfügung.

Definition:

IF (BEDINGUNG/AUSDRUCK): ANWEISUNG/EN; ELSE: ANWEISUNG/EN; ENDIF;

Beispiel – bekannte Schreibweise:

```
<?php
$chef = "Schmidt";
if ($chef == "Schmidt") {
        echo "Chef ist Schmidt";
} else {
        echo "Unbekannter Chef";
}
?>
```

Beispiel – alternative Schreibweise:

```
<?
$chef = "Schmidt";
if ($chef == "Schmidt"):
?>
Chef ist Schmidt
<?
else:
?>
Unbekannter Chef
<?
endif
?>
```

Eine weitere Möglichkeit wäre, die alternative Schreibweise wie folgt zu verwenden.

```
$signal = TRUE;
if ($signal):
        echo "Aktiv: $signal";
        echo "Mehrzeilig!";
else:
        echo "Inaktiv";
        echo "Mehrzeilig";
endif;
```

Mit der Einführung des Schlüsselworts `endif` kann das Ende des Blocks explizit angegeben werden. Der `else`-Befehl ist mit einem Doppelpunkt zu versehen, um die Zuge-
hörigkeit zum Block zu kennzeichnen. Die geschweiften Klammern entfallen.

1.7.3   if-elseif-Anweisung

Die `if-elseif`-Anweisung wird vor allem für Mehrfachverzweigungen eingesetzt. Damit
lassen sich in Abhängigkeit vom Wert einer Variablen verschiedene Anweisungen ausführen.

Definition:

```
IF (BEDINGUNG/AUSDRUCK) {
        ANWEISUNG/EN;
} ELSEIF (BEDINGUNG/AUSDRUCK) {
        ANWEISUNG/EN;
} ELSEIF (BEDINGUNG/AUSDRUCK) {
        ANWEISUNG/EN;
} ELSE {
        ANWEISUNG/EN;

}
```

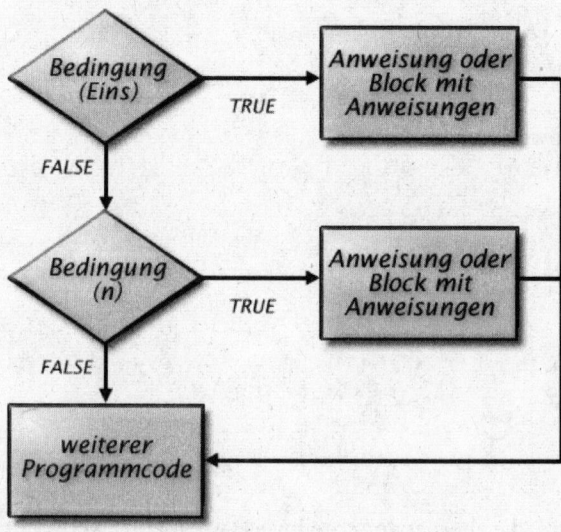

Bild 1.5:   Ablaufschema einer if-elseif-Anweisung

Fallbeispiel:

WENN MEINLOHN DEN WERT

1000 HAT:	FÜHRE ANWEISUNG A AUS,
2000 HAT:	FÜHRE ANWEISUNG B AUS,
3000 HAT:	FÜHRE ANWEISUNG C AUS,
4000 HAT:	FÜHRE ANWEISUNG D AUS,
IN ALLEN ANDERN FÄLLEN:	FÜHRE ANWEISUNG E AUS.

Beachten Sie den grundsätzlichen Unterschied zur `if-else`-Anweisung. Die Bedingung einer `if-else`-Anweisung ist immer ein boolescher Wert, der nur einen der beiden Werte `true` oder `false` annehmen kann. Folglich verzweigt die `if-else`-Anweisung auch nur in zwei alternative Anweisungsblöcke. Bei der Mehrfachverzweigung wird dagegen der Wert einer Variablen abgefragt: Der Programmierer kann grundsätzlich ebenso viele alternative Verzweigungen formulieren, wie es Werte für die Variable gibt.

```
$meinLohn = 3000;

// Mehrfachverzweigung (if-elseif-Anweisung)
// Ergebnis: "C"
if ($meinLohn == 1000) {
        // Anweisung A
        $ausgabe = "A";
} elseif ($meinLohn == 2000) {
        // Anweisung B
        $ausgabe = "B";
} elseif ($meinLohn == 3000) {
        // Anweisung C
        $ausgabe = "C";
} elseif ($meinLohn == 4000) {
        // Anweisung D
        $ausgabe = "D";
} else {
        // Anweisung E
        $ausgabe = "E";
}

echo $ausgabe;
```

Lassen Sie sich aber nicht von der Einrückung täuschen. Es handelt sich hier immer noch um vier, immer tiefer verschachtelte `if-else`-Anweisungen. Der Interpreter prüft zuerst, ob der Wert von `meinLohn` gleich 1.000 ist. Ist dies nicht der Fall, prüft er im `else`-Teil, ob `meinLohn` gleich 2.000 ist. Stimmt auch dies nicht, verzweigt er zum `else`-Teil mit dem Vergleich `meinLohn` gleich 3.000. Stimmt auch dies nicht, verzweigt er zum `else`-Teil mit dem Vergleich `meinLohn` gleich 4.000. Liefert auch dieser Vergleich `false`, landet der Interpreter in dem letzten `else`-Teil, der alle anderen nicht überprüften Fälle abfängt.

Alternative Syntax

In PHP steht auch für die `if-elseif`-Anweisung eine alternative Schreibweise zur Verfügung.

Definition:

IF (BEDINGUNG/AUSDRUCK):

       ANWEISUNG/EN;

ELSEIF:

       ANWEISUNG/EN;

ELSE:

       ANWEISUNG/EN;

ENDIF;

Beispiel – bekannte Schreibweise:

```php
<?php
$chef = "Schmidt";
if ($chef == "Müller") {
      echo "Müller ist der Chef";
} elseif ($chef == "Schmidt") {
      echo "Scmidt ist der Chef";
} else {
      echo "Unbekannter Chef";
}
?>
```

Beispiel – alternative Schreibweise:

```php
<?
$chef = "Schmidt";
if ($chef == "Müller"):
?>
Müller ist der Chef
<?
elseif ($chef == "Schmidt"):
?>
Schmidt ist der Chef
<?
else:
?>
Unbekannter Chef
<?
endif
?>
```

1.7.4 switch-case-Anweisung

Eine Alternative zur `if-elseif`-Anweisung stellt die `switch`-Anweisung dar. Sie ermöglicht ebenfalls eine Mehrfachverzweigung, jedoch wirkt der Code wesentlich übersichtlicher und trägt zum besseren Verständnis bei.

Definition:

SWITCH (BEDINGUNG/AUSDRUCK){
    CASE WERT:
        ANWEISUNG/EN;
    CASE WERT:
        ANWEISUNG/EN;
    [DEFAULT WERT:]
        [ANWEISUNG/EN;]
}

```
$meinLohn = 3000;

// Mehrfachverzweigung (switch-Anweisung)
// Ergebnis: "C"
switch ($meinLohn) {
        case 1000:
                // Anweisung A
                $ausgabe = "A";
                break;
        case 2000:
                // Anweisung B
                $ausgabe = "B";
                break;
        case 3000:
                // Anweisung C
                $ausgabe = "C";
                break;
        case 4000:
                // Anweisung D
                $ausgabe = "D";
                break;
        default:
                // Anweisung E
                $ausgabe = "E";
}

echo $ausgabe;
```

Es dreht sich auch hier wieder alles um den Ausdruck, der in der Regel eine Variable ist. Der default-Teil wird ausgeführt, wenn keiner der vorherigen Werte zutrifft. Dieser Teil der switch-Anweisung ist optional. Jeder Programmblock muss mit dem Kommando break abgeschlossen werden, damit die switch-Anweisung nicht unnötig weiter durchlaufen wird, wenn es zu einer Übereinstimmung mit einer der case-Werte kommt.

Hinweis: break bricht die Ausführung der aktuellen Anweisungssequenz for, foreach while, do..while oder switch ab.

Erweiterte Syntax

Die Beschränkung des Bedingungstests auf Gleichheit mag als ernsthafte Behinderung erscheinen. Glücklicherweise kennt PHP eine erweiterte Notation der Syntax, die das Problem teilweise behebt. Dabei können mehrere Vergleiche hintereinander ausgeführt werden, die Operanden sind quasi Oder-verknüpft:

```php
<?php
$meinLohn = 3000;

// Mehrfachverzweigung (switch-Anweisung)
switch ($meinLohn) {
    case 1000: case 2000: case 3000:
        // Anweisung A
        $ausgabe = "Zwischen 1000 u. 3000";
        break;
    case 4000: case 5000:
        // Anweisung D
        $ausgabe = "Zwischen 4000 u. 5000";
        break;
    default:
        // Anweisung E
        $ausgabe = "Kein Angabe";
}
// Ausgabe - Zwischen 1000 u. 3000
echo $ausgabe;
?>
```

Alternative Syntax

Definition:

SWITCH (BEDINGUNG/AUSDRUCK):
>   CASE WERT:
>>   ANWEISUNG/EN;
>   DEFAULT:
>>   ANWEISUNG/EN;
ENDSWITCH;

Hier ein Beispiel für die alternative Schreibweise einer `switch`-Anweisung:

```php
<?
$meinLohn = 3000;

// Mehrfachverzweigung (switch-Anweisung)
// Ergebnis: "C"
switch ($meinLohn):
    case 1000:
        // Anweisung A
        $ausgabe = "A";
        break;
    case 2000:
        // Anweisung B
```

```
                    $ausgabe = "B";
                    break;
        case 3000:
                    // Anweisung C
                    $ausgabe = "C";
                    break;
        case 4000:
                    // Anweisung D
                    $ausgabe = "D";
                    break;
        default:
                    // Anweisung E
                    $ausgabe = "E";
endswitch;

echo $ausgabe;
?>
```

1.7.5 while-Schleife

Während die if-Anweisung die grundlegende Steueranweisung ist, mit deren Hilfe in PHP Entscheidungen gefällt werden, können mit dem Sprachelement while Anweisungen wiederholt ausgeführt werden.

Definition:

WHILE (BEDINGUNG/AUSDRUCK) {
     ANWEISUNG/EN;
}

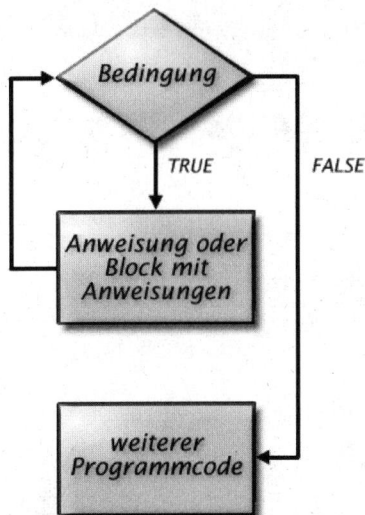

Bild 1.6:   Ablaufschema einer while-Schleife

Beispiel:

```
// Laufvariable (Zählvariable)
$i = 0;

// while-Anweisung
// Ausgabe: 0 1 2 3 4 5 6 7 8 9
while ($i < 10) {              // Bedingung
     echo "$i<br>";           // Anweisungsblock
     $i++;                    // Inkrementierung der Laufvariablen
}
```

Und so funktioniert die while-Anweisung: Zunächst wird der angegebene Ausdruck berechnet. Ist er false, geht der Interpreter zur nächsten Anweisung im Programm über. Sollte diese jedoch true sein, wird die angegebene Anweisung bzw. der entsprechende Anweisungsblock ausgeführt. Anschließend wird der Ausdruck neu berechnet. Wiederum geht der Interpreter zur im Programm folgenden Anweisung über, falls der Wert des Ausdrucks false sein sollte. Ansonsten wird erneut die Anweisung ausgeführt, die den Hauptteil der Schleife ausmacht. Dieser Kreislauf wird so lange durchlaufen, bis der Ausdruck schließlich false ergibt. Dann wird die Ausführung der while-Anweisung beendet, und der PHP-Interpreter fährt mit der sequentiellen Abarbeitung des Programms fort.

> **Hinweis:** Schleifendurchläufe bezeichnet man auch als Iterationen.

Hier noch ein Beispiel, mit dessen Hilfe Sie die Zeichen der ASCII-Tabelle im Handumdrehen erzeugt haben.

```
$zaehler = 32;
while ($zaehler < 127) {
     $zeichen = chr($zaehler);
     echo $zeichen . " |";
     $zaehler++;;
}
```

Ausgabe:

```
| ! |" |# |$ |% |& |' |( |) |* |+ |, |- |. |/ |0 |1 |2 |3 |4 |5 |6 |7 |8 |9
|: |; |< |= |> |? |@ |A |B |C |D |E |F |G |H |I |J |K |L |M |N |O |P |Q |R
|S |T |U |V |W |X |Y |Z |[ |\ |] |^ |_ |` |a |b |c |d |e |f |g |h |i |j |k
|l |m |n |o |p |q |r |s |t |u |v |w |x |y |z |{ || |} |~ |
```

Alternative Syntax

Auch für die while-Schleife existiert in PHP eine alternative Schreibweise.

Definition:

WHILE (BEDINGUNG/AUSDRUCK):
     ANWEISUNG/EN;
ENDWHILE;

Beispiel – bekannte Schreibweise:

```php
<?php
$zaehler = 0;
$max = 10;
while ($zaehler < $max) {
        if ($zaehler % 2) {
                $zaehler++;
                continue;
        }
        echo "Zaehler: $zaehler <br>";
        $zaehler++;
}
?>
```

Beispiel – alternative Schreibweise:

```php
<?
$zaehler = 0;
$max = 10;
while ($zaehler < $max):
if ($zaehler % 2) {
 $zaehler++;
 continue;
}
?>
Zaehler: <? echo $zaehler;?><br>
<? $zaehler++; ?>
<? endwhile ?>
```

1.7.6   do-while-Schleife

Die do-while-Anweisung (Schleife) ist der while-Anweisung sehr ähnlich. Der einzige Unterschied besteht darin, dass die Schleifenbedingung nicht am Anfang, sondern am Ende der Schleife überprüft wird. Deshalb führt die do-while-Anweisung mindestens einen Durchlauf aus.

Definition:

DO {
      ANWEISUNG/EN;
} WHILE (BEDINGUNG/AUSDRUCK);

Beispiel:

```php
// Laufvariable (Zählvariable)
$i = 0;

// do-while-Anweisung
// Ausgabe: 0 1 2 3 4 5 6 7 8 9
do {
    echo "$i<br>";      // Anweisungsblock
    $i++;               // Inkrementierung der Laufvariablen
} while ($i < 10);      // Bedingung
```

Hinweis: Für do...while können Sie keine alternative Schreibweise anwenden.

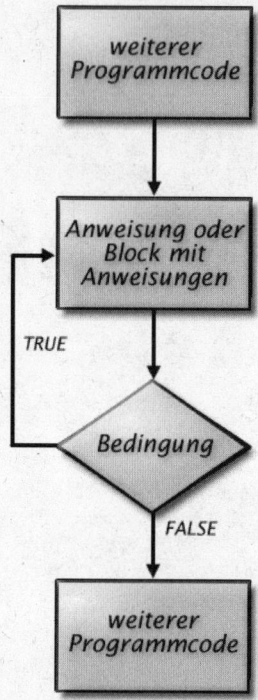

Bild 1.7:   Ablaufschema einer do-while-Schleife

1.7.7   for-Schleife

Die for-Anweisung ist für Schleifen oft praktischer als die while-Anweisung. Hier wird ausgenutzt, dass die meisten Schleifen einem bestimmten Schema folgen. Normalerweise gibt es eine Schleifenvariable, die vor Beginn der Schleife initialisiert wird. Vor jedem Schleifendurchlauf wird der Wert dieser Variablen innerhalb des Ausdrucks überprüft. Schließlich wird sie am Ende der Schleife, unmittelbar vor der erneuten Auswertung des Ausdrucks, inkrementiert oder in anderer Weise geändert. Sie hat des Weiteren den Vorzug, dass die Initialisierung, der Ausdruck (Bedingung) und die Veränderung der Schleifenvariablen übersichtlich im Kopf der Schleife zusammengefasst sind.

Definition:

FOR (INIT SCHLEIFENVARIABLE; BEDINGUNG; VERÄNDERUNG) {
        ANWEISUNG/EN;
}

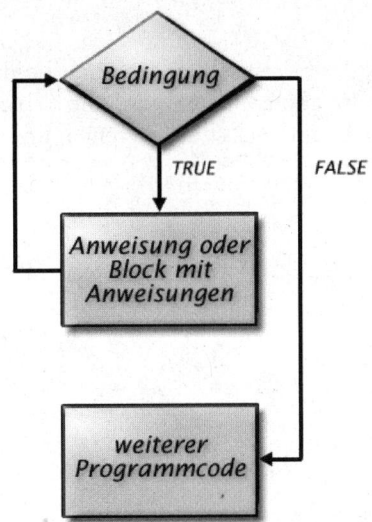

Bild 1.8: Ablaufschema einer for-Schleife

Am einfachsten lässt sich erklären, was die `for`-Anweisung bewirkt, wenn man die äquivalente `while`-Anweisung angibt:

```
// Laufvariable (Zählvariable)
$i = 0;

// while-Anweisung
// Ausgabe: 0 1 2 3 4 5 6 7 8 9
while ($i < 10) {              // Bedingung
        echo "$i<br>";         // Anweisungsblock
        $i++;                  // Inkrementierung der Laufvariablen
}
```

```
// for-Anweisung
// Im Ausgabefenster: 0 1 2 3 4 5 6 7 8 9
for ($i=0;$i<10;$i++) {
        echo "$i<br>";         // Anweisungsblock
}
```

```
// Schreibweise (Variante 2)
for ($i=0;$i<10;$i++)
        echo "$i<br>";         // Anweisung
```

Wie Sie hier lesen, stehen in dieser Schreibweise alle wichtigen Information über die Schleifenvariable in einer einzigen Codezeile. Dadurch ist die Arbeitsweise der Schleife klar ersichtlich. Außerdem wird dadurch, dass die Veränderung der Schleifenvariablen innerhalb der eigentlichen `for`-Anweisung steht, der Anweisungsblock vereinfacht.

Flexibilität der for-Schleife

Alle drei Parameter der for-Schleife sind äußerst flexibel einsetzbar. So sind die drei Parameter der for-Schleife optional. Ohne eine Iterationsvariable wird die Schleife endlos durchlaufen. Sie können in diesem Fall wieder auf break zurückgreifen, um die Schleife mit einer zusätzlichen Bedingung zu verlassen.

Beispiel:

```php
<?php
$zaehler = 1;
for (;;) {
    if ($zaehler > 10) {
        break;
    }
    print $zaehler;
    $zaehler++;
}
?>
```

> **Hinweis:** continue kann ebenfalls zum Einsatz kommen.

Der flexible Umgang mit den Schleifenparametern kennt praktisch keine Grenzen. Auch das folgende Beispiel ist syntaktisch korrekt:

```php
<?php
for ($i = 0, $j = 10;$i<$j;$i++) {
    $j--;
    echo "i ist jetzt: $i<br>";
    echo "j ist jetzt: $j<br>";
}
?>
```

Ausgabe:

```
i ist jetzt: 0
j ist jetzt: 9
i ist jetzt: 1
j ist jetzt: 8
i ist jetzt: 2
j ist jetzt: 7
i ist jetzt: 3
j ist jetzt: 6
i ist jetzt: 4
j ist jetzt: 5
```

Es spielt offensichtlich keine Rolle, ob hier Variablen zum Einsatz kommen oder nicht. Wenn Sie beispielsweise lediglich eine Liste ausgeben wollen, können Sie den Befehl recht knapp halten:

```php
<?php
for ($i = 1; $i <= 10; print $i, $i++) ;
?>
```

Innerhalb des `for`-Befehls können also weitere Befehle, durch Kommata getrennt, eingesetzt werden. Im Beispiel wird übrigens nicht zufällig der Befehl `print` anstatt des flexibleren `echo` verwendet. Wie bei der Befehlsbeschreibung bereits erläutert, gibt `echo` nichts zurück, während `print` die Ausführung im Erfolgsfall mit `TRUE` quittiert. Normalerweise wird der Rückgabewert nicht benötigt und gelöscht. Die `for`-Schleife erwartet jedoch von jedem direkt eingegebenen Wert, dass er sich als Ausdruck verhält – Ausdrücke geben immer etwas zurück. An dieser Stelle kann `echo` also nicht funktionieren. Versuchen Sie es dennoch, erhalten Sie einen Laufzeitfehler.

Alternative Syntax

Natürlich, wie kann es anders sein, gibt es auch für die `for`-Schleife eine alternative Schreibweise.

Definition:

FOR (INIT SCHLEIFENVARIABLE; BEDINGUNG; VERÄNDERUNG):
     ANWEISUNGEN/EN;
ENDFOR;

Beispiel – alternative Schreibweise:

```
<? for ($i = 0; $i <= 10; $i++): ?>
i ist jetzt: <? echo $i ?><br>
<? endfor; ?>
```

Ausgabe:

```
i ist jetzt: 0
i ist jetzt: 1
i ist jetzt: 2
i ist jetzt: 3
i ist jetzt: 4
i ist jetzt: 5
i ist jetzt: 6
i ist jetzt: 7
i ist jetzt: 8
i ist jetzt: 9
i ist jetzt: 10
```

1.7.8 foreach-Schleife

Diese Schleife ermöglicht es, auf einfache Weise ein Array zu durchlaufen. `foreach` funktioniert nur in Verbindung mit Arrays. Wenn Sie versuchen, `foreach` mit einer Variablen eines anderen Datentyps oder einer nicht initialisierten Variablen zu benutzen, gibt PHP einen Fehler aus.

Definition:

```
FOREACH (ARRAY_EXPRESSION AS $VALUE){
        ANWEISUNG/EN;
}
```

Mit Hilfe von `foreach` wird das Durchlaufen eines Arrays wesentlich vereinfacht. Gegenüber der `while`-Schleife mit `list` und `each` ist die `foreach`-Schleife syntaktisch deutlich im Vorteil.

Beispiel – while:

```php
<?php
$zahlen = array (10, 20, 30, 40);
while (list(, $value) = each ($zahlen)) {
    echo "Wert: $value<br>\n";
}
?>
```

Beispiel – foreach:

```php
<?php
foreach ($zahlen as $value) {
    echo "Wert: $value<br>\n";
}
?>
```

Das Array wird von Anfang bis Ende durchlaufen und bei jedem Schleifendurchlauf wird das aktuelle Element der Variablen `array_expression` zugewiesen. Jedes Arrayelement kann wiederum ein Array sein, dann könnte mit einer verschachtelten `foreach`-Schleife auch dieses Array ausgewertet werden.

Beispiel – mit assoziativem Array:

```php
$personen = array("Matthias","Caroline","Gülten");

foreach ($personen as $person) {
    echo "Name: $person<br>\n";
}
// Ausgabe:
// Name: Matthias
// Name: Caroline
// Name: Gülten
```

Typischerweise ist es erlaubt, einzelne Elemente eines solchen Arrays mit unterschiedlichen Datentypen zu belegen. Das können auch weiere Arrays sein.

Erweiterte Syntax

Sollten Sie Arrays mit Schlüssel/Werte-Paaren bauen, kann `foreach` mit einer erweiterten Syntax diese Paare direkt auslesen. Die grundlegende Syntax lautet:

Definition:

FOREACH (ARRAY AS $KEY => $VALUE){
    ANWEISUNG/EN;
}

Hier wird der Operator => eingesetzt, der schon bei der Konstruktion des Arrays verwendet wurde.

Beispiel:

```php
<?php
$person = array("Vorname" => "Caroline",
                "Nachname" => "Kannengiesser",
                "Alter" => 25,
                "Ort" => Berlin);
foreach ($person as $key => $val) {
        echo "Feld $key hat den Wert: $val<br>";
}
?>
```

Ausgabe:

```
Feld Vorname hat den Wert: Caroline
Feld Nachname hat den Wert: Kannengiesser
Feld Alter hat den Wert: 25
Feld Ort hat den Wert: Berlin
```

Hinweis: Mehr zum Thema Arrays finden Sie im Abschnitt »Arrays«.

1.7.9   Verschachtelte Kontrollstrukturen

Sie haben nun alle Kontrollstrukturen aus PHP vorgestellt bekommen. Sie lassen sich nicht nur jeweils einzeln ausführen, sondern können auch miteinander kombiniert werden. Das Kombinieren von Kontrollstrukturen untereinander wird in der Programmierung als Verschachtelung bezeichnet.

Sie kennen sicher die aus Russland stammenden »Matuschkas«, das sind die ineinander geschachtelten Puppen. Jedesmal, wenn Sie eine Puppe öffnen, kommt in ihrem Inneren eine weitere, kleinere Puppe zum Vorschein. Dies wird fortgeführt, bis Sie zur letzten Puppe kommen, die sich nicht mehr öffnen lässt. Sie können sich verschachtelte Kontrollstrukturen so ähnlich aufgebaut vorstellen. Man schaut immer in die nächste hinein, dem Prinzip der Kiste in der Kiste entsprechend. Dabei kommt die Verschachtelung sowohl bei if-Anweisungen und switch-Anweisungen als auch bei Schleifen vor.

Beispiel:

```php
<?php
/*
        Beispiel Haus (Verschachtelung: 3 Stufen)
        Aufbau der Stufen:
```

```
        // if-Stufe 1
             // if-Stufe 2
                  // if-Stufe 3
                  // else-Stufe 3
             // else-Stufe 2
        // else-Stufe 1
*/

$haus = true;
$hausTuer = true;
$hausSchluessel = true;

if ($haus == true) {
      echo "Haus in Sicht - Tür vorhanden?";
      if ($hausTuer == true) {
            echo "Tür vorhanden - passender Schlüssel?";
            if ($hausSchluessel == true) {
                  echo "Passender Schlüssel - Haus betreten!";
            } else {
                  echo "Leider keinen passenden Schlüssel!";
            }
      } else {
            echo "Leider hat das Haus keine Tür";
      }
} else {
      echo "Kein Haus in Sicht!";
}
?>
```

Ausgabe:

```
Haus in Sicht - Tür vorhanden?
Tür vorhanden - passender Schlüssel?
Passender Schlüssel - Haus betreten!
```

Tipp: Ein Limit für die Anzahl von Verschachtelung gibt es nicht. Aber je weniger Stufen die Verschachtelung verwendet, desto leichter ist der Code zu verstehen. Sie sollten bei der Verschachtelung die Faustregel beachten, nicht mehr als drei Stufen zu verwenden, da Sie sonst den Überblick verlieren könnten.

Bei der Verschachtelung von Kontrollstrukturen sollten Sie unbedingt darauf achten, dass Sie Ihre Codezeilen einrücken. Das wirkt sich vor allem besonders positiv auf die Lesbarkeit des Codes aus.

Beispiel:

```
<?php
// switch-Anweisung in der sich if-Anweisungen befinden.
$lohn = 1000;
$mitarbeiter = "Mike";

// Ausgabe - Mike du erhälst 1000 Euro pro Monat
switch ($lohn) {
```

```
      case 1000:
            if ($mitarbeiter == "Mike") {
                  echo "Mike du erhälst 1000 Euro pro Monat";
            }
            break;
      case 2000:
            if ($mitarbeiter == "Gülten") {
                  echo "Gülten du erhälst 2000 Euro pro Monat";
            }
            break;
      default:
            echo "Sie sind kein Mitarbeiter unserer Firma!";
}
?>
```

Sie sehen, eine Verschachtelung kann durch das Einrücken der Codezeilen um einiges besser überblickt werden.

> **Hinweis:** Die Verschachtelung lässt sich natürlich mit sämtlichen Kontrollstrukturen durchführen.

1.7.10 break

Diese Anweisung darf nur innerhalb von `for-`, `foreach while-`, `do..while-` oder `switch`-Anweisungen oder in einem Anweisungsblock, der mit einer bestimmten `case`-Bedingung in einer `switch`-Anweisung verknüpft ist, verwendet werden. Wird die `break`-Anweisung ausgeführt, wird die aktuell ausgeführte Schleife verlassen. Diese Anweisung wird normalerweise dazu verwendet, eine Schleife vorzeitig zu beenden.

Beispiel:

```
<?php
// while-Anweisung (mit Break)
$zufall = 1;
// Ausgabe - 1 2 3 4 5
while ($zufall <= 10) {
      echo $zufall;
      if ($zufall == 5) {
            break;
      }
      $zufall++;
}
?>
```

Diese `while`-Schleife wird so lange durchlaufen, bis die Variable `$zufall` den Wert 5 aufweist. Sollte dies der Fall sein, wird der Schleifendurchlauf durch `break` beendet.

1.7.11 continue

Die continue-Anweisung steht mit der break-Anweisung in einem sehr engen Zusammenhang. Wie schon die break-Anweisung, kann auch continue nur innerhalb von while-, do-while-, for- und foreach-Anweisungen verwendet werden. Wenn die continue-Anweisung ausgeführt wird, wird der aktuelle Durchlauf der ausgeführten Schleife beendet und die nächste Iteration begonnen. Die continue-Anweisung verhält sich dabei in jeder Schleifenart unterschiedlich.

- In einer while-Schleife weist continue den Interpreter an, den restlichen Teil der Schleife zu übergehen und an den Anfang der Schleife zu springen, wo die Bedingung geprüft wird.

- In einer do-while-Schleife weist continue den Interpreter an, den restlichen Teil der Schleife zu übergehen und an das Ende der Schleife zu springen, wo die Bedingung geprüft wird.

- In einer for-Schleife weist continue den Interpreter an, den restlichen Teil der Schleife zu übergehen und zur Auswertung des auf die for-Schleife folgenden Ausdrucks zu springen.

- In einer foreach-Schleife weist continue den Interpreter an, den restlichen Teil der Schleife zu übergehen und zurück an den Anfang der Schleife zu springen, wo der nächste Wert in der Aufzählung verarbeitet wird.

Beispiel:

```php
<?php
// while-Anweisung (mit continue)
$zufall = 1;
// Ausgabe - 1 2 3 4 5 6 7 8 9 10
while ($zufall <= 10) {
        echo $zufall;
        $zufall++;
        continue;
        echo "Ich werde nie aufgerufen";
}
?>
```

Beispiel:

```php
<?php
$zaehler = 0;
$max = 10;
while($zaehler < $max) {
        if ($zaehler % 2) {
                $zaehler++;
                continue;
        }
        echo "Zähler: $zaehler <br>";
        $zaehler++;
}
?>
```

Ausgabe:

```
Zähler: 0
Zähler: 2
Zähler: 4
Zähler: 6
Zähler: 8
```

Hinweis: `continue` kann optional ein numerisches Argument erhalten, das angibt, wie viele Ebenen von enthaltenen Schleifen übersprungen werden sollen.

1.8   Funktionen und Prozeduren

Funktionen dienen dem Zusammenfassen mehrerer Befehle zu einem Aufruf. Dadurch werden Programme lesbarer, weil klar ist, wozu ein Befehlsblock dient.

Bei einigen Programmiersprachen findet eine Unterscheidung zwischen Funktionen statt, die einen Wert zurückgeben, und solchen, die keinen Wert zurückgeben. In Pascal/Delphi etwa gibt es neben Funktionen, die einen Wert zurückgeben, die Prozeduren, die keinen Wert zurückgeben. PHP macht hier, genau wie C und C++, keinen Unterschied.

Definition:

FUNCTION MEINEFUNK($ARG_1, $ARG_2, ..., $ARG_N) {
ANWEISUNG/EN;
RETURN $RETVAL;
}

Die Funktion erhält die Argumente 'Arg 1' bis 'Arg n' übergeben und gibt den Wert der Variablen 'retval' zurück. Wird kein 'return' in der Funktion benutzt, hat man dasselbe Verhalten wie bei einer Prozedur in Pascal/Delphi. Rückgabewerte müssen, im Gegensatz zu Pascal/Delphi, nicht abgefragt werden.

Beispiel:

```
function quadratSumme($num) {
      return $num * $num ;
}
echo quadratSumme(4); // Ergebnis: 16
```

return

Der Befehl `return` enthält als Parameter den Rückgabewert. Dies kann ein Ausdruck oder eine einzelne Variable sein. An welcher Stelle innerhalb der Funktion Sie `return` einsetzen, spielt keine Rolle. Auch die mehrfache Notation ist zulässig – hier wird nach dem Motto »Wer zuerst kommt, malt zu erst« verfahren, und die Funktion wird sofort verlassen. Aus Gründen sauberer Programmierung sollten Sie jedoch `return` nur einmal an Ende einer Funktion einsetzen.

Späte Bindung in PHP

Seit PHP4 können Sie eine Funktion an jeder beliebigen Stelle Ihres Skripts definieren. Der PHP-Interpreter verarbeitet als Erstes sämtliche Funktionsdefinitionen und anschließend den anderen Bestandteile des Skripts.

1.8.1   Funktionsargumente

Die Übergabe von Argumenten an die Funktion, die dann dort Parametern entsprechen, kann auf unterschiedliche Art und Weise erfolgen. Im einfachsten Fall geben Sie Variablennamen an:

```
function schreiben($spruch, $vorname) {
 echo "$spruch, $vorname";
}
```

Der Aufruf der Funktion kann nun erfolgen, indem Werte eingesetzt werden:

```
schreiben("Herzlich Willkommen", "Caroline");
```

Der Rückgabewert interessiert hier nicht, also wird auch kein `return` benötigt. Beim Aufruf können natürlich auch Variablen eingesetzt werden. Das folgende Beispiel entspricht der ersten Variante:

```
$vorname = "Caroline";
$spruch = "Herzlich Willkommen";

function schreiben($spruch, $vorname) {
 echo "$spruch, $vorname";
}
schreiben($spruch, $vorname);
```

Lokale und globale Variablen

Die Variablennamen können gleich sein, da Variablen innerhalb einer Funktion lokal sind und nicht im Konflikt mit den globalen Variablen stehen.

Beispiel:

```
<?php
function schreiben($spruch, $vorname) {
 echo "$spruch, $vorname <br>";
 $spruch = "Neuer Spruch";
 $vorname = "Neuer Name";
}
$vorname = "Caroline";
$spruch = "Herzlich Willkommen";
schreiben($spruch, $vorname);
schreiben($spruch, $vorname);
?>
```

Ausgabe:

```
Herzlich Willkommen, Caroline
Herzlich Willkommen, Caroline
```

Übergabe per Referenz

Die Veränderung der übergebenen Variablen kann aber manchmal erwünscht sein. So könnte eine Funktion sämtliche übergebenen Werte in `$inhalt` kursiv schreiben, beispielsweise für Zitate.

```php
<?php
function schreibeZitat(&$inhalt) {
  $inhalt = "<i>$inhalt</i>";
}
$spruch = "Hallo Welt!";
echo "$spruch<br>";
schreibeZitat($spruch);
echo $spruch;
?>
```

Ausgabe:

```
Hallo Welt!
Hallo Welt!
```

Der Name der Variablen spielt keine Rolle. Entscheidend ist die Kennzeichnung der Argumente mit &. In diesem Fall wird der globalen Variablen der neue Wert zugewiesen. Diese Vorgehensweise wird als Parameterübergabe durch Referenz bezeichnet (by reference). Der normale Weg ist die Übergabe von Werten (by value), Änderungen wirken sich dann nicht auf die Quelle aus.

1.8.2 Vorgabewerte für Parameter

Eine Funktion kann C++-artige Vorgabewerte für skalare Parameter wie folgt definieren:

```php
<?php
function mixen ($typ = "Kaffee") {
    return "Tasse $typ<br>";
}
echo mixen ();
echo mixen ("Tee");
?>
```

Ausgabe:

```
Tasse Kaffee
Tasse Tee
```

Der Vorgabewert muss ein konstanter Ausdruck sein, darf also keine Variable und kein Element einer Klasse sein. Bitte beachten Sie, dass alle Vorgabewerte rechts von den Nicht-Vorgabeparametern stehen sollten – sonst wird es nicht funktionieren.

Beispiel:

```
<?php
function mixen ($typ = "Maxi", $geschmack) {
    return " $typ Becher $geschmack-Mix.";
}
echo mixen ("Kirsch");
?>
```

Ausgabe:

```
Warning: Missing argument 2 for mixen() in C:\php5xampp-
dev\htdocs\php5\test2.php on line 2
Kirsch Becher -Mix.
```

Lösung:

```
<?php
function mixen ($geschmack, $typ = "Maxi") {
    return "$typ Becher $geschmack-Mix.";
}
echo mixen ("Kirsch");
?>
```

Ausgabe:

```
Maxi Becher Kirsch-Mix.
```

1.8.3 Variable Argumentlisten

In PHP3 konnten noch keine variablen Argumentlisten verwendet werden. Um diesen Nachteil zu umgehen, wurden Arrays eingesetzt. Sie können die Anzahl der Argumente dann mit Hilfe von Array-Funktionen bestimmen.

Beispiel:

```
<?php
function formatieren($tag,$argumente) {
    $anzahlargs = count($argumente);
    for ($i = 0; $i < $anzahlargs; $i++) {
      $resultat .= "<".$tag.">".$argumente[$i]."</".$tag.">";
    }
    return $resultat;
}
$personen = array("Matthias","Caroline","Gülten");
// Ausgabe - Kursiv
echo formatieren ("i",$personen) . "<br>";
// Ausgabe - Unterstrichen
echo formatieren ("u",$personen);
?>
```

Ausgabe:

MatthiasCarolineGülten
MatthiasCarolineGülten

Wie man sieht, besteht der Trick darin, array zu verwenden. Die Anzahl der Argumente kann leicht mit der Funktion count ermittelt werden. Für die Übergabe wird das Array mit der Funktion array aus Einzelwerten erzeugt. Wie viele dies sind, spielt nun keine Rolle mehr.

Seit PHP4 sind variable Argumentlisten zulässig. Dies wird bei internen Funktionen wie beispielsweise max verwendet. Die Funktion ermittelt den maximalen Wert einer beliebig langen Liste von Argumenten.

Es gibt spezielle Funktionen, mit denen der Parameterblock untersucht werden kann:

- func_num_args – Diese Funktion gibt die Anzahl der Parameter zurück.

- func_get_arg – Hiermit ermitteln Sie einen konkreten Parameter, die Auswahl erfolgt durch eine Nummer.

- func_get_args – Diese Funktion gibt ein Array mit den Parametern zurück.

Beispiele:

```php
<?php
function meinefunk() {
    $anzahlargs = func_num_args();
    echo "Anzahl der Argumente: $anzahlargs";
}
// Ausgabe - Anzahl der Parameter (3)
meinefunk (10, 20, 30);
?>
```

```php
<?php
function meinefunk() {
    $anzahlargs = func_num_args();
    echo "Anzahl der Argumente: $anzahlargs<br>";
    if ($anzahlargs >= 2) {
        echo "Das 2. Argument ist: " . func_get_arg (1);
    }
}
// Ausgabe
// Anzahl der Argumente: 3
// Das 2. Argument ist: 20
meinefunk (10, 20, 30);
?>
```

```php
<?php
function meinefunk() {
    $anzahlargs = func_num_args();
    $arg_liste = func_get_args();
    for ($i = 0; $i < $anzahlargs; $i++) {
        echo "Argument $i ist: " . $arg_liste[$i] . "<br>";
    }
}
```

```
// Ausgabe
// Argument 0 ist: 10
// Argument 1 ist: 20
// Argument 2 ist: 30
meinefunk (10, 20, 30);
?>
```

1.8.4 Rückgabewerte

Wie Sie bereits erfahren haben, können Sie mit dem optionalen Befehl `return` Werte zurückgeben. Es können Variablen jedes Typs zurückgegeben werden, auch Listen oder Objekte. Sie beenden sofort die Funktion, und die Kontrolle wird wieder an die aufrufende Zeile zurückgegeben.

Rückgabe mehrere Werte

Ist es möglich, mehr als einen Wert zurückzugeben? Nein. Ein ähnliches Resultat kann man jedoch durch die Rückgabe von Listen erreichen. Hilfestellung gibt dabei der Befehl `list`.

Beispiel:

```php
<?php
function ausgaben() {
    return array (10, 20, 30);
}
list ($erste, $zweite, $dritte) = ausgaben();
// Ausgabe (20)
echo $zweite;
?>
```

1.8.5 Fehlercode als Rückgabewert

Eine komplexe Funktion sollte nicht nur den üblichen Rückgabewert erzeugen, sondern bei Bedarf auch noch einen Fehlercode. Dieser Fehlercode wird ebenfalls in einer `return`-Anweisung definiert. Kann die Funktion die erwartete Operation nicht ausführen, soll sie stattdessen den Fehlercode liefern. Der Entwickler ist dann in der Lage, den Rückgabewert in einer `if`-Abfrage auszuwerten und für die Programmsteuerung zu nutzen. Das folgende Beispiel erfüllt diese Anforderung:

Beispiel:

```php
function bruttoberechnen($betrag, $mwst) {
    if ($betrag > 0 && $mwst > 0) {
        return $betrag + ($betrag * $mwst / 100);
    } else {
        return -1;
    }
}
```

Die Funktion erwartet die Angabe eines Nettobetrags und der Mehrwertsteuer, daraus wird dann der Bruttobetrag errechnet. Es wird überprüft, ob die Variablen einen Wert größer 0 liefern. Nur wenn das der Fall ist, erfolgen Berechnung und Rückgabe des berechneten Wertes. Wenn eine der Variablen nur einen Wert kleiner oder gleich 0 enthält, wird der alternative else-Zweig ausgeführt. Die dort untergebrachte return-Anweisung erzeugt dann den Rückgabewert –1. Diesen Wert verwenden Sie als Fehlercode. Beim Aufruf der Funktion können Sie den Fehlercode berücksichtigen und auswerten.

```
$resultat = bruttoberechnen (100, 0);          // -1

if ($resultat > -1) {
        echo $resultat;
} else {
        echo "Falsche Argumente!";
}
```

> **Hinweis:** In den vorangegangenen Beispielen wurde als Rückgabewert für die Anzeige einer Fehlerfunktion immer der Wert –1 verwendet. Sie können natürlich jeden beliebigen Wert dafür vorgeben. Der Wert sollte sich nur deutlich von den normalen Funktionswerten unterscheiden. Viele Funktionen geben bei einem Fehler beispielsweise den Wahrheitswerts false (0) zurück. Bei String-Funktionen können Sie auch einen Leerstring verwenden.

1.8.6 Dynamisch Funktionen erzeugen

Sie möchten eine Funktion anlegen und definieren, während das Skript vom PHP-Interpreter abgearbeitet wird. Hierfür stellt Ihnen PHP die Funktion create_function() zur Verfügung.

Beispiel:
```
<?php
$addieren = create_function('$a,$b', 'return $a+$b;');
// Ausgabe (15)
echo $addieren(10,5)
?>
```

Der erste Parameter für create_function() ist ein String, der die Argumente der Funktion enthält, und der zweite ist der Anweisungsblock. Die Verwendung von create_function() ist außerordentlich langsam. Sie sollten daher eine Funktion vorab definieren und nur in Ausnahmefällen auf create_function() zurückgreifen.

1.8.7 Bedingte Funktionen

Wenn eine Funktion nur unter bestimmten Bedingungen definiert wird, muss die Definition dieser Funktion noch vor deren Aufruf abgearbeitet werden.

```
<?php
$signal = TRUE;
```

```
function meinefunk() {
  echo "Wurde aufgerufen!";
}
// Ausgabe - Wurde aufgerufen
if ($signal) meinefunk();
?>
```

1.8.8   Verschachtelte Funktionen

Sie können in PHP Kontrollstrukturen verschachteln, dies gilt auch für Funktionen. Im Folgenden Beispiel wird eine Funktion zeigeAutoren() definiert. Sie enthält zwei weitere Funktionen zeigeAutor() und zeigeAutorin().

Beispiel:

```
<?php
// Verschachtelte Funktionen
function zeigeAutoren() {
        function zeigeAutor() {
                echo "Matthias Kannengiesser";
        }
        function zeigeAutorin() {
                echo "Caroline Kannengiesser";
        }
        zeigeAutor();
        zeigeAutorin();
}
// Aufruf
zeigeAutoren();
?>
```

Ausgabe:

```
Matthias Kannengiesser
Caroline Kannengiesser
```

Sie greifen, wie Sie sehen, auf die verschachtelten Funktion zu, indem Sie die übergeordnete Funktion zeigeAutoren() aufrufen. Dabei verhalten sich die verschachtelten Funktionen wie lokale Variablen. Sie sind somit nur für die übergeordnete Funktion zugänglich (Parent-Funktion). Folgender Aufruf wäre daher außerhalb der Parent-Funktion nicht möglich:

```
// Aufruf (nicht möglich)
zeigeAutor();
```

> **Tipp:** Mit Hilfe der verschachtelten Funktionen haben Sie die Möglichkeit, den Zugriff von außen auszuschließen.

1.8.9 Variablenfunktionen

PHP unterstützt das Konzept der Variablenfunktionen. Wenn Sie an das Ende einer Variablen Klammern hängen, versucht PHP eine Funktion aufzurufen, deren Name der aktuelle Wert der Variablen ist. Dies kann unter anderem für Callbacks, Funktionstabellen usw. genutzt werden.

Beispiel:

```php
<?php
function meinefunk()
{
    echo "In meinefunk()<br>";
}

function meinefunk2($arg = '')
{
    echo "In meinefunk2(); der Parameter ist '$arg'.<br>";
}

$func = 'meinefunk';
$func();          // ruft meinefunk() auf

$func = 'meinefunk2';
$func('Funk: Hallo Welt');  // ruft meinefunk2() auf
?>
```

Ausgabe:

```
In meinefunk()
In meinefunk2(); der Parameter ist 'Funk: Hallo Welt'.
```

Variablenfunktionen funktionieren nicht mit Sprachkonstrukten wie `echo()`, `print()`, `unset()`, `isset()`, `empty()`, `include()` und `require()`. Sie müssen Ihre eigenen Wrapperfunktionen verwenden, um diese Konstrukte als variable Funktionen benutzen zu können.

Beispiel:

```php
<?php
// Wrapperfunkiton für echo
function sendeecho($string)
{
    echo $string;
}

$func = 'sendeecho';
$func('Echo: Hallo Welt');  // ruft sendeecho() auf
?>
```

Ausgabe:

```
Echo: Hallo Welt
```

1.8.10 Rekursive Funktionen

Sie werden nun noch eine Methode kennen lernen, Funktionen zu verwenden. Es handelt sich um die rekursive Funktion. Dies ist eine Funktion, die sich selbst aufruft. Rekursive Funktionen werden vor allem dort eingesetzt, wo man nicht genau vorherbestimmen kann, wie verschachtelt eine Datenstruktur ist.

Rekursion allgemein

Unter einer Rekursion versteht man die Definition eines Programms, einer Funktion oder eines Verfahrens durch sich selbst. Rekursive Darstellungen sind im Allgemeinen kürzer und leichter verständlich als andere Darstellungen, da sie die charakteristischen Eingenschaften einer Funktion betonen.

Ein Algorithmus heißt rekursiv, wenn er Abschnitte enthält, die sich selbst aufrufen. Er heißt iterativ, wenn bestimmte Abschnitte des Algorithmus innerhalb einer einzigen Ausführung des Algorithmus mehrfach durchlaufen werden. Iteration und Rekursion können oft alternativ in Programmen eingesetzt werden, da man jede Iteration in eine Rekursion umformen kann, und umgekehrt. In der Praxis liegt jedoch oftmals die iterative oder die rekursive Lösung auf der Hand und die dazu alternative Form ist gar nicht so leicht zu bestimmen.

> **Hinweis:** Programmtechnisch läuft eine Iteration auf eine Schleife, eine Rekursion dagegen auf den Aurfuf einer Methode durch sich selbst hinaus.

Fallbeispiel:

Nehmen Sie einen Papierstreifen und versuchen Sie ihn so zu falten, dass sieben genau gleich große Teile entstehen. Dabei dürfen Sie kein Lineal oder sonstiges Hilfsmittel verwenden. Sie werden feststellen, dass die Aufgabe gar nicht so einfach ist.

Wenn Sie statt sieben jedoch acht Teile machen, wird es plötzlich einfach: Einmal in der Mitte falten, dann nochmals falten .....

Genau das ist das Prinzip der Rekursion: Ein Problem wird auf ein »kleineres« Problem zurückgeführt, das wiederum nach demselben Verfahren bearbeitet wird. Rekursion ist eine wichtige algorithmische Technik.

Am obigen Beispiel haben Sie auch gesehen, dass die Lösung einer Aufgabe, wenn sie mit Rekursion möglich ist, sehr einfach gelöst werden kann. Hier nun zwei rekursive Fallbeispiele.

Fakultät einer Zahl n (n!) rekursiv

Bei der Berechnung der Fakultätsfunktion geht man aus von der Definition der Fakultät:

```
0! = 1
n! = 1 * 2 * 3 * ... * n für n>0
```

Man beginnt bei den kleinen Zahlen. Der Wert von *0! ist 1*, der Wert von *1! ist 0!*1*, der Wert von *2! ist 1!*2*, der Wert von *3! ist 2!*3* usw.

Nimmt man eine Schleifenvariable $i, die von 1 bis n durchgezählt wird, so muss innerhalb der Schleife lediglich der Wert der Fakultät vom vorhergehenden Schleifendurchlauf mit dem Wert der Schleifenvariablen multipliziert werden.

Lösung 1 (iterativ):

```php
<?php
function fak($n) {
        $resultat = 1;
    for ($i=1; $i<=$n; $i++) {
        $resultat = $i*$resultat;
        }
    return $resultat;
}
echo fak(1) . "<br>";
echo fak(2) . "<br>";
echo fak(3) . "<br>";
echo fak(4) . "<br>";
?>
```

Ausgabe:

```
1
2
6
24
```

Bei der rekursiven Berechnung der Fakultätsfunktion geht man ebenfalls von der Definition der Fakultät aus, beginnt jedoch nicht bei den kleinen Zahlen, sondern bei den großen Zahlen und läuft dann zu den kleinen Zahlen zurück (recurrere = lat. zurücklaufen).

```
n! = 1 * 2 * 3 * ... * n für n>0
0! = 1
```

Im Gegensatz zur Iteration schaut man jetzt auf die Funktion *f(n)* und versucht, diese Funktion durch sich selbst, aber mit anderen Aufrufparametern darzustellen. Die mathematische Analyse ist hier ziemlich leicht, denn man sieht sofort, dass

f(n) = n * f(n-1)

ist. Damit hat man das Rekursionsprinzip bereits gefunden. Die Rekursion darf jedoch nicht ewig andauern, sie muss durch ein Abbruchkriterium angehalten werden. Dies ist die Bedingung *0!=1*.

Lösung 2 (rekursiv):

```php
<?php
function fak($n){
    if ($n==0) {
        return 1;
```

```
      } else {
       return $n*fak($n-1);
      }
}

echo fak(1) . "<br>";
echo fak(2) . "<br>";
echo fak(3) . "<br>";
echo fak(4) . "<br>";
?>
```

Ausgabe:

```
1
2
6
24
```

Der else-Zweig wird angesprungen, wenn die Abbruchbedingung nicht erreicht wird. Hier ruft die Methode sich selbst wieder auf. Dabei ist zu beachten, dass die Anweisung, die die Methode aufruft, noch gar nicht abgearbeitet werden kann, solange die aufgerufene Methode kein Ergebnis zurückliefert.

Der if-Zweig wird angesprungen, wenn die Abbruchbedingung erreicht ist.

Um Ihnen die Analyse zu vereinfachen, haben wir die rekursive Lösung etwas angepasst.

```php
<?php
function fak($n){
      //Aufruf
      echo "Eintritt mit $n<br>";
            if ($n==0) {
                  return 1;
            } else {
                  $ergebnis = $n*fak($n-1);
                  // Rücksprung
                  echo "Austritt mit $n: $ergebnis<br>";
                  return $ergebnis;
            }
}

fak(4);
?>
```

Ausgabe:

```
Eintritt mit 4
Eintritt mit 3
Eintritt mit 2
Eintritt mit 1
Eintritt mit 0
Austritt mit 1: 1
Austritt mit 2: 2
Austritt mit 3: 6
Austritt mit 4: 24
```

Zu jedem Aufruf gehört auch genau ein Rücksprung! Sie können dies beim Programmablauf mit Hilfe der eingefügten Ausgabezeilen nachvollziehen.

Man beachte die Anzahl der Aufrufe. Im iterativen Fall wird die Methode ein einziges Mal aufgerufen und im Schleifenkörper n mal durchlaufen. Bei der rekursiven Berechnung wird die Methode n+1 mal aufgerufen. Dabei muss jedes Mal Speicherplatz auf dem Stack reserviert werden. Da Parameter als lokale Variablen kopiert werden, wird auch dabei Speicherplatz verbraucht. Bei Rekursionen ist daher unbedingt darauf zu achten, dass die Abbruchbedingung bzw. das Rekursionsende korrekt implementiert wurde.

Türme von Hanoi

Ein Turm aus n verschieden großen Scheiben soll mit möglichst wenig Zügen (Umsetzungen) vom Startplatz S auf den Zielplatz Z transportiert werden. Ein dritter Platz steht als Hilfsplatz H zur Verfügung. Dabei gelten die folgenden Spielregeln:

- Jeder Zug besteht darin, eine Scheibe zu bewegen.

- Niemals darf eine größere Schiebe über einer kleineren Scheibe zu liegen kommen.

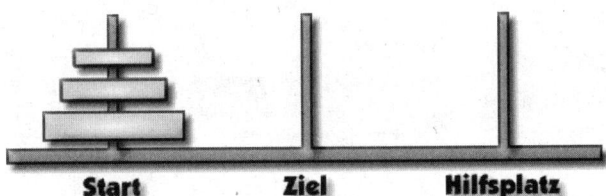

Start   **Ziel**   **Hilfsplatz**

Bild 1.9:   Türme von Hanoi

Schlüsselprinzip: Rekursion

Wenn wir das Problem in einem etwas einfacher gelagerten Fall lösen können, dann kann man diese Lösung auch für den schwierigeren Fall verwenden.

2 Scheiben:

- - übertrage den Turm mit 1 Scheibe vom Start- auf den Hilfsplatz
- - bewege die Scheibe 2 vom Start- auf den Zielplatz
- - übertrage den Turm mit 1 Scheibe vom Hilfs- auf den Zielplatz

3 Scheiben:

- - übertrage den Turm mit 2 Scheiben vom Start- auf den Hilfsplatz
- - bewege die Scheibe 3 vom Start- auf den Zielplatz
- - übertrage den Turm mit 2 Scheiben vom Hilfs- auf den Zielplatz
- ...

n Scheiben:

- - übertrage den Turm mit n-1 Scheiben vom Start- auf den Hilfsplatz
- - bewege die Scheibe n vom Start- auf den Zielplatz
- - übertrage den Turm mit n-1 Scheiben vom Hilfs- auf den Zielplatz

Syntax der Aufrufe: (beachten Sie die Baumstruktur)

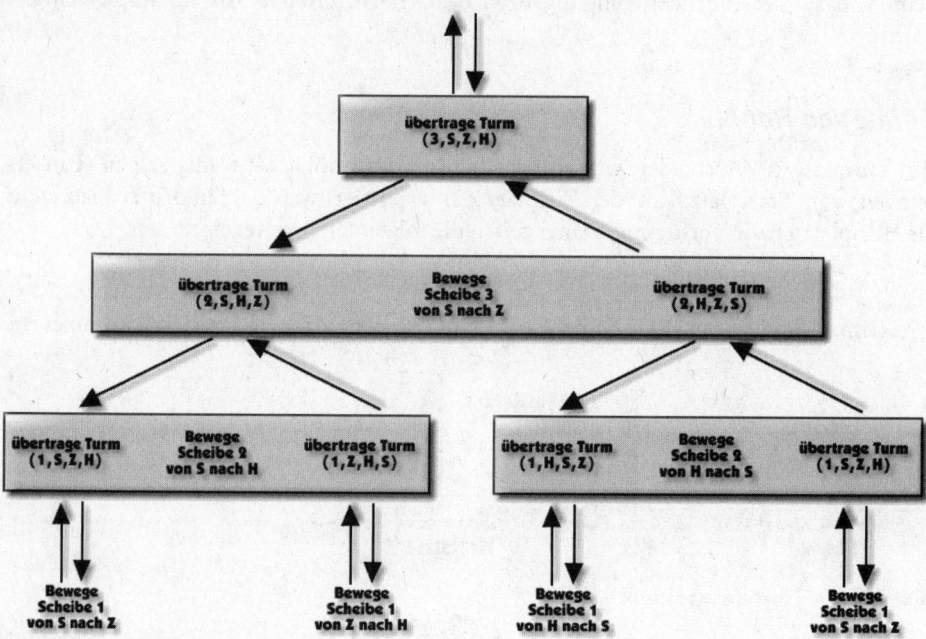

Bild 1.10:   Ablauf der Rekursion

Lösung:

```php
<?php
function setzeTurm($n, $start, $ziel, $hilf) {
    if ($n>0)  {
            setzeTurm ($n-1, $start, $hilf, $ziel);
            echo("Bewege Scheibe $n vom $start-Platz zum $ziel-
Platz.<br>");
            setzeTurm ($n-1, $hilf, $ziel, $start);
    }
}

setzeTurm (3,'Start','Ziel','Hilfsplatz');
?>
```

Ausgabe:

```
Bewege Scheibe 1 vom Start-Platz zum Ziel-Platz.
Bewege Scheibe 2 vom Start-Platz zum Hilfsplatz-Platz.
```

```
Bewege Scheibe 1 vom Ziel-Platz zum Hilfsplatz-Platz.
Bewege Scheibe 3 vom Start-Platz zum Ziel-Platz.
Bewege Scheibe 1 vom Hilfsplatz-Platz zum Start-Platz.
Bewege Scheibe 2 vom Hilfsplatz-Platz zum Ziel-Platz.
Bewege Scheibe 1 vom Start-Platz zum Ziel-Platz.
```

Weitere Beispiele für rekursive Probleme sind:

- Wege aus einem Labyrinth
- Sortierverfahren
- Szierpinski-Dreiecke
- Baum des Pythagoras
- Kockkurven
- Julia- und Mandelbrotmengen
- Logistisches Wachstum
- Fibonacchi-Folge
- Springer-Problem
- 8-Damen-Problem

1.9 Referenzen in PHP

1.9.1 Was sind Referenzen?

Referenzen sind in PHP ein Mechanismus, um verschiedene Namen für den gleichen Inhalt von Variablen zu ermöglichen. Sie sind nicht mit Zeigern in C zu vergleichen, sondern Aliasdefinitionen für die Symboltabelle. PHP unterscheidet zwischen:

- Variablenname
- Variableninhalt

Der gleiche Variableninhalt kann unterschiedliche Namen besitzen. Der bestmögliche Vergleich ist der mit Dateinamen und Dateien im Dateisystem von Unix:

- Variablennamen sind Verzeichniseinträge.
- Variableninhalt ist die eigentliche Datei.

Referenzen können als Hardlinks im Dateisystem verstanden werden.

1.9.2 Was leisten Referenzen?

PHP-Referenzen erlauben es, zwei Variablennamen sich auf den gleichen Variableninhalt beziehen zu lassen. Das heißt im folgenden Beispiel, dass sich $punkte und $punktestand auf dieselbe Variable beziehen:

```php
<?php
$punkte = 1000;
$punktestand = &$punkte;
```

```
// Ausgabe (1000)
echo $punktestand;
?>
```

Achtung: $punkte und $punktestand sind hier gleichwertig, und $punkte ist nicht nur ein Zeiger auf $punktestand oder umgekehrt, sondern $punkte und $punktestand zeigen auf denselben Inhalt.

Seit PHP 4.0.4 kann & auch in Verbindung mit new verwendet werden.

```
<?php
class Haus
{
        var $etagen;
        function Haus($etagen)
        {
                $this->etagen = $etagen;
        }
}

$meinhaus = &new Haus(2);
$hausetagen = &$meinhaus->etagen;
// Ausgabe (2)
echo $hausetagen;
$hausetagen = 10;
// Ausgabe (10)
echo $meinhaus->etagen;
?>
```

Wenn der &-Operator nicht verwendet wird, erzeugt PHP eine Kopie des Objekts. Wenn nun $this innerhalb der Klasse verwendet wird, bezieht es sich auf die aktuelle Instanz der Klasse. Die Zuordnung ohne & erzeugt eine Kopie der Instanz (d.h. des Objekts) und $this wird sich auf die Kopie beziehen. In der Regel will man aus Performance- und Speicherverbrauchsgründen nur eine einzige Instanz einer Klasse erzeugen.

pass-by-reference

Eine weitere Einsatzmöglichkeit von Referenzen ist die Übergabe von Parametern an eine Funktion mit *pass-by-reference*. Dabei beziehen sich der lokale Variablenname und auch der Variablenname der aufrufenden Instanz auf denselben Variableninhalt:

```
<?php
function ausgabe(&$var) {
    return $var++;
}

$zahl=5;
// Ausgabe (5)
echo ausgabe ($zahl);
// Ausgabe (6)
echo $zahl;
?>
```

return-by-reference

Daneben besteht die Möglichkeit, aus Funktionen heraus Werte mit *return-by-reference* zurückzugeben. Das Zurückgeben von Ergebnissen per Referenz aus Funktionen heraus kann in manchen Fällen recht nüzlich sein. Dabei ist folgende Syntax zu beachten:

```php
<?php
function &ausgabe($param) {
    return $param;
}


$wert =&ausgabe(5);
// Ausgabe (5)
echo $wert;
?>
```

In diesem Beispiel wird also die Eigenschaft des von `ausgabe()` gelieferten Wertes gesetzt, nicht die der Kopie, wie es der Fall wäre, wenn die Funktion `ausgabe()` ihr Ergebnis nicht per Referenz liefern würde.

> **Achtung:** Im Gegensatz zur Parameterübergabe per Referenz ist bei der Rückgabe mittels Referenz an beiden Stellen die Angabe des & notwendig.

1.9.3 Referenzen aufheben

Wird eine Referenz aufgehoben, so wird nur die Bindung zwischen einem Variablennamen und dem Variableninhalt entfernt. Der Inhalt der Variablen wird nicht gelöscht.

```php
<?php
$wert = 10;
$zahl =&$wert;
unset ($wert);
// Ausgabe (10)
echo $zahl;
?>
```

Die Variable `$zahl` wird nicht gelöscht, sondern es wird nur die Bindung des Variablennamens `$wert` an den Variableninhalt aufgehoben. Dieser Variableninhalt ist immer noch über `$zahl` verfügbar.

> **Hinweis:** Auch in diesem Fall sieht man die Analogie zwischen Unix und den Referenzen: Das Aufheben einer Referenz entspricht einem Aufruf von `unlink` unter Unix.

1.9.4 Referenzen entdecken

Viele Sprachelemente von PHP sind intern mit der Benutzung von Referenzen implementiert, daher gilt alles bisher Gesagte auch für folgende Konstrukte:

global references

Die Verwendung von `global $var` erzeugt im aktuellen Gültigkeitsbereich eine Referenz auf die globale Variable `$var`, sie ist also äquivalent zu Folgendem:

```
$var = &$GLOBALS["var"];
```

Dies hat zur Folge, dass das Anwenden von `unset()` auf `$var` keinen Einfluss auf die globale Variable hat.

$this

In einer Objektmethode ist `$this` immer eine Referenz auf die aufrufende Objektinstanz.

1.10 Arrays

Was machen Sie, wenn Sie in Ihrem PHP-Code einen einzelnen Wert, sagen wir den Namen einer Person, speichern wollen? Sie richten eine Variable `$person` ein und speichern in dieser den Wert. Diese Arbeitsweise haben wir bereits erläutert. Was machen Sie jedoch, wenn Sie, sagen wir, zehn Namen von Personen speichern wollen? Sie verwenden zehn Variablen mit Namen `$person1`, `$person2` und so weiter. Was machen Sie, wenn Sie nun hundert Namen von Personen speichern wollen? ... Dieses Spiel könnte man nun bis ins Endlose betreiben. Was Ihnen jedoch dabei klar werden soll, ist die Tatsache, dass Variablen zum Speichern und Verarbeiten von Werten nur dann sinnvoll einzusetzen sind, wenn Sie eine überschaubare Anzahl von Werten haben.

Zusätzlich haben Sie in diesem Beispiel sicher sehr schnell festgestellt, dass die Werte immer Namen von Personen sind, die gespeichert werden sollen. Damit Sie sich nun die Finger nicht Wund tippen müssen, haben Ihnen die PHP-Entwickler den Datentyp Array zur Verfügung gestellt. Diesen werden wir im folgenden Abschnitt genauer durchleuchten, denn Sie haben ihn bereits einige Male im Einsatz gesehen.

1.10.1 Was sind Arrays?

Ein Array ist ein Datentyp, in dem beliebig viele Werte abgespeichert werden können. Während eine Variable eines elementaren Datentyps immer nur einen einzelnen Wert enthält, kann eine Array-Variable eine größere Anzahl verschiedenster Werte enthalten. Das Verhältnis zwischen einer Variablen und einem Array entspricht in etwa dem Verhältnis zwischen einem Segelboot und einem Ozeandampfer oder einem Fahrrad und einem Bus.

Eine Variable ist wie ein Segelboot, das lediglich einer Person Platz bietet. Die Person stellt dabei den Variablenwert dar. Ebenso wie der Wert einer Variablen wechseln kann, kann auch ein Segelboot im Laufe der Zeit von unterschiedlichen Personen verwendet werden. Wenn Sie nun wissen wollen, wem das Segelboot gehört, müssen Sie wissen, wie Sie zu diesem Segelboot gelangen. Zu diesem Zweck hat jedes Segelboot einen Heimathafen, ebenso wie jede Variable einen Variablennamen hat, über den Sie auf die Variable zugreifen können.

Wenn Sie ein Array verwenden, führt Sie der Array-Name lediglich zu dem Array, also zu einem Datenbehälter, in dem mehrere Werte abgelegt sein können. Der Name des Arrays führt Sie aber noch nicht zu einem einzelnen, in der Array-Struktur abgelegten Wert. Ebenso führt Sie der Heimathafen eines Ozeandampfer lediglich zum Ozeandampfer, aber noch nicht zu einer bestimmten, in dem Ozeandampfer befindlichen Wohneinheit. Dazu fehlt Ihnen noch die Angabe, wo im Ozeandampfer Sie die gesuchte Wohneinheit finden. Im Falle des Arrays nutzt man zur Adressierung der einzelnen Werte im Array die Tatsache, dass alle Werte im Array durchnummeriert sind, man bezeichnet dies auch als indiziert. Um auf einen bestimmten Wert im Array zuzugreifen, hängt man daher die Nummer des Wertes in eckigen Klammern an den Array-Namen an.

1.10.2 Terminologie

Eine Array-Variable ist eine ganz normale Variable, die sich allerdings dadurch auszeichnet, dass sie keinen einfachen Wert wie Zahlen, Strings etc., sondern ein Array enthält. Ein Array ist in diesem Sinne eine Datenstruktur, die in sich beliebig viele Elemente aufnehmen kann.

Die Elemente eines Arrays können Werte wie Zahlen, Strings, boolesche Werte, aber auch andere Arrays, Objekte oder Funktionen sein.

Im Allgemeinen wird nur selten zwischen Array und Array-Variablen unterschieden, d.h., man spricht nicht von der Array-Variablen `$meinFeld`, die ein Array enthält, sondern man sagt einfach: »das Array `meinFeld`«. Dieser Sprachregel werden wir uns anschließen und lediglich in Fällen, wo es für das Verständnis wichtig ist, zwischen Array und Array-Variable unterscheiden.

1.10.3 Arrays erzeugen

Arrays kann man auf unterschiedlichste Weise erzeugen. Wir stellen Ihnen die Möglichkeiten zur Erzeugung eines Arrays im folgenden Abschnitt vor.

Indizierte Arrays

Um beispielsweise die Namen von bestimmten Personen zu speichern, können Sie indizierte Arrays verwenden. Hierzu benötigen Sie folgende Schreibweise:

```
$personen[] = "Matthias";
$personen[] = "Caroline";
$personen[] = "Gülten";
$personen[] = "Toni";
```

Daraus entsteht ein indiziertes Array. Der Index entsteht, indem jeder neue Wert an das Ende angehängt wird. Indizierte Arrays beginnen von 0 mit der Indizierung. Sie können natürlich auch gleich die Indexwerte einsetzen. Das folgende Beispiel entspricht dem vorhergehenden:

```
$personen[0] = "Matthias";
$personen[1] = "Caroline";
$personen[2] = "Gülten";
$personen[3] = "Toni";
```

Was die Indizierung betrifft, kann man sich Folgendes merken:

- Die Indizierung beginnt bei 0.

- Die letzte Indexnummer eines Arrays entspricht der Anzahl der Einträge bzw. Elemente (n) minus 1 (n-1).

Sie müssen bei Zuweisungen nicht gezwungenermaßen Indizes angeben. Sie können beispielsweise ein leeres Array erzeugen, um sicherzugehen, dass der PHP-Interpreter dies erkennt, und anschließend das Array mit Werten füllen.

```
$daten = array();
$daten[] = "Erster Eintrag";
$daten[] = "Zweiter Eintrag";
```

array()

Als Alternative können Sie mit array() arbeiten.

```
$personen = array("Matthias","Caroline","Gülten","Toni");
```

> **Tipp:** array() kann zusätzlich verschachtelt werden, um Arrays von Arrays von Arrays usw. zu erzeugen. Hiermit lassen sich komplexe Datenstrukturen abbilden.

Zur Ausgabe der im Array enthaltenen Einträge gehen Sie wie folgt vor:

```
echo "$personen[0]<br>";
echo "$personen[1]<br>";
echo "$personen[2]<br>";
echo "$personen[3]<br>";
```

Assoziative Arrays

Von assoziativen Arrays oder Hashes spricht man, wenn die Elemente im Array nicht über Indizes, sondern über Strings bzw. Schlüssel angesprochen werden. Das bereits gezeigte Beispiel könnte als assoziatives Array wie folgt aussehen:

```
$personen["P1"] = "Matthias";
$personen["P2"] = "Caroline";
$personen["P3"] = "Gülten";
$personen["P4"] = "Toni";
```

Zur Ausgabe der im Array enthaltenen Einträge gehen Sie wie folgt vor:

```
echo $personen["P1"] ."<br>";
echo $personen["P2"] ."<br>";
echo $personen["P3"] ."<br>";
echo $personen["P4"] ."<br>";
```

Ein assoziatives Array lässt sich natürlich auch mit Hilfe von `array()` erzeugen. Hierfür benötigen Sie zur Angabe des Schlüssels den Operator =>.

```
$personen = array(
                  "P1" => "Matthias",
                  "P2" => "Caroline",
                  "P3" => "Gülten",
                  "P4" => "Toni"
                  );
```

Ausgabe:

```
echo $personen["P1"] ."<br>";
echo $personen["P2"] ."<br>";
echo $personen["P3"] ."<br>";
echo $personen["P4"] ."<br>";
```

Dies bringt zwar keinen Performancegewinn, der Quelltext wird jedoch bei konsequenter Anwendung leichter lesbar. Echte Vorteile ergeben sich bei der Nutzung von Daten, deren Umfang und Struktur Sie nicht genau abschätzen können oder nicht kennen. Wenn Sie indizierte Arrays mit Zählschleifen abfragen, kommen nur numerische Indizes in Betracht. Der direkte Zugriff auf ein bestimmtes Element, dessen Index Sie nicht kennen, bleibt Ihnen verwehrt.

Ein Array erzeugen, das nicht mit dem Index 0 beginnt

Sie wollen einem Array mehrere Elemente auf einmal zuweisen, der erste Index soll jedoch nicht 0 sein. Hier ein einfacher Tipp für Sie.

Veranlassen Sie `array()` dazu, einen anderen Index zu verwenden, indem Sie die Syntax mit dem Operator => verwenden.

Beispiel:

```
$personen = array( 1 => "Matthias", "Caroline", "Gülten");
```

Ausgabe:

```
echo $personen[1];
```

Übrigens ist diese Anpassung des Index nicht nur auf die Zahl 1 beschränkt. Sie funktioniert mit jedem Integer-Wert.

Beispiel:

```
$personen = array( 10 => "Matthias", "Caroline", "Gülten");
```

Ausgabe:

```
echo $personen[10];
echo $personen[11];
echo $personen[12];
```

Sie können den Operator auch mehrmals innerhalb eines Aufrufs einsetzen.

Beispiel:

```
$personen = array( 10 => "Matthias", "Caroline", 17 => "Gülten");
```

Ausgabe:

```
echo $personen[10];
echo $personen[11];
echo $personen[17];
```

In PHP ist es sogar möglich, negative Zahlen im `array()`-Aufruf zu verwenden.

Beispiel:

```
$personen = array( -10 => "Matthias", "Caroline", 17 => "Gülten");
```

Ausgabe:

```
echo $personen[-10];
echo $personen[0];
echo $personen[17];
```

Das funktioniert sogar bei Zahlen, die keine Integer-Werte sind. Technisch gesehen ist das, was Sie dann erhalten, ein assoziatives Array.

> **Hinweis:** Sie haben jederzeit die Möglichkeit, numerische und String-Schlüssel in einer array()-Definition zu vermischen, vor dem Gebrauch dieser Möglichkeit ist jedoch zu warnen, da dies zu Verwirrung und Fehlern führen kann.

1.10.4 Arrays löschen

Wenn Sie einem Array eine leere Zeichenkette zuweisen, wird es nicht gelöscht. Dabei gehen zwar sämtliche Einträge verloren, das Array selbst existiert jedoch immer noch. Um ein Array völlig zu löschen, verwenden Sie `unset()`.

```
unset($personen);
```

Array leeren

Sie haben auch die Möglichkeit, ein Array zu leeren, anstatt es zu löschen. Ein Array wird mit Hilfe von `array()` geleert.

```
$personen = array();
```

1.10.5 Mehrdimensionale Arrays

Die Elemente eines Arrays können nicht nur Werte einfacher Datentypen (Zahlen, Strings, boolesche Werte), sondern auch Objekte oder andere Arrays sein. Letzteres eröffnet einige interessante Möglichkeiten. Um Ihnen den Einstieg in mehrdimensionale Arrays zu erleichtern, sollten Sie sich folgendes Beispiel anschauen:

```
// Array Erzeugen
// Hinweis: das Array kunden enthält Elemente vom Typ Array
$kunden = array(
      array("Maier","Toni"),
      array("Müller","Fred"),
      array("Schmidt","Bernd")
);
// Wie kommen Sie nun an die Vornamen der Kunden heran?
echo $kunden[0][1];           // Ergebnis: Toni
echo $kunden[1][1];           // Ergebnis: Fred
echo $kunden[2][1];           // Ergebnis: Bernd
```

Was dabei sicher auffällt, ist die besondere Struktur des Arrays `$kunden`. Es enthält wiederum Arrays. Jeder Kunde stellt ein eigenes Array dar, das Elemente besitzt. Die Elemente der ungeordneten bzw. verschachtelten Arrays sind der Nachname und der Vorname des jeweiligen Kunden. Das Auslesen der Vornamen aus dem Array `$kunden` sollten Sie sich wie das Durchschauen von Akten vorstellen. In der ersten eckigen Klammer steht der Index des Arrays `$kunden`. Mit Hilfe des Index können Sie die einzelnen Akten einsehen. Im Beispiel haben Sie davon drei zur Auswahl. Die Akte des ersten Kunden trägt den Index 0, da diese Akte im Array `$kunden` das erste Element symbolisiert. Sie haben nun die Akte.

In der zweiten eckigen Klammer steht der Index des untergeordneten Arrays (Akte). Mit Hilfe dieses Index können Sie die Elemente des untergeordneten Arrays abrufen. Es stehen der Nachname, das erste Element (Index 0) sowie der Vorname, das zweite Element (Index 1), zur Verfügung. Der Vorname des ersten Kunden trägt den Index 1, da dieses Element im untergeordneten Array das zweite Element darstellt. Sie sind am Ziel. Um diese Arbeitsweise zu vertiefen, folgt ein weiteres Beispiel.

Fallbeispiel:

Sie sollten sich die Sitzplätze eines Flugzeugs vorstellen. Stellen Sie sich 40 Sitzplätze verteilt auf 10 Reihen zu je 4 Sitzplätzen vor. Ihre Aufgabe soll es nun sein, die Belegung dieser Sitzplätze in einem Programm zu verwalten und mit Hilfe von PHP umzusetzen. Hier bietet es sich an, die Plätze in Form eines Arrays zu verwalten.

Beispiel:

```
// Array Erzeugen (leeres Array)
$sitze = array();
```

Dieser Ansatz erscheint auf den ersten Blick recht gut, nur gibt es ein Problem: Die Anordnung der Plätze ist jeweils in 10 Reihen zu je 4 Sitzplätzen aufgeteilt. In dem Array $sitze haben Sie jedoch nur die Möglichkeit, die Elemente eindimensional anzuordnen, ohne zwischen Reihen und Sitzplätzen pro Reihe zu unterscheiden. Sie merken dies vor allem dann, wenn jemand Platz 25 in Reihe 7 bucht und Sie dieses Element im Array auf true setzen wollen, true repräsentiert in diesem Fall belegt.

Geschickter ist es, jede einzelne Reihe als ein eigenes Array zu betrachten und das gesamte Flugzeug demnach als ein Array von zehn untergeordneten Array-Elementen anzusehen.

Beispiel:

```
// For-Schleife (legt die untergeordneten Arrays fest)
for ($i = 0; $i < 10; $i++) {
    $sitze[$i] = array(0,0,0,0);
}
```

Wie Sie sehen, ist noch eine for-Schleife eingesetzt worden, um Ihnen das Eingeben der untergeordneten Arrays zu ersparen. Der nächste Schritt besteht darin, die Elemente für die einzelnen Sitzplätze auf false zu setzen, um anzuzeigen, dass sie nicht belegt sind. Dazu werden wir zwei verschachtelte for-Schleifen verwenden. Die äußere for-Schleife geht die Elemente im Array sitze durch, sprich die einzelnen Reihen. Die innere for-Schleife geht die einzelnen Plätze des aktuellen Reihen-Arrays durch. Auf die einzelnen Elemente greift man dann über zwei Indexangaben zu. Die erste bezeichnet die Reihe, die zweite den Platz in der Reihe.

Beispiel:

```
// Zuweisung der Belegung (Ausgangsituation: false)
for ($reihe = 1; $reihe <= count($sitze); $reihe++) {
    for ($platz = 1; $platz <= count($sitze[$reihe-1]); $platz++) {
        $sitze[$reihe-1][$platz-1] = 0;
    }
}
```

Nun sollten Sie zur Probe einen Sitzplatz buchen, wie wäre es mit Sitzplatz 25 in Reihe 7, anschließend wird die gesamte Belegung ausgegeben.

Beispiel:

```
// Sitzplatz 25 (Reihe 7) belegen
$sitze[6][0] = "belegt";
// Ausgabe der Belegung im Ausgabefenster
for ($reihe = 1; $reihe <= count($sitze); $reihe++) {
    print_r($sitze[$reihe-1]);
}
```

Beispiel vollständig:

```
<pre>
<?php
$sitze = array();
// For-Schleife (legt die untergeordneten Arrays fest)
for ($i = 0; $i < 10; $i++) {
        $sitze[$i] = array(0,0,0,0);
}


// Zuweisung der Belegung (Ausgangsituation: false)
for ($reihe = 1; $reihe <= count($sitze); $reihe++) {
        for ($platz = 1; $platz <= count($sitze[$reihe-1]); $platz++) {
                $sitze[$reihe-1][$platz-1] = 0;
        }
}


// Sitzplatz 25 (Reihe 7) belegen
$sitze[6][0] = "belegt";
// Ausgabe der Belegung im Ausgabefenster
for ($reihe = 1; $reihe <= count($sitze); $reihe++) {
        print_r($sitze[$reihe-1]);
}
?>
</pre>
```

Ausgabe:

```
Array
([0] => 0    [1] => 0    [2] => 0    [3] => 0)
Array
([0] => 0    [1] => 0    [2] => 0    [3] => 0)
Array
([0] => 0    [1] => 0    [2] => 0    [3] => 0)
Array
([0] => 0    [1] => 0    [2] => 0    [3] => 0)
Array
([0] => 0    [1] => 0    [2] => 0    [3] => 0)
Array
([0] => 0    [1] => 0    [2] => 0    [3] => 0)
Array
([0] => belegt    [1] => 0    [2] => 0    [3] => 0)
Array
([0] => 0    [1] => 0    [2] => 0    [3] => 0)
Array
([0] => 0    [1] => 0    [2] => 0    [3] => 0)
Array
([0] => 0    [1] => 0    [2] => 0    [3] => 0)
```

Hinweis: Das in diesem Fallbeispiel eingesetzte count() wird Ihnen im Abschnitt »Array-funktionen« noch näher erläutert.

Was Sie bisher gesehen haben, waren mehrdimensionale lineare Arrays, sprich lediglich indizierte Arrays. Wie sieht es jedoch mit assoziativen Arrays aus? Hierzu sollten Sie sich folgendes Beispiel betrachten:

```php
<?php
$personen = array(
                    "P1" => array("Matthias","Kannengiesser"),
                    "P2" => array("Caroline","Kannengiesser"),
                    "P3" => array("Gülten","Kannengiesser"),
                    "P4" => array("Toni","Schmidt")
                    );
echo "Person 1: " . $personen["P1"][0] . " " . $personen["P1"][1];
?>
```

Ausgabe:

```
Person 1: Matthias Kannengiesser
```

Wie sie sehen, lässt sich das Prinzip der mehrdimensionalen Arrays auch auf assoziative Arrays anwenden, ja sogar eine Kombination aus indizierten und assoziativen Arrays lässt sich ohne weiteres darstellen. Was die Ausgabe bzw. Verarbeitung der Array-Elemente betrifft, stehen Ihnen noch Alternativen in der Schreibweise zur Verfügung, hier einige Beispiele:

```php
// Ohne Anführungszeichen
echo "Person 1: " . $personen[P1][0] . " " . $personen[P1][1];
// Mit einfachen Anführungszeichen
echo "Person 1: " . $personen['P1'][0] . " " . $personen['P1'][1];
// Mit doppelten Anführungszeichen
echo "Person 1: " . $personen["P1"][0] . " " . $personen["P1"][1];
```

Natürlich können Sie auch in diesen Fällen eine Schleife verwenden, um die einzelnen Elemente des Arrays zu durchlaufen.

Beispiel:

```php
<?php
$personen = array(
                    "P1" => array("Matthias","Kannengiesser"),
                    "P2" => array("Caroline","Kannengiesser"),
                    "P3" => array("Gülten","Kannengiesser"),
                    "P4" => array("Toni","Schmidt")
                    );
// Ohne Anführungszeichen
for ($i = 1; $i <= count($personen); $i++) {
      echo "Person $i: " . $personen[P.$i][0] . " " . $personen[P.$i][1]
. "<br>";
}
// Mit einfachen Anführungszeichen
for ($i = 1; $i <= count($personen); $i++) {
      echo "Person $i: " . $personen['P'.$i][0] . " " .
$personen['P'.$i][1] . "<br>";
}
// Mit doppelten Anführungszeichen
```

```
for ($i = 1; $i <= count($personen); $i++) {
        echo "Person $i: " . $personen["P".$i][0] . " " .
$personen["P".$i][1] . "<br>";
}
?>
```

In sämtlichen Fällen erfolgt folgende Ausgabe:

```
Person 1: Matthias Kannengiesser
Person 2: Caroline Kannengiesser
Person 3: Gülten Kannengiesser
Person 4: Toni Schmidt
```

Sie könnten natürlich auch eine `foreach`-Schleife einsetzen, um das Array zu durchlaufen.

```
<?php
$personen = array(
                "P1" => array("Matthias","Kannengiesser"),
                "P2" => array("Caroline","Kannengiesser"),
                "P3" => array("Gülten","Kannengiesser"),
                "P4" => array("Toni","Schmidt")
                );
// Mit foreach
foreach ($personen as $wert) {
        echo "Person: " . $wert[0]. " " . $wert[1] . "<br>";
}
?>
```

Ausgabe:

```
Person: Matthias Kannengiesser
Person: Caroline Kannengiesser
Person: Gülten Kannengiesser
Person: Toni Schmidt
```

Wie heißt es so schön? Wer die Wahl hat, hat die Qual.

1.10.6 Arrayfunktionen

In PHP gibt zahlreiche vordefinierte Arrayfunktionen, mit denen die Verarbeitung und Verwaltung von Arrays wesentlich erleichtert wird.

Funktionen für mehrere Elemente

Nachfolgend sind die Funktionen zur Navigation innerhalb eines Arrays und zum Zugriff auf einzelne Array-Elemente zusammengestellt.

Funktion	Syntax	Beschreibung
array_walk()	$success = array_walk($array, 'func');	Wendet eine benutzerdefinierte Funktion auf die Elemente eines Arrays an.
count()	$anzahl = count($array);	Gibt die Anzahl der Elemente eines Arrays.
sizeof()	$anzahl = sizeof($array);	Gibt die Anzahl der Elemente eines Arrays.
current()	$aktpos = current($array);	Gibt das aktuelle Element eines Arrays zurück.
pos()	$aktpos = pos($array);	Gibt das aktuelle Element eines Arrays zurück.
each()	$eintrag = each($array);	Gibt das nächste Schlüssel-/Werte-Paar eines assoziativen Arrays zurück.
end()	$letzes = end($array);	Setzt den internen Array-Zeiger auf das letzte Element.
key()	$schluessel = key($array);	Gibt den Schlüssel der aktuellen Position des Array-Zeigers zurück.
next()	next($array);	Setzt den internen Array-Zeiger um 1 weiter.
prev()	prev($array);	Setzt den internen Array-Zeiger um 1 zurück.
reset()	$erstes = reset($array);	Setzt den internen Array-Zeiger auf das erste Element eines Arrays zurück.

Sortierfunktionen

Bei der Arbeit mit Arrays und ihren Elementen wird Ihnen sicher schnell die Frage in den Sinn kommen, ob es nicht auch Arrayfunktionen gibt, die Ihnen beim Sortieren der Einträge behilflich sind. Doch, die gibt es.

Sortiert werden kann in unterschiedlichen Sortierrichtungen, entweder nach den Werten der Elemente oder nach deren Schlüsseln.

Funktion	Syntax	Beschreibung
arsort()	arsort($array);	Sortiert ein Array rückwärts unter Beibehaltung der Zuordnung der Indizes.
asort()	asort($array);	Sortiert ein Array vorwärts unter Beibehaltung der Zuordnung der Indizes.
krsort()	krsort($array);	Sortiert ein assoziatives Array absteigend nach Schlüsseln.
ksort()	ksort($array);	Sortiert ein assoziatives Array aufsteigend nach Schlüsseln.
rsort()	rsort($array);	Sortiert ein eindimensionales Array absteigend.

Funktion	Syntax	Beschreibung
natcasesort()	natcasesort($array);	Sortiert ein Array in »natürlicher Reihenfolge«, Groß-/Kleinschreibung wird ignoriert.
natsort()	natsort($array);	Sortiert ein Array in »natürlicher Reihenfolge«.
sort()	sort($array);	Sortiert ein eindimensionales Array aufsteigend.
uasort()	uasort($array,func);	Sortiert ein assoziatives Array mit einer Vergleichsfunktion.
uksort()	uksort($array,func);	Sortiert ein assoziatives Array anhand der Schlüssel unter Verwendung einer Vergleichsfunktion.
usort()	usort($array,func);	Sortiert ein Array anhand der Werte unter Verwendung einer Vergleichsfunktion.

Sonstige Arrayfunktionen

Hier noch eine Reihe von Arrayfunktionen, die für spezielle Array-Operationen zur Verfügung gestellt werden:

Funktion	Syntax	Beschreibung
extract()	extract($array [, extract_type [, prefix]]);	Erstellt aus einem assoziativen Array Variablen. Es behandelt die Schlüssel des assoziativen Arrays $array als Variablennamen, und die Werte als Variablenwerte. Seit Version 4.0.5 gibt diese Funktion die Anzahl der extrahierten Variablen zurück.
list()	list($var1,...,$varN) = $array;	Weist einer Gruppe von Variablen Werte in einer Operation zu. Anwendung nur auf indizierte Array möglich.
range()	range(min,max[,step]);	Erzeugt ein Array mit Ganzzahlen aus dem angegebenen Wertebereich von min. bis max. Der Parameter step wurde in 5.0.0 als optionaler Parameter eingeführt. Ist ein step-Wert angegeben, wird diese Schrittweite zwischen den Elementen in der Sequenz verwendet. Ist step nicht angegeben, wird automatisch der Wert 1 für die Schrittweite angenommen.
shuffle()	shuffle($array);	Mischt die Elemente eines Arrays nach dem Zufallsprinzip.

Neue Arrayfunktionen seit PHP4

PHP4 stellt seit der Version 4 eine Reihe von neuen Arrayfunktionen zur Verfügung.

Funktionen	Syntax	Beschreibung
array_change_key_case()	$array1 = array_change_key_case($array[, case]);	Liefert ein Array mit allen String-Schlüsseln in Klein- (CASE_LOWER) oder Groß-buchstaben (CASE_UPPER).
array_chunk()	$array1 = array_chunk ($array, size [, preserve_keys]);	Splittet ein Array in Teile auf. Am Ende kann auch ein Array mit weniger Werten erzeugt werden. Die Arrays werden als Teile eines mehrdimensionalen Arrays erzeugt, welches bei Null beginnend numerisch indiziert ist. Sie können PHP dazu zwingen, die Original-Schlüssel des Arrays input beizubehalten, indem Sie den optionalen Parameter preserve_keys auf TRUE setzen. Geben Sie FALSE an, werden in jedem erzeugten Array neue numerische Indizes erzeugt, welche bei Null beginnen. Default ist FALSE.
array_combine()	$array1 = array_combine ($arraykeys, $arrayvalues);	Liefert ein Array $array1 mit Hilfe eines Arrays $arraykeys, welches die Schlüssel vorgibt, und einem Array $array-values, welches die Werte vorgibt. Die Anzahl der Elemente beider Arrays muss übereinstimmen, sonst wird FALSE zurückgegeben.
array_count_values()	$array1 = array_count_values ($array);	Zählt sämtliche Elemente eines Arrays und gibt die Häufigkeit ihres Auftretens zurück.
array_diff_assoc()	$array1 = array_diff_assoc ($array1,...,$arrayN);	Ermittelt die Unterschiede von Arrays. Die Schlüssel werden für den Vergleich ebenfalls verwendet.
array_diff()	$array1 = array_diff ($array1,...,$arrayN);	Ermittelt die Unterschiede von Arrays. Die Schlüssel bleiben erhalten.
array_fill()	$array1 = array_fill(start_index, num, value);	Füllt ein Array mit Werten.
array_filter()	$array1 = array_filter ($array[, callback function]);	Filtert Elemente eines Arrays mittels einer Callback-Funktion. Ist $array ein assoziatives Array, bleiben die Schlüssel erhalten.

Funktionen	Syntax	Beschreibung
array_flip()	$array1 = array_flip($array);	Vertauscht Werte und Schlüssel in einem Array.
array_intersect_assoc()	$array1 = array_intersect_assoc ($array1,..., arrayN);	Ermittelt die Schnittmenge von Arrays mit einer zusätzlichen Indexüberprüfung.
array_intersect()	$array1 = array_intersect ($array1,..., arrayN);	Ermittelt die Schnittmenge von Arrays.
array_key_exists()	$array1 = array_key_exists (key,search);	Prüft, ob ein Schlüssel in einem Array existiert. Gibt TRUE zurück, wenn key in dem Array vorhanden ist. key kann jeder für einen Array-Index mögliche Wert sein.
array_keys()	$array1 = array_keys ($array [, search_value]);	Liefert alle Schlüssel eines Arrays. Ist der optionale Parameter search_value angegeben, werden nur die Schlüssel für diesen Wert zurückgegeben. Andernfalls werden sämtliche Schlüssel von $array zurückgegeben.
array_map()	$array1 = array_map (callback, $array1,...,arrayN);	Wendet eine Callback-Funktion auf die Elemente von Arrays an.
array_merge()	$array1 = array_merge ($array1,...,arrayN);	Führt zwei oder mehr Arrays rekursiv zusammen. Das daraus resultierende Array wird zurückgegeben.
array_merge_recursive()	$array1 = array_merge_recursive ($array1,...,arrayN);	Führt zwei oder mehr Arrays zusammen. Das daraus resultierende Array wird zurückgegeben.
array_multisort()	$array1 = array_multisort ($arrayr1 [, arg [, ... [, arrayN...]]]);	Sortiert mehrere oder multidimensionale Arrays. Die Struktur der Argumente ist etwas ungewöhnlich, aber flexibel. Das allererste Argument muss ein Array sein. Die nachfolgenden Argumente können entweder ein Array oder eines der folgenden Sortierflags sein. Flags für Sortierreihenfolge: SORT_ASC – sortiere in aufsteigender Reihenfolge, SORT_DESC – sortiere in absteigender Reihenfolge. Flags für Sortiertypen: SORT_REGULAR – vergleiche Felder normal, SORT_NUMERIC – vergleiche Felder numerisch und SORT_STRING – vergleiche Felder als Strings. Gibt bei Erfolg TRUE zurück, im Fehlerfall FALSE.

Funktionen	Syntax	Beschreibung
array_pad()	$array1 = array_pad($array1, pad_size, pad_value);	Vergrößert ein Array auf die spezifizierte Länge mit einem Wert. Liefert eine Kopie von $array1, welche auf die von pad_size spezifizierte Größe mit dem Wert pad_value erweitert wurde. Ist der Parameter pad_size positiv, wird das Array rechts erweitert, ist er negativ, dann erfolgt die Erweiterung links. Ist der absolute Wert von pad_size kleiner oder gleich der Länge von input, erfolgt keine Erweiterung.
array_pop()	$element = array_pop($array);	Entfernt das letzte Element eines Arrays und gibt dieses zurück.
array_push()	$array1 = array_push($array1, $element,...$elementN);	Fügt Elemente am Ende des Arrays an.
array_rand()	$array1 = array_rand ($array [, num_req]);	Liefert einen oder mehrere zufällige Einträge eines Arrays. Die Funktion übernimmt das Array $array1, und ein optionales Argument num_req, welches die gewünschte Anzahl Einträge spezifiziert. Ist num_req nicht angegeben, wird ein Defaultwert von 1 angenommen.
array_reduce()	$array1 = array_reduce($array1, callback function [, initial]);	Iterative Reduktion eines Arrays zu einem Wert mittels einer Callback-Funktion. Ist der optionale Parameter initial angegeben, wird er am Beginn des Prozesses benutzt oder als Resultat verwendet, sollte das Array leer sein.
array_reverse()	$array1 = array_reverse($array1);	Gibt ein Array in umgekehrter Reihenfolge zurück.
array_search()	$array1 = array_search(needle, $array1 [, strict]);	Diese Funktion durchsucht $array1 nach needle und gibt bei Erfolg den Schlüssel zurück, andernfalls FALSE. Ist der optionale dritte Parameter strict auf TRUE gesetzt, prüft array_search() auch die Typen von needle in haystack.

Funktionen	Syntax	Beschreibung
array_shift()	$element = array_shift($array1);	Entfernt ein Element vom Anfang eines Arrays und gibt es zurück.
array_slice()	$array1 = array_slice($array1, pos, length);	Gibt die Anzahl der Elemente des Arrays ab Position pos zurück.
array_splice()	$array1 = array_splice($array1, pos,length, $array2);	Entfernt die Anzahl der Elemente des Arrays und fügt Elemente des Arrays $array2 hinzu. $array1 enthält die ersetzten Elemente.
array_sum()	$array1 = array_sum($array);	Liefert die Summe der Werte in einem Array.
array_unshift()	$array1 = array_unshift ($array1,var1,...,varN);	Fügt einzelne Elemente am Anfang eines Arrays ein.
array_unique()	array_unique($array1);	Entfernt doppelte Werte aus einem Array.
array_values()	$array1 = array_values($array1);	Gibt sämtliche Werte eines assoziativen Arrays zurück.
compact()	$var1=1;$varN=N; $array1 = compact ($var1,...varN);	Übernimmt die Variablennamen und deren Werte in ein Array.
in_array()	in_array(20,$array1[,strict]);	Gibt TRUE zurück, wenn ein Wert in einem Array vorhanden ist. Ist der dritte Parameter strict auf TRUE gesetzt, prüft in_array() auch die Typen.

1.10.7 Funktionen für mehrere Elemente

Einsatz von array_walk()

Oft werden Funktionen genutzt, um Elemente zu bearbeiten. Um nun eine Funktion, gleich ob intern oder selbst definiert, auf alle Elemente eines Arrays anzuwenden, verwenden Sie die Funktion array_walk().

Beispiel:

```php
<?php
$produkte = array (
                    "a"=>"Gurke",
                    "b"=>"Lauch",
                    "c"=>"Brokoli",
                    "d"=>"Kohl"
                    );

function formatieren (&$item1, $key, $prefix) {
```

```
    $item1 = "$prefix: $item1";
}

function ausgeben ($item2, $key) {
    echo "$key. $item2<br>";
}

echo "Funktion ausgeben:<br>";
array_walk ($produkte, 'ausgeben');

array_walk ($produkte, 'formatieren', 'Gemüse');
echo "Nach der Formatierung:<br>";

array_walk ($produkte, 'ausgeben');
?>
```

Ausgabe:

```
Funktion ausgeben:
a. Gurke
b. Lauch
c. Brokoli
d. Kohl
Nach der Formatierung:
a. Gemüse: Gurke
b. Gemüse: Lauch
c. Gemüse: Brokoli
d. Gemüse: Kohl
```

Die genaue Anzahl der Elemente des Arrays müssen Sie dazu nicht kennen. `array_walk()` arbeitet mit der ersten Dimension und übergibt jedes Element, egal ob Array oder nicht, an die aufgerufene Funktion. Theoretisch kann man hier erneut mit `array_walk()` arbeiten, um die nächste Dimension zu erreichen.

Hinweis: Sollte die Funktion, die `array_wakl()` aufruft, nicht vorhanden sein bzw. den Funktionsbezeichner falsch geschrieben haben, erfolgt keine Fehlermeldung. Achten Sie daher auf die korrekte Schreibweise.

Einsatz von count() / sizeof()

Um die Anzahl der Einträge eines Arrays herauszubekommen, können Sie entweder `count()` oder `sizeof()` verwenden.

Beispiel:

```
<?php
$produkte = array (
                    "a"=>"Gurke",
                    "b"=>"Lauch",
                    "c"=>"Brokoli",
                    "d"=>"Kohl"
                    );
```

```
// Ausgabe (4)
echo count($produkte);
// Ausgabe (4)
echo sizeof($produkte);
?>
```

Einsatz von current() / pos()

Jedes Array hat einen internen Arrayzeiger, welcher auf sein »aktuelles« Element verweist. Um das aktuelle Element eines Arrays auszulesen, stehen Ihnen die Funktionen current() und pos() zur Verfügung.

Beispiel:

```
<?php
$produkte = array (
                    "a"=>"Gurke",
                    "b"=>"Lauch",
                    "c"=>"Brokoli",
                    "d"=>"Kohl"
                    );
// Ausgabe (Gurke)
echo current($produkte);
// Ausgabe (Gurke)
echo pos($produkte);
?>
```

Einsatz von key()

Wie wäre es mit dem Schlüssel des aktuellen Elements? Hierfür steht Ihnen die Funktion key() zur Verfügung.

Beispiel:

```
<?php
$produkte = array (
                    "a"=>"Gurke",
                    "b"=>"Lauch",
                    "c"=>"Brokoli",
                    "d"=>"Kohl"
                    );
// Ausgabe (a)
echo key($produkte);
?>
```

Einsatz von list()

Mit Hilfe von list() übertragen Sie die Elemente eines Arrays auf einzelne Variablen. Dies erleichtert unter Umständen die Weiterverarbeitung.

Beispiel:

```php
<?php
$produkte = array (
                    "Gurke",
                    "Lauch",
                    "Brokoli",
                    "Kohl"
                    );
list($produkta, $produktb, $produktc, $produktd) = $produkte;
// Ausgabe - Gurke
echo $produkta;
// Ausgabe - Kohl
echo $produktd;
?>
```

Einsatz von each()

Mit Hilfe der Funktion each() haben Sie eine ideale Ergänzung zu list(). Damit wird ein komplettes Schlüssel/Werte-Paar an ein eindimensionales Array übergeben. Um genau zu sein, werden vier Werte übergeben, die den Schlüsseln 0,1,key und value entsprechen.

Beispiel:

```php
<?php
$personen = array (
                    "P1"=> "Matthias",
                    "P2"=> "Caroline",
                    "P3"=> "Gülten",
                    "P4"=> "Toni"
                    );
$person = each($personen);

echo $person . "<br>";
echo "0: " . $person["0"] . "<br>";
echo "1: " . $person["1"] . "<br>";
echo "key: " . $person["key"] . "<br>";
echo "value: " . $person["value"] . "<br>";
?>
```

Ausgabe:

```
Array
0: P1
1: Matthias
key: P1
value: Matthias
```

Hinweis: Sämtliche assoziativen Arrays verfügen über diese Eigenschaften. Die numerischen Schlüssel sowie key und value sind von Anfang an vorhanden und werden nicht erst durch each() erzeugt.

Kombination von each() und list()

In Kombination mit `list()` lassen sich so auch komplexe Arrays sehr leicht in ihre Bestandteile zerlegen, die Ausgabe von `each()` wird dabei direkt in `list()` übergeben. Sehr häufig wird dann eine `while`-Schleife mit einbezogen. Sobald `each()` keine weiteren Elemente vorfindet, wird `FALSE` zurückgegeben und die Schleife beendet. Der interne Arrayzeiger wird übrigens automatisch durch `each()` weitergesetzt.

Beispiel:

```php
<?php
$personen = array (
                  "P1"=> array("Matthias","Kannengiesser"),
                  "P2"=> array("Caroline","Kannengiesser"),
                  "P3"=> array("Gülten","Kannengiesser"),
                  "P4"=> array("Toni","Schmidt")
                  );
while (list ($key, $val) = each ($personen)) {
    echo "$key => $val[0] $val[1]<br>";
}
?>
```

Ausgabe:

```
P1 => Matthias Kannengiesser
P2 => Caroline Kannengiesser
P3 => Gülten Kannengiesser
P4 => Toni Schmidt
```

Einsatz von prev() und next()

Sollten Sie `each()` mehrfach anwenden, werden nacheinander sämtliche Elemente des Arrays ausgegeben. Der interne Arrayzeiger, der auf das aktuelle Element des Arrays zeigt, wandert im Array weiter. Dies ist unter Umständen nicht erwünscht. Sie können daher mit den Funktionen `prev()` und `next()` den Zeiger vor- und zurücksetzen.

Beispiel:

```php
<?php
$personen = array (
                  "Matthias",
                  "Caroline",
                  "Gülten",
                  "Toni"
                  );
// Ausgabe - Caroline
echo next($personen);
// Ausgabe - Gülten
echo next($personen);
// Ausgabe - Caroline
echo prev($personen);
?>
```

Einsatz von reset() und end()

Um einen definierten Ausgangspunkt für den internen Arrayzeiger zu erhalten, stehen die Funktion reset() und end() zur Verfügung. Mit reset() wird der Zeiger auf den ersten Eintrag des Arrays gesetzt und mit end() auf den letzten.

Beispiel:

```php
<?php
$personen = array (
                    "Matthias",
                    "Caroline",
                    "Gülten",
                    "Toni"
                    );
// Ausgabe - Toni
echo end($personen);
// Ausgabe - Matthias
echo reset($personen);
?>
```

1.10.8 Sortierfunktionen

Zu einer effizienten Datenverarbeitung gehören natürlich auch spezielle Funktionen, die es Ihnen ermöglichen, Ihre Daten zu sortieren. Dafür stellt Ihnen PHP eine mehr als ausreichende Anzahl von Funktionen zur Verfügung.

Einsatz von sort() und rsort()

Diese beiden Funktionen ermöglichen es Ihnen, Ihre indizierten bzw. linearen Arrays auf einfache Art und Weise zu sortieren.

*   Die Funktion sort() sortiert ein Array aufsteigend unter Beibehaltung der Zuordnung der Indizes, *sort*.

*   Die Funktion rsort() sortiert ein Array absteigend unter Beibehaltung der Zuordnung der Indizes, *reverse sort*.

Beispiel – sort():

```php
<?php
$personen = array (
                    "Matthias",
                    "Caroline",
                    "Gülten",
                    "Toni"
                    );
sort ($personen);
reset ($personen);
// Ausgabe - Schlüssel und Werte
while (list ($key, $val) = each ($personen)) {
```

```
    echo "$key $val<br>";
}
?>
```

Ausgabe:

```
0 Caroline
1 Gülten
2 Matthias
3 Toni
```

Beispiel – rsort():

```php
<?php
$personen = array (
                    "Matthias",
                    "Caroline",
                    "Gülten",
                    "Toni"
                    );
rsort ($personen);
reset ($personen);
// Ausgabe - Schlüssel und Werte
while (list ($key, $val) = each ($personen)) {
    echo "$key $val<br>";
}
?>
```

Ausgabe:

```
0 Toni
1 Matthias
2 Gülten
3 Caroline
```

Der optionale zweite Parameter `sort_flags` kann benutzt werden, um das Sortierverhalten mit den folgenden Flags zu beeinflussen.

Flags für Sortiertypen:

- SORT_REGULAR – Vergleiche Einträge normal.
- SORT_NUMERIC – Vergleiche Einträge numerisch.
- SORT_STRING – Vergleiche Einträge als Strings.

Einsatz von asort() und arsort()

Mit den beiden Funktionen können Sie Ihre assoziativen Arrays auf einfache Art und Weise sortieren.

- Die Funktion `asort()` sortiert ein Array vorwärts unter Beibehaltung der Zuordnung der Indizes, *associative sort*.

- Die Funktion `arsort()` sortiert ein Array rückwärts unter Beibehaltung der Zuordnung der Indizes, *associative reverse sort*.

Beispiel – asort():

```php
<?php
$personen = array (
                        "P1"=>"Matthias",
                        "P2"=>"Caroline",
                        "P3"=>"Gülten",
                        "P4"=>"Toni"
                        );
asort ($personen);
reset ($personen);
// Ausgabe - Schlüssel und Werte
while (list ($key, $val) = each ($personen)) {
    echo "$key $val<br>";
}
?>
```

Ausgabe:

```
P2 Caroline
P3 Gülten
P1 Matthias
P4 Toni
```

Beispiel – arsort():

```php
<?php
$personen = array (
                        "P1"=>"Matthias",
                        "P2"=>"Caroline",
                        "P3"=>"Gülten",
                        "P4"=>"Toni"
                        );
arsort ($personen);
reset ($personen);
// Ausgabe - Schlüssel und Werte
while (list ($key, $val) = each ($personen)) {
    echo "$key $val<br>";
}
?>
```

Ausgabe:

```
P4 Toni
P1 Matthias
P3 Gülten
P2 Caroline
```

Der optionale zweite Parameter `sort_flags` kann benutzt werden, um das Sortierverhalten mit den folgenden Flags zu beeinflussen. Flags für Sortiertypen:

- SORT_REGULAR – Vergleiche Einträge normal.
- SORT_NUMERIC – Vergleiche Einträge numerisch.
- SORT_STRING – Vergleiche Einträge als Strings.

Einsatz von ksort()

Sollten Sie das Array wieder in die ursprüngliche Reihenfolge bringen wollen, wenden Sie ksort() an. Die Funktion sortiert aufsteigend nach den Schlüsseln.

Beispiel:

```php
<?php
$personen = array (
                    "P1"=>"Matthias",
                    "P2"=>"Caroline",
                    "P3"=>"Gülten",
                    "P4"=>"Toni"
                    );
arsort ($personen);
reset ($personen);
// Ausgabe - Schlüssel und Werte
while (list ($key, $val) = each ($personen)) {
    echo "$key $val<br>";
}
ksort ($personen);
reset ($personen);
// Ausgabe - Schlüssel und Werte
while (list ($key, $val) = each ($personen)) {
    echo "$key $val<br>";
}
?>
```

Ausgabe:

```
P4 Toni
P1 Matthias
P3 Gülten
P2 Caroline

P1 Matthias
P2 Caroline
P3 Gülten
P4 Toni
```

Einsatz von usort(), ursort() und uksort()

Sollten Sie Ihre eigenen Vorstellung eines sortierten Arrays haben, können Sie die Funktionen usort(), ursort() und uksort() einsetzen. Gegenüber den bereits beschriebenen Variationen können Sie als zusätzlichen Parameter eine Funktion übergeben, die bestimmte Sortiermerkmale festlegt. Die Funktion muss den Sortiervorgang nach folgendem Schema – durch Rückgabe eines bestimmten Codes – steuern:

- 0 – Zwei miteinander verglichene Werte sind gleich.
- 1 – Der zweite Parameter ist größer als der erste.
- -1 – Der erste Parameter ist größer als der zweite.

Entsprechend interpretiert PHP beim Sortiervorgang dies als Einordnungskriterium.

Beispiel – aufsteigend:

```php
<?php
$personen = array (
                    "ma"=>"Matthias",
                    "ca"=>"Caroline",
                    "gü"=>"Gülten",
                    "to"=>"Toni",
                    "mi"=>"Maria",
                    "do"=>"Doro"
                    );
function vergleich($a, $b) {
       if ($a == $b) return 0;
       elseif ($a > $b) return 1;
       else return -1;
}
uksort($personen, vergleich);
// Ausgabe
foreach($personen as $key=>$element) {
       echo "$key: $element<br>";
}
?>
```

Ausgabe:

```
ca: Caroline
do: Doro
gü: Gülten
ma: Matthias
mi: Maria
to: Toni
```

Beispiel – absteigend:

```php
<?php
$personen = array (
                    "ma"=>"Matthias",
                    "ca"=>"Caroline",
                    "gü"=>"Gülten",
                    "to"=>"Toni",
                    "mi"=>"Maria",
                    "do"=>"Doro"
                    );
function vergleich($a, $b) {
       if ($a == $b) return 0;
       elseif ($a > $b) return -1;
       else return 1;
}
uksort($personen, vergleich);
// Ausgabe
foreach($personen as $key=>$element) {
       echo "$key: $element<br>";
}
?>
```

Ausgabe:

```
to: Toni
mi: Maria
ma: Matthias
gü: Gülten
do: Doro
ca: Caroline
```

1.10.9 Sonstige Arrayfunktionen

Im Folgenden werden noch eine Reihe weiterer Funktionen beschrieben.

Einsatz von extract()

Diese Funktion wird verwendet, um Variablen eines Arrays in die aktuelle Symboltabelle zu importieren. Es behandelt die Schlüssel eines assoziativen Arrays als Variablennamen und die Werte als Variablenwerte.

> **Hinweis:** Seit Version 4.0.5 gibt diese Funktion die Anzahl der extrahierten Variablen zurück.

Beispiel:

```php
<?php
$objekte = array (

                     "auto"    => "Gross",
                     "miete" => 1000,
                     "dreieck"     => "grün"
                     );
// Ausgabe (3)
echo extract ($objekte);
// Ausgabe - Gross, 1000, grün
print "$auto, $miete, $dreieck";
?>
```

Einsatz von EXTRACT_TYPE

extract() prüft jeden Schlüssel darauf, ob er einen gültigen Variablennamen ergibt, und auch auf eventuelle Kollisionen mit existierenden Variablen in der Symboltabelle. Die Art, wie ungültige/numerische Schlüssel und Kollisionen behandelt werden, wird mit Hilfe des optionalen Parameters extract_type spezifiziert. Dieser kann einen der folgenden Werte annehmen:

EXTR_OVERWRITE:

Im Falle einer Kollision wird die existierende Variable überschrieben.

EXTR_SKIP:

Im Falle einer Kollision wird die existierende Variable nicht überschrieben.

EXTR_PREFIX_SAME:

Im Falle einer Kollision wird dem Variablennamen `prefix` vorangestellt.

EXTR_PREFIX_ALL:

Allen Variablennamen wird `prefix` vorangestellt. Seit PHP 4.0.5 gilt dies auch für numerische Variablen.

EXTR_PREFIX_INVALID:

Nur ungültigen/numerischen Variablennamen wird `prefix` vorangestellt. Dieses Flag wurde mit PHP 4.0.5 eingeführt.

EXTR_IF_EXISTS:

Überschreibt die Variable nur, wenn sie bereits in der aktuellen Symboltabelle existiert, sonst geschieht nichts. Dies ist dann hilfreich, wenn Sie eine Liste mit gültigen Variablen definieren, und dann z.B. nur jene Variablen extrahieren, welche Sie aus `$_REQUEST` definiert haben. Dieses Flag wurde in PHP 4.2.0 eingeführt.

EXTR_PREFIX_IF_EXISTS:

Erstellt nur Variablennamen mit Präfix, wenn die Version ohne Präfix derselben Variablen in der aktuellen Symboltabelle existiert. Dieses Flag wurde in PHP 4.2.0 eingeführt.

EXTR_REFS:

Extrahiert Variablen als Referenzen. Das heißt, dass die Werte der importierten Variablen noch immer auf die Werte des Parameters `var_array` referenzieren. Sie können dieses Flag alleine oder auch in Kombination mit einem anderen Flag verwenden, indem Sie Oder-Verknüpfungen im `extract_type` erstellen. Dieses Flag wurde in PHP 4.3.0 eingeführt.

Ist `extract_type` nicht spezifiziert, so wird `EXTR_OVERWRITE` verwendet.

Einsatz von range()

Mit Hilfe von `range()` können Sie ein Array mit Ganzzahlen aus einem vorgegebenen Wertebereich auffüllen.

Beispiel:

```php
<?php
$zahlen = range(1,10);
// Ausgabe - 12345678910
foreach($zahlen as $element) {
        echo "$element";
}
?>
```

Seit PHP 5 steht Ihnen noch der optionale Parameter `step` für die Schrittweite zur Verfügung.

Beispiel:

```php
<?php
// Entspricht
// Array(0,20,40,60,80,100)
$zahlen = range(0,100,20);
// Ausgabe - 0 20 40 60 80 100
foreach($zahlen as $number) {
    echo "$number<br>";
}
?>
```

Einsatz von shuffle()

Mit Hilfe der Funktion shuffle() können Sie, wie das folgende Beispiel zeigt, ein Array zufallsgesteuert in Unordnung bringen.

Beispiel:

```php
<?php
$personen = array (
                    "ma"=>"Matthias",
                    "ca"=>"Caroline",
                    "gü"=>"Gülten",
                    "to"=>"Toni",
                    "mi"=>"Maria",
                    "do"=>"Doro"
                    );
shuffle($personen);
foreach($personen as $key=>$element) {
        echo "$key: $element<br>";
}
?>
```

Ausgabe:

```
0: Caroline
1: Matthias
2: Doro
3: Toni
4: Gülten
5: Maria
```

Hinweis: Eventuell vorhandene assoziative Indizes gehen verloren.

1.10.10 Neue Arrayfunktionen seit PHP4

Wie Sie bereits im Abschnitt »Arrayfunktionen« erfahren haben, stellt Ihnen PHP4 eine Reihe neuer Arrayfunktionen zur Verfügung. Wir werden uns einige dieser neue Funktionen näher betrachten und ihre Funktionsweise vorstellen.

Einsatz von array_unshift()

Mit Hilfe der Funktion array_unshift() haben Sie die Möglichkeit, einzelne Elemente am Anfang eines Arrays einzufügen.

Beispiel:

```
<?php
$zahlen = array(10,20,30,40,50);
array_unshift($zahlen,"a","b","c");

foreach ($zahlen as $element) {
    echo "$element ";
}
?>
```

Ausgabe:

```
a b c 10 20 30 40 50
```

Einsatz von array_push()

Die Funktion array_push() fügt ein oder mehrere Elemente an das Ende eines Arrays an.

Beispiel:

```
<pre>
<?php
$werte = array('wagen', 'punkt', 'mutter');
$resultat = array_push($werte,"mama","papa");
print_r($werte);
echo $resultat;
?>
</pre>
```

Ausgabe:

```
Array
(
    [0] => wagen
    [1] => punkt
    [2] => mutter
    [3] => mama
    [4] => papa
)
5.
```

Einsatz von array_shift()

Die Methode array_shift() entfernt das erste Element eines Arrays.

Beispiel:

```
<pre>
<?php
$werte = array('wagen', 'punkt', 'mutter');
$resultat = array_shift($werte);
print_r($werte);
echo $resultat;
?>
</pre>
```

Ausgabe:

```
Array
(
    [0] => punkt
    [1] => mutter
)
wagen
```

Einsatz von array_pop()

Die Methode `array_pop()` entfernt das letzte Element eines Arrays.

Beispiel:

```
<pre>
<?php
$werte = array('wagen', 'punkt', 'mutter');
$resultat = array_pop($werte);
print_r($werte);
echo $resultat;
?>
</pre>
```

Ausgabe:

```
Array
(
    [0] => wagen
    [1] => punkt
)
mutter
```

Einsatz von array_splice()

Die Funktion `array_splice()` eignet sich hervorragend, um Elemente aus einem Array zu entfernen und durch andere Elemente eines Arrays zu ersetzen. Sie wählen selbst, an welcher Position im Array dieser Eingriff durchgeführt werden soll.

Beispiel:

```php
<?php
$zahlen = array(10,20,30,40,50);
$buchstaben = array("a","b","c");

// $resultat = array_splice($array1, postion, anzahl, $array2);
$resultat = array_splice($zahlen, 2, 2,$buchstaben);

foreach ($zahlen as $element) {
        echo "$element ";
}
foreach ($resultat as $element) {
        echo "$element ";
}
?>
```

Ausgabe:

```
10 20 a b c 50
30 40
```

Die ersetzten Elemente werden in dem Array `$resultat` abgelegt. Für die Angabe der Position eines Array-Elements gilt es immer zu beachten, dass das erste Array-Element die Position 0 besitzt.

Einsatz von array_reverse()

Die Methode `array_reverse()` kehrt die Reihenfolge der Array-Elemente im Array selbst um. Ist der optionale zweite Parameter `preserve_keys` TRUE, bleibt die Reihenfolge der Schlüssel erhalten.

Beispiel:

```php
<pre>
<?php
$werte = array('wagen', 'punkt', 'mutter');
$resultat = array_reverse($werte);
print_r($resultat);
$resultat = array_reverse($werte,true);
print_r($resultat);
?>
</pre>
```

Ausgabe:

```
Array
(
    [0] => mutter
    [1] => punkt
    [2] => wagen
)
Array
(
```

```
    [2] => mutter
    [1] => punkt
    [0] => wagen
)
```

Einsatz von array_keys()

Wie unter Verwendung der Funktion `array_keys()` die Schlüssel eines Arrays einem anderen Array zugewiesen werden können, sehen Sie im folgenden Beispiel:

```
<pre>
<?php
$array1 = array ("Zahl" => 100, "Farbe" => "rot");
print_r(array_keys ($array1));

$array2 = array ("Wert" => 100, "Eintrag" => "rot");
$array2 = array_keys($array1);
print_r($array2);
?>
```

Ausgabe:

```
Array
(
    [0] => Zahl
    [1] => Farbe
)
Array
(
    [0] => Zahl
    [1] => Farbe
)
```

Ist der optionale Parameter `search_value` angegeben, werden nur die Schlüssel für diesen Wert zurückgegeben. Andernfalls werden sämtliche Schlüssel zurückgegeben.

Beispiel:

```
<pre>
<?php
$array1 = array ("Zahl" => 100, "Farbe" => "rot");
print_r(array_keys ($array1));

$array2 = array ("Wert" => 100, "Eintrag" => "rot");
$array2 = array_keys($array1,"rot");
print_r($array2);
?>
</pre>
```

Ausgabe:

```
Array
(
    [0] => Zahl
    [1] => Farbe
```

```
)
Array
(
    [0] => Farbe
)
```

Einsatz von array_map()

Mit Hilfe von array_map() wird eine Funktion, die Callback-Funktion, auf das vorhandene Array angewandt. Die Anzahl der Parameter, welche die Callback-Funktion zulässt, sollte der Anzahl der an array_map() übergebenen Arrays entsprechen.

Beispiel:

```
<pre>
<?php
function multiplizieren($n) {
    return $n*$n;
}

$zahlen = array(1, 2, 3, 4, 5);
$multzahlen = array_map("multiplizieren", $zahlen);
print_r($multzahlen);
print_r($zahlen);
?>
</pre>
```

Ausgabe:

```
Array
(
    [0] => 1
    [1] => 4
    [2] => 9
    [3] => 16
    [4] => 25
)
Array
(
    [0] => 1
    [1] => 2
    [2] => 3
    [3] => 4
    [4] => 5
)
```

Wie man sieht, bleiben die Elemente des ursprünglichen Arrays erhalten.

Natürlich lassen sich mit array_map() auch mehrere Arrays verarbeiten. Hierzu müssen Sie lediglich berücksichtigen, dass die Anzahl Ihrer Funktionsparameter mit der Anzahl der übergebenen Arrays übereinstimmt.

Beispiel:

```
<pre>
<?php
function verbinden($n, $m) {
    return array ($n => $m);
}


$vok_de = array("auto", "bus", "motorrad", "fahrrad");
$vok_en = array("car", "bus", "motorcycle", "bicycle");

$vokabelheft = array_map("verbinden", $vok_de, $vok_en);
print_r($vokabelheft);
?>
</pre>
```

Ausgabe:

```
Array
(
    [0] => Array
        (
            [auto] => car
        )

    [1] => Array
        (
            [bus] => bus
        )

    [2] => Array
        (
            [motorrad] => motorcycle
        )

    [3] => Array
        (
            [fahrrad] => bicycle
        )

)
```

oder so:

```
<pre>
<?php
function zeige_vokabeln($n, $m) {
    return "Vokabeln (Deutsch/Englisch): $n / $m";
}


$vok_de = array("auto", "bus", "motorrad", "fahrrad");
$vok_en = array("car", "bus", "motorcycle", "bicycle");

$vokabelheft = array_map("zeige_vokabeln", $vok_de, $vok_en);
print_r($vokabelheft);
?>
</pre>
```

Ausgabe:

```
Array
(
    [0] => Vokabeln (Deutsch/Englisch): auto / car
    [1] => Vokabeln (Deutsch/Englisch): bus / bus
    [2] => Vokabeln (Deutsch/Englisch): motorrad / motorcycle
    [3] => Vokabeln (Deutsch/Englisch): fahrrad / bicycle
)
```

Bei Verwendung von zwei oder mehr Arrays sollten diese möglichst die gleiche Länge haben, da die Callback-Funktion parallel auf die entsprechenden Elemente angewandt wird. Haben die Arrays unterschiedliche Längen, wird das kürzeste um leere Elemente erweitert.

Eine weitere interessante Anwendung dieser Funktion ist die Konstruktion eines Arrays bestehend aus Arrays, was mit NULL als Name der Callback-Funktion leicht realisiert werden kann.

Beispiel:

```
<pre>
<?php
$vok_de = array("auto", "bus", "motorrad", "fahrrad");
$vok_en = array("car", "bus", "motorcycle", "bicycle");
$vok_fr = array("voiture", "autobus", "motocyclette", "bicyclette");

$vokabelheft = array_map(null, $vok_de, $vok_en, $vok_fr);
print_r($vokabelheft);
?>
</pre>
```

Ausgabe:

```
Array
(
    [0] => Array
        (
            [0] => auto
            [1] => car
            [2] => voiture
        )

    [1] => Array
        (
            [0] => bus
            [1] => bus
            [2] => autobus
        )

    [2] => Array
        (
            [0] => motorrad
            [1] => motorcycle
            [2] => motocyclette
```

```
        )

    [3] => Array
        (
            [0] => fahrrad
            [1] => bicycle
            [2] => bicyclette
        )
)
```

Einsatz von array_merge()

Was halten Sie davon, zwei oder mehr Arrays miteinander zu verbinden? Verwenden Sie die Funktion array_merge().

Beispiel:

```
<pre>
<?php
$vok_de = array("auto", "bus", "motorrad");
$vok_fr = array(
                    "W1"=>"voiture",
                    "W2"=>"autobus",
                    "W3"=>"motocyclette"
                    );
$vok_en = array("car", "bus", "motorcycle");

$worte = array_merge ($vok_de, $vok_fr, $vok_en);
print_r($worte);
?>
</pre>
```

Ausgabe:

```
Array
(
    [0] => auto
    [1] => bus
    [2] => motorrad
    [W1] => voiture
    [W2] => autobus
    [W3] => motocyclette
    [3] => car
    [4] => bus
    [5] => motorcycle
)
```

Einsatz von array_pad()

Mit Hilfe der Funktion array_pad() kann ein Array um eine beliebige Anzahl von Elementen erweitert und entweder am Anfang oder am Ende mit einem angegebenen Wert, z.B. einem *, aufgefüllt werden.

Beispiel:

```php
<?php
$werte = array(10,20,30,40,50);
$anfang = array_pad($werte,-10,'*');
$ende = array_pad($werte,10,'*');
foreach ($anfang as $element) {
        echo "$element ";
}
echo "<br>";
foreach ($ende as $element) {
        echo "$element ";
}
?>
```

Ausgabe:

```
* * * * * 10 20 30 40 50
10 20 30 40 50 * * * * *
```

Einsatz von array_slice()

Die Funktion `array_slice()` gibt aus einem Array eine angegebene Anzahl von Elemente, die ab einer Position gefunden werden, an ein zweites Array zurück. Ist die Positionsangabe positiv, beginnt die Sequenz vom Anfang des Arrays, ansonsten vom Ende des Arrays.

Beispiel:

```php
<?php
$werte = array(10,20,30,40,50);
$vomanfang = array_slice($werte,2,2);
$vomende = array_slice($werte,-2,2);
foreach ($vomanfang as $element) {
        echo "$element ";
}
echo "<br>";
foreach ($vomende as $element) {
        echo "$element ";
}
?>
```

Ausgabe:

```
30 40
40 50
```

Sollten Sie Folgendes einsetzen:

```php
$resultat1 = array_slice($werte,0,2);
$ resultat1 = array_slice($werte,2);
```

erhalten Sie folgende Ausgabe:

```
10 20
30 40 50
```

Einsatz von array_values()

Mit Hilfe der Funktion `array_values()` können Sie auf einfache Weise sämtliche Werte eines assoziativen Arrays ermitteln.

Beispiel:

```php
<?php
$personen = array(
                    "P1"=>"Matthias",
                    "P2"=>"Caroline",
                    "PX"=>"Gülten"
                    );
$resultat = array_values($personen);
foreach ($resultat as $element) {
        echo "$element ";
}
?>
```

Ausgabe:

```
Matthias Caroline Gülten
```

Einsatz von in_array()

Mit Hilfe der Funktion `in_array()` kann ein Array nach einem bestimmten Wert durchsucht werden. Die Funktion liefert den Wahrheitswert TRUE zurück, wenn der gesuchte Wert gefunden wurde.

Beispiel:

```php
<?php
$personen = array(
                    "P1"=>"Matthias",
                    "P2"=>"Caroline",
                    "PX"=>"Gülten"
                    );
if (in_array("Caroline",$personen)) {
        echo "Gefunden";
} else {
        echo "Nicht gefunden";
}
?>
```

Ausgabe:

```
Gefunden
```

Einsatz von compact()

Die Funktion `compact()` übergibt die Namen von Variablen als Indizes und deren Werte als zugehörige Elemente in ein Array. So lassen sich auf einfache Weise Variablen in ein assoziatives Array überführen.

Beispiel:

```php
<?php
$p1 = "Matthias";
$p2 = "Caroline";
$px = "Gülten";
$personen = compact("p1","p2","px");
foreach ($personen as $key=>$element) {
    echo "$key=>$element<br>";
}
?>
```

Ausgabe:

```
p1=>Matthias
p2=>Caroline
px=>Gülten
```

Einsatz von array_combine()

Die Funktion `array_combine()` erzeugt ein Array mit Hilfe eines Arrays, welches die Schlüssel vorgibt, und einem Array, welches die Werte vorgibt. Die Funktion steht Ihnen erst ab PHP 5 zur Verfügung.

Beispiel:

```php
<pre>
<?php
$groessen = array('klein', 'mittel', 'Gross');
$werte = array('wagen', 'punkt', 'mutter');
$resultat = array_combine($groessen, $werte);
print_r($resultat);
?>
</pre>
```

Ausgabe:

```
Array
(
    [klein] => wagen
    [mittel] => punkt
    [Gross] => mutter
)
```

Achtung: Die Anzahl der Elemente beider Arrays muss übereinstimmen, sonst wird FALSE zurückgegeben.

Einsat von array_chunk()

Mit Hilfe der Funktion `array_chunk()` teilen Sie ein Array in einzelne Arrays auf, die eine von Ihnen festgelegte Anzahl von Werten besitzen. Am Ende kann auch ein Array mit weniger Werten erzeugt werden. Die Arrays werden als Teile eines mehrdimensionalen

Arrays erzeugt, das numerisch indiziert ist. Sie können PHP dazu zwingen, die Original-Schlüssel des Arrays beizubehalten, indem Sie den optionalen dritten Parameter preserve_keys auf TRUE setzen. Geben Sie FALSE an, werden in jedem erzeugten Array neue numerische Indizes erzeugt, welche bei 0 beginnen; Default ist FALSE.

Beispiel:

```
<pre>
<?php
$werte = array('wagen', 'punkt', 'mutter');
print_r(array_chunk($werte, 2));
print_r(array_chunk($werte, 2, TRUE));
?>
</pre>
```

Ausgabe:

```
Array
(
    [0] => Array
        (
            [0] => wagen
            [1] => punkt
        )

    [1] => Array
        (
            [0] => mutter
        )

)
Array
(
    [0] => Array
        (
            [0] => wagen
            [1] => punkt
        )

    [1] => Array
        (
            [2] => mutter
        )

)
```

Einsatz von array_multisort()

Mit Hilfe von array_multisort() werden mehrere indizierte oder multidimensionale Arrays auf einmal sortiert. Bei der Sortierung werden die Schlüsselassoziationen beibehalten.

Die Struktur der Argumente ist etwas ungewöhnlich, aber flexibel. Das allererste Argument muss ein Array sein. Die nachfolgenden Argumente können entweder ein Array oder eines der folgenden Sortierflags sein.

Flags für Sortierreihenfolge:

- SORT_ASC – Sortiere in aufsteigender Reihenfolge.

- SORT_DESC – Sortiere in absteigender Reihenfolge.

Flags für Sortiertypen:

- SORT_REGULAR – Vergleiche Felder normal.

- SORT_NUMERIC – Vergleiche Felder numerisch.

- SORT_STRING – Vergleiche Felder als Strings.

> **Hinweis:** Gibt bei Erfolg TRUE zurück, im Fehlerfall FALSE.

Beispiel – Sortieren mehrerer Arrays:

```
<pre>
<?php
$werte1 = array ("10", 100, 100, "a");
$werte2 = array (1, 3, "2", 1);
array_multisort ($werte1, $werte2);
print_r($werte1);
print_r($werte2);
?>
</pre>
```

Ausgabe:

```
Array
(
    [0] => 10
    [1] => a
    [2] => 100
    [3] => 100
)
Array
(
    [0] => 1
    [1] => 1
    [2] => 2
    [3] => 3
)
```

Beispiel – Sortieren eines mehrdimensionalen Arrays:

```
<pre>
<?php
$werte = array (
       array ("10", 100, 100, "a"),
       array (1, 3, "2", 1)
);
array_multisort ($werte[0], SORT_ASC, SORT_STRING,
                 $werte[1], SORT_DESC, SORT_NUMERIC);
```

```
print_r($werte);
?>
</pre>
```

Ausgabe:

```
Array
(
    [0] => Array
        (
            [0] => 10
            [1] => 100
            [2] => 100
            [3] => a
        )

    [1] => Array
        (
            [0] => 1
            [1] => 3
            [2] => 2
            [3] => 1
        )
)
```

Einsatz von array_rand()

Mit Hilfe der Funktion `array_rand()` erhalten Sie einen oder mehrere zufällige Einträge eines Arrays. Die Funktion übernimmt das Array und ein optionales Argument `num_req`, welches die gewünschte Anzahl Einträge spezifiziert. Ist `num_req` nicht angegeben, wird Default auf 1 gesetzt.

Beispiel:

```
<pre>
<?php
$personen = array (
                    "Matthias",
                    "Caroline",
                    "Gülten",
                    "Toni",
                    "Saban"
            );
$rand_keys = array_rand ($personen, 2);
print $personen[$rand_keys[0]] . "<br>";
print $personen[$rand_keys[1]] . "<br>";;
?>
</pre>
```

Ausgabe:

```
Caroline
Toni
```

Sie haben bereits nahezu sämtliche Arrayfunktionen kennen gelernt. Es warten jedoch noch mehr auf Sie! Wie Sie sicher bereits bemerkt haben, sind Arrays ein recht interessantes Thema und können die Arbeit an Ihren Programmen vereinfachen, vor allem dort, wo es eine Vielzahl von Daten zu bearbeiten bzw. verwalten gilt. Das ist besonders heute im Zeitalter der Datenbanken von Bedeutung.

Einsatz von array_search()

Mit Hilfe der Funktion `array_search()` erhalten Sie entweder den gefundenen Schlüssel oder `FALSE` zurück. Zusätzlich liefert die Funktion die Position des gesuchten Elements.

Beispiel:

```php
<?php
$personen = array("Matthias", "Caroline", "Gülten");
$suchwort = "Caroline";
$position = array_search($suchwort,$personen);

if ($position !== false) {
        echo "$suchwort liegt auf Position $position";
} else {
        echo "Person $suchwort nicht enthalten";
}
?>
```

Ausgabe:

```
Caroline liegt auf Position 1
```

Bitte achten Sie darauf, den Vergleich mit `!==` durchzuführen. Sollte Ihr gesuchtes Element im Array an der Position 0 gefunden werden, ergibt die `if`-Anweisung ein logisches `FALSE`, und dies würde zu einem falschen Resultat führen.

Beispiel:

```php
<?php
$personen = array("Matthias", "Caroline", "Gülten");
$suchwort = "Matthias";
$position = array_search($suchwort,$personen);
if ($position != false) {
        echo "$suchwort liegt auf Position $position";
} else {
        echo "Person $suchwort nicht enthalten";
}
?>
```

Ausgabe:

```
Person Matthias nicht enthalten
```

Doppelgänger aus einem Array entfernen

Sie haben ein Array und würden gerne Duplikate entfernen. Bedienen Sie sich der Funktion `array_unique()`. Diese Funktion gibt ein neues Array zurück, das keine doppelten Werte enthält.

Beispiel:

```
<pre>
<?php
$zahlen = array(10,1,10,20,30,10,5);
$neuesarray = array_unique($zahlen);
print_r($neuesarray);
?>
</pre>
```

Ausgabe:

```
Array
(
    [0] => 10
    [1] => 1
    [3] => 20
    [4] => 30
    [6] => 5
)
```

Hinweis: Die Indizes bleiben erhalten.

Kleinstes und größtes Array-Element ausgeben

Sollten Sie das kleinste und das größte Element eines Arrays ermitteln wollen, können Sie hierfür die Funktionen `min()` und `max()` verwenden. Dies ist vor allem bei Zeittafeln oder chronlogischen Abfolgen äußerst wichtig.

Beispiel – max():

```
<?php
$personen = array("Matthias", "Caroline", "Gülten");
// Ausgabe - Caroline
echo $kleinstes = min($personen);
?>
```

Beispiel – min():

```
<?php
$personen = array("Matthias", "Caroline", "Gülten");
// Ausgabe - Matthias
echo $groesstes = max($personen);
?>
```

Array in eine Zeichenkette umwandeln

Sie haben ein Array, welches Sie in eine Zeichenkette (String) umwandeln wollen. Dafür könnten Sie z.B. eine `foreach`-Schleife verwenden.

Beispiel:

```php
<?php
$personen = array("matthias", "caroline", "gülten");
foreach ($personen as $element) {
 $zeichen .= $element;
}
// Ausgabe - matthiascarolinegülten
echo $zeichen;
?>
```

Wie wir sehen, hat dies recht gut funktioniert. Ein Problem gibt es jedoch: Wie kommen wir an die einzelnen Bestandteile der Zeichenkette heran? Die aktuelle vorliegende Variable `$zeichen` enthält eine zusammenhängende Zeichenkette, in der wir keine Unterscheidungsmöglichkeit haben, wann welcher Teilstring beginnt und wann er endet. In diesem Fall könnten wir unsere Schleife optimieren, indem wir ein Trennzeichen hinzufügen.

Beispiel:

```php
<?php
$personen = array("matthias", "caroline", "gülten");
foreach ($personen as $element) {
 $zeichen .= ",$element";
}
// Ausgabe - ,matthias,caroline,gülten
echo $zeichen;
// Führendes Trennzeichen entfernen
// Ausgabe - matthias,caroline,gülten
echo $zeichen = substr($zeichen,1);
?>
```

Anhand der Ausgabe ist zu erkennen, dass nach dem Schleifendurchlauf noch eine Bearbeitung der Zeichenkette durch die Stringfunktion `substr()` stattgefunden hat, um das erste Trennzeichen (,) zu entfernen.

> **Hinweis:** PHP stellt eine Reihe von Stringfunktionen zur Verfügung, auf die wir zurückgreifen können. Auf die Stringfunktionen gehen wir im nächsten Abschnitt dieses Kapitels eingehen.

Vereinigungs-, Schnitt- oder Differenzmengen zweier Arrays

Nehmen wir an, Sie haben zwei Arrays und wollen sie miteinander vergleichen. Dabei sollen folgende Schwerpunkte gesetzt werden:

- Ermitteln der Vereinigungsmenge – alle Elemente.

- Ermitteln der Schnittmenge – Elemente, die in beiden Arrays vorkommen und nicht nur in einem.

- Ermitteln der Differenzmenge – Elemente, die in einem, aber nicht in beiden vorhanden sind.

Als Vorlage dienen die folgenden beiden Arrays:

```
$vok_a = array("ein","zwei","drei","vier");
$vok_b = array("ein","zwei","vier");
```

Ermitteln der Vereinigungsmenge

```
<pre>
<?php
$vok_a = array("ein","zwei","drei","vier");
$vok_b = array("ein","zwei","vier");
$vereinen = array_unique(array_merge($vok_a,$vok_b));
print_r($vereinen );
?>
</pre>
```

Ausgabe:

```
Array
(
    [0] => ein
    [1] => zwei
    [2] => drei
    [3] => vier
)
```

Um die Vereinigungsmenge zu finden, mischen Sie die beiden Arrays mit Hilfe der Funktion `array_merge()` und erhalten damit ein größeres Array mit sämtlichen Werten. Leider lässt die Funktion jedoch doppelte Werte zu, wenn sie zwei indizierte Arrays miteinander mischt, daher rufen Sie zusätzlich noch die Funktion `array_unique()` auf, um die doppelten Werte herauszufiltern.

Ermitteln der Schnittmenge

```
<pre>
<?php
$vok_a = array("ein","zwei","drei","vier");
$vok_b = array("ein","zwei","vier");
$schnitt = array_intersect($vok_a,$vok_b);
print_r($schnitt);
?>
</pre>
```

Ausgabe:

```
Array
(
    [0] => ein
    [1] => zwei
    [3] => vier
)
```

Bei der Bildung der Schnittmenge ist Ihnen die Funktion `array_intersect()` behilflich.

Ermitteln der Differenzmenge

```
<pre>
<?php
$vok_a = array("ein","zwei","drei","vier");
$vok_b = array("ein","zwei","vier");
$differenz = array_diff($vok_a,$vok_b);
print_r($differenz );
?>
</pre>
```

Ausgabe:

```
Array
(
    [2] => drei
)
```

Die Funktion `array_diff()` gibt ein Array zurück das sämtliche Elemente in `$vok_a` enthält, die nicht in `$vok_b` vorkommen.

Elementkombination eines Arrays ermitteln

Sie wollen sämtliche Elementkombinationen eines Arrays ermitteln, die einige oder alle Elemente des Arrays enthalten, also die Potenzmenge. Dafür gibt es eine nützliche Funktion.

```
function set_potenz($liste) {
        // Initialisierung durch ein leeres Array
        $resultate = array(array());
        foreach ($liste as $element) {
                foreach($resultate as $kombination) {
                  array_push($resultate, array_merge(array($element),
$kombination));
                }
        }
        return $resultate;
}
```

Diese Funktion gibt ein Array aus Arrays zurück, das sämtliche Kombinationen von Elementen beinhaltet, einschließlich der leeren Menge.

Beispiel:

```
$werte = array("A","B","C");
$potenzmenge = set_potenz($werte);
print_r($potenzmenge);
```

Ausgabe:

```
Array
(
    [0] => Array
        (   )

    [1] => Array
        (   [0] => A   )

    [2] => Array
        (   [0] => B   )

    [3] => Array
        (   [0] => B   [1] => A   )

    [4] => Array
        (   [0] => C   )

    [5] => Array
        (   [0] => C   [1] => A   )

    [6] => Array
        (   [0] => C   [1] => B   )

    [7] => Array
        (   [0] => C   [1] => B   [2] => A   )
)
```

$potenzmenge enthält anschließend acht Arrays, sprich acht mögliche Kombinationen. Die erste foreach-Schleife arbeitet sämtliche Elemente des Arrays ab, während die innere foreach-Schleife sämtliche vorhandenen, aus den vorherigen Elementen erzeugten Kombinationen durchläuft. Dies ist auch der schwierige Teil innerhalb der Funktion. Sie müssen genau wissen, wie sich PHP während der Schleifendurchläufe verhält.

Die Funktion array_merge() kombiniert das Element mit den vorherigen Kombinationen. Beachten Sie jedoch, dass das Array $resultate, dem das neue Array mit array_push() hinzugefügt wird, dasjenige ist, das in dem foreach durchlaufen wird. Normalerweise würde dies zu einer Endlosschleife führen, wenn Sie Einträge zu $resultate hinzufügen. In PHP ist dies jedoch nicht der Fall, denn PHP arbeitet mit einer Kopie des ursprünglichen Arrays. Wenn Sie aber eine Ebene höher in die äußere Schleife zurückspringen und das foreach mit dem nächsten $element erneut ausführen, wird es zurückgesetzt. Daher können Sie direkt mit $resultate arbeiten und das Array als Stapelspeicher für Ihre Kombinationen verwenden. Indem Sie alles als Array speichern, erhalten Sie zusätzliche Flexibilität bei der Bearbeitung der einzelnen Arrays bzw. Kombinationen.

Um die Ergebnisse formatiert zwischen den Elementen innerhalb der Kombinationen sowie Zeilenwechsel zwischen den Kombinationen auszugeben, können Sie folgende Codezeilen einsetzen:

```
$werte = array("A","B","C");
echo "<table border=1>";
foreach (set_potenz($werte) as $element) {
        print "<tr><td> " . join(" ", $element) . "</td></tr>";
}
echo "</table>";
```

Und wenn Sie nur die Kombinationen mit jeweils zwei Elementen ausgeben wollen:

```
$werte = array("A","B","C");
echo "<table border=1>";
foreach (set_potenz($werte) as $element) {
        if (2 == count($element)) {
        print "<tr><td> " . join(" ", $element) . "</td></tr>";
        }
}
echo "</table>";
```

Achtung: Der Durchlauf dauert bei einer großen Menge von Elementen sehr lange. Aus einer Menge mit n Elementen entstehen 2^{n+1} Mengen. Mit anderen Worten, wenn n um 1 erhöht wird, verdoppelt sich die Anzahl der Elemente.

Permutationen und Arrays

Abschließend noch ein Beispiel zum Thema Permutation. Sie haben ein Array mit Elementen und wollen sämtliche Möglichkeiten berechnen, wie diese unterschiedlich angeordnet werden können.

```
$begriffe = array("ich","bin","dort");
```

Beispiel:

```
<?php
// Permutationen ermitteln (Rekursiv)
function setze_permutation($liste, $permliste = array()) {
    if (empty($liste)) {
        print join(' ', $permliste) . "<br>";
    } else {
        for ($i = count($liste) - 1; $i >= 0; --$i) {
            $neueliste = $liste;
            $neuepermliste = $permliste;
            list($werte) = array_splice($neueliste, $i, 1);
            array_unshift($neuepermliste, $werte);
            setze_permutation($neueliste, $neuepermliste);
        }
    }
}

// Entspricht - array("ich","bin","dort");
```

```
$begriffe = split(" ","ich bin dort");
setze_permutation($begriffe);
?>
```

Ausgabe:

```
ich bin dort
bin ich dort
ich dort bin
dort ich bin
bin dort ich
dort bin ich
```

1.10.11 Nützliche Array-Operationen

In diesem Abschnitt finden Sie noch einige nützliche Codebeispiele.

Prüfen von Array-Schlüsseln und -Elementen

Wollen Sie prüfen, ob ein Array einen bestimmten Schlüssel oder ein bestimmtes Element (Wert) enthält, dann könnten Ihnen folgende Codezeilen gute Dienste erweisen:

Beispiel – Prüfen, ob ein Schlüssel im Array enthalten ist:

```
<?
$mitarbeiter = array(
                        "M1"=>"Manfred",
                        "M2"=>"Toni",
                        "M3"=>"Tim",
                        "M4"=>"Fred"
                        );

if (isset($mitarbeiter['M3'])) {
        echo "Schlüssel gehört zu " . $mitarbeiter['M3'];
} else {
        echo "Diese Schlüssel ist nicht vorhanden!";
}
?>
```

Bei der Überprüfung, ob ein Schlüssel vorhanden ist, gehen Sie genauso vor wie bei der Überprüfung von Variablen, indem Sie isset() verwenden.

Beispiel – Prüfen, ob ein Element im Array enthalten ist:

```
<?
$mitarbeiter = array(
                        "M1"=>"Manfred",
                        "M2"=>"Toni",
                        "M3"=>"Tim",
                        "M4"=>"Fred"
                        );

if (in_array("Tim",$mitarbeiter)) {
```

```
        echo "Mitarbeiter ist " . $mitarbeiter['M3'];
} else {
        echo "Mitarbeiter nicht vorhanden!";
}
?>
```

Mit Hilfe von `in_array()` können Sie prüfen, ob ein Element eines Arrays einen bestimmten Wert enthält. Standardmäßig vergleicht `in_array()` die Elemente mit dem Gleichheitsoperator ==.

> **Hinweis:** Um die strikte Gleichheitsprüfung mit === durchzuführen, übergeben Sie `true` als dritten Parameter an `in_array()`.

1.11   Mathematische Funktionen

Nachdem Sie die in PHP zur Verfügung stehenden Arrayfunktionen kennen gelernt haben, sollen nachfolgend auch gleich die von PHP unterstützten elementaren mathematischen Funktionen zusammengestellt werden, so dass Sie in der Lage sind, mit PHP beliebige mathematische Ausdrücke zu formulieren und zu berechnen.

Funktion	*Beispiel*	*Beschreibung*
abs($x)	abs(-10) => 10	Absoluter Betrag
acos($x)	acos(0.5) => 1.0471975511966	Arcus Cosinus (Bogenmaß)
asin($x)	asin(0.5) => 0.5235987755983	Arcus Sinus (Bogenmaß)
atan($x)	atan(0.5) => 0.46364760900081	Arcus Tangens (Bogenmaß)
atan2($x,$y)	atan2(0.5,0.5) => 0.78539816339745	Diese Funktion berechnet den Arcustangens aus den Parametern $x und $y.
cos($x)	cos(0.5) => 0.87758256189037	Cosinus (Bogenmaß)
exp($x)	exp(2) => 7.3890560989307	e^x, Potenz zur Basis e (Eulersche Zahl)
max($x[args])	max(20,10,9,29,10) => 29	Maximalwert einer Argumenteliste
min($x[args])	min(20,10,9,29,10) => 9	Minimalwert einer Argumenteliste
log($x)	log(2) => 0.69314718055995	Natürlicher Logarithmus
log10($x)	log10(1000) => 3	Dekadischer Logarithmus
pow($x,$y)	pow(2,10) => 1024	Potenzfunktion x^y
sin($x)	sin(0.5) => 0.4794255386042	Sinus (Bogenmaß)
sqrt($x)	sqrt(16) => 4	Quadratwurzel
tan($x)	tan(0.5) => 0.54630248984379	Tangens (Bogenmaß)

Umwandlungsfunktionen

Als Nächstes folgen die in PHP zur Verfügung stehenden Umwandlungsfunktionen.

Funktion	Beispiel	Beschreibung
floor(float)	floor(10.8) => 10	Ganzzahliger Teil einer Zahl. Rundet zur nächsten Ganzzahl ab.
ceil(float)	ceil(10.8) => 11	Rundet auf die nächste Ganzzahl.
round(float,[$stellen])	round(10.8) => 11 round(10.8476,2) => 10.85	Rundet eine Fließkommazahl auf die optionale Stellenzahl $stellen.
base_convert(nummer, ausgangsbasis, zielbasis	base_convert(100,2,10) => 4	Wandelt von einem beliebigen Zahlensystem der Basis 2 bis 36 in ein anderes um.
bindec(binaerwert)	bindec(1001) => 9	Binär -> Dezimal. Umwandlung von binär nach dezimal.
decbin(dezimalwert)	decbin(9) => 1001	Dezimal -> Binär. Umwandlung von dezimal nach binär.
dechex(dezimalwert)	dechex(255) => ff	Dezimal -> Hexadezimal. Umwandlung von dezimal nach hexadezimal.
decoct(dezimalwert)	decoct(1024) => 2000	Dezimal -> Oktal. Umwandlung von dezimal nach oktal.
deg2rad(float)	deg2rad(180) => 3.1415926535898	Diese Funktion wandelt den übergebenen Winkel von Grad in Bogenmaß.
hexdec(hexwert)	hexdec(ff) => 255	Hexadezimal -> Dezimal. Umwandlung von hexadezimal nach dezimal.
rad2deg(float)	rad2deg(3.1415926535898) => 180	Diese Funktion wandelt den übergebenen Winkel von Bogenmaß in Grad.
octdec(oktalwert)	octdec(2000) => 1024	Oktal -> Dezimal. Umwandlung von oktal nach dezimal.

Logarithmus mit beliebiger Basis

Sollten Sie den Logarithmus mit einer beliebigen Basis berechnen müssen, verwenden Sie folgende Definition:

```
function logx($mant,$basis) {
    return log($mant)/log($basis);
}
```

Ausgabe:

```
// Ausgabe (0.5)
echo logx(2,4)
```

Das erste Argument ist die zu berechnende Mantisse, das zweite die Basis des Logarithmus. Seit PHP 4.3 können Sie jedoch auch die vordefinierte Funktion log() verwenden.

Beispiel:

```
// Ausgabe (0.5)
echo log(2,4);
```

Runden von Fließkommazahlen

Sie wollen Fließkommazahlen runden, entweder um einen Integer-Wert zu erhalten oder um die Anzahl der Dezimalstellen zu begrenzen. Dafür stehen Ihnen in PHP gleich drei nützliche Funktionen zur Verfügung.

Beispiel round() – auf nächste Ganzzahl runden:

```
<?php
$zahl = round(2.4);
// Ausgabe (2)
echo $zahl;
?>
```

Beispiel ceil() – zum Aufrunden:

```
<?php
$zahl = ceil(2.4);
// Ausgabe (3)
echo $zahl;
?>
```

Beispiel floor() – zum Abrunden:

```
<?php
$zahl = floor(2.4);
// Ausgabe (2)
echo $zahl;
?>
```

Genauigkeit

Eine festgelegte Anzahl von Ziffern nach dem Dezimalzeichen erhalten Sie, wenn Sie round() ein optionales Argument für die Genauigkeit übergeben.

Beispiel:

```
<?php
$preis = 99.99;

$mwst = $preis * 0.16;
// Ausgabe (15.9984)
echo "MwSt: $mwst<br>";

$gesamt = $preis + $mwst;
echo "Gesamt: $gesamt<br>";

$gesamtrund = round($gesamt,2);
echo "Gesamt: $gesamtrund<br>";
?>
```

Ausgabe:

```
MwSt: 15.9984
Gesamt: 115.9884
Gesamt: 115.99
```

1.11.1 Mathematische Konstanten

In PHP stehen Ihnen auch zahlreiche mathematische Konstanten zur Verfügung.

Konstante	Exakter Wert	Beschreibung
M_PI	3.14159265358979323846	Wert (Pi)
M_E	2.7182818284590452354	E (Eulersche Zahl)
M_LOG2E	1.4426950408889634074	$\log_2 e$
M_LOG10E	0.43429448190325182765	$\log_{10} e$
M_LN2	0.69314718055994530942	$\log_e 2$
M_LN10	2.30258509299404568402	$\log_e 10$
M_PI_2	1.57079632679489661923	pi/2
M_PI_4	0.78539816339744830962	pi/4
M_1_PI	0.31830988618379067154	1/pi
M_2_PI	0.63661977236758134308	2/pi
M_2_SQRTPI	1.12837916709551257390	2/sqrt(pi)
M_SQRT2	1.41421356237309504880	sqrt(2)
M_SQRT1_2	0.70710678118654752440	1/sqrt(2)

Achtung: Bis auf M_PI sind diese Konstanten erst seit PHP4.0 verfügbar.

1.11.2 Zufallszahlen

Zufallszahlen werden häufig benötigt, um Vorgänge zu steuern oder beispielsweise Kennwörter zu erzeugen. Zufallsfolgen beruhen auf mathematischen Funktionen, die zwar einen chaotischen Verlauf haben, aber dennoch einer strengen Folge gehorchen, sie sind pseudozufällig. Die Zufälligkeit wird erst erzeugt, wenn der Startwert variiert. Die folgende Tabelle zeigt Funktionen zum Abruf der Zufallswerte und zum Setzen des Startwertes.

Funktion	Beispiel	Beschreibung
srand($x)	srand(100); srand ((double)microtime()*1000000);	Setzt den Startwert für den Zufallsgenerator.
rand([$min],[$max])	rand() => 7438 rand(0,10) => 4	Gibt eine Zufallszahl zwischen 0 und 1 oder, wenn benutzt, zwischen $min und $max zurück.
getrandmax()	getrandmax() => 32767	Gibt die höchstmögliche Zahl an, die rand() zurückgeben kann.

Funktion	Beispiel	Beschreibung
mt_srand($x)	mt_srand(100); mt_srand ((double)microtime()*1000000);	Setzt den Startwert für den Zufallsgenerator.
mt_rand([$min],[$max])	mt_rand() => 322911911 mt_rand(0,10) => 7	Gibt eine Zufallszahl zwischen 0 und 1 oder, wenn benutzt, zwischen $min und $max zurück.
mt_getrandmax()	mt_getrandmax() => 2147483647	Gibt die höchstmögliche Zahl an, die mt_rand() zurückgeben kann.

Beispiel:

```php
<?php
// PNG-Grafik definieren
header("Content-type: image/png");

$kunden = array(

                "IBM",
                "Apple",
                "Microsoft",
                "Macromedia",
                "Adobe"
                );

$zufall = mt_rand(0,count($kunden)-1);

$kunde = $kunden[$zufall];

$breite = 200;
$hoehe = 50;
$bild = imagecreate($breite, $hoehe);
$weiß = imagecolorallocate($bild, 255, 255, 255);
$schwarz = imagecolorallocate ($bild, 0, 0, 0);
imagefilledrectangle($bild, 0, 0, $breite, $hoehe, $weiß);
imagestring($bild, 4, 1, 30, "Kunde: ".$kunde, $schwarz);
imagepng($bild);
imagedestroy($bild);
?>
```

Hiermit lassen sich zufällig dynamisch erzeugte Signaturen realisieren, die mit Hilfe der Funktionen der GD-Bibliothek in eine PNG-Datei überführt werden. Sie können einmal folgendes Beispiel testen:

```php
<?php
// PNG-Grafik definieren
header("Content-type: image/png");

$zeit = date("H:i:s", time());
$datum = date("d.m.Y", time());
```

```
$ip = $_SERVER["REMOTE_ADDR"];
$breite = 200;
$hoehe = 50;
$bild = imagecreate($breite, $hoehe);
$weiß = Imagecolorallocate($bild, 255, 255, 255);
$schwarz = Imagecolorallocate ($bild, 0, 0, 0);
imagefilledrectangle($bild, 0, 0, $breite, $hoehe, $weiß);
imagestring($bild, 4, 1, 1, "Uhrzeit: ".$zeit, $schwarz);
imagestring($bild, 4, 1, 15, "Datum: ".$datum, $schwarz);
imagestring($bild, 4, 1, 30, "Deine IP: ".$ip, $schwarz);
imagepng($bild);
imagedestroy($bild)
?>
```

Das Beispiel erzeugt eine PNG-Datei, die die aktuelle Uhrzeit, das Datum und die IP-Adresse des Besuchers darstellt. Es eignet sich somit ebenfalls zur Erzeugung von dynamischen Signaturen.

> **Hinweis:** Zu den Funktionen der GD-Bibliothek erfahren Sie mehr in Kapitel 4.

Ziehung von Zufallszahlen ohne Wiederholung

Eine weitere Anwendung wäre es, aus einem Zahlenbereich von $min bis $max zufällig $anz Zahlen auszuwählen, ohne dass Zahlen doppelt vorkommen.

Beispiel:

```
<?PHP
function gen_zahlen($min, $max, $anz) {
    $werte = range($min, $max);
    mt_srand ((double)microtime()*1000000);
    for($x = 0; $x < $anz; $x++) {
        $i = mt_rand(1, count($werte))-1;
        $erg[] = $werte[$i];
        array_splice($werte, $i, 1);
    }
    return $erg;
}

$zufalls_array = gen_zahlen(1, 100, 10);
echo join("-", $zufalls_array);
?>
```

Ausgabe:

```
63-84-24-67-42-9-13-33-32-23
```

Es wurden 10 Zahlen nach dem Zufallsprinzip ermittelt, ohne dass eine doppelt vorkommt.

Ziehung von Zufallseinträgen ohne Wiederholung

Nach demselben Prinzip lassen sich auch Einträge aus einem Array zufällig ausgeben, ohne dass es zu Wiederholungen kommt.

Beispiel:

```php
<?PHP
$kunden = array(
                    "IBM",
                    "Microsoft",
                    "Adobe",
                    "Macromedia",
                    "Apple",
                    "SAP"
                    );

function gen_zufall($anz,$daten) {
    mt_srand ((double)microtime()*1000000);
    for($x = 0; $x < $anz; $x++) {
        $i = mt_rand(1, count($daten))-1;
        $erg[] = $daten[$i];
        array_splice($daten, $i, 1);
    }
    return $erg;
}

$zufalls_array = gen_zufall(3,$kunden);
echo join("-", $zufalls_array);
?>
```

Ausgabe:

```
Adobe-Apple-Microsoft
```

Sie können die Funktion sogar zum Mischen von Arrays verwenden, indem Sie die folgende Codezeile wie folgt anpassen:

```php
$zufalls_array = gen_zufall(count($kunden),$kunden);
```

Und schon erhalten Sie sämtliche Einträge des Arrays, jedoch gut vermischt.

> **Hinweis:** Die Funktionen mit dem Präfix `mt_` sollten bevorzugt werden, da sie um einiges schneller arbeiten. Die mt_Funktionen wurden von Mersenne Twister (mt) entwickelt. Mehr erfahren Sie unter folgenden Adressen:
> www.scp.syr.edu/~marc/hawk/twister.html
> www.math.keio.ac.jp/~matumoto/emt.html

1.12 Datum- und Zeitfunktionen

Datums- und Zeitberechnungen nehmen im praktischen Umgang mit Webanwendungen einen großen Raum ein. Entsprechend groß ist der Funktionsumfang in PHP.

1.12.1 Kalenderfunktionen

Diese Funktionen sollen die Umwandlung von Daten zwischen verschiedenen Kalendern erleichtern. Die gemeinsame Basis für diese Umwandlung bildet das Julianische Datum J. D. (nicht zu verwechseln mit dem Julianischen Kalender). Das J. D. entspricht der Anzahl der Tage seit dem 1. 1. 4713 v. Chr. Jede Umrechnung zwischen zwei beliebigen Kalendern erfordert den Zwischenschritt über das J. D.

Wir verzichten auf eine ausführliche Darstellung der Kalenderfunktionen und beschränken uns auf eine Tabelle.

Funktion	Beschreibung
jdtogregorian($day)	Konvertiert ein Datum des Julianischen Kalenders in das gregorianische Format.
gregoriantojd($month, $day, $year)	Konvertiert das gregorianische Format in ein Datum des Julianischen Kalenders.
jdtojulian($day)	Wandelt ein julianisches Datum in einen julianischen Tageswert um.
juliantojd($month, $day, $year)	Wandelt einen julianischen Tageswert wieder in die entsprechende julianische Datumsangabe um.
jdtojewish($day)	Wandelt einen julianischen Tageswert in ein Datum des jüdischen Kalenders um.
jewischtojd($month, $day, $year)	Wandelt vom jüdischen Kalender in einen julianischen Tageswert um.
jdtofrench($month, $day, $year)	Wandelt ein julianisches Datum in ein Datum des Kalenders der französischen Revolution (Republik) um.
frenchtojd($month, $day, $year)	Wandelt ein Datum der Französischen Revolution zu einem julianischen Datum um.
jdmonthname($day)	Diese Funktion gibt einen Monatsnamen zurück, die Datumsangabe muss dem Julianischen Kalender entsprechen. Die Ausgabe kann jedoch durch einen zweiten Parameter gesteuert werden, der den Ursprungskalender bestimmt.
jddayofweek($day)	Bestimmt den Wochentag aus einem julianischen Datum.
easter_date($year)	Die Funktion gibt den UNIX-Zeitcode für Ostersonntag des angegebenen Jahres zurück.
easter_days($year)	Gibt die Anzahl der Tage aus, die Ostern nach dem 21. März des angegebenen Jahres liegt.

Einsatz von easter_date() und easter_days()

Die beiden Oster-Funktionen sind es wert, einen Blick darauf zu werfen, da derartige Kalenderberechnungen nicht trivial sind und vom Ostertermin viele andere Feiertage abhängen. Zunächst sollten Sie sich die Definition der UNIX-Zeitcodes in Erinnerung rufen. Die Unix-Welt begann 1970 und die Definition lässt Daten bis 2037 zu. Wollen Sie Daten vor oder nach diesen Jahren berechnen, können Sie easter_date() nicht einsetzen. Die Funktion easter_days() erschwert zwar unter Umständen die Anwendung, ist jedoch unabhängig von derartigen Grenzdaten. Leicht zu beantworten ist die Frage, auf welches Datum Ostern im Jahr 2004 fällt.

Beispiel:

```
echo "Ostern ist am: " . date ("d.M.Y" , easter_date(2004));
```

Ausgabe:

```
Ostern ist am: 11.Apr.2004
```

> **Hinweis:** Was es mit der Funktion date() auf sich hat, erfahren Sie im Abschnitt »Datumsfunktionen«.

1.12.2 Datumsfunktionen

Wichtiger als die Kalenderfunktionen sind allgemeine Datumsberechnungen. Die folgende Tabelle stellt die wichtigsten Datumsfunktionen zusammen.

Funktion	Beispiel	Beschreibung
checkdate($month,$day,$year)	checkdate(10,11,2004) => TRUE (1)	Gibt TRUE zurück, wenn das angegebene Datum korrekt ist. Benötigt drei Argumente für Monat, Tag und Jahr.
date("format",$timestamp)	date("d.M.Y") => 10.Jan.2004	Formatiert ein Datum.
getdate($timestamp)	getdate(mktime(0,0,0,1,1,2005))	Gibt ein assoziatives Array mit Datums- und Zeitangaben zurück.
gmdate("format",$timestamp)	gmdate("d.M.Y") => 10.Jan.2004	Wie date(), berücksichtigt jedoch GMT.

> **Hinweis:** GMT ist die Kurzform für Greenwich Mean Time.

Für die Arbeit mit Daten ist oft das aktuelle Datum von großer Bedeutung. Sie sollten jedoch beachten, dass der Server sich immer auf sein eigenes Systemdatum bezieht. Sollten Sie beispielsweise Ihre Website in den USA hosten, wird das Ergebnis nicht unbedingt den Erwartungen entsprechen, vor allem dann nicht, wenn Besucher aus Europa zeitabhängig begrüßt werden sollen.

Wenden wir uns nun den wichtigsten Datumsfunktionen und ihren Parametern zu.

Einsatz von getdate()

Die Funktion `getdate()` gibt ein assoziatives Array mit Datums- und Zeitangaben zurück. Das Array setzt sich aus folgenden Bestandteilen zusammen:

Schlüssel	Rückgabewerte (Beispiele)	Beschreibung
"seconds"	zwischen 0 und 59	Anzahl der Sekunden
"minutes"	zwischen 0 und 59	Anzahl der Minuten
"hours"	zwischen 0 und 23	Anzahl der Stunden
"mday"	zwischen 1 und 31	Numerischer Tag des Monats
"wday"	zwischen 0 (für Sonntag) und 6 (für Samstag)	Numerischer Wochentag
"mon"	zwischen 1 und 12	Monatszahl
"year"	Beispiele: 1999 oder 2003	Vierstellige Jahreszahl
"yday"	zwischen 0 und 366	Numerischer Tag des Jahres
"weekday"	zwischen Sonntag und Samstag	Ausgeschriebener Wochentag
"month"	zwischen Januar und Dezember	Ausgeschriebener Monatsname, wie Januar oder März
0	Abhängig vom System, typischerweise ein Wert zwischen -2147483648 und 2147483647.	Sekunden basierend auf dem Unix-Zeitcode, ähnlich den Werten, die von der Funktion `time()` zurückgegeben und von der `date()` verwendet werden.

Beispiel:

```
<pre>
<?php
print_r(getdate());
?>
</pre>
```

Ausgabe:

```
Array
(
    [seconds] => 30
    [minutes] => 52
    [hours] => 22
    [mday] => 10
    [wday] => 6
    [mon] => 1
    [year] => 2004
    [yday] => 9
    [weekday] => Saturday
    [month] => January
    [0] => 1073771550
)
```

Beispiel – year:

```php
<?php
$zeit = getdate();
// Ausgabe (2004)
echo $zeit["year"];
?>
```

Einsatz von date()

Für die Darstellung eines Datums gibt es eine Vielzahl von Formatierungsmöglichkeiten. Die Funktion date() gibt ein Datum formatiert zurück, so dass Sie lokale Besonderheiten berücksichtigen können. Die Funktion benötigt zwei Argumente, eine Formatierungsanweisung und eine Zeitinformation als Unix-Zeitstempel. Sollte der zweite Parameter weggelassen werden, wird die aktuelle Zeit verwendet.

Innerhalb der Formatieranweisung sind folgende Symbole von Bedeutung:

Symbol	Rückgabewerte (Beispiele)	Beschreibung
a	am oder pm	Kleingeschrieben: ante meridiem und post meridiem
A	AM oder PM	Großgeschrieben: Ante meridiem und Post meridiem
B	000 bis 999	Swatch-Internet-Zeit
d	01 bis 31	Tag des Monats, 2-stellig mit führender Null
D	Mon bis Sun	Tag der Woche als Abkürzung mit drei Buchstaben
F	January bis December	Monat als ganzes Wort
g	1 bis 12	12-Stunden-Format, ohne führende Nullen
G	0 bis 23	24-Stunden-Format, ohne führende Nullen
h	01 bis 12	12-Stunden-Format, mit führenden Nullen
H	00 bis 23	24-Stunden-Format, mit führenden Nullen
i	00 bis 59	Minuten mit führenden Nullen
I (großes i)	1 bei Sommerzeit, ansonsten 0.	Fällt ein Datum in die Sommerzeit
j	1 bis 31	Tag des Monats ohne führende Nullen
l (kleines 'L')	Sunday bis Saturday	Ausgeschriebener Tag der Woche
L	1 für ein Schaltjahr, ansonsten 0.	Schaltjahr oder nicht
m	01 bis 12	Monat als Zahl, mit führenden Nullen
M	Jan bis Dec	Monatsname als Abkürzung mit drei Buchstaben
n	1 bis 12	Monatszahl, ohne führende Nullen

Symbol	Rückgabewerte (Beispiele)	Beschreibung
O	+0200	Zeitunterschied zur Greenwich Mean Time (GMT) in Stunden
r	Thu, 21 Dec 2000 16:01:07 +0200	RFC 822 formatiertes Datum
s	00 bis 59	Sekunden, mit führenden Nullen
S	st, nd, rd oder th. Zur Verwendung mit j empfohlen.	Anhang der englischen Aufzählung für einen Monatstag, zwei Zeichen
t	28 bis 31	Anzahl der Tage in einem Monat
T	Beispiele: EST, MDT ...	Zeitzoneneinstellung des Rechners
U	Siehe auch time()	Sekunden seit Beginn des UNIX-Zeit-Codes (January 1 1970 00:00:00 GMT)
w	0 (für Sonntag) bis 6 (für Samstag)	Numerischer Tag einer Woche
W	Beispiel: 42 (die 42 Woche im Jahr)	ISO-8601 Wochennummer des Jahres, die Woche beginnt am Montag
Y	Beispiel: 1999 oder 2003	Vierstellige Ausgabe der Jahreszahl
y	Beispiele: 99 oder 03	Zweistellige Ausgabe der Jahreszahl
z	0 bis 365	Der Tag eines Jahres
Z	-43200 bis 43200 (entspricht: -12 / +12 Stunden)	Offset der Zeitzone in Sekunden. Der Offset für Zeitzone West nach UTC ist immer negativ und für Zeitzone Ost nach UTC immer positiv.

Achtung: Sämtliche andere Zeichen werden ignoriert und unverändert zurückgegeben.

Beispiel:

```
<?php
// Ausgabe 10.Jan.2004 23:14:16
echo date("d.M.Y H:i:s");
?>
```

Hinweis: Die Funktion `gmdate()` leistet das Gleiche wie die Funktion `date()`, mit dem Unterschied, dass anstelle der lokalen Zeitzone GMT verwendet wird.

1.12.3 Zeitfunktionen

Ganz ähnlich wie mit dem Datum kann auch mit der Zeit gearbeitet werden. Die folgende Tabelle enthält eine Auflistung der wesentlichen Zeitfunktionen.

Funktionen	Beispiel	Beschreibung
localtime ([$tstamp [, is_associative]])	localtime()	Ermittelt die lokalen Zeitwerte. Sollte der optionale Parameter is_associative auf 1 gesetzt werden, wird ein assoziatives Array zurückgeliefert, ansonsten ein indiziertes.
mktime($hour, $min, $sec, $month, $day, $year, $dst)	mktime(0,0,0,1,1,2005) => 1104534000	Gibt den UNIX-Zeitstempel (Time-stamp) für ein Datum zurück. Der Parameter $dst gibt an, ob es sich um Sommerzeit (1) oder Winterzeit (0) handelt.
gmmktime($hour, $min, $sec, $month, $day, $year, $dst)	gmmktime(0,0,0,1,1,2005) => 1104537600	Gibt den GMT-Zeitstempel (Time-stamp) für ein Datum zurück. Der Parameter $dst gibt an, ob es sich um Sommerzeit (1) oder Winterzeit (0) handelt.
time()	time() => 1073770551	Gibt den UNIX-Zeitstempel sekundengenau zurück.
microtime()	microtime() => 0.96976100 1073770614	Wie time(), aber die Genauigkeit liegt im Mikrosekundenbereich. Ist nicht unter Windows verfügbar.
strftime("format", $tstamp)	strftime("%A") => Saturday	Formatiert eine Zeitausgabe.
gettimeofday()	print_r(gettimeofday()) => Array ([sec] => 1073770692 [usec] => 849883 [minuteswest] => -60 [dsttime] => 1)	Gibt die aktuelle Tageszeit zurück.
gmstrftime("format", $tstamp)	gmstrftime("%A") => Saturday	Wie strftime(), jedoch mit GMT als Zeitzone.

Einsatz von mktime()

Zahlreiche Datums- und Zeitfunktionen rechnen mit der internen Angabe des Unix-Zeitstempels. Diese Angabe stellt die Anzahl der Sekunden seit dem 01.01.1970 00:00 Uhr dar. Um nun eine solche Angabe für ein spezifisches Datum zu erhalten, setzen Sie mktime() ein. Nehmen wir den Zeitstempel für 1.1.2004:

```
// Ausgabe 1072911600
echo mktime(0,0,0,1,1,2004);
```

Der letzte Tag eines Monats kann als der Tag »0« des nächsten Monats ausgedrückt werden. Jedes der folgenden Beispiele gibt die Zeichenkette »Letzter Tag im Feb. 2000 ist der 29.« zurück.

```
$letzertag = mktime (0,0,0,3,0,2004);
// Letzter Tag im Feb. 2000 ist der 29.
echo strftime ("Letzter Tag im Feb. 2004 ist der %d.", $letzertag);
```

```
$lastday = mktime(0,0,0,4,-31,2004);
// Letzter Tag im Feb. 2004 ist der 29.
echo strftime ("Letzter Tag im Feb. 2000 ist der %d.", $letzertag);
```

Datumsberechnungen

Manchmal müssen mit Daten Berechnungen vorgenommen werden. Die folgenden Beispiele zeigen, wie man das mit den gezeigten Funktionen leicht realisieren kann:

```
gestern = mktime(0,0,0,date("m"), date("d")-1, date("Y"));
$morgen = mktime(0,0,0,date("m"), date("d")+1, date("Y"));
$letztenmonat = mktime(0,0,0,date("m")-1, date("d"), date("Y"));
$naechstesjahr = mktime(0,0,0,date("m"), date("d"), date("Y")+1);


echo "Gestern: $gestern<br>";
echo "Morgen: $morgen<br>";
echo "Letzenmonat: $letztenmonat<br>";
echo "Nächstesjahr: $naechstesjahr<br>";
```

Ausgabe:

```
Gestern: 1073689200
Morgen: 1073862000
Letzenmonat: 1071097200
Nächstesjahr: 1105398000
```

oder mit Hilfe von `date` formatiert:

```
echo "Gestern: ". date("d.M.Y",$gestern) . "<br>";
echo "Morgen: ". date("d.M.Y",$morgen) . "<br>";
echo "Letztenmonat: ". date("d.M.Y",$letztenmonat) . "<br>";
echo "Nächstesjahr: ". date("d.M.Y",$naechstesjahr) . "<br>";
```

Ausgabe:

```
Gestern: 10.Jan.2004
Morgen: 12.Jan.2004
Letztenmonat: 11.Dec.2003
Nächstesjahr: 11.Jan.2005
```

Einsatz von localtime()

Die Funktion `localtime()` gibt entweder ein indiziertes oder assoziatives Array zurück, welches hinsichtlich seiner Struktur identisch ist mit dem des Funktionsaufrufs in C.

Beispiel – indiziertes Array:

```
<pre>
<?php
print_r(localtime());
?>
</pre>
```

Ausgabe:

```
Array
(
    [0] => 4
    [1] => 35
    [2] => 23
    [3] => 10
    [4] => 0
    [5] => 104
    [6] => 6
    [7] => 9
    [8] => 0
)
```

Beispiel – assoziatives Array:

```
<pre>
<?php
print_r(localtime(mktime(0,0,0,10,1,2004),1));
?>
</pre>
```

Ausgabe:

```
Array
(
    [tm_sec] => 0
    [tm_min] => 0
    [tm_hour] => 0
    [tm_mday] => 1
    [tm_mon] => 9
    [tm_year] => 104
    [tm_wday] => 5
    [tm_yday] => 274
    [tm_isdst] => 1
)
```

Die Bezeichner der verschiedenen Schlüssel dieses assoziativen Arrays lauten:

- "tm_sec" – Sekunde
- "tm_min" – Minute
- "tm_hour" – Stunde
- "tm_mday" – Tag des Monats
- "tm_mon" – Monat des Jahres, beginnt bei 0 (Januar), endet bei 11 (Dezember)
- "tm_year" – Jahr seit 1900
- "tm_wday" – Tag der Woche
- "tm_yday" – Tag des Jahres
- "tm_isdst" – für das Datum ist die Sommerzeit zu berücksichtigen

Einsatz von strftime()

Die Funktion `strftime()` arbeitet ähnlich wie `date()` und formatiert eine Datums- und Zeitangabe anhand einer Formatierungsanweisung. Sie sollten jedoch beachten, dass die `strftime()`-Parameter nur teilweise mit denen von `date()` übereinstimmen und in einigen Fällen eine völlig andere Bedeutung haben.

Symbol	Rückgabewerte (Beispiele)	Beschreibung
%a	Mon bis Sun	Abgekürzter Name des Wochentages, abhängig von der gesetzten Umgebung.
%A	Monday bis Sunday	Ausgeschriebener Name des Wochentages, abhängig von der gesetzten Umgebung.
%b	Jan bis Dec	Abgekürzter Name des Monats, abhängig von der gesetzten Umgebung.
%B	January bis December	Ausgeschriebener Name des Monats, abhängig von der gesetzten Umgebung.
%c	siehe setlocale() weiter unten	Wiedergabewerte für Datum und Zeit, abhängig von der gesetzten Umgebung.
%C	00 bis 99	Jahrhundert, Jahr geteilt durch 100, gekürzt auf Integer.
%d	01 bis 31	Tag des Monats als Zahl.
%e	1 bis 31	Tag des Monats als Dezimalwert, einstelligen Werten wird ein Leerzeichen vorangestellt.
%H	00 bis 23	Stunde als Zahl im 24-Stunden-Format.
%I (grosses i)	01 bis 12	Stunde als Zahl im 12-Stunden-Format.
%j	001 bis 366	Tag des Jahres als Zahl.
%m	01 bis 12	Monat als Zahl, ohne führende 0.
%M	00 bis 59	Minute als zweistelliger Dezimalwert.
%n	-	Neue Zeile
%p	am oder pm	Entweder am oder pm, abhängig von der gesetzten Umgebung.
%S	0 bis 59	Sekunden als Dezimalwert.
%t	-	Tabulator
%U	00-06	Wochennummer im Jahr, startet die Zählung am ersten Sonntag.
%W	00-06	Wochennummer im Jahr, startet die Zählung am ersten Montag.
%w	0 (Sonntag) bis 6 (Samstag)	Numerische Darstellung des Wochentags.
%x	siehe setlocale() weiter unten	Vollständige Datumsangabe entsprechend den lokalen Einstellungen.
%X	siehe setlocale() weiter unten	Vollständige Datumsangabe entsprechend den lokalen Einstellungen.
%y	04	Zweistellige Ausgabe der Jahreszahl.
%Y	2004	Vierstellige Ausgabe der Jahreszahl.
%Z	-43200 bis 43200(entspricht: -12 / +12 Stunden)	Offset der Zeitzone in Sekunden. Der Offset für Zeitzone West nach UTC ist immer negativ und für Zeitzone Ost nach UTC immer positiv.
%%	%	Prozentzeichen

Einsatz von setlocale()

Interessant ist an dieser Funktion, dass sich die Ausgabe mit Hilfe der Funktion setlocale() an die sprachlichen Besonderheiten einer bestimmten Region anpassen lassen.

Beispiel:

```php
<?php
echo strftime("%A auf Deutsch ");
setlocale(LC_TIME,'de_DE@euro', 'de_DE', 'de', 'ge');
echo strftime("%A");
?>
```

Ausgabe:

```
Sunday auf Deutsch Sonntag
```

Es gibt diverse Kurzformen für die deutschsprachige Region.

Die Funktion setlocale() hat folgenden Aufbau:

```
setlocale(category, localid);
```

Der Parameter *category* wird durch folgende Werte bestimmt:

- LC_ALL – Für alle folgenden Werte.
- LC_COLLATE – Wirkt auf Zeichenkettenvergleiche.
- LC_CTYPE – Wirkt auf die Zeichensetzung, beispielsweise in strtoupper().
- LC_MONETARY – Wirkt auf Währungsfunktionen wie localeconv().
- LC_NUMERIC – Bestimmt das Dezimaltrennzeichen.
- LC_TIME – Wirkt auf Datums- und Zeitformatierungen mit strftime().

Als localid wird der ISO-Landescode angegeben, auf dessen Parameter die Ausgabe gesetzt werden soll. Wird eine leere Zeichenkette genutzt, versucht PHP entsprechende Variablen in der Betriebssystemumgebung zu finden. Wird eine 0 angegeben, werden die aktuellen Einstellungen nicht geändert, dafür jedoch zurückgegeben. Die Funktion gibt FALSE zurück, wenn der lokale Code nicht implementiert wurde.

1.13   Stringfunktionen

Mit Hilfe der zahlreichen Stringfunktionen können Strings (Zeichenketten) auf verschiedene Art und Weise bearbeitet werden. Die wichtigsten Stringfunktionen werden Ihnen in diesem Abschnitt vorgestellt.

1.13.1 Ersetzen von Zeichen in Zeichenketten

Immer wieder benötigte Funktionen aus dieser Funktionsgruppe sind die Funktionen zum Entfernen von führenden oder angehängten Leerzeichen sowie die Funktionen zur Sonderzeichenbehandlung.

Funktion	Beispiel	Beschreibung
addcslashes($str, $charlist);	$str = addcslashes ($zeichen, "\0..\37!@\177..\377")	Setzt C-typische Escape-Zeichen (Backslash »\«) vor Sonderzeichen.
stripcslashes($str)	$str = stripcslashes ($zeichen)	Entfernt C-typische Escape-Zeichen (Backslash »\«) vor Sonderzeichen.
addslashes($str)	$str = addslashes($zeichen);	Setzt Escape-Zeichen (Backslash »\«) vor Sonderzeichen.
stripslashes($str)	$str = addslashes($zeichen);	Entfernt Escape-Zeichen (Backslash »\«) vor Sonderzeichen.
quotemeta($str)	$str = quotemeta($zeichen)	Setzt Backslash vor . \\ + * ? [^] ($)
chop($str)	$str = chop($zeichen)	Entfernt Leerzeichen am Ende eines Strings.
ltrim($str)	$str = ltrim($zeichen)	Entfernt führende Leerzeichen eines Strings.
rtrim($str)	$str = rtrim($zeichen)	Entfernt Leerzeichen und Zeilenumbrüche am Ende eines Strings.
strtr($str,$from,$to)	$str = strtr($str, "ab", "ba")	Ersetzt Zeichen einer Zeichenkette anhand einer Austauschliste.
str_replace($strs,$stra, $str)	$str = str_replace ($strs,$stra,$str)	Ersetzt im String $str alle Vorkommen eines Suchstrings $strs mit einem Austauschstring $stra.
str_ireplace($strs,$stra, $str)	$str = str_ireplace ($strs,$stra,$str)	Wie str_replace(). Groß- und Kleinschreibung werden jedoch nicht berücksichtigt.
substr_replace ($strs,$stra,$str)	$str = substr_replace ($str,$strs,$pos)	Ersetzt im String $str das Vorkommen eines Teilstings $strs ab einer bestimmten Position $pos.
trim($str)	$str = trim($str);	Entfernt Leerzeichen am Anfang und Ende einer Zeichenfolge.

Einsatz von addslashes()

Die Funktion addslashes() wird zum »Escapen« von Zeichenfolgen verwendet, so dass Sonderzeichen in Strings wie normale Zeichen interpretiert werden.

Beispiel:

```php
<?php
$spruch = "Toni's Eck";
// Ausgabe - Toni\'s Eck
echo addslashes($spruch);
?>
```

Diese Bearbeitung der Zeichenkette ist vor allem beim Arbeiten mit Datenbanken von Bedeutung, da nicht durch Escaping behandelte Sonderzeichen in Strings, die Datenbankfeldern übergeben werden sollen, zu Laufzeitfehlern führen, wenn das Datenbanksystem das Sonderzeichen als Ende des Strings und alle nachfolgenden Zeichen als fehlerhafte SQL-Befehle interpretiert.

Einsatz von stripslashes()

Mit der Funktion `stripslashes()` können die durch `addslashes()` eingefügten Backslashes wieder aus der Zeichenkette entfernt werden, so dass die Zeichenkette bei der Ausgabe korrekt dargestellt wird.

Beispiel:

```php
<?php
$spruch = "Toni\'s Eck";
// Ausgabe - Toni's Eck
echo stripslashes($spruch);
?>
```

Einsatz von str_replace()

Wir ersetzen nun einfache Weise eine Zeichenkette durch eine andere. Mit Hilfe der Funktion `str_replace()` stellt dies kein Problem dar.

Beispiel:

```php
<?php
$spruch = "Hallo Welt";
$spruch = str_replace("Welt","Germany",$spruch);
// Ausgabe - Hallo Germany
echo $spruch;
?>
```

1.13.2 Umwandeln, Teilen und Verbinden von Zeichenketten

Häufig erforderliche Operationen sind das Umwandeln von Groß- und Kleinbuchstaben, und umgekehrt, sowie das Zerlegen von Zeichenketten anhand von vorgegebenen Trennzeichen.

Funktion	Beispiel	Beschreibung
chunk_split($str[, length, end]])	$str1 = chunk_split ($spruch,1, " ")	Zerlegt einen String in Teile gleicher Länge. Gibt man keine length an, wird die Zeichenkette automatisch nach 76 Zeichen geteilt.
strrev($str)	$str1 = strrev($spruch)	Invertiert Zeichenketten.

Funktion	Beispiel	Beschreibung
strtolower($str)	$str1 = strtolower($spruch);	Wandelt die Zeichenkette in Kleinbuchstaben um.
strtoupper($str)	$str1 = strtoupper($spruch);	Wandelt die Zeichenkette in Großbuchstaben um.
ucfirst($str)	$str1 = ucfirst($spruch);	Wandelt das erste Zeichen in Großbuchstaben um.
ucwords($str)	$str1 = ucwords ($spruch);	Wandelt das erste Zeichen jedes Worts in Großbuchstaben um.
ord($str)	&wert = ord("Z")	Gibt den ASCII-Wert zurück.
quoted_printable_decode($str)	$str1 = quoted_printable_decode($spruch)	Dekodiert Quoted-Printable-Zeichenfolgen in 8-Bit-Werte.
bin2hex($str)	$str1 = bin2hex($spruch)	Binär -> Hexadezimal. Umwandlung von binär nach hexadezimal.
convert_cyr_string ($str,$from,$to)	$str1 = convert_cyr_string ($spruch,$from,$to)	Konvertiert Zeichen zwischen kyrillischen Zeichensätzen.
explode($sep,$str[, limit])	$array = explode($sep,$str1)	Teilt Zeichenkette anhand des Trennzeichens $sep und gibt ein Array zurück. Der Parameter limit ist optional und legt fest, dass nur maximal limit Elemente im Array zurückgegeben werden. Das letzte Element des Arrays enthält dann den restlichen String.
strtok($str,$sep)	$str1 = strtok($spruch,$sep)	Trennt Zeichenkette mit Hilfe des angegebenen Trennzeichens $sep.
implode($sep,$array)	$str = implode($sep,$array)	Gibt Array-Elemente unter Verwendung von Trennzeichen an den $str zurück.
join($sep,$array)	$str = join($sep,$array)	Identisch mit implode().

Einsatz von chunk_split()

Mit Hilfe der Funktion chunk_split() lässt sich ein String in Teile gleicher Länge zerlegen. Gibt man keine length an, wird die Zeichenkette automatisch nach 76 Zeichen geteilt.

Beispiel:

```
<?php
$spruch = "Wir zerlegen die Zeichenkette";
echo chunk_split($spruch,10,"<br>");
?>
```

Ausgabe:

```
Wir zerleg
en die Zei
chenkette
```

Als Quelltext:

```
Wir zerleg<br>en die Zei<br>chenkette<br>
```

Einsatz von explode()

Mit Hilfe der Funktion `explode()` lassen sich durch Einsatz eines Trennezeichens Zeichenketten zerlegen. Als Ergebnis erhält man ein Array zurück, welches die Teile der zerlegten Zeichenkette enthält.

Beispiel:

```php
<?php
$spruch = "Wir zerlegen die Zeichenkette";
$array = explode(" ",$spruch);
foreach ($array as $element) {
        echo "$element<br>";
}
?>
```

Ausgabe:

```
Wir
zerlegen
die
Zeichenkette
```

Einsatz von strtok()

Die Funktion leistet im Prinzip genau dasselbe wie `explode()`. Jedoch liefert die Funktion nur den jeweils nächsten Teil (Token) zurück und muss, um die Zeichenkette vollständig zu verarbeiten, mehrmals aufgerufen werden.

Beispiel:

```php
<?php
$spruch = "Wir zerlegen die Zeichenkette";
$teil1 = strtok($spruch, " ");
$teil2 = strtok(" ");

// Ausgabe - Wir
echo $teil1;
// Ausgabe - zerlegen
echo $teil2;
?>
```

Natürlich lässt sich dieser Vorgang mit Hilfe einer `while`-Schleife wesentlich vereinfachen.

Beispiel – mit Schleife:

```php
<?php
$spruch = "Wir zerlegen die Zeichenkette";
$teil1 = strtok($spruch, " ");
```

```
echo "$teil1<br>";
while ($teil1) {
        $teil1 = strtok(" ");
        echo "$teil1<br>";
}
?>
```

Ausgabe:

```
Wir
zerlegen
die
Zeichenkette
```

Einsatz von implode()

Die Funktion `implode()` stellt die zu `explode()` umgekehrte Funktionalität zur Verfügung. Sie können die Elemente eines Arrays zu einer Zeichenkette zusammenfassen und an eine Stringvariable übergeben.

Beispiel:

```
<?php
$spruch = "Wir zerlegen die Zeichenkette";
// Array erzeugen
$array = explode(" ", $spruch);

// Array Einträge in Zeichenkette überführen
// (Trennzeichen *)
$zeichen = implode("*", $array);

// Ausgabe - Wir*zerlegen*die*Zeichenkette
echo $zeichen;
?>
```

1.13.3 Suchen und Vergleichen von Zeichenketten

Die Funktionen dieser Funktionsgruppe dienen dem Vergleich von Zeichenketten sowie der Suche nach Zeichen und Zeichenketten.

Funktion	Beispiel	Beschreibung
strcmp($str1,$str2)	$resultat = strcmp ($str1,$str2)	Vergleicht zwei Zeichenketten. Wenn $str1 < $str2 wird –1, im umgekehrten Fall 1 und bei Gleicheit 0 zurückgegeben.
strcasecmp($str1,$str2)	$resultat = strcasecmp ($str1,$str2)	Wie strcmp(), aber case-insensitive, d.h. berücksichtigt Groß- und Kleinschreibung nicht.

Funktion	Beispiel	Beschreibung
strnatcmp($str1,$str2)	$resultat = strnatcmp ($str1,$str2)	Wie strcmp(), aber unter Berücksichtigung einer »natürlichen« Sortierreihenfolge bei numerischen Strings, d.h. »abc90de« ist kleiner als »abc100e«.
strnatcasecmp ($str1,$str2)	$resultat = strnatcasecmp ($str1,$str2)	Wie strnatcmp(), aber »case-insensitive, d.h. berücksichtigt Groß- und Kleinschreibung nicht.
strpos($str,$strs,$pos)	$str1 = strpos ($str,$strs,$pos)	Findet die Position des ersten Auftretens einer Zeichenkette $strs ab Position $pos.
stripos ($str, $strs)	$pos = stripos ($str, $strs)	Findet die Position des ersten Auftretens eine Strings $strs innerhalb der Zeichenkette $str.
strrpos($str,$char)	$pos = strrpos ($str, $char)	Findet die Position des letzten Auftretens eines einzelnen Zeichens $char.
strripos($str,$strs[,$pos])	$pos = strripos($str,$char)	Findet die Position des letzten Auftretens einer Zeichenkette $strs ab Position $pos.
strspn($str1,str2)	$anzahl = strspn ($str1,$str2)	Ermittelt die Anzahl der übereinstimmenden Zeichen.
strcspn($str1,$str2)	$anzahl = strcspn ($str1,$str2)	Ermittelt die Anzahl der nicht übereinstimmenden Zeichen.
strstr($str,$strs)	$str1 = strstr($str,$strs)	Sucht das erste Auftreten einer Zeichenkette $strs und gibt diese und alle folgenden Zeichen zurück.
stristr($str,$strs)	$str1 = stristr($str,$strs)	Wie strstr(), Groß- bzw. Kleinschreibung werden jedoch nicht berücksichtigt.
strchr($str,$strs)	$str1 = strchr($str,$strs)	Sucht das erste Auftreten einer Zeichenkette $strs und gibt diese und alle folgenden Zeichen zurück.
strrchr($str,$strs)	$str1 = strrchr($str,$strs)	Sucht das letzte Auftreten einer Zeichenkette $strs und gibt diese und alle folgenden Zeichen zurück.
substr ($str,$start,$length)	$str1 = substr ($str,$start,$length)	Gibt Teil einer Zeichenkette ab $start mit der Länge $length zurück.
substr_count($str,strs)	$anzahl = substr_count ($str,strs)	Ermittelt, wie oft eine Zeichenkette $strs in einem String $str vorkommt.
similar_text ($str1, $str2[, $prozent])	similar_text ($str1, $str2,$prozent);	Berechnet die Ähnlichkeit zweier Zeichenketten. Falls Sie als Referenz ein drittes Argument angeben, wird ihnen die Ähnlichkeit als Prozentwert errechnet.

Funktion	Beispiel	Beschreibung
soundex($str)	soundex ("Knuth") == soundex ("Kant")	Berechnet die Laut-Ähnlichkeit eines Strings.
levenshtein($str1,$str2)	$diff = levenshtein ($str1,$str2)	Errechnet die Differenz zwischen den als Argumente übergebenen zwei Strings. Ist einer der Strings länger als die zulässigen 255 Zeichen, wird -1 zurückgegeben. Die Levenshtein-Differenz ist definiert als die minimale Anzahl an Zeichen, die ersetzt, eingefügt oder gelöscht werden müssen, um den `$str1` nach `$str2` umzusetzen.
metaphone($str)	metaphone("Hallo") == metaphone("Hello");	Berechnet den metaphone-Schlüssel eines Strings. Genau wie `soundex()` berechnet `metaphone` den gleichen Schlüssel für ähnlich klingende Wörter. Die Metaphone-Funktion arbeitet genauer als `soundex()`, da sie die Grundregeln der englischen Aussprache kennt. Die durch `metaphone` erzeugten Schlüssel sind von variabler Länge.

Einsatz von strcmp()

Mit Hilfe von `strcmp()` werden zwei Zeichenketten auf der Binärebene verglichen. Folgende Werte werden zurückgegeben:

- -1 – `$str1` ist kleiner als `$str2`
- 0 – Bei Gleichheit der Zeichenkette `$str1` und `$str2`.
- 1 – `$str1` ist größer als `$str2`

Beispiel:

```php
<?php
$spruch1 = "Hallo Welt";
$spruch2 = "Hallo Welt";
$resultat = strcmp($spruch1, $spruch2);

if ($resultat == 0) {
        echo "Sind Gleich!";
} elseif ($resultat < 0) {
        echo "spruch1 ist kleiner als spruch2";
} else {
        echo "spruch1 ist grösser als spruch2";
}
?>
```

Ausgabe:

```
Sind gleich!
```

Bei einem mit der Funktion `strcmp()` durchgeführten Vergleich wird z.B. der String »spruch99abc« größer als der String »spruch100abc« sein. Sollte bei derartigen, teilweise numerischen Strings eine natürliche Sortierreihenfolge, welche die enthaltenen Zahlen mit berücksichtigt, erforderlich sein, kann die Funktion `strnatcmp()` verwendet werden.

Beispiel:

```php
<?php
$spruch1 = "spruch99abc";
$spruch2 = "spruch100abc";
$resultat = strnatcmp($spruch1, $spruch2);

if ($resultat == 0) {
        echo "Sind Gleich";
} elseif ($resultat < 0) {
        echo "spruch1 ist kleiner als spruch2";
} else {
        echo "spruch1 ist grösser als spruch2";
}
?>
```

Ausgabe:

```
spruch1 ist kleiner als spruch2
```

Der Einsatz von `strcmp()` hätte bei diesem Beispiel das umgekehrte Ergebnis zur Folge.

1.13.4 Ausgabe von Zeichen und Zeichenketten

Zur Ausgabe von Zeichen und Zeichenfolgen stehen Ihnen in PHP die folgenden Funktionen zur Verfügung:

Funktion	Beispiel	Beschreibung
chr($wert)	$zeichen = chr($wert)	Gibt das dem ASCII-Wert entsprechende Zeichen zurück.
echo($vars)	echo $var1, $var2, $var3	Gibt eine Zeichenfolge aus.
fprintf ($res, $format [, $vars])	fprintf ($res, "%s%s%s ", $var1)	Gibt eine Zeichenfolge an eine Stream-Quelle aus.
print($vars)	print($var1)	Gibt eine Zeichenfolge aus.
printf($format,$vars)	printf("%s%s%s ",$var1,$var2,$var3)	Gibt eine formatierte Zeichenfolge aus.
sprintf($format,$vars)	sprintf("%s%s%s ",$var1,$var2,$var3)	Gibt eine formatierte Zeichenfolge zurück.
vprintf($format, $array)	vprintf("%s%s%s ",$array)	Gibt eine formatierte Zeichenfolge aus.
vsprintf($format, $array)	vsprintf("%s%s%s ",$array)	Gibt eine formatierte Zeichenfolge zurück.
flush()	flush()	Löscht den Ausgabepuffer.

Einsatz von printf() und sprintf()

Im Unterschied zur Funktion `print()` können mit den beiden Funktionen `printf()` und `sprintf()` mehrere Argumente übergeben werden.

Ein zusätzlich anzugebender Formatstring, der aus den Formatzeichen der nachfolgenden Auflistung zusammengestellt werden kann, bestimmt dabei das Format der auszugebenden Daten.

Jede der Formatierungs-Anweisungen besteht aus einem Prozentzeichen (%), gefolgt von einem oder mehreren der folgenden Elemente:

Symbol	Bedeutung
%	Ein Prozentzeichen ("%"). Es ist kein Argument erforderlich.
b	Das Argument wird als Integer angesehen und als Binärwert ausgegeben.
c	Das Argument wird als Integer angesehen und das entsprechende ASCII-Zeichen wird ausgegeben.
d	Das Argument wird als Integer angesehen und ein Dezimalwert (signed) ausgegeben.
u	Das Argument wird als Integer angesehen und ein Dezimalwert (unsigned) ausgegeben.
f	Das Argument wird als Float angesehen und eine Fließkommazahl ausgegeben.
o	Das Argument wird als Integer angesehen und und als Oktalzahl ausgegeben.
s	Das Argument wird als String angesehen und auch als solcher ausgegeben.
x	Das Argument wird als Integer angesehen und als Hexadezimalwert ausgegeben (mit Kleinbuchstaben).
X	Das Argument wird als Integer angesehen und als Hexadezimalwert ausgegeben (mit Großbuchstaben).

Das nächste Skript zeigt die Ausgabe von drei Variablen mit Hilfe der Funktion `printf()`.

Beispiel:

```php
<?php
$mk = "Matthias<br>";
$ck = "Caroline<br>";
$gk = "Gülten<br>";
printf("%s%s%s", $mk,$ck,$gk);
?>
```

Ausgabe:

```
Matthias
Caroline
Gülten
```

Unterschied echo() und print()

Bei der Funktion `echo()` handelt es sich um ein internes Sprachkonstrukt von PHP und bei `print()` um einen Ausdruck, dessen Wert (1) wie im folgenden Beispiel anderen Ausdrücken zugewiesen werden kann:

```php
<?php
$spruch = "Ausgabe der Zeichenkette";
$resultat = print($spruch);
echo "<br>";
print($resultat);
?>
```

Ausgabe:

```
Ausgabe der Zeichenkette
1
```

Unterschied printf() und sprintf()

Der Unterschied zwischen `printf()` und `sprintf()` besteht darin, dass bei `printf()` die Ausgabe in die Standardausgabe erfolgt, während `sprintf()` die auszugebenden Daten an eine Variable zurückgibt:

```php
<?php
$mk = "Matthias<br>";
$ck = "Caroline<br>";
$gk = "Gülten<br>";
$resultat = sprintf("%s%s%s", $mk,$ck,$gk);
print $resultat;
?>
```

Ausgabe:

```
Matthias
Caroline
Gülten
```

1.13.5 URL- und HTML-spezifische Zeichenkettenfunktionen

Die Funktionen dieser Gruppe werden benötigt, wenn mithilfe der HTTP-Methode `GET` Daten mit entsprechenden Sonderzeichen im Query-String via URL übertragen werden sollen.

Ein weiterer Anwendungsbereich dieser Funktion ist es, Zeichen, die in HTML eine besondere Bedeutung haben, z.B. < und >, auf einer HTML-Seite darzustellen, ohne dass der Browser diese Zeichen als HTML-Sonderzeichen interpretiert.

Funktion	Beispiel	Beschreibung
get_meta_tags($file)	$array = get_meta_tags ("inhalt.htm")	Extrahiert <META>-Tags und gibt diese in einem Array zurück.
htmlentities($str)	$str1 = htmlentities($str)	Konvertiert HTML- und Sonderzeichen, um die Interpretation zu verhindern.
htmlspecialchars($str)	$str1 = htmlentities($str)	Konvertiert HTML-Zeichen, wie & " ' < >, um die Interpretation zu verhindern.
nl2br($str)	echo nl2br($str1)	Wandelt Zeilenumbrüche in -Tags um.
parse_str($str)	parse_str($str1)	Zerlegt den Query_String in seine Variablen.
parse_url($url)	$array = parse_url($url)	Zerlegt den URL in seine einzelnen Bestandteile. Als Rückgabewert dieser Funktion erhalten Sie ein assoziatives Array mit den einzelnen Bestandteilen des URL.
rawurldecode($str)	echo rawurldecode($str1)	Wandelt Zeichenketten, die durch rawurlencode() kodiert wurden, in eine normale Zeichenkette um.
rawurlencode($str)	echo rawurlencode($str1)	Konvertiert die Umlaute und Sonderzeichen einer Zeichenkette in Prozentzeichen und den zweistelligen, hexadezimalen ASCII-Wert zur Verwendung in einem URL.
strip_tags($str[, allow_tags)	echo strip_tags($str1)	Entfernt HTML- und PHP-Tags. Mit Hilfe des optionalen Parameters allow_tags können bestimmte HTML- und PHP-Tags als zulässig festgelegt werden.
urldecode($str)	echo urldecode($str1)	Wandelt eine Zeichenkette um, welche über einen URL übermittelt oder mit der Funktion urlencode() kodiert wurde.
urlencode($str)	echo urlencode($str1)	Konvertiert die Umlaute und Sonderzeichen einer Zeichenkette in Prozentzeichen und den zweistelligen, hexadezimalen ASCII-Wert zur Verwendung in einem URL.
wordwrap ($str,$pos,$sep)	$str = wordwrap ($text, $length,$sep);	Bricht die Zeilen des Strings $str an der mittels $pos angegebenen Position um. Diese Zeilenumbrüche werden mit dem im (optionalen) Parameter $sep spezifizierten Steuerzeichen durchgeführt.

Einsatz von htmlspecialchars()

Ein dieser Funktion übergebener String wird von der Funktion so umgewandelt, dass HTML-spezifische Sonderzeichen vom Browser nicht mehr als solche behandelt, sondern als normale Zeichen ausgegeben werden.

Das folgende Beispiel demonstriert dieses Verhalten. Wenn Sie den String des folgenden Skripts mit echo() im Browser ausgeben wollen, werden Sie zunächst gar nichts sehen.

Das liegt daran, dass der Browser die Zeichen < und > als HTML-Sonderzeichen zur Kennzeichnung von HTML-Tags interpretiert, wodurch der Inhalt des Strings zur Definition eines HTML-Grundgerüsts ohne weiteren Inhalt wird, was im Browser zu keiner Anzeige führt.

Soll der String dennoch angezeigt werden, muss er vor der Ausgabe so umgewandelt werden, dass die Sonderzeichen ihre HTML-spezifische Bedeutung verlieren. Diese Aufgabe erledigt `htmlspecialchars()`.

Beispiel:

```php
<?php
$html = '<html>
<head>
<title>HTML</title>
<meta name="author" content="Caroline K">
</head><body bgcolor="#FFFFFF" text="#000000">Test</body>
</html>';
echo $html;
?>
```

Der vorstehende `echo()`-Befehl erzeugt erwartungsgemäß keine Ausgabe. Wird `$html` vor der Ausgabe im Browser mit `htmlspecialchars()` konvertiert, verlieren die Sonderzeichen < und > ihre HTML-spezifische Bedeutung, so dass die Zeichenfolge nun tatsächlich angezeigt wird.

```php
echo htmlspecialchars($html);
```

Ausgabe:

```
<html> <head> <title>HTML</title> <meta name="author" content="Caroline
K"> </head><body bgcolor="#FFFFFF" text="#000000">Test</body> </html>
```

Einsatz von htmlentities()

Die Funktion `htmlentities()` kann für die gleiche Aufgabe verwendet werden. Der Unterschied zwischen `htmlspecialchars()` und `htmlentities()` besteht darin, dass `htmlentities()` zusätzlich zu den von `htmlspecialchars()` umgewandelten Zeichen < > & " ' auch Umlaute und andere Sonderzeichen konvertiert.

Beispiel:

```php
<?php
$html = "Übung";
// Ausgabe (Quelltext) - &Uuml;bung
echo htmlentities($html);
?>
```

Einsatz von rawurlencode()

Die Funktion konvertiert die Umlaute und Sonderzeichen einer Zeichenkette in Prozentzeichen, gefolgt von dem zugehörigen zweistelligen, hexadezimalen ASCII-Wert, um zu ermöglichen, dass der String in einem URL verwendet werden kann.

Zum Beispiel wird auf diese Weise das im String des folgenden Skripts enthaltene Sonderzeichen &, das in einem URL eine Sonderbedeutung hat, in das Zeichen %26 umgewandelt, wodurch es diese spezielle Bedeutung verliert. Die in einem URL nicht zulässigen Leerzeichen werden auf diese Weise in %20 umgewandelt.

Beispiel:

```php
<?php
$teilurl = "wert ein&wert zwei";
echo rawurlencode($teilurl);
?>
```

Ausgabe:

```
wert%20ein%26wert%20zwei
```

Einsatz von rawurldecode()

Mit Hilfe der Funktion rawurldecode() kann die Konvertierung von rawurlencode() wieder rückgängig gemacht werden.

Beispiel:

```php
<?php
$teilurl = "wert%20ein%26wert%20zwei";
echo rawurldecode($teilurl);
?>
```

Ausgabe:

```
wert ein&wert zwei
```

Einsatz von nl2br()

Sie ersetzt sämtliche Zeilenumbrüche in der Zeichenkette durch einen HTML-Zeilenumbruch <br>.

Diese Funktion wird z.B. verwendet, wenn Daten, die aus Multi-Line-Feldern von Datenbanken stammen, HTML-gerecht aufbereitet werden sollen.

Beispiel:

```php
<?php
$datenbankinhalt = "Hier ein
Umbruch aus
einer Datenbank";
echo nl2br($datenbankinhalt);
?>
```

Ausgabe:

```
Hier ein
Umbruch aus
einer Datenbank
```

Ausgabe – Quelltext:

```
Hier ein<br />
Umbruch aus<br />
einer Datenbank
```

Einsatz von parse_url()

Die Funktion zerlegt den URL in seine einzelnen Bestandteile. Als Rückgabewert dieser Funktion erhalten Sie ein assoziatives Array mit den einzelnen Bestandteilen des URL. Diese Bestandteile bestehen aus:

- scheme – Protokoll der Anfrage (z.B. http, ftp, etc.)
- host – Name (z.B. www.atomicscript.de)
- port – Protnummer (z.B. 8000)
- user – Username (für Logins)
- pass – Userpasswort (für Logins)
- path – Pfad zu Datei (z.B. /info.php)
- query – Anfrage an eine Datei (z.B. signal=ein)
- fragment – Sprungziel (Anker) innerhalb der Datei (z.B. unten)

Beispiel:

```php
<?php
$urltotal =
"http://matze:123@www.atomicscript.de:8000/info.php?signal=eins#unten";

$urlarray = parse_url($urltotal);

foreach ($urlarray as $key=>$element) {
 echo "$key => $element<br>";
}
?>
```

Ausgabe:

```
scheme => http
host => www.atomicscript.de
port => 8000
user => matze
pass => 123
path => /info.php
query => signal=eins
fragment => unten
```

1.13.6 Zusätzliche Funktionen

Hier eine Auflistung weiterer Stringfunktionen.

Funktion	Beispiel	Beschreibung
count_chars($str,mode)	$array = count_chars ($spruch);	Ermittelt, wie oft in einer Zeichenkette jedes Zeichen der ASCII-Zeichentabelle vorkommt. Der optionale Parameter mode ist auf 0 voreingestellt.
crypt($str,[salt])	echo cryp($inhalt)	Verschlüsselung einer Zeichenkette mit der Standard-DES-Verschlüsselung. Der Parameter salt ist optional und gibt an, wie stark die Verschlüsselung ist.
str_pad($str,length[, $str_pad[, pad_type]])	$str1 = str_pad ($zeichen,10, "*")	Erweitert einen String auf eine bestimmte Länge unter Verwendung eines anderen Strings. Wird str_pad nicht gesetzt, so wird der String mit Leerzeichen gefüllt.
str_repeat($str,mult)	$str1 = str_repeat ($zeichen, 10)	Wiederholt eine String-Ausgabe. Die Anzahl der Wiederholungen wird mit Hilfe des Parameters mult festgelegt.
str_shuffle($str)	Str1 = str_shuffle($zeichen)	Mischt die Zeichen innerhalb einer Zeichenkette.
str_split($str,length)	$array = str_split($zeichen,2)	Wandelt eine Zeichenkette in ein Array um. Wenn der optionale Parameter length gesetzt wurde, werden die einzelnen Einträge des Arrays auf eine bestimmte Anzahl von Zeichen beschränkt. Sollte der Parameter nicht gesetzt werden, wird jeder Eintrag aus einem Zeichen bestehen.
str_word_count($str[, format])	$zahl = str_word_count ($zeichen)	Zählt die Worte in $str. Wenn der optionale Parameter format nicht angegeben wird, wird ein Integer mit der Anzahl der Worte zurückgegeben. Andernfalls wird ein Array zurückgegeben, dessen Inhalt von format abhängt.
strlen($str)	echo strlen($zeichen)	Gibt die Länge einer Zeichenkette zurück.
md5($str)	echo md5($inhalt)	Verschlüsselt eine Zeichenkette nach der MD5-Methode.
md5_file($file)	echo md5_file($datei)	Verschlüsselt den Dateinamen einer Datei nach der MD5-Methode.
sha1($str)	echo sha1($inhalt)	Verschlüsselt eine Zeichenkette nach der Sha1-Methode (US Secure Hash Algorithm 1).

Funktion	Beispiel	Beschreibung
sha1_file($file)	echo sha1_file($datei)	Verschlüsselt den Dateinamen einer Datei nach der Sha1-Methode.
number_format($float [, $decimals [,dec_point [, dec_thousands_sep]]])	echo number_format (1999.95, 2, "," , ".")	Hiermit lässt sich eine Zahl formatieren. Die Parameter haben folgende Bedeutung: $float ist der zu formatierende Wert. $decimals die Anzahl der Nachkommastellen. dec_point legt das Zeichen der Nachkommastelle fest. dec_thousands_sep legt das Tausendertrennzeichen fest.
sscanf($str,format,[$vars])	$str1 = sscanf($zeichen, "%s %s %s",$var1)	Überträgt einen String in ein angegebenes Format und gibt die Werte in Form eines Arrays zurück.

Einsatz von count_chars()

Die Funktion ermittelt, wie oft in einer Zeichenkette jedes Zeichen der ASCII-Zeichentabelle vorkommt. Der optionale Parameter mode ist auf 0 voreingestellt. Abhängig von mode gibt die Funktion Folgendes zurück:

- 0 – ein Array mit den Bytewerten als Schlüssel und die Häufigkeit jedes Bytes als Wert.

- 1 – wie 0, allerdings werden nur Bytewerte mit einer Häufigkeit größer 0 aufgelistet.

- 2 – wie 0, allerdings werden nur Bytewerte mit einer Häufigkeit von 0 aufgelistet.

- 3 – einen String, der alle vorkommenden Zeichen enthält.

- 4 – einen String, der alle nicht vorkommenden Zeichen enthält.

Beispiel – mit mode 0:

```php
<?php
$spruch = "Ein einfacher Text";
$resultat = count_chars($spruch);
foreach($resultat as $key=>$element) {
 echo "$key => $element<br>";
}
?>
```

Beispiel – mit mode 3:

```php
<?php
$spruch = "Ein einfacher Text";
$resultat = count_chars($spruch,3);
echo $resultat;
?>
```

Ausgabe:

```
ETacefhinrtx
```

Einsatz von crypt()

Die Funktion verschlüsselt eine Zeichenkette mit der Standard-DES-Verschlüsselung. Der Parameter `salt` ist optional und gibt an, wie stark die Verschlüsselung ist. Ist kein Salt-Argument angegeben, wird es von PHP nach dem Zufallsprinzip erzeugt.

Auf Systemen, wo die `crypt()`-Funktion mehrere Verschlüsselungen unterstützt, werden die folgenden Konstanten auf 0 oder 1 gesetzt, je nachdem, ob der entsprechende Typ verfügbar ist:

- CRYPT_STD_DES – Standard-DES-Schlüssel mit 2-Zeichen-Salt
- CRYPT_EXT_DES – Erweiterter DES-Schlüssel mit einem 9-Zeichen-Salt
- CRYPT_MD5 – MD5-Schlüssel mit 12-Zeichen-Salt, beginnend mit 1
- CRYPT_BLOWFISH – Erweiterter DES-Schlüssel, 16-Zeichen-Salt, beginnend mit 2

Beispiel:

```php
<?php
$wort = "Geheim";
echo crypt($wort);
?>
```

Ausgabe:

```
$1$wUO.3b/.$8AcHombM6Np9aSgknBp9f.
```

> **Achtung:** Der verschlüsselte String kann nicht entschlüsselt werden, da `crypt()` eine Einweg-Verschlüsselung ist.

Einsatz von str_shuffle()

Die Funktion ermöglicht es, die Zeichen innerhalb einer Zeichenkette nach dem Zufallsprinzip zu mischen.

Beispiel:

```php
<?php
$wort = "Geheim";
// Ausgabe - ehmGei
echo str_shuffle($wort);
?>
```

Einsatz von number_format()

Mit Hilfe der Funktion lässt sich eine Zahl formatieren.

```
number_format($float [, $decimals [,dec_point [, dec_thousands_sep]]])
```

Die Parameter haben folgende Bedeutung:

- $float ist der zu formatierende Wert.
- $decimals ist die Anzahl der Nachkommastellen.
- dec_point legt das Zeichen der Nachkommastelle fest.
- dec_thousands_sep legt das Tausendertrennzeichen fest.

Beispiel:

```php
<?php
// Zahl
$number = 19999.95;

// englische notation (default)
// Ausgabe (19,999.95)
$english_format = number_format($number, 2);
echo "$english_format<br>";

// deutsche notation
// Ausgabe (19.999,95)
$deutsch_format = number_format($number, 2,",",".");
echo "$deutsch_format<br>";

// französische notation
// Ausgabe (19 999,95)
$franz_format = number_format($number, 2, ',', ' ');
echo "$franz_format<br>";
?>
```

Ermitteln des Plurals

Dieser letzte Punkt gehört streng genommen nicht zu den Stringfunktionen. Wir sind uns jedoch sicher, dass Sie diesen Tipp recht nützlich finden werden.

Sie möchten Wörter, die auf den Werten von Variablen basieren, korrekt in den Plural setzen. Dann könnten Sie den bereits vorgestellten Konditionaloperator hierfür einsetzen. Wie dies funktioniert, zeigt das folgende Beispiel:

```php
<?php
$anzahl = 4;
print "Ihr Warenkorb enthält $anzahl " . ($anzahl == 1 ? "Produkt" :
"Produkte") . ".";
?>
```

Ausgabe:

```
Ihr Warenkorb enthält 4 Produkte.
```

1.14   Reguläre Ausdrücke

Neben Array- und Stringfunktionen nehmen die regulären Ausdrücke (engl. regular expressions) und ihre Funktionen in PHP einen großen Stellenwert ein. Mit Hilfe der regulären Ausdrücke lassen sich Suchmuster für Zeichenketten realisieren, welche sowohl für einfache als auch komplexe Suchfunktionen eingesetzt werden können. Sie sind sogar in der Lage, unter Verwendung regulärer Ausdrücke Teile einer Zeichenkette zu ersetzen, zu löschen oder zu ändern. Bei der Entwicklung von Webanwendungen müssen oft große Mengen von dynamischen Textdaten verarbeitet werden. Reguläre Ausdrücke sind besonders wertvoll für jene Entwickler, die umfangreiche und komplexe Anwendungen schreiben.

Reguläre Ausdrücke sind allerdings anfangs sehr gewöhnungsbedürftig. Der Hauptgrund, wieso in einigen PHP-Skripts merkwürdige, kryptisch anmutende Zeichenfolgen vorkommen, ist der Einsatz von regulären Ausdrücken.

Hier zwei Beispiele, denen Sie im Zusammenhang mit regulären Ausdrücken sicherlich begegnen werden: E-Mail-Validation und Überprüfung eines festgelegten Formats.

Beispiel – E-Mail-Validation

```php
<?php
// Regulärer Ausdruck
$reg_ausdruck = "^[A-Za-z0-9](([_\.\-]?[a-zA-Z0-9]+)*)@([A-Za-z0-
9]+)(([\.\-]?[a-zA-Z0-9]+)*)\.([A-Za-z]{2,})$";

// Teststring
$test_email = "matthiask@atomicscript.de";

// Ausgabe - E-Mail - OK!
if (ereg($reg_ausdruck, $test_email)) {
        echo "E-Mail - OK!";
} else {
        echo "E-Mail - Fehlerhaft!";
}
?>
```

Hier einige Schreibweisen, die zugelassen und nicht zugelassen sind.

Zugelassen:

```
ma_tthiask@atomic.script.de
ma.tt-hias-k@ato-mic-script.info
matthias1k@123.de
```

Nicht zugelassen:

```
matthiask@atomicl_script.de
ma&tthiask@atomiscript.de1
.matthiask@atomicr#script.de
```

> **Hinweis:** In diesem Beispiel kam die `ereg()`-Funktion zum Einsatz, welche zur Verarbeitung von regulären Ausdrücken dient. Sie werden weiter unten in diesem Abschnitt mehr über die Funktion erfahren.

Schreibweise von HTML-Hexadezimalfarbwerten:

```php
<?php
// Regulärer Ausdruck
$reg_ausdruck = "^#?([a-f]|[A-F]|[0-9]){3}(([a-f]|[A-F]|[0-9]){3})?$";

// Teststring
$test_farbe = "#ff0000";

// Ausgabe - Farbwert - OK!
if (ereg($reg_ausdruck, $test_farbe)) {
        echo "Farbwert - OK!";
} else {
        echo "Farbwert - Fehlerhaft!";
}
?>
```

Hier einige Schreibweisen, die zugelassen und nicht zugelassen sind.

Zugelassen:

```
#00ccff
#099
ff00ff
```

Nicht zugelassen:

```
red
0x00ff00
#ffcc0
```

Mit Hilfe der regulären Ausdrücke können Sie zusätzlich effizient und flexibel nach Zeichenketten suchen und diese ersetzen. Bei bisherigen Suchen- und Ersetzen-Vorgängen musste der genaue Text eingegeben werden, nach dem gesucht werden soll. Dadurch wird die Suche nach dynamischen Daten recht aufwendig, wenn nicht gar unmöglich.

Sollten Sie einen regulären Ausdruck einsetzen wollen, brauchen Sie zunächst etwas, das Sie durchsuchen wollen. Im einfachsten Fall kann es sich um die in einer Variablen enthaltene Zeichenkette handeln, oder um Werte, die in einem Array gespeichert sind. Natürlich kann es sich bei der zu durchsuchenden Zeichenkette auch um Datensätze einer Datenbank oder um Zeilen einer Datei handeln.

Zusammenfassung

Fassen wir unsere bisherigen Kenntnisse über reguläre Ausdrücke zusammen:

- Ein regulärer Ausdruck ist eine Folge oder ein Muster von Zeichen, welches beim Suchen oder Ersetzen mit einer Zeichenkette verglichen wird.

Arbeitsvorgänge:

- Es wird entweder eine Übereinstimmung festgestellt oder keine.

- Es ist auch möglich, ein übereinstimmendes Zeichenmuster festzustellen und es durch eine andere Zeichenkette zu ersetzen.

1.14.1 Reguläre Ausdrücke für einzelne Zeichen

Um in einer Zeichenfolge nach diversen Zeichen zu suchen, müssen Sie den Suchausdruck in eckige Klammern setzen. Nur wenn Sie nach einem einzelnen Zeichen suchen, können Sie die eckigen Klammern weglassen. Wenn Sie mehrere Zeichen ohne eckige Klammern notieren, werden sie als Zeichenfolge interpretiert.

Im folgenden Beispiel werden die einzelnen Elemente des Arrays $marken nach dem Zeichen *a* durchsucht. Der zugehörige reguläre Ausdruck, der im Beispiel der Variablen $reg_muster zugewiesen und anschließend der Funktion ereg() zur Weiterverarbeitung übergeben wird, ist also einfach *a*.

Beispiel:

```php
<?php
// Array
$marken = array(
                        "Puma",
                        "Adidas",
                        "Adobe",
                        "Macromedia",
                        "Microsoft"
                        );
$reg_muster = "a";
foreach ($marken as $eintrag) {
 if (ereg($reg_muster,$eintrag)) {
        echo "Marke: " . $eintrag . " enthält das Suchmuster " .
$reg_muster . "<br>";
 }
}
?>
```

Ausgabe:

```
Marke: Puma enthält das Suchmuster a
Marke: Adidas enthält das Suchmuster a
Marke: Macromedia enthält das Suchmuster a
```

Einsatz von eckigen Klammern

Wenn Sie in der zu durchsuchenden Zeichenfolge nach einer Gruppe bestimmter Zeichen suchen wollen, werden diese in eckige Klammern eingeschlossen.

Mit dem regulären Ausdruck [PAM], den Sie im Beispiel der Variablen $reg_muster zu-weisen können, finden Sie sämtliche Zeichenfolgen im Array $marken, die die Zeichen *P*, *A* oder *M* enthalten.

```
$reg_muster = "[PAM]";
```

Ausgabe:

```
Marke: Puma enthält das Suchmuster [PAM]
Marke: Adidas enthält das Suchmuster [PAM]
Marke: Adobe enthält das Suchmuster [PAM]
Marke: Macromedia enthält das Suchmuster [PAM]
Marke: Microsoft enthält das Suchmuster [PAM]
```

Wenn Sie nach Zeichenbereichen suchen wollen, z.B. nach Buchstaben der ersten Hälfte des Alphabets oder nach Ziffern, markieren Sie den gewünschten Bereich durch das Anfangszeichen, ein Minuszeichen als Bindestrich und das Endzeichen.

Regulärer Ausdruck	Bedeutung
"[A-Z]"	Findet Großbuchstaben A bis Z.
"[a-z]"	Findet Kleinbuchstaben von a bis z.
"[0-9]"	Findet Ziffern von 0 bis 9.
"[a-zA-Z]"	Findet Klein- und Großbuchstaben von A bis Z.
"[a-zA-Z0-9_]"	Findet Buchstaben, Ziffern oder Unterstriche.

Wenn Sie nach einem der Zeichen + - ? . * ^ $ ( ) [ ] { } | \ suchen wollen, notieren Sie vor dem Zeichen einen umgekehrten Schrägstrich \ (Backslash).

Regulärer Ausdruck	Bedeutung
"[0-9]\%"	Findet Ziffern oder Prozentzeichen.
"[\[\]"	Findet alles, worin eckige Klammern vorkommen.
"[0-9]\+\- "	Findet Ziffern, Plus oder Minus.

Einsatz des Dachzeichen

Sie können auch eine Negativsuche veranlassen. Dazu notieren Sie das Dachzeichen ^ vor den gewünschten Zeichen oder Zeichenbereichen.

Regulärer Ausdruck	Bedeutung
"[^a-zA-Z]"	Findet alles, worin keine Buchstaben vorkommen.
"[^äöüÄÖÜ]"	Findet alles, worin keine deutschen Umlaute vorkommen.

Eine solche Suche bewirkt, wie das folgende Beispiel zeigt, dass nur Stellen gefunden werden, die die angegebenen Zeichen nicht enthalten:

```php
<?php
// Array
$marken = array(
                    "Puma",
                    "Adidas",
                    "Adobe",
                    "3M",
                    "Macromedia",
                    "111-222-333",
                    "Microsoft"
                    );
$reg_muster = "[^a-zA-Z]";
foreach ($marken as $eintrag) {
 if (ereg($reg_muster,$eintrag)) {
      echo "Marke: " . $eintrag . " enthält das Suchmuster " .
$reg_muster . "<br>";
 }
}
?>
```

Ausgabe:

```
Marke: 3M enthält das Suchmuster [^a-zA-Z]
Marke: 111-222-333 enthält das Suchmuster [^a-zA-Z]
```

1.14.2 Reguläre Ausdrücke für Zeichenketten

Reguläre Ausdrücke können auch zum Suchen von Zeichenfolgen verwendet werden. Dabei können so genannte Gruppierungsoperatoren (Platzhalter, Wildcards) zu Platzhaltersuchen verwendet werden. Des Weiteren ist die Suche nach Zeichenfolgen, die am Anfang oder Ende eines Worts oder einer Zeile stehen, möglich.

Wenn Sie nach einer bestimmten Zeichenkette suchen wollen, geben Sie die Zeichenkette zwischen den beiden Anführungszeichen des regulären Ausdrucks an.

Das folgende Beispiel zeigt, dass mit dem verwendeten Suchmuster sämtliche Zeichenfolgen gefunden werden, die das in dem regulären Ausdruck vorgegebene Suchmuster als Teilstring enthalten.

```php
<?php
// Array
$texte = array(
                    "Ich bin ein Mann",
                    "Ein Mann steht in der Tür",
                    "Ein Auto steht vor dem Haus",
                    "Die Mannen von Hektor"
                    );
$reg_muster = "Mann";
foreach ($texte as $eintrag) {
 if (ereg($reg_muster,$eintrag)) {
      echo "Text: " . $eintrag . " enthält das Suchmuster " . $reg_muster
. "<br>";
```

```
  }
 }
?>
```

Ausgabe:

```
Text: Ich bin ein Mann enthält das Suchmuster Mann
Text: Ein Mann steht in der Tür enthält das Suchmuster Mann
Text: Die Mannen von Hektor enthält das Suchmuster Mann
```

Hinweis: Auch in Mannen steckt das Suchmuster Mann und wird daher erkannt!

Einsatz des Fragezeichens

Das Fragezeichen ? bedeutet in einem regulären Ausdruck, dass das Zeichen vor dem Fragezeichen Bestandteil der gefundenen Zeichenfolge sein darf, dass aber auch Zeichenfolgen ohne dieses Zeichen gefunden werden.

Regulärer Ausdruck	Bedeutung
"Hek?"	Findet Zeichenfolgen wie Hektar, Hektor etc.
"Ma?"	Findet Zeichenfolgen wie Mama, Mann, Mannschaft etc.

Einsatz des Punktes

Der Punkt . steht für genau ein beliebiges Zeichen an der betreffenden Stelle.

Regulärer Ausdruck	Bedeutung
"Man."	Findet Zeichenfolgen wie Mann, Mani, Manu, Mannschaft etc.
"Hekt.r"	Findet Zeichenfolgen wie Hektor, Hektar etc.
"Fr.ed.n"	Findet Zeichenfolgen wie Frieden, Friedensmission etc.

Einsatz des Pluszeichens

Das Pluszeichen + bedeutet eine oder mehrere Wiederholungen des Zeichens, das vor dem Pluszeichen steht.

Regulärer Ausdruck	Bedeutung
"a+"	Findet Zeichenfolgen, die a, aa, aaaa oder beliebig viele a enthalten.
"Au+to"	Findet Zeichenfolgen wie Auto, Auuah etc.

Einsatz des Sternzeichens

Der Sternzeichen * bedeutet in regulären Ausdrücken, dass keine, eine oder mehrere Wiederholungen des Zeichens, das vor dem Sternzeichen steht, erlaubt sind.

Regulärer Ausdruck	Bedeutung
"Ba*"	Findet Zeichenfolgen wie Baum, Baam, Band, BND etc.

Wenn Sie vor dem Sternzeichen einen Punkt notieren, der ja für ein beliebiges Zeichen steht, erzeugen Sie, wie in dem folgenden Beispiel, einen Platzhalter mit einer beliebigen Anzahl von Zeichen.

Regulärer Ausdruck	Bedeutung
"Li.*um"	Findet Zeichenfolgen wie Lithum, Liittthum etc.

Einsatz von geschweiften Klammern

Eine oder zwei in geschweiften Klammern eingeschlossene Zahlen *{n}* oder *{n,m}* stehen für n Wiederholungen des Zeichens vor der geschweiften Klammer an der betreffenden Stelle.

Werden zwei Zahlen angegeben, bedeutet dies zwischen *n* und *m* Wiederholungen des Zeichens vor der geschweiften Klammer. Das Punktzeichen kann vor der geschweiften Klammer ebenfalls verwendet werden, was dann bedeutet, dass so viele beliebige Zeichen wie innerhalb der geschweiften Klammer angegeben auftreten dürfen.

Regulärer Ausdruck	Bedeutung
"a{10,20}"	Findet zwischen 10 und 20 a in Folge.
"a{10}" oder "a{10,}"	Findet 10 und mehr a in Folge.
"Li.{3}t"	Findet Zeichenfolgen wie Liiiithum, Liooothum etc.

Einsatz von Dach- und Dollarzeichen

- Sie können nach Zeichenketten suchen, die nur dann gefunden werden, wenn sie nicht am Anfang oder am Ende eines Worts vorkommen.

- Sie können Zeichenketten suchen, die nur dann gefunden werden, wenn sie am Anfang oder am Ende einer Zeile im zu durchsuchenden Bereich vorkommen.

Mit dem Dachzeichen ^ am Beginn des Suchausdrucks wird die Zeichenkette nur gefunden, wenn sie am Anfang der Zeile steht. Mit dem Dollarzeichen $ am Ende des Suchausdrucks wird die Zeichenkette nur gefunden, wenn sie am Ende der Zeile steht.

Regulärer Ausdruck	Bedeutung
"^tausend"	Findet die Zeichenfolge *tausend* nur am Anfang eines zu durchsuchenden Bereichs.
"tausend$"	Findet die Zeichenfolge *tausend* nur am Ende eines zu durchsuchenden Bereichs.

1.14.3 Variablen in regulären Ausdrücken

Innerhalb von regulären Ausdrücken ist auch die Verwendung von Variablen möglich. Auf diese Weise können auch dynamische Daten, z.B. Formulareingaben, die der CGI-Schnittstelle übergeben werden, als Suchmuster eingesetzt werden.

Ein einfaches Beispiel für die Verwendung von Variablen in regulären Ausdrücken zeigt das folgende Skript:

```php
<?php
// Array
$marken = array(

                            "Puma",
                            "Adidas",
                            "Adobe",
                            "Dell",
                            "Ferrari"
                            );

for ($i = 65; $i < 71; $i++) {
 $reg_muster = chr($i);
 echo "Suchmuster $reg_muster:<br>";
 foreach($marken as $eintrag) {
  if (ereg($reg_muster,$eintrag)) {
      echo "Zeichenfolge " . $eintrag . " enthält das Suchmuster " .
$reg_muster . "<br>";
  }
 }
}
?>
```

Ausgabe:

```
Suchmuster A:
Zeichenfolge Adidas enthält das Suchmuster A
Zeichenfolge Adobe enthält das Suchmuster A
Suchmuster B:
Suchmuster C:
Suchmuster D:
Zeichenfolge Dell enthält das Suchmuster D
Suchmuster E:
Suchmuster F:
Zeichenfolge Ferrari enthält das Suchmuster F
```

Denken Sie daran: Die Funktion chr() hat die Aufgabe, ASCII-Werte, welche durch die Schleife generiert werden, in ein Zeichen umzuwandeln. Die Schleife generiert die Zeichen A-F.

1.14.4 Reguläre Ausdrücke mit Alternativen

Sie können in regulären Ausdrücken auch Alternativen angeben und durch das Zeichen | kennzeichnen.

Regulärer Ausdruck	Bedeutung
"a|b|c"	Findet a oder b oder c. Das gleiche Ergebnis würden Sie mit "[abc]" erzielen.

1.14.5 Rangfolge und Klammerung in regulären Ausdrücken

Die Sonderzeichen innerhalb von regulären Ausdrücken werden vom PHP-Interpreter entsprechend der folgenden Rangfolge bewertet:

Rang	Zeichen	Bedeutung
Stufe 1	()	Klammerung
Stufe 2	+ * ? {#,#}	Gruppierungsoperator
Stufe 3	Abc ^$ \b \B	Zeichen, Zeichenketten, Zeilenanfang/-ende, Wortanfang/-ende.
Stufe 4	|	Alternativen

Dadurch ist jeder reguläre Ausdruck eindeutig bewertbar. Um eine andere Rangfolge bei der Bewertung eines regulären Ausdrucks zu erreichen, können Sie innerhalb des Ausdrucks Klammern setzen.

1.14.6 Funktionen für reguläre Ausdrücke

In den bisherigen Beispielen wurde bereits mehrfach die Funktion ereg() eingesetzt. Mit Hilfe dieser Funktion kann ein regulärer Ausdruck auf eine Zeichenkette angewendet werden. Die Funktion gibt TRUE zurück, falls der zu übergebende reguläre Ausdruck in der zu durchsuchenden Zeichenkette gefunden wird. Die folgende Tabelle enthält sämtliche in PHP zur Verfügung stehenden POSIX-Funktionen, POSIX steht für Portable Operating System Interface und beschreibt in der Version 1003.2 standardisierte Shells und Kommandos in UNIX.

Funktion	Beispiel	Beschreibung
ereg ($reg_exp, $str, [, $matches])	$res = ereg("[0-9]",$zeichen);	Sucht in $str unter Berücksichtigung der Groß- und Kleinschreibung nach Übereinstimmungen mit dem regulären Ausdruck, der in $reg_exp angegeben wurde.
eregi ($reg_exp, $str [, $matches])	$res = eregi("[0-9]",$zeichen);	Sucht in $str nach Übereinstimmungen mit dem regulären Ausdruck, der in $reg_exp angegeben wurde. Groß- und Kleinschreibung werden nicht berücksichtigt.
ereg_replace ($reg_exp, $rep, $str)	$res = ereg_replace ("AB", "12", $str);	Diese Funktion durchsucht $str unter Berücksichtigung der Groß- und Kleinschreibung nach Übereinstimmungen mit $reg_exp und ersetzt dann den übereinstimmenden Text durch $rep.
eregi_replace ($reg_exp, $rep, $str)	$res = ereg_replace ("ab", "12", $str);	Diese Funktion durchsucht $str nach Übereinstimmungen mit $reg_exp und ersetzt dann den übereinstimmenden Text durch $rep. Groß- und Kleinschreibung werden nicht berücksichtigt.
split ($reg_exp, $str [, limit])	split("[/.-]", $zeichen, 5);	Gibt ein Array mit Zeichenketten zurück, die jeweils eine Teilzeichenkette von $str sind. Diese Teilzeichenketten entstehen durch Zerlegung von $str an den durch $reg_exp des Groß- und Kleinschreibung berücksichtigenden regulären Ausdrucks bestimmten Stellen. Wenn limit gesetzt wurde, enthält das zurückgegebene Array höchstens limit Elemente, von denen das letzte den Rest von $str enthält. Bei Auftreten eines Fehlers gibt die Funktion FALSE zurück.
spliti ($reg_exp, $str [, limit])	spliti("[/.-]", $zeichen, 5);	Wie split(), jedoch wird die Groß- und Kleinschreibung nicht berücksichtigt.
sql_regcase($str)	echo sql_regcase($zeichen)	Gibt einen korrekten regulären Ausdruck zurück, der mit $str ohne Berücksichtigung von Groß und Kleinschreibung übereinstimmt.

Einsatz von ereg_replace()

Die Funktion `ereg_replace()` führt eine Suche entsprechend der Funktion `ereg()` durch und ersetzt die gefundene Zeichenkette mit einem angegebenen Ersatz-String (`$rep`, `replace`).

Beispiel:

```php
<?php
$satz = "Ich bin ich und du bist ich";
$reg_muster = "ich";
$rep = "du";
$res = ereg_replace($reg_muster,$rep,$satz);
echo $res;
?>
```

Ausgabe:

```
Ich bin du und du bist du
```

Die Funktionen `eregi()` und `eregi_replace()` gehen nach demselben Schema vor, jedoch wird zwischen Groß- und Kleinschreibung nicht unterschieden.

Beispiel – mit eregi_replace():

```php
<?php
$satz = "Ich bin ich und du bist ich";
$reg_muster = "ich";
$rep = "du";
$res = eregi_replace($reg_muster,$rep,$satz);
echo $res;
?>
```

Ausgabe:

```
du bin du und du bist du
```

> **Hinweis:** Mehr zu den POSIX-Funktionen erfahren Sie im Abschnitt »Einsatz der Funktionen im POSIX-Stil«.

1.14.7 Ergänzungen zu regulären Ausdrücken

In diesem Abschnitt haben wir einige zusätzliche Informationen zum Thema reguläre Ausdrücke für Sie zusammengefasst.

Perl-kompatible Funktionen

Sollte das Modul PCRE (Perl Compatible Regular Expressions) aktiviert sein, können anstelle der Funktionen der `ereg`-Bibliothek die Funktionen der Perl-kompatiblen `preg`-Bibliothek verwendet werden.

Die Funktionen dieser Bibliothek sind schneller und flexibler als die der ereg-Funktionen, da sie in der Verarbeitung von regulären Ausdrücken wesentlich effizienter sind.

Funktion	Beispiel	Beschreibung
preg_match ($reg_exp, $str [, $matches])	$res = preg_match("/test/", $str)	Durchsucht eine Zeichenkette $str, auf ein Suchmuster $reg_exp und speichert die erste Fundstelle in $matches.
preg_match_all ($reg_exp, $str, $matches [, order])	$res = preg_match_allpreg_match("/test/", $str)	Durchsucht eine Zeichenkette $str, auf ein Suchmuster $reg_exp und speichert sämtliche Fundstellen in $matches. Optional kann noch die Ordnung order angegeben werden.
preg_replace ($reg_exp, $rep, $str, [, limit])	echo preg_replace("/\sI,/","-",$str)	Diese Funktion durchsucht $str nach Übereinstimmungen mit $reg_exp und ersetzt dann den übereinstimmenden Text durch $rep. Optional kann noch die Anzahl limit der Ersetzungen angegeben werden.
preg_replace_callback ($reg_exp, $callback, $str [, limit])	echo preg_replace("/\sI,/", "meinfunk",$str)	Diese Funktion durchsucht $str nach Übereinstimmungen mit $reg_exp und ersetzt dann den übereinstimmenden Text mit Hilfe der innerhalb der Callback-Funktion $callback festgelegten Vorgaben. Optional kann noch die Anzahl limit der Ersetzungen angegeben werden.
preg_split($reg_exp, $str [, limit [flags]])	$array = preg_split ("/(?= [a-z])/",$str)	Gibt ein Array mit Zeichenketten zurück, die jeweils eine Teilzeichenkette von $str sind. Diese Teilzeichenketten entstehen durch Zerlegung von $str an den durch $reg_exp des Groß- und Kleinschreibung berücksichtigenden regulären Ausdrucks bestimmten Stellen. Wenn limit gesetzt wurde, enthält das zurückgegebene Array höchstens limit Elemente, von denen das letzte den Rest von $str enthält. Bei Auftreten eines Fehlers gibt die Funktion FALSE zurück. Der optionale Parameter flags steuert das Verhalten der Funktion.
preg_quote ($str [, delimiter])	$str1 = preg_quote($str);	Setzt einen Backslash vor Sonderzeichen. Optional kann mit Hilfe des Parameters delimiter das Trennzeichen festgelegt werden.

Funktion	Beispiel	Beschreibung
preg_grep($reg_exp, $array)	$array1 = preg_grep ("/^/",$array);	Durchsucht ein Array `$array` und filtert die enthaltenen Elemente des Arrays mit Hilfe des regulären Ausdrucks `$reg_exp`.

Die Syntax der Perl-kompatiblen regulären Ausdrücke orientiert sich an der Syntax von Perl 5.005.

Begrenzung der Suchmuster

Die Suchmuster sind zwischen Begrenzungszeichen / / einzuschließen. Als Begrenzungszeichen sind mit Ausnahme von alphanumerischen Zeichen und dem Backlash (\) alle Zeichen erlaubt. Wenn das gewählte Begrenzungszeichen im Ausdruck selbst benötigt wird, muss das mit einem vorangestellten Backslash gekennzeichnet werden.

Einsatz von Zeichenbereichen [ ]

Innerhalb eines Zeichenbereichs verlieren die meisten Metazeichen ihre Bedeutung und werden als normale Zeichen interpretiert. Eine Hand voll Metazeichen muss jedoch berücksichtigt und gegebenenfalls »escaped« oder anders angeordnet werden.

- (Minuszeichen) – Wird als Zeichen für den Bereich verwendet. Möchten Sie dies als normales Zeichen verwenden, so ordnen Sie es am Anfang oder am Ende der Zeichenklasse an ,[-ab] bzw. [ab-], oder escapen Sie es mit \-.

[(offene eckige Klammer) – Enthält Ihr Zeichenbereich eine offene eckige Klammer, so notieren Sie diese am Ende des Zeichenbereichs, aber vor dem Minuszeichen, oder escapen Sie das Zeichen mit \ [.

] (schließende eckige Klammer) – Enthält Ihr Zeichenbereich eine geschlossene eckige Klammer, so notieren Sie diese am Anfang des Zeichenbereichs oder escapen Sie das Zeichen mit \ ].

\ (Backslash) – Enthält Ihr Zeichenbereich einen Backslash, so escapen Sie diesen mit \\.

/ (Slash) – Enthält Ihr Zeichenbereich einen Slash, so escapen Sie diesen mit \/.

^ (Dachzeichen) – Enthält Ihr Zeichenbereich ein Dachzeichen, so escapen Sie dieses mit \^.

Wollen Sie eine Auswahlnegation erhalten, d.h., die in dem Zeichenbereich genannten Zeichen dürfen nicht innerhalb der Zeichenfolge vorkommen, dann beginnen Sie Ihren Zeichenbereich mit ^. Das Suchmuster /[^äöüÄÖÜ]/ findet beispielsweise ein Zeichen, das kein Umlaut ist.

Metazeichen

Zur Konstruktion der regulären Ausdrücke sind folgende Metazeichen definiert:

Zeichen	Bedeutung
\	Nimmt dem nachfolgenden nichtalphanumerischen Zeichen die Sonderfunktion.
^	Anfang der Zeile oder des Textes.
.	Beliebiges Zeichen außer dem Zeilentrenner.
$	Zeilentrenner oder Ende des Textes.
|	Alternative.
( )	Gruppierung.
[ ]	Zeichenbereich (Zeichenklasse).

Quantifikatoren

Zusätzlich stehen die folgenden Quantifikationen zur Verfügung:

Quantifikator	Bedeutung
*	Gar nicht bis beliebig oft. Enspricht {0, }
+	Mindestens einmal, ansonsten beliebig oft. Entspricht {1, }
?	Gar nicht oder 1-mal. Enspricht {0,1}
{n}	Genau n-mal.
{n,}	Mindestens n-mal.
{n,m}	Zwischen n- und m-mal.

Liste der Metazeichen

Die folgende Tabelle enthält eine Übersicht über die gebräuchlichsten Metazeichen und ihre Bedeutung. In der Spalte »Escape« ist angegeben, wie Sie das Zeichen escapen können.

Zeichen	Escape	Bedeutung
^	\^	Findet ein Zeichen oder eine Zeichenfolge am Anfang, am Anfang eines Zeichenbereichs steht es für eine Negation.
$	\$	Findet ein Teilsuchmuster am Ende einer Zeichenkette.
|	\\|	Alternative, Oder-Auswahl zwischen zwei Teilsuchmustern bzw. Zeichen.
[]	\[\]	Zeichenbereich bzw. Zeichenklasse, die meisten Metazeichen sind ohne Bedeutung.
[^]		Auswahlnegation, die Zeichen des Zeichenbereichs dürfen nicht enthalten sein.

Zeichen	Escape	Bedeutung
-	\-	Bereich, nur innerhalb eines Zeichenbereichs, als normales Zeichen am Ende oder Anfang des Zeichenbereichs setzen.
()	\(\)	Gruppierung. Gruppiert Teilsuchmuster und speichert diese intern.
*	*	Das Teilsuchmuster kann gar nicht bis beliebig oft vorkommen.
+	\+	Das Teilsuchmuster kommt mindestens einmal oder beliebig oft vor.
?	\?	Das Teilsuchmuster kommt gar nicht oder 1-mal vor.
.	\.	Platzhalter (Wildcard) für genau ein beliebiges Zeichen außer dem Zeilenumbruch \n.
.*		Platzhalter (Wildcard) für einen beliebigen Text.
{n}	\{ \}	Das Teilsuchmuster soll genau n-mal vorkommen.
{n, }		Das Teilsuchmuster soll mindestens n-mal vorkommen.
{n, m}		Das Teilsuchmuster soll zwischen mindestens n- und maximal m-mal vorkommen.
\	\\	Escapet ein Metazeichen. Soll der Backslash als normales Zeichen interpretiert werden, ist ein doppelter Backslash \\ zu verwenden.
\symbol		In Verbindung mit Buchstaben oder Zahlen mit unterschiedlicher Bedeutung.

Symbole für einzelne Zeichenklassen

Bei der Arbeit mit Perl-kompatiblen regulären Ausdrücken können Sie auf diverse Symbole zurückgreifen, die für einzelne Zeichenbereiche stehen. Die wesentlichen Symbole sind in der folgenden Tabelle zusammengestellt:

Symbol	Entsprechung	Bedeutung
\t	Tab	Tabulatorzeichen
\r	Carriage return	Wagenrücklauf
\n	Newline	Zeilenumbruch
\f	Formfeed	Seitenumbruch
\d	[0-9]	Ziffer
\D	[^0-9]	Jedes Zeichen, das keine Ziffer ist.
\s	[\t\r\n\f]	Leerzeichen (Whitespace).
\S	[^\t\r\n\f]	Jedes Zeichen das kein Leerzeichen (Whitespace) ist.
\w	[a-zA-Z_0-9]	Buchstaben, Ziffern und Unterstrich.
\W	[^a-zA-Z_0-9]	Alles was kein Buchstabe, Ziffer oder Unterstrich ist.
\b		Wortbegrenzung, vor bzw. nach dem Muster befindet sich ein Leerzeichen (Whitespace).
\B		Keine Wortbegrenzung, vor bzw. nach dem Muster befindet sich kein Leerzeichen (Whitespace).
\A		Musteranfang oder Zeilenanfang, unabhängig vom Mehrzeilenmodus.
\Z		Musterende oder Zeilenende, unabhängig vom Mehrzeilenmodus.
\z		Musterende

Optionen des PCRE-Moduls

Im Anschluss an ein in Trennzeichen eingeschlossenes Muster können diverse Optionen, die die Funktion der Muster beeinflussen, angegeben werden. Diese sind in der folgenden Tabelle aufgelistet:

Option	Interner PCRE-Name	Bedeutung
i	PCRE_CASELESS	Wenn diese Option gesetzt wurde, wird Groß- und Kleinschreibung nicht berücksichtigt.
m	PCRE_MULTILINE	Wenn diese Option gesetzt wurde, gilt jeder Zeilenanfang und jedes Zeilenende als Start und Ende für das Suchmuster. Auf Zeichenketten, die keine \n enthalten, hat dies keinen Einfluss.
s	PCRE_DOTALL	Wenn diese Option gesetzt wurde, ersetzt der Punkt sämtliche Zeichen, einschließlich \n.
x	PCRE_ EXTENDED	Wenn diese Option gesetzt wurde, werden Leerzeichen, Tabulatoren und Zeilenumbrüche nicht beachtet.
e	-	Wenn diese Option gesetzt wurde, wird die Ersatzzeichenkette von `preg_replace()` als PHP-Code interpretiert.
A	PCRE_ANCHORED	Wenn diese Option gesetzt wurde, wird die Suche auf den Anfang der Zeichenkette eingeschränkt.
D	PCRE_DOLLAR_ENDONLY	Wenn diese Option gesetzt wurde, wird die Suche auf das Ende der Zeichenkette eingeschränkt.
S	-	Wenn diese Option gesetzt wurde, wird die Ausführung bei Mehrfachverwendung eines Suchmusters durch Zwischenspeicherung beschleunigt.
U	PCRE_UNGREEDY	Wenn diese Option gesetzt wurde, wird die Arbeitsweise des Suchmusters bei Mehrfachauswahl festgelegt und invertiert die »Gierigkeit« des Wiederholungsoperators.
X	PCRE_EXTRA	Wenn diese Option gesetzt wurde, werden zusätzliche Perl-kompatible Funktionen freigeschaltet.
u	PCRE_UTF8	Wenn diese Option gesetzt wurde, werden Suchmuster als UTF8-kodierte Zeichenketten interpretiert.

Beliebiges Zeichen oder beliebiger Text

Sie haben bereits erfahren, dass der Punkt für ein beliebiges einzelnes Zeichen in der Zeichenfolge steht. Kommen wir zu folgendem Suchmuster /<.>/, dass Zeichenfolgen wie z.B. <u>, <1> etc. ermittelt.

```php
<?php
// Zeichen
$htmltext = "<u>";
$reg_muster = "/<.>/";
```

```
// Ausgabe (1)
echo preg_match($reg_muster,$htmltext);
?>
```

Soll es ein belibieger Text sein, können Sie beispielsweise folgendes Suchmuster /<body.*>/iU einsetzen. Es findet einen öffnenden Body-Tag in einem HTML-Quelltext.

```
<?php
// Zeichen
$htmltext = "<body>Hallo Welt!</body>";
$reg_muster = "/<body.*>/iU";
// Ausgabe (1)
echo preg_match($reg_muster,$htmltext);
?>
```

Wie wäre es mit dem Einsatz des Fragezeichens? Damit können Sie ein optionales Zeichen festlegen. Das folgende Suchmuster /<\/?body.*>/iU findet sowohl öffnende als auch schließende Body-Tags in einem HTML-Quelltext. Das optionale Zeichen \/? kann vorkommen, muss es aber nicht. Achten Sie darauf, dass das Zeichen / escapet werden muss.

```
<?php
// Zeichen
$htmltext = "<body>Hello Welt</body>";
$reg_muster = "/<\/?body.*>/iU";
// Ausgabe (1)
echo preg_match($reg_muster,$htmltext);
?>
```

Teilmuster

Innerhalb des Suchmusters können Teilmuster gebildet werden. Sie werden durch runde Klammern ( ) angegeben. Folgendes wird damit erreicht:

• Ein Satz Alternativen wird zusammengefasst.

• Teilmuster werden als einzelne Referenzen zurückgegeben. Ausschlaggebend für die Referenznummer ist die öffnende Klammer, die von links beginnend gezählt wird. Dies ist bei tieferen Verschachtelungen wichtig. PCRE_EXEC berücksichtigt dies ebenfalls.

Teilausdruck	Bedeutung
Auto(bahn|mobil)	Dieses Muster findet die Worte Auto, Autobahn und Automobil.
Auto(bahn|mobil|)	Dieses Muster enspricht dem vorhergehenden und findet zusätzlich eine leere Zeichenkette.
der((goldene|silberne)(kelch|bogen))	Dieses Muster ergibt drei Teilmuster, wenn die Zeichenkette *der silberne kelch* geprüft wird: *silberne kelch*, *silberne* und *kelch*. Diese Teilmuster haben die Referenzen 1,2 und 3.

Die Tatsache, dass runde Klammern mehrere Aufgaben übernehmen, führt beim Lesen regulärer Ausdrücke zu großen Problemen. Zudem sind oft mehrere Lösungen möglich. Sie können die Referenzierung mit der Angabe ?: unterdrücken, um die Stellen zu dokumentieren, die nicht gezählt werden müssen. Außerdem lassen sich so Teilmuster gezielt aus der Referenzierung ausblenden.

Teilausdruck	Bedeutung
der((?:goldene|silberne)(kelch|bogen))	Dieses Muster ergibt lediglich zwei Teilmuster, wenn die Zeichenkette der *goldene kelch* geprüft wird: *goldene kelch*, *goldene* und *kelch*. Diese Teilmuster haben die Referenzen 1 und 2. Das Teilmuster *goldene* wird unterdrückt.

Die maximale Anzahl von referenzierten Teilmustern beträgt 99. Die maximale Anzahl von Teilmustern an sich dagegen beträgt 200. In die Angabe der Unterdrückung der Referenz kann auch die Optionswahl eingebunden werden. Die folgenden beiden Suchmuster sind identisch.

Teilausdruck	Bedeutung
(?i:auto|pkw)	Findet auto und Auto.
(?:(?i)auto|pkw)	Findet ebenfalls auto und Auto.

Beachten Sie auch hier, dass eine Option in einem Teilmuster auf die anderen Teile Auswirkungen hat, da die Option zuerst ausgewertet wird und danach erst die Abarbeitung der Muster von links nach rechts erfolgt.

Greedy und Nongreedy

Einige Suchmuster haben die Eigenart, so viele Übereinstimmungen wie möglich zurückzugeben. Dieses Verhalten wird als greedy (gierig) bezeichnet.

Beispiel:

```
<pre>
<?php
// Zeichen
$htmltext = "<u>Ich</u> bin <u>hier</u>";
$reg_muster = "/<u>.*<\/u>/i";
echo preg_match($reg_muster,$htmltext,$reg);
print_r($reg);
?>
</pre>
```

Ausgabe:

```
1
Array
(
    [0] => Ich bin hier
)
```

Ausgabe – als Quelltext:

```
1
Array
(
    [0] => <u>Ich</u> bin <u>hier</u>
)
```

Der Rückgabewert des Ausdrucks sollte der unterstrichene Text einschließlich der HTML-Zeichen sein. Erwartet wird `<u>Ich</u>` und `<u>hier</u>`. Tatsächlich wird der gesamte Text zurückgegeben. Der Grund hierfür liegt in der Tatsache, dass sich der Ausdruck gierig verhält und das Teilmuster `.*` alles bis einschließlich der letzten Fundstelle zurückgibt. Sie können einen solchen Ausdruck zwingen, genügsamer (nongreedy) zu sein, indem Sie nach dem Quantifizierer ein Fragezeichen setzen bzw. die Musteroption U (PRCE_UNGREEDY) verwenden.

Die Musteroption U ermöglicht es Ihnen, auf das Fragezeichen zur Einschränkung des Quantifizierers zu verzichten.

```
$reg_muster = "/<u>.*?<\/u>/i";
$reg_muster = "/<u>.*<\/u>/iU";
```

Ausgabe:

```
Array
(
    [0] => Ich
)
```

Der Nachteil ist, wie Sie anhand der Ausgabe sehen, dass Sie tatsächlich nur die erste Fundstelle zurückerhalten. Durch Klammerung können Sie erreichen, dass sämtliche Fundstellen zurückgegeben werden.

```
$reg_muster = "/(<u>.*?<\/u>)*/i";
$reg_muster = "/((?U)<u>.*<\/u>)*/i";
```

Ausgabe:

```
Array
(
    [0] => Ich
    [1] => Ich
)
```

1.14.8 Reguläre Ausdrücke vertieft

Wir hoffen Sie haben die bisherigen Ausführungen zu regulären Ausdrücken gut verdaut. Übung macht den Meister. Der folgende Abschnitt zeigt Ihnen weitere Schwerpunkte auf.

Rückwärts-Referenzen (Back Reference)

Außerhalb einer Zeichenklassendefinition kann auf referenzierte Teilmuster verwiesen werden. Das Muster verweist damit partiell auf Teile seiner selbst. Diese Rückreferenz wird mit der Zeichenfolge \N erreicht, wobei N für eine Ziffer zwischen 1 und 9 steht. Die Zählung erfolgt anhand der Anzahl der öffnenden (linken) runden Klammern der Teilmusterausdrücke.

Ein Fehler wird nur dann erzeugt, wenn die Anzahl der Klammern geringer ist als die durch eine Rückreferenz verlangte Ziffer. Stimmt die Anzahl, wird kein Fehler erzeugt, wenn die Referenz nichts enthält. Dabei kann die Referenz an jeder Stelle stehen, die Teilmuster dürfen sich jedoch nicht links davon befinden. Auf die Auswahl mit Hilfe des Backslashs wurde weiter oben bereits eingegangen. Dieser Abschnitt zeigt den Umgang mit den Referenzen an sich.

Eine Rückreferenz findet Übereinstimmungen mit einem Suchmuster entsprechend dem referenzierten Teilmuster. Hier einige Beispiele:

Teilausdruck	Bedeutung
(Kapital|Kommun) und \1ismus	Dieses Muster findet »Kapital und Kapitalismus« und »Kommunismus«, aber nicht »Kapitel und Kommunismus«.
((?i)bum)\s+\1	Hier wird »bum bum« und »BUM BUM« gefunden, aber nicht »BUM bum«.

Es sind generell 99 rückwärtige Referenzen erlaubt. Alle Ziffern hinter einem Backslash werden daher als Referenznummer gewertet. Um unmittelbar aufeinander folgende Ziffern abzugrenzen, muss ein Leerzeichen oder Kommentar gesetzt werden. Leerzeichen sind nur erlaubt, wenn die Option PCRE_EXTENDED gesetzt wurde.

Bedingungen

Eine Bedingung wird für das vorhergehende oder folgende Zeichen eines zu untersuchenden Zeichens aufgestellt. Sinngemäß entspricht dies Formulierungen: »Stimme mit a überein, wenn vor/nach a etwas Bestimmtes steht«.

Einige besonders einfache Bedingungsoperatoren wurden bereits beschrieben:

```
\b \B \A \Z \z ^ $
```

Im folgenden Abschnitt werden komplexere Bedingungen vorgestellt. Grundsätzlich wird zwischen folgenden Bedingungen unterschieden:

- Bedingung, die nach der aktuellen Position (look ahead, vorausschschauend) testen.

- Bedingung, die vor der aktuellen Position (look behind, zurückschauend) testen.

Die Funktionsweise entspricht allen anderen Abfragekonstruktionen, lediglich die Position des Abfragezeigers im Suchwort wird nicht beeinflusst.

Bedingungen werden mit dem ?-Zeichen eingeleitet:

- (?= leitet eine vorausschauende, übereinstimmende Bedingung ein.

- (? ! leitet eine vorausschauende, nicht übereinstimmende Bedingung ein.

Teilausdruck	Bedeutung
\w+(?=;)	Dieses Muster sucht Wörter, die von einem Semikolon gefolgt werden, bezieht das Semikolon selbst jedoch nicht in die Auswertung mit ein.
test(?!feld)	Hier werden Übereinstimmungen mit dem Wort »test« gesucht, das nicht von dem Wort »feld« gefolgt werden darf.
(?!test)feld	Findet eine Übereinstimmung nicht, die mit etwas anderem als »test« beginnt. Es findet jedoch jede Übereinstimmung mit »feld«, da die Sequenz (?!test) immer wahr ist.

Das Problem des letzten Musters ist nur mit weiteren Operatoren zu lösen. Die vorgestellten Beispiele bezogen sich auf vorausschauende Bedingungen. Folgende Symbole dienen der Definition zurückschauender Bedingungen:

- (?<= leitet eine zurückschauende, übereinstimmende Bedingung ein.

- (?<! leitet eine zurückschauende, nicht übereinstimmende Bedingung ein.

Betrachten wir uns nun nochmals das letzte Muster:

Teilausdruck	Bedeutung
(?<!test)feld	Hier wird jede Übereinstimmung von »feld« gefunden, die nicht dem Wort »test« folgt.

Bei dieser Form muss die Länge der abhängigen Zeichenketten mit der zu testenden übereinstimmen:

Teilausdruck	Bedeutung
(?<=auto|pkw)	zulässig
(?<!auto|pkw?)	falsch

Ein weiteres Beispiel verdeutlicht dies und zeigt, wie man damit umgeht:

Teilausdruck	Bedeutung
(?<=ab(c|de))	Funktioniert nicht, da die alternativen Teilmuster »c« und »de« unterschiedlich lang sind.
(?<=abc|abde)	Erfüllt den Zweck, denn nun wurde nur ein Teilmuster definiert.

Die Formulierung der rückwärtigen Bedingungen könnte so aussehen:

»Nimm jede Alternative, gehe temporär um die Länge des alternativen Suchmusters zurück, prüfe das Muster erneut«. Es ist daher logisch, dass eine fehlende Übereinstimmung der Länge zu keiner Übereinstimmung der Muster führen kann.

Teilausdruck	Bedeutung
(?<=\d{3})(?<!999)test	Dieses Muster erkennt Suchwörter, bei denen das Wort »test« drei Ziffern folgt, die aber nicht »999« sein dürfen. Übereinstimmungen gibt es z.B. für »250test« oder »777test«.
(?<=(?<!test)feld)er	Dieses Muster erfüllt das Wort »felder«, aber nicht »testfelder«.

Bedingungen stehen in runden Klammern. Dies sind keine Teilmuster und sie werden auch nicht referenziert. Sie dürfen auch nicht wiederholt werden, das wäre sinnlos, denn entweder es gibt eine Übereinstimmung oder nicht. Wiederholungen ändern nichts am Ergebnis. Stehen allerdings Teilmuster in Bedingungen, werden diese gezählt und referenziert, wenn es positive Bedingungen sind.

Einmalige Teilmuster

Wenn eine Unter- und eine Obergrenze für Wiederholungen angegeben wird, führt eine fehlende Übereinstimmung zu einem wiederholten Test, bis alle durch die Wiederholungen gebildeten Muster geprüft wurden. Dies soll in manchen Fällen verhindert werden, um unnütze und zeitraubende Tests zu vermeiden, wenn das Ergebnis absehbar ist. Sehen Sie sich hierzu folgendes Beispiel an:

Das Muster \d+test wird auf die Zeichenkette »*123456feld*« angewendet.

Offensichtlich gibt es keine Übereinstimmung. Dennoch dauert die Überprüfung recht lange, denn der reguläre Ausdruck wird zuerst für sämtliche sechs Ziffern untersucht, dann wird das Wort »feld« verglichen. Anschließend startet der Ausdruck erneut, diesmal mit nur fünf Ziffern usw. Insgesamt wird der Test sechsmal durchlaufen, obwohl schon beim ersten Durchlauf erkannt werden sollte, dass eine Übereinstimmung nicht möglich ist. Diese Ursache liegt in der konsequenten Abarbeitung von links nach rechts.

Der Ausdruck funktioniert zwar, ist aber nicht elegant programmiert. Es gibt die Möglichkeit, das Verhalten zu beeinflussen und damit den Ablauf zu optimieren:

- (?>) weist den Interpreter an, sofort aufzugeben, sobald keine Übereinstimmung gefunden wurde.

Ein weiteres Beispiel verdeutlicht das:

```
(?>\d+)feld
```

Eine andere Beschreibung dieses Typs ist die Annahme, dass diese Konstruktion einer alternativen Zeichenkette entspricht, die am aktuellen Auswertepunkt verankert ist, etwa wie folgt: `\d\d\d\d\feld`, wobei die Anzahl der Ziffern dennoch variabel ist, was eben ohne eine derartige Konstruktion nicht der Fall wäre.

Solche einmaligen Teilmuster sind keine zählenden Teilmuster, werden also auch nicht referenziert. Dafür können die Konstruktionen verschachtelt und mit Bedingungen kombiniert werden.

Fallbeispiel:

- Ein einfaches Muster wie `abcd$` wird auf eine lange Zeichenkette angewendet, die keine Übereinstimmung bietet. Dabei sucht der Interpreter nach »a«, findet er eines, wird der Rest auf die folgenden Zeichen getestet.

- Bei dem Suchmuster `^.*abcd$` wird hingegen sofort die gesamte Zeichenkette getestet. Wird keine Übereinstimmung gefunden, wiederholt sich der Vorgang mit einem Zeichen weniger usw.

- Besser wird es mit `^(?>.*)(?<=abcd)`. Hier wird nicht rückwärts die Suchfolge verringert, sondern die eingeschlossene Bedingung führt zum Abbruch der Suche, wenn die Zeichenfolge nicht sofort gefunden wird.

Bei langen Suchwörtern kann dies zu einer deutlich effizienteren Suche und damit besseren Performance führen.

Bedingte Teilmuster

Ist es möglich, Teilmuster insgesamt von einer Bedingung abhängig zu machen? – Die Antwort auf diese Frage kennen sich sicher bereits. Um Teilmuster insgesamt von einer Bedingung abhängig zu machen, darf das Teilmuster nur dann untersucht werden, wenn die Bedingung erfüllt wurde. Dafür sind zwei Alternativen möglich. Die Schreibweise ähnelt dem einfachen Bedingungsoperator (Konditionaloperator) in PHP.

- `(?(Bedingung)true-muster)`

- `(?(Bedingung)true-muster|false-muster)`

Wenn die Bedingung erfüllt ist, wird das `true-muster` ausgeführt, andernfalls das `false-muster`. Werden mehr Alternativen angegeben, wird ein Laufzeitfehler erzeugt.

Kommentare

Auch bei regulären Ausdrücken Ihnen stehen Zeichen zur Kommentierung zur Verfügung. Kommentare eignen sich hervorragend zur Beschreibung des regulären Ausdrucks. Die Kommentare werden wie folgt umgesetzt:

```
(?#Hier ein Kommentar)
```

Wenn die Option PCRE_EXTENDED gesetzt wurde, kann außerhalb einer Zeichen-klassendefinition ein Kommentar allein mit dem #-Zeichen eingeleitet werden. Der nächste Zeilenumbruch beendet den Kommentar.

1.14.9 Hinweise zur Optimierung

Reguläre Ausdrücke sind nicht nur in der Programmierung komplex. Auch die Umset-zung und Auswertung stellt für den PHP-Interpreter eine Herausforderung dar. Die Ausdrücke werden zwar kompiliert und dann erheblich schneller ausgeführt, komplexe Konstrukte mit langen Zeichenketten können dennoch spürbar Zeit in Anspruch neh-men, auch auf schnellen Rechnern. Eine Webanwendung ist kaum praktikabel, wenn ein regulärer Ausdruck alleine eine Sekunde zur Bearbeitung raucht.

Einige Konstrukte benötigen aufgrund der internen Verarbeitung erheblich mehr oder weniger Zeit als andere. Die folgende Auflistung zeigt die wesentlichsten Unterschiede. Da oft mehrere Wege nach Rom führen, existieren fast immer Alternativen, die Leistung eines Ausdrucks ohne Funktionseinbußen zu erhöhen.

- Es ist wesentlich effizienter, eine Zeichenklassendefinition wie [abcd] zu nutzen als eine Serie von Alternativen (a|b|c|d).

- Wenn die Option PCRE_DOTALL nicht erwünscht ist, kann alternativ ^.* gesetzt werden.

- Wenn ein Ausdruck mit .* beginnt und die Option PCRE_DOTALL gesetzt wurde, erkennt PHP, dass die Zeichenkette nur am Anfang stehen kann, und verankert sie implizit. Ist PCRE_DOTALL nicht gesetzt, kann diese Optimierung nicht aufgeführt werden.

- Generell hilft es dem Interpreter, wenn die Beschreibung so direkt wie möglich erfolgt, implizite Annahmen werden oft erst erkannt, wenn der gesamte Ausdruck verarbeitet und ausgewertet wurde.

- Wenn Sie mehrere Varianten eines Ausdrucks haben und diesen in einer häufig durchlaufenen Schleife anordnen müssen, testen Sie die Abarbeitungszeit der Vari-anten und wählen die schnellste.

- Ausdrücke werden nicht weiter ausgewertet, wenn das Ergebnis feststeht. Bei der Ab-arbeitung sollte der wahrscheinlichste Fall also am weitesten links stehen.

1.14.10 Einsatz der PCRE-Funktionen

Nach all den Definitionen und Erläuterungen sollten wir uns nun praktischen Beispielen zuwenden. Sie sollten darauf achten, dass die PCRE-Funktionen seit der PHP-Version 4.2 standardmäßig aktiviert.

Einsatz von preg_match()

Mit Hilfe der Funktion `preg_match()` können Sie eine Zeichenkette auf ein Suchmuster durchsuchen. Die Fundstellen werden im Array `$matches` gespeichert.

Beispiel:

```
<pre>
<?php
// Zeichenkette
$url = "http://www.atomicscript.de";

// Domainname (Vollständig)
preg_match("/^(http:\/\/)?([^\/]+)/i",
    $url, $matches);
print_r($matches);
?>
</pre>
```

Ausgabe:

```
Array
(
    [0] => http://www.atomicscript.de
    [1] => http://
    [2] => www.atomicscript.de
)
```

Welche Elemente das Array kennt, ist abhängig von dem regulären Ausdruck. Im vorliegenden Beispiel enthält das Array insgesamt 3 Elemente:

* Im ersten Element `$matches[0]` ist immer die gesamte Zeichenkette gespeichert, die dem Ausdruck `/^(http:\/\/)?([^\/]+)/i` entspricht.

* Im zweiten Element `$matches[1]` befindet sich die Zeichenkette, die dem ersten Teilausdruck (`http:\/\/`) entspricht.

* Im dritten Element `$matches[2]` befindet sich die Zeichenkette, die dem zweiten Teilausdruck (`[^\/]+`) entspricht.

Einsatz von preg_match_all()

Der Einsatz von `preg_match()` hat einen gravierenden Nachteil: Nach dem ersten Auftreten wird die Verarbeitung abgebrochen. Sämtliche Fundstellen erhalten Sie daher lediglich, wenn Sie statt `preg_match()` die Funktion `preg_match_all()` einsetzen.

Beispiel:

```
<pre>
<?php
// Zeichenkette
$urls = "<a href=www.berlin.de>Berlin</a>
<a href=www.bonn.de>Bonn</a>";

// Prüfen auf Tags
```

```
preg_match_all("/(<([\w]+)[^>]*>)(.*)(<\/\\2>)/", $urls, $matches);
print_r($matches);
?>
</pre>
```

Ausgabe:

```
Array
(
    [0] => Array
        (
            [0] => <a href=www.berlin.de>Berlin</a>
            [1] => <a href=www.bonn.de>Bonn</a>
        )

    [1] => Array
        (
            [0] => <a href=www.berlin.de>
            [1] => <a href=www.bonn.de>
        )

    [2] => Array
        (
            [0] => a
            [1] => a
        )

    [3] => Array
        (
            [0] => Berlin
            [1] => Bonn
        )

    [4] => Array
        (
            [0] => </a>
            [1] => </a>
        )

)
```

Die Zeichenkette enthält zwei HTML-Verweise und mit Hilfe von preg_match_all()
wird im Array matches nicht nur eine Fundstelle gespeichert, sondern sämtliche Fundstellen. Es handelt sich um ein verschachteltes Array, welches die Verwaltung der einzelnen Fundstellen wesentlich erleichtert.

Besonderheit:

Die Art der Gruppierung kann bei preg_match_all() beeinflusst werden. Mit Hilfe
eines vierten optionalen Parameters können Sie die folgenden Konstanten übergeben:

- PREG_PATTERN_ORDER stellt die Standardeinstellung dar.

- PREG_SET_ORDER ändert die Reihenfolge so, dass in einem Element des Arrays
  $matches sämtliche Informationen zu einer Fundstelle gespeichert werden.

- PREG_OFFSET_CAPTURE sichert zusätzlich die Position der einzelnen Teilstrings.

Beispiel mit PREG_SET_ORDER:

```
<pre>
<?php
// Zeichenkette
$urls = "<a href=www.berlin.de>Berlin</a>
<a href=www.bonn.de>Bonn</a>";

// Prüfen auf Tags
preg_match_all("/(<([\w]+)[^>]*>)(.*)(<\/\\2>)/", $urls, $matches,
PREG_SET_ORDER);
print_r($matches);
?>
</pre>
```

Ausgabe:

```
Array
(
    [0] => Array
        (
            [0] => <a href=www.berlin.de>Berlin</a>
            [1] => <a href=www.berlin.de>
            [2] => a
            [3] => Berlin
            [4] => </a>
        )
    [1] => Array
        (
            [0] => <a href=www.bonn.de>Bonn</a>
            [1] => <a href=www.bonn.de>
            [2] => a
            [3] => Bonn
            [4] => </a>
        )
)
```

Einsatz von preg_grep()

Funktion preg_grep() dient zum durchsuchen von Arrays

Beispiel:

```
<pre>
<?php
// Array
$urls = array(
        "<a href=www.berlin.de>Berlin</a>",
        "<a href=www.bonn.de>Bonn</a>"
        );

// Prüfen auf Tags
$res = preg_grep("/(<([\w]+)[^>]*>)(.*)(<\/\\2>)/", $urls);
print_r($res);
?>
</pre>
```

Ausgabe:

```
Array
(
    [0] => <a href=www.berlin.de>Berlin</a>
    [1] => <a href=www.bonn.de>Bonn</a>
)
```

Einsatz von preg_replace()

Die Funktion preg_replace() eignet sich hervorragend, um eine Zeichenfolge durch eine andere zu ersetzen. Auch in diesem Fall spielen die regulären Ausdrücke eine wesentliche Rolle. Die Funktion ersetzt sämtliche Vorkommen im String. Möchten Sie die Ersetzungen begrenzen, so können Sie als optionalen Parameter eine Integerzahl übergeben. Es werden nur so viele Ersetzungen durchgeführt wie angegeben.

Beispiel:

```
<?php
// Zeichenkette
$url = "[url=http://www.berlin.de]";

// Suchmuster
$reg_muster = "/\[url=([^]]*)\]/i";

// Austausch
$tausch = '<a href="\1">\1</a>';

// Prüfen auf Tags
echo preg_replace($reg_muster, $tausch, $url);
?>
```

Ausgabe:

```
<a href="http://www.berlin.de">http://www.berlin.de</a>
```

Die spezielle Schreibweise *[url=Verweis]* für einen Verweis wird häufig in Online-Foren verwendet. Mit Hilfe des regulären Ausdrucks und der Funktion preg_replace() wird im Handumdrehen ein HTML-Verweise daraus erzeugt.

Sie können auch mehre als eine Ersetzung gleichzeitig durchführen. Zu diesem Zweck übergeben Sie der Funktion ein indiziertes Array mit Suchmustern und ein Array mit Ersetzungen.

Beispiel:

```
<pre>
<?php
// Zeichenkette
$eintrag = "[url=http://www.berlin.de]
[image=../bilder/smiley.gif]";

// Suchmuster
$reg_Liste = array(
            "/\[url=([^]]*)\]/i",
```

```
                    "/\[image=([^]]*)\]/i"
                    );

// Austausch
$tauschListe = array(
                '<a href="\1">\1</a>',
                '<img src="\1" border="0" alt="\1">'
                );

// Prüfen auf Tags
echo preg_replace($reg_Liste, $tauschListe, $eintrag);
?>
</pre>
```

Ausgabe:

```
<a href="http://www.berlin.de">http://www.berlin.de</a>
<img src="../bilder/smiley.gif" border="0" alt="../bilder/smiley.gif">
```

Sie sollten es mal mit folgender Zeichenkette versuchen:

```
$eintrag = "Link: [url=http://www.berlin.de]<br>
Bild: [image=../bilder/smiley.gif]<br>
Bild: [image=../fotos/caro.gif]";
```

Bisher war in den Beispielen zu `preg_replace()` die Variable `$eintrag` immer vom Typ String. Sie können jedoch ohne weiteres auch ein Array übergeben. Die Ersetzung wird dann für jedes Element des Arrays durchgeführt.

Beispiel:

```
<pre>
<?php
// Array
$eintrag = array(
        "Link: [url=http://www.berlin.de]<br>",
        "Bild: [image=../bilder/smiley.gif]<br>",
        "Bild: [image=../fotos/caro.gif]"
);

// Suchmuster
$reg_Liste = array(
                "/\[url=([^]]*)\]/i",
                "/\[image=([^]]*)\]/i"
                );

// Austausch
$tauschListe = array(
                '<a href="\1">\1</a>',
                '<img src="\1" border="0" alt="\1">'
                );

// Prüfen auf Tags
$res = preg_replace($reg_Liste, $tauschListe, $eintrag);

// Ausgabe
foreach ($res as $element) {
```

```
        echo $element;
}
?>
</pre>
```

Ausgabe:

```
Link: <a href="http://www.berlin.de">http://www.berlin.de</a><br>

Bild: <img src="../bilder/smiley.gif" border="0"
alt="../bilder/smiley.gif"><br>

Bild: <img src="../fotos/caro.gif" border="0" alt="../fotos/caro.gif">
```

Einsatz von preg_replace_callback()

Eine besondere Rolle bei der Ersetzung von Zeichenketten spielt die Funktion preg_replace_callback(). Sie ruft eine Callback-Funktion auf, die den zu ersetzenden String bildet. Der Rückgabewert der Callback-Funktion bildet den zu ersetzenden String.

Beispiel:

```
<pre>
<?php
// Zeichenkette
$eintrag = "Link: [url=javascript:alert(\'Test\')]<br>
[url=http://www.berlin.de]";

// Suchmuster
$reg_muster = "/\[url=([^]]*)\]/i";

// Callback-Funktion
function nojavascript($matches) {
        if (!preg_match("/javascript:/i",$matches[0])) {
                return '<a href="' . $matches[1] . '">' . $matches[1] .
'</a>';
        }
}

// Prüfen auf Tags
$res = preg_replace_callback($reg_muster, "nojavascript", $eintrag);

// Ausgabe
echo $res;
?>
</pre>
```

Ausgabe:

```
Link: <br>
<a href="http://www.berlin.de">http://www.berlin.de</a>
```

In Beispiel werden sämtliche JavaScript-Verweise einfach ignoriert und lediglich ordnungsgemäße Verweise formatiert zurückgegeben. Dies ist in Online-Foren ein äußerst nützlicher Austausch, da sonst jeder einfach mal so einige JavaScript-Funktionen ausführen könnte.

Einsatz von preg_split()

Die Funktion `preg_split()` ist in der Lage, eine Zeichenkette mit Hilfe eines regulären Ausdrucks zu zerlegen, und gibt ein indiziertes Array zurück, welches die Teilstrings als Array Elemente enthält.

Sehr oft treffen wir auf Texte, in denen bestimmte Zeichen Teile eines Textes voneinander trennen. So ermöglichen Tabellenkalkulationsprogramme wie Excel den Export von Tabellen in Form von kommaseparierten Listen. Durch die Zerlegung des Strings ist es möglich, eine solche Liste in einem Array zu speichern und weiter zu verarbeiten. In den meisten Fällen wird der Einsatz der Stringfunktion `explode()` zum gewünschten Ergebnis führen. Diese Funktion zerlegt einen String anhand eines oder mehrerer Trennzeichen und gibt ein Array von Teilstrings zurück. Sind die Trennzeichen eindeutig festgelegt, sollten Sie diese Funktion verwenden, da sie nicht auf die Mechanismen der regulären Ausdrücke angewiesen ist. Dies wird jedoch nicht in jedem Fall möglich sein, wie das folgende Beispiel beweist:

```
<pre>
<?php
// Zeichenkette
$text = "Eintrag1,Eintrag2:Eintrag3 Eintrag4;Eintrag5";

// Suchmuster
$reg_muster = "/,|;|:| /";

print_r(preg_split($reg_muster,$text));
?>
</pre>
```

Ausgabe:

```
Array
(
    [0] => Eintrag1
    [1] => Eintrag2
    [2] => Eintrag3
    [3] => Eintrag4
    [4] => Eintrag5
)
```

Die Zeichenkette `$text` enthält Elemente, die durch ein Komma, ein Semikolon, einen Doppelpunkt oder ein Leerzeichen voneinander getrennt sind. Unabhängig vom Trennzeichen wird aus der Zeichenkette ein Array mit den einzelnen Elementen erzeugt.

Besonderheit:

Der Funktion können Sie als vierten und optionalen Parameter Flags übergeben. Dieser Parameter enthält Konstanten, mit denen Sie das Verhalten der Funktion steuern können.

- PREG_SPLIT_NO_EMPTY unterdrückt die Rückgabe von leeren Elementen.

- PREG_SPLIT_DELIM_CAPTURE berücksichtigt Klammern und gibt deren Fundstelle als Element mit zurück.

- PREG_SPLIT_OFFSET_CAPTURE gibt ein Array von Elementen zurück, deren Werte selbst wiederum Arrays darstellen. Das erste Element dieses Arrays ist der Teilstring, das zweite Element die reale Position des Teilstrings im Originalstring.

Beachten Sie, dass wenn Sie den Parameter flags verwenden, zwingend der optionale Parameter limit gesetzt werden muss. Möchten Sie, dass preg_split() sämtliche Teilstrings zurückgibt, so übergeben Sie als limit den Wert -1. Benötigen Sie den Parameter flags nicht, so brauchen Sie auch keinen Wert für limit anzugeben.

1.14.11 Einsatz der Funktionen im POSIX-Stil

Die regulären Funktionen im POSIX-Stil gehören seit PHP 3 zum Funktionsumfang. Da die PCRE-Funktionen erst später eingeführt wurden und lange Zeit nicht zur Standardinstallation gehörten, waren die POSIX-Funktionen oft die einzige Möglichkeit, reguläre Ausdrücke auszuführen.

Mittlerweile haben Sie jedoch die Wahl zwischen PCRE- und POSIX-Funktionen. Grundsätzlich gilt, dass PCRE-Funktionen zu bevorzugen sind, da sie wesentlich schneller, flexibler und leistungsfähiger sind als die POSIX-Funktionen. Die meisten Suchmuster können Sie auch auf die POSIX-Funktionen übertragen. Die Verwendung komplexer Muster, wie z.B. die Filterung von Verweisen, ist jedoch nur schwer umsetzbar. Beachten Sie, dass die POSIX-Funktionen die Verkürzungen mittels Backslash nicht unterstützen und dass die Funktionen nicht binary-safe sind.

Erweiterte Syntax

In der erweiterten Syntax werden Ersatzsymbole unterstützt, welche den Umgang mit regulären Ausdrücken vereinfachen.

Beispiel:

```php
<?php
// Zeichenkette
$text = "Hallo Welt";
ereg("[[:alnum:]]*", $text, $matches);
print_r($matches);
?>
```

Ausgabe:

```
Array
(
    [0] => Hallo
)
```

So können Sie auf einfache Weise den String nach alphanumerischen Zeichen durchsuchen. Die Zeichenfolge [:alnum:] steht für alphanumerische Zeichen. Dieser Ausdruck ist äquivalent zur Zeichenklasse [a-zA-Z0-9]. Beachten Sie, dass ein Ersatzsymbol in eckigen Klammern und Doppelpunkten eingeschlossen werden muss. Hinzu kommen die eckigen Klammern der Zeichenklasse. Würden Sie im Beispiel statt [[:alnum:]] nur [:alnum:] verwenden, so würde der Ausdruck innerhalb der Zeichenklasse als eine Liste von Zeichen interpretiert und der Text nach den Zeichen :,a,l,n,u,m durchsucht. Hier nun eine Auflistung der zur Verfügung stehenden Ersatzsymbole.

Symbol	Entsprechung	Bedeutung
[:digit:]	[0-9]	Ziffern
[:alpha:]	[a-zA-Z]	Buchstaben
[:alnum:]	[a-zA-Z0-9]	Alphanumerische Zeichen
[:blank:]	[\t]	Leerzeichen, Tabulatoren
[:space:]	[\s]	Freiraum
[:punct:]	[[]!\"#$%&'()*+,./:;<=>?@\^_'{l}~[-]*]	Satzzeichen
[:lower:]	[a-z]	Kleinbuchstaben
[:upper:]	[A-Z]	Großbuchstaben
[:cntrl:]		Steuerzeichen
[:graph:]	[[:alpha:][:digit:][:punct:]]	Schriftzeichen
[:print:]	[[:graph:]]	Druckbares Zeichen
[:xdigit:]	[0-9a-fA-F]	Hexadezimalzeichen

Einsatz von ereg() und eregi()

Im Gegensatz zu den PCRE-Funktionen erhalten POSIX-Funktionen keinen Delimiter. Das bedeutet, Sie können an diese Funktionen keinen Modifizierer übergeben. Damit jedoch eine Ausschaltung der Groß- und Kleinschreibung möglich ist, gibt es neben der ereg()-Funktion die eregi()-Funktion, die keine Unterscheidung zwischen Groß- und Kleinschreibung vornimmt. Die beiden Funktionen eignen sich hervorragend zum Durchsuchen von Zeichenketten.

Beispiel:

```
<pre>
<?php
// Zeichenkette
$text = "13358";
echo ereg("^[0-9]{5}$", $text, $matches);
print_r($matches);
?>
</pre>
```

Ausgabe:

```
5
Array
(
    [0] => 13358
)
```

Im Beispiel wird eine Zeichenkette daraufhin geprüft, ob sie aus genau 5 Ziffern besteht; folgender Ausdruck [[:digit:]]{5}$ würde zum selben Ergebnis führen. Eine solche Überprüfung eignet sich vor allem bei der Verifikation von Postleitzahlen. Die ereg()-Funktion speichert die Anzahl der gefundenen Zeichen in dem optionalen Parameter matches. Diese Arbeitsweise entspricht der `preg_match()`-Funktion. Sollte keine Über-einstimmung gefunden werden, so wird `FALSE` zurückgegeben.

Einsatz von ereg_replace und eregi_replace()

Mit Hilfe der beiden Funktionen `ereg_replace()` und `eregi_replace()` sind Sie in der Lage, Zeichenketten zu ersetzen. Im Gegensatz zu `preg_replace()` lassen sich lediglich Strings und keine Arrays verarbeiten. Auch bei diesem Funktionspaar unterscheidet die `eregi_replace()`-Funktion nicht zwischen Groß- und Kleinschreibung. Beide Funktionen unterstützen Rückverweise.

Beispiel:

```
<?php
// Zeichenkette
$htmltext = "Verweis: [url=http://www.atomicscript.de]";

// Suchmuster
$reg_muster = "\[url=([^]]*)\]";

// Austausch
$tausch = '<a href="\1">\1</a>';

echo eregi_replace($reg_muster, $tausch, $htmltext);
?>
```

Ausgabe :

```
<a href="http://www.atomicscript.de">http://www.atomicscript.de</a>
```

Besonderheit:

Verwenden Sie als Ersatzstring eine Zahl vom Typ Integer, so müssen Sie diese Zahl explizit in einen String umwandeln. Andernfalls kommt es zu unerwarteten Ergebnissen, da die Zahl als Ordinalwert betrachtet wird.

Beispiel:

```
<?php
// Zeichenkette
$htmltext = "Inhalt";

// Suchmuster
$reg_muster = "[a-z]{6}";

// Austausch
$tausch = 90;

// Ausgabe - Z
echo eregi_replace($reg_muster, $tausch, $htmltext);

// Ausgabe - 90
echo eregi_replace($reg_muster, (string) $tausch, $htmltext);
?>
```

Die Zahl 90 ist der Ordinalwert des Zeichens Z. Da dieser Wert als Zahl in die Funktion `eregi_replace()` einging, wird der Zahlenwert durch das Zeichen der ASCII-Code-tabelle ersetzt. Die explizite Umwandlung mit `(string)` bewirkt, dass sich die Funktion wie erwartet verhält.

Hinweis: Für einfache Ersetzungen können Sie auch die Funktion `str_replace()` verwenden. Diese ersetzt eine Zeichenkette durch eine andere und arbeitet um einiges schneller als die Ersetzung mittels regulärer Ausdrücke.

Einsatz von split() und spliti()

Mit Hilfe der beiden Funktionen `split()` und `spliti()` lassen sich Zeichenketten zerlegen. Die Rückgabewerte dieser Funktionen ist ein Array, dessen Elemente die Teilstrings beinhalten. Auch bei diesem Funktionspaar unterscheidet die `spliti()`-Funktion nicht zwischen Groß- und Kleinschreibung.

Beispiel:

```
<pre>
<?php
// Zeichenkette
$text = "Eintrag1;Eintrag2:Eintrag3,Eintrag4;Eintrag5";

// Suchmuster
$reg_muster = ";|:|,";

print_r(split($reg_muster,$text));
?>
</pre>
```

Ausgabe:

```
Array
(
    [0] => Eintrag1
    [1] => Eintrag2
    [2] => Eintrag3
    [3] => Eintrag4
    [4] => Eintrag5
)
```

Es werden immer n+1 Elemente zurückgegeben. Findet der Ausdruck also wie im Beispiel vier Trennzeichen, so entstehen daraus 5 Array-Elemente. Folgt nach dem letzten Trennzeichen nichts mehr, so ist das letzte Element leer. Wird kein Trennzeichen gefunden, dann enthält das Array genau ein Element mit dem gesamten String.

1.14.12 Programme zu regulären Ausdrücken

Sie werden im Internet zahlreiche nützliche Skripts zum Thema finden, was jedoch nützliche Lernprogramme zum Thema angeht, ist die Auswahl nicht ganz so umfangreich. Daher sind wir stolz, Ihnen folgendes Programm von Dr. Edmund Weitz vorstellen zu können.

Regex Coach, das Testlabor

Haben Sie noch immer nicht genug bekommen von regulären Ausdrücken und würden gerne diverse Kombinationen ausprobieren wollen, empfehlen wir Ihnen ein Programm, das Ihnen die Arbeit mit regulären Ausdrücken wesentlich erleichtern wird. Regex Coach von Dr. Edmund Weitz.

Damit lassen sich reguläre Ausdrücke und ihre Auswirkungen in einer Art virtuellem Labor testen, um sie anschließend in eigene Webanwendungen einzubinden. Das Programm ist sowohl für Windows als auch Linux erhältlich.

Hinweis: Das Programm befindet sich sowohl als Windows – also auch Linux-Version auf der Buch-CD im Verzeichnis *Tools/Regex_Coach*.

Tipp: Die aktuellste Version finden Sie unter folgender Adresse:
www.weitz.de/regex-coach/

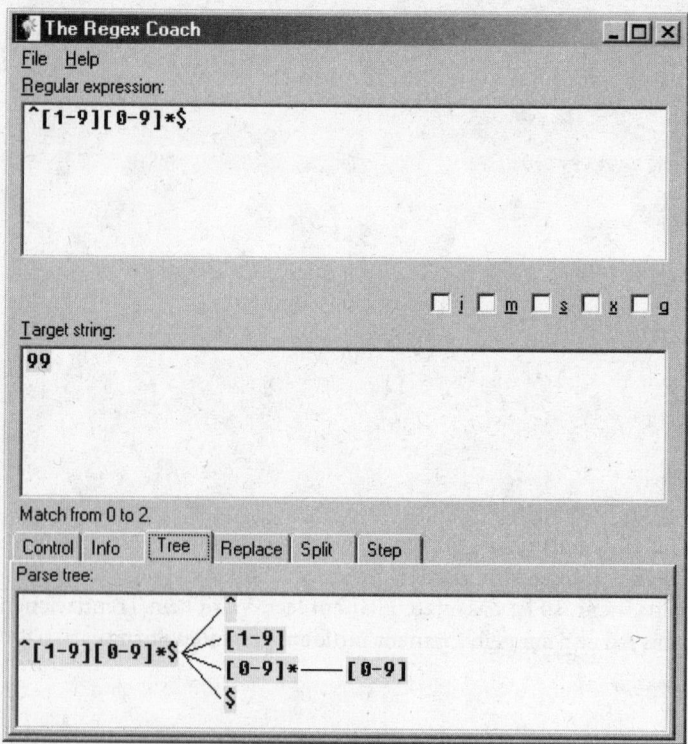

Bild 1.11: Regex Coach im Einsatz

2 Programmierung mit PHP

Wir werden uns nun in der Welt der PHP-Programmierung genauer umschauen, einen umfassenden Einblick in die Sprachbestandteile und Ihre Arbeitsweise haben Sie bereits in Kapitel 1 erhalten.

2.1 Formulare und PHP

Formulare stellen in der Welt der interaktiven und dynamischen Websites den Schlüssel zum Anwender dar. Der Anwender wird durch sie in die Lage versetzt, Daten einzugeben, und der Server kann auf diese Daten in vielfältiger Weise reagieren. Die Umsetzung von Formularen erfolgt in den meisten Fällen mit Hilfe von HTML-Tags, wie dem `<form>`-Tag. Die Übertragung der Daten zum Server übernimmt HTTP mit den Methoden POST oder GET.

> **Hinweis:** Formulare bzw. Eingabemasken können Ihnen auch in Form von JavaApplets und Flash-Anwendungen begegnen. Vor allem Flash-Anwendungen spielen eine immer größe Rolle.

2.1.1 GET und POST

Die sinnvollste Methode für die jeweilige Webanwendung einzusetzen liegt in den Händen des Entwicklers, daher sollten einige Hintergrundinformationen zu den beiden Übertragungsmethoden vorhanden sein.

POST

Die POST-Methode wird vorwiegend eingesetzt, um dem Server mitzuteilen, dass eine Anforderung des Clients weitere Daten enthält. POST bietet in diesem Zusammenhang folgende Funktionen an:

- Übertragung eines Datenblocks, dazu gehören auch die Inhalte eines Formulars.

- Übertragung von Nachrichten auf eine Nachrichtengruppe, Mailingliste etc.

- Mitteilung existierender Ressourcen

Die aktuell durch POST ausgelöste Aktion wird durch den Server festgelegt und ist abhängig von dem Request-URI. Der gesendete Datenblock stellt dabei einen Bestandteil dieses URI dar, ähnlich wie eine Datei Bestandteil eines Verzeichnisses ist. Der durch

POST ausgelöste Prozess muss nicht direkt an eine Ressource gerichtet sein, die durch den URI adressiert wird. In diesem Fall wird entweder 200 (OK) oder 204 (No Content) als Statusmeldung übertragen. Um an dieser Stelle die Theorie auf den Punkt zu bringen: Praktisch gesehen dient POST dazu, Formulardaten vom Browser zum Server zu übertragen.

GET

Die GET-Methode ist in der Lage, Informationen jeglicher Art mit Hilfe des Ergebnis-URI zu identifizieren. Wenn der URI auf einem Prozess basiert, welcher Daten zurückgibt, besteht er aus den erzeugten Daten. Der vollständige URI besteht aus dem URL, einem Fragezeichen als Trennzeichen und den Daten.

Beispiel:

```
http://www.meinedomain.de/ausgabe.php?inhalt=Hallo Besucher
```

Es ist auch möglich, eine GET-Anforderung mit Bedingungen zu senden, beispielsweise `If-Modified-Since`, `If-Unmodified-Since`, `If-Match`, `If-None-Match`, `If-Range`. In diesen Fällen werden die Daten nur dann übertragen, wenn die Bedingungen erfüllt sind.

Unterschiede und Gemeinsamkeiten von GET und POST

Die vorliegenden Informationen haben sicher einige Unterschiede aufführen können. Für den Einsatz in PHP-basierten Webanwendungen ist lediglich eines von Interesse:

* Die POST-Methode überträgt die Daten im Körper (Body) der Nachricht. Damit sind die Daten ein Teil der Nachricht, welche aus Kopf (Header) und Körper (Body) zusammengesetzt ist. In diesem Fall ist der Platz übrigens nicht beschränkt.

* Die GET-Methode nutzt den URI zur Übertragung der Daten und hängt diese quasi an den URL mit an. Die Länge des URL ist jedoch bestimmten Beschränkungen von Seiten des Browsers unterworfen. Daher sollte die Datenmenge möglichst eine Größe von 2 Kilobyte nicht überschreiten. Dies ist im Übrigen schnell erreicht, da neben den eigentlichen Daten auch jedes Trennzeichen und jeder Variablen- bzw. Feldname mit übertragen wird.

Mit POST umgehen Sie die Beschränkungen von Seiten der Browser. Als einziger Nachteil könnte in Performance-ortientierten Systemen der größere Zeitaufwand zur Übertragung der Nachricht angesehen werden. Dieser Nachteil kommt dadurch zustande, dass der Server zusätzlich zum Kopf auch den gesamten Körper der Nachricht übertragen muss.

GET oder POST?

Hier einige handfeste Hilfestellungen für die Entscheidung, welche Übertragungsmethode Sie einsetzen sollten.

- Allgemein betrachtet ist es besser, die Methode GET zu verwenden: Formulare sind wesentlich leichter zu debuggen, und der Anwender kann sich ein fertig ausgefülltes Formular mit Parametern in die Bookmarks oder einen Hyperlink legen – das ist besonders bequem und ergonomisch.

- Enthält das Formular Werte, die nicht in dem URL angezeigt, nicht Bestandteil des Referers sein und nicht in Proxy-Logs auftauchen sollen, dann ist die Verwendung von POST anzuraten. Dies ist zum Beispiel immer dann der Fall, wenn ein Eingabeelement `Password` verwendet wird.

- Ebenfalls sollte POST verwendet werden, wenn die Länge von Eingabeelementen nicht nach oben begrenzt ist, also immer dann, wenn ein TEXTAREA verwendet wird.

- Schließlich ist die Verwendung von POST zwingend notwendig, wenn ein File-Upload durchgeführt werden soll, einmal wegen der prinzipiell unbegrenzten Länge, aber auch weil das notwendige Attribut `ENCTYPE="multipart/form-data"` nur in Verbindung mit POST funktioniert.

2.1.2 Ermitteln von Formulardaten

Die Daten eines Formulars innerhalb eines PHP-Skripts weiter zu verarbeiten ist eine der grundlegenden Aufgaben einer Vielzahl von Webanwendungen.

HTML-Formulare

Mit Hilfe von HTML-Formularen sind Sie in der Lage, Daten vom Browser zum Server zu übermitteln. Ein Formular setzt sich aus dem `<form>`-Tag und den enthaltenen Formularelementen wie Textfeldern, Checkboxen, Auswahllisten etc. zusammen.

> **Achtung:** Bei der Realisierung von HTML-Formularen sollten Sie darauf achten, dass die Formularelemente nur innerhalb des `<form></form>`-Containers existieren. Außerhalb werden Sie von den meisten Browsern gar nicht erst angezeigt oder falsch dargestellt. Zusätzlich verlieren Sie ihre Funktionalität.

Die wohl einfachste Form eines Formulars stellt sich wie folgt dar:

```
<html>
<head>
<title>Kontaktformular</title>
</head>
<body>
<form action="mailto:matthiask@atomicscript">
  <p>
    Betreff: <input type="text" name="Betreff" size="30">
  </p>
  <p>
    E-Mail: <input type="text" name="email" size="30">
  </p>
```

```
 <p>
   Kommentar: <input type="text" name="nachricht" size="30">
 </p>
 <p>
   <input type="submit" name="Submit" value="Submit">
   <input type="reset" name="Reset" value="Reset">
 </p>
</form>
</body>
</html>
```

Das Formular ist in der Lage, eine E-Mail zu versenden. Dieser Vorgang läuft jedoch clientseitig ab. Voraussetzung ist, dass neben dem Browser auch ein E-Mail-Client zur Verfügung steht, welcher vom Browser gesteuert werden kann. Sollte dies nicht gegeben sein, ist der Einsatz eines serverseitigen Skripts notwendig, welches unabhängig vom Browser E-Mails versenden kann. Hierfür ist innerhalb des Formulars lediglich eine Zeile anzupassen:

```
<form action="mail.php" method="post">
```

Wie Sie sehen, wird zum einen als auszuführender Befehl für den `<form>`-Tag keine lokale Anweisung mehr verwendet, sondern auf ein Skript verwiesen, welches sich auf dem Server befindet. Zum anderen wird explizit auf die zu verwendende Übertragungsmethode verwiesen. Im vorliegenden Fall handelt es sich um POST.

Einsatz von Formularelementen

Im vorherigen Beispiel haben Sie bereits zwei Formularelemente kennen gelernt, es handelt sich um das Eingabetextfeld und die Schaltfläche.

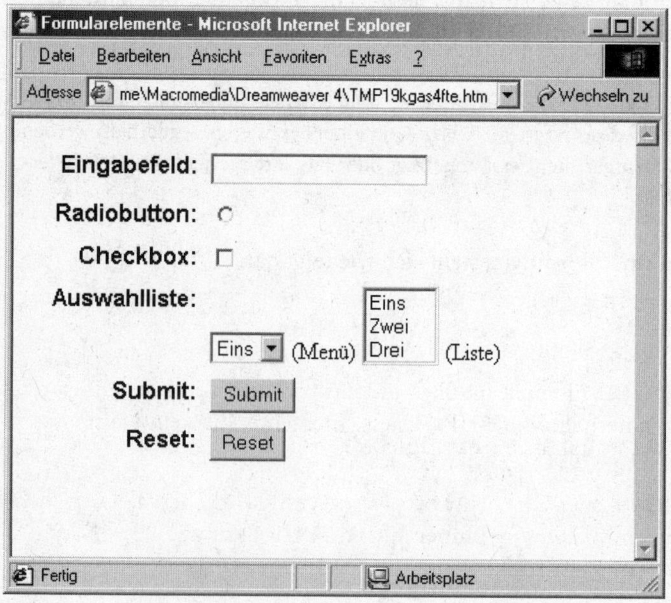

Bild 2.1:   Übersicht der HTML-Formularelemente

In HTML stehen Ihnen weitaus mehr Formularelemente zur Verfügung. Das wohl vielfältigste Tag innerhalb eines HTML-Formulars ist das `<input>`-Tag.

Die folgenden Formularelemente sind Bestandteile des `<input>`-Tags. Wir haben sie in der folgenden Tabelle für Sie aufgelistet.

Element	Attribute	Bedeutung
text	size,value,name,maxlength	Erzeugt ein einzeiliges Eingabetextfeld.
radio	value,checked,name	Erzeugt eine Optionsschaltfläche. Im Gegensatz zu einer Checkbox kann lediglich eine Schaltfläche innerhalb einer Gruppe aktiviert werden. Die Radiobuttons werden zu einer Gruppe verknüpft, sobald Sie denselben Namen besitzen, welcher mit Hilfe des `name`-Attributs festgelegt wird.
checkbox	value,checked,name	Erzeugt einen Auswahlkasten. Das Attribut `value` wird zum Server übertragen, sobald die Checkbox aktiviert wurde. Mit Hilfe des Attributs `checked` kann die Checkbox bereits beim Aufruf des Formulars aktiviert werden. Checkboxen ermöglichen auch bei Zugehörigkeit zur selben Gruppe eine Mehrfachauswahl.
password	size,value,name	Bewirkt, dass die eingegebenen Zeichen als Sternchen im Eingabefeld erscheinen.
hidden	value,name	Erzeugt ein unsichtbares Feld, welches dazu dient, versteckte Statusinformationen zu übermitteln.
button	value,name	Erzeugt eine Schaltfläche.
image	src,name,width,height,alt	Erzeugt ein Bild, welches beispielsweise eine Schaltfläche ersetzt.
file	name,size,maxlength,accept	Erzeugt ein Eingabefeld samt Schaltfläche zum Übertragen von Dateien.
submit	name,value	Erzeugt einen Sendeschalter. Diese Schaltfläche überträgt beim Anklicken den Inhalt des Formulars an das im `<form>`-Tag mit dem Attribut `action` angegebene Skript.
reset	name,value	Erzeugt eine Schaltfläche zum Zurücksetzen der Eingaben innerhalb der Formularelemente.

Die Attribute haben folgende Bedeutung:

- `name` – Name, nach dem das Element im Skript identifiziert werden kann. Entspricht dem Variablennamen innerhalb von PHP-Skripts. Elemente, die kein Namensattribut besitzen, werden nicht übertragen.

- `value` – Vorbelegter Wert oder Beschriftung. Dieser Wert wird ebenfalls versendet. Entspricht dem Variableninhalt (Wert) innerhalb von PHP-Skripts.

- `size` – Legt die Feldgröße in Standardzeichen fest.

- `checked` – Aktiviert das jeweilige Element. Entspricht `true` (aktiv).

- src – Verweist auf den Ort des verknüpften Bildes.

- maxlength – Legt die Anzahl der Zeichen fest, die in einem Feld eingegeben werden können.

> **Hinweis:** Bei der Verarbeitung des <input>-Tags sollte Sie darauf achten, dass die Variablen auch Anführungszeichen enthalten könnten, was wiederum das Ende des value-Attributs kennzeichnen würde. Um dies zu verhindern, sollte man sie mit Hilfe der Funktion htmlspecialchars() umwandeln lassen.

Zusätzlich stehen Ihnen noch zwei weitere Formularelemente zur Verfügung, welche es Ihnen beispielsweise ermöglichen, Auswahllisten, Sprungmenüs oder mehrzeilige Texteingaben zu erstellen.

- <select></select> – Dieses Element stellt eine Auswahlliste in Form eines Dropdown-Menüs dar. Jedes Element wird durch ein weiteres Tag, <option></option>, eingeleitet.

- <textarea></textarea> – Mit diesem Element werden mehrzeilige Textfeldeingaben möglich, da es im Unterschied zum <input>-Tag einen Anfangs- und Endtag besitzt.

> **Hinweis:** Zusätzliche Informationen zum Thema HTML und zur Gestaltung von Formularen finden Sie auf der Buch-CD im PDF HTML_und_CSS_Kurzreferenz.pdf.

2.1.3 Auswertung von Formularen

Die Auswertung und Übergabe der Formulardaten in PHP ist recht einfach. PHP erkennt selbstständig angehängte Daten, egal, ob diese mit GET innerhalb des URI oder mit POST innerhalb des Körpers der Nachricht versandt wurden. Jedes Formularelement ist durch das Attribut name gekennzeichnet und eindeutig identifizierbar. Er erscheint in PHP als Variable mit dem Namen des Elements, gefüllt mit den eingegebenen Werten. Durch Bilder erzeugte Schaltflächen übermitteln in den Variablen $name_x und $name_y die Position des Mauszeigers, relativ zur linken oberen Ecke des Bildes.

Beispiel:

```
<html>
<head>
<title>Kontaktformular</title>
</head>
<body>
<?php

if (!$gesendet && !$name) {

?>
<form method="POST" action="<?php echo $PHP_SELF ?>">
  <p>Name:
```

```
    <input type="text" name="name" size="30">
  </p>
  <p>E-mail:
    <input type="text" name="email" size="30">
  </p>
  <p>Buchbewertung: 1
    <input type="radio" name="bewertung" value="1">
    2
    <input type="radio" name="bewertung" value="2">
    3
    <input type="radio" name="bewertung" value="3">
    4
    <input type="radio" name="bewertung" value="4">
    5
    <input type="radio" name="bewertung" value="5">
    6
    <input type="radio" name="bewertung" value="6">
  </p>
  <p>Kommentar:
    <textarea name="kommentar" cols="30" rows="5"></textarea>
  </p>
  <p>Lieblingsthema:
    <select name="auswahl">
      <option value="PHP">PHP</option>
      <option value="MySQL">MySQL</option>
      <option value="JAVA">JAVA</option>
      <option value="ASP">ASP</option>
    </select>
  </p>
  <p>
    <input type="submit" name="Submit" value="Submit">
    <input type="reset" name="reset" value="Reset">
    <input type="hidden" name="gesendet" value="1">
  </p>
</form>
<?php

} else {
echo "
 Folgende Daten wurden übermittelt:<p>
 <b>Name:</b> $name<br>
 <b>E-Mail:</b> $email<br>
 <b>Buchbewertung:</b> $bewertung<br>
 <b>Kommentar:</b> $kommentar<br>
 <b>Lieblingsthema:</b> $auswahl
 <p>
 <form method=POST action=$PHP_SELF>
 <input type='submit' name='Submit' value='Noch einen Kommentar?'>
 </form>
 </p>
";
```

```
}

?>
</body>
</html>
```

Sie sollten sich das Beispiel genauer betrachten:

- Das Skript ruft sich selbst auf, der eigene Name wird der vordefinierten Variablen `$PHP_SELF` entnommen.

- Das Skript ist zweigeteilt, es enthält sowohl das HTML-Formular zum Senden als auch das Skript zum Auswerten.

- Die Überprüfung, ob es sich um die Darstellungs- oder Auswertungsphase handelt, wird anhand der Variablen `$gesendet` und `$name` vorgenommen.

- PHP wertet gefüllte Formularelemente (Variablen) als `true`, ungefüllte oder nicht vorhandene als `false`.

- In der Auswertungsphase werden die Daten wiedergegeben. Das Formular kann erneut aufgerufen werden, indem ein neues Formular gesendet wird.

Das vorliegende Beispiel war vergleichsweise einfach. Es gibt jedoch Formularelemente, die mehr als einen Wert zurückgeben können. So ist es in HTML prinzipiell erlaubt, mehrere Elemente mit demselben Namen zu belegen. Natürlich sollten Sie dies möglichst vermeiden, doch sollte solch eine Situation vorkommen, wäre es nicht schlecht, darauf angemessen reagieren zu können. Eine typische Anwendung sind mehrere Checkboxen in einer Gruppe:

```
<input type="checkbox" name="thema" value="Autos">
<input type="checkbox" name="thema" value="Filme">
<input type="checkbox" name="thema" value="Essen">
<input type="checkbox" name="thema" value="Sport">
```

Es gibt auch Fälle, in denen Mehrfachangaben ausdrücklich erwünscht sind. So können Sie beispielsweise bei `<select>` mit dem Attribut `multiple` eine Mehrfachauswahl zulassen:

```
<select name="thema" size="4" multiple>
        <option value="Autos">Autos</option>
        <option value="Filme">Filme</option>
        <option value="Essen">Essen</option>
        <option value="Sport">Sport</option>
</select>
```

Bei der Auswertung steht Ihnen diese Auswahl nur in einer einzigen Variablen zur Verfügung. Was passiert mit den Werten? Es könnte sein, dass PHP diese als Array erkennt. Aber was geschieht, wenn Sie die Variable abrufen?

```
<html>
<head>
<title>Mehrfach Auswahl</title>
</head>
```

```
<body>
<form name="form1" method="post" action="<?php echo $PHP_SELF ?>">
  <p>
    <select name="thema" size="4" multiple>
      <option value="Autos">Autos</option>
      <option value="Filme">Filme</option>
      <option value="Essen">Essen</option>
      <option value="Sport">Sport</option>
    </select>
  </p>
  <p>
    <input type="submit" name="Submit" value="Submit">
  </p>
</form>

<?php
    if ($thema) echo "Thema enthält: $thema";
?>

</body>
</html>
```

Wie Sie sehen, wird im Fall der Mehrfachauswahl lediglich immer nur der letzte ausgewählte Wert der Auswahlliste angezeigt. Offensichtlich wird kein Array gebildet, denn
die Auswahl `$thema[0]` verweist nicht, wie vermutet, auf den ersten Eintrag der ausgewählten Elemente; die Zeichenkette wird als Array erfasst, und lediglich der erste Buchstabe wird ausgegeben.

Wie sieht nun die Lösung des Problems aus? Sie müssen PHP bereits mit dem Namen
der Variablen mitteilen, dass ein Array verwendet werden soll; hierzu müssen Sie folgende Stelle im Skript anpassen:

```
<select name="thema[]" size="4" multiple>
```

Sie kennzeichnen den Namen mit eckigen Klammern `[]`, die in HTML keine weitere
Bedeutung haben. PHP nimmt nun an, dass mehr als ein Wert folgt, und erzeugt ein
Array. Dies geschieht natürlich auch dann, wenn tatsächlich nur ein Wert vorliegt. Die
Auswertung kann dann recht komfortabel mit Hilfe einer Schleife durchgeführt werden:

```
<?php
    if ($thema) {
        echo "Es sind folgende Themen enthalten:<br>";
        foreach($thema as $element) {
            echo "$element<br>";
        }
    }
?>
```

Mit der Funktion `count($thema)` ermitteln Sie die Anzahl der Elemente, die anschließend einzeln durch die Schleife ermittelt werden.

2.1.4 Formularelemente auf Existenz prüfen

Im vorherigen Beispiel wurde bereits davon Gebrauch gemacht, dass nicht vorhandene oder nicht ausgefüllte Formularelemente gezielt ausgewertet werden können. Daher ist es äußerst wichtig zu wissen, wie sich einzelne Formularelemente verhalten.

Radiobutton

Radiobuttons dienen der Auswahl aus einer fest begrenzten Anzahl von Werten. Gruppen entstehen, indem mehrere dieser Felder denselben Namen erhalten. Wird keines der Felder ausgewählt, erscheint es nicht als Variable. Wird eines ausgewählt, wird der Wert übertragen. Sie können die Angabe eines Wertes erzwingen, indem eine Option mit dem Attribut `checked` gesetzt wird.

Checkbox

Chekboxen übertragen den Wert des Attributs `value`. Sollte `value` nicht angegeben sein, wird die aktivierte Checkbox übertragen. Eine nicht aktivierte Checkbox überträgt nichts.

Text, Hidden und Textarea

Textfelder in allen drei Varianten geben immer wenigstens eine leere Zeichenkette zurück und damit auch den Namen. Bei `text` und `hidden` bestimmt der Inhalt des Attributs `value`, was standardmäßig gesendet wird. Bei `<textarea>` steht der Standardtext zwischen den Tags.

Select

Auswahllisten können völlig unselektiert bleiben, dann wird jedoch nichts übertragen. Sie können aber eine Standardauswahl erzwingen, indem das Attribut `default` innerhalb des `<option>`-Tags gesetzt wird.

Submit

Sendeschaltflächen werden nicht übertragen, solange `value` nicht ausgefüllt wurde. Die Schaltfläche verwendet normalerweise `value` als Bezeichner. Wird nichts angegeben, erscheint der Standardtext »Submit« oder »Anfrage absenden«, dieser wird aber nicht gesendet.

Besonderheit

Die Formularelemente eines verschickten Formulars werden beim Aufrufen der Empfängerseite, welche im `action`-Attribut angegeben wurde, automatisch in Variablen gleichen Namens umgewandelt, auf die man im Verlauf des jeweiligen Skripts direkt zugreifen kann. Sollten Sie auf solche Variablen auch in Funktionen zugreifen wollen, ohne sie global definieren zu müssen, können Sie seit PHP 4.2 die superglobalen Arrays $_GET , $_POST oder $_REQUEST verwenden, je nach Übertragungsmethode.

Hinweis: In älteren PHP-Versionen befinden sich diese Arrays in $HTTP_GET_VARS, $HTTP_POST_VARS oder $http_REQUEST_VARS und müssen außerhalb des Skripts explizit als global deklariert werden.

2.1.5   Dynamische Formulare

Die Formularelemente samt der Angabe der Werte wurden in den bisherigen Beispielen stets fest in die Formulare eingebunden. Es wäre sicher jedoch wesentlich praktischer, wenn man dies automatisieren und bestimmte Formularelemente dynamisch erzeugen könnte.

Es wäre sicherlich einen Versuch wert, die Auswahlliste dynamisch mit Hilfe einer Schleife zu erzeugen:

```
<html>
<head>
<title>Dynamische Mehrfach-Auswahl</title>
</head>
<body>
<form name="form1" method="post" action="<?php echo $PHP_SELF ?>">
  <p>
  <?php
    $themen = array("Autos","Filme","Essen","Sport");
  ?>
    <select name="thema[]" size="4" multiple>
  <?php
      foreach ($themen as $element) {
              echo "<option value=$element>$element</option>";
      }
  ?>
    </select>
  </p>
  <p>
    <input type="submit" name="Submit" value="Submit">
  </p>
</form>

<?php
      if ($thema) {
              echo "Es sind folgende Themen enthalten:<br>";
              foreach($thema as $element) {
                      echo "$element<br>";
              }
      }
?>
</body>
</html>
```

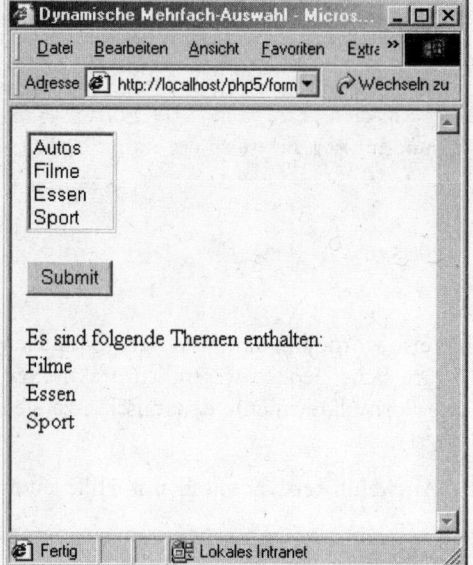

Bild 2.2:   Dynamisches Formular samt Ausgabe

Sollten Sie assoziative Arrays verwenden, können Sie die Indizes als Werte für die <option>-Tags einsetzen und den zugewiesenen Wert für die Anzeige verwenden.

Beispiel:

```
<html>
<head>
<title>Dynamische Mehrfach-Auswahl</title>
</head>
<body>
<form name="form1" method="post" action="<?php echo $PHP_SELF ?>">
  <p>
  <?php
    $themen = array(
              "AU"=>"Autos",
        "FI"=>"Filme",
              "ES"=>"Essen",
              "SP"=>"Sport",
              "CO"=>"Computer"
              );
  ?>
    <select name="thema[]" size="<?php echo count($themen)?>" multiple>
  <?php
      foreach ($themen as $key=>$element) {
            echo "<option value=$key>$element</option>";
      }
  ?>
  </select>
  </p>
```

```
  <p>
    <input type="submit" name="Submit" value="Submit">
  </p>
</form>

<?php
    if ($thema) {
            echo "Es sind folgende Themen enthalten:<br>";
            foreach($thema as $element) {
                    echo "$element<br>";
            }
    }
?>
</body>
</html>
```

Die Auswahlliste wurde übrigens zusätzlich in der Länge (`size`) auf die Anzahl der Elemente angepasst.

Zur besseren Übersicht lassen sich solche dynamischen Bestandteile eines Formulars auch in externe Skripts auslagern.

Beispiel – function.inc.php:

```
<?php

// Auswahlisten Funktion für Hobbies
function setze_hobbies() {
    $themen = array(
            "AU"=>"Autos",
      "FI"=>"Filme",
            "ES"=>"Essen",
            "SP"=>"Sport",
            "CO"=>"Computer"
            );
      foreach ($themen as $key=>$element) {
            echo "<option value=$key>$element</option>";
      }
}

// Ausgabe der ausgewählten Werte mit Hilfe des globalen
// Arrays $_POST
function form_ausgabe() {
      if ($_POST['thema']) {
            echo "Es sind folgende Themen enthalten:<br>";
            foreach($_POST['thema'] as $element) {
                    echo "$element<br>";
            }
      }
}
?>
```

Die eigentliche Formulardatei, nennen wir sie *dynform.php*, stellt sich nun wesentlich übersichtlicher dar:

```php
<?php include("./function.inc.php"); ?>
<html>
<head>
<title>Dynamische Mehrfach-Auswahl</title>
</head>
<body>
<form name="form1" method="post" action="<?php echo $PHP_SELF ?>">
  <p>
    <select name="thema[]" size="<?php echo count($themen)?>" multiple>
    <?php setze_hobbies(); ?>
    </select>
  </p>
  <p>
    <input type="submit" name="Submit" value="Submit">
  </p>
</form>
<?php echo form_ausgabe(); ?>
</body>
</html>
```

Sie sollten vor allem auf die korrekte Schreibweise der ersten Codezeile der *dynform.php*-Datei achten.

Hinweis: Wesentlich interessanter wird die Erzeugung von dynamischen Formularen in Verbindung mit Datenbanken. Hierzu erfahren Sie mehr in Kapitel 6.

2.1.6   Formulare über mehrere Seiten

Wer von Ihnen bereits komplexe Formulare erstellt hat, der kennt das Problem: Bei Formularen, die sich über mehrere Seiten erstrecken, müssen die jeweiligen Eingaben von Formular zu Formular übergeben werden. Dies kann recht aufwendig sein, da es meist über versteckte Formularfelder geschieht. Mit einer kleinen PHP-Funktion kann man die versteckten Formularfelder dynamisch erzeugen.

Beispiel – function.inc.php:

```php
<?php
function form_daten() {
        if (isset($_POST)) {
                foreach ($_POST as $key => $element) {
                        echo "<input type=\"hidden\" name=\"$key\"
value=\"$element\">";
                }
        }
        else {
                foreach ($_GET as $key => $elem) {
```

```
                        echo "<input type=\"hidden\" name=\"$key\"
value=\"$element\">";
            }
        }
}
?>
```

Die Funktion `form_daten()` ist recht einfach aufgebaut. Die Bedingung prüft mit Hilfe der Funktion `isset()`, ob die jeweiligen Arrays gesetzt wurden. Anschließend wird das entsprechende superglobale Array `$_POST` oder `$_GET` durch die `foreach`-Schleife weiter verarbeitet. Mit ihr wird der Schlüssel oder Index des Arrays sowie der zugewiesene Wert ermittelt und dann im versteckten Formularfeld wieder ausgegeben, so dass die Daten erneut an das nächste Skript verschickt werden können.

Beispiel – form1.php:

```html
<html>
<head>
<title>Formular - 1</title>
</head>
<body>
<form method="post" action="form2.php">
  <p>
    Vorname: <input type="text" name="vorname"><br>
    Nachname: <input type="text" name="nachname"><br>
        Strasse: <input type="text" name="strasse"><br>
        Ort: <input type="text" name="ort"><br>
        Plz: <input type="text" name="plz"><br>
  </p>
  <p>
    <input type="submit" name="Submit" value="Weiter...">
  </p>
  </form>
</body>
</html>
```

Beispiel – form2.php:

```php
<?php include("./function.inc.php"); ?>
<html>
<head>
<title>Formular - 2</title>
</head>
<body>
<form method="post" action="senden.php">
  <p>
        Kreditinstitut: <input type="text" name="bank"><br>
        BLZ: <input type="text" name="blz"><br>
        Konto-Nr.: <input type="text" name="kto_nr"><br>
        <?php form_daten(); ?>
  </p>
  <p>
```

```
        <input type="submit" value="absenden">
  </p>
</form>
</body>
</html>
```

Natürlich können Sie das Beispiel ohne weiteres erweitern.

2.1.7   Fragen zu Formularelementen

In diesem Abschnitt wollen wir einige der Formularelemente genauer betrachten.

Verarbeitung von Checkboxen

Wenn die Checkboxen nicht markiert sind, werden sie überhaupt nicht übermittelt. Andernfalls haben sie den im Attribut value angegebenen Wert. Man kann die Elemente auf die folgenden beiden Arten erzeugen:

```
# Fall 1: Verschiedene Namen, gleicher Wert
<input type="checkbox" name="cb[1]" value="yes" />
<input type="checkbox" name="cb[2]" value="yes" />

# Fall 2: "Gleiche" Namen, verschiedene Werte
<input type="checkbox" name="cb[]" value="1" />
<input type="checkbox" name="cb[]" value="2" />
```

Die Abfrage erfolgt in beiden Fällen mit:

```
if (isset($_REQUEST['cb'])) {
  reset($_REQUEST['cb']);
  foreach ($_REQUEST['cb'] as $key=>$element) {
    echo "$key: $element<br>";
  }
} else {
  echo "Keine Checkboxen<br>";
}
```

Im Fall 1 wertet man die Variable $key aus, im Fall 2 die Variable $element. Entscheidend ist auch hier, dass der Variablennamen bei mehr als einer Checkbox mit [] endet, damit in PHP ein Array zur Verfügung steht.

Verarbeitung von Radiobuttons

Radiobuttons verhalten sich analog zu Checkboxen, mit der Ausnahme, dass hier eine Mehrfachauswahl nicht möglich ist. Beim Erstellen des HTML-Codes sollte darauf geachtet werden, dass zusammengehörige Buttons den gleichen Namen haben müssen.

```
<?php
  $farben = array(
    array('name' => 'grün', 'value' => 'g'),
    array('name' => 'blau', 'value' => 'b'),
```

```
    array('name' => 'rot', 'value' => 'r')
);
foreach ($farben as $element) {
    echo
    printf('<input type="radio" name="farbe" value="%s" %s/> %s<br />',
        $element['value'],
        (isset($_REQUEST['farbe']) and $_REQUEST['farbe'] ==
$element['value']) ? 'checked="checked" ' : '',
        $element['name']
        );
}
?>
```

Verarbeitung von Submit

Um die Aktivierung einer Submit-Schaltfläche zu überprüfen, muss diese über einen Namen verfügen.

```
<input type="submit" name="submit" value="Senden">
```

Anschließend ist bei einem Mausklick oder einem Tastendruck auf die Submit-Schaltfläche eine Variable mit dem Namen der Schaltfläche vorhanden:

```
if (isset($_REQUEST['submit'])) { ... }
```

Soll es um die Verarbeitung von mehr als einer Submit-Schaltfläche gehen, stehen Ihnen mehrere Optionen zur Verfügung:

- Haben die Schaltflächen den gleichen Namen, kann man den value auswerten; die PHP-Variable heißt so wie die Schaltfläche ($_REQUEST['submit']).

- Haben die Schaltflächen unterschiedliche Namen, erhält man je nach betätigter Schaltfläche eine Variable mit anderem Namen registriert; mit isset() kann man prüfen, ob eine bestimmte Variable vorhanden ist, d.h. ob eine bestimmte Schaltfläche angeklickt wurde.

- Benennt man die Schaltflächen in der Array-Schreibweise, z.B. name="submit[0]", wobei zwischen den eckigen Klammern eindeutige Werte stehen müssen, erhält man in PHP ein Array mit genau einem Element; der Schlüssel (Key) dieses Elements ist die aktivierte Schaltfläche.

Verarbeitung von Reset

Zunächst sollte man überlegen, ob man überhaupt einen Reset-Schalter benötigt. Bei einer HTML-Reset-Schaltfläche setzt der Browser alle Eingabefelder auf den Anfangszustand zurück; da damit kein Request an den Server verbunden ist, kriegt PHP davon nichts mit. Möchte man einen Button realisieren, der Eingabeelemente mit vordefinierten Inhalten wirklich löscht, muss man eine Submit-Schaltfläche verwenden:

```
<?php
  if (isset($_REQUEST['loeschen'])) {
    unset($_REQUEST['eingabe']);
```

```
    }
?>

<form method="post" action="<?php echo $PHP_SELF ?>" >
<input type="text" name="eingabe" value="<?php @print
$_REQUEST['eingabe']; ?>">
<input type="submit" name="submit" value="Absenden">
<input type="reset" value="Reset">
<input type="submit" name="loeschen" value="Löschen">
</form>
```

2.1.8 Prüfen auf fehlende oder fehlerhafte Eingaben

Die Überprüfung von Formulareingaben ist im Hinblick auf die Sicherheit eines Skripts ein nicht zu unterschätzender Faktor.

Erkennen fehlender Eingaben

Die Länge einer Textfeldeingabe lässt sich mit der PHP-Funktion strlen() ermitteln. Leere Strings sind in PHP false, d.h., durch eine Überprüfung (if ($_REQUEST ['textfeldname'])) lässt sich feststellen, ob der Anwender eine Eingabe gemacht hat.

Textfelder generell

Wenn ein Textfeld nur bestimmte Zeichen enthalten darf, ist es oft am einfachsten zu überprüfen, ob der übermittelte String Zeichen enthält, die nicht erlaubt sind.

```
if (preg_match('/[^0-9a-z_.-]/i', $_REQUEST['textfeldname'])) {
    echo "Ungültige Zeichen im Textfeld.";
}
```

Zahlenfelder

Um zu überprüfen, ob ein Textfeld eine Zahl enthält, eignet sich die Funktion is_numeric(). Diese Funktion akzeptiert allerdings auch Zeichen, die nicht Ziffern sind (z.B. -1.6e-12). Sollen nur Ziffern akzeptiert werden, helfen wieder reguläre Ausdrücke:

```
if (preg_match('/\D/', $_REQUEST['textfeldname']))
    echo "'Ungültige Zeichen im Zahlenfeld.";
}
```

URLs

Zum Überprüfen eines URL reicht es meist aus, dessen Anfang zu analysieren:

```
if (! preg_match('=(https?|ftp)://[a-z0-9]([a-z0-9-]*[a-z0-9])?\.[a-z0-
9]=i', $_REQUEST['textfeldname']))
    echo "Ungültige URL im Adressfeld.";
}
```

Diese Überprüfung soll nur ein Ansatz sein und lässt sich beliebig erweitern bzw. optimieren. Die tatsächliche Erreichbarkeit gewährleistet diese Vorgehensweise allerdings nicht. Mit Hilfe der Funktion fopen() lässt sich die momentane Erreichbarkeit eines URL feststellen.

2.1.9 Formulardaten und globale Servervariablen

Sofern in der Konfigurationsdatei *php.ini* die Option track_vars aktiviert ist, werden GET, POST und COOKIE-Variablen in den superglobalen Arrays $_GET, $_POST, $_COOKIE abgelegt. Dies erfolgt selbst dann, wenn die Konfigurationsoption *gpc_order* für automatischen Variablenimport vollständig deaktiviert wurde.

Im Gegensatz zur Verwendung der automatisch generierten Importvariablen, hat das Auslesen von Formulardaten über globale Servervariablen den Vorteil, dass man eine bessere Kontrolle darüber hat, woher die Variablen stammen und welchen Einfluss sie auf den Programmablauf nehmen könnten.

Sie sollten sich folgendes Beispiel betrachten:

```
<html>
<head>
<title>Servervariablen und Formulare</title>
</head>
<body>
<form method="post" action="<?php echo $PHP_SELF ?>">
  <p>Vorname:
    <input type="text" name="vorname">
  </p>
  <p>Nachname:
    <input type="text" name="nachname">
  </p>
  <p>Ort:
    <input type="text" name="ort">
  </p>
  <p>
    <input type="submit" name="Submit" value="Submit">
  </p>
</form>
<?php

if (isset($_POST)) {
      reset($_POST);
      foreach($_POST as $key=>$element) {
            echo "$key: $element<br>";
      }
}

?>
</body>
</html>
```

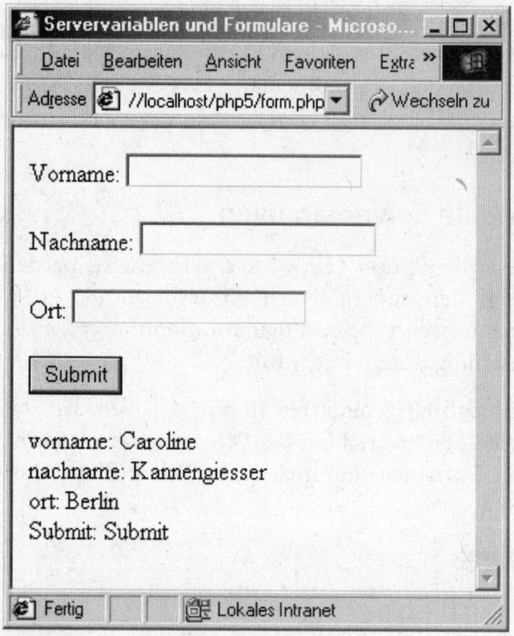

Bild 2.3:　Ausgabe – globale Servervariablen

Hinweis: Ein ähnliches Beispiel haben wir Ihnen bereits im Abschnitt »Formulare« vorgestellt.

Eine mögliche Variante, wie die Formulardaten an automatisch erzeugte Variablen übergeben werden können, zeigt das folgende Beispiel, das auf demselben Formular basiert.

```
<html>
<head>
<title>Servervariablen und Formulare</title>
</head>
<body>
<form method="post" action="<?php echo $PHP_SELF ?>">
  <p>Vorname:
    <input type="text" name="vorname">
  </p>
  <p>Nachname:
    <input type="text" name="nachname">
  </p>
  <p>Ort:
    <input type="text" name="ort">
  </p>
  <p>
    <input type="submit" name="Submit" value="Submit">
  </p>
</form>
<?php
```

```
if (isset($_POST)) {
      reset($_POST);
      foreach($_POST as $key=>$element) {
            ${"form_$key"} = $element;
      }
      echo "Vorname: $form_vorname<br>";
      echo "Nachname: $form_nachname<br>";
      echo "Ort: $form_ort<br>";
}
?>
</body>
</html>
```

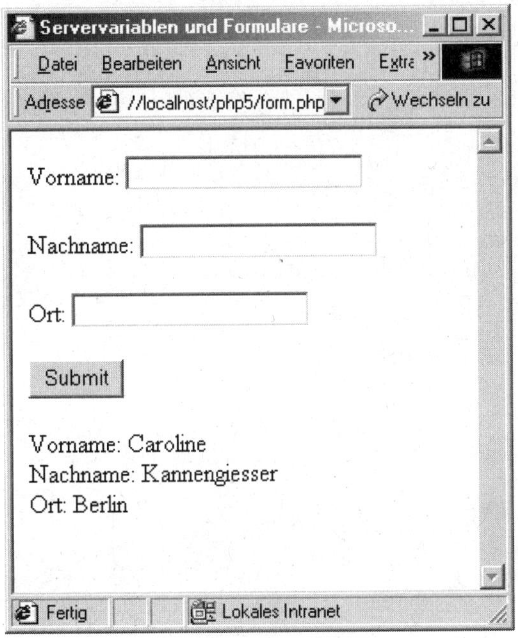

Bild 2.4:   Ausgabe – dynamisch erzeugte Variablen

2.2   Daten via URL

Wie Sie wissen, wird neben POST auch die Methode GET zum Übertragen von Daten verwendet. Dies geschieht durch Anhängen der Werte an den URL. Der folgende Abschnitt beschreibt, wie Sie Skripts per Hyperlink verknüpfen.

Zu beginn des Kapitels wurde die GET-Methode bereits vorgestellt, die Daten an den URL anhängt. Es ist nahe liegend, auf diese Methode nicht nur über Formulare, sondern auch direkt zuzugreifen. Dieser direkte Zugriff erfolgt mit Hilfe des <a>-Tags.

Beispiel:

```
<a href="projekt.php?var1=wert1&var2=wert2">Aufrufen</a>
```

Drei spezielle Zeichen finden hier Verwendung.

- Die Trennung zwischen URL und Daten ist das Fragezeichen (?).
- Die Trennung der einzelnen Variablen-/Wertepaare ist das Ampersand (&).
- Die Trennung innerhalb der Paare erfolgt mittels Gleichheitszeichen (=).

Eine Extrahierung der Daten ist wie bei Formularen nicht notwendig. Sämtliche Daten stehen in Form von einzelnen Variablen zur Verfügung. Im folgenden Beispiel sollten Sie sich die Arbeitsweise genauer betrachten:

Beispiel – links.php:

```
<html>
<head>
<title>Daten via URL</title>
</head>
<body>
<a href="themen.php?thema=1">Sport</a>
<a href="themen.php?thema=2">Autos</a>
<a href="themen.php?thema=3">Filme</a>
<a href="themen.php?thema=4">Computer</a>
</body>
</html>
```

Beispiel – themen.php:

```
<html>
<head>
<title>Gewählt</title>
</head>
<body>
Sie haben folgendes Thema gewählt:
<?php
switch ($thema) {
      case 1: echo "Sport"; break;
      case 2: echo "Autos"; break;
      case 3: echo "Filme"; break;
      case 4: echo "Computer"; break;
}
?>
</body>
</html>
```

2.2.1 Kodierung von Daten

Solange Sie lediglich Nummern übertragen, wird diese Form einwandfrei funktionieren. Sie sollten sich folgende Codezeile näher betrachten:

```
<a href="skript.php?name=Ihr Name?">Ihr Name?</a>
```

Wenn der Eintrag »Ihr Name?« z.B. aus einem Formular übernommen wurde, kann das Skript nicht richtig funktionieren. Leerzeichen sind an dieser Stelle nicht zulässig. Die Daten müssen daher auf ein Format gebracht werden, in dem die Sonderzeichen tatsächlich als Sonderzeichen erkannt werden.

Sie können dafür die Funktionen urlencode() und urldecode() einsetzen.

- Mit urlencode() ersetzen Sie diese Zeichen durch die Zeichenfolge %HH, wobei HH den Hexcode des betreffenden Zeichens im ASCII-Zeichensatz darstellt.

- Mit urldecode() wandeln Sie einen so kodierten URL wieder um.

Wenn Sie einen URL erzeugen, sollten Sie folgenden Code verwenden:

```
$kodiert = urlencode($name);
```

Anschließend setzen Sie den Wert in den entsprechend Hyperlink ein:

```
echo "<a href="skript.php?name=$name">Ihr Name?</a>
```

2.2.2 Das Escape-Zeichen

Bei der Kodierung und Dekodierung können diverse Probleme auftreten, vor allem wenn die Daten mehrfach weiterverarbeitet werden.

PHP enthält im Abschnitt [Data Handling] der Konfigurationsdatei *php.ini* den folgenden Eintrag:

```
magic_quotes_gpc = On
```

In diesem Fall werden einfache und doppelte Anführungszeichen mit dem Escape-Zeichen (\) versehen. Auch der Backslash selbst wird so gekennzeichnet, als doppelter Backslash. Die Zeichenfolge »Matze's "Mail!"« würde wie folgt aussehen:

```
Matze\'s \"Mail!\"
```

Sollten Sie mit Datenbanken arbeiten, ist dieser Effekt erwünscht, denn oft werden zeichenbasierte Daten in Anführungszeichen gesetzt. Für die Ausgabe in HTML stört das. Sie müssen den Escape-Effekt ausschalten. Wenn Sie generell diese Funktion nicht nutzen, lohnt die Deaktivierung in der Datei *php.ini*:

```
magic_quotes_gpc = Off
```

Wollen Sie lediglich gelegentlich die Angabe der Escape-Zeichen unterdrücken, können Sie die Funktion stripslashes() einsetzen:

```
echo stripslashes($name);
```

2.2.3 Arbeiten mit dem $QUERY_STRING

Ein anderes Problem tritt auf, wenn Sie Formularfelder und Variablen im URL mit denselben Namen verwenden. In solchen Fällen wird vorrangig der URL dekodiert. Sie können dennoch auf den Inhalt der Variablen zugreifen.

In diesem Fall steht Ihnen die globale Variable $QUERY_STRING zur Verfügung, die den gesamten Teil nach dem ?-Zeichen enthält. Hier müssen Sie sich zwar selbst um die Analyse der einzelnen Elemente kümmern, umgehen damit jedoch die automatische Auswertung des PHP-Interpreters. Da Ihnen der Zugriff auf die Formularvariable verwehrt ist, bleibt auch hier die Nutzung der Servervariablen. Das folgende Beispiel zeigt die Anwendung:

```
<html>
<head>
<title>Formular</title>
</head>
<body>
<?php
echo "Daten aus gesendet: $gesendet<p>";
echo "Daten aus \$QUERY_STRING: $QUERY_STRING<P>";
if (is_array($_POST)) {
        foreach($_POST as $key=>$element) {
                echo "<b>$key</b>: $element<br>";
        }
}
?>
<form action="<?php echo $PHP_SELF?>?gesendet=ja" method="post">
<input type="hidden" name="gesendet" value="no">
<input type="submit">
</form>
</body>
</html>
```

Ausgabe:

```
Daten aus gesendet: no

Daten aus $QUERY_STRING: gesendet=ja

gesendet: no
```

Sie sehen zusätzlich, wie Sie den URL zur Datenübertragung auch innerhalb eines Formulars nutzen können. Interessant ist die Reaktion bei der Anwendung der Übertragungsmethode GET im Formular:

```
<form action="<?php echo $PHP_SELF?>?gesendet=ja" method="get">
<input type="hidden" name="gesendet" value="no">
<input type="submit">
```

Ausgabe:

```
Daten aus gesendet: no

Daten aus $QUERY_STRING: gesendet=no
```

In diesem Fall nehmen die Formularelemente den Platz der Daten im URL ein, die bereits im `action`-Attribut angelegten Parameter werden ignoriert. Dieses Verhalten hat nichts mit PHP zu tun, sondern basiert auf HTTP und den Vorschriften zur Verarbeitung von Daten mit Hilfe der Methoden GET und POST.

Beim Weiterreichen von Daten ist die Anwendung von `$QUERY_STRING` sogar besonders bequem. Wenn Sie auf Cookies verzichten müssen und eine Anwendung erstellen, die aus mehreren Skripts besteht, ist eine »Verfolgung« des Anwenders unerlässlich. Es werden dann meist so genannte Session-IDs verwendet, welche per Zufallsprinzip aus zufällig erzeugten Nummern und Zeichenfolgen zusammengesetzt sind, die den Anwender immer wieder eindeutig zuordnen.

Hinweis: Zu den Themen Cookies und Sessions erfahren Sie mehr im Abschnitt »Cookies und Sessions-Management«.

2.2.4 Gleich lautende Variablen

Bei der automatischen Generierung von Daten kann es vorkommen, dass mehrere gleich lautende Variablen unterschiedliche Werte enthalten:

```
<a href="liste.php?x=1&x=2&x=3">Liste</a>
```

In diesem Fall extrahiert PHP nur die letzte Variable und den dazugehörigen Wert. Die Ausgabe von `echo $x;` würde im vorliegenden Beispiel 3 ausgeben. Wenn Sie sich jedoch alle Daten mit Hilfe von `$QUERY_STRING` ausgeben lassen:

```
echo $QUERY_STRING;
```

werden Sie feststellen, dass tatsächlich sämtliche Daten übertragen wurden. Sie müssten in diesem speziellen Fall die Daten selbst mit Hilfe der Funktion `explode()` dekodieren. Die Funktion zerlegt eine Zeichenkette anhand eines Trennzeichens in ein eindimensionales Array. Anschließend erfolgt die nochmalige Trennung anhand des Gleichheitszeichens.

Beispiel – link.php:

```
<html>
<head>
<title>Verweis</title>
</head>
<body>
<a href="liste.php?x=1&x=2&x=3">Liste</a>
</form>
</body>
</html>
```

Beispiel – liste.php:

```php
<?php

$daten = explode("&",$QUERY_STRING);

foreach ($daten as $element) {
        $werte[] = explode("=",$element);
}

foreach ($werte as $element) {
        echo "$element[0]: $element[1]<br>";
}

?>
```

Ausgabe:

```
x: 1
x: 2
x: 3
```

Hinweis: Sie sollten gleichnamige Variablen möglichst vermeiden und es erst gar nicht zu einer solchen Situation kommen lassen.

2.3 Cookies via PHP

Mit PHP können Sie HTTP-Cookies verarbeiten. Sie können Cookies erzeugen, auslesen und entfernen. Cookies stellen einen einfachen Mechanismus zur Verfügung, der von einem Webserver genutzt werden kann, um beim Client Informationen anzulegen und abzurufen.

Cookies als solche wurden von dem Softwareunternehmen Netscape als merkfähige Ergänzung des zustandslosen HTTP-Protokolls entwickelt. Sie sollten dazu beitragen, die Transparenz von Anwender-Interaktionen im Web zu verbessern.

Cookies stehen seit der Version 1.1 des Netscape Navigator zur Verfügung. Die Einführung der Cookies durch Netscape erfolgte zunächst, ohne dass hierüber Informationen an die Clientanwender gegeben wurden, was zu teilweise absurden Spekulationen über ihren Sinn und Zweck geführt hat. Noch heute haftet den Cookies ein eher negatives Image an.

Bei Cookies handelt es sich um Sammlungen von Variablen, die auf dem Rechner des Clients in Form von maximal 4 Kilobyte großen Textdateien abgelegt werden und die dazu dienen, Informationen zwischenzuspeichern. Diese Informationen können dazu genutzt werden, beispielsweise das Webangebot einer Website zu personalisieren und damit den Wünschen des Anwenders besser gerecht zu werden.

- Ein Cookie ist eine Textinformation mit einer maximalen Größe von 4 Kilobyte.

- Ein Browser kann maximal 300 Cookies speichern.

- Pro Domain können maximal 20 Cookies angelegt werden.

- Cookies können vom Browser nur an den dafür definierten Server zurückgesendet werden.

- Vorhandene Cookies werden in PHP als Variablen importiert, die den Namen des Cookies trägt. Darüber hinaus enthält die globale Servervariable `$_COOKIE` (`$HTTP_COOKIE_VARS`) alle gesetzten Cookies.

Da das Verfallsdatum der Cookies vom installierenden Webserver explizit festgelegt werden kann, ist ihre Lebensdauer sehr unterschiedlich. Manche sind nur so lange aktiv, wie der Browser geöffnet ist, andere haben eine Lebensdauer von mehreren Monaten oder Jahren.

Nachdem das Verfallsdatum eines Cookies erreicht ist, wird es vom Browser automatisch gelöscht. Ein spezielles Cookie kann nur von dem Server ausgelesen werden, der es angelegt hat. Zwar kann ein Webserver auch Cookies für einen anderen Server anlegen lassen, sie können dann jedoch nur von dem Server ausgelesen werden, für den die Cookies angelegt wurden.

2.3.1 Spezifikation von Cookies

Cookies unterliegen der Spezifikation, die durch Netscape festgelegt wurde. In der Regel erzeugt der Server mit Hilfe eines CGI-Skripts als Reaktion auf einen URL-Zugriff ein Cookie, indem er einen HTTP-Header *Set-Cookie* als Teil einer HTTP-Response im folgenden Format an den Client sendet:

```
SET-Cookie: NAME=VALUE; expires=DATE; path=PATH; domain=DOMAIN_NAME;
secure
```

> **Hinweis:** Bis auf das Attribut `NAME` sind sämtliche Angaben im Header optional.

NAME

Das Attribut `NAME` ist eine Zeichenkette, die das Cookie benennt und in der mit Ausnahme von Strichpunkt, Komma und Leerzeichen alle anderen Zeichen erlaubt sind. In der Clientanwendung stehen die Daten des Cookies dann unter diesem Namen zur Verfügung.

EXPIRES

Das Attribut `expires` spezifiziert das Verfallsdatum des Cookies, wobei das folgende Format zu verwenden ist:

```
Wochentag, DD-Mon-YYYY HH:MM:SS GMT
```

Beispiel:

```
Tuesday, 27-Jan-04 01:25 GMT
```

Die einzig zulässige Zeitzone ist GMT. Wird `expires` nicht angegeben, verfällt das Cookie am Ende der Sitzung (Session).

PATH

Das Attribut `path` legt den Pfad fest, an den der Browser das Cookie übermitteln soll, die hierarchisch darunter liegenden Verzeichnisse sind dabei mit eingeschlossen. Fehlt die Angabe, gilt der Pfad der ursprünglichen Anfrage.

DOMAIN

Das Attribut `domain` gibt die Domain an, für welche ein Cookie gesendet werden darf. Auf diese Weise ist sichergestellt, dass in einem Cookie enthaltene Informationen nur an den Webserver weitergegeben werden, der hierzu beim Anlegen des Cookies durch Eintrag der Internetdomäne und des URL-Pfades autorisiert wurde.

SECURE

Das Attribut `secure` legt fest, ob eine Übermittlung des Cookies lediglich über eine SSL-Verbindung (Secure Socket Layer) erfolgen darf.

Hier eine tabellarische Übersicht der Attribute:

Attribut	Beispiel	Beschreibung
name	Auf 'cookiename' wird mittels $_COOKIE['cookiename'] zugegriffen.	Der Name des Cookies.
value	Ist der name z.B. 'cookiename', so erhält man den Wert mittels $_COOKIE['cookiename'].	Der Wert des Cookies. Dieser Wert wird auf dem Client gespeichert.
expire	time()+60*60*24*30 wird das Cookie in 30 Tagen ablaufen lassen. Ist der Parameter nicht gesetzt, verfällt das Cookie am Ende der Session, sobald der Browser geschlossen wird.	Der Zeitpunkt, wann das Cookie verfällt. Dies ist ein Unix-Timestamp, also die Anzahl Sekunden seit der Unix-Epoche. Sie können diesen Wert mittels der Funktion time() oder mktime() und der Anzahl Sekunden bis zum gewünschten Ablauf des Cookies setzen.
path	Ist dieser auf '/' gesetzt, wird das Cookie innerhalb der gesamten Domain verfügbar. Ist dieser auf '/verzeichnis/' gesetzt, wird das Cookie nur innerhalb des Verzeichnisses /verzeichnis/ der domain sowie allen Unterverzeichnissen wie z.B. /verzeichnis/nocheins/ verfügbar sein.	Der Pfad zu dem Server, auf welchem das Cookie verfügbar sein wird. Der Standardwert ist das Verzeichnis, in dem das Cookie gesetzt wurde.

Attribut	Beispiel	Beschreibung
domain	Um das Cookie für alle Sub-Domains von atomicscript.de verfügbar zu machen, setzen Sie es auf '.atomicscript.de'. Der . ist zwar nicht erforderlich, erhöht aber die Kompatibilität zu den Browsern. Ein Setzen auf www.atomicscript.de macht das Cookie nur in der www-Sub-Domain verfügbar.	Die Domain, in der das Cookie zur Verfügung steht.
secure	0 oder 1	Gibt an, dass das Cookie nur über eine sichere HTTPS-Verbindung übertragen werden soll. Ist es auf 1 gesetzt, wird das Cookie nur gesendet, wenn eine sichere Verbindung besteht. Der Standardwert ist 0.

2.3.2 Cookies in PHP

Cookies können mit PHP durch die Funktion `setcookie()` erzeugt werden. Die Syntax lautet wie folgt:

```
setcookie(name[, value[, expires[, path[, domain[, secure]]]]]);
```

Da Cookies Bestandteile eines HTTP-Headers sind, muss diese Funktion, genau so wie dies bei der Funktion `header()` der Fall ist, aufgerufen werden, noch bevor irgendeine andere Ausgabe an den Browser erfolgt.

Im folgenden Beispiel wird mithilfe der Funktion `setcookie()` ein Cookie gesetzt:

Beispiel:

```php
<?php

// Inhalt festlegen
$inhalt = "Ich bin dein Cookie!";

// Cookie erzeugen
setcookie("cook_first_one",$inhalt, time()+600);

// Prüfen
if (!$first_one) {
    echo "Cookie ist nicht vorhanden!";
} else {
    echo $cook_first_one;
}

?>
```

Sie haben auch die Möglichkeit, das Cookie mit Hilfe der globalen Servervariablen $_COOKIE auszulesen.

Beispiel:

```php
<?php

// Inhalt festlegen
$inhalt = "Ich bin dein Cookie!";

// Cookie erzeugen
setcookie("cook_first_one",$inhalt, time()+600);

// Prüfen
if (!$_COOKIE["cook_first_one"]) {
      echo "Cookie ist nicht vorhanden!";
} else {
      echo $_COOKIE["cook_first_one"];
}

?>
```

Die Funktion erzeugt ein Cookie mit dem Namen cook_first_one und dem Inhalt aus der Variablen $inhalt. Der Parameter expires, der die Lebensdauer des Cookies in Sekunden nach dem 1.1.1970 angibt, wird durch die Funktion time() und ein Offset von 600 Sekunden erzeugt. Die Funktion time() gibt dabei den aktuellen UNIX-Zeitstempel zurück, so dass auf diese Weise für das Cookie eine Lebensdauer von zehn Minuten festgelegt wird. Wird keine Zeit angegeben, ist das Cookie so lange gültig, bis der Browser geschlossen wird.

Die übrigen Parameter für path, domain und secure wurden nicht gesetzt.

Beim Aufruf der Seite wird das entsprechende Cookie gesetzt. Sofern Sie Ihren Browser entsprechend konfiguriert haben, wird vor dem Setzen von Cookies eine entsprechende Meldung angezeigt, aus der Sie alle wesentlichen Daten des Cookies entnehmen können.

Darüber hinaus passiert zunächst gar nichts. Beim nächsten Aufruf derselben Seite kann die im Cookie abgelegte Information verwendet werden. Dem verarbeitenden Skript steht das Cookie in Form einer Variablen $cook_first_one zur Verfügung. Der Inhalt wird mit Hilfe des echo-Befehls ausgegeben.

Hinweis: Beachten Sie, dass der Wertebereich des Cookies automatisch URL-konform kodiert (urlencoded()) wird, sobald Sie das Cookie senden, und wenn es gelesen wird, wird es automatisch URL-konform dekodiert (urldecode()) und einer Variablen zugewiesen, die denselben Namen wie das Cookie trägt.

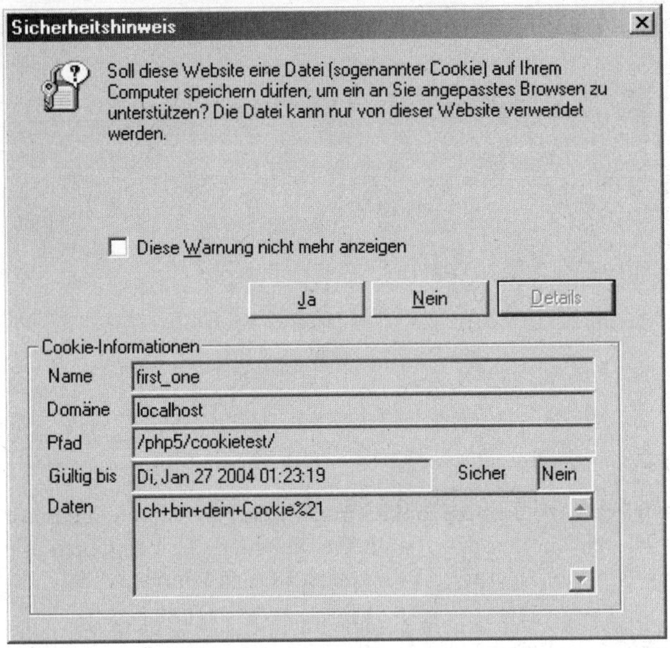

Bild 2.5:   Browser meldet Cookie

Namenskonflikte

Da das Auslesen der Cookies durch Übergabe des Inhalts in eine gleich lautende Variable erfolgt, kann es Namenskonflikte mit GET- oder POST-Daten geben. Welche Datenquelle den Vorrang besitzt, kann in der Konfigurationsdatei *php.ini* festgelegt werden. Suchen Sie den folgenden Eintrag im Abschnitt [Data Handling]:

```
gpc_order = gpc;
```

Wenn der Eintrag nicht existiert, fügen Sie ihn hinzu. Die Reihenfolge wird durch das Argument bestimmt:

- g steht für GET
- p für POST
- c für Cookie

Mit gpc ist also die Reihenfolge GET->POST->Cookie gemeint. Um solche Konflikte zu vermeiden, sollten Sie Cookies konsequent nach einem bestimmten Schema benennen, z.B. *cook_xxxxx* oder *co_xxxx*. Dann können Namenskonflikte erst gar nicht entstehen.

Sollte diese Methode nicht ausreichende Flexibilität bieten, können Sie die Cookies auch direkt aus der globalen Servervariablen $_COOKIE ($HTTP_COOKIE_VARS) auslesen.

Im folgenden Beispiel wird die globale Servervariable verwendet, um sämtliche Cookies auszugeben:

```php
<?php

foreach ($_COOKIE as $key=>$element) {
        echo "$key: $element<br>";
}

?>
```

Ausgabe:

```
cook_first_one: Ich bin dein Cookie!
```

Cookies mit mehreren Variablen

In der Praxis werden im Attribut `value` eines Cookies in der Regel die Inhalte mehrerer Variablen untergebracht. Hierzu sind einige Techniken erforderlich, bei denen die bereits beschriebenen Array-Funktionen von PHP eingesetzt werden können.

Um die Inhalte von mehreren Variablen einem Cookie zu übergeben, kann wie folgt vorgegangen werden: Zunächst werden die Variablen mit der Funktion `array()` an ein Array übergeben. Anschließend wird dieses Array mit der Funktion `implode()` in eine Zeichenfolge konvertiert. Diese Zeichenfolge wird dann dem Attribut `value` des Cookies als Wert zugewiesen.

Beispiel:

```html
<html>
<head>
<title>Personalisierte Website</title>
</head>
<body>
<?php

// Prüfen - Cookie vorhanden?
if (isset($_COOKIE['cook_besucher'])) {
        // Cookie Daten extrahieren
        $cook_daten = explode("&",$_COOKIE['cook_besucher']);
        // Extrahierte Cookie Daten ausgeben und an dynamische
        // Variablen übergeben.
        foreach ($cook_daten as $key=>$element) {
                echo "$key: $element<br>";
                ${"co_$key"} = $element;
        }
        // Formatierte Ausgabe
        echo "<p><font color=$co_2>Herzliche Willkommen $co_0 $co_1<br>
        Ihre Lieblingsfarbe ist: $co_2</font>";
} else {
        // Formular aufrufen
        eingabe_form();
}
```

```
// Eingabe Formular + Cookie Generierung
function eingabe_form() {
  if (!$_POST['Submit']) {
        echo "<form method='post' action='$PHP_SELF'>
        <p>Vorname:
          <input type='text' name='vorname'>
        </p>
        <p>Nachname:
          <input type='text' name='nachname'>
        </p>
        <p>Hintergrund:
          <select name='farbe'>
            <option value='#FF0000'>Rot</option>
            <option value='#00FF00'>Gr&uuml;n</option>
            <option value='#0000FF'>Blau</option>
          </select>
        </p>
        <p>
          <input type='submit' name='Submit' value='Sichern'>
        </p>
      </form>";
  } else {
        $daten =
array($_POST["vorname"],$_POST["nachname"],$_POST["farbe"]);
        $daten_string = implode("&",$daten);
        setcookie("cook_besucher", $daten_string, time()+600);
        echo "Cookie wurde gesetzt!";
        unset($_POST['Submit']);
  }
}

?>
</body>
</html>
```

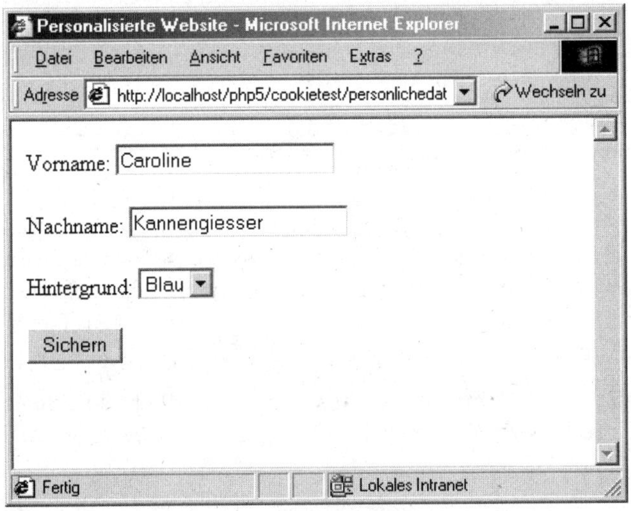

Bild 2.6:   Schritt 1: Eingabeformular

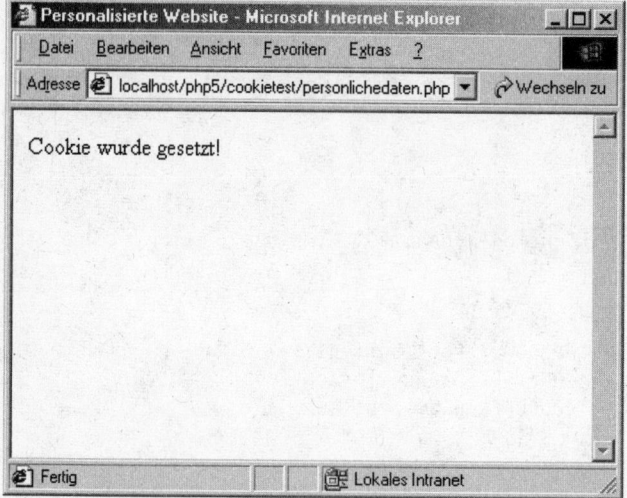

Bild 2.7: Schritt 2: Cookie wurde gesetzt

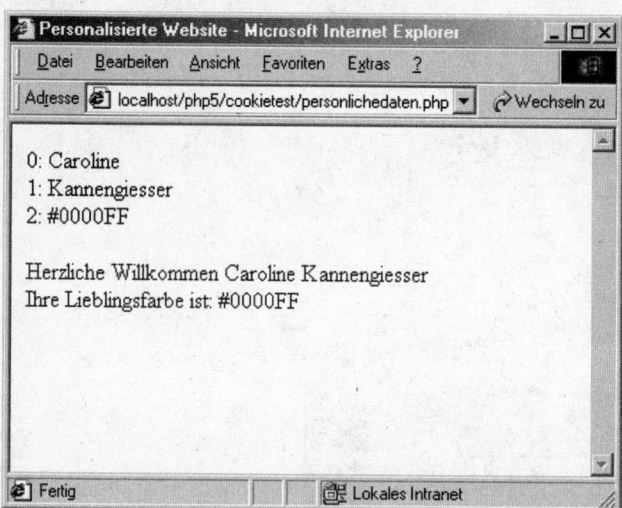

Bild 2.8: Schritt 3: Cookie-Daten werden ausgegeben

Um die im Cookie enthaltenen Daten verwenden zu können, müssen diese entsprechend behandelt werden. Hierzu überführen wir die Zeichenfolge des Cookies in die einzelnen Variablen $co_0, $co_1 und $co_2. Die Funktion, die Ihnen dabei behilflich ist, ist explode(). Mit ihr und dem in der Cookie-Zeichenfolge enthaltenen Trennzeichen werden die Bestandteile in das Array $cookie_daten überführt.

Die in diesem Array abgelegten Werte können dann aus dem Array direkt ausgelesen werden oder auch in die entsprechenden Variablen $co_0 bis $co_2 umgewandelt und dann weiterverwendet werden.

Hinweis: Diese Vorlage kann Ihnen dazu dienen, Ihre eigene Website zu personalisieren. Ihre Besucher werden es Ihnen sicher danken.

Cookies im Array

Sie können auch ein Array an Cookies setzen, in dem Sie die Array-Schreibweise verwenden. Hierdurch werden so viele Cookies gesetzt, wie Ihr Array Elemente hat. Sobald das Cookie von Ihrem Skript gelesen wird, werden sämtliche Werte in ein einziges Array mit dem Cookie-Namen eingelesen:

```php
<?php
// Coookies im Array erzeugen
setcookie ("cookie[eins]", "Erster");
setcookie ("cookie[zwei]", "Zweiter");
setcookie ("cookie[drei]", "Dritter");

// Nach dem Neuladen der Seite wieder ausgeben
if (isset($_COOKIE['cookie'])) {
    foreach ($_COOKIE['cookie'] as $key=>$element) {
        echo "$key : $element<br>";
    }
}
?>
```

Ausgabe:

```
eins : Erster
zwei : Zweiter
drei : Dritter
```

2.3.3   Cookies löschen

Natürlich können Sie Cookies auch entfernen. Dabei handelt es sich jedoch weniger um einen üblichen Löschvorgang als viel mehr ein Bearbeiten des Verfallsdatums, welches im Attribut expires festgelegt wurde.

Beim Löschen eines Cookies sollten Sie daher sicherstellen, dass das Verfallsdatum in der Vergangenheit liegt, um den Mechanismus zum Löschen des Cookies im Browser auszulösen.

Beispiel:

```php
<?php
// Setzen des Verfallsdatum um 1 Stunde vorher
setcookie ("first_one", "", time() - 3600);
?>
```

2.4   Session-Management via PHP

Das Session-Management von PHP ist ein Mechanismus, welcher es ermöglicht, unterschiedliche Anfragen eines Clients über einen Zeitraum hinweg in Beziehung zu setzen. Da es sich bei HTTP um ein verbindungsloses Protokoll handelt, bedeutet dies, dass Client und Server nach jedem Kommando den Prozess beenden und im weiteren Verlauf des Kommunikationsprozesses für jedes weitere Kommando einen erneuten Prozess starten. Dabei besteht zwischen verschiedenen Anfragen desselben Clients keine Beziehung. Für die Abwicklung von Geschäftsprozessen ist dieses Verhalten von HTTP zunächst sehr hinderlich, wie Sie am Beispiel eines Online-Shops leicht nachvollziehen können: Der Kunde ruft die Startseite eines Online-Shops auf und erhält dort in aller Regel eine Kennnummer, über die er im Verlauf des gesamten Prozesses der Online-Bestellung identifiziert werden soll.

Anschließend wechselt er in den Katalogbereich und füllt seinen Einkaufskorb. Möchte der Kunde die ausgewählten Artikel bestellen, wechselt er auf die entsprechende Seite und gibt dort Name, Anschrift und Bankverbindung an.

Im Verlauf dieses Prozesses hat der Kunde auf diese Weise in der Regel zwei bis drei verschiedene Seiten vom Server angefordert, der, wenn nicht entsprechende Maßnahmen getroffen werden, aufgrund des verbindungslosen HTTP-Protokolls die für den Bestellvorgang relevanten Informationen der jeweils zuvor besuchten Seite wieder vergessen hat.

Mit dem Session-Management sind die grundlegenden Funktionen, die für die Behandlung solcher über mehrere HTTP-Requests hinweg zusammenhängenden Transaktionen erforderlich sind, zum festen Bestandteil von PHP geworden.

Das Session-Management erstellt automatisch die für die Behandlung von Sessions erforderlichen Session-IDs und kümmert sich um die Serialisierung und Speicherung der an die Session gebundenen Daten.

PHP nutzt zur Speicherung der Session-Daten das Dateisystem des jeweiligen Webservers.

Bei der Speicherung werden die Session-Variablen von PHP automatisch serialisiert, d.h., in eine Zeichenkette umgewandelt.

Beim Start einer Session prüft PHP zunächst, ob eine gültige Session-ID existiert. Sollte das nicht der Fall sein, wird sie angelegt.

Wenn bereits eine gültige Session-ID vorhanden ist, werden die für diese Session vorgehaltenen Variablen im globalen Namensraum des Skripts verfügbar gemacht.

Durch Aufruf der Funktion `session_register()` können im weiteren Verlauf Session-Variablen erzeugt werden, um deren Speicherung sich PHP automatisch kümmert und die im Verlauf der gesamten Session referenziert werden können.

Mit Hilfe der Funktion `session_unregister()` können Session-Variablen wieder entfernt werden, was bei einer Online-Shop-Lösung erforderlich werden kann, wenn ein Kunde schon ausgewählte Artikel wieder aus seinem Warenkorb entfernt.

Zusammenfassung

- Unterschiedliche HTTP-Requests eines Clients können als Session behandelt werden.

- Für jeden Anwender wird eine verschlüsselte, zufallsgenerierte Session-ID erzeugt.

- Auf der Client-Seite wird die Session-ID entweder unter Verwendung von Cookies gespeichert.

- Sollte der Anwender die Verwendung von Cookies nicht gestatten, wird die Session-ID unter Verwendung von GET/POST-Variablen oder dem URL von Skript zu Skript weitergeleitet.

- Session-Daten werden auf dem Server entweder in Textdateien, in Datenbanken oder im Prozessspeicher des Webservers gespeichert.

- Sofern PHP mit der configure-Option – *enable-trans-id* kompiliert wurde, erfolgt die Weiterleitung der Session-ID für den Fall, dass Cookies nicht erlaubt sind, automatisch.

2.4.1 Konfiguration des Session-Moduls

Das Session-Modul von PHP lässt sich über Optionen innerhalb der Konfigurationsdatei *php.ini* konfigurieren.

Die wichtigsten dieser Optionen und deren Standardeinstellungen sind in der nachfolgenden Tabelle enthalten:

Option	Bedeutung
session.save_handler = files	Handle, welches auf das eingesetzte Speichermodul verweist. Bei Standardeinstellung (files) wird das Dateisystem des Servers verwendet. Zusätzliche Einstellungsmöglichkeiten sind: mm (Prozessorspeicher) und user (benutzerdefiniert).
session.save_path = /tmp	Werden zum Speichern der Session-Daten Dateien verwendet, kann deren Pfad angegeben werden.
sessions.use_cookies = 1	Zum Speichern der Session-ID werden standardmäßig Cookies verwendet.
session-name = PHPSESSID	Name der Session, wird auch als Name des Cookies verwendet.
session.auto_start = 0	Startet das Session-Modul bei jedem Request automatisch.
session.cookie_lifetime = 0	Lebensdauer der Cookies in Sekunden (0 bedeutet bis zum nächsten Browserstart).
session.cookie_path = /	Pfad, für den das Cookie Gültigkeit besitzt.
session.cookie_domain =	Domain, für die das Cookie Gültigkeit besitzt.
session.serialize_handler = php	Verweise auf den Serialisierer. Gegenwärtig wird ein internes PHP-Format (php) und WDDX (wddx) unterstützt. WDDX steht nur zur Verfügung, wenn PHP mit WDDX-Support kompiliert wurde.

Option	Bedeutung
session.gc_probability = 1	Wahrscheinlichkeit (0..1), dass die Routine zum Aufräumen (garbage collection) des Speichers bei jedem Session-Start gestartet wird.
session.gc_maxlifetime = 1440	Zeit in Sekunden, nach der alle Session-Daten zerstört werden.

Session-ID/PHPSESSID

Die Session-ID (PHPSESSID) stellt wohl eines der interessantesten Bestandteile dar. Die Session-ID ist ein zufällig ausgewählter Schlüssel, der die Session-Daten auf dem Server eindeutig identifiziert. Dieser Schlüssel kann z.B. über Cookies oder als Bestandteil des URL an ein anderes Skript übergeben werden, damit dieses die Session-Daten auf dem Server wiederfinden kann.

Erzeugen einer eindeutigen Benutzer-ID

Zur Erzeugung einer eindeutigen Benutzer-ID können Sie die Funktion uniqid() einsetzen. Sie erwartet als Argument eine Zeichenfolge, die der ID als Präfix vorangestellt wird.

Beispiel:

```
<?php
echo uniqid("Session");
?>
```

Ausgabe:

```
Session401804f3d8f96
```

Sie können natürlich auch andere Zeichenfolgen voranstellen oder darauf verzichten. In diesem Fall ist ein Leerstring als Argument zu übergeben. Diese ID können Sie dann in Hyperlinks oder versteckten Feldern verwenden.

Eine ID lässt sich auch mit Hilfe eines Zufallszahlengenerators erzeugen. Im Grunde stellt dies jedoch lediglich die Arbeitsweise der Funktion uniqid() dar. Die von der Funktion gelieferte ID basiert auf der aktuellen Zeit in Mikrosekunden. Sie ist damit nur eingeschränkt als »eindeutig« zu bezeichnen.

Es empfiehlt sich daher, eine komplexere ID zu bilden, bei der beispielsweise als Argument der uniqid()-Funktion die Zufallszahlenfunktion rand() verwendet wird.

Beispiel:

```
<?php
$u_id = uniqid ("");
$besser_id = uniqid (rand());
```

```
echo $u_id . "<br>";
echo $besser_id . "<br>";
?>
```

Ausgabe:

```
401806dc1432f
19439401806dc14352
```

Wenn Sie eindeutige IDs benötigen und beabsichtigen, diese über das Internet an den Anwender weiterzuleiten, beispielsweise als Session-Cookies, ist es ratsam, wie folgt vorzugehen:

```
<?php
$u_id = md5 (uniqid (""));
$besser_id = md5 (uniqid (rand()));

echo $u_id . "<br>";
echo $besser_id . "<br>";
?>
```

Ausgabe:

```
bf5fce050c14b8bf73aaefd1f87609c8
b31da72fe23ea7f329011da0f4ab4e15
```

Hierdurch wird eine 32-Zeichen-ID (128-Bit-Hex-Wert) erzeugt, die nur sehr schwer vorhersehbar ist.

2.4.2   Session-Funktionen in PHP

Natürlich stellt Ihnen PHP eine Reihe von Funktionen zur Verfügung, welche speziell auf das Session-Management abgestimmt sind. In folgender Tabelle haben wir die wichtigsten für Sie zusammengefasst:

Funktion	Bedeutung
session_start()	Initialisiert bzw. startet eine Session.
session_cache_expire()	Liefert die aktuelle Cache-Verfallszeit.
session_cache_limiter()	Liefert die aktuelle Cacheverwaltung oder setzt die aktuelle Cacheverwaltung.
session_decode()	Dekodiert die Daten einer Session aus einer Zeichenkette.
session_destroy()	Beendet eine Session und entfernt sämtliche Session-Daten.
session_encode()	Kodiert die Daten der aktuellen Session als Zeichenkette.
session_get_cookie_params()	Liefert die Session-Cookie-Parameter.
session_id()	Liefert die aktuelle Session-ID oder öffnet die Session mit einer übergebenen ID.
session_is_registered()	Überprüft, ob eine globale Variable in einer Session registriert ist.
session_module_name()	Liefert das Session-Modul oder setzt das aktuelle Session-Modul.

Funktion	Bedeutung
session_name()	Liefert den Namen der aktuellen Session oder startet eine neue Session unter dem angegeben Namen.
session_regenerate_id()	Ersetzt die aktuelle Session-ID durch eine neu erzeugte.
session_register()	Registriert eine oder mehrere globale Variablen in der aktuellen Session.
session_save_path()	Liefert den aktuellen Speicherpfad der Session oder setzt den aktuellen Speicherpfad der Session.
session_set_cookie_params()	Setzt die Session-Cookie-Parameter.
session_set_save_handler()	Setzt benutzerdefinierte Session-Speicherfunktionen.
session_unregister()	Hebt die Registrierung einer globalen Variablen in der aktuellen Session auf und löscht diese dadurch.
session_unset()	Löscht sämtliche Session-Variablen.
session_write_close	Speichert die Session-Daten und beendet die Session.

Einsatz von session_start()

Mit Hilfe der Funktion session_start() sind Sie in der Lage, eine Session zu erzeugen oder die aktuelle Session wieder aufzunehmen, die auf der Session-ID basiert, welche mit einer Anfrage, z.B. durch GET, POST oder ein Cookie, übermittelt wurde.

Beispiel – start.php:

```php
<?php

// Session Starten
session_start();

echo 'Willkommen auf Seite 1';

// Session Variablen setzen
$_SESSION['vorname'] = 'Caroline';
$_SESSION['alter'] = 25;
$_SESSION['zeit'] = time();

echo '<br><a href="seite2.php">Weiter</a><br>';

?>
```

Beispiel – seite2.php:

```php
<?php

session_start();

echo 'Willkommen auf Seite 2<br>';

echo $_SESSION['vorname']."<br>";
```

```
echo $_SESSION['alter']."<br>";
echo date('d.m.Y H:i:s', $_SESSION['zeit'])."<br>";

echo '<br><a href="start.php">Zum Anfang</a>';
?>
```

Ausgabe:

```
Willkommen auf Seite 2
Caroline
25
27.01.2004 22:06:04
```

Sie können die Session-ID auch explizit mit Hilfe der Konstanten SID übergeben.

```
echo '<br><a href="seite2.php?' . SID . '">Seite 2</a>';
```

Nach dem Aufruf von *start.php* enthält automatisch auch die zweite Seite, *seite2.php*, die Session-Daten.

> **Hinweis:** Bei Verwendung Cookie-basierter Sessions müssen Sie session_start() aufrufen, bevor irgendetwas an den Browser geschickt wird.
>
> **Achtung:** Ab PHP 4.3.3 resultiert der Aufruf von session_start(), nachdem die Session schon gestartet wurde, in einem Fehler der Stufe E_NOTICE. Der zweite Session-Start wird in diesem Fall einfach ignoriert.

Einsatz von session_destroy()

Mit Hilfe der Funktion session_destroy() sind Sie in der Lage, sämtliche auf die aktuelle Session bezogenen Daten zu löschen. Dabei sollten Sie auf die beiden folgenden Methoden zurückgreifen:

Beispiel – Löschen einer Session:

```
<?php

// Initialisierung der Session.
session_start();
// Löschen aller Session-Variablen.
session_unset();
// Zum Schluß, löschen der Session.
session_destroy();

?>
```

Beispiel – Löschen einer Session mit $_SESSION:

```
<?php

// Initialisierung der Session.
session_start();
```

```php
// Löschen aller Session-Variablen.
$_SESSION = array();
// Zum Schluß, löschen der Session.
session_destroy();

?>
```

Sollten Sie mit einer benannten Session arbeiten:

```php
// Session Starten
session_name("Sitzung");
session_start();
```

dürfen Sie beim Löschvorgang nicht vergessen, die Funktion session_name() mit anzugeben.

Beispiel:

```php
<?php

// Initialisierung der Session.
session_name("Sitzung");
session_start();
// Löschen aller Session-Variablen.
session_unset();
// Zum Schluß, löschen der Session.
session_destroy();

?>
```

Session und Arrays

Das folgende Beispiel soll Ihnen zeigen, dass der Mechanismus auch mit Arrays einwandfrei funktioniert.

Beispiel – startprodukte.php:

```php
<?php

// Session starten
session_start();

// Array erzeugen
$produkte = array("Brillen", "Autos", "Computer");

// Array mit der Session verknüpfen
$_SESSION["produkte"] = $produkte;

// oder mit session_register("produkte");

// Weiterleitung
echo "<a href=ausgabe.php>Ausgabe</a>";

?>
```

Beispiel – ausgabe.php:

```php
<?php

session_start();

$s_name = session_name();

echo "<b>Session-Name:</b> $s_name<br>";

foreach ($_SESSION["produkte"] as $element) {
            echo "$element<br>";
}

?>
```

Hinweis: Sollte der Einsatz von `$_SESSION` nicht möglich sein, können Sie auch `session_register()` einsetzen. Dies wird jedoch seit PHP 4.1.0 nicht mehr empfohlen.

Einsatz von session_name()

In der Konfigurtaionsdatei *php.ini* wird der Name der Session in dem Parameter *session.name* festgelegt – standardmäßig auf PHPSESSID. Sollten Sie ohne Eingriff in die *php.ini* oder in die Webserverkonfiguration diesen Namen ändern wollen, steht die Funktion `session_name()` zur Verfügung. Diese Funktion muss vor dem (Re)initialisieren der Session-Daten (`session_start()`) ausgeführt werden.

Beispiel:

```php
<?php
    // Einen anderen Namen für die Session festlegen
    session_name("meineSession");
    session_start();
?>
```

2.4.3   Weitergabe der Session-ID über Cookies

Das Session-Modul von PHP versucht zunächst, die automatisch generierte Session-ID in einem Cookie abzulegen und sich im weiteren Verlauf zur Übertragung der ID auf die nächste Seite dieses Cookies zu bedienen. Dies ist jedoch nur möglich, wenn der Client das Setzen von Cookies zulässt. Die Übertragung der Session-ID mit Hilfe von Cookies ist die von PHP vorgesehene Standardmethode, die den Anwender davon befreit, sich selbst um die Weiterleitung der ID auf die jeweils nächste Seite kümmern zu müssen. Für das zuvor erläuterte Beispiel kann dies anhand der Meldung des Browsers nachvollzogen werden. Natürlich nur dann, wenn der Browser eine entsprechende Konfiguration aufweist.

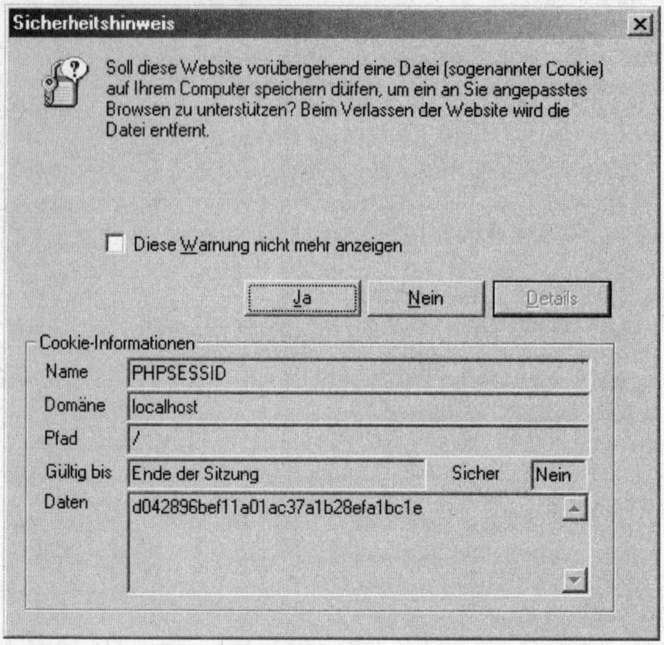

Bild 2.9: Session-ID wird in einem Cookie angelegt

2.4.4 Weitergabe der Session-ID über GET/POST

Werden vom Client keine Cookies zugelassen, steht die aktuelle Session-ID über die Session-Konstante SID zur Verfügung, die dann unter Verwendung der HTTP-Methoden GET oder POST bzw. über entsprechende Links oder die header()-Funktion auf die jeweils nächste Seite übertragen werden muss.

Ein entsprechender Hyperlink zur Weiterleitung der Session-ID könnte beispielsweise wie folgt aussehen:

Beispiel – start.php:

```php
<?php

session_start();
$_SESSION["vorname"] = "Matthias";
echo '<br><a href="ausgeben.php?' . SID . '">Zur Ausgabe</a>';
echo "<br>Session-ID: " . SID;

?>
```

Beispiel – ausgeben.php:

```php
<?php

session_start();
```

```
echo $_SESSION["vorname"];

?>
```

Ausgabe:

```
Matthias
```

2.4.5   Weitergabe der Session-ID über header()

Ein weitere Möglichkeit zur Übertragung der Session-ID ist die Verwendung der `header()`-Funktion. Die Funktion `header()` sendet an den Browser einen HTTP-Header.

Im folgenden Beispiel wird der *Location-Response-Header* gesendet. Dieser Header kann zur Weiterleitung an einen anderen URL verwendet werden und enthält die exakte Adresse der Ressource, einschließlich des Query-Strings, der im vorliegenden Fall die Session-ID enthält.

```
<?php

session_start();
$s_name = session_name();
$s_id = session_id();
header("Location: ausgeben.php?$s_name=$s_id");
$_SESSION["vorname"] = "Matthias";

?>
```

> **Achtung:** Die header()-Funktion muss aufgerufen werden noch bevor irgendeine andere Ausgabe erfolgt, siehe Kapitel 7.

> **Hinweis:** Sie erfahren im Übrigen noch einiges mehr über Sessions und Sicherheit in Kapitel 7.

2.5   Überprüfung des Verbindungsstatus

Ein PHP-Skript ist in der Lage, den Verbindungsstatus zu überprüfen und gegebenenfalls darauf zu reagieren. PHP unterscheidet zwischen drei Zuständen:

```
NORMAL = 0
ABBORTED = 1
TIMEOUT = 2
```

Der übliche Zustand während der Verarbeitung eines Skripts ist NORMAL. Wird die Verbindung jedoch unterbrochen, etwa clientseitig durch Klicken des Abbruch-Schalters, liefert die entsprechende Funktion den Status ABBORTED. Bei Überschreitung eines festgelegten Zeitlimits bricht PHP die Ausführung eines Skripts auch selbstständig ab. In diesem Fall wird der Status TIMEOUT übergeben. Zur Ermittlung und Bearbeitung des aktuellen Verbindungsstatus können Sie die folgenden Funktionen einsetzen:

Funktion	Bedeutung
connection_aborted()	Prüft, ob die Verbindung abgebrochen wurde.
connection_status()	Ermittelt den Status der Verbindung.
connection_timeout()	Prüft, ob die Verbindung das Zeitlimit überschritten hat und beendet wurde.
ignore_user_abort()	Arbeitet das Skript weiter ab, auch wenn der Anwender den Abbrechen-Schalter gedrückt hat. Es erfolgt dabei jedoch keine Ausgabe an den Browser mehr.
register_shutdown_function()	Bestimmt eine Funktion, die beim Beenden eines PHP-Skripts ausgeführt wird.

Eine Unterbrechung aufgrund eines TIMEOUT kann beispielsweise auftreten, wenn das Skript auf die Antwort einer Datenbankabfrage warten muss. Voreingestellt sind 30 Sekunden. Sie können diesen Wert in der Konfigurationsdatei *php.ini* mit Hilfe der Option *max_execution_time* heraufsetzen. Wenn PHP nicht im sicheren Modus (safe mode) arbeitet, lässt sich zu diesem Zweck auch die Funktion set_time_limit() einsetzen.

Shutdown-Funktion

Bricht die Verbindung ab, da der Anwender den Abbrechen-Schalter gedrückt hat, wird üblicherweise auch die Ausführung des Skripts abgebrochen. Bei bestimmten Operationen kann es jedoch sinnvoll sein, das Skript vollständig abzuarbeiten, etwas um noch offene Dateien zu schließen. Für Skript, die solche kritischen Operationen enthalten, können Sie daher die Funktion ignore_user_abort() nutzen, um die weitere Abarbeitung des Skripts zu erzwingen. Alternativ besteht auch die Möglichkeit, mit register_shutdown_function() eine Funktion festzulegen, die beim Beenden eines Skripts ausgeführt wird. Diese benutzerdefinierte Funktion wird aufgerufen, wenn PHP den Abbruch der Verbindung durch den Anwender registriert oder das Skript regulär beendet wird.

2.6   Servervariablen

Der Webserver liefert zahlreiche Informationen über sich selbst und den Systemzustand. Oft können mit diesen Angaben komfortable Skripts programmiert werden. Einige Daten liefert auch der Browser an den Server und dieser stellt sie wiederum dem Browser als Servervariable zur Verfügung.

2.6.1 CGI-Umgebung

Jeder Webserver liefert innerhalb der CGI-Umgebung eine ganze Reihe von Variablen, die in PHP problemlos abgerufen werden können. Die folgende Tabelle zeigt die wichtigsten CGI-Variablen:

Variable	Bedeutung
$AUTH_TYPE	Authentifizierungstyp bei gesicherten Sites.
$CONTENT_LENGTH	Länge des gesendeten Inhalts in Byte.
$CONTENT_TYPE	Angabe des Inhaltstyps, z.B. text/html.
$GATEWAY_INTERFACE	Bezeichnung der Schnittstelle, z.B. CGI/1.1.
$HTTP_ACCEPT	Was HTTP akzeptieren soll, normalerweise */*.
$HTTP_COOKIE	Eventuell vorhandene Cookie-Daten.
$HTTP_REFERER	Die letzte Adresse, von welcher der Browser kam.
$HTTP_USER_AGENT	Kennung des Browsers, z.B. Mozilla/4.0.
$PATH_INFO	Informationen zum Pfad des Skripts.
$PATH_TRANSLATED	Physischer Pfad.
$REMOTE_ADDR	Die IP-Adresse des Clients, z.B. 192.168.200.1
$REMOTE_HOST	Name des Clients, welcher die Anfrage gestartet hat, z.B. www.atomicscript.de.
$REMOTE_USER	Anmeldename des Anwenders bei gesicherten Seiten.
$REMOTE_IDENT	Identifikator.
$REMOTE_METHOD	Die Art der Anfrage, bei einem Seitenaufruf meist GET, bei einem Formular auch POST.
$QUERY_STRING	GET-Daten, z.B. varname=varvalue&session=1234.
$SCRIPT_NAME	Pfad und Name zum Skript, z.B. /cgi-bin/ausgabe.php.
$SERVER_NAME	Name des Hosts, z.B. www.selfas.de.
$SERVER_PORT	Der Serverport, über den das Skript aufgerufen wurde, im WWW meist 80.
$SERVER_PROTOCOL	Protokoll des Servers, z.B. HTTP/1.1.
$SERVER_SOFTWARE	Beschreibung der auf dem Server verfügbaren Software. So meldet sich der Server, z.B. Apache/2.0.13.

Der Aufruf erfolgt in Form normaler Variablen:

```php
<?php
echo $SERVER_NAME;
?>
```

Hinweis: Die genaue Anzahl und Verfügbarkeit der Variablen hängt vom verwendeten Webserver ab.

2.6.2 Erzeugen von eigenen Logfiles

Mit Hilfe der Servervariablen lassen sich auf einfache Weise auch eigene Logfiles erzeugen. Üblicherweise sind die meisten Webserver so eingestellt, dass solche Logfiles automatisch angelegt werden. Sie als Entwickler haben jedoch nicht bei jedem Provider einen direkten Zugriff auf diese Logfiles.

In diesem Fall kann Ihnen PHP behilflich sein: Legen Sie Ihre eigenen Logfiles an. Sie werden natürlich nicht sämtliche Servervariablen in Ihr Logfile aufnehmen müssen. Es empfiehlt sich, folgende Servervariablen zu erfassen:

- $REMOTE_ADDR
- $REQUEST_METHOD
- $PHP_SELF
- $HTTP_USER_AGENT
- $HTTP_REFERER

Zusätzlich sollten Sie noch mit Hilfe der date()- und time()-Funktion das Datum und die Uhrzeit des Aufrufs erfassen.

Sie sollten sich nun den benötigten Codezeilen zuwenden und folgendes Skript in die Datei *logfile.php* übertragen:

```php
<?php

$logdatei=fopen("logs/logfile.txt","a");
fputs($logdatei,
      date("d.m.Y, H:i:s",time()) .
      ", " . $REMOTE_ADDR .
      ", " . $REQUEST_METHOD .
      ", " . $PHP_SELF .
      ", " . $HTTP_USER_AGENT .
      ", " . $HTTP_REFERER ."\n"
      );
fclose($logdatei);

?>
```

Wie Sie sehen, werden die Serverdaten in die Datei *logfile.txt* im Verzeichnis *logs* gespeichert. Sie müssen lediglich dafür sorgen, dass das Verzeichnis existiert und die entsprechenden Zugriffsrechte gesetzt wurden, um eine Datei zu erzeugen.

Mit Hilfe der Funktion fopen() wird die Datei geöffnet und in den entsprechenden Modus versetzt (a = append, hinzufügen). In dieser geöffneten Datei wird nun mit Hilfe von fputs() eine Zeichenfolge geschrieben, die das aktuelle Datum und die aktuelle Uhrzeit enthält, gefolgt von der IP-Adresse des Client-Rechners, anschließend die Art der Anfrage, der Name des aufgerufenen Skripts, Informationen über den Browser und die Seite, welche der Browser vorher besucht hat. Was Sie nicht vergessen sollten ist, noch einen Zeilenvorschub \n hinzuzufügen, damit gewährleistet ist, dass jeder Aufruf in einer eigenen Zeile angelegt wird. Die Einträge der einzelnen Aufrufe werden jeweils durch ein Komma voneinander getrennt, so dass die Daten auch leicht in Programme wie Access oder Excel eingelesen werden können.

Am Ende des Skripts wird noch dafür gesorgt, dass die Datei mit Hilfe von fclose() wieder geschlossen wird.

Hinweis: Nähere Informationen zu `fopen()`, `fclose()` etc. bekommen Sie im Abschnitt »Dateisystem via PHP«.

Einsatz der logfile.php

Um für jede Seite Ihrer Website die *logfile.php* automatisch mit aufrufen zu lassen und somit einsetzen zu können, bietet es sich an, die Datei im Header einer jeden Seite mit Hilfe einer `include()`-Anweisung einzubinden.

Beispiel:

```php
<?php
include("logfile.php");
?>
```

Dies führt dazu, dass bei jedem Seitenaufruf eine neue Zeile in der Datei *logfile.txt* mit den entsprechenden Daten erzeugt wird.

Diese Daten können Sie nun nach Belieben mit anderer Software bearbeiten. Sie können auch wahlweise zusätzliche Servervariablen hinzufügen und damit die Aussagekraft ihrer Logfiles erweitern.

2.7 Dateisystem via PHP

PHP ermöglicht es Ihnen, auf das Dateisystem eines Webservers direkt zu zugreifen. Sie sind in der Lage, Dateien zu schreiben, zu lesen und zu löschen. Zusätzlich können Sie auch auf die Verzeichnisse des Dateisystems zugreifen. Die hierfür zur Verfügung gestellten Funktionen sollten Sie jedoch vorsichtig einsetzen. Schließlich greifen Sie auf das Dateisystems des Servers zu und nicht auf das des Anwenders. Wenn Ihre Webanwendungen bei einem Provider laufen, sollten Sie unbedingt nachfragen, ob dieser den direkten Zugriff auf das Dateisystem gestattet.

Im folgenden Abschnitt werden wir Ihnen zunächst einen umfassenden Einblick in das Dateisystem liefern und anschließend auf die Erzeugung von Dateien und Verzeichnissen eingehen.

2.7.1 Informationen zu Dateien und Verzeichnissen

Für die Arbeit mit Dateien und Verzeichnissen sollten Sie ausreichend Informationen über die vorliegenden Pfadstrukturen, einzelne Verzeichnisse und Dateien erlangen. PHP stellt Ihnen eine Reihe nützlicher Funktionen zur Verfügung, einige davon haben wir in der folgenden Tabelle für Sie zusammengefasst:

Funktion	Beispiel	Bedeutung
basename (path [,suffix])	basename ($path,".php");	Liefert aus einer Pfadangabe den Namen einer Datei, inklusive der Dateiendung. Wird der optionale Parameter suffix gesetzt, wird die Endung aus dem Dateinamen entfernt.
chgrp (filename, group)	chgrp ("/verzeichnis/datei", " Mitarbeiter ");	Ändert die Gruppenzugehörigkeit einer Datei.
chmod (filename, mode)	chmod ("/verzeichnis/datei", 0755);	Ändert die Zugriffsrechte einer Datei.
chown (filename, user)	chown ("/verzeichnis/datei", "fred");	Ändert den Eigentümer der Datei. Nur der Superuser kann den Eigentümer einer Datei ändern.
dirname(path)	dirname ($path);	Liefert aus einer Pfadangabe den Pfad ohne den Dateinamen.
disk_free_space(directory)	disk_free_space("/");	Liefert den freien Speicherplatz in einem Verzeichnis.
disk_total_space (directory)	disk_total_space("/");	Liefert die Gesamtgröße eines Verzeichnisses.
file_exists(filename)	file_exists($filename);	Prüft, ob eine bestimmte Datei vorhanden ist.
file_get_contents (filename [, use_include_path [, context]])	file_get_contents($filename);	Liest die gesamte Datei in einen String. Diese Funktion ist mit der Funktion file() identisch, außer dass sie die Datei in einem String zurückgibt.
file_put_contents (filename, data [, flags [, context]])	file_put_contents($filename) ;	Schreibt eine Zeichenfolge in eine Datei.
fileatime (filename)	fileatime($filename);	Liefert das Datum des letzten Zugriffs für eine Datei.
filegroup (filename)	filegroup($filename);	Liefert die Gruppenzugehörigkeit einer Datei.
filemtime (filename)	filemtime ($filename);	Liefert Datum und Uhrzeit der letzten Dateiänderung.
fileowner (filename)	fileowner ($filename);	Liefert den Eigentümer der Datei.
fileperms (filename)	fileperms ($filename);	Liefert die Zugriffsrechte (Dateiattribute) einer Datei.
filesize (filename)	filesize ($filename);	Liefert die Größe einer Datei in Byte.
filetype (filename);	filetype ($filename);	Liefert den Typ einer Datei (file, dir).
is_dir (filename)	is_dir ($filename);	Prüft, ob der Dateiname ein Verzeichnis ist.
is_executable (filename)	is_executable ($filename);	Prüft, ob eine Datei ausführbar ist bzw. es sich um eine ausführbare Datei handelt.
is_file (filename)	is_file ($filename);	Prüft, ob der Dateiname eine reguläre Datei ist.

Funktion	Beispiel	Bedeutung
is_link (filename)	is_link ($filename);	Prüft, ob der Dateiname ein symbolischer Link ist.
is_readable (filename)	is_readable ($filename);	Prüft, ob eine Datei gelesen werden kann.
is_uploaded_file (filename)	is_uploaded_file ($filename);	Prüft, ob die Datei mittels HTTP POST hochgeladen wurde.
is_writable (filename)	is_writable ($filename);	Prüft, ob in eine Datei geschrieben werden kann.
touch (filename [, time [,atime]])	touch ($filename);	Setzt Datum und Uhrzeit der letzten Änderung und des letzten Zugriffs der durch `filename` angegebenen Datei auf den durch `time` angegebenen Wert.
umask(mask)	umask(0022);	Ändert die aktuelle `umask`, die Zugriffsrechte bzw. Berechtigung.

Die meisten Funktionen erwarten eine Pfadangabe als Argument. Diese muss sich in der Regel auf eine existierende Datei beziehen. Den beiden Funktionen basename() und dirname() genügt ein String, der einen Pfad bezeichnet. Ob Datei und Verzeichnis existieren, ist nicht relevant, wie die folgenden Codezeilen beweisen:

```php
<?php
// Dateiname samt Endung
echo basename("C:\php5xampp-dev\php5\php.exe");

// Pfad ohne Dateiname
echo dirname("C:\php5xampp-dev\php5\php.exe");
?>
```

Ausgabe:

```
php.exe
C:\php5xampp-dev\php5
```

Die folgenden Anweisungen erwarten jedoch, dass der im Argument angegebene Pfad existiert:

```php
<?php

// (True oder False)
echo file_exists("C:\php5xampp-dev\php5\php.exe") . "<br>";

// Größe
echo filesize("C:\php5xampp-dev\php5\php.exe") . "<br>";

// Typ
echo filetype("C:\php5xampp-dev\php5\php.exe") . "<br>";

?>
```

Ausgabe:

```
1
45056
file
```

Sollte der Pfad nicht existieren, geben die Funktionen den Wert `false` zurück. Dies gilt auch für Funktionen wie `is_file()`, `is_dir()`, `is_writable()` usw. Im Erfolgsfall erhalten Sie den Wert `true`.

Beispiel:

```php
<?php

echo is_dir("C:\php5xampp-dev\php5") . "<br>";
echo is_executable("C:\php5xampp-dev\php5\php.exe") . "<br>";
echo is_file("C:\php5xampp-dev\php5\php.exe") . "<br>";

?>
```

Ausgabe:

```
1
1
1
```

Die Funktionen eignen sich übrigens hervorragend für den Einsatz in `if`-Anweisungen.

Beispiel:

```php
<?php

if (is_dir("C:\php5xampp-dev\php5")) {
        echo "Verzeichnis ist vorhanden!";
}

?>
```

Ausgabe:

```
Verzeichnis ist vorhanden!
```

Achtung: Die Pfadangaben dürfen keinen abschließenden Backslash enthalten, z.B. `C:\php5xampp-dev\`. Dies würde zu einer Fehlermeldung führen.

2.7.2   Verzeichnisoperationen

Für die Verwaltung des Verzeichnissystems und dessen Manipulation stellt Ihnen PHP ebenfalls eine Reihe von Funktionen zur Verfügung. Die wichtigsten Funktionen haben wir für Sie in der folgenden Tabelle zusammengefasst:

Funktion	Beispiel	Bedeutung
chdir(directory)	chdir ($directory);	Wechselt das aktuelle Verzeichnis.
getcwd ()	echo getcwd ();	Liefert das aktuelle Arbeitsverzeichnis.
mkdir (path,mode)	mkdir ($path, 0700);	Erzeugt ein Verzeichnis mit dem angegebenen Namen. Mode ist standardmäßig 0777, was den weitestmöglichen Zugriff bedeutet.
rmdir (directory)	rmdir ($directory);	Löscht ein Verzeichnis.

Hinweis: Wir werden in den folgenden Beispielen lediglich den Schrägstrich (/) als Trennzeichen für Verzeichnisse verwenden. Dieses Zeichen wird von UNIX und inzwischen auch von Windows akzeptiert. Der auf DOS-Systemen übliche Backslash wird hingegen nur von Windows unterstützt.

Die Funktionen erwarten als Argument eine Pfadangabe. Das kann ein relativer oder absoluter Pfad sein:

```php
<?php

if (chdir("C:/php5xampp-dev")) {
        echo "Verzeichnis gewechselt!";
}

?>
```

Im Erfolgsfall wird der Wert `true` zurückgegeben, andernfalls `false`. Sinnvoll ist die Funktion, wenn Sie in anderen Funktionen relative Pfade einsetzen wollen. Die folgende Anweisung liefert, wenn die Datei existiert, immer den Wert `true`:

```php
echo file_exists("C:\php5xampp-dev\php5\php.exe");
```

Das gilt jedoch nicht für folgende Schreibweise, die keine Pfadangabe enthält:

```php
echo file_exists("php.exe");
```

Hier müssen Sie zuvor mit der Funktion `chdir()` das aktuelle Verzeichnis setzen, um anschließend mit `file_exists()` die Datei zu prüfen.

Einsatz von mkdir() und rmdir()

Mit Hilfe der Funktionen `mkdir()` sind Sie in der Lage, ein neues Verzeichnis anzulegen. Die Funktion `rmdir()` dagegegn löscht Verzeichnisse. Auch diese beiden Funktionen beziehen sich, wenn keine vollständigen Pfade übergeben werden, auf das aktuelle Verzeichnis.

Sicherer ist natürlich die Angabe vollständiger Pfade:

```php
<?php
echo mkdir("C:/php5xampp-dev/neu",0700);
?>
```

Um dieses Verzeichnis zu löschen, können Sie die Funktion `rmdir()` einsetzen:

```php
<?php
echo rmdir("C:/php5xampp-dev/neu");
?>
```

Beide Funktionen liefern bei fehlerfreier Ausführung den Wert `true`, andernfalls wird eine Fehlermeldung ausgegeben.

2.7.3   Berechtigungen von Dateien und Verzeichnissen

Sowohl die Funktion `chmod()` als auch das zweite Argument der Funktion `mkdir()` ermöglichen die Vergabe von Berechtigungen für Dateien und Verzeichnisse. Diese Zahl setzt sich aus vier Stellen zusammen.

- Die erste Stelle kann eine Spezialeinstellung für die jeweilige Datei sein, wie *setuid* (4), *setgid* (2) oder *sticky* (1).

- Die zweite Stelle stellt die Benutzerberechtigungen des Dateieigentümers dar.

- Die dritte Stelle steht für die Gruppenberechtigung, bestimmt also, was Benutzer der Gruppe, der die Datei angehört, mit ihr machen können.

- Die vierte Stelle steht für die globalen Berechtigungen, legt also fest, was alle Benutzer mit der Datei machen dürfen.

Um den korrekten Wert für jede Stelle zu berechnen, addieren Sie die von Ihnen für die jeweilige Stelle gewünschten Berechtigungen anhand der Werte der folgenden Tabelle:

Wert	Berechtigung	Spezialeinstellung
4	Lesen	setuid
2	Schreiben	setgid
1	Ausführen	sticky

Ein Berechtigungswert von `0755` bedeutet:

Spezialeinstellung:

`Keine (0)`

Dateieigentümer:

Kann die Datei lesen, schreiben und ausführen

`4 = lesen + 2 = schreiben + 1 = ausführen => 7`

Benutzer der Gruppe:

Können die Datei lesen und ausführen

`4 = lesen + 1 = ausführen => 5`

Alle anderen Benutzer:

Können die Datei lesen und ausführen

```
4 = lesen + 1 = ausführen => 5
```

Die Berechtigungen neu erstellter Dateien und Verzeichnisse sind von der Einstellung *umask* abhängig. Dies ist ein Berechtigungswert, welcher von der Default-Berechtigung einer Datei (0666) bzw. eines Verzeichnisses (0777) entfernt bzw. ausmaskiert wird. Wenn die *umask* beispielsweise 0022 ist, ist 0644 die Standardberechtigung für eine neue mit `fopen()` erstellte Datei und 0755 die Standardberechtigung für ein neues Verzeichnis, das mit `mkdir()` erstellt wird.

Einsatz von umask()

Mit Hilfe der Funktion `umask()` können Sie die *umask* abfragen und einstellen. Sie gibt die aktuelle *umask* zurück und ändert sie auf den Wert des übergebenen Arguments, falls vorhanden. Im folgenden Beispiel wird lediglich der Eigentümer und der Superuser in der Lage sein, auf die Datei zuzugreifen:

```
$alte_umask = umask(0077);
touch("privat.txt");
umask($alte_umask);
```

Der erste Aufruf von `umask()` maskiert sämtliche Berechtigungen für die Gruppe und aller anderen Benutzer. Wenn die Datei erstellt ist, stellt der Aufruf `umask()` die *umask* auf die vorherigen Einstellungen zurück.

> **Hinweis:** Wenn PHP als Servermodul läuft, stellt es die *umask* am Ende jedes HTTP-Requests auf seinen Standardwert zurück.
>
> **Achtung:** Die Funktion `umask()` funktioniert nicht unter Windows!

2.7.4 Auslesen von Verzeichnissen

Zu den wichtigsten Aufgaben der Dateifunktionen gehört das Auslesen von Bestandteilen wie Dateien und Unterverzeichnisse eines Verzeichnisses. Für diese Aufgabe stehen Ihnen folgende Funktionen zur Verfügung:

Funktion	Beispiel	Bedeutung
closedir (dir_handle)	closedir ($handle);	Löscht einen Verweis (Handle) auf ein Verzeichnis.
dir (directory)	dir ("/etc");	Liefert ein Objekt, das für ein Verzeichnis steht.
opendir (path)	opendir ($path);	Erzeugt einen Verweis (Handle) auf ein Verzeichnis.

Funktion	Beispiel	Bedeutung
readdir (dir_handle)	readdir ($handle);	Ermittelt den jeweils nächsten Datei- oder Verzeichnisnamen aus einem Verzeichnis.
rewinddir (dir_handle)	rewinddir ($handle);	Positioniert den readdir-Zeiger wieder auf dem ersten Eintrag eines Verzeichnisses.
scandir (directory [, sorting_order])	scandir ($directory);	Listet sämtliche Dateien und Verzeichnisse eines angegebenen Pfades auf. Die Sortierreihenfolge ist alphabetisch aufsteigend. Sollte der optionale Parameter sorting_order verwendet werden, wird die Sortierreihenfolge alphabetisch absteigend sein.

Im Grunde verbergen sich hinter den oben vorgestellten Funktionen zwei Konzepte für den Zugriff auf Verzeichnisse und das Auslesen von Dateien:

- Zugriff über einen Verweis (Handle, Referenz).

- Zugriff über ein Objekt, das Sie mit der Funktion dir() erhalten. Auf dieses Objekt lassen sich dann Eigenschaften und Methoden anwenden.

Zugriff über Verweise

Einen Verweis erhalten Sie mit Hilfe der Funktion opendir(). Das folgende Beispiel zeigt, wie Sie Dateien aus einem Verzeichnis auslesen:

```php
<?php

$handle=opendir ('.');
echo "Verzeichnis-Handle: $handle<br>";
echo "Dateien:<br>";

while (false !== ($file = readdir ($handle))) {
    echo "$file<br>";
}

closedir($handle);

?>
```

Ausgabe:

```
Verzeichnis-Handle: Resource id #2
Dateien:
.
..
konstanten.php
```

Beachten Sie, dass `readdir()` auch die Einträge "." und ".." zurückgibt. Wollen Sie das nicht, müssen Sie es ausschließen:

```php
<?php

$handle=opendir ('.');
echo "Verzeichnis-Handle: $handle<br>";
echo "Dateien:<br>";

while ($file = readdir ($handle)) {
    if ($file != "." && $file != "..") {
        echo "$file<br>";
    }
}

closedir($handle);

?>
```

Ausgabe:

```
Verzeichnis-Handle: Resource id #2
Dateien:
konstanten.php
```

Zugriff über Objekt

Kommen wir nun zum zweiten Konzept, nämlich dem Zugriff mit Hilfe des dir-Objekts. Es handelt sich dabei um ein Pseudo-Objekt, d.h., es stellt eine Mischung aus Funktion und objektorientierter Lösung dar. Dem Objekt stehen diverse Eigenschaften und Methoden zur Verfügung, welche in folgender Tabelle aufgeführt sind:

Funktion	*Bedeutung*
handle	Diese Eigenschaft liefert einen Verweis, welcher sich mit den weiter oben vorgestellten Funktionen nutzen lässt.
path	Diese Eigenschaft liefert den Pfad des dir-Objekts.
close()	Diese Methode gibt das Objekt wieder frei.
read()	Diese Methode liefert bei jedem Aufruf den jeweils nächsten Verzeichniseintrag.
rewind()	Diese Methode setzt den internen Zeiger für die read-Operationen wieder auf den ersten Eintrag.

Das Auslesen eines Verzeichnisses entspricht den bereits vorgestellten Beispielen. Lediglich die Syntax stellt sich etwas anders dar:

```php
<?php

$verzeichnis = dir(".");
echo "Verzeichnis-Handle: $verzeichnis<br>";
echo "Dateien:<br>";
```

```
while ($file = $verzeichnis->read()) {
        echo "$file<br>";
}

$verzeichnis->close();

?>
```

Ausgabe:

```
Verzeichnis-Handle: Object id #1
Dateien:
.
..
konstanten.php
```

Hinweis: Dieses Pseudo-Objekt bzw. diese spezielle Syntax wird vor allem bei objektorientierten Anwendungen eingesetzt.

2.7.5 Dateioperationen und Dateifunktionen

In diesem Abschnitt befassen wir uns mit der Verarbeitung von Dateien. Sie lernen Funktionen kennen, die es Ihnen ermöglichen, Dateien zu

- erzeugen
- öffnen
- schreiben
- lesen
- kopieren
- umzubenennen

In der folgenden Tabelle finden Sie eine Aufstellung der wichtigsten Funktionen:

Funktion	Beispiel	Bedeutung
file (filename [, use_include_path])	file ($filename);	Liest den Inhalt einer Datei in ein Array ein.
fclose(handle)	fclose($dateihandle);	Schließt einen offenen Dateizeiger und damit auch die Datei.
fgetc (handle)	fgetc($dateihandle);	Liest das Zeichen, auf welches der Dateizeiger zeigt.
fgetcsv (handle, length [, delimiter [, enclosure]])	fgetcsv($dateihandle);	Liest eine Zeile von der Position des Dateizeigers und prüft diese auf durch Kommata getrennte Werte (CSV – comma separated values).

Funktion	Beispiel	Bedeutung
fgets (handle [, int length])	fgets($dateihandle);	Liest eine Zeile von der Position des Dateizeigers.
fgetss (handle int length [, string allowable_tags])	fgetss($dateihandle);	Liest eine Zeile von der Position des Dateizeigers und entfernt HTML-Tags.
flock ((handle, operation [, wouldblock])	flock($dateihandle,2);	Sperrt eine Datei für schreibende und lesende Zugriffe.
fopen (filename, mode [, use_include_path [, zcontext]])	$handle = fopen ("/home/matze/file.txt", "r");	Öffnet eine bestehende oder erzeugte neue Datei.
fputs (handle, str [, length])	fputs($dateihandle);	Schreibt eine Zeile in eine Datei.
fread (handle, length)	fread ($dateihandle, filesize ($filename));	Liest eine bestimmte Anzahl von Bytes aus einer Datei.
fwrite (handle, str [, length])	fwrite($dateihandle, $somecontent)	Schreibt eine bestimmte Anzahl von Bytes in eine Datei.
readfile (filename [, use_include_path])	echo readfile($filename);	Liest den Inhalt einer Datei und schreibt ihn in den Ausgabepuffer.

Einsatz von file() und readfile()

Der Einsatz der Funktionen file() und readfile() ermöglicht es Ihnen, recht einfach auf den kompletten Inhalt einer Datei zu zugreifen. Die Funktion readfile() sendet den Inhalt direkt an den Browser und file() schreibt den Inhalt in ein Array.

Die folgende Anweisung reicht aus, um die Datei *info.txt* im Browser anzuzeigen:

```
readfile("info.txt");
```

Die Funktion gibt im Erfolgsfall die Zahl der übertragenen Zeichen zurück. Sollte es nicht funktionieren, liefert sie den Wert false. Wenn Sie auf eine Pfadangabe verzichten, muss sich die Datei im selben Verzeichnis befinden wie das Skript, das die Anweisung enthält. Die Funktion eignet sich hervorragend zur Einbindung von HTML-Dateien.

Mit Hilfe der Funktion file() kommen Sie ebenfalls an den Inhalt einer Datei. Sie müssen lediglich beachten, dass der Inhalt in ein Array überführt wird:

```php
<?php

$datei = file("info.txt");

foreach($datei as $zeile) {
        echo "$zeile<br>";
}

?>
```

2.7.6 Lesen und Schreiben von Dateien

Um eine Datei zu öffnen, benötigen Sie die Funktion `fopen()`. Sie erwartet zwei Argumente:

- Name der Datei
- Dateiattribut

Die Funktion liefert als Rückgabewert einen Verweis (Handle) auf die Datei. Diesen Verweis benötigen Sie für Lese- und Schreiboperationen, beispielsweise in Verbindung mit `fread()`.

Beispiel:

```php
<?php

$datei = fopen("info.txt","r");
echo fread($datei,1000);
fclose($datei);

?>
```

oder

```php
<?php

// Fehlermeldung wird unterdrückt und die eigene angezeigt
@$datei = fopen("info.txt","r") or die("Kann info.txt nicht öffnen!");
echo fread($datei,1000);
fclose($datei);

?>
```

Das Dateiattribut, welches sich im zweiten Argument der `fopen()`-Funktion befindet, ist »r« und stellt die Datei lediglich zum Lesen zur Verfügung.

In der folgenden Tabelle haben wir Ihnen die zur Verfügung stehenden Modi aufgelistet:

Modus	Bedeutung
r	Öffnet die Datei nur zum Lesen und positioniert den Dateizeiger auf den Anfang der Datei.
r+	Öffnet die Datei zum Lesen und Schreiben und setzt den Dateizeiger auf den Anfang der Datei.
w	Öffnet die Datei nur zum Schreiben und setzt den Dateizeiger auf den Anfang der Datei sowie die Länge der Datei auf 0 Byte. Wenn die Datei nicht existiert, wird versucht sie anzulegen.
w+	Öffnet die Datei zum Lesen und Schreiben und setzt den Dateizeiger auf den Anfang der Datei sowie die Länge der Datei auf 0 Byte. Wenn die Datei nicht existiert, wird versucht sie anzulegen.

Modus	Bedeutung
a	Öffnet die Datei nur zum Schreiben. Positioniert den Dateizeiger auf das Ende der Datei. Wenn die Datei nicht existiert, wird versucht sie anzulegen.
a+	Öffnet die Datei zum Lesen und Schreiben. Positioniert den Dateizeiger auf das Ende der Datei. Wenn die Datei nicht existiert, wird versucht sie anzulegen.

Sie sollten vor allem auf die Angaben »w« und »w+« achten. Damit sind Sie in der Lage, Dateien zu löschen oder zu erzeugen. Die Angabe »a« (append) sollten Sie verwenden, wenn Sie an eine bereits bestehende Datei weitere Daten anhängen wollen.

Wir haben Ihnen eine weitere Tabelle zusammengestellt, die Ihnen die Entscheidung, welcher Modus es beim Verarbeiten von Dateien sein soll, erleichtert:

Modus	Lesbar?	Schreibbar?	Dateizeiger	Kürzen?	Erzeugen?
r	Ja	Nein	Anfang	Nein	Nein
r+	Ja	Ja	Anfang	Nein	Nein
w	Nein	Ja	Anfang	Ja	Ja
w+	Ja	Ja	Anfang	Ja	Ja
a	Nein	Ja	Ende	Nein	Ja
a+	Ja	Ja	Ende	Nein	Ja

Dateien von einem entfernten Server

Sollten Sie Dateien von einem entfernten Server öffnen wollen, zu dem Sie via HTTP oder FTP Zugang haben, dann können Sie ebenfalls `fopen()` einsetzen:

```
$datei = fopen("http://www.selfas.de/info.txt","r");
```

Um mit Hilfe von `fopen()` Dateien zu öffnen, die einen Benutzernamen und ein Passwort voraussetzen, platzieren Sie die Authentifizierungsinformationen wie folgt in den URL:

```
$datei = fopen("ftp://benutzername:passwort@ftp.selfas.de/pub/
info.txt","r");
$datei = fopen("http://benutzername:passwort@www.selfas.de/info.txt","r");
```

Die Dateien werden mit Hilfe des *URL-fopen-Wrapper* übertragen. In der Standardkonfiguration ist dieser freigegeben, lässt sich jedoch durch die Option *allow_url_fopen* in Ihrer *php.ini* sperren. Wenn Sie Dateien auf einem entfernten Server nicht mit `fopen()` öffnen können, sollten Sie Ihre Serverkonfiguration überprüfen.

Einsatz von fgets()

Neben dem bereits vorgestellten `fread()` steht Ihnen zum Auslesen einer Datei auch noch `fgets()` zur Verfügung. Sie unterscheiden sich in einem wesentlichen Punkt:

fread() liest immer so viele Zeichen, wie im zweiten Argument angegeben werden, fgets() liest nur bis zum nächsten Zeilenumbruch, auch wenn im zweiten Argument ein größerer Wert angegeben wurde.

Hinweis: fread() ignoriert beim Auslesen einer Datei die enthaltenen Zeilenumbrüche.

Beispiel – Inhalt von info.txt:

```
Matthias
Caroline
```

Beispiel – auslesen.php mit fread():

```php
<?php

$datei = fopen("info.txt","r");
echo fread($datei,1000);
fclose($datei);

?>
```

Ausgabe:

```
Matthias
Caroline
```

Beispiel – auslesen.php mit fgets():

```php
<?php

$datei = fopen("info.txt","r");
echo fgets($datei,1000);
fclose($datei);

?>
```

Ausgabe:

```
Matthias
```

Und noch folgende Variante:

```php
<?php

$datei = fopen("info.txt","r");
echo fread($datei,1000);
echo fgets($datei,1000);
fclose($datei);

?>
```

Ausgabe:

```
Matthias
Caroline
```

Das vorliegende Beispiel zeigt, wie die Funktionen arbeiten. Bei jedem Aufruf setzen sie den internen Dateizeiger an das Ende des eingelesenen Abschnitts. Bei `fgets()` ist das in der Regel eine Zeile. Sollte jedoch eine Zeile länger sein als im zweiten Argument angegeben, wird lediglich ein Teil der Zeile eingelesen. Sie sollten die Funktion `fgets()` in einer Schleife einsetzen, um nacheinander sämtliche Zeilen auszugeben. Wie wäre es, die Ausgabe durch HTML-Angaben zu formatieren:

```php
<?php

$datei = fopen("info.txt","r");
$zeile = true;
while ($zeile) {
        $zeile = fgets($datei, 100);
        echo "<b>$zeile<b><br>";
}
fclose($datei);

?>
```

Ausgabe:

```
Matthias
Caroline
```

Da `fgets()` ein Leerzeichen zurückgibt und dieses von der `while`-Schleife als `false` interpretiert wird, können Sie den Rückgabewert als Abbruchkriterium einsetzen. Die Schleife endet automatisch, wenn in der Datei keine weiteren Zeilen vorkommen.

Zählen von Zeilen und Absätzen

Die Funktion `fgets()` kann Ihnen auch dabei behilflich sein, eine Datei zu analysieren, beispielsweise die Anzahl der Zeilen oder Absätze zu ermitteln.

Beispiel – Ermitteln der Anzahl von Zeilen:

```php
<?php

$zeilen = 0;

if ($datei = fopen("daten.txt","r")) {
  while (!feof($datei)) {
    if (fgets($datei,1048576)) {
      $zeilen++;
    }
  }
}

echo $zeilen;
```

```php
fclose($datei);

?>
```

Beispiel – Ermitteln der Anzahl von Absätzen:

```php
<?php

$absaetze = 0;

if ($datei = fopen("daten.txt","r")) {
  while (! feof($datei)) {
    $z = fgets($datei,1048576);
    if (("\n" == $z) || ("\r\n" == $z)) {
      $absaetze++;
    }
  }
}
echo $absaetze;

fclose($datei);

?>
```

Hinweis: Der Wert für das zweite Argument in `fgets()` wurde bewusst so hoch gesetzt, um möglichst sämtliche Zeichen pro Zeile zu erfassen.

Sonderfall Datensätze

Eine Datei, welche datensatzähnliche Strukturen aufweist, zum Beispiel Trennzeichen, kann ebenfalls auf diese Weise analysiert werden.

Inhalt der db.txt-Datei:

```
Matthias Kannengiesser
-*-
Caroline Kannengiesser
-*-
Gülten Kannengiesser
-*-
```

Beispiel – Ermitteln der Anzahl von Datensätzen:

```php
<?php

$dsatz = 0;
$dsatz_trenner = '-*-';

if ($datei = fopen('db.txt','r')) {
  while (! feof($datei)) {
```

```
    $z = rtrim(fgets($datei,1048576));
    if ($z == $dsatz_trenner) {
      $dsatz++;
    }
  }
}

echo $dsatz;

fclose($datei);

?>
```

Bearbeiten einzelner Wörter einer Datei

Um mit Hilfe der Funktion `fgets()` einzelne Wörter bearbeiten bzw. erfassen zu können, sollten Sie zusätzlich reguläre Ausdrücke mit der Funktion `preg_split()` verarbeiten.

Inhalt – daten.txt:

```
Matthias ist dort
Caroline ist hier
```

Beispiel:

```php
<?php

$datei = fopen('daten.txt','r');
while (! feof($datei)) {
    if ($z = fgets($datei,1048576)) {
        // Zeile nach Worte durchsuchen
        $worte = preg_split('/\s+/',$z,-1, PREG_SPLIT_NO_EMPTY);
        // Alle Wörter einer Zeile bearbeiten
        foreach ($worte as $wort) {
            echo "<b>$wort</b><br>";
        }
        // Nächste Zeile (als Absatz)
        echo "<p>";
    }
}

fclose($datei);

?>
```

Ausgabe:

```
Matthias
ist
dort
```

```
Caroline
ist
hier
```

Quelltext-Ausgabe:

```
<b>Matthias</b><br><b>ist</b><br><b>dort</b><br><p><b>Caroline</b><br><b>i
st</b><br><b>hier</b><br><p>
```

Der Code verwendet das Metazeichen \s der Perl-kompatiblen Regular Expression Engine. Hiermit werden Leerzeichen (Whitespace) jeglicher Art verarbeitet, also Leerzeichen, Tabulatoren, Zeilenvorschübe, Wagenrückläufe und Seitenvorschübe.

2.7.7 Erzeugen und Schreiben von Dateien

Eine neue Datei anzulegen ist mit Hilfe der Funktionen fopen() und fwrite() recht einfach.

Beispiel:

```php
<?php

$datei = fopen("daten.txt","w");
echo fwrite($datei, "Hallo Welt",100);
fclose($datei);

?>
```

Ausgabe:

```
10
```

Die Funktion gibt die Anzahl der Zeichen zurück, welche in die neue Datei daten.txt geschrieben wurden. Das letzte Argument von fwrite() ist übrigens optional sollte die Anzahl der Zeichen aus der Zeichenfolge den Wert überschreiten, wird die Zeichenfolge auf den festgelegten Wert gekürzt. Zusätzlich ist zu beachten, dass fwrite() den internen Dateizeiger weitersetzt. Dieser steht nach der Ausführung hinter dem letzten geschriebenen Zeichen. Sollten Sie fwrite() erneut aufrufen, wird die neue Zeichenfolge an den vorhanden Text angefügt.

In eine vorhandene Datei schreiben

Beim Schreiben in eine vorhandene Datei kommt es vor allem darauf an, mit welcher Zugriffsmethode Sie die Datei öffnen. Dabei sind folgende Situationen zu unterscheiden:

- Sie wollen weitere Daten an die Datei anfügen. In diesem Fall wählen Sie den Wert »a« (bzw. »a+«). Die Datei wird dann so geöffnet, dass ein schreibender Zugriff nur am Ende der Datei erfolgen kann.

- Sie wollen an einer beliebigen Stelle Daten in die Datei schreiben. Die an dieser Stelle befindlichen Daten werden dann jedoch überschrieben. In diesem Fall öffnen Sie die

Datei mit der Einstellung »r+«. Der Dateizeiger steht dann am Anfang der Datei. Um an einer beliebigen Stelle zu schreiben, muss der Dateizeiger mit der Funktion `fseek()` positioniert werden.

- Sie wollen eine bestehende Datei ganz neu schreiben, also keine bestehenden Daten übernehmen. In diesem Fall wählen Sie den Zugriffsmodus »w« (bzw. »w+«). Im Grunde wird die Datei dadurch gelöscht und mit dem gleichen Namen neu erzeugt.

Die interessanteste Methode stellt wohl die zweite Variante dar: Zugriff auf eine bereits bestehende Datei, jedoch an einer beliebigen Stelle und nicht am Anfang oder am Ender der Datei. Hierfür benötigen Sie Funktionen, mit denen Sie die Position des Dateizeigers abfragen und setzen können (siehe folgende Tabelle).

Funktion	Beispiel	Bedeutung
feof (handle)	echo feof($dateihandle);	Prüft, ob der Dateizeiger am Ende der Datei steht.
fseek (handle, offset [,postion])	fseek ($dateihandle, 10, SEEK_CUR);	Positioniert den Dateizeiger auf eine beliebige Stelle innerhalb der Datei.
ftell (handle)	echo ftell($dateihandle);	Ermittelt die aktuelle Position des Dateizeigers.
rewind(handle)	rewind($dateihandle);	Positioniert den Dateizeiger an den Anfang der Datei.

Die Funktion `fseek()` benötigt einen `offset` (Versatzwert), um den Dateizeiger ausgehend von einer festgelegten Position neu zu positionieren. Auf welche Startposition sich der Versatz bezieht, bestimmen Sie im letzten Argument. Dieses Argument ist optional.

Wenn Sie darauf verzichten, zählt der Versatzwert vom Anfang der Datei. Die Startposition lässt sich mit Hilfe einer der folgenden Konstanten bestimmen:

- `SEEK_SET` – Als Startposition wird der Dateianfang angenommen. Der Versatzwert steht dann auch für die absolute Position. Diese Konstante entspricht dem Standardwert und muss daher nicht unbedingt angegeben werden.

- `SEEK_CUR` – Als Startposition wird die aktuelle Position angenommen. Der Versatzwert bezieht sich dann auf diese Position.

- `SEEK_END` – Als Startposition wird das Dateiende angenommen. Das bedeutet, dass der Dateizeiger auch nach dem eigentlichen Ende der Datei positioniert werden kann. Diese Eigenschaft macht es möglich, eine strukturierte Datei mit Datensätzen fester Länge zu erzeugen. Die Datei muss hierzu nicht mit `SEEK_END` geöffnet werden.

Die aktuelle Position können Sie mit der Funktion `ftell()` auslesen. Das folgende Beispiel kombiniert beide Funktionen und stellt die relative Positionierung mit `SEEK_CUR` dar:

```php
<?php

$datei = fopen("daten.txt","r+");
fseek($datei, 50, SEEK_CUR);
```

```
echo ftell($datei) . "<br>";
fseek($datei, 15, SEEK_CUR);
echo ftell($datei) . "<br>";
fclose($datei);

?>
```

Ausgabe:

```
50
65
```

Beachten Sie, dass die Datei mit dem Zugriffsmode »r+« geöffnet wurde. Der Dateizeiger lässt sich dann auch für das Schreiben frei positionieren. Verwenden Sie hingegen den Modus »a« (bzw. »a+«), werden sämtliche Daten an das Ende der Datei angefügt, unabhängig davon, wo gerade der Dateizeiger steht. Die Positionierung mit fseek() können Sie dann lediglich für das Auslesen nutzen.

2.7.8 Kopieren, Umbenennen und Löschen von Dateien

Zusätzlich zu den bisherigen Funktionen stehen Ihnen noch die Funktionen copy(), rename() und unlink() zur Verfügung, mit deren Hilfe Sie Dateien kopieren, umbenennen und löschen können.

Beispiel – kopieren:

```
<?php

if (@copy("daten.txt", "datenkopie.txt")) {
        echo "Kopiert";
} else {
        echo "Fehler!";
}

?>
```

Beispiel – umbennen:

```
<?php

if (@rename("datenkopie.txt", "datenumbenannt.txt")) {
        echo "Umbenannt";
} else {
        echo "Fehler!";
}

?>
```

Beispiel – löschen:

```php
<?php

if (@unlink("datenumbenannt.txt")) {
        echo "Gelöscht";
} else {
        echo "Fehler!";
}

?>
```

Hinweis: Das @-Zeichen dient zur Fehlerunterdrückung.

2.7.9 Serialisierung von Daten

Funktionen wie `file()` oder `file_get_contents()` sorgen dafür, dass der Inhalt einer Datei eingelesen wird. Diese Daten werden anschließend deserialisiert. Eine Variable können Sie mit Hilfe von `serialize()` in ein speicherbares Format übertragen.

Einsatz von serialize() und unserialize()

Die `serialize()`-Funktion gibt eine Zeichenfolge zurück, die eine dem Byte-Stream entsprechende Wiedergabe von einer Variablen enthält und beliebig abgespeichert werden kann. Diese Funktion dient der Speicherung oder Übergabe von PHP-Werten, ohne dass diese ihren Wert oder ihre Struktur verlieren.

Beispiel:

```php
<?php

$personen = array(
                    "Matthias",
                    "Caroline",
                    "Gülten"
                    );
$daten = serialize($personen);
echo $daten;

?>
```

Ausgabe:

```
a:3:{i:0;s:8:"Matthias";i:1;s:8:"Caroline";i:2;s:6:"Gülten";}
```

Eine solche Zeichenfolge können Sie mit Hilfe der Funktion `unserialize()` wieder in eine gültige Variable umwandeln.

Beispiel:

```
<pre>
<?php

$daten = 'a:3:{i:0;s:8:"Matthias";i:1;s:8:"Caroline";i:2;s:6:"Gülten";}';
$personen = unserialize($daten);
print_r ($personen);

?>
</pre>
```

Ausgabe:

```
Array
(
    [0] => Matthias
    [1] => Caroline
    [2] => Gülten
)
```

2.7.10 Verriegelung von Dateien

Jeder Schreibvorgang innerhalb einer Webanwendung birgt ein Risiko, nämlich dass Daten überschrieben werden. Sie können sich durch ein in PHP zur Verfügung gestelltes Verriegelungsverfahren davor schützen, dass Inhalte einer Datei ungewollt verändert werden.

Eine Datei wird hier durch einen so genannten Lock geschützt. Dieses von den meisten Betriebssystemen unterstützte Verfahren sperrt eine Datei, so dass ein ungewollter Zugriff ausgeschlossen werden kann. Die Funktion für die Verriegelung ist flock().

Diese Funktion erwartet neben dem Datei-Handler als zweites Argument einen Integerwert für die durchzuführende Verriegelungsoperation. Es stehen folgende Verriegelungs-Konstanten zur Verfügung:

Konstante	Wert	Bedeutung
LOCK_SH	1	lock shared, verteilt lesende Verriegelung, andere Prozesse können lesend zugreifen.
LOCK_EX	2	lock exclusive, keinem anderen Prozess den Zugriff ermöglichen.
LOCK_UN	3	lock unlock, Verriegelung aufheben, sowohl lesend als auch schreibend.
LOCK_NB	4	lock non-blocking, in Verbindung mit LOCK_EX und LOCK_UN, beendet den Zugriffsversuch, ohne zu warten, bis die Datei für Zugriffe frei ist.

Um eine Datei zu sperren, benötigt die Funktion einen Datei-Handler, den Sie mit Hilfe der Funktion fopen() erhalten. Als Operation können Sie entweder einen verteilten oder einen exklusiven Zugriff erlauben oder eine Verriegelung wieder aufheben. Die Option LOCK_NB legt fest, wie reagiert werden soll, wenn eine Datei gesperrt vorgefunden wird. Um dies anzugeben, notieren Sie nach der Operation einen senkrechten Strich und danach die Konstante. Sie sollten diese nur dann einsetzen, wenn Sie Zugriffe während der Verriegelung durch flock() zulassen wollen.

Der Einsatz einer Verriegelung macht jedoch nur dann Sinn, wenn alle Programme die gleiche Art und Weise der Verriegelung nutzen. Eine Verriegelung von Dateien wird im Übrigen lediglich empfohlen. Solange Sie kein flock() verwenden, um den Verriegelungsstatus einer Datei festzulegen, können Sie auf diese bequem Lese-/Schreib-Zugriffe ausführen.

2.7.11 Auslesen von CSV-Dateien

Abschließend wollen wir Ihnen noch die Funktion fgetcsv() vorstellen. Vorab jedoch noch eine kurze Einführung in die Struktur von CSV-Dateien (comma separated values). Dabei handelt es sich um Textdateien, deren Einträge in Zeilen und Spalten (Felder) unterteilt sind. Die Zeilen werden durch Zeilenumbrüche gekennzeichnet und die Felder durch Kommata oder andere Trennzeichen. Für das Auslesen solcher Dateien können Sie die Funktion fgetcsv() einsetzen. Die Funktion erwartet eine Textdatei, die beispielsweise wie folgt strukturiert ist:

```
1, erster Mitarbeiter, Matthias, Kannengiesser
2, zweiter Mitarbeiter, Caroline, Kannengiesser
```

Jeder Aufruf von fgetcsv() liefert die jeweils nächste Zeile. Die Funktion benötigt mindestens zwei Argumente:

- Dateihandle
- Maximale Anzahl der auszulesenden Zeichen

Beispiel:

```php
<?php

$datei = fopen("csvdaten.txt", "r");
$daten = fgetcsv($datei, 1000);
while ($daten) {
        echo implode(" - ", $daten) . "<br>";
        $daten = fgetcsv($datei, 1000);
}
?>
```

Ausgabe:

```
1 - erster Mitarbeiter - Matthias - Kannengiesser
2 - zweiter Mitarbeiter - Caroline - Kannengiesser
```

Das optionale dritte Argument kann ein anderes Trennzeichen für die Felder enthalten. Das Komma stellt den Standardwert für das dritte Argument dar.

2.7.12 Nützliche Dateioperationen

Hier haben wir noch einige nützliche Codeschnipsel zur Verarbeitung von Dateien.

Zeilen gezielt auslesen

Die Zeilen einer Datei gezielt auszulesen kann mit einigen Handgriffen umgesetzt werden. Sie können entweder die Funktion file() oder fgets() einsetzen. Die Funktion file() setzt voraus, dass genügend freier Arbeitsspeicher zur Verfügung steht, da die Datei vollständig eingelesen wird.

Beispiel – file():

```php
<?php

$daten = file("daten.txt");
// Zweite Zeile ausgeben
echo $daten[1];

?>
```

Beispiel – fgets():

```php
<?php

$zeilen_zaehler = 0;
$ziel_zeile = 2;

$datei = fopen('daten.txt','r');
while ((! feof($datei)) && ($zeilen_zaehler < $ziel_zeile)) {
    if ($zeile = fgets($datei,1048576)) {
        $zeilen_zaehler++;
    }
}
fclose($datei);

echo $zeile;

?>
```

Inhalt einer Datei rückwärts einlesen

Nun werden Sie sich sicher fragen, wozu das gut sein soll. Denken Sie mal ein Gästebuch. Es ist recht simpel, neue Beiträge mit Hilfe von fopen() und dem Anhängmodus »a« (append) ans Dateiende anzuhängen. Aber wie sieht es mit der Ausgabe aus, der neueste Eintrag soll schließlich an den Anfang der Ausgabe. Hier eine einfache und praktische Lösung.

Beispiel:

```php
<?php

$daten = file("daten.txt");
$daten = array_reverse($daten);

foreach ($daten as $eintrag) {
      echo "$eintrag<br>";
}

?>
```

Natürlich können Sie statt sämtliche Zeilen rückwärtig auszugeben lediglich eine festgelegte Anzahl von Zeilen ausgeben, vielleicht die letzten 10 Zeilen.

Beispiel:

```php
<?php

$daten = file('daten.txt');
$anzahl = 10;

for ($i = 0, $j = count($daten); $i <= $anzahl; $i++) {
    echo $daten[$j - $i] . "<br>";
}

?>
```

Zeile per Zufall – Spruchgenerator

Wie wäre es mit einem Spruchgenerator, der bei jedem Aufruf zufällig eine Zeile ausliest?

```php
<?php

// Zufallsgenerator
function gen_zahl($max = 1) {
  $faktor = 1000000;
  return ((mt_rand(1,$faktor * $max)-1)/$faktor);
}

// Spruchgenerator
function gen_spruch($dateiname) {
$zeilen_nr = 0;

$datei = fopen($dateiname,'r');
while (! feof($datei)) {
    if ($z = fgets($datei,1048576)) {
        $zeilen_nr++;
        if (gen_zahl($zeilen_nr) < 1) {
            $spruch = $z;
```

```
        }
    }
}
fclose($datei);
return $spruch;
}


// Ausgabe
echo gen_spruch("daten.txt");


?>
```

Wir haben wir es uns erlaubt, die Zufallszahlen-Funktion `gen_zahl()` von der Spruch-generator-Funktion `gen_spruch()` zu trennen, so haben Sie die Möglichkeit, die Zufallszahlen-Funktion auch für andere Zwecke zu nutzen.

Sie können es natürlich auch etwas einfacher haben, wenn Sie die Funktion `file()` und anschließend die Funktion `shuffle()` einsetzen.

Beispiel:

```
<?php


// Spruchgenerator
function gen_spruch($dateiname) {
    $daten = file($dateiname);
    shuffle ($daten);
    return $daten[0];
}


// Ausgabe
echo gen_spruch("daten.txt");


?>
```

Datei ohne eine temporäre Datei ändern

Stellen Sie sich vor, Sie wollen an einer Datei Änderungen vornehmen, dies jedoch ohne eine temporäre Datei zwischenzuspeichern. In diesem Fall öffnen Sie eine Datei mit dem Modus »r+« und korrigieren nach dem Schreiben der Änderungen die Länge der Datei mit Hilfe der Funktion `ftruncate()`. Diese ist in der Lage, eine Datei auf eine angegebene Länge zu kürzen.

Beispiel:

```
<?php


// Datei zum Lesen und Schreiben öffnen
$datei = fopen('daten.txt','r+');


// Gesamte Datei einlesen
$daten = fread($datei,filesize('daten.txt'));
```

```php
// Konvertiert *Wort* zu <b>Wort</b>
$daten = preg_replace('@\*(.*?)\*@i','<b>$1</b>',$daten);

// Konvertiert /Wort/ zu <u>Wort</u>
$daten = preg_replace('@/(.*?)/@i','<u>$1</u>',$daten);

// Dateizeiger an den Anfang zurücksetzen
rewind($datei);

// Neue Daten in die Datei schreiben
if (-1 == fwrite($datei,$daten)){
    echo "Fehler!";
}

// Dateilänge auf die tatsächliche Datengrösse anpassen
ftruncate($datei,ftell($datei));

// Datei schließen
fclose($datei);

?>
```

Ihre `daten.txt` könnte folgende Daten enthalten:

```
/Matthias/ ist dort
*Caroline* ist hier
```

Nach der Änderung stellt sich der Inhalt wie folgt dar:

```
<u>Matthias</u> ist dort
<b>Caroline</b> ist hier
```

Schreiben und Lesen von komprimierten Dateien

Um Daten in komprimierter Form als Datei anlegen zu können, verwenden Sie in PHP die *zlib*-Erweiterung.

Beispiel – Schreiben:

```php
<?php

$datei = gzopen('daten.gz','w');
$daten = "Hier der Text";

if (-1 == gzwrite($datei,$daten))   {
    echo "Fehler!";
} else {
    echo "Datei erzeugt!";
}

gzclose($datei);

?>
```

Beispiel – Lesen:

```php
<?php

$datei = gzopen('daten.gz','r');

while ($zeile = gzgets($datei,1024)) {
      echo $zeile;
}

gzclose($datei);

?>
```

Die *zlib*-Erweiterung enthält zahlreiche Dateizugriffsfunktionen wie gzopen(), gzread() und gzwrite(), welche in der Lage sind, Daten beim Schreiben zu komprimieren und beim Lesen zu dekomprimieren. Der von *zlib* verwendete Kompressions-Algorithmus ist zu den Tools *gzip* und *gunzip* kompatibel.

Datei nach einem Muster durchsuchen

Um ein bestimmtes Muster innerhalb einer Datei zu finden und die betreffenden Zeilen auszugeben, sollten Sie sich auf reguläre Ausdrücke und die Funktionen preg_grep(), file() oder fgets() stützen.

Entweder Sie lesen die Datei vollständig mit Hilfe von file() in den Speicher oder Sie gehen zeilenweise vor, indem Sie die Funktion fgets() einsetzen.

Wir verwenden folgende Textdatei:

Inhalt – daten.txt:

```
ActionSkript Praxisbuch
ActionSkript Profireferenz
MySQL Praxisbuch
PHP 5 Praxisbuch
```

Beispiel – file():

```php
<?php

// Nur Praxisbücher
$muster = "/\bpraxisbuch\b/i";

// Liste der gefundenen Einträge
$prasix_buecher = preg_grep($muster, file('daten.txt'));

// Ausgabe
foreach ($prasix_buecher as $buch) {
      echo "$buch<br>";
}

?>
```

Ausgabe:

```
ActionSkript Praxisbuch
MySQL Praxisbuch
PHP 5 Praxisbuch
```

Beispiel – fgets():

```php
<?php

// Nur Praxisbücher
$muster = "/\bpraxisbuch\b/i";

// Datei öffnen
@$datei = fopen('daten.txt', 'r') or die("Fehler!");

// Durchsuchen der Datei - Zeilenweise
while (!feof($datei)) {
    $zeile = fgets($datei, 4096);
    if (preg_match($muster, $zeile)) {
            $prasix_buecher[] = $zeile;
        }
}

// Ausgabe
foreach ($prasix_buecher as $buch) {
        echo "$buch<br>";
}

// Datei schließen
fclose($datei);

?>
```

Ausgabe:

```
ActionSkript Praxisbuch
MySQL Praxisbuch
PHP 5 Praxisbuch
```

Sie sollten noch Folgendes berücksichtigen: Die erste Methode ist ungefähr drei- bis viermal schneller als die zweite. Die zweite Methode benötigt für die Suche jedoch weniger Speicher. In diesem Fall müssen Sie als Entwickler entscheiden, was Ihnen wichtiger ist. Und noch etwas: Die zweite Methode ist nicht in der Lage, Zeichenfolgen, die sich über mehrere Zeilen erstrecken, zu finden, da hier der reguläre Ausdruck auf jede Zeile einzeln angewendet wird.

Dateidownload mit PHP

Grundsätzlich können Sie einen Dateidownload auf zwei verschiedene Arten realisieren:

- Man schreibt ein PHP-Skript, das einen Redirect auf die zu ladende Datei generiert.

- Man startet den Download durch das PHP-Skript.

Die Methode mit dem Redirect hat den Nachteil, dass Anwender den Ziel-URL des Redirect mitbekommen und später dann direkt und ungeschützt auf diese Datei zugreifen können.

Will man dies verhindern, muss der Download innerhalb von PHP abgewickelt werden. Die zu ladenden Dateien liegen dann außerhalb der Document Root des Webservers und besitzen somit keinen URL. Sie sind lediglich durch PHP abzurufen. In PHP sendet man den passenden MIME-Typ als Header und schickt dann die gewünschte Datei hinterher. Natürlich kann man vorher noch einen Downloadzähler aktualisieren oder überprüfen, ob der Anwender überhaupt für den Download autorisiert ist.

```php
<?php

// $download sei der Bezeichner für die zu ladende Datei
$download = $_GET['download'];

// Dieses Verzeichnis liegt außerhalb des Document Root und
// ist nicht per URL erreichbar.
$basedir = "/home/www/download";

// Übersetzung von Download-Bezeichner in Dateinamen.
$dateiliste = array(
  "file1" => "area1/datei1.zip",
  "file2" => "area1/datei2.zip",
  "file3" => "area2/datei1.zip"
);

// Einbruchsversuch abfangen.
if (!isset($dateiliste[$download])) die("Datei $download nicht
vorhanden.");

// Vertrauenswürdigen Dateinamen erzeugen.
$datei = sprintf("%s/%s", $basedir, $dateiliste[$download]);

// Passenden Datentyp erzeugen.
header("Content-Type: application/octet-stream");

// Passenden Dateinamen im Download-Requester vorgeben,
// z.B. den Original-Dateinamen
$speicher_name = basename($dateiliste[$download]);
header("Content-Disposition: attachment; filename=\"$speicher_name\"");

// Datei ausgeben.
readfile($datei);

?>
```

2.7.13 Nützliche Verzeichnisoperationen

In diesem Abschnitt haben wir noch einige nützliche Codeschnipsel zur Verarbeitung von Verzeichnissen zusammengefasst.

Wie wäre es, beispielsweise mit Hilfe eines Musters eine Liste von Dateinamen auszugeben?

Beispiel – nur Dateinamen, die .jpg enthalten:

```php
<?php

@$verzeichnis = dir(".") or die("Fehler!");
echo "Dateien:<br>";

while ($datei = $verzeichnis->read()) {
        if (preg_match('/.jpg/',$datei)) {
        echo "$datei<br>";
    }
}


$verzeichnis->close();

?>
```

Das Muster lässt sich recht einfach auf jedes Dateiformat anpassen. Um die gefundenen Bilder auszugeben, bedarf es lediglich einer kleinen Anpassung der `echo`-Anweisung: `echo "<img src=$file><br>";`.

Bearbeiten sämtlicher Dateien eines Verzeichnisses

Nun wollen wir sämtliche Dateien eines Verzeichnisses und dessen Unterverzeichnisse samt Dateien auflisten und bearbeiten. Dafür nehmen wir eine Rekursion zu Hilfe. Hier die Funktion, die Sie jederzeit einsetzen und auf Ihre Bedürfnisse anpassen können:

```php
<?php

// Sämtliche Dateien in und unterhalb des Verzeichnisses erfassen
function lese_verzeichnisse($v_name,$funk_name,$max_tiefe = 10,$tiefe = 0)
{
    if ($tiefe >= $max_tiefe) {
            error_log("Maximale Tiefe $max_tiefe von $v_name.");
        return false;
    }
    $sub_vers = array();
    $files = array();
    if (is_dir($v_name) && is_readable($v_name)) {
        $verzeichnis = dir($v_name);
        while (false !== ($datei = $verzeichnis->read())) {
            // . und .. nicht ausgeben
            if (('.' == $datei) || ('..' == $datei)) {
                continue;
```

```
            }
            // Verzeichnisse und Symbolische Links
            if (is_dir("$v_name/$datei")) {
                array_push($sub_vers,"$v_name/$datei");
            } else {
                $funk_name("$v_name/$datei");
            }
        }
        $verzeichnis->close();
        // Rekursiver durchlauf um die jeweiligen
            // Unterverzeichnisse zu erreichen
        foreach ($sub_vers as $sub_ver) {
lese_verzeichnisse($sub_ver,$funk_name,$max_tiefe,$tiefe+1);
        }
    }
}


// Funktion zur Formatierung der Ausgabe
function printatime($p_datei) {
    print "<a href=$p_datei>".basename($p_datei)."</a><br>";
}

lese_verzeichnisse('.','printatime');

?>
```

Die Funktion bearbeitet sämtliche gefundenen Dateien, indem sie der Ausgabe einen Hyperlink hinzufügt, so dass sich die Dateien einzeln ansprechen lassen. Eine Besonderheit soll erwähnt werden:

Da is_dir() true zurückgibt, wenn es auf einen symbolischen Link trifft, der auf ein Verzeichnis verweist, folgt die Funktion auch symbolischen Links. Sollten Sie den symbolischen Links nicht folgen wollen, ändern Sie die Codezeile

```
if (is_dir("$v_name/$datei")) {
```

in

```
if (is_dir("$v_name/$datei") && (! is_link("$v_name/$datei"))) {
```

2.7.14 Datei-Upload via HTML-Formular

Sollten Sie Ihren Kunden die Pflege Ihrer Daten überlassen, ist es in den meisten Fällen erforderlich, einen Datei-Upload bereitzustellen. Eine sinnvolle, wenn auch nicht immer effektive Alternative zum FTP-Zugriff ist der Upload von Dateien mit Hilfe von Formularen.

Aufbau des Formulars

Damit der Browser eine Datei vom Client zum Server überträgt, benötigen Sie ein <input>-Feld vom Typ *file* und das Attribut *enctype="multipart/form-data"* des <form>-

Tags. Zusätzlich ist die Übertragungsmethode POST zwingend erforderlich, damit der Datei-Upload fehlerfrei durchgeführt werden kann. Es können sowohl Text- als auch Binärdaten hochgeladen werden.

Beispiel – Formular (up_form.html):

```
<html>
<head>
<title>Datei-Upload</title>
</head>
<body>
<p><font face="Arial, Helvetica, sans-serif" size="6">Datei-Upload via
HTML </font></p>
<form method="post" action="upload.php" enctype="multipart/form-data">
  Datei:
  <input type="hidden" name="MAX_FILES_SIZE" value="100000">
  <input type="file" name="datei" size="40" maxlength="100000">
  <input type="submit" name="Submit" value="Senden">
</form>
</body>
</html>
```

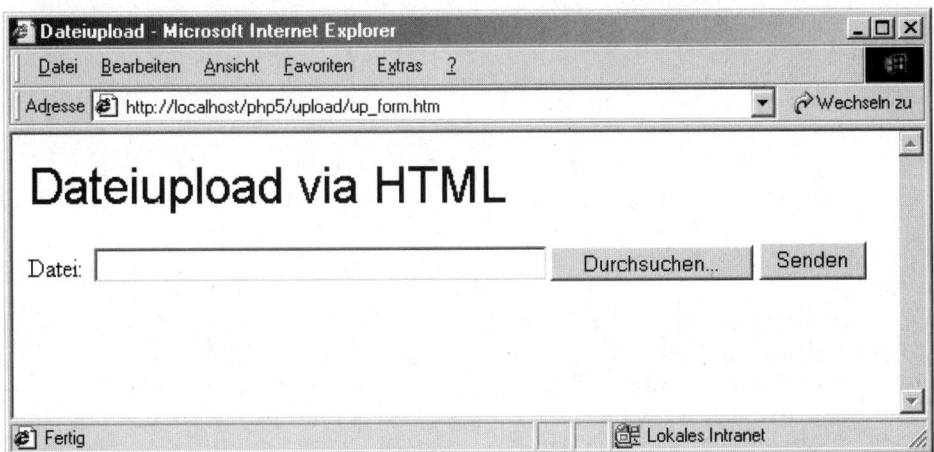

Bild 2.10:   HTML-Formular (up_form.html)

PHP stellt Ihnen die Möglichkeit zur Verfügung, über ein im Formular definiertes ver-stecktes Feld mit dem Namen `MAX_FILE_SIZE` die maximale Dateigröße festzulegen. Sollte eine größere Datei übertragen werden, so wird diese verworfen und ein Fehler ausgegeben. Sie sollten sich jedoch grundsätzlich nicht nur auf das versteckte Feld ver-lassen, sondern sollten serverseitig überprüfen, was tatsächlich übertragen wurde.

Informationen zur Datei

Bevor wir uns mit dem Skript *upload.php* befassen, sollten wir Ihnen noch die Über-prüfungsmöglichkeiten des Servers vorstellen. Sobald eine Datei an den Server übertragen wird, wird automatisch das globale Array $_FILES erzeugt. In diesem assoziativen Array sind sämtliche Informationen zur Datei gespeichert.

Beispiel – Erfassen der $_FILES-Informationen:

```
<html>
<head>
<title>Datei-Upload</title>
</head>
<body>
<p><font face="Arial, Helvetica, sans-serif" size="6">Datei-Upload via
HTML </font></p>
<form method="post" action="<? echo $PHP_SELF ?>" enctype="multipart/form-
data">
  Datei:
  <input type="hidden" name="MAX_FILES_SIZE" value="100000">
  <input type="file" name="datei" size="40" maxlength="100000">
  <input type="submit" name="Submit" value="Senden">
</form>
<?php

// Dateiinformationen (Ausgabe über Schleife)
if (isset($_FILES["datei"])) {
        foreach ($_FILES["datei"] as $key=>$element) {
                echo "[$key] => $element<br>";
        }
}
?>
</body>
</html>
```

Ausgabe:

```
[name] => eingabe.zip
[type] => application/x-zip-compressed
[tmp_name] => C:\WINDOWS\TEMP\php7023.TMP
[error] => 0
[size] => 20764
```

Hinter diesen fünf Elementen stecken folgende Details:

Element	Syntax	Bedeutung
name	$_FILES["datei"]["name"]	Der ursprüngliche Dateiname auf der Client-Maschine. Der genaue Dateiname mit evtl. vorhandenen Laufwerksbuchstaben, Pfadseparatoren und anderen Sonderzeichen ist betriebssystemabhängig.

Element	Syntax	Bedeutung
type	$_FILES["datei"]["type"]	Dieses Element enthält den MIME-Type der Datei, so wie er dem Server vom Browser übermittelt worden ist. Dieser Wert kann unter Umständen nicht richtig sein, je nach Einstellung des Browsers. Beim Ermitteln des Typs von hochgeladenen Grafiken sollte stattdessen die Funktion `getimagesize()` verwendet werden.
size	$_FILES["datei"]["size"]	Die Größe der hochgeladenen Datei in Byte.
tmp_name	$_FILES["datei"]["tmp_name"]	Dieses Element enthält den Namen der Datei in einem temporären Verzeichnis auf dem Server. Sie kann von dort mit einem `move_uploaded_file()`-Aufruf abgeholt werden. Das ist auch notwendig, da die Originaldatei am Ende des Skripts automatisch gelöscht wird.
error	$_FILES["datei"]["error"]	Dieses Element wurde mit PHP 4.2.0 eingeführt und enthält den Status des Datei-Uploads. Die möglichen Werte und dazugehörige Konstanten finden Sie weiter unten.

Die wohl wichtigsten Informationen stecken in `$_FILES["datei"]["size"]`, `$_FILES["datei"]["type"]` und `$_FILES["datei"]["error"]`.

Mit Hilfe des Elements `$_FILES["datei"]["error"]` können Sie kontrollieren, ob ein und welcher Fehler aufgetreten ist.

Fehlerkonstante	Wert	Bedeutung
UPLOAD_ERR_OK	0	Es liegt kein Fehler vor, die Datei wurde erfolgreich hochgeladen.
UPLOAD_ERR_INI_SIZE	1	Die hochgeladene Datei überschreitet die in der Anweisung *upload_max_filesize* in *php.ini* festgelegte Größe.
UPLOAD_ERR_FORM_SIZE	2	Die hochgeladene Datei überschreitet die in dem HTML-Formular mittels der Anweisung `MAX_FILE_SIZE` angegebene maximale Dateigröße.
UPLOAD_ERR_PARTIAL	3	Die Datei wurde nur teilweise hochgeladen.
UPLOAD_ERR_NO_FILE	4	Es wurde keine Datei zum Server übertragen, das Feld war leer.

Auch wenn kein Fehler aufgetreten ist, entbindet Sie dies nicht von der Aufgabe, zu überprüfen, ob die Datei tatsächlich Ihren gewünschten Anforderungen entspricht. Grundsätzlich kann jede Benutzereingabe manipuliert sein, daher sollten Sie vor allem beim Datei-Upload möglichst auf Nummer sicher gehen.

> **Hinweis:** Dateien, welche den Fehler UPLOAD_ERR_INI_SIZE oder UPLOAD_ERR_FORM_
> SIZE erzeugen, werden automatisch vom Server gelöscht.
>
> **Achtung:** PHP 4-Versionen, die kleiner als PHP 4.1 sind, kennen das globale Array $_FILES
> nicht. Stattdessen können Sie auf das assoziative Array $HTTP_POST_FILES zurückgreifen.

Ablegen der Datei auf dem Server

Nun haben Sie es fast schon überstanden. Sobald eine Datei an den Server gesendet wurde, wird sie in einem temporären Verzeichnis unter einem temporären Namen gespeichert. Diese Datei wird jedoch automatisch gelöscht, wenn das verarbeitende Skript beendet wurde. Sie müssen daher diese Datei zum endgültigen Ablageverzeichnis kopieren.

Sie sollten sich nun der *upload.php* zuwenden, auf der im HTML-Formular für den Datei-Upload verwiesen wurde.

Beispiel – upload.php:

```
<html>
<head>
<title>Datei-Upload - Status</title>
</head>
<body>
<?php

// Prüfen des Array $_FILES
if (isset($_FILES["datei"])) {

// Upload-Status
if ($_FILES["datei"]["error"] == UPLOAD_ERR_OK) {

// Muster zur Überprüfung der im Dateinamen
// enthaltenen Zeichen (Optional)
$regExp = "/^[a-z_]([a-z0-9_-]*\.?[a-z0-9_-])*\.[a-z]{3,4}$/i";

// Dateiname und Dateigrösse
if (preg_match($regExp,$_FILES["datei"]["name"]) &&
$_FILES["datei"]["size"] > 0 && $_FILES["datei"]["size"] < 100000) {

// Temporäre Datei in das Zielverzeichnis
// des Servers verschieben.
move_uploaded_file($_FILES["datei"]["tmp_name"],"shots/".$_FILES["datei"][
"name"]);

// Redirect zur Erfolgs-Meldung
header("Location: status.html");
}
else {
echo "Fehler: Im Dateinamen oder Dateigrössen Limit!";
```

```
}
}
else {
echo "Fehler: Während der Übertragung aufgetreten!";
}
}
else {
echo "Fehler: Datei-Upload fehlgeschlagen!";
}


?>
</body>
</html>
```

Beispiel – status.html:

```
<html>
<head>
<title>Datei-Upload - Erfolgreich</title>
</head>
<body>
<p><font face="Arial, Helvetica, sans-serif" size="6">Upload:
Erfolgreich</font></p>
<p><font face="Arial, Helvetica, sans-serif"><a href="up_form.html">[Zum
Datei-Upload]</a></font></p>
</body>
</html>
```

Eine sichere Funktion für Kopiervorgänge ist die Funktion `move_uploaded_file()`. Diese Funktion prüft, ob die angegebene Datei tatsächlich eine Uploaddatei ist, und verschiebt sie in das Zielverzeichnis. Dies können Sie der Codezeile aus dem Skript entnehmen:

```
move_uploaded_file($_FILES["datei"]["tmp_name"],"shots/".$_FILES["datei"][
"name"]);
```

Mit dem ersten Argument wird der Dateinamen der temporären Datei festgelegt und mit dem zweiten Argument legt man das Zielverzeichnis samt neuem Dateinamen fest. Im vorliegenden Fall entspricht der neue Dateiname dem ursprünglichen Dateinamen des Clientsystems.

> **Achtung:** Die Funktion `move_uploaded_file()` ist lediglich für tatsächlich per Upload übertragene Dateien geeignet. Sollten Sie vorhaben, eine Datei des Dateisystems zu verschieben, so müssen Sie auf die Funktion `copy()` zurückgreifen und anschließend die Originaldatei entfernen.

Upload mehrerer Dateien

Das Auswählen mehrerer Dateien oder gar ganzer Verzeichnisse ist mit einem <input>-Feld nicht möglich. Auch das Vorgeben eines bestimmten Verzeichnisses oder vollständigen Pfades ist bei <input>-Feldern verboten, und zwar aus Sicherheitsgründen!

Mehrere Dateien lassen sich beispielsweise wie folgt übertragen:

- Mit Hilfe von mehreren <input>-Feldern vom Typ *file* – pro Datei eines.
  Tipp: Um dies zu tun, empfehlen wir Ihnen, die gleiche Array-Sende-Syntax wie bei Auswahllisten mit Mehrfachauswahl und Checkboxen zu verwenden. Vergessen Sie nicht, die eckigen Klammen ([]) an den Namen des <input>-Feldes anzuhängen, um in PHP ein Array mit den Dateiinformationen zu erhalten.

- In Form einer .zip- oder .tar-Datei.

- Per FTP.

Beispiel:

```
<form action="upload.php" method="post" enctype="multipart/form-data">
  Dateien:<br>
  <input name="datei[]" type="file"><br>
  <input name="datei[]" type="file"><br>
  <input type="submit" value="Senden">
</form>
```

Wenn das obige Formular übermittelt ist, werden die Arrays $_FILES["datei"], $_FILES["datei"]["name"] und $_FILES["datei"]["size"] erzeugt.

Der Name der ersten und zweiten Datei findet sich in diesem Beispiel unter:

```
$_FILES["datei"]["name"][0] // Erste Datei
$_FILES["datei"]["name"][1] // Zweite Datei
```

Diese Indizierung gilt auch für alle weiteren Dateiinformationen wie $_FILES["datei"]["tmp_name"][0], $_FILES["datei"]["size"][0], $_FILES["datei"]["type"][0] und $_FILES["datei"]["error"][0].

3 Lösungen für den Alltag

In diesem Kapitel befassen wir uns mit einigen Beispielen, die im Alltag eines PHP-Entwicklers immer wieder vorkommen, und bieten Ihnen eine Sammlung nützlicher Lösungsansätze. Sehen Sie diesen Teil des Buchs als eine Art Ideenpool an.

3.1 Der Besucherzähler

Immer wieder ein beliebtes Beispiel ist der so genannte Counter (Besucherzähler), welcher den Besucher der Website darüber aufklären soll, wie viele Besucher bereits vor ihm die jeweilige Website oder Webanwendung aufgerufen haben.

Natürlich lässt sich ein solcher Counter nicht nur mit Perl oder ASP realisieren, sondern auch mit Hilfe von PHP.

3.1.1 Textcounter

Das erforderliche Skript zur Umsetzung des Counters sieht wie folgt aus:

```php
<?php

// Simple Counter v1.0
// Für die korrekte Funktionsweise des Counters ist darauf zu
// achten, dass die entsprechenden Schreibrechte auf dem
// Webserver gesetzt sind.

// Counterdateiname
$datei="counter.txt";

// Anzahl der führenden Nullen
$stellen = 5;

if(file_exists($datei)){
    // Falls die Datei existiert, wird sie ausgelesen und
    // der dort enthaltene Wert um Eins erhöht.
    $fp=fopen($datei,"r+");
    $zahl=fgets($fp,$stellen);
    $zahl++;
    rewind($fp);
    flock($fp,2);
    fputs($fp,$zahl,$stellen);
    flock($fp,3);
    fclose($fp);
}else{
    // Die Datei counter.txt existiert nicht, sie wird
    // neu angelegt und mit dem Wert 1 gefüllt.
```

```
$fp=fopen($datei,"w");
$zahl="1";
fputs($fp,$zahl,$stellen);
fclose($fp);
}

// Diese Funktion sorgt für die Formatierung
// in diesem Fall für die führenden Nullen
$zahl=sprintf("%0".$stellen."d",$zahl);

?>
```

Wir empfehlen Ihnen, dieses Skript in eine Datei namens *counter.php* abzuspeichern. Durch die if-Anweisung wird entweder eine vorhandene Textdatei *counter.txt* ausgelesen und deren Wert anschließend um 1 erhöht oder eine neue Textdatei *counter.txt* angelegt und der Wert mit 1 initialisiert. Die Variable $fp enthält den Dateizeiger (engl. FilePointer), welcher auf die entsprechende Datei verweist. Die Funktion rewind() sorgt dafür, dass der Dateizeiger wieder an die Anfangsposition zurückgesetzt wird, um anschließend mit der Funktion fputs() den in der Variablen $zahl enthaltenen Wert zu verwenden und den bisherigen Inhalt der Datei zu überschreiben. Mit Hilfe der Funktion flock() wird sichergestellt, dass die Datei während des Schreibvorgangs verriegelt wird. Dies ist notwendig, um beispielsweise einen simultanen Zugriff auf die Datei zu verhindern, denn dadurch könnte die Datei möglicherweise zerstört werden.

Im letzten Schritt wird der Inhalt der Variablen $zahl formatiert, und zwar, so dass eine festgelegte Zahl von führenden Nullen hinzugefügt wird. Die Funktion sprintf() dient dabei der formatierten Ausgabe von Zeichenketten. Der Aufruf des Counters kann anschließend aus jedem beliebigen PHP-Skript Ihrer Website erfolgen, und zwar wie folgt:

```
<?php

include("counter.php");
echo $zahl;

?>
```

Ausgabe:

```
00001
```

Natürlich steht es Ihnen frei, die Ausgabe des Counters mit Hilfe von HTML-Tags zu formatieren.

Beispiel:

```
<html>
<head>
<title>Simple Counter</title>
</head>
<body>
<font face=Arial color=blue size=5>Besucher:</font>
<?php

include("counter.php");
echo "<font face=Arial color=blue size=5>$zahl</font>";
```

```
?>
</body>
</html>
```

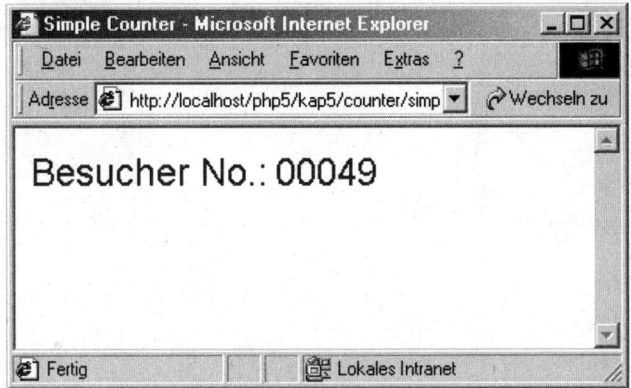

Bild 3.1:   Formatierter Besucherzähler

3.1.2   Grafikcounter

Nachdem Sie nun den Textcounter entworfen haben, wäre es sicher interessant zu erfahren, wie sich eine auf Grafik basierende Lösung darstellt. Dabei werden Sie feststellen, dass Sie das vorhandene Skript des Textcounters lediglich um einige Codezeilen anpassen müssen.

Das erforderliche Skript zur Umsetzung des Counters sieht wie folgt aus:

```php
<?php

// Grafik Counter v1.0
// Für die korrekte Funktionsweise des Counters ist darauf zu
// achten, dass die entsprechenden Schreibrechte auf dem
// Webserver gesetzt sind.

// Counterdateiname
$datei="counter.txt";

// Anzahl der führenden Nullen
$stellen = 5;

// Festlegen der Bild-Dimensionen
$breite="15";
$hoehe="19";

if(file_exists($datei)){
  // Falls die Datei existiert, wird sie ausgelesen und
  // der dort enthaltene Wert um Eins erhöht.
  $fp=fopen($datei,"r+");
  $zahl=fgets($fp,$stellen);
  $zahl++;
  rewind($fp);
  flock($fp,2);
  fputs($fp,$zahl,$stellen);
```

```
  flock($fp,3);
  fclose($fp);
}else{
  // Die Datei counter.txt existiert nicht, sie wird
  // neu angelegt und mit dem Wert 1 gefüllt.
  $fp=fopen($datei,"w");
  $zahl="1";
  fputs($fp,$zahl,$stellen);
  fclose($fp);
}

// Diese Funktion sorgt für die Formatierung
// in diesem Fall für die führenden Nullen
$zahl=sprintf("%0".$stellen."d",$zahl);

// Hier wird dann der Zähler aus Bildern zusammengesetzt
for($i=0;$i<$stellen;$i++){
$bild_counter=$bild_counter . "<img src=bilder/" . substr($zahl,$i,1) .
".gif align=absmiddle width=$breite height=$hoehe>";
}

?>
```

Wie Sie selbst feststellen werden, wurden für die grafische Lösung lediglich die beiden Variablen $breite und $hohe hinzugefügt, welche die Bilddimension festlegen. Die einzelnen Bilder, aus denen sich der Counter zusammensetzt, werden mit Hilfe der for-Schleife festgelegt. Dabei ist darauf zu achten, dass die einzelnen Grafiken von *0.gif* bis *9.gif* im angegebenen Verzeichnis *bilder* vorliegen müssen.

Nun betrachten Sie sich die Codezeile innerhalb der for-Schleife etwas genauer. Die Variable $bild_counter, welche immer an sich selbst angehängt wird, erzeugt mit Hilfe der for-Schleife die benötigten <img>-Tags, die auf die Bilder für die entsprechenden Stellen der Zahl verweisen.

Ist die erste Stelle beispielsweise eine Zwei, dann lautet der korrekte Hyperlink:

```
<img src=bilder/2.gif align=absmiddle width=15 height=19>
```

Um den Wert der Stelle und damit des Namens der Bilddatei zu ermitteln, die die entsprechende Ziffer enthält, wird die Funktion substr() verwendet. Diese sucht aus einer Zeichenkette ein oder mehrere Zeichen heraus, je nachdem, welche Parameter an die Funktion übergeben wurden. Der erste Parameter enthält die zu untersuchende Zeichenkette ($zahl). Der zweite Parameter gibt die Position innerhalb der Zeichenkette an, an der die Funktion ansetzen soll ($i), und legt damit auch den Startwert fest. Der dritte Parameter legt fest, wie viele Zeichen ab dem Startwert zurückgegeben werden sollen (1). Der Startwert muss nacheinander die Werte 0 bis $ Stellen durchlaufen, um sämtliche Stellen von $zahl zu untersuchen.

Natürlich können Sie auch JPEG-Bilder verwenden, hierzu müssen Sie lediglich die Codezeile innerhalb der for-Schleife wie folgt anpassen:

```
$bild_counter=$bild_counter . "<img src=bilder/" . substr($zahl,$i,1) .
".jpg align=absmiddle width=$breite height=$hoehe>";
```

Auch in diesem Fall empfehlen wir Ihnen, das Skript in eine separate Datei abzuspeichern wie z.B. *grafikcounter.php*. Der Aufruf des Counters kann anschließend aus jedem beliebigen PHP-Skript Ihrer Website erfolgen, und zwar wie folgt:

```php
<?php

include("grafikcounter.php");
echo $bild_counter;

?>
```

Bild 3.2:   Formatierter grafischer Besucherzähler

3.1.3   Counter mit IP-Sperre

Die dritte und letzte Variante eines Besucherzählers, die wir Ihnen vorstellen wollen, ist der Besucherzähler, welcher eine IP-Sperre besitzt. Diese IP-Sperre ermöglicht es Ihnen, den jeweiligen Besucher lediglich ein einziges Mal pro Besuch zu registrieren, und zwar für eine festgelegte Zeit. Natürlich stellt dies keinen absoluten Schutz vor Refresh-Aufrufen dar, aber immerhin lässt sich hiermit der Besucherzähler wesentlich sinnvoller betreiben.

Das erforderliche Skript zur Umsetzung des Counters sieht folgendermaßen aus:

```php
<?
/////////////////////////////////////////
// Counter + Reloadsperre v1.0
/////////////////////////////////////////

// 0=keine Reloadsperre, 1=Reloadsperre
$aktiv = 1;
// Zeit der Reloadsperre in Minuten
$zeit = 1;
// IP-Datei
$ipdatei = "ips.txt";
// Counterdatei
$datei = "counter.txt";
// Anzahl der führenden Nullen
```

```php
$stellen = 5;
// Festlegen der Bild-Dimensionen
$breite="15";
$hoehe="19";

///////////////////////////////////////////
// IP-Reloadsperre
///////////////////////////////////////////

function pruf_IP($rem_addr) {
  global $ipdatei,$zeit;
  @$ip_array = file($ipdatei);
  $reload_dat = fopen($ipdatei,"w");
  $this_time = time();
  for ($i=0; $i<count($ip_array); $i++) {
    list($ip_addr,$time_stamp) = explode("|",$ip_array[$i]);
    if ($this_time < ($time_stamp+60*$zeit)) {
      if ($ip_addr == $rem_addr) {
        $gefunden=1;
      }
      else {
        fwrite($reload_dat,"$ip_addr|$time_stamp");
      }
    }
  }
  fwrite($reload_dat,"$rem_addr|$this_time\n");
  fclose($reload_dat);
  return ($gefunden==1) ? 1 : 0;
}

///////////////////////////////////////////
// Counter-Abfrage
///////////////////////////////////////////

if (file_exists($datei) && ($aktiv==0 || ($aktiv==1 &&
pruf_IP($REMOTE_ADDR)==0))) {
  // Falls die Datei existiert, wird sie ausgelesen und
  // der dort enthaltene Wert um Eins erhöht.
  $fp=fopen($datei,"r+");
  $zahl=fgets($fp,$stellen);
  $zahl++;
  rewind($fp);
  flock($fp,2);
  fputs($fp,$zahl,$stellen);
  flock($fp,3);
  fclose($fp);
}else if (!file_exists($datei) && ($aktiv==0 || ($aktiv==1 &&
pruf_IP($REMOTE_ADDR)==0))) {
  // Die Datei counter.txt existiert nicht, sie wird
  // neu angelegt und mit dem Wert 1 gefüllt.
  $fp=fopen($datei,"w");
  $zahl="1";
  fputs($fp,$zahl,$stellen);
  fclose($fp);
} else {
  // Die Datei existiert zwar, jedoch handelt
  // es sich wahrscheinlich um den gleichen Besucher
  $fp=fopen($datei,"r");
```

```
  $zahl=fgets($fp,$stellen);
  fclose($fp);
}

$zahl=sprintf("%0".$stellen."d",$zahl);

?>
```

Diese Lösung ist ähnlich aufgebaut, wie der Text- bzw. Grafikcounter. Es ist lediglich eine Funktion pruf_IP() hinzugekommen, die Sie in die Lage versetzt, die jeweilige IP-Adresse des Besuchers und die Besuchszeit zu speichern. Hierzu wird eine Textdatei *ips.txt* angelegt, in der sich sämtliche Besucher-IPs samt Besuchszeiten befinden. Die Reloadsperre ist für jeden Besucher eine Minute lang aktiv, dies lässt sich mit Hilfe der Variablen $zeit natürlich ohne weiteres heraufsetzen. Die durch die Funktion erzeugten Einträge innerhalb der *ips.txt*-Datei setzen sich wie folgt zusammen: *ipadresse\besuchszeit*.

Beispiel – Zeile aus der ips.txt-Datei:

```
127.0.0.1|1075942181
```

Die Counter-Abfrage sowie die Ausgabeformatierung sind in ihren wesentlichen Bestandteilen identisch mit den vorherigen Lösungen. Der Aufruf des Counters kann anschließend aus jedem beliebigen PHP-Skript Ihrer Website erfolgen, und zwar wie folgt:

Beispiel – Textcounter:

```
<?php

include("counter.php");
echo "<font face=Arial color=blue size=5>$zahl</font>";

?>
```

Beispiel – Grafikcounter:

```
<?php

include("counter.php");

// Hier wird dann der Zähler aus Bildern zusammengesetzt
for($i=0;$i<$stellen;$i++){
$bild_counter=$bild_counter . "<img src=bilder/" . substr($zahl,$i,1) .
".gif align=absmiddle width=$breite height=$hoehe>";
}

echo $bild_counter;

?>
```

Tipp: Nehmen Sie sich genügend Zeit, um sich mit der IP-Sperre zu befassen. Diese Funktion kann Ihnen auch für weitere Anwendungen, beispielsweise ein Gästebuch, nützliche Dienste erweisen, um doppelte Einträge zu vermeiden.

3.2   Das Gästebuch

Nach dem Besucherzähler sollten Sie versuchen, sich mit einem etwas komplexeren Problem zu befassen, nämlich der Umsetzung eines Gästebuchs. Wenn man es genau nimmt, ist dies auch nicht viel komplizierter als die Realisierung eines voll funktionsfähigen Besucherzählers.

Ein Gästebuch findet man heutzutage auf einer Vielzahl von Websites, ob bei Privatpersonen, Firmen oder Vereinen. Es seinen Besuchern zu ermöglichen, eine Nachricht zu hinterlassen, hatte schon seinen Reiz.

Das folgende Gästebuch setzt sich aus folgenden Dateien zusammen:

* *buch_eintrag.php* – In diesem Skript befindet sich die Eingabemaske (Formular), die es dem Besucher ermöglicht, einen Gästebucheintrag vorzunehmen.

* *buch_funktionen.php* – In diesem Skript werden die Daten, die aus *buch_eintrag.php* stammen, gefiltert und überprüft und anschließend von *funktionen.php* weiter verarbeitet.

* *funktionen.php* – In diesem Skript wird dafür gesorgt, dass die *buch_inhalt.htm* und die *ips.txt* erzeugt werden. Sollte die *buch_inhalt.htm* bereits vorhanden sein, wird der Inhalt durch die Daten des neuen Eintrags ergänzt. Sollte die *ips.txt* vorhanden sein, wird überprüft, ob der Besucher einen doppelten Eintrag vornehmen möchte, dies wird jedoch durch die Reload-Sperre verhindert.

* *ips.txt* – Enthält die gesperrten IP-Adressen samt Zeitstempel.

* *autorespond.php* – In diesem Skript wird dafür gesorgt, dass sowohl der Gästebuchbetreiber (webmaster) als auch der Besucher eine Mail erhalten.

* *buch.php* – In diesem Skript wird überprüft, ob die *buch_inhalt.htm* bereits existiert, und falls dies der Fall ist, wird der Inhalt der Datei ausgegeben.

* *buch_inhalt.htm* – In dieser Datei befinden sich sämtliche Gästebucheinträge.

* *automail.txt* – Dabei handelt es sich um die Autorespond-Nachricht, welche nach einem Eintrag ins Gästebuch an den Besucher per Mail versandt wird.

* *main.css* – Diese CSS-Datei sorgt für die Layout-Formatierung des Gästebuchs.

Sowohl die *main.css* als auch die *automail.txt* befinden sich in einem jeweils gesonderten Ordner. Die Ordner sorgen dafür, dass die Übersicht gewahrt bleibt. Folgende Ordner werden eingesetzt:

* *bild* – Dieser Ordner enthält das Gästebuchlogo (*gbuchlogo.gif*), hier können Sie nach Belieben weitere Grafikdatein ablegen.

* *css* – Dieser Ordner enthält die CSS-Datei (*main.css*), welche für die Layout-Formatierung des Gästebuchs zuständig ist.

* *text* – Dieser Ordner enthält die Textdatei (*automail.txt*) mit der Autorespond-Nachricht, die für den Besucher bestimmt ist.

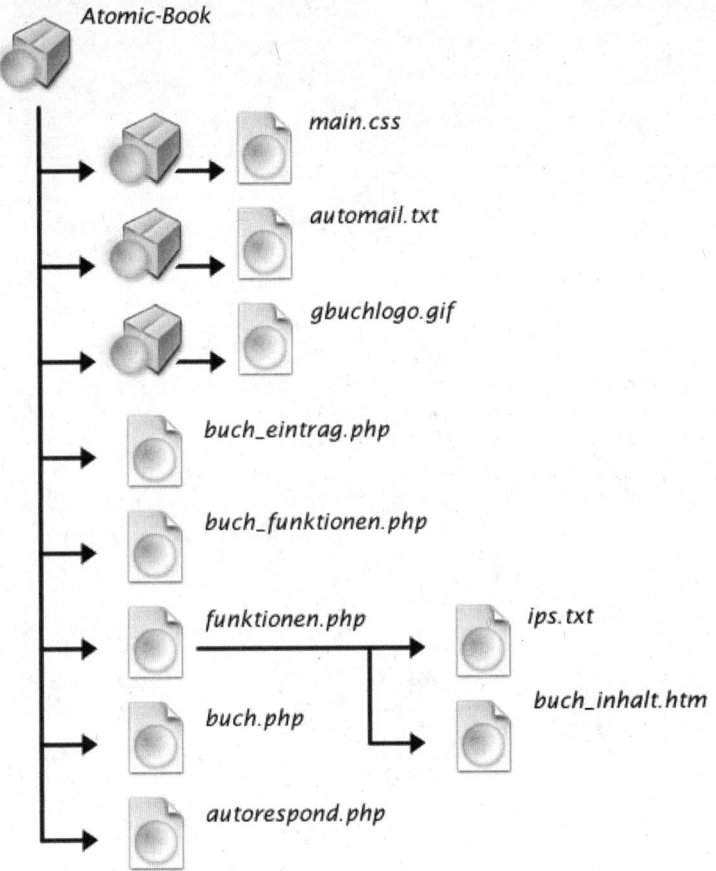

Bild 3.3:   Struktur des Atomic-Gästebuchs

Nun sollten Sie einen Blick auf die eingesetzten Skripts werfen:

1. Buch_eintrag.php

```
<html>
<head>
<title>G&auml;stebuch v1.0</title>
<link rel='stylesheet' href='css/main.css' type='text/css'>
</head>
<body bgcolor='#FFFFFF' text='#000000'>
<p align='center'><img src='bild/gbuchlogo.gif' width='800'
height='80'></p>
<form method='post' action='buch_funktionen.php'>
  <table width='400' align='center'>
    <tr align='left'>
      <td class='latestnews' colspan='6'> Kommentar</td>
    </tr>
    <tr>
      <td colspan='6' class='autor' height='10'>
        <div align='right'></div>
```

```
        </td>
    </tr>
    <tr>
      <td valign='top' width='9'>
        <div class='morelink'>&raquo; </div>
      </td>
      <td valign='top' class='blocksatz' width='36'>Name: </td>
      <td valign='top' class='blocksatz' width='190'>
        <input type='text' name='fname' class='contentblack' size='30'
maxlength='50'>
      </td>
      <td valign='top' class='morelink' width='6'>&raquo;</td>
      <td valign='top' class='blocksatz' width='40'>Rubrik:</td>
      <td valign='top' class='blocksatz' width='91'>
        <select name='fbetreff' class='contentblack'>
          <option value='Kritik'>Kritik</option>
          <option value='Anregung'>Anregung</option>
          <option value='Lob'>Lob</option>
          <option value='Allgemein'>Allgemein</option>
        </select>
      </td>
    </tr>
    <tr>
      <td valign='top' width='9'>
        <div class='morelink'>&raquo; </div>
      </td>
      <td valign='top' class='blocksatz' width='36'>E-mail: </td>
      <td valign='top' class='blocksatz' colspan='4'>
        <input type='text' name='femail' class='contentblack' size='30'
maxlength='50'>
      </td>
    </tr>
    <tr>
      <td valign='top' width='9'>
        <div class='morelink'>&raquo; </div>
      </td>
      <td valign='top' class='blocksatz' width='36'>Inhalt: </td>
      <td valign='top' class='blocksatz' colspan='4'>
        <textarea name='finhalt' class='contentblack' cols='30' rows='5'
wrap='PHYSICAL'></textarea>
      </td>
    </tr>
    <tr>
      <td valign='top' width='9'>
        <div class='morelink'>&raquo; </div>
      </td>
      <td valign='top' class='blocksatz' width='36'>Home: </td>
      <td valign='top' class='blocksatz' colspan='4'>
        <input type='text' name='fhome' class='contentblack' size='30'
maxlength='50'>
      </td>
    </tr>
    <tr>
      <td valign='top' width='9'>
        <div class='morelink'> </div>
      </td>
```

```
      <td valign='top' class='blocksatz' width='36'> </td>
      <td valign='top' class='blocksatz' colspan='4'>
        <input type='submit' name='senden' value='senden'
class='contentblack'>
        <input type='reset' name='losch' value='L&ouml;schen'
class='contentblack'>
      </td>
   </tr>
   <tr>
      <td colspan='6' class='autor' height='10'>
        <div align='right'></div>
      </td>
   </tr>
   <tr>
      <td colspan='6' class='latestnews'> </td>
   </tr>
  </table>
</form>
<p align="center"><a href='buch.php' class="contentlink">Beitr&auml;ge
Lesen</a></p>
</body>
</html>
```

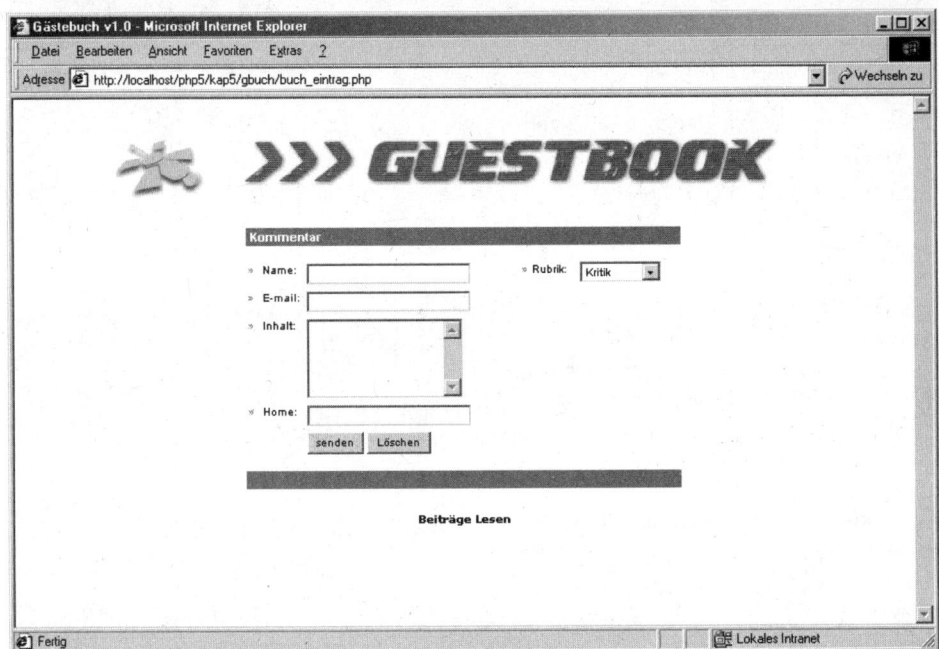

Bild 3.4:   Eingabemaske des Gästebuchs

2. Buch_funktionen.php

```php
<?php

//Stammen die Daten vom Formular?
if (isset($_POST["senden"])) {
```

```php
//Textfeldeingaben Filtern
function daten_reiniger($inhalt) {
        if (!empty($inhalt)) {
                //HTML- und PHP-Code entfernen.
                $inhalt = strip_tags($inhalt);
                //Umlaute und Sonderzeichen in
                //HTML-Schreibweise umwandeln
                $inhalt = htmlspecialchars($inhalt);
                //Entfernt überflüssige Zeichen
                //Anfang und Ende einer Zeichenkette
                $inhalt = trim($inhalt);
                //Backslashes entfernen
                $inhalt = stripslashes($inhalt);
        }
return $inhalt;
}

//Schreibarbeit durch Umwandlung ersparen
foreach ($_POST as $key=>$element) {
        //Dynamische Variablen erzeugen, wie g_fname, etc.
        //und die Eingaben Filtern
        ${"g_".$key} = daten_reiniger($element);
}

//Anfang - Prüfung
//Kein richtiger Name eingegeben
if(strlen($g_fname)<3){
$error_msg="Bitte geben Sie Ihren Namen an";
}

//Kein Eintrag vorgenommen
if(strlen($g_finhalt)<3){
$error_msg.="<br>Bitte geben Sie auch etwas in das Gästebuch ein.";
}

//Mailadresse korrekt angegeben - entsprechende Formatierung vornehmen
if(ereg("^[_a-zA-Z0-9-]+(\.[_a-zA-Z0-9-]+)*@([a-zA-Z0-9-]+\.)+([a-zA-
Z]{2,4})$",$g_femail)){
$format_femail="<a href=mailto:" . $g_femail . ">E-Mail</a>";
} else {
$error_msg.="<br>Fehlerhafte E-mail!<br>";
}

//Es wurde auch eine Homepageadresse angegeben - entsprechende
Formatierung vornehmen
if(ereg("^([a-zA-Z0-9-]+\.)+([a-zA-Z]{2,4})$",$g_fhome)){
        //http:// fehlt in der Angabe der Adresse - hier ergänzen
        if(!ereg("^http:////",$g_fhome)){
        $g_fhome="http://" . $g_fhome;
        }
$g_fhome="<a href=" . $g_fhome . " target=_blank>Website</a>";
} else {
$g_fhome="<a href=" . $g_fhome . " target=_blank>Website</a>";
}
//Ende - Prüfung

//Prüfen ob Fehler vorgekommen sind!
if($error_msg){
echo "
```

```
<html>
<head>
<title>G&auml;stebuch v1.0</title>
<link rel='stylesheet' href='css/main.css' type='text/css'>
</head>
<body bgcolor='#FFFFFF' text='#000000'>
<p align='center'><img src='bild/gbuchlogo.gif' width='800'
height='80'></p>
<table width='300' align='center'>
  <tr>
    <td align='center' class='latestnews' colspan='3'>- FEHLER - <br>
        <p>$error_msg</p>
        <a href='javascript:history.back()'
class='contentlink'>Zur&uuml;ck</a><br>
      Eintrag konnte nicht angelegt werden.<br>
      Versuchen Sie es bitte erneut!<br>
        </td>
  </tr>
</table>
</body>
</html>
";

} else {
$g_fdatum=date("Y-m-d H:i:s");

$eintrag="
<table width='400' align='center'>
  <tr align='left'>
    <td class='latestnews' colspan='2'> $g_fbetreff</td>
  </tr>
  <tr>
    <td colspan='2' class='autor'>
      <div align='right'>$g_fdatum</div>
    </td>
  </tr>
  <tr>
    <td valign='top' width='13'>
      <div class='morelink'>&raquo; </div>
    </td>
    <td valign='top' class='blocksatz' width='375'>". nl2br($g_finhalt)
."</td>
  </tr>
  <tr>
    <td colspan='2' class='contentblack'>
      <div align='right'>$g_fname</div>
    </td>
  </tr>
  <tr>
    <td valign='top' colspan='2'>
      <table width='100%' border='0' cellspacing='0' cellpadding='0'>
        <tr>
              <td class='autor'>
          <div align='left'>[ $format_femail ]</div>
        </td>
        <td class='autor'>
          <div align='right'>[ $g_fhome ]</div>
```

```
        </td>
      </tr>
    </table>
  </td>
</tr>
<tr>
  <td colspan='2' class='latestnews'> </td>
</tr>
</table>
";

include("funktionen.php");

}

} else {
echo "
<html>
<head>
<title>G&auml;stebuch v1.0</title>
<link rel='stylesheet' href='css/main.css' type='text/css'>
</head>
<body bgcolor='#FFFFFF' text='#000000'>
<p align='center'><img src='bild/gbuchlogo.gif' width='800'
height='80'></p>
<table width='300' align='center'>
  <tr>
    <td align='center' class='latestnews' colspan='3'>- FEHLER - <br>
      Eintrag konnte nicht angelegt werden.<br>
      Versuchen Sie es bitte erneut!<br>
        <a href='buch_eintrag.php'
class='contentlink'>Zur&uuml;ck</a></td>
  </tr>
</table>
</body>
</html>
";
}
?>
```

Wie Sie sehen, werden die Daten aus den Formularelementen durch die Funktion `daten_reiniger()` gefiltert. Folgende Bestandteile werden gefiltert:

- `strip_tags()` – entfernt HTML- und PHP-Code.

- `htmlspecialchars()` – wandelt Umlaute und Sonderzeichen in HTML-Schreibweise um.

- `trim()` – entfernt überflüssige Zeichen am Anfang und Ende einer Zeichenkette.

- `stripslashes()` – entfernt Backslashes aus der Zeichenfolge.

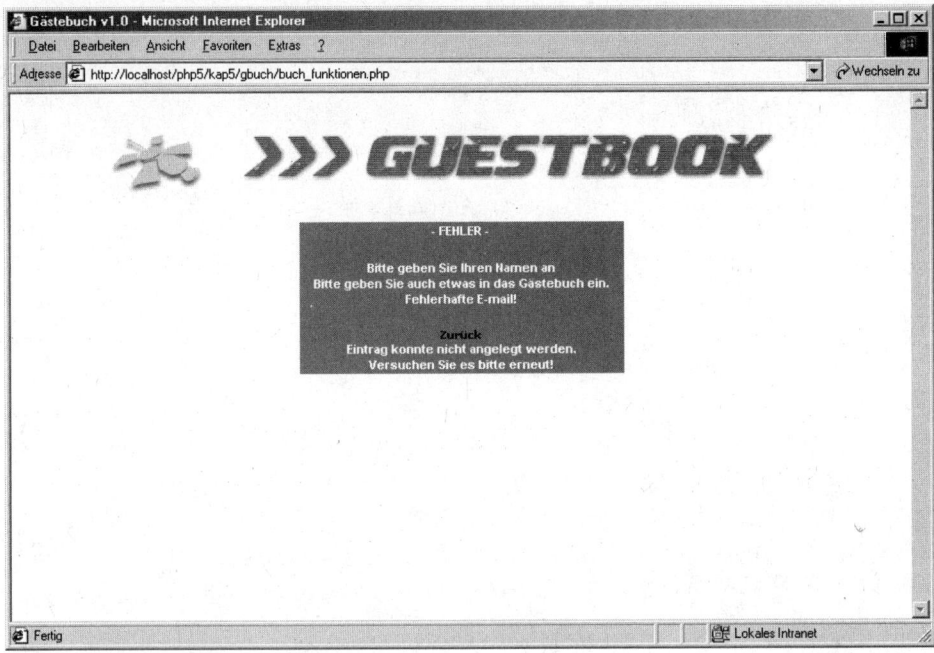

Bild 3.5:   Fehlermeldung bei nicht korrekten Angaben

Die gefilterten Daten werden anschließend nochmals überprüft, vor allem der Inhalt der E-Mail und des Home-Formularelements wird mit Hilfe von regulären Ausdrücken genauer unter die Lupe genommen.

3. Funktionen.php

```
<?

//////////////////////////////////////
// Gästebuch + Reloadsperre v1.0
//////////////////////////////////////

// 0=keine Reloadsperre, 1=Reloadsperre
$aktiv = 1;
// Zeit der Reloadsperre in Minuten
$zeit = 5;
// IP-Datei
$ipdatei = "ips.txt";
// Buchdatei
$datei = "buch_inhalt.htm";

//////////////////////////////////////
// IP-Reloadsperre
//////////////////////////////////////

function pruf_IP($rem_addr) {
  global $ipdatei,$zeit;
  @$ip_array = file($ipdatei);
  $reload_dat = fopen($ipdatei,"w");
  $this_time = time();
```

```
  for ($i=0; $i<count($ip_array); $i++) {
    list($ip_addr,$time_stamp) = explode("|",$ip_array[$i]);
    if ($this_time < ($time_stamp+60*$zeit)) {
      if ($ip_addr == $rem_addr) {
        $gefunden=1;
      }
      else {
        fwrite($reload_dat,"$ip_addr|$time_stamp");
      }
    }
  }
  fwrite($reload_dat,"$rem_addr|$this_time\n");
  fclose($reload_dat);
  return ($gefunden==1) ? 1 : 0;
}

/////////////////////////////////////////
// Abfrage
/////////////////////////////////////////

if (isset($_POST["senden"])) {
if (file_exists($datei) && ($aktiv==0 || ($aktiv==1 &&
pruf_IP($REMOTE_ADDR)==0))) {
  // Falls die Datei existiert, wird sie ausgelesen und
  // die enthaltenen Daten werden durch den neuen Beitrag
  // ergänzt
  $fp=fopen($datei,"r+");
  $daten=fread($fp,filesize($datei));
  rewind($fp);
  flock($fp,2);
  fputs($fp,"$eintrag \n $daten");
  flock($fp,3);
  fclose($fp);
  include("autorespond.php");
  header("Location:buch.php");
}else if (!file_exists($datei) && ($aktiv==0 || ($aktiv==1 &&
pruf_IP($REMOTE_ADDR)==0))) {
  // Die Datei buch_inhalt.htm existiert nicht, sie wird
  // neu angelegt und mit dem aktuellen Beitrag gespeichert.
  $fp=fopen($datei,"w");
  fputs($fp,"$eintrag \n");
  fclose($fp);
  include("autorespond.php");
  header("Location:buch.php");
} else {
  // Die Datei existiert zwar, jedoch handelt
  // es sich wahrscheinlich um den gleichen Besucher
  header("Location:buch.php");
}
} else {
echo "
<html>
<head>
<title>G&auml;stebuch v1.0</title>
<link rel='stylesheet' href='css/main.css' type='text/css'>
</head>
<body bgcolor='#FFFFFF' text='#000000'>
```

```
<p align='center'><img src='bild/gbuchlogo.gif' width='800'
height='80'></p>
<table width='300' align='center'>
  <tr>
    <td align='center' class='latestnews' colspan='3'>- FEHLER - <br>
     Eintrag konnte nicht angelegt werden.<br>
     Versuchen Sie es bitte erneut!<br>
        <a href='buch_eintrag.php'
class='contentlink'>Zur&uuml;ck</a></td>
  </tr>
</table>
</body>
</html>
";
}

?>
```

Der Inhalt dieses Skripts sollte Ihnen bereits bekannt vorkommen. Er setzt sich nämlich
größtenteils aus Bestandteilen des Besucherzählers zusammen.

4. Autorespond.php

```
<?php
if (isset($_POST["senden"])) {

// Mail an Webmaster
$webmaster="matthiask@flashstar.de";

$mailinhalt = "
Atomic-Book - Eintrag\n
_____\n
Person: $g_fname\n
E-mail: $g_femail\n
WWW: $g_fhome\n
_____\n
Betreff: $g_fbetreff\n
Kommentar:\n$g_finhalt\n
_____\n
Zeit: $g_fdatum\n
_____\n";

@mail($webmaster, "$g_fbetreff (von $g_fname) - Eintrag", $mailinhalt,
"From: $g_femail");

// Autoresponder
$datei = "text/automail.txt";
$fp = fopen($datei, "r");
$inhalt = fread($fp,filesize($datei));
fclose($fp);

@mail("$g_femail", "Atomic-Book - Danke für Ihren Eintrag",
"$inhalt\n\n","From:$webmaster");

} else {
echo "
<html>
<head>
```

```
<title>G&auml;stebuch v1.0</title>
<link rel='stylesheet' href='css/main.css' type='text/css'>
</head>
<body bgcolor='#FFFFFF' text='#000000'>
<p align='center'><img src='bild/gbuchlogo.gif' width='800'
height='80'></p>
<table width='300' align='center'>
  <tr>
    <td align='center' class='latestnews' colspan='3'>- FEHLER - <br>
       Eintrag konnte nicht angelegt werden.<br>
       Versuchen Sie es bitte erneut!<br>
         <a href='buch_eintrag.php'
class='contentlink'>Zur&uuml;ck</a></td>
  </tr>
</table>
</body>
</html>
";
}

?>
```

Um die Gästebucheinträge lediglich zu betrachten, wird folgendes Skript benötigt.

5. Buch.php

```
<html>
<head>
<title>G&auml;stebuch v1.0</title>
<link rel='stylesheet' href='css/main.css' type='text/css'>
</head>
<body bgcolor='#FFFFFF' text='#000000'>
<p align='center'><img src='bild/gbuchlogo.gif' width='800'
height='80'></p>
<?php

$meldung="
<table width='300' align='center'>
  <tr>
    <td align='center' class='latestnews' colspan='3'><br>- LEER -<br>
      <p><a href='buch_eintrag.php'
class='contentlink'>Zur&uuml;ck</a></p>
       </td>
  </tr>
</table>
";

if (!@include("buch_inhalt.htm")) {
 echo $meldung;
}

?>
<p align="center"><a href='buch_eintrag.php'
class="contentlink">Beitr&auml;g Schreiben</a></p>
</body>
</html>
```

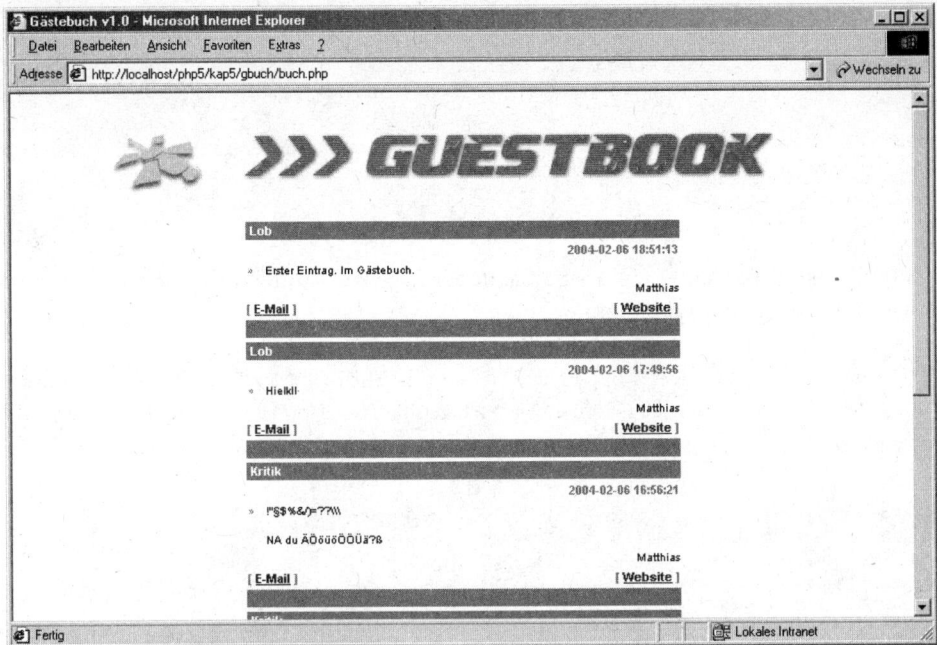

Bild 3.6: Ausgabe des Gästebuchs

Hinweis: Sollten Sie keine Lust haben die aufgeführten Skripts abzutippen, finden Sie sämtliche Skripts einschließlich *main.css* und *automail.txt* auf der Buch-CD.

3.3 User online

Wir hatten Ihnen bereits zu Beginn des Kapitels gezeigt, wie Sie einen Besucherzähler umsetzen können und zusätzlich eine IP-Zeitsperre hinzufügen. Genau dasselbe Prinzip können Sie einsetzen, um Ihren Besuchern anzuzeigen, wie viele Besucher aktuell auf Ihrer Website verweilen.

Hierfür müssen Sie lediglich an der Funktion `pruf_IP()` einige kleinere Veränderungen vornehmen:

```
function pruf_IP($rem_addr) {
  global $ipdatei,$zeit,$anzahl;
  @$ip_array = file($ipdatei);
  $reload_dat = fopen($ipdatei,"w");
  $this_time = time();
  $anzahl = count($ip_array);
  for ($i=0; $i<$anzahl; $i++) {
    list($ip_addr,$time_stamp) = explode("|",$ip_array[$i]);
    if ($this_time < ($time_stamp+60*$zeit)) {
      if ($ip_addr == $rem_addr) {
        $gefunden=1;
      }
```

```
    else {
      fwrite($reload_dat,"$ip_addr|$time_stamp");
    }
  }
}
fwrite($reload_dat,"$rem_addr|$this_time\n");
fclose($reload_dat);
return ($gefunden==1) ? 1 : 0;
}
```

Mit Hilfe der Variablen $anzahl sind Sie in der Lage zu ermitteln, wie viele Besucher in einem festgelegten Zeitraum online sind.

> **Hinweis:** Das vollständige Skript finden Sie auf der Buch-CD. Da es sich kaum von der Counter-Lösung unterscheidet, können Sie auch gerne versuchen, das Skript selbst zu vervollständigen.

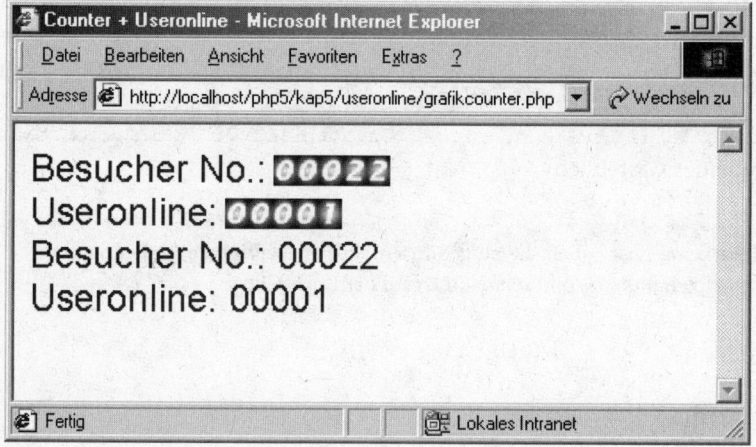

Bild 3.7: Anzahl der Besucher – gesamt und aktuell

3.4 Online-Umfrage

Dieses Thema stellt Entwickler und Anwender gleichermaßen vor eine Herausforderung. Der Anwender muss die Qual der Wahl in Kauf nehmen und der Entwickler muss dafür, sorgen dass die Stimmabgabe ordnungsgemäß verarbeitet wird.

Im folgenden Beispiel versuchen wir, Ihnen zumindest für Sie als Entwickler eine Lösung an die Hand zu geben, mit deren Hilfe Sie hoffentlich in der Lage sind, erfolgreich Online-Umfragen durchzuführen, sei es für Wahlen oder was auch immer.

Die Online-Umfrage setzt sich aus zwei wesentlichen Skripts zusammen.

• *umfrage.php* – In diesem Skript wird mit Hilfe eines Arrays, welches die Auswahlmöglichkeiten enthält, eine dynamische Eingabemaske (Formular) erzeugt, mit deren Hilfe der Besucher in der Lage ist, seine Stimme abzugeben. Die Stimmen für die jeweiligen Auswahlmöglichkeiten werden in der Textdatei *stimmen.txt* gespeichert. Nach der Stimmabgabe wird ein Cookie erzeugt, welches eine erneute Stimmabgabe verhindert soll.

- *eregbnis.php* – In diesem Skript werden die Umfrageergebnisse aus der Textdatei *stimment.txt* in grafischer Form ausgegeben.

Zusätzlich wurden folgende drei Ordner angelegt:

- *bild* – Enthält das Gästebuchlogo (*umfragelogo.gif*), hier können Sie nach Belieben weitere Grafikdatein ablegen.

- *css* – Enthält die CSS-Datei (*umfrage.css*), welche für die Layout-Formatierung der Online-Umfrage zuständig ist.

- *daten* – In diesem Ordner befindet sich die Textdatei (*stimmen.txt*), welche die abgegebenen Stimmen der Online-Wähler enthält.

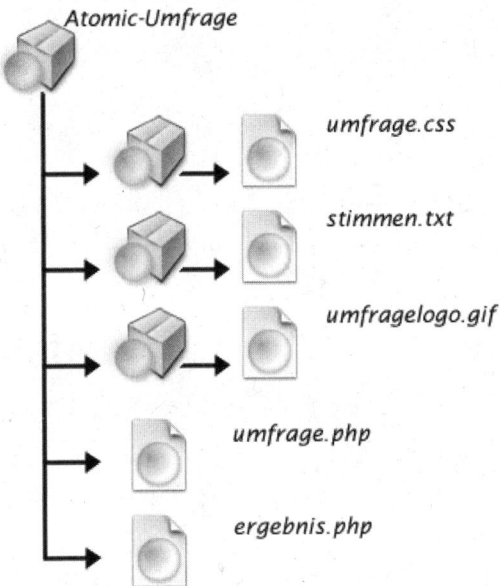

Bild 3.8:   Struktur der Atomic-Umfrage

1. Umfrage.php

```php
<?php
if (isset($_POST["ergebnis"])) {
    // Aktuelle Sperre 1 Minute
    // 30 Tage Sperre time()+60*60*24*30
    setcookie("abgestimmt","ja",time()+60);
}

$thema = "Atomic-Umfrage 2004";
$auswahl = array("Super","Sehr Gut","Gut","Naja","Schlecht");
```

```php
$anzahl = count($auswahl);

?>
<html>
<head>
<title>Atomic-Umfrage</title>
<link rel='stylesheet' type='text/css' href='css/umfrage.css'>
</head>
<body>
<img src='bild/umfragelogo.gif' width='506' height='62'><br>
<h3><?php echo $thema ?></h3>
<form method='post' action='<?php echo $PHP_SELF; ?>'>
<p>
<?php

foreach ($auswahl as $key=>$eintrag) {
        echo "<input type='radio' name='ergebnis' value='$key'>
$eintrag<br>\n";
}

?>
</p>
<?php
if (empty($_COOKIE["abgestimmt"]) && !isset($_POST["ergebnis"])) {

// Submit nur zeigen, wenn Formular noch nicht abgeschickt wurde
echo "<input type='submit' value='Daten senden'>";

} else {
echo "<p>Danke für die Übermittlung der Daten!</p>\n";

// Formular abgeschickt? Aber bisher noch nicht abgestimmt?
if (empty($_COOKIE["abgestimmt"]) && isset($_POST["ergebnis"])) {

// Dateiname in Variable speichern
$datei="daten/stimmen.txt";

// Datei vorhanden?
if (file_exists($datei)) {
        $fp=fopen($datei,"r+");
} else {
        $fp=fopen($datei,"w");
}

// Datei einlesen
$stimmen=fread($fp,filesize($datei));

// String aus Datei in Array zerlegen
$stimmen=explode(",",$stimmen);

// Der gewählte Punkt wird um 1 erhöht!
$stimmen[$_POST["ergebnis"]]++;

// Stimmen in einem String zusammensetzen
for ($i=0;$i<$anzahl;$i++) {
        $total .= $stimmen[$i] .",";
}

// Neuen String in Datei schreiben
rewind($fp);
fputs($fp,$total);
```

```
fclose($fp);
}
}
?>
</form>
<p>
[ <a href='ergebnis.php' target='_blank'>Umfrageergebnisse betrachten</a>
]
</p>
</body>
</html>
```

Bild 3.9:   Umfrage samt Eingabemaske

Die vorliegende Umsetzung legt mit Hilfe eines Cookies fest, dass jeder Online-Wähler lediglich einmal pro Minute eine Stimme abgeben kann. Natürlich lässt sich diese Sperrzeit beliebig erhöhen.

Hinweis: Die eingesetzte Sperre stellt keinen absoluten Schutz dar. Sie können hiermit jedoch bereits eine gewisse Kontrolle auf die Online-Umfrage erreichen. Eine Kombination aus Cookie und IP-Zeitsperre würde zusätzliche Sicherheit bieten, eine absolute Sperre wird es jedoch, ohne größeren Aufwand nicht geben.

Um die Umfrageergebnisse zu betrachten, wird folgendes Skript verwendet.

2. Ergebnis.php

```php
<?php

$thema = "Atomic-Umfrage 2004";
$auswahl = array("Super","Sehr Gut","Gut","Naja","Schlecht");
$farben = array("9999FF","8888FF","7777FF","6666FF","5555FF");
$anzahl = count($auswahl);

?>
<html>
<head>
<title>Atomic-Umfrage - Ergebnis</title>
<link rel="stylesheet" type="text/css" href="css/umfrage.css">
</head>
<body>
<img src='bild/umfragelogo.gif' width='506' height='62'><br>
<h3><?php echo $thema; ?> - Ergebnisse</h3>
<?php
$datei="daten/stimmen.txt";
@$fp=fopen($datei,"r");
@$stimmen=fread($fp,filesize($datei));
@fclose($fp);
// String zerlegen, Array entsteht
$stimmen=explode(",",$stimmen);

for ($i=0;$i<$anzahl;$i++) {
        $gesamt += $stimmen[$i];
}

if ($gesamt>0) {
// Höchstlänge der Balken angeben
$laenge=400;

for ($i=0;$i<$anzahl;$i++) {
// Anteil der Balken
$blaenge=$stimmen[$i]*$laenge/$gesamt;

// Werte auf ganze Zahlen runden
$blaenge= round($blaenge);

// Prozentwert ermitteln und ausgaben
$prozent = sprintf('%1.1f', 100*$stimmen[$i]/$gesamt);

echo "
<table border='0'>
<tr>
<td width='100'>$auswahl[$i]</td>
<td> </td><td width='$blaenge' bgcolor='$farben[$i]'> </td>
<td> <i>$prozent% ($stimmen[$i])</i></td>
</tr>
</table>
";
}

echo "<p>Anzahl der Stimmen: <b>$gesamt</b></p>";
} else {
echo "<p>Bisher wurden noch keine Stimmen abgegeben!</p>";
}
```

```
?>
</body>
</html>
```

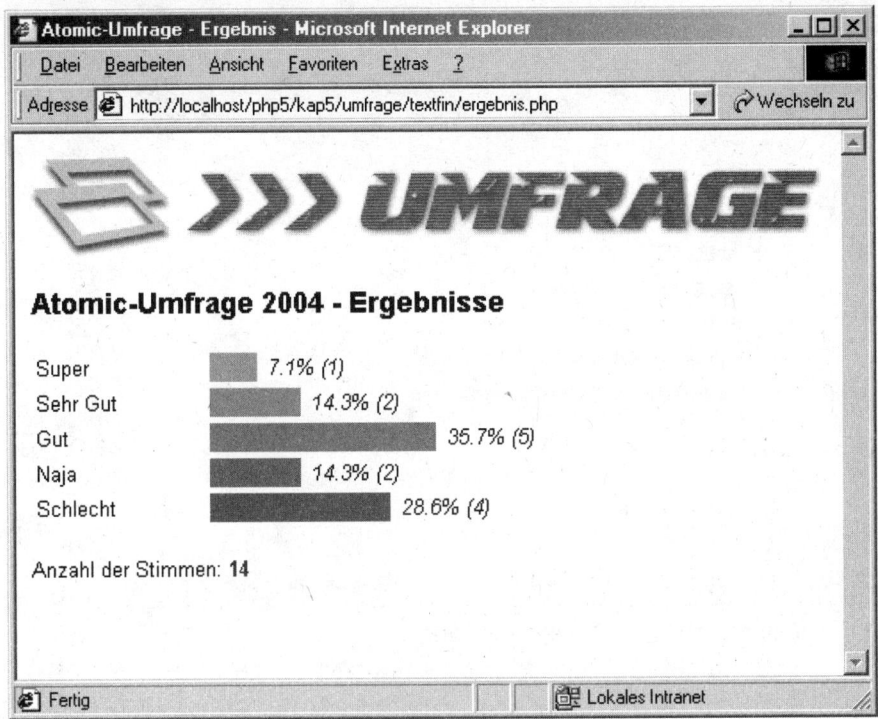

Bild 3.10:   Umfrageergebnis – Tabellenfelder dienen hier als Anzeige

Sie können durch eine leichte Anpassung die Umfrageergebnisse auch mit Hilfe von Grafikdateien wiedergeben. Hierfür müssen Sie lediglich die folgende echo-Codzeile einsetzen:

```
echo "
<table border='0'>
<tr>
<td width='100'>$auswahl[$i]</td>
<td> </td><td><img src='bild/balken_ende_l.gif' width='6'
height='10'><img src='bild/balken.gif' width='$blaenge' height='10'><img
src='bild/balken_ende_r.gif' width='6' height='10'> </td>
<td> <i>$prozent% ($stimmen[$i])</i></td>
</tr>
</table>
";
```

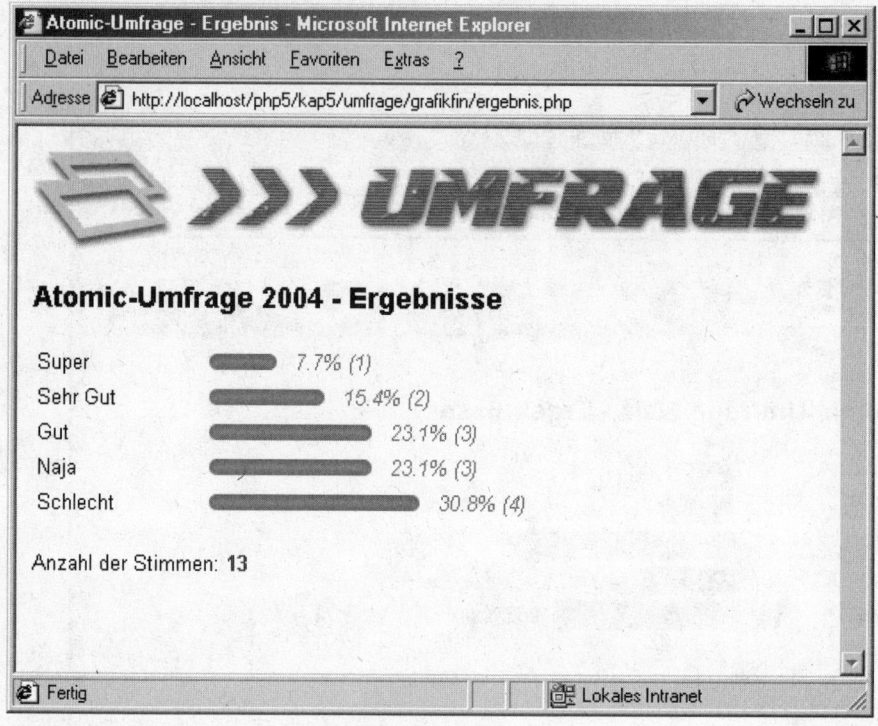

Bild 3.11:   Umfrageergebnis – Balkendarstellung

3.5   Kontaktformular – Autoresponder

Was wäre eine Website ohne ein Kontaktformular? Schließlich sollen mögliche Besucher, Interessenten oder Kunden in der Lage sein, mit dem Betreiber der Website Kontakt auf zunehmen.

Um ein voll funktionsfähiges Kontaktformular zu erstellen, braucht es nicht viel, um es jedoch in die Lage zu versetzen, beliebig viele Formularelemente zu verarbeiten, so dass es für unterschiedliche Zwecke eingesetzt werden kann, müssen Sie über etwas mehr Know-how verfügen.

Wir werden Ihnen zeigen, dass auch die Umsetzung eines solchen universell einsetzbaren Formulars kein all zu großes Problem darstellt.

Zur Umsetzung der Eingabemaske benötigen Sie lediglich eine HTML-Seite, mit dem Namen *kontaktformular.htm*, welche ein von Ihnen entworfenes Formular enthält. Beim Einsatz der Formularelemente innerhalb der HTML-Seite ist darauf zu achten, dass das E-Mail-Textfeld den Namen *mailer_email* erhält. Alle anderen Formularelemente können Sie beliebig bezeichnen.

Für die Verarbeitung der Formulardaten sind zwei Skripts verantwortlich:

- *atomicmailer.php* – In diesem Skript werden die Daten, welche aus *kontaktformular.htm* stammen, gefiltert und überprüft. Anschließend werden Sie von *autorespond.php* weiter verarbeitet.

- *autorespond.php* – In diesem Skript wird dafür gesorgt, dass sowohl der Betreiber (webmaster) als auch der Besucher eine Mail erhält. Der Betreiber erhält die Angaben des Besuchers und der Besucher eine Benachrichtigung darüber, dass seine Anfrage so schnell wie möglich bearbeitet wird.

Zusätzlich wurden folgende drei Ordner angelegt:

- *bild* – Enthält das Mailerlogo (*mailerlogo.gif*), hier können Sie nach Belieben weiter Grafikdateien ablegen.

- *css* – Enthält die CSS-Datei (*main.css*), welche für die Layout-Formatierung des Kontaktformulars zuständig ist.

- *text* – Enthält die Textdatei (*automail.txt*) mit der Autorespond-Nachricht, die für den Besucher bestimmt ist.

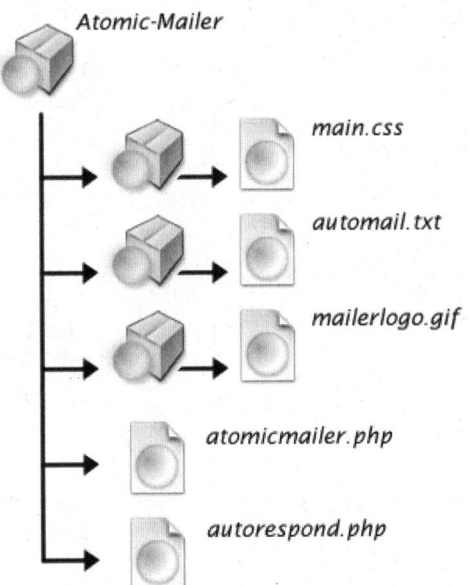

Bild 3.12: Struktur des Kontaktformulars

1. Atomicmailer.php

```php
<?php
$form_name = "kontaktformular.htm";

//Stammen die Daten vom Formular?
if (isset($_POST["senden"])) {
```

```php
// Textfeldeingaben Filtern
function daten_reiniger($inhalt) {
       if (!empty($inhalt)) {
               // HTML- und PHP-Code entfernen.
               $inhalt = strip_tags($inhalt);
               // Umlaute und Sonderzeichen in
               //HTML-Schreibweise umwandeln
               $inhalt = htmlspecialchars($inhalt);
               // Entfernt überflüssige Zeichen
               // Anfang und Ende einer Zeichenkette
               $inhalt = trim($inhalt);
               // Backslashes entfernen
               $inhalt = stripslashes($inhalt);
       }
return $inhalt;
}

// Schreibarbeit durch Umwandlung ersparen
foreach ($_POST as $key=>$element) {
       if ($key != "senden") {
       // Eingaben Filtern
       $daten = daten_reiniger($element);
       // Dynamische Variablen erzeugen, wie mailer_name, etc.
       ${"mailer_".$key} = $daten;
       $maildaten .= "$key: $daten\n";
       }
}

//Mailadresse korrekt angegeben - Name entsprechend formatieren
if(!ereg("^[_a-zA-Z0-9-]+(\.[_a-zA-Z0-9-]+)*@([a-zA-Z0-9-]+\.)+([a-zA-
Z]{2,4})$",$mailer_email)){
$error_msg.="Fehlerhafte E-mail!<br>";
}

// Prüfen ob Fehler vorgekommen sind!
if($error_msg){
echo "
<html>
<head>
<title>Atomic-Mailer v1.0 - Fehler</title>
<link rel='stylesheet' href='css/main.css' type='text/css'>
</head>
<body bgcolor='#FFFFFF' text='#000000'>
<p align='center'><img src='bild/mailerlogo.gif' width='700'
height='59'></p>
<table width='300' align='center'>
  <tr>
    <td align='center' class='latestnews' colspan='3'>- FEHLER - <br>
        <p>$error_msg</p>
        <a href='$form_name' class='contentlink'>Zur&uuml;ck</a><br>
     Ihre Anfrage konnte nicht übermittelt werden.<br>
     Versuchen Sie es bitte erneut!<br>
        </td>
  </tr>
</table>
</body>
</html>
```

```
";

} else {
$mailer_datum=date("Y-m-d H:i:s");


echo "
<html>
<head>
<title>Atomic-Mailer v1.0 - Versand</title>
<link rel='stylesheet' href='css/main.css' type='text/css'>
</head>
<body bgcolor='#FFFFFF' text='#000000'>
<p align='center'><img src='bild/mailerlogo.gif' width='700'
height='59'></p>
<table width='300' align='center'>
  <tr>
    <td align='center' class='latestnews' colspan='3'>- Vielen Dank! -
<br>
      Ihre Anfrage wurde erfolgreich verschickt.<br>
      Vielen Dank!<br>
         <a href='$form_name' class='contentlink'>Zur&uuml;ck</a></td>
  </tr>
</table>
</body>
</html>
";


include("autorespond.php");

}


} else {
echo "
<html>
<head>
<title>Atomic-Mailer v1.0 - Fehler</title>
<link rel='stylesheet' href='css/main.css' type='text/css'>
</head>
<body bgcolor='#FFFFFF' text='#000000'>
<p align='center'><img src='bild/mailerlogo.gif' width='700'
height='59'></p>
<table width='300' align='center'>
  <tr>
    <td align='center' class='latestnews' colspan='3'>- FEHLER - <br>
      Ihre Anfrage konnte nicht übermittelt werden.<br>
      Versuchen Sie es bitte erneut!<br>
         <a href='$form_name' class='contentlink'>Zur&uuml;ck</a></td>
  </tr>
</table>
</body>
</html>
";
}
?>
```

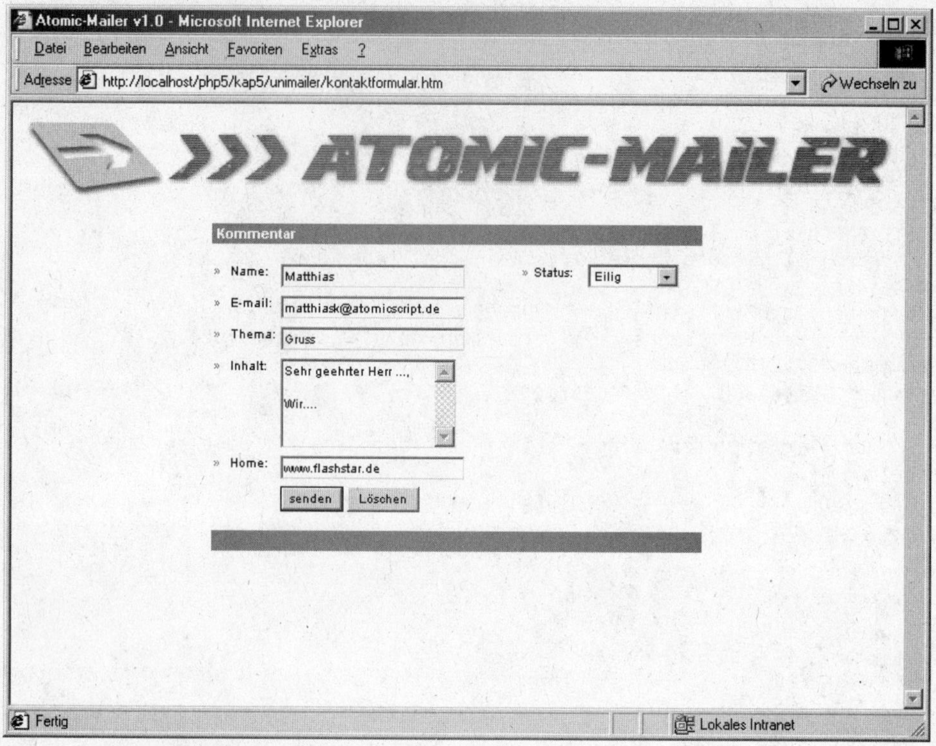

Bild 3.13:   Kontaktformular im Einsatz

2. Autorespond.php

```php
<?php

if (isset($_POST["senden"])) {

// Mail an Webmaster
$webmaster="matthiask@flashstar.de";

$mailinhalt = "
Atomic-Mailer - Anfrage\n
_____\n
E-mail: $mailer_email\n
_____\n
$maildaten
_____\n
Zeit: $mailer_datum\n
_____\n";

@mail($webmaster, "Atomic-Mailer - Anfrage", $mailinhalt, "From:
$mailer_email");

// Autoresponder
$datei = "text/automail.txt";
$fp = fopen($datei, "r");
```

```
$inhalt = fread($fp,filesize($datei));
fclose($fp);

@mail("$mailer_email", "Atomic-Mailer - Danke für Ihre Anfrage",
"$inhalt\n\n","From:$webmaster");

} else {

echo "
<html>
<head>
<title>Atomic-Mailer v1.0</title>
<link rel='stylesheet' href='css/main.css' type='text/css'>
</head>
<body bgcolor='#FFFFFF' text='#000000'>
<p align='center'><img src='bild/mailerlogo.gif' width='700'
height='59'></p>
<table width='300' align='center'>
  <tr>
    <td align='center' class='latestnews' colspan='3'>- FEHLER - <br>
     Die Anfrage konnte nicht übermittelt werden.<br>
      Versuchen Sie es bitte erneut!<br>
        <a href='kontaktformular.htm'
class='contentlink'>Zur&uuml;ck</a></td>
  </tr>
</table>
</body>
</html>
";
}

?>
```

3.6   Dynamische Navigation

Im Folgenden geht es um eine dynamische Navigation, welche mit Hilfe eines PHP-Skripts realisiert wurde.

Wie Sie anhand der Abbildung erkennen, handelt es sich um einen Navigationsbaum, welcher einzelne Unterkategorien (Verästelungen) enthält.

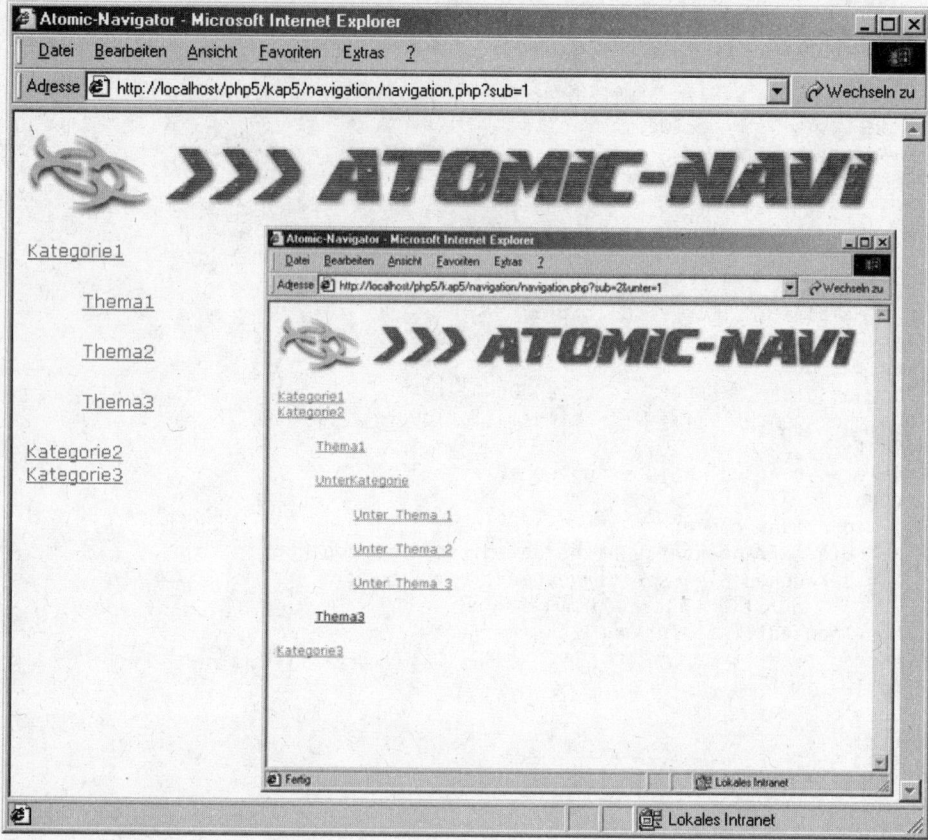

Bild 3.14: Dynamische Navigation via PHP

Folgendes Skript setzen Sie dafür ein:

Navigation.php

```
<html>
<head>
<title>Atomic-Navigator</title>
<link rel="stylesheet" type="text/css" href="css/main.css">
</head>
<body>
<img src='bild/naviogo.gif' width='607' height='57'><br>
<font face="Verdana,Arial" size="2">
<br>
<?php
$kategorien = array(
'Kategorie1' => 'navigation.php?sub=1',
'Kategorie2' => 'navigation.php?sub=2',
'Kategorie3' => 'navigation.php?sub=3'
);

$themen_1 = array(
```

```
'Thema1' => 'http://www.selfas.de',
'Thema2' => 'http://www.flashstar.de',
'Thema3' => 'http://www.atomicscript.de'
);

$themen_2 = array(
'Thema1' => 'http://www.php.net',
'UnterKategorie' => 'navigation.php?sub=2&unter=1',
'Thema3' => 'http://www.mysql.org'
);

$themen_ebene_2 = array(
'Unter_Thema_1' => 'http://www.flashangel.de/',
'Unter_Thema_2' => 'http://www.flashpower.de',
'Unter_Thema_3' => 'http://www.cybercollege.de'
);

$themen_3 = array(
'Thema1' => 'http://www.madania.de',
'Thema2' =>'http://www.tutorials.de',
'Thema3' => 'http://www.apachefriends.org'
);

foreach ($kategorien as $key => $wert) {
echo "<a href='$wert'>$key</a><br>";
if (($key == "Kategorie1") && ($sub == "1")) {
        foreach ( $themen_1 as $key => $wert ) {
                echo "<ul><a href='$wert'>$key</a></ul>";
        }


}
if (($key == "Kategorie2") && ($sub == "2")) {
        foreach ( $themen_2 as $key => $wert ) {
                echo "<ul><a href='$wert'>$key</a></ul>";
                if (($key == "UnterKategorie") && ($sub == "2") && ($unter
== "1"))
                {
                        foreach ( $themen_ebene_2 as $key => $wert )
{
                                echo "<ul><ul><a
href='$wert'>$key</a></ul></ul>";
                                if ($key == "Unter_Thema_3") {$b = "2";}
                        }
                }
        }
}

if (($key == "Kategorie3") && ($sub == "3")) {
        foreach ( $themen_3 as $key => $wert ) {
                echo "<ul><a href='$wert'>$key</a></ul>"; }
}
}
?>
</font>
</body>
</html>
```

Sie können durch den Einsatz von `<img>`-Tags die Navigation mit grafischen Elementen aufpeppen, so dass sie Ihren Bedürfnissen entspricht.

Hinweis: Ist Ihnen bereits aufgefallen, wie häufig wir die bereits erarbeiteten Funktionen und Codezeilen für diverse Problemstellungen einsetzen konnten? Danach sollte man als Entwickler streben, so erspart man sich eine Menge Zeit.

4 Fortgeschrittene Programmierung

4.1 PHP und OOP

In diesem Kapitel werden wir uns mit den Objekten auseinander setzen. Sie erfahren, wie Sie Objekte nutzen und erzeugen können und was Eigenschaften und Methoden sind. Zusätzlich bietet Ihnen dieses Kapitel eine Einführung und Vertiefung in die objektorientierte Programmierung, kurz OOP. Es sollte nicht verschwiegen werden, dass wir das Thema objektorientierte Programmierung aus Sichtweise des PHP-Entwicklers durchleuchten werden und nicht aus der Sichtweise eines Informatikers. Sie müssen sich daher keine Sorgen machen, vielleicht etwas nicht nachvollziehen zu können. Anhand praktischer Fallbeispiele wird Ihnen OOP möglichst schonend verabreicht. Die Informatiker unter Ihnen mögen es uns verzeihen, aber auch sie werden dieses Kapitel zu schätzen wissen, da es sowohl die Syntax als auch den Verwendungszweck von Objekten und objektorientierten Prinzipien in PHP durchleuchtet und nützliche Tipps zum Umstieg auf PHP bietet.

4.1.1 Was sind Objekte?

Nun, einige werden sich sicher spätestens jetzt die Frage stellen, was eigentlich ist ein Objekt? Ein Objekt kann praktisch alles sein. Nehmen wir ein Beispiel aus der Praxis. Ein Apfel ist eine Frucht. Betrachten Sie das Ganze jedoch einmal nicht aus der Sichtweise der Biologie, so ist ein Apfel ein Objekt oder umgangssprachlich ein Gegenstand.

Objekt

Bild 4.1:   Ein Rechner ist auch ein Objekt

Wie definiert sich ein solches Objekt oder in unserem Fall der Apfel – natürlich durch dessen Merkmale , z.B. durch die Größe, Form, Farbe usw. Es gilt jedoch zu berücksichtigen, dass ein Objekt natürlich auch zusätzlich eine oder mehrere Funktionen bzw.

Verhaltensweisen haben kann, wie z.B. ein Hammer, mit dem man einen Nagel in ein Brett schlägt.

Prozessor

Bild 4.2:   Der Prozessor erfüllt ebenfalls eine Funktion

Objekte können sogar abstrakte Dinge repräsentieren wie Finanzen oder Statistiken, und sie können Dinge darstellen, die nur in der digitalen Welt vorkommen, wie etwa die Tastaturbelegung oder Schaltflächen. Wenn Sie also jemanden bitten zu beschreiben, was ein Objekt ist, wird die Antwort sein: »Das kommt darauf an.«. Aus diesem Grund haben virtuelle Objekte, genau wie reale Objekte, Merkmale und Verhaltensweisen, die Sie definieren können und die alles über das Objekt aussagen. Da Sie es in PHP mit einer virtuellen Entwicklungsumgebung zu tun haben, können Sie diese Informationen nicht Merkmale und Verhaltensweisen nennen. Es stehen auch hierfür wieder einmal neue Fachbegriffe zur Verfügung. Das Merkmal eines Objekts wird in der Programmierung als Eigenschaft oder Attribut bezeichnet und die Verhaltensweise eines Objekts als Methode. Diese beiden Begriffe haben Sie bereits an einigen Stellen dieses Buchs vorgefunden.

> **Hinweis:** Sie werden feststellen, dass die Verwendung dieser Fachbegriffe meist nie so eng gesehen wird, also wenn Sie wollen, können Sie auch die Begriffe Merkmale und Verhaltenweise verwenden. Jeder Programmierer, der sich mit diesem Thema in Ansätzen auseinander gesetzt hat, wird Sie dennoch verstehen und wissen, was Sie meinen.

Hier einige Begriffe, die im Zusammenhang mit Objekten bzw. OOP verwendet werden.

Begriff	Bedeutung
Objekt	In der realen Welt ist jeder Gegenstand ein Objekt. Jedes Objekt der realen Welt kann in PHP modelliert werden. Denken Sie dabei an Substantive.
Attribut	Oft auch als Eigenschaft bezeichnet, ist ein Attribut eine begriffliche Beschreibung eines Objekts. Stellen Sie sich dabei Adjektive vor.
Methode	Auch als Verhalten bezeichnet, ist eine Aktion, die ein bestimmtes Objekt ausführen kann. Denken Sie dabei an Verben.

Wer von Ihnen in der weiter oben aufgeführten Tabelle Begriffe wie Klassen oder Vererbung vermisst, sollte nicht gleich mit dem Schlimmsten rechnen, diese werden weiter unten im Kapitel behandelt. Zu diesem Zeitpunkt wäre es jedoch etwas voreilig, Begriffe anzugeben, die die meisten eher aus der Schulzeit oder aus ihrem Privatleben kennen.

*Aufbau eines
Objekts*

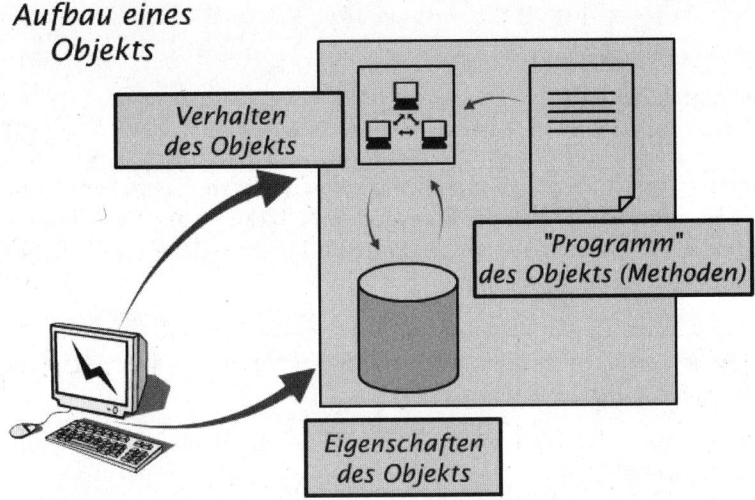

Bild 4.3:   Aufbau eines Objekts

Um Ihnen eine weitere Möglichkeit zu bieten, den Zusammenhang von Objekten und ihren Eigenschaften und Methoden zu verstehen, sollten Sie sich folgende unverfängliche Regel zu Eigen machen: Es ist hilfreich, Objekte als Substantive, Eigenschaften als Adjektive und Methoden als Verben zu bezeichnen. Die folgende Tabelle stellt diese Zusammenhänge dar. Dabei werden einige Objekte definiert. Sie sollten sich die Darstellung genau betrachten, da Sie sicher auch im Laufe der Entwicklung Ihre eigenen Objekte definieren werden.

Objekt	Eigenschaft	Methode
Kugel	silber	bewegen
	groß	stoppen
	rund	werfen
	...	sinken
		...
Spinne	grau	spinnen
	klein	krabbeln
	pelzig	fressen
	...	...
Katze	Schwarz	springen
	Siamkatze	rennen
	Pelzig	kratzen
	...	schnurren
		...
Kunde	Timo	Bestellung aufgeben
	Mustermann	Anschrift ändern
	Berlin	...
	...	

Nun wissen Sie,

- was das Objekt ist (seinen Name),
- wie es ist (seine Eigenschaften),
- was es kann (seine Methoden).

In der Programmierung geht man genau von diesen grundlegenden Eigenschaften und Methoden aus. Die Kunst dabei ist nicht das Erzeugen von Objekten oder die Definition von Eigenschaften oder Methoden, sondern die Frage zu klären, welche Eigenschaften bzw. Methoden ein Objekt letztendlich haben soll.

Um es noch einmal zu sagen: Es gibt keinen Beschluss oder ein Gesetz, das besagt, dass Sie Ihre eigenen Objekte erstellen müssen, oder falls Sie es tun, auf welche Weise Sie diese erstellen müssen. Sie sollten es so sehen:

Menschen gehen Probleme verschieden an, und jedes Objekt, das Ihnen hilft, Ihr Problem zu lösen, ist genau richtig!

Sie sollten sich dabei von niemandem etwas anderes einreden lassen. Sie müssen lediglich wissen, dass PHP Ihnen die Möglichkeit gibt, Ihre eigenen Objekte zu erzeugen, wenn Sie das möchten.

4.1.2 Objektorientierte Programmierung (OOP)

Kommen wir zu den Grundlagen von OOP. Einige von Ihnen werden sich fragen, wer oder was ist OOP und wozu brauche ich es ausgerechnet in einer PHP-Webanwendung. In diesem Abschnitt sollen Ihnen die Prinzipien näher gebracht werden. Wir versuchen dabei etwas Licht ins Dunkel zu bringen und Ihnen einen Weg aufzuzeigen, um OOP besser zu verstehen.

Es soll Ihnen gezeigt werden, wie weit man mit Planung und Strukturierung bei der Umsetzung von Programmabläufen kommen kann. Unser Augenmerk richtet sich dabei auf die Möglichkeit, die Prinzipien der objektorientierten Programmierung einzubringen und die Philosophie, die hinter OOP steckt, zu enträtseln, so dass OOP kein Buch mit sieben Siegeln mehr ist und die Umsetzung einer Idee gezielt ermöglicht wird. Es wurde bereits einiges zum Thema OOP veröffentlicht, und dennoch scheint OOP für einige ein Mysterium zu bleiben. Die Literatur handelt das Thema oft theoretisch ab und versucht kaum, einen Bezug zur Realität zu knüpfen und damit das Verständnis von OOP zu fördern.

Der nächste Schritt ist, zu erkennen, dass OOP nicht als Regelwerk betrachtet werden sollte. OOP lässt sich nicht mit einigen Regeln erläutern, so dass wir einfach mal nachschlagen, um zu erfahren, was OOP eigentlich bedeutet, und von nun an OOP einsetzen können. Daher soll dies auch keine absolute und einzigartige Anleitung mit Gesetzen und Verboten sein, wie, wann und wo man OOP einsetzt. Vielmehr soll Ihnen dieser Abschnitt zeigen, dass OOP nichts Weltfremdes ist, sondern im täglichem Alltag auch wirklich gelebt wird, und wie man diese Prinzipien in die Projektplanung umsetzen kann.

Vorab sollten wir einige Überlegungen anstellen und uns eines klar machen: Es geht weder um PHP noch um eine andere Programmiersprache im eigentlichen Sinn. Die Ideen, auf denen die objektorientierte Programmierung basiert, kommen nicht aus einer Programmiersprache, sie sind entnommen aus der Evolution des Lebens. Insofern ist es wichtig, die grundlegenden Prinzipien losgelöst von der Idee des Programmiercodes zu verstehen.

OOP wurde entdeckt! Es geht dabei um die Auslegung eines gedanklichen Konzepts, eines Plans. Der Prozess des Begreifens erfordert etwas Zeit und Geduld, aber einmal verinnerlicht, öffnet er schließlich das Tor zu einer anderen Sichtweise der Dinge. Sie stellen sicherlich fest, dass dies so gar nicht rational und logisch klingt. Dies muss es auch nicht, denn wer Ideen umsetzen möchte, muss auch in der Lage sein, solche auszuarbeiten. Der Fantasie sollten dabei keine Grenzen gesetzt werden.

In erster Linie setzt sich OOP mit der Problemslösung auseinander und einer effizienten, flexiblen und simplen Realisierung; der formale Ausdruck dafür lautet objektorientierte Analyse und Design, kurz OOA/OOD. Es gilt dabei zu berücksichtigen, dass es eine Vielzahl von Ansätzen gibt, um ein Problem zu lösen. Aber den Ansatz, der den größten Sinn ergibt, soll Ihnen hier anhand eines kurzen Fallbeispiels erläutert werden.

- Beginnen Sie mit dem Problem, das Sie lösen wollen, und beschreiben Sie es detailliert. Es ist wichtig, sich gut damit auseinander zu setzen.

- Nachdem Sie herausgefunden haben, was Sie erreichen möchten, zerlegen Sie das Ganze in seine Bestandteile, d.h. in mehrere einzelne Teilbereiche, und beschreiben diese so detailliert wie möglich. Denn ein großes Problem auf einmal lösen zu wollen ist meist unmöglich oder sehr zeitaufwendig. Sie werden sehen, sich um die Lösung einzelner Teilprobleme zu kümmern, ist wesentlich einfacher.

- Schauen Sie sich Ihre Beschreibungen an und picken Sie sich alle Substantive heraus. Schreiben Sie diese Substantive in eine Spalte. Diese Substantive sind der erste Schritt zur Definition Ihres Lösungsmodells.

- Schauen Sie sich anschließend die dazugehörenden Adjektive und Verben an, und schreiben Sie sie zu den entsprechenden Substantiven. Hier statten Sie Ihr Lösungsmodell mit Eigenschaften und Methoden aus.

- Sehen Sie sich die Fallbeschreibungen noch einmal an, um sicherzugehen, dass Sie nicht zu allgemein waren und etwas vergessen haben.

Anschließend können Sie mit der Umsetzung (Abstraktion) des Problems beginnen. Der Vorteil dieser Herangehensweise liegt darin, zur Umsetzung nahezu jede Entwicklungsumgebung nutzen zu können, in Ihrem Fall PHP.

Diese Herangehensweise hat sich in den letzten Jahrzehnten durchgesetzt. Das heißt jedoch nicht, dass Sie bei der Analyse nur so vorgehen können. Es würde jedoch den Umfang des Buchs sprengen, alle möglichen Wege zu beschreiben, da es theoretisch immer eine unendliche Anzahl von Ansätzen gibt.

> **Hinweis:** Dieser Abschnitt erhebt nicht den Anspruch, eine vollständige Anleitung über objektorientierte Analyse und Design zu sein. Denn schließlich haben Sie dieses Buch gekauft, um mehr über PHP zu erfahren und nicht, um einen Abschluss in Informatik zu machen. Trotzdem können Ihnen diese grundlegenden Schritte bei der Umsetzung von Problemen bzw. Ideen behilflich sein.

4.1.3 Wie programmieren Sie objektorientiert?

- Sie definieren Klassen.
- Sie erzeugen daraus Objekte.
- Sie kombinieren die Objekte zu einem größeren Objekt, dem Programm.

Objektorientierte Programmierung ist die Modellierung von Objekten, die aus vielen kleineren Objekten bestehen.

Was sind Klassen?

Klassen stellen eine Beschreibung von Objekten dar, man könnte sie auch als Bauplan der Objekte bezeichnen. Der Begriff stammt übrigens aus Programmiersprachen wie C++ und Java.

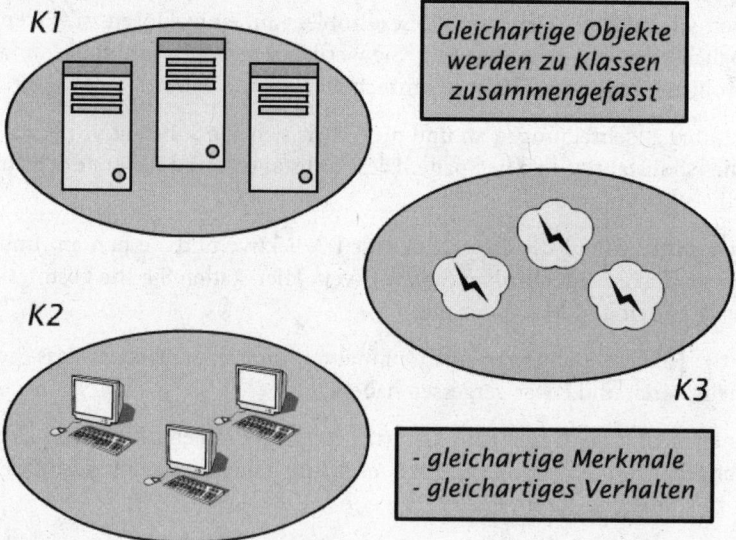

Bild 4.4: Objekte und Klassen

> **Hinweis:** Eine Klasse ist eine Gruppe von Objekten mit gemeinsamen Merkmalen, das können sowohl Eigenschaften als auch Methoden sein.

Fallbeispiel

Sie möchten eine ganze Bibliothek von mehreren hundert Büchern vorstellen. Es verfügen alle Buch-Objekte über die gleichen Eigenschaften und Methoden, lediglich die Eigenschaftswerte sind von Buch-Objekt zu Buch-Objekt verschieden.

Genau hier setzt die Idee der Klassen an. Statt die Eigenschaften und Methoden der Objekte für jedes Objekt einzeln zu definieren, legt man die Eigenschaften und Methoden in einer gemeinsamen Klassendefinition fest. In eine Klasse *Buch* würden Sie die Eigenschaften *titel, kategorie, autor, seitenzahl, artikelNr* und *preis* sowie die Methode *ausgeben()* definieren. Die einzelnen Objekte erstellen als Objekte der Klasse Buch. Der Vorteil besteht darin, dass jedes auf diese Weise erzeugte Objekt automatisch über die Eigenschaften und Methoden verfügt, die in der Klasse *Buch* enthalten sind. Die Klasse *Buch* wirkt dabei wie das Grundmodell eines Buchs, sie stellt somit eine Art Vorlage dar.

4.1.4   Wesentliche Konzepte der OOP

Die wesentlichen Konzepte der OOP sind:

- Kapselung
- Vererbung
- Polymorphie

Als Kapselung wird die Kombination von Daten und Methoden (Funktionen) innerhalb einer einheitlichen und vor dem Zugriff von außen geschützten Datenstruktur bezeichnet.

Das Konzept der Vererbung bedeutet, dass Klassen bei ihrer Definition in eine Klassenhierarchie eingegliedert werden, wobei jede Kindklasse den gesamten Code und alle Daten der Elternklasse übernimmt.

Polymorphie bedeutet, dass eine Funktion eine einzige Bezeichnung erhält, die in der gesamten Objekthierarchie Verwendung findet, die Funktion selbst aber von jeder Klasse innerhalb der Hierarchie auf unterschiedliche Weise implementiert wird. Dabei werden Returntyp und Parametertypen der Methode als Bestandteile des Funktionsnamens betrachtet, so dass ein und dieselbe Funktion z.B. einmal mit Integer-Parametern und ein anderes Mal mit Array-Parametern aufgerufen werden kann.

In diesem strengen Sinne unterstützt PHP keine Polymorphie, da in PHP Return- und Parametertypen einer Funktion gar nicht deklariert werden.

4.1.5   Zusammenfassung

Die objektorientierte Programmierung, die sich stark daran anlehnt, wie wir im Alltag Probleme lössen, stellt die Daten und die damit möglichen Operationen in den Mittelpunkt der Betrachtung.

Durch das Modellieren von Objekten, die die Realität abbilden sollen, und durch deren Abstraktion entstehen die Klassen als abstrakte Objekt-Beschreibungen (Vorlagen).

Das wesentlichste Merkmal der OOP ist die Möglichkeit, Eigenschaften und Methoden einer Klasse an eine andere Klasse zu vererben.

Wie Sie bereits erfahren haben, bezeichnet eine Klasse die Sammlung aller Eigenschaften und Methoden der Objekte einer Klasse. Die Klasse bezeichnet somit eine abstrakte Darstellung eines tatsächlichen Objekts.

Superklassen entstehen durch die Abstraktion ähnlicher Verhaltensweisen von Subklassen. In vielen Fällen werden hier auch die Begriffe Ober- und Unterklassen bzw. Eltern- und Kindklasse verwendet.

Dabei werden in der abgeleiteten Klasse Daten und Funktionen aus der Superklasse übernommen. Ein Objekt der Subklasse enthält ein Objekt der Superklasse. Weitere Daten und Funktionen können beliebig hinzugefügt werden.

Zusätzlich dürfen Funktionen aus der Superklasse in der Subklasse neu definiert werden und überschreiben dann die ursprüngliche Version.

Es folgt eine Auflistung der wichtigsten OOP-Begriffe.

Begriffe	Bedeutung
Klasse Vorlage Template Bauplan	Eine Vorlage für ein Objekt. Sie beinhaltet Variablen, um die Eigenschaften des Objekts zu beschreiben, und Methoden, um festzulegen, wie sich das Objekt verhält. Klassen können von anderen Klassen Variablen und Methoden erben.
Subklasse Unterklasse Kindklasse	Eine Klasse, die sich in der Klassenhierarchie weiter unten befindet als eine andere Klasse, ihre Superklasse.
Superklasse Oberklasse Elternklasse	Eine Klasse, die sich in der Klassenhierarchie weiter oben befindet als eine oder mehrere andere Klassen. Eine Klasse kann nur eine Superklasse direkt über sich haben.
Objekt Instanz Abbildung	Eine Instanz einer Klasse. Ermöglicht die Verwendung von Eigenschaften und Methoden einer Klasse.
Eigenschaft Merkmal	Ermöglichen das Anlegen und Auslesen von Daten (Werten, Inhalten), die sich auf ein bestimmtes Objekt einer Klasse beziehen.
Methode Fähigkeiten Prozeduren	Eine Gruppe von Anweisungen in einer Klasse, die definieren, wie sich die Objekte dieser Klasse verhalten.
Klassenvariable	Eine Variable, die ein Attribut einer ganzen Klassen anstatt einer bestimmten Instanz einer Klasse beschreibt.
Instanzvariable	Eine Variable, die ein Attribut einer Instanz einer Klasse beschreibt.

4.1.6   PHP und OOP

Ursprünglich war PHP keine objektorientierte Sprache. In der weiteren Entwicklung tauchten dann immer mehr objektorientierte Eigenschaften auf. Als Erstes ließen sich Klassen definieren, aber es gab noch keine Konstruktoren. Dann erschienen die Konstruktoren, aber es gab noch keine Destruktoren. Als immer mehr Entwickler begannen, an die Grenzen der PHP-Syntax zu stoßen, wurden dann allmählich weitere Möglichkeiten hinzugefügt, um dem Bedarf gerecht zu werden.

Hinweis: Sollten Sie zu denen gehören, die sich mit PHP eine »echte« objektorientierte Sprache wünschen, werden Sie vermutlich enttäuscht sein. Im Kern ist PHP eine prozedurale Sprache. Es ist halt kein C++ oder Java! Sollten Sie jedoch nur einfach einige OO-Möglichkeiten im Code anwenden wollen, ist PHP vermutlich genau das Richtige für Sie.

4.1.7   Klassen in PHP

Der Weg zur objektorientierten Programmierung in PHP führt über das Schlüsselwort `class`. Mit Hilfe von `class` sind Sie in der Lage, Klassen zu erzeugen und aus diesen später Instanzen abzuleiten, mit denen sie arbeiten werden.

Das Schemata einer Klassendefinition stellt sich wie folgt dar:

```
// Klasse
class classname
{
        var $a; // Eigenschaft1
        var $b; // Eigenschaft2
        ...

        // Konstruktor
        function classname() {
                $this->a = wert_a;
                ...
        }

        // Methode
        function funkname() {
                $this->b = wert_b;
                ...
        }
        ...
}
```

Fallbeispiel – Warenkorb:

```
<pre>
<?php
// Klasse (ohne Konstruktor)
```

```
class warenkorb
{
        var $artikel;
        var $stueckzahl;

        function anzahlErhoehen($artnr, $stueck) {
                $this->stueckzahl[$artnr] += $stueck;
        }

        function eintragen($artnr, $name) {
                $this->artikel[$artnr] = $name;
                $this->stueckzahl[$artnr] = 1;
        }
}


// Objekt erzeugen
$meinWarenkorb = new warenkorb;

// Produkte in den Warenkorb legen
$meinWarenkorb->eintragen("1001","Skibrille");
$meinWarenkorb->eintragen("1002","Socken");

// Anzahl bestimmter Produkte erhöhen
$meinWarenkorb->anzahlErhoehen("1002",10);

// Ausgabe
echo "Vom Artikel " . $meinWarenkorb->artikel["1001"];
echo " sind " . $meinWarenkorb->stueckzahl["1001"] . " Stück
enthalten.<br>";
echo "Vom Artikel " . $meinWarenkorb->artikel["1002"];
echo " sind " . $meinWarenkorb->stueckzahl["1002"] . " Stück
enthalten.<br>";

echo "<p>";

// Ausgabe der Struktur des Objekts
print_r($meinWarenkorb);
?>
</pre>
```

Ausgabe:

```
Vom Artikel Skibrille sind 1 Stück enthalten.
Vom Artikel Socken sind 11 Stück enthalten.
warenkorb Object
(
    [artikel] => Array
        (
            [1001] => Skibrille
            [1002] => Socken
        )
```

```
[stueckzahl] => Array
    (
        [1001] => 1
        [1002] => 11
    )
)
```

Das Beispiel zeigt einige wesentliche Prinzipien im Umgang mit einer einfachen Klasse. Sie sollten sich mit den einzelnen Punkten des Beispiels vertraut machen.

Einsatz von class

Die Klassendefinition wird mit dem Schlüsselwort `class` eingeleitet und im vorliegenden Fallbeispiel um den Klassennamen `warenkorb` erweitert:

```
class warenkorb
```

Die gesamte Klasse ist von geschweiften Klammern umgeben.

Einsatz von this

Um innerhalb der Klasse auf sich selbst verweisen zu können, wir das Schlüsselwort `this` eingesetzt. Beachten Sie die Schreibweise beim Zugriff auf die Variable der Klasse, diese können die Eigenschaften der Instanz bilden.

```
$this->stueckzahl[$artnr] += $stueck;
```

Das $-Zeichen steht vor `this`, anschließend wird der Verweis mit dem speziellen Operator `->` gebildet. Achten Sie stets darauf, die korrekte Syntax zu verwenden. Es ist ein beliebter Fehler, etwa `this->$var` oder gar `$this->$var` zu schreiben. Problematisch ist, dass PHP dies nicht immer mit einer Fehlermeldung quittiert, sondern oft wird das Skript einfach weiter verarbeitet.

Einsatz von var

Mit Hilfe des Schlüsselworts `var` werden Variablen im Objekt angelegt, diese ergeben wiederum die Eigenschaften des Objekts.

```
var $artikel;
var $stueckzahl;
```

Die Namen sind in dieser Klasse lokal. Abgesehen von der Verwendung in den Methoden können sie auch als Eigenschaften dienen.

Es schließen sich zwei Methoden ans, die als normale Funktionen definiert werden. Wird auf die Klasse selbst zugegriffen, dient das Schlüsselwort `this` als Indikator.

Einsatz von new

Auch der Einsatz der Klasse unterscheidet sich von der normaler Funktionen. Um die Klasse nutzen zu können, muss zuerst eine Instanz der Klasse gebildet werden:

```
$meinWarenkorb = new warenkorb;
```

Die Variable `$meinWarenkorb` ist nun ein Objekt. Die eigentliche Instanzierung nimmt das Schlüsselwort `new` vor, der Parameter ist der Name einer zuvor definierten Klasse.

Nutzen des Objekts der Klasse

Vor Ihrem geistigen Auge können Sie die in der Klassendefinition verwendeten `this`-Schlüsselwörter durch den Namen des Objekts ersetzen.

```
$meinWarenkorb->eintragen("1001","Skibrille");
```

Diese Zeile enspricht dem Aufruf der Methode `eintragen()`. Die gleiche Syntax wird auch verwendet, um die Eigenschaften des Objekts abzufragen:

```
$meinWarenkorb->artikel["1001"];
```

Sollte Ihnen diese Form schwer lesbar erscheinen, denken Sie daran, dass es sich bei `$meinWarenkorb` tatsächlich um eine reguläre Variable handelt. Diese Variable enthält ein Objekt, auf dessen Bestandteile Sie mit Hilfe des Operators `->` verweisen. Alles, was hinter dem Namen des Bestandteils steht, ist von dessen Konstruktion abhängig und unterscheidet sich nicht von der herkömmlichen Syntax.

4.1.8 Vererbung

Mit PHP sind Sie auch in der Lage, eine einfache Vererbung von Klassen vorzunehmen. Angenommen, Sie möchten in einer anderen Webanwendung die Klasse *warenkorb* verwenden, jedoch weitere Methoden und Eigenschaften hinzufügen. Es ist ein Grundgedanke der objektorientierten Programmierung, sich die bereits vorhandenen Klassen zunutze zu machen. Sie können in Ihrem Code also leicht Klassen erstellen, die lediglich erweitert werden, anstatt diese neu anzulegen.

Das Schema der Klassenvererbung stellt sich wie folgt dar:

```
// Klasse 1
class classname1
{
        var $a;
        ...
}

// Erweiterte Klasse 2 - erbt von Klasse 1
class classname2 extends classname1
{
```

```
        var $b;
        ...
}
```

Einsatz von extends

Abgeleitete Klassen werden mit Hilfe des Schlüsselworts `extends` erzeugt. Der folgende Code erweitert das bereits gezeigte Fallbeispiel um eine Methode `atikelEntfernen()`:

```
class ext_warenkorb extends warenkorb
{
        function artikelEntfernen($artnr) {
                unset($this->artikel[$artnr]);
                unset($this->stueckzahl[$artnr]);
        }
}
```

Sie können nun eine Instanz der erweiterten Klasse erzeugen, die sämtliche Eigenschaften der alten und neuen Klasse in sich vereint:

```
$meinWarenkorb = new ext_warenkorb;
```

und die Funktion `atikelEntfernen()` einsetzen:

```
$meinWarenkorb->artikelEntfernen("1002");
```

4.1.9 Konstruktoren und Destruktoren

Die bisherigen Darstellungen lassen vielleicht bei dem einen oder anderen den Verdacht aufkommen, dass die objektorientierte Programmierung sich für eine Vielzahl von Projekten eignet, und das ist auch genau der Punkt. Dazu müssen wir jedoch weitere Bestandteile kennenlernen.

Oft werden Sie für ein Objekt einen bestimmten Anfangszustand benötigen. Es wäre eine Möglichkeit, als Erstes immer eine Methode `init()` aufzurufen, die sämtliche Variablen mit den nötigen Ausgangswerten versorgt. Die meisten objektorientierten Sprachen bieten hierfür eine direkte Unterstützung an. Es gibt dort den Begriff des Konstruktors. Dies ist eine Methode, die immer beim Erzeugen einer Instanz aufgerufen wird. Entsprechend räumt der Destruktor beim Zerstören des Objekts wieder auf.

Einsatz von Destruktoren

Eine komplexe Speicherverwaltung wie in C++ kennt PHP nicht. Solche Prozesse laufen im Hintergrund automatisch ab. Einmal erzeugte Objekte haben ohnehin nur »ein Leben« innerhalb des Skripts, mit dem Sprung zum nächsten Skript werden sämtliche Speicherobjekte gelöscht. Der Aufwand einer Löschung des Speichers lohnt daher nicht. Entsprechend stehen in PHP auch keine Destruktoren zur Verfügung.

Einsatz von Konstruktoren

Im Gegensatz zu den Destruktoren, die in PHP nicht zur Verfügung stehen, können Sie sich aber einen Konstruktor erzeugen. Ein zusätzliches Schlüsselwort wird hierzu nicht benötigt, die Methode, die als Konstruktor dient, wird einfach wie die Klasse benannt. Die Klasse ext_warenkorb könnte also leicht um einen Konstruktor ext_warenkorb() erweitert werden, welcher dafür sorgt, dass beim Anlegen einer Instanz bereits ein Standardartikel angelegt wird.

```
class ext_warenkorb extends warenkorb
{
        function artikelEntfernen($artnr) {
                unset($this->artikel[$artnr]);
                unset($this->stueckzahl[$artnr]);
        }
        function ext_warenkorb() {
                $this->eintragen("0000","Katalog");
        }
}
```

Somit wird jeder Warenkorb mit dem aktuellen Katalog vordefiniert. An der Instanziierung der Klasse mit new ändert sich nichts. Konstruktoren unterscheiden sich auch sonst nicht von normalen Funktionen.

Besonderheit

Sollten Sie im Konstruktor einen Rückgabewert mit return definieren, wird dieser Wert beim Aufruf verloren gehen. Sie können jedoch die Konstruktormethode jederzeit explizit aufrufen:

```
echo $meinWarenkorb->ext_warenkorb();
```

Ebenso können der Methode Parameter übergeben werden. Betrachten Sie sich folgenden Beispiel:

```
<pre>
<?php
// Klasse
class person
{
        var $vorname;
        var $nachname;
        var $alter;


        // Konstruktor
        function person($vn, $nn, $alt) {
                $this->vorname = $vn;
                $this->nachname = $nn;
                $this->alter = $alt;
        }


        // Methode
```

```
      function datenAusgeben() {
              echo "Personendaten:<br>";
              foreach ($this as $key=>$element) {
                      echo "$key $element<br>";
              }
      }
}

// Objekt erzeugen
$meineSchwester = new person("Caroline","Kannengiesser",25);

// Ausgabe der Struktur des Objekts
print_r($meineSchwester);

// Ausgabe der Personendaten
$meineSchwester->datenAusgeben();


?>
</pre>
```

Ausgabe:

```
person Object
(
    [vorname] => Caroline
    [nachname] => Kannengiesser
    [alter] => 25
)
Personendaten:
vorname Caroline
nachname Kannengiesser
alter 25
```

Wie Sie sehen, ist die Übergabe von Parametern an den Konstruktor ohne weiteres möglich.

4.1.10 Vertiefung der OOP-Techniken

In diesem Abschnitt wollen wir Ihre Kenntnisse mit Hilfe der Grafikbibliothek GD vertiefen, so dass Sie ohne weiteres mit der Entwicklung eigener OO-basierten Projekte beginnen können.

> **Hinweis:** Sie erfahren mehr zur GD-Bibliothek weiter unten, im Abschnitt »Dynamische Grafiken mit der GD-Bibliothek«.

Klassen und Objekte

Im folgenden Beispiel wird als Erstes eine Klasse welt definiert. Diese Klasse wurde als Basisklasse für die Anzeige von einfachen grafischen Objekten im Browser erzeugt.

Die Klasse setzt sich aus den benötigten Klassenvariablen und dem Konstruktor zusammmen.

- $bild ist der Verweis auf das zu erzeugende Bild, welches die virtuelle Welt darstellt.

- $posx und $posy sind Variablen, mit denen auf eine beliebige Koordinate x/y auf der welt verwiesen werden kann.

- $schwarz, $rot und $blau sind Variablen, die zur Festlegung der jeweiligen Farbwerte dienen.

Der Konstruktor welt(), der denselben Namen trägt wie die Klasse, wird dazu verwendet, die Initialisierungen vorzunehmen.

Die Klassenvariablen für die jeweiligen Farbwerte werden mit Hilfe der GD-Funktion imageColorAllocate() festgelegt.

```
Header ("Content-type: image/gif");

class welt {
  var $bild;
  var $posx=0;
  var $posy=0;
  var $schwarz;
  var $rot;
  var $blau;

  function welt($img) {
    $this->bild = $img;
    $this->schwarz = imageColorAllocate($this->bild, 0,0,0);
    $this->weiß = imageColorAllocate($this->bild, 255, 255, 255);
    $this->rot = imageColorAllocate($this->bild, 255, 0, 0);
    $this->blau = imageColorAllocate($this->bild, 200, 200, 255);
    imagefill($this->bild, 10,10,$this->blau);
  }
}
```

Anschließend wird die Objektinstanz erzeugt, wie Sie bereits wissen, ist hierfür das Schlüsselwort new notwendig. Im Beispiel wird die Instanz den Namen $meineWelt erhalten, welche von der Klasse welt abgeleitet wird.

```
$einbild = imagecreate(300, 300);
$meineWelt  = new welt ($einbild);
```

Die GD-Funktion imagecreate() sorgt dafür, dass Ihnen ein Grundgerüst für Ihr Bild zur Verfügung steht.

Um das neue Objekt anzeigen zu können, muss nun noch die GD-Funktion imagejpeg() mit dem Verweis auf das erzeugte Bild als Parameter aufgerufen werden. Anschließend sollten Sie noch das Bild mit Hilfe der GD-Funktion imagedestroy(), aus dem Speicher entfernen.

```
imagejpeg($einbild);
imagedestroy($einbild);
```

Hinweis: Die GD-Funktionen haben mit dem eigentlichen Thema nichts zu tun. Sie dienen lediglich der Visualisierung.

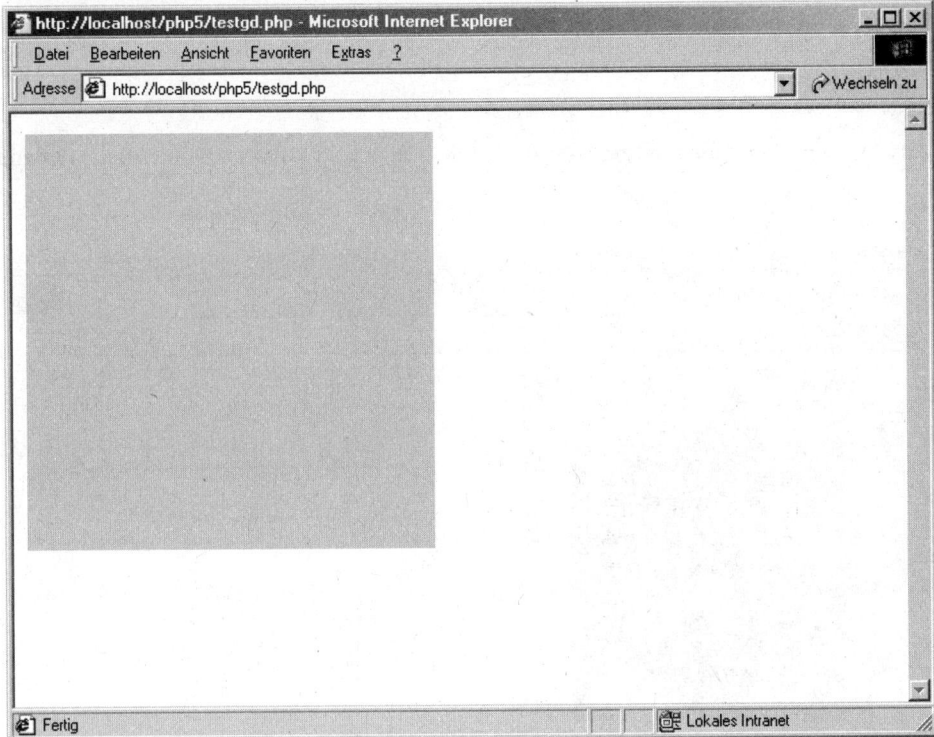

Bild 4.5:   Die virtuelle Welt in Form eines Rechtecks

Sicher werden nun einige von Ihnen denken, das hätten wir auch einfacher haben können. Natürlich, aber wir haben schließlich noch mehr mit der Klasse vor. Nun wird es interessant: Lässt sich auch die Vererbung auf unsere Klasse welt anwenden?

Vererbung

Die Welt soll um einen virtuellen Kontinent erweitert werden, durch ein Rechteck symbolisiert. Hierzu wird eine neue Klasse mit dem Namen kontinent definiert. An diese neue Klasse sollen sämtliche Eigenschaften der schon bestehenden Klasse welt vererbt werden.

```
class kontinent extends welt{
  function flaeche() {
    imagefilledrectangle($this->bild, $this->posx, $this->posy, $this-
>posx+200, $this->posy+200, $this->rot);
  }

  function erzeuge($newx,$newy) {
    $this->posx=$newx;
```

```
$this->posy=$newy;
$this->flaeche();
}
}
```

Um ein Objekt der Klasse zu erzeugen, muss lediglich folgende Codezeile angepasst werden:

```
$meineWelt  = new kontinent($einbild);
```

Anschließend muss die Methode erzeuge() des Objekts $meineWelt aufgerufen werden.

```
$meineWelt->erzeuge(50,50);
```

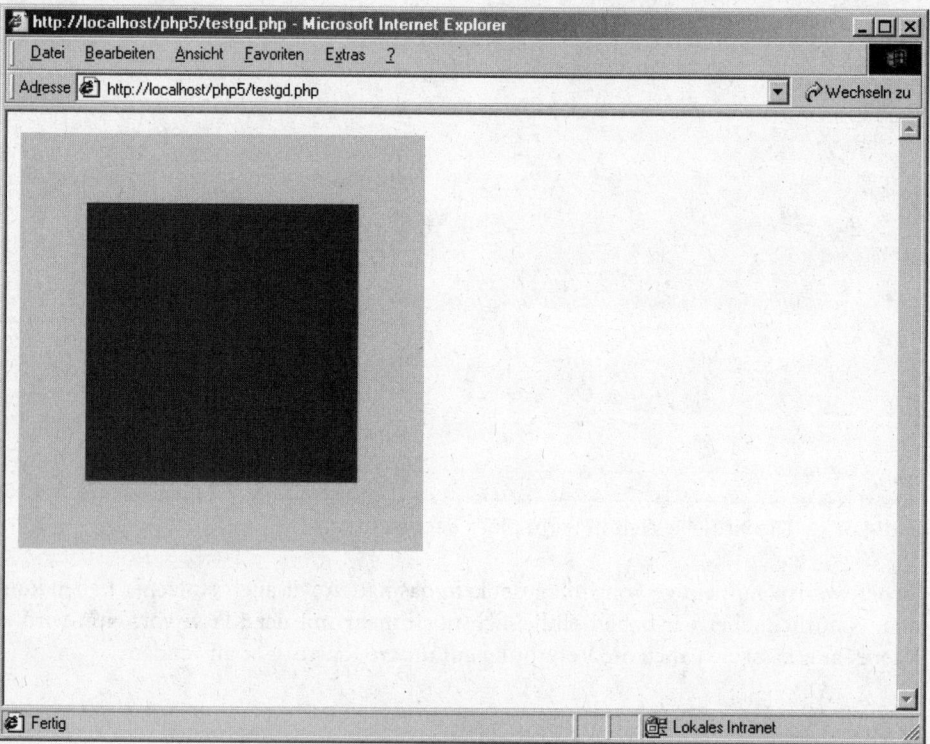

Bild 4.6: Die virtuelle Welt erhält einen Kontinent

Hinweis: Wenn Sie den Code der neuen Klasse kontinent aufmerksam betrachten, wird Ihnen auffallen, dass dieser keinen Konstruktor enthält. Dies ist auch nicht erforderlich, da in abgeleiteten Klassen die Konstruktoren der Elternklasse aufgerufen werden, falls die abgeleiteten Klassen selbst keine Konstruktoren besitzen. Dieses Feature steht seit PHP 4 zur Verfügung.

Überschreiben von Methoden

Nun sollten wir auf dem Kontinent unserer virtuellen Welt noch einige Lebewesen platzieren. Wir greifen auch in diesem Fall wieder auf die Vererbung zurück und definieren eine Klasse lebewesen und vererben dieser sämtliche Eigenschaften und Methoden der Klasse kontinent.

Die Klasse lebewesen soll eine zusätzliche Methode enthalten, die anhand eines ausgefüllten Kreises ein Lebewesen darstellt. An diesem Punkt stoßen wir auf ein weiteres zentrales Konzept der objektorientierten Programmierung, das Überschreiben von Methoden.

Da wir mit der Methode erzeugen() bereits eine Methode zur Positionierung grafischer Objekte zur Verfügung haben, benötigen wir nur noch eine neue Methode flaeche(), die anstelle eines Rechtecks einen ausgefüllten Kreis erzeugt.

In der OOP-Terminologie nennt man den Vorgang, wenn eine in einer Elternklasse vorhandene Methode in einer Kindklasse neu definiert wird, das überschreiben einer Methode, und genau das ist hier erforderlich. Die neue Methode flaeche() ist mit Hilfe der GD-Funktionen imagearc() und imagefilltoborder() schnell umgesetzt.

```
class lebewesen extends kontinent {
    function flaeche() {
    imagearc($this->bild, $this->posx, $this->posy, 50, 50, 0, 360, $this->schwarz);
    imagefilltoborder($this->bild, $this->posx, $this->posy, $this->schwarz, $this->schwarz);
    }
}
```

Wenn wir von der neuen Klasse lebewesen in der nun schon gewohnten Weise Instanzen wie z.B. $lebewesen1 ableiten, sollte der Aufruf der Methode erzeugen() dieser Klasse, die lebewesen von kontinent geerbt hat, dazu führen, dass erzeugen() die in lebewesen überschriebene Methode flaeche() aufruft, die anstelle von Rechtecken Kreise darstellt.

```
$lebewesen1 = new lebewesen($einbild);
$lebewesen1->erzeuge(100,100);
$lebewesen2 = new lebewesen($einbild);
$lebewesen2->erzeuge(200,200);
```

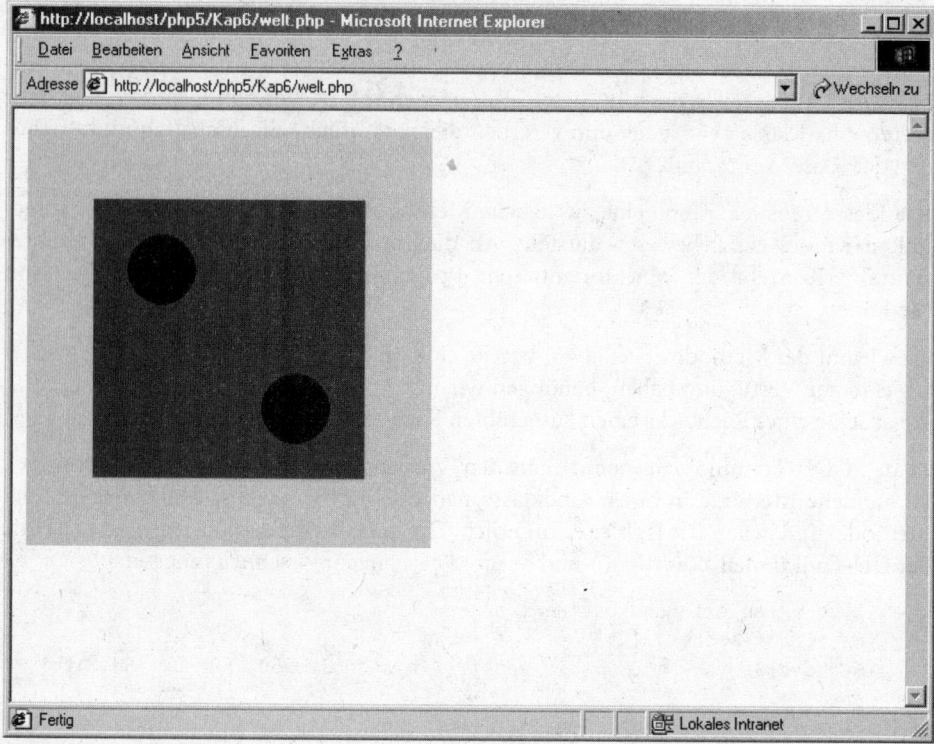

Bild 4.7: Die virtuelle Welt und die ersten Lebewesen auf dem Kontinent

Beispiel – vollständig:

```
<?
Header ("Content-type: image/jpeg");

class welt {
  var $bild;
  var $posx=0;
  var $posy=0;
  var $schwarz;
  var $rot;
  var $blau;

  function welt($img) {
    $this->bild = $img;
    $this->schwarz = imageColorAllocate($this->bild, 0,0,0);
    $this->weiß = imageColorAllocate($this->bild, 255, 255, 255);
    $this->rot = imageColorAllocate($this->bild, 255, 0, 0);
    $this->blau = imageColorAllocate($this->bild, 200, 200, 255);
    imagefill($this->bild, 10,10,$this->blau);
    }
}
```

```
class kontinent extends welt{
  function flaeche() {
    imagefilledrectangle($this->bild, $this->posx, $this->posy, $this-
>posx+200, $this->posy+200, $this->rot);
  }

  function erzeuge($newx,$newy) {
    $this->posx=$newx;
    $this->posy=$newy;
    $this->flaeche();
  }
}

class lebewesen extends kontinent {
  function flaeche() {
    imagearc($this->bild, $this->posx, $this->posy, 50, 50, 0, 360, $this-
>schwarz);
    imagefilltoborder($this->bild, $this->posx, $this->posy, $this-
>schwarz, $this->schwarz);
  }
}

$einbild = imageCreate(300, 300);

$meineWelt = new kontinent($einbild);
$meineWelt->erzeuge(50,50);

$lebewesen1 = new lebewesen($einbild);
$lebewesen1->erzeuge(100,100);
$lebewesen2 = new lebewesen($einbild);
$lebewesen2->erzeuge(200,200);

imagejpeg($einbild);
imagedestroy($einbild);
?>
```

Die anhand dieses Beispiels aufgezeigten OOP-Prinzipien sollten Sie sich gut einprägen, da sie Ihnen bei umfangreichen Projekten eine Menge Arbeit ersparen können und Ihr Code für Erweiterungen und Anpassungen wesentlich flexibler wird.

4.1.11 Verbesserungen des OOP-Konzepts in PHP 4

PHP 4 unterstützt die objektorientierte Programmierung wesentlich besser als PHP 3. PHP 5 geht sogar noch einige Schritte weiter, wie Sie im Kapitel 5 sehen werden. Seit PHP 4 können Klassenfunktionen von anderen Klassenfunktionen oder auch aus dem globalen Gültigkeitsbereich heraus aufgerufen werden.

Aufruf einer Klassenfunktion in PHP 4

INSTANZ::KLASSENFUNKTION();

Da es sich bei einem Konstruktor ebenfalls um eine Klassenfunktion handelt, kann eine Subklasse auch den Konstruktor einer Superklasse aufrufen.

Das folgende Beispiel zeigt, wie in der abgeleiteten Klasse Chipsaetze der Konstruktor der Elternklasse Chip aufgerufen wird. Beim Ableiten des Objekts $chipsatz von der Klasse Chipsatz werden somit, wie die Ausgabe demonstriert, die Konstruktoren der Elternklasse und der Kindklasse aufgerufen.

Beispiel:

```php
<?php
class Chip
{
        function Chip() {
                echo "Ich bin ein Chip.<br>";
        }
}
class Chipsaetze
{
        function Chipsaetze() {
                Chip::Chip();
                echo "Als Chipsatz können wir noch mehr!<br>";
        }
}
$chipsatz = new Chipsaetze;
?>
```

Ausgabe:

```
Ich bin ein Chip.
Als Chipsatz können wir noch mehr!
```

Dass eine Klassenfunktion einer Klasse auch aus dem globalen Gültigkeitsbereich heraus aufgerufen werden kann, zeigt das nächste Beispiel.

Hier wird der Konstruktor der Klasse Chip zum ersten Mal beim Instanzieren der Klasse Chipsaetze und ein zweites Mal außerhalb einer Klassendefinition vom Hauptprogramm aus aufgerufen:

```php
<?php
class Chip
{
        function Chip() {
                echo "Ich bin ein Chip.<br>";
        }
}
class Chipsaetze
{
        function Chipsaetze() {
                Chip::Chip();
```

```
                echo "Als Chipsatz können wir noch mehr!<br>";
        }
}
$chipsatz = new Chipsaetze;
Chip::Chip();
?>
```

Ausgabe:

```
Ich bin ein Chip.
Als Chipsatz können wir noch mehr!
Ich bin ein Chip.
```

Ein weiteres Beispiel zeigt, wie das Überschreiben einer Funktion unter Verwendung der neuen Möglichkeiten effizienter durchgeführt werden kann.

Zunächst wird in der neu definierten Funktion der Kindklasse die entsprechende Funktion der Elternklasse aufgerufen und anschließend ergänzt. Auf diese Weise kann noch verwendbarer Code der Elternklasse auch beim Überschreiben in der Kindklasse genutzt werden, wo er lediglich ergänzt werden muss.

Beispiel:

```php
<?php
class Chip
{
        function Chip() {
                echo "Chip wurde produziert.<br>";
        }
        function produzieren($anzahl) {
                $anzahl++;
                return($anzahl);
        }
}
class Chipsaetze extends Chip
{
        function Chipsaetze() {
                Chip::Chip();
                echo "Chipsatz wurde produziert.<br>";
        }
        function produzieren($anzahl) {
                $anzahl = Chip::produzieren($anzahl);
                $anzahl = $anzahl*$anzahl;
                return($anzahl);
        }
}
$chip1 = new Chip;
echo $chip1->produzieren(100);
echo "<br>";
$chipsatz1 = new Chipsaetze;
echo $chipsatz1->produzieren(100);
?>
```

Ausgabe:

```
Chip wurde produziert.
101
Chip wurde produziert.
Chipsatz wurde produziert.
10201
```

4.1.12 Metainformationen zu Klassen und Objekten

Informationen, die man zur Laufzeit eines Skripts über eine Klasse oder eine von ihr abgeleitete Instanz erhalten kann, werden auch als Metainformationen bezeichnet.

Zu diesen Informationen zählen beispielsweise die Namen der Klasse von Objekten, die Namen sämtlicher Superklassen und Subklassen sowie die Namen der Methoden einer Klasse.

In der folgenden Tabelle sind die seit PHP 4 zur Verfügung stehenden Funktionen zur Ermittlung der Metainformationen zu Klassen und Objekten aufgeführt.

Funktion	Bedeutung
get_class($object)	Ergibt den Namen der Klasse des Objekts.
get_parent_class($object)	Ergibt den Namen der übergeordneten Klasse des Objekts.
method_exists($object,method)	Prüft, ob eine Methode existiert.
class_exists(classname)	Ermittelt, ob die Klasse definiert wurde.
is_subclass_off($object, superclassname)	Prüft, ob ein Objekt zu einer Unterklasse gehört.
is_a($object,classname)	Prüft, ob ein Objekt zu einer Klasse oder deren Elternklasse gehört.
get_class_methods(classname)	Gibt ein Array mit den Namen der Methoden einer Klasse zurück.
get_declared_classes()	Gibt die Namen aller deklarierter Klassen in einem Array zurück. Zusätzlich zu den benutzerdefinierten Klassen werden drei interne Klassen ausgegeben: stdClass, Oberloaded-TestClass, Directory.
get_class_vars(classname)	Diese Funktion gibt in einem Array die Namen der Eigenschaften der Klasse zurück.
get_objects_vars($object)	Mit dieser Funktion ermitteln Sie die Eigenschaften eines Objekts, also die tatsächlich genutzten Variablen der zugrunde liegenden Klasse.

Einsatz von get_class(), get_parent_class() und get_class_methods()

Unter Verwendung der Klassendefinitionen des vorherigen Beispiels können z.B. mit Hilfe der Funktionen get_class(), get_parent_class() und get_class_methods() die folgenden Informationen zum Objekt $chipsatz1 bzw. zur Klasse Chipsaetze ermittelt werden:

```php
<?php
class Chip
{

    function Chip() {
        echo "Chip wurde produziert.<br>";
    }
    function produzieren($anzahl) {
        $anzahl++;
        return($anzahl);
    }
}
class Chipsaetze extends Chip
{

    function Chipsaetze() {
        Chip::Chip();
        echo "Chipsatz wurde produziert.<br>";
    }
    function produzieren($anzahl) {
        $anzahl = Chip::produzieren($anzahl);
        $anzahl = $anzahl*$anzahl;
        return($anzahl);
    }
}
$chipsatz1 = new Chipsaetze;
echo "<br>Klasse: ";
echo get_class($chipsatz1);
echo "<br>Elternklasse: ";
echo get_parent_class($chipsatz1);
echo "<br>------<br>";
$klasse = "Chipsaetze";
echo "<br>Methoden der Klasse $klasse: ";
$array = get_class_methods($klasse);
foreach ($array as $element) {
    echo "<br>$element";
}
?>
```

Ausgabe:

```
Chip wurde produziert.
Chipsatz wurde produziert.
Klasse: Chipsaetze
Elternklasse: Chip
------
Methoden der Klasse Chipsaetze:
Chipsaetze
Produzieren
Chip
```

Die Ausgabe zeigt, dass den Objekten der Klasse Chipsaetze insgesamt drei Methoden zur Verfügung stehen.

Einsatz von get_declared_classes()

Der Konstruktor `Chip()` wurde von der Elternklasse `Chip` geerbt. Um die in einem Skript deklarierten Klassen zu ermitteln, kann die Funktion `get_declared_classes()` verwendet werden.

Beispiel:

```php
<?php
class Chip
{
        function Chip() {
                echo "Chip wurde produziert.<br>";
        }
        function produzieren($anzahl) {
                $anzahl++;
                return($anzahl);
        }
}
class Chipsaetze extends Chip
{
        function Chipsaetze() {
                Chip::Chip();
                echo "Chipsatz wurde produziert.<br>";
        }
        function produzieren($anzahl) {
                $anzahl = Chip::produzieren($anzahl);
                $anzahl = $anzahl*$anzahl;
                return($anzahl);
        }
}
echo "<br>Deklarierte Klassen:<br>";
$array = get_declared_classes();
foreach ($array as $element) {
        echo "<br>$element";
}
?>
```

Ausgabe:

```
Deklarierte Klassen:
stdClass
OverloadedTestClass
Directory
com
Chip
Chipsaetze
```

Hier sind weit mehr Klassen definiert, sowohl die benutzerdefinierten als auch die vordefinierten Klassen werden ausgegeben.

Einsatz von get_class_vars() und get_object_vars()

Mit Hilfe der Funktionen `get_class_vars()` und `get_object_vars()` können die Klassenvariablen einer Klasse bzw. die Objektvariablen eines Objekts zurückgegeben werden. Das folgende Beispiel demonstriert die Verwendung dieser Funktionen.

Beispiel – get_class_vars():

```php
<?php
class Fahrzeug
{
        var $hersteller = "VW";
        var $typ = "PKW";
        var $klasse = "Mittel";
}
echo "Klassen-Variablen: ";
$array = get_class_vars("Fahrzeug");
foreach ($array as $element) {
        echo "$element, ";
}
?>
```

Ausgabe:

```
Klassen-Variablen: VW, PKW, Mittel,
```

Beispiel – get_object_vars():

```php
<?php
class Fahrzeug
{
        var $hersteller = "VW";
        var $typ = "PKW";
        var $klasse = "Mittel";
}
// Objekt
$meinAuto = new Fahrzeug;
$meinAuto->hersteller = "BMW";
$meinAuto->typ = "Motorad";
$meinAuto->klasse = "keine";
echo "Objekt-Variablen: ";
$array = get_object_vars($meinAuto);
foreach ($array as $element) {
        echo "$element, ";
}
?>
```

Ausgabe:

```
Objekt-Variablen: BMW, Motorad, keine,
```

4.1.13 PHP-Objekte sind assoziative Arrays

PHP behandelt Objekte intern als assoziative Arrays, auch Hashes genannt. Sie sollten hierfür einen Blick auf folgendes Beispiel werfen:

```php
<?php
class Formatklasse
{
        var $farbe = "#ff0000";
        var $inhalt = "Dies ist der Text.";
        var $schrift = "Arial";
        function Formatklasse() {
                echo "<font face=\"$this->schrift\" color=\"$this-
>farbe\">$this->inhalt</font>";
        }
}
$meinFormat = new Formatklasse;
foreach ($meinFormat as $key=>$element) {
        echo "<br>$key: $element<br>";
}
?>
```

Ausgabe:

```
Dies ist der Text.
farbe: #ff0000
inhalt: Dies ist der Text.
schrift: Arial
```

Die Namen der Klassenvariablen der Klasse `Formatklasse` können als Schlüsselwerte und die Werte der Klassenvariablen als zugehörige Array-Elemente eines assoziativen Arrays mit dem Namen einer Instanz dieser Klasse, im Beispiel `$meinFormat`, aufgefasst und als solche über eine `foreach`-Schleife ausgegeben werden.

4.1.14 Optimierung durch parent

Wahrscheinlich wollen Sie auch Code schreiben, der sich auch auf Variablen und Funktionen von Elternklassen bezieht. Dies gilt speziell dann, wenn Ihre abgeleitete Klasse eine Verfeinerung oder Spezialisierung von Code in Ihrer Elternklasse ist.

Anstatt in Ihrem Code den wörtlichen Namen der Elternklasse zu verwenden, wie es bisher beschrieben wurde, sollten Sie das Schlüsselwort `parent` verwenden, welches sich auf den in der Deklaration Ihrer Klasse mittels `extends` gegebenen Namen Ihrer Elternklasse bezieht. So vermeiden Sie die mehrfache Verwendung des Namens der Elternklasse. Sollte sich Ihr Vererbungsbaum während der Implementation ändern, brauchen Sie lediglich die `extends`-Deklaration Ihrer Klasse anzupassen.

Beispiel:

```php
<?php
class Chip
{
    function produzieren()
    {
        echo "Chip wurde produziert.<br>";
    }
}

class Chipsaetze extends Chip
{
    function produzieren()
    {
        echo "Chipsatz wurde produziert.<br>";
        parent::produzieren();
    }
}

$chipsatz1 = new Chipsaetze;
$chipsatz1->produzieren();
?>
```

Ausgabe:

```
Chipsatz wurde produziert.
Chip wurde produziert.
```

4.1.15 Mehrfachvererbung durch Aggregation

Innerhalb von PHP stellte man oftmals die Notwendigkeit fest, Klassen zu erweitern oder anzupassen, was als Vererbung bezeichnet wird. Beim ursprünglichen Objekt, von dem geerbt wurde, spricht man nun von einer Ober- oder Superklasse. Eine aus der Sprache C++ bekannte Methode erlaubt es, dass eine abgeleitete oder geerbte Klasse mehrere Basisklassen besitzt. Dabei handelt es sich um die Möglichkeit, parallel, also gleichzeitig, von zwei Klasseneigenschaften zu erben. In diesem Zusammenhang wird dann oftmals von Mehrfachvererbung (multiple inheritance) gesprochen. Eine allgemein akzeptierte Lösung bildet die Aggregations-Methode, die ebenfalls eine Mehrfachvererbung von Klassen durch Zusammenführen der Eigenschaften und Methoden zur Laufzeit ermöglicht.

Mit den Aggregationsfunktionen lässt sich die Mehrfachvererbung von Klassen durch Zusammenführen der Eigenschaften und Methoden von Objekten zur Laufzeit wie folgt erreichen:

```php
<?php

class ErsteKlasse {
    function ausgabe_a() {
        print "ErsteKlasse::ausgabe_a() aufgerufen.<br>";
```

```
        }
}

class ZweiteKlasse {
        function ausgabe_b() {
                print "ZweiteKlasse::ausgabe_a() aufgerufen.<br>";
        }
}

$objekt = new ErsteKlasse();
aggregate($objekt, 'ZweiteKlasse');

$objekt->ausgabe_a();
$objekt->ausgabe_b();

?>
```

Ausgabe:

```
ErsteKlasse::ausgabe_a() aufgerufen.
ZweiteKlasse::ausgabe_a() aufgerufen.
```

Neben der `aggregate()`-Funktion, die sämtliche Eigenschaften und Methoden der Klassen in einer Objektinstanz zusammenführt, besteht mit den Funktionen

- aggregate_properties()
- aggregate_properties_by_list()
- aggregate_properties_by_regex() bzw. aggregate_methods()
- aggregate_methods_by_list()
- aggregate_methods_by_regex()

die Möglichkeit, die zu vereinigenden Eigenschaften bzw. Methoden auszuwählen.

> **Achtung:** Die Aggregationsfunktion ist in PHP 4.2 eingeführt worden und als experimentell zu bezeichnen. Die Implementierung der Aggregationsfunktion fügt sich daher nicht nahtlos in das übrige OOP-Konzept von PHP ein. Funktionen wie beispielsweise `get_class()` oder `is_a()` können kein korrektes Ergebnis liefern, wenn sie auf ein aggregiertes Objekt angewandt werden.

4.1.16 Überladen von Klassen durch Overloading

Bei einer weiteren Extension handelt es sich um das Overloading, sie ermöglicht das benutzerdefinierte Überladen (eng. Overloading) der Zugriffe auf Klassenvariablen und Methodenaufrufe, wodurch allgemein die Existenz von Methoden gleichen Namens möglich ist, sofern sie sich in der Art oder Anzahl ihrer Parameter unterscheiden. Die Overloading-Extension stellt lediglich eine Funktion zur Verfügung, und zwar `overload()`, welche den Namen der Klasse benötigt, um das Überladen von Eigenschaften und Methoden einer Klasse zu aktivieren. Um das Überladen zu ermöglichen, müssen allerdings entsprechende Methoden, wie __get(), __set() und __call() innerhalb des Objekts deklariert werden.

Beispielsweise ist es hiermit möglich, dass eine bestimmte Aktion automatisch ausgeführt wird, wenn auf eine Klassenvariable das erste Mal zugegriffen wird. Im Falle einer Datenbankverbindung könnte dies dazu genutzt werden, dass diese nicht bereits im Konstruktor der Klasse aufgebaut wird, sondern erst dann, wenn sie benötigt wird:

```php
<?php

class DatenBank {
        function __get($propertyName, &$propertyValue) {
        switch ($propertyName) {
        case "verbindung": {
                if (!isset($this->verbindung)) {
                $this->verbindung = $this->verbinden();
                }
                $propertyValue = $this->verbindung;
        }
        break;
        }
        return true;
        }
}

echo overload('DatenBank');

?>
```

Die Methode __get() aus obigem Beispiel wird automatisch bei jedem Zugriff auf Membervariablen aufgerufen. Bei dem ersten dieser Aufrufe für die Variable $this->verbindung wird die eigentliche Verbindung zur Datenbank durch die Methode $this->verbinden() hergestellt und in $this->verbindung abgelegt. Ähnlich wie __get() können mit __set() und __call() Callbacks für schreibende Zugriffe auf Membervariablen sowie für Methodenaufrufe definiert werden.

> **Achtung:** Die Overloading-Funktion steht seit PHP 4.2 zur Verfügung und ist als experimentell zu bezeichnen.

4.1.17 Nützliche OOP-Codeausschnitte

Objekte entfernen

Um ein Objekt explizit zu entfernen, können Sie mit Hilfe von unset() das Objekt entfernen.

Beispiel:

```
// Objekt erzeugen
$meinAuto = new Auto;

...
// Objekt entfernen
unset($meinAuto)
```

Objekte klonen

Sie wollen eine neue Kopie eines bereits bestehenden Objekts erzeugen. Zum Beispiel haben Sie ein Objekt, das eine E-Mail-Sendung enthält, und Sie wollen diese kopieren, um sie als Grundlage für eine Antwortnachricht zu verwenden.

Beispiel:

```php
<?php
class Mensch
{
        var $name;
        function Mensch($name) {
                $this->name = $name;
        }
        function redet() {
                echo $this->name . " redet<br>";
        }
        function rennt() {
                echo $this->name . " rennt<br>";
        }
}
// Objekt erzeugen
$mensch1 = new Mensch("Caroline");
$mensch1->redet();
$mensch1->rennt();

// Objekt klonen
$mensch2 = $mensch1;

// Klon
$mensch2->name = "Matthias";
$mensch2->redet();
$mensch2->rennt();

// Objekt
$mensch1->redet();
?>
```

Ausgabe:

```
Caroline redet
Caroline rennt
Matthias redet
Matthias rennt
Caroline redet
```

Objekt-Referenzen

Sie wollen zwei Objekte derart verknüpfen, dass bei der Modifikation des einen gleichzeitig auch das andere verändert wird. Dann ist Ihnen =& behilflich. Hiermit können Sie
ein Objekt einem anderen als Referenz zuweisen.

Beispiel:

```php
<?php
class Mensch
{
        var $name;
        function Mensch($name) {
                $this->name = $name;
        }
        function redet() {
                echo $this->name . " redet<br>";
        }
        function rennt() {
                echo $this->name . " rennt<br>";
        }
}
// Objekt erzeugen
$mensch1 = new Mensch("Caroline");
$mensch1->redet();
$mensch1->rennt();

// Objekt Referenz
$mensch2 =& $mensch1;

// Referenz
$mensch2->name = "Matthias";
$mensch2->redet();
$mensch2->rennt();

// Objekt
$mensch1->redet();
?>
```

Ausgabe:

```
Caroline redet
Caroline rennt
Matthias redet
Matthias rennt
Matthias redet
```

Laden von Klassenbibliotheken

Ein weiterer sinnvoller Einsatz von Klassen besteht darin, diese in eine separate Datei auszulagern und via `require`-Anweisung einzuladen. Die `require`-Anweisung sollte möglichst frühzeitig im Code eingesetzt werden, da Klassen erst nach der Definition zur Verfügung stehen:

```php
<?php
require ("klassen.php");
$meinWarenkorb = new Warenkorb;
$meineBestellung = new Bestellung;
?>
```

In der Datei selbst können beliebig viele Klassen definiert werden. Sie sollten jedoch möglichst keinen Code außerhalb von Klassendefinitionen unterbringen, da dieser sonst bereits während der Einbindung ausgeführt wird.

4.2   PDF – Portable Document Format

Das von Adobe entwickelte Portable Document Format, kurz PDF, ist ein offener Standard zur Verbreitung elektronischer Dokumente wie Handbücher, Anleitungen uvm. PDF ist ein universelles Dateiformat, das sämtliche Schriften, Formatierungen, Farben und Grafiken einer beliebigen Vorlage beibehält, unabhängig von dem Programm und dem Betriebssystem, mit dem die Datei erstellt wurde. PDF-Dateien sind kompakt und können von jederman gemeinsam genutzt, betrachtet und exakt ausgedruckt werden. Um diese Funktionen nutzen zu können, benötigen Sie den kostenlosen Adobe Acrobat Reader.

4.2.1   Grundlagen von PDF

PDF ist ein Format, welches eine Reihe bisherige Probleme überwindet. Hier einige der wesentlichen Vorteile des Formats:

*   Jeder kann jederzeit eine PDF-Datei öffnen. Alles, was benötigt wird, ist der kostenlose Acrobat Reader.

*   PDF-Dateien können beliebig publiziert und verteilt werden, wie z.B. als E-Mail Anhang, auf Websites oder CD-ROM.

*   Formatierungen, Schriften und Grafiken bleiben erhalten und gehen aufgrund von inkompatiblen Betriebssystemen oder Anwendungen und Versionen nicht mehr verloren.

*   PDF-Dateien werden immer exakt so angezeigt, wie sie erstellt wurden.

*   PDF-Dateien lassen sich auf allen Druckern korrekt ausgeben.

*   Die kompakten PDF-Dateien sind wesentlich kleiner als ihre Quelldateien und lassen sich seitenweise herunterladen, damit sie beispielsweise im Internet möglichst schnell angezeigt werden können, ohne sie immer vollständig herunterladen zu müssen.

Generierung via PHP

Mit der Generierung von PDF-Dokumenten via PHP sind Sie unabhängig von der sonst notwendigen, kommerziellen Adobe-Software. Sie benötigen nicht wie bisher Adobe Acrobat und Adobe Distiller.

4.2.2 PHP und die PDFLib

Die PDF-Funktionen von PHP sind Bestandteile der PDFlib von Thomas Merz. Sollte diese in Ihrer PHP-Distribution nicht enthalten sein, können Sie die neueste Version unter folgender Adresse herunterladen: *www.pdflib.com*. Dort finden Sie auch eine aktuelle und umfangreiche Dokumentation zur PDFlib.

Sie sollten zusätzlich beachten, dass bei den Längen- und Koordinatenangaben Post-Skript-Punkte verwenden werden. Dabei entsprechen 72 PostSkript-Punkte 1 Zoll (Inch). Dies kann jedoch bei verschiedenen Auflösungen variieren. Der Ursprung des internen Koordinatensystems ist die linke untere Ecke.

Neuerungen der aktuellen Version

Die aktuelle Version ist die pdflib v5. Sie enthält folgende Neuerungen:

*   Fonts, vollständig überarbeitete Font-Engine mit voller Unterstützung von Unicode und CJK-Schriften (China/Japan/Korea); Unterschneidung (Kerning), Untergruppenbildung (subsetting), Type-3-Schriften.

*   Bilder, BMP-Unterstützung, Bildformat-Optionen, Transparenzmasken (soft masks).

*   Personalisierung von PDF-Dateien mit Hilfe des PDFlib Block Plugin.

*   Druckvorstufe, PDF/X, Color-Management mit ICC-Profilen, CIE Lab-Farben, eingebaute Umsetzung von Pantone und HKS-Schmuckfarben.

*   Grafik, Farbverläufe, Transparenz und Farbmischmodus, Überdruck-Steuerung.

*   Hypertext, benannte Ziele, Lesezeichen-Ziele, Benutzerkoordinaten.

*   Sicherheit, 40-Bit und 128-Bit-Verschlüsselung mit Benutzer- und Hauptkennwort und Einstellung der Benutzerrechte.

*   Programmierung: neue Ausnahmebehandlung für C, einheitliche Nummerierung der Fehlermeldungen.

Wie Sie sehen, geht die Entwicklung dieser speziellen Erweiterung kontinuierlich weiter.

4.2.3 PDFLib im Einsatz

Im folgenden Abschnitt werden wir Ihnen einige Funktionen vorstellen und aufzeigen, wie Sie auf einfache Weise eine PDF-Datei via PHP erzeugen können.

Einfaches Dokument

Der Einstieg in die Erzeugung von PDF-Dokumenten via PHP ist recht simpel. Das folgende Beispiel erzeugt bereits ein gültiges PDF-Dokument und schreibt es in die Datei *testdok.pdf*.

Beispiel:

```
<?php
$datei = fopen("testdok.pdf", "w");
$dokument = pdf_open($datei);
pdf_begin_page($dokument, 200, 200);
pdf_end_page($dokument);
pdf_close($dokument);
fclose($datei);
?>
```

Bild 4.8:   Eine leere Seite innerhalb des PDF-Dokuments

Das Dokument enthält lediglich eine leere Seite. Initialisiert wird ein PDF-Dokument immer mit der Funktion pdf_open(), die in diesem Fall den Dateizeiger $datei übergeben bekommt. Dies führt dazu, dass das Dokument in einer Datei abgelegt wird. Alternativ könnte das Argument für pdf_open() auch entfallen, das Dokument wird dann im Speicher erzeugt und seitenweise an die Standardausgabe übergeben. Die Erzeugung des Dokuments im Speicher ist insbesondere im Webserverbetrieb von Vorteil, da keine Datei in das Dateisystem geschrieben werden muss und das Dokument ohne Umwege an den Browser ausgegeben wird. Geschlossen wird das Dokument mit pdf_close().

PDF-Dokumente sind wie PostSkript-Dokumente seitenorientiert. Bevor also irgendwelche Ausgaben gemacht werden können, muss eine Seite generiert werden. Die Funktion pdf_begin_page() erzeugt eine solche Seite und bestimmt gleichzeitig deren Größe in PostSkript-Punkten. Natürlich müssen auch Seiten beendet werden, was mit Hilfe der Funktion pdf_end_page() erfolgt. Nach dem Beenden einer Seite sind keinerlei Veränderung mehr möglich.

Einsatz von Text

Das folgende Beispiel stellt auf einfache Weise dar, wie innerhalb eines PDF-Dokuments Text abgelegt werden kann. Zusätzlich machen Sie erste Erfahrungen mit dem Koordinatensystem einer PDF-Seite.

Beispiel:

```php
<?php
$datei = fopen("testdok2.pdf", "w");
$dokument = pdf_open($datei);
pdf_begin_page($dokument, 200, 200);
pdf_set_font($dokument, "Arial", 24, "host");
pdf_set_text_pos($dokument, 100, 100);
pdf_show($dokument, "Ihr erster Text im Dokument");
pdf_end_page($dokument);
pdf_close($dokument);
fclose($datei);
?>
```

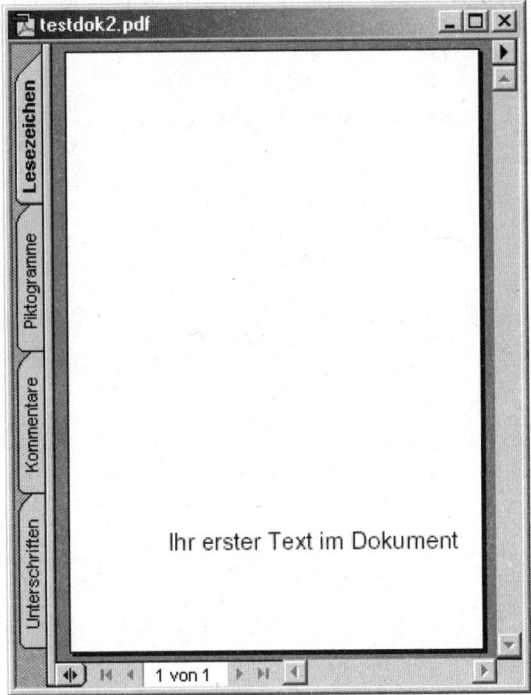

Bild 4.9:   PDF-Dokument samt Text

Wesentliche Bestandteile des Skripts wurden aus dem ersten Beispiel übernommen, hinzu kommen lediglich die drei Funktionen zur Auswahl des Zeichensatzes `pdf_set_font()`, zum Setzen der Ausgabeposition `pdf_set_text_pos()` und die eigentliche Textausgabefunktion `pdf_show()`. Das Ergebnis ist ein Text in Arial mit der Größe 24 pt. Der letzte Parameter von `pdf_set_font()` gibt das Encoding des Zeichensatzes an. Mit *host* liegt man in der Regel richtig. Der Ursprung des PDF-Koordinatensystems liegt, wie Sie bereits erfahren haben, in der linken unteren Ecke, der Text erscheint also jeweils 100 Punkte vom linken und unteren Rand entfernt.

Fallbeispiel für die Berechnung:

```
100 Punkte entsprechen 100/72*2.54cm=3.528cm
```

Einsatz von geometrischen Formen

Der Einsatz von Text innerhalb eines PDF-Dokuments ist jedoch noch lange nicht alles. Mit Hilfe der *pdflib* lassen sich zusätzlich geometrische Formen erzeugen. Auch das kann PDF, man sollte sich jedoch im Klaren darüber sein, dass dies immer zwei Schritte erfordert:

• Im ersten Schritt wird ein so genannter Pfad durch die Zeichenfunktionen erzeugt.

• Im zweiten Schritt wird dieser Pfad gezeichnet oder anderweitig verwendet.

Sie werden im folgenden Beispiel erfahren, was notwendig ist, um eine diagonale Linie zu realisieren.

Beispiel:

```php
<?php
$datei = fopen("testdok3.pdf", "w");
$dokument = pdf_open($datei);
pdf_begin_page($dokument, 200, 200);
pdf_moveto($dokument, 50, 50);
pdf_lineto($dokument, 100, 100);
pdf_stroke($dokument);
pdf_end_page($dokument);
pdf_close($dokument);
fclose($datei);
?>
```

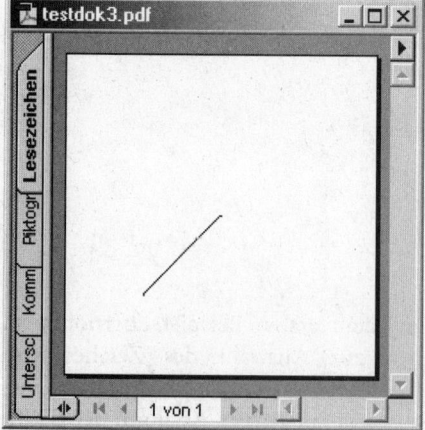

Bild 4.10:   Eine geometrische Form im PDF-Dokument: diagonale Linie

Auch in diesem Fall sind wieder drei neue Funktionen zum Einsatz gekommen. Mit Hilfe der Funktion `pdf_moveto()` setzen Sie den Ausgangspunkt der Linie. Die Funktion `pdf_lineto()` fügt ein Liniensegment dem aktuellen Pfad hinzu und erst die Funktion `pdf_stroke()` zeichnet den aktuellen Pfad, also die eigentliche Linie. Das mag kompliziert klingen, macht aber Sinn, sobald Sie die weiteren Möglichkeiten, mit Pfaden zu arbeiten, kennen gelernt haben. So ist es beispielsweise möglich, einem Pfad mit einer Farbe oder einem Muster zu füllen, auch kann ein Pfad als Begrenzung anderer Bildteile verwendet werden. Pfade werden damit zu einem leistungsfähigen Werkzeug. Um diese Aussage zu untermauern, zeigen wir Ihnen folgendes Beispiel:

```php
<?php
$datei = fopen("testdok4.pdf", "w");
$dokument = pdf_open($datei);
pdf_begin_page($dokument, 400, 400);
pdf_moveto($dokument, 100, 100);
pdf_lineto($dokument, 200, 200);
pdf_lineto($dokument, 100, 200);
pdf_closepath_fill_stroke($dokument);
pdf_circle($dokument, 300, 250, 50);
pdf_stroke($dokument);
pdf_rect($dokument, 100, 210, 120, 120);
pdf_stroke($dokument);
pdf_end_page($dokument);
pdf_close($dokument);
fclose($datei);
?>
```

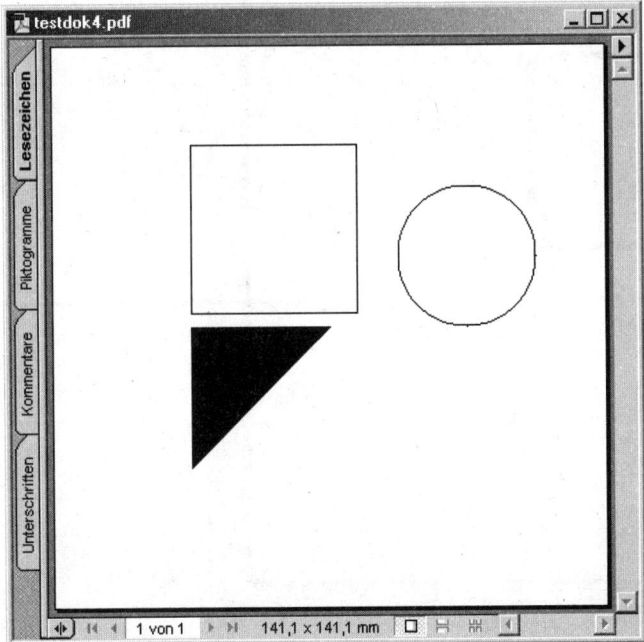

Bild 4.11:   Geometrische Formen: Dreieck, Quadrat und Kreis

Auch in diesem Beispiel wird deutlich, dass die Zeichenoperation erst dann ausgeführt wird, wenn `pdf_stroke()` oder wie im vorliegenden Beispiel `pdf_closepath_fill_stroke()` aufgerufen wird. Mit `pdf_closepath_fill_stroke()` wird zunächst der Pfad geschlossen, das Dreieck wurde nur mit zwei `pdf_lineto()`-Anweisungen gezeichnet, und danach gefüllt und gezeichnet.

Sollten Sie die Strichstärke verändern wollen, steht Ihnen die Funktion `pdf_setlinewidth()` zur Verfügung. Übergabeparameter sind das PDF-Dokument und die Breite der Linie in Punkten.

Beispiel:

```php
<?php
$datei = fopen("testdok5.pdf", "w");
$dokument = pdf_open($datei);
pdf_begin_page($dokument, 400, 400);
pdf_setlinewidth($dokument, 5);
pdf_rect($dokument, 100, 210, 120, 120);
pdf_stroke($dokument);
pdf_end_page($dokument);
pdf_close($dokument);
fclose($datei);
?>
```

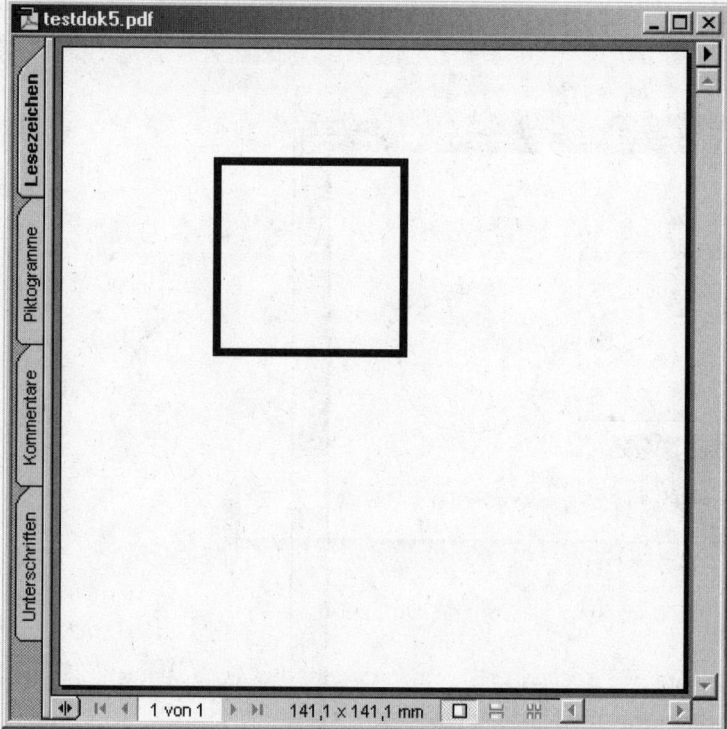

Bild 4.12: Einstellung der Strichstärke des Quadrats

Einbinden von Bildern

Als Nächstes wenden wir uns dem Einbinden von Bildern zu. PDF-Dokumente können wie auch HTML-Dokumente Bilder enthalten. Im Unterschied zu HTML werden die Bilder jedoch direkt in das Dokument eingebettet und es wird nicht auf eine externe Datei verwiesen. Das hat insbesondere den Vorteil, dass Sie beim Datenaustausch nur eine Datei übertragen müssen. Sie sollten sich folgendes Beispiel betrachten:

```php
<?php
$datei = fopen("testdok6.pdf", "w");
$dokument = pdf_open($datei);
pdf_begin_page($dokument, 400, 400);
$bild = pdf_open_image_file($dokument, "jpeg", "logo.jpg");
pdf_place_image($dokument, $bild, 10, 10, 1);
pdf_end_page($dokument);
pdf_close($dokument);
fclose($datei);
?>
```

Bild 4.13: Einbinden von Pixelgrafiken im PDF-Dokument

Ein Bild muss zunächst unter Angabe des Formats *jpeg* und des Dateinamens mit der Funktion `pdf_open_image_file()` geladen werden. Die Platzierung erfolgt anschließend mit Hilfe der Funktion `pdf_place_image()`. Bei der Platzierung kann zu der Position auch noch ein Skalierungsfaktor angegeben werden. In diesem Fall ist er auf 1 (100%) gesetzt. Neben JPEG können auch die Formate GIF, TIFF und PNG eingelesen werden.

Die Zweiteilung der Einbindung eines Bildes hat im Übrigen einen guten Grund. Sie können ein Bild mehrfach verwenden, ohne jedes Mal das Bild in das PDF-Dokument einzubetten. Die Funktion `pdf_place_image()` schreibt intern lediglich einen Verweis auf das bereits im Dokument befindliche Bild. Der Speicherplatzbedarf kann dadurch erheblich reduziert werden. Machen Sie doch einfach mal folgenden Test. Platzieren Sie das Bild mehrere Male auf der Seite und vergleichen Sie die Dateigrößen der PDF-Dokumente.

Beispiel:

```php
<?php
$datei = fopen("testdok7.pdf", "w");
$dokument = pdf_open($datei);
pdf_begin_page($dokument, 400, 400);
$bild = pdf_open_image_file($dokument, "jpeg", "logo.jpg");
for($i=0; $i<10; $i++) {
        pdf_place_image($dokument, $bild, 10, 10, 1);
        pdf_rotate($dokument, 10);
}
pdf_end_page($dokument);
pdf_close($dokument);
fclose($datei);
?>
```

Bild 4.14:   Einige Duplikate

Das PDF-Dokument aus dem ersten Beispiel besitzt eine Größe von 17.525 Byte. Das zweite Beispiel ist mit 17.554 Byte nur geringfügig größer. Wie wichtig diese Eigenschaft sein kann, werden Sie spätestens dann feststellen, wenn Sie das erste mehrseitige Dokument erstellen, das auf jeder Seite das Firmenlogo benötigt.

Das Laden eines Bildes muss übrigens nicht zwingend innerhalb einer Seite erfolgen. Insbesondere bei der Verwendung eines Bildes auf mehreren Seiten bietet es sich an, das Bild schon vor der ersten Seite zu laden, so wie im folgenden Beispiel:

```php
<?php
$datei = fopen("testdok8.pdf", "w");
$dokument = pdf_open($datei);
$bild = pdf_open_image_file($dokument, "jpeg", "logo.jpg");
$skalierung = 0.5;
$breite = pdf_get_image_width($dokument, $bild) * $skalierung;
$hoehe = pdf_get_image_height($dokument, $bild) * $skalierung;
$margin = (400-$breite)/2;
pdf_begin_page($dokument, 400, 500);
pdf_place_image($dokument, $bild, $margin, 500-$hoehe, $skalierung);
pdf_end_page($dokument);
pdf_close($dokument);
fclose($datei);
?>
```

Bild 4.15:   Positionierung der Pixelgrafik innerhalb der Seite

Sie werden sicher bemerkt haben, dass das Beispiel mit zwei neuen Funktion ausgestattet wurde, um das Bild am Kopf der Seite mit gleichen Rändern nach links, rechts und oben zu platzieren. Die Funktionen pdf_get_image_width() und pdf_get_image_height() liefern die Breite bzw. Höhe eines Bildes. Mit ihnen lässt sich bei bekannter Breite und Höhe der Seite das Bild entsprechend zentrieren.

Die Anpassung hierfür ist nicht sonderlich schwer, wie folgendes Beispiel zeigt:

```php
<?php
$datei = fopen("testdok9.pdf", "w");
$dokument = pdf_open($datei);
$bild = pdf_open_image_file($dokument, "jpeg", "logo.jpg");
$skalierung = 1;
$breite = pdf_get_image_width($dokument, $bild) * $skalierung;
$hoehe = pdf_get_image_height($dokument, $bild) * $skalierung;
$marginbreite = (400-$breite)/2;
$marginhoehe = (500-$hoehe)/2;
pdf_begin_page($dokument, 400, 500);
pdf_place_image($dokument, $bild, $marginbreite, $marginhoehe,
$skalierung);
pdf_end_page($dokument);
pdf_close($dokument);
fclose($datei);
?>
```

Bild 4.16: Zentrierung der Pixelgrafik innerhalb der Seite

Erweiterte Textausgabe

Die Textausgabe ist eine elementare Funktion, die in kaum einer Grafikbibliothek fehlt. PDF als eher textlastiges Ausgabeformat darf da keineswegs zurückstehen und bietet daher eine Vielzahl von Textausgabemöglichkeiten an.

Konzentriert man sich auf die 35 Standardschriften, zu denen auch *Arial*, *Times* und *Helvetica* gehören, lässt sich leicht ein PDF-Dokument erstellen, das auf jedem System dargestellt werden kann.

Beispiel:

```php
<?php
$datei = fopen("testdok10.pdf", "w");
$groesse = 72;
$dokbreite = 500;
$dokhoehe = 400;
$dokument = pdf_open($datei);
pdf_begin_page($dokument, $dokbreite, $dokhoehe);
pdf_set_font($dokument, "Arial", $groesse, "host");
$breite = pdf_stringwidth($dokument, "AtomicSkript");
$marginbreite = ($dokbreite-$breite)/2;
$marginhoehe = ($dokhoehe -$groesse)/2;
pdf_set_text_pos($dokument, $marginbreite, $marginhoehe);
pdf_show($dokument, "AtomicSkript");
pdf_end_page($dokument);
pdf_close($dokument);
fclose($datei);
?>
```

Auch in diesem Fall erfolgt eine Zentrierung des Textes.

Nun bestehen Texte in der Regel nicht nur aus einigen wenigen Wörtern, welche in eine Zeile passen, daher muss bei längeren Texten ein Umbruch der Zeilen erfolgen. Dies kann man mit Hilfe der Funktion `pdf_stringwidth()` und der Einzelpositionierung der Wörter realisieren oder auf die Funktion `pdf_show_boxed()` zurückgreifen. Die Funktion `pdf_show_boxed()` bricht den Text in einer vorgegebenen Box zeilenweise um und liefert zudem die Anzahl der Zeichen zurück, die nicht mehr in die Box passen. Mit dieser Information lässt sich Text leicht über mehrere Boxen verteilen und optimal darstellen.

Bild 4.17: Zentrierung des Textes innerhalb der Seite

Beispiel:

```php
<?php
$datei = fopen("testdok11.pdf", "w");
$dokument = pdf_open($datei);
pdf_begin_page($dokument, 400, 500);
pdf_set_font($dokument, "Arial", 12, "host");
$text =
"In diesem Kapitel werden wir uns mit den Objekten ".
"auseinander setzen Sie erfahren, wie sie Objekte ".
"nutzen und erzeugen können und was Eigenschaften ".
"und Methoden sind. Zusätzlich bietet Ihnen dieses ".
"Kapitel eine Einführung und Vertiefung in die ".
"objektorientierte Programmierung aus Sichtweise ".
"des PHP Entwickler durchleuchten werden und nicht ".
"aus der Sichtweise eines Informatikers. ";
$pos = pdf_show_boxed($dokument, $text, 20.0, 350.0, 170.0, 100.0,
"justify");
$pos = pdf_show_boxed($dokument, substr($text, -$pos), 210.0, 350.0,
170.0, 100.0, "justify");
pdf_end_page($dokument);
```

```
pdf_close($dokument);
fclose($datei);
?>
```

Bild 4.18:   Textblöcke ermöglichen eine optimale Formatierung des Textes

Einsatz von Bookmarks

Eine weitere nützliche Eigenschaft von PDF-Dokumenten sind Lesezeichen (Bookmarks). Sie ermöglichen das Verzweigen auf eine Seite des Dokuments aus einer hierarchischen Übersicht. Erstellt wird eine solche Übersicht mit Hilfe der Funktion `pdf_add_bookmark()`. Die hierarchische Anordnung wird durch einen optionalen Parameter der Funktion erreicht, welcher die Hauptgruppe (Mutter) des neuen Bookmarks festlegt. Jeder neuen Hauptgruppe können Sie weitere Untergruppen zuweisen, welche wiederum eigene Untergruppen besitzen können. Eine Untergruppe kann somit selbst zu einer Hauptgruppe werden und weitere Bookmarks enthalten. Ein weiterer optionaler Parameter *offen* legt fest, ob die Übersicht einer bestimmten Gruppe beim Öffnen des PDF-Dokuments ein- oder ausgeklappt sein soll. Soll also die Übersicht ausgeklappt sein, so brauchen Sie lediglich *offen* einen Wert ungleich 0 zuweisen.

Beispiel:

```php
<?php
$ebene1 = "1. Thema";
$ebene2 = "1.1 Thema";
$ebene3 = "2. Thema";
$ebene4 = "2.1 Thema";
$ebene5 = "2.2 Thema";
$datei = fopen("testdok12.pdf", "w");
$dokument = pdf_open($datei);
pdf_begin_page($dokument, 400, 500);
$m1 = pdf_add_bookmark($dokument, $ebene1);
$m2 = pdf_add_bookmark($dokument, $ebene2, $m1);
$m3 = pdf_add_bookmark($dokument, $ebene3, $_x,1);
$m4 = pdf_add_bookmark($dokument, $ebene4, $m3);
$m5 = pdf_add_bookmark($dokument, $ebene5, $m4);
$bild = pdf_open_image_file($dokument, "jpeg", "logo.jpg");
pdf_end_page($dokument);
pdf_close($dokument);
fclose($datei);
?>
```

Bild 4.19:   Hierarchische Übersicht: Bookmarks im Einsatz

Einsatz von Hyperlinks

Ein wesentliches Element im Internet sind die Verweise zwischen Webseiten. Ein Dokumentenformat, welche keine Hyperlinks unterstützt, schränkt den Einsatzbereich deutlich ein. Daher unterstützt PDF neben Verweisen innerhalb des Dokuments auch Verweise auf Ressourcen im Internet. Realisiert wird dies durch die Funktion pdf_add_ `weblink()`. In folgendem Beispiel wird ein Hyperlink auf die Website *www.atomicscript. de* gesetzt.

Beispiel:

```php
<?php
$datei = fopen("testdok13.pdf", "w");
$dokument = pdf_open($datei);
$bild = pdf_open_image_file($dokument, "jpeg", "logo.jpg");
$skalierung = 1;
$breite = pdf_get_image_width($dokument, $bild) * $skalierung;
$hoehe = pdf_get_image_height($dokument, $bild) * $skalierung;
$marginbreite = (400-$breite)/2;
$marginhoehe = (500-$hoehe)/2;
pdf_begin_page($dokument, 400, 500);
pdf_place_image($dokument, $bild, $marginbreite, $marginhoehe,
$skalierung);
pdf_add_weblink($dokument, $marginbreite, $marginhoehe,
$marginbreite+$breite, $marginhoehe+$hoehe, "http://www.atomicscript.de");
pdf_end_page($dokument);
pdf_close($dokument);
fclose($datei);
?>
```

Bild 4.20: Ein Hyperlink über eine Pixelgrafik

4.3   XML

XML steht für eXtensible Markup Language und ist noch längst keine ausgereifte Technologie. Die XML-Spezifikation 1.0 ist gerade mal ein paar Jahre alt. Man kann sagen, dass die Spezifikation festlegt, wie XML funktioniert. Sicher ist jedoch auch, dass es viele Fragen gibt, die erst geklärt werden, wenn an konkreten Projekten gearbeitet wird.

Wer XML praktisch erproben will, muss immer noch recht experimentierfreudig sein. Die volle XML-Unterstützung in den Clients (Browser usw.) wird noch auf sich warten lassen. Welches die richtigen Strategien für die Umsetzung in den Browsern ist, wird sicher noch einige Diskussionen hervorrufen.

Ob XML zu einem wichtigen Thema für Webentwickler wird, lässt sich noch nicht absehen. Letztlich sind es einige Zusatztechnologien, die für Webentwickler besonders interessant sind. Einige dieser Technologien stehen bereits zur Verfügung, an anderen wird noch gearbeitet. Wer von Ihnen XML kennen lernen will, kann jedoch davon ausgehen, dass Zeit verschwendet er damit keine.

4.3.1   Was ist XML?

XML ist eine Metasprache für das Definieren von Dokumenttypen. Auf den Punkt gebracht: XML liefert die Regeln, die beim Definieren von Dokumenttypen angewendet werden.

Was ist ein Dokumenttyp?

Klären wir zunächst die etwas einfachere Frage, was unter einem Elementtyp zu verstehen ist. Man sagt, dass dies ein Element ist: `<P>Caro schreibt</P>`. Das Element besteht aus einem Anfangs-Tag, dem Inhalt des Elements und einem End-Tag.

Auch dies ist ein Element: `<P>Wie fleissig Sie ist!</P>`. Es handelt sich um zwei Elemente mit auffallender Ähnlichkeit. Der Anfangs-Tag und der End-Tag sind gleich. Deswegen sagt man, dass beide Elemente demselben Elementtyp angehören.

Mit Dokumenten verhält es sich ähnlich. Wenn in Dokumenten dieselben Elementtypen verwendet werden wie `<P>`, `<I>`, `<U>` und so weiter, und wenn die Elemente alle in gleicher Weise ineinander verschachtelt sind, dann sagt man, die Dokumente gehören demselben Dokumenttyp an.

Der Dokumenttyp HTML

HTML-Dokumente sind Musterbeispiele für Dokumente, die einen ähnlichen Aufbau haben. Man sagt daher, dass alle HTML-Dokumente demselben Typ angehören, nämlich dem Dokumenttyp HTML.

Die Grundidee von XML

Man sorgt dafür, dass es Dokumente gibt, die in ihrem Aufbau alle ein gewisses Grundmuster verfolgen. Wenn dieses Grundmuster eingehalten wird, dann lässt sich mit den Dokumenten mehr anfangen, als wenn jedes Dokument eigenen Regeln folgt. Dann ist es möglich, Programme zu schreiben, die diese Dokumente automatisch verarbeiten. Die Programmierer wissen in etwa, welche Strukturen in den Dokumenten zu erwarten sind. Somit können sie Programme schreiben, die mit den Dokumenten umgehen können. Die Dokumente werden keine Überraschungen mehr bieten, und Programme können so eingerichtet werden, dass sie bei der Verarbeitung der Dokumente in jeder Situation »wissen, was zu tun ist«.

Dokumenttyp-Definitionen (DTDs) spielen in XML eine wichtige Rolle. In einer DTD wird festgelegt, welche Gemeinsamkeiten die Dokumente aufweisen. Zum Beispiel wird festgelegt, welche Elementtypen in den Dokumenten eines bestimmten Dokumenttyps verwendet werden können.

DTDs besitzen folgende Hauptfunktionen: Sie sagen den Verfassern von Dokumenten, welche Strukturen es in den Dokumenten gibt, und den Programmierern, auf was ihre Programme »sich gefasst machen müssen«.

Also, was ist nun XML? In erster Linie ist XML eine Anleitung für das Verfassen von Dokumenttyp-Definitionen. Etwas Neues stellen diese Dokumenttyp-Definitionen nicht dar. Es gab sie auch schon für HTML, man hat sich nur bisher meist nicht sonderlich darum gekümmert.

4.3.2 Beschreibendes Markup

Wer im Bereich der Auszeichnungssprachen bisher nur HTML kannte, muss an einigen Punkten umdenken. Bisher gab es nur zwei verschiedene Arten von Tags:

Es gibt Tags, mit denen angegeben wird, welchen Platz ein Element innerhalb der Struktur des Dokuments einnimmt. Ein Beispiel ist `<P>Zeichenfolge</P>`. Dieses Tag zeigt an, dass die 'Zeichenfolge' in einem Absatz liegt.

Weiterhin gibt es Tags, mit denen sich Formatierungsanweisungen geben lassen. Ein Beispiel wäre `<U>Zeichenfolge</U>`. Dieses Tag sagt, dass die Markierung 'Zeichenfolge' unterstrichen dargestellt werden soll. Wie aber verhält es sich mit Tags dieser Sorte:

```
<AUTOR>Caroline Kannengiesser</AUTOR>
```

Es wird nichts über die Dokumentstruktur angemerkt, und es wird auch keine Formatieranweisung gegeben. Man spricht in diesem Zusammenhang von einem deskriptiven Markup oder auch von semantischen Tags. Das heißt, die Tags liefern für den Inhalt des Elements eine Beschreibung. Im vorliegenden Beispiel wird über *Caroline Kannengiesser* gesagt, dass es sich um den Namen einer Autorin handelt. Dies ist für den Betrachter der Zeile offensichtlich.

Natürlich lassen sich die Tags auch verschachteln, so dass komplexere Aussagen entstehen:

```
<ARTIKEL>
    <AUTOR>Caroline Kannengiesser</AUTOR>
    <TITEL>Flash MX 2004</TITEL>
    <INHALT>Die Website...</INHALT>
</ARTIKEL>
```

Man erfährt, dass es um einen Artikel geht; der Titel ist "Einsatz von Medienformaten"; der Autor ist "Caroline Kannengiesser".

Wenn ein Browser an ein <I>-Tag gerät, kann er für Kursivschrift-Formatierung sorgen. Wenn er an ein Tag gerät, das die Dokumentstruktur markiert, läuft die Sache meistens ebenfalls darauf hinaus, dass eine bestimmte Formatierung gewählt wird. Was aber macht der Browser mit semantischen Tags? Bisher überhaupt nichts. Dies soll sich jedoch in Kürze ändern, das behaupten zumindest einige Fachleute. Es wird sehr viele Programme geben, die darauf ausgerichtet sind, semantische Tags zu verarbeiten. Dies trifft auch auf PHP zu, denn genau hier setzt die XML-Unterstützung in PHP an. Anhand von praktischen Beispielen soll Ihnen das Thema näher gebracht werden.

> **Hinweis:** XML stellt in diesem Buch lediglich einen Teilaspekt dar. Daher haben wir für Sie eine Auswahl an nützlichen Beispielen zusammengestellt.

4.3.3 Eigenarten von XML

Der Weg zur XML-Anwendung ist sicher nicht einfach. Allerdings wird die Schaffung einer Anwendung mit PHP erst möglich, wenn Sie die weiter oben beschriebenen Grundlagen verinnerlicht haben. Folgende Eigenschaften gehören ebenfalls zu XML:

- XML definiert eigene Tags, diese können auch eigene Attribute besitzen.

- Im XML-Format kann man Daten speichern und bereitstellen.

- XML kann mit der Style-Sprache XSL, einem Pendant zu CSS, formatiert werden.

- XML trennt konsequent Daten und Darstellung im Browser.

Hier einige Eigenschaften, die XML nicht hat:

- XML ist kein Ersatz für HTML, sondern eine Ergänzung. Es gibt mit XHTML eine Implementierung von HTML in XML.

- XML soll nicht zur Entwicklung darstellender Tags genutzt werden, dies ist die Aufgabe von CSS bzw. XSL.

- XML geht strenger mit den Tags um und quittiert konsequent jede Unachtsamkeit mit einem Fehler.

Dateierweiterungen

XML verwendet bestimmte Dateierweiterungen, an denen der Browser erkennt, was für ihn bestimmt ist. Hier eine Aufstellung der Dateierweiterungen:

Dateierweiterung	Bedeutung
XML	XML-Datei, enthält die Sprachanweisungen.
XSL	XSL-Datei, Style-Sheet für XML. Hier wird die Ausgabe formatiert.
DTD	Document-Type-Definition-Datei. Hier werden die Tags definiert.
CSS	Style-Sheet für HTML. Auch in diesem Fall wird die Ausgabe formatiert.
JS	JavaScript-Datei, wird oft eingesetzt, um dynamische Funktionen zu erzeugen und Funktionen auszulagern.
HTML	HTML-Datei, welche zur formatierten Darstellung von Inhalten eingesetzt wird.

Hier eine Vorlage für Ihre erste XML-Datei stürzen:

```
<?xml version="1.0"?>
<INHALT>Erste XML Eintrag</INHALT>
```

Sie können sich das Ergebnis anschließend im Internet Explorer betrachten.

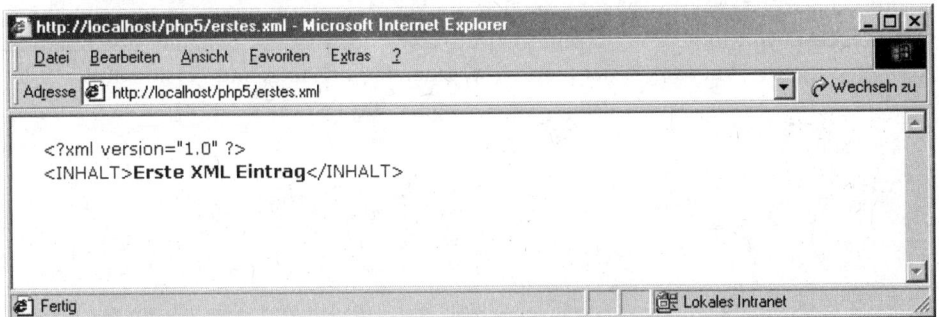

Bild 4.21:   Ausgabe der XML-Struktur im Internet Explorer

Vielleicht werden Sie etwas ernüchtert sein. Praktisch ist nur der Quelltext zu sehen. Aber in welcher Form die Darstellung erfolgt, überrascht schon. Denn die Tags sind farbig gekennzeichnet – der Internet Explorer hat offensichtlich die Tags erkannt und versucht zu interpretieren. Mehr geht an dieser Stelle nicht, denn woher soll der Browser wissen, was Sie sich bei dem Tag <INHALT> gedacht haben.

An dieser Stelle sollten Sie ein wenig mit dem Browser experimentieren. Versuchen Sie, das schließende Tag falsch zu schreiben oder auch Kleinbuchstaben zu verwenden. Sie werden bemerken, dass XML keinesfalls so tolerant mit den Tags umgeht wie HTML – obwohl das Tag <INHALT> gänzlich unbekannt ist.

Achtung: Der Internet Explorer verwendet einen eigenen XML-Parsernamens MSXML. Der im PHP genutzte Parser stammt von James Clark und zeitig im Detail andere Reaktionen.

Es ist nun an der Zeit, dem Tag Leben einzuhauchen. Im Prolog, sprich im einleitenden Teil eines XML-Dokuments, wird das Tag definiert:

```
<?xml version="1.0"?>
<!DOCTYPE FirstXML [
<!ELEMENT INHALT (#PCDATA)>
]>
<INHALT>Erste XML Eintrag</INHALT>
```

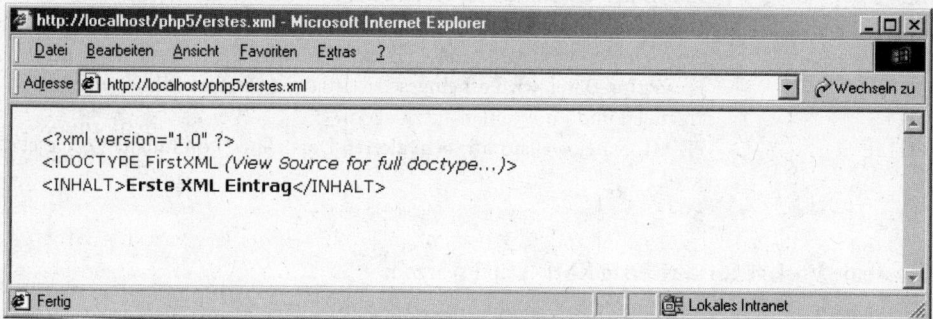

Bild 4.22: Erweiterte Ausgabe der XML-Struktur im Internet Explorer

Die Reaktion bei dieser Version verwundert Sie sicher noch mehr. Es hat sich praktisch nicht viel getan. Der Browser hat lediglich die Definition, um genau zu sein die Document-Type-Definition (DTD), unterdrückt. Um noch etwas genauer erkennen zu können, welches Element wie definiert wird, sehen Sie sich folgende Version an:

```
<?xml version="1.0"?>
<!DOCTYPE FirstXML [
<!ELEMENT AUSGABE (INHALT)>
<!ELEMENT INHALT (#PCDATA)>
]>
<AUSGABE>
<INHALT>Erste XML Eintrag</INHALT>
</AUSGABE>
```

Sie sollten mal auf das Minuszeichen klicken. Erstaunlich, nicht wahr.

4.3.4   XML-Funktionen in PHP

Wenden wir uns der Verarbeitung von XML-Strukturen durch PHP zu. Sie sollten sich als Erstes mit den XML-Funktionen auseinander setzen, die Ihnen mit der PHP-Erweiterung Expat zur Verfügung stehen.

Expat ist ereignisorientiert. Das bedeutet, dass zunächst einzelne Funktionen für die verschiedenen Ereignisse definiert werden. Ein Ereignis kann z.B. ein öffnendes Element, ein schließendes Element oder der Inhalt sein, der von einem öffnenden und einem schließendem Element eingeklammert ist.

Für folgende Elemente können Funktionen definiert werden:

- Startendes Element, mit Attributen (<daten nr="10">)

- Normaler Text "Character Data", zwischen dem öffnenden und schließenden Element

- Abschließendes Element (</daten>)

- Kommentare

- DTD-Anweisungen

- Procession Instructions – eingebettete PHP-Anweisungen

Wichtig ist, dass man die Arbeitsweise von Expat versteht. Expat untersucht ein XML-Dokument zeilenweise. Aufgrunddessen muss das Dokument Zeile für Zeile mit Hilfe einer Schleife von Expat geparst werden.

Expat erkennt das öffnende Element, z.B. <daten>, und übergibt es an die definierte Funktion für öffnende Elemente. Daraufhin entdeckt er den Inhalt dazwischen. Ist dies einfacher Text, dann wird dieser an die entsprechende Funktion überreicht, die die Inhalte behandelt. Diese Inhalte, die nicht weiter in andere Tags verschachtelt sind, nennt man CDATA, Character Data. Zum Schluss wird das schließende Element gefunden und entsprechend über die definierte Funktion behandelt.

Nun sollten wir uns die zur Verfügung stehenden Funktionen betrachten.

Funktion	Beschreibung
xml_parser_create(encoding)	Erzeugt einen neuen XML-Parser.
xml_parser_create_ns(encoding [,separator])	Erzeugt einen neuen XML-Parser. Optional kann ein separator festgelegt werden, sollte dieser Parameter nicht gesetzt werden, ist der default separator ein Doppelpunkt (:).
xml_set_element_handler(parser, callback start_element_handler, callback end_element_handler)	Die definierte Funktion wird ausgeführt, sobald der Parser ein XML-Element erreicht oder eines verlässt. Start- und End-Tags werden getrennt verarbeitet.
xml_set_character_data_handler(parser,callback handler)	Diese Funktion bearbeitet sämtliche Zeichen, die nicht als Tag gelten. Das betrifft auch Whitespaces.
xml_set_processing_instruction_handler(parser, callback handler)	Hiermit werden die einleitenden Tags, wie <?php, spezifiziert.
xml_set_default_handler(parser,callback handler)	Diese Funktion wird ausgelöst, wenn sich keine andere für ein Ereignis zuständig fühlt.
xml_set_unparsed_entity_decl_handler(parser,callback handler)	Diese Funktion bearbeitet nicht geparste Einheiten (NDATA).

Funktion	Beschreibung
xml_set_notation_decl_handler(parser,callback handler)	Eine Notations-Deklaration wird hiermit bearbeitet.
xml_set_external_entity_ref_handler(parser,callback handler)	Wenn eine externe Referenz gefunden wird, ist diese Funktion zuständig.
xml_parse(parser,data [,is_final])	Die Funktion beginnt mit dem Parsen eines XML-Dokuments.
xml_get_error_code(parser)	Die Funktion gibt die Fehlernummern aus.
xml_error_string(code)	Die Funktion gibt die Fehlermeldungen aus.
xml_get_current_line_number(parser)	Die Funktion gibt die aktuell vom Parser untersuchte Zeile des XML-Dokuments aus.
xml_get_current_column_number(parser)	Die Funktion gibt die aktuell vom Parser untersuchte Spalte des XML-Dokuments aus.
xml_get_current_byte_index(parser)	Die Funktion gibt den aktuellen Byte-Index des XML-Dokuments aus.
xml_parser_free(parser)	Die Funktion gibt einen Parser wieder frei.
xml_parser_set_option(parser,option)	Die Funktion setzt diverse Optionen.
xml_parser_get_option(parser,option)	Die Funktion liest Optionen ein.
xml_parser_object(parser,object)	Die Funktion ermöglicht es Ihnen, den Parser bei Objekten einzusetzen.
utf8_decode(data)	Die Funktion konvertiert eine UTF-8-Zeichenkette nach ISO-8859-1.
utf8_encode(data)	Die Funktion konvertiert eine ISO-8859-1-Zeichenkette nach UTF-8.

4.3.5 Eigenschaften der XML-Funktionen

Die durch Expat zur Verfügung gestellten XML-Funktionen weisen einige Besonderheiten auf, die es zu beachten gilt.

Umwandlung der Schreibweise

Die als »Case Folding« bezeichnete Maßnahme bezieht sich auf die Anforderung der Ereignisbehandlungsroutinen, die zu untersuchenden Tags in Großbuchstaben zu erhalten. Entsprechend werden sämtliche XML-Elemente, die gesendet werden, zuvor in Großbuchstaben umgewandelt. Der Vorgang kann mit den beiden Funktionen xml_parser_get_option() und xml_parser_set_option() kontrolliert werden.

XML-Fehlercodes

Die Fehlercodes, die von der Funktion xml_parse() ausgegeben werden, liegen als Konstante vor. Die folgende Tabelle enthält sämtliche Fehlercodes.

XML_ERROR_NONE
XML_ERROR_NO_MEMORY
XML_ERROR_SYNTAX
XML_ERROR_NO_ELEMENTS
XML_ERROR_INVALID_TOKEN
XML_ERROR_UNCLOSED_TOKEN
XML_ERROR_PARTIAL_CHAR
XML_ERROR_TAG_MISMATCH
XML_ERROR_DUPLICATE_ATTRIBUTE
XML_ERROR_JUNK_AFTER_DOC_ELEMENT
XML_ERROR_PARAM_ENTITY_REF
XML_ERROR_UNDEFINED_ENTITY
XML_ERROR_RECURSIVE_ENTITY_REF
XML_ERROR_ASYNC_ENTITY
XML_ERROR_BAD_CHAR_REF
XML_ERROR_BINARY_ENTITY_REF
XML_ERROR_ATTRIBUTE_EXTERNAL_ENTITY_REF
XML_ERROR_MISPLACED_XML_PI
XML_ERROR_UNKNOWN_ENCODING
XML_ERROR_INCORRECT_ENCODING
XML_ERROR_UNCLOSED_CDATA_SECTION
XML_ERROR_EXTERNAL_ENTITY_HANDLING

Zeichenkodierung

PHP kodiert Zeichen intern immer im Unicode-Format UTF-8, 8 bis 21 Bits in bis zu 4 Bytes. Die Kodierung des Quelltextes muss vor dem Parsen festgelegt werden. Die alternativen Zeichensätze US-ASCII und ISO-8859-1 (Latin-1) sind 8-Bit-Zeichensätze.

Eine weitere Einstellung ist nach dem Parsen der Tags möglich. Diese als Zielkodierung bezeichnete Wahl des Zeichensatzes erfolgt, wenn die untersuchten Elemente an die Ereignisbehandlungsroutinen weitergeleitet werden. Zeichen, die nicht abgebildet werden können, ersetzt PHP durch ein Fragezeichen.

XML und Objekte

Seit PHP 4 haben Sie die Möglichkeit, mit Hilfe der Funktion xml_set_object() auch Objekte zu parsen. Betrachten Sie folgendes Beispiel genau:

Beispiel:

```
<pre>
<?php
// XML Klassendefinition
class xml_klasse {
    var $parser;
```

```
    function xml_klasse() {
        $this->parser = xml_parser_create();

        xml_set_object($this->parser, &$this);
        xml_set_element_handler($this->parser, "open_tag", "close_tag");
        xml_set_character_data_handler($this->parser, "cdata");
    }

    function parse($data) {
        xml_parse($this->parser, $data);
    }

    function open_tag($parser, $tag, $attributes) {
        var_dump($parser, $tag, $attributes);
    }

    function close_tag($parser, $tag) {
        var_dump($parser, $tag);
    }

    function cdata($parser, $cdata) {
        var_dump($parser, $cdata);
    }

}

// XML-Parser (als Objekt)
$xml_parser = new xml_klasse();

// XML-Struktur parsen
$xml_parser->parse("<PERSON ID='100'>Matthias</PERSON>");
?>
</pre>
```

Ausgabe:

```
resource(2) of type (xml)
string(6) "PERSON"
array(1) {
  ["ID"]=>
  string(3) "100"
}
resource(2) of type (xml)
string(8) "Matthias"
resource(2) of type (xml)
string(6) "PERSON"
```

Hinweis: In Zukunft wird die Verarbeitung von XML-Strukturen in Klassen und Objekten sicherlich vermehrt auftreten.

4.3.6 Erzeugen eines XML-Parsers

Ein XML-Parser wird immer für das jeweilige XML-Dokument individuell erzeugt. Hier nun ein Parser, der auf das folgende XML-Dokument angepasst wurde.

XML-Dokument Daten.xml

```
<?xml version="1.0"?>
<daten>Hier haben wir die Daten.</daten>
```

Dieses XML-Dokument wird von dem folgenden Parser verarbeitet.

PHP-Dokument daten.php

```php
<?php
function startElement($parser, $element_name, $element_attribute) {
        global $ausgabe;
        //Umwandeln in Kleinbuchstaben
        $element_name = strtolower($element_name);
        //Überprüfung des Elementnames
        if ($element_name=="daten") {
                $ausgabe .= "<h3>Daten</h3><p>";
        }
}
function endElement($parser, $element_name) {
        global $ausgabe;
        // Umwandeln in Kleinbuchstaben
        $element_name = strtolower($element_name);
        // Überprüfung des Elementnames
        if ($element_name=="daten") {
                $ausgabe .= "</p>";
        }
}
function cdata($parser, $element_inhalt) {
        global $ausgabe;
        // Normale Text wird an $ausgabe angehängt
        $ausgabe .= $element_inhalt;
}

$xmlFile = file("daten.xml");
$parser = xml_parser_create();

xml_set_element_handler($parser, "startElement", "endElement");
xml_set_character_data_handler($parser, "cdata");
```

```
foreach($xmlFile as $element) {
        xml_parse($parser, $element);
}


xml_parser_free($parser);
echo $ausgabe;
?>
```

Die Ausgabe nach dem Aufruf des Skripts sieht wie folgt aus:

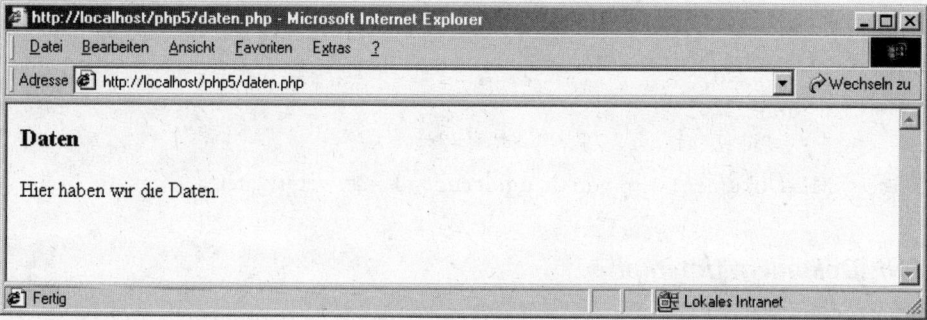

Bild 4.23: Ausgabe des geparsten XML-Dokuments

Um die Arbeitsweise des Skripts zu verstehen, sollte jede der definierten Funktionen einzeln betrachtet werden.

Zunächst wenden wir uns der Funktion zu, die aufgerufen wird, wenn Expat ein öffnendes Element vorfindet. In vorliegenden Beispiel ist dies `<daten>`.

An die Funktion wird die Variable `$parser` übergeben. In ihr wird auf den erzeugten XML-Parser verwiesen. Über die Variable `$element_name` wird der Name des Elements übergeben. Im Beispiel ist der Name des Elements »daten«.

In der ersten Zeile der Funktion selbst wird auf die globale Variable `$ausgabe` verwiesen. So kann man direkt auf den Wert der Variablen zugreifen, ohne ihn an die Funktion zu übergeben. Zudem kann der Wert auch direkt aus der Funktion heraus verändert werden.

```
function startElement($parser, $element_name, $element_attribute) {
        global $ausgabe;
        //Umwandeln in Kleinbuchstaben
        $element_name = strtolower($element_name);
        //Überprüfung des Elementnames
        if ($element_name=="daten") {
                $ausgabe .= "<h3>Daten</h3><p>";
        }
}
```

Die nächste Anweisung wandelt den Namen des Elements in Kleinbuchstaben um, da Expat die Namen eines Elements immer in Großbuchstaben übergibt. Dies muss nicht gemacht werden, dient aber zu einem einfacheren Verständnis des Codes. Im nächsten

Teil wird überprüft, ob der Name des Elements »daten« ist. Ist dies der Fall, wird an die Variable `$ausgabe` der Inhalt »<h3>Daten</h3><p>« angehängt.

Nun wollen wir uns mit der Funktion für den normalen Fließtext CDATA kümmern. Sie hat nur eine Aufgabe: Sie muss den Inhalt des Elements an die Variable `$ausgabe` anhängen.

```
function cdata($parser, $element_inhalt) {
    global $ausgabe;
    // Normale Text wird an $ausgabe angehängt
    $ausgabe .= $element_inhalt;
}
```

Der Inhalt des aktuell geparsten Elements wird über die Variable `$element_inhalt` übergeben. Er wird an die Variable `$ausgabe` angehängt.

Die letzte Funktion ist für die schließenden Elemente zuständig. Diese Funktion arbeitet auf die gleiche Weise wie die Funktion für das öffnende Element.

```
function endElement($parser, $element_name) {
    global $ausgabe;
    // Umwandeln in Kleinbuchstaben
    $element_name = strtolower($element_name);
    // Überprüfung des Elementnames
    if ($element_name=="daten") {
        $ausgabe .= "</p>";
    }
}
```

Das sind die Funktionen, die in diesem Beispiel benötigt werden. Nun muss die XML-Datei eingelesen und daraufhin der Parser erzeugt werden.

```
$xmlFile = file("daten.xml");
$parser = xml_parser_create();

xml_set_element_handler($parser, "startElement", "endElement");
xml_set_character_data_handler($parser, "cdata");

foreach($xmlFile as $element) {
    xml_parse($parser, $element);
}


xml_parser_free($parser);
echo $ausgabe;
```

In der ersten Zeile wird die Datei über die `file()`-Funktion in ein Array gelesen. In der zweiten Zeile wird der Parser erzeugt. Dann werden die einzelnen Handler festgelegt.

Der letzte und wichtigste Teil des Skripts ist das Passen des Inhalts des Arrays über eine `foreach`-Schleife über die Funktion `xml_parse()`.

In der vorletzten Zeile wird der Parser wieder entfernt, d.h., sämtliche belegten Resourcen werden wieder freigegeben. In der letzten Zeile wird nun der Inhalt der Variablen

`$ausgabe` ausgegeben. In ihr befindet sich der Inhalt, der über die einzelnen Funktionen »dynamisch« aus der XML-Datei extrahiert wurde.

4.3.7 Verwendung von XSLT mit PHP

XSLT (XSL Transformations) spielt eine wichtige Rolle bei der Transformation und Präsentation von XML-Dokumenten. Die Leistungsfähigkeit, die XSLT für PHP-Anwendungen bietet, lässt sich am besten anhand von Beispielen demonstrieren. Für die Beispiele wurde hier Version 4.3.3 von PHP verwendet. Dabei ist zu berücksichtigen, dass diese Erweiterung in PHP kompiliert werden muss, bevor die Beispiele ausgeführt werden können.

Es gibt zwei Beispieldateien, die für die folgenden Beispiele verwendet werden. Zum einen gibt es eine simple XML-Datei mit dem Namen *adressen.xml*. Zum anderen gibt es eine simple XSLT-Datei mit dem Namen *adressen.xslt*. Die Beispiele setzen voraus, dass diese beiden Beispiele im gleichen Verzeichnis gespeichert werden, in dem auch das PHP-Skript selbst steht.

Inhalt adressen.xml:

```
<?xml version="1.0" encoding="UTF-8"?>
<?xml-stylesheet type="text/xsl" href="example.xslt"?>
<person>
<name>
        <vorame>Matthias</vorname>
        <zuname>Volkan</zuname>
        <nachname>Kannengiesser</nachname>
</name>
<email>matthiask@atomicscript.de</email>
<telefon>
        <home>123-123-123-123</home>
        <mobil>321-321-321-321</mobil>
</telefon>
<beruf>Informatiker</beruf>
<aufgabe>PHP Developer</aufgabe>
</person>
```

Inhalt adressen.xslt:

```
<?xml version="1.0" encoding="UTF-8"?>
<xsl:stylesheet version="1.0"
xmlns:xsl="http://www.w3.org/1999/XSL/Transform">
<xsl:output method="html" version="1.0" encoding="UTF-8" indent="yes"/>
<xsl:param name="date" select="2004"/>
<xsl:template match="/person">
<html>
<head>
<title>XML und XSLT Beispiel</title>
</head>
<body>
```

```
<table>
      <tr>
      <td>Personal Information:</td>
      <td><xsl:value-of select="name/vorname" /></td>
      <td><xsl:value-of select="name/zuname" /></td>
      <td><xsl:value-of select="name/nachname" /></td>
      </tr>
      <tr>
      <td>Email Address:</td>
      <td colspan="3"><xsl:value-of select="email" /></td>
      </tr>
      <tr>
      <td>Department:</td>
      <td colspan="3"><xsl:value-of select="beruf" /></td>
      </tr>
      <tr>
      <td>Position:</td>
      <td colspan="3"><xsl:value-of select="aufgabe"/></td>
      </tr>
</table>
</body>
</html>
</xsl:template>
</xsl:stylesheet>
```

Bevor Sie jedoch loslegen können, sollten wir noch überprüfen, ob die DOM-Erweiterung zur Verfügung steht, da deren Funktionen zur Verarbeitung von komplexen XML-Strukturen eine wesentliche Erleichterung darstellen.

Voraussetzungen

Um die DOM XML-Funktionen erfolgreich ausführen zu können, müssen Sie PHP mit der Option `--with-dom` kompilieren. Windows-Benutzer entfernen zur Aktivierung dieser Erweiterung das Semikolon vor dem Eintrag *extension=php_domxml.dll* innerhalb der *php.ini*. Für ein einwandfreies Arbeiten benötigen Sie zusätzlich die GNOME XML Library, ab Version 2.4.14. Sie finden die aktuelle Version für Ihr Betriebssystem unter der folgenden Adresse: *www.xmlsoft.org*. Windows-Benutzer sollten diese Bibliothek in das Systemverzeichnis kopieren.

Welche Version Sie aktuell verwenden, können Sie mit der Funktion `domxml_version()` ermitteln:

```
print_r(domxml_version());
```

DOM, XML und XSLT im Einsatz

Das erste Beispiel ist eine Demonstration der vier Basisfunktionen, die für eine XSLT-Transformation über die DOM-Erweiterung stattfinden müssen. An dieser Stelle soll der Code einmal genauer betrachtet werden:

```php
<?php

// Erezugt ein DomDocument-Objekt unter Verwendung eines
// XML-Dokuments
if(!$domXmlObj = domxml_open_file("adressen.xml")) {
        die("XML-Dokument kann nicht geparst werden!");
}

// Erzeugt ein DOMDocument-Objekt unter Verwendung eines
// XSLT-Dokuments
$domXsltObj = domxml_xslt_stylesheet_file("example.xslt");


// Erzeugt ein DOMDocument-Objekt welcher sich aus
// der Transformation eines XML- und XSLT-Dokument ergibt
$domTranObj = $domXsltObj->process($domXmlObj);

// Gibt die Daten aus dem transformierten Objekt aus
echo $domXsltObj->result_dump_mem($domTranObj);
?>
```

Die meisten der DOM XSLT-Funktionen befassen sich mit dem Erstellen, Löschen und Modifizieren von DOMDocument-Objekten. Die erste hier verwendete Funktion ist die Funktion domxml_open_file(). Sie erstellt ein DOM-Objekt aus der vorhandenen XML-Datei. Die nächste aufgerufene Funktion ist domxml_xslt_stylesheet_file(), die ein neues DOMXSLTStylesheet-Objekt erzeugt. Dieses Objekt wird später bei der Transformation des XML- und XSLT-Dokuments verwendet, durch die der HTML-Output erstellt wird.

Es folgt die Prozessfunktion des DOMXSLTStylesheet-Objekts. Sie verwendet ein oder mehr Argumente; das erste Argument muss das DomDocument-Objekt sein. Dieses wendet die XSLT-Transformation auf das DOMDocument an, das ihm übergeben wird. Der Prozessfunktion können weitere Argumente übergeben werden; dabei kann es sich um zusätzliche XSLT-Parameter (Array) oder Xpath-Parameter (boolesch) handeln. Das schafft Flexibilität für den Transformationsprozess. Die Funktion gibt dann ein DOM-Document-Objekt aus, das die transformierten Daten enthält.

Um die transformierten Daten anzuzeigen, liefert die letzte Funktion das Ergebnis und gibt es für den Benutzer aus. Durch Ausführen der Funktion result_dump_mem() auf das transformierte DOMDocument $domTranObj-Objekt lassen sich der Output oder das Ergebnis der Transformation aufrufen. Hierzu gehört auch ein einfaches Beispiel, wie man eine XSLT-Transformation mit PHP und DOM XSLT durchführt.

Für das zweite Beispiel wird der optionale Parameter der Funktion result_dump_file() eingeführt, die den Output der XSLT-Transformation in eine Datei ausgibt.

Beispiel:

```php
<?php
// XML, XSLT and HTML Dokumente
$xmlDatei   = "adressen.xml";
$xsltDatei  = "adressen.xslt";
```

```php
$htmlDatei  = "adressen.html";
$xsltParam = array( "date" => date( "F j, Y g:i a" ) );

// Erezugt ein DomDocument-Objekt unter Verwendung eines
// XML-Dokuments
if(!$domXmlObj = domxml_open_file($xmlDatei )) {
        die( "XML-Dokument kann nicht geparst werden!" );
}

// Erzeugt ein DOMDocument-Objekt unter Verwendung eines
// XSLT-Dokuments
$domXsltObj = domxml_xslt_stylesheet_file($xsltDatei);

// Erzeugt ein DOMDocument-Objekt welcher sich aus
// der Transformation eines XML- und XSLT-Dokument ergibt
$domTranObj = $domXsltObj->process($domXmlObj, $xsltParam);

// Erzeugt ein HTML-Dokument aus dem transformierten Objekt
$domXsltObj->result_dump_file($domTranObj, $htmlDatei);

// Gibt die Datei adressen.html aus
include($htmlDatei);
?>
```

Wie im vorangehenden Beispiel ist das erste Argument noch immer das DOMDocument-Objekt, das durch die DOMXSLTStylesheet-Prozessfunktion erstellt wurde. Außerdem wurde der Prozessfunktion ein Parameter hinzugefügt, der einen Parameterwert an den XSLT-Prozessor übergibt. Dies demonstriert die Fähigkeit, die XSLT-Transformation in PHP dynamisch zu steuern.

4.3.8   Manuelle Erzeugung von XML-Dokumenten

Sie haben nun bereits erfahren, wie Sie XML-Dokumente verarbeiten, sprich parsen können. Was nun noch fehlt ist die Erzeugung von XML-Dokumenten. Man unterscheidet dabei die manuelle und dynamische Erzeugung. Als erste werden wir Ihnen die manuelle Methode vorstellen.

Die manuelle Ausgabe von XML-Daten erfordert meist den Einsatz von mehreren `foreach`-Schleifen zum Bearbeiten der Arrays. Es gilt dabei einige wichtige Details zu beachten. Als Erstes müssen Sie `header()` aufrufen, um den korrekten Conten-Type-Header für Ihr Dokument zu setzen. Da Sie XML senden und nicht HTML, sollte dies `text/xml` sein.

Abhängig von der Einstellung der Konfigurationsoption *short_open_tag* kann außerdem der Versuch, die XML-Deklaration auszugeben, unbeabsichtigt die PHP-Verarbeitung auslösen. Da das `<?` in `<?xml version="1.0"?>` mit dem kurzen öffnenden PHP-Tag übereinstimmt, müssen Sie, um die Deklaration an den Browser ausgeben zu können, entweder die Option deaktivieren oder die Zeile mit einer PHP-Anweisung ausgeben. In der Lösung wenden wir den zweiten Weg an.

Anschließend müssen möglicherweise vorkommende Entities in Escape-Sequenzen umgewandelt werden. Beispielsweise muss das & in dem Titel »Du & Ich« durch & ersetzt werden. Um Ihre Daten entsprechend zu konvertieren, verwenden Sie hierfür die htmlspecialchars()-Funktion.

Beispiel:

```php
<?php
header('Content-Type: text/xml');

$autoren = array(
array('name'    => 'Matthias Kannengiesser',
    'titel'  => 'MySQL 4',
    'thema'    => 'Datenbanken',
    'preis' => '39.95'),

array('name'       => 'Caroline Kannengiesser',
    'titel'  => 'Flash & ActionSkript',
    'thema'      => 'Programmierung',
    'preis' => '49.95')
);
print '<?xml version="1.0"?>' . "\n";
print "<autoren>\n";

foreach ($autoren as $autor) {
    print "    <autor>\n";
    foreach($autor as $tag => $data) {
        print "        <$tag>" . htmlspecialchars($data) . "</$tag>\n";
    }
    print "    </autor>\n";
}

print "</autoren>\n";
?>
```

Ausgabe:

```xml
<?xml version="1.0"?>
<autoren>
    <autor>
        <name>Matthias Kannengiesser</name>
        <titel>MySQL 4</titel>
        <thema>Datenbanken</thema>
        <preis>39.95</preis>
    </autor>
    <autor>
        <name>Caroline Kannengiesser</name>
        <titel>Flash &amp; ActionSkript</titel>
        <thema>Programmierung</thema>
        <preis>49.95</preis>
    </autor>
</autoren>
```

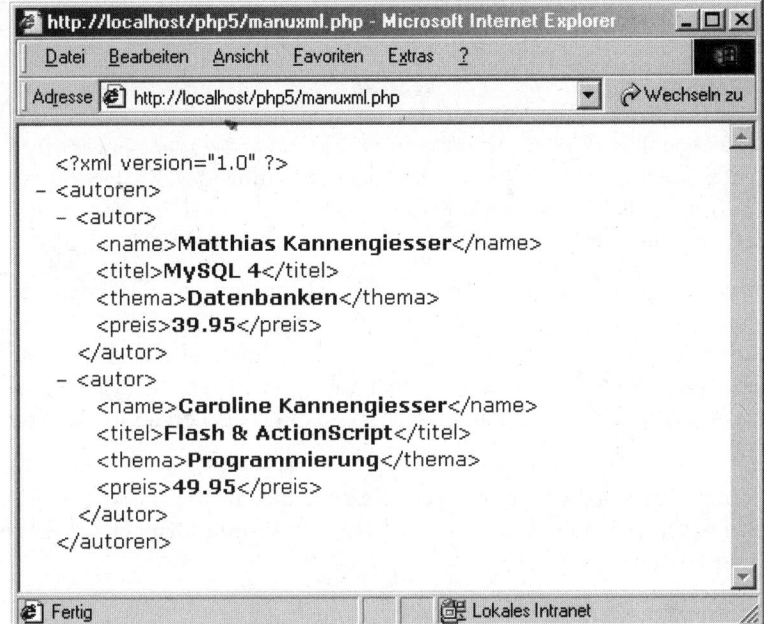

Bild 4.24: Manuell erzeugtes XML-Dokument

4.3.9 Erzeugung von dynamischen XML-Dokumenten mit DOM

Sie haben nun bereits erfahren, wie Sie manuell ein XML-Dokument erzeugen können. Was nun noch fehlt ist die dynamische Generierung von XML-Dokumenten mit Hilfe von DOM.

Ein einzelnes Element wird als Knoten (Node) bezeichnet. Es gibt ein Dutzend verschiedene Typen von Knoten, aber die am häufigsten benutzten Typen sind Elemente, Attribute und Texte. Nehmen wir als Beispiel folgende Zeile:

```
<autor alter="29">Kannengiesser</autor>
```

Die DOMXML-Funktionen in PHP bezeichnen den Typ von `autor` als `XML_ELEMENT_NODE`, `alter="29"` wird auf einen `XML_ATTRIBUTE_NODE` abgebildet, und `Kannengiesser` ist ein `XML_TEXT_NODE`.

Die neuen DOMXML-Funktionen in PHP 4.3 folgen einem bestimmten Muster. Sie erzeugen ein Element entweder als Element oder als Textknoten und fügen alle gewünschten Attribute an die entsprechende Stelle innerhalb der XML-Struktur (Baum) hinzu.

Bevor Sie Elemente erzeugen können, müssen Sie erst einmal ein neues Dokument anlegen. Dabei übergeben Sie als Argument die XML-Version.

```
$xmldok = domxml_new_doc('1.0');
```

Anschließend erzeugen Sie die zum Dokument gehörenden Elemente.

```
$buch_element = $xmldok->create_element('buch');
$buch = $xmldok->append_child($buch_element);
```

Hier wir ein neues Element buch erzeugt und dem Objekt $buch_element zugeordnet. Um die Dokumentenwurzel zu erzeugen, sprich den Ursprung der XML-Struktur, hängen Sie $buch_element als Kind an das Dokument $xmldok an. Das Ergebnis, $buch, bezeichnet nun das spezielle Element und seine Position innerhalb des DOM-Objekts.

Sämtliche Knoten werden durch Methodenaufrufe des $xmldok erzeugt. Nachdem ein Knoten erzeugt wurde, kann dieser an jedes beliebige Element des Baums gehängt werden. Das Element, bei dem die Methode appen_child() aufgerufen wird, legt die Position im Baum fest, an der der Knoten angeordnet ist. Im vorliegenden Fall wurde $buch_element an $xmldok gehängt, dadurch wird es zum Top-Level-Knoten oder Wurzelknoten.

Sie können nun weitere Knoten an $buch hängen, diese werden als Kindknoten (child-nodes) bezeichnet. Da $buch ein Kind von $xmldok ist, ist das neue Element gewissermaßen ein Enkel von $xmldok.

```
$titel_element = $xmldok->create_element('titel');
$titel = $buch->append_child($titel_element);
```

Durch den Aufruf von $buch->append_child() wird das Element $titel_element unter dem Element $buch angeordnet. Um den Text innerhalb des Tags <titel> </titel> einzufügen, erzeugen Sie mit create_text_node() einen Textknoten und hängen diesen an $titel.

```
$text_knoten = $xmldok->create_text_node('Flash MX 2004');
$titel->append_child($text_knoten);
```

Da $titel bereits zum Dokument hinzugefügt wurde, besteht keine Notwendigkeit, dieses Element erneut an $buch zu hängen.

Die Reihenfolge, in der Sie die Kindelemente an die Knoten hängen, spielt keine Rolle. Die folgenden vier Codezeilen, die den Textknoten erst an $titel_element und dann an $buch hängen, führen zum selben Ergebnis wie die obigen Codezeilen.

```
$titel_element = $xmldok->create_element('titel');
$text_knoten = $xmldok->create_text_node('Flash MX 2004');

$titel_element->append_child($text_knoten);
$buch->append_child($titel_element);
```

Um ein Attribut hinzuzufügen, rufen Sie die Methode set_attribute() des Knotens auf und übergeben den Attributnamen und den Wert als Argumente.

```
$titel->set_attribute('cover', 'hard');
```

Wenn Sie das Titel-Element jetzt ausgeben, sieht es folgendermaßen aus:

```
<titel cover="hard">Flash MX 2004</titel>
```

Nun können Sie das Dokument als String ausgeben oder in einer Datei speichern.

```
// XML-Dokument als String ausgeben
$ausgabe = $xmldok->dump_mem(true);

// XML-Dokument in die Datei buch.xml schreiben
$xmldok->dump_file('buch.xml',false,true);
```

Der einzige Parameter, den `dump_mem()` annimmt, ist ein optionaler boolescher Wert. Ein leerer Wert oder `false` führen dazu, dass der String als lange Zeile ausgegeben wird. Der Wert `true` führt dazu, dass der XML-Code wie hier ordentlich formatiert wird:

```
<?xml version="1.0"?>
<buch>
  <titel cover="hard">Flash MX 2004 Praxisbuch</titel>
</buch>
```

Der Methode `dump_file()` können Sie bis zu drei Werte übergeben. Der erste ist notwendig und bezeichnet den Dateinamen. Der zweite legt fest, ob die Datei mit *gzip* komprimiert werden soll. Der letzte Wert ist identisch mit der Option für eine ordentliche Formatierung wie bei `dump_mem()`.

Abschließend noch ein vollständiges Beispiel, welches sich auf die DOMXML-Funktionen stützt.

Beispiel:

```
<?php
header('Content-Type: text/xml');
// XML-Dokument erzeugen
$xmldok = domxml_new_doc('1.0');

// Wurzel-Element erzeugen <buch> und dem XML-Dokument
// hinzufügen
$buch = $xmldok->append_child($xmldok->create_element('buch'));

// Titel-Element erzeugen <title> und dem Wurzel-Element
// hinzufügen
$titel = $buch->append_child($xmldok->create_element('titel'));

// Text für Titel-Element erzeugen und zuweisen
$titel->append_child($xmldok->create_text_node('Flash MX 2004
Praxisbuch'));

// Attribut für das Titel-Element erzeugen
// Attribut: cover
$titel->set_attribute('cover', 'hard');

// Autor-Element erzeugen <autor> und dem Wurzel-Element
// hinzufügen
$matthias = $buch->append_child($xmldok->create_element('autor'));
```

```
// Text für Autor-Element erzeugen und zuweisen
$matthias->append_child($xmldok->create_text_node('Matthias
Kannengiesser'));

// Ein weiteres Autor-Element erzeugen und dem Wurzel-Element
// hinzufügen
$caroline = $buch->append_child($xmldok->create_element('autor'));

// Text für zweites Autor-Element erzeugen und zuweisen
$caroline->append_child($xmldok->create_text_node('Caroline
Kannengiesser'));

// Formatierte Ausgabe des DOM basiertes XML-Dokument
echo $xmldok->dump_mem(true);
?>
```

Ausgabe:

```
<?xml version="1.0"?>
<buch>
  <titel cover="hard">Flash MX 2004 Praxisbuch</titel>
  <autor>Matthias Kannengiesser</autor>
  <autor>Caroline Kannengiesser</autor>
</buch>
```

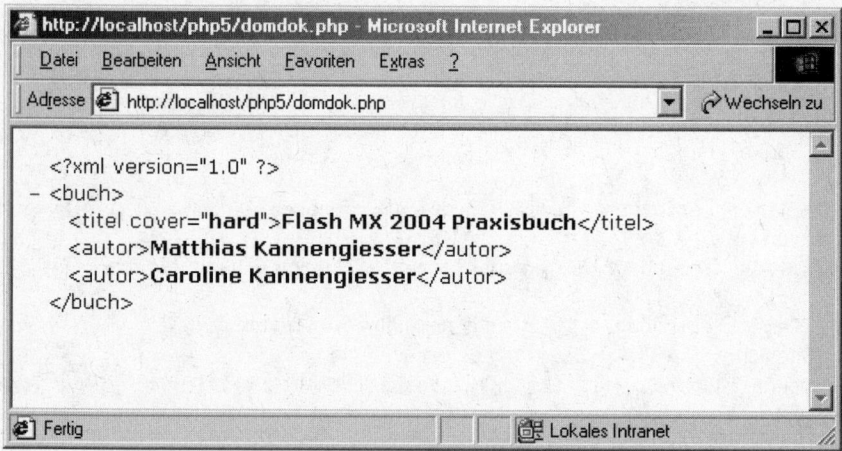

Bild 4.25:   Dynamisch erzeugtes XML-Dokument

Hinweis: Möglicherweise vorkommende Entities müssen beim Einsatz der DOMXML-Funktionen nicht manuell in Escape-Sequenzen umgewandelt werden. Diese Aufgabe übernehmen die DOMXML-Funktionen.

Da das Thema XML noch sehr viele experimentelle Bestandteile enthält, haben wir dieses Thema lediglich angeschnitten. Wir können Ihnen jedoch jetzt bereits versichern, dass XML in Verbindung mit PHP auch in Zukunft eine immer größere Rolle spielen und Einfluss auf eine Vielzahl von Webanwendungen haben wird.

4.4 Dynamische Grafiken mit der GD-Bibliothek

Wir haben Sie bereits im Abschnitt PHP und OOP mit einigen Funktionen der GD-Bibliothek konfrontiert. Nun wollen wir Ihnen einen tieferen Einblick in die Welt der dynamisch generierten Grafiken und Bilder gewähren.

> **Tipp:** Die aktuelle Version der GD-Bibliothek finden Sie unter folgender Adresse: www. boutell.com/gd/.

4.4.1 MIME-Typen und PHP

Da PHP nicht nur Text- und HTML-Dateien verarbeitet, sondern auch mit Dateien anderer MIME-Typen umgehen kann, sollte man wissen, welche MIME-Typen das genau sind und wie sie aufgebaut sind.

Eine wesentliche Rolle spielt dabei das HTTP-Protokoll. Der Typ einer Datei, die mit HTTP übertragen wird, wird durch ihren MIME-Typ festgelegt.

Was sind MIME-Typen?

MIME ist die Kurzform für *Multipurpose Internet Mail Extensions*. Der MIME-Typ bezeichnet die Art der im Internet übertragenden Dateien.

Wenn ein HTTP-Server eine Datei an einen Client sendet, bezeichnet er deren Dateiart durch den MIME-Typ in einem speziell dafür vorgesehenen Header-Feld. Der Client benötigt den MIME-Typ, um die übertragene Datei korrekt interpretieren zu können und wiederzugeben.

Ein MIME-Typ besteht aus einem Haupttyp und einem durch einen Slash (/) abgetrennten Subtyp. Der MIME-Typ aller HTTP-Standardseiten ist *text/html*. Bilddateien haben den MIME-Haupttyp *image* und je nach Dateiformat verschiedene Subtypen. Einige wichtige MIME-Typen haben wir hier für Sie zusammengestellt:

MIME-Typ	*Bedeutung*
text/plain	Textdatei
text/html	HTML-Datei
image/gif	GIF-Datei
image/jpeg	JPEG-Datei
image/png	PNG-Datei
image/tiff	TIFF-Datei

4.4.2   Festlegung des MIME-Typs

Sollten Sie nichts anderes festlegen, fügt PHP einem erstellten Dokument automatisch den Standard-MIME-Typ *text/html* hinzu, und zwar am Anfang des Dokuments. Dieser Header wird bei der Ausgabe im Browser nicht angezeigt und hat auch nichts mit dem Tag <head></head> zu tun. Durch die Existenz des Headers können Sie unter Windows in einem DOS-Fenster PHP direkt aufrufen, z.B.:

```
php meinskript.php
```

Ausgabe:

```
Content-Type: text/hmtl
```

Sollen Bilddateien an den http-Client übertragen werden, muss der Dateien bezeichnende MIME-Typ in einem Header zu Beginn des Dokuments mit übertragen werden. Diesen Header können Sie in PHP mit Hilfe der Funktion header() erzeugen. Für die Bilddateien, die Sie mit der GD-Bibliothek erzeugen und bearbeiten, lautet der MIME-Typ, je nachdem, welches Bildformat Sie verwenden wollen, entweder *image/gif*, *image/jpeg* oder *image/png*.

Wird eine Bilddatei zum Browser übertragen, ist also zunächst im zugehörigen Skript mit Hilfe der Funktion header() ein entsprechender Header zu sehen. Für das JPEG-Format könnte dies wie folgt aussehen:

```php
<?php
header("Content-Type: image/jpeg");
?>
```

4.4.3   GD-Funktionen in PHP

In der folgenden Tabelle sind die wesentlichen Funktionen zur Bilderzeugung- und bearbeitung der GD-Bibliothek aufgeführt. Die Agenda der Tabelle liest sich wie folgt:

- *$img* – Entspricht einem mit imagecreate() erzeugten Handle, welcher auf eine Bilddatei verweist.

- *$x,$y* – Legt die pixelgenaue Bildschirmposition für ein Bild fest.

- *$x1,$y1* – Symbolisiert die Bildschirmposition (linke obere Ecke).

- *$x2,$y2* – Symbolisiert die Bildschirmposition (rechte untere Ecke).

- *$col* – Legt den Handle für eine Zeichenfarbe fest.

- *$succ* – Stellt den Rückgabewert der betreffenden Funktion dar, der den Erfolg (1) oder Misserfolg (0) einer ausgeführten Operation wiedergibt.

Funktion	Beispiel	Bedeutung
exif_imagetype ($filename)	echo exif_imagetype ("logo.jpg");	Bestimmt den Typ eines Bildes und gibt eine der folgenden Konstanten aus: 1 = IMAGETYPE_GIF, 2 = IMAGETYPE_JPEG, 3 = IMAGETYPE_PNG, 4 = IMAGETYPE_SWF, 5 = IMAGETYPE_PSD, 6 = IMAGETYPE_BMP, 7 = IMAGETYPE_TIFF_II, 8 = IMAGETYPE_TIFF_MM, 9 = IMAGETYPE_JPC, 10 = IMAGETYPE_JP2, 11 = IMAGETYPE_JPX, 12 = IMAGETYPE_SWC. Diese Funktion ist nur unter PHP 4 nutzbar, wenn es mit dem Zusatz --*enable-exif* kompiliert wurde.
gd_info()	print_r (gd_info());	Gibt Informationen über die installierte GD-Bibliothek zurück.
getimagesize($filename [,$info])	$arr = getimagesize ("logo.jpg");	Ermittelt die Bildeigenschaften einer GIF-, JPEG-, PNG- oder SWF-Grafikdatei und gibt diese als Array $arr zurück. $arr[0]: Bildbreite $arr[1]: Bildhöhe $arr[2]: Bildtyp – 1 = GIF, 2 = JPG, 3 = PNG, SWF = 4 $arr[3]: String "height=xxx width=xxx" zur Verwendung in einem <img>-Tag. Das Array $info gibt optional zusätzliche Informationen zurück.
image_type_to_mime_type(imagetype)	header("Content-type: " . image_type_to_mime_type (IMAGETYPE_PNG));	Gibt den MIME-Type für den Bildtyp aus, welcher von einer der Funktionen getimagesize(), exif_read_data, exif_thumbnail oder exif_imagetype ermittelt wurde. Hier einige der Konstanten, die zurückgegeben werden: IMAGETYPE_GIF->image/gif IMAGETYPE_JPEG->image/jpeg IMAGETYPE_PNG->image/png IMAGETYPE_PSD->image/psd IMAGETYPE_BMP->image/bmp

Funktion	Beispiel	Bedeutung
imagearc($img, $cx, $cy, $w, $h, $s, $e, $col)	imagearc($bild, 100, 100, 50, 50, 0, 180, $farbe);	Zeichnet eine Ellipse mit dem Zentrum $cx/$cy, der Breite $w, der Höhe $h, dem Startwinkel $s und dem Endwinkel $e.
imagechar($img, $font, $x, $y, $char, $col)	imagechar($bild, $font, 100, 50, "Z", $col) ;	Zeichnet ein Zeichen $char.
imagecharup($img, $font, $x, $y, $char, $col)	imagecharup($bild, $font, 100, 50, "Z", $farbe) ;	Zeichnet ein um 90° gedrehtes Zeichen $char.
imagecolorallocate($img, $rot, $grün, $blau)	$col = imagecolorallocate($bild, 255, 0, 0);	Gibt ein Handle $col für eine Farbe zurück.
imagecolorat($img, $x, $y)	$col = imagecolorat($bild, 100, 100) ;	Gibt den Index $col des Farbwerts zu einem RGB-Wert zurück.
imagecolorresolve($img, $rot, $grün, $blau)	$col = imagecolorresolve($bild, 0, 255, 0);	Gibt den Index $col oder die nächste Farbe zu einem RGB-Wert zurück.
imagecolorset($img, $col, $rot, $grün, $blau)	$succ = imagecolorset($bild, $farbe, 0, 0, 255);	Änder eine Farbe $col innerhalb der Farbpalette.
imagecolorstotal($img)	$anzahl = imagecolorstotal($bild);	Gibt die Anzahl der im $img enthaltenen Farben zurück.
imagecolortransparent ($img [,$col])	$col_n = imagecolortransparent($bild) ;	Bestimmt eine Farbe als Transparent und gibt neues Handle $col_n zurück. Wird keine Farbe $col angegeben, wird die aktuelle verwendet.
imagecopyresized ($dst_img, $src_img, $dstX, $dstY, $srcX, $srcY, $dstW, $dstH, $scrW, $scrH)	imagecopyresized($Zielbild, $Quellbild, $50, $50, $25, $25, $100, $100, $200, $200);	Kopiert einen Bildausschnitt von $scr_img (Quelle) nach $dst_img (Ziel).
imagecreate($w,$h)	$img = imagecreate(400,400);	Erzeugt ein Bild mit dem Abmessungen $w (Breite) und $h (Höhe) und gibt ein Handle an $img zurück.
imagecreatefromjpeg($filename)	$img = imagecreatefromjpeg ("logo.jpg");	Erzeugt ein Bild aus einer JPEG-Datei und gibt ein Handle $img zurück.
imagecreatefrompng($filename)	$img = imagecreatefrompng ("logo.png");	Erzeugt ein Bild aus einer PNG-Datei und gibt ein Handle $img zurück.
imagedashedline($img, $x1, $y1, $x2, $y2, $col)	imagedashedline($bild, 0, 0, 100, 100, $farbe);	Zeichnet eine gestrichelte Linie.
imagedestroy($img)	imagedestroy($bild);	Giibt den von einem Bild belegten Speicher frei.
imagefill($img, $x, $y, $col);	imagefill($bild, 100,100,$farbe) ;	Füllt eine Fläche mit der Farbe $col.

Funktion	Beispiel	Bedeutung
imagefilledarc($img, $cx, $cy, $w, $h, $s, $e, $col,$style)	imagefilledarc($bild, 50, $i, 100, 50, 0, 45, $farbe, IMG_ARC_PIE);	Zeichnet eine gefüllte Ellipse mit dem Zentrum $cx/$cy, der Breite $w, der Höhe $h, dem Startwinkel $s und dem Endwinkel $e. Der Parameter $style kann folgende Werte annehmen: IMG_ARC_PIE – Legt einen abgerundeten Rand fest. IMG_ARC_CHORD – Verbindet Start- und Endwinkel mit einer Linie. IMG_ARC_NOFILL – Keine Füllung lediglich Umrisslinien. IMG_ARC_EDGED – Umrisslinien am Rand.
imagefilledellipse($img, $cx, $cy, $w, $h, $col)	imagefilledellipse($bild, 200, 150, 300, 200, $farbe);	Zeichnet eine gefüllte Ellipse mit dem Zentrum $cx/$cy, der Breite $w, der Höhe $h, dem Startwinkel $s und dem Endwinkel $e.
imagefilledpolygon ($img, $points, $num, $col)	imagefilledpolygon($bild, $points, $num, $farbe) ;	Zeichnet ein mit der Farbe $col gefülltes Polygon mit $num Punkten. Die Punktkoordinaten sind im Array $points enthalten. Points[0] = x0; Points[1] = y0; Points[2] = x1; Points[3] = y1; usw.
imagefilledrectangle ($img, $x1, $y1, $x2, $y2, $col)	imagefilledrectangle($bild, $0, $0, $200, $100, $farbe);	Zeichnet ein gefülltes Rechteck.
imagefilltoborder($img, $x, $y, $border, $col)	imagefilltoborder($bild, $x, $y, $border, $farbe)	Füllt eine Fläche, die durch die Farbe $col abgerenzt ist.
imagefontheight($font)	$h = imagefontheight($font);	Gibt die Schrifthöhe einer Schriftart zurück.
imagefontwidth($font)	$b = imagefontheight($font);	Gibt die Schriftbreite einer Schriftart zurück.
imageinterlace($img [,$mode])	imageinterlace($bild, 1);	Aktiviert oder deaktiviert den Interlaced Modus (1=an, 0=aus).
imageline($img, $x1, $y1, $x2, $y2, $col)	imageline($bild, $x1, $y1, $x2, $y2, $farbe) ;	Zeichnet eine Linie.
imageloadfont ($filename)	imageloadfont(datei);	Lädt einen neuen Font (Schriftart) aus der Datei $filename.
imagejpeg($img [, $filename [, $quality]])	imagejpeg($bild, "test.jpg", 50);	Erzeugt eine JPEG-Bilddatei.
imagepng($img [,$filename])	imagepng($bild, "test.png");	Erzeugt ein PNG-Bilddatei.

Funktion	Beispiel	Bedeutung
imagepolygon($img, $points, $num, $col)	imagepolygon($bild, $points, $num, $farbe) ;	Zeichnet ein Polygon mit $num Punkten. Die Punktkoordinaten sind im Array $points enthalten. Points[0] = x0; Points[1] = y0; Points[2] = x1; Points[3] = y1; usw.
imagepsbbox($text, $font, $size, $space, $width, $angle)	$array = imagepsbbox($text, $font, $size, $space, $width, $angle);	Gibt ein Array mit den Maßen einer Textbox zurück (PostSkript Type-1-Font). Array[0]: x1 (links unten) Array[1]: y1 (links unten) Array[2]: x2 (rechts oben) Array[3]: y2 (rechts oben)
imagepsencodefont($end codinfile)	imagepsendcodefont($endco ding);	Ändern den beschreibenden Vektor eines PostScript Type-1-Font.
imagepsfreefont ($fontindex)	imagepsfreefont($index);	Gibt den von einem PostScript Type-1-Font belegten Speicher frei.
imagepsloadfont ($filename)	imagepsloadfont($datei);	Lädt einen PostScript Type-1-Font aus einer Datei.
imagepstext ($image, $text, $font, $size, $foreground, $background, $x, $y [, $space [, $tightness [, $angle [, $antialias_steps]]]])	$array = imagepstext ($image, $text, $font, $size, $foreground, $background, $x, $y [, $space [, $tightness [, $angle [, $antialias_steps]]]]);	Zeichnet einen String $text über einem Bild mit einem PostScript Type-1-Font und gibt ein Array $array mit den Maßen des erzeugten Textes zurück.
imagerectangle($img, $x1, $y1, $x2, $y2, $col)	imagerectangle($bild, 100, 100, 200, 200, $farbe);	Zeichnet ein Rechteck.
imagesetpixel($img, $x, $y, $col)	imagesetpixel($bild, 100, 100, $farbe);	Setzt einen einzelnen Pixel.
imagestring($img, $font, $x, $y, $text, $col)	imagestring($bild, $font, $x, $y, "PHP", $farbe);	Schreibt einen Text $text.
imagestringup($img, $font, $x, $y, $text, $col)	imagestringup($bild, $font, $x, $y, "PHP", $farbe);	Schreibt einen vertikal ausgerichteten Text $text.
imagesx($img)	$b = imagesx($bild);	Gibt die Breite eines Bilds zurück.
imagesy($img)	$h = imagesy($bild);	Gibt die Höhe eines Bilds zurück.
imagettfbbox($size, $angle, $fontfile, $text)	$array = imagettfbbox($size, $angle, $fontfile, $text);	Gibt ein Array $array mit den Abmessungen einer Textbox mit True-Type-Fonts aus.
imagettftext($img, $size, $angle, $x, $y, $col, $fontfile, $text)	$array == imagettftext($bild, $size, $angle, $x, $y, $farbe, $fontfile, $text)	Zeichnet einen Text $text mit True-Type-Fonts und gibt ein Array $array mit den Abmessungen aus.

4.4.4 GD-Funktionen in der Praxis

Die Erstellung von Grafiken beispielsweise für statistische Erhebungen in Form von Linien- und Säulendiagrammen in Echtzeit stellt mit Hilfe der GD-Bibliothek kein Problem dar.

Text via GD-Funktionen

Als Erstes wollen wir Sie mit einem Beispiel konfrontieren, das Sie einfach mal ausprobieren sollten.

Beispiel:

```php
<?php
// Dokument Header mit MIME-Typ festlegen
header("Content-type: image/png");

$bild = ImageCreate(400,400);
$hintergrund = imagecolorallocate($bild, 255, 255, 255);
$farbeSchwarz = imagecolorallocate($bild, 0, 0, 0);

// Eingebaute GD-Bibliothek Schriftarten verwenden
ImageString($bild, 4, 10, 10, 'PHP Praxis', $farbeSchwarz);

// TrueType-Schriftarten verwenden
// ImageTTFText($bild, 20, 0, 10, 50, $farbeSchwarz,
'/pfad/zum/font.ttf','PHP Praxis');

// Vertikaler Text
ImageStringUp($bild, 4, 10, 150, 'PHP Praxis', $farbeSchwarz);

// Bild ausgeben
imagepng($bild);

// Bild aus Speicher entfernen
imagedestroy($bild);
?>
```

Sie sollten sich die Ausgabe genau betrachten und anschließend mit den Werten experimentieren.

Liniendiagramm

Zur Illustration, wie man mit PHP dynamisch Grafiken erzeugen kann, sollen hier einige Diagramme erstellt werden. Das erste Beispiel stellt ein Liniendiagramm auf einem Raster dar.

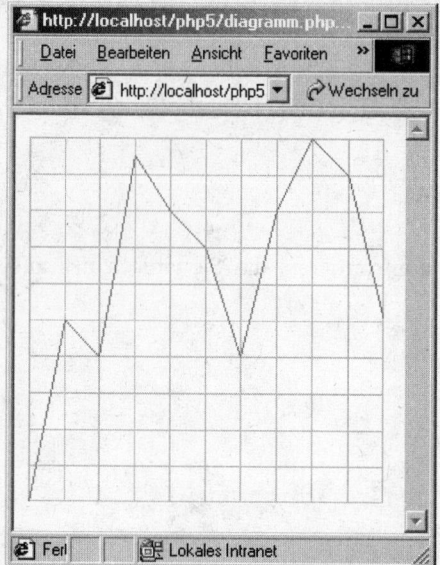

Bild 4.26:   Dynamisch erzeugtes Liniendiagramm

Zum Aufrufen einer dynamisch erzeugten Grafik auf einer Webseite genügt es, einen Link zu der PHP-Seite zu setzen, welche die Grafik an den Browser weiterleitet. Das `<img>`-Tag ist hierfür bestens geeignet, wie das folgende Beispiel zeigt:

```
<html>
<head>
  <title>GD-Bibliothek in der Praxis</title>
</head>
<body>
  <h1>Liniendiagramm</h1><p>
  <img src="diagramm.php"><br>
</body>
</html>
```

Nun zum eigentlichen Code, der die Grafik erzeugt. Hier die einzelnen Bestandteile des Quellcodes von *diagramm.php*:

```
// Diagramm Werte
$daten=array(0,125,100,238,200,175,100,200,250,225,125);
```

Zuerst werden die Werte für das Diagramm angegeben. Im vorliegenden Beispiel befinden sich die Werte in einem Array `$daten`. Sie könnten ebenso gut aus einer XML-Datei, einem Formular oder einer Datenbank stammen. Die Werte reichen von 0 bis 250, den Abmessungen der Grafik in Pixel. Der Wert legt die Anfangsposition jedes Diagrammsegments im Raster fest. Falls Sie Werte zwischen 0 und 100 verwenden möchten, wie bei Prozentangaben, müssen Sie den jeweiligen Wert nur mit Faktor 2.5 multiplizieren, um die Pixelposition im Raster zu bestimmen. Der Faktor ergibt sich dabei aus den Maßen des Bildes.

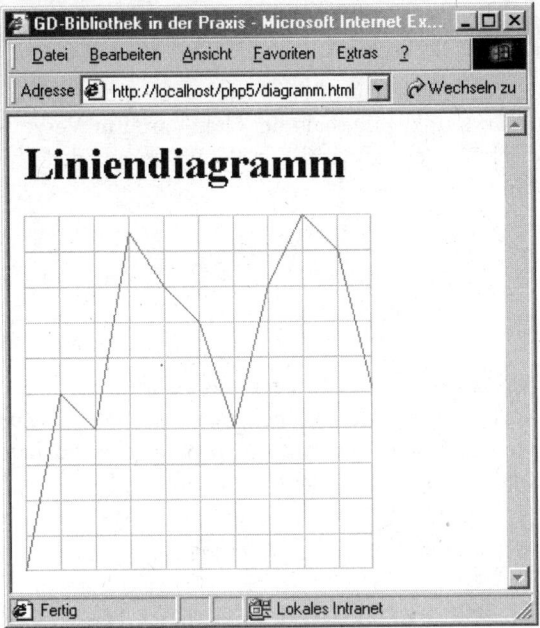

Bild 4.27: Liniendiagramm innerhalb der HTML-Seite

Fallbeispiel:

```
250x250 -> 250/100 -> 2.5
```

Als Nächstes wird ein PNG-Header verschickt und die Breite und Höhe der Grafik festgelegt:

```
// PNG-Grafik definieren
header("Content-type: image/png");

// Breite/Höhe des Diagramm
$imgBreite=250;
$imgHoehe=250;
```

PNG steht übrigens für *Portable Network Graphic*, ein verlustfreies Grafikformat. Nun kann das Image-Objekt erzeugt und die Farben für das Diagramm festgelegt werden:

```
// Image-Objekt erzeugen und Farben definieren
$bild=imagecreate($imgHoehe, $imgBreite);
$farbeWeiss=imagecolorallocate($bild, 255, 255, 255);
$farbeGrau=imagecolorallocate($bild, 192, 192, 192);
$farbeBlau=imagecolorallocate($bild, 0, 150, 255);
```

Der Hintergrund wird weiß sein, das Raster grau und die Linien des Liniendiagramms blau. Durch Erstellen weiterer Variablen und Festlegen anderer RGB-Werte lassen sich Farben problemlos ändern oder hinzufügen. Als Nächstes wird ein grauer Rand für die Grafik erzeugt, und zwar für jede Kante einzeln mithilfe der `imageline()`-Funktion:

```
// Rand für die Grafik erzeugen
imageline($bild, 0, 0, 0, 250, $farbeGrau);
imageline($bild, 0, 0, 250, 0, $farbeGrau);
```

```
imageline($bild, 249, 0, 249, 249, $farbeGrau);
imageline($bild, 0, 249, 249, 249, $farbeGrau);
```

Es gilt jeweils zwei x/y-Koordinaten festzulegen. Jedes der Wertepaare in der `image-line()`-Funktion gibt einen Start- und Endpunkt innerhalb der Grafik an. Zur Vervollständigung des Rasters werden im regelmäßigen Abstand von 25 Pixeln auf der x/y-Achse weitere graue Linien hinzugefügt:

```
// Raster erzeugen
for ($i=1; $i<count($daten); $i++){
        imageline($bild, $i*25, 0, $i*25, 250, $farbeGrau);
        imageline($bild, 0, $i*25, 250, $i*25, $farbeGrau);
}
```

Position (0,0) bezieht sich auf die linke obere Ecke des Rasters und Position (250,250) auf die untere rechte Ecke. Dies entspricht genau den Abmessungen der Grafik. Zur Erzeugung des Liniendiagramms werden sämtliche Werte des Arrays in einer Schleife durchlaufen und so Start- und Endpunkt jedes Liniensegments bestimmt:

```
// Liniendiagramm erzeugen
for ($i=0; $i<count($daten); $i++){
imageline($bild, $i*25, (250-$daten[$i]),
    ($i+1)*25, (250-$daten[$i+1]), $farbeBlau);
}
```

PHP erzeugt mit Hilfe der `imageline()`-Funktion eine blaue Linie zwischen den aufeinander folgenden Koordinaten. Das vorliegende Beispiel besitzt lediglich elf Werte, aber man kann dieses Verfahren leicht ausbauen und komplexe Diagramme wie Börsenindizes oder Ähnliches erstellen.

Abschließend muss die Grafik zur Ausgabe an den Browser verschickt und der Speicherplatz auf dem Server wieder freigegeben werden:

```
// Diagramm ausgeben und Grafik
// aus dem Speicher entfernen
imagepng($bild);
imagedestroy($bild);
```

Beispiel – vollständig:

```
<?php
// Diagramm Werte
$daten=array(0,125,100,238,200,175,100,200,250,225,125);

// PNG-Grafik definieren
header("Content-type: image/png");

// Breite/Höhe des Diagramm
$imgBreite=250;
$imgHoehe=250;

// Image-Objekt erzeugen und Farben definieren
$bild=imagecreate($imgHoehe, $imgBreite);
$farbeWeiss=imagecolorallocate($bild, 255, 255, 255);
$farbeGrau=imagecolorallocate($bild, 192, 192, 192);
$farbeBlau=imagecolorallocate($bild, 0, 150, 255);
$farbeHellblau=imagecolorallocate($bild, 0, 200, 255);
```

```
// Rand für die Grafik erzeugen
imageline($bild, 0, 0, 0, 250, $farbeGrau);
imageline($bild, 0, 0, 250, 0, $farbeGrau);
imageline($bild, 249, 0, 249, 249, $farbeGrau);
imageline($bild, 0, 249, 249, 249, $farbeGrau);

// Raster erzeugen
for ($i=1; $i<count($daten); $i++){
        imageline($bild, $i*25, 0, $i*25, 250, $farbeGrau);
        imageline($bild, 0, $i*25, 250, $i*25, $farbeGrau);
}

// Liniendiagramm erzeugen
for ($i=0; $i<count($daten); $i++){
imageline($bild, $i*25, (250-$daten[$i]),
    ($i+1)*25, (250-$daten[$i+1]), $farbeBlau);
}

// Diagramm ausgeben und Grafik
// aus dem Speicher entfernen
imagepng($bild);
imagedestroy($bild);
?>
```

Sie sollten die Liniendiagramm-Schleife mal durch folgende Codezeilen ersetzen und austesten:

```
// Liniendiagramm erzeugen
for ($i=0; $i<count($daten); $i++){
imageline($bild, $i*25, (250-$daten[$i]),
    ($i+1)*25, (250-$daten[$i+1]), $farbeBlau);
    imageellipse($bild, $i*25, (250-$daten[$i]), 8, 8, $farbeBlau);
}
```

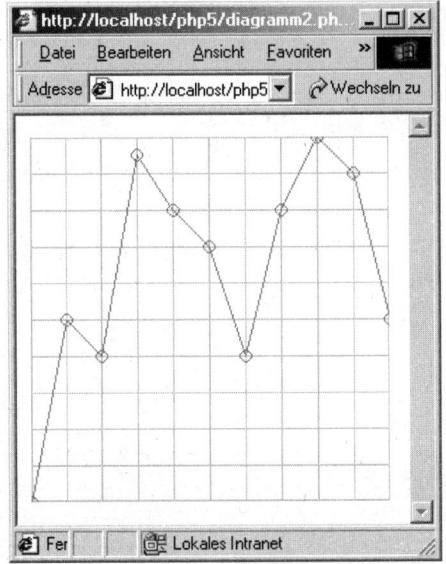

Bild 4.28:   Einsatz von imageellipse()

oder

```
// Liniendiagramm erzeugen
for ($i=0; $i<count($daten); $i++){
imageline($bild, $i*25, (250-$daten[$i]),
    ($i+1)*25, (250-$daten[$i+1]), $farbeBlau);
    imagefilledellipse($bild, $i*25, (250-$daten[$i]), 8, 8, $farbeBlau);
}
```

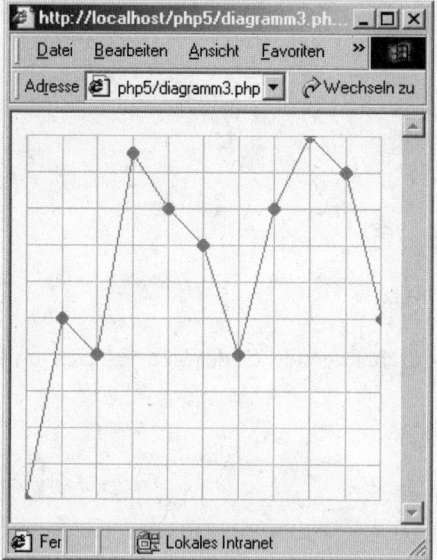

Bild 4.29: Einsatz von imagefilledellipse()

Sie sehen, Ihrer Fantasie sind kaum Grenzen gesetzt.

Säulendiagramm

Das vorliegende Beispiel lässt sich mit einigen Handgriffen recht einfach zur Erzeugung von Säulendiagrammen umwandeln.

Die Funktion imagefilledrectangle() erzeugt zwei Sorten von Rechtecken: Die dunkelblauen Säulen repräsentieren die Werte aus dem Array $daten, und die hellblauen füllen die Zwischenräume aus:

```
// Säulendiagramme erzeugen
for ($i=0; $i<count($daten); $i++){
    imagefilledrectangle($bild, $i*25, (250-$daten[$i]),
    ($i+1)*25, 250, $farbeBlau);
    imagefilledrectangle($bild, ($i*25)+1,
    (250-$daten[$i])+1,
    (($i+1)*25)-5, 248, $farbeHellblau);
}
```

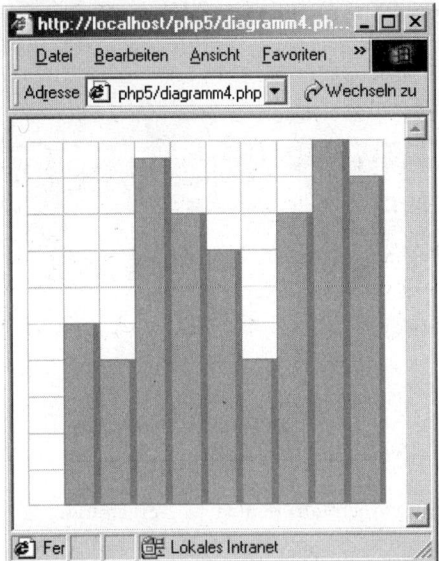

Bild 4.30: Säulendiagramm

Für den hellblauen Farbwert müssen Sie noch folgende Zeile im Skript platzieren:

```
$farbeHellblau=imagecolorallocate($bild, 0, 200, 255);
```

Beispiel – vollständig:

```php
<?php
// Diagramm Werte
$daten=array(0,125,100,238,200,175,100,200,250,225,125);

// PNG-Grafik definieren
header("Content-type: image/png");

// Breite/Höhe des Diagramm
$imgBreite=250;
$imgHoehe=250;

// Image-Objekt erzeugen und Farben definieren
$bild=imagecreate($imgHoehe, $imgBreite);
$farbeWeiss=imagecolorallocate($bild, 255, 255, 255);
$farbeGrau=imagecolorallocate($bild, 192, 192, 192);
$farbeBlau=imagecolorallocate($bild, 0, 150, 255);
$farbeHellblau=imagecolorallocate($bild, 0, 200, 255);

// Rand für die Grafik erzeugen
imageline($bild, 0, 0, 0, 250, $farbeGrau);
imageline($bild, 0, 0, 250, 0, $farbeGrau);
imageline($bild, 249, 0, 249, 249, $farbeGrau);
imageline($bild, 0, 249, 249, 249, $farbeGrau);

// Raster erzeugen
for ($i=1; $i<count($daten); $i++){
        imageline($bild, $i*25, 0, $i*25, 250, $farbeGrau);
```

```
              imageline($bild, 0, $i*25, 250, $i*25, $farbeGrau);
}

// Säulendiagramme erzeugen
for ($i=0; $i<count($daten); $i++){
        imagefilledrectangle($bild, $i*25, (250-$daten[$i]),
    ($i+1)*25, 250, $farbeBlau);
        imagefilledrectangle($bild, ($i*25)+1,
    (250-$daten[$i])+1,
    (($i+1)*25)-5, 248, $farbeHellblau);
}

// Diagramm ausgeben und Grafik
// aus dem Speicher entfernen
imagepng($bild);
imagedestroy($bild);
?>
```

Hinweis: Sie sollten allerdings einen wichtigen Aspekt nicht aus den Augen verlieren, wenn Sie solche Grafiken serverseitig erzeugen Sie belasten den Prozessor nicht unerheblich. Wenn man zu viele dieser dynamischen Grafiken auf einer Website verwendet, kommt es zu Performance-Einbußen.

Abschließend wollen wir Ihnen noch den Quellcode für die wohl flexibelste Umsetzung des Linien- und Säulendiagramms zur Verfügung stellen:

Beispiel:

```php
<?php

// PNG-Grafik definieren
header("Content-type: image/png");

// Diagramm Werte (Prozentangaben)
$daten=array(0,50,40,100,80,70,40,80,95,90,50);

// Prozentumrechnung + grössen Faktor
function setProzent($faktor) {
        global $daten;
        for ($i = 0; $i < count($daten); $i++) {
                        $daten[$i] = round($daten[$i]*$faktor);
        }
}

// Breite/Höhe des Diagramm
$imgDim = 250;

// Ausführen
setProzent($imgDim/100);

$bfaktor = $imgDim/(count($daten)-1);

// Image-Objekt erzeugen und Farben definieren
$bild=imagecreate($imgDim, $imgDim);
$farbeWeiss=imagecolorallocate($bild, 255, 255, 255);
```

```
$farbeGrau=imagecolorallocate($bild, 192, 192, 192);
$farbeBlau=imagecolorallocate($bild, 0, 150, 255);
$farbeHellblau=imagecolorallocate($bild, 0, 200, 255);

// Rand für die Grafik erzeugen
imageline($bild, 0, 0, 0, $imgDim, $farbeGrau);
imageline($bild, 0, 0, $imgDim, 0, $farbeGrau);
imageline($bild, $imgDim-1, 0, $imgDim-1, $imgDim-1, $farbeGrau);
imageline($bild, 0, $imgDim-1, $imgDim-1, $imgDim-1, $farbeGrau);

// Raster erzeugen
for ($i=1; $i<count($daten); $i++){
     imageline($bild, $i*$bfaktor, 0, $i*$bfaktor, $imgDim, $farbeGrau);
     imageline($bild, 0, $i*$bfaktor, $imgDim, $i*$bfaktor, $farbeGrau);
}

// Liniendiagramm erzeugen
for ($i=0; $i<count($daten); $i++){
imageline($bild, $i*$bfaktor, ($imgDim-$daten[$i]),
    ($i+1)*$bfaktor, ($imgDim-$daten[$i+1]), $farbeBlau);
     imagefilledellipse($bild, $i*$bfaktor, ($imgDim-$daten[$i]), 6, 6,
$farbeBlau);
}

// Diagramm ausgeben und Grafik
// aus dem Speicher entfernen
imagepng($bild);
imagedestroy($bild);

?>
```

Die Maße des Diagramms können Sie nun flexibel über die Variable $imgDim festlegen. Die Codezeilen wurden zusätzlich so angepasst, dass die Daten aus dem Array $daten in Form von Prozentangaben erfolgen können:

```
// Säulendiagramme erzeugen
for ($i=0; $i<count($daten); $i++){
     imagefilledrectangle($bild, $i*$bfaktor, ($imgDim-$daten[$i]),
    ($i+1)*$bfaktor, $imgDim, $farbeBlau);
     imagefilledrectangle($bild, ($i*$bfaktor)+1,
    ($imgDim-$daten[$i])+1,
    (($i+1)*$bfaktor)-5, $imgDim-2, $farbeHellblau);
}
```

Tortendiagramm

Zur Erstellung von Tortendiagrammen verwenden Sie die Funktion imagefilledarc(). Damit wird die Realisierung von Tortendiagrammen zum Kinderspiel, na ja, sagen wir fast.

Beispiel:

```
<?php
// Header (MIME-Typ)
header('Content-type: image/png');
```

```
// Image-Objekt erzeugen
$bild = imagecreate(200, 200);

// Farbwerte festlegen
$hintergrund = imagecolorallocate($bild, 0xFF, 0xFF, 0xFF);
$farbeGrau = imagecolorallocate($bild, 0xC0, 0xC0, 0xC0);
$farbeDunkelGrau = imagecolorallocate($bild, 0x90, 0x90, 0x90);
$farbeBlau = imagecolorallocate($bild, 0x00, 0x00, 0x80);
$farbeDunkelBlau = imagecolorallocate($bild, 0x00, 0x00, 0x50);
$farbeRot = imagecolorallocate($bild, 0xFF, 0x00, 0x00);
$farbeDunkelRot = imagecolorallocate($bild, 0x90, 0x00, 0x00);

// 3D Effekt simulieren
for ($i = 60; $i > 50; $i--) {
        imagefilledarc($bild, 50, $i, 100, 50, 0, 55, $farbeDunkelBlau,
IMG_ARC_PIE);
        imagefilledarc($bild, 50, $i, 100, 50, 55, 135 , $farbeDunkelGrau,
IMG_ARC_PIE);
        imagefilledarc($bild, 50, $i, 100, 50, 135, 360 , $farbeDunkelRot,
IMG_ARC_PIE);
}

// Eigentliches Diagramm
imagefilledarc($bild, 50, 50, 100, 50, 0, 55, $farbeBlau, IMG_ARC_PIE);
imagefilledarc($bild, 50, 50, 100, 50, 55, 135 , $farbeGrau, IMG_ARC_PIE);
imagefilledarc($bild, 50, 50, 100, 50, 135, 360 , $farbeRot, IMG_ARC_PIE);

// Diagramm ausgeben und Grafik
// aus dem Speicher entfernen
imagepng($bild);
imagedestroy($bild);
?>
```

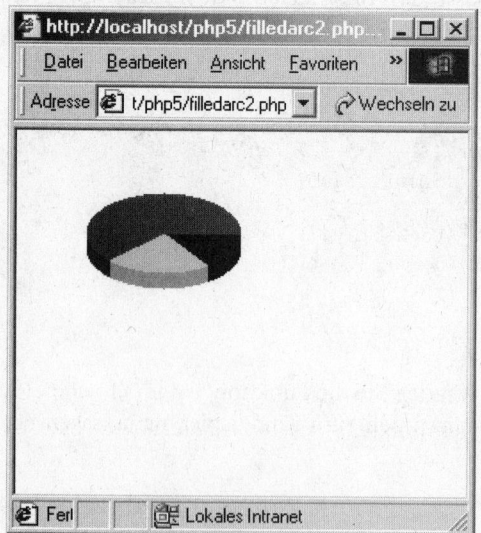

Bild 4.31:   Tortendiagramm

5 Neuerungen in PHP 5

Dieses Kapitel ist im Grunde gar nicht notwendig, da Sie bereits in den vorherigen Kapiteln sämtliche wesentlichen Sprachbestandteile kennen gelernt haben. Dies schließt auch PHP 5 ein. Wir haben uns jedoch erlaubt, in diesem Kapitel die Neuerungen der Zend Engine 2.0 aufzulisten und einige weitere PHP 5-spezifische Anpassungen unter die Lupe zu nehmen.

5.1 Zend Engine 2 und PHP 5

Die Zend Engine 2 stellt ist der Versuch, PHP 5 für den Einsatz im Enterprise-Sektor konkurrenzfähig zu gestalten und einzugliedern. Sicherlich wurde PHP auch schon vorher von Firmen gezielt eingesetzt, aber die Unterstützung in puncto Zuverlässigkeit und Sicherheit, die eine Programmiersprache geben sollte, war keineswegs zufrieden stellend ausgeprägt.

In der folgenden Übersicht befinden sich alle Kernbestandteile der Änderungen an der Zend Engine 2.0. In Zukunft werden wohl noch weitere Features auf Sie als Entwickler zukommen. Das gesetzte Ziel fokussierte primär auf eine verbesserte OO-Unterstützung und die Implementierung neuer Konstrukte, um das OO-Design zu erleichtern.

- Klonen von Objekten
- Objekt-Dereferenzierung
- Konstruktoren & Destruktoren
- Built-in Backtracing
- Verbesserte OO-Verhaltensweise
- Implizite Referenzierung von Objektinstanzen
- Optimierter Objektrückgabemechanismus
- Exception Handling
- Datenkapselung
- Namespaces/Nested Classes

Hier ein Beispiel zu den OOP-Erweiterungen, damit Sie sich ein Bild davon machen können:

```php
<?php

// Schnittstelle
// Gewährleistet die Kommunikation zwischen Klassen
interface Wachstum {
```

```php
  // Abstraktion einer Methode
  abstract public function altern();
}


// Abstraktion einer Klasse
abstract class Lebewesen implements Wachstum {
  // Eigenschaften schützen, so dass über ein
  // Objekt keine direkter Zugriff möglich ist!
  protected $alter = 0;
  protected $geschlecht;

  abstract public function altern();

  public final function getAlter() {
    return $this->alter;
  }
}


// Klasse Mensch wird durch die Superklasse
// Lebewesen erweitert (Vererbung)
class Mensch extends Lebewesen {
  protected static $vorfahre = "Affe";
  protected $name;

  // Konstruktor
  function __construct($name, $geschlecht) {
    $this->name = $name;
    $this->geschlecht = $geschlecht;
    $this->altern();
  }

  // Destruktor
  function __destruct() {
    echo "<br>...und so scheidet ".$this->name." dahin";
  }

  // Finale Methoden
  final function altern() {
    $this->alter++;
  }

  final function getName() {
    return $this->name;
  }

  function umbenennen($neuerName) {
    $this->name = $neuerName;
  }

  function geburtstagFeiern() {
    $this->altern();
```

```php
    echo "trööööt";
  }


  // Statische Methoden
  public static final function neueEvolutionstheorie($neuerVorfahre) {
    Mensch::$vorfahre = $neuerVorfahre;
  }


  public static final function getVorfahre() {
    return Mensch::$vorfahre;
  }
}


// Klasse Deutscher erbt von Mensch
class Deutscher extends Mensch {
  function __construct($name, $geschlecht) {
    parent::__construct($name, $geschlecht);
  }


  function umbenennen($neuerName, $geduldsfaden=false) {
    $erfolg = $this->behoerdengang($geduldsfaden);
    if ($erfolg) $this->name = $neuerName;
  }


  // Private Methode
  private function behoerdengang($geduldsfaden) {
    try {
      if (!$geduldsfaden)
        throw new Exception("Umbennenung fehlgeschlagen!");
        return true;
    } catch (Exception $prop) {
      echo $prop->getMessage()."<br>";
      return false;
    }
  }
}



// Autor erzeugen (Objekt)
$autor = new Mensch("Matthias", "m");

// Auf die Methode getName() zugreifen
echo $autor->getName()."<br>";

// Autor umbenennen
$autor->umbenennen("Matze");

// Neuen Namen ausgeben
echo "Neuer Name: ".$autor->getName()."<br>";

// Folgende Codezeile erezeugt einen Fehler
```

```
// da die Eigenschaft geschützt ist!
// echo $autor->geschlecht;

// An das Alter gelangt man mit Hlfe der
// Funktion getAlter()
echo "Alter des Autors: " . $autor->getAlter() ."<br>";

// Stammt Autor vom Mensch ab?
if ($autor instanceof Mensch) {
 echo $autor->getName()." ist ein Mensch!<br>";
}

// Wer sind die Vorfahren der Menschen
echo "Der Mensch ist ein Nachfahre von ".Mensch::getVorfahre()."<br>";

// Neue Theorie
Mensch::neueEvolutionstheorie("Alien");

// Wer sind nun die Vorfahren der Menschen
echo "Der Mensch ist ein Nachfahre von ".Mensch::getVorfahre()."<br>";

// Autorin erzeugen (Objekt)
$autorin = new Deutscher("Caroline", "w");

// Die Methode behoerdengang ist über
// das Objekt nicht zu erreichen, da
// diese als private gekennzeichnet ist!
// $autorin->behoerdengang(true);

// Gibt den Ausnahmefall aus da das
// zweite Argument false ist (throw/catch).
$autorin->umbenennen("Caro", false);

?>
```

Ausgabe:

```
Matthias
Neuer Name: Matze
Alter des Autors: 1
Matze ist ein Mensch!
Der Mensch ist ein Nachfahre von Affe
Der Mensch ist ein Nachfahre von Alien
Umbennenung fehlgeschlagen!

...und so scheidet Caroline dahin
...und so scheidet Matze dahin
```

Hinweis: Um Sie in diesem Buch nicht noch mehr mit objektorientierter Programmierung und den Neuerungen der Zend Engine 2.0 zu bombardieren, verweisen wir auf das in Kürze erscheinende PHP 5 & OOP-Buch aus dem Franzis' Verlag.

5.2 Übersicht über Anpassungen und Erweiterungen

In diesem Abschnitt führen wir einige der Anpassungen und Erweiterungen in PHP 5 auf, so dass Sie sich möglichst schnell einen Überblick verschaffen können.

5.2.1 Vordefinierte Konstanten

Bei den vordefinierten Konstanten steht seit PHP 5 die Konstante __METHOD__ zur Verfügung, mit deren Hilfe Sie den Namen einer Klassenmethode ermitteln können.

Beispiel:

```php
<?php

class MeineKlasse {

        function ausgeben() {
                echo "Kalssenmethode von " . __METHOD__;
        }

}

$objekt = new MeineKlasse;
$objekt->ausgeben();

?>
```

Ausgabe:

```
Kalssenmethode von MeineKlasse::ausgeben
```

5.2.2 Einsatz von array_combine()

Diese Array-Funktion steht Ihnen zur Verfügung, um aus zwei Arrays eines zu erzeugen. Dabei wird eines der beiden Arrays für die Schlüssel verwendet und das andere Array für die Werte.

Syntax:

```
array_combine (keys, values)
```

Beispiel:

```php
<pre>
<?php

$keys = array('Licht', 'Schlafzimmer', 'Tür');
$values = array('An', 'Zu', 'Offen');
$wohnung = array_combine($keys, $values);
```

```
print_r($wohnung);

?>
</pre>
```

Ausgabe:

```
Array
(
    [Licht] => An
    [Schlafzimmer] => Zu
    [Tür] => Offen
)
```

Sollte die Anzahl der Elemente der beiden Arrays nicht übereinstimmen, gibt `array_combine()` `false` zurück.

5.2.3 Einsatz von range()

Wie sie bereits in Kapitel 1 erfahren haben, wird die Funktion `range()` eingesetzt, um ein Array mit einem festgelegten Bereich von Elementen zu erzeugen. In PHP 5 wurde der dritte und optionale Parameter `step` eingeführt. Ist ein Wert für `step` angegeben, wird dieser schrittweite zwischen den Elementen in der Sequenz verwendet. Ist `step` nicht angegeben, wird automatisch der Wert 1 angenommen.

Syntax:

```
range (low,high [, step])
```

Beispiel:

```php
<?php

foreach(range(0, 100, 10) as $number) {
    echo "$number -";
}

?>
```

Ausgabe:

```
0 -10 -20 -30 -40 -50 -60 -70 -80 -90 -100 -
```

Natürlich lässt sich dies auch bei Zeichenfolgen einsetzen.

Beispiel:

```php
<?php

foreach(range("A", "Z", 5) as $buchstabe) {
    echo "$buchstabe - ";
}

?>
```

Ausgabe:

```
A - F - K - P - U - Z -
```

Hinweis: step sollte immer als positive Zahl angegeben werden.

5.2.4 Einsatz von microtime()

Mit Hilfe der Funktion sind Sie in der Lage, den aktuellen UNIX-Zeitstempel mit Mikrosekunden zu erhalten. Seit PHP 5 steht Ihnen für diese Funktion ein optionaler Parameter get_as_float zur Verfügung. Sollten Sie den Parameter mit true (1) setzen, gibt microtime() eine Fließkommazahl (float) zurück.

Syntax:

```
microtime ( [get_as_float])
```

Beispiel:

```php
<?php

// PHP 4 ohne Parameter
function getmicrotime()
{
    list($usec, $sec) = explode(" ",microtime());
    return ((float)$usec + (float)$sec);
}

$time_start = getmicrotime();

for ($i=0; $i < 1000; $i++) {
    //mach nichts,1000 mal
}

$time_end = getmicrotime();
$time = $time_end - $time_start;

echo "Nichts getan in $time Sekunden<br>";


// PHP 5 mit Parameter
$time_start = microtime(1);

for ($i=0; $i < 1000; $i++) {
    //mach nichts,1000 mal
}

$time_end = microtime(1);
$time = $time_end - $time_start;
```

```
echo "Nichts getan in $time Sekunden<br>";

?>
```

Ausgabe:

```
Nichts getan in 0.00095582008361816 Sekunden
Nichts getan in 0.00088214874267578 Sekunden
```

5.2.5   Einsatz von scandir()

Die Funktion `scandir()` ermöglicht es Ihnen, sämtliche Dateien und Verzeichnisse eines Pfades aufzulisten. Dabei sorgt die Funktion dafür, dass die gefundenen Dateien und Verzeichnisse in Form eines Arrays zurückgegeben werden. Der optionale Parameter `sorting_order` ermöglicht es Ihnen, die Reihenfolge der Elemente im Array zu bestimmen, und zwar aufsteigend oder absteigend (1).

Syntax:

```
scandir ( directory [, sorting_order])
```

Beispiel:

```
<pre>
<?php

$verzeichnis    = '.';
$daten1 = scandir($verzeichnis);
$daten2 = scandir($verzeichnis, 1);

print_r($daten1);
print_r($daten2);

?>
</pre>
```

Ausgabe:

```
Array
(
    [0] => .
    [1] => ..
    [2] => test.php
    [3] => test2.txt
)
Array
(
    [1] => test2.txt
    [2] => test.php
    [3] => ..
    [4] => .
)
```

5.2.6 Einsatz von file_get_contents() und file_put_contents()

Die Funktion `file_get_contents()` wurde in PHP 4.3.0 eingeführt. Nun wurde auch `file_put_contents()` nachgereicht. Die Funktion `file_get_contents()` arbeitet ähnlich wie `file()`, nur mit dem Unterschied, dass der Inhalt einer Datei als Zeichenfolge ausgegeben wird und nicht in Form eines Arrays, wie es bei `file()` der Fall ist. Der Einsatz dieser neuen Funktion führt im Übrigen durch Memory Mapping zu einer deutlichen Performance-Verbesserung. Sie sollten diese einsetzen, wenn Ihr Betriebssystem dies zulässt.

Syntax:

```
file_get_contents (filename [, path [, context]])
```

Die Funktion `file_put_contents()` arbeitet vom Prinzip her wie die Kombination aus den Funktionen `fopen()`, `fwrite()` und `fclose()`. Die Funktion liefert nach einem erfolgreichen Speichervorgang die Datenmenge in Byte zurück.

Syntax:

```
file_put_contents (filename, data [, flags [, context]])
```

Beide Funktionen sind im Übrigen »binary safe«.

Beispiel:

```php
<?php

// Auslesen
$inhalt = file_get_contents("info.txt");
echo "Daten: $inhalt<br>";

$inhalt .= "mehr anfügen\n";

// Schreiben
$menge = file_put_contents("info.txt",$inhalt);
echo "Datenmenge: $menge Bytes";

?>
```

Ausgabe:

```
Daten: Hier ein Text!
Datenmenge: 86 Bytes
```

5.2.7 Erweiterungs-Optimierungen

Zusätzlich wurden Optimierungen für folgende Erweiterungen vorgenommen:

- curl-Extension
- fam-Extension
- ftp-Extension

- iconv-Extension
- imap-Extension
- ibase-Extension
- dns-Extension
- proc-Extension
- stream-Extension
- yaz-Extension

Es handelt sich dabei um Erweiterungen für spezielle Aufgaben, daher verweisen wir an dieser Stelle auf die Online-Referenz (*www.php.net*).

5.3   MySQL und PHP 5

In PHP 5 ist MySQL weder standardmäßig aktiviert, noch ist die MySQL-Client-Bibliothek in PHP enthalten. Das begründet das PHP-Entwicklerteam mit der Verbreitung von MySQL. Es ist somit nicht mehr notwendig, in PHP MySQL einzubinden. Dafür haben Ihnen die Entwickler im Gegenzug eine optimierte MySQL-Erweiterung (*mysqli*) spendiert.

> **Hinweis:** Die *mysqli*-Erweiterung ermöglicht Ihnen den Zugriff auf Funktionen von MySQL 4.1 und höher.

Installation

Um die mysqli-Erweiterung für PHP zu installieren, verwenden Sie die Option `--with-mysqli=mysql_config_path` wobei `mysql_config_path` auf das Verzeichnis des *mysql_config*-Programms verweist, welches bei MySQL-Versionen größer als 4.1 vorhanden ist. Darüber hinaus müssen Sie die Standard-MySQL-Erweiterung deaktivieren, die standardmäßig aktiviert ist. Dazu verwenden Sie die Option `--without-mysql`. Wenn Sie die Standard-MySQL-Erweiterung zusammen mit der verbesserten mysqli-Erweiterung installieren möchten, können Sie die mit PHP mitgelieferte und integrierte *libmysql*-Bibliothek nicht benutzen. Stattdessen müssen Sie Client-Bibliotheken verwenden, welche bei MySQL-Version 4.1 installiert werden. Damit zwingen Sie PHP, diese Client-Bibliotheken zu benutzen, und vermeiden so Konflikte.

> **Hinweis:** Da die Auflistung sämtlicher *mysqli*-Funktionen den Rahmen des Buchs sprengen würde, verweisen wir Sie an dieser Stelle auf die Online-Referenz: *www.php.net*.

> **Achtung:** Die *mysqli*-Erweiterung befindet sich immer noch im Experimentierstadium und sollte lediglich zu Testzwecken eingesetzt werden.

6 PHP&MySQL-Anwendungen

In diesem Kapitel stellen wir Ihnen einige nützliche PHP&MySQL-Anwendungen vor. Sehen Sie diesen Teil des Buchs als eine Art Ideenpool an, den Sie durch Ihre eigene Kreativität anpassen und ausbauen können.

Hinweis: Sollten Sie sich mit MySQL noch nicht auseinander gesetzt haben finden Sie auf der Buch-CD das PDF-Dokument MySQL_Datenbankprogrammierung.pdf, welches sich mit den wesentlichen Bestandteilen der MySQL-Datenbank und dem Einsatz via PHP befasst.

6.1 Useronline via MySQL

Wir hatten Ihnen bereits in Kapitel 3 einen »Useronline«-Counter vorgestellt. Ein ähnliches Prinzip lässt sich für die datenbankgestützte Lösung verwenden. Auch in diesem Fall müssen wir eine IP-Zeitsperre nutzen, um zu ermitteln, wie viele Besucher sich tatsächlich auf der jeweiligen Seite befinden.

Die folgende Umsetzung basiert auf zwei wesentlichen Skripts:

- *config.inc.php* – In diesem Skript befinden sich die wesentlichen Zugriffsdaten und der Verbindungsaufbau zur MySQL-Datenbank. Sie werden diese Datei in sämtlichen PHP&MySQL-Anwendungen aus dem Buch vorfinden.

- *useron.php* – In diesem Skript befinden sich die benötigten MySQL-Zugriffe, die mit Hilfe von SQL-Befehlen realisiert werden, so dass die Besucher der Seite erfasst werden können. Die Verbindung zur MySQL-Datenbank wird durch die *config.inc.php* sichergestellt.

Zusätzlich wurde folgender Ordner angelegt:

- *css* – Enthält die CSS-Datei (main.css), welche für die Layout-Formatierung des Useronline-Counters zuständig ist.

Sie benötigen zum Betreiben des Useronline-Counters folgende MySQL-Datenbanktabelle:

```
CREATE TABLE usertab (
  kid int(11) NOT NULL auto_increment,
  id char(255) default NULL,
  ip char(255) default NULL,
  name char(255) default NULL,
  zeitid char(255) default NULL,
  PRIMARY KEY  (kid)
)
```

> **Hinweis:** Die Tabellenstruktur finden Sie auch auf der beiliegenden Buch-CD. Sie können die benötigte Tabelle mit Hilfe von phpMyAdmin anlegen.

1. config.inc.php

```php
<?php

//Zugangsdaten
//Name (IP-Adr.) des Rechners mit MySQL
$dbserver = "localhost";
//Benutzername für den MySQL-Zugang
$nutzer = "";
//Passwort
$passwort = "";
//Name der Datenbank
$dbname = "praxisbuch";

$db_fehler1 = "
<html>
<head>
<title>Online-User</title>
<link rel='stylesheet' href='css/main.css' type='text/css'>
</head>
<body bgcolor='#FFFFFF' text='#000000'>
<table width='300' align='center'>
  <tr>
    <td align='center' class='latestnews' colspan='3'>- FEHLER - <br>
        <p>Die Datenbank sind zurzeit nicht abrufbar.</p>
    Versuchen Sie es bitte später nochmal!<br>
        </td>
  </tr>
</table>
</body>
</html>
";

$db_fehler2 = "
<html>
<head>
<title>Online-User</title>
<link rel='stylesheet' href='css/main.css' type='text/css'>
</head>
<body bgcolor='#FFFFFF' text='#000000'>
<table width='300' align='center'>
  <tr>
    <td align='center' class='latestnews' colspan='3'>- FEHLER - <br>
        <p>Die Daten sind zurzeit nicht abrufbar.</p>
    Versuchen Sie es bitte später nochmal!<br>
        </td>
  </tr>
</table>
</body>
</html>
```

```
";

//Verbindung aufbauen
@$db = mysql_connect($dbserver,$nutzer,$passwort) OR die($db_fehler1);

//Datenbank als Standard definieren
@mysql_select_db($dbname,$db) OR die($db_fehler2);

?>
```

Wie Sie sehen, wurden im Skript auch Ausnahmefälle berücksichtigt, schließlich sollte unsere Anwendung auch in der Lage sein, entsprechend zu reagieren, wenn der Datenbankserver oder die Datenbank selbst nicht erreichbar ist. Die HTML-Formatierung für die jeweiligen Fehlermeldungen können Sie natürlich an Ihre eigenen Bedürfnisse anpassen.

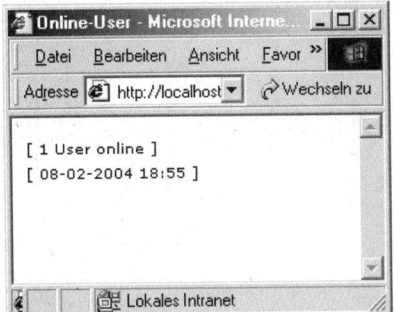

Bild 6.1:   Useronline-Counter im Einsatz

2. useron.php

```
<html>
<head>
<title>Online-User</title>
<link rel='stylesheet' type='text/css' href='css/main.css'>
</head>
<body>
<?

require("config.inc.php");

// Onlineuser Tabelle
$logtab = "usertab";
// Zeitlimit in Sekunden
$zeitlimit = "600";
// Zeit und Datum
$aktzeit=date("d-m-Y H:i");

$zeit = explode( " ", microtime());
$userusek = (double)$zeit[0];
$usersek = (double)$zeit[1];
```

```php
$User_Id = $usersek + $userusek;
$IP = getenv(REMOTE_ADDR);

// Onlineuser entfernen, sobald das Zeitlimit
// überschritten wurde
mysql_query("delete from $logtab where zeitid < $usersek -$zeitlimit");

// IP-Adresse prüfen
$satz = mysql_query("SELECT * FROM $logtab where ip like '$IP'");
@$userlog = mysql_fetch_row($satz);

// Neuen Onlineuser hinzufügen fals IP-Adresse
// noch nicht in der logtab vorhanden
if ($userlog == false) {
 mysql_query("insert INTO $logtab (id,ip,name,zeitid)
 VALUES('$User_Id','$IP','$_SERVER[HTTP_HOST]','$usersek')") or
die($db_fehler2);
}

// Anzahl der Onlineuser ermitteln
$res_logtab = mysql_query("SELECT Count(*) as gesamt FROM $logtab");
$numberlogtab = mysql_fetch_array($res_logtab);

// Anzahl der Online-User ausgeben
if (!empty($numberlogtab[gesamt])){
 echo "<font face='Verdana, Arial' size='-2'>
 [ $numberlogtab[gesamt] User online ]<br>[ $aktzeit ]</font>";
}

?>
</body>
</html>
```

Die Funktion require() sorgt für die Verknüpfung zu den benötigten Zugriffsdaten, diese Art der Verbindung sollten Sie vorzugsweise nutzen. Die Angabe von Datum und Uhrzeit ist eher optional.

6.2 Bannerabfrage via MySQL

Ein verhasstes, aber dennoch äußerst wichtiges Thema stellt die Bannerabfrage bzw. Rotation dar. Im folgenden Beispiel soll zusätzlich die Gewichtung einzelner Banner berücksichtigt werden. Schließlich ist es sinnvoll, die Banner darzustellen, die einen wesentlich größeren Zuspruch bei der Zielgruppe erreicht als andere.

Auch bei dieser Umsetzung führen zwei Skripts zum Erfolg:

* *config.inc.php* – In diesem Skript befinden sich die wesentlichen Zugriffsdaten und der Verbindungsaufbau zur MySQL-Datenbank. Diese Datei haben Sie bereits im Abschnitt »Useronline via MySQL« kennen gelernt.

- *banner.php* – In diesem Skript befinden sich die benötigten MySQL-Zugriffe und der benötigte Zufallszahlengenerator zur Darstellung der Banner. Die Verbindung zur MySQL-Datenbank wird auch in diesem Fall durch die *config.inc.php* sichergestellt.

Zusätzlich wurde folgender Ordner angelegt:

- *bilder* – Enthält die Grafikdateien, die die jeweiligen Banner enthalten.

Sie benötigen zum Betreiben der Bannerabfrage folgende MySQL-Datenbanktabelle:

```
CREATE TABLE banner (
  id int(10) unsigned NOT NULL auto_increment,
  bannertags varchar(200) NOT NULL default '',
  bannerurl varchar(200) NOT NULL default '',
  gewicht tinyint(3) unsigned NOT NULL default '0',
  name varchar(40) NOT NULL default '',
  PRIMARY KEY (id),
  KEY gewicht (gewicht)
)
```

und folgende Datensätze, um die Bannerabfrage im Einsatz zu sehen:

```
INSERT INTO banner VALUES (1, 'bilder/linkplogo.gif',
'http://www.selfas.de', 1, 'Banner1');
INSERT INTO banner VALUES (2, 'bilder/gbuchlogo.gif',
'http://www.atomicscript.de', 2, 'Banner2');
INSERT INTO banner VALUES (3, 'bilder/webbloglogo.gif',
'http://www.flashstar.de', 3, 'Banner3');
INSERT INTO banner VALUES (4, 'bilder/callpizzalogo.gif',
'http://www.actionscript-praxis.de', 1, 'Banner4');
```

Bild 6.2: Bannerabfrage im Einsatz

Banner.php

```
<?

//Verbindung zur Datenbank herstellen
require("config.inc.php");

//Gewichtung festlegen
$zufall = rand (1, 3);

//Mögliche Banner auslesen. Dieses sind in
//der Regel mehrere!!
$satz = "SELECT * FROM banner WHERE gewicht <= '$zufall' ";
$sqlbanner = mysql_query($satz) or die ($db_fehler2);
$anzahlbanner = mysql_num_rows($sqlbanner);

//Aus der so eben erzeugten Liste genau eine
//zufällige BannerID bestimmen
if($anzahlbanner == 1) {
    $show_bannerid = 0;
} else {
    $show_bannerid = rand(0,$anzahlbanner-1);
}

//Bannertag aus der Datenbank ausgeben
mysql_data_seek($sqlbanner,$show_bannerid);
$banner = mysql_fetch_array($sqlbanner);

//Ausgabe des Banners
echo "
<a href='$banner[bannerurl]' target='_blank'>
<img src='$banner[bannertags]' alt='$banner[name]-$banner[id]' border='0'>
</a>";

?>
```

Mit Hilfe der Tabellenspalte gewicht und der ermittelten Zufallszahl $zufall wird die Gewichtung der einzelnen Banner festgelegt. Die Werte reichen von 1 bis 3, wobei der Wert 1 die höchste und 3 die geringste Priorität symbolisiert.

> **Hinweis:** Dies stellt eine einfache Form der Gewichtung dar, die sich nicht nur für Banner-abfragen eignet.

6.3 Umfrage via MySQL

Wir haben Ihnen bereits im Kapitel 3 aufgezeigt, wie Sie mit Hilfe von PHP und einer Textdatei eine Umfrage erstellen können. Die auf MySQL basierende Lösung lehnt sich an diese an. Sie wurde jedoch um zusätzliche Funktionen erweitert:

- Anlegen von Umfragen
- Löschen von Umfragen
- Auswahl vorhandener Umfragen
- Darstellung der Umfrageergebnisse
- Regulierung der Stimmabgabe

Die Anwendung ist in einen administrativen und einen öffentlichen Bereich unterteilt und setzt sich aus zwei Datenbanktabellen zusammen, welche in einer 1:n-Beziehung zueinander stehen.

Initialisierungsdateien

- *config.inc.php* – In diesem Skript befinden sich die wesentlichen Zugriffsdaten und der Verbindungsaufbau zur MySQL-Datenbank.

- *install.php* – Mit Hilfe dieses Skripts sind Sie in der Lage, die benötigten Datenbanktabellen für die Umfrage-Anwendung festzulegen. Sie müssen das Skript lediglich im Browser aufrufen. Achten Sie darauf, das Skript anschließend vom Server zu entfernen.

Datenbanktabellen

```
CREATE TABLE umfrage (
  uid int(11) NOT NULL auto_increment,
  thema varchar(200) NOT NULL default '',
  PRIMARY KEY (uid)
)
```

Datensatz für die *umfrage*-Tabelle:

```
INSERT INTO umfrage VALUES (1, 'Website des Jahres?');
```

```
CREATE TABLE umfragedaten (
  sid int(11) NOT NULL default '0',
  inhalt varchar(100) NOT NULL default '',
  stimmen int(11) NOT NULL default '0'
)
```

Datensätze für die *umfragedaten*-Tabelle:

```
INSERT INTO umfragedaten VALUES (1, 'Flashangel', 5);
INSERT INTO umfragedaten VALUES (1, 'Flashstar', 1);
INSERT INTO umfragedaten VALUES (1, 'Flashpower', 2);
```

Administrationsdateien:

- *umfrageadmin.htm* – In dieser Datei befindet sich die Eingabemaske (Formular) zur Erzeugung einer Umfrage. Die Daten werden an das Skript *erzeugeumfrage.php* weitergeleitet.

- *erzeugeumfrage.php* – Mit diesem Skript wird dafür gesorgt, dass die Umfrage-Datensätze sowohl in der *umfrage*-Tabelle als auch der *umfragedaten*-Tabelle erzeugt werden. Die Verbindung der beiden Tabellen untereinander wird durch die Primär-schlüssel `uid` und `sid` hergestellt.

- *umfrageloeschen.php* – Mit diesem Skript wird dafür gesorgt, dass die angelegten Datensätze einer Umfrage sowohl aus der *umfrage*-Tabelle als auch der *umfragedaten*-Tabelle entfernt werden, ohne andere Umfragen innerhalb der jeweiligen Tabellen negativ zu beeinflussen oder gar unbeabsichtigt mit zu entfernen.

> **Hinweis:** Sowohl *umfrageadmin.htm* als auch *umfrageloeschen.php* lassen sich lediglich mit Hilfe von Administrator-Zugangsdaten ausführen. Diese sind in der *config.inc.php* festgelegt.

Die eigentliche Umfrage setzt sich aus folgenden Dateien zusammen:

- *umfrageauswahl.php* – Mit diesem Skript werden sämtliche in der *umfrage*-Tabelle enthaltenen Umfragen erfasst und dem Besucher zur Verfügung gestellt. Die Aus-wahl verweist dabei auf die *umfrage.php*.

- *umfrage.php* – Mit diesem Skript ist der Besucher in der Lage, seine Stimme abzu-geben. Mit Hilfe eines Cookies wird darauf geachtet, dass für jede zur Verfügung stehende Umfrage lediglich eine Stimme abgegeben werden kann.

- *ergebnis.php* – Mit diesem Skript ist der Besucher in der Lage, sich die aktuellen Umfrageergebnisse zu betrachten.

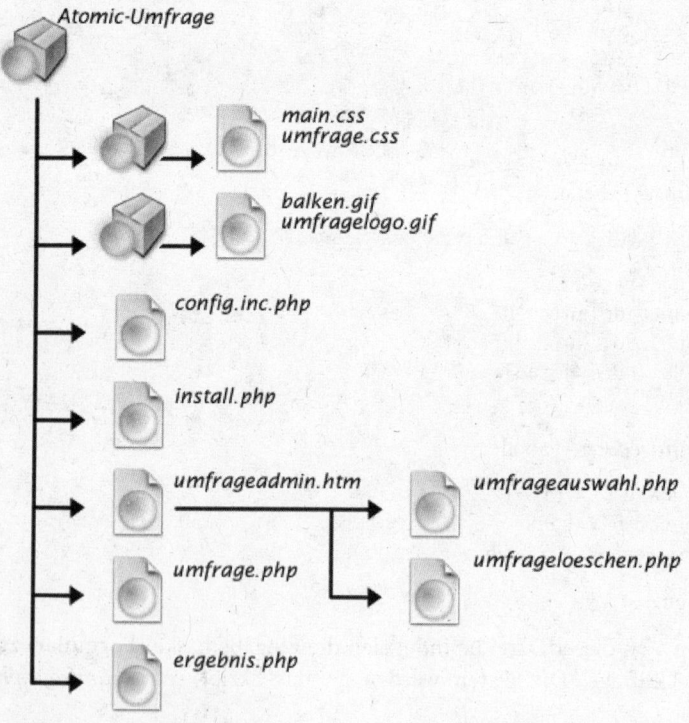

Bild 6.3: Umfrage-Struktur

Da sich die Skripts *umfrage.php* und *ergbnis.php* von Ihrem Aufbau her kaum von denen aus Kapitel 3 unterscheiden, werden im folgenden lediglich die Skripts für die Administration der Umfrage vorgestellt.

1. umfrageadmin.htm

```html
<html>
<head>
<title>Umfrage - Administration</title>
<link rel='stylesheet' type='text/css' href='css/umfrage.css'>
</head>
<body>
<img src='bild/umfragelogo.gif' width='506' height='62'><br>
<h3>Atomic-Umfrage [Administration]</h3>
<form method="post" action="erzeugeumfrage.php">
  <p>Thema:
    <input type="text" name="uthema" maxlength="100" size="30">
  </p>
  <p>1. Auswahl:
    <input type="text" name="uinhalt1" maxlength="100" size="30">
    <br>
    2. Auswahl:
    <input type="text" name="uinhalt2" maxlength="100" size="30">
    <br>
    3. Auswahl:
    <input type="text" name="uinhalt3" maxlength="100" size="30">
    <br>
    4. Auswahl:
    <input type="text" name="uinhalt4" maxlength="100" size="30">
    <br>
    5. Auswahl:
    <input type="text" name="uinhalt5" maxlength="100" size="30">
    <br>
    6. Auswahl:
    <input type="text" name="uinhalt6" maxlength="100" size="30">
    <br>
    7. Auswahl:
    <input type="text" name="uinhalt7" maxlength="100" size="30">
    <br>
    8. Auswahl:
    <input type="text" name="uinhalt8" maxlength="100" size="30">
  </p>
  <p>Adminstrator:
    <input type="text" name="fadmin" size="20" maxlength="40">
    Passwort:
    <input type="password" name="fpwd" size="20" maxlength="40">
  </p>
  <p>
    <input type="submit" name="anlegen" value="Umfrage Anlegen">
    <input type="reset" name="Löschen" value="Reset">
```

```
    </p>
</form>
<p>
[ <a href="umfrageauswahl.php">Zur Umfrageauswahl</a> ] -
[ <a href="umfrageloeschen.php">Umfrage Entfernen</a> ]</p>
</body>
</html>
```

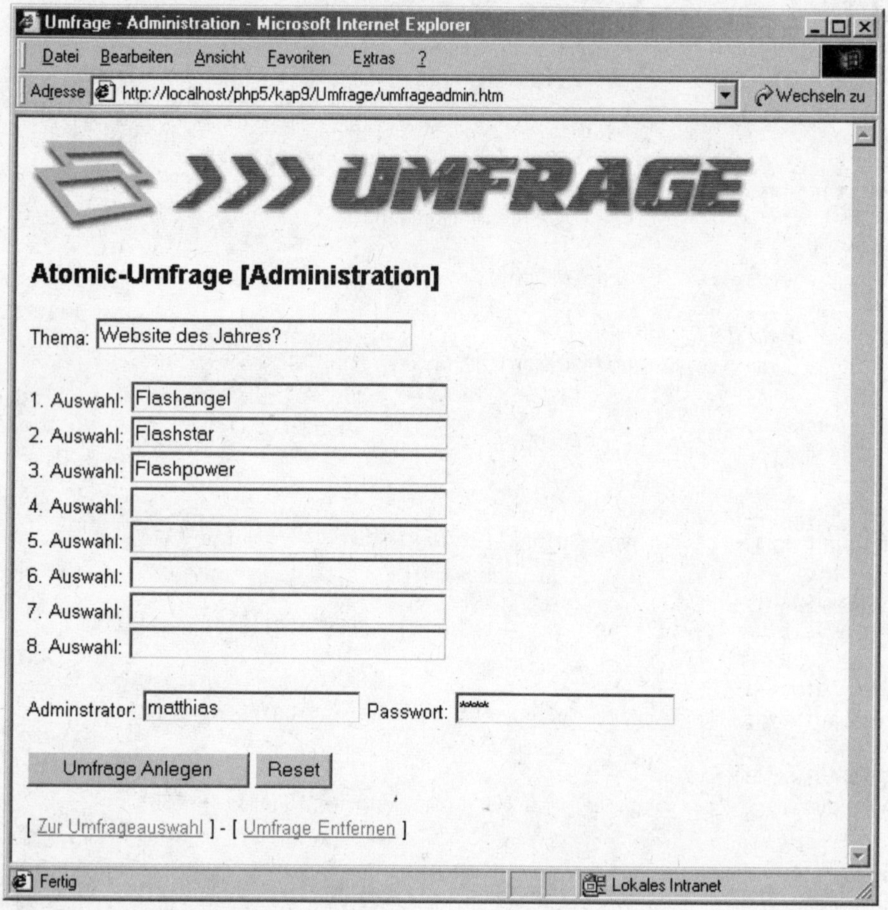

Bild 6.4:   Neue Umfrage erzeugen

2. erzeugeumfrage.php

```
<html>
<head>
<title>Umfrage - Erzeugt</title>
<link rel='stylesheet' type='text/css' href='css/umfrage.css'>
</head>
<body>
<img src='bild/umfragelogo.gif' width='506' height='62'><br>
```

```
<h3>Atomic-Umfrage [Administration]</h3>
<?php

require ("config.inc.php");

if (isset($_POST['anlegen']) && $_POST['fadmin'] == $admin &&
$_POST['fpwd'] == $pwd) {

foreach($_POST as $key=>$element) {
      if (!empty($element) && $key == "uthema") {
            if (mysql_query("INSERT INTO umfrage VALUES ('',
'$element')")) {
            $satz = mysql_query("SELECT uid FROM umfrage ORDER BY uid
DESC LIMIT 0,1");
            $row = mysql_fetch_object($satz);
            }
      }
      if (!empty($element) && $key != "uthema" && $key != "anlegen" &&
$key != "fadmin" && $key != "fpwd") {
            mysql_query("INSERT INTO umfragedaten VALUES ('$row->uid',
'$element',0)");
            $anzahl++;
      }
}

echo"<table width='300'>
  <tr>
    <td align='center' colspan='3'>- UMFRAGE ERZEUGT - <br>
      Die Umfrage $uthema wurde erzeugt.<br>
        </td>
  </tr>
</table>";

} else {
      echo"<table width='300'>
  <tr>
    <td align='center' colspan='3'>- FEHLER - <br>
      Umfrage konnte nicht erzeugt werden.<br>
      Versuchen Sie es bitte erneut!<br>
        <a href='javascript:history.back()'>Zur&uuml;ck</a></td>
  </tr>
</table>";
}

?>
<p>
[ <a href="umfrageauswahl.php">Zur Umfrageauswahl</a> ] -
[ <a href="umfrageadmin.htm">Zur Umfrage-Administration</a> ]</p>
</body>
</html>
```

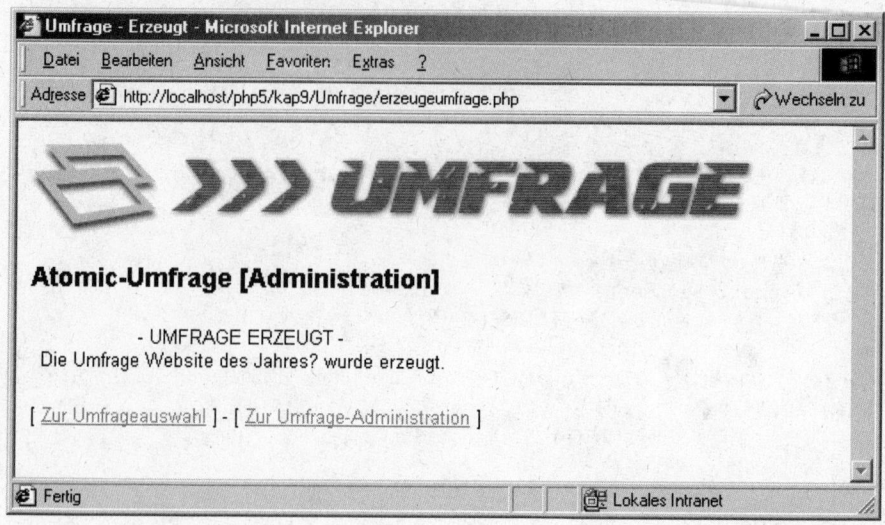

Bild 6.5:   Umfrage wurde erzeugt

3. umfrageloeschen.php

```
<html>
<head>
<title>Atomic-Umfrage [Löschen]</title>
<link rel='stylesheet' type='text/css' href='css/umfrage.css'>
<link rel='stylesheet' type='text/css' href='css/main.css'>
</head>
<body>
<img src='bild/umfragelogo.gif' width='506' height='62'><br>
<h3>Umfrage - Löschen</h3>
<form method='post' action='<?php echo $PHP_SELF; ?>'>
<p>
<?php

require ("config.inc.php");

if (isset($_POST[umfrageloeschen]) && !empty($ergebnis) &&
$_POST['fadmin'] == $admin && $_POST['fpwd'] == $pwd) {

$tab_umfrage = "DELETE FROM umfrage WHERE uid=$ergebnis";
$tab_daten = "DELETE FROM umfragedaten WHERE sid=$ergebnis";

if (mysql_query($tab_umfrage) && mysql_query($tab_daten)) {
        echo "Umfrage wurder erfolgreich entfernt!<p>\n";
        unset($ergebnis);
}

} else {
```

```
        echo "Bitte wählen Sie...<br>Hinweis: Adminname und Passwort sind
erforderlich!<p>\n";
}


$satz = mysql_query("SELECT * FROM umfrage");

echo "<table width='300'>
  <tr align='left'>
    <td class='latestnews' colspan='2'> Umfragen</td>
  </tr>";

while ($row = mysql_fetch_array($satz)) {
extract($row);
echo "
  <tr>
    <td colspan='2' class='autor'>
      <table width='100%' border='0' cellspacing='2' cellpadding='2'>
        <tr>
          <td class='autorblack' width='280'>$thema</td>
          <td class='autor' width='20'><input type='radio' name='ergebnis'
value='$uid'></td>
        </tr>
      </table>
    </td>
  </tr>";


}


echo "</table>";

?>
</p>
<p>Adminstrator:
    <input type="text" name="fadmin" size="20" maxlength="40">
    Passwort:
    <input type="password" name="fpwd" size="20" maxlength="40">
</p>
<input type='submit' name='umfrageloeschen' value='Umfrage Entfernen'>
</form>
<p>
[ <a href="umfrageauswahl.php">Zur Umfrageauswahl</a> ] -
[ <a href="umfrageadmin.htm">Zur Umfrage-Administration</a> ]
</p>
</body>
</html>
```

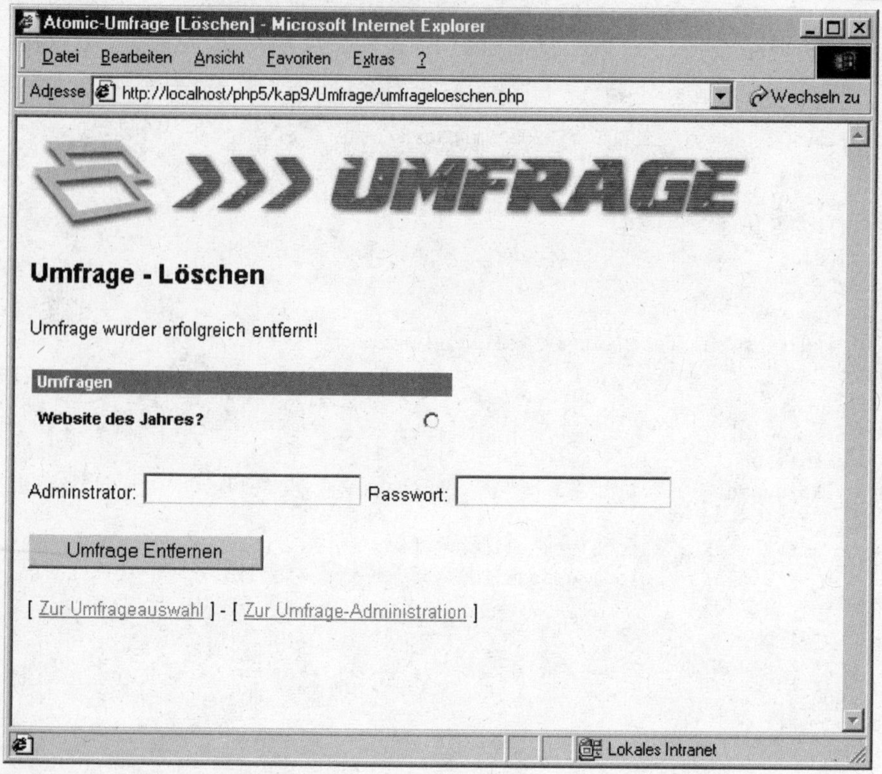

Bild 6.6: Umfrage entfernen

Dem Besucher stellt sich die Webanwendung wie folgt dar.

Hinweis: Die vollständige Anwendung finden Sie auf der Buch-CD.

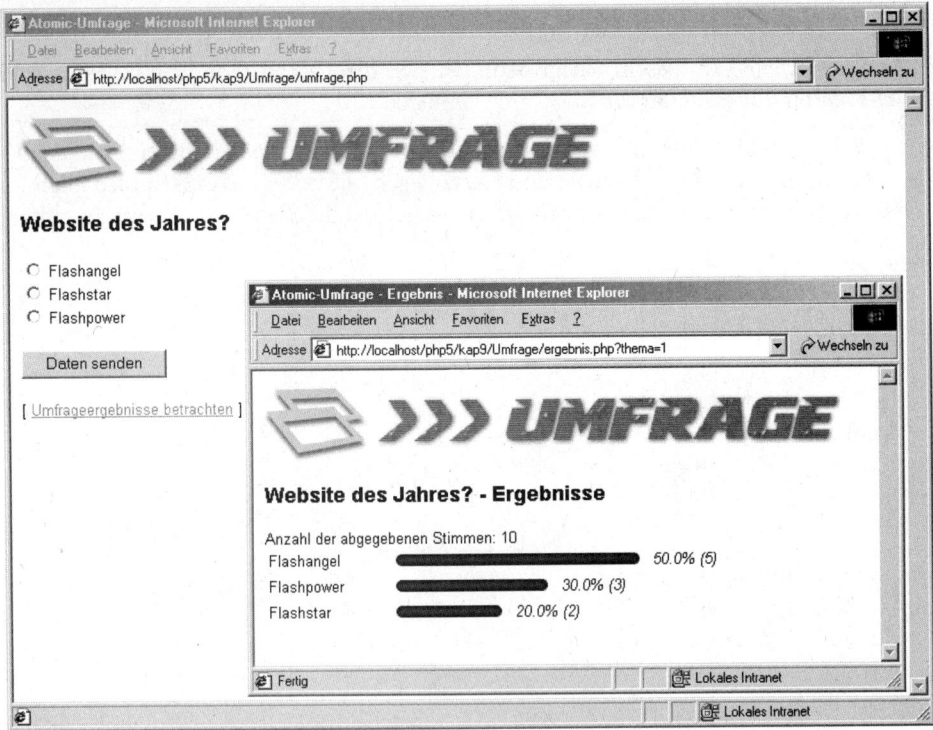

Bild 6.7:   Umfrage und Umfrageergebnis

6.4   Newsportal via MySQL – MiniCMS

Abschließend wollen wir Ihnen noch ein Newsportal vorstellen, das Ihnen als Grundlage für die Umsetzung von Content-Management-Systemen (CMS) dienen kann. Das Newsportal setzt sich aus einem administrativen und einem öffentlichen Bereich zusammen. Insgesamt werden zwei Datenbanktabellen (*newstab* und *newskomm*) benötigt. Bei den Tabellen liegt eine 1:n-Beziehung vor, einer Nachricht der *newstab*-Tabelle können beliebig viele Kommentare der *newskomm*-Tabelle zugewiesen sein.

Die Funktionalität des CMS umfasst folgende Optionen:

- Anzeigen von Nachrichten
- Hinzufügen von Nachrichten
- Bearbeiten von Nachrichten
- Entfernen von Nachrichten
- Entfernen von Kommentaren
- Nachrichtenübersicht
- Seitennavigation

Initialisierungsdateien

- *config.inc.php* – In diesem Skript befinden sich die wesentlichen Zugriffsdaten und der Verbindungsaufbau zur MySQL-Datenbank.

- *install.php* – Mit Hilfe dieses Skripts sind Sie in der Lage, die benötigten Datenbanktabellen für die Umfrage-Anwendung festzulegen. Sie müssen das Skript lediglich im Browser aufrufen. Achten Sie darauf, das Skript anschließend vom Server zu entfernen.

Datenbanktabellen

```
CREATE TABLE newstab (
  newsid int(11) NOT NULL auto_increment,
  newstitel varchar(100) NOT NULL default '',
  newsdatum datetime NOT NULL default '0000-00-00 00:00:00',
  newsautor varchar(40) NOT NULL default '',
  newsinhalt text NOT NULL,
  newsurl varchar(100) NOT NULL default '',
  newsrubrik varchar(40) NOT NULL default '',
  PRIMARY KEY  (newsid),
  KEY newsid (newsid)
)
```

```
CREATE TABLE newskomm (
  kid int(11) NOT NULL auto_increment,
  kombetreff varchar(80) NOT NULL default '',
  komdatum datetime NOT NULL default '0000-00-00 00:00:00',
  komname varchar(40) NOT NULL default '',
  komemail varchar(80) NOT NULL default '',
  komhome varchar(100) NOT NULL default '',
  kominhalt text NOT NULL,
  knewsid int(11) NOT NULL default '0',
  PRIMARY KEY  (kid),
  KEY kid (kid)
)
```

Auch in diesem Fall stellt der administrative Bereich den interessantesten Teil der Anwendung dar. Er wird im folgenden Abschnitt vorgestellt.

Administrationsdateien:

- *newsadmin.htm* – In dieser Seite befindet sich die Eingabemaske (Formular), mit deren Hilfe die Nachrichten erzeugt werden können. Die Seite ist mit dem Skript *erzeugenews.php* verknüpft.

- *navigator.html* – Diese Seite wird in sämtlichen Seiten via include()-Anweisung eingebunden, um die Navigation innerhalb des administrativen Bereichs zu erleichtern.

- *erzeugenews.php* – Mit diesem Skript werden die Nachrichten innerhalb der *newstab*-Tabelle angelegt.

- *newsauswahl.php* – Mit diesem Skript werden die zu bearbeitenden Nachrichten aus-gewählt und die Daten an das Skript *newsbearbeiten.php* weitergeleitet.

- *newsbearbeiten.php* – In diesem Skript befindet sich das Bearbeitungsformular. Die bearbeiteten Daten werden anschließend an das Skript *newsupdate.php* weitergeleitet.

- *newsupdate.php* – Mit diesem Skript werden die bearbeiteten Daten in der *newstab-*Tabelle aktualisiert.

- *newsloeschen.php* – Mit diesem Skript sind Sie in der Lage, vorhandene Nachrichten zu entfernen.

- *kommloeschen.php* – Mit diesem Skript sind Sie in der Lage, vorhandene Kommen-tare zu entfernen.

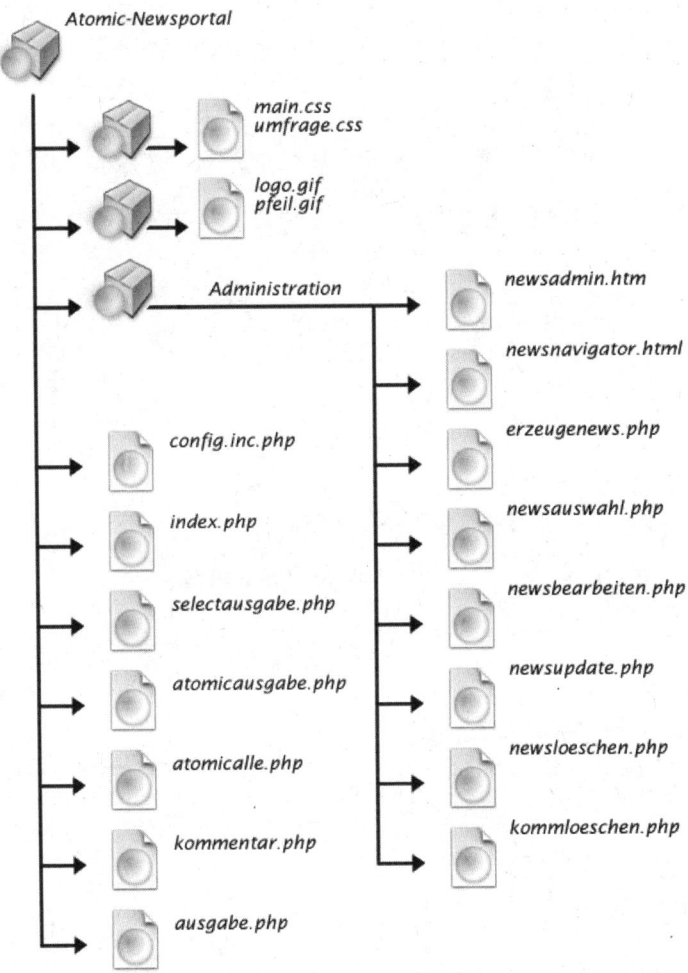

Bild 6.8: Newsportal-Struktur

1. newsadmin.htm

```
<html>
<head>
<title>Newsportal - Administration</title>
<link rel='stylesheet' type='text/css' href='../css/umfrage.css'>
<link rel='stylesheet' type='text/css' href='../css/main.css'>
</head>
<body>
<div><img src='../bilder/logo.gif' width='656' height='42'></div><p>
<h3>Newsportal [Administration]</h3>
<form method='post' action='erzeugenews.php'>
  <table width='500' border='0' cellspacing='2' cellpadding='2'>
    <tr>
      <td width='95' valign='top'>Newstitel:</td>
      <td width='391'>
        <input type='text' name='ntitel' maxlength='100' size='30'>
      </td>
    </tr>
    <tr>
      <td width='95' valign='top'>Newsautor: </td>
      <td width='391'>
        <input type='text' name='nautor' maxlength='40' size='30'>
      </td>
    </tr>
    <tr>
      <td width='95' valign='top'>Newsinhalt:</td>
      <td width='391'>
        <textarea name='ninhalt' cols='30' rows='5'
wrap='PHYSICAL'></textarea>
      </td>
    </tr>
    <tr>
      <td width='95' valign='top'>Newsurl: </td>
      <td width='391'>
        <input type='text' name='nurl' maxlength='100' size='30'
value='http://'>
      </td>
    </tr>
    <tr>
      <td width='95' valign='top'>Newsrubrik: </td>
      <td width='391'>
        <input type='text' name='nrubrik' maxlength='40' size='30'>
      </td>
    </tr>
    <tr>
      <td width='95' valign='top'> </td>
      <td width='391'> </td>
    </tr>
  </table>
  <p class='blocksatz'>Adminstrator:
    <input type='text' name='fadmin' size='20' maxlength='40'>
    Passwort:
    <input type='password' name='fpwd' size='20' maxlength='40'>
```

```
    </p>
    <p>
      <input type='submit' name='anlegen' value='News Anlegen'>
      <input type='reset' name='Löschen' value='Reset'>
    </p>
</form>
<table width='600'>
  <tr align='left'>
    <td class='latestnews' colspan='2'>Admin-Navigator</td>
  </tr>
  <tr>
    <td colspan='2' class='autor'>
      <table width='100%' border='0' cellspacing='2' cellpadding='2'>
        <tr>
          <td><a href='../index.php' target=_blank
class="autorblack">Newsportal</a></td>
          <td><a href='newsadmin.htm' class="autorblack">News -
Hinzufügen</a></td>
          <td><a href='kommloeschen.php' class="autorblack">Kommentare -
Löschen</a></td>
          <td><a href='newsauswahl.php' class="autorblack">News -
Bearbeiten</a></td>
          <td><a href='newsloeschen.php' class="autorblack">News -
Löschen</a></td>
        </tr>
      </table>
    </td>
  </tr>
  <tr>
    <td colspan='2' class='latestnews'> </td>
  </tr>
</table>
</body>
</html>
```

1.1 navigator.html

```
<table width='600'>
  <tr align='left'>
    <td class='latestnews' colspan='2'>Admin-Navigator</td>
  </tr>
  <tr>
    <td colspan='2' class='autor'>
      <table width='100%' border='0' cellspacing='2' cellpadding='2'>
        <tr>
          <td><a href='../index.php' target=_blank
class="autorblack">Newsportal</a></td>
          <td><a href='newsadmin.htm' class="autorblack">News -
Hinzufügen</a></td>
          <td><a href='kommloeschen.php' class="autorblack">Kommentare -
Löschen</a></td>
          <td><a href='newsauswahl.php' class="autorblack">News -
Bearbeiten</a></td>
```

```
          <td><a href='newsloeschen.php' class="autorblack">News -
Löschen</a></td>
        </tr>
      </table>
    </td>
  </tr>
  <tr>
    <td colspan='2' class='latestnews'> </td>
  </tr>
</table>
```

1.2 erzeugenews.php

```php
<html>
<head>
<title>News - Erzeugt</title>
<link rel='stylesheet' type='text/css' href='../css/umfrage.css'>
<link rel='stylesheet' type='text/css' href='../css/main.css'>
</head>
<body>
<div><img src="../bilder/logo.gif" width="656" height="42"></div><p>
<h3>Atomic-News [Administration]</h3>
<?php

require ("../config.inc.php");

if (isset($_POST['anlegen']) && $_POST['fadmin'] == $admin &&
$_POST['fpwd'] == $pwd) {

//Schreibarbeit durch Umwandlung ersparen
foreach ($_POST as $key=>$element) {
        //Eingaben Filtern
        ${"f_".$key} = $element;
}

$f_ndatum=date("Y-m-d H:i:s");

mysql_query("INSERT INTO $dbtabelle
VALUES('','$f_ntitel','$f_ndatum','$f_nautor','$f_ninhalt','$f_nurl','$f_n
rubrik')");


echo"<table width='300'>
  <tr>
    <td align='center' colspan='3'>- NEWS ERZEUGT - <br>
      Die NEWS $f_ntitel wurde erzeugt.<br>
        </td>
  </tr>
</table>";

} else {
        echo"<table width='300'>
  <tr>
```

```
      <td align='center' colspan='3'>- FEHLER - <br>
        Umfrage konnte nicht erzeugt werden.<br>
        Versuchen Sie es bitte erneut!<br>
            <a href='javascript:history.back()'>Zur&uuml;ck</a></td>
    </tr>
</table>";
}\

include("navigator.html");

?>

</body>
</html>
```

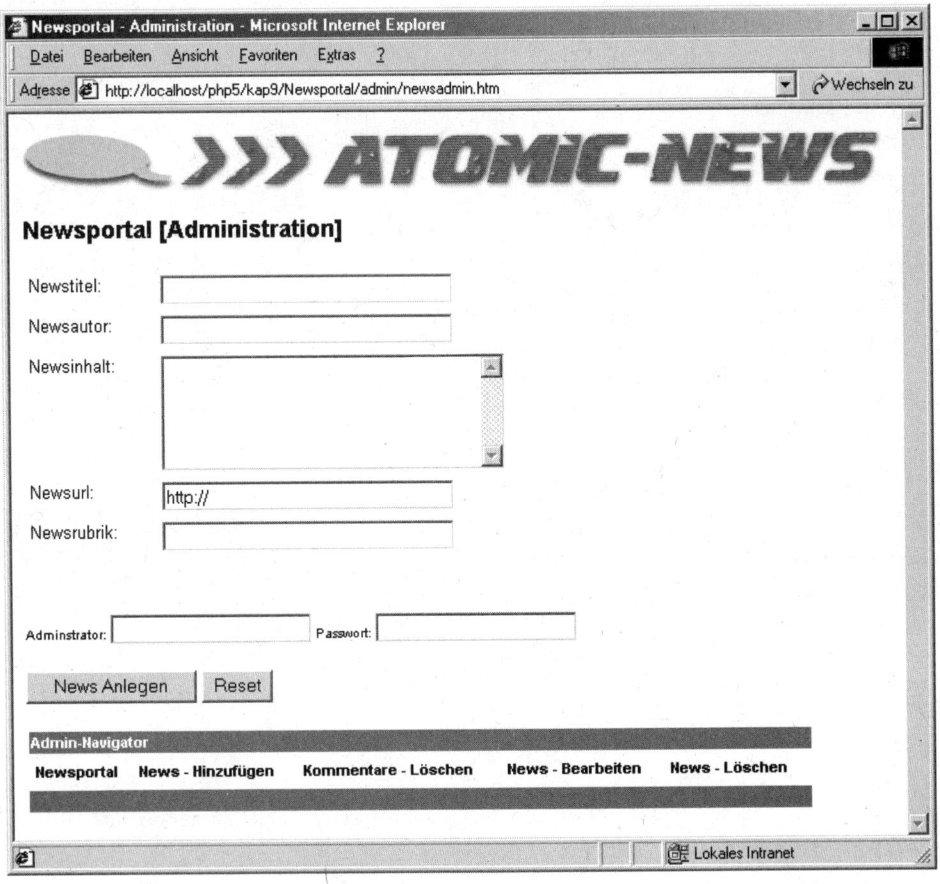

Bild 6.9: Newsportal-Administration – Nachrichten-Eingabemaske

2. newsauswahl.php

```
<html>
<head>
<title>News Auswahl</title>
<link rel='stylesheet' type='text/css' href='../css/umfrage.css'>
<link rel='stylesheet' type='text/css' href='../css/main.css'>
</head>
<body>
<div><img src="../bilder/logo.gif" width="656" height="42"></div><p>
<h3>News - Auswahl (Bearbeitung)</h3>
<form method='post' action='newsbearbeiten.php'>
<?php

require ("../config.inc.php");

$satz = mysql_query("SELECT * FROM $dbtabelle ORDER BY newstitel");

while ($row = mysql_fetch_array($satz)) {
extract($row);
echo "<table width='600'>
  <tr align='left'>
    <td class='latestnews' colspan='2'>Thema: $newstitel [News-ID:
$newsid]</td>
  </tr>
  <tr>
    <td colspan='2' class='autor'>
      <table width='100%' border='0' cellspacing='2' cellpadding='2'>
        <tr>
          <td class='autorblack'>Autor</td>
          <td class='autorblack'>Datum</td>
          <td class='autorblack'>Rubrik</td>
        </tr>
        <tr>
          <td class='autorblack'>$newsautor</td>
          <td class='autor'>$newsdatum</td>
          <td class='autor'>$newsrubrik</td>
        </tr>
      </table>
    </td>
  </tr>
  <tr>
    <td colspan='2' class='latestnews'><input type='radio' name='auswahl'
value='$newsid'></td>
  </tr>
</table><p>";

}

?>
<input type='submit' name="wahl" value='News'>
```

```
</form>
<?php

include("navigator.html");

?>
</body>
</html>
```

2.1 newsbearbeiten.php

```
<html>
<head>
<title>News [Bearbeiten]</title>
<link rel='stylesheet' type='text/css' href='../css/umfrage.css'>
<link rel='stylesheet' type='text/css' href='../css/main.css'>
</head>
<body>
<div><img src="../bilder/logo.gif" width="656" height="42"></div><p>
<h3>News - Bearbeiten</h3>
<p>
<?
require ("../config.inc.php");

if (isset($_POST[wahl]) && isset($_POST[auswahl])) {

$satz = mysql_query("SELECT * FROM $dbtabelle WHERE newsid=$auswahl");
$row = mysql_fetch_array($satz);

echo "
<form method='post' action='newsupdate.php'>
  <table width='500' border='0' cellspacing='2' cellpadding='2'>
    <tr>
      <td width='95' valign='top'>Newstitel:</td>
      <td width='391'>
        <input type='text' name='ntitel' value='$row[newstitel]'
maxlength='100' size='30'>
      </td>
    </tr>
    <tr>
      <td width='95' valign='top'>Newsautor: </td>
      <td width='391'>
        <input type='text' name='nautor'
value='$row[newsautor]'maxlength='40' size='30'>
      </td>
    </tr>
    <tr>
      <td width='95' valign='top'>Newsinhalt:</td>
      <td width='391'>
        <textarea name='ninhalt' cols='50' rows='5'
wrap='PHYSICAL'>$row[newsinhalt]</textarea>
      </td>
    </tr>
```

```
      <tr>
       <td width='95' valign='top'>Newsurl: </td>
       <td width='391'>
        <input type='text' name='nurl' maxlength='100' size='30'
value='$row[newsurl]'>
      </td>
    </tr>
    <tr>
       <td width='95' valign='top'>Newsrubrik: </td>
       <td width='391'>
        <input type='text' name='nrubrik' value='$row[newsrubrik]'
maxlength='40' size='30'>
      </td>
    </tr>
    <tr>
       <td width='95' valign='top'> </td>
       <td width='391'> </td>
    </tr>
  </table>
  <input type='hidden' name='auswahl' value='$row[newsid]'>
  <p class='blocksatz'>Adminstrator:
    <input type='text' name='fadmin' size='20' maxlength='40'>
    Passwort:
    <input type='password' name='fpwd' size='20' maxlength='40'>
  </p>
  <p>
  . <input type='submit' name='bearbeiten' value='News Bearbeiten'>
     <input type='reset' name='Löschen' value='Reset'>
  </p>
</form>
";

} else {

echo"<table width='300'>
                <tr>
                   <td align='center' colspan='3'>- FEHLER - <br>
                   News konnte nicht bearbeitet werden.<br>
                   Versuchen Sie es bitte erneut!<br>
                       <a
href='javascript:history.back()'>Zur&uuml;ck</a></td>
                </tr>
</table>";
}

include("navigator.html");

?>


</body>
</html>
```

2.2 newsupdate.php

```
<html>
<head>
<title>News [Bearbeiten]</title>
<link rel='stylesheet' type='text/css' href='../css/umfrage.css'>
<link rel='stylesheet' type='text/css' href='../css/main.css'>
</head>
<body>
<div><img src="../bilder/logo.gif" width="656" height="42"></div><p>
<h3>News - Bearbeitet</h3>
<p>
<?php

require ("../config.inc.php");

if (isset($_POST[bearbeiten]) && $_POST['fadmin'] == $admin &&
$_POST['fpwd'] == $pwd) {

$tab_news = "
 UPDATE $dbtabelle
 set newstitel = '$ntitel',
 newsautor = '$nautor',
 newsinhalt = '$ninhalt',
 newsurl = '$nurl',
 newsrubrik = '$nrubrik'
 WHERE newsid = $auswahl";


if (mysql_query($tab_news)) {
        echo"<table width='300'>
          <tr>
            <td align='center' colspan='3'>- NEWS - <br>
              News wurde bearbeitet.
            </td>
          </tr>
</table>";
        unset($auswahl);
}

} else {
        echo"<table width='300'>
                <tr>
                  <td align='center' colspan='3'>- FEHLER - <br>
                    News konnte nicht bearbeitet werden.<br>
                    Versuchen Sie es bitte erneut!<br>
                        <a
href='javascript:history.back()'>Zur&uuml;ck</a></td>
                </tr>
</table>";
}


include("navigator.html");
```

```
?>
</p>
</body>
</html>
```

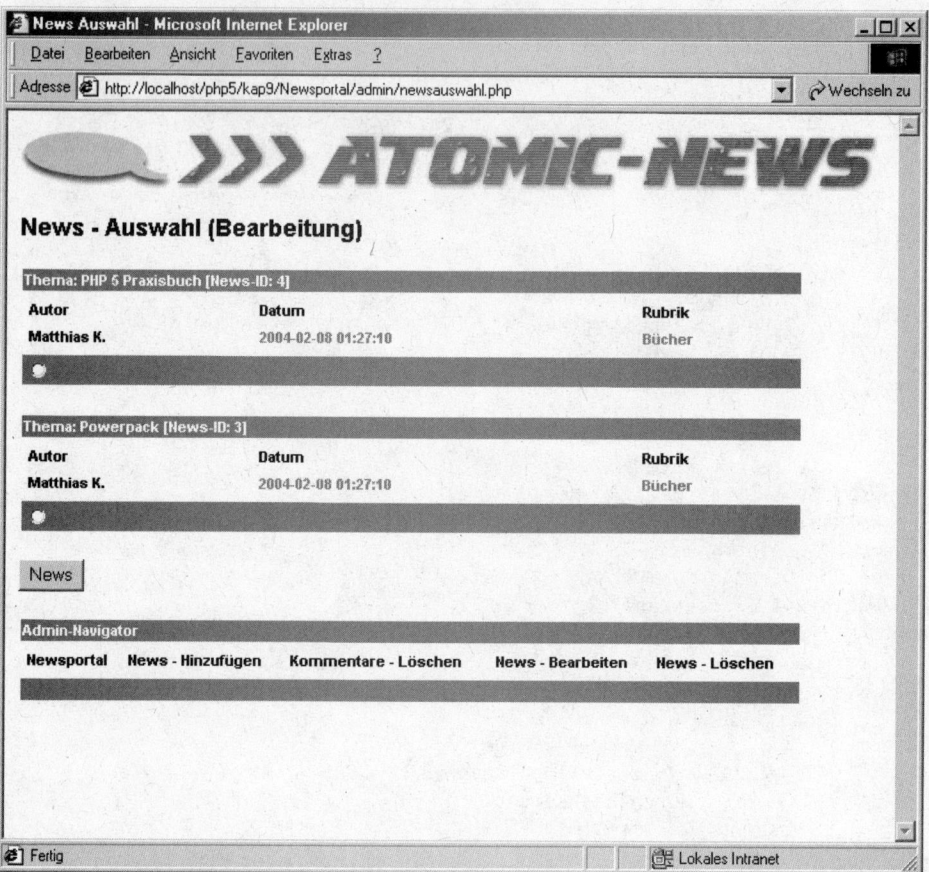

Bild 6.10:   Newsauswahl

3. newsloeschen.php

```
<html>
<head>
<title>News [Löschen]</title>
<link rel='stylesheet' type='text/css' href='../css/umfrage.css'>
<link rel='stylesheet' type='text/css' href='../css/main.css'>
</head>
<body>
<div><img src="../bilder/logo.gif" width="656" height="42"></div><p>
<h3>News - Löschen</h3>
<form method='post' action='<?php echo $PHP_SELF; ?>'>
<p>
<?php
```

```php
require ("../config.inc.php");

if (isset($_POST[newsloeschen]) && !empty($ergebnis) && $_POST['fadmin']
== $admin && $_POST['fpwd'] == $pwd) {

$tab_news = "DELETE FROM $dbtabelle WHERE newsid=$ergebnis";
$tab_komm = "DELETE FROM $dbkomtabelle WHERE knewsid=$ergebnis";

if (mysql_query($tab_news) && mysql_query($tab_komm)) {
      echo "News wurder erfolgreich entfernt!<p>\n";
      unset($ergebnis);
}

} else {
      echo "Bitte wählen Sie...<br>Hinweis: Adminname und Passwort sind
erforderlich!<p>\n";
}

$satz = mysql_query("SELECT * FROM $dbtabelle");

while ($row = mysql_fetch_array($satz)) {
extract($row);
echo "<table width='600'>
  <tr align='left'>
    <td class='latestnews' colspan='2'>Thema: $newstitel [News-ID:
$newsid]</td>
  </tr>
  <tr>
    <td colspan='2' class='autor'>
      <table width='100%' border='0' cellspacing='2' cellpadding='2'>
        <tr>
          <td class='autorblack'>Autor</td>
          <td class='autorblack'>Datum</td>
          <td class='autorblack'>Rubrik</td>
        </tr>
        <tr>
          <td class='autorblack'>$newsautor</td>
          <td class='autor'>$newsdatum</td>
          <td class='autor'>$newsrubrik</td>
        </tr>
      </table>
    </td>
  </tr>
  <tr>
    <td colspan='2' class='latestnews'><input type='radio' name='ergebnis'
value='$newsid'></td>
  </tr>
</table><p>";
}

?>
</p>
<p class='blocksatz'>Adminstrator:
    <input type="text" name="fadmin" size="20" maxlength="40">
```

```
    Passwort:
    <input type="password" name="fpwd" size="20" maxlength="40">
</p>
<input type='submit' name='newsloeschen' value='News Entfernen'>
</form>
<?php

include("navigator.html");

?>
</body>
</html>
```

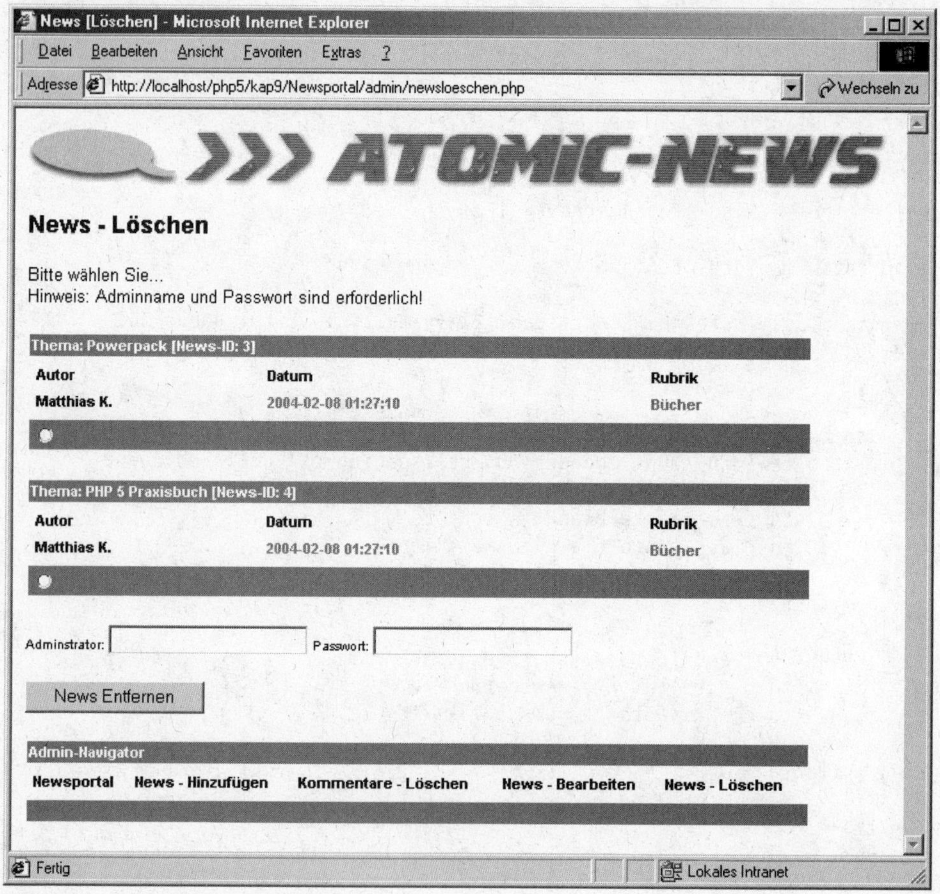

Bild 6.11:   News löschen

4. kommloeschen.php

```
<html>
<head>
<title>Kommentare [Löschen]</title>
<link rel='stylesheet' href='../css/umfrage.css' type='text/css'>
```

```php
<link rel='stylesheet' href='../css/main.css' type='text/css'>
</head>
<body>
<div><img src="../bilder/logo.gif" width="656" height="42"></div><p>
<h3>Kommentar - Löschen</h3>
<form method='post' action='<?php echo $PHP_SELF; ?>'>
<p>
<?php

require ("../config.inc.php");

if (isset($_POST[kommloeschen]) && !empty($ergebnis) && $_POST['fadmin']
== $admin && $_POST['fpwd'] == $pwd) {

$tab_komm = "DELETE FROM $dbkomtabelle WHERE kid=$ergebnis";

if (mysql_query($tab_komm)) {
      echo "News wurder erfolgreich entfernt!<p>\n";
      unset($ergebnis);
}

} else {
      echo "Bitte wählen Sie...<br>Hinweis: Adminname und Passwort sind
erforderlich!<p>\n";
}

$satz = mysql_query("SELECT * FROM $dbkomtabelle");

while ($row = mysql_fetch_array($satz)) {
extract($row);
echo "<table width='600'>
  <tr align='left'>
    <td class='latestnews' colspan='2'>Kommentar von $komname [E-mail:
$komemail]</td>
  </tr>
  <tr>
    <td colspan='2' class='autor'>
      <table width='100%' border='0' cellspacing='2' cellpadding='2'>
        <tr>
          <td class='autorblack'>Betreff</td>
          <td class='autorblack'>Datum</td>
          <td class='autorblack'>Homepage</td>
          <td class='autorblack'>Inhalt</td>
        </tr>
        <tr>
          <td class='autor'>$kombetreff</td>
          <td class='autor'>$komdatum</td>
          <td class='autor'>$komhome</td>
          <td class='autor'>$kominhalt</td>
        </tr>
      </table>
    </td>
  </tr>
  <tr>
```

```
    <td colspan='2' class='latestnews'>L&ouml;schen: <input type='radio'
name='ergebnis' value='$kid'></td>
  </tr>
</table>";
}

?>
</p>
<p class='blocksatz'>Adminstrator:
    <input type="text" name="fadmin" size="20" maxlength="40">
    Passwort:
    <input type="password" name="fpwd" size="20" maxlength="40">
</p>
<input type='submit' name='kommloeschen' value='Kommentar Entfernen'>
</form>
<?php

include("navigator.html");

?>
</body>
</html>
```

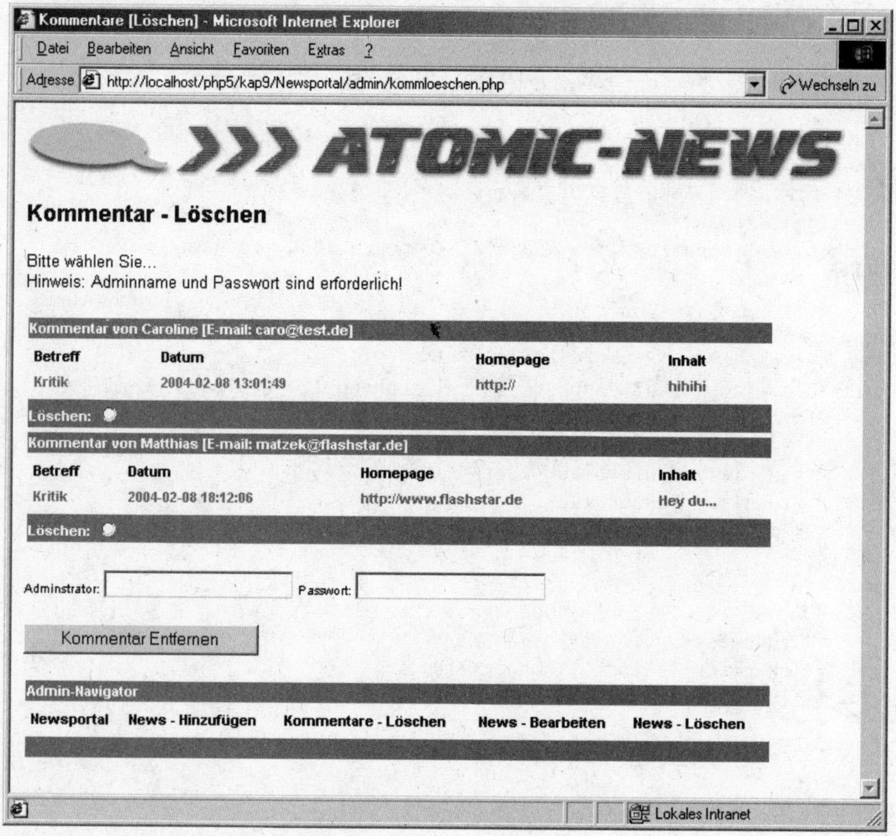

Bild 6.12: Entfernen der Kommentare aus der newskomm-Tabelle

Das Newsportal selbst, in dem sich der Besucher aufhält stellt sich, wie folgt dar:

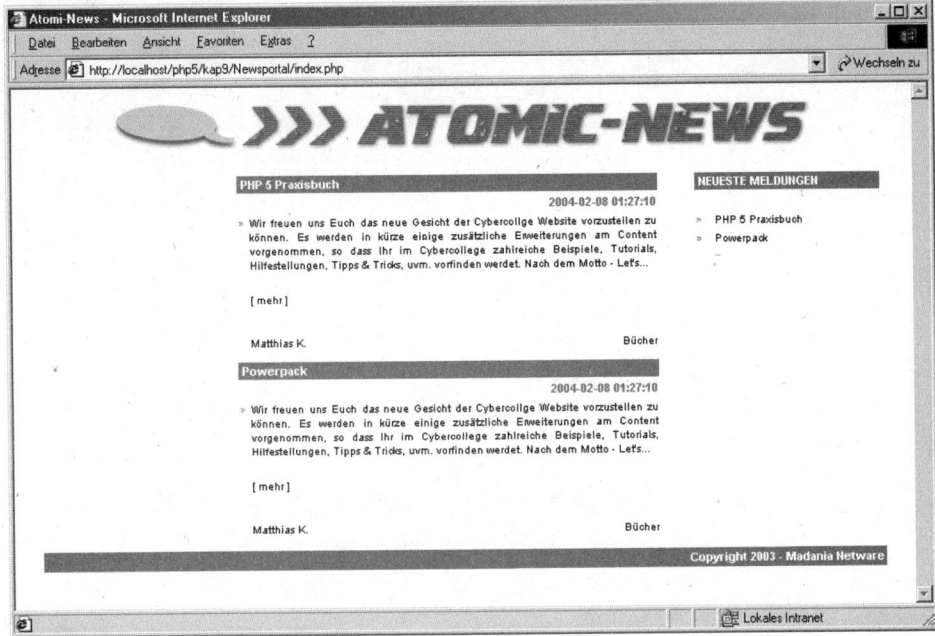

Bild 6.13: Newsportal-Übersicht

Achtung: Natürlich sind auch wir nicht frei von Fehlern. Sollten Sie Probleme bei der Umsetzung der Anwendungen haben, können Sie sich vertrauensvoll an uns wenden. (*matthiask@ atomicscript.de* oder *carolinek@atomicscript.de*).

Tipp: Auf der Website zum Buch finden Sie noch eine weitere Bonus-Anwendung. Es handelt sich um einen Terminkalender (*www.atomicscript.de*).

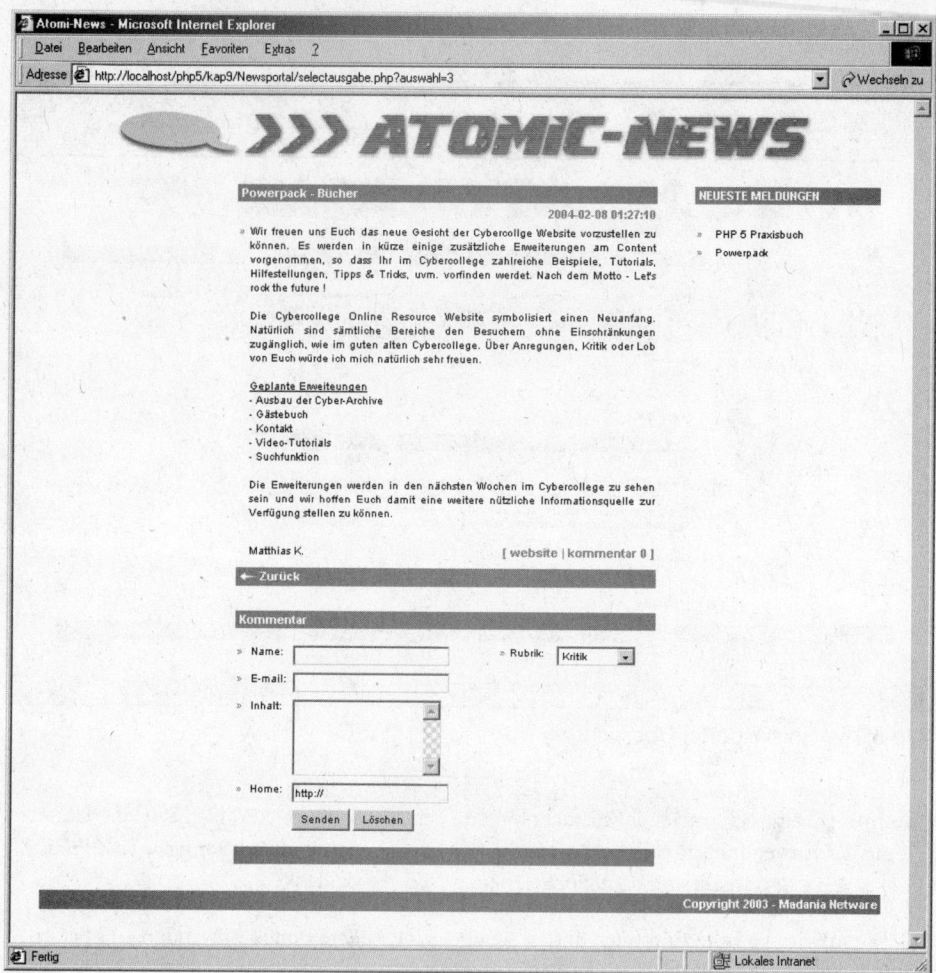

Bild 6.14: Newsdetails samt Kommentar-Eingabemaske

7 Referenzen

Sie werden sich sicher wundern, was ein HTML- und CSS-Kapitel in einem PHP Buch zu suchen haben. Doch ohne fundierte HTML- und CSS-Kenntnisse ist die Realisierung von anspruchsvollen Webanwendungen nur sehr schwer möglich. Natürlich stehen heutzutage diverse Entwicklungsumgebungen und WYSIWYG-Editoren zur Verfügung, aber wer ist Ihnen dabei behilflich, das Feintuning vorzunehmen? Hier lautet die Devise: Selbst ist der Entwickler. Wir versprechen Ihnen, die Übersicht möglichst kurz und bündig zu halten. Im folgenden Abschnitt werden wir Ihnen einige Tags vorstellen, die sowohl einen Anfangs- als auch einen End-Tag besitzen. Sollten Sie auf Tags stoßen, die einen Schrägstrich enthalten, wie z.B. <meta/>, bedeutet dies, dass das Tag intern abgeschlossen wird. Dies ist jedoch lediglich für diejenigen unter Ihnen interessant, die sich bereits mit dem XHTML-Standard befassen. Andernfalls können Sie diese Schreibweise vernachlässigen.

> **Hinweis:** Die Kurzreferenz zu HTML und CSS finden Sie auf der Buch-CD im PDF HTML_
> und_CSS_Kurzreferenz.pdf.

7.1 Mail via PHP

In diesem Abschnitt sollen einige grundlegenden Fragen zum Thema `mail()`-Funktion beantwortet geklärt werden.

7.1.1 Mail versenden via PHP

Die Mailfunktion setzt einige Parameter voraus, dabei ist der vierte Parameter optional; mit diesem ist man in der Lage, zusätzliche Headerzeilen zu definieren. Diese Headerzeilen können den MIME-Type einer Mail bestimmen, den Absender der Mail festlegen oder auch beliebige Header (X-Mailer: etc.) enthalten, die nicht dem Standard entsprechen.

Beispiel:

```
<?php
$nachricht = "<b>Herzlich Willkommen...<b>";
$an      = "empfaenger@test.de";
$betreff = "Betrefftext";
$xtra    = "From: mail@sender.de (Mr. Sender)\r\n";
$xtra   .= "Content-Type: text/html\r\nContent-Transfer-Encoding:
8bit\r\n";
$xtra   .= "X-Mailer: PHP ". phpversion();

mail($an, $betrefft, $nachricht, $xtra);
?>
```

7.1.2   Attachment via Mail

Bei der `mail()`-Funktion von PHP kann man im vierten Argument jeden beliebigen zusätzlichen Header angeben. Attachments werden MIME-kodiert. Die *HTML Mime Mail Class* von Richard Heyes kapselt diese Funktionalität und ermöglicht das Versenden von Attachments. Unter folgendem URL finden sich auch Anwendungsbeispiele:

www.phpguru.org/mime.mail.html

7.1.3   Gültigkeit einer Mail prüfen

Der Mailer eines Systems kann eine Mail lediglich dann zustellen, wenn das *Domain Name System* (DNS) für die Zieladresse einen *Mail Exchanger* (MX) *Ressource Record* (RR) oder einen *Address* (A) *Ressource Record* enthält. Wenn Sie testen wollen, ob die Empfängeradresse für eine Mail gültig ist, benötigen Sie Zugriff auf das Internet und einen DNS-Server, den man befragen kann. Dann kann man die Anfrage, die der Mailer später einmal stellen wird, um die Mail zuzustellen, manuell mit Hilfe der Funktion `checkdnsrr()` nachvollziehen. Die Funktion liefert `true`, wenn ein passender RR vorhanden ist.

Beispiel:

```php
<?php
$email = "user@host.de";
list($user, $host) = explode("@", $email);

if (checkdnsrr($host, "MX") or checkdnsrr($host, "A")) {
  print "Mail ist anscheindend zustellbar.<BR>\n";
} else {
  print "Mail ist leider nicht zustellbar.<BR>\n";
}
?>
```

Hinweis: Eine DNS-Anfrage kann je nach Verfügbarkeit des DNS-Systems bis zu mehreren Minuten dauern. Der betreffende Webserverprozess ist in diesem Zeitraum blockiert. Das Vorhandensein der benötigten RRs garantiert jedoch nicht, dass der gewünschte Anwender existiert und die Mail empfangen kann.

7.1.4   Versenden einer Mail an mehrere Empfänger

Das Versenden einer Mail an mehrere Empfänger können Sie mit Hilfe von spezialisierter Software realisieren. Mailinglisten-Server wie die folgenden bieten Ihnen diesen Service:

*   Ecartis – www.ecartis.org
*   Ezmlm – www.ezmlm.org
*   Majordomo – www.greatcircle.com/majordomo

Alternativ können Sie sich mit einer deutlich primitiveren Lösung in PHP behelfen, indem Sie gemäß den vorherigen Beispielen zusätzliche Headerzeilen mit BCC-Empfängern (Blind Carbon Copy) erzeugen. Auf diese Weise generiert man eine einzelne Mail, die an mehrere Empfänger versandt werden kann. Gleichzeitig vermeidet man durch die Verwendung von BCC-Empfängern, dass die Empfänger im Kopf der Mail mit aufgeführt werden und auf diese Weise ein überdimensionaler Header entsteht.

Beispiel:

```php
<?php
// Empfaengerliste
$empfaenger = array(
            "x@mail.de",
            "y@mail.de",
            "z@mail.de"
            );

// BCC-Erzeugen
foreach ($empfaenger as $key => $email) {
    $bcc .= "Bcc: $email\r\n";
}

// Mail samt BCC-Empfänger versenden
mail(
        "erster@mail.de",
        "Newsletter",
        "Hier das Neueste...",
        $bcc
        );

?>
```

7.2   PHP & HTTP

Neben dem eigentlichen Inhalt (Körper) einer Seite versendet der Server einige zusätzliche Informationen an den Server. Diese werden vor dem eigentlichen Inhalt im Header (Kopf) gesendet. Mit Hilfe dieser Informationen gibt der Server Aufschluss darüber, was es mit der übertragenen Seite auf sich hat und welchen Status sie besitzt:

- Es handelt sich um die gewünschte Seite (Status 200 – Found).

- Die Seite wurde nicht gefunden (Status 404 – Not Found).

- Die Seite befindet sich unter einer anderen Adresse (Status 301 – Moved Permanently).

- Es wird eine Authentifizierung zum Anzeigen des Inhalts benötigt (Status 401 – Unauthorized).

Zusätzlich zum Status einer Seite kann auch übermittelt werden:

- *Last-Modified* – Gibt an, wann die Seite zum letzten Mal verändert wurde.
- *Cache-Control* – Gibt an, ob sie gecacht werden darf.
- *Expires* – Gibt an, wann die Seite verfällt.
- *Content-Typ* – Gibt an, um welchen Typ es sich bei ihrem Inhalt handelt.

Normalerweise versendet der Server automatisch den benötigten Header. Mit Hilfe der PHP-Funktion `header()` sind Sie jedoch in der Lage, diesen zu manipulieren. Dabei ist lediglich zu beachten, dass kein anderes Zeichen vor der `header()`-Funktion ausgegeben werden darf, d.h., die Seite muss unbedingt mit dem PHP-Code `<?php` beginnen und darf vor dieser Codemarke nichts enthalten, noch nicht einmal ein Leerzeichen. Auch innerhalb der Codemarken dürfen Ausgaben via `echo`, `print` etc. erst nach dem Senden der Headerdaten durchgeführt werden.

7.2.1 Automatische Weiterleitung bzw. Redirect

Um einen Redirect zu erzeugen, muss man den HTTP-Header Location senden und dort den neuen URL angeben.

```
header('Location: absolute_url');
```

Die Angabe `absolute_url` entspricht dem gewünschten URL auf den weitergeleitet werden soll. Nach den RFC-Spezifikationen muss es sich um eine absolute URL-Angabe handeln, auch wenn fast alle Browser einen relativen URL verstehen!

Beispiel:

```
header("Location: http://www.atomiscript.de");
exit;
```

Die `exit`-Anweisung im vorliegenden Beispiel ist optional, allerdings würde es nichts bringen, nach dem Header noch etwas auszugeben, das sowieso nicht dargestellt wird.

> **Hinweis:** Bei dieser Anweisung sendet Apache automatisch den Statuscode 302.

7.2.2 Not Found 404

Sollten Sie Ihren Server so konfiguriert haben, dass er als Fehlerseite eine PHP-Seite anzeigt, wird der Statuscode 200 (OK) gesendet. Dies kann jedoch bei Suchmaschinen dazu führen, dass Ihre Fehlerseite mit indiziert wird. Um dies zu vermeiden, legen Sie den Statuscode für die Seite selbst fest.

```
header('HTTP/1.0 404 Not Found');
```

Der Statuscode 404 (Not Found) wird durch die `header()`-Funktion gesetzt und somit auch von Sumaschinen als Fehlerseite erkannt.

7.2.3 Cache-Control

Für den Cache-Control stehen Ihnen in PHP ebenfalls Funktionen zur Verfügung, die man im Header einsetzen kann. Die Standardbefehle zum Steuern des Caches lauten `Last-Modified`, `Cache-Control` und `Pragma`. Sie werden auch von sämtlichen Browsern interpretiert.

Zeitbegrenztes Cachen

Im folgenden Beispiel wird das Cachen einer Seite zugelassen, jedoch wird eine befristete Zeitspanne festgelegt, bis zu der die Seite verfallen oder aktualisiert werden muss.

```php
<?php
// Cache Lebensdauer (in Minuten)
$dauer = 15;
$exp_gmt = gmdate("D, d M Y H:i:s", time() + $dauer * 60) ." GMT";
$mod_gmt = gmdate("D, d M Y H:i:s", getlastmod()) ." GMT";

header("Expires: " . $exp_gm);
header("Last-Modified: " . $mod_gmt);
header("Cache-Control: public, max-age=" . $dauer * 60);
// Speziel für MSIE 5
header("Cache-Control: pre-check=" . $dauer * 60, FALSE);
?>
```

Die Funktion `getlastmod()` gibt die Zeit der letzten Änderung der aktuell aufgerufenen Seite an. Um das Cachen einer Seite auf private Caches zu begrenzen, muss man den Code wie folgt anpassen:

```php
<?php
// Cache Lebensdauer (in Minuten)
$dauer = 15;
$exp_gmt = gmdate("D, d M Y H:i:s", time() + $dauer * 60) ." GMT";
$mod_gmt = gmdate("D, d M Y H:i:s", getlastmod()) ." GMT";

header("Expires: " . $exp_gm);
header("Last-Modified: " . $mod_gmt);
header("Cache-Control: private, max-age=" . $dauer * 60);
// Speziel für MSIE 5
header("Cache-Control: pre-check=" . $dauer * 60, FALSE);
?>
```

7.2.4 Cachen vermeiden

Sie haben auch die Möglichkeit, das Cachen einer Seite explizit zu unterbinden:

```php
<?php
// Datum aus Vergangenheit
header("Expires: Mon, 12 Jul 1995 05:00:00 GMT");
// Immer geändert
header("Last-Modified: " . gmdate("D, d M Y H:i:s") . " GMT");
```

```
header("Cache-Control: no-store, no-cache, must-revalidate");
// Speziel für MSIE 5
header("Cache-Control: post-check=0, pre-check=0", false);
header("Pragma: no-cache");
?>
```

Probleme mit dem Internet Explorer

Leider werden `Pragma` und `no-cache` im IE nicht Interpretiert – hier gibt es jedoch drei Befehle, auf die Sie zurückgreifen können:

- `No-Check` – Besagt, dass der Client keine Cachekontrolle durchführen soll. Anders ausgedrückt, es wird gecacht, aber nie aktualisiert.

- `Post-Check` – Der Client vergleicht den Browsercache mit der Seite nach einer vorgegebenen Zeit (interval expires). Wenn nicht, angegeben wird, dann ist der Befehl aktiv und wird vom Browser selbst verwaltet.

- `Pre-Check` – Der Browser fragt die Webseite auf die letzte Aktualisierung ab und vergleicht bei einem Unterschied den Cache mit der Seite. Es wird die Zeit der letzten Änderung genommen, also das Datum der Datei.

Die einzige Möglichkeit, das Problem zu umgehen, ist also, den Cache des IE zu deaktivieren oder besser gesagt ihm zu untersagen, diese Seiten zu cachen. Dies kann sowohl via PHP oder HTML erfolgen:

PHP

```
header("Cache-Control: post-check=0, pre-check=0", FALSE);
```

HTML

```
<meta http-equiv="Cache-Control" content="post-check=0">
<meta http-equiv="Cache-Control" content="pre-check=0">
```

Cachen vermeiden via GET-Parameter

Eine Alternative zum Header ist das Anhängen von Parametern an den URL einer Seite.

Beispiel:

```
// URL
http://www.atomiscript.de/index.php

// Alternative
http://www.atomiscript.de/index.php?zufall=xxx
```

Sie müssen lediglich sicherstellen, dass xxx immer etwas anderes ist. Dies lässt sich beispielsweise mit Hilfe der `time()`-Funktion erreichen.

Beispiel:

```
<?php
$zeit = time();
echo "<a href =
http://www.atomiscript.de/index.php?zufall=$zeit>AtomicSkript</a>";
?>
```

7.2.5 Download

In bestimmten Fällen ist es erwünscht, dass ein PHP-Skript die von ihm erzeugten Daten nicht einfach in Form einer HTML-Seite ausgibt, sondern sie an den Client sendet. Dieser sollte diese Datei, z.B. in Form einer Datei speichern oder an andere Applikationen übergeben.

Solche Fälle tauchen vorwiegend bei Anhängen (Attachments) in einem Webmail-System auf. Normalerweise wird die Ausgabe eines PHP-Skripts als HTML interpretiert, und vom Browser dargestellt. Damit der Browser die Datei jedoch speichert, muss die Angabe über den Typ des Dateiinhalts für die Übertragung geändert werden. Hierfür stehen Ihnen Content-Type und Content-Disposition zur Verfügung:

```
header("Content-Type: application/octetstream");
```

Soweit nichts anderes angegeben wird, benutzt der Browser den Dateinamen des PHP-Skripts aus dem URL als Dateinamen zum Abspeichern.

```
header("Content-Disposition: attachment; filename=dateiname.ext");
```

Mit diesem Header wird der Dateiname auf dateiname.ext gesetzt. Sie sollten vor allem darauf achten, dass keine Quoting-Zeichen wie etwa Hochkommata vorkommen. Grund hierfür ist, dass bestimmte Browser wie der Internet Explorer sonst die Quoting-Zeichen als Teil des Dateinamens interpretieren.

Achtung: Eventuelle Pfadangaben werden übrigens ignoriert, d.h., es ist möglich, den Dateinamen festzulegen, aber nicht das Verzeichnis, in das die Datei gespeichert werden soll.

Probleme mit RFCs

Microsoft verarbeitet die RFCs scheinbar anders als alle anderen Browser, so dass der IE 5.5 nur folgenden Header versteht:

```
header("Content-Disposition: filename=dateiname.ext");
```

Über die Variable $HTTP_USER_AGENT können Sie PHP auch entscheiden lassen, welche Variante wahrscheinlich die richtige ist.

```
header("Content-Disposition: ".(strpos($HTTP_USER_AGENT,"MSIE
5.5")?"":"attachment;")."filename=dateiname.ext");
```

Nachteil der Header-Methode

Die Methode, den Dateinamen über den Header festzulegen, hat jedoch einen kleinen Nachteil: Sollte der Anwender später im Browser nicht auf den Link klicken, um dann die Datei zu speichern, sondern direkt über *Save Link* as speichern will, konnte noch kein Header gesendet werden, so dass der Browser den Dateinamen nicht kennt und wieder den Dateinamen des Skripts vorschlägt. Das kann nur umgangen werden, indem man dafür sorgt, dass der gewünschte Dateiname im URL steht. Dies ist wiederum nur über Funktionen des Webservers möglich. Beim Apache sind das die Funktionen `Rewrite` und `Redirect`.

Die Erfahrung hat gezeigt, dass ein `Content-Transfer-Encoding`-Header die ganze Sache sicherer macht, auch wenn er laut RFC 2616 nicht benutzt wird.

```php
header("Content-Transfer-Encoding: binary");
```

Die meisten Browser zeigen beim Download einen Fortschrittsbalken an. Dies funktioniert allerdings nur dann, wenn der Browser weiß, wie groß die Datei ist. Die Größe der Datei in Byte wird über den `Content-Length`-Header angegeben.

```php
header("Content-Length: {Dateigröße}");
```

Wir können nun folgenden Header benutzen, wenn die Ausgabe eines Skripts heruntergeladen werden soll:

```php
<?php
// Dateityp, der immer abgespeichert wird
header("Content-Type: application/octetstream");

// Dateiname mit Sonderbehandlung des IE 5.5
header("Content-Disposition: ".(!strpos($HTTP_USER_AGENT,"MSIE
5.5")?"attachment; ":"")."filename=datei name.ext");

// Im Grunde ueberfluessig, hat sich anscheinend bewährt
header("Content-Transfer-Encoding: binary");

// Zwischenspeichern auf Proxies verhindern
header("Cache-Control: post-check=0, pre-check=0");

// Dateigröße für Downloadzeit-Berechnung
header("Content-Length: {Dateigroesse}");
?>
```

> **Hinweis:** Diese Headerkombination sollte zuverlässig funktionieren. Bei der Vielzahl von Browsern, die sich nicht immer an die RFCs halten, ist jedoch nicht ausgeschlossen, dass diese Kombination angepasst werden muss.

7.2.6   Authentifizierung via HTTP

Es bestht die Möglichkeit, den Browser ein Fenster öffnen zu lassen, in dem Name und Passwort eingetragen werden müssen. Dies gibt jedoch nur dann, wenn PHP als Modul und nicht als CGI läuft.

Die Umsetzung stellt sich recht einfach dar:

```php
<?php
  if($PHP_AUTH_USER!="Matthias" OR $PHP_AUTH_PW!="Kannen") {
    Header('HTTP/1.1 401 Unauthorized');
    Header('WWW-Authenticate: Basic realm="Privatezone"');
    echo "Sie haben den Vorgang abgebrochen!";
    exit;
  }
?>
<html>
<head>
 <title>Privatzone</title>
</head>
<body>
<h1>Hier ist die Privatzone von </h1>
<h2>
<?php
  echo "Nutzer: ".$PHP_AUTH_USER." Passwort: ".$PHP_AUTH_PW;
?>
</h2>
</body>
</html>
```

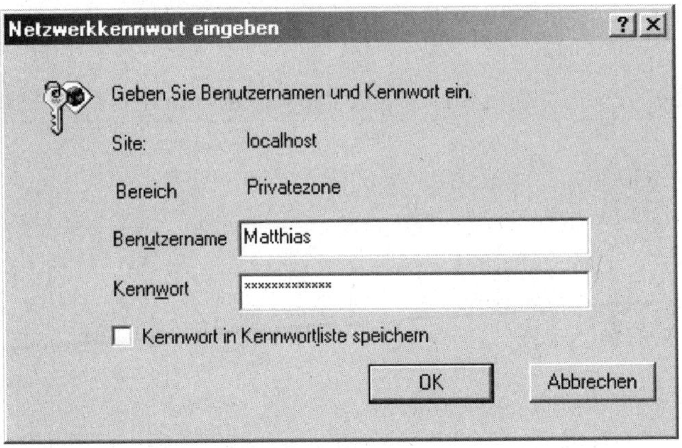

Bild 7.1:   Login-Fenster

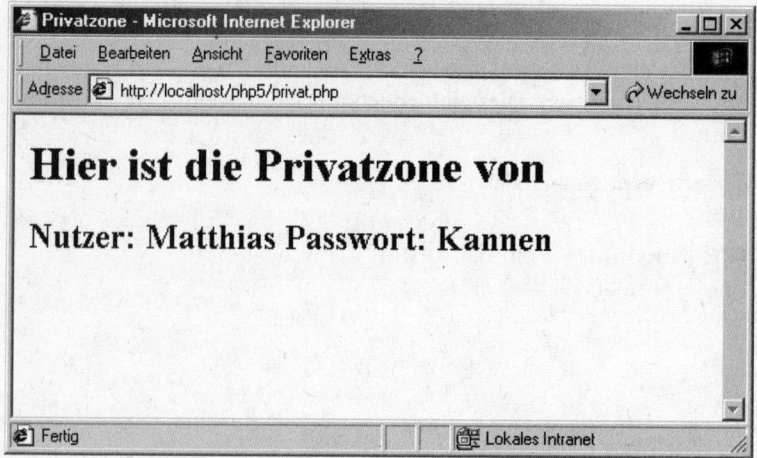

Bild 7.2:   Privatzone des Anwenders

Beim ersten Aufruf sind beide Variablen $PHP_AUTH_USER und $PHP_AUTH_PW nicht gesetzt. Hierdurch wird der Abschnitt der if-Anweisung bearbeitet. In diesem werden die beiden Header zurückgegeben, die den Browser veranlassen, nach den Nutzernamen und dem Passwort zu fragen. Die Bezeichnung für den Privatbereich können Sie nach Belieben anpassen, sämtliche übrigen Bestandteile des Headers sollten Sie genau so übernehmen. Die echo-Anweisung wird lediglich dann ausgegeben, wenn der Anwender bei der Passwortabfrage auf *Abbrechen* klickt oder im Falle des Internet Explorers, drei Versuche, sich zu authentifizieren, misslungen sind. Dann springt der Webserver nach dem echo aus der Datei und der Rest wird nicht mehr ausgegeben. Sollte der Anwender jedoch das korrekte Passwort mit dem korrekten Nutzernamen eingeben, wird der Bereich innerhalb der if-Anweisung nicht bearbeitet und der Rest der Datei interpretiert.

Wollen Sie auf Nummer sicher gehen, sollten Sie die globalen Servervariablen $_SERVER wie folgt einbinden:

```php
<?php
  if($_SERVER["PHP_AUTH_USER"]!="Matthias" OR
$_SERVER["PHP_AUTH_PW"]!="Kannen") {
    Header('HTTP/1.1 401 Unauthorized');
    Header('WWW-Authenticate: Basic realm="Privatezone"');
    echo "Sie haben den Vorgang abgebrochen!";
    exit;
  }
?>
<html>
<head>
 <title>Privatzone</title>
</head>
<body>
<h1>Hier ist die Privatzone von </h1>
<h2>
<?php
```

```
  echo "Nutzer: ".$_SERVER["PHP_AUTH_USER"]." Passwort:
".$_SERVER["PHP_AUTH_PW"];
?>
</h2>
</body>
</html>
```

Das PHP-Skript erhält über folgende Servervariablen die Anmeldedaten:

Variable	Wert
$_SERVER["PHP_AUTH_USER"]	Nutzername
$_SERVER["PHP_AUTH_PW"]	Passwort im Klartext
$_SERVER["PHP_AUTH_TYPE"]	Authentifizierungstyp

Das Skript kann die Gültigkeit der so übergebenen Daten prüfen. Diese Variablen stehen Ihnen immer nur dann zur Verfügung, wenn das PHP-Skript die Authentifizierung veranlasst hat. Hat sich ein Anwender einmal am System angemeldet, werden die Anmeldungsdaten im Browser gesichert. Bei jedem Aufruf einer Ressource im geschützten Bereich sendet der Browser automatisch die Authentifizierungsdaten mit. Der Anwender muss sich somit nur einmal anmelden. Sie sollten jedoch beachten, dass im Authentifizierungsschema Basic das Passwort im Klartext gesendet wird. Es wäre daher ratsam, gegebenenfalls HTTPS zu verwenden, um eine sichere Übertragung zu gewährleisten.

Sicherheitsproblem

Es gibt noch ein kleines Sicherheitsproblem. Der Browser speichert nämlich den Nutzernamen und das Passwort so, dass die Autoren derjenigen Seiten, die man nach der Passworteingabe abruft, theoretisch das Passwort abfragen könnten. Dies kann man jedoch ganz einfach verhindern, indem man den Browser komplett beendet oder den PHP-Abschnitt wie folgt anpasst:

```
<?php
  if($PHP_AUTH_USER!="Matthias" OR $PHP_AUTH_PW!="Kannen") {
    Header('HTTP/1.1 401 Unauthorized');
    Header('WWW-Authenticate: Basic realm="Privatezone"');
    echo "Sie haben den Vorgang abgebrochen!";
    exit;
  } else {
    unset($PHP_AUTH_PW);
  }
?>
```

7.3   Sicherheit

Ob man einen eigenen Webserver nutzt oder Webspace vom Provider, über Sicherheitsrisiken und deren Beseitigung sollte man sich als sicherheitsbewusster Entwickler kümmern. Natürlich wird es nie eine absolute Sicherung geben, aber mit ein wenig Aufwand kann man es den bösen Jungs zumindest etwas schwerer machen.

Im Abschnitt »Authentifizierung via http« haben Sie bereits erfahren, wie Sie ein Datei sichern können. Im folgenden Abschnitt werden wir uns um weitere Möglichkeiten kümmern.

> **Hinweis:** Um eines deutlich zu sagen: Die hier aufgeführten Möglichkeiten erheben nicht den Anspruch, eine absolute Sicherheit zu bieten. Es gibt eine einfache Tatsache, die unumstößlich ist: Für jedes Schloss gibt es auch einen Schlüssel, und alle Türen können geöffnet werden.

7.3.1   HTTP-Authentifizierung via HTACCESS

Die Authentifizierung über das HTTP-Protokoll ist sicher eine der bequemsten Möglichkeiten, einen Anwender zu einer Identifizierung zu veranlassen. Der Server bzw. das Skript sendet einen HTTP-Header an den Browser, der zur Authentifizierung auffordert. Der Anwender erhält daraufhin vom Browser ein Login-Fenster präsentiert, wie Sie es bereits im Abschnitt »Authentifizierung via http« kennen gelernt haben. Der Anwender loggt sich ein und erhält Zugriff auf den geschützten Bereich. Kann dieser nicht identifiziert werden, so wird der Zugriff verweigert und der Anwender erhält eine Fehlermeldung. Der Apache-Webserver ermöglicht es, ein Verzeichnis und sämtliche Unterverzeichnisse durch eine.*htaccess*-Datei zu schützen. Eine solche Datei sieht wie folgt aus:

```
AuthUserFile /htdocs/user/www.domain.de/admin/.htpasswd
AuthName Madania
AuthType Basic
<Limit GET>
require valid-user
</Limit>
```

> **Tipp:** Unter UNIX sorgt der Punkt vor dem *htaccess*-Dateinamen dafür, dass diese Datei versteckt wird. Dies können Sie auch für eigene Dateien verwenden.

Hat sich ein Anwender über die Webserver-Authentifizierung angemeldet, können Sie mit Hilfe der globalen Servervariablen $_SERVER["REMOTE_USER"] den Nutzernamen des angemeldeten Anwenders und mit $_SERVER["AUTH_TYPE"] die Authentifizierungsmethode ermitteln.

Anpassen der Passwortdatei

Die Webserver-Identifizierung hat einen wesentlichen Nachteil. Sie müssen den Anwender nicht nur für die jeweilige Webanwendung registrieren, sondern auch beim Webserver. Bei einer Passwortänderung muss dies dem Server ebenfalls mitgeteilt werden.

Natürlich können Sie jederzeit den Serveradministrator darum bitten, die Anpassungen vorzunehmen, doch wir wollen Ihnen eine Lösung vorstellen, die es Ihnen ermöglicht, die Änderungen selbst vorzunehmen.

Ein Eintrag in einer gültigen Passwortdatei, die in den meisten Fällen den Dateinamen *.htpasswd* besitzt, setzt sich aus einer Zeile zusammen: *Nutzername:Passwort*

Diese Zeile können Sie mit Hilfe von PHP auch selbst erzeugen bzw. anfügen, und zwar mit der Funktion setze_passwort():

```php
<?php

// Passwort Funktion
function setze_passwort($pwddatei,$nutzer,$nutzer_pwd="") {
 if (empty($nutzer) || empty($pwddatei) || strlen($nutzer)<3) {
      return false;
 }
 // Sollte die Datei existieren wird ein Backup
 // mit einem Zeitstempel erzeugt
 if (file_exists($pwddatei)) {
  $pwd=file($pwddatei);
  copy("$pwddatei",$pwddatei.time());
 } else {
  $pwd=array();
 }
 // Neue Passwort Variable initialisieren
 $neu_pwd="";

 // Sämtliche Nutzer durchlaufen
 foreach($pwd as $eintrag) {
      if (strstr($eintrag,$nutzer.":")==$eintrag) {
           $change_nutzer=true;
           if (empty($nutzer_pwd)) {
            continue;
           }
           $neu_pwd.=
$nutzer.":".crypt($nutzer_pwd,$nutzer[2].$nutzer[1])."\n";
    } else {
           $neu_pwd.=trim($eintrag)."\n";
      }
 }

 // Nutzer neues Passwort zuweisen
 if (!isset($change_nutzer)) {
      if (empty($nutzer_pwd)) {
       return false;
      } else {
       $neu_pwd.=
$nutzer.":".crypt($nutzer_pwd,$nutzer[2].$nutzer[1])."\n";
      }
 }

 // Daten sichern
 $datei=fopen($pwddatei,"w");
 if (is_resource($datei)) {
  flock($datei,LOCK_EX);
```

```php
   fwrite($datei,$neu_pwd);
   flock($datei,LOCK_UN);
   fclose($datei);
   return true;
 } else {
   return false;
 }
}

?>
```

Wir empfehlen Ihnen, die Funktion in eine Datei mit dem Namen *phpcrypt.php* abzulegen. So können Sie bei Bedarf auf sie zugreifen.

Beispiel – Anlegen eines Benutzers (Anwenders):

```php
<?php

// Funktion einbinden
include("phpcrypt.php");

// Zieldatei, Nutzer, Passwort
if (setze_passwort(".htpasswd","matthias","test")) {
       echo "Erfolgreich";
} else {
       echo "Fehlgeschlagen";
}

?>
```

Die Funktion selbst ist in der Lage:

- ein Benutzerpasswort zu ändern,
- einen neuen Benutzer samt Passwort anzulegen,
- einen Benutzer samt Passwort zu löschen.

Sie erhält den Dateinamen, den Benutzernamen und das Passwort übergeben. Sollte das Passwort nicht vorhanden sein bzw. leer, wird der betreffende Benutzer aus der Datei entfernt. Sie ist in der Lage, die Passwortdatei zu erzeugen oder eine vorhandene zu öffnen. Sollte die Passwortdatei vorhanden sein, wird sie nach entsprechenden Benutzernamen durchsucht. Sollte der Benutzername vorhanden sein, wird dessen Passwort entweder ersetzt oder, wenn das Passwort, welches im Argument $nutzer_pwd festgelegt wird, leer sein sollte, der Nutzer aus der Datei entfernt. Wird kein Benutzer gefunden, wird ein neuer Eintrag in der Passwortdatei angelegt. Die jeweiligen Passwörter in der Passwortdatei müssen verschlüsselt abgelegt werden. Die Funktion, die Ihnen bei der Verschlüsselung behilflich ist, ist crypt(). Sie erhält das Passwort im Klartext übergeben und als Schlüsselbasis wird der dritte und zweite Buchstabe des Benutzernamens verwendet. Das so erzeugte Passwort wird dem String hinzugefügt, welcher sich aus Benutzername und verschlüsseltem Passwort zusammensetzt und in der Variablen $neu_pwd liegt. Anschließend wird die neu erzeugte Passwortdatei gespeichert. Da ein Eingriff in die Passwortdatei auch zu Problemen führen kann, sollte man an eine Sicherung der möglicherweise vorhandenen Passwortdatei denken. Daher wird bei jeder Anpassung der Passwortdatei, eine Kopie der Datei angelegt, sofern diese vorhanden ist. Sollten sämtliche Prozesse innerhalb der Funktion `setze_passwort()` fehlerfrei durchlaufen worden sein, wird diese `true` zurückliefern, andernfalls `false`.

> **Achtung:** Es wird nicht geprüft, ob Sie bzw. das PHP-Skript das Recht hat, Änderungen an der Datei vorzunehmen. Daher sollten Sie vorab klären, ob dem so ist.

7.3.2 Session-basierte Authentifizierung

Eine weitere Möglichkeit der Authentifizierung besteht darin, die Zugangsdaten eines Anwenders auszuwerten und in einer Session zu registrieren. Sie sollten bei der Übertragung mit Hilfe eines HTML-Formulars berücksichtigen, dass das Passwort im Klartext übertragen wird und daher die POST-Methode eingesetzt werden sollte. Sie könnten zusätzlich clientseitig das Passwort mit Hilfe von JavaScript verschlüsseln, dies setzt jedoch voraus, dass beim Anwender die Ausführung von JavaScript zugelassen ist.

Um das folgende Beispiel so flexibel wie möglich zu gestalten, sollten Sie dafür sorgen, dass die Nutzeridentifizierung in eine externe Datei ausgelagert wird. Wir haben hierfür die Datei *check.php* angelegt. In dieser Datei befindet sich folgende Funktion:

```php
<?php

// Nutzeridenifikations-Funktion
function check_nutzer($pwddatei=".htpasswd") {
session_start();

if (isset($_SESSION["versuch"]) && $_SESSION["versuch"]>2) {
    return false;
}

if (!isset($_SESSION["auth"]) && !isset($_POST["username"])) {
    return false;
}

if (isset($_POST["username"])) {
    if (!isset($_SESSION["versuch"])) {
      $_SESSION["versuch"]=1;
    } else {
      $_SESSION["versuch"]++;
    }

    if (!isset($_COOKIE[session_name()])) {
      return false;
    }

    $nutzer = trim($_POST["username"]);
    $pwd  = trim($_POST["passwort"]);

    if (strlen($nutzer)<3) {
```

```
        return false;
    }

    $pwd=$nutzer.":".crypt($pwd,$nutzer[2].$nutzer[1])."\n";
    $pwd_liste=file($pwddatei);

    if (array_search($pwd,$pwd_liste)!== false) {
     $_SESSION["auth"]=$nutzer;
     return true;
    } else {
     return false;
    }
}

if (isset($_GET["logout"])) {
    session_destroy();
    session_unset();
    unset($_SESSION);
    return false;
} else {
    return true;
}
}

?>
```

Die Datei, die die Eingabemaske samt Funktionsaufruf enthält, wird als *login.php* angelegt:

```
<?php

include("check.php");
if (!check_nutzer()) {

?>

<html>
<head>
<title>Eingang</title>
</head>
<body>
<h1>Login</h1>
<form method="post" action="<?php echo $PHP_SELF ?>">
  <p>Nutzer:
    <input type="text" name="username">
  </p>
  <p>Passwort:
    <input type="password" name="passwort">
  </p>
  <p>
    <input type="submit" name="Submit" value="Login">
  </p>
</form>
```

```php
<?php

if (isset($_SESSION["versuch"]) && $_SESSION["versuch"] < 3) {
 echo "Login nicht erfolgreich!
 Es stehen Ihnen noch ".
 (3-$_SESSION["versuch"]) .
 " Versuche zur Verfügung!";
} else if ($_SESSION["versuch"] == 3) {
 echo "Es stehen Ihnen keine
 weitere Versuche zur Verfügung!";
}

?>

</body>
</html>

<?php

} else {

?>

<html>
<head>
<title>Private Zone</title>
</head>
<body>
<h1>Herzlich Willokmmen</h1>
<a href="<?php echo $PHP_SELF ?>?logout=1">Logout</a>
</body>
</html>

<?php

}

?>
```

Wie Sie anhand des ersten Arguments $pwddatei der Funktion erkennen können, verwenden wir in diesem Fall die mit Hilfe der setze_passwort()-Funktion erzeugte Passwortdatei, um die Authentifizierung durchzuführen. Es steht Ihnen natürlich frei, der Passwortdatei einen beliebigen Namen zuzuweisen, achten Sie lediglich darauf, dass sich jeder Benutzereintrag aus einem Benutzernamen und einem verschlüsselten Passwort zusammensetzt. Die Funktion selbst sorgt dafür, dass die benötigte Session initialisiert wird, und prüft, ob ein Anwender angemeldet ist oder nicht. Gegebenenfalls wird der Anwender identifiziert bzw. abgemeldet. Ist ein Anwender angemeldet oder war seine Anmeldung erfolgreich, gibt die Funktion true zurück, andernfalls false. Mit Hilfe der Rückgabewerte können Sie somit entscheiden, was bei einem erfolgreichen bzw. nicht erfolgreichen Login geschehen soll. Die Funktion ist zusätzlich in der Lage zu erkennen, wie oft versucht wurde sich einzuloggen. Dem Anwender stehen drei Versuche zur Verfügung. Nach drei Versuchen, die in der Sessionvariablen $_SESSION["versuch"] gespeichert sind, wird die Funktion grundsätzlich den Rückgabewert `false` liefern. Dies gilt auch in dem Fall, dass weder die Sessionvariable `$_SESSION["auth"]` noch die Postvariable `$_POST["username"]` existieren. In diesem Fall wird davon ausgegangen, dass der Anwender noch keinen Login-Versuch unternommen hat. Sobald der Anwender das Login-Formular abgeschickt hat, beginnt der Authentifizierungsprozess. Die Sessionvariable `$_SESSION["versuch"]` wird in der Session registriert bzw. um den Wert 1 erhöht. Anschließend wird überprüft, ob die Session durch ein Cookie übergeben wurde. Sollte dieses nicht existieren, wird die Funktion abgebrochen und `false` zurückgegeben. Der Nutzernamen und das Passwort werden in den Variablen `$nutzer` und `$pwd` gespeichert. Dabei werden mit Hilfe der Funktion `trim()` eventuell vorhandene Leerzeichen vor und nach dem Benutzernamen und Passwort entfernt. Eine weitere Bedingung ist, dass der Benutzername nicht kürzer als drei Zeichen sein darf. Damit ein identischer Eintrag in der Passwortdatei gefunden werden kann, wird ein String gebildet, der genauso aufgebaut ist wie eine Zeile in der Passwortdatei. Anschließend wird der Inhalt dieser Datei mit Hilfe der Funktion `file()` in das Array `$pwd_liste` eingelesen. Dieses Array wird mit Hilfe der Funktion `array_search()` durchsucht. Ist der Rückgabewert der Suche ungleich `false`, so bedeutet dies, der Anwender ist in der Passwortdatei enthalten und hat sich mit dem richtigen Passwort angemeldet. Die Sessionvariable `$_SESSION["auth"]` wird angelegt und in ihr der Benutzername gespeichert. Die Funktion liefert dann noch den Wert `true` zurück. Sollte der Anwender bereits angemeldet sein, wird geprüft, ob in dem URL der Parameter `logout` enthalten ist. Ist dies der Fall, wird die Session beendet und die Funktion gibt `false` zurück, andernfalls `true`.

Session-Variante

Wir zeigen Ihnen noch eine weitere Variante, so dass Sie selbst entscheiden können, welche von beiden Lösungen Ihnen zusagt. Bei der folgenden Variante handelt es sich um eine Umsetzung, die ohne eine externe Passwortdatei auskommt.

Sie basiert auf insgesamt drei Dateien:

- login.php – Enthält die Eingabemaske samt Authentifizierungsfunktion.
- gruss.php – Auf diese Seite gelangt der Anwender nach dem Login.
- logout.php – Hier wird der Anwender ausgeloggt und verabschiedet.

Beispiel – login.php:

```php
<?

session_start();

function check_auth($nutzer,$pwd) {
        $nutzer_liste = array ("matthias" => "mad",
                                        "caroline" => "car");
        if (isset($nutzer_liste[$nutzer]) && ($nutzer_liste[$nutzer] ==
$pwd)) {
                return true;
        } else {
                return false;
```

```
        }
}

$geheim_wort = 'geheim';

unset($_POST["$username"]);

if ($_SESSION['login']) {
      list($s_username, $session_hash) = explode(',',$_SESSION['login']);
      if (md5($s_username.$geheim_wort) == $session_hash) {
            $_POST["$username"] = $s_username;
      } else {
            echo "Sie haben an ihrer Session rumgesaut!";
      }
}

if ($_POST["$username"]) {
      header('Location: gruss.php');
} else {
if (check_auth($_POST['username'], $_POST['passwort'])) {
    session_start();
    $_SESSION['login'] =
$_POST['username'].','.md5($_POST['username'].$geheim_wort);
      echo "Sie sind eingeloggt!";
      echo "<p><a href='gruss.php'>Weiter</a>";
} else {
echo <<<Login
<form method="post" action="login.php"
Benutzername:<br>
Nutzer:
<input type="text" name="username"><br>
Passwort:
<input type="text" name="passwort"><br>
<input type="submit" value="Login">
</form>
Login;
}
}

?>
```

Beispiel – gruss.php:

```
<?

session_start();

$geheim_wort = 'geheim';

unset($_POST["$username"]);

if ($_SESSION['login']) {
      list($s_username, $session_hash) = explode(',',$_SESSION['login']);
      if (md5($s_username.$geheim_wort) == $session_hash) {
            $_POST["$username"] = $s_username;
      } else {
```

```
                echo "Sie besitzen keine gültige Session!";
        }
}

if ($_POST["$username"]) {
        echo "Guten Tag " . $_POST["$username"];
        echo "<a href='logoff.php'>Ausloggen</a>";
} else {
        echo "Guten Tag, anonymer Besucher!";
}

?>
```

Beispiel – logout.php:

```
<?

session_start();

$geheim_wort = 'geheim';

unset($_POST["$username"]);

if ($_SESSION['login']) {
        list($s_username, $session_hash) = explode(',',$_SESSION['login']);
        if (md5($s_username.$geheim_wort) == $session_hash) {
                $_POST["$username"] = $s_username;
        } else {
                echo "Sie besitzen keine gültige Session!";
        }
}

if ($_POST["$username"]) {
        unset($_SESSION['login'],$login);
        echo "Bis bald ". $_POST["$username"];
        echo "<br><a href='login.php'>Login</a>";
} else {
        echo "Fehler beim Ausloggen!";
}

?>
```

7.3.3   Cookie-basierte Authentifizierung

Auf der Grundlage der zweiten Lösung für die Session-basierte Authentifizierung können Sie nach dem gleichen Schema vorgehen, um eine Cookie-basierte Lösung einzusetzen. Diese basiert ebenfalls auf insgesamt drei Dateien:

- cookielogin.php – Enthält die Eingabemaske samt Authentifizierungsfunktion.
- gruss.php – Auf diese Seite gelangt der Anwender nach dem Login.
- logout.php – Hier wird der Anwender ausgeloggt und verabschiedet.

Die Cookie-basierte Lösung setzt voraus, dass der Anwender das Anlegen von Cookies auf dem Client gestattet. Sie hat gegenüber der Session-basierten Lösung den Vorteil, dass der Anwender selbst nach einem Neustart des Systems oder des Browsers eingeloggt bleibt. Erst nachdem sich der Anwender ordnungsgemäß ausloggt, wird er nicht mehr als authentifizierter Anwender erkannt.

Beispiel – cookielogin.php:

```php
<?

function check_auth($nutzer,$pwd) {
       $nutzer_liste = array ("matthias" => "mad",
                                             "caroline" => "car");
       if (isset($nutzer_liste[$nutzer]) && ($nutzer_liste[$nutzer] ==
$pwd)) {
               return true;
       } else {
               return false;
       }
}

$geheim_wort = 'geheim';
unset($username);

if ($_COOKIE['login']) {
       list($c_username, $cookie_hash) = split(',',$_COOKIE['login']);
       if (md5($c_username.$geheim_wort) == $cookie_hash) {
               $_POST["$username"] = $c_username;
       } else {
               echo "Sie besitzen kein gültiges Cookie!";
       }
}

if ($_POST["$username"]) {
       header('Location: gruss.php');
} else {
if (check_auth($_POST['username'], $_POST['passwort'])) {
       setcookie('login',
$_POST['username'].','.md5($_POST['username'].$geheim_wort),time()+60*60*2
4*30);
       echo "Sie sind eingeloggt!";
       echo "<p><a href='gruss.php'>Weiter</a>";
} else {
echo <<<Login
<form method="post" action="cookielogin.php"
Benutzername:<br>
Nutzer:
<input type="text" name="username"><br>
Passwort:
<input type="password" name="passwort"><br>
<input type="submit" value="Login">
</form>
Login;
}
}

?>
```

Beispiel – gruss.php:

```
<?

$geheim_wort = 'geheim';
unset($_POST["$username"]);

if ($_COOKIE['login']) {
        list($c_username, $cookie_hash) = split(',',$_COOKIE['login']);
        if (md5($c_username.$geheim_wort) == $cookie_hash) {
                $_POST["$username"] = $c_username;
        } else {
                echo "Sie besitzen kein gültiges Cookie!";
        }
}

if ($_POST["$username"]) {
        echo "Guten Tag " . $_POST["$username"];
        echo "<a href='logoff.php'>Ausloggen</a>";
} else {
        echo "Guten Tag, anonymer Besucher!";
}

?>
```

Beispiel – logout.php:

```
<?

$geheim_wort = 'geheim';
unset($_POST["$username"]);

if ($_COOKIE['login']) {
        list($c_username, $cookie_hash) = split(',',$_COOKIE['login']);
        if (md5($c_username.$geheim_wort) == $cookie_hash) {
                $_POST["$username"] = $c_username;
        } else {
                echo "Sie besitzen kein gültiges Cookie!";
        }
}

if ($_POST["$username"]) {
        setcookie('login','',time()-84000);
        echo "Bis bald ". $_POST["$username"];
        echo "<br><a href='cookielogin.php'>Login</a>";
} else {
        echo "Fehler beim Ausloggen!";
}

?>
```

Das Cookie verfällt nach 30 Tagen automatisch (time()+60*60*24*30).

A   Informationsquellen

Hier eine Auflistung weiterer nützlicher Quellen zum Thema.

Website zum Buch

www.atomicscript.de

PHP

www.php.net

www.php-center.de

www.php-archiv.de

www.phpbuilder.com

www.hotscripts.com

www.powie.de

www.phpwelt.de

www.dynamic-webpages.de

www.php-mysql.de

www.phpug.de

www.phptutorials.de

MySQL

www.mysql.com

www.nusphere.com

Foren

www.tutorials.de

www.php-homepage.de

www.php-mysql.de/forum/

www.phpforum.de

B   CD-ROM zum Buch

B.1   Kapitel

Sämtliche im Buch vorgestellten Beispiele finden Sie in Kapiteln geordnet auch auf der Buch-CD.

B.2   Server

- Apache 1.3.29
- Apache 2.0.49
- MySQL 4.0
- PHP 4 & 5

B.3   Tools

- PDFLib5.0.2
- PHPMyAdmin 2.5.5
- Regex Coach
- SourceCop for PHP 2.0
- SourceGuardian Obusfactor
- SourceGuardian Pro 2.0 for PHP
- ionCube Standalone PHP Encoder – Version 3.0

B.4   Installation Kits

- Xampp1.2 (Windows/Linux)
- PHP 5 Xampp Dev Edition (Windows)
- Apache2Triad 1.1.8 (Windows)
- PHPStart 2.25 (MacOS X)
- Firepages 4.2.3
- FoxServ 3.0

B.5 PHP-Editoren

- PHPEdit
- PHPCoder
- TSWebEditor
- Weaverslave
- UltraEdit-32 v10
- PHPNotepad
- PHP Expert Editor
- Proton Coder Editor

B.6 PHP-Entwicklungs-Studios

- Maguma Studio 1.1.2
- PrimalSkript 3.1
- Zend Studio Client 3.0.2
- Zend Studio Server 3.0.2
- Top PHP Studio 0.95
- Dev-PHP IDE 1.9.4

B.7 MySQL-Editoren

- EMS MySQL Manager2.5.0.2
- MySQLFront2.5
- MyWitch1.0.9
- MySQLStudio

B.8 PHP-Debugger

- PHP Debugger DBG 2.11.23
- PHP Debugger

Hinweis: Wir haben selbstverständlich darauf geachtet, dass sowohl Windows, Linux als auch MacOS X berücksichtigt wurden. Die Buch-CD bietet somit für jede Entwicklerplattform einige ausgewählte Editoren und Entwicklungsumgebungen.

C Nachwort

Autor: Matthias Kannengiesser

Matthias Kannengiesser

Ich hoffe, Sie haben genauso viel Freude mit dem PHP 5 Praxisbuch, wie ich beim Schreiben hatte. Es soll Ihnen bei Ihrer Arbeit treu zur Seite stehen und Ihnen den Weg durch den PHP-Dschungel weisen. Ich werde Sie auch in Zukunft über die Entwicklung auf dem Laufenden halten, schauen Sie daher ab und an auf der Website zum Buch vorbei. Vielleicht haben Sie Ideen und Anregungen, die wir in einer weiteren Auflage unbedingt mit aufgreifen sollten, dann scheuen Sie sich nicht mir zu schreiben:

matthiask@atomicscript.de

Weisheiten für den Entwickler

Schade, dass meist die Zeit drückt, so dass man oftmals doch etwas genervt ist, wenn mal was nicht so funktioniert, wie es sollte. Aber hierfür habe ich einen gut gemeinten Tipp für Sie: Kommt Zeit kommt Rat!

Was häufig wahre Wunder wirkt das Problem ruhen lassen und sich mit einem ganz anderem Thema beschäftigen, ein anderes Projekt in Angriff nehmen, spazieren gehen, mit Freunden ausgehen etc. Hilft ungemein, und auf die Lösung des Problems stößt man dann meist von selbst – an den unmöglichsten Orten und Situationen hat es bei mir schon im Kopf klick gemacht.

Wichtig: überschätzen Sie sich nie selbst, schon viele Entwickler mussten feststellen, dass man nie genug wissen kann! Sie werden nie an den Punkt gelangen, an dem Sie behaupten können, alles verstanden zu haben. Der ständige Lernprozess wirkt wie eine Triebfeder, die uns jeden Tag aufs Neue weitermachen lässt.

In diesem Sinne wünsche ich Ihnen viel Erfolg!

Anmerkung: Für all diejenigen unter Ihnen, die noch mehr zum Thema PHP und OOP erfahren wollen, sei bereits an dieser Stelle darauf hingewiesen, dass ich zusammen mit dem Franzis' Verlag an einem Buch zum Thema PHP 5 & OOP arbeite.

Stichwortverzeichnis

Kannengießer

MySQL

Matthias Kannengießer

Professional Series

MySQL

Das Praxisbuch

Mit 63 Abbildungen

Franzis'

Bibliografische Information Der Deutschen Bibliothek

Die Deutsche Bibliothek verzeichnet diese Publikation in der Deutschen Nationalbibliografie;
detaillierte Daten sind im Internet über http://dnb.ddb.de abrufbar

© 2003 Franzis' Verlag GmbH, 85586 Poing

art & design: www.ideehoch2.de
Satz: DTP-Satz A. Kugge, München
Druck: Bercker, 47623 Kevelaer
Printed in Germany

Einleitung

Im Gegensatz zu anderen Büchern, die Sie möglicherweise in die Hand genommen und sofort fallengelassen haben, weil sie so dick und schwer waren, habe ich beim Schreiben dieses Buchs darauf verzichtet, komplizierte Schachtelsätze oder unmöglich zu verstehende Fachtermini zu verwenden. Das Buch stellt auch keine vollständige Referenz dar und enthält auch nicht sämtliche in der Praxis vorkommenden Probleme und Lösungsansätze. Es geht um MySQL, und Sie können mir glauben, das ist bereits spannend und umfangreich.

Über dieses Buch

Der Hauptteil des Buchs beschäftigt sich mit MySQL, oder besser gesagt mit der MySQL-Datenbank. Hierbei erfahren Sie alles Wissenswerte über diese äußerst interessante Datenbank. In den weiteren Kapiteln des Buchs zeige ich Ihnen dann, wie Sie MySQL im Rahmen der Programmierung verwenden können, d.h., ich zeige Ihnen den Zugriff auf MySQL unter Verwendung der Programmiersprache PHP.

Was Sie erwarten können

Wir versprechen Ihnen nichts, was wir nicht halten können. Vor allem versprechen wir Ihnen jedoch nicht, dass Sie innerhalb kürzester Zeit zum MySQL-Spezialisten mutieren werden, wenn Sie dieses Werk gelesen haben. Erst die Arbeit an eigenen Projekten wird Ihnen zeigen, wie wertvoll dieses Werk für Ihre alltägliche Arbeit sein kann.

Vorkenntnisse in MySQL sind sicher kein Grund, das Buch nicht zu lesen. Im Gegenteil, vor allem für Fortgeschrittene sind weitergehende Informationen enthalten. Es handelt sich also nicht um eine dieser zahlreichen oberflächlichen Betrachtungen, sondern um eine Vertiefung des Stoffs, damit Sie sich anschließend auf die praktischen Anwendungen und Probleme Ihres Arbeitalltags stürzen können.

Sie werden sehen, es wird sich für Sie lohnen.

Was wir erwarten

Sie sollten bereits ein wenig programmieren können, und die Welt der serverseitigen Skriptsprachen wie PHP, ASP oder Perl sollte Ihnen auch nicht unbekannt sein, da ich in diesem Buch auf diese Skriptsprachen nur am Rande eingehen werde. Was MySQL betrifft, erhalten sowohl Einsteiger als auch Vollprofis eine wertvolle Einführung und Vertiefung, Tipps und Tricks sowie eine kompakte Referenz zu den diversen MySQL-Bestandteilen. Ich erwarte lediglich von Ihnen, dass Sie sich hoch motiviert und wissbegierig über dieses Buch hermachen.

Quelle – Website zum Buch

Sie finden sie unter folgender URL: www.atomicscript.de

Sie finden dort zusätzliche Beispiele Tipps & Tricks und können sich direkt mit mir in Verbindung setzen.

Der Autor

Matthias Kannengiesser ist Dipl.-Informatiker und Projektmanager im IT-Bereich und arbeitet seit mehreren Jahren als IT-Consultant für namenhafte Unternehmen. In den letzten Jahren hat er vor allem an der Entwicklung von Flash/ActionScript-basierten Lösungen gearbeitet. Seit mehr als 5 Jahren hält er Seminare, Workshops und Vorträge zu den Themen ActionScript, Lingo, JavaScript, PHP und Datenbank-Development. Er ist bundesweit als Fachdozent für Institute und Unternehmen tätig und Autor bei Magazinen wie Internet Intern, Internet World und Internet Professionell.

Danksagung

Wir wollen uns von Herzen bei unseren lieben und geschätzten Freunden und Kollegen bedanken. Insbesondere wollen wir folgenden Personen und Firmen danken:

SAE Institut – Team Berlin

Ingrid Singer und Bianca Lange (L4 Institut – Seminarleitung)

Michael Wrobel (L4 Institut – Leiter für Weiterbildung)

Dr. Peter Schisler (L4 Institut – Geschäftsführung Institutsleiter)

Thorsten Frank und Thorsten Blach (Macromedia – akademie für neue medien)

Caroline Kannengiesser – Dank an Schwesterherz für die Fachkorrektur

Alex, Frank, Ina, Conni, Ralph, Christopher(DJ Monty), Christian, Martin B., Benny, Toni, Franziska, Rico, Timor, Markus, Verena, Barbara, Gabi, Harald, Mario, Gökhan, Niels, Marc, Sascha, Thorsten, Johannes, Ralf, Jörg und all diejenigen, die wir vergessen haben. Einen besonderen Dank möchten wir Frau Brigitte A. Bauer-Schiewek widmen, unserer Lektorin und Freundin beim Franzis Verlag – die Zeit, das Verständnis und die Geduld für dieses Buch gehen in die Geschichte ein. Ganz viele Umarmungen und Küsse gehen an meine großartige Mama!

Feedback

Ich würde mich über Reaktionen und Anregungen freuen. Ich bin unter folgender Adresse zu erreichen.

matthiask@atomicscript.de (Matthias Kannengiesser)

Was nun?

Jetzt geht es endlich los.

Inhaltsverzeichnis

1 Einführung

Das vorliegende Buch soll Ihnen zielorientiert aufzeigen, um was es sich bei MySQL genau handelt und wie Sie es für Ihre eigenen Zwecke nutzen können. Bereiten Sie sich vor auf eine Reise quer durch die Welt der MySQL-Datenbanken und ihrer Anwendungsmöglichkeiten.

Bei dem Stichwort »Datenbanken« fallen sicherlich einigen von Ihnen Systeme ein wie Sybase, Oracle, DB2 oder SQL-Server. Diese Datenbanksysteme haben eine Reihe gemeinsamer Eigenschaften:

- Sie besitzen alle einen gewaltigen Funktionsumfang.
- Sie sind weit verbreitet.
- Sie sind stabil und zuverlässig.
- Ihre Anschaffung ist meist mit enormen Kosten verbunden.

Vor allem der letzte Punkt stellt sich jedoch bei MySQL anders dar, denn dieses Datenbanksystem ist ohne jeden Zweifel extrem preisgünstig, dafür haben die Entwickler bereits durch das von Ihnen gewählte Lizenzmodell gesorgt. Näheres zu den Lizenzierungen und den damit verbunden Kosten finden Sie weiter unten in diesem Kapitel.

Ebenfalls ganz anders sieht es auch beim Unternehmen aus, das von der Anzahl der Mitarbeiter wohl eher als klein einzustufen ist und sich auf seiner Homepage unter dem Namen »MySQL AB« vorstellt. Mit Riesen wie IBM, Oracle oder Microsoft ist dieses Unternehmen, was die Anzahl der Entwickler betrifft, wohl nicht zu vergleichen. Wie Sie sehen werden, wird sich dies jedoch nicht als Nachteil erweisen.

Wer von Ihnen bereits neugierig gerworden ist, um wen es sich nun genau bei den Entwicklern handelt, erhält vielleicht eine Antwort, die ihn erstaunen wird. Konkret handelt es sich um ein schwedisches Unternehmen. Dieses ist im Besitz der MySQL-Urheberrechte. Wie Sie feststellen werden, muss professionelle Software nicht zwangsläufig aus den Vereinigten Staaten stammen. Das Unternehmen sorgt für die Weiterentwicklung und Verbreitung von MySQL. Ihr Geschäftsmodell verfolgt unter anderem folgende Ziele:

- Support für MySQL durch die Entwickler
- Verkauf von MySQL-Lizenzen
- Verkauf von Beratungsleistungen
- Vermarktung von Werbeplätzen auf der MySQL-Website

> **Hinweis:** Ein Selbstporträt des Unternehmens MySQL AB finden Sie im Internet unter folgender Adresse:
> *http://www.mysql.com/doc/W/h/What_is_MySQL_AB.html*

Die Ziele des Unternehmens weisen in die richtige Richtung: Gute Software muss nicht zwangsläufig immer teuer sein. Wer kennt nicht die Flüche über Produkte von Unternehmen wie Microsoft oder IBM, und auch der Support dieser Softwaregiganten lässt meist zu wünschen übrig. Die Ziele der MySQL AB-Gruppe sollten sich einige dieser Softwarehersteller durchaus zu Herzen nehmen. Allein die Versprechungen in TV-Spots reichen bei weitem nicht aus.

1.1   Was ist MySQL

Nachdem Sie nun wissen, wer hinter MySQL steckt, sollten wir die Frage klären, was MySQL denn nun eigentlich genau ist. Wenn Sie die Kataloge von Softwaredistributoren betrachten, treffen Sie immer wieder auf die Softwarekategorie »Datenbanken«. In der Angebotspalette finden sich so bekannte und klangvolle Namen wie beispielsweise MS Access, Oracle oder Sybase. All diese Softwareprodukte haben die Aufgabe, Daten systematisch strukturiert zu speichern und Werkzeuge zur Manipulation dieser Daten zu bieten. Dabei kann von dieser Softwarekategorie nahezu jede digitale Form unterstützt werden, die auf Daten basiert, welche häufig abgefragt, verändert oder ausgewertet werden. Datenbanken sind somit vielfältig einsetzbar. MySQL ist eine solche Datenbank.

Datenbanken sind heute aus dem weltwirtschaftlichen Geschehen nicht mehr wegzudenken. Banken und Versicherungen wären ohne Datenbanken in keinster Weise wettbewerbsfähig. Eine Vielzahl von Internetangeboten wie Internetshops, Suchmaschinen oder Tauschbörsen wären ohne Datenbanken nicht funktionsfähig. Den Stellenwert von Datebanken sollte man daher nicht unterschätzen.

Relationale Datenbanken

Als relationales Datenbanksystem erlaubt MySQL die Speicherung der Daten in einem verknüpften und damit schnellen und flexiblen System von einzelnen Tabellen. Die Tabellen wiederum sind so organisiert, dass sie einzelne Datensätze und Felder besitzen. In den jeweiligen Tabellen stellen die Reihen die Datensätze dar und die Spalten die Felder, aus denen sich ein Datensatz zusammensetzt.

Die Speicherung der Daten und die Möglichkeiten der Bearbeitung basieren dabei weitgehend auf dem SQL-Standard, der Structured Query Language. Sie ist die am häufigsten verwendete Sprache für relationale Datenbanksysteme. Dabei verfügt sie über Befehle:

- zum Einfügen, Auslesen, Ändern und Löschen von Daten in Tabellen;

- zum Erzeugen, Ersetzen, Ändern und Löschen von Objekten;

- zur Zugangskontrolle zur Datenbank und ihrer Objekte;

- zur Sicherstellung der Datenbankkonsistenz und -integrität.

SQL gehört zu den älteren Standards. Dies zeigt jedoch auch, dass sich das Konzept erfolgreich behaupten konnte.

Die Ursprünge von SQL basieren auf Grundlagen, welche von Dr. E.F. Codd in seinem Buch »A Relational Model of Large Shared Data Banks« 1970 veröffentlicht wurden. Später wurde dieses Konzept von IBM als »Structured English Query Language« (SEQUEL) übernommen, aus dem sich SQL heraus entwickelt hat. 1986 formulierte das American National Standards Institute (ANSI) die erste Standardisierung und 1987 wurde von der International Organization for Standardization (ISO) die erste technische Standardisierung von SQL herausgegeben. Es folgte 1989 mit SQL-89 die zweite und 1992 mit SQL-92 die dritte offizielle Überarbeitung des Standards. Allerdings hatten eine Vielzahl von Herstellern eines relationalen Datenbanksystems zu diesem Standard eigene Ergänzungen und Erweitertungen vorgenommen, um fehlende Eigenschaften und Funktionen zu kompensieren. So kennt der SQL-Standard beispielsweise noch keinen Datentyp zur Speicherung großer Datenmengen.

> **Hinweis:** In MySQL wurde dies bereits in frühen Versionen durch eigene Erweiterungen der MySQL AB-Gruppe korrigiert und somit stehen uns in MySQL auch eine umfangreiche Anzahl von Datentypen zur Verfügung.

MySQL reiht sich in diese Vielzahl von Datenbanksystemen ein. Als Open-Source-Software kann MySQL verwendet und für eigene Zwecke angepasst werden. MySQL kann einschließlich seines vollständigen Quellcodes aus dem Internet oder anderen Quellen bezogen werden, ohne dass hierfür Kosten entstehen. Grundlage für die Nutzung ist die GPL (GNU Public License). Falls MySQL in kommerziellen Produkten eingesetzt wird, die nicht als Opern Source weiterbetrieben werden sollen, kann auch eine kommerzielle Lizenz erworben werden.

Folgende wesentlichen Vorteile sorgten zusätzlich für die weite Verbreitung von MySQL:

- Hohe Performance

- Zuverlässigkeit

- Einfache Handhabung

Diese Punkte haben dazu beigetragen, dass in vernetzten Systemen wie lokalen Netzwerken oder dem Internet MySQL seinen kontinuierlichen Siegeszug fortsetzen konnte. Hinzu kommt, dass MySQL auf allen wichtigen Betriebssystemen verfügbar ist.

Der Ursprung liegt dabei auf den UNIX-Systemen. Hierbei ist zu betonen, dass ein Einsatz von MySQL auf UNIX-Systemen grundsätzlich Vorteile bringt. Zum einen ist MySQL auf diesen Systemen am häufigsten getestet worden, so dass Fehlfunktionen unwahrscheinlicher sind. Zum anderen sind einige Merkmale, wie die Erweiterung um eigene Funktionen, nur für UNIX-Systeme verfügbar. Sollten Sie die Möglichkeit und die Erfahrung mit dieser Art von Betriebssystemen haben, wäre der Einsatz eines MySQL-Servers aus diesen Gründen ideal.

Dass MySQL in diversen Bereichen professionellen Ansprüchen genügen kann, ist erkennbar an seinem Einsatz in bekannten Internetportalen namenhafter Unternehmer. Es hat diese Verbreitung erreicht, obwohl dem Programm einige Funktionen anderer Datenbanken fehlen. Es findet schwerpunktmäßig bei Inter-/Intranetprojekten, meistens unter UNIX/LINUX-Systemen, seine Anwendung.

Grenzen findet der Einsatz von MySQL bei Aufgaben, bei denen höchste Ansprüche an Datensicherheit und -integrität gestellt werden. Auch die Skalierbarkeit lässt noch zu wünschen übrig. So wird MySQL im Allgemeinen nicht im Finanzsektor eingesetzt.

Hinweis: Diese Tatsache kann sich in den kommenden Jahren ändern, da die Entwickler bemüht sind, diese Schwachpunkte zu beheben.

Welche Programmiersprachen in Verbindung mit MySQL verwendet werden, ist nicht fest vorgeschrieben. Diverse Programmiersprachen stellen spezielle auf MySQL angepasste Anweisungen zur Verfügung. Dazu gehören Skriptsprachen wie PHP, ASP oder Perl und Compilersprachen wie C++ oder Java.

Achtung: In unserem Buch werden wir vor allem mit der Skriptsprache PHP arbeiten, da diese am häufigsten in Verbindung mit MySQL eingesetzt wird.

1.2   Kompatibilität zu SQL-Standards

Ein wichtiges Kriterium für die Kompatibilität von relationalen Datenbanken ist im Allgemeinen die Implementierung von SQL-Standards. SQL (Structured Query Language) ist gleichzeitig:

- DDL (Data Definition Language)
- DML (Data Manipulation Language)

Es stellt die Basis der Arbeit mit den Daten dar.

Die SQL-Syntax ist grundsätzlich zwischen verschiedenen Datenbanken kompatibel, wenn die jeweilige Sprachsyntax integriert wurde. MySQL-Daten, -Datenbankdefinitionen und -abfragen lassen sich also, wenn diese Voraussetzung zutrifft, zwischen verschiedenen Datenbanken transferieren.

Folgendes kann hier für MySQL festgehalten werden:

- Aufgrund der SQL-Kompatibilität können auch über SQL-Befehle zu anderen Datenbanken kompatible Datenbestände aufgebaut werden. Voraussetzung hierfür ist, dass nur die Standard-SQL-Syntax verwendet wird.

- Import- und Exportmöglichkeiten für Daten sind gegeben. Der Import von Daten gestaltet sich aufgrund der eigenen Behandlung von relationalen Verknüpfungen einfach.

- Die Anbindung an verschiedene Programmierschnittstellen ist flexibel.

1.3   Lizenzmodel von MySQL

MySQL ist in der aktuellen Version mit einer GNU General Public License (GPL) und einer kommerziellen Lizenz verfügbar.

Hinter der GPL steht die Regelung des Softwareherstellers, die sich inhaltlich erheblich von traditionellen Softwarelizenzen unterscheidet. Die GPL schützt ebenfalls die Urheberrechte der Softwareprogrammierer, räumt aber Benutzern der Software eine Reihe von Rechten ein, die einen »freien« Umgang mit ihr erlauben.

Software, die unter den Bedingungen der GPL verteilt wurde, hat in den vergangenen Jahren in puncto Fehlerfreiheit und Weiterentwicklung ein hohes Niveau erreicht.

Hier nun die wesentlichen Merkmale der GPL im Überblick:

- Die GPL regelt die Vervielfältigung, Verbreitung und Bearbeitung von Programmen. Sämtliche weiteren urheberrechtlichen Belange werden duch die GPL nicht erfasst.

- Die Lizenz gilt für alle Programme, bei denen der Autor die Nutzung unter den GPL-Bedingungen zulässt. Damit geht einher, dass alle Programme, die auf dem ursprünglichen Programm beruhen, wiederum unter die Bedingungen der GPL fallen.

- Sie dürfen unveränderte Kopien des Programmquelltextes anfertigen und verbreiten. Voraussetzung hierfür ist, dass Sie mit jeder Kopie einen entsprechenden Copyright-Vermerk sowie einen Haftungsausschluss veröffentlichen, alle Vermerke, die sich hierauf beziehen, unverändert lassen und allen weiteren Empfängern des Programms zugleich eine Kopie dieser Lizenz zukommen lassen.

- Sie dürfen das Programm beliebig verändern, wodurch ein so genanntes abgeleitetes Werk entsteht. Falls Sie das überarbeitete Programm vervielfältigen oder verbreiten wollen, ist dies nur unter den Bedingungen der GPL möglich. Sie müssen darüber hinaus sicherstellen, dass ein auffälliger Vermerk über die von Ihnen vorgenommenen Änderungen einschließlich des Änderungsdatums vorhanden ist. Zusätzlich müssen Sie sicherstellen, dass jedes von Ihnen verbreitete Programm, das ganz oder teilweise vom ursprünglichen Programm oder Teilen davon abgeleitet ist, Dritten gegenüber als Ganzes unter den Bedingungen dieser Lizenz und ohne Lizenzgebühren zur Verfügung gestellt wird.

- Falls Sie das Programm oder ein davon abgeleitetes Werk verbreiten, müssen Sie sicherstellen, dass der Quellcode zur Verfügung steht. Hierfür können Sie entweder den Quellcode zusammen mit dem Programm verbreiten oder mindestens drei Jahre lang das Angebot aufrechterhalten, den Sourcecode zur Verfügung zu stellen.

- Sie dürfen das Programm nicht vervielfältigen, verändern, weiter lizenzieren oder verbreiten, sofern es nicht durch diese Lizenz ausdrücklich gestattet ist.

- Die Rechte des Urhebers bleiben bestehen. So kann der Urheber den Gültigkeitsbereich der Verbreitung geographisch einschränken oder Ausnahmen bei der Verwendung einräumen.

Die GPL ist im Übrigen nur in der englischen Originalfassung gültig. Deutsche Übersetzungen werden nicht akzeptiert.

Die kommerzielle Lizenz von MySQL sollte für Fälle erworben werden, in denen Anwendungen auf Basis von MySQL entwickelt und verkauft werden.

Sie sollten je nach Art der Verwendung überlegen, welche Lizenzierung besser für Sie ist. Unter der GPL wird MySQL kostenfrei abgegeben, für die kommerzielle Lizenz liegen die Preise je nach Lizenzanzahl zurzeit zwischen 32 € und 230 €. Für einen rein firmeninternen oder privaten Gebrauch liegen Sie mit der GPL genau richtig.

Beachten Sie insbesondere, dass bei einer kommerziellen Nutzung von MySQL unter der GPL der Zugang zu Ihrem Sourcecode gewährleistet sein muss und die von Ihnen erzeugte Software wieder unter der GPL steht.

> **Tipp:** Die aktuellsten Informationen über Lizenzierungsmöglichkeiten oder den Abschluss eines Supportvertrags finden Sie auf der MySQL-Website. Die genau Adresse lautet: *http://www.mysql.com/support/*.
>
> Die Bestellung einer Lizenz kann auch direkt über die MySQL-Website durchgeführt werden, indem Sie den entsprechenden Verweisen folgen.

Neben der Lizenzierung des MySQL-Datenbankservers besteht zusätzlich noch die Möglichkeit zum Abschluss eines Supportvertrags, wodurch Sie natürlich gleichzeitig auch die Weiterentwicklung des Produkts unterstützen. Bei den Supportverträgen beginnt der Einstieg zurzeit mit einer Jahresgebühr von 200 €. Allerdings kann dies auch recht schnell teuer werden, wenn Sie beispielsweise telefonischen Support bevorzugen (ca. 12.000 € pro Jahr).

1.4   Die wichtigsten Eigenschaften von MySQL

MySQL ist ein Client/Server-System. Auf den MySQL-Server können dabei beliebig viele Clients zugreifen bzw. Anfragen an ihn richten. Die Art der Clientprogramme ist völlig unerheblich, sie müssen sich nur auf irgendeine Art und Weise über die Schnittstellen, die MySQL bietet, verständigen können. Ein typisches Client/Server-System wäre das Internet. Sie verfügen mit Ihrem Browser über einen Client, der in der Lage ist, von einem Server, im vorliegenden Fall einem Webserver, Verbindung aufzunehmen und Informationen dieses Servers (Webseiten) abzurufen bzw. über Formularfelder Informationen an den Webserver zu senden.

Die Clients können dabei auf demselben Rechner installiert sein wie der Server oder über eine TCP/IP-Netzwerkverbindung Verbindung aufnehmen, soweit die entsprechenden Zugriffsrechte vorhanden sind.

Die Anzahl an Clients, die gleichzeitig auf MySQL zugreifen können, wird in erster Linie durch technische Begrenzungen der Hardware und deren Netzwerkbedingungen bestimmt, und nicht durch MySQL selbst.

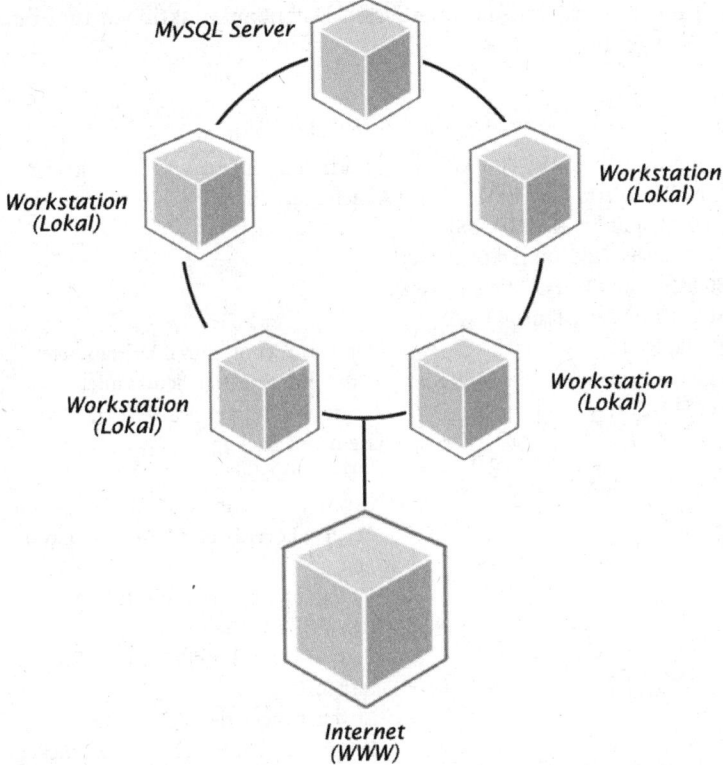

Bild 1.1: Client/Server-Architektur

Die SQL-Syntax, die MySQL verwendet, basiert grundsätzlich auf ANSI-SQL-92. Allerdings sind hierbei einige Einschränkungen und Erweiterungen zu beachten.

- Voll multithreaded unter Benutzung von Kernel-Threads. Das bedeutet, dass Sie sehr einfach mehrere Prozessoren benutzen können, falls verfügbar.

- Läuft auf vielen verschiedenen Plattformen.

- Sie können Tabellen aus unterschiedlichen Datenbanken in ein und derselben SQL-Anfrage benutzen.

- Ein System von Zugriffsberechtigungen und Passwörtern, das sehr flexibel und sicher ist und das hostbasierende Verifizierung erlaubt. Passwörter sind sicher, weil jeder Passwortverkehr verschlüsselt wird, wenn Sie sich mit einem Server verbinden.

- Datensätze fester und variabler Länge.

- Im Arbeitsspeicher gehaltene Hashtabellen, die als temporäre Tabellen benutzt werden.

- Kann ohne weiteres große Datenbanken handhaben. Von MySQL-Datenbanken mit weit über 50 Mio. Datensätzen wurde bereits berichtet.

Einen zusätzlichen Überblick über die wichtigsten Eigenschaften von MySQL erhalten Sie in der folgenden Tabelle. Dort sind die wichtigsten Datenbankfunktionen und ihre Umsetzung in MySQL aufgeführt.

Unterstützung		*Bemerkung*
Plattformen	Windows 95/98/NT/2000/XP, LINUX, Solaris, Free-BSD, HP-UX, AIX, OpenBSD, NetBSD, BSDI, Amiga, Dec UNIX, Mac OS, OS/2, SGI Irix, SunOS, SCO OpenServer, SCO UnixWare, True64 UNIX	Portierung auf verschiedene Plattformen möglich.
Administration	Textkonsole	Grafische Tools durch Drittanbieter.
Datensicherung	Eigenes Programm, direkte Kopie der DB-Datei	Auch einzelne Tabellen können gesichert bzw. restauriert werden. Kein Hot Backup.
XML	Ja	XML-Ausgabe.
ODBC-Treiber	Ja	MyODBC 2.6 und MyODBC-3.51 mit Level 0, Level 1- und Level 2-Funktionen.
JDBC-Treiber	Ja	Unterstützung für mm- und den Reisin-JDBC-Treiber.
Eigene SQL-Erweiterungen	Ja	Beispielsweise Datentypen wie ENUM und SET. Erweiterungen der SQL-Syntax. Integration von regulären Ausdrücken in SQL-Befehlen.
Unicode	Nein	
Joins (Verknüpfungen)	Ja	Auswertung von zwei oder mehreren Tabellen und die Veknüpfung ihrer Felder.
Transaktionen	Bedingt	Nur mit den Tabellentypen Berkeley DB und InnoDB.
Mehrprozessorfähig	Ja	Multithreading.
Indizes	Ja	Indizes erhöhen die Ausführungsgeschwindigkeit von Abfragen.
Trigger	Nein	
Stored Procedures	Nein	Vorgesehen für Version 4.1.
Benutzerdefinierte Funktionen (UDF)	Ja	

Unterstützung		Bemerkung
Sub-Selects (Unterabfragen)	Nein	Hilfreich bei umfangreichen Abfragen. Vorgesehen für Version 4.1.
Views	Nein	Einschränkung für Benutzer über Rechtesystem möglich.
Fremdschlüssel	Eingeschränkt	Unterstützung nur bei den Tabellentypen Berkeley DB und InnoDB.
Locking	Eingeschränkt	Nur auf Tabellenebene.
SSL	Ja	Ab Version 4.0.
Datenimport	Delimited ASCII, ODBC	Drittanbieter.
APIs	ASP, C/C++, Java, Perl, PHP, Python, u.a.	Programmierschnittstellen für alle wichtigen Programmiersprachen.
Reportgenerator	Nein	Über Drittprogramme oder Programmierung.

1.5 Leistungsumfang von MySQL

Kommen wir nun zum Punkt Leistungsumfang von MySQL. Dieser hängt stark von dem eingesetzten Release ab.

MySQL Version 3.22 hat beispielsweis eine Begrenzung auf 4 Gigabyte in Bezug auf die Tabellengröße. Mit dem neuen MyISAM in MySQL ab Version 3.23 wurde die maximale Tabellengröße auf 8 Millionen Terabyte (2 ^ 63 bytes) hochgeschraubt. Sie sollten jedoch beachten, dass Betriebssysteme ihre eigenen Dateigrößenbeschränkungen haben.

MySQL selbst hat keine Probleme mit der Jahr-2000-Konformität.

- MySQL benutzt UNIX-Zeitfunktionen und hat keine Probleme mit Datumsangaben bis 2069. Alle zweistelligen Jahresangaben werden als Angaben zwischen 1970 und 2069 betrachtet, was bedeutet, dass wenn Sie 01 in einer Spalte speichern, MySQL dies als 2001 behandelt.

- Alle MySQL-Datumsfunktionen sind in der Datei `sql/time.cc` gespeichert und sehr sorgfältig codiert, um Jahr-2000-sicher zu sein.

- Ab MySQL Version 3.22 und später kann der neue Spaltentyp `YEAR` Jahre von 1901 bis 2155 in 1 Byte speichern und sie mit 2 oder 4 Ziffern anzeigen.

1.5.1 MySQL 4.0 – Neue Features

Lange durch MySQL AB angekündigt und lange von Benutzern erwartet, ist der MySQL-Server 4.0 nun seit längerem verfügbar. Die neuen Erweiterungen des MySQL-Servers 4.0 wurden speziell für geschäftskritische Datenbanksysteme angepasst. Weitere neue Features zielen auf die Benutzer eingebetteter Datenbanken.

Hier eine Liste der neuen Features:

- Geschwindigkeitsverbesserung einzelner Befehle.

- Ab MySQL-Server 4.0 kann der mysqld-Server-Daemon-Prozess selbst Secure Sockets Layer (SSL) benutzen.

- Die Migration von anderen Datenbanken ist durch die Befehle `TRUNCATE TABLE` (wie in Oracle) und `IDENTITY` erleichtert worden.

- Mit dem Query Cache können wiederkehrende Abfragen merklich beschleunigt werden.

- Mehrere Tabellen können nun auch über `UNION` kombiniert werden.

- Das sind nur einige der neuen Funktionen.

Wenn Sie im Zusammenhang mit MySQL über eine Alternative für ein anderes DBMS-System nachdenken, dann ist es natürlich notwendig, in Bezug auf den Leistungsumfang ein wenig tiefer ins Detail zu gehen. Hierzu haben sich die MySQL-Entwickler ein nützliches Hilfsmittel mit dem Namen »crash-me« einfallen lassen und in ihre Website integriert. Sie finden diese Vergleichshilfe unter der Adresse:

http://www.mysql.com/information/crash-me.php

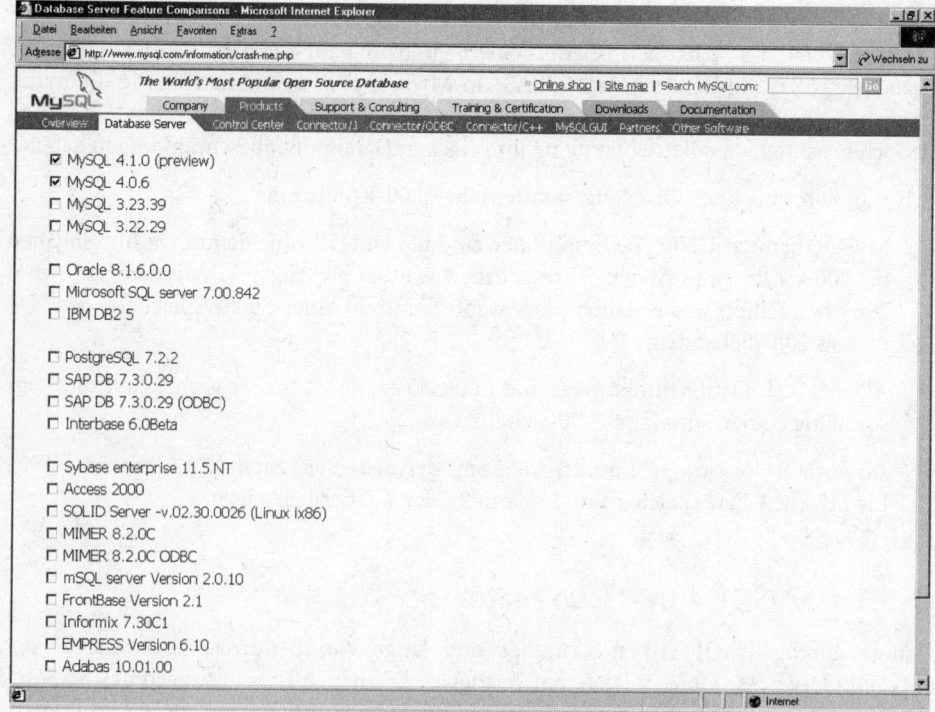

Bild 1.2: Auswahl der zu vergleichenden Datenbanksysteme (DBMS-Systeme)

Auf der Startseite dieser Vergleichsübersicht haben Sie die Möglichkeit, aus einer Liste zwei verschiedene DBMS-Systeme anzukreuzen und deren Funktionalität miteinander zu vergleichen. Dieser Vergleichstest funktioniert nicht nur zwischen MySQL und einem anderen Datenbanksystem, sondern Sie können beliebige Produkte miteinander vergleichen.

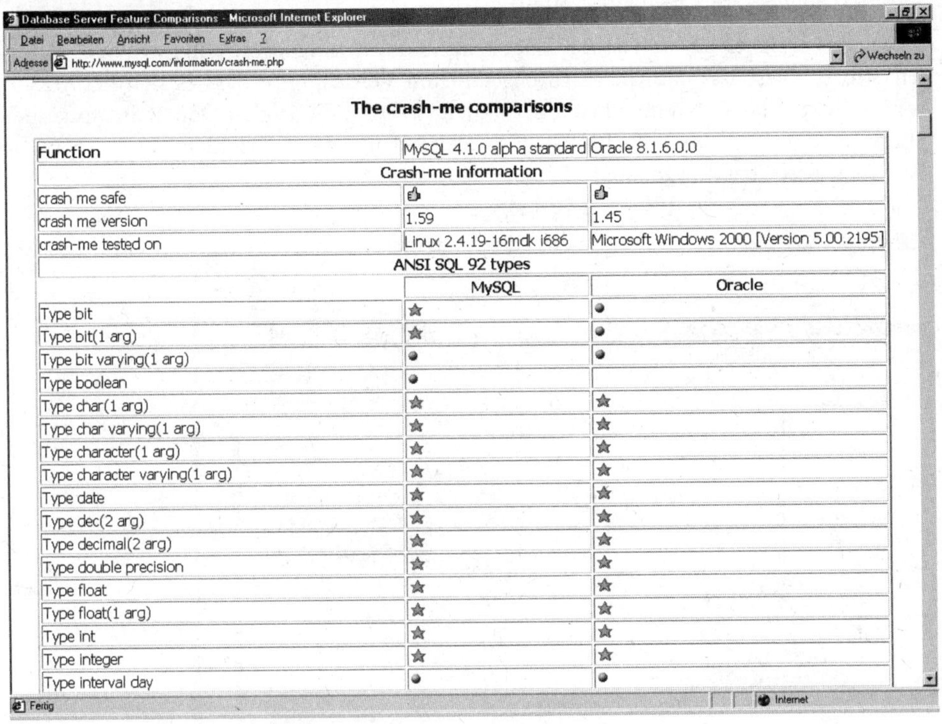

The crash-me comparisons

Function	MySQL 4.1.0 alpha standard	Oracle 8.1.6.0.0
Crash-me information		
crash me safe	👍	👍
crash me version	1.59	1.45
crash-me tested on	Linux 2.4.19-16mdk i686	Microsoft Windows 2000 [Version 5.00.2195]
ANSI SQL 92 types		
	MySQL	Oracle
Type bit	★	●
Type bit(1 arg)	★	●
Type bit varying(1 arg)	●	●
Type boolean	●	
Type char(1 arg)	★	★
Type char varying(1 arg)	★	★
Type character(1 arg)	★	★
Type character varying(1 arg)	★	★
Type date	★	★
Type dec(2 arg)	★	★
Type decimal(2 arg)	★	★
Type double precision	★	★
Type float	★	★
Type float(1 arg)	★	★
Type int	★	★
Type integer	★	★
Type interval day	●	●

Bild 1.3: Funktionsabgleich zwischen MySQL und Oracle

1.5.2 Fazit

Der Leistungsumfang ist relativ. Was ist damit gemeint? Bei den vielen Features kommt es weniger darauf an, ob sie zurzeit in MySQL fehlen oder vorhanden sind. Entscheidend ist doch, ob Sie diese Features überhaupt brauchen. Der Leistungsumfang von MySQL sollte also nicht allein deshalb negativ bewertet werden, weil im Vergleich mit anderen Datenbanksystemen bestimmte Funktionen nicht oder noch nicht verfügbar sind.

Einige der genannten Optionen werden bei der Entwicklung von Standardsoftware oftmals sowieso nicht eingesetzt, da ihre Verwendung nicht standardisiert ist.

Im Übrigen kam bei der bisherigen Betrachtung des Leistungsumfangs die überzeugende Performance und der damit verbundene sparsame Umgang mit Systemressourcen überhaupt noch nicht zur Sprache. Im Vergleich zu Oracle oder Sybase ist MySQL die sehnsüchtig erwartete Sparlampe – und das bei gleicher oder sogar stärkerer Leuchtkraft.

1.6   Aufbau des MySQL-Datenbanksystems

Wir werden nun versuchen, einen Blick hinter die Kulissen von MySQL zu riskieren. Dabei geht es noch nicht darum zu klären, was eine Datenbank ist bzw. darstellt. Vielmehr geht es um die Struktur und den Aufbau des MySQL-Datenbanksystems, kurz DBMS (Database Management System).

Es wurde bereits erwähnt, dass der Zugriff auf die Datenbank mit Hilfe von SQL-Befehlen erfolgt. Dies lässt natürlich den begründeten Verdacht zu, dass es sich bei MySQL um ein relationales Datenbanksystem handelt, welches die in den Datenbanken gespeicherten Informationen mit Hilfe von Tabellen strukturiert. Schauen Sie sich nun als Nächstes diese Struktur genauer an.

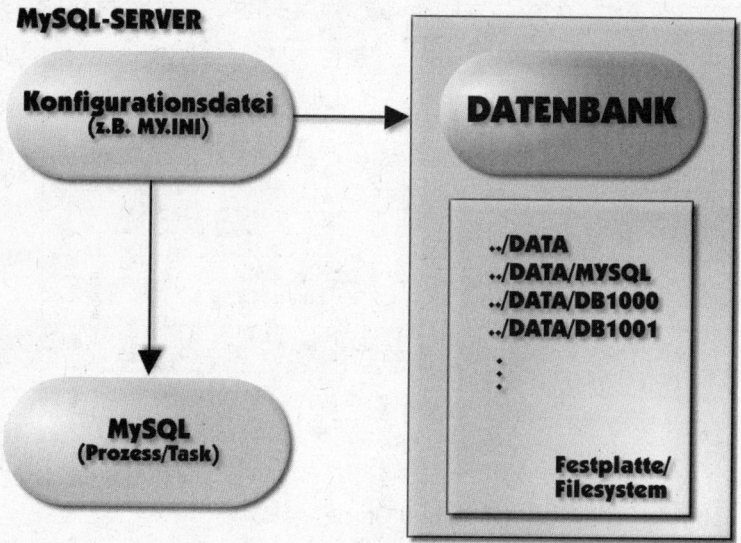

Bild 1.4: Struktur eines MySQL-DBMS

Jedes Datenbanksystem speichert seine Daten in ganz gewöhnlichen Dateien. Spätestens hier finden Sie eine wichtige Nahtstelle zum vorhandenen Betriebssystem, denn beim Anlegen und Verwalten dieser Dateien muss sich natürlich auch das DBMS an die vorgegebenen Spielregeln des Betriebssystems halten. Konkret geht es hierbei um Namenskonventionen oder eventuell vorhandene Größenbeschränkungen von einzelnen Dateien oder des definierten Filesystems.

Im vorliegenden Beispiel läuft auf dem Server der MySQL-Prozess und repräsentiert damit das DBMS. Dieser Prozess kann beim Starten natürlich auf verschiedenste Art und Weise konfiguriert werden. In der Praxis geschieht dies üblicherweise durch Verwendung einer Konfigurationsdatei, beispielsweise MY.INI, in der alle benötigten Parameter (Einstellungen) gespeichert sind. Für unsere aktuelle Fragestellung ist hierbei vor allem der Parameter »datadir« wichtig, mit dessen Hilfe Sie die Wurzel des Datenbankverzeichnisses spezifizieren können. Von hier aus wird jede vorhandene Datenbank durch ein gleichnamiges Unterverzeichnis repräsentiert, d.h., es existieren auf dem Server die Datenbanken MYSQL, DB1000 und DB10001.

Die einzelnen Tabellen der Datenbank werden nun in das jeweilige Datenbankverzeichnis gespeichert, wobei jede Tabelle genau zu drei Dateien führt, deren Namen dem Tabellennamen entsprechen und die sich lediglich durch ihre Endungen unterscheiden.

Endung	Beschreibung
frm	Enthält die Struktur der Tabelle.
MYD	Enthält die in der Tabelle gespeicherten Daten für den Tabellentyp MYISAM (Standard).
MYI	Enthält alle zugehörigen Indizes der MYISAM-Tabelle. Selbst wenn Sie keine Indizes anlegen, wird diese Datei erzeugt.
ISD	Enthält die in der Tabelle gespeicherten Daten, wenn Sie sich bei der Anlage für den Typ ISAM entscheiden.
ISI	Analog zur MYI-Datei werden in der ISI-Datei alle Indizes der gleichnamigen ISD-Datei gespeichert.
	Das waren die MySQL-Standarderweiterungen. Es gibt jedoch laufend weitere Endungen wie BD für Berkeley, da die Entiwckler von MySQL stetig darum bemüht sind, immer weitere Zugriffsmechanismen in ihr Datenbanksystem zu integrieren.

Sie sehen also, dass es bei MySQL eine ziemlich enge Verzahnung zwischen der Datenbankstruktur und dem Filesystem des darunter liegenden Betriebssystems gibt. In diesem Punkt unterscheidet sich MySQL dann auch deutlich von anderen Datenbankprodukten wie MS-Access, Oracle oder Sybase, die ihre Datenbankstruktur abstrahieren, indem sie die einzelnen Tabellen irgendwie in spezielle »Überdateien« speichern. Das heißt, sowohl bei MS-Access, Oracle als auch Sybase entspricht die Datenbank genau einer Datei.

Eine solch enge Verzahnung zwischen Betriebssystem und Datenbankstruktur wie in MySQL lädt natürlich auch dazu ein, im Zweifelsfall einmal direkt mit Hilfe von Betriebssystembefehlen in die Struktur der Datenbank einzugreifen. Sie können eine Datenbank beispielsweise ganz einfach umbenennen, indem Sie den Namen des zugehörigen Verzeichnisses ändern. Das Gleiche gilt natürlich auch für Tabellen, denn auch deren Namen können Sie ändern, indem Sie alle zugehörigen Dateien entsprechend umbennen. Ebenso ist das Kopieren einer Tabelle von einer Datenbank in eine andere ohne weiteres möglich, indem Sie die zugehörigen Dateien in das entsprechende Verzeichnis kopieren.

Weitere Einsatzmöglichkeiten von Betriebssystemkommandos liegen auf der Hand: Der Umzug oder die Sicherung ganzer Datenbanken erfolgt beispielsweise durch Verschieben oder Kopieren des entsprechenden Verzeichnisses. Auf ein paar Dinge müssen Sie allerdings schon achten, wenn Sie Ihrer Datenbank mit Betriebssystemkommandos zu Leibe rücken:

• Wenn nach dem Umzug oder dem Umbenennen von Tabellen oder Datenbanken der Zugriff nicht mehr funktioniert, dann liegt das meist daran, dass entsprechende

Zugriffsbeschränkungen in der MySQL-Systemdatenbank existieren, die zunächst ebenfalls entsprechend abgeändert werden müssen. Damit werden wir uns noch beschäftigen.

- Manche Betriebssysteme wie UNIX unterscheiden bei Dateinamen zwischen Groß- und Kleinschreibung, eine nachträgliche Korrektur der Schreibweise hat also eventuell Einfluss auf vorhandene SQL-Befehle.

- Generell gilt sicher auch, dass der Einsatz von Betriebssystemkommandos zum Ordnen der Datenbankstruktur nur mit Bedacht erfolgen sollte, was beim Einsatz im laufenden Betrieb auch noch einmal unterstrichen werden sollte.

- Dann gibt es auch noch ein paar zusätzliche Einschränkungen. Beispielsweise lassen sich die ISAM-Tabellen (*.ISD, *.ISI) nicht unbedingt in andere Architekturen übertragen, da sie den Aufbau der Tabellen beeinflussen. Außerdem ist die Übertragung der MYISAM-Tabellen (*.MYD, *.MYI) nur auf Systeme möglich, die über die gleiche Fließkommaarithmetik verfügen. In diesen Fällen können Sie Ihre Tabellen natürlich dennoch kopieren, indem Sie spezielle Tools bzw. Befehle hierfür einsetzen.

1.7   Bezugsquellen und Versionen

Die erste Adresse für den Erwerb der MySQL-Datenbank ist sicherlich der Downloadbereich der MySQL-Website:

http://www.mysql.com/downloads/index.html

Auf dieser Seite finden Sie, neben verschiedenen Links zum Herunterladen der aktuellen oder älteren Versionen, für die verschiedensten Betriebssysteme auch Verweise zum Laden eventuell benötigter Tools wie ODBC oder JDBC.

Wer nichts vom Herunterladen hält, findet im Netz auch den einen oder anderen Distributor, der MySQL meist zusammen mit anderen Produkten als Paket vertreibt.

Eine eigene MySQL-Datenbank ist natürlich hilfreich, wenn Sie entweder Anwendungen für das eigene Netzwerk entwickeln oder einfach aus irgendwelchen Gründen eine lokale Datenbank benötigen. Wenn Sie die Datenbank für Ihre Website oder eine andere Dienstleistung im Internet benötigen, dann ist es mit dem Herunterladen einer MySQL-Version alleine nicht getan. Sofern Sie, wie wahrscheinlich eine Vielzahl von Websitebetreibern, keinen an das Internet angeschlossenen Server betreiben, müssen Sie sich einen Provider (ISP, Internet Service Provider) suchen, bei dem die Nutzung einer MySQL-Datenbank möglich ist. Solche Provider zu finden, stellt heute kein größeres Problem mehr da. In der folgenden Tabelle finden Sie die wohl bekanntesten Anbieter von Webspace, bei denen Sie ebenfalls eine MySQL-Datenbank nutzen können.

Provider	Website	Bemerkung
Puretec (1&1)	www.puretec.de	Angebote mit MySQL-Unterstützung werden bereits ab ca. 16 € zur Verfügung gestellt. (Premium- bzw. Power-Pakete)
Hosteurope	www.hosteurope.de	Angebote mit MySQL-Unterstützung werden bereits ab ca. 8 € zur Verfügung gestellt. (Webpack-Pakete)
Strato	www.strato.de	Angebote mit MySQL-Unterstützung werden bereits ab ca. 20 € zur Verfügung gestellt. (Premium-Pakete)
Schlund/Partner	www.schlund.de	Angebote mit MySQL-Unterstützung werden bereits ab ca. 19 € zur Verfügung gestellt. (Web-Hosting-Pakete)

Nun sollten Sie sich mit den MySQL-Versionen auseinander setzen. Die MySQL AB Gruppe unterscheidet zwischen folgenden Versionen:

- Alphaversionen sind alle Versionen, die für einen öffentlichen Test zur Verfügung stehen.

- Betaversionen sind Versionen, die als stabil und frei von bekannten Fehlern angegeben werden. Auftretende Fehler werden sofort beseitigt!

- Stabileversionen sind sämtliche Versionen, die uneingeschränkt auch für Produktivumgebungen eingesetzt werden können.

Zusätzlich stehen neben den Standardversionen die MySQL-Max-Versionen zur Verfügung. Diese beinhalten über den Umfang der Standardversionen hinaus insbesondere die Unterstützung von Transaktionen.

1.8   MySQL im Vergleich zu anderen Datenbanken

Der Vergleich zwischen verschiedenen Datenbanken muss eine Reihe unterschiedlicher Faktoren berücksichtigen. Ein wichtiger Vergleichsfaktor ist der Leistungs- und Funktionsumfang der Datenbank.

Der Funktionsumfang, einschließlich der Erweiterung des SQL-Sprachumfangs, ist bei MySQL im Vergleich zu anderen Datenbanken in der Regel geringer. Sie werden für 80% der Anwendungen lediglich 20% der SQL-Funktionen benötigen, um ans Ziel zu kommen. Das heißt, bei den meisten Anwendungen benötigen Sie nicht den Ballast einer umfangreicheren Datenank.

Falls Sie noch in der Planungsphase für den Einsatz einer Datenbank sind, empfiehlt es sich, Ihre Anforderungen möglichst genau zu formulieren und abschließend zu erkunden, ob der Funktionsumfang des Datenbanksystems diese unterstützt.

Ein Vorteil dabei ist, dass fehlende Funktionen von MySQL durchaus offen diskutiert werden. Die MySQL-Dokumentation widmet diesem Thema sogar ein eigenes Kapitel. Letztendlich hat jede Datenbank Schwachstellen, sei es nun im Leistungsumfang, in der Bedienbarkeit, der Performance oder in den Anschaffungs- und Betriebskosten. Durch diese offene Informationspolitik besteht nicht die Gefahr, dass falsche Vorstellungen über die Leistungsfähigkeit erst in einem fortgeschrittenen Projektstadium erkannt werden.

Mann kann diese offene Informationspoltitik somit als eine positive Eigenschaft des Lizenzmodells werten. Da kein Druck durch Marketingsmaßnahmen zur Verkaufsförderung besteht, sind alle Angaben zum Leistungsumfang als authentisch zu betrachten.

Hinweis: Zur Unterscheidung von Datenbanken bzw. ihres Leistungsumfangs und zum Qualitätstest insbesondere bei geschäftskritischen Anwendungen, wird häufig der so genannte ACID-Test herangezogen (Atomicity, Consistency, Isolation, Durability). Als Grundlage dient hier der Idealzustand einer völlig konsistenten und ausfallsicheren Datenbank. Der Standardtabellentyp MyISAM von MySQL entspricht nicht dieser ACID-Regel. Die Tabellentypen Berkeley und InnoDB sind dagegen ACID-kompatibel. Der Vorteil einer fehlenden ACID-Kompatibilität liegt in der höheren Performance, da zeitraubende Lockingmechanismen nicht notwendig sind.

1.9   Einstiegshilfen für MySQL

Um Anfängern den Einstieg in MySQL zu erleichtern, werden im Folgenden einige Tipps gegeben.

Als Datenbankserver läuft MySQL als Prozess (Task), der in der Regel schon beim Hochfahren des Betriebssystems gestartet wird. Eine Eigenschaft von Prozessen auf Computern ist, dass sie nicht sichtbar sind, solange sie nicht benötigt werden. Für Anwender aus dem Desktopbereich, die das manuelle Starten von Programmen gewohnt sind, ist deshalb erst einmal ein gewisses Umdenken erforderlich.

Halten Sie sich am Anfang nicht weiter mit der Installation auf. Am einfachsten kann MySQL zurzeit auf LINUX- und Windows-Systemen installiert werden. Bei SuSE-Linux kann die Installation des MySQL-Servers per Yast erfolgen. Bei Windows ist das Installatiosnsprogramm sehr einfach. Ein Windows-Systems ist im Übrigen für Testzwecke und zum Kennenlernen hervorragend geeignet.

Sie sollten lernen festzustellen, ob der MySQL-Datenbankserver aktiv ist. Denn falls Schwierigkeiten auftreten, sollte dies als Erstes überprüft werden. Unter UNIX-Betriebssystemen können Sie die Prozessliste mit folgender Commandozeile aufrufen:

```
$> ps | grep mysqld
```

Falls hier mysqld erscheint, sollte der Server aktiv sein. Unter Windows-Systemen schauen Sie sich am besten die Taskliste an. Der MySQL-Task ist durch einen Eintrag mysqld erkenntlich, wobei hinter diesem Begriff noch weitere Zeichen aufgeführt werden, zum Beispiel die Versionsnummer.

Ihr Zugang zur Datenbank ist immer durch eine Benutzerkennung mit Passwort geregelt. Dies legt die Rechte fest, die Sie auf der Datenbank besitzen. Lernen Sie die Rechte kennen, die Ihnen auf der Datenbank eingeräumt werden.

Die Kommandozeile des jeweiligen Betriebssystems ist eine wichtige Anlaufstelle. Falls Sie nicht gerne auf der Befehlszeile arbeiten, verwenden Sie einen grafischen Client. Auf solche grafischen MySQL-Clients kommen wir in Kapitel 2 noch zu sprechen. Für die Kommandozeilentools wie mysql, mysqladmin, mysqldump kann `-help`, also die Auflistung aller Optionen, eine wertvolle Hilfe sein.

Fangen Sie erst einmal damit an, mit SQL-Befehlen Datenbanken und Tabellen anzulegen und diese mit Daten zu füllen. Machen Sie sich vertraut mit den SQL-Befehlen, nur so kann ein effektives Arbeiten mit MySQL gewährleistet werden. Sie werden den Umgang mit Datenbanken und Tabellen in Kapitel 4 nachvollziehen können.

> **Achtung:** Sollten Sie bisher noch nicht genau erfasst haben, was eine Datenbank ist, empfehlen wir Ihnen einen Blick in Kapitel 3, dort wird dieses Thema nochmals ausführlich behandelt.

1.10 Anwendungsgebiete für MySQL

MySQL hat seine Stärken in den Bereichen, in denen eine performante und umfangreiche Datenverwaltung notwendig ist. In der folgenden Tabelle sind Beispiele für Anwendungsgebiete von MySQL einschließlich einer Bewertung aufgeführt.

Eignungskodex: (** = sehr gut / * = gut)

Anwendungsgebiet	Eignung	Bemerkung
Internetanwendungen (browserbasierend)	**	Nahtlose Einbindung in Netzwerktechnologien. Schnittstellen zu wichtigen serverseitigen Technologien (PHP, ASP, Perl) vorhanden. Zusatzmodule für Apache verfügbar.
Verwendung als Intranet-Datenbank	**	Gutes Kosten-Nutzungs-Verhältnis.
Projekte in der Definitionsphase	**	SQL-Standards. Prototyping von Internetanwendungen.
Content-Management-Systeme	**	Viele Open-Source-CMS verfügbar.
Application Server	*	In vielen Open-Source Application-Servern als Datenbank-Backend verwendbar.
Shop-Systeme	*	Für kleinere und mittlere Online-Shops gut geeignet.
Internet Service Provider	**	Backup/Update sind ohne Probleme durchzuführen und ermöglichen einen einfachen Umgang mit Clients.

Diese Tabelle bietet lediglich einen kurzen Ausblick auf mögliche Anwendungsgebiete.

1.10.1 Erforderliche Kenntnisse

Folgende Tabelle gibt Ihnen eine Übersicht über erforderliche Kenntnisse, die für eine produktive Nutzung von MySQL notwendig sind.

Bereich	Notwendige Kenntnisse
Installation/Update	Softwareinstallation auf dem jeweiligen Betriebssystem
	Umgang mit Betriebssystem
	Umgang mit Entwicklungsumgebungen/Editoren
	Updates von vorhanden MySQL-Versionen vornehmen
Administration	Anlegen von Datenbanken
	Bedienung von Hilfsprogrammen
Projektplanung und -installation	Grundlagen des Datenbankdesigns
	SQL-Befehle
MySQL verwenden	SQL-Befehle
	Bedienung von Clientprogrammen
	Methoden für Datenausgabe und Formatierung
Programmierung	Eine Sprache mit verfügbarer API (beispielsweise PHP)
	Programmierkenntnisse für die Realisierung von User-Interfaces (beispielsweise HTML)
Fremdsprachen	Englisch empfehlenswert, um die Dokumentation lesen zu können
Technische Ausstattung	Serverbetriebssystem
	Internetzugang
	Kenntnisse über Netzwerktypologien

Hinweis: Im Kapitel 6 werden wir uns anhand von praktischen Anwendungsbeispielen mit den jeweiligen Anwendungsgebieten auseinander setzen.

1.10.2 Schnittstellen von MySQL

MySQL kann aufgrund der vielfältigen Schnittstellen wie auch seiner konsequenten Konzeptionierung als Netzdatenbank in der Regel nahtlos in eine moderne IT-Architektur integriert werden. Zum Schnittstellenkonzept von MySQL gehört eine Client Library, über die sowohl Verwaltungswerkzeuge als auch Programmierschnittstellen bedient werden. Über die verschiedenen Progammierschnittstellen lässt sich MySQL praktisch in jede gängige IT-Architektur, vom Inter-/Intranet bis hin zu eigenständigen Desktopprogrammen, eingliedern. Die folgende Abbildung zeigt die wichtigsten Punkte des Schnittstellenkonzepts von MySQL.

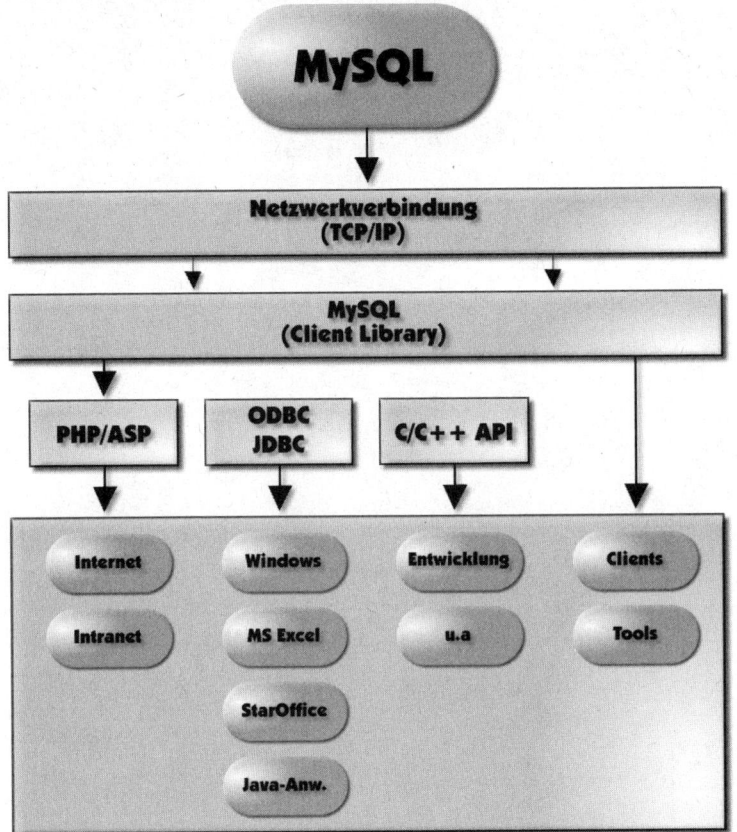

Bild 1.5: Überblick über das Schnittstellenkonzept von MySQL

Nach einer Einführung in die Welt der MySQL-Datenbank sollten wir uns deren Installation und Wartung zuwenden.

2 Installation

Überblick

Die ordnungsgemäße Installation von Software vor ihrem Gebrauch ist unverzichtbar. MySQL wurde ursprünglich unter UNIX entwickelt und erfordert daher etwas mehr Know-how zur korrekten Installation, als die meisten Windows-Softwarepakete. Wir wollen Ihnen daher in diesem Kapitel alle wesentlichen Schritte für eine erfolgreiche Installation mitgeben. Zusätzlich werden Sie einige Details über vorhandene Hilfsprogramme von MySQL erfahren.

Installationsschritte

Die Installation eines MySQL-Servers lässt sich in folgende Schritte untergliedern:

- Installation des MySQL-Servers, gegebenenfalls Kompilierung des Quellcodes.

- Installation von Hilfsprogrammen für die Administration und Überwachung. MySQL liefert für diesen Zweck einige Hilfsprogramme, so genannte Tools, mit. Allerdings ist es in vielen Fällen hilfreich und effektiver, noch weitere Programme von Drittanbietern zu installieren. Im Folgenden werden einige dieser Programme vorgestellt.

- Einrichten von Benutzern und Überprüfung sicherheitsrelevanter Fragen. Insbesondere beim Einsatz von MySQL in Inter- und Intranetumgebungen sollten Sie das System gegen unbeabsichtigten Datenverlust oder unberechtigten Zugang zu den Daten absichern.

- Installation der Produktiv- bzw. Anwendungsumgebung. Der MySQL-Server wird erst durch die Anwendungen zu einem effektiven Werkzeug. Je nach Anwendung und Zielsetzung benötigen Sie einen entsprechenden Webserver. Für Desktopanwendungen sind dies beispielsweise grafische Clients, die auf den Zieleinsatz konfiguriert oder programmiert sind.

Hinweis: Da das Einrichten von Benutzern und die Überprüfung des Sicherheitssystems eine öfter wiederkehrende Arbeit ist, wird dieses Thema in Kapitel 7 speziell behandelt.

Achtung: In diesem Buch wird nicht ausführlich beschrieben, wie ein Webserver einzurichten ist. Die Installation von Webservern wie Apache, IIS oder PWS würden den Rahmen des Buchs sprengen. Es werden jedoch die Schnittstellen von MySQL ausführlich behandelt, so dass die Anbindung eines Webservers auch zu meistern sein sollte.

Binär- und Quellcodeversionen

Insgesamt ist die Installation eines MySQL-Servers eine überschaubare Angelegenheit. Inzwischen sind eine Reihe von kompilierten, vorkonfigurierten Binärversionen verfügbar, die wenig Installationsaufwand erfordern. Auch die meisten LINUX-Distributionen wie SuSE oder RedHat haben die Installation des MySQL-Pakets fest in die Installationsroutine intergriert, so dass hier nur die entsprechende MySQL-Option aktiviert werden muss. Auch unter Windows erleichtert ein Installationsprogramm ohne großen Ballast die Installation.

Als Open-Source-Software wird MySQL mit dem gesamten Quellcode zur Verfügung gestellt. Sie können die Binärversion des MySQL-Servers mit den von Ihnen gewünschten Optionen auch selber kompilieren.

Bevor Sie die Installation durchführen, sollten Sie also entscheiden, ob Sie eine Binärversion, also eine bereits kompilierte Version, installieren oder die Sourcen selber übersetzen wollen. Eine kompilierte Version, die für die Zielplattform verfügbar ist und den gewünschten Funktionsumfang besitzt, ist in der Regel eine gute Wahl, da die Programme von MySQL AB mit den besten Optionen übersetzt wurden und damit das Risiko von Fehlkonfigurationen vermieden wird.

2.1   MySQL-Server-Installation

Die Installation eines MySQL-Servers kann in folgende Schritte unterteilt werden:

* Beschaffung des MySQL-Programms

* Installation des MySQL-Servers, gegebenenfalls Kompilierung des Quellcodes

* Konfiguration des Systems

2.1.1   Installations auf UNIX/LINUX-Sysytemen

Die MySQL AB-Gruppe hält von der Binärversion für LINUX- und UNIX-Betriebssysteme in der Regel ein gepacktes TAR-Archiv (*.tar.gz) zum Download bereit.

Für LINUX ist darüber hinaus noch eine Version als RPM-Archiv (Red Hat Paket Manager) verfügbar. Für LINUX (Intel) ist dieses RPM-Archiv die einfachste Möglichkeit, LINUX zu installieren. Dies gilt jedoch nur, wenn Sie keine Distribution verwenden, die MySQL menügesteuert installiert.

Für die Installation des MySQL-Servers benötigen Sie das Paket MySQL-VERSION.i386.rpm, wobei VERSION für die aktuelle Versionsnummer steht, beispielsweise 3.23.46 oder 4.1.0. Dieses Archiv ist zurzeit ca. 9 MB groß. Für die 3.23-Version ist es die MAX-Version, daran erkenntlich, dass die Archive MAX im Namen tragen.

Die Installation erfolgt über die Kommandozeile mit:

```
$>rpm -i MySQL-VERSION.i386.rpm
```

Das RPM-Archiv legt die Daten in /var/lib/mysql ab und übernimmt die notwendigen Einträge in /etc/rc.d, damit der MySQL-Server automatisch beim Booten als Prozess startet.

Nach der Installation sollte der MySQL-Server betriebsbereit sein. Weiter unter werden Hinweise gegeben, wie Sie die Installation überprüfen können.

Installation eines TAR-Archivs

Wenn Sie eine Binärversion installieren wollen, die als TAR-Archiv vorliegt, gehen Sie wie folgt vor:

Sie benötigen ein TAR-Archiv, das mit mysql-Version-OS.tar.gz bezeichnet ist. Version steht hierbei für die jeweilige Versionsnummer und OS für das Betriebssystem, beispielsweise mysql-3.23.46-pc-linux-gnu-i686.tar.gz.

Legen Sie, soweit nicht schon vorhanden, eine Gruppe mit dem Namen mysql an.

```
$>groupadd mysql
```

> **Achtung:** Der Befehl groupadd kann je nach Betriebssystem variieren.

Legen Sie, soweit noch nicht vorhanden, einen Benutzer mit dem Namen mysql an:

```
$>useradd -g mysql mysql
```

> **Achtung:** Der Befehl useradd kann ebenfalls je nach Betriebssystem variieren.

Wechseln Sie in das Zielverzeichnis, beispielsweise /usr/local/mysql. Sie benötigen in dem Zielverzeichnis Rechte, um Verzeichnisse erzeugen zu können.

Entpacken Sie das gepackte Archiv mit dem Befehl

```
$>gunzip /Pfad_des_Archivs/mysql-Version-OS.tar.gz | tar xvf
```

Linken Sie die Version auf Ihr MySQL-Verzeichnis

```
$>ln -s mysql-Version-OS mysql
```

Im Verzeichnis bin, beispielsweise /usr/local/mysql/bin, Ihres MySQL-Installationsverzeichnisses befinden sich alle Hilfs- und Clientprogramme, die MySQL mitliefert. Damit diese später gefunden werden, sollte Ihre PATH-Variable um dieses Verzeichnis ergänzt werden.

Wechseln Sie in das Verzeichnis scripts, beispielsweise /usr/local/mysql/scripts, Ihres Installationsverzeichnisses. Führen Sie das Skript mysql_install_db aus, um die Rechtetabelle von MySQL zu erzeugen. Dieses Skript muss nur bei einer Neuinstallation ausgeführt werden.

Aktualisieren Sie die Verzeichnisrechte der MySQL-Installation. Besitzer der ausführba-ren Dateien sollte root sein und das Datenverzeichnis dem Besitzer zugewiesen werden, der den mysqld (MySQL-Server) startet. In unserem Fall ist das der Benutzer mysql.

```
$>chown -R root /usr/local/mysql
$>chown -R mysql /usr/local/mysql/data
$>chgrp -R mysql /usr/local/mysql
```

Achtung: Die Verzeichnisse können bei Ihnen natürlich auch anders lauten.

Abschließend müssen Sie Ihr System noch so vorbereiten, dass der MySQL-Server beim Booten des Betriebsystems automatsich startet. Dies erfolgt gewöhnlich über ein Skript in /etc/init.de und einen Link nach /etc/rc3.d/S99mysql und /etc/rco.d/S01mysql. Im Verzeichnis support-files finden Sie mit mysql-server ein vorbereitetes Skript, das Sie verwenden können.

Installation der Source-Distribution

Für die Übersetzung von MySQL auf ein UNIX/LINUX-System werden folgende Pro-gramme benötigt, die auf dem entsprechenden Zielrechner installiert sein müssen:

- Ein gunzip und tar zum Entpacken der Archive.

- Einen ANSI C++-Compiler wie gcc. Empfohlen wird eine Version größer oder gleich 2.95.2. Die Verfügbarkeit eines entsprechenden Compilers ist auch vom Betriebs-system abhängig. Nähere Informationen hierzu können Sie der Datei INSTALL-SOURCE, die bei den Sourcen dabei ist, entnehmen.

- Ein Make-Programm wie GNU make.

Der Ablauf der Installation ist wie folgt:

Sie benötigen ein TAR-Archiv, das mit mysql-Version.tar.gz bezeichnet ist. Sie finden diese Datei auf der Homepage von MySQL bzw. auf der Buch-CD.

Legen Sie, soweit nicht schon vorhanden, eine Gruppe mit dem Namen mysql an.

```
$>groupadd mysql
```

Legen Sie, soweit noch nicht vorhanden, einen Benutzer mit dem Namen mysql an:

```
$>useradd -g mysql mysql
```

Wechseln Sie in ein Verzeichnis, in dem die Sourcen gespeichert werden sollen, bei-spielsweise /usr/src/mysql. Entpacken Sie dort das gepackte Archiv mit dem Befehl

```
$>gunzip /Pfad_des_Archivs/mysql-Version-OS.tar.gz | tar xvf
```

Führen Sie

```
$>./configure -prefix=/usr/local/mysql
```

mit gegebenenfalls weiteren gewünschten Optionen aus. Weitere Optionen erhalten Sie über den Befehl configure –help.

Führen Sie

```
$>make
```

aus.

Führen Sie

```
$>make install
```

aus.

Wechseln Sie in das Verzeichnis scripts, beispielsweise /usr/local/mysql/scripts, Ihres Installationsverzeichnisses. Führen Sie dort das Skript mysql_install_db aus, um die Rechtetabelle von MySQL zu erzeugen. Dieses Skript muss nur bei einer Neuinstallation ausgeführt werden.

Aktualisieren Sie die Verzeichnisrechte der MySQL-Installation. Besitzer der ausführbaren Dateien sollte root sein und das Datenverzeichnis dem Besitzer zugewiesen werden, der den mysqld (MySQL-Server) startet. In unserem Fall ist das der Benutzer mysql.

```
$>chown -R root /usr/local/mysql
$>chown -R mysql /usr/local/mysql/data
$>chgrp -R mysql /usr/local/mysql
```

Kopieren Sie die Beispielkonfigurationsdatei nach /ect:

```
$>cp support-files/my-medium.cnf /etc/my.cnf
```

Testen Sie, ob der MySQL-Server betriebsbereit ist. Dieses kann durch Starten des Servers erfolgen. Der Befehl hierfür lautet:

```
$>/usr/local/mysql/bin/mysqld_safe --user=mysql &
```

Abschließend müssen Sie Ihr System noch so vorbereiten, dass der MySQL-Server beim Booten des Betriebssystems automatisch startet. Dies erfolgt gewöhnlich über ein Skript in /etc/init.d und einen Link nach /etc/rc3.d/S99mysql und /etc/rco.d/S10mysql. Im Verzeichnis support-files finden Sie mit mysql.server ein vorbereitetes Skript, das Sie verwenden können.

mysqld_safe

Unter UNIX-Systemen wird ein Skript mit dem Namen mysqld_safe mitgeliefert, das zusätzliche Sicherheits-Features für den Start des MySQL-Servers bietet. Hierzu gehören der automatische Restart nach einem Fehler oder die Protokollierung von Servervorgängen. Das Skript benötigt mit kleinen Ausnahmen die gleichen Parameter wie mysqld und muss in der Regel nicht editiert werden.

2.1.2 Installation auf Windows-Systemen

Für Windows-Systeme ist es am sinnvollsten, die Binärversion zu verwenden, die mit einem kompletten Installationsprogramm versehen ist.

Die Windows-Version läuft auf allen Windows 32-Bit-Systemen, also Win9x, ME, NT, Windows 2000 und XP. Auf dem Windows-Rechner muss ein TCP/IP-Stack installiert sein, damit MySQL installiert werden kann.

Administratorrechte

Unter den Serverbetriebssystemen Windows NT und Windows XP benötigen Sie für die Installation entsprechende Rechte. Die Installation des MySQL-Servers sollte hier mit Administrationsrechten erfolgen.

Die Dateien liegen auf dem MySQL-Server als gepackte ZIP-Datei. Sie benötigen also noch ein entsprechendes Programm wie Win-ZIP zum Entpacken des Archivs. In dem Archiv befindet sich eine SETUP.EXE, mit der Sie das Installationsprogramm starten können.

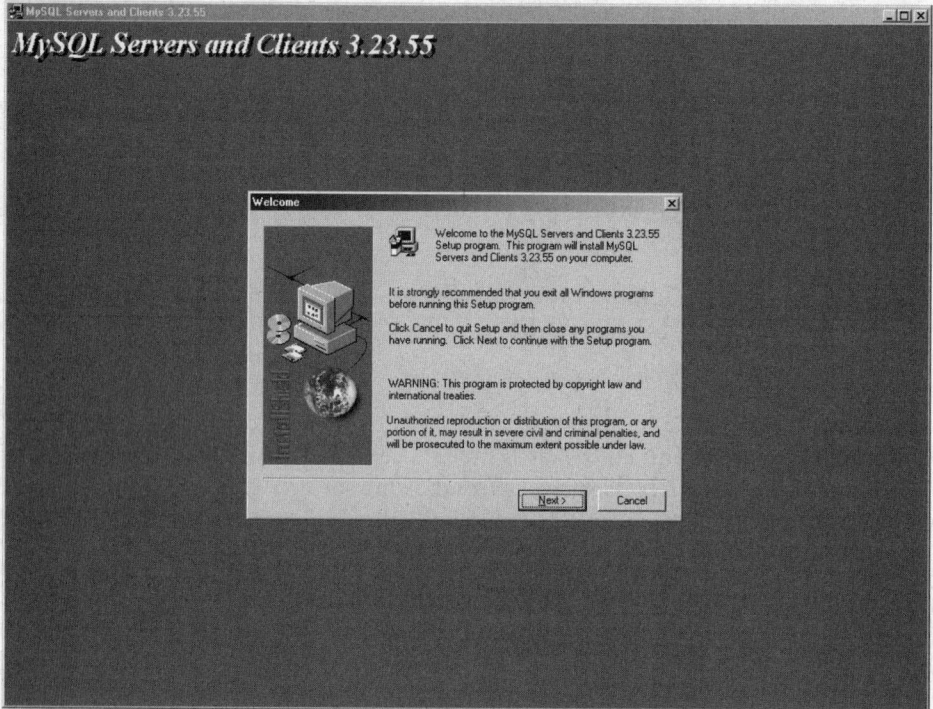

Bild 2.1: Installationsroutine des MySQL-Installer

Befolgen Sie die Anweisungen des Installationsprogramms. Falls Sie MySQL in ein anderes Verzeichnis als das vorgeschlagene Verzeichnis C:\mysql installieren wollen, wählen Sie ein entsprechendes Verzeichnis aus.

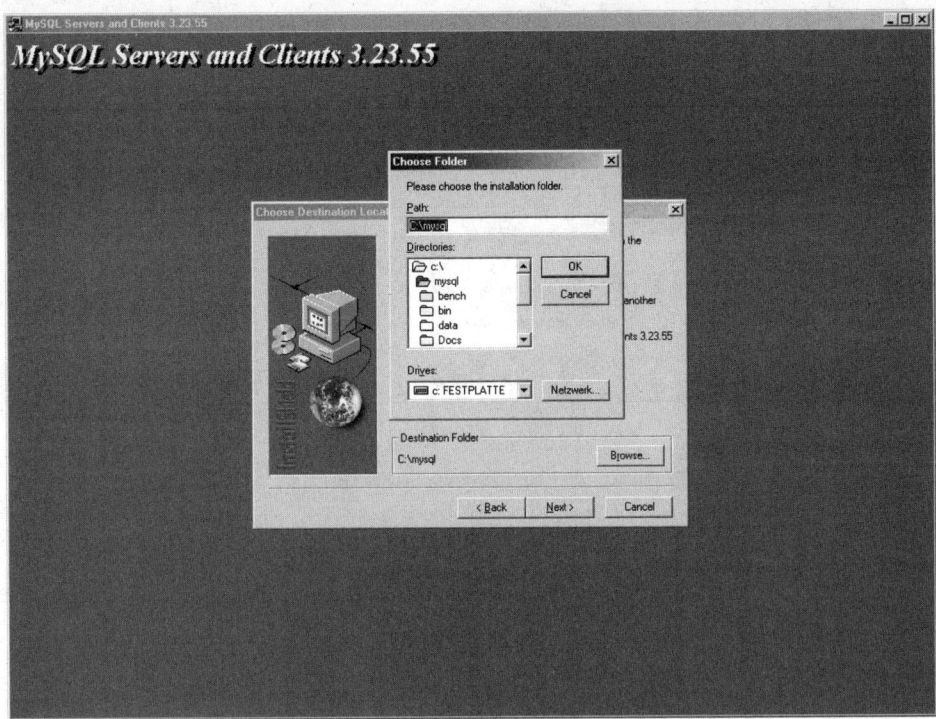

Bild 2.2: Auswahl des Installationsverzeichnisses mit Hilfe des MySQL-Installer

Auch für Windows steht eine Sourcecodeversion zur Verfügung. Für die Übersetzung des Sourcecodes benötigen Sie allerdings zwingend den Microsoft Visual C++ 6.0-Compiler und können im Gegensatz zu UNIX-Versionen nicht auf einen Open-Source-Compiler zurückgreifen.

2.1.3   Installation überprüfen

War die Installation erfolgreich, sollte der MySQL-Server als Prozess laufen. Eine Ausnahme stellen Windows 9x und ME dar.

Unter UNIX-Systemen können Sie mit ps –a | gre mysqld die Prozessliste anzeigen lassen. Ist der MySQL-Server betriebsbereit, sollte er wie folgt als Prozess aufgelistet sein:

```
$>ps -a | grep mysqld
11015 pts/1          00:00:00 mysqld
11017 pts/1          00:00:00 mysqld
```

Unter Windows sollte ein entsprechender Eintrag (mysqld.exe) in der Taskleiste vorhanden sein.

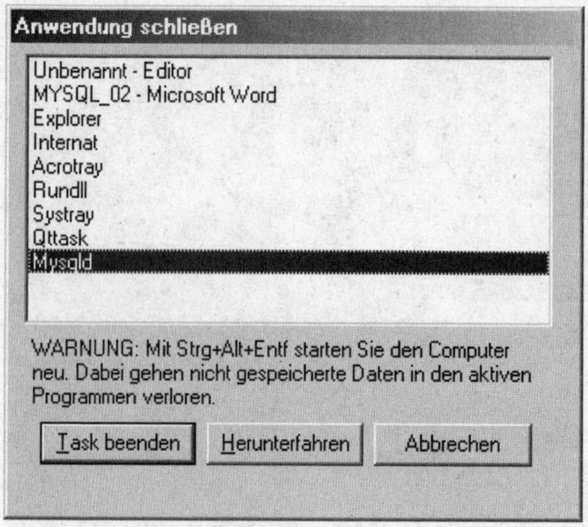

```
Anwendung schließen

Unbenannt - Editor
MYSQL_02 - Microsoft Word
Explorer
Internat
Acrotray
Rundll
Systray
Qttask
Mysqld


WARNUNG: Mit Strg+Alt+Entf starten Sie den Computer
neu. Dabei gehen nicht gespeicherte Daten in den aktiven
Programmen verloren.

   [Task beenden]   [Herunterfahren]   [Abbrechen]
```

Bild 2.3: Taskleiste, in der mysql als Prozess aufgeführt ist

Eine bestehende Installation können Sie auch testen, indem Sie eine Verbindung zum MySQL-Server herstellen. Dies kann mit folgender Kommandozeile bewirkt werden:

```
$>mysql -uroot
```

Läuft der Server, sollte die Verbindung mit der Shell des mysql-Clients in der folgenden Form quittiert werden:

```
Welcome to the MySQL monitor.  Commands end with ; or \g.
Your MySQL connection id is 1 to server version: 3.23.49
Type 'help;' or '\h' for help. Type '\c' to clear the buffer.

mysql>
```

Läuft der Datenbankserver nicht, wird der Versuch, die Verbindung aufzubauen, mit folgender Fehlermeldung quittiert:

```
ERROR 2002: Can't connect to local MySQL server through socket
'/tmp/mysql.sock' (111)
```

2.1.4   Die Konfigurationsdatei my.cnf / my.ini

MySQL verfügt seit der Version 3.22 über die Möglichkeit, optional mit Hilfe von Konfigurationsdateien Grundeinstellungen vorzunehmen bzw. verschiedene Parameter des MySQL-Servers voreinzustellen.

Damit besteht die Möglichkeit, eine Reihe von Parametern für den laufenden Betrieb zu optimieren.

Diese Konfiguration kann bei UNIX-Systemen auf System-, Datenbank- oder auch Benutzerebene erfolgen. Bei Windows-Systemen steht eine benutzerabhängige Konfiguration dagegen nicht zur Verfügung.

UNIX-Systeme

Bei UNIX-Systemen gilt folgende Systematik:

- /etc/my.cnf: systemweite Einstellungen.

- /<Datenverzeichnis>/my.cnf: serverspezifische Einstellungen. Das Datenverzeichnis ist dabei in der Regel /usr/local/mysql/data oder /usr/local/var.

- ~/.my.cnf: benutzerspezifische Einstellungen, wobei ~ für das Homeverzeichnis des Benutzers steht.

Windows-Systeme

Bei Windows-Systemen gelten folgende Regeln:

- <Windows-Systemverzeichnis>my.ini oder C:\my.ini: systemweite Einstellungen.

- C:\mysql\data: benutzerspezifische Einstellungen.

Aufbau der Konfigurationsdatei

Die Konfigurationsdatei ist eine Textdatei und kann daher mit jedem Editor bearbeitet werden. Folgende Regeln gelten für den Inhalt der Datei:

am Anfang der Zeile steht für Kommentar.

`[group]` ist das Programm, für das die nachfolgenden Parameter gelten. Die Konfigurationsdatei kann bei den Programmen mysqld, mysql_safe, mysqladmin, mysqldump, mysqlimport, mysqlshow, mysqlcheck, mysqlisamcheck, mysqlisampack benutzt werden.

`option` entspricht der –option auf Kommandozeile.

`option=<Wert>` entspricht der –option=<Wert> auf der Kommandozeile.

`set-variable=<Variablenbezeichnung>=<Wert>` entspricht der gleichen Option wie auf der Kommandozeile zur Einstellung von Variablen.

In den vorangegangenen Abschnitten zur Installation wurden bereits die Kommandozeilenoptionen für den Start des MySQL-Servers erwähnt. Die vollständige Liste der Parameter zu den einzelnen Programmen ist in der Referenz in Kapitel 11 aufgeführt. Grundsätzlich können diese Parameter damit auch in der my.cnf bzw. my.ini eingegeben werden.

Beispiel

Am besten lässt sich die Funktionsweise der Konfigurationsdatei an einigen Beispielen erläutern. Wenn Sie beispielsweise für den mysq-Client den Benutzernamen voreinstellen wollen, um sich Eingabearbeiten zu ersparen, lautet die Definition:

```
[client]
user=<IhrBenutzername>
```

Wird jetzt das mysql von der Kommandozeile aufgerufen, ist dieser Benutzername bereits gesetzt und muss nicht eingegeben werden.

Von besonderem Interesse sind dabei die Einstellungen für Ihren MySQL-Server. Wenn Sie beispielsweise das Datenverzeichnis unter /datadisk/mysqldata/ einrichten und die Anzahl der maximal zulässigen Connections mit 200 definieren wollen, lautet der Eintrag wie folgt:

```
[mysqld]
datadir=/datadisk/mysqldata
set-variable=max_connections=200
```

Das Prinzip ist also recht einfach. In den eckigen Klammern steht das betreffende Zielprogramm, darunter alle für dieses Programm eingestellten Parameter.

> **Hinweis:** Sie sollten darauf achten, dass Pfadangaben bei MySQL unter Windows in der UNIX-Notation (also c:/mysql/data) oder als maskierter Backslash erfolgen müssen (c:\\mysql\\data).

2.1.5 Zeichensätze/Lokalisierung

Der eingestellte Zeichensatz bei MySQL hat Einfluss auf:

- Sortierung bei Abfragen (ORDER BY, GROUP BY)
- Erstellung von Indizes
- Fehlermeldungen

Mit der Standardinstallation von MySQL wird der Zeichensatz ISO-8859-1 (Latin-1) aktiviert und für die Meldung die englische Spracheinstellung.

MySQL unterstützt zurzeit über 20 Sprachen, darunter auch Deutsch. Um die deutsche Sprachanpassung zu aktivieren, müssen Sie deshalb den MySQL-Server mit bestimmten Optionen starten.

Sprachanpassung

Für die Sprach- und Zeichensatzeinstellung existieren die Variablen language und default-character-set. Zur Aktivierung der deutschen Spracheinstellung müssen Sie die Variable language = german einstellen. Dies kann entweder beim Start des MySQL-Servers (mysqld) über die Aufrufoption –language = german oder über die my.cnf bzw. my.ini (Windows) erfolgen. Fehlermeldungen werden anschließend in deutscher Sprache ausgegeben.

Für die Einstellung auf den deutschen Zeichensatz ist analog dazu die Variable default-character-set = latin1_de oder german1 zu setzen. Der richtige Parameter dieser Einstellung ist leicht zu finden. Im Installationsverzeichnis unter share\charsets befinden sich die verschiedenen verfügbaren Zeichensätze. In der Datei mit dem Namen Index sind die Zeichensätze dann noch einmal aufgelistet.

Die Definitionen der deutschen Spracheinstellung des deutschen Zeichensatzes in der my.cnf buw. my.ini sehen wie folgt aus:

```
[mysql]
default-character-set=latin1_de
language=german
```

Wer testen möchte, ob der Zeichensatz für die eigenen Bedürfnisse eingestellt ist, kann folgende Abfrage ausführen:

```
mysql>CREATE TABLE charsettest(
zeichen CHAR(1)
);
```

```
mysql>INSERT INTO charsettest VALUES ('A'), ('Ä'), ('O'), ('Ö'), ('U'),
('Ü');
```

Mit folgender Anweisung kann die Sortierung überprüft werden:

```
mysql>SELECT * FROM charsettest ORDER BY zeichen;
```

Die Sortierung der Ausgabe sollte dann in der richtigen Reihenfolge erscheinen.

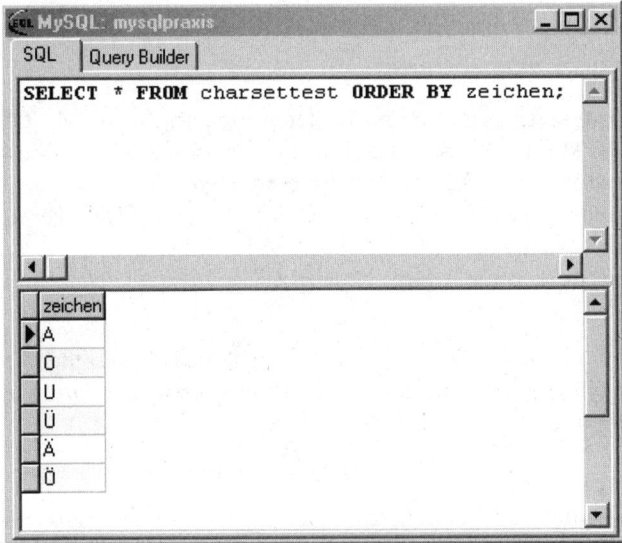

Bild 2.4: Ausgabe ohne deutsche Sortierung

Hinweis: Zur Ausgabe wurde der mysql-Client SQL-Win 1.2 der pocketBit GmbH verwendet.

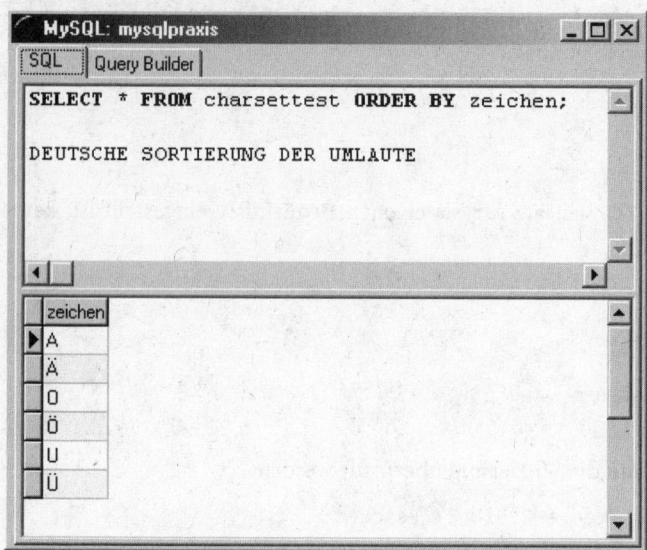

Bild 2.5: Ausgabe mit deutscher Sortierung

2.1.6 MySQL-Installation aktualisieren

Von MySQL AB werden regelmäßig Änderungen und Weiterentwicklungen von MySQL durchgeführt. Insbesondere die Minor-Releases, die an der dritten Zahl der Versionsnummer erkenntlich sind, werden in sehr kurzen Zeitabständen, teilweise in Wochenabstand, veröffentlicht. Die Änderungen der Minor-Releases sind in der Regel gering und bestehen in Bugfixes und kleineren Verbesserungen. Alle Änderungen, die an MySQL vorgenommen werden, werden unter *http://www.mysql.com/doc/N/e/News.html* veröffentlicht.

Natürlich stellt sich die Frage, wann Sie Ihre MySQL-Installation aktualisieren sollten. In der Regel ist ein Update von MySQL nur dann nötig, wenn Sie eine der neuen Funktionen benötigen oder das Bugfix für erforderlich halten.

Ein Update der MySQL-Datenbank kann wie folgt durchgeführt werden:

*   Führen Sie eine Datensicherung durch. Dies betrifft auch die mysql-Datenbank mit den Rechteinformationen sowie die Konfigurationsdatei my.cnf bzw. my.ini unter Windows.

*   Stoppen Sie den MySQL-Server (mysqld).

*   Installieren Sie die aktuelle Version.

*   Starten Sie den MySQL-Server neu.

Bei Version 4 von MySQL wurden keine wesentlichen Änderungen der internen Datenstruktur vorgenommen. Trotzdem sind folgende Dinge bei einem Update von Version 3.23 auf 4.0 zu beachten:

- Die Datenbank ist aufwärtskompatibel. Datenbanken, die in Version 3.23 angelegt wurden, können also unter 4.0 ohne Modifikation verwendet werden. Allerdings muss für die Übertragung von Datenbanken, die unter MySQL 4.0 erzeugt wurden, mysqldump verwendet werden.

- Das erweiterte Skript zum Starten des MySQL-Servers heißt jetzt mysqld_safe und nicht mehr safe_mysqld.

2.1.7   Mehrere MySQL-Server auf einem Rechner

Grundsätzlich können Sie auch mehrere MySQL-Server auf einem Rechner parallel installieren und betreiben. Dies könnte beispielsweise von praktischem Interesse sein, wenn Sie neue Versionen testen wollen oder für verschiedene Einsatzzwecke die Server unterschiedlich konfiguriert sein sollen.

Um mehrere MySQL-Server auf einem Rechner zu betreiben, müssen diese Server auf verschiedenen TCP/IP-Ports und Sockets laufen. Standardmäßig wird für MySQL der Port 3306 eingestellt.

Vorteile

Die Vorteile von mehreren parallel installierten MySQL-Servern sind:

- Es können verschiedene MySQL-Versionen installiert werden.

- Es können MySQL-Versionen installiert werden, die unterschiedlich konfiguriert sind.

- Die Server können mit verschiedenen User-IDs betrieben werden und somit auch aus sicherheitstechnischen Aspekten, die Zugriffsrechte auf Betriebssystemebene betreffend, völlig unabhängig voneinander arbeiten.

- Da die Server unabhängig voneinander laufen, wirken sich Fehlfunktionen des einen Servers nicht auf den anderen aus.

Nachteile

Den Vorteilen stehen allerdings auch Nachteile gegenüber:

- Es müssen mehrere Server administriert werden.

- Verschiedene Server dürfen nicht Daten in der gleichen Datenbank aktualisieren.

- Benutzernamen können nicht automatisch zwischen verschiedenen Installationen geteilt werden.

- Die Clients müssen für die abweichenden Ports konfiguriert werden.

- Das Speichermanagment muss besser überwacht werden. MySQL reserviert über die Variable key_buffer_size und table_cache Speicher für die Verbindungen und Abfragen. Diese Speicherreservierung verdoppelt bzw. vervielfacht sich dann.

Damit verschiedene MySQL-Server betrieben werden können, müssen Sie beim Start des Servers zumindest jeweils abweichende Portnummern und Sockets angeben. Optional können Sie auch noch ein anderes Datenverzeichnis angeben. Dort können Sie dann auch eine eigene Konfigurationsdatei für den Server verwalten. Der Aufruf des MySQL-Servers hat dann folgende Parameter:

```
$>mysqld --port=<Portnummer>
        --socket=<Dateiname> [--datadir=<Pfad>]
```

Wenn Sie einen zweiten MySQL-Server starten wollen, kann der Befehl wie folgt lauten:

```
$>mysqld --port=3307 --socket=/tmp/mysqld2.sock
```

Ein Socket ist im Übrigen definiert als eine eindeutige Identifikation, über die Informationen an das Netzwerk übermittelt werden. MySQL hält zur Verwaltung von verschiedenen MySQL-Servern noch das Tool mysqld_multi bereit.

2.2   MySQL bei Internet-Serviceprovidern

2.2.1   Angebote

Inzwischen bieten die meisten Internet Service Provider nicht nur mehr die Domainverwaltung mit E-Mail-Verwaltung und Webspace zur Speicherung von HTML-Seiten an. Aufgrund der bestehenden Wettbewerbssituation werden auch eine Reihe von Mehrwertangeboten dem Kunden unterbreitet. Die Kombination PHP und MySQL ist inzwischen sehr verbreitet und findet sich bei schätzungsweise 60% aller ISP wieder.

Folgende Arten von Angeboten kann man zurzeit von Internet-Serviceprovidern beziehen:

Webspace

Der ISP stellt einen vorkonfigurierten Webserver zur Verfügung und übernimmt dessen Verwaltung und Betrieb. Für MySQL erhalten Sie in der Regl eine vordefinierte Datenbank mit einem eigenen Zugang.

Dedizierter Server

Der ISP stellt einen vorkonfigurierten Webserver zur Verfügung. Die Verwaltung obliegt jedoch in der Regel Ihnen. Häufig werden hier noch Zusatzleistungen wie die Datensicherung durch den Provider angeboten.

Eigener Webserver

Sie stellen die Hardware und konfigurieren und verwalten Ihr System selbst. Der ISP stellt Ihnen also die Anbindung an das Internet, eine IP-Adresse sowie die Möglichkeit zur Verfügung, einen Server aufzustellen.

Bei allen Angeboten kommen in der Regel noch die Kosten für das Datenvolumen (Traffic) hinzu.

Die Entscheidung, welches Angebot Sie nutzen, ist von Ihren Anforderungen abhängig. Entscheidungsgründe können hierbei folgende sein:

- Preis

- Leistungsumfang

- Administration (Verwaltung)

- Sicherheit

Vereinzelt werden auch kostenfreie Angebote mit MySQL-Server angeboten. Auf solchen Systemen kann man gut die Benutzung von MySQL ausprobieren, ohne schwerwiegende Konsequenzen befürchten zu müssen. Wie lange solche Angebote allerdings dann wirklich kostenfrei sind, ist ungewiss.

2.2.2 Funktionsumfang von MySQL feststellen

Wenn Sie sich für ein Webspace-Angebot interessieren, stellt sich die Frage, welchen Umfang die Installation aufweist. Die ISP geben häufig nur das Merkmal »mit MySQL« an, ohne den Umfang näher zu spezifizieren. Wenn Sie ein Webspace-Angebot nutzen, haben Sie in der Regel keinen Einfluss auf den Installationsumfang. Ebenso ist kein Zugriff auf die generelle Konfigurationsdatei (my.inf) möglich, so dass Konfigurationsoptionen nicht genutzt werden können.

Wenn Sie spezielle Anforderungen an die Installation von MySQL haben, sollten Sie diese vor Abschluss eines Vertrags mit dem ISP prüfen. Spezielle Anforderungen können beispielsweise sein:

- Funktionsumfang: Je nach Versionsstand können bestimmte Funktionen oder SQL-Kommandos nicht zur Verfügung stehen.

- Unterstützung bestimmter Tabellentypen wie InnoDB oder Berkeley DB: Die Unterstützung der transaktionsfähigen Tabellentypen muss explizit aktiviert werden. Sie sollten daher klären, inwieweit dies geschehen ist.

- Lastverhalten eines MySQL-Servers kann durch Variablen beeinflusst werden. So gibt es die Variable max_connections, die die Anzahl der maximal zulässigen gleichzeitigen Verbindungen zum MySQL-Server festlegt.

- Zugriffsrechte: Viele ISPs beschränken den MySQL-Zugang leider auf den lokalen Rechner. Sämtliche Administrationsaufgaben können dann nur über ein serverseitiges Administrationstool, wie phpMyAdmin oder Telnet (bzw. SSH), erledigt werden.

Wer also vor Abschluss eines Vertrags mit einem ISP auf Nummer sicher gehen will, sollte die eigenen Ansprüche mit dem Angebot des ISP vergleichen. Wer zukünftig keine Überraschungen bei einem Versionswechsel erleben möchte, sollte zusätzlich versuchen, den Funktionsumfang der MySQL-Version schriftlich zu fixieren.

Wenn Sie bereits ein Webspace-Angebot nutzen, können Sie sich den Versionsumfang von MySQL über SHOW VARIABLES anzeigen lassen, soweit der Provider diese Funktion nicht abgeschaltet hat.

Falls Sie wissen wollen, welche Benutzerrechte Ihnen auf der Datenbank eingeräumt wurden, können Sie leider nicht den Befehl SHOW GRANTS anwenden, da Ihnen die Zugriffsrechte auf die MySQL-Datenbank fehlen. Ob ein externer Zugriff auf Ihre Datenbank möglich ist, können Sie deshalb nur über einen Test feststellen:

```
mysql>mysql -h<www.domain.de> -u<Username> -p<Passwort> <Datenbankname>
```

Wenn Sie eine Verbindung aufbauen können, ist ein externer Zugriff möglich. Wenn Sie jedoch die Fehlermeldung:

```
ERROR 1045: Access denied for user: '<Verbindungsdaten>' (Using password:
YES)
```

erhalten, ist ein externer Zugriff nicht möglich.

2.2.3   Server-Sharing (Webspace)

Bei Internet-Serviceprovidern, bei denen Sie Webspace mit MySQL-Unterstützung unterhalten, teilen Sie sich in der Regel den Webserver mit ca. 200-300 anderen Kunden. Die MySQL-Datenbank kann auf dem gleichen Rechner installiert sein. Häufig ist es aber auch der Fall, dass der Datenbankserver auf einem eigenen Rechner läuft und sich somit wesentlich mehr Kunden einen MySQL-Datenbankserver teilen. Diese anderen Kunden besitzen die gleichen Rechte auf dem Server, jeder Kunde hat dabei seinen eigenen Bereich, der durch das Rechtesystem des Servers bzw. von MySQL von dem der anderen Kunden abgegrenzt ist.

Die Performance und die Probleme, die ein Webserver bereiten kann, hängen damit auch entscheidend von den anderen Kunden ab. Da Sie aber deren Anwendung und die Qualität der Programmierung der Anwendung nicht kennen, kann es vorkommen, dass andere Benutzer die Performance herabsetzen.

Der Internet-Serviceprovider wird in der Regel versuchen, einen optimalen Betrieb zu gewährleisten, um allen Kunden gerecht zu werden. In der Regel wird der ISP das »Gemeinwohl« über die Einzelinteressen stellen. Man sollte also stets die allgemeinen Benimmregeln einhalten. Hierzu gehört in erster Linie, die Installation von Anwendungen zu vermeiden, die den Webserver über Gebühr belasten. Unter Umständen geht Ihr Provider bei solchen Anwendungen streng vor und sperrt zur Sicherstellung des Betriebes Ihre Seiten. Da die Beurteilung, ob eine Anwendung eine außergewöhnliche Belastung des Servers darstellt, durch den ISP erfolgt, sollte auch hier kein Risiko eingegangen werden. Die Vorteile des Server-Sharing sind:

• Günstiger Preis.

• Stabile Konfiguration.

• In der Regel regelmäßige Wartung und Updates der Serversoftware.

Als Nachteile sind zu nennen:

- Serverlast und Performance sind abhängig von anderen Benutzern.

- Keine Einflussnahme auf Softwareversionen. Bei Umstellungen können bestimmte Funktionen nicht mehr verfügbar sein.

- Geringere Sicherheitsstufe.

Auch bei der Auswahl des richtigen ISPs gilt, dass der Anwendungsfall vorgibt, welche Serverinstallation notwendig ist.

2.2.4   Eigener Webserver mit MySQL

Mit einem eigenen Webserver mit MySQL können Begrenzungen, die durch den Provider vorgegeben sind, beseitigt werden. In den vorangegangenen Abschnitten wurden bereits einige Aspekte erwähnt.

Folgende Vorteile kann ein eigener Webserver bieten:

- Individuelle Installation des MySQL-Servers: Zu nennen wäre die Unterstützung von transaktionsfähigen Tabellentypen wie InnoDB.

- Höhere Sicherheitsstandards: Auf dem Webserver kann ein wesentlich höherer Sicherheitslevel erreicht werden, da keine fremden Personen Zugang zu dem Rechner haben.

- Individuelle Webserverkonfiguration: Auch das Umfeld von MySQL kann individuell eingerichtet werden.

- Eigene Konfiguration des MySQL-Servers: Der Zugriff auf die Konfigurationsdatei my.cnf (bzw. my.ini) ist nur dem Betreiber der MySQL-Datenbank möglich.

- Mehrere Datenbanken: Bei Webspace-Angeboten wird Ihnen häufig nur eine Datenbank eingerichtet. Sie müssen also alle Tabellen auf einer Datenbank aufbauen. Dies erschwert insbesondere die Realisierung von mehreren unabhängigen Projekten.

- Automatisierung: Auf einem eigenen Webserver können eine Reihe von Vorgängen, wie beispielsweise die Datensicherung, automatisiert werden.

Als Nachteile eines eigenen Webservers können gelten:

- Räumliche Trennung: Bei Problemen, insbesondere der Hardware, sind direkte Arbeiten am Rechner nur in den Geschäftsräumen des ISP während der Geschäftszeiten möglich.

- Updateverwaltung: Updates von Betriebssystemen oder einzelnen Softwarekomponenten müssen selbstständig durchgeführt werden.

- Höherer Verwaltungsaufwand: Sämtliche Administrationsarbeiten müssen selbst durchgeführt werden. Der höhere Aufwand besteht vor allem in der Administration des Rechners und des Betriebssystems und weniger der Pflege der MySQL-Datenbank.

Ob Sie sich für einen eigenen Webserver oder für ein Webspace-Angebot entscheiden, hängt letztendlich von Ihren persönlichen Zielen ab. Erfahrungsgemäß sind Sie bei umfangreichen Projekten oder sicherheitskritischen Anwendungen mit einem eigenen Webserver besser beraten.

2.3   Kommandozeilenwerkzeuge von MySQL

MySQL verfügt über eine Reihe von Kommandozeilenwerkzeugen. Diese lassen sich vor allem für Administrationsaufgaben einsetzen. Sie finden diese in Ihrem Installationsverzeichnis von MySQL im Unterverzeichnis bin.

2.3.1   mysql – die SQL-Shell

Das wichtigste Tool, das im Standardumfang von MySQL mitgeliefert wird und auf allen Betriebssystemen verfügbar ist, ist das Kommandozeilenwerkzeug mysql. Dieser Client wird von MySQL AB als einfache SQL-Shell bezeichnet.

Das Praktische an diesem Tool ist die Möglichkeit, es nicht nur interaktiv, sondern auch im Batch-Modus benutzen zu können. Wenn Sie den Client mysql interaktiv verwenden wollen, erfolgt der Programmstart durch Eingabe von mysql mit Parametern. Bei korrektem Aufruf und korrekter Installation startet das Programm mit einer Verbindung zum MySQL-Server und bietet einen Kommandozeilenprompt an. Auf dieser Kommandozeile können Sie dann die Befehle eingeben.

Start der mysql-shell

Der Start der mysql-Shell erfolgt über Eingabe von mysql über die Kommandozeile. Die mysql-Shell verfügt dabei über eine Reihe von Parametern für den Aufruf. Diese können wie folgt angezeigt werden.

```
$>mysql -help
```

Die wichtigsten Aufrufparameter sind der Benutzername, das Passwort und der Zielrechner. Grundsätzlich können Sie sich mit jedem beliebigen Rechner, auf dem eine MySQL-Datenbank läuft, verbinden, soweit Sie dort als Benutzer bekannt sind und eine Netzwerkverbindung zu diesem Zielrechner besteht. Der Aufruf mit Angabe eines Benutzernamens, Passworts und Zielrechners erfolgt in folgender Form:

```
$>mysql -u<Benutzername> -p<Passwort> -h<Zielrechner>
```

Eingaben in den mysql-Client werden mit einem Semikolon (;) oder \g abgeschlossen. Diese Information erhalten Sie auch zur Erinnerung bei jedem Start des mysql-Clients. Um den mysql-Client zu verlassen, ist der Befehl quit oder exit einzugeben.

Der Start und das Beenden der mysql-Shell sieht beispielsweise wie folgt aus:

```
$>mysql -uroot -pmypassword
```

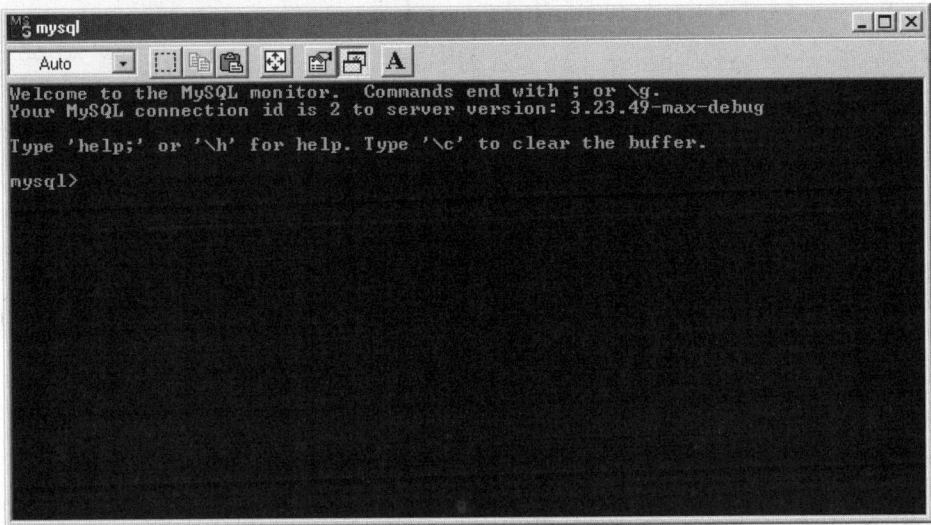

Bild 2.6: mysql-Shell mit mysql-Prompt

Die mysql-Shell meldet sich mit einem mysql>-Prompt. Dort können Sie dann die Befehle eingeben.

Hinweis: Die vollständige Liste aller Aufrufparameter finden Sie in der Befehlsreferenz in Kapitel 9.

Mysql-Shell im Batch-Modus betreiben

Um die mysql-Shell im Batch-Modus zu benutzen, können Sie die Anweisungen, die Sie ausführen wollen, in eine Skriptdatei schreiben und anschließend über folgende Kommandozeile ausführen.

```
$>mysql <Datenbankname> <Skriptname> <Ausgabedatei>
```

Im Skript stehen alle Befehle, die abgearbeitet werden sollen. Mit <Skriptname> werden diese Befehle eingelesen. Die Ausgabe kann mit <Ausgabedatei> in eine Datei umgeleitet werden.

Auf diese Weise können wiederkehrende Aufgaben automatisiert werden.

2.3.2   mysqladmin

Dies ist ein Programm zur Unterstützung von administrativen Aufgaben von der Kommandozeile. Mit mysqladmin können Sie:

- den Server herunterfahren,
- Datenbanken anlegen,
- Datenbanken löschen,

- Versions-, Prozess- und Statusinformationen anzeigen,

- Rechtetabellen neu laden.

Der Start von mysqladmin erfolgt von der Kommandozeile aus mit:

```
$>mysqladmin [OPTIONEN] Befehl Befehl
```

Wie bei allen Kommandozeilentools von MySQL, können Sie die Hilfe und die zur Verfügung stehenden Optionen mit folgender Kommandozeile abrufen.

```
$>mysqladmin --help
```

Beispielhaft ist hier der Aufruf der Prozessliste von MySQL aufgezeigt, mit der Sie überwachen können, welche Prozesse aktuell auf der Datenbank laufen.

```
$>mysqladmin -uuser -ppasswort -hxxx.xxx.xxx.xxx processlist
```

Sie können natürlich auch auf entfernten Rechnern mit Hilfe der Angabe des Hosts (-h), des Usernamens (-u) und des dazugehörigen Passworts (-p) die gewünschten Optionen ausführen, soweit Ihnen entsprechende Rechte auf der Datenbank eingeräumt wurden.

Um einen MySQL-Server herunterzufahren, ist folgender Befehl einzugeben:

```
$>mysqladmin -uroot -ppasswort shutdown
```

2.3.3   mysqlshow

Dieses Programm zeigt Informationen über eine Datenbank, Tabellen, Spalten und Indizes an. mysqlshow wird wie folgt aufgerufen:

```
$>mysqlshow [OPTIONS] [<Datenbank> [<Tabelle> [<Spalte>]]]
```

Wenn Sie sich Informationen zu einer Tabelle anzeigen lassen wollen, kann die Ausgabe wie folgt aussehen:

```
$>mysqlshow -uuser -ppasswort -h127.0.0.72 mysqlpraxis kunden
```

2.3.4   Weitere Hilfsprogramme

myisamchk

Hierbei handelt es sich um ein Hilfsprogramm zur Überprüfung, Optimierung und Reparatur von MySQL-Tabellen.

mysqldump

Dieses Programm erzeugt eine Kopie der Datenbank oder Teile davon als ASCII-Datei in vollständiger SQL-Snytax. Es ist äußerst hilfreich beim Transfer von Datenbanken oder bei Backup-Aufgaben.

mysqltest

MySQL liefert unter UNIX ein Testsystem mit, das es Ihnen erlaubt, auch komplexe Datenbankabläufe zu simulieren.

mysqlimport

Ein Hilfsprogramm zum Importieren von Tabellen und Daten.

mysqlhotcopy

Dies ist ein Perl-Skript zur schnellen Sicherung von Datenbanken und Tabellen. Es ist lediglich bei der UNIX-Version vorhanden.

perror

Dieses Programm dient zur Übersetzung von Fehlernummern und wird folgendermaßen aufgerufen:

```
$>perror <Fehlernummer> <Fehlernummer> ...
```

Beispiel

```
$>perror 13 23
Keine Berechtigung
Zu viele offene Dateien im System
```

2.4 Grafische MySQL-Clients

Natürlich können Sie alle Arbeiten auf der Datenbank mit Bordmitteln wie mysql-Client erledigen. Wesentlich komfortabler und produktiver kann dies jedoch mit grafischen Clientprogrammen erfolgen.

Diese bieten die üblichen Vorteile von Copy&Paste über mehrere Fenster, bis hin zur Mausbedienung. Im Folgenden werden einige dieser grafischen Clients vorgestellt.

2.4.1 MySQLManager

Unter Windows stellt MySQL noch ein einfaches Tool mit dem Namen MySQLManager zur Verfügung, das ebenfalls im bin-Verzeichnis unterhalb der Installationsverzeichnisse zu finden ist. Hiermit kann die Datenbank- und Tabellenstruktur angezeigt, und SQL-Kommandos können ausgeführt werden.

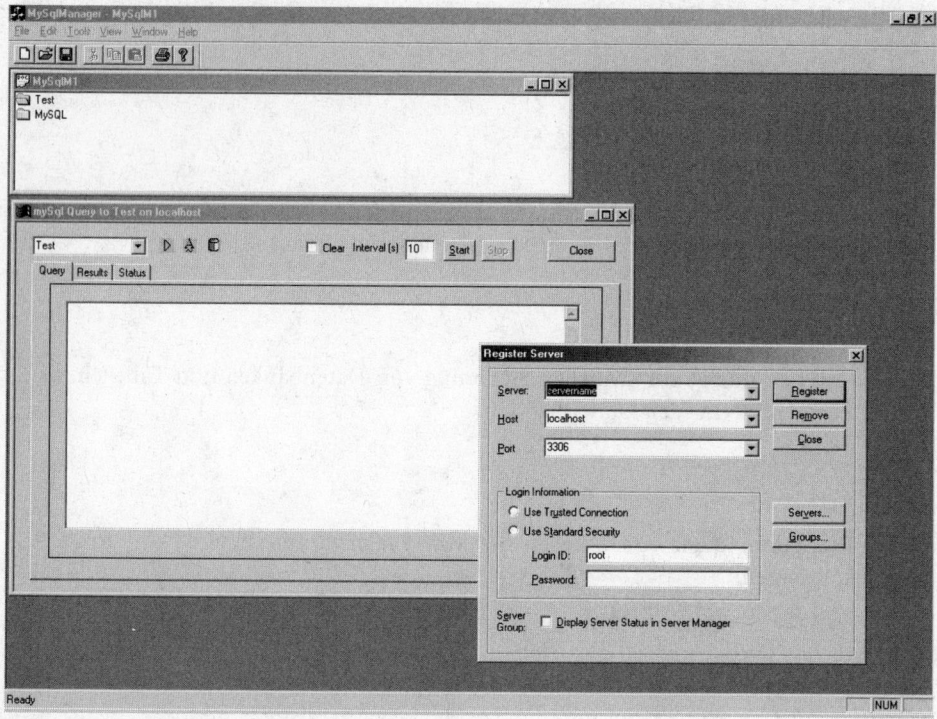

Bild 2.7: MySQLManager-Client (Windows)

2.4.2   phpMyAdmin

Wer ohne Installation von Software auf den Clients auskommen möchte, kann auch auf eine serverseitige Lösung zurückgreifen. Da MySQL häufig auf Servern läuft, ist eine serverseitige Lösung zumindest für die Daten- und Rechteverwaltung eine praktikable Sache. Dabei ist zurzeit phpMyAdmin das verbreitetste unter den serverseitigen Programmen.

phpMyAdmin läuft auf Webservern, die die Programmiersprache PHP unterstützen und entsprechend konfiguriert sind. Um das Programm einsetzen zu können, benötigen Sie also einen Webserver, an den die Zielclients angebunden sind.

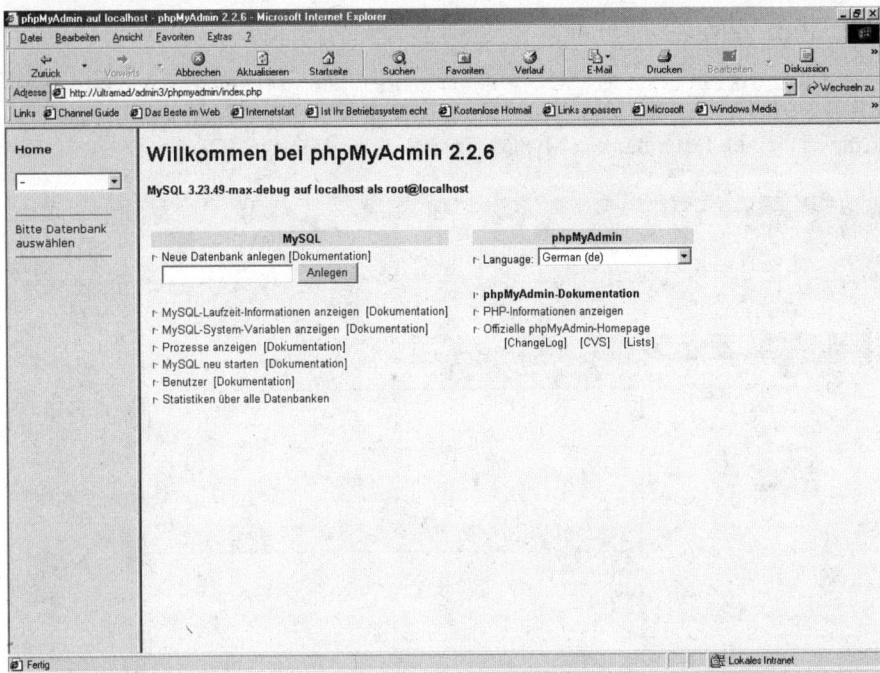

Bild 2.8: Aufruf von phpMyAdmin im Browser

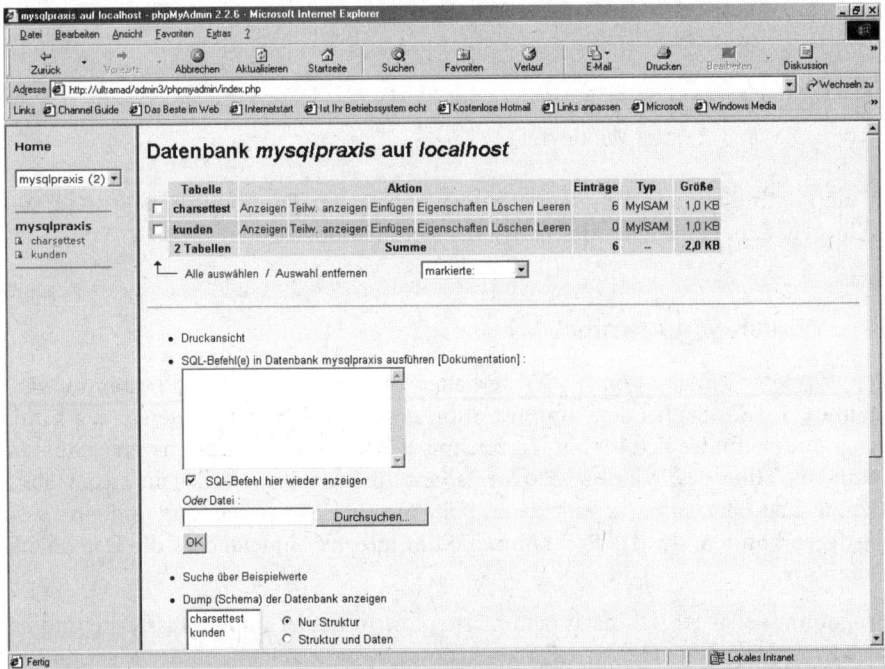

Bild 2.9: Ausgabe der Datenbank in phpMyAdmin

Verfügbar ist phpMyAdmin unter http://www.phpmyadmin.de und auf der Buch-CD.

2.4.3   SQL-Win

In diesem Buch wird in der Regel SQL-Win verwendet. Dies ist ein grafischer Windows-Client, der mehrere Verbindungen zur Datenbank gleichzeitig öffnen kann. SQL-Win unterstützt dabei die Datenbanken MySQL, InterBase und PostgreSQL.

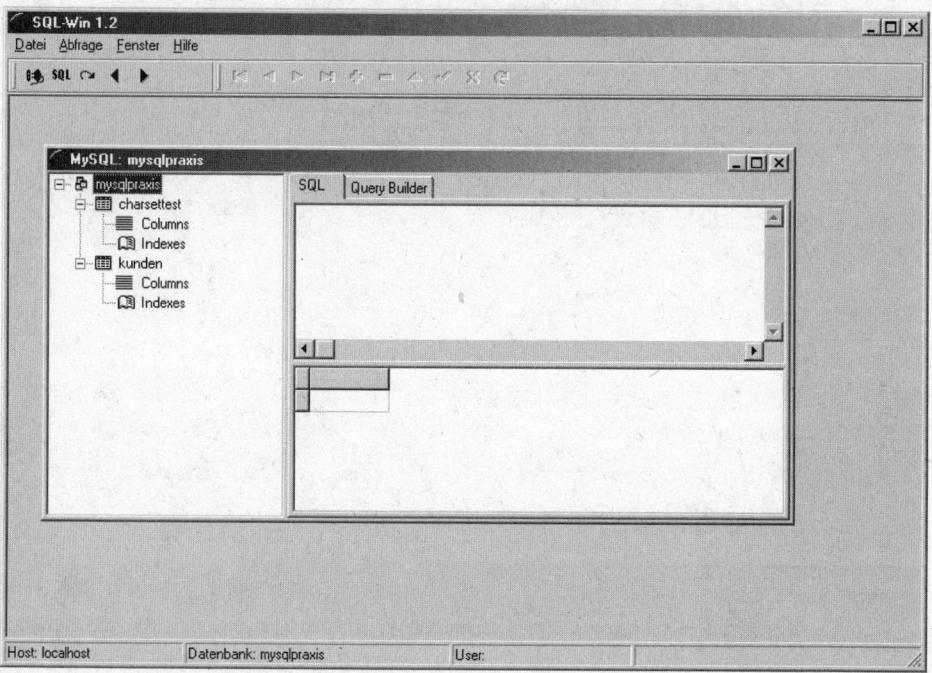

Bild 2.10:   SQLWin 1.2 unter Windows

Durch die kontinuierliche Weiterentwicklung nimmt der Funktionsumfang stetig zu. SQL-Win stellt daher eine gute Alternative zur Kommandozeile dar.

2.4.4   WinMySQLAdmin

Mit der Windows-Version von MySQL erhalten Sie automatisch das Programm winmysqladmin.exe, das Sie bei der Administration des MySQL-Servers unterstützen kann. Das Programm befindet sich im bin-Verzeichnis des MySQL-Installationsverzeichnisses und kann mit Hilfe des Windows-Explorers gestartet werden. Nach dem ersten Start erhalten Sie eine Eingabemaske, mit deren Hilfe Sie eine Nutzerkennung und ein Passwort festlegen können, die das Programm zukünftig zum Anmelden an die Datenbank verwenden soll.

Das Programm versteckt sich nach dem Start sofort in der Windows-Taskleiste und ist dort als kleine Ampel sichtbar. Die Farben grün und rot zeigen an, ob der MySQL-Server läuft oder nicht.

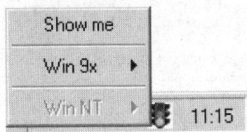

Bild 2.11: WinMySQLadmin in der Taskleiste

Wenn Sie mit der rechten Maustaste auf die Ampel klicken, dann erhalten Sie ein Menü, mit dessen Hilfe Sie das Arbeitsfenster des Programms einblenden können (Show me). Der MySQL-Server lässt sich hierüber auch starten und stoppen.

Das eigentliche Arbeitsfenster von WinMySQLAdmin enthält verschiedene Registerkarten, mit denen Sie die Konfigurationsdatei bearbeiten oder verschiedene Informationen des MySQL-Servers abrufen können, wie die Systemvariablen und die aktuell laufenden Prozesse.

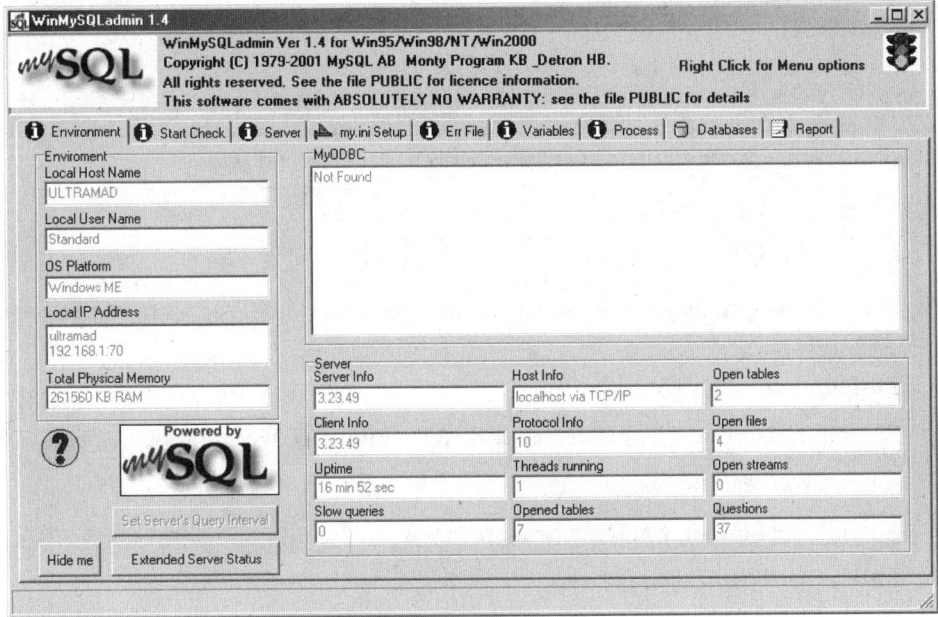

Bild 2.12: Anzeige der MySQL-Server-Umgebung

Zusätzlich lassen sich die Datenbanken inklusive Ihrer enthaltenen Objekte anzeigen.

Im Prinzip liefert Ihnen dieses Tool eine Zusammenstellung verschiedener show-Kommandos. Alle hier bereitgestellten Informationen lassen sich natürlich auch mit Hilfe des MySQL-Clients abrufen. Das mag wohl nicht ganz so überschaubar sein, aber die Informationen sind genau dieselben.

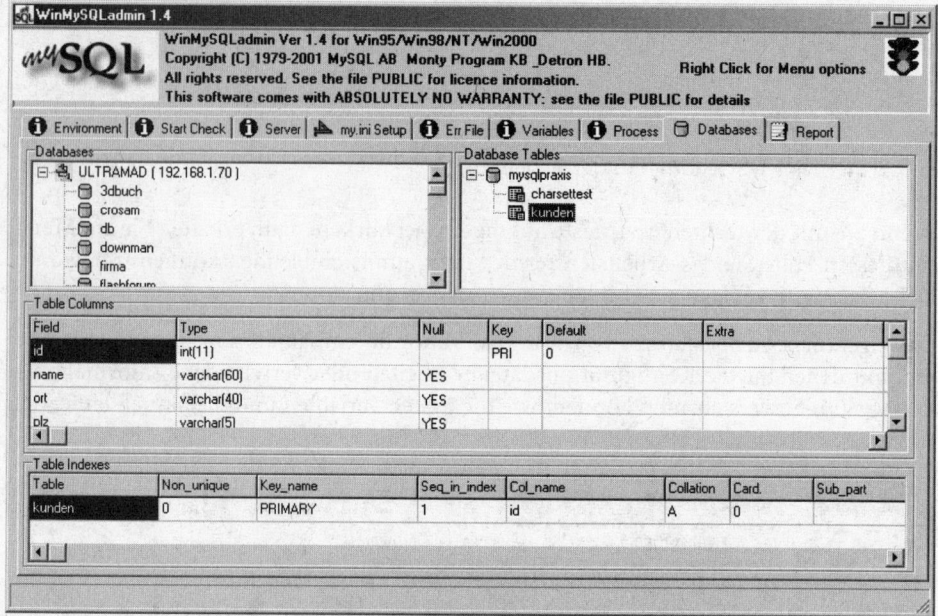

Bild 2.13: Anzeige der vorhandenen Datenbanken, Tabellen und Felder

2.4.5   MySQLFrontend

MySQLFrontend von Hubert Denkmair ist ein freies Windows-Programm mit folgenden Features:

- Ausführung von MySQL-Befehlen

- Editor für BLOB- und Textfelder, einschließlich Bitmap (GIF- und JPEG-Support)

- Anzeige von Servervariablen

- Anzeige und Löschen von Datenbankprozessen

- Anzeige der Tabellendefinitionen

- Exportfunktionen

- Replikation zwischen verschiedenen Datenbanken

- Syntax Higlighting

- Tabellendiagnose (CHECK, REPAIR, OPTIMIZE, ANALYZE)

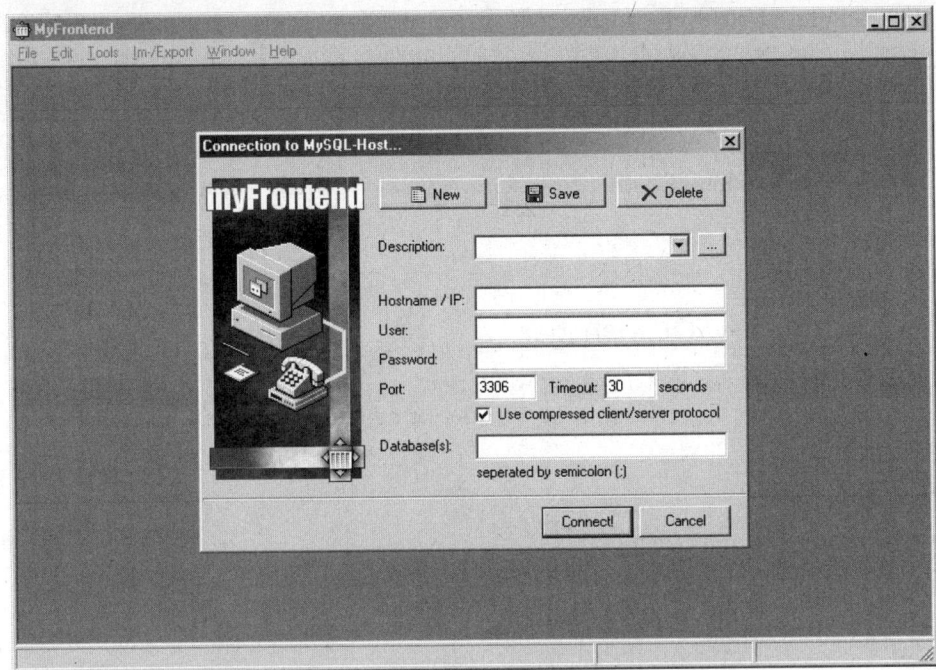

Bild 2.14: Nach dem Start von MySQLFrontend – Anmeldung bei MySQL-Server

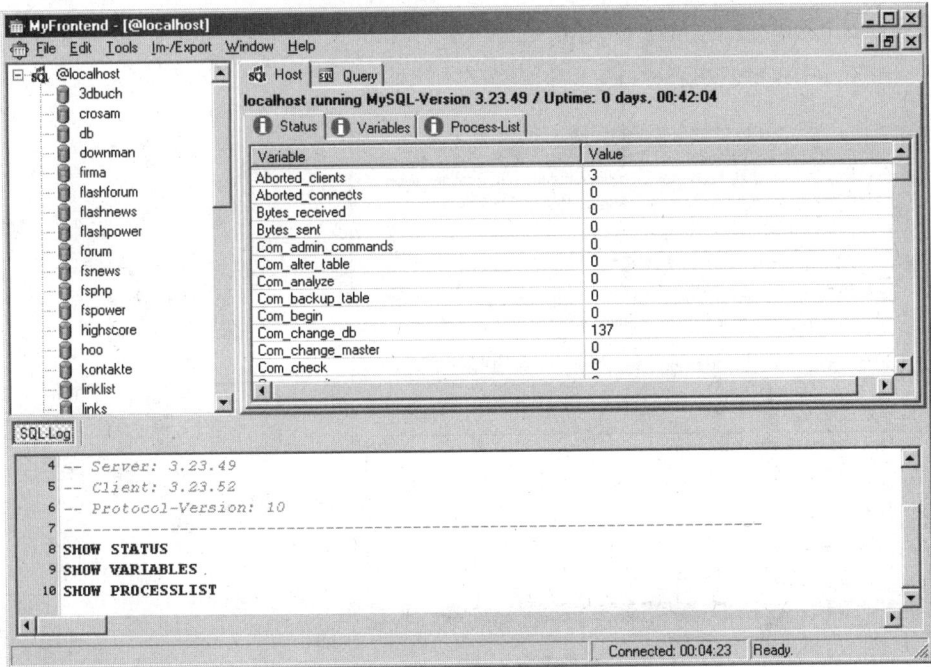

Bild 2.15: MySQLFrontend – Anzeige der Datenbanken und Systemvariablen

MySQLFrontend bietet einen Funktionsumfang, mit dem sich eine Reihe von Aufgaben wesentlich bequemer als über die Kommandozeile erledigen lassen. Integriert ist die Anzeige aller Variablen sowie die Anzeige der Prozessliste, so dass auch der laufende Betrieb überwacht werden kann.

> **Hinweis:** MySQLFrontend kann unter folgender URL bezogen werden *http://mysqlfront.venturemedia.de/.*

2.4.6   EMS MySQL Manager

Der MySQL Manager von EMS ist wohl eines der umfangreichsten Windows-Programme, mit deren Hilfe sich ein MySQL-Server administrieren lässt. Hier einige der Features:

- SQL-Monitor
- Import/Export von Daten
- Blob Editor
- Benutzerverwaltung
- MySQL-Administration
- Mehrfachdatenbankanbindung
- Visualisierung von Beziehungen
- Analyse des MySQL-Servers

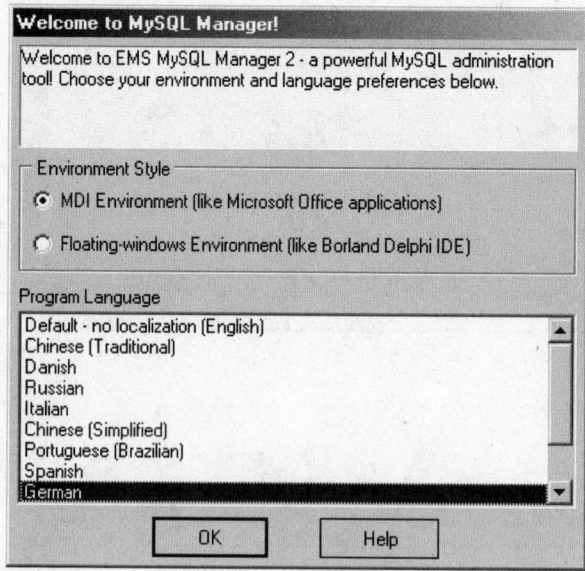

Bild 2.16: Start des EMS MySQL Manager

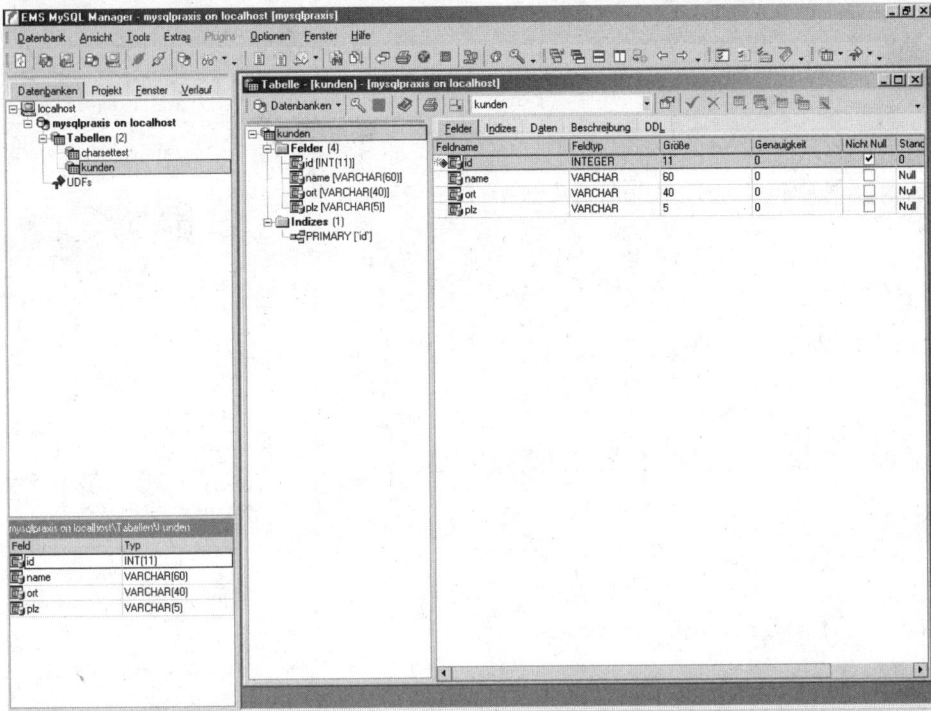

Bild 2.17: EMS MySQL Manager Version 2 – Datenbank mysqlpraxis anzeigen

Der MySQL Manager ist eine kommerzielle Anwendung, bietet jedoch einen umfangreichen Support und steht sowohl unter Windows als auch LINUX zur Verfügung. Es werden rund 10 Sprachen für die Anwendungsoberfläche unterstützt.

2.4.7 MySQL Studio

Die Firma PremiumSoft bietet mit MySQL Studio ebenfalls eine kommerzielle Lösung an. MySQL Studio ist ein Programm für die Datenbankverwaltung und -abfrage unter Windows und MacOS X.

Bild 2.18: MySQL Launcher im Einsatz

Es bietet folgende Features:

- Serververwaltung

- Grafische Oberfläche für MySQL

- Backup-Programm

- Benutzerverwaltung

- Prozessliste des Servers

- Query-Editor mit Syntax-Highlighting

- Blob-/Text-Editor

- Import/Export

- Apache, PHP, MySQL Max im Lieferumfang

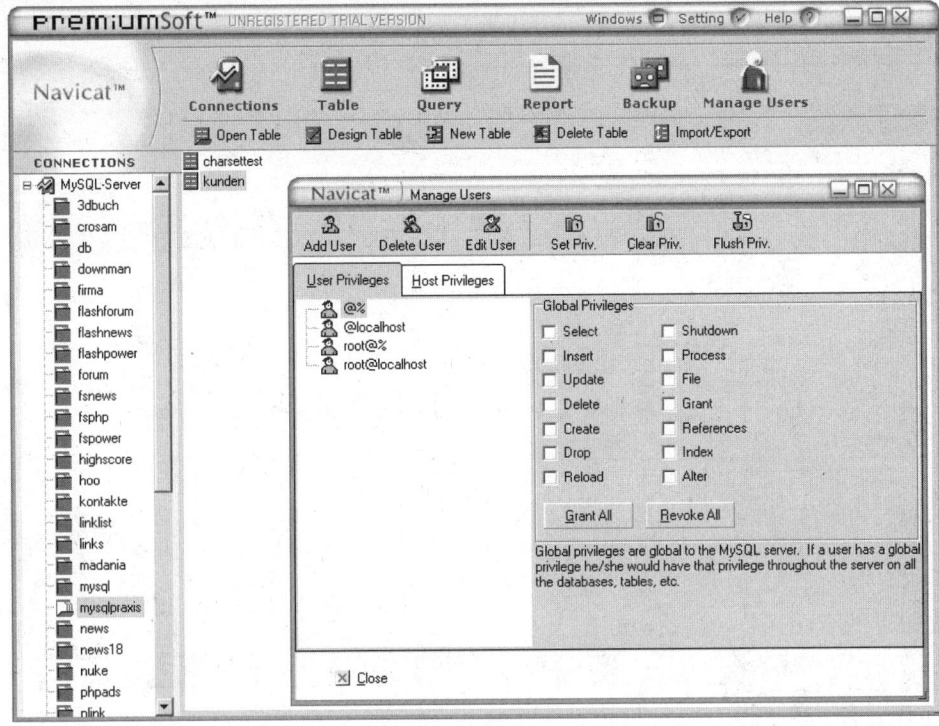

Bild 2.19: Programmoberfläche von MySQL Studio

MySQL Studio kann die Arbeit mit MySQL vereinfachen. So können Abfragen gespeichert oder analysiert werden. Das Programm ist in einer 30-Tage-Evaluationsversion über die Homepage http://www.mysqlstudio.com erhältlich.

2.4.8   MySQLFront

MySQL Front von Ansgar Becker ist ein freies Windows-Programm mit folgenden Features:

- Ausführung von MySQL-Befehlen

- Anzeigen von Servervariablen

- Anzeige der Tabellendefinition

- Blob- und Text-Felder-Editor, einschließlich Bitmap (GIF- und JPEG-Support)

- Import/Export

- Replikation zwischen verschiedenen Datenbanken

- Anzeigen und Löschen von Datenbankprozessen

- Benutzerverwaltung

- Syntax-Highlighting

- ODBC-Support

- Tabellendiagnose

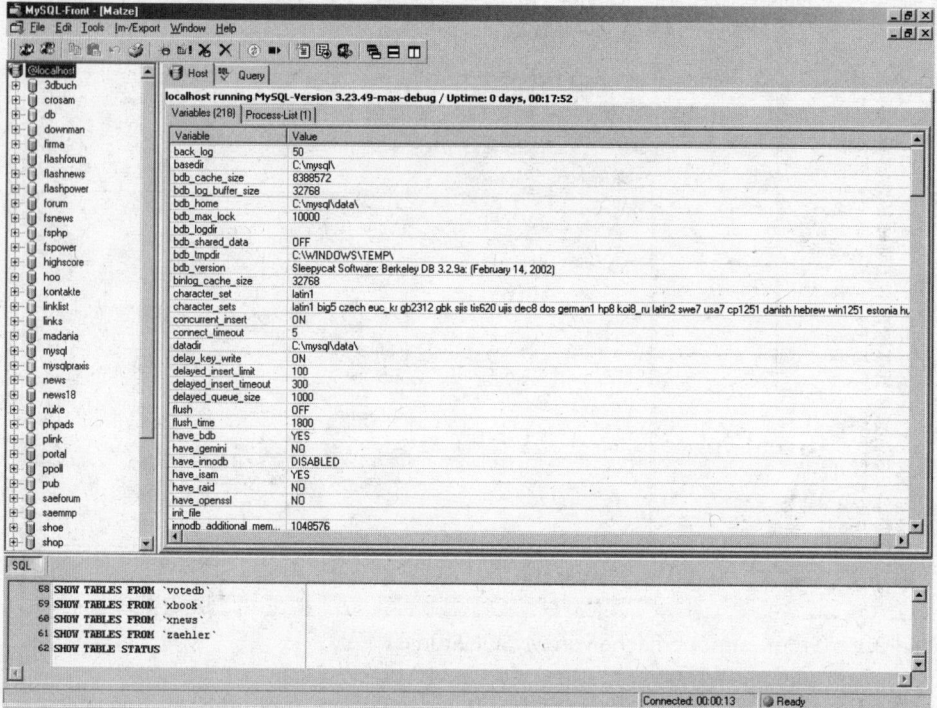

Bild 2.20: Oberfläche von MySQL Front

MySQL Front bietet einen Funktionsumfang, mit dem sich eine Vielzahl von Aufgaben wesentlich bequemer erledigen lassen als über die Kommandozeile. Es kann sich durchaus mit Programmen wie dem MySQL Manager und MySQL Studio messen.

Achtung: Leider hat der Entwickler Ansgar Becker die weitere Entwicklung des Programms beendet. Es wird somit keine Updates geben. Die letzte vorliegende Version ist die Version 2.5.

2.4.9   SQLyog

Bei SQLyog handelt es sich um ein freies Windows-Programm der Firma Webyog. Es besticht vor allem durch seine Größe, den mit rund 480 KByte ist es wesentlich kleiner und kompakter als die anderen Programme. Der Funktionsumfang kann sich jedoch sehen lassen, hier einige Features:

- Verbindungsmanager

- Ausführung von MySQL-Befehlen

- Anzeigen von Servervariablen

- Anzeige der Tabellendefinition

- Blob- und Text-Felder-Editor

- Import/Export

- Replikation zwischen verschiedenen Datenbanken

- Anzeigen und Löschen von Datenbankprozessen

- Benutzerverwaltung

- Syntax-Highlighting

- Tabellendiagnose

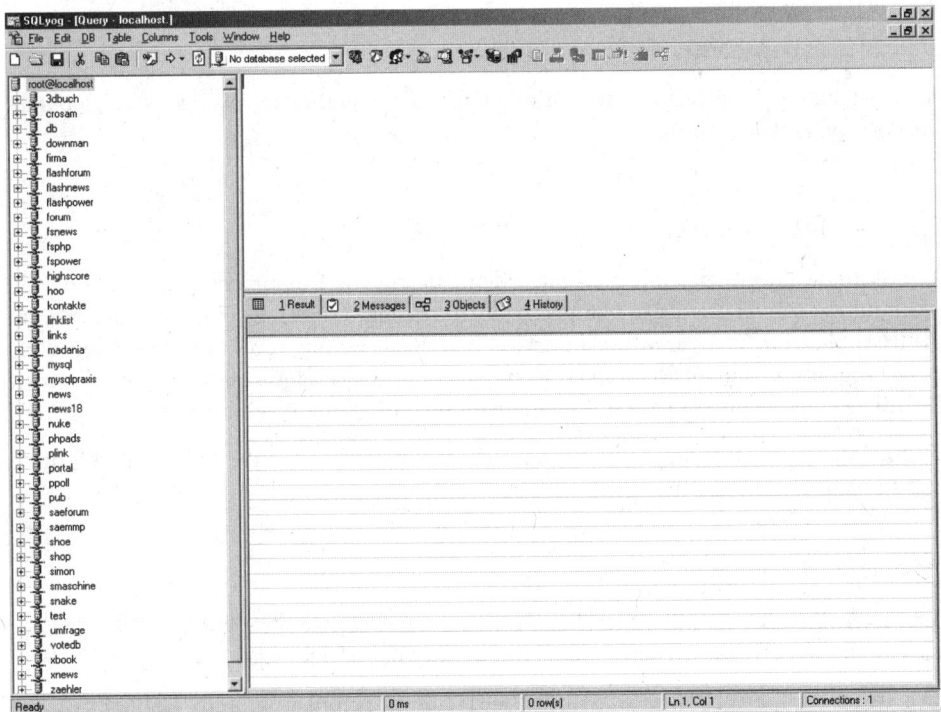

Bild 2.21: Oberfläche von SQLyog unter Windows

Hinweis: SQLyog kann unter folgender URL bezogen werden:
http://www.webyog.com/sqlyog/

2.4.10 KSql

Wer einen grafischen Client für LINUX sucht, kann KSql verwenden. Die Homepage von KSql ist http://ksql.sourceforge.net. Dort finden Sie die neueste Version und weitere Hinweise.

KSql hat folgenden Funktionsumfang:

- Bearbeitung von SQL-Befehlen in einem Editor
- Speicherung von SQL-Befehlen
- Verbindung zu mehreren Datenbanken gleichzeitig
- Export von HTML
- Unterstützung weiterer Datenbanken neben MySQL

Voraussetzung für KSql sind:

- KDE 1.1.1 oder höher
- Qt 1.42 oder höher
- Gcc 2.7.x oder höher

KSql ist häufig in LINUX-Distributionen wie SuSE enthalten, so dass eine separate Installation entfallen kann.

2.4.11 Datenbankzugang über ODBC

Für Windows-Rechner kann man auch den Zugang zur Datenbank über eine ODBC-Verbindung (Open Database Connectivity) herstellen. ODBC ist eine breit akzeptierte API (Application Programming Interface) zur Realisierung von Datenbankanbindungen. Programme, die ODBC unterstützen, wie beispielsweise Access oder Excel, können Tabellen, die sich auf dem MySQL-Datenbankserver befinden, einbinden.

Prinzip dabei ist, dass auf dem Windows-Rechner Treiber für die ODBC-Verbindung zur MySQL-Datenbank installiert werden.

MyODBC

Im ersten Schritt muss der MyODBS-Treiber installiert werden. Hierfür besorgen Sie sich am besten den aktuellsten Treiber von der MySQL-Homepage.

Die Installation erfolgt über das mitgelieferte Installationsprogramm (setup.exe), das sich im gepackten ZIP-Archiv befindet. Die Verbindung zur Datenbank erfolgt dann über eine von Ihnen eingerichtete Verbindung (Data Source), die als DSN abgekürzt wird. Dabei können Sie natürlich beliebig viele verschiedene Verbindungen für jeden Treiber einrichten. Die DSN können Sie gleich bei der Installation von MyODBC oder auch jederzeit später definieren.

Die Einrichtung des DSN während der Installation von MyODBC, ist im Folgenden beschrieben:

Im Dialog Data Sources klicken Sie auf Add..., um eine neue DSN anzulegen.

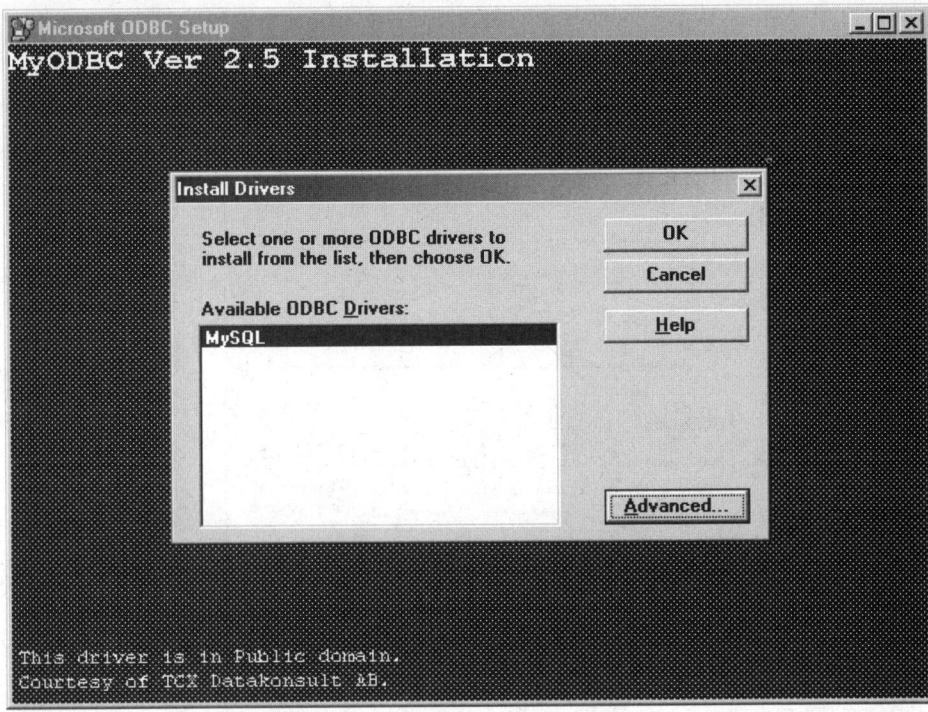

Bild 2.22: Neues DSN definieren – über Add

Wählen Sie aus der Liste der Treiber den MySQL-Treiber aus.

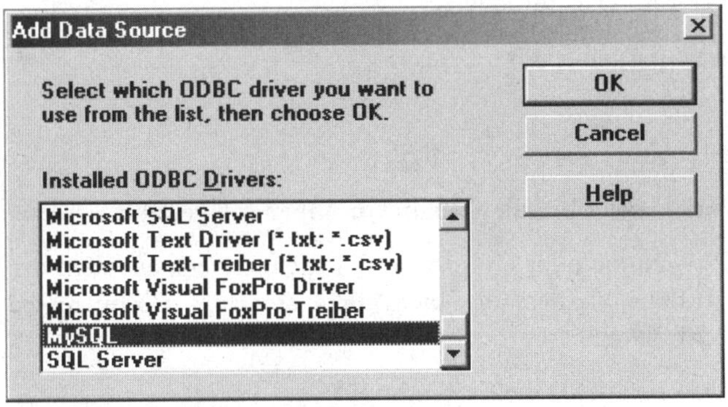

Bild 2.23: MySQL-Treiber wählen

Im anschließenden Dialog werden die Verbindungsdaten eingegeben.

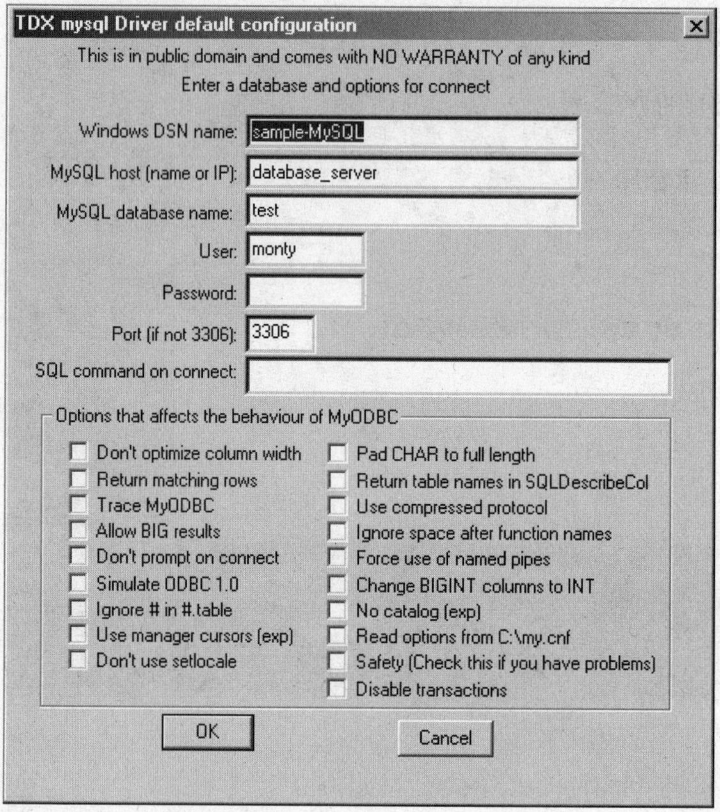

Bild 2.24: Verbindungsparameter für DSN festlegen

Verbindungsparameter

Folgende Verbindungsparameter sind dabei notwendig:

- Windows DSN name – Name der Verbindung. Kann von Ihnen frei gewählt werden.

- MySQL host (name or IP) – Name oder IP-Adresse des Zielrechners, auf dem der MySQL-Server läuft. Natürlich können Sie hier auch entfernte Rechner, die irgendwo im Netz stehen, definieren.

- MySQL database name – Datenbank für die Verbindung.

- User – Benutzername für die Verbindung. Hier ist ein dem MySQL-Server bekannter Benutzer einzutragen. Dieser Benutzer muss auch über entsprechende Rechte auf der Datenbank verfügen.

- Password – Passwort für den Benutzer.

- Port – nur notwendig, wenn die Datenbank nicht auf Port 3306 läuft.

In diesem Dialog stehen eine Reihe von Optionen zu Verfügung, mit denen einzelne Parameter der Verbindung eingestellt werden können.

Einrichten einer DSN über die Systemsteuerung

Falls Sie über Windows eine DSN einrichten wollen, gehen Sie wie folgt vor:

- Starten Sie in der Systemsteuerung das Programm ODBC-Datenquellen.
- Klicken Sie auf Hinzufügen.
- Wählen Sie den MySQL-Treiber.
- Tragen Sie wie oben beschrieben Ihre Verbindungsparameter ein.

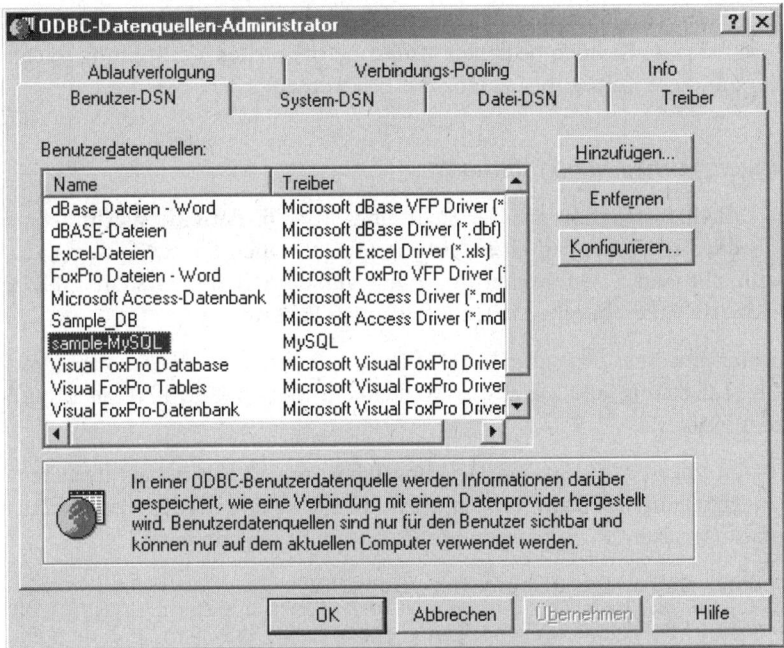

Bild 2.25: DSN über die Windows-Systemsteuerung

Windows kennt dabei verschiedene Arten von DSN.

- User-DSN stehen nur dem Benutzer zur Verfügung, der diese DSN definiert hat.
- System-DSN stehen allen Benutzern des jeweiligen Rechners zur Verfügung.

Natürlich können Sie nachträglich auch bestehende DSN ändern oder ergänzen. Hierzu verwenden Sie den Schalter Konfigurieren.

Die Verbindung zur Datenbank kann im jeweiligen Anwendungsprogramm über die eingerichtete DSN bewerkstelligt werden. Folgende Programme unterstützen die ODBC-Anbindung an MySQL:

- MS Access
- Visual Basic
- MS Excel
- MS Word
- StarOffice

2.5   LAMP (LINUX-Apache-MySQL-PHP)

Im Bereich Internetanwendungen wird MySQL zurzeit am häufigsten in so genannten LAMP-Systemen eingesetzt. LAMP ist die Abkürzung für:

- (L)inux
- (A)pache
- (M)ySQL
- (P)HP

LAMP-Installationen laufen bei einer Vielzahl von Internet-Serviceprovidern, die damit wiederum eine Vielzahl von Kunden bedienen. Aufgrund der weiten Verbreitung soll an dieser Stelle näher auf diese Konfiguration eingegangen werden.

Leistungsfähigkeit von LAMP-Systemen

Wenn man eine LAMP-Installation aus der Sicht eines MySQL-Betreibers sieht, ist sie nichts anderes als der Zusammenbau eines leistungsfähigen Open-Source-Systems, das Webserver, Datenbank und Programmierumgebung auf dem Betriebssystem LINUX vereint. Die Leistungsfähigkeit beruht dabei auf folgenden Faktoren:

- Apache ist derzeit mit über 60% aller Installationen der weitverbreitetste Webserver. Er ist stabil, leistungsfähig und bietet die Möglichkeit, MySQL und PHP als Modul systemnah anzubinden.

- PHP als Programmiersprache ist sehr leistungsfähig, um dynamische Internetanwendungen zu erstellen. PHP kann um Zusatzmodule erweitert werden, die es erlauben, zur Laufzeit Grafiken, PDF-Dateien oder Flash-Filme zu generieren.

- Alle Komponenten sind als Open Source frei zugänglich.

Um ein LAMP-System aufzubauen, benötigen Sie ein LINUX-System, auf dem Sie Apache und PHP installieren. Eine einfache Möglichkeit, zu einem solchen System zu kommen ist die Verwendung einer der Standarddistributionen, beispielsweise SuSE oder Red Hat. Diese Distributionen enthalten praktisch schon alles, was benötigt wird, und sie können darüber hinaus problemlos installiert werden. Nachteil dieser Distributionen ist der teilweise überholte Versionsstand der einzelnen Komponenten, weil aufgrund der Vorlaufzeiten für das Produkt in der Regel nicht die aktuelle Version enthalten ist.

Wer ein LAMP-System einmal ohne großen Aufwand kennen lernen möchte, kann sich auch einfach Webspace bei einem Provider mieten, der LAMP-Systeme benutzt.

Sie erhalten bei einem solchen Webspace-Angebot ein komplett konfiguriertes LAMP-System sowie einen Zugang, um Daten und Programme zu speichern. Die MySQL-Datenbank können Sie beispielsweise über phpMyAdmin administrieren.

Dabei haben Sie in der Regel keinen Einfluss auf die Konfiguration. Falls Sie die Konfiguration des Systems kennen lernen wollen, eignet sich sehr gut der PHP-Befehl phpinfo().

Das folgende kurze Skript gibt Ihnen die wichtigsten Informationen zur Gesamtkonfiguration des Systems:

```
<?php
phpinfo();
?>
```

Sie sollten das Skript in ein PHP-Dokument ablegen, welches eine einfache Textdatei mit der Endung .php darstellt. Details zur Konfiguration des MySQL-Servers können Sie sich in einer solchen Konstellation mit folgendem Befehl anzeigen lassen:

```
mysql>SHOW Variables;
```

Wer allerdings Wert darauf legt, ein LAMP-System genau kennen zu lernen und individuell zu konfigurieren, muss sich intensiv mit den einzelnen Komponenten auseinander setzen.

WAMP (Windows-Apache-MySQL-PHP)

Eine weitere Kombination stellt das so genannte WAMP-System dar. WAMP ist die Abkürzung für:

- (W)indows
- (A)pache
- (M)ySQL
- (P)HP

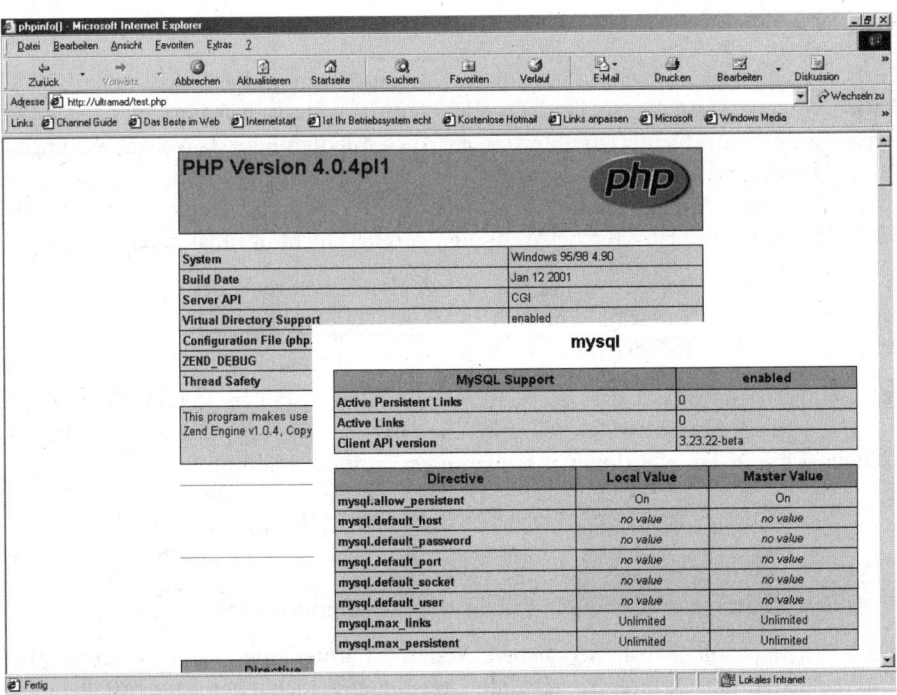

Bild 2.26: Konfigurationsdaten eines WAMP-Systems

2.6   Programmierschnittstellen

In diesem Abschnitt sollen Ihnen die einzelnen Programmierschnittstellen vorgestellt werden. Beschrieben wird, wie die Programmierschnittstelle beschaffen ist, welche zusätzliche Software gegebenenfalls benötigt wird und wie das funktionierende Gesamtsystem aussieht.

2.6.1   C/C++

Die C API ist ein fester Bestandteil von MySQL und in die mysqlclient-Library eingebunden. Außer über Java bedienen sich die meisten APIs der C-Schnittstelle.

Wenn Sie den Aufbau der Schnittstelle studieren möchten, eignen sich hierfür sehr gut die verschiedenen Clientprogramme, die bei MySQL mitgeliefert werden. Sie finden den Quellcode im Verzeichnis /client der Sourcedistribution.

Software, die Ihnen bei der Umsetzung von C/C++-basierten MySQL-Anwendungen behilflich sein könnten, sind:

- ANSI C

- Visual C++

Weitergehende Informationen zur C-Schnittstelle finden Sie auf der MySQL-Homepage.

2.6.2   Perl

Perl gehört zu den bekannten und bewährten Skriptsprachen, insbesondere unter UNIX. Perl wird vor allem eingesetzt, um betriebssystemnahe Verwaltungsarbeiten oder die Automatisierung von Abläufen zu unterstützen. Auch mit dem Bereich Webanwendungen ist Perl, insbesondere mit dem Schlagwort CGI-Skript, in Verbindung zu bringen. Allerdings ist die Verwendung von Perl für Webanwendungen rückläufig, da gerade die Anforderung steigender Hitraten bei Webseiten von Perl nicht optimal unterstützt wird.

Während die MySQL-Unterstützung bei PHP lediglich während der PHP-Installation aktiviert werden muss, ist für die Anbindung von MySQL an Perl zusätzliche Software in Form des DBI/DBD-Interfaces zu installieren.

Voraussetzung ist natürlich, dass auf dem Rechner Perl installiert ist. Im Unixbereich wird Perl bei vielen Administrationsaufgaben benötigt, so dass es häufig schon installiert ist. Gängige LINUX-Distributionen installieren Perl automatisch mit.

Ob Perl installiert ist, können Sie einfach mit dem folgenden Befehl feststellen:

```
$>perl -v
```

Ein installiertes Perl meldet in diesem Fall die Versionsnummer zurück.

Falls Sie Perl noch nicht installiert haben, finden Sie unter http://www.perl.com oder http://www.active-state.com entsprechende Downloadmöglichkeiten und Installationsanweisungen für Perl.

DBI und DBD

DBI (DataBase Interface) ist eine universelle Schnittstelle für Perl, um auf verschiedene Datenbanken zuzugreifen. Für die jeweilige Zieldatenbank wird noch ein entsprechender Treiber benötigt, der im Falle von MySQL den Namen DBD:mysql trägt. DBD:mysql (DataBase Driver) ist der Treiber für die MySQL-Datenbank, und zwar für das DBI-Interface. DBI/DBD setzt eine Perl-Version 5.004 oder höher voraus.

2.6.3 PHP

Die Kombination von MySQL und PHP gehört zurzeit zu den verbreitetsten Kombinationen. Der Grund ist relativ einfach. Hiermit lassen sich sehr effektive dynamische Webseiten realisieren. Einer der großen Vorteile von PHP ist die Möglichkeit, den Code direkt in HTML-Code zu integrieren. Damit kann aus einem bestehenden statischen HTML-Dokument innerhalb kürzester Zeit ein dynamisches HTML-PHP-Dokument mit Datenbankanbindung werden.

Die Entwickler selbst bezeichnen PHP (Hypertext Preprocessor) als serverseitige Open-Source-Skriptsprache, die in HTML eingebettet ist, wobei die Bezeichnung »in HTML eingebettet« eigentlich irreführend ist. PHP kann auch ohne HTML eingesetzt werden und benötigt auch nicht zwingend einen Server. Die Betonung sollte daher eher auf serverseitiger Skriptsprache liegen.

Die Homepage für PHP ist http://www.php.net. Dort finden Sie die neuesten Releases, umfangreiche Dokumentationen sowie Support durch Mailinglisten.

PHP, das seine Ursprünge im UNIX-Bereich hat, hat in den vergangenen Jahren eine rasante Verbreitung gefunden. Ende 2001 verfügten bereits über 6,5 Mio. Domains über PHP-Unterstützung. Genaue Zahlen finden Sie unter http://www.php.net/usage.php.

Die Gründe für die hohe Verbreitung von PHP sind schnell aufgeführt:

- Verfügbar auf Open Source-Basis

- Relativ einfache Syntax für eine Programmiersprache

- Gute Anbindung an den zurzeit weit verbreiteten Apache-Webserver

- An C angelehnte Syntax

- Hoher Leistungsumfang

- Die Programmierung liefert schnelle Resultate

PHP ist für die verbreitetsten UNIX-Systeme, Windows und MacOS verfügbar. Sie können PHP sowohl als serverseitige als auch als Kommandozeilen-Skriptsprache verwenden. Sehr verbreitet ist PHP in Verbindung mit einem Webserver. Weitaus häufiger ist PHP hier in Kombination mit dem Apache-Webserver anzutreffen. Allerdings können Sie PHP auch mit anderen Webservern wie dem AOL-Server oder Roxen verwenden.

Die Beschreibung der Installation eines Webservers mit PHP- und MySQL-Unterstützung würde den Rahmen dieses Buchs sprengen. Hierfür sei auf die entsprechenden Anleitungen verwiesen. Falls Sie die ersten Schritte mit der PHP-MySQL-Programmierung auf einem Webserver machen wollen, ist es sicherlich keine schlechte Wahl, eine Standard-Linux-Distribution, beispielsweise von SuSE oder Red Hat, zu verwenden. Dort ist ein Webserver mit PHP und MySQL schon nach der Installation betriebsfertig.

Die Sprachsyntax von PHP ist an C angelehnt, besitzt allerdings nicht deren Komplexität, so dass auch Neulinge leicht Zugang zu dieser Programmiersprache finden.

PHP ist aber nicht zwingend an einen Webserver gebunden. Unter Apache wird PHP als Modul angebunden. PHP kann aber auch ohne Webserver als Skriptsprache, wie beispielsweise Perl, verwendet werden.

Um MySQL mit PHP nutzen zu können, muss PHP mit der MySQL-Option kompiliert werden. Dies erfolgt unter PHP mit der Option –with –mysql. PHP verfügt in seinem Sourceverzeichnis unter /ext/mysql über den Code der libmysql, um die Schnittstelle zu realisieren.

Ob eine PHP-Installation mit MySQL erfolgreich war, können Sie anhand einer einfachen Verbindung testen.

Verwenden Sie hierzu einen Texteditor und tragen Sie in das Textdokument folgende PHP-Codezeilen ein:

```php
<?php
$verbindung = mysql_connect("mysql_host", "mysql_user", "mysql_passwort");

echo $verbindung;
?>
```

Anschließend wird dieses Dokument mit der Endung .php gespeichert und mit Hilfe des Browsers ausgeführt. Wenn die Installation funktionert und Sie die richtigen Verbindungsparameter angegeben haben, sollte eine Connection-ID zurückgegeben werden:

Beispiel

```
Resource id #1
```

Wenn die Installation fehlerhaft ist, wird dieses Skript mit der Fehlermeldung antworten:

```
Fatal error: Call to unsupported or undefined function mysql_connect() in
...
```

Kommen wir nun noch zu einigen weiteren PHP-Beispielen, die Ihnen die Arbeit mit MySQL verdeutlichen sollen.

Beispiel

Abruf eines Datensatzfeldes aus einer Tabelle der Datenbank mysqlpraxis.

```html
<html>
<head>
<title>MySQL - Datenbanktest</title>
</head>
```

```
<body bgcolor="#FFFFFF" text="#000000">
<?php

// Verbindung zum MySQL-Server herstellen
$verbindung = mysql_connect("localhost", "","");

// Datenbankauswählen
mysql_select_db("mysqlpraxis");

// Datenbanktabelle kunden auslesen
$resultat = mysql_query("SELECT plz  FROM kunden LIMIT 1");

// Resultat in eine Liste übergeben
$liste = mysql_fetch_array($resultat);

// Ersten Eintrag ausgeben
echo $liste[0];
?>
</body>
</html>
```

Noch ein weiteres Beispiel, welches die Verbindung mit dem MySQL-Server überprüft:

```
<html>
<head>
<title>MySQL - Servertest</title>
</head>
<body bgcolor="#FFFFFF" text="#000000">
<?php
$db = mysql_connect("localhost","","");

if ($db) {
echo "Verbindung !";
} else {
echo "Verbindung zu MySQL nicht möglich !";
}

mysql_close($db);
?>
</body>
</html>
```

2.6.4   Java

Für MySQL gibt es auch JDBC(Java Database Connectivity)-Treiber von Drittanbietern. Es lässt sich damit auch innerhalb von Java-Applikationen hervorragend einsetzen.

Das JDBC API gehört zum Umfang von Java und ist sowohl in der Java 2 Standard Edition (J2SE) als auch in der Java 2 Enterprise Edition (J2EE) verfügbar.

Java verfügt mit dieser JDBC-Schnittstelle über einen Satz von Klassen und Interfaces, die es erlauben, standardisiert von Java-Programmen auf verschiedene Datenbanken zuzugreifen und mit ihnen zu kommunizieren. Somit können Sie vollständige Java-Applikationen mit einem MySQL-Datenbank-Backend erstellen.

JDBC sorgt vor allem für:

• den Aufbau der Verbindung zur Datenbank,

• die Übermittlung von SQL-Kommandos und

• die Übermittlung der Rückgaben aus der Datenbank.

Damit JDBC mit der gewünschten Datenbank kommunizieren kann, werden spezielle Treiber benötigt, die die JDBC-Befehle für die Datenbank-API verständlich aufbereiten.

Unterschieden werden dabei je nach Treiberkonzept vier Kategorien:

• JDBC-ODBC-Bridges: Die Verbindung wird über einen ODBC-Treiber realisiert. Auf jedem Rechner muss die ODBC-Software installiert sein.

• Native-API partly-Java-Treiber: JDBC-Aufrufe werden auf dem jeweiligen Client-rechner in Datenbankaufrufe des jeweiligen Datenbanksystems umgewandelt. Auch hier muss auf dem jeweiligen Rechner die Software, die die Konvertierung vor-nimmt, installiert sein.

• JDBC Net pure-Java-Teiber: Diese Treiberart konvertiert JDBC-Aufrufe in ein unab-hängiges Netzwerkprotokoll, das dann vom Server in einen entsprechenden Aufruf für die Datenbank umgewandelt wird. Das Protokoll ist herstellerabhängig.

• Native protocol pure-Java-Treiber: Diese Art von Treiber wandelt JDBC-Aufrufe direkt in das passende Netzwerkprotokoll des jeweiligen Datenbanksystems um. Damit sind direkte Befehlsaufrufe auf dem Datenbanksystem möglich.

Zurzeit sind zwei dieser JDBC-Treiber für MySQL verfügbar:

• Der mm-Treiber von DM Matthews
  http://mmmysql.sourceforge.net

• Der Reisen-JDBC-Treiber
  http://www.caucho.com/projects/jdbc-mysql/index.xtp

Beide gehören zu der Gruppe der Native protocol pure-Treiber. Sie bieten damit eine stabile und leistungsorientierte Anbindung innerhalb von Java-Programmen.

2.6.5 Python

Falls Sie mit Python nicht vertraut sind, aber viel in Perl programmieren, sollten Sie sich diese Sprache unbedingt ansehen. Python ist eine objektorientierte Skriptsprache. Sie kombiniert die Stärken von Sprachen wie Perl und Tcl mit einer klaren Syntax, was zu Anwendungen führt, die sich einfach pflegen und erweitern lassen.

Auch in Python existiert eine API für die Kommunikation mit Datenbanken. MySQL wird ebenfalls unterstützt. Wer mehr zum Thema Python erfahren möchte, findet auf folgender Homepage entsprechende Dokumentationen: http://www.python.org

2.7   MySQL-Cluster

Für IT-Anwendungen gilt häufig die Tatsache, dass mit dem Betrieb auch die Anforderungen wachsen. Dies gilt vor allem für Internetanwendungen, da hier die Anzahl der Benutzer und Onlinezeiten ständig zunimmt. Hierzu kommt, dass diese Anwender über immer mehr Erfahrung im Umgang mit dem Internet verfügen.

Anforderungen

Die zentralen Anforderungen, die heute an Internetanwendungen ab einer gewissen Größe gestellt werden, sind daher Hochperformance (High Performance) und Hochverfügbarkeit (High Availability). Eine Standardvorgehensweise zum Erreichen dieser Ziele beruht auf der Realisierung geclusterter Umgebungen. Ein Cluster ist erst einmal ein Verbund von Rechnern, die für den gleichen Einsatzzweck arbeiten. Eine höhere Performance wird in Clustern durch eine Lastverteilung (Load Balancing) erreicht. Eine Anfrage kann von mehreren Rechnern beantwortet werden, bei vielen Anfragen muss jeder Rechner jedoch nur einen Teil der Gesamtlast tragen. Die Hochverfügbarkeit in Clustern wird dadurch erreicht, dass der Ausfall eines einzelnen Rechners keinen Ausfall des Gesamtsystems bewirkt. Bei Ausfall eines Rechners wird die Anfrage an einen anderen weitergeleitet (Failover). Die Anwendungen auf solchen Clustern sind also in der Regel, auf die Gesamtzeit gesehen, von Ausfällen wenig bedroht.

Da MySQL für Internetanwendungen als Datenbank-Backend grundsätzlich hervorragend geeignet ist, soll an dieser Stelle einmal ein Blick auf die Möglichkeiten geworfen werden, wie Hochverfügbarkeit und Hochperformance erreicht werden können, wobei Ausfallsicherheit und Lastverteilung die Ziele sind.

Realisierungswege

Unter MySQL sind solche Systeme folgendermaßen zu realisieren:

- über das MySQL-Replikationssystem,
- über RAID-Systeme (Hardware- oder Software-RAID),
- durch Load Balancing (Hardware- oder Software).

2.7.1   Replikationssystem

Mit MySQL lassen sich seit der Version 3.23.15 Master/Slave-Replikationssysteme aufbauen. Prinzip ist, dass Sie einen Master-Server und beliebig viele mit diesem Master verbundene Slave-Rechner betreiben. Die Slaves besitzen durch Spiegelung den gleichen

Datenbestand wie der Master und können bei Problemen des Masters sofort einspringen.

Technisch wird dieses Master/Slave-System dadurch erreicht, dass der Master ein so genanntes Update-Protokoll anlegt und die jeweiligen Slave-Rechner sich automatisch mit dem dort aktuell verzeichneten Datenbestand synchronisieren. Falls einmal die Verbindung unterbrochen sein sollte, versucht der Slave in regelmäßigen Abständen automatisch die Verbindung wiederherzustellen und den aktuellen Datenbestand zu beschaffen.

Ein derart eingerichtetes System kann zwei Ziele erreichen:

- Das Gesamtsystem besitzt eine höhere Ausfallsicherheit, da der Datenbestand gespiegelt ist. Der Ausfall eines Slaves wirkt sich nicht auf den Betrieb aus. Sollte der Master ausfallen, kann ein Slave zum Master umdeklariert und das System ohne Datenrücksicherung weiter betrieben werden.

- Man kann eine Lastverteilung bei lesenden Anfragen realisieren, da auf allen Rechnern der gleiche Datenbestand vorliegt. Schreibende Zugriffe sind allerdings nur auf dem Master zulässig.

Die Installation eines Replikationssystems kann auch zur Datensicherung verwendet werden. Aus diesem Grund werden die Installation und die Einrichtung in Kapitel 7 beschrieben.

2.7.2   RAID

Um die Ausfallsicherheit eines MySQL-Systems zu erhöhen, können Sie einen Hardware-RAID einsetzen. RAID ist die Abkürzung für »Redundant Array of Independent Disks«. Das System besteht aus mehreren Festplatten, die nach außen hin als ein System auftreten. Ein RAID-System verbessert also die Ausfallsicherheit eines Rechners.

Durch einen entsprechenden Hardwarecontroller oder über Software werden die Festplattenzugriffe gesteuert. Hardware-RAIDs sind oftmals besser geeignet, da sie eine bessere Performance aufweisen, einen eigenen Prozessor besitzen und nicht den Prozessor des Rechners mitverwenden müssen. Je nach Verhalten des RAID-Systems werden verschiedene RAID-Level unterschieden. Die häufigsten sind:

- RAID 0: Data Stripping, die Daten werden gleichmäßig in Blöcken über alle Platten verteilt. RAID 0 ist kein echtes RAID-System, da die Daten nicht redundant, sondern lediglich verteilt gehalten werden. Der Ausfall einer Festplatte führt hier unweigerlich zu einem Datenverlust. Der Datendurchsatz ist allerdings bei RAID-Systemen hoch.

- RAID 1: Mirroring, die Daten werden 1:1 gespiegelt, wodurch die doppelte Anzahl von Festplatten benötigt wrid. Ein RAID-1-System ist theoretisch unbegrenzt skalierbar.

- RAID 5: die Daten werden über mehrere Laufwerke verteilt, analog zu RAID 0. Zusätzlich wird eine Prüfsumme (Parity) berechnet, die über die Festplatten verteilt wird. Sollte nun eine Festplatte ausfallen, kann über die Prüfsumme der Datenbestand rekonstruiert werden.

- RAID 10: Dieser Level ist eine Kombination aus RAID 0 und RAID 1. RAID 10 bietet die Geschwindigkeitsvorteile von RAID 0 und die Sicherheitsvorteile von RAID 1. Nachteilig ist die Kapazitätsverringerung der Festplatten, die sich auf 50% beläuft.

Um die Sicherheit eines Systems zu erhöhen, wird häufig noch mit Hot-Fix-Festplatten gearbeitet. Eine Hot-Fix-Festplatte ist eine Reserveplatte, die während des Betriebs ohne weitere Funktion mitläuft und im Falle der Fehlfunktion einer anderen Festplatte sofort deren Funktion übernimmt.

Eine defekte Festplatte in einem RAID-System ist sofort auszutauschen, da sonst ein weiterer Ausfall einer Festplatte zu Datenverlusten führen würde.

RAID-Systeme können also insgesamt gesehen die Ausfallwahrscheinlichkeit des Systems verringern.

2.7.3 Load Balancing

In Internetumgebungen ist häufig die Rechnerbelastung ein Problem. Vor allem zu Spitzenlastzeiten können Rechnersysteme aufgrund mangelnder Leistung oder zu hoher Verbindungszahlen Ausfälle im Antwortverhalten verursachen. Ein bewährtes Mittel, hier Abhilfe zu schaffen, ist Load Balancing. Damit bezeichnet man ein Verfahren, Anfragen an einen Server automatisch auf verschiedene Rechner zu verteilen, um so die Einzelbelastung eines Rechners zu reduzieren. Der Benutzer merkt aber von dieser automatischen Anfrageverteilung nichts. Load Balancing ist vor allem für lesende Anfragen sinnvoll, da hier der Datenbestand nicht verändert wird und damit nicht synchronisiert werden muss. Load Balancing führt also zu einer Lastverteilung.

Um ein Load Balancing zu realisieren benötigen, Sie zwei oder mehrere Rechner, die Anfragen beantworten können.

Load Balancing kann hardware- oder softwaremäßig realisiert werden. Am Markt sind spezielle Hardware-Load-Balancer verfügbar, die allerdings auch ihren Preis haben. Softwarelösungen sind in der Regel ein einfaches Redirect, d.h., ankommende Anfragen werden zufällig auf Rechner verteilt.

Eine Aufgabe, die bei solchen Systemen noch gelöst werden muss, ist die Synchronisierung des Datenbestandes auf den einzelen Rechnern. Dies könnte durch die oben beschriebene Replikation gelöst werden.

2.8 Embedded MySQL

Mit Version 4 hat eine interessante Neuerung in Form der libmysqld Einzug in MySQL gehalten. Damit kann eine MySQL-Datenbank in beliebigen Anwendungen oder Endgeräten eingebunden werden.

Auf diese Weise können Anwendungen bedient werden, die nicht auf einer Inter- oder Intranetstruktur aufbauen. Interessant können hierbei CD-ROM-Produkte mit einer unterlegten MySQL-Datenbank sein. Diese MySQL-Datenbank hat dann den gleichen Funktionsumfang wie eine reguläre MySQL-Datenbank. Da MySQL äußerst stabil und performant ist, können diese Embedded-Lösungen in Zukunft durchaus eine weite Verbreitung finden.

Einschränkungen

Da dieses Feature neu ist, unterliegt es z.Z einigen Beschränkungen bzw. befindet sich noch in der Phase der Optimierung.

- Die Gewschwindigkeit wird in Zukunft noch verbessert werden.

- Funktionen können noch nicht selektiv deaktiviert werden, um die Größe der Library zu verkleinern.

- Kein Support der RAID-Funktionen von MySQL.

- UDF-Funktionen können nicht als eigene Funktionen implementiert werden.

- Der ISAM-Tabellentyp wird nicht unterstützt.

Um eine libmysqld herzustellen, müssen Sie den Quellcode neu mit der Option -- with-embedded-server übersetzen. Wie MySQL zu kompilieren ist, wurde bereits ausführlich erläutert.

Mit erfolgreicher Kompilierung wird eine libmysqld.so bzw. unter Windows eine libmysqld.dll erzeugt, die die gleiche API wie die Standardversion von MySQL aufweist.

Um eine Embedded-Library benutzen zu können, muss gegen die libmysqld gelinkt werden, und folgende Funktionen müssen im Quellcode vorhanden sein:

mysql_server_init()   Wird zur Initialisierung aufgerufen und muss vor allen MySQL-Funktionen erfolgen.

mysql_server_end()   Wird aufgerufen, bevor das Programm beendet wird.

mysql_thread_init()   Wird zur Initialisierung eines Threads aufgerufen.

mysql_thread_end()   Sollte vor pthread_exit() aufgerufen werden.

In der Quellcode-Distribution von MySQL finden sich unter \libmysqld\examples einige Beispiele.

3 Datenbankentwurf

Was ist eine Datenbank?

Diese Frage wollen wir Ihnen noch beantworten, bevor wir uns den Datenbankentwürfen zuwenden. Die Antwort auf diese Frage scheint komplex, ist jedoch kurz, prägnant und ziemlich einfach. Eine Datenbank ist eine strukturierte Sammlung von Daten – das war schon alles. Um mit diesen Daten bzw. der Datenbank arbeiten zu können, benötigen Sie üblicherweise noch geeignete Software, wobei hier von einem Datenbankmanagementsystem, kurz DBMS, gesprochen wird.

Ohne die grundlegenden Kenntnisse können Datenbanken und DBMS-Systeme nicht effektiv betrieben werden. Fehler beim Anlegen der Datenbank werden später während des Betriebs mitgeführt und können sich nachteilig auf die Performance und die Datenbankverwaltung auswirken. In diesem Kapitel wenden wir uns den wichtigsten Grundlageninformationen zum Aufbau von relationalen Datenbanken und deren Modellieung zu.

3.1 Phasen der Datenbankentwicklung

Grundsätzlich haben Sie die Aufgabe, beim Betreiben eines Datenbanksystems die Daten so zu organisieren, dass zum einen eine effektive Datensicherung möglich ist, zum anderen müssen Sie aber auch daran denken, wie der Anwenden später die Daten bei der Arbeit zu sehen bekommt. Vor jeder Datenbankarbeit steht die Aufgabe, das geplante Projekt ausreichend zu planen und zu definieren diese Phase bezeichnet man auch als Projektdefinition. Anschließend folgt die Entwurfsphase der Datenbank. Relationale Datenbanksysteme werden dabei durch ein logisches Schema, das durch die Tabellenstruktur und ihre Beziehungen gegeben ist, beschrieben. Unter dem Begriff »externes Schema« wird die Aufbereitung der Daten für den Benutzer oder für die Verwendung innerhalb von Anwendungsprogrammen verstanden.

Der erste Schritt bei der Benutzung einer Datenbank liegt immer in deren Einrichtung. Hierbei wird das logische Schema der Datenbank festgelegt, um später Daten eingeben, verwalten und auswerten zu können. Diese Phase wird im Allgemeinen als Implementierungsphase bezeichnet. Datenbankmanagementsysteme stellen für die Definition der logischen und physischen Struktur eine Datendefinitionssprache, DDL (Data Definition Language), zur Verfügung. Zu dieser Kategorie gehören die Befehle zum Anlegen der Datenbank und der Tabellen sowie die Definition der Felder einer Tabelle.

Ist eine Datenbank eingerichtet, kann diese dann durch Hinzufügen, Ändern oder Löschen von Daten verändert werden. Befehle hierfür werden im Allgemeinen unter dem Begriff Datenmanipulationssprache, DML (Data Manipulation Language) geführt.

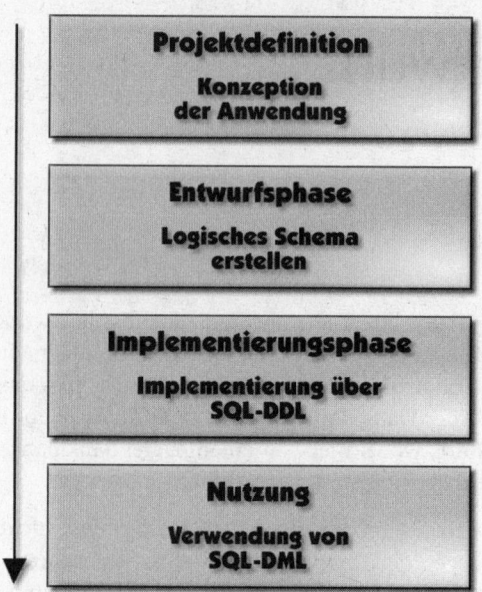

Bild 3.1: Phasen der Datenbankentwicklung und -anwendung

Die grundsätzliche Struktur der Datenbank wird auch als Datenbankdesign oder Datenbankentwurf bezeichnet, weil mit den Tabellen und ihren Beziehungen schon wesentliche Verhaltensmerkmale festgelegt werden. Die Erstellung des grundsätzlichen Datenbankdesigns ist keine leichte Aufgabe, weil die Daten, die im Anwendungsfall benötigt werden, in ein abstraktes logisches Schema zu bringen sind. Bei komplexen Anwendungen wird hierfür unter Umständen viel Zeit benötigt. Ein wichtiger Punkt bei der Erstellung des Datenbankdesigns ist das Verständnis der Anwendungen. Es sollte also bei Anlage der Datenbank schon bekannt sein, welche Daten wie behandelt werden sollen.

Zur richtigen Handhabung des Datenbankdesigns gibt es eigene Abhandlungen und eine Reihe von Hilfsregeln. Im Rahmen dieses Buchs sollen die wichtigsten Punkte besprochen werden, damit Sie anschließend in der Lage sind, ein effektives logisches Datenbanklayout zu erzeugen und effizient zu verwalten.

3.2   Datenbankmanagementsysteme

Die wirtschaftliche Bedeutung von Datenbankmanagementsystemen und darauf aufbauenden datenbankgestützten Anwendungen ist heutzutage größer denn je.

Steinzeit

In der »Steinzeit« der Datenverarbeitung war jedes Programm, selbst für das Schreiben und Lesen derjenigen Daten, die den Programmlauf überdauern sollten, vollständig zuständig.

Konsequenz: Der weitaus größte Anteil der Programmierbefehle beschäftigte sich mit dem Ansteuern der Speicherhardware und war demzufolge von dieser Hardware auch abhängig. Ein Fortschritt in der Speichertechnologie bedeutete ein Umschreiben der Programme.

Mittelalter

Das »Mittelalter« ist gekennzeichnet durch eine Dateiverwaltung, die den Programmen geeignete Zugriffsmethoden zur Verfügung stellt und diese somit unabhängig von der Hardware macht. Aber immer noch verwaltet jedes Programm seine Daten, und dies hat bei der Vielzahl von Programmen einen grundlegenden Nachteil: Identische Daten finden sich in vielen verschiedenen Dateien wieder und sind kaum zuverlässig konsistent zu halten. Abhilfe schafft nur die gemeinsame Nutzung einer Datei durch viele Programme mit wiederum einem höchst unerwünschten Nebeneffekt: Die Programme sind insofern voneinander abhängig geworden, als eine Änderung der Dateistruktur, die für ein Programm notwendig wird, die Anpassung aller Programme verlangt, die diese Datei ebenfalls benutzen.

Neuzeit

Der »Neuzeit« wollen wir das Datenbankkonzept zuschreiben, mit dem wir das Ziel der Datenunabhängigkeit anstreben: Wir zentralisieren die Verwaltung der Daten und heben die strikte Zuordnung einzelner Datenelemente zu einzelnen Programmen auf. Ein Programm »weiß« nicht, wie die Daten tatsächlich gespeichert sind, sondern fordert die Daten in der benötigten Zusammenstellung und im richtigen Format vom Datenbankmanagementsystem an. Eine strukturelle Änderung des Datenbestandes, beispielsweise durch die Aufnahme neuer Datenelemente, bleibt den Programmen verborgen. Die Datenbank beliefert sie mit einer Sicht auf den Datenbestand, der vollständig der alten unveränderten Situation entspricht.

Die Zentralisierung der Daten vergrößert entscheidend den Schaden, der durch Verfälschung oder Verlust der Daten droht. Gleichzeitig schafft sie eine Situation, in der die Wahrscheinlichkeit für einen Schadensfall beliebig minimiert werden kann: durch zentrale Maßnahmen der Qualitätssicherung (Datenintegrität) und der Datensicherung (Recovery).

3.3 Datenmodell

Um mit den Inhalten einer Datenbank arbeiten zu können, müssen diese zuvor im Rahmen des Datenmodells beschrieben werden. Das Datenmodell legt dabei folgende Informationen fest:

- Eigenschaften der Datenelemente
- Struktur der Datenelemente

- Abhängigkeiten von Datenelementen, die zu Konsistenzbedingungen führen

- Regeln zum Speichern, Ändern, Auffinden und Löschen von Datenelementen

In der Praxis wird das relationale Datenmodell zurzeit am häufigsten verwendet. Beim relationalen Datenmodell werden die Daten in Tabellen gespeichert, die in Beziehung zueinander stehen. Ebenfalls Verwendung findet das objektorientierte Datenmodell. Hierbei werden Objekte in unveränderter Form, also nicht in Tabellenform, in der Datenbank gespeichert. Werden relationale um objektorientierte Datenmodelle ergänzt, spricht man von objektrelationalen Modellen. Für die Arbeit mit MySQL benötigen Sie jedoch nur das relationale Datenmodell.

CASE-Tools

Für die Erstellung des Datenmodells und des Datenbankdesigns ist es unter Umständen sinnvoll, spezielle Tools zu verwenden. Diese bezeichnet man als CASE-Tools (Computer Aided Software Engineering). CASE-Tools können dabei die Arbeit in folgender Form unterstützen:

- Die visuelle Modellierung des Datenmodells erleichtert den Überblick und die Handhabung.

- Die Grafiken können in Projektdokumentationen, wie dem Pflichtenheft, verwendet werden.

- Die SQL-Syntax zur Erzeugung der Datenbank kann automatisch als Reverse Engineering erzeugt werden.

3.4   Datenbankentwurf mit ERM

Für die Erstellung des Datenbankentwurfs bedient man sich häufig der Methode, den Entwurf nach dem Entity-Relationship-Modell (ERM) zu erstellen. Dieses dient zur Entwicklung des Datenmodells.

Entität

Als Entität wird eine eigenständige Einheit oder ein Exemplar bezeichnet, welches im betrachteten Modell eindeutig gekennzeichnet werden kann. Es kann ein Produkt sein, ein Unternehmen, eine Person oder eine Veranstaltung.

Eine Entität besteht aus Eigenschaften. Sie hat einen Namen und kann erzeugt, geändert und gelöscht werden.

Entitätstypen

Die Zusammenfassung von Entitäten gleicher Eigenschaften wird als Entitätstyp bezeichnet.

Beziehungen

Die Entitäten können in Beziehung gesetzt werden, um ihr Verhalten genauer zu beschreiben. Eine solche Beziehung (Relationship) wäre »Kunde kauft Produkt«.

Beziehungen werden über den Beziehungstyp genauer charakterisiert. Beziehungstypen werden im Hinblick auf deren spätere Behandlung im relationalen Datenmodell in folgende drei Formen unterteilt:

* **1:1-Beziehung**
  Es besteht eine eindeutige Beziehung zwischen zwei Tabellen. Jeder Datensatz der einen Tabelle besitzt genau einen verbundenen Datensatz in einer anderen Tabelle. 1:1-Beziehungen können in der Regel auch in einer einzigen Tabelle dargestellt werden.

* **1:n-Beziehung**
  Einem Datensatz der einen Tabelle sind mehrere Datensätze einer anderen Tabelle zugeordnet. Das obige Beispiel »Kunde kauft Produkt« ist eine solche 1:n-Beziehung, weil ein Kunde beliebig viele (n) Produkte kaufen kann.

* **n:m-Beziehung**
  Ein Datensatz der einen Tabelle kann mehreren Datensätzen der anderen Tabelle zugeordnet werden und umgekehrt. Ein Beispiel hierfür ist »Schüler besucht Unterricht«. Ein Schüler besucht dabei mehrere Unterrichtsfächer, und ein Unterrichtsfach wird von mehreren Schülern besucht.

Alle Beziehungen in einem Datenmodell werden als Entity-Relationship-Modell oder kurz ERM bezeichnet. ERM werden zur besseren Lesbarkeit häufig grafisch dargestellt.

Schlüssel

Um ERMs erstellen zu können, müssen die Entitäten über eindeutige Werte, verfügen, welche als Schlüssel bezeichnet werden, damit eine Beziehung unzweifelhaft dargestellt werden kann. Jede Entität kann über mehrere Schlüssel verfügen. Ein Schlüssel kann dabei aus einem oder mehreren Eigenschaften bzw. Attributen (Spalten) bestehen. Die Beziehung »Kunde kauft Produkt« als 1:n-Beziehung kann wie folgt dargestellt werden:

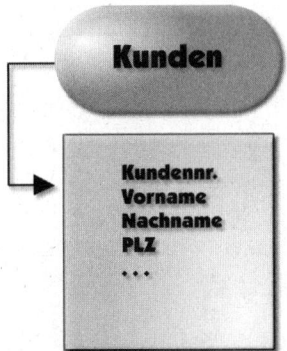

Bild 3.2: Kunden Schemata

Kunden

Kundennr.	Vorname	Nachname	PLZ	...
1	Matthias	Kannengiesser	12878	
2	Caroline	Kannengiesser	12891	
3	Gülten	Kannengiesser	12899	
4	Toni	Müller	80277	
5	Manfred	Reinwolf	40990	

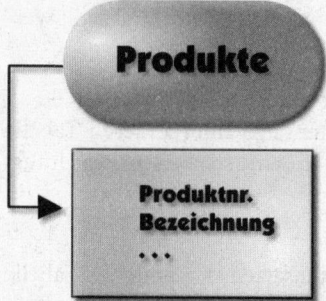

Bild 3.3: Das Schema Produkt

Produkte

Produktnr.	Bezeichnung	Preis	Beschreibung
1000	Produkt A	99.95	Radiowecker
1001	Produkt B	39.95	Musikalbum
1002	Produkt C	10.00	Rasierer
1003	Produkt D	5.50	Füller
1004	Produkt E	150.00	DVD-Player

Aus der Verbinung von Kunden- und Produktnummer entsteht die Relation »kaufen«.

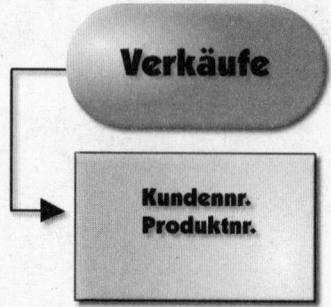

Bild 3.4: Verkäufe-Schema

Verkäufe

Kundennr.	Produktnr.
1	1001
4	1003
1	1002
5	1003
2	1004

3.5   Relationales Datenmodell

Um die Daten in einem internen Schema zur Datenverwaltung strukturieren zu können, liegt MySQL das relationale Datenmodell zugrunde.

Attribute

Im relationalen Datenmodell wird die Beziehung der Sachverhalte durch das Konzept der Relationen dargestellt. Eine Relation besteht aus Attributen, die die Objekte mit einem Bezeichner und einem Wert beschreiben.

Beispiele für Attribute sind:

```
Produkt = "DVD-Player"
Hersteller = "Panasonic"
Preis = "150.00"
Modell = "T-100"
```

Tupel

Die Menge aller Attribute wird als Tupel bezeichnet, das als Beispiel wie folgt aussieht:

```
tupel = [Produkt = "DVD-Player", Hersteller = "Panasonic", Preis =
"150.00", Modell = "T-100"]
```

Relation

Die Menge aller Tupel mit gleichen Attributen wird nun wiederum als Relation bezeichnet.

Im relationalen Datenmodell werden zur Darstellung bzw. Behandlung von Beziehungen ebenfalls Schlüssel benötigt. Über den Primärschlüssel werden Datensätze eindeutig identifiziert, Fremdschlüssel dienen zur Beschreibung der Beziehungen zwischen verschiedenen Relationen.

3.6   Primärschlüssel

Im relationalen Datenmodell spielt die Verknüpfung von verschiedenen Tabellen eine entscheidende Rolle. Um Tabellen eindeutig verknüpfen zu können, muss allerdings jeder Datensatz einer Tabelle eindeutig identifiziert und adressiert werden. Ein Attribut, das einen Datensatz mit allen seinen Feldwerten eindeutig identifiziert, wird als Primärschlüssel bezeichnet.

Regeln für Primärschlüssel

Für einen Primärschlüssel muss immer gelten:

- Er darf nicht leer sein.

- Es dürfen keine Duplikate in den Datensätzen derselben Tabelle existieren.

- Jede Tabelle hat genau einen Primärschlüssel.

Primärschlüssel können beispielsweise Artikelnummern oder Mitarbeiternummern sein. In vielen Fällen besitzen Datensätze allerdings keinen Primärschlüssel, der sich aus den Daten ergibt, wie beispielsweise im Telefonbuch. In diesem Fall ist ein zusätzliches Feld zu definieren, das diesen Primärschlüssel aufnimmt, beispielsweise eine durchnummerierte ID.

3.7   Fremdschlüssel und referenzielle Integrität

Die Verknüpfung zwischen Relationen erfolgt über Werte, die als Fremdschlüssel bzw. Foreign Keys bezeichnet werden. Ein Fremdschlüssel ist ein Attribut, das sich auf einen Wert des Primärschlüssels einer anderen oder der gleichen Relation bezieht.

Die Relation mit dem Primärschlüssel wird häufig als Vater- oder Masterrelation bezeichnet, die Relation mit dem Fremdschlüssel als abhängige Relation. Am Beispiel »Kunde kauft Produkt« erläutert, ergeben sich folgende Schlüsselsituationen.

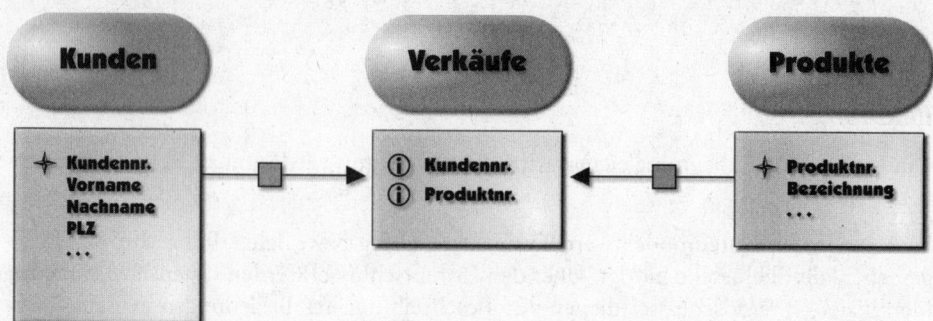

Bild 3.5:   Die Tabelle Verkäufe besteht aus den beiden Fremdschlüsseln Produktnr und Kundennr

- In den Relationen Produkte und Kunden werden die Primärschlüssel als Produktnr bzw. Kundennr angelegt.

- Die Relation Verkäufe besitzt Verknüpfungen zur Kunden- und Produkttabelle. Hier sind die Schlüssel Produktnr und Kundennr als Fremdschlüssel definiert.

Referenzielle Integrität

Für Beziehungen über Fremdschlüssel wird in der Regel gefordert, dass für einen Wert des Fremdschlüssels auch immer ein Wert in der Masterrelation besteht. Diese Forderung wird als referenzielle Integrität bezeichnet.

Aus dieser referenziellen Integrität ergeben sich bei Änderungen oder beim Löschen von Datensätzen (Tupeln) Konsequenzen. Wird ein Datensatz aus der Masterrelation gelöscht, sollte automatisch in der abhängigen Relation eine Aktion folgen. Hierzu sind folgende Verhaltensweisen möglich:

- **Nicht zulässig**
  Ein Datensatz in der Masterrelation darf nicht gelöscht werden, wenn noch referenzierte Datensätze in der Detailtabelle bestehen, Beispiel Kunde und Rechnung.

- **Weitergeben (CASCADE)**
  Wird ein Datensatz aus der Masterrelation gelöscht, werden alle betroffenen Datensätze in der Detailtabelle ebenfalls gelöscht.

- **Auf NULL (SET NULL)** oder **Vorgabewert (SET DEFAULT)** setzen
  Wird ein Datensatz aus der Masterrelation gelöscht, werden alle Verweise in der Detailtabelle auf NULL oder einen anderen Wert gesetzt.

MySQL überprüft mit seinen Standardtabellentypen wie MyISAM die referenzielle Integrität zurzeit nicht. Mit dem InnoDB-Tabellentyp wird die referenzielle Integrität unterstützt, allerdings sind hier zurzeit noch nicht die oben definierten Verhaltensregeln implementiert.

3.8 Optimierung des Datenmodells

Die Definition des Datenmodells ist insbesondere bei komplexen Problemlösungen nicht einfach. Anfängern unterlaufen dabei häufiger Fehler, weil die Daten nicht so behandelt werden können wie bei einer herkömmlichen Datenverwaltung auf Papier. Um die Erstellung des Datenmodells zu vereinfachen und Fehler in Form von Redundanzen zu vermeiden, wurden Regeln entwickelt, nach denen das Datenmodell effektiv erstellt werden kann. Das Prinzip dabei ist, komplexe Beziehungen von Tabellen in einfache Beziehungen zu bringen, um Datenstrukturen zu erreichen, die stabil und flexibel gegenüber Erweiterungen des Datenmodells sind.

Normalisierung

Diese Behandlung wird als Normalisierung bezeichnet. Die Normalisierung erfolgt dabei in mehreren Schritten, die weiter unten beschrieben werden.

Unterschätzt wird oft auch die für die Erstellung eines guten Datenbankdesigns notwendige Zeit. Zeit, die in ein möglichst optimales Datenbankdesign investiert wird, zahlt sich später in besserer Performance, leichterer Wartung und geringerem Aufwand bei der Programmierung aus.

Anhand des Beispiels einer Kundendatei, die Bestellungen speichert, wird im Folgenden die Normalisierung von Datenbanken erläutert.

Als Grundlage dient dabei eine Tabelle, in der alle Bestellungen des Kunden aufgelistet sind.

Bild 3.6: Bestellung-Schema

Kunde	Ort/PLZ	Gekaufte Produkte	Besteller
TC Consulting	Berlin/13887	Epson TX, DVDX	L. Bernhard
Pop-Connect	München/80179	LC-HUB, DVDX	B. Maier
Wurz AG	Hamburg/40838	Siemens PC	F. Windhorst
Co-TV	Köln/75879	T-HUB, Epson TX	G. Schmidt
TC	Berlin/13887	Epson TX	L. Bernhard

Die Tabelle ist so angelegt, wie man wahrscheinlich die Verkäufe auf dem Papier mitprotokollieren würde. Bei der Durchsicht der Tabelle fallen folgende Punkte auf:

- Mehrere Informationen werden in einer Spalte notiert.

- Doppelte Spalteneinträge bei offenbar identischen Adressen.

- Abweichungen zwischen Produktcode und Produkbezeichnung, obwohl offensichtlich die gleiche Ware bezeichnet wird.

Folgene Probleme können dadurch bei einer Bearbeitung in einer Datenbank entstehen:

- Die Zusammenfassung gleichartiger Datensätze, wie die Umsätze bezogen auf einen Kunden, ist erschwert oder nicht möglich.

- Es müssen Daten wiederholt eingegeben werden.

- Durch die gleichen Einträge entsteht eine Redundanz, die die Dateigröße der Datenbank unnötig steigen lässt.

Normalformen

Durch ein besseres Datenbankdesign können negative Effekte dieser Art vermieden werden. Dies ist auch die Zielsetzung der Normalisierung über eine standardisierte Behandlung von Tabellen. Insgesamt gibt es neun Regeln, die auch als 1. bis 9. Normalform bezeichnet werden, von denen aber nur die Formen 1. bis 5. praxisrelevant sind und hier besprochen und anhand des obigen Beispiels vorgestellt werden sollen.

1. Normalform

Eine Relation befindet sich in der 1. Normalform, wenn keine Spalte mit gleichem Inhalt vorliegt und somit keine Wiederholungen vorkommen. Außerdem dürfen in dieser Form Daten in einer Tabelle keine untergeordnete Relation bilden. Weiterhin muss eine Tabelle in der 1. Normalform einen Attributswert besitzen, der eine Zeile einer Tabelle eindeutig identifiziert; dieser Attributswert wird als Schlüsselattribut bezeichnet.

Für unser Beispiel sind deshalb alle Zeilen, in denen jeweils mehrere Informationen in den Spalten Ort/PLZ und Gekaufte Produkte vorhanden sind, aufzulösen. Durch die Auflösung in mehrere Zeilen sind die einzelnen Zeilen nicht mehr eindeutig zu unterscheiden. Dehalb müssen zusätzlich eindeutige Schlüssel, beispielsweise in Form einer Kunden-ID (KID) und Produkt-ID (PID), hinzugefügt werden.

Die 1. Normalform sieht in diesem Fall wie folgt aus:

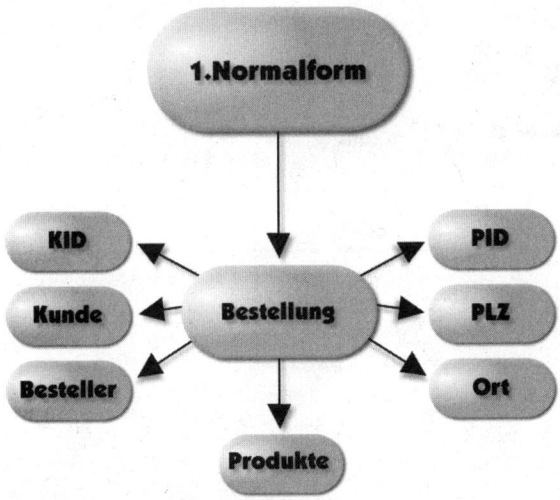

Bild 3.7: 1. Normalfom-Schema

KID	Kunde	Besteller	PLZ	Ort	PID	Gekaufte Produkte
1	TC Consutling	L. Bernhard	13887	Berlin	1000	Epson TX
1	TC Consutling	L. Bernhard	13887	Berlin	1001	DVDX
2	Pop-Connect	B. Maier	80179	München	1002	LC-HUB
2	Pop-Connect	B. Maier	80179	München	1001	DVDX
3	Wurz AG	F. Windhorst	40838	Hamburg	1003	Siemens PC
4	Co-TV	G. Schmidt	75879	Köln	1004	T-HUB
4	Co-TV	G. Schmidt	75879	Köln	1000	Epson TX
1	TC	L. Bernhard	13887	Berlin	1000	Epson TX

In der 1. Normalform sind jetzt alle Daten so gespeichert, dass sie einzeln behandelt werden können. Allerdings können auch hier weiterhin Anomalien vorkommen. Eine Anomalie wäre die unterschiedliche Schreibweise und Adresse des Kunden TC. Zur Vermeidung solcher Anomalien ist es sinnvoll, die Tabelle in die 2. Normalform zu überführen.

2. Normalform

Damit eine Tabelle in der 2. Normalform vorliegen kann, müssen mindestens die Kriterien der 1. Normalform erfüllt sein. Die 2. Normalform ist dadurch charakterisiert, dass jedes Nicht-Schlüsselattribut vom Primärschlüssel funktional abhängig ist. Praktisch wird das dadurch erreicht, dass die Informationen in mehreren Tabellen gespeichert werden. Die Tabellen werden so organisiert, dass Informationen, die vom Primärchlüssel abhängig sind, in eigenen Tabellen zusammengefasst werden. In unserem Beispiel gehören Name und Adresse sowie die Produkte in eine eigene Tabelle. Die Tabellen sehen dann wie folgt aus:

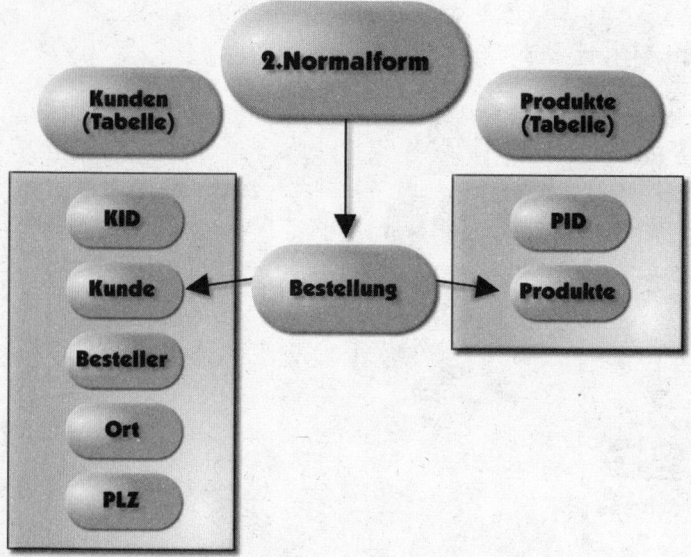

Bild 3.8: Kunden und Produkte Schemata

Tabelle Kunden

KID	Kunde	Besteller	Ort	PLZ
1	TC Consulting	L. Bernhard	Berlin	13887
2	Pop-Connect	B. Maier	München	80179
3	Wurz AG	F. Windhorst	Hamburg	40838
4	Co-TV	G. Schmidt	Köln	75879

Tabelle Produkte

PID	Gekaufte Produkte
1000	Epson TX
1001	DVDX
1002	LC-HUB
1003	Siemens PC
1004	T-HUB

Damit ist ein erstes Ziel, Anomalien einzuschränken, erreicht, weil zusammengehörige Informationen konsistent sind. So werden beispielsweise unterschiedliche Schreibweisen für die einzelnen Kunden vermieden. Allerdings hat diese Form noch den Schwachpunkt, dass Änderungen bei Produkbezeichnungen in allen betroffenen Spalten vorgenommen müssen. Zur Lösung dieses Problems wird die 3. Normalform definiert.

3. Normalform

Zusätzlich zur 2. Normalform gilt die Regel, dass alle nicht zum Primärschlüssel gehörenden Attribute nicht von diesem transitiv (funktional) abhängen. Alle Spalten dürfen also nur vom Schlüsselattribut und nicht von anderen Werten abhängen. Sind weitere solcher Abhängigkeiten vorhanden, müssen diese aufgelöst werden.

In unserem Beispiel ist der Besteller ein solcher Fall. Der Besteller ist eine Eigenschaft der Firma, da verschiedene Personen eine Bestellung aufgeben könnten. Damit ist die Tabelle Kunden noch nicht in der 3. Normalform. Die Auflösung erfolgt analog zur 2. Normalform, indem eigene Tabellen erzeugt werden. Die 3. Normalform sieht wie folgt aus:

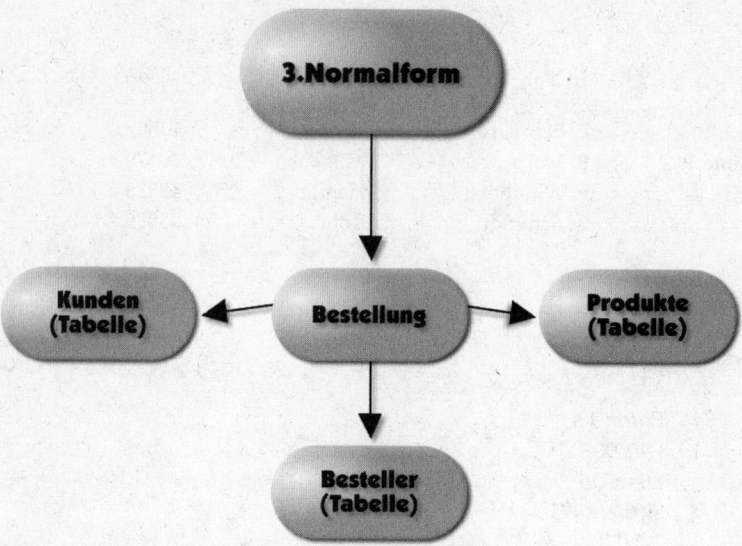

Bild 3.9: Kunden – Besteller – Produkte Schemata

Tabelle Kunden

KID	Kunde	Ort	PLZ
1	TC Consulting	Berlin	13887
2	Pop-Connect	München	80179
3	Wurz AG	Hamburg	40838
4	Co-TV	Köln	75879

Tabelle Besteller

BID	KID	Besteller
1	1	L. Bernhard
2	2	B. Maier
3	3	F. Windhorst
4	4	G. Schmidt

Tabelle Produkte

PID	Gekaufte Produkte
1000	Epson TX
1001	DVDX
1002	LC-HUB
1003	Siemens PC
1004	T-HUB

4. Normalform

Die 4. Normalform bezieht sich auf Mehrfachabhängigkeiten von Attributen auf einen übergeordneten Schlüssel. Diese Mehrfachabhängigkeiten müssen in Einzelabhängigkeiten aufgelöst werden.

5. Normalform

Wenn durch die 4. Normalform keine verlustfreie Zerlegung in Einzelabhängigkeiten möglich ist, müssen eventuell mehrere übergeordnete Schlüssel hinzugezogen werden, bis nur noch Einzelabhängigkeiten vorliegen.

Allerdings ist die Auflösung der Datenbanken in Normalformen nur ein Hilfsmittel zur Erstellung eines guten Datenbankdesigns. Die vollständige Auflösung in Normalformen bringt im Allgemeinen auch einige Nachteile mit sich. So wird die Anzahl einzelner Tabellen unter Umständen relativ hoch, so dass insbesondere bei der Programmierung der Datenbanken ein erhöhter Aufwand entstehen kann. Je mehr Tabellen vorhanden sind, umso schwieriger wird auch die Definition von SQL-Befehlen, weil alle Tabellen über entsprechende Befehle verknüpft werden müssen.

Häufig wird auch als Argument gegen eine vollständige Normalisierung von Datenbanken eine schlechtere Performance genannt. Ob die Performance von SQL-Statements im Einzelfall wirklich schlechter ist, kann allerdings oft nur durch entsprechende Analyseprogramme, die beide Varianten vergleichen, festgestellt werden. Der Aufwand für einen solchen Vergleich ist unter Umständen beträchtlich.

3.9 Implementierung und Nutzung von SQL

Ohne die Kenntnisse von SQL-Kommandos ist der Betrieb von MySQL nicht möglich. Während Ihnen andere Datenbanken häufig grafische Werkzeuge zur Definition zur Verfügung stellen und Sie somit mit der SQL-Syntax wenig in Berührung kommen, bietet MySQL solche Werkzeuge nicht an.

Die Hauptaufgabe von SQL-Ausdrücken ist das Lesen oder Verändern von vorhandenen Daten der Datenbank oder das Hinzufügen von neuen Daten in die Datenbank. Sie können nur über den SQL-Befehlsvorrat mit den Daten in Ihrer MySQL-Datenbank arbeiten. Die Beherrschung der SQL-Befehlssyntax ist deshalb für einen effektiven Umgang mit MySQL unverzichtbar. Falls Sie neu mit MySQL arbeiten, sollten Sie sich insbesondere mit den Befehlen zum Anlegen, Ändern, Entfernen und Ausgeben von Daten vertraut machen.

SQL verfügt allgemein über Kommandos zur Datenbearbeitung: die so genannte Data Manipulation Language (DML) und die Kommandos, mit denen das Datenbankdesign definiert bzw. geändert werden kann, die Data Definition Language (DDL).

3.9.1   DML-Befehle

SQL-Befehle der DML-Kategorie können dabei wie folgt gegliedert werden:

- `INSERT`-Ausdrücke ermöglichen das Speichern von neuen Datensätzen in der Datenbank.
- `SELECT`-Ausdrücke dienen zur Abfrage von Datensätzen aus der Datenbank. Es können einzelne oder mehrere Datensätze oder gezielt einzelne Felder von Datensätzen ausgegeben werden. Hierbei können eine oder mehrere Tabellen abgefragt werden.
- `UPDATE`-Ausdrücke ermöglichen die Bearbeitung von bestehenden Datensätzen.
- `DELETE`-Ausdrücke ermöglichen das Löschen von Datensätzen aus der Datenbank.

3.9.2   DDL-Befehle

SQL-Befehle der DDL-Kategorie können dabei wie folgt gegliedert werden:

- `CREATE`-Ausdrücke ermöglichen das Anlegen und Definieren von Datenbanken und Tabellen.
- `ALTER`-Ausdrücke ermöglichen die Veränderung von Eigenschaften und Strukturen von Datenbanken und Tabellen.
- `DROP`-Ausdrücke ermöglichen das Entfernen von Datenbanken und Tabellen.

SQL-Ausdrücke sind wiederum in sich gegliedert. Sie bestehen dabei im Allgemeinen aus folgenden Elementen:

Element	Beschreibung
Spaltenname	Spalte einer bezeichneten Tabelle, die ausgegeben, mit der verglichen oder mit der gerechnet wird.
Arithmetische Operatoren	+,-,* und /, diese werden zur Berechnung benötigt.
Logische Operatoren	Schlüsselwörter AND, OR und NOT, die für einfache Suchfunktionen oder innerhalb von Verknüpfungen zu komplexen Suchanfragen verwendet werden. Ein logischer Operator gibt als Ergebnis immer wahr oder falsch zurück.
Vergleichsoperatoren	<,>,<=,>=, und <> dienen dem Vergleich von zwei Werten. Ein Vergleichsoperator gibt immer wahr oder falsch zurück. In Suchabfragen stehen darüber hinaus weitere spezialisierte Vergleichsoperatoren wie beispielsweise LIKE, EXISTS, IN zur Verfügung.
Verknüpfungsoperatoren	Dienen zur Verkettung von Zeichenketten.

Obwohl die SQL-Syntax standardisiert ist, unterscheiden sich die verschiedenen Datenbanken nach den grundsätzlichen SLQ-Befehlen `INSERT`, `SELECT`, `UPDATE` oder `DELETE` doch erheblich. Die Unterschiede liegen zum einen in der Syntax und zum anderen im Umfang der Befehle. Insofern ist im Allgemeinen auch die SQL-Syntax zu studieren. Um Tabellen einer Datenbank abzufragen, ist es immer notwendig, die Struktur der Tabelle sowie die Definition der Tabellenspalten und ihrer Datentypen zu kennen. Welche Datentypen unter MySQL zur Verfügung stehen, erfahren Sie im nächsten Kapitel.

4   Datenbanken und Tabellen

Überblick

Nun, nach der erfolgreichen Installation und Festlegung des Datenbankdesigns, sollten wir uns der Datenbank und den Tabellen zuwenden.

Die Anlage einer vollständigen Datenbank mit ihren Tabellen und Daten erfolgt in MySQL in mehreren Schritten. Zuerst wird die Datenbank angelegt, es folgt die Anlage aller notwendigen Tabellen und anschließend die Speicherung von Daten in der Datenbank:

*   Datenbank anlegen

*   Tabellen anlegen

*   Daten anlegen

Falls Sie ein größeres Projekt planen, sollten Sie vor der Anlage der Datenbank und der notwendigen Tabellen das logische Schema der Datenbank, wie im vorherigen Kapitel beschrieben, erarbeitet haben.

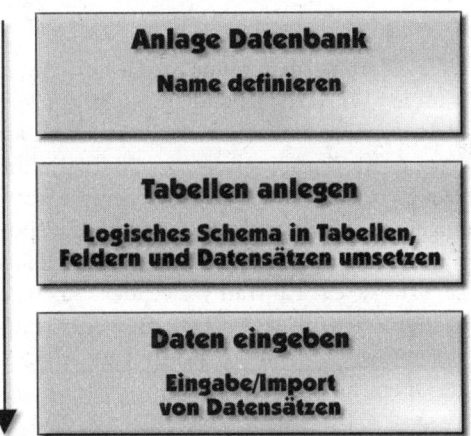

Bild 4.1: Ablauf beim Anlegen einer Datenbank

Wenn Sie festgelegt haben, welche Inhalte Ihre Datenbank aufweisen soll und in welchen Feldern die Informationen hierfür zu speichern sind, kann die eigentliche Arbeit mit MySQL beginnen. Hierzu benötigen Sie die im vorangegangenen Kapitel eingeführten SQL-Befehle und ein Programm, um die SQL-Befehle an den MySQL-Server zu senden. Sie können hierfür eines der im Kapitel 2 beschriebenen Programme verwenden.

Falls Sie bisher noch nicht mit Datenbanken gearbeitet haben oder es gewöhnt waren, mit grafischen Programmen wie MS-Access die Datenbank- und Tabellenstruktur zu definieren, müssen Sie sich jetzt daran gewöhnen, dass alle Definitionen von Datenbanken und Tabellen über SQL-Befehle erfolgen. Dies ist vor allem für Anfänger gewöhnungsbedürftig.

Denken Sie bei der Definition von Tabellen auch immer daran, dass Sie ein relationales Datenbanksystem vor sich haben, d.h. in der Regel eine Reihe von Verknüpfungen zwischen verschiedenen Tabellen. Diese Verknüpfungen aufzustellen, zu verwalten, aber auch zu optimieren, ist eine durchaus lohnende Aufgabe und gar nicht so schwer, wie es auf den ersten Blick erscheinen mag. Sie werden im Folgenden sehen, wie schnell Sie Ihre ersten Tabellen erstellt haben.

Bevor wir jedoch zum Anlegen von Tabellen kommen, sollten Sie erst noch einen kurzen Überblick über die Datentypen erhalten, die in MySQL zur Verfügung stehen. Die Auflistung der Datentypen ist sicherlich ein trockenes Thema, da es letztendlich nur darum geht, »Daten in ein passendes Schubfach eines Regals zu stecken«, um im weiteren Verlauf mit diesen effektiver und einfacher arbeiten zu können. Da Datentypen auf die Performance, Größe und Möglichkeiten der Auswertung der Daten aber einen entscheidenden Einfluss haben, gehören sie zum Basiswissen. Bei näherer Betrachtung der Datentypen werden Sie feststellen, dass es dabei eine Reihe verschiedener Typen mit unterschiedlichem Verhalten zu studieren gilt.

4.1   Datentypen

Die kleinste Einheit, die mit SQL-Befehlen verändert werden kann, ist ein Spaltenwert einer Tabelle, auch Attribut genannt. Wie dieser Wert zu behandeln ist, hängt vom Datentyp ab, den dieser Wert besitzt. Ein Datentyp charakterisiert also Daten und legt hierbei die Möglichkeiten der Behandlung fest, wie beispielsweise in Abfragen. Ein Datentyp kann vielleicht mit einem Fahrzeugtyp verglichen werden, der Sie dabei unterstützt, eine Transportaufgabe zu bewältigen. Wenn Sie viele Personen zu transportieren haben, nehmen Sie einen Bus mit ausreichend Sitzplätzen. Wollen Sie lediglich eine Person transportieren, können Sie beispielsweise ein Fahrrad verwenden. Analoges gilt für Datentypen. Wenn Sie in einem Feld lange Zeichenketten speichern wollen, muss das Feld ausreichend Platz zur Verfügung stellen, wenn Sie mit Zahlenwerten arbeiten, brauchen Sie einen Feldtyp, der arithmetische Operationen ermöglicht.

Kategorien von Datentypen

Jedes Attribut einer Tabelle besitzt immer zwingend einen Datentyp, der die Eigenschaften dieses Wertes bestimmt. Diese Typen können bei MySQL in folgende drei Kategorien unterteilt werden.

- Zeichenketten (Zeichen, String)
- Numerische Datentypen (Zahlen)
- Datums- und Zeit-Datentypen

Zeichenketten

Wenn Sie beispielsweise in einer Adressendatei Namen wie Müller oder Windhorst speichern wollen, ist das eine Zeichenkette. Sie werden damit, beim späteren Arbeiten mit der Datenbank, vielleicht Abfragen tätigen wie »Suche alle Adressen mit dem Namen Müller«. Es könnte aber auch sein, dass Sie alle Namen selektieren wollen, die mit einem »W« beginnen. Diese Abfragen müssen über einen so genannten Zeichenkettenvergleich erzeugt werden.

Zahlen

Kaum anders sieht es aus, wenn Sie zu den Adressen zusätzlich ein Einkommen gespeichert haben. Dann handelt es sich um Zahlen, und eine Abfrage würde mit arithmetischen Mitteln, wie beispielsweise »Suche alle Personen, deren Einkommen größer als 25.000 EUR ist«, erfolgen. An diesem Beispiel können Sie sehen, dass eine Abfrage wie »Suche alle Adressen, deren Namen größer Müller ist«, nicht funktionieren kann, da »größer Müller« keinen gültigen Wert hat. Es handelt sich schließlich nicht um eine Zahl, sondern um eine Zeichenkette. Sie kommen also bei der Arbeit mit MySQL nicht um die Kenntnisse von Datentypen und deren Möglichkeiten herum.

Datums- und Zeitwerte

Die Behandlung der Datentypen bei Abfragen wird von MySQL vorgegeben. So können mathematische Berechnungen verständlicherweise nur mit numerischen Werten durchgeführt werden, für Datumsvergleiche werden dementsprechend Datums- und Zeitwerte benötigt. SQL unterstützt hierbei, im Gegensatz zu vielen anderen Programmiersprachen, Datums- und Zeitwerte, so dass Operationen mit Datums- und Zeitwerten einfach umgesetzt werden können. Ein Beispiel für eine Operation mit Zeitwerten ist die Berechnung der Anzahl von Stunden zwischen zwei Zeitwerten.

Beim Anlegen einer Datenbank ist grundsätzlich ein präziser Wert zum Speichern der Information zu wählen. Bei unpassenden oder zu klein gewählten Datentypen kann es sein, dass die Information nicht richtig oder nicht vollständig gespeichert wird. Bei zu groß dimensionierten Datentypen wird die Datenbank unnötig vergrößert, was sich negativ auf die Performance des Systems auswirken kann.

Auch bei der Konvertierung von Daten, der Übertragung von Daten in eine MySQL-Datenbank oder der Übertragung von Daten in eine andere Datenbank gewährleistet der korrekte Datentyp eine verlustfreie Datenübernahme. So können Zeichen nicht versehentlich in Zahlenfeldern gespeichert werden.

Die folgende Abbildung gibt Ihnen einen Überblick über die in MySQL vorhandenen Datentypen.

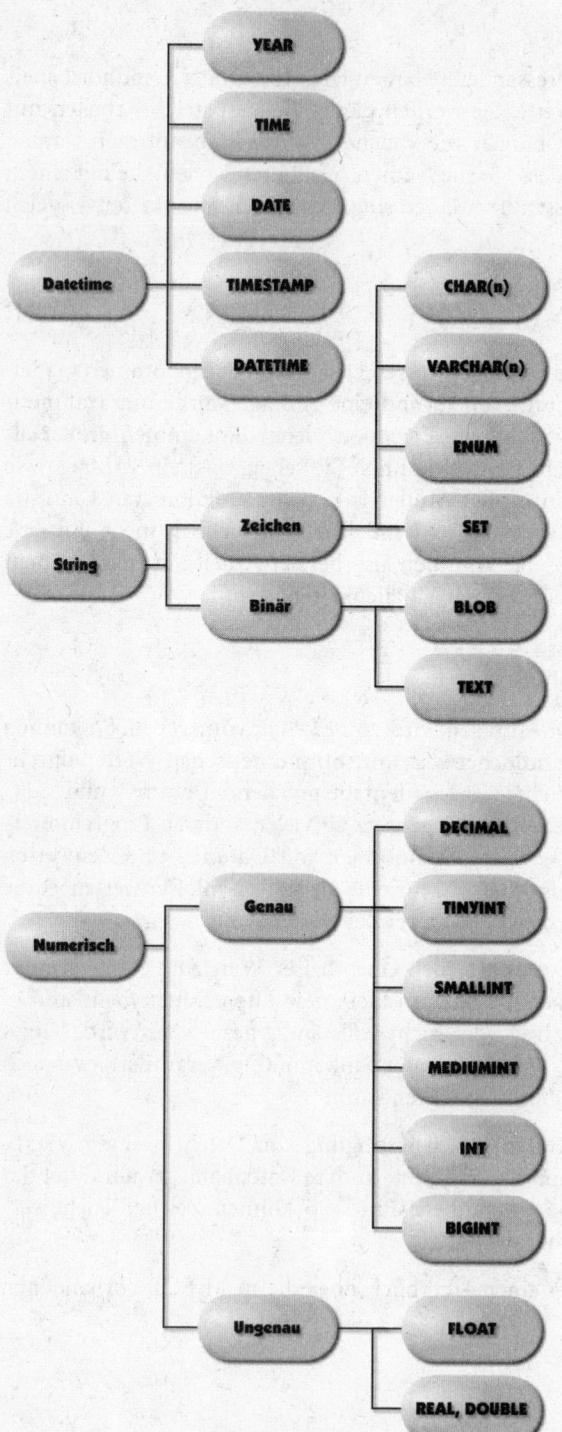

Bild 4.2: MySQL-Datentypen im Überblick

Im Folgenden werden nähere Informationen zu wichtigen Datentypen gegeben. Die vollständige Referenz der Datentypen finden Sie im Abschnitt »Spaltentypen«, Kapitel 9.

4.1.1 Zeichenketten-Datentypen

Bei Datentypen für Zeichenketten wird nochmals zwischen zeichenorientierten und binären Datentypen unterschieden. Der Unterschied besteht darin, dass zeichenorientierte Datentypen in Bezug auf ihren Inhalt auf der Basis des verwendeten Zeichensatzes behandelt und sortiert werden, während binäre Datentypen binär verglichen werden. Textfelder werden in anderen Datenbanken auch als Memofelder bezeichnet.

Zeichenorientierte Datentypen sind CHAR, VARCHAR und TEXT.

CHAR

CHAR(n) sind Zeichenketten mit einer festen Länge, wobei n die Anzahl der Zeichen darstellt. n darf maximal 255 betragen. Ein Feld, das mit CHAR(100) definiert ist, kann also maximal 100 Zeichen aufnehmen. Für CHAR-Felder werden von der Datenbank immer n Bytes an Speicherplatz reserviert, und zwar unabhängig davon, wie viele Zeichen tatsächlich jeweils gespeichert werden. Der Speicherbedarf von CHAR-Feldern lässt sich daher einfach über die Anzahl der Bytes mal Länge der Felder berechnen.

VARCHAR

Diesen festen Speicherverbrauch besitzen VARCHAR(n)-Datentypen nicht. Hier wird nur der Speicherplatz belegt, der auch der Länge der jeweils gespeicherten Zeichenkette entspricht. Auch für diesen Datentyp gilt jedoch, dass n den Maximalwert von 255 nicht überschreiten darf.

In der Regel sind VARCHAR-Felder aufgrund der besseren Speichernutzung CHAR-Feldern vorzuziehen. Hinzu kommt noch, dass CHAR-Felder mit allen Stellen, also auch den Leerstellen, ausgegeben werden, was zu Formatierungsschwierigkeiten führen kann.

TEXT

Falls Sie größere Zeichenketten speichern wollen, können Sie das mit Hilfe des Datentyps TEXT tun. Hierbei können Sie Zeichenketten bis zu einer variablen Länge von $2\textasciicircum16-1$ Zeichen speichern. Außer TEXT können Sie auch, in Abhängigkeit von der benötigten Feldgröße,

- TINYTEXT (255 Zeichen)
- MEDIUMTEXT ($2\textasciicircum24-1$ Zeichen)
- LONGTEXT ($2\textasciicircum32-1$ Zeichen)

verwenden.

BLOB

Zu den binären Datentypen zählen BLOB, TINYBLOB, MEDIUMBLOB und LONGBLOB. Die maximale Zeichenlänge entspricht der des Datentyps TEXT.

Bei TEXT- und BLOB-Datentypen werden auch führende Leerzeichen gespeichert, während VARCHAR führende Leerzeichen entfernt.

4.1.2 Numerische Datentypen

MySQL unterstützt alle numerischen Datentypen, die in ANSI SQL-92 definiert sind. Dies sind Datentypen mit fester Länge wie NUMERIC, DECIMAL, INTEGER (INT) und SMALLINT, sowie die Fließkommazahlen FLOAT, REAL und DOUBLE.

Darüber hinaus hat MySQL einige Erweiterungen implementiert. So können INTEGER-Werte, je nach Länge, noch als TINYINT (1 Byte), MEDIUMINT (3 Byte) und BIGINT (8 Byte) definiert werden.

Diese Erweiterungen der Datentypen bieten gegenüber dem SQL-Standard Optimierungsvorteile in der Datenbankgröße. Erkauft werden diese Vorteile allerdings gegen eine geringere SQL-Kompatibilität. Falls Sie also eine hohe Kompatibilät zu anderen SQL-Datenbanken erreichen wollen, da Sie sich beispielsweise die Übertragung von Daten offen halten wollen, sollten Sie, wenn möglich, immer die Standard-SQL-Typen verwenden.

Ganzzahlen

INTEGER-Werte, also Ganzzahlen, werden einfach mit dem konkreten Datentyp deklariert. Optional kann noch mit dem Schlüsselwort UNSIGNED festgelegt werden, dass nur positive Werte zulässig sind.

So definiert beispielsweise

- INT eine Ganzzahl mit der Länge von 32 Bit (4 Byte), zulässige Werte sind also -2147483648 bis +2147483647,

- TINYINT UNSIGNED eine positive Ganzzahl mit einer Länge von 8 Bit (1 Byte), zulässige Werte sind also 0 bis 255.

Fließkommazahlen

MySQL bietet mit FLOAT und DOUBLE (REAL) zwei Typen für Fließkommazahlen an. Der Unterschied zwischen diesen beiden besteht lediglich in ihrer Größe. Während der 32-Bit-Datentyp (4Byte) FLOAT eine einfache Genauigkeit aufweist, kann DOUBLE 64 Bit (8 Byte) mit doppelter Genauigkeit groß sein. REAL und DOUBLE sind unter MySQL synonyme Bezeichnungen. Fließkommazahlen können optional mit zwei Parametern, in der Form DOUBLE(M,D) für die Definition der Länge und der Nachkommastelle definiert werden. Hinzuweisen ist noch darauf, dass das Dezimaltrennzeichen immer ein Punkt sein muss.

Festkommazahl

Während Fließkommazahlen beliebig viele Nachkommestellen haben können, werden Festkommazahlen mit fester Stellenzahl definiert. So wird der Festkommazahlentyp DECIMAL mit der Anzahl der Vorkomma- und Nachkommastellen definiert. Mit

```
umsatz DECIMAL (9,2)
```

wird eine Dezimalzahl für das Feld umsatz definiert, welche 9 Ziffern mit 2 Nachkommastellen besitzt.

Für DECIMAL sind in MySQL auch die beiden Synonyme DEC und NUMERIC möglich.

4.1.3   Datums- und Zeitdatentypen

Datums- und Zeitdatentypen sind sehr praktische Datentypen für Felder, in denen Datums- und Zeitinformationen, wie ein Geburtsdatum oder das Datum der letzten Änderung, gespeichert werden sollen. Mit diesem Typ lassen sich insbesondere Datums- und Zeitberechnungen wie die Differenzberechnung von Tagen auf Basis des Datums wesentlich leichter durchführen.

MySQL bietet folgende Datums- und Zeitdatentypen an:

DATETIME, DATE

Mit DATETIME und DATE können Datumstypen definiert werden. DATETIME nimmt dabei Werte auf, die sowohl das Datum als auch die Zeit in der Form

JJJJ-MM-DD HH:MM:SS (Beispiel: 2003-02-20 12:30:00)

speichern. DATE kann benutzt werden, wenn nur das Datum gespeichert werden soll. Das Format hierfür ist:

JJJJ-MM-DD (Beispiel: 2003-01-30).

TIMESTAMP

Ein besonderer Datumstyp ist TIMESTAMP. Bei Einfüge- oder Updatevorgängen wird ein Feld, welches über einen solchen Datentyp definiert wurde, automatisch mit dem aktuellen Datum und der aktuellen Zeit versehen. Standardgemäß erfolgen Ausgaben von TIMESTAMP-Feldern 14-stellig in der Form:

JJJJMMDDHHMMSS (Beispiel: 20030221172730).

Die Angabe im Beispiel würde also für den 21. Februar 2003, 17 Uhr 27 Minuten und 30 Sekunden stehen. Falls Sie mehrere TIMESTAMP-Felder in einer Tabelle haben, wird nur das jeweils erste aktualisiert.

TIME

Sollen Zeitwerte gespeichert werden, steht hierfür der Datentyp TIME zur Verfügung. Zeiten werden im Format

HH:MM:SS (Beispiel: 12:55:00)

gespeichert. Da MySQL auch Zeitdifferenzen berechnen kann, dürfen Felder dieses Typs Werte zwischen -838:59:59 und 838:59:59 annehmen. Ungültige Eingaben werden auf den Wert 00:00:00 gesetzt.

YEAR

Weiterhin kennt MySQL den Datentyp YEAR, der vierstellige Jahreswerte zwischen 1901 und 2155 speichern kann. Mit nur einem Byte verbraucht dieser Datentyp sehr wenig Speicherplatz. Werte in YEAR-Feldern können als Zahl (2000, 1998, etc.) oder als Zeichenkette ('2000', '1998', etc.) ausgegeben werden. Die Zahlen 70 bis 99 werden dabei in 1970 bis 1999, die Übrigen in 2000 bis 2069 umgesetzt. Falls Sie ungültige Werte oder leere Werte speichern, werden diese als 0000 gespeichert.

Für die Behandlung von Datums- und Zeitwerten stehen in MySQL eine Reihe von Funktionen zur Verfügung wie die Berechnung von Zeitdifferenzen. Da diese thematisch zu den Abfragen gehören, kommen wir im Kapitel 5 noch auf Sie zu sprechen.

4.1.4 Aufzählungen

Als besondere Datentypen hält MySQL noch die Aufzählungstypen ENUM und SET bereit. Sie sind Varianten von Zeichndatentypen und dienen dazu, eine Liste von definierten Werten zu speichern. Wenn Sie beispielsweise eine Datenbank zur Verwaltung von Medienprodukten erstellen wollen und dabei die Produkte nach ihrer Art wie Video, Buch, CD oder DVD kategorisieren möchten, ist der Einsatz dieser Aufzählungstypen sinnvoll.

ENUM- bzw. SET-Datentypen werden wie folgt definiert:

```
ENUM ('Buch','CD','DVD','Video') bzw.
SET ('Buch','CD','DVD','Video')
```

Die gewünschten Werte werden also mit Komma getrennt und in Hochkommas definiert. Der Unterschied zwischen beiden Typen besteht in den verschiedenen Möglichkeiten, die definierten Werte zu speichern. Während ENUM-Typen nur einen jeweils definierten Wert erlauben, können in SET-Feldern auch Kombinationen gespeichert werden. Im oben gezeigten Beispiel könnte in einem SET-Feld DVD, CD gespeichert werden.

ENUM- und SET-Typen werden intern mit einem fortlaufenden numerischen Index versehen. Aus diesem Grund sind diese Datentypen, insbesondere bei verknüpften Abfragen und Einfügevorgängen, schneller. Ein weiterer Vorteil ist die Tatsache, dass nur die definierten Werte zugelassen werden, Fehleingaben also datenbankseitig abgefangen werden. Nachteilig an ENUM- und SET-Typen ist die fehlende SQL-92-Kompatibilität.

4.1.5 Datentyp-Mapping

Zum Abschluss des Themas soll noch ein kurzer Blick auf das so genannte Datentyp-Mapping geworfen werden. Das Mapping von Datentypen ist immer dann erforderlich, wenn Sie Daten nach oder aus MySQL heraus in eine andere SQL-Datenbank überführen möchten. Um beim Bild der Regal-Schubfächer zu bleiben, muss in einem solchen Fall das jeweilige Schubfach, in dem diese Daten gespeichert werden sollen, die passende Größe besitzen. Ist das Datenfeld zu klein, kann es zu Datenverlusten kommen.

Die folgende Tabelle zeigt das Datentyp-Mapping zwischen Standard-SQL und den MySQL-Datentypen.

MySQL	Standard-SQL
CHAR(n) Binary	BINARY (n)
VARCHAR(n)	CHAR VARYING (n)
FLOAT	FLOAT4
DOUBLE	FLOAT8
TINYINT	INT1
SMALLINT	INT2
MEDIUMINT	INT3
INT	INT4
BIGINT	INT8
MEDIUMBLOB	LONG VARBINARY
MEDIUMTEXT	LONG VARCHAR
MEDIUMINT	MIDDLEINT
VARCHAR(n) Binary	VARBINARY(n)

Wenn Sie also Inhalte eines Feldes, das als INT8 definiert ist, nach MySQL transferieren wollen, werden die Inhalte sicher problemlos in ein Feld passen, das unter MySQL als BIGINT definiert wurde.

4.2 Datenbank anlegen und löschen

Im Kapitel 3, »Datenbankentwurf«, wurden die Grundlagen des Datenbankdesigns und die Vorgehensweise bei der Arbeit mit Datenbanken besprochen. Es sollen hier nochmals die einzelnen Schritte eines Datenbankprojekts, nämlich die Projektdefinition, der Datenbankentwurf sowie die Implementierung und Nutzung in Erinnerung gerufen werden. Steht der Datenbankentwurf, kann die Implementierung in MySQL beginnen.

Datenbank anlegen

Eine neue Datenbank wird mit folgendem Befehl erzeugt.

```
mysql>CREATE DATABASE [IF NOT EXISTS] <Datenbankname>;
```

Dieser Befehl legt eine Datenabk ohne Tabelle an. Gleichzeitig wird von MySQL ein Verzeichnis im MysQL-Datenverzeichnis mit dem Namen der Datenbank angelegt. Dieses Verzeichnis nimmt dann beim späteren Arbeiten alle Dateien auf.

Wenn Sie eine Datenbank mit dem Namen Adressen anlegen wollen, lautet der Befehl hierzu wie folgt:

```
mysql>CREATE DATABASE Adressen;
```

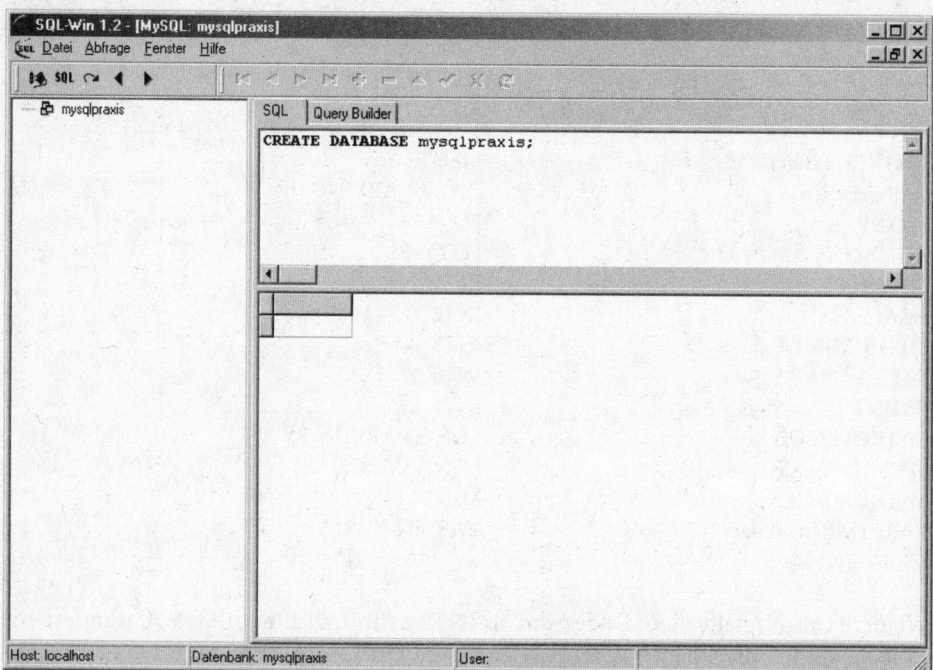

Bild 4.3: Datenbank mit Hilfe der Tools SQL-Win erzeugen

Mit der Option IF NOT EXISTS kann die Existenz der Datenbank überprüft werden. Vorhandende Datenbanken werden nicht überschrieben. Mit IF NOT EXISTS wird vor allem das Erscheinen von Fehlermeldungen unterbunden, was innerhlab von Anwendungen zu Programmabbrüchen führen kann. Die Datenbankbezeichnung darf maximal 64 Zeichen besitzen. Erlaubt sind dabei alle Zeichen, die auch bei der Benennung von Dateien möglich sind, d.h. / und . sind als Datenbankbezeichnungen nicht möglich, ebenso wenig numerische Zeichen. Gleiches gilt für die Benennung von Tabellen.

Datenbank löschen

Das Löschen von Datenbanken können Sie mit folgendem Befehl durchführen.

```
mysql>DROP DATABASE <Datenbankname>;
```

Dabei ist zu beachten, dass die Datenbank mit allen Tabellen unwiderruflich gelöscht wird. Insofern erfolgt an dieser Stelle der warnende Hinweis, dass das Löschen von kompletten Datenbanken gut überlegt sein sollte.

Um die oben angelegte Datenbank wieder zu löschen, lautet der Befehl wie folgt:

```
mysql>DROP DATABASE Adressen;
```

In Mehrbenutzersystemen ist es zur Verhinderung unerwünschter Zugriffe, die das Löschen von Datenbanken verursachen können, ratsam, entsprechende Zugriffsrechte auf Datenbankebene zu vergeben.

Hinweis: Die Beschreibung des Zugriffsschutzes in MySQL und Methoden, wie Datenbanken gegen unbeabsichtigtes Löschen geschützt werden können, finden Sie in Kapitel 7.

Datenbanken anzeigen

Um alle vorhandenen Datenbanken auf einem System anzuzeigen, steht folgender Befehl zur Verfügung:

```
mysql>SHOW DATABASES;
```

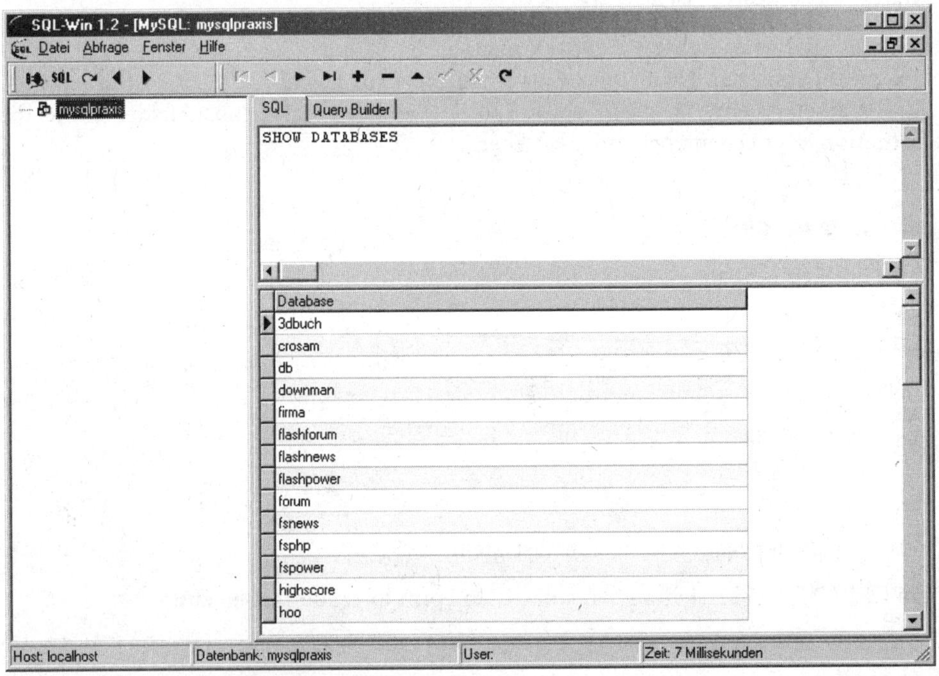

Bild 4.4: Sämtliche vorhandenen Datenbanken mit SHOW DATABASES anzeigen

mysqladmin

Datenbanken können alternativ auch mit dem MySQL beiliegenden Kommandozeilenwerkzeug mysqladmin erzeugt oder gelöscht werden.

Die Befehlssyntax für das Anlegen von Datenbanken lautet somit

```
$>mysqladmin CREATE <Datenbankname>;
$>mysqladmin DROP <Datenbankname>;
```

Ob Sie die SQL-Befehle oder mysqladmin zur Anlage bzw. zum Löschen von Datenbanken verwenden, bleibt Ihrem Geschmack bzw. Ihren Vorlieben überlassen. Einen Unterschied zwischen beiden Arten gibt es nicht.

Aktive Datenbank festlegen

Wenn Sie später auf eine Datenbank zugreifen wollen, muss immer zuerst die gewünschte Datenbank ausgewählt werden. Unter MySQL erfolgt das mit dem Befehl

```
mysql>USE <Datenbankname>;
```

Alle nachfolgenden Befehle verwenden dann die gewählte Datenbank als Standard.

4.3   Tabellen

4.3.1   Tabellen anlegen

Nachdem die gewünschte Datenbank angelegt ist, können Sie anschließend die Tabellenstruktur festlegen. Neue Tabellen werden mit dem Befehl CREATE TABLE erzeugt. Als Parameter beim Erzeugen einer Tabelle werden die Datenbankfelder sowie die Definition ihrer Datentypen mit angegeben.

Einstiegsbeispiel

Zum Einstieg werden wir die Kundentabelle entsprechend Kapitel 3 anlegen. Geben Sie hierzu die folgenden Zeilen ein:

```
mysql> CREATE TABLE kunden(
id INT,
name VARCHAR(60),
ort VARCHAR(40),
plz CHAR(5)
);
```

und schon haben Sie Ihre erste Tabelle erstellt.

Ein CREATE TABLE sieht in der einfachsten Form folgendermaßen aus:

```
mysql> CRAETE TABLE <Tabellenname> (<Spaltenname> <Datentyp>,...);
```

Diese Syntax entspricht dem oben gezeigten Beispiel.

Sie benötigen also bei der Anlage einer Tabelle die bereits angesprochenen Datentypen zur Festlegung der Spalteninhalte. Oft stellt sich dabei die Frage, welcher Datentyp der geeignetste ist. Um diese Frage beantworten zu können, sollten Sie den Inhalt und die maximale Größe der zu speichernden Informationen kennen.

In der Grundsyntax ist das Anlegen von Tabellen relativ einfach. Allerdings müssen in der Tabellendefinition alle Informationen des relationalen Datenmodells mit seinen Verknüpfungen sowie der Indizierung vorgegeben sein.

Syntax für CREATE TABLE

Die Syntax des CREATE TABLE-Befehls kennt deshalb noch eine Reihe von Parametern, die auf das Verhalten der Tabelle Einfluss nehmen. Zu nennen sind hier beispielsweise die Definition von Indexfeldern oder die optionale Angabe von Tabellentypen. Auch wenn die Syntax im ersten Augenblick ein wenig unübersichtlich erscheint, können wir sie Ihnen an dieser Stelle nicht ersparen. Die grundsätzliche Syntax des CREATE TABLE-Befehls lautet wie folgt:

```
mysql> CRAETE [TEMPORARY] TABLE [IF NOT EXISTS] <Tabellenname>
[<Erstellungsanweisung>] [<Tabellenoptionen>] [<Auswahlanweisung>];
```

`<Tabellenname>` ist dabei der von Ihnen gewünschte Tabellenname.

Über `<Erstellungsanweisung>` werden alle Felder der Tabelle, einschließlich ihrer Datentypen und dem Feldverhalten, definiert. Der Aufbau der `<Erstellungsanweisung>` lautet dabei grundsätzlich wie folgt:

```
Spaltenname type [NOT NULL | NULL] [DEFAULT default_value]
[AUTO_INCREMENT] [PRIMARY KEY] [Referenzdefinition]
```

`<Tabellenoptionen>` sind alle Optionen, die Sie für Ihre Tabelle vordefinieren können, wie der Tabellentyp oder der Speicherort der Tabelle.

Feldern in der Tabelle können Werte als so genannte Default-Werte voreingestellt werden. Dies erfolgt mit dem Schlüsselwort DEFAULT. Ein häufiger Anwendungsfall ist die Verhinderung von NULL-Werten. Wenn Sie einen Datensatz einfügen und dabei für ein Feld keinen Wert eintragen, würde MySQL standardgemäß NULL für »nicht bekannt« eintragen, wenn kein DEFAULT-Wert gesetzt wurde. Folgendes Beispiel setzt den DEFAULT-Wert für das Feld »aktiv« auf 'Y'.

```
mysql> CREATE TABLE kunden(
id INT,
name VARCHAR(60),
ort VARCHAR(40),
plz CHAR(5),
aktiv CHAR(1) DEFAULT 'Y'
);
```

Mit `<Auswahlanweisung>`, nach dem CREATE-Befehl, können Sie automatisch Tabellen mit einem SELECT-Befehl, also über die Abfrage von Tabellen, mit Werten füllen.

Alle Tabellen anzeigen

Sollten Sie sämtliche Tabellen einer Datenbank anzeigen wollen, können Sie den Befehl mit der folgenden Syntax verwenden:

```
mysql>SHOW TABLES FROM <Datenbankname>;
```

Beispiel

```
mysql>SHOW TABLES FROM mysqlpraxis;

+-----------------------+
| Tables_in_mysqlpraxis |
+-----------------------+
| kunden                |
+-----------------------+
```

Beim Anlegen einer Tabelle legen Sie im Allgemeinen auch die Schlüsselfelder, die relationalen Abhängigkeiten zwischen verschiedenen Tabellen und die Felder fest, die indiziert werden sollen.

4.3.2   Schlüsselfelder für Tabellen

Wie bereits erwähnt, werden eindeutige Schlüsselfelder benötigt, um relationale Verknüpfungen zwischen verschiedenen Tabellen herstellen zu können. Dieser Wert, mit dem jeder Datensatz einer Tabelle eindeutig identifiziert werden kann, wird als Pimärschlüssel bezeichnet.

Primärschlüssel definieren

Ein einfaches, aber effektives Verfahren zur Definition eines Primärschlüssels für eine Tabelle ist es, in jeder Tabelle ein Feld mit einer ausreichend großen INTEGER Zahl (32- oder 64-Bit) zu definieren.

Bei der Anlage einer Tabelle werden solche Felder sinnvollerweise so definiert, dass keine Nullwerte und keine doppelten Werte zugelassen werden. Hierfür stehen innerhalb der <Erstellungsanweisung> des CREATE TABLE-Befehls folgende Optionen zur Verfügung, die diese Vorgabe unterstützen:

- NOT NULL für die Vorgabe, dass keine leeren Werte gespeichert werden dürfen. NOT NULL folgt hinter der Definition des Datentyps. MySQL ergänzt bei fehlendem Eintrag, je nach Datentyp, automatisch einen Wert nach folgenden Regeln:

- Bei numerischen Werten, abgesehen von AUTO_INCREMENT-Feldern, ist das 0. Bei AUTO_INCREMENT-Feldern wird der nächste Wert in der Sequenz verwendet.

- Bei Datumsfeldern, außer TIMESTAMP, wird der erste gültige Wert verwendet. Bei TIMESTAMP setzt MySQL das aktuelle Datum und die aktuelle Zeit ein.

- Zeichen-Datentypen, wie beispielsweise VARCHAR, erhalten einen leeren String, außer ENUM-Typen, die den ersten definierten Wert zugewiesen bekommen.

- UNIQUE bzw. PRIMARY KEY zur Festlegung, dass keine doppelten Werte für dieses Feld vorkommen dürfen. Doppelte Werte werden von MySQL mit dem Fehler 'Duplicate Key' abgewiesen. Durch die Abweisung von doppelten Werten ist sichergestellt, dass Tabellenverknüpfungen über diese Felder eindeutig sind. Hierbei können mehrere Felder zu einem UNIQUE oder PRIMARY KEY zusammengeführt werden. Innerhalb einer Tabelle dürfen nur ein PRIMARY KEY, aber mehrere UNIQUE-Felder definiert werden.

Die Definition erfolgt in folgender Form:

```
UNIQUE (<Spaltenname>...) bzw.
PRIMARY KEY (<Spaltenname>...)
```

Der Unterschied zwischen PRIMARY KEY und UNIQUE besteht darin, dass PRIMARY KEY Felder erwartet, die als NOT NULL definiert sind. Falls Anwendungen, die auf die MySQL-Datenbank zugreifen, einen PRIMARY KEY erwarten, obwohl keiner definiert ist, liefert MySQL das erste UNIQUE-Feld zurück, das keine NULL-Werte aufweist.

Bezogen auf das oben genannte Beispiel, sieht die Definition der Tabellen folgendermaßen aus, wenn die ID das Schlüsselfeld darstellt und als PRIMARY KEY und AUTO_INCREMENT-Feld definiert wird:

```
mysql> CREATE TABLE kunden(
id INT NOT NULL,
name VARCHAR(60),
ort VARCHAR(40),
plz CHAR(5),
PRIMARY KEY (ID)
);
```

4.3.3 Indizes für Tabellen

Eine besondere Bedeutung für die Suche in und die Performance von Datenbanken haben Indizes. Indizes beschleunigen

- das Auffinden von Informationen bei Abfragen,

- die Sortierung von Tabellen,

- die Suche nach Maximal- und Minimalwerten innerhalb einer Datenreihe,

- die Abfrage über verschiedene Tabellen.

Ein Index ist nichts anderes als eine interne Aufbereitung der Daten in einer Form, die schnelleres Suchen bzw. Auffinden von einzelnen Datensätzen ermöglicht. Ist ein Index auf ein gesuchtes Merkmal vorhanden, können Vorgänge, wie beispielsweise das Suchen, beschleunigt durchgeführt werden.

Indizes werden vollständig von der Datenbank verwaltet und beim Löschen oder Hinzufügen von Datensätzen in einer Tabelle automatisch aktualisiert. Sie müssen für die Tabelle lediglich definieren, welche Datenfelder mit einem Suchindex ausgestattet werden sollen. Hierbei ist es möglich, dass eine Tabelle keinen, einen oder mehrere Indizes besitzt. Indizes können aus einem oder mehreren Feldern bestehen.

Nachteile

Indizes haben aber auch Nachteile. Während Abfragen beschleunigt werden, werden im Gegenzug Änderungs-, Löschungs- oder Ergänzungsvorgänge verlangsamt, weil der Index jeweils neu organisiert werden muss. Indizes führen in der Regel auch zu einem höheren Bedarf an Speicherplatz auf der Festplatte, da eine zusätzliche Indexdatei angelegt wird. Beim MyISAM-Tabellentyp ist das die Datei <Tabellenname>.MYI, bei anderen Tabellentypen erkennen Sie die Indexdatei analog an dem I in der Datei-extension.

Ein Index unter MySQL wird bei der Tabellendefinition auf Feldebene mit folgendem Befehl angelegt.

```
mysql>INDEX [<Indexname>] (<Spaltenname>,...);
```

Werden mehrere Tabellenfelder angegeben, wird der Index mit allen angegebenen Feldern erzeugt. Es handelt sich dann um einen so genannten zusammengesetzten oder »Multi-Column«-Index.

Die Tabellenfelder (<Spaltenname>), auf die der Index angewendet werden soll, müssen dabei bereits in der Tabellendefinition angelegt sein. Die Angabe eines Indexnamens ist optional. Die Definition eines Index innerhalb unserer Beispieltabelle sieht dann wie folgt aus:

```
mysql> CREATE TABLE kunden(
id INT NOT NULL,
name VARCHAR(60),
ort VARCHAR(40),
plz CHAR(5),
PRIMARY KEY (ID)
INDEX indexname (name)
);
```

Indizes können auch für bestehende Tabellen definiert werden. Da die Indizierung einer Datenbank unter Umständen einige Zeit in Anspruch nehmen kann, erfolgt eine Indizierung von Feldern sinnvollerweise vor Inbetriebnahme der Datenbank. Die Befehlssyntax für die Anlage eines Index auf eine bestehende Tabelle lautet wie folgt:

```
mysql>CREATE INDEX <Indexname> ON <Tabellenname> (<Spaltenname>,...);
```

MySQL erlaubt auch die Indizierung von Teilen von Feldern. Interessant ist dies bei Feldern, die anhand der ersten n-Zeichen unterschieden werden können, wie beispielsweise Namensfelder. Die Definition erfolgt einfach durch eine Längenangabe nach dem Spaltennamen in der Form <Spaltenname> (Länge). In der vollständigen Syntax sieht eine solche Längenbegrenzung des Index wie folgt aus:

```
mysql>CREATE INDEX <Indexname> ON <Tabellenname> (<Spaltenname>(10),...);
```

oder als konkretes Beispiel:

```
mysql>CREATE INDEX KID_Name ON Anschriften (Name(10));
```

In diesem Beispiel werden die ersten zehn Zeichen des Namens für den Index verwendet, der die Bezeichnung KID_Name erhält.

Wann sollte ein Index angelegt werden?

Auch die Anlage von Indizes sollte geplant werden, weil der positive Effek der schnelleren Suche nach einzelen Datensätzen durch eine erhöhte Anzahl von Festplattenzugriffen zunichte gemacht werden kann. Ebenfalls ist der Erfolg einer Indizierung von der Art und Weise abhängig, in der die Daten später abgefragt werden. Denken Sie bei der Indizierung also auch immer an die spätere Anwendung und an den »use case«. Folgende Regeln gelten für die Anlage von Indizes unter MySQL:

- Indizes werden nur für Felder angelegt, in denen häufig gesucht wird.

- Tabellen, die vor allem zum Speichern von Informationen dienen und nicht abgefragt werden, benötigen in der Regel keinen Index, beispielsweise LOG-Dateien.

- Die Anlage von Indizes lohnt nur bei einer großen Datenmenge in den jeweiligen Feldern. Bei lediglich zehn Einträgen in einer Tabelle lohnt eine Indizierung nicht.

- Der Datentyp darf nicht TEXT/BLOB sein oder Nullwerte zulassen.

- Indizes sollten nur bei Feldern angewendet werden, in denen insbesondere einzelne Datensätze gesucht werden. Wenn Sie jeweils nur Teile einer Tabelle abfragen, kann der Suchvorgang durch vermehrte Festplattenzugriffe ineffektiv werden. Ein Beispiel für einen solchen Fall ist die Ausgabe aller Mitglieder aus einer Mitgliederliste. Als Richtwert werden hier 30% der vorhandenen Einträge genannt, d.h., wenn Sie in der Regel mehr als 30% aller Datensätze einer Tabelle ausgeben, lohnt eine Indizierung nicht.

- Zusammengesetzte Indizes sollten dann eingesetzt werden, wenn häufig Abfragen über die jeweils gleichen Spalten durchgeführt werden. Diese Abfragen dürfen auch keine Oder-Abfragen sein, bei denen nur einzelne Felder abgefragt werden. In diesem Fall muss die Datenbank trotz alledem den gesamten Index durchsuchen. Sie verlieren damit den Vorteil der Indizierung.

- Eine Tabelle kann mit maximal 32 Indizes mit jeweils 1 bis 16 Spalten definiert werden.

Indizes einer Tabelle anzeigen

Wenn Sie wissen wollen, welche Indizes in einer vorhandenen Tabelle definiert sind, steht Ihnen der folgende Befehl zur Verfügung:

```
mysql>SHOW INDEX FROM <Tabellenname>;
```

Index Löschen

Ein Index kann mit folgendem Befehl gelöscht werden:

```
mysql>ALTER TABLE <Tabellenname> DROP INDEX <Indexname>;
```

Wenn Sie Indizes nicht mehr benötigen, sollten Sie sie auch löschen, um nicht unnötigen Festplattenplatz zu belegen.

4.3.4   Tabellentypen

Zum Speichern der Daten auf der Festplatte verfügt MySQL über eigene Tabellentypen. Eigene Tabellentypen werden aufgrund der Notwendigkeit eines effektiven gleichzeitigen Zugriffs auf die Informationen in der Datenbank benötigt.

Die Tabellentypen organisieren die Art und Weise, wie die Informationen physisch gespeichert werden, und haben aufgrund ihrer Entstehungsgeschichte und ihres Entwicklungsziels verschiedene Eigenschaften hinsichtlich der Unterstützung von Datentypen, der Option von Suchmöglichkeiten innerhalb der Datei, der Behandlung von Zugriffsrechten und der maximalen Dateingröße.

Relativ verbreitet sind folgende Typen:

- HEAP
- HASH
- InnoDB
- ISAM
- BTREE
- MERGE
- MyISAM

Für Sie könnte sich die Frage stellen, warum Sie sich überhaupt mit dem Thema Tabellentypen auseinander setzen sollten. In der Regel können Sie den voreingestellten Tabellentyp MyISAM verwenden. Falls Sie allerdings Transaktionen verwenden wollen, müssen Sie hierfür einen transaktionsfähigen Tabellentyp für MySQL benutzen. Auch die Verwendung von Fremdschlüsseln (FOREIGN KEY) ist nur bei bestimmten Tabellentypen wie InnoDB möglich. Weiterhin interessant sein kann die Wahl des Tabellentyps bei Optimierungsfragen. So werden beim Tabellentyp HEAP die Daten im Speicher abgelegt. Dieser Tabellentyp ist deshalb sehr schnell, birgt jedoch das Risiko, bei Absturz des Systems die kompletten Daten zu verlieren.

Transaktionsfähige und nicht transaktionsfähige Tabellentypen

Grundsätzlich verfügt MySQL über transaktionsfähige und nicht transaktionsfähige Tabellentypen. Nicht transaktionsfähig sind die folgenden Tabellentypen:

- HEAP
- ISAM

- MyISAM
- MERGE

Transaktionsfähig sind folgende Tabellentypen:

- Berkeley DB
- InnoDB

Die transaktionsfähigen Tabellentypen stehen nur zur Verfügung, wenn MySQL mit den entsprechenden Optionen kompiliert oder MySQL-Max installiert wurde. Die transaktionsfähigen Tabellentypen InnoDB und Berkeley DB werden zurzeit noch recht selten eingesetzt.

Insgesamt kann das Thema Tabellentypen bei MySQL, insbesondere für diejenigen, die neu mit MySQL arbeiten, etwas undurchsichtig sein. Der Grund hierfür liegt in der Historie der Tabellentypen, aber auch in deren Herkunft. Die transaktionsfähigen Tabellentypen InnoDB und Berkeley DB sind erst im Laufe der Entwicklung von MySQL hinzugekommen und stammen – und das ist wichtig für die Integration ihrer Eigenschaften in MySQL – von Drittfirmen. Dadurch verfügen die Tabellentypen von MySQL teilweise über erhebliche Unterschiede in der Unterstützung von MySQL-Funktionen. So kann eine InnoDB-Tabelle maximal 1000 Spalten enthalten oder ein SELECT COUNT(*) bei Berkeley DB-Tabellen langsamer sein als bei MyISAM-Tabellen.

Auf einen Nenner gebracht, bietet die Verwendung verschiedener Tabellentypen eine Reihe von Optionen, um den Leistungsumfang und die Leistungsfähigkeit von MySQL zu erweitern. Erkauft wird dies aber auf jeden Fall mit der Notwendigkeit, den Leistungsumfang des jeweiligen Tabellentyps vor der Implementierung einer Anwendung genau zu studieren und zu kennen. Eine Umstellung von Tabellentypen im Betrieb kann technische Schwierigkeiten hervorrufen. Für Anfänger wird es ratsam sein, soweit nicht wichtige Gründe dagegen sprechen, den Standardtyp MyISAM von MySQL für die ersten Gehversuche zu verwenden. Da der Tabellentyp für jede Tabelle bei der Erzeugung über

```
mysql>CREATE TABLE ... TYPE=<Tabellentyp>; oder
mysql>ALTER TABLE <Tabellenname> TYPE=<Tabellentyp>;
```

geändert werden kann, können auch später noch andere Tabellentypen verwendet werden.

In Kapitel 2 wurde bereits darauf eingegangen, wie Sie verschiedene Tabellentypen aktivieren können. Falls Sie überprüfen wollen, ob Ihr MySQL InnoDB- oder Berkeley DB-Tabellentypen unterstützt, können Sie die Variablen von MySQL abfragen.

Der Befehl hierfür lautet:

```
mysql>SHOW VARIABLES LIKE "have_%";
+---------------+----------+
| Variable_name | Value    |
+---------------+----------+
| have_bdb      | YES      |
| have_gemini   | NO       |
| have_innodb   | DISABLED |
```

```
| have_isam    | YES |
| have_raid    | NO  |
| have_openssl | NO  |
+--------------+-----+
```

Seit Version 3.23.6 verfügt MySQL standardmäßig über die Tabellentypen ISAM, HEAP und MyISAM.

Die wichtigsten Eigenschaften der verschiedenen Tabellentypen können Sie der folgenden Beschreibung entnehmen.

Der Tabellentyp ISAM und MyISAM

MyISAM ist der Standardtyp von MySQL und stellt eine Anpassung des ISAM-Typs für MySQL dar. ISAM ist ein Tabellentyp, der den B-Trees-Index zum Speichern von Daten verwendet. Eine wichtige Einschränkung von MyISAM ist die Abhängigkeit vom jeweiligen Betriebssystem, auf dem die Tabelle definiert wurde. Eine Transferierung der Datenbank auf ein anderes Betriebssystem ist deshalb nicht möglich. Einige Nachteile von ISAM sind durch den MyISAM-Tabellentyp beseitigt worden. So sind MyISAM-Tabellentypen betriebssystemunabhängig und können zwischen verschiedenen Betriebssystemen kopiert werden. Allerdings muss auch die MySQL-Version kompatibel sein, d.h., die MySQL-Version muss auf beiden Rechnern den MyISAM-Tabellentyp unterstützen, was erst ab MySQL-Version 3.23 der Fall ist. MyISAM verfügt über einen besseren Schutz vor Datenbankdefekten, da die korrekte Schließung der Dateien mitprotokolliert wird. Wenn MySQL mit der Option –myisam-recover gestartet wird, wird beim Start die korrekte Schließung der Datei geprüft und gegebenenfalls automatisch repariert.

Die Verwendung des ISAM-Tabellentyps ist, aufgrund der oben genannten Erweiterungen und Verbesserungen durch MyISAM, nicht anzuraten.

Tabellentyp InnoDB

Die Möglichkeiten des InnoDB-Tabellentyps sind durchaus beeindruckend. Zu den Eigenschaften dieses Tabellentyps gehören:

* Unterstützung von Transaktionen.

* Unterstützung von Fremdschlüsseln (FOREIGN KEY).

* Automatische Fehlerbeseitigung. InnoDB-Tabellen benötigen keine Reparatur, solange keine Hardwaredefekte vorliegen.

* Row level locking, das eine höhere Multiuser-Performance aufweist, als MyISAM-Typen mit einem Locking auf Tabellenebene.

* Keine Beschränkung der Tabellengröße, auch auf Betriebssystemen, deren Dateisysteme Dateigrößen von größer als 2 GB nicht zulassen.

* Consistent read: Abfragen benötigen keine Sperrung von Datensätzen und haben keine Querwirkungen auf Einfüge- und Update-Vorgänge auf derselben Tabelle.

* Schnellerer Tabellentyp, nach eigenen Aussagen schneller als der MyISAM-Typ.

Nach erfolgreicher Installation können Sie Tabellen in der Form

```
mysql>CREATE TABLE <Tabellenname> ... TYPE=InnoDB;
```

anlegen. Bis MySQL-Version 3.23.43 mussten Sie bei jedem CREATE den Datentyp angeben. Ab Version 3.23.43 ist es auch möglich, den Tabellentyp über einen Eintrag in der MY.CNF bzw. MY.INI in Sektion [mysqld] voreinzustellen.

Für InnoDB ist die folgende Zeile zu ergänzen bzw. zu ändern:

```
default-table-type=innodb
```

Die Daten werden in einem eigenen Datenverzeichnis abgelegt, das über die Variable `innodb_data_home_dir` beim Start des MySQL-Servers über die Kommandozeile oder die Konfigurationsdateien MY.CNF bzw. MY.INI festgelegt wird.

Bei InnoDB-Tabellen wird ein bestimmter Speicherplatz für die Datenbank reserviert. Bis einschließlich Version 3.23 musste diese Größe über den Parameter `innodb_data_file_path` in der MY.CNF bzw. MY.INI, eingestellt werden, ansonsten schlug der Start der Datenbank fehl.

So würde die folgende Zeile

```
Innodb_data_file_path=ibdata:1024M
```

1 GB an Festplattenplatz für die Datenbank reservieren. Sie können jederzeit den belegten Festplattenplatz über den folgenden Befehl in der Spalte Comment abrufen.

```
mysql>SHOW TABLE STATUS FROM <Datenbankname> LIKE '<Tabellenname>';
```

Grundsätzlich müssen Sie bei InnoDB-Tabellen den freien Festplattenplatz für Ihre Tabellen genauer überprüfen. Falls dieser erschöpft sein sollte, wird automatisch ein Rollback durchgeführt, also die letzte Aktion rückgängig gemacht. Je nach Aktion, kann der Datenbankbetrieb dadurch gestört werden. Wenn Sie eine Tabelle vom Typ InnoDB anlegen, wird im Datenverzeichnis eine *.frm-Datei angelegt, die Daten werden ansonsten in einer eigenen Datei gespeichert, folgen also nicht dem Dateischema von MySQL-Typen wie MyISAM.

Die vollständige Liste aller Parameter, die für den InnoDB-Tabellentyp gelten, können Sie im Referenzteil nachschlagen.

Abschließend ist noch zu erwähnen, dass der InnoDB-Tabellentyp unter die Lizenzbedingungen der GPL fällt.

Tabellentyp MERGE

Der MERGE-Tabellentyp ist seit MySQL-Version 3.23.25 verfügbar.

Eine MERGE-Tabelle ist eine Sammlung vorhandener und identischer MyISAM-Tabellen. Diese werden dann wie eine Tabelle behandelt.

Folgende Vorteile bieten Ihnen MERGE-Tabellen:

- Umgehen der Begrenzung von Dateigrößen, die das Betriebssystem vorgibt.

- Verbesserte Suchabfragen. Wenn Ihnen das Suchergebnis bekannt ist, kann direkt in der jeweiligen Teiltabelle gesucht werden.

- Einfachere Reparatur. Falls einmal eine Tabelle defekt sein sollte, betrifft dies nur eine oder mehrere Teiltabellen und nicht die gesamte MERGE-Tabelle.

- Einfache Verwaltung von gleichartigen Tabellen, beispielsweise LOG-Dateien.

- Verbesserung der Ablaufgeschwindigkeit. Mit MERGE-Tabellen können große Tabellen auf mehrere Einzeltabellen verteilt werden. Da die einzelnen Tabellen eine geringere Größe haben, kann dies einen Vorteil in der Ablaufgeschwindigkeit im Betrieb bedeuten.

- Falls Sie regelmäßig Tabellen zusammenführen müssen, können Sie mit MERGE-Tabellen einfacher ans Ziel kommen. Ein anschauliches Beispiel hierfür wäre die Zusammenführung von Ergebnissen verschiedener Außendienstmitarbeiter, die beispielsweise Kundenbesuche protokollieren. So erhält jeder Außendienstmitarbeiter eine eigene Tabelle, die nicht jeweils in eine Datenbank importiert werden muss, sondern nur virtuell als Tabelle verknüpft werden kann.

- Erzeugung von Synonymen für Tabellen. Wenn Sie ein MERGE über eine Tabelle anlegen, erhalten Sie so ein Synonym (Alias) für diese Tabelle.

Einschränkungen von MERGE

Allerdings müssen auch die Einschränkungen des Tabellentyps beachtet werden:

- Anwendung nur auf MyISAM-Tabellentypen,

- AUTO_INCREMENT kann nicht benutzt werden,

- Schlüsselfelder werden langsamer gelesen, da MySQL in allen Teiltabellen nach dem Schlüssel suchen muss.

MERGE-Tabellen werden wie folgt erzeugt:

```
mysql>CREATE TABLE <Tabellenname> (<Tabellendefinition> TYPE=MERGE UNION
(<Mergetabelle1>,<Mergetabelle2>,...));
```

Am einfachsten sind MERGE-Tabellen am konkreten Beispiel zu erläutern. Sie benötigen mehere identische Tabellen:

```
mysql>CREATE TABLE merge1 (
ID int(11) NOT NULL auto_increment,
loginfo char(50) default NULL,
PRIMARY KEY (ID)
) TYPE=MyISAM;
mysql>CREATE TABLE merge2 (
ID int(11) NOT NULL auto_increment,
loginfo char(50) default NULL,
PRIMARY KEY (ID)
) TYPE=MyISAM;
```

Diese Tabellen werden über eine Tabellendefinition virtuell zusammengeführt.

```
mysql>CREATE TABLE mergetotal (
ID int(11) NOT NULL '0',
loginfo char(50) default NULL,
KEY (ID)
) TYPE=MRG_MyISAM INSERT_METHOD=LAST
UNION=(merge1,merge2);
```

Der wichtigste Befehl hierfür ist UNION=(..., ...), der für die Verknüpfung sorgt.

Optional kann noch der Befehl INSERT_METHOD angegeben werden, der die Reihenfolge der Einzeltabellen beeinflusst.

Falls Sie eine MERGE-Tabelle neu aufbauen wollen, können Sie das wie folgt tun:

- Mit DROP TABLE die MERGE-Tabelle löschen und anschließend neu anlegen. Natürlich müssen Sie beachten, dass Sie nur die MERGE-Tabelle und nicht die Ursprungstabellen löschen und neu anlegen.

Dies geschieht wie folgt:

```
mysql>DROP TABLE mergetotal;
mysql>CREATE TABLE mergetotal (
...
... UNION=(merge1,merge2)
);
```

- Über ALTER TABLE die Tabellendefinition erzeugen
- Die Einzeltabellen, die zur MERGE-Tabelle gehören, sind in der Datei <Tabellen-name>.MRG aufgelistet.

Sie können also, wenn wir wieder auf das oben genannte Beispiel zurückkommen, über

```
ls -l MERGE1.MYI MERGE2.MYI > MERGETOTAL.MRG
```

unter UNIX oder

```
dir MERGE1.MYI MERGE2.MYI > MERGETOTAL.MRG /B
```

unter DOS die MERGE-Definition erzeugen.

Anschließend muss

```
$>mysqladmin flush-tables
```

ausgeführt werden.

Tabellentyp HEAP

Ein wesentliches Merkmal von HEAP-Tabellen ist das Speichern der Daten im Arbeitsspeicher. Dadurch sind Tabellen dieses Typs sehr schnell, allerdings wird dies mit einem höheren Risiko des Datenverlusts erkauft. Bei einem Absturz des Systems sind hier nämlich sämtliche Informationen verloren. Aus diesem Grund können HEAP-Tabellen eigentlich nur für Temporärtabellen eingesetzt werden, dann aber bieten sie, aufgrund ihres performanten Verhaltens, durchaus Vorteile.

Im Folgenden noch weitere Punkte und Einschränkungen, die beim Einsatz von HEAP-Tabellen zu beachten sind:

- Einige Eigenschaften anderer Tabellentypen stehen nicht zur Verfügung. Dies sind die Unterstützung von BLOB/TEXT-Feldern und die AUTO_INCREMENT-Funktionen zur automatischen Erhöhung von Zählern.

- HEAP-Tabellen unterstützen Indizes nur bei =- und <=>-Operatoren.

Bitte beachten Sie bei der Verwendung von HEAP-Tabellen den Bedarf an Hauptspeicher, da alle Daten im Hauptspeicher gehalten werden. Sie können diesen Bedarf anhand folgender Formel ermitteln:

```
SUMME_ÜBER_ALLE_KEYS(max_länge_des_keys + sizeof(chat*)
* 2) + ALIGN(länge_der_Reihe+1, sizeof(char*))
```

sizeof (char*) ist 4 bei 32-Bit- und 8 bei 64-Bit-Rechnern.

Falls Sie Speicher von HEAP-Tabellen freigeben wollen, stehen hierfür die SQL-Befehle DELETE FROM <HEAP_Tabelle>, TRUNCATE <HEAP_Tabelle> oder DROP TABLE <HEAP_Tabelle> zur Verfügung.

Tabellentyp Berkeley DB

Berkeley DB, oder kurz BDB, stammt von der Sleepycat Software Inc. und ist grundsätzlich erst einmal eine Embedded Datenbanktechnologie. Die Berkeley DB ist also eine Speichertechnologie für Daten, die über Softwareschnittstellen in verschiedene Anwendungen integriert werden können. Sleepycat definiert die Berkeley DB als ein Programmierwerkzeug zur Unterstützung von Softwareentwicklern für die Realisierung zuverlässiger, skalierbarer und in unternehmenskritischen Bereichen einsetzbarer Datenbanken.

Dementsprechend findet man die Berkeley DB auch in anderen Projekten wie:

- Cyrus IMAP Server (Mailserver) und

- OpenLDAP (LDAP).

Auch für unternehmensinterne Zwecke wird die Berkeley DB eingesetzt. MySQL ist also im Grunde nichts anderes als ein Interface für die Berkeley DB.

Berkeley DB läuft auf solchen Systemen erfolgreich, die gleichzeitig mehrere tausend verschiedene Benutzer bedienen und Datenbankgrößen von 256 Terabyte haben.

Schnittstellen zu den wichtigsten Programmiersprachen wie C, C++, Java, Python, Perl und Tcl sind vorhanden. Ebenso ist diese Software für nahezu alle UNIX-Systeme und UNIX-ähnlichen Systeme wie QNX, Embedix, Windows und MacOS X verfügbar.

Merkmale von BDB-Tabellentypen

Folgende besonderen Merkmale weisen BDB-Tabellen auf:

- Berkeley DB-Tabellen erfordern, im Gegensatz zu MyISAM-Tabellen, immer einen PRIMARY KEY.

- Berkeley DB-Tabellen verfügen über ein Page-Level-Locking.

- Transaktionen werden unterstützt.

- Der PRIMARY KEY ist schneller als andere Schlüsselfelder, weil er mit den Rohdaten gespeichert wird. Aus diesem Grund sollten kurze Schlüsselfelder verwendet werden, um Festplattenplatz zu sparen und die Geschwindigkeit zu verbessern.

- Falls alle Felder, die Sie aus einer Berkeley DB-Tabelle lesen, zum gleichen Index oder dem PRIMARY KEY gehören, kann MySQL die Abfrage ausführen, ohne auf die aktuelle Reihe zuzugreifen.

- Abfragen, die Reihen durchzählen, beispielsweise über SELECT COUNT(*) FROM <Tabellenname>, sind langsamer, weil Berkeley DB-Tabellen keinen Datensatzzähler besitzen.

- Berkeley DB-Tabellen machen alle Aktionen über ROLLBACK rückgängig, sollte der Festplattenplatz erschöpft sein. MyISAM-Tabellen dagegen warten, bis wieder genug Festplattenplatz zur Verfügung steht.

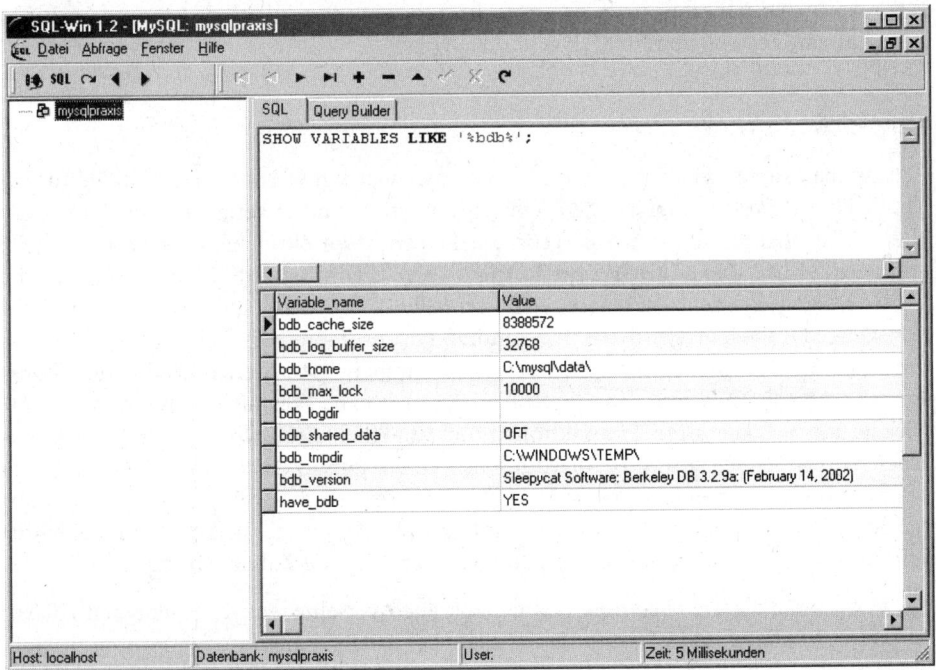

Bild 4.5: MySQL auf BDB-Eigenschaften überprüfen

Um die Berkeley DB nutzen zu können, muss die BDB-Unterstützung in MySQL mitkompiliert werden. Sie können über zwei Wege eine MySQL-Version, die die Berkeley DB unterstützt, erhalten: Entweder Sie kompilieren MySQL mit der BDB-Option selber oder nutzen das MySQL-Max-Paket.

Falls Sie nicht sicher sind, ob und mit welchen Optionen MySQL die Berkeley DB unterstützt, können Sie dies mit folgendem Befehl überprüfen:

```
mysql>SHOW VARIABLES LIKE '%bdb%';
```

Die Variable have_bdb muss auf YES stehen, damit MySQL die BDB-Tabellentypen unterstützt.

Zusammenfassung

Grundsätzlich können Sie für jede Tabelle einen anderen Tabellentyp wählen. Die Definition des Tabellentyps wird über das Schlüsselwort TYPE = gewählt. Die Syntax lautet wie folgt:

```
TYPE = {BDB | HEAP | ISAM | InnoDB | MERGE | MYISAM }
```

MySQL wählt standardgemäß den Typ MyISAM aus. Die Auseinandersetzung mit den Tabellentypen ist ein Thema für den fortgeschrittenen Umgang mit MySQL, weil Sie diese Tabellentypen nur in bestimmten Einsatzgebieten benötigen. Als MySQL-Anfänger sollten Sie erst einmal mit dem von MySQL vorgegebenen Standardtyp arbeiten. Bitte beachten Sie hierbei auch, dass nur die Tabellentypen HEAP, ISAM und MyISAM zum Standardumfang von MySQL gehören.

Vergleich

Zusammenfassend kann zum Thema Tabellentypen gesagt werden, dass MySQL für den Typ MyISAM konzeptioniert ist. Dieser ist ausgereift und zuverlässig. Ein Einsatz des älteren Tabellenformats ISAM ist grundsätzlich nicht zu empfehlen, da keine Vorteile existieren. HEAP und MERGE sind Tabellentypen, die insbesondere für Spezialbereiche Vorteile bringen, wie beispielsweise für schnelle Temporärtabellen. Für die transaktionsfähigen Tabellentypen BDB und InnoDB gilt insbesondere, dass sie Transaktionen unterstützen. Bei InnoDB kommt noch, was durchaus bemerkenswert ist, die Unterstützung von Fremdschlüsseln (FOREIGN KEY) hinzu. Wer also Anwendungen entwickeln möchte, die ohne Transaktionen nicht möglich sind, wird auf diese Tabellentypen zurückgreifen müssen. Allerdings ist deren Einsatz nicht in jeder Beziehung praxiserprobt, so dass eine gewisse Vorsicht beim Betrieb dieser Tabellentypen zu wahren ist. Bezüglich InnoDB und BDB scheint sich InnoDB als die bessere Wahl herauszukristallisieren. Wir dürfen jedoch gespannt sein, was uns die Zukunft bringt.

Da MySQL für die Tabellen einer Datenbank auch verschiedene Tabellentypen zulässt, ist es also durchaus möglich, nur die Tabellen, bei denen Transaktionen notwendig sind, als Berkeley DB bzw. InnoDB zu deklarieren, während die restlichen noch als MyISAM definiert sind.

Gemini

Der eine oder andere von Ihnen hat sicher an dieser Stelle den Tabellentyp Gemini vermisst. Der Gemini-Datentyp stammt von NuSphere und gehört ebenfalls zu den transaktionsfähigen Tabellentypen. Zwischen NuSphere und MySQL AB herrscht jedoch immer noch eine Eiszeit, da NuSphere eindeutige Versuche unternimmt, die MySQL AB-Gruppe zu verdrängen. Im vorliegenden Buch findet daher auch keine Beschreibung dieses Tabellentyps statt.

4.3.5   Autowert definieren, Tabellen kopieren

Es lohnt sich, noch einen Blick auf die weiteren Optionen zu werfen, die Sie bei der Anlage einer Tabelle wählen können.

AUTO_INCREMENT

MySQL besitzt mit AUTO_INCREMENT = # ein einfaches Verfahren, um Zahlenwerte, wie beispielsweise eine Datensatznummer, automatisch bei der Anlage eines neuen Datensatzes hochzuzählen. AUTO_INCREMENT wird häufig für Primärschlüssel verwendet, um eindeutige Werte automatisch zu erzeugen. Hierbei sind jedoch folgende Punkte zu berücksichtigen:

- AUTO_INCREMENT kann nur bei INTEGER-Werten verwendet werden.

- AUTO_INCREMENT-Felder müssen indiziert werden und können nicht mehrfach pro Tabelle definiert werden.

Um das Eingangsbeispiel noch einmal zu verwenden, kann hier sinnvollerweise der Primärschlüssel (ID) als AUTO_INCREMENT-Feld definiert werden. Die Definition sieht dann wie folgt aus:

```
mysql> CREATE TABLE kunden(
id INT NOT NULL AUTO_INCREMENT,
name VARCHAR(60),
ort VARCHAR(40),
plz CHAR(5),
PRIMARY KEY (ID)
);
```

Mit der CHECKSUM = 1-Option können Sie für jede Tabelle laufend eine Checksumme mitprotokollieren lassen, die Ihnen das Auffinden defekter Tabellen für den MyISAM-Tabellentyp erleichtert.

Ebenso können Sie, für jede Tabelle einzeln gesehen, den Speicherort der Dateien festlegen bzw. mit DATA DIRECTORY=<Directory> das Datenverzeichnis festlegen. Eine Veränderung des Speicherortes der Indexdateien erreichen Sie mit

```
INDEX DIRECTORY=<Directory>
```

Sie können mit CREATE TABLE auch sehr elegant vorhandene Tabellen oder Teile einer vorhandenen Tabelle in neue Tabellen kopieren. Prinzip ist hierbei, dass über einen

SELECT-Befehl die alte Tabelle mit ihrem Inhalt übertragen wird. Die Befehlssyntax lautet wie folgt:

```
mysql>CREATE TABLE <Neue_Tabelle> SELECT * FROM <Alte_Tabelle>;
```

Wenn Sie beispielsweise aus der oben gezeigten Kundentabelle eine Tabelle erzeugen wollen, die alle PLZ und Orte enthält, lautet der Befehl wie folgt:

```
mysql>CREATE TABLE plztabelle SELECT DISTINCT plz,ort FROM kunden;
```

> **Hinweis:** Nähere Information zur Handhabung des SELECT-Befehls erhalten Sie im Kapitel 5. Die vollständige Syntax des CREATE-Befehls finden Sie in Kapitel 9.

4.3.6   Fremdschlüssel (FOREIGN KEY)

Beim Fremdschlüssel (FOREIGN KEY) handelt es sich um einen Verweis einer Tabelle auf ein Feld einer anderen Tabelle. Wie bereits in der Einleitung erwähnt, verfügt MySQL standardgemäß nicht über die Unterstützung von FOREIGN KEY. Lediglich die Verwendung von InnoDB-Tabellentypen ermöglicht die Verwendung von FOREIGN KEY. Mit FOREIGN KEY wird die referenzielle Integrität von Datenbanken quasi erzwungen. Prinzip dabei ist, dass ein Feld oder ein Satz von Feldern per Definition an einen Schlüssel einer anderen Tabelle gebunden wird. So kann erreicht werden, dass beim Löschen von Datensätzen automatisch auch alle verbundenen Datensätze gelöscht werden. Dies wäre im Fall der Beziehung zwischen Kunde und dessen Bestellung äußerst praktisch.

Syntax für FOREIGN KEY

Die Syntax für FOREIGN KEY lautet:

```
FOREIGN KEY (<Indexspaltenname>, ...) REFERENCES <Tabellenname>
(<Indexspaltenname>, …)
```

Beispiel

Die Verwendung von Fremdschlüsseln wird im Folgenden an einem Beispiel gezeigt:

Angenommen, Sie wollen zusätzlich zu einer Kundentabelle die jeweiligen Bestellungen speichern. Sie benötigen dann zwei Tabellen, eine Kundentabelle

```
mysql> CREATE TABLE kunden(
id INT NOT NULL,
name VARCHAR(60),
ort VARCHAR(40),
plz CHAR(5),
PRIMARY KEY (ID)
) TYPE=INNODB;
```

und eine Tochtertabelle, die die Bestellungen enthält:

```
mysql> CREATE TABLE bestellungen(
id INT NOT NULL,
kunden_id INT,
bezeichnung VARCHAR(40),
anzahl INT,
INDEX kun_id (kunden_id),
FOREIGN KEY (kunden_id) REFERENCES kunden (id)
) TYPE=INNODB;
```

Auswirkung

Über die Felder kunden_id der Tochtertabelle ist jetzt referenziell die ID der Kunden-tabelle verknüpft. Für den praktischen Betrieb hat das folgende Auswirkungen:

*   In der Tochtertabelle können nur Kunden-IDs verwendet werden, die wirklich vor-handen sind.

*   Sie können keinen Kunden löschen, für den noch Datensätze in der Tochtertabelle vorliegen.

Natürlich ist somit die referenzielle Integrität der Datenbank viel besser geschützt. Für den MySQL-Entwickler, der nicht mit InnoDB-Tabellen arbeitet, heißt das aber auch, dass die referenzielle Intergrität immer manuell mitgeführt werden muss. Für die Kom-patibiltät der SQL-Syntax kann hier FOREIGN KEY definiert werden, dies hat aber keinen Effekt.

4.3.7 Ändern des Tabellenlayouts (ALTER TABLE)

Gerade während der Definitions- und Entwurfsphase eines Projekts werden häufig Änderungen im Datenbank- und Tabellenlayout vorgenommen. Sie können natürlich auch nachträglich das Tabellenlayout ändern. Hierzu steht der Befehl ALTER TABLE zur Verfügung, mit dem Sie

*   Tabellen umbennen können,

*   Felder, Indizes oder Schlüsel hinzufügen können,

*   Felder, Indizes oder Schlüssel löschen können,

*   die Definition eines Feldes, beispielsweise den Datentyp, ändern können.

Die allgemeine Syntax lautet:

```
mysql>ALTER TABLE <Tabellenname> <Änderungsbedingung>,
<Änderungsbedingung>;
```

Sie können also mehrere Änderungen an einer Tabelle gleichzeitig durchführen, indem Sie die gewünschten Änderungen, jeweils durch ein Komma getrennt, hintereinander aufschreiben.

Tabellen umbenennen

Um eine Tabelle umzubenennen, geben Sie folgenden Befehl ein:

```
mysql>ALTER TABLE <Tabellenname> RENAME <Neuer_Tabellenname>;
```

Beispiel

```
mysql>ALTER TABLE kunden RENAME kundentabelle;
```

Felder anzeigen

Bevor Sie sich mit der Bearbeitung von Feldern einer Tabelle befassen, sollten Sie noch einen Blick darauf werfen, wie Sie ohne weiteres sämtliche Felder anzeigen können. Hierzu ist die folgende Syntax notwendig:

```
mysql>SHOW COLUMNS FROM <Tabellename> FROM <Datenbankname>;
```

Beispiel

```
show columns from kunden from mysqlpraxis;

+--------+-------------+------+-----+---------+
| Field  | Type        | Null | Key | Default |
+--------+-------------+------+-----+---------+
| id     | int(11)     |      | PRI | 0       |
| name   | varchar(60) | YES  |     | NULL    |
| ort    | varchar(40) | YES  |     | NULL    |
| plz    | varchar(5)  | YES  |     | NULL    |
+--------+-------------+------+-----+---------+
```

Felder hinzufügen

Neue Felder zu einer bestehenden Tabelle werden mit folgendem Befehl hinzugefügt:

```
mysql>ALTER TABLE <Tabellenname> ADD <Erstellungsanweisung>;
```

Die Syntax der <Erstellungsanweisung> ist dabei analog zu der des CREATE-Befehls und dort beschrieben. Über <Erstellungsanweisung> werden die Felder mit ihrem Datentyp und gegebenenfalls dem Feldverhalten definiert. Um beispielsweise das Feld email einer bestehenden Adresstabelle hinzuzufügen, gilt folgender Befehl:

```
mysql>ALTER TABLE adressen ADD email VARCHAR(50);
```

Sie können beim Hinzufügen des neuen Feldes optional dessen Position in der Reihenfolge der bestehenden Felder definieren. Hierfür ergänzen Sie den oben genannten Befehl mit AFTER <Spaltenname>, um das Feld hinter einer benannten Spalte, oder FIRST, um die Spalte am Anfang zu platzieren.

Beispiel

```
mysql>ALTER TABLE adressen ADD email VARCHAR(50) AFTER name;
```

Mehrere Spalten können innerhalb einer Befehlszeile durch ein Komma getrennt hinzugefügt werden:

```
mysql>ALTER TABLE <Tabellenname> ADD <Erstellungsanweisung>,
<Erstellungsanweisung>, ...;
```

Beispiel

```
mysql>ALTER TABLE adressen ADD email VARCHAR(50) AFTER name, homepage
VARCHAR(50) AFTER email;
```

Analog erfolgt die Ergänzung einer Tabelle um Index-, Primär- und Unique-Felder.

Index hinzufügen

Neue Indexfelder werden folgendermaßen hinzugefügt:

```
mysql>ALTER TABLE <Tabellenname> ADD INDEX [Indexname] <Spaltenname>;
```

Primärschlüssel hinzufügen

Ein Primärschlüssel wird in folgender Syntax hinzugefügt:

```
mysql>ALTER TABLE <Tabellenname> ADD PRIMARY KEY <Spaltenname>;
```

UNIQUE-Feld hinzufügen

Für Unique-Felder wird folgender Befehl verwendet:

```
mysql>ALTER TABLE <Tabellenname> ADD UNIQUE [Indexname] <Spaltenname>;
```

Bestehende Felder einer Tabelle ändern (CHANGE)

Bestehende Felder einer Tabelle können über CHANGE geändert werden. Die Syntax hierfür lautet:

```
mysql>ALTER TABLE <Tabellenname> CHANGE <Spaltenname>
<Erstellungsanweisung>;
```

Wenn Sie beispielsweise das bestehende Feld email in der Länge und Namensgebung verändern wollen, kann dies mit folgendem Befehl erfolgen:

```
mysql>ALTER TABLE adressen CHANGE email emails VARCHAR(100);
```

MODIFY

Ebenfalls zum Ändern von Feldern kann MODIFY verwendet werden, welches als Option aufgrund der Oracle-Kompatibilität besteht. Im Gegensatz zu CHANGE kann hier aber nicht der Name eines Feldes geändert werden.

```
mysql>ALTER TABLE adressen MODIFY email VARCHAR(100);
```

Felder, Index oder Primary Key löschen (DROP)

Zum Löschen wird DROP verwendet. Die Syntax, um einzelne Spalten zu löschen, lautet:

```
mysql>ALTER TABLE <Tabellenname> DROP <Spaltenname>;
```

Beispiel

```
mysql>ALTER TABLE adressen DROP name;
```

Die Syntax, um einzelne Indizes zu löschen, lautet:

```
mysql>ALTER TABLE <Tabellenname> DROP <Indexname>;
```

Die Syntax, um einzelne Primärschlüssel zu löschen, lautet:

```
mysql>ALTER TABLE <Tabellenname> DROP <Primärschlüssel>;
```

Interne Optimierung von Tabellen

Im Zusammenhang der Bearbeitung und Behandlung von Tabellen ist noch der interne Optimierer von MySQL zu erwähnen. MySQL überprüft bei der Anlage oder Änderung einer Tabelle die interne Struktur und führt gegebenenfalls, auch ohne Ausgabe einer Meldung, selbstständig Änderungen durch. Dies geschieht dann, wenn die Tabelle dadurch, in Hinsicht auf einen geringeren Speicherverbrauch, optimiert wird. So werden

- VARCHAR mit einer Länge von weniger als 4 Zeichen in CHAR geändert;

- Alle CHAR, die 4 Zeichen und mehr besitzen, in VARCHAR geändert, wenn bereits eine andere Spalte eine variable Länge (VARCHAR, TEXT oder BLOB) besitzt;

- TIMESTAMP-Felder bei der Definition von Längen, die nicht zwischen 2 und 14 liegen, automatisch verlängert bzw. verkürzt.

Wer einmal ausprobieren möchte, wie der interne Optimierer von MySQL arbeitet, kann folgende Tabelle anlegen und das Ergebnis der internen Optimierung anschließend mit DESCRIBE <Tabellenname> betrachten.

```
mysql>CREATE TABLE optimtest (
id INT DEFAULT '0' NOT NULL auto_increment,
Name char(40) NOT NULL,
beschreibung1 char(45),
zusatz text,
freund1 char(1),
freund2 char(2),
```

```
freund3 char(3),
freund4 char(4),
freund5 char(5),
freund6 char(6),
PRIMARY KEY (id)
);
```

```
mysql> DESCRIBE optimtest;
```

```
+---------------+-------------+------+-----+---------+
| Field         | Type        | Null | Key | Default |
+---------------+-------------+------+-----+---------+
| id            | int(11)     |      | PRI | NULL    |
| Name          | varchar(40) |      |     |         |
| beschreibung1 | varchar(45) | YES  |     | NULL    |
| zusatz        | text        | YES  |     | NULL    |
| freund1       | char(1)     | YES  |     | NULL    |
| freund2       | char(2)     | YES  |     | NULL    |
| freund3       | char(3)     | YES  |     | NULL    |
| freund4       | varchar(4)  | YES  |     | NULL    |
| freund5       | varchar(5)  | YES  |     | NULL    |
| freund6       | varchar(6)  | YES  |     | NULL    |
+---------------+-------------+------+-----+---------+
```

Zu sehen ist die oben beschriebene Änderung von CHAR-Feldern in VARCHAR-Felder.

Optimierung von Tabellen

Mit OPTIMIZE TABLE <Tabellenname> können Tabellen vom Typ MyISAM und Berkeley DB auch einer manuellen Optimierung unterzogen werden. Dies bietet sich dann an, wenn große Teile einer Tabelle gelöscht wurden oder viele Änderungen in Feldern variabler Länge durchgeführt wurden. Durch OPTIMIZE TABLE wird unbenutzter Speicher freigegeben und die Datenbankdatei defragmentiert.

Beispiel

```
mysql>OPTIMITE TABLE optimtest;
```

```
+----------------------+----------+----------+
| Table                | Op       | Msg_type |
+----------------------+----------+----------+
| mysqlpraxis.optimtest| optimize | status   |
+----------------------+----------+----------+
```

Zusatz

```
+-----------------------------+
| Msg_text                    |
+-----------------------------+
| Table is already up to date |
+-----------------------------+
```

Zu erwähnen ist noch, dass Tabellen, während der Laufzeit von OPTIMIZE TABLE gesperrt sind. So wird einem möglichen Datenverlust vorgebeugt.

4.3.8   Tabellen umbenennen und löschen

Tabellen können gegebenenfalls mit folgendem Befehl umbenannt werden.

```
mysql>RENAME TABLE <Tabellenname> TO <Neuer_Tabellenname> [.
<Tabellenname2> TO <Neuer_Tabellenname2>, ...];
```

Wenn Sie beispielsweise die Tabelle Anschriften in Adressen umbennen wollen, lautet der Befehl hierfür:

```
mysql>RENAME TABLE Anschriften TO Adressen;
```

Der Befehl RENAME TABLE führt die gleiche Aktion aus wie ALTER TABLE:

```
<Tabellenname> RENAME <Neuer_Tabellenname>.
```

DROP TABLE

Zum Löschen einer Tabelle steht Ihnen der folgende SQL-Befehl zur Verfügung:

```
mysql>DROP TABLE <Tabellenname>;
```

Zum Löschen einer Tabelle müssen Sie über die entsprechenden Rechte verfügen. Im Gegensatz zu anderen Datenbanken bestehen bei MySQL keine weiteren Abhängigkeiten, wie beispielsweise ein definierter FOREIGN KEY in einer anderen Tabelle, die das Löschen einer Tabelle verhindern könnte, sofern Sie nicht den Tabellentyp InnoDB verwenden. Beim Löschen von Tabellen müssen Sie also selbst auf die referenzielle Integrität Ihrer Daten achten. Löschen Sie Tabellen erst dann, wenn keine Abhängigkeiten zu anderen Tabellen mehr bestehen. Dadurch vermeiden Sie, dass Phantomdatensätze in diesen Tabellen übrig bleiben oder Anwendungen aufgrund nicht intakter Abhängigkeiten nicht mehr funktionieren.

Skriptgesteuerte SQL-Befehle

Hinzuweisen ist an dieser Stelle darauf, dass alle Schritte duch SQL-Kommandos darstellbar sind, somit also auch skriptgesteuert erfolgen können, d.h., alle Befehle können in eine Skriptdatei eingegeben werden und dann über die Kommandozeile mit der MySQL-Shell (mysql) abgearbeitet werden. Dies ist praktisch bei wiederkehrenden Vorgängen, weil Sie den Befehl dann nicht jedes Mal neu eingeben müssen. Dies sei an einem kurzen Beispiel erläutert:

Editieren Sie eine einfache Texdatei, die beispielsweise folgende Einträge zur Definition einer Datenbank, einer Tabelle und der Änderung einer Tabelle enthält:

```
CREATE DATABASE Lagerverwaltung;
USE Lagerverwaltung;
CREATE TABLE produkte (
ID INT,
```

```
Bezeichnung VARCHAR(100);
Bestand INT
);
ALTER TABLE produkte ADD wareneingang DATE;
```

Die einzelnen SQL-Befehle werden durch Semikolon getrennt und deshalb von MySQL als eigenständige Befehle erkannt.

Speichern Sie diese Datei unter einem beliebigen Namen, beispielsweise DB.SQL.

Anschließend können Sie über die Kommandozeile mit

```
$>mysql -uuser - ppasswort < DB.SQL
```

die Eingaben im Batchmodus ausführen lassen. Auf diese Weise lassen sich sehr gut Aufgaben automatisieren, die immer wieder vorkommen.

5 Arbeiten mit Daten

In diesem Kapitel soll dargestellt werden, wie Sie mit Daten arbeiten und welche Befehle hierfür benötigt werden. Das gesamte Spektrum der Verwaltung von Daten soll hierbei erfasst werden.

5.1 Benutzerwerkzeuge und -schnittstellen

Wenn die grundsätzliche Datenbank- und Tabellenstruktur aufgebaut ist, können Daten eingegeben und es kann mit diesen, je nach Zielsetzung, gearbeitet werden. Dabei ist zu unterscheiden, welche Benutzergruppen mit welchem Arbeitsziel mit MySQL arbeiten. In der Beschreibung der Installation von MySQL wurden bereits Hilfsprogramme für die Dateneingabe und -ausgabe vorgestellt.

Möglichkeiten, um mit Daten in der MySQL-Datenbank zu arbeiten

Um mit MySQL arbeiten zu können, haben Sie grundsätzlich folgende Möglichkeiten:

- Sie benutzen die Programme, die von MySQL zur Verfügung gestellt werden. Dies wäre beispielsweise der mysql-Client, bei dem auf Kommandozeile gearbeitet wird.

- Sie verwenden Standardprogramme von Drittanbietern. Dies können grafische Client oder Desktopprogramme sein, mit denen ein Zugriff auf MySQL möglich ist.

- Sie entwickeln die Benutzerschnittstellen mit Hilfe der Programmierschnittstellen von MySQL selber. Dies können sowohl Desktop-, als auch Inter-/Intranetapplikationen sein.

Datenbankserver

Wie bereits erwähnt, ist MySQL ein Datenbankserver. Jegliche Programme, mit denen man die in MySQL gespeicherten Daten bearbeiten kann, besitzen ein Grundprinzip als Gemeinsamkeit: Sie alle bieten die Möglichkeit, mit dem MySQL-Datenbankserver Kontakt aufzunehmen und dazu die SQL-Befehlssyntax, die MySQL über Schnittstellen zur Verfügung stellt, zu nutzen.

Welche Programme Sie zur Dateneingabe und -pflege nutzen, hängt von Ihren Anforderungen, Kenntnissen und Vorlieben ab. Je nach Programm, fallen eventuell vorab Installationsarbeiten an.

5.2   Daten einfügen, ändern und löschen

Eine Datenbank wie MySQL ist für die Datenspeicherung konzipiert. Das Einfügen, Ändern und Löschen von Daten gehört demnach zu den wichtigsten Aufgaben, die mit MySQL im praktischen Betrieb bewerkstelligt werden müssen.

5.2.1   Einfügen von Daten in Tabellen

Beim Einfügen von Daten in die Datenbank können grundsätzlich zwei Fälle unterschieden werden, die auch zum Teil in der Handhabung differieren. Dies sind:

- Das Einfügen einzelner Datensätze durch einen Datenbankbenutzer. Je nach Realisierung der Eingabe, erfolgt dies über einen grafischen oder einen Kommandozeilen-Client.

- Das Einfügen ganzer Datenbestände. Hierbei könnte es sich um die Übertragung von Daten aus einer anderen Datenbank handeln oder um den Aufbau von Standardtabellen wie Postleitzahlen- bzw. Bankleitzahlentabellen. In diesem Fall besteht die Aufgabe darin, eine strukturierte Datei nach MySQL zu importieren. Diese Aufgabe wird im Allgemeinen vom Datenbankadministrator erledigt.

Datensätze einfügen

Alle Datensätze werden grundsätzlich mit einem INSERT-Befehl in die Datenbank eingefügt. Die grundlegende Syntax für den INSERT-Befehl lautet wie folgt:

```
mysql>INSERT INTO <Tabellenname> (<Spaltenname>, ...) VALUES (<Wert>, ...);
```

Anzugeben sind also der Tabellenname, die Tabellenspalten und die Werte, die in den Spalten gespeichert werden sollen. Die jeweiligen Spaltennamen und Werte werden durch Kommata getrennt und der Reihenfolge nach gespeichert. Der erste Wert wird in der ersten Spalte, der zweite in der zweiten Spalte gespeichert. Diese Gliederung wird entsprechend weitergeführt.

Um einen Adressdatensatz zu füllen, könnten Sie beispielsweise folgenden Befehl eingeben:

```
mysql>INSERT INTO anschrift (name,strasse,hausnr,ort,plz,alter) VALUES
('Müller','Kleinweg',17,'Berlin','18772',27);
```

Dabei sind die Daten, mit Ausnahme von numerischen Werten, in Hochkommata zu stellen. Alle Spalten des neu eingefügten Datensatzes, die Sie nicht genannt haben, werden auf Ihren DEFAULT-Wert gesetzt. Falls Sie Escape-Zeichen speichern wollen, sind diese mit einem \ zu schützen. Dies geschieht wie folgt:

```
mysql>INSERT INTO anschrift (name,strasse,hausnr,ort,plz,alter) VALUES
('\'Müller\'','Kleinweg',17,'Berlin','18772',27);
```

Die Angabe der Spaltennamen ist optional. Falls keine Spaltennamen angegeben sind, werden die Werte der Reihe nach in den Spalten gespeichert.

Sie können natürlich auch berechnete oder zusammengesetzte Werte mit dem INSERT-Befehl einfügen. Dabei kann auch auf Werte zurückgegriffen werden, die in Bezug auf den INSERT-Befehl bereits verwendet wurden. Wenn Sie beispielsweise die Summe zweier Einträge in ein weiteres Feld schreiben wollen, können Sie dies wie folgt durchführen:

```
mysql>INSERT INTO produkte (produkt_1, produkt_2, summe) VALUES
(100,95,produkt_1+produkt_2);
```

Gleichzeitiges Speichern mehrerer Datensätze

MySQL unterstützt auch, abweichend vom SQL-Standard, das gleichzeitige Speichern mehrerer Datensätze in einer Zelle. Die Syntax lautet dann wie folgt:

```
mysql>INSERT INTO anschrift (name,strasse,hausnr,ort,plz,alter) VALUES
('Müller','Kleinweg',17,'Berlin','18772',27),
('Schmidt','Großweg',3,'Köln','70272',21),
('Lindemann','Groibenweg',18,'Hamburg','20878',34);
```

Für den INSERT-Befehl bietet MySQL noch eine andere Syntax in folgender Form:

```
mysql>INSERT INTO <Tabellenname> SET <Spaltenname>=<Wert>, <Spalten-
nanme>=<Wert>, ...;
```

Die Syntax für einen Datensatz lautet dann wie folgt:

```
mysql>INSERT INTO anschrift SET name='Müller', strasse='Kleinweg',
hausnr=17, ort='Berlin', plz='18772', alter=27;
```

Im Gegensatz zur oben genannten Syntax, erfolgt die Zuweisung des Wertes entsprechend der gewünschten Spalte in direktem Zusammenhang. Sie wird nicht durch die Reihenfolge der Auflistung bestimmt. Diese Syntax ist also etwas leichter zu bearbeiten, da die Zuweisung transparenter ist. Oft verzählt man sich bei der Aufzählungssyntax bei der Anzahl der Spalten und Werte, so dass der INSERT-Befehl aufgrund der nicht gleichen Anzahl an Feldern und Werten abgelehnt wird.

Daten aus einer anderen Tabelle übernehmen

Sehr elegant können Datensatzfelder auch über einen SELECT-Befehl gefüllt werden. Im praktischen Betrieb könnte dies beispielsweise dann interessant sein, wenn Auswertungen aus einer Tabelle in einer anderen Tabelle gespeichert werden sollen. Die grundsätzliche Syntax lautet:

```
mysql>INSERT INTO <Tabellenname> (<Spaltenname>, ...) SELECT
<Auswahlbedingung>;
```

Beispiel

```
mysql>INSERT INTO premium_kunden (name, umsatze) SELECT name, sum(umsatz)
FROM anschrift GROUP BY kunden_id HAVING sum(umsatz) > 10000;
```

Hierbei werden aus einer Kundentabelle all die Kunden in die Tabelle premium_kunden geschrieben, die eine Umsatzsumme von mehr als 10000 aufweisen. Die Tabelle premium_kunden muss heirfür bereits vorhanden sein.

INSERT DELAYED

Für den INSERT-Befehl hält MySQL noch einige Optionen bereit. Die wichtigste ist die MySQL-eigene INSERT DELAYED-Option, die allerdings nur den ISAM- und MyISAM-Tabellentypen zur Verfügung steht. INSERT DELAYED verändert das Verhalten von MySQL beim Ausführen des INSERT-Befehls. Dieser Befehl ist erforderlich, da das Einfügen eines Datensatzes relativ viel Rechenzeit benötigt, beispielsweise um vorhandene Indizes zu aktualisieren. Bei INSERT DELAYED fügt MySQL die Datensätze schonender für weitere Prozesse in die Zieltabellen ein, weil der INSERT-Befehl erst dann ausgeführt wird, wenn kein anderer Prozess mehr auf der Datenbank aktiv ist, und weil das MySQL die INSERT-Anfragen von verschiedenen Clients gesammelt zu einem Zeitpunkt in die Datenbank schreibt. Durch dieses Verhalten ist INSERT DELAYED grundsätzlich langsamer in seiner Ausführung als ein einfaches INSERT. Da die INSERT DELAYED-Befehle auch nicht immer sofort ausgeführt werden, ist bei einem Absturz des MySQL-Datenbankservers auch nicht ausgeschlossen, dass INSERT-Befehle verloren gegangen sind. Aus diesem Grund sollte INSERT DELAYED auch nur in begründeten Fällen verwendet werden, zum Beispiel wenn die INSERT-Vorgänge die Performance von Abfragen negativ beeinflussen.

Doppelte Einträge ignorieren

Eine andere Option, die für den INSERT-Befehl zur Verfügung steht, ist INSERT IGNORE. Falls beim Einfügen doppelte Einträge für einen PRIMARY KEY- oder UNIQUE-Schlüssel auftreten, werden diese ignoriert, andernfalls würde der INSERT-Befehl mit einer Fehlermeldung abbrechen.

Sie benötigen die INSERT-Befehle, wenn Sie mit einem Kommandozeilenwerkzeug wie mysql arbeiten oder eine MySQL-Anwendung programmieren. Wenn Sie einen grafischen Client verwenden, müssen Sie sich unter Umständen weniger um die Syntax kümmern, da Sie die Daten in Felder oder Datengrids eintragen.

Die Möglichkeit des Imports von Datensätzen in Form einer strukturierten Datei hängt häufig von der Datenquelle ab und kann daher nicht verallgemeinert werden.

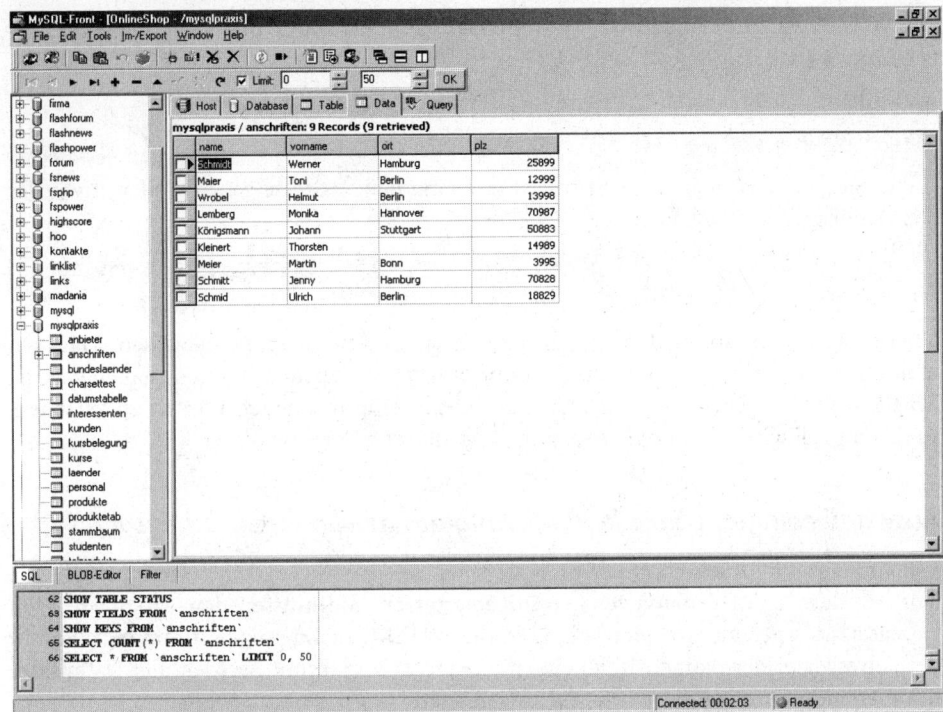

Bild 5.1:   In grafischen Clients können Dateneingaben auch ohne Kenntnisse der
             INSERT-Syntax erfolgen

Datensatz überschreiben

Falls Sie einen INSERT-Befehl ausführen, der zu Konflikten mit einem schon bestehenden Datensatz führt, beispielsweise durch ein Schlüsselfeld, wird das Einfügen des Datensatzes abgelehnt. Falls Sie trotzdem einen solchen Datensatz einfügen wollen, können Sie den folgenden Befehl verwenden:

```
mysql>REPLACE INTO <Tabellenname> (<Spaltenname>, ...) VALUES (<Wert>, ...);
```

Allerdings wird dadurch der alte Datensatz überschrieben und kann nicht wiederhergestellt werden.

5.2.2   Daten aktualisieren

Eine immer wiederkehrende Aufgabe ist natürlich das Ändern bzw. Aktualisieren von bereits gespeicherten Informationen in der Datenbank. In einer Adressdatenbank kann dies beispielsweise dann notwendig sein, wenn sich die Anschrift geändert hat.

Der SQL-Befehl zum Ändern von Datensätzen heißt UPDATE und weist folgende Syntax auf:

```
mysql>UPDATE <Tabellenname> SET <Spaltenname>=<Ausdruck>, [<Spalten-
name>=<Ausdruck>, ...] [WHERE <Auswahlbedingung>];
```

Wenn Sie einem Adressensatz beispielsweise eine neue Adresse geben wollen, sieht der dazugehörige Befehl wie folgt aus:

```
mysql>UPDATE anschrift SET plz='70298', ort='Köln', strasse='Johannplatz',
hausnr=23 WHERE name='Müller';
```

Über SET werden somit den gewünschten Spalten neue Werte zugewiesen. Da auch mehrere Felder, durch Kommata getrennt, angegeben werden können, haben Sie die Möglichkeit, alle Spalten eines Datensatzes gleichzeitig mit neuen Werten zu versehen. In diesem Fall wird die komplette Anschrift geändert.

Auswahlbedingung zur Identifizierung des gewünschten Datensatzes

Anhand dieses Beispiels erkennen Sie aber auch eine grundlegende Schwierigkeit, die Sie beim Ändern eines Datensatzes bewältigen müssen: Sie müssen den entsprechenden Datensatz, der geändert werden soll, über die WHERE-Bedingung bestimmen. Wenn in der Adressdatei der Name Müller mehr als einmal vorkommt, werden alle Datensätze mit diesem Namen auf die gleiche Adresse gesetzt.

Die WHERE-Bedingung hat den Rang einer ganz normalen Abfrage. Wenn Sie eine UPDATE-Anweisung formulieren wollen und sich nicht sicher sind, ob die richtigen Datensätze geändert werden, ist es sinnvoll, erst einmal den SELECT-Befehl ohne UPDATE durchzuführen. Wenn das Ausgabeergebnis den Wünschen entspricht, kann dann die Änderung mit UPDATE durchgeführt werden.

Hier ein Beispiel für diesen Fall:

Sie wollen eine Anschriftentabelle ändern und Ortbezeichnungen aktualisieren. Hierbei soll beispielsweise der Ort Berlin die neue Ortsbezeichnung München erhalten.

```
mysql>UPDATE anschrift SET ort='München' WHERE ort='Berlin';
```

Der Befehl würde also die Ortsnamen, die auf Berlin lauten, in München aktualiseren. So weit so gut. Leider haben Sie über diese Methode nunmehr einen Fehler in die Datenbank gespeichert. Außer Berlin mit den Postleitzahlen 8xxxx existieren in Ihrer Datenbank zusätzlich noch Datensätze, die ein Berlin mit den Postleitzahlen 1xxxx besitzen. Das Problem eines vorschnellen Updates können Sie vermeiden, indem Sie zuerst die WHERE-Bedingung isoliert ausführen. In diesem Fall lautet die Eingabe wie folgt:

```
mysql>SELECT plz, ort FROM anschrift WHERE ort='Berlin';
```

Sie haben in diesem Fall rechzeitig erkannt, dass nicht die richtige Datensatzmenge erfasst wird. Dadurch haben Sie die Möglichkeit, Ihre Auswahl mit folgender Erweiterung zu korrigieren.

```
mysql>SELECT plz, ort FROM anschrift WHERE ort='Berlin' AND plz='12899';
```

Der richtige UPDATE-Befehl lautet dann wie folgt:

```
mysql>UPDATE anschrift SET ort='München' WHERE ort='Berlin' AND
plz='12899';
```

Sie sehen also, ein Update von Tabellen ohne gute Kenntnis der SELECT-Syntax nutzt Ihnen in der Praxis relativ wenig.

Alle Datensätze auf einen Wert setzen

Am einfachsten ist der UPDATE-Befehl dann anzuwenden, wenn Sie alle Datensätze auf den gleichen Wert setzen wollen. Wenn Sie beispielsweise bei allen Datensätzen das Merkmal letzte Überprüfung (last_check) auf das aktuelle Datum setzen wollen, kann dies wie folgt aussehen:

```
mysql>UPDATE anschrift SET last_check= now();
```

Verwenden Sie einen UPDATE-Befehl ohne die WHERE-Bedingung nur dann, wenn Sie sich Ihrer Sache wirklich sicher sind. Falls Sie den Wert einer Spalte versehentlich mit UPDATE, ohne WHERE, auf den gleichen Wert gesetzt haben, rettet Sie nur noch die Datensicherung.

Anzahl der Datensätze begrenzen

Der UPDATE-Befehl kennt zusätzlich noch die Option LIMIT <Anzahldatensätze>. Mit dieser Option kann die Anzahl der zu ändernden Datensätze auf eine feste Zahl eingeschränkt werden. Diese Option kann sinnvoll sein, um Fehleingaben abzufangen.

```
mysql>UPDATE anschrift SET ort='München', plz='80267',
strasse='Leopoldplatz', hausnr=13 WHERE name='Müller' LIMIT 1;
```

Diese MySQL-Anweisung würde also maximal einen Datensatz ändern.

Da MySQL die Anzahl der geänderten Datensätze ausgibt, kann dies als Hilfsmittel genutzt werden, um die Richtigkeit des UPDATE-Befehls zumindest im Groben zu kontrollieren.

```
mysql>UPDATE anschrift SET ort='München', plz='80267',
strasse='Leopoldplatz', hausnr=13 WHERE name='Müller' LIMIT 1;

Query OK, 5 rows affected (0.00 sec)
Rows matched: 5        Changed: 5           Warnings: 0
```

5.2.3   Daten löschen

Zum Löschen von Datenreihen aus einer Tabelle wird der SQL-Befehl DELETE verwendet. Um Daten löschen zu können, müssen Sie die entsprechenden Rechte zum Löschen auf der Zieltabelle besitzen. Die Syntax von DELETE lautet wie folgt:

```
mysql>DELETE FROM <Tabellenname> WHERE <Auswahlbedingung>;
```

Die betroffenen Reihen ergeben sich also aus der WHERE-Bedingung. Falls keine WHERE-Bedingung angegeben ist, werden alle Datensätze der entsprechenden Tabelle gelöscht.

Wenn Sie beispielsweise aus einer Anschriftentabelle alle Namen löschen wollen, die Müller lauten, wird der SQL-Befehl wie folgt formuliert:

```
mysql>DELETE FROM anschrift WHERE name='Müller';
```

TRUNCATE

Um den gesamten Inhalt einer Tabelle zu löschen, kann ab Version 3.23.28 auch der Befehl TRUNCATE TABLE <Tabellenname> verwendet werden. Dieser Befehl bewirkt, analog zu DELETE FROM <Tabellenname>, das Löschen einer gesamten Tabelle. Allerdings wird bei TRUNCATE die Tabelle gelöscht und zusätzlich neu angelegt. Vorteil dieser Methode ist, dass sie in der Regel schneller ist, als alle Zeilen einer Tabelle einzeln löschen zu müssen. Als Nachteil ist festzuhalten, dass dieser Befehl nicht ausgeführt werden kann, wenn eine aktive Transaktion besteht.

Zu beachten ist auch die je nach MySQL-Version unterschiedliche Syntax für TRUNCATE:

Ab Version 3.23.28-3.23.32:

```
mysql>TRUNCATE <Tabellenname>;
```

Ab Version 3.23.33:

```
mysql>TRUNCATE TABLE <Tabellenname>;
```

Daten aus mehreren Tabellen gleichzeitig löschen

Ab Version 4 von MySQL wurde der DELETE-Befehl um die Option, Daten aus mehreren Tabellen gleichzeitig löschen zu können, erweitert.

```
mysql>DELETE FROM <Tabellenname>, <Tabellenname>;
```

Auch in diesem Fall kann natürlich eine Einschränkung über die WHERE-Bedingung erfolgen. Dies kann dann von Vorteil sein, wenn die Option genutzt werden soll, Datensätze einschließlich ihrer Tochterdatensätze in einem Arbeitsgang zu löschen. Hierfür sei ein kleines Beispiel vorgestellt:

Gegeben sei ein Auskunftssystem für Telefontarife. Ein Anbieter ist nicht weiter am Markt aktiv, daher soll dieser Anbieter, einschließlich aller Produkte, aus der Datenbank gelöscht werden.

Die Tabellen können dann wie folgt aussehen. In einer Anbietertabelle sind alle Anbieter aufgelistet.

ID	Name	...
1	Deutsche Telekom	...
2	Mobilcom	...
3	E-Plus	...
4	VIAG Interkom	...

In einer Tochtertabelle befinden sich die jeweiligen Produkte. Die Tabellen sind über die Anbieter-ID (ID bzw. IDA) referenziell miteinander verknüpft.

ID	IDA	Produkt	...
1	1	T-ISDN	...
2	1	T-NET	...
3	3	PREMIUM	...
4	4	VIAG-Select	...
5	...	...	...

Um das Beispiel nachvollziehen zu können, hier die Tabellendefinitionen:

```
mysql>CREATE TABLE anbieter (id init(11) NOT NULL auto_increment, name
varchar(50) default NULL, PRIMARY KEY (id));

mysql>INSERT INTO anbieter VALUES (1, 'Deutsche Telekom');
mysql>INSERT INTO anbieter VALUES (2, 'Mobilcom');
mysql>INSERT INTO anbieter VALUES (3, 'E-Plus');
mysql>INSERT INTO anbieter VALUES (4, 'VIAG Interkom');
```

und

```
mysql>CREATE TABLE produkte (id init(11) NOT NULL auto_increment, ida
init(11) NOT NULL default '0', produkt varchar(50) default NULL, PRIMARY
KEY (id));

mysql>INSERT INTO produkte VALUES (1,1,'T-ISDN');
mysql>INSERT INTO produkte VALUES (2,1,'T-ISDN');
mysql>INSERT INTO produkte VALUES (3,3,'PREMIUM');
mysql>INSERT INTO produkte VALUES (4,4,'VIAG-Select');
```

Nun soll der insolvente und damit nicht mehr aktive Anbieter VIAG Interkom, einschließlich aller Produkte, aus den Tabellen gelöscht werden. Der Befehl hierfür lautet:

```
mysql>DELETE anbieter, produkte FROM anbieter,produkte WHERE
anbieter.id=produkte.ida AND anbieter.id=4;
```

Nach diesem Befehl sind alle Produktdatensätze, die zu VIAG Interkom gehören, sowie der Anbieter VIAG Interkom (id = 4) aus der Anbietertabelle gelöscht.

Achtung: Durch das Löschen von Datensätzen aus Tabellen wird die Datenbank bei MyISAM-Tabellen nicht automatisch kleiner, da die Reihen nur als unbenutzt markiert werden und bei späteren Einfügevorgängen wieder gefüllt werden. Falls Sie als unbenutzt markierte Reihen löschen wollen, können Sie dies über OPTIMIZE TABLE oder das Kommandozeilenwerkzeug myisamchk bewerkstelligen.

Anzahl der Datensätze begrenzen

Die Anzahl der zu löschenden Reihen kann über LIMIT mit einer absoluten Zahl festgelegt werden.

```
mysql>DELETE FROM <Tabellenname> WHERE <Auswahlbedingung> LIMIT 10;
```

Diese MySQL-Anweisung löscht die ersten zehn betroffenen Datensätze. Die Begrenzung kann dann sinnvoll sein, wenn die Datenbank beispielsweise durch umfangreiches Löschen von Datensätzen nicht zu hoch belastet werden soll.

Als weitere Option zum Löschen von Datensätzen kann seit Version 4 von MySQL der Befehl ORDER BY verwendet werden. Ein Beispiel für die selektive Verwendung von ORDER BY ist die Verwaltung von Listen, bei denen nur aktuelle Datensätze benötigt werden, beispielsweise bei einem Nachrichtensystem. Ältere Datensätze könnten dann mit folgendem Befehl gelöscht werden:

```
mysql>DELETE FROM news ORDER BY news_datum LIMIT 10;
```

In diesem Fall werden jeweils die 10 Datensätze mit den ältesten Datumseinträgen gelöscht. Bei der Arbeit mit DELETE sollte Ihnen bewusst sein, dass DELETE die Daten unwiderruflich aus der Tabelle löscht.

5.2.4 Daten aus anderen Datenbanken bzw. Programmen übernehmen

Im praktischen Betrieb stellt sich häufig die Aufgabe, Daten aus anderen Programmen in MySQL zu übernehmen. Dies kann dann der Fall sein, wenn beispielsweise das komplette Datenbanksystem umgestellt werden soll oder man Daten aus einem anderen System erhält und in die eigene Datenbank integrieren möchte.

Möglichkeiten des Datenimports

Der Datenimport ist in der Regel eine Angelegenheit, die voller Fallen steckt, da eine korrekte Feldzuordnung definiert werden muss. Grundsätzlich existieren folgende Möglichkeiten, einen Datenimport nach MySQL durchzuführen:

- Import über SQL-INSERT-Befehle. In diesem Fall muss eine Datei vorliegen, in der alle zu importierenden Daten als SQL-String vorliegen.

- Import von Delimited-ASCII-Dateien mit LOAD DATA INFILE oder mysqlimport.

- Hilfsprogramme zum Datenimport.

- Zuhilfenahme der ODBC-Schnittstelle.

Beim Import von Daten nach MySQL müssen Sie das zugrunde liegende Datenmodell und die damit verbundene Datenintegrität berücksichtigen. Wie bereits erwähnt, unterstützt MySQL die Standardtabellentypen nicht in Bezug auf die jeweiligen Fremdschlüssel (FOREIGN KEY), die die referenzielle Integrität der Daten unterstützen. Diese Tatsache hat für einen geplanten Datenimport Vor- und Nachteile. Ein Vorteil ist, dass Sie Tabellen, die aus externen Quellen stammen, auch völlig unabhängig voneinander in MySQL importieren können, so dass keine fehlenden Einträge in verknüpften Tabellen den Import behindern können. Ein Nachteil ist, dass Sie dadurch sehr leicht Phantomdatensätze produzieren, die keine eindeutige Zuordnung besitzen. Denken Sie beispielsweise an einen Fall, in dem Sie einer Adressdatei einer Vorgangsdatei Kontaktinformationen oder Bestellungen zugeordnet haben. Da dies eine typische 1:n-Beziehung darstellt, in der eine Tochtertabelle mitintegriert werden soll, würden bei einem fehlenden Bezug zur Mastertabelle wertlose Datensätze entstehen.

Datenimport über SQL-INSERT

Für den Import von Daten über SQL-Befehle benötigen Sie alle Informationen, die Sie importieren wollen, in Form eines gültigen SQL-Strings. Ein solcher Datensatz würde wie folgt aussehen:

```
mysql>INSERT INTO banken (BLZ, Name) VALUES (10070000, 'Berliner
Volksbank');
```

Sie können einen solchen SQL-String natürlich auch manuell erzeugen, allerdings ist dies nur bei geringen Datenmengen praktikabel. Eine andere Möglichkeit besteht darin, diesen SQL-String unter Zuhilfenahme von Programmierung zu erzeugen, wofür Sie jedoch die entsprechende Programmiererfahrung benötigen. Am einfachsten ist es, wenn das Herkunftssystem bereits einen solchen SQL-String bereitstellt. Wenn Sie zwischen zwei MySQL-Datenbanken Daten austauschen wollen, ist das Kommandozeilenwerkzeug mysqldump dafür hervorragend geeignet, da es einen solchen SQL-String bereitstellt.

Über mysqldump kann eine solche Datei in MySQL erzeugt werden.

```
$>mysqldump -uuser -ppasswort <Datenbankname> <Tabellenname> <Ausgabeda-
tei>;
```

Auch andere Datenbanksysteme können entsprechende SQL-Strings zur Verfügung stellen. In der folgenden Abbildung sehen Sie einen solchen SQL-String.

Ein wenig nachträgliche Arbeit kann hier aber noch nötig sein. In diesem Beispiel stehen die Feldbezeichnungen und der Tabellenname in Hochkommata, die MySQL in dieser Form nicht akzeptieren würde. Allerdings kann man mit einem einfachen Suchen und Ersetzen eine solche Datei schnell nachbehandeln.

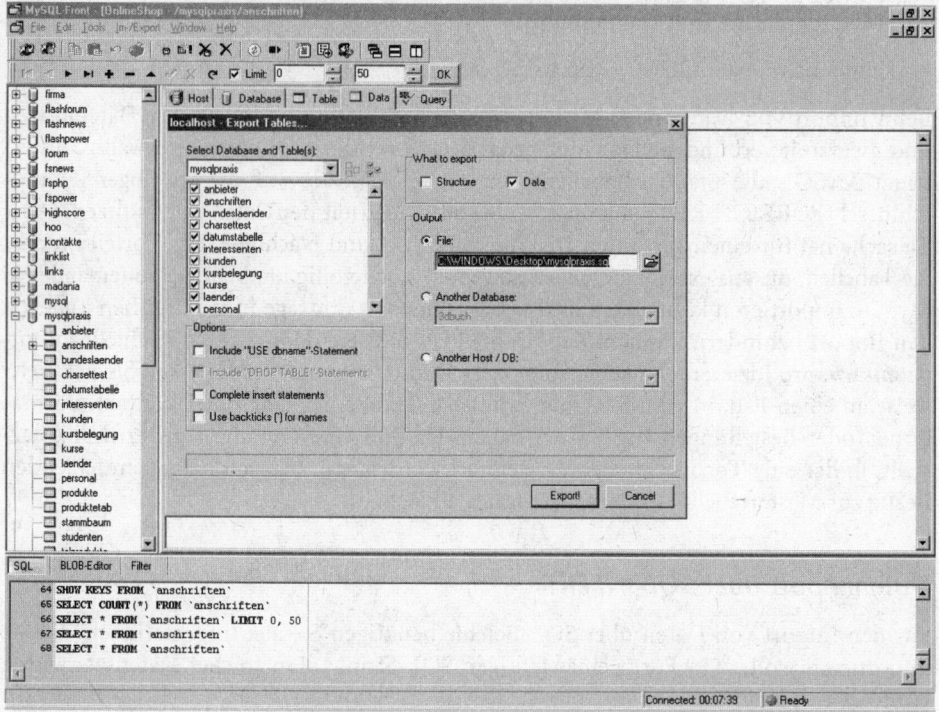

Bild 5.2: SQL-INSERT-String erzeugen

Wenn Sie über eine solche Datei verfügen, kann der Import auf folgende Art und Weise erfolgen:

- Über die Kommandozeile, indem Sie die Importdatei an MySQL übergeben.

Beispiel

```
$>mysql -uuser -ppasswort Datenbankname < DATEI.SQL;
```

- Über einen grafischen Client. Dabei kopieren Sie einfach den SQL-String per Copy&Paste in das Eingabefenster und setzen den Befehl ab. Die einzelnen INSERT-Zeilen müssen dabei per Semikolon voneinander getrennt werden, damit sie als nacheinander folgende SQL-Befehle erkannt werden.

Die Tabelle muss natürlich bereits vorhanden sein, damit der Import funktioniert.

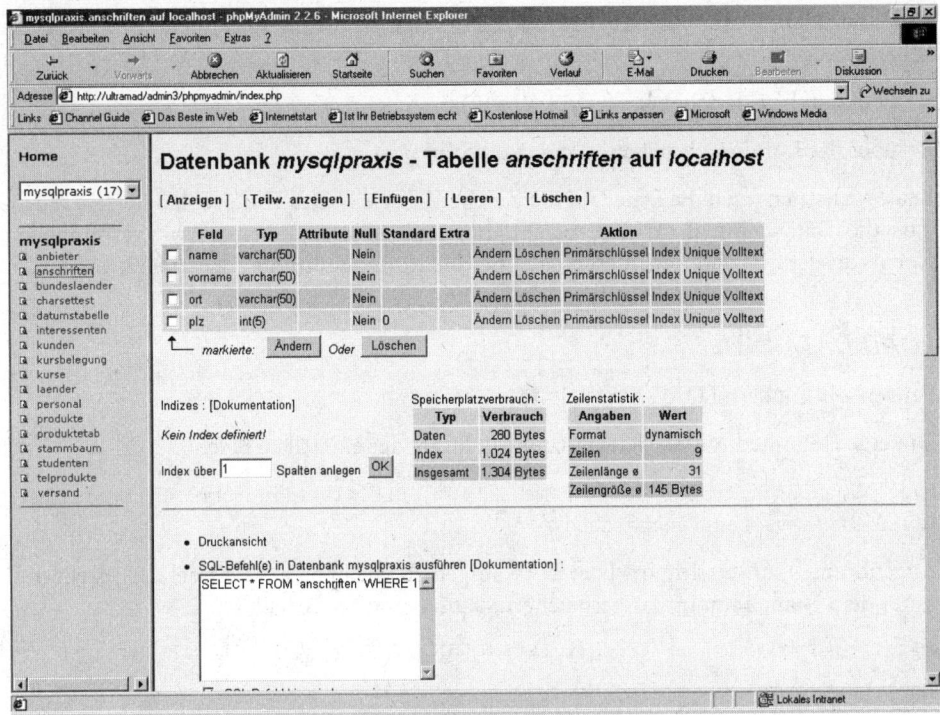

Bild 5.3: Per Copy&Paste über SQL-INSERT-Befehle eingefügte Daten

Import über Delimited ASCII

Ein Import nach MySQL kann auch über eine Delimited ASCII-Datei erfolgen. Eine solche Datei kann folgenden Inhalt besitzen:

```
"1";"Matthias k";"Berlin";"12777"
"2";"Caroline";"Berlin";"12777"
"3";"Gülten";"Berlin";"12777"
"4";"Bernd";"München";"80889"
```

Die einzelnen Spalten sind durch ein Trennzeichen, in diesem Fall ein Semikolon, und die einzelnen Datensätze in der Regel durch einen Zeilenumbruch voneinander getrennt. Aus diesem Aufbau resultiert im Übrigen die Bezeichnung »delimited«. Häufig werden solche Dateien auch als CSV-Dateien bezeichnet, wenn sie durch ein Komma getrennt werden.

Die Tabelledefinition hierzu lautet wie folgt:

```
CREATE TABLE kunden (
  id int(11) NOT NULL auto_increment,
  name varchar(60) default NULL,
  ort varchar(40) default NULL,
  plz varchar(5) default NULL,
  PRIMARY KEY (id)
);
```

Um eine solche Datei nach MySQL einzulesen, haben Sie die folgenden zwei Möglichkeiten:

- über den SQL-Befehl LOAD DATA INFILE,

- über das Kommandozeilenwerkzeug mysqlimport.

Beide Varianten lesen die Datei auf die gleiche Weise ein. Der Unterschied besteht darin, dass die Daten einmal als SQL-Befehl innerhalb eines zur Datenbank verbundenen Clients ausgeführt und im anderen Fall über die Kommandozeile abgearbeitet werden.

LOAD DATA INFILE

Fangen wir mit dem LOAD DATA INFILE-Befehl an.

Um eine Delimited ASCII-Datei einzulesen, lautet der einfachste Befehl:

```
mysql>LOAD DATA INFILE <Dateiname> INTO TABLE <Tabellenname> FIELDS TERMI-
NATED BY '<Spaltentrennzeichen>';
```

Angenommen, unsere Importdatei ist so aufgebaut wie oben am Beispiel dargestellt und unter dem Namen import.txt gespeichert. Dann lautet der Befehl:

```
mysql>LOAD DATA INFILE 'import.txt' INTO TABLE kunden FIELDS TERMINATED BY
';';
```

Da die Datei in einem Vorgang importiert wird, sind folgende Dinge zu beachten:

- Die Reihenfolge der Felder der Importdatei muss mit der Reihenfolge der Felder in der Tabelle übereinstimmen.

- Die Inhalte der zu importierenden Datei müssen mit den Feldtypen korrespondieren. Die häufigsten hier auftretenden Fehler sind falsche Datumsangaben oder Zahlen mit Kommata als Dezimaltrennzeichen, die von MySQL falsch interpretiert werden.

Wenn Sie sich also Ihrer Sache nicht ganz sicher sind, sollte die Importdatei erst einmal in eine leere Tabelle importiert werden, die bei fehlerhaftem Import wieder komplett gelöscht werden kann. Falls Sie eine Datei in eine bereits mit Daten gefüllte Tabelle importieren und beim Import Fehler auftreten, ist dieser Mischdatenbestand in der Regel nur sehr mühsam wieder zu bereinigen.

Importformat definieren

Der LOAD DATA INFILE-Befehl weist einige Optionen auf, die es Ihnen erlauben, auch einen sich im Datenbestand unterscheidenen Aufbau in der Importdatei zu verarbeiten.

- Das Feldtrennzeichen wurden im oben genannten Beispiel bereits benutzt. Sie können natürlich auch jedes beliebige Trennzeichen benutzen. Die Definition von Escape-Zeichen, wie dem Tabulator, ist im Referenzteil tabellarisch aufgelistet.

- Das Trennzeichen des jeweiligen Datensatzes kann auch individuell definiert werden. Hierfür ist unter FIELDS die Option [LINES TERMINATED BY "] zuständig. Die Voreinstellung für einen Datensatzwechsel ist \n, also »neue Zeile«.

- Wenn Sie eine Datei importieren wollen, deren Felder noch zusätzlich mit einem Zeichen umgeben sind, ist FIELDS OPTIONALLY ENCLOSED BY '<ZEICHEN>' anzugeben.

- Sonderzeichen, die importiert werden sollen, müssen maskiert werden. Default-mäßig erfolgt dies über ein \. Wenn Sie eine Zeichenkette mit einem Backslash, wie er beispielsweise in einer Pfadangabe vorkommt, importieren wollen, muss dieser als \\ vorliegen. Wenn Sie das Maskierungszeichen anders belegen wollen, steht Ihnen hierfür die Option FIELDS ESCAPED BY '<Maskierungszeichen>' zur Verfügung.

- Vielfach wird in solchen Delimited ASCII-Dateien die erste Zeile zur Angabe der Feldnamen genutzt. Wenn beim Import solche Zeilen ignoriert werden sollen, kann mit der Option [IGNORE <Anzahl_Zeilen> LINES] gearbeitet werden. So würde mit [IGNORE 1 LINES] die erste Zeile nicht mitimportiert werden.

- Als weitere nützliche Option kann die Behandlung von UNIQUE-Feldern eingestellt werden. Standardgemäß würde MySQL bei einem Duplicate-entry-Error den Import abbrechen. Mit der Option [IGNORE] werden Datensätze, die einen Konflikt mit einem bestehenden eindeutigen Feld aufweisen, beim Import ignoriert, wobei der Import jedoch weiterläuft. Das Gegenteil davon ist die Option [REPLACE]. Hier werden vorhandene Datensätze, die einen Konflikt mit einem eindeutigen Feld besitzen, durch den Datensatz der Importdatei ersetzt.

Felder können auch selektiv importiert werden, indem die Zielfelder am Ende in Klammern und durch Kommata voneinander getrennt angegeben werden. Allerdings kann die Selektion nur für die Zielfelder vorgenommen werden und nicht für die zu importierende Datei.

Um die verschiedenen Optionen des Befehls noch einmal im Zusammenhang darzustellen, folgt hier ein weiteres Beispiel:

```
mysql>LOAD DATA INFILE 'import.txt' INTO TABLE kunden FIELDS TERMINATED BY
';' ENCLOSED BY '"' LINES TERMINATED BY '#' IGNORE 1 LINES
(id,name,ort,plz);
```

Mit diesem Befehl wird eine Datei mit folgenden Regeln importiert:

- Die Felder sind durch Semikolon getrennt.

- Die Datensätze sind durch # getrennt.

- Die Feldinhalte sind mit Hochkommata versehen.

- Die erste Zeile wird ignoriert.

- Die Spalten werden in die Felder id, name, ort und plz gespeichert.

Die zu importierende Datei hätte dann also folgendes Aussehen:

```
"1"#"Matthias k"#"Berlin"#"12777"
"2"#"Caroline"#"Berlin"#"12777"
"3"#"Gülten"#"Berlin"#"12777"
"4"#"Bernd"#"München"#"80889"
```

Ein Wort noch zu der zu importierenden Datei: Der Benutzer muss für diese Datei Leserechte besitzen. Sie muss außerdem gefunden werden können, d.h., in der Regel ist der Pfadname mitanzugeben. Wenn sich die Datei nicht auf dem MySQL-Datenbankserver befindet, ist LOAD DATA LOCAL INFILE zu verwenden. Unter Windows ist der Dateiname in UNIX-Notation (/) oder mit doppeltem Backslash anzugeben.

Die vollständige Syntax von LOAD INTO INFILE ist in der Befehlsreferenz aufgelistet.

Mysqlimport

Analog zum LOAD INTO INFILE-Befehl funktioniert das msqlimport-Kommandozeilenwerkzeug. Hier werden die Parameter in der Kommandozeile eingegeben. Das Eingabebeispiel würde hierfür wie folgt lauten:

```
$>mysqlimport -fields-terminated-by=; -uuser -ppasswort kunden
'import.txt'
```

Wie bei allen anderen Kommandozeilenwerkzeugen von MySQL sind hier Benutzername, Passwort und Datenbank anzugeben.

Die allgemeine Syntax von mysqlimport lautet:

```
$>mysqlimport [Optionen] <Datenbankname> <Importdatei>
```

Eine Besonderheit findet sich bei diesem Befehl: Tabellenname und Importdatei müssen den gleichen Namen haben. Wenn Ihre Tabelle beispielsweise anschriften heißt, muss auch die Importdatei anschriften.xxx heißen, wobei die Extension frei gewählt werden kann.

Die Optionen bei mysqlimport lauten in Anlehnung an das oben gezeigte Beispiel wie folgt:

- Feldtrennzeichen --fields-terminated-by=<Zeichen>

- Zeichen der Feldeinfassung --fields-enclosed-by=<Zeichen>

- Zeichen für Maskierung von Sonderzeichen --fields-escaped-by=<Zeichen>

- Zeilentrennzeichen --lines-terminated-by=<Zeichen>

- Felder, die importiert werden sollen –c<Feldname, ...>

Sie können auch mehrere Importdateien auf einmal importieren, indem Sie am Ende der Befehlszeile alle zu importierenden Dateien mit einem Leerzeichen getrennt voneinander auflisten.

Der mysqlimport-Befehl kennt jedoch noch eine Reihe weiterer Optionen:

- -L sucht die Importdatei auf dem lokalen Rechner, von dem aus mysqlimport gestartet wurde.

- -d löscht vor dem Import alle Datensätze der Zieltabelle.

- -C benutzt Datenkompression zwischen Client und Server.

Wie bereits erwähnt, können Daten zwischen beliebigen auch entfernt voneinander stehenden Rechnern ausgetauscht werden. Interessant ist diese Option dann, wenn Sie beispielsweise eine große Datenmenge auf einen entfernt stehenden Rechner transferieren wollen.

Die vollständige Liste aller Optionen, die mysqlimport anbietet, finden Sie im Anhang dieses Buchs in der Referenz.

An dieser Stelle sei nochmals auf die Besonderheit des Zeilenumbruchs bei Windows (DOS)-Betriebssystemen hingewiesen, der aus einem carriage retung (\r) und einem new line (\n) besteht. Wenn Sie Dateien, die auf diesem Betriebssystem erzeugt wurden, korrekt importieren wollen, muss gegebenenfalls folgender Befehl gesetzt werden:

```
--lines-terminate-by=\r\n
```

> **Hinweis:** Wenn Sie häufiger über die Kommandozeile Daten importieren, ist es hilfreich, sich entsprechende Batchdateien (Windows/DOS) bzw. Shell-Skripts (UNIX) anzulegen.

Datei importieren

MySQL verfügt mit dem Befehl LOAD_FILE zusätzlich über die Möglichkeit, einzelne Dateien, die auf der Festplatte gespeichert sind, während einer Abfrage zu laden. Sie können damit auch einzelne Felder einer Datenbank mit Informationen füllen. Im folgenden Beispiel wird eine Bilddatei in einem als BLOB-Datentyp definierten Feld gespeichert.

```
mysql>UPDATE bilddb SET bild=LOAD_FILE("/bilder/meinbild.gif") WHERE id=1;
```

Nicht unumstritten ist die Frage, ob große binäre Objekte überhaupt in der Datenbank gespeichert werden sollen. Gegen das Speichern großer Text- und Binärdaten in der Datenbank sprechen folgende Punkte:

- Möglicher Performanceverlust aufgrund der Datenmenge.

- Die Datenbank muss für die Abfrage konfiguriert sein. MySQL steuert über die Variable max_allowed_packet die maximale Anzahl an Bytes, die gleichzeitig übertragen werden können. Falls dieser Wert zu klein ist, treten entsprechende Fehlermeldungen auf (packet too large).

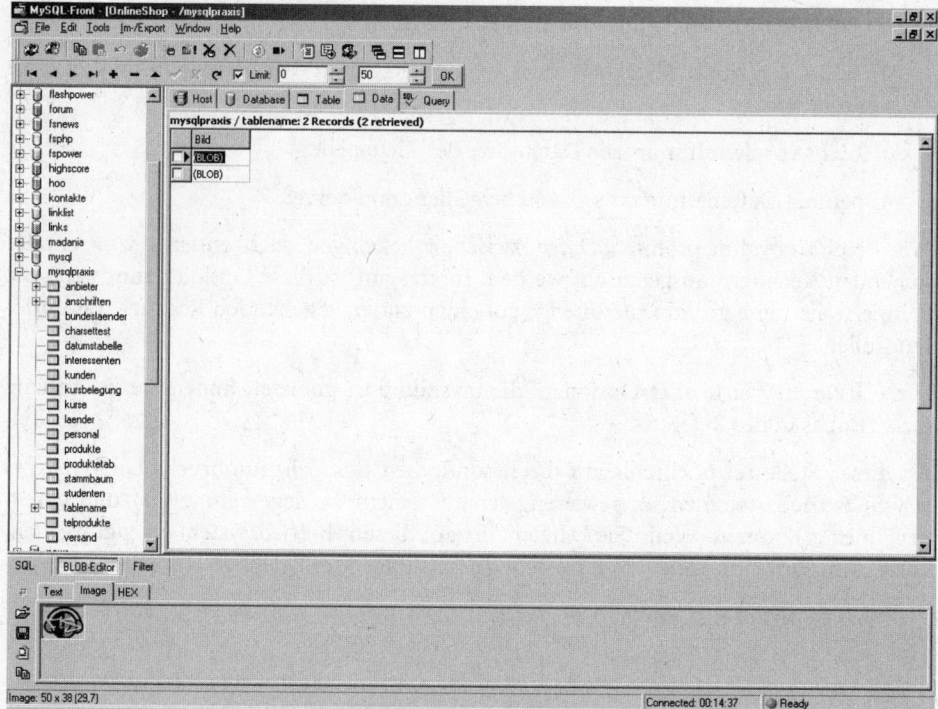

Bild 5.4: Import einer Binärdatei über LOAD_FILE

Dagegen sprechen folgende Punkte für das Speichern großer Binär- und Textobjekte:

- Vereinfachen des Backup; es muss nur die Datenbank gesichert werden.

- Höhere Sicherheit; alle Informationen sind zusätzlich durch das MySQL-Sicherheitssystem geschützt.

- Vereinfachtes Handling; die Daten können über Routinen von MySQL abgefragt werden.

Generell können Sie größere Text- oder Bildinformationen als Datei auf der Festplatte ablegen und nur den entsprechenden Link in der Datenbank speichern.

Import über die ODBC-Schnittstelle

Ein Import nach MySQL kann auch über die ODBC-Schnittstelle erfolgen. Das Prinzip dabei ist, dass man sich unter Windows die ODBC-Schnittstelle einschließlich der dazugehörigen Desktopprogramme zunutze macht, um Daten zwischen einer Datenquelle, wie beispielsweise Access oder Excel, und dem MySQL-Server zu kopieren.

Vorteil dieser Methode ist, dass verschiedene Datenquellen genutzt werden können und dabei auch noch, je nach Anwendungsprogramm, die relationalen Verknüpfungen in der Datenbank transparent darstellbar sind.

Von Nachteil könnten der eventuelle Aufwand für die Installation eines ODBC-Treibers und die Eigenheiten der ODBC-Schnittstelle sein. Dies betrifft insbesondere die Unterstützung von verschiedenen Felddatentypen.

5.3   Befehle für die Datenausgabe

5.3.1   Abfragen mit SELECT

Um Daten aus der Datenbank abzufragen, bedient man sich wiederum eines passenden SQL-Befehls. Daten werden immer mit einem SELECT-Befehl aus der Datenbank abgefragt. SELECT liefert, je nach Inhalt, entweder keinen, einen oder mehrere Datensätze als Ergebnis. Der SELECT-Befehl muss aufgrund seiner Funktion und seiner verschiedenen Optionen als der SQL-Befehl angesehen werden, der am häufigsten benötigt wird. SELECT-Abfragen werden häufig auch als Query bezeichnet.

Die einfachste Syntax lautet hierbei:

```
mysql>SELECT <Spaltenname>,<Spaltenname>, ... FROM <Tabellenname>;
```

Hinter SELECT werden die Felder angegeben, die ausgegeben werden sollen, hinter FROM wird der Name der Tabelle genannt, die diese Felder enthält.

Beispiel

Wenn Sie aus einer Kundentabelle mit dem Namen Kunden die Felder mit den Bezeichnungen ID, Name, Ort und PLZ selektieren wollen, würde der SELECT-Befehl wie folgt lauten:

```
mysql>SELECT id, name, ort, plz FROM Kunden;
```

Das Ergebnis sieht mit dem MySQL-Client wie folgt aus:

```
+----+-----------+---------+-------+
| id | name      | ort     | plz   |
+----+-----------+---------+-------+
|  1 | Matthias k| Berlin  | 12777 |
|  2 | Caroline  | Berlin  | 12777 |
|  3 | Gülten    | Berlin  | 12777 |
|  4 | Bernd     | München | 80889 |
+----+-----------+---------+-------+
```

Die SELECT-Syntax ist aber noch viel umfangreicher. So können die Felder für die Ausgabe auch durch arithmetische oder String-Operatoren erzeugt werden. Eine Abfrage kann sich über verschiedene Tabellen des gesamten relationalen Datenbankmodells erstrecken, oder die Selektion wird mit Bedingungen verknüpft.

Hier eine Übersicht der SELECT-Befehl-Elemente:

Element	Beschreibung
SELECT	Liste der Spalten, die ausgegeben werden sollen, einschließlich generierter Spalten.
FROM	Liste der Tabellen, die abgefragt werden.
WHERE	Suchbedingung zur Eingrenzung von Datensätzen. Über WHERE können auch verschiedene Tabellen verknüpft werden.
HAVING	Analog zu einer Funktion wie WHERE, allerdings mit der Möglichkeit, Felder des eigenen SELECT miteinzubeziehen.
GROUP BY	Angabe der Spalte, die zur Gruppierung von gleichartigen Datensätzen verwendet werden soll.
ORDER BY	Legt die Ausgabereihenfolge der selektierten Datensätze fest.
LIMIT	Beschränkung der Anzahl der auszugebenden Datensätze.

Hier einige Beispiele:

```
mysql> SELECT id,name,ort,plz FROM kunden WHERE name="Bernd";
+----+-------+---------+-------+
| id | name  | ort     | plz   |
+----+-------+---------+-------+
|  4 | Bernd | München | 80889 |
+----+-------+---------+-------+
```

```
mysql> SELECT id,name,ort,plz FROM kunden ORDER BY name;
+----+-----------+---------+-------+
| id | name      | ort     | plz   |
+----+-----------+---------+-------+
|  4 | Bernd     | München | 80889 |
|  2 | Caroline  | Berlin  | 12777 |
|  3 | Gülten    | Berlin  | 12777 |
|  1 | Matthias k| Berlin  | 12777 |
+----+-----------+---------+-------+
```

```
mysql> SELECT id,name,ort,plz FROM kunden limit 2;
+----+-----------+---------+-------+
| id | name      | ort     | plz   |
+----+-----------+---------+-------+
|  1 | Matthias k| Berlin  | 12777 |
|  2 | Caroline  | Berlin  | 12777 |
+----+-----------+---------+-------+
```

```
mysql> SELECT id,name,ort,plz FROM kunden limit 1,3;
+----+-----------+---------+-------+
| id | name      | ort     | plz   |
+----+-----------+---------+-------+
|  2 | Caroline  | Berlin  | 12777 |
|  3 | Gülten    | Berlin  | 12777 |
|  4 | Bernd     | München | 80889 |
+----+-----------+---------+-------+
```

Allgemeine Form von SELECT

In der allgemeinen Form kann die SELECT-Syntax wie folgt dargestellt werden:

```
SELECT <Ausdruck>
       FROM <Tabellenname>
       WHERE <Auswahlbedingung>
       GROUP BY
       HAVING <Auswahlbedingung>
       ORDER BY
       LIMIT <von bis / Anzahl>
```

Die Reihenfolge der einzelenn Elemente der SELECT-Syntax ist dabei zu beachten, damit der Befehl korrekt angenommen wird.

Alle Felder ausgeben

Um alle Felder einer Tabelle auszugeben, steht der Wildchar (*) zur Verfügung. Die Eingabe hierfür lautet:

```
mysql>SELECT * FROM <Tabellenname>;
```

Die folgende Abfrage würde aus der Tabelle kunden alle Felder und Datensätze ausgeben.

```
mysql> SELECT * FROM kunden;
+----+-----------+---------+-------+
| id | name      | ort     | plz   |
+----+-----------+---------+-------+
|  1 | Matthias k | Berlin | 12777 |
|  2 | Caroline  | Berlin  | 12777 |
|  3 | Gülten    | Berlin  | 12777 |
|  4 | Bernd     | M³nchen | 80889 |
+----+-----------+---------+-------+
```

Die Ausgabe aller Spalten sollte allerdings innerhalb von Anwendungen vermieden werden. Hier sollten nur die Spalten selektiert werden, deren Informationen benötigt werden. Die Ausgabe bleibt so übersichtlicher und die Rechnerbelastung für die Abfrage wird in Grenzen gehalten.

Bestimmte Felder ausgeben

Um bestimmte Felder auszugeben, werden im <Selectausdruck> die entsprechenden Spalten durch Kommata voneinander getrennt angegeben. Dabei können Felder, auch wenn sie nicht als Spalten in der Tabelle definiert worden sind, beispielsweise durch Rechenoperationen neu generiert werden.

Wollen Sie beispielsweise Name, Ort, Jahreseinkommen und monatliches Einkommen aus einer Personaltabelle ausgeben, würde das wie folgt aussehen:

```
mysql> SELECT name,ort,jahr,monat FROM personal;
+----------+----------+-------+-------+
| name     | ort      | jahr  | monat |
+----------+----------+-------+-------+
| Maier    | Berlin   | 66000 |  5500 |
| Schmidt  | Hamburg  | 54000 |  4500 |
| Hoffmann | Hannover | 36000 |  3000 |
+----------+----------+-------+-------+
```

oder

```
mysql> SELECT name,ort,jahr,jahr/12 FROM personal;
+----------+----------+-------+---------+
| name     | ort      | jahr  | jahr/12 |
+----------+----------+-------+---------+
| Maier    | Berlin   | 66000 | 5500.00 |
| Schmidt  | Hamburg  | 54000 | 4500.00 |
| Hoffmann | Hannover | 36000 | 3000.00 |
+----------+----------+-------+---------+
```

Alias als Spaltennamen verwenden

Spaltennamen können für die Ausgabe mit einem Alias benannt werden. Hierbei wird hinter dem Tabellennamen mit AS der gewünschte Name angegeben. Die vollständige Syntax sieht dann wie folgt aus:

```
mysql>SELECT <Feldname> AS <Neuer_Feldname> FROM <Tabellenname>;
```

oder am Beispiel:

```
mysql> SELECT name,jahr/12 AS Monatsgehalt FROM personal;
+----------+--------------+
| name     | Monatsgehalt |
+----------+--------------+
| Maier    |      5500.00 |
| Schmidt  |      4500.00 |
| Hoffmann |      3000.00 |
+----------+--------------+
```

Die berechnete Spalte jahr/12 wird als Monatsgehalt ausgegeben.

Doppelte Spalten unterdrücken

Zur Unterdrückung doppelter Spalten kann vor der Angabe der Felder DISTINCT angegeben werden. Dann werden, wie im folgenden Beispiel, alle identischen Datensätze nur einmal ausgegeben.

```
mysql>SELECT DISTINCT <Spaltenname>, <Spaltenname>, ... FROM <Tabellenname>;
```

Die DISTINCT-Anweisung bezieht sich dabei nur auf die ausgewählten Spalten.

Bestimmte Datensätze ausgeben

In der WHERE- bzw. HAVING-Bedingung können Einschränkungen für die gewünschte Selektion formuliert und damit gezielt Datensätze ausgewählt werden. So selektiert das folgende Beispiel alle »Meier« aus einer Namenstabelle aus:

```
mysql>SELECT name FROM kunden WHERE name='Meier';
```

Ein anderes Beispiel ist die Selektion von Adressdatensätzen, deren Einkommen unter 50000 EUR liegt:

```
mysql> SELECT name,ort,jahr FROM personal WHERE jahr > 50000;
+---------+---------+-------+
| name    | ort     | jahr  |
+---------+---------+-------+
| Maier   | Berlin  | 66000 |
| Schmidt | Hamburg | 54000 |
+---------+---------+-------+
```

Der Unterschied zwischen WHERE und HAVING liegt in der Behandlung von Feldern des SELECT-Befehls. HAVING kann sich auch auf Aliase und erzeugte Ausgabefelder beziehen, während WHERE nur die Originalfelder mit den Ursprungsnamen akzeptiert. HAVING-Ausdrücke sind schlechter intern optimiert als WHERE-Ausdrücke, daher sollte WHERE, wenn möglich, bevorzugt werden.

Auswahl durch Selektionsbedingungen

Gewünschte Einschränkungen der Selektion werden also durch die Formulierung einer Bedingung erreicht. Für diese Selektionsbedingungen stehen mehrere Möglichkeiten zur Verfügung. Die folgende Tabelle gibt einen Überblick mit der Angabe der Abschnitte, in denen diese behandelt werden:

Operatoren/Funktionen	Beschreibung
Vergleichsoperatoren	Selektionsbedingung, die über einen Vergleich zwischen zwei oder mehreren Werten erfolgt. Ein solcher Vergleich wäre beispielsweise die oben gezeigte Selektion nach einem bestimmten Namen.
Logische Operationen	Prüfen einer Bedingung auf wahr oder falsch. Eine logische Operation wäre beispielsweise die Kombination der oben genannten Beispiele: „Suche nach Meier und (AND) einem Einkommen kleiner als 50000 EUR.
Mathematische Funktionen	Normale mathematische Funktionen wie Addition, Subtraktion, Multiplikation und Division.
Datums- und Zeitfunktionen	MySQL kann mit Datums- und Zeit-Datentypen Operationen durchführen. Auf diesem Weg lassen sich Einschränkungen bzw. Bedingungen formulieren, wie beispielsweise die Einschränkung auf einen bestimmten Zeitraum.

5.3.2 Vergleichsoperatoren

Vergleichsoperatoren sind eine Möglichkeit, die Ausgabe im SELECT-Befehl auf gewünschte Datensätze zu beschränken. Das Prinzip ist dabei, dass für jeden Datensatz geprüft wird, ob der Vergleich zutrifft (TRUE oder 1) oder nicht zutrifft (FALSE oder 0). Alle Datensätze, die zutreffen (TRUE sind), werden dann ausgegeben.

Wenn Sie beispielsweise, wie im oben genannten Beispiel angeführt, für die WHERE-Bedingung definieren, dass das Jahresgehalt größer als 50.000 EUR betragen soll, trifft diese Bedingung auf alle Datensätze zu, die in der Spalte Jahr eine entsprechende Zahl ausweisen. Diese Datensätze werden daher ausgegeben. Auf alle anderen Datensätze trifft dieses Kriterium nicht zu, sie sind daher FALSE und werden nicht ausgegeben.

Beispiel:

```
mysql> SELECT name,ort,jahr FROM personal WHERE jahr < 50000;
+----------+----------+-------+
| name     | ort      | jahr  |
+----------+----------+-------+
| Hoffmann | Hannover | 36000 |
+----------+----------+-------+
```

Eine Besonderheit ist der Vergleich mit NULL-Werten, der wiederum NULL als Ergebnis ausgibt, wenn das Ergebnis wahr ist.

Die wichtigsten Vergleichsoperatoren von MySQL sind:

Syntax	Beschreibung	Beispiel
=	Gleich	SELECT name,ort,beruf FROM kunden WHERE beruf="Lehrer";
<> und !=	Ungleich/Nicht Gleich	SELECT name,ort,beruf FROM kunden WHERE beruf <> "Lehrer";
<=	Kleiner/Gleich	SELECT name,ort,jahr FROM personal WHERE jahr <= 50000;
<	Kleiner	SELECT name,ort,jahr FROM personal WHERE jahr < 50000;
>=	Größer/Gleich	SELECT name,ort,jahr FROM personal WHERE jahr >= 50000;
>	Größer	SELECT name,ort,jahr FROM personal WHERE jahr > 50000;
IS NULL	Wert nicht definiert	SELECT name,ort,jahr FROM personal WHERE jahr IS NULL; (Selektiert sämtliche Datensätze, deren Einkommen nicht definiert sind)
IS NOT NULL	Wert ist definiert	SELECT name,ort,jahr FROM personal WHERE jahr IS NOT NULL; (Selektiert sämtliche Datensätze, deren Einkommen definiert sind)

Syntax	Beschreibung	Beispiel
Expr BETWEEN min AND max	Ausdruck (expr) liegt zwischen Minmal- und Maxmalwert	SELECT name,ort,jahr FROM personal WHERE jahr BETWEEN 20000 AND 550000;
expr IN (value, …)	Vergleicht das Vorhandensein eines Wertes in einer Referenzliste.	SELECT name,ort,beruf FROM personal WHERE beruf IN ('Lehrer','Dozent');
Expr NOT IN (value, …)	Vergleicht das Fehlen eines Wertes in einer Referenzliste.	SELECT name,ort,beruf FROM personal WHERE beruf NOT IN ('Lehrer','Dozent');
ISNULL (expr)	Prüft einen Ausdruck auf NULL. Gibt 1 zurück, wenn der Ausdruck NULL ist, andernfalls 0.	SELECT ISNULL(10/0) -> 1 (Das Ergebnis ist also nicht definiert.)

NULL steht für keinen oder einen unbekannten Wert. NULL-Werte dürfen nicht mit 0 oder einem leeren String verwechselt werden. Dies sind für die Datenbank grundsätzlich unterschiedliche Werte:

```
mysql>INSERT INTO <Tabellenname> (ort) VALUES (NULL);
```

```
mysql>INSERT INTO <Tabellenname> (ort) VALUES ("");
```

Da diese NULL-Werte keinen definierten Wert haben, können sie auch nicht mit den arithmetischen Vergleichsoperatoren =,< oder > abgefragt werden, sondern bedürfen einer entsprechenden Deklaration wie IS NULL oder IS NOT NULL.

5.3.3 Abfragen mit logischen Operatoren

Als logische Operatoren werden Prozesse bezeichnet, die Werte mit UND (AND), ODER (OR) oder NICHT (NOT) vergleichen. Über logische Operatoren können auch mehrere Bedingungen miteinander verknüpft werden.

Eine logische Operation liegt beispielwesie dann vor, wenn Sie aus Ihrer Datenbank, welche Kundeninformationen enthält, sämtliche Kunden filtern wollen, die in Berlin wohnen und in den letzten 12 Monaten keine Bestellung mehr aufgegeben haben. Alle logischen Funktionen/Operationen geben 1 (TRUE), 0 (FALSE) oder NULL (unbekannt) zurück. MySQL bietet folgende logische Operatoren an:

Syntax	Beschreibung	Beispiel
AND &&	Logisches UND. Gibt TRUE zurück, wenn alle Aussagen TRUE sind. Ist einer der Operanden FALSE, ist der gesamte Ausdruck FALSE.	SELECT name,ort,beruf FROM kunden WHERE beruf="Lehrer" AND ort="Berlin";

Syntax	Beschreibung	Beispiel
OR ||	Logisches ORDER. Gibt TRUE zurück, wenn mindestens ein Operand TRUE ist.	SELECT name,ort,beruf FROM kunden WHERE beruf="Lehrer" OR ort="Berlin";
NOT !	Logisches NICHT. Gibt TRUE zurück, wenn das Argument FALSE ist.	SELECT name,ort,beruf FROM kunden WHERE beruf NOT IN ('Lehrer','Dozent');

5.3.4 Mathematische Funktionen

Natürlich ist es auch möglich, mit MySQL die verschiedenen Grundrechenarten anzuwenden. Hier eine Tabelle der Grundrechenarten:

Syntax	Beschreibung	Beispiel
+	Addition	SELECT Preis+MwSt FROM Bestellung;
-	Subtraktion	SELECT Preis-Rabatt FROM Bestellung;
*	Multiplikation	SELECT Preis*1.95583 AS EURO FROM Bestellung;
/	Division	SELECT Preis/Packung AS Einzelpreis FROM Bestellung;

Darüber hinaus hat MySQL standardgemäß noch eine Reihe nützlicher mathematischer Funktionen implementiert. Im Folgenden sind die wichtigsten mathematischen Funktionen aufgeführt:

Syntax	Beschreibung	Beispiel
MOD (N,M)	Gibt den Rest der Operation N/M zurück.	SELECT MOD(57,10); Ergebnis: 7
RAND()	Erzeugt eine zufällige Fließkommazahl zwischen 0 und 1.	SELECT RAND();
ROUND(X,D) ROUND(X)	Rundet eine Zahl X auf die angegebene Anzahl von Nachkommastellen D bzw. auf die nächste Integerzahl auf.	SELECT ROUND(1.3568,2); Ergebnis: 1.36 SELECT ROUND(1.3568); Ergebnis: 1
GREATEST(X,Y,...)	Gibt den maximalen Wert aus einer Liste zurück. Kann auch auf Zeichen angewendet werden.	SELECT GREATEST(13.2,178,1.8,19); Ergebnis: 178 SELECT GREATEST('A','B','C'); Ergebnis: C
LEAST(X,Y, ...)	Gibt den kleinsten Wert aus einer Liste zurück. Kann auch auf Zeichen angewendet werden.	SELECT LEAST(13.2,178,1.8,19); Ergebnis: 1.8 SELECT LEAST('A','B','C'); Ergebnis: A
SQRT(X)	Gibt die Wurzel für X zurück.	SELECT SQRT(4); Ergebnis: 2

5.3.5 Datums- und Zeitfunktionen

Im Gegensatz zu Programmiersprachen unterstützen Datenbanken Datums- und Zeitdatentypen. Der Gebrauch von Datums- und Zeiteinträgen ist bei Datenbanken relativ häufig zu finden, man denke nur einmal an die zeitliche Protokollierung von Datenbankzugriffen, die Protokollierung von Warenströmen (Lieferdatum etc.) oder Einträgen von Geburtstagen in Adresstabellen. Mit diesen Datums- und Zeitdatentypen können relativ einfache Operationen durchgeführt werden, die auf Zeitvergleichen beruhen. So können beispielsweise Altersberechnungen von Personen auf Basis des Geburtsdatums durchgeführt werden. MySQL verfügt über Funktionen, um Datumsbestandteile wie Jahr, Monat oder Tag aus dem Datumsfeld in der Abfrage zu selektieren. So gibt folgender MySQL-Ausdruck beispielsweise nur den Monat des Geburtstags aus einer Namenstabelle aus:

```
SELECT name, MONTH(geburtstag) FROM Anschriften;
```

Anhand einer Geburtstagstabelle sollen im Folgenden die Möglichkeiten erläutert werden, die MySQL bezüglich Datums- und Zeitfunktionen bietet.

```
CREATE TABLE datumstabelle (
     ID int(11) NOT NULL auto_increment,
     Name varchar(50) default NULL,
     Geburtsdatum date default NULL,
     PRIMARY KEY (ID)
);
```

Zusätzlich werden einige Einträge dazu eingefügt, die Sie natürlich beliebig weiter ergänzen können.

```
mysql> INSERT INTO datumstabelle VALUES (1, 'Schmidt', '1945-11-20');
mysql> INSERT INTO datumstabelle VALUES (2, 'Hoffmann', '1976-03-29');
mysql> INSERT INTO datumstabelle VALUES (3, 'Blatzer', '1980-01-11');
mysql> INSERT INTO datumstabelle VALUES (4, 'Wertmann', '1967-09-23');
mysql> INSERT INTO datumstabelle VALUES (5, 'Kühne', '1957-05-20');
mysql> INSERT INTO datumstabelle VALUES (6, 'Hussemann', '1978-10-05');
mysql> INSERT INTO datumstabelle VALUES (7, 'Rubens', '1990-02-17');
```

Mit Datumsangaben arbeiten

MySQL bietet die Möglichkeit, die einzelnen Bestandteile der Datums- und Zeitangabe separat anzusprechen und mit diesen zu arbeiten. Dies erfolgt mit Befehlen wie YEAR(datum), MONTH(datum), DAYOFMONTH(datum). Wenn Sie eine Liste erzeugen wollen, die die Anzahl der Geburtstage pro Monat ausgibt, können Sie diese über die entsprechende Funktion miteinander gruppieren.

Geburtstagsstatistik

Eine solche Geburtstagsstatistik kann mit folgendem Befehl erzeugt werden:

```
mysql> SELECT MONTH(Geburtsdatum) AS Monat, COUNT(*) AS Anzahl FROM
datumstabelle GROUP BY MONTH(Geburtsdatum);
```

```
+--------+---------+
| Monat  | Anzahl  |
+--------+---------+
|      1 |       1 |
|      2 |       1 |
|      3 |       1 |
|      5 |       1 |
|      9 |       1 |
|     10 |       1 |
|     11 |       1 |
+--------+---------+
```

Geburtstagserinnerung

Wenn Sie wissen wollen, in wie vielen Tagen die einzelnen Personen Geburtstag haben, kann die Aufgabe beispielsweise mit der folgenden Abfrage erledigt werden:

```
mysql> SELECT name,geburtsdatum, NOW(), IF(DAYOFYEAR(Geburtsdatum)-
DAYOFYEAR(NOW()) > 0, DAYOFYEAR(Geburtsdatum)-DAYOFYEAR(NOW()),
365+(DAYOFYEAR(Geburtsdatum)-DAYOFYEAR(NOW())))) AS InTagen FROM
datumstabelle;

+-----------+--------------+---------------------+---------+
| name      | geburtsdatum | NOW()               | InTagen |
+-----------+--------------+---------------------+---------+
| Schmidt   | 1945-11-20   | 2003-03-27 17:22:03 |     238 |
| Hoffmann  | 1976-03-29   | 2003-03-27 17:22:03 |       3 |
| Blatzer   | 1980-01-11   | 2003-03-27 17:22:03 |     290 |
| Wertmann  | 1967-09-23   | 2003-03-27 17:22:03 |     180 |
| Kühne     | 1957-05-20   | 2003-03-27 17:22:03 |      54 |
| Hussemann | 1978-10-05   | 2003-03-27 17:22:03 |     192 |
| Rubens    | 1990-02-17   | 2003-03-27 17:22:03 |     327 |
+-----------+--------------+---------------------+---------+
```

In diesem Beispiel sind weitere Datumsfunktionen benutzt worden. NOW() gibt das aktuelle Datum und DAYOFYEAR den Tag im jeweiligen Jahr aus. Aus dem aktuellen Datum und dem Eintrag im Feld Geburtsdatum wird mit Hilfe der DAYOFYEAR-Funktion die Tagesdifferenz ermittelt. Mit einer bedingten Anweisung, wie im vorangegangenen Abschnitt verwendet, wird der mögliche Fall berücksichtigt, dass ein Geburtstag in diesem Jahr schon verstrichen ist.

Alter von Personen berechnen

Das abschließende Beispiel errechnet das Alter der Personen. Es muss dabei berücksichtigt werden, ob die Person bereits im aktuellen Jahr Geburtstag hatte oder nicht. Um dies zu bewerkstelligen, wird das aktuelle Datum (CURRENT_DATE) mit dem Geburtsdatum verglichen und gegebenenfalls berücksichtig, sollte der Tag bereits verstrichen sein.

Der Befehl hierfür lautet:

```
mysql> SELECT name,geburtsdatum,(YEAR(CURRENT_DATE) - YEAR(Geburtsdatum))
- (DATE_FORMAT(CURRENT_DATE, '%d%m') < DATE_FORMAT(Geburtsdatum, '%d%m'))
AS Alter_in_Jahren FROM datumstabelle;

+-----------+--------------+-----------------+
| name      | geburtsdatum | Alter_in_Jahren |
+-----------+--------------+-----------------+
| Schmidt   | 1945-11-20   |              58 |
| Hoffmann  | 1976-03-29   |              26 |
| Blatzer   | 1980-01-11   |              23 |
| Wertmann  | 1967-09-23   |              36 |
| Kühne     | 1957-05-20   |              46 |
| Hussemann | 1978-10-05   |              25 |
| Rubens    | 1990-02-17   |              13 |
+-----------+--------------+-----------------+
```

Im Beispiel wird davon ausgegangen, dass das Datum vierstellig gespeichert wurde. Falls die Jahresangaben nur zweistellig gespeichert wurden, wird die Abfrage komplizierter, da dann die Datumsbehandlung gemäß der bereits erwähnten Regel gilt: Alle Jahreszahlen < 70 werden als 2000-Jahresangaben behandelt werden. In diesem Fall könnte noch eine Fallunterscheidung durchgeführt werden. Der Befehl hierzu lautet wie folgt:

```
mysql> SELECT name,geburtsdatum, IF(YEAR(Geburtsdatum) < 2000,
(YEAR(CURRENT_DATE) - YEAR(Geburtsdatum)) - (DATE_FORMAT(CURRENT_DATE,
'%d%m') < DATE_FORMAT(Geburtsdatum, '%d%m')), 100 - (YEAR(Geburtsdatum) -
YEAR(CURRENT_DATE) + (DATE_FORMAT(CURRENT_DATE, '%d%m') <
DATE_FORMAT(Geburtsdatum, '%d%m')))) AS Alter_in_Jahren FROM
datumstabelle;
```

Weitere Datums- und Zeitfunktionen

Wichtige Funktionen von Datums- und Zeitfeldern können Sie der folgenden Aufstellung entnehmen. Die vollständige Referenz finden Sie im Anhang dieses Buchs.

- YEAR(<Datum>) zur Ausgabe des Jahresbestandteils eines Datums.

- MONTH(<Datum>) zur Ausgabe des Monats eines Datums.

- DAYOFYEAR(<Datum>) zur Ausgabe der Tage des Jahres des betreffenden Datums.

- DAYOFMONTH(<Datum>) zur Ausgabe der Tage des Monats des betreffenden Datums.

- DAYOFWEEK(<Datum>) berechnet den Wochentag des Datumsfeldes, wobei 1 = Sonntag, 2 = Montag, ... 7 = Samstag entspricht.

- WEEKDAY(<Datum>) berechnet den Wochentag des Datumsfeldes, wobei 0 = Montag, ... 6 = Sonntag entspricht.

Berechnungen auf Datumswerten

MySQL verfügt standardgemäß auch über Funktionen, um Berechnungen auf Datumswerten durchführen zu können. Mit diesen Funktionen lassen sich viele Aufgaben erledigen, die im Rahmen der Datensicherung häufig gebraucht werden. So kann mit now() das aktuelle Datum und die aktuelle Uhrzeit ausgegeben werden, was bei der Protokollierung, beispielsweise von Änderungsvermerken, nützlich seien kann. Die wichtigsten Funktionen sind im Folgenden aufgeführt:

```
DATE_ADD(<Datum>, INTERVAL expr type)
```

Addiert zum angegebenen Datum expr-mal das (Datums-)Intervall mit dem Typ type.

Beispiel:

```
mysql> SELECT DATE_ADD('2003-03-30', INTERVAL 2 MONTH);
+------------------------------------------+
| DATE_ADD('2003-03-30', INTERVAL 2 MONTH) |
+------------------------------------------+
| 2003-05-30                               |
+------------------------------------------+
```

Folgende Intervallangaben sind möglich:

Intervallangaben	Format
SECOND	Sekunden
MINUTE	Minuten
HOUR	Stunden
DAY	Tage
MONTH	Monate
YEAR	Jahre
MINUTE_SECOND	mm:ss
HOUR_MINUTE	hh:mm
DAY_HOUR	dd:hh
YEAR_MONTH	yy-mm
HOUR_SECOND	hh:mm:ss
DAY_MINUTE	dd hh:mm
DAY_SECOND	dd hh:mm:ss

```
DATE_SUB(<Datum>, INTERVAL expr type)
```

Subtrahiert vom angegebenen Datum expr-mal das (Datums-)Intervall mit dem Typ type.

Beispiel

```
mysql> SELECT DATE_SUB('2003-03-30', INTERVAL 2 MONTH);
+------------------------------------------+
| DATE_SUB('2003-03-30', INTERVAL 2 MONTH) |
+------------------------------------------+
| 2003-01-30                               |
+------------------------------------------+
```

CURRENT_DATE()

Gibt das aktuelle Datum in der Form JJJJ-MM-TT oder JJJJMMDD zurück, je nachdem, ob die Funktion im Kontext als Zeichenkette oder als numerischer Wert behandelt wird.

Beispiel

```
mysql> SELECT CURRENT_DATE();
+----------------+
| CURRENT_DATE() |
+----------------+
| 2003-03-29     |
+----------------+
```

CURRENT_TIME()

Gibt die aktuelle Uhrzeit in der Form HH-MM-SS oder HHMMSS zurück, je nachdem, ob die Funktion im Kontext als Zeichenkette oder als numerischer Wert behandelt wird.

Beispiel

```
mysql> SELECT CURRENT_TIME();
+----------------+
| CURRENT_TIME() |
+----------------+
| 13:28:55       |
+----------------+
```

NOW()

Gibt das aktuelle Datum in der FORM 2003-03-30 12:00:00 zurück. Synonym für NOW() ist auch CURRENT_TIMESTAMP und SYSDATE() zu verwenden.

Beispiele

```
mysql> SELECT NOW();
+---------------------+
| NOW()               |
+---------------------+
| 2003-03-29 13:29:15 |
+---------------------+

mysql> SELECT CURRENT_TIMESTAMP;
+---------------------+
| CURRENT_TIMESTAMP   |
+---------------------+
| 2003-03-29 13:29:49 |
+---------------------+
```

```
mysql> SELECT SYSDATE();
+---------------------+
| SYSDATE()           |
+---------------------+
| 2003-03-29 13:30:05 |
+---------------------+
```

PERIOD_ADD(P,N)

Fügt zu einem angegebenen Datum P (in der From YYMM) N Monate hinzu. Zu beachten ist hierbei, dass P kein Datumswert ist.

Beispiel

```
mysql> SELECT PERIOD_ADD(200303, 5);
+----------------------+
| PERIOD_ADD(200303, 5) |
+----------------------+
|               200308 |
+----------------------+
```

PERIOD_DIFF(P1,P2)

Berechnet die Differenz zwischen zwei Datumswerten.

Beispiel

```
mysql> SELECT PERIOD_DIFF(200303, 200205);
+----------------------------+
| PERIOD_DIFF(200303, 200205) |
+----------------------------+
|                         10 |
+----------------------------+
```

DATA_FORMAT (<Datum>, format)

Formatiert das Datum mit der angegebenen Formatvorlage. In der folgenden Tabelle sind einige wichtige Formate im Überblick aufgeführt.

Format	Beschreibung
%M	Name des Monats
%W	Name des Wochentags
%v	Woche (0...53), wobei Montag der erste Tag der Woche ist
%Y	Jahreszahl vierstellig
%y	Jahreszahl zweistellig
%e	Tag des Monats (0...31)
%d	Tag des Monats (00...31)
%c	Monat (0...12)
%m	Monat (00...12)

Format	Beschreibung
%j	Tag des Jahres (001...366)
%k	Stunde (0...23)
%H	Stunde (00...23)
%S	Sekunden (00...59)
%T	24-Stunden-Uhrzeit (hh:mm:ss)

Beispiele

```
mysql> SELECT DATE_FORMAT('2003-03-30', '%W');
+-------------------------------+
| DATE_FORMAT('2003-03-30', '%W') |
+-------------------------------+
| Sunday                        |
+-------------------------------+

mysql> SELECT DATE_FORMAT('2003-03-30', '%M');
+-------------------------------+
| DATE_FORMAT('2003-03-30', '%M') |
+-------------------------------+
| March                         |
+-------------------------------+

mysql> SELECT DATE_FORMAT('2003-03-30', '%M%W');
+---------------------------------+
| DATE_FORMAT('2003-03-30', '%M%W') |
+---------------------------------+
| MarchSunday                     |
+---------------------------------+

mysql> SELECT DATE_FORMAT('2003-03-30', '%v');
+-------------------------------+
| DATE_FORMAT('2003-03-30', '%v') |
+-------------------------------+
| 13                            |
+-------------------------------+
```

Der Umgang mit Datumsangaben gestaltet sich aufgrund der möglichen unterschiedlichen länderspezifischen Schreibweisen von Datumsangaben etwas unhandlich. MySQL speichert alle Datumsangaben ANSI-SQL-konform ausschließlich in der Form JJJJ-MM-DD.

5.3.6 Zeichenketten

MySQL bietet umfangreiche Möglichkeiten an, Zeichenketten in Abfragen zu behandeln. Dies reicht von der Verkettung von Strings über die Ausgabe von Teilstrings bis hin zur Ähnlichkeitssuche.

Die folgende Aufstellung zeigt die wichtigsten Funktionen, die für Zeichenketten zur Verfügung stehen, einschließlich repräsentativer Beispiele:

```
LENGTH(str)
```

Gibt die Länge einer Zeichenkette zurück. Synonyme für LENGTH() sind OCTET_LENGTH(), CHAR_LENGTH() und CHARACTER_LENGTH().

Beispiel:

```
mysql> SELECT LENGTH('Caroline');
+--------------------+
| LENGTH('Caroline') |
+--------------------+
|                  8 |
+--------------------+
```

```
mysql> SELECT OCTET_LENGTH('Caroline');
+--------------------------+
| OCTET_LENGTH('Caroline') |
+--------------------------+
|                        8 |
+--------------------------+
```

```
mysql> SELECT CHAR_LENGTH('Gülten');
+----------------------+
| CHAR_LENGTH('Gülten') |
+----------------------+
|                    6 |
+----------------------+
```

```
mysql> SELECT CHARACTER_LENGTH('Gülten');
+---------------------------+
| CHARACTER_LENGTH('Gülten') |
+---------------------------+
|                         6 |
+---------------------------+
```

```
CONCAT(str1,str2,…)
```

Verknüpft die angegebenen Zeichenketten. Zu beachten ist, dass NULL zurückgegeben wird, wenn einer der Werte NULL ist. CONCAT ist sehr gut für formatierte Ausgaben zu verwenden, wenn beispielsweise Straße und Hausnummer oder Postleitzahl und Ort in einer Spalte ausgeben werden sollen.

Beispiel

```
mysql> SELECT CONCAT('Caroline', ' und ', 'Gülten');
+--------------------------------------+
| CONCAT('Caroline', ' und ', 'Gülten') |
+--------------------------------------+
| Caroline und Gülten                  |
+--------------------------------------+
```

```
LEFT(str,len)
```

Gibt die (len) angegebene Zeichenanzahl der Zeichenkette (str) zurück, beginnend von links.

Beispiel

```
mysql> SELECT LEFT('Daumenkino', 6);
+-----------------------+
| LEFT('Daumenkino', 6) |
+-----------------------+
| Daumen                |
+-----------------------+
```

```
RIGHT(str,len)
```

Gibt die (len) angegebene Zeichenanzahl der Zeichenkette (str) zurück, beginnend von rechts.

Beispiel

```
mysql> SELECT RIGHT('Daumenkino', 4);
+------------------------+
| RIGHT('Daumenkino', 4) |
+------------------------+
| kino                   |
+------------------------+
```

```
LOCATE(substr,str)
```

Sucht eine Zeichenkette (substr) in einer Zielzeichenkette (str) und gibt die Position zurück, an der die Zeichenkette beginnt. Falls die Zeichenkette nicht gefunden wird, wird 0 zurückgegeben. Synonym für LOCATE() ist POSITION(substr IN str).

Beispiel

```
mysql> SELECT LOCATE('kino','Daumenkino');
+-----------------------------+
| LOCATE('kino','Daumenkino') |
+-----------------------------+
|                           7 |
+-----------------------------+

mysql> SELECT POSITION('kino' IN 'Daumenkino');
+----------------------------------+
| POSITION('kino' IN 'Daumenkino') |
+----------------------------------+
|                                7 |
+----------------------------------+
```

```
SUBSTRING(str,pos,len)
```

Gibt Teile einer Zeichenkette aus. Pos gibt dabei die Startposition innerhalb der Zeichenkette an und len die Länge, die der Teilstring haben soll. Synonyme für SUB-STRING() sind SUBSTRING(str FROM pos FOR len) und MID(str,pos,len).

Beispiel

```
mysql> SELECT SUBSTRING('matze@sql.de',7,6);
+------------------------------+
| SUBSTRING('matze@sql.de',7,6) |
+------------------------------+
| sql.de                       |
+------------------------------+
```

```
mysql> SELECT SUBSTRING('matze@sql.de' FROM 7 FOR 6);
+---------------------------------------+
| SUBSTRING('matze@sql.de' FROM 7 FOR 6) |
+---------------------------------------+
| sql.de                                |
+---------------------------------------+
```

```
mysql> SELECT MID('matze@sql.de',7,6);
+------------------------+
| MID('matze@sql.de',7,6) |
+------------------------+
| sql.de                 |
+------------------------+
```

```
LCASE(str)
```

Gibt die Zeichenkette str in Kleinbuchstaben aus. Synonym für LCASE() ist LOWER(str).

Beispiel

```
mysql> SELECT LCASE('MYSQL');
+---------------+
| LCASE('MYSQL') |
+---------------+
| mysql         |
+---------------+
```

```
mysql> SELECT LOWER('MYSQL');
+---------------+
| LOWER('MYSQL') |
+---------------+
| mysql         |
+---------------+
```

```
UCASE(str)
```

Gibt die Zeichenkette str in Großbuchstaben aus. Synonym für UCASE() ist UPPER(str).

Beispiel

```
mysql> SELECT UCASE('datenbank');
+--------------------+
| UCASE('datenbank') |
+--------------------+
| DATENBANK          |
+--------------------+

mysql> SELECT UPPER('datenbank');
+--------------------+
| UPPER('datenbank') |
+--------------------+
| DATENBANK          |
+--------------------+
```

REPLACE(str,from_str,to_str)

Ersetzt bei der Ausgabe im Zielstring (str) die Zeichenkette from_str durch die Zeichenkette to_str.

Beispiel

```
mysql> SELECT REPLACE('Daumenkino','Daumen','Film');
+---------------------------------------+
| REPLACE('Daumenkino','Daumen','Film') |
+---------------------------------------+
| Filmkino                              |
+---------------------------------------+
```

LTRIM(str)

Entfernt führende Leerzeichen einer Zeichenkette.

Beispiel

```
mysql> SELECT LTRIM('  Caroline');
+--------------------+
| LTRIM('  Caroline') |
+--------------------+
| Caroline           |
+--------------------+
```

RTRIM(str)

Entfernt Leerzeichen hinter einer Zeichenkette.

Beispiel

```
mysql> SELECT RTRIM('Caroline  ');
+--------------------+
| RTRIM('Caroline  ') |
+--------------------+
```

```
| Caroline              |
+-----------------------+
```

```
TRIM([[BOTH | LEADING | TRAILING] [remstr] FROM ] str)
```

Entfernt definierte Zeichen (remstr) aus einer Zeichenkette.

Beispiel

```
mysql> SELECT TRIM(BOTH 'DE' FROM 'DEDOMAINDE');
+-----------------------------------+
| TRIM(BOTH 'DE' FROM 'DEDOMAINDE') |
+-----------------------------------+
| DOMAIN                            |
+-----------------------------------+
```

```
mysql> SELECT TRIM(LEADING 'DE' FROM 'DEDOMAINDE');
+--------------------------------------+
| TRIM(LEADING 'DE' FROM 'DEDOMAINDE') |
+--------------------------------------+
| DOMAINDE                             |
+--------------------------------------+
```

```
mysql> SELECT TRIM(TRAILING 'DE' FROM 'DEDOMAINDE');
+---------------------------------------+
| TRIM(TRAILING 'DE' FROM 'DEDOMAINDE') |
+---------------------------------------+
| DEDOMAIN                              |
+---------------------------------------+
```

5.3.7   Auswahlanweisungen

Auswahlanweisungen wählen eine Variante aus alternativen Aktionsabläufen aus. Dies erfolgt, indem bestimmte Bedingungen getestet werden. MySQL bietet damit eine elegante Möglichkeit an, auch in Abfragen verschiedene Aktionsabläufe steuern zu können.

MySQL kennt zwei Arten von Auswahlanweisungen, die IF-Anweisung und die CASE-Anweisung.

Die Syntax der IF-Anweisung lautet wie folgt:

```
IF (<Bedingung>, <Anweisung für wahr>, <Anweisung für falsch>)
```

Beispiel

```
mysql> SELECT IF (100 > 10, 'WAHR', 'FALSCH');
+--------------------------------+
| IF (100 > 10, 'WAHR', 'FALSCH') |
+--------------------------------+
| WAHR                           |
+--------------------------------+
```

```
mysql> SELECT IF (100 < 10, 'WAHR', 'FALSCH');
+---------------------------------+
| IF (100 < 10, 'WAHR', 'FALSCH') |
+---------------------------------+
| FALSCH                          |
+---------------------------------+
```

Ein weiteres Beispiel wäre, aus einer Versandtabelle eines Warenhauses eine Gesamtliste ausgeben zu lassen. Dabei sollen sämtliche Produkte aus den Kategorien Elektronik und Haushaltswaren, die in der Datenbank unter der Kategorie mit der Kennung 10 gespeichert wurden, noch einen Hinweis »Vorsicht zerbrechlich« erhalten.

Die Datenbank kann für diesen Fall wie folgt aussehen:

```
mysql> SELECT produkt,kategorie FROM versand;
+---------------------+-----------+
| produkt             | kategorie |
+---------------------+-----------+
| Sony TV-XT          |        10 |
| Herren Badehose     |        20 |
| Damen Slips         |        20 |
| Bosch Staubsauger   |        10 |
| Standleuchte B100   |        30 |
| LC Toaster W500     |        10 |
| Schreibtisch Ronny  |        40 |
+---------------------+-----------+
```

Um jetzt allen Produkten, die in der Kategorie 10 verzeichnet sind, noch den gewünschten Hinweis mitzugeben, sieht der Befehl wie folgt aus:

```
mysql> SELECT produkt,kategorie,IF(kategorie=10, 'Vorsicht zerbrechlich',
'') AS Hinweis FROM versand;
+---------------------+-----------+------------------------+
| produkt             | kategorie | ASHinweis              |
+---------------------+-----------+------------------------+
| Sony TV-XT          |        10 | Vorsicht zerbrechlich  |
| Herren Badehose     |        20 |                        |
| Damen Slips         |        20 |                        |
| Bosch Staubsauger   |        10 | Vorsicht zerbrechlich  |
| Standleuchte B100   |        30 |                        |
| LC Toaster W500     |        10 | Vorsicht zerbrechlich  |
| Schreibtisch Ronny  |        40 |                        |
+---------------------+-----------+------------------------+
```

Wenn also die Anweisung Kategorie=10 wahr ist, wird der Hinweis ausgegeben, andernfalls bleibt dieses Feld leer.

CASE-Anweisung

Bei der CASE-Anweisung können auch mehr als eine Bedingung gestellt werden.

Die CASE-Anweisung kennt zwei verschiedene Varianten: Die erste Variante vergleicht einen Wert mit einem Referenzwert. Die Syntax hierfür lautet:

```
CASE <Referenzwert> WHEN <Vergleichswert> THEN <Resultat> [WHEN <> THEN <>
] END
```

Die zweite Variante gibt das Ergebnis unter Verwendung einer Bedingungsanweisung aus. Die Syntax hierfür lautet:

```
CASE WHEN <Bedingung> THEN <Resultat> [WHEN <> THEN <> ELSE <>]
```

Nehmen wir hierfür zur Erläuterung das Beispiel, dass die Versandkosten eines Produkts in Abhängigkeit zu dessen Gewicht ausgegeben werden sollen. In einer Tabelle haben Sie die Produkte und deren jeweiliges Gewicht gespeichert. Die Tabelle hierfür kann dann in einer vereinfachten Form wie folgt aussehen:

```
mysql> SELECT bezeichnung,gewicht FROM produkte;
+-------------+---------+
| bezeichnung | gewicht |
+-------------+---------+
| Buch        |     400 |
| Fernseher   |   15000 |
| Video       |     300 |
| Computer    |    5000 |
| CD          |     100 |
+-------------+---------+
```

Jetzt sollen die Produkte folgende Versandkostenzuordnung erhalten:

- Gewicht unter 200 g: Versandkosten 1,50 EUR

- Gewicht 200-3000 g: Versandkosten 4,50 EUR

- Gewicht über 3000 g: Versandkosten 6,50 EUR

Der Befehl hierfür lautet:

```
mysql> SELECT bezeichnung,gewicht, CASE WHEN gewicht<=200 THEN 1.5 WHEN
(gewicht>200 AND gewicht<=2000) THEN 4.5 ELSE 6.5 END AS Versandkosten
FROM produkte;
```

Das Ergebnis sieht dann wie folgt aus:

```
+-------------+---------+---------------+
| bezeichnung | gewicht | Versandkosten |
+-------------+---------+---------------+
| Buch        |     400 |           4.5 |
| Fernseher   |   15000 |           6.5 |
| Video       |     300 |           4.5 |
| Computer    |    5000 |           6.5 |
| CD          |     100 |           1.5 |
+-------------+---------+---------------+
```

Natürlich können Sie die Auswahlanweisungen auch im Rahmen von UPDATE-Anweisungen verwenden,

Beispiel

```
mysql> UPDATE produkte SET gewicht = (IF (bezeichnung='CD', 120, '')));
```

wobei für das Update abzuwägen ist, ob WHERE-Bedingungen nicht besser geeignet wären. Allerdings könnte bei komplexen Updates eventuell die Anzahl an UPDATE-Befehlen verringert werden.

5.3.8   Zählen

Häufig interessiert die Anzahl der Datensätze, die durch eine Abfrage betroffen sind. Ein Beispiel wäre die Ermittlung von Treffern bei Suchabfragen in Katalogen oder die Ermittlung von Zieladressen für ein Rundschreiben, um die Kosten zu kalkulieren.

Diese Aufgabe wird am besten mit der COUNT()-Funktion erledigt. COUNT() zählt die Anzahl der Datensätze, die durch die Abfrage ermittelt werden. So würde das folgende Beispiel die Anzahl der Datensätze in einer Produkttabelle ermitteln.

```
mysql> SELECT COUNT(*) FROM produkte;
+----------+
| COUNT(*) |
+----------+
|        5 |
+----------+
```

Vielfach besteht die Aufgabe darin, gleichartige Datenbankeinträge durchzuzählen. Um beim Postleitzahlenbeispiel zu bleiben, könnte die Fragestellung lauten, ob Berlin oder München mehr Postleitzahlen aufweist. Wenn Sie gleichartige Datenbankeinträge durchzählen wollen, müssen Sie diese über GROUP BY gruppieren. Der Befehl sieht dann wie folgt aus:

```
mysql> SELECT COUNT(*), ort FROM plz_Tab WHERE ort='Berlin' OR
ort='München' GROUP BY ort;
```

COUNT() kann mit der Angabe eines Feldnamens ausgeführt werden:

```
mysql> SELECT COUNT(bezeichnung) FROM produkte;
+--------------------+
| COUNT(bezeichnung) |
+--------------------+
|                  5 |
+--------------------+
```

Während count(*) alle Datensätze zählt und dabei über die interne ROWID die jeweilige Anzahl ermittelt, werden bei der Angabe eines Feldnamens nur die Datensätze gezählt, bei denen das angegebene Feld einen Wert besitzt, also NOT NULL ist.

5.3.9   Tabellen vereinigen (UNION)

Manchmal kann es vorkommen, dass verschiedene Tabellen teilweise identisch aufgebaut sind oder Felder gleichen Inhalts besitzen. So könnte eine Tabelle beispielsweise alle

Kunden und eine weitere alle Interessenten für ein Produkt enthalten, die getrennt voneinander aufgeführt werden, da für die Kunden teilweise andere Daten gespeichert werden als für die Interessenten.

Version 4

Um solche Tabellen in einer einzigen Abfrage ausgeben zu können, müssen die Tabellen so kombiniert werden, dass jeweils Teilmengen verwendet werden. Hierfür steht ab Version 4 von MySQL der UNION-Befehl zur Verfügung. UNION fügt identische Datensätze aus verschiedenen Tabellen zu einem Datensatz zusammen und eliminiert dabei doppelte Datensätze.

Die Syntax für UNION lautet:

```
mysql>SELECT <Feldname> FROM <Tabellenname> UNION SELECT <Feldname> FROM
<Tabellenname>;
```

Das oben angesprochene Beispiel zur Ausgabe von Adressen aus zwei Tabellen sieht dann folgendermaßen aus:

Die beiden Ausgangstabellen sind wie folgt aufgebaut:

```
CREATE TABLE kunden (
  id int(11) NOT NULL auto_increment,
  name varchar(60) default NULL,
  ort varchar(40) default NULL,
  plz varchar(5) default NULL,
  PRIMARY KEY (id)
);

CREATE TABLE interessenten (
  id int.(11) NOT NULL auto_increment,
  name varchar(60) default NULL,
  ort varchar(40) default NULL,
  plz varchar(5) default NULL,
  PRIMARY KEY (id)
);
```

Der UNION-Befehl für die Ausgabe der Datensätze lautet somit:

```
mysql>SELECT name,plz,ort FROM kunden UNION SELECT name,plz,ort FROM
interessenten;
```

5.3.10 Verknüpfte Tabellen

Ein wichtiges Thema bei der Selektion von Daten aus der Datenbank ist die Verknüpfung von verschiedenen Tabellen für die Ausgabe. Das relationale Datenmodell bzw. die Anlage der Tabellen mit relationalen Verknüpfungen gewährleistet Ihnen eine effektive Datenhaltung. Wie an verschiedenen Stellen bereits erläutert wurde, sind diese relationalen Verknüpfungen zwischen verschiedenen Tabellen ein ständiger Begleiter bei der Datenbankarbeit. Auch bei SELECT-Abfragen über mehr als eine Tabelle ist es notwendig, diese relationalen Verknüpfungen handhaben zu können, da die Verknüpfung in den SELECT-Statements von Ihnen formuliert werden muss. Diese Verknüpfungen werden als Joins bezeichnet.

Sie können Tabellen auf zwei verschiedene Arten miteinander verknüpfen:

- über eine WHERE-Bedingung,
- über den SQL-Befehl JOIN.

Einführungsbeispiel für Verknüpfungen

Um Verknüpfungen zu demonstrieren, fangen wir am besten mit einem einfachen Beispiel an. In diesem Beispiel liegen zwei Tabellen vor. Die Tabelle, die alle Produkte enthält, ist referenziell mit der Tabelle aller Anbieter verknüpft. Es handelt sich hierbei also um eine 1:n-Beziehung.

Für dieses Beispiel soll nunmehr eine Liste erzeugt werden, die alle Anbieter und deren Produkte auflistet. In der Praxis wäre die Liste natürlich noch länger und würde beispielsweise Preisinformationen etc. enthalten. An dieser Stelle ist ein vereinfachtes Beispiel jedoch ausreichend, um Ihnen beim Thema Joins schnellere Erfolgserlebnisse zu ermöglichen.

Die zu erzeugende Liste hat dann folgendes Aussehen:

```
+------------------+---------------+
| name             | produkt       |
+------------------+---------------+
| Deutsche Telekom | T-ISDN        |
| Deutsche Telekom | T-NET         |
| Deutsche Telekom | T-Mobile      |
| VIAG Interkom    | Call by Call  |
| VIAG Interkom    | Preselect     |
| Mobilcom         | City Call     |
| Mobilcom         | Call by Call  |
+------------------+---------------+
```

Um das richtige Ergebnis zu erreichen, müssen Sie die Verknüpfungen in der Abfrage nachbilden und die sachliche Zuordnung »Produkt gehört zu Anbieter« darstellen.

Eine Möglichkeit, diese Abfrage zu formulieren, lautet:

```
mysql> SELECT anbieter.name, telprodukte.produkt FROM anbieter,
telprodukte WHERE anbieter.id = telprodukte.ida;
```

Die Verknüpfung der Tabelle ist also in der WHERE-Bedingung dargestellt. Wenn Sie diese Abfrage ohne die WHERE-Bedingung formulieren, würde Ihnen MySQL eine Liste aller möglichen Kombinationen aus Anbietern und Produkten liefern.

Relationsalgebra

Die Verknüpfung von Tabellen unterliegt grundsätzlich der Relationsalgebra. Dahinter verbirgt sich nichts anderes als das Erzeugen neuer Relationen auf der Basis vorhandener

Relationen. Joins sind dabei die Verbundmenge aus zwei oder mehr Relationen. Je nach Formulierung der Verknüpfung, wird das Ergebnis ausgegeben.

Über den Typ der Verknüpfungsart werden verschiedene Joins unterschieden:

- Inner Join
  Gibt nur die Datensätze zurück, bei denen die Verknüpfungsbedingung übereinstimmt. Das Einführungsbeispiel ist ein solcher Inner Join. Zum Anbieter wurden diejenigen Produkte ausgewählt, die diesem Anbieter zugeordnet sind. Es wurden keine Datensätze von Anbietern ausgegeben, die keine Produkte anbieten, bzw. es sind keine Produkte ausgegeben worden, die keinem Anbieter zugeordnet sind. Beim Inner Joing handelt es sich um die typische Form, die Sie beim Verknüpfen von Tabellen benötigen.

- Outer Join
  Gibt die gleichen Datensätze wie ein Inner Join zurück. Allerdings werden hier alle Datensätze einer Tabelle ausgegeben, auch wenn keine korrespondierenden Datensätze in der jeweils anderen Tabelle vorhanden sind. In diesem Fall wird ein leerer Datensatz verknüpft.

Left und Right Join

Hieraus resultieren dann die Begriffe Left Join und Right Join, je nachdem, von welcher der beiden Tabellen alle Datensätze ausgegeben werden. Bezogen auf das obige Beispiel ist ein Outer Join eine Abfrage, bei der auch dann alle Anbieter ausgegeben werden, wenn Ihnen keine Produkte zugeordnet sind.

Um Tabellen miteinander verknüpfen zu können, müssen die Felder, über die die Tabellen verknüpft werden, über einen kompatiblen Datentyp verfügen. Im Einführungsbeispiel wurden die Tabellen über die ID verknüpft, die jeweils als INTEGER definiert sind.

> **Hinweis:** Seit Version 4.0.2 von MySQL ist auch die CAST()-Funktion verfügbar, mit der bei der jeweiligen Abfrage die Datentypen auch passend gemacht werden können.

Verknüpfung mehrerer Tabellen über WHERE

Sind mehr als zwei Tabellen zu verknüpfen, wird die Abfrage um die entsprechenden Tabellen und WHERE-Bedingungen erweitert.

Die Syntax lautet dann wie folgt:

```
mysql>SELECT <Feldliste> FROM Tabelle_1, Tabelle_2, ..., Tabelle_n WHERE
Tabelle_i.Spaltenname Tabelle_j.Spaltenname AND Tabelle_m.Spaltenname;
```

wobei i, j, m für den jeweiligen Tabellennamen steht und nach FROM aufgelistet sein muss.

Verknüpfung über JOIN-Syntax

Beim Einführungsbeispiel handelt es sich um die alte SQL-Methode zur Realisierung von Verknüpfungen mit WHERE.

Die Verknüpfung innerhalb von Abfragen zwischen Tabellen kann jedoch, außer über die oben gezeigte WHERE-Bedingung, auch ANSI-SQL 92-konform über das Schlüsselwort JOIN und die Angabe der Verknüpfungsbedingung deklariert werden. Mit einem LEFT JOIN sieht die oben genannte Abfrage wie folgt aus:

```
mysql> SELECT anbieter.name, telprodukte.produkt FROM anbieter LEFT JOIN
telprodukte ON anbieter.id = telprodukte.ida;
```

Ausgabe

```
+-----------------+---------------+
| name            | produkt       |
+-----------------+---------------+
| Deutsche Telekom | T-ISDN       |
| Deutsche Telekom | T-NET        |
| Deutsche Telekom | T-Mobile     |
| VIAG Interkom   | Call by Call  |
| VIAG Interkom   | Preselect     |
| Mobilcom        | City Call     |
| Mobilcom        | Call by Call  |
+-----------------+---------------+
```

Die allgemeine Syntax hinter dem FROM des SELECT-Befehls lautet:

```
<Tabellenrefenz>, JOIN [ON <Verknüpfungsbedingung>] WHERE [<Suchbedin-
gung>]
```

Verknüpfungsabfragen können beliebig komplex werden. Die Definition umfangreicher JOIN-Abfragen kann durchaus einige Zeit in Anspruch nehmen.

Die JOIN-Syntax soll nochmals an einem weiteren Beispiel gezeigt werden:

Ein klassisches Beispiel hierfür wäre ein Belegungsplan für die Kursbelegung in Hochschulen oder die Belegung von Zimmern in einem Hotel. Dies sind in der Regel n:m-Beziehungen. Das heißt für das erste Beispiel. Ein Kurs kann von vielen Studenten besucht werden, und ein Student kann viele Kurse besuchen.

Die Tabellendefinitionen hierfür sehen wie folgt aus:

```
CREATE TABLE kurse (
  ID int(11) NOT NULL auto_increment,
  Bezeichnung varchar(50) default NULL,
  PRIMARY KEY  (ID)
);
```

Daten

```
INSERT INTO kurse VALUES (1, 'Deutsch');
INSERT INTO kurse VALUES (2, 'Mathe');
INSERT INTO kurse VALUES (3, 'Englisch');
INSERT INTO kurse VALUES (4, 'Latein');
INSERT INTO kurse VALUES (5, 'Informatik');
INSERT INTO kurse VALUES (6, 'Biologie');
INSERT INTO kurse VALUES (7, 'Physik');
```

und

```
CREATE TABLE studenten (
  ID int(11) NOT NULL auto_increment,
  Vorname varchar(50) default NULL,
  Name varchar(50) default NULL,
  PRIMARY KEY  (ID)
);
```

Daten

```
INSERT INTO studenten VALUES (1, 'Bernd', 'Klein');
INSERT INTO studenten VALUES (2, 'Caroline', 'Kannengiesser');
INSERT INTO studenten VALUES (3, 'Manfred', 'Bohnmann');
INSERT INTO studenten VALUES (4, 'Susanne', 'Maier');
INSERT INTO studenten VALUES (5, 'Jan', 'Kuhnert');
INSERT INTO studenten VALUES (6, 'Tanja', 'Biedorf');
```

Dies sind die beiden Tabellen für die Kurse und die Studenten. Aufgrund der n:m-Beziehung wird im relationalen Datenmodell eine zusätzliche Tabelle Kursbelegung benötigt, die die Zuordnung von Studenten und Kursen beinhaltet. Die Tabellendefinitionen, einschließlich der Fremdschlüssel, sehen hierfür wie folgt aus:

```
CREATE TABLE Kursbelegung (
      Kurse_ID INT,
      Studenten_ID INT,
      FOREIGN KEY (Kurse_id) REFERENCES Kurse(ID),
      FOREIGN KEY (Studenten_id) REFERENCES Studenten(ID)
);
```

Daten

```
INSERT INTO kursbelegung VALUES (1,1);
INSERT INTO kursbelegung VALUES (1,2);
INSERT INTO kursbelegung VALUES (1,3);
INSERT INTO kursbelegung VALUES (1,4);
INSERT INTO kursbelegung VALUES (2,2);
INSERT INTO kursbelegung VALUES (2,3);
INSERT INTO kursbelegung VALUES (2,4);
INSERT INTO kursbelegung VALUES (2,5);
INSERT INTO kursbelegung VALUES (3,3);
INSERT INTO kursbelegung VALUES (3,4);
```

```
INSERT INTO kursbelegung VALUES (3,5);
INSERT INTO kursbelegung VALUES (3,6);
```

Um jetzt eine Liste zu erhalten, die alle Studenten mit ihren belegten Kursen auslistet, sind alle Tabellen miteinander zu verknüpfen.

```
SELECT Studenten.Vorname, Studenten.Name, kurse.bezeichnung
FROM kursbelegung
INNER JOIN kurse ON kurse.ID=kursbelegung.Kurse_ID
INNER JOIN Studenten ON Studenten.ID=kursbelegung.Studenten_ID
ORDER BY  Studenten.Name;
```

In diesem Fall werden also zwei Verknüpfungen in einer Abfrage realisiert, nämlich die Verknüpfung zwischen den Tabellen kursbelegung und Studenten, sowie zwischen den Tabellen kursbelegung und Kurse. Das Ergebnis dieser Abfrage sieht wie folgt aus:

Vorname	Name	Bezeichnung
Tanja	Biedorf	Englisch
Manfred	Bohnmann	Englisch
Manfred	Bohnmann	Mathe
Manfred	Bohnmann	Deutsch
Caroline	Kannengiesser	Deutsch
Caroline	Kannengiesser	Mathe
Bernd	Klein	Deutsch
Jan	Kuhnert	Englisch
Jan	Kuhnert	Mathe
Susanne	Maier	Mathe
Susanne	Maier	Deutsch
Susanne	Maier	Englisch

Joins auf der Basis von Vergleichen

Inner Joins können auch mit Vergleichen durchgeführt werden, die nicht das Gleichheitszeichen beinhalten. Es kann beispielsweise eine Verknüpfung zwischen Tabellen erzeugt werden, die einen Vergleich benötigen.

Gegeben sind beispielsweise zwei Tabellen, die die Fläche von Ländern und Bundesländern enthalten. Die Tabellen haben folgendes Aussehen:

```
CREATE TABLE bundeslaender (
  id int auto_increment PRIMARY KEY,
  name varchar(50) ,
  flaeche float
);
```

und

```
CREATE TABLE laender (
  id int auto_increment PRIMARY KEY,
  name varchar(50),
```

```
   flaeche float
);
```

Ermittelt werden sollen jetzt alle Länder, die kleiner als das Bundesland Bayern sind. Die Abfrage hierfür lautet:

```
SELECT l.name,l.flaeche, bl.name,bl.flaeche FROM laender as l INNER JOIN
bundeslaender as bl ON bl.flaeche>l.flaeche AND bl.name='Bayern';
```

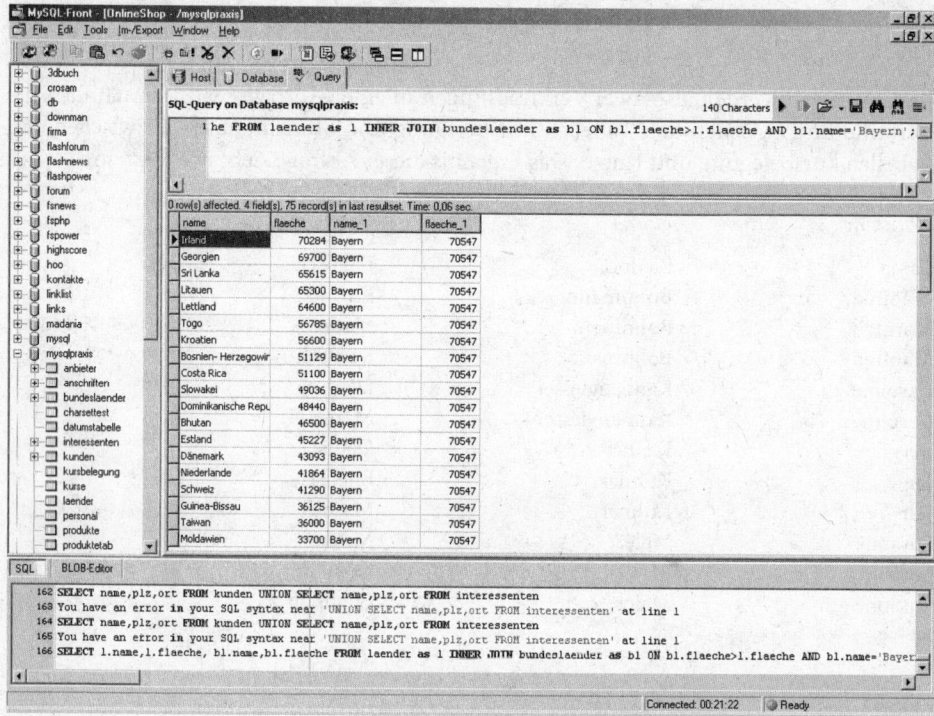

Bild 5.5:   Das Ergebnis der Vergleichsabfrage, die alle Länder ausgibt, die kleiner als Bayern sind

Self Join

Verbindungen müssen nicht nur zwischen verschiedenen Tabellen bestehen, Tabellen können auch als SELF JOIN mit sich selbst verbunden werden. Ein Beispiel wäre ein Stammbaum, der Personen und deren Väter enthält. Um jetzt herauszufinden, welche Personen Geschwister sind, kann ein SELF JOIN verwendet werden. Das folgende Beispiel beschreibt dies:

```
CREATE TABLE stammbaum (
      name varchar(50),
      Vater varchar(50)
);
```

Daten

```
INSERT INTO stammbaum VALUES ('Tanja Biedorf','Manfred Biedorf');
INSERT INTO stammbaum VALUES ('Toni Meier','Manfred Meier');
INSERT INTO stammbaum VALUES ('Susanne Schmidt','Helmut Schmidt');
INSERT INTO stammbaum VALUES ('Michael Meier','Bernd Meier');
INSERT INTO stammbaum VALUES ('Joanna Schmidt','Helmut Schmidt');
INSERT INTO stammbaum VALUES ('Sandra Meier','Manfred Meier');
```

Die SQL-Abfrage hierfür lautet wie folgt:

```
SELECT s1.name,s2.name AS Geschwister, s1.Vater FROM stammbaum AS s1 INNER
JOIN stammbaum AS s2 USING(Vater) WHERE s1.name<>s2.name;
```

Im Ergebnis werden dann zu jeder Person die Geschwister ermittelt.

5.3.11 Ausgabe sotieren

Um die Ausgabe des SELECT-Befehls zu sortieren, können als Zusatz ORDER BY und der gewünschte Feldname bzw. die Feldnamen mit angegeben werden. Die folgende Ausgabe wird somit nach Namen sortiert.

```
mysql> SELECT name,vorname,ort,plz FROM anschriften ORDER BY name;
+------------+---------+-----------+-------+
| name       | vorname | ort       | plz   |
+------------+---------+-----------+-------+
| Königsmann | Johann  | Stuttgart | 50883 |
| Lemberg    | Monika  | Hannover  | 70987 |
| Maier      | Toni    | Berlin    | 12999 |
| Schmidt    | Werner  | Hamburg   | 25899 |
| Wrobel     | Helmut  | Berlin    | 13998 |
+------------+---------+-----------+-------+
```

Wird mehr als ein Feld für die Sortierung angegeben, wird in der Reihenfolge der Feldangaben sortiert.

Die folgende MySQL-Anweisung sortiert erst nach Namen und dann nach Ort.

```
mysql> SELECT name,vorname,ort,plz FROM anschriften ORDER BY name,ort;
+------------+---------+-----------+-------+
| name       | vorname | ort       | plz   |
+------------+---------+-----------+-------+
| Königsmann | Johann  | Stuttgart | 50883 |
| Lemberg    | Monika  | Hannover  | 70987 |
| Maier      | Toni    | Berlin    | 12999 |
| Schmidt    | Werner  | Hamburg   | 25899 |
| Wrobel     | Helmut  | Berlin    | 13998 |
+------------+---------+-----------+-------+
```

Die Änderung der Sortierreihenfolge nach Ort und Name im Anschluss bringt folgendes Ergebnis:

```
mysql> SELECT name,vorname,ort,plz FROM anschriften ORDER BY ort,name;
+------------+---------+-----------+-------+
| name       | vorname | ort       | plz   |
+------------+---------+-----------+-------+
| Maier      | Toni    | Berlin    | 12999 |
| Wrobel     | Helmut  | Berlin    | 13998 |
| Schmidt    | Werner  | Hamburg   | 25899 |
| Lemberg    | Monika  | Hannover  | 70987 |
| Königsmann | Johann  | Stuttgart | 50883 |
+------------+---------+-----------+-------+
```

Standardgemäß wird in aufsteigender Reihenfolge sortiert. Falls Sie dagegen in absteigender Reihenfolge sortieren wollen, kann dies duch den Zusatz DESC erreicht werden:

```
mysql> SELECT name,vorname,ort,plz FROM anschriften ORDER BY name DESC;
+------------+---------+-----------+-------+
| name       | vorname | ort       | plz   |
+------------+---------+-----------+-------+
| Wrobel     | Helmut  | Berlin    | 13998 |
| Schmidt    | Werner  | Hamburg   | 25899 |
| Maier      | Toni    | Berlin    | 12999 |
| Lemberg    | Monika  | Hannover  | 70987 |
| Königsmann | Johann  | Stuttgart | 50883 |
+------------+---------+-----------+-------+
```

An dieser Stelle sei noch zu erwähnen, dass die Sortierung von dem in MySQL eingestellten Zeichensatz abhängt. Die Voreinstellung des Zeichensatzes kann bei der Kompilierung von MySQL oder beim Start von MySQL erfolgen.

5.3.12 Deutsche Sortierung

Mit Version 4 von MySQL wurde speziell für die deutsche Sortierung der Zeichensatz latin1_de integriert, der die Umlaute berücksichtigt. Beim Sortieren und Vergleichen von Zeichenketten wird vorher ein Mapping in folgender Form durchgeführt:

```
ä       ->     ae
ö       ->     oe
ü       ->     ue
ß       ->     ss
```

Um die Sortierung nach deutschen Umlauten zu aktivieren, muss der MySQL-Server mit der Option -- default-character-set=latin1_de gestartet werden.

Falls Sie bei einem sich bereits in Betrieb befindlichen System den Zeichensatz ändern wollen, müssen Sie mit myisamchk –r –q die Sortierung der Indizes aktualisieren.

5.3.13 Ausgabedatei über SELECT erzeugen

Sie können auch direkt mit dem SELECT-Befehl eine Ausgabedatei erzeugen, die die Daten Ihres SELECT-Befehls als ASCII-Datei enthält. Die Syntax hierfür lautet:

```
mysql>SELECT <Selectausdruck> INTO {OUTFILE | DUMPFILE} '<Dateiname>'
<Exportoptionen> FROM <Tabellenname>;
```

Die Ausgabe der Felder erfolgt standardgemäß mit TAB-Trennung. Interessant sind die zur Verfügung stehenden Exportoptionen, da damit die Datei für den jeweiligen Verwendungszweck, wie den Import in ein anderes Programm, aufbereitet werden kann.

Das Trennzeichen zwischen den Spalten einer Tabelle kann durch FIELDS TERMINATED BY '<Trennzeichen'> definiert werden. Die Trennzeichen von Zeilen (Datensätzen) einer Tabelle können Sie über LINES TERMINATED BY '<Trennzeichen'> festlegen.

Wenn Sie also eine Ausgabedatei erzeugen wollen, deren Felder durch Semikolon (;) und deren Zeilen durch ein Prozentzeichen (%) getrennt sind, lautet der Befehl wie folgt:

```
mysql>SELECT * INTO OUTFILE '/tmp/anschriften_out.txt' FIELDS TERMINATED
BY ';' LINES TERMINATED BY '%' FROM anschriften;
```

Beim Erzeugen von Ausgabedateien sind einige Dinge zu beachten. Die Ausgabedatei darf, um das Überschreiben von bereits existierenden Dateien zu vermeiden, noch nicht vorhanden sein. Sollte die Datei schon bestehen, wird MySQL dies mit dem Fehler 1086 »File already exists« beantworten.

Die Ausgabedatei kann auch nur auf dem Rechner erzeugt werden, auf dem der MySQL-Datenbankserver läuft. Falls Sie eine Ausgabedatei auf einem anderen Rechner speichern wollen, verwenden Sie das externe mysqldump-Programm mit der Syntax:

```
$>mysqldump --tab "SELECT ...">  <Ausgabedatei>
```

5.3.14 Abfragen analysieren

Die Optimierung von SELECT-Abfragen kann im praktischen Betrieb ein wichtiges Thema sein, um insbesondere die Performance von komplexen Datenbankabfragen bzw. die Selektion von Datensätzen aus großen Tabellen zu verbessern. Flaschenhälse, d.h., Abfragen, die die Performance negativ beeinflussen, sind dadurch gekennzeichnet, dass sie lange Rückgabewerte aufweisen oder unter hoher Benutzerauslastung langsamer werden. Die Suche nach Flaschenhälsen kann in Applikationen eine mühsame Arbeit sein. MySQL stellt zur Analyse von Abfragen den EXPLAIN-Befehl zur Verfügung, mit dem sehr genau das Verhalten einer Abfrage studiert werden kann.

In der Praxis sucht man bei Performanceproblemen die Abfragen heraus, die dafür verantwortlich sein könnten. Anschließend erfolgt die Analyse per EXPLAIN und danach die Optimierung der beteiligten Tabellen und die Begutachtung der Optimierungsresultate.

EXPLAIN

Die Syntax zur Analyse von Abfragen lautet:

```
mysql>EXPLAIN SELECT <Abfrageausdruck>;
```

Beispiel

```
mysql> EXPLAIN SELECT * FROM anschriften;
```

Das Ergebnis von EXPLAIN ist eine Tabelle, die folgende Spalten enthält:

`table`

Enthält den Tabellennamen. Alle Tabellennamen der Abfrage werden in der Leserei-henfolge aufgelistet. Sie können also hier sofort sehen, welche Tabellen an der Abfrage beteiligt sind.

`type`

Listet den Verknüpfungstyp (JOIN) auf. Folgende Einträge sind möglich:

- ALL: Eine komplette Tabellensuche wurde durchgeführt.

- ref: Alle Datensätze dieser Tabelle, auf die der Index passt, wurden in allen Kombina-tionen zur vorherigen Tabelle ausgelesen.

- eq_ref: Ein Datensatz dieser Tabelle, auf den der Index passt, wurde in allen Kombi-nationen zur vorherigen Tabelle ausgelesen. Dieser Verknüpfungstyp ist sehr effek-tiv, da jeweils nur ein Datensatz ausgelesen werden muss, beispielsweise dann, wenn der Index ein UNIQUE oder PRIMARY KEY ist.

- const: Die Tabelle enthält nur eine Reihe, die zu Beginn der Abfrage ausgelesen wurde. Tabellen, die mit const gekennzeichnet sind, werden sehr schnell ausgeführt, da sie nur einmal ausgelesen werden.

- system: Die Tabelle besitzt nur einen Datensatz.

- Range: Es werden nur Datensätze zurückgegeben, die in einer angegebenen Varia-tionsbreite auf Basis eines Index vorkommen.

- Index: Eine komplette Tabellensuche in Bezug auf den Index wurde durchgeführt. In der Regel ist diese Variante schneller als ALL, da eine Indextabelle in der Regel kleiner ist.

`possible_keys`

Zeigt die Indizes an, die MySQL benutzen könnte, um die gewünschten Datensätze zu finden. Die Indizes werden durch Kommata voneinander getrennt angezeigt.

`key`

Zeigt die Indizes an, die tatsächlich durch MySQL verwendet wurden, um die gewünsch-ten Datensätze zu finden.

```
key_len
```

Zeigt die Gesamtlänge der Indizes an.

```
ref
```

Zeigt die Spalten oder Konstanten an, die mit den Indizes (key) verwendet wurden, um die gewünschten Datensätze zu finden.

```
rows
```

Enthält die geschätzte Anzahl an Datensätzen, die zur Realisierung der Abfrage ausgelesen werden müssen.

```
Extra
```

Enthält zusätzliche Angaben zur Ausführung der Abfrage.

5.3.15 NULL-Marken

Vielfach treffen Sie bei der Arbeit mit der MySQL-Datenbank auf so genannte NULL-Marken. Häufig wird hierfür auch der Begriff NULL-Wert oder NULL-values verwendet. NULL bedeutet, dass ein Attribut (Wert) für das Feld fehlt, d.h., der Wert leer oder unbekannt ist. NULL kann demnach bedeuten:

- Das Attribut hat einen Wert, dieser ist aber nicht bekannt.
- Das Attribut hat in der Realität keinen Wert.

NULL ist also nicht 0, da dies ein konkreter bekannter Wert ist. NULL ist auch nicht eine leere Zeichenkette wie ".

Beispiel

An einem Beispiel wäre dies am einfachsten zu erklären: Wenn Sie in einer Datenbank eine Anschriftendatei mit dem Feld email definieren, können folgende Fälle auftreten:

- Ihnen ist eine gültige E-Mail bekannt. Sie tragen die E-Mail in die Datenbank ein.
- Ihnen ist bekannt, dass die Person keine E-Mail besitzt. Sie tragen hierfür einen Leerstring in die Datenbank ein.
- Ihnen ist nicht bekannt, ob die Person eine E-Mail besitzt. Sie tragen nichts in das Feld ein.

Der zuletzt genannte Fall ist eine solche NULL-Marke. Entsprechend sehen in diesem Fall dann auch die Abfragen aus:

Sie wollen wissen, welche Person keine E-Mail besitzt:

```
mysql>SELECT * FROM anschriften WHERE email='';
```

Sie wollen wissen, bei welchen Personen nicht bekannt ist, ob sie eine E-Mail besitzen:

```
mysql>SELECT * FROM anschriften WHERE email IS NULL;
```

Wenn Sie einmal mit der MySQL-Shell einen SELECT-Befehl über verschiedene Tabellen Ihrer Datenbank durchführen, werden Sie vielleicht feststellen, dass häufig solche NULL-Werte vorhanden sind. Dies geschieht genau dann, wenn Datensätze ohne Wert gespeichert werden und das entsprechende Feld diese Möglichkeit zulässt, also die Option NOT NULL bei der Tabellenanlage nicht definiert wurde.

NULL-Werte können bei Abfragen interpretierungsbedürftige Ergebnisse liefern. So würden bei einem GROUP BY alle NULL-Werte eines Feldes gruppiert werden, was jedoch nicht unbedingt eine gewünschte Gruppierung darstellen würde.

NOT NULL

Sie hatten bereits bei der Definition von Tabellen gelernt, dass Felder optional als NOT NULL definiert werden können. Dies ist immer dann angebracht, wenn NULL-Werte in dem jeweiligen Feld nicht erwünscht sind oder diese die Abfrage negativ beeinflussen.

5.4   Unscharfe Suche

In den vorangegangenen Abschnitten wurde dargestellt, wie Einzelabfragen in MySQL realisiert werden. Bei der Suche nach Informationen in einer Datenbank kann es nun vorkommen, dass Sie genau wissen, was gesucht wird, oder aber, dass die Suchanfrage unscharf ist. Unscharf kann bedeuten, dass nur Teilwörter eines Feldes gesucht werden, wie beispielsweise »Suche sämtliche Buchtitel, die das Wort MySQL enthalten«, oder Ähnlichkeitsmuster benötigt werden, beispielsweise bei Namen gleichen Klangs aber unterschiedlicher Schreibweise wie Maier und Meier. In den folgenden Abschnitten werden Möglichkeiten vorgestellt, solche Suchanfragen in einer MySQL-Datenbank zu realisieren.

5.4.1   Suche mit LIKE und IN

MySQL verfügt mit der Funktion LIKE über die Möglichkeit, in Zeichenketten zu suchen. Gerade bei der Suche nach Teilen von Zeichenketten, wie beispielsweise der Suche nach allen Bankleitzahlen, die mit 100 anfangen, oder E-Mails, die t-online enthalten, kann LIKE wertvolle Dienste leisten. Sehr praktisch ist der LIKE-Befehl bei Suchfeldern, wie sie auf Internetseiten zum Durchsuchen des jeweiligen Inhalts vorkommommen.

LIKE

LIKE kann dabei mit Wildcards benutzt werden. % steht für die Suche nach beliebig vielen Zeichen, wobei beliebig auch »keines« heißen kann, was unter DOS als * bekannt ist. Die Wildcard, unter DOS als ? bekannt, steht für genau ein Zeichen. Wenn Sie also nach allen Bankleitzahlen suchen wollen, die mit 100 beginnen, lautet der Befehl wie folgt:

```
mysql>SELECT * FROM blztabelle WHERE blz LIKE '100%';
```

Analog dazu lautet der Befehl zur Suche nach den E-Mails, die ein t-online enthalten, wie folgt:

```
mysql>SELECT * FROM anschriften WHERE email LIKE '%t-online%';
```

Da MySQL standardgemäß »case« insensitive, also ohne Berücksichtigung der Groß- und Kleinschreibung sucht, findet die Abfrage sowohl t-online als auch T-ONLINE. Falls Sie die Beachtung der Groß- und Kleinschreibung bei der Suche doch einmal benötigen sollten, können Sie das BINARY-Schlüsselwort verwenden.

```
mysql>SELECT * FROM anschriften WHERE email LIKE BINARY '%t-online%';
```

Diese Abfrage sucht nur nach Datensätzen, die t-online als Kleinbuchstaben enthalten. Natürlich können Sie auch unter Ausschluss suchen. Wenn Sie beispielsweise alle Datensätze ausgeben wollen, die bestimmte E-Mails nicht enthalten sollen, kann die Abfrage wie folgt aussehen:

```
mysql>SELECT * FROM anschriften WHERE email NOT LIKE '%t-online%';
```

Vielfach besteht die Aufgabe darin, eine ganze Reihe von verschiedenen Werten bei der Auswahl zu berücksichtigen. Ein Beispiel hierfür ist die Suche nach verschiedenen Namen. In diesem Fall kann über das Schlüsselwort IN mit einer Auswahlliste gearbeitet werden.

```
mysql>SELECT * FROM anschriften WHERE name IN ('Meier',
'Maier','Beier','Bayer');
```

5.4.2   Volltextsuche

Die unscharfe Suche bleibt überschaubar, solange das gewünschte Schlagwort in einer Spalte einer Tabelle zu finden ist, wie im angeführten Beispiel der Buchtitel. Etwas schwieriger wird der Fall, wenn das gewünschte Schlagwort in mehreren Spalten einer Tabelle gesucht werden muss. Ein Beispiel hierfür ist: »Suche sämtliche Bücher, die sich mit MySQL beschäftigen«. In diesem Fall muss zusätzlich noch im beschreibenden Kurztext gesucht werden, um auch die Bücher zu finden, die MySQL nicht im Titel tragen.

Inzwischen werden vom Benutzer von Inter- und Intranetanwendungen umfangreiche und effektive Suchfunktionen erwartet, insofern kommt keine größere Internetseite ohne eine solche Suchfunktion aus. Spezialisierte Suchmaschinen wie Altavista, Google, etc. benötigen lediglich ein Feld in einem Suchdialog, um diese Benutzerschnittstelle zur Verfügung zu stellen.

In diesem Abschnitt soll daher nochmals ein spezieller Blick auf die Möglichkeiten geworfen werden, eine Suche über mehrere Felder mit Hilfe der Volltextsuche von MySQL zu realisieren.

Die Volltextsuche von MySQL stellt einen spezialisierten Index dar. In Ergänzung zu einem normalen Index weist ein Volltextindex folgende Besonderheiten auf:

- Die Suche in einem Volltextindex erfolgt über eine spezialisierte Suchfunktion (MATCH).

- MySQL errechnet einen Ähnlichkeitsfaktor für das Suchmuster in jeder Datenreihe. Die Ähnlichkeit des Suchmusters im Index wird auf Basis der Anzahl der Wörter in einer Reihe, der Anzahl eindeutiger Wörter in einer Reihe, der Gesamtzahl aller Wörter und der Anzahl der Reihen, die das Suchmuster enthalten, errechnet.

- Jedes Wort des Suchmusters wird auf Basis der jeweiligen Häufigkeit gewichtet. Wörter, die seltener in der Suchmenge vorkommen, bekommen eine höhere Gewichtung als häufig gefundene Wörter. Damit werden bessere Suchergebnisse erreicht, da »Allerweltswörter« nachrangig behandelt werden.

- Innerhalb des Suchmusters kann mit Operatoren zur Verbesserung des Suchergebnisses gearbeitet werden.

- Das Suchmuster wird verworfen, wenn es in mehr als der Hälfte aller Reihen vorkommt. Unsinnige Massenergebnisse werden dadurch vermieden.

Ein Volltextindex ist insbesondere bei unstrukturierten Informationen wie Texten sinnvoll. Der Volltextindex ist auf Zeichenketten ausgelegt, also nicht auf die Suche von Zahlen.

FULLTEXT

Der Volltextindex kann seit Version 3.23.23 mit dem Befehl FULLTEXT definiert werden.

```
mysql>CREATE TABLE <Spaltendefinition> FULLTEXT (<Spaltenname>,
<Spaltenname>,...);
```

Das Prinzip ist also recht einfach: Mit dem Schlüsselwort FULLTEXT und einer Liste aller Felder, die für diesen Volltextindex verwendet werden sollen, wird ein solcher Volltextindex erzeugt.

Nehmen wir als Beispiel eine Tabelle, in der Produktbeschreibungen zu einer Produktliste existieren.

Die Tabellendefinition hierzu sieht dann wie folgt aus:

```
CREATE TABLE produktetab (
  id int(11) NOT NULL auto_increment,
  bezeichnung varchar(50) default NULL,
  beschreibung text,
  PRIMARY KEY  (id),
  FULLTEXT KEY bezeichnung (bezeichnung,beschreibung)
);
```

Es wird also ein Volltextindex über die Felder Bezeichnung und Beschreibung gebildet.

Sie können natürlich für bestehende Tabellen auch nachträglich einen Volltextindex definieren, indem Sie die Tabellendefinition ändern. Der Befehl lautet in Bezug auf das angeführte Beispiel wie folgt:

```
mysql>ALTER TABLE produktetab ADD FULLTEXT (bezeichnung, beschreibung);
```

Die nachträgliche Definition eines FULLTEXT für umfangreiche Tabellen über ALTER TABLE ist schneller, da nicht für jeden Datensatz beim Einfügen der Index neu erzeugt werden muss.

MATCH

Die Abfrage nach einem Suchmuster in einem Volltextindex erfolgt über den Befehl MATCH. Die vollständige Syntax hierfür lautet:

```
MATCH (<Spaltenname>, ...) AGAINST ('<Suchmuster>')
```

Wenn Sie in dem oben gezeigten Beispiel also nach Windows suchen wollen, lautet der Befehl wie folgt:

```
mysql>SELECT * FROM produktetab WHERE MATCH (bezeichnung, beschreibung)
AGAINST ('Windows');
```

Ähnlichkeitsfaktor

Über den Ähnlichkeitsfaktor können die Abfragen optimiert werden. Mit einem ORDER BY können beispielsweise Ergebnisse mit dem höchsten Ähnlichkeitsfaktor zuerst ausgegeben werden. Auch eine Eingrenzung der Suchergebnisse über eine WHERE-Bedingung des MATCH-Feldes ist möglich. So gibt folgende MySQL-Anweisung nur Ergebnisse mit einem Ähnlichkeitsfaktor größer 0.6 aus und sortiert diese Ergebnisse nach dem angegebenen Ähnlichkeitsfaktor.

```
mysql>SELECT * MATCH (bezeichnung, beschreibung) AGAINST ('Windows') AS AF
FROM produktetab WHERE MATCH (bezeichnung, beschreibung) AGAINST
('Windows') HAVING AF > 0.6 ORDER BY AF;
```

Version 4

Mit Version 4 wurde die Performance des Volltextindex verbessert. Ab Version 4.0.1 stehen erweiterte Möglichkeiten der Suchabfrage über die Option IN BOOLEAN MODE zur Verfügung. Die vollständige Syntax hierfür lautet:

```
MATCH (<Spaltenname>, ...) AGAINST ('<Suchmuster>' IN BOOLEAN MODE)
```

Folgende Optionen für das Suchmuster stehen zur Verfügung:

+ Das Wort hinter diesem Zeichen muss in dem Datensatz enthalten sein, der ausgegeben wird. Diese Option ist vor allem dann sinnvoll, wenn Sie mehrere Wörter angeben wollen, die in der Ergebnismenge enthalten sein sollen, und entspricht damit einer UND-Verknüpfung.

Beispiel

```
... AGAINST ('+Windows +LINUX') IN BOOLEAN MODE
```

- Das Word hinter diesem Zeichen darf nicht in der Ergebnismenge vorkommen.

Beispiel

```
... AGAINST ('+Windows -LINUX') IN BOOLEAN MODE
```

~ Diese Wörter werden nicht ausgeschlossen, beeinflussen den Ähnlichkeitsfaktor jedoch negativ. Damit lassen sich Ergebnisse von Füllwörtern bereinigen.

Beispiel

```
... AGAINST ('~und') IN BOOLEAN MODE
```

() Gruppierung von Wörtern.

Beispiel

```
... AGAINST ('(Windows XP)') IN BOOLEAN MODE
```

< dem Wort wird ein geringerer Stellenwert zugeordnet.

Beispiel:

```
... AGAINST ('<LINUX') IN BOOLEAN MODE
```

> dem Wort wird ein höherer Stellenwert zugeordnet.

Beispiel

```
... AGAINST ('>Windows <LINUX') IN BOOLEAN MODE
```

* Wildcard zur Ergänzung von Wörtern.

Beispiel

```
... AGAINST ('Kino*') IN BOOLEAN MODE
```

Passt auf Kinofilm, Kinokarte etc.

Vor dem Einsatz eines Volltextindex in Produktivumgebungen sollten Sie auf jeden Fall einen Praxistest bezüglich der Performance sowohl für die Abfrage als auch für das Einfügen von Datensätzen durchgeführt haben. In den früheren Programmversionen war das Performanceverhalten teilweise noch nicht befriedigend.

5.4.3 Soundex

MySQL bietet zur phonetischen Suche noch die SOUNDEX()-Funktion an. Diese Funktion kann wertvolle Hilfe bei der Suche nach Datenbankinhalten leisten, die eine phonetische Ähnlichkeit haben. Ein Beispiel sind Namen mit unterschiedlicher Schreibweise, aber gleicher Aussprache wie »Maier« und »Meier«. Ein anderes Beispiel sind Ortsnamen oder Straßennamen.

Die SOUNDEX()-Funktion errechnet einen Zahlencode, der die Ähnlichkeit von Zeichenketten wiedergibt.

Beispiel:

```
mysql> SELECT SOUNDEX("Meier");
+------------------+
| SOUNDEX("Meier") |
+------------------+
| M600             |
+------------------+
```

Ergibt als Rückgabe M600.

Aufgrund dieses Zahlencodes können dann ähnliche Zeichenketten selektiert und gegebenenfalls weiterverarbeitet werden.

Funktionsweise

Das Prinzip, das hinter SOUNDEX steckt, ist relativ einfach: Jeder Soundex-Code besteht aus einem Buchstaben und einer Zahlenkombination. Der Buchstabe gibt jeweils den Anfangsbuchstaben der entsprechenden Zeichenkette an, die restlichen Ziffern werden über die Soundex-Regeln errechnet. Es werden dabei mindestens drei Zahlen angegeben. Falls weniger als drei Zahlen berechnet werden können, wird der Soundex-Code mit 0 aufgefüllt. A,E,I,O,U,H,W,Y werden dabei gestrichen und die übrigen Zeichen des Alphabets zu Ähnlichkeitsgruppen zusammengefasst. Dabei gilt folgende Regel:

```
1 = B,F,P,V
2 = C,G,J,K,Q,S,X,Z
3 = D.T
4 = L
5 = M,N
6 = R
```

Weitere Regeln für die Berechnung des Soundex-Codes sind:

Mehrfache gleiche Buchstaben, die hintereinander auftreten, werden als ein Buchstabe codiert.

Nacheinander folgende Buchstaben, die den gleichen Soundex-Code besitzen, werden gestrichen.

Ein praktisches Beispiel ist die unscharfe Suche nach Namen in einer Adressdatei. Die folgende Abfrage sucht nach allen Namen, die den gleichen Soundex-Code wie »Meier« haben:

```
mysql> SELECT name, SOUNDEX(name) AS M FROM anschriften HAVING M =
SOUNDEX("Meier");
```

Ergebnis

```
+-------+------+
| name  | M    |
+-------+------+
| Maier | M600 |
| Meier | M600 |
+-------+------+
```

oder in diesem Fall »Schmidt«:

```
mysql> SELECT name, SOUNDEX(name) AS S FROM anschriften HAVING S =
SOUNDEX("Schmidt");
```

Ergebnis

```
+---------+------+
| name    | S    |
+---------+------+
| Schmidt | S530 |
| Schmitt | S530 |
| Schmid  | S530 |
+---------+------+
```

5.4.4   Reguläre Ausdrücke

Reguläre Ausdrücke sind definierte Suchmuster und somit eine effektive Möglichkeit, komplexe Suchanfragen an MySQL zu formulieren. Die Möglichkeiten gehen über das normale Suchen hinaus. Man kann mit regulären Ausdrücken nahezu jedes Suchmuster realisieren und feststellen, ob dieses Suchmuster in den gewünschten Feldern vorhanden ist. Die Möglichkeiten der regulären Ausdrücke lassen sich sowohl für Suchanfragen als auch für Konsistenzprüfungen der Datenbank einsetzen. Wer grep oder vi aus der UNIX-Welt kennt oder sich intensiver mit PHP oder ASP auseinander gesetzt hat, hat vielleicht schon einmal die Bekanntschaft mit regulären Ausdrücken gemacht und deren Leistungsfähigkeit schätzen gelernt.

Für Anfänger mag ein Ausdruck wie der folgende im ersten Moment etwas ungewohnt erscheinen:

```
mysql>SELECT "Ich bin eine 5 und ihr bekommt mich nicht!" REGEXP "[0-9]";
```

Ergebnis

```
+-------------------------------------------------------------+
| "Ich bin eine 5 und Ihr bekommt..." REGEXP "[0-9]"          |
+-------------------------------------------------------------+
|                                                           1 |
+-------------------------------------------------------------+
```

Allerdings sind reguläre Ausdrücke, wenn man das Grundprinzip einmal verstanden hat, nicht weiter schwierig in ihrer Anwendung. Reguläre Ausdrücke finden insbesondere in folgenden Fällen Anwendung:

- Bei der Überprüfung, ob eine Zeichenkette den formulierten Anforderungen entspricht, wie beispielsweise einer gültigen E-Mail.

- Bei der Ausgabe von Teilinformationen eines Strings, beispielsweise »Gibt alle Namen aus, die Schmidt enthalten«.

Das Prinzip von regulären Ausdrücken ist einfach. Die Zeichenketten werden nach den von Ihnen definierten Zeichen bzw. Zeichenmustern durchsucht. Sie können dabei bestimmen, ob am Anfang oder Ende der Zeichenkette gesucht wird oder ob Wildcards verwendet werden sollen.

Suchoptionen

Folgende Suchoptionen mit regulären Ausdrücken stehen Ihnen zur Verfügung:

Ausdruck	Beschreibung
A	Darf A, also ein Zeichen enthalten.
[AB]	Darf ein A oder ein B, also alle Zeichen in der Klammer enthalten.
[A-Z]	Darf einen Großbuchstaben enthalten (ohne Umlaute).
[0-9]	Darf eine Zahl enthalten.
A?	A darf genau einmal (oder keinmal) enthalten sein.
A+	A darf einmal oder beliebig oft vorkommen.
A*	Kein, ein oder mehrere A. Passt also auch auf andere Zeichen als A.
A.	A und ein beliebiges Zeichen hinter A, kein Zeichen gibt ein Falsch zurück. Zeilenumbrüche werden ebenfalls als Zeichen behandelt.
^Herzlich	Passt auf »Herzlich« am Anfang des Suchbereiches.
Gruss$	»Gruss« darf am Ende des Suchbereichs stehen.
A|B	Sucht nach A oder B. Die Suche nach mehr als zwei Werten ist möglich, beispielsweise A|B|C.
(ABC)	Sucht nach dem zusammenhängenden Ausdruck in den Klammern.
A{x}	Sucht nach maximal x Wiederholungen von A.
A{x,y}	Sucht nach mindestens x und maximal y Wiederholungen von A.
[:<:]	Trifft auf NULL-Werte am Anfang eines Worts zu. Ein Wort darf dabei aus alphanumerischen Zeichen bestehen.
[:>:]	Trifft auf NULL-Werte am Ende eines Worts zu. Ein Wort darf dabei aus alphanumerischen Zeichen bestehen.

Beispiele

```
mysql> SELECT "Ist hier ein A vorhanden?" REGEXP "A*";
```

Ergebnis (wahr:

```
+-------------------------------------+
| "Ist hier ein A vorhanden?" REGEXP "A*" |
+-------------------------------------+
|                                   1 |
+-------------------------------------+

mysql> SELECT "Wir sind hier!" REGEXP "^Wir";
```

Ergebnis (wahr)

```
+-------------------------------+
| "Wir sind hier!" REGEXP "^Wir" |
+-------------------------------+
|                             1 |
+-------------------------------+
```

Es kann auch nach Zeichenklassen in folgender Form [:Zeichenklasse:] gesucht werden. Dieses Suchmuster sucht nach der zwischen den Doppelpunkten angegebenen Zeichenklasse. Folgende Zeichenklassen sind dabei möglich:

Zeichenklasse	Beschreibung
[:alnum:]	Alphanumerisches Zeichen
[:alpha:]	Buchstabe
[:blank:]	Leerzeichen und Tabulator
[:cntrl:]	Steuerzeichen
[:digit:]	Dezimalziffer
[:graph:]	[:alpha:][:digit:][:punct:]
[:lower:]	Alle Kleinbuchstaben
[:print:]	[:graph:]
[:punct:]	Satzzeichen
[:space:]	Freiraum (alle Arten)
[:upper:]	Alle Großbuchstaben
[:xdigit:]	Hexadezimale Ziffer [[:digit:]A-Fa-f]

Die regulären Ausdrücke von MySQL arbeiten seit Version 3.23.4 »case-insensitive«, d.h. es wird nicht nach Groß- und Kleinschreibung unterschieden.

Die folgenden Abfragen liefern also dasselbe Ergebnis:

```
mysql> SELECT "Kino" REGEXP "Ki.o";
+--------------------+
| "Kino" REGEXP "Ki.o" |
+--------------------+
|                  1 |
+--------------------+

mysql> SELECT "Kino" REGEXP "KI.O";
+--------------------+
| "Kino" REGEXP "KI.O" |
```

```
+----------------------+
|                   1  |
+----------------------+
```

5.5 Abfragen beschleunigen

5.5.1 Query Cache

Seit Version 4.0.1 verfügt MySQL über den Query Cache, der Abfragen und deren Ergebnisse zwischenspeichert, um die gleiche Abfrage schneller bedienen zu können.

Diese zwischengespeicherten Abfragen können, aufgrund der Tatsache, dass die gleiche Abfrage nicht nochmals ausgeführt werden muss, die Geschwindigkeit einer Abfrage bis um den Faktor 2 erhöhen.

Der Einsatz von Query Cache ist insbesondere in Umgebungen sinnvoll, die häufig den gleichen Inhalt haben. Gerade im Internetbereich bestehen viele Anwendungen aus Informationssystemen, die ihren Inhalt dynamisch erzeugen. Man denke nur einmal an Nachrichten- und Content-Management-Systeme.

Beispiel

Am besten macht dies ein Beispiel klar: Im nachfolgenden Beispiel wird hintereinander weg zweimal aus einer Bankleitzahlentabelle, die ca. 100.000 Einträge beinhaltet, eine bestimmte BLZ gesucht. Bei der ersten Abfrage speichert MySQL die Abfrage im Query Cache, so dass die Abfrage beim zweiten Mal schneller bedient werden kann.

Query Cache einrichten

Wenn Sie den Query Cache nutzen wollen, müssen Sie ihn aktivieren und konfigurieren. Wie oben bereits erwähnt, ist mindestens die MySQL-Version 4.0.1 Voraussetzung. Die notwendigen Einstellungen werden in der my.cnf bzw. my.ini vorgenommen. Hierfür sind die folgenden drei Variablen zuständig:

- query_cache_startup_type (Aktivierungsart)
- query_cache_size (Größe des Caches)
- query_cache_limit (Größenbegrenzung für einzelne Abfragen)

Variablen für den Query Cache

Folgende Variablen können für den Query Cache gesetzt werden:

Mit der Variablen query_cache_size wird der Speicher, der zum Zwischenspeichern reserviert wird, festgelegt. Bei 0 ist der Query Cache deaktiviert. Dies ist auch die Grundeinstellung.

Wenn Sie also den Query Cache aktivieren wollen, müssen Sie diese Variable in der my.cnf bzw. my.ini wie folgt deklarieren:

```
[mysqld]
query_cache_size = 10000000
```

Um das Verhalten des Query Cache grundsätzlich festzulegen, dient die Variable query_cache_startup_type, die mit folgenden Optionen versehen werden kann:

- 0 (OFF) Der Query-Cache-Modus ist generell deaktiviert.

- 1 (ON) Der Query-Cache-Modus ist generell aktiviert. Der Query Cache kann aber für einzelne Abfragen über SELECT SQL_NO_CAHCE abgeschaltet werden.

- 2 (DEMAND) Der Query-Cache-Modus ist in Bereitschaft, speichert Abfragen aber nur dann, wenn die Abfrage das Speichern mit SELECT SQL_CACHE anfordert.

Die Variable query_cache_limit begrenzt die Größe des Speichers für die einzelnen Abfragen. Der Standardwert hierfür liegt bei 1 MB.

Das Verhalten des Query Cache kann auch während einer Verbindung geändert werden. Der Befehl hierfür lautet:

```
SQL_QUERY_CACHE = OFF | ON | DEMAND
```

bzw.

```
SQL_QUERY_CACHE = 0 | 1 | 2
```

Verhalten in SQL-Abfragen definieren

Innerhalb der Abfrage kann zusätzlich das entsprechende Verhalten definiert werden.

```
mysql>SELECT SQL_CACHE * FROM TABELLE;
```

Schaltet den Cache an, wenn der SQL_QUERY_CACHE auf DEMAND steht.

```
mysql>SELECT SQL_NO_CACHE * FROM TABELLE;
```

Schaltet den Cache für diese Abfrage ab.

Mit diesen unterschiedlichen Optionen haben Sie also auch die Möglichkeit, selektiv einzelne Abfragen zwischenzuspeichern. Insbesondere bei der Optimierung von Anwendungen kann Ihnen dieser Query Cache wertvolle Dienste leisten.

Defragmentierung und Löschen

Der Query Cache kann natürlich auch defragmentiert bzw. gelöscht werden.

Zum Defragmentieren verwenden Sie:

```
mysql>FLUSH QUERY CACHE;
```

Zum Löschen:

```
mysql>FLUSH TABLES;
```

5.6 Transaktionen

Transaktionen sind eine Gruppe von Befehlen, die gemeinsam ausgeführt werden sollen, d.h., entweder werden alle Befehle gemeinsam ausgeführt oder keiner der Befehle. Falls während der Bearbeitung einer der Befehle ein Fehler auftritt, wird die gesamte Aktion in den Ursprungszustand zurückversetzt.

Zusammenhängende Aktionen

Transaktionen sind ein wichtiges Hilfsmittel, um kritische zusammenhängende Aktionen in der Datenbank zu unterstützen, bei denen Fehler in der Bearbeitung zu Inkonsistenzen im Datenbestand führen können.

Bei anderen Datenbanken, wie beispielsweise InterBase, PostgreSQ oder Oracle, gehören Transaktionen zum Standardumfang dazu. Bei MySQL muss die Unterstützung von Transaktionen etwas differenzierter betrachtet werden. Im Grundsatz ist MySQL auch eine Datenbank, die Transaktionen unterstützt, allerdings war diese Funktionalität bei den ersten Programmversionen noch nicht verfügbar. Sie wurde erst im Sommer 2000 implementiert. Die Unterstützung von Transaktionen ist dabei an die Tabellentypen InnoDB und Berkeley DB gebunden.

Der Standardtyp von MySQL, in diesem Fall MyISAM, unterstützt keine Transaktionen. Daher ist anzuraten, Transaktionen in Produktivumgebungen nur mit einer ausreichenden Programmerfahrung durchzuführen.

Funktionsweise

Das Prinzip von Transaktionen ist relativ einfach. Eine zusammenhängende Aktion wird mit einem BEGIN eingeleitet und mit einem COMMIT beendet. Alle SQL-Befehle, die zwischen diesen beiden Befehlen ausgeführt werden, werden als zusammengehörig betrachtet und mit dem COMMIT erst endgültig in die Datenbank geschrieben. Falls ein Fehler während der Tansaktion auftritt, kann mit ROLLBACK die Datenbank in den ursprünglichen Zustand zurückversetzt werden. ROLLBACK kann dabei über die Eingabe des Befehls oder, wie beispielsweise bei Fehlern, automatisch ausgeführt werden. BEGIN, COMMIT und ROLLBACK stehen nur bei den transaktionsfähigen Tabellentypen zur Verfügung.

Zu beachten ist, dass MySQL standardgemäß mit einem AUTOCOMMIT arbeitet, d.h., Änderungen werden sofort in die Datenbank geschrieben. Wenn Sie mit Transaktionen arbeiten, muss dies daher mit folgender MySQL-Anweisung abgeschaltet werden:

```
SET AUTOCOMMIT = 0
```

Die Option AUTOCOMMIT kann im Übrigen unabhängig von Transaktionen verwendet werden. Falls Sie AUTOCOMMIT auf 0 setzen, müssen Sie eine endgültige Änderung der Datenbank mit COMMIT bestätigen.

An einem einfachen Beispiel sollen nachfolgend Transaktionen demonstriert werden, in diesem Fall anhand einer Umbuchung zwischen zwei Konten. Da für die Umbuchung zwischen zwei Konten auf dem einen Konto der Betrag gelöscht und auf dem anderen der Betrag hinzugefügt werden muss, könnte bei einem Fehler im Vorgang beispielsweise der Betrag auf dem Ausgangskonto bereits gelöscht worden sein, während er auf dem Zielkonto noch nicht gutgeschrieben wurde. Es ist auch denkbar, dass der Betrag auf dem Zielkonto bereits verbucht wurde, während er auf dem Ausgangskonto noch nicht gelöscht wurde. Bei Fehlern kann sich also die Summe des Betrags ändern mit durchaus nachvollziehbaren fatalen Folgen.

Angenommen wird für dieses Beispiel ein Ausgangskonnto, das folgende Form hat:

Kontostand	Name	ID
20000	Maier	100
25000	Lemberg	101
10000	Hoffmann	102

Jetzt sollen 10.000 EUR vom Konto Maier zum Konto Hoffmann transferiert werden. Die zusammengehörigen Aktionen sehen dann wie folgt aus:

- Kontostand Hoffmann = Kontostand + 10000

- Kontostand Maier = Kontostand – 10000

Die SQL-Anweisung lautet folgendermaßen:

```
mysql>
BEGIN:
UPDATE konto SET kontostand = kontostand - 10000
WHERE ID=100
UPDATE konto SET kontostand = kontostand + 10000
WHERE ID=102
COMMIT;
```

Falls die Aktion vor dem COMMIT abgebrochen wird, wird die gesamte Aktion automatich zurückgesetzt. Sie können aber jederzeit auch mit ROLLBACK alle Änderungen bis zum letzten BEGIN rückgängig machen. Darüber hinaus beenden einige SQL-Befehle automatisch eine Transaktion. Diese sind:

- ALTER TABLE

- BEGIN

- CREATE TABLE

- DROP TABLE

- DROP DATABASE

- RENAME TABLE

- TRUNCATE

5.7 Benutzerdefinierte Funktionen

Benutzerdefinierte Funktionen sind MySQL-Programme, die die allgemeinen Funktionen von MySQL um eigene Funktionen erweitern. MySQL verfügt bereits über zahlreiche Funktionen wie

- mathematische Funktionen (SIN(X), COS(X) etc.) und

- Zeichenketten-Funktionen (SOUNDEX(), CONCAT() etc.).

Sie können allerdings jederzeit eigene neue Funktionen zu MySQL hinzufügen. Dies kann auf zwei Arten erfolgen:

- Über die Definition von Funktionen, die dynamisch zur Laufzeit über die UDF-Schnittstelle (User-Definable-Function) eingebunden werden. Hierbei wird eine dynamische Library als eigenständige Datei erzeugt und auf dem Zielrechner zur Verfügung gestellt. Auch bei einem Versionswechsel von MySQL können die Funktionen dann in der Regel weiterverwendet werden.

- Über die Programmierung von neuen Funktionen, die bei der Kompilierung des MySQL-Servers (mysqld) fest als Built-in-Funktionen eingebunden werden. Hierbei müssen allerdings bei jedem Versionswechsel die Funktionen wieder neu eingebunden werden.

> **Hinweis:** Für die genaue Implementierung von benutzerdefinierten Funktionen in MySQL sei an dieser Stelle auf die Anleitung von MySQL AB in der Originaldokumentation verwiesen.

6   Praxisbezogene Anwendungen

Wir sollten nun einen Blick auf die praxisbezogenen Anwendungen werfen. In diesem Zusammenhang haben wir uns für PHP entschieden.

6.1   Was ist PHP?

PHP ist eine in HTML eingebettete serverseitige Skriptsprache und als solche eine Erweiterung für Internetserver. Sie ermöglicht es, mit verhältnismäßig geringem Aufwand dynamische Webseiten umzusetzen.

Serverseitig bedeutet in diesem Zusammenhang, dass der Code des Skripts vom Webserver als Resultat eines http-Zugriffs ausgeführt wird. Dies geschieht entweder durch den Aufruf einer Seite mit der http-Methode GET, oder beim Verarbeiten eines Formulars mit der http-Methode POST.

Die Syntax von PHP ist stark an der Sprache C angelehnt, wobei auch Java- und Perl-Elemente Einfluss auf die entsprechende Sprachdefinition hatten. PHP ist dabei weitgehend unabhängig von der verwendeten Systemplattform und auf zahlreichen UNIX-Plattformen, wie beispielsweise LINUX, genau so einsatzfähig wie auf einem Windows-System.

PHP ist eine junge Programmiersprache, die Anfang 1995 von Rasmus Lerdorf, zunächst als PHP/FI, speziell für die Realisierung von Webanwendungen geschaffen wurde.

Die Bedeutung des Kürzels PHP hat sich im Verlauf der Entwicklung der Sprache gewandelt. Ursprünglich stand PHP für Personal Homepage Tools, mittlerweile wird PHP als Abkürzung für Hypertext Preprozessor bezeichnet.

PHP steht derzeit als PHP 3 in Form einer Interpretersprache sowie als PHP 4 in Form eines Bytecode-Compilers zur Verfügung. PHP 4 verwendet intern die auch kommerziell vertriebene ZEND Scripting Engine, die das Skript beim Aufruf kompiliert und auf diese Weise eine, im Vergleich zu PHP 3, erheblich verbesserte Verarbeitungsgeschwindigkeit ermöglicht.

Sowohl PHP 3 als auch PHP 4 können entweder als beliebig portables CGI-Programm oder als integriertes Modul für eine Reihe von http-Servern eingesetzt werden. Sehr verbreitet ist in diesem Zusammenhang der Apache Webserver.

PHP stellt weit über 1300 Funktionen für unterschiedliche Anwendungen bereit, wobei kaum ein Bereich, der im Zusammenhang mit Webanwendungen genutzt werden kann, nicht abgedeckt wird.

Funktionen für den Zugriff auf das Verzeichnis- und Dateiensystem des Webservers sind genauso vorhanden wie Funktionen zur Verarbeitung von Zeichenketten, Arrays, ebenso Funktionen für den Einsatz von regulären Ausdrücken.

Eine kurze Auflistung soll Ihnen eine Übersicht über die wesentlichen Funktionen von PHP geben.

- Mathematische Funktionen
- http-Funktionen
- Funktionen zur Array- und String-Verarbeitung
- Funktionen für den Zugriff auf das Verzeichnis- und Dateisystem
- Datums- und Zeitfunktionen
- Funktionen zur Bildbearbeitung
- Mailfunktionen
- IMAP-Unterstützung
- Funktionen für Apache Webserver
- Funktionen für Internetsocket-Verbindungen
- Funktionen für das Session-Management
- Cookie-Unterstützung
- Funktionen für den Zugriff auf Datenbanken

Besonders interessant für die Entwicklung von E-Commerce-Anwendungen sind die von PHP 4 zur Verfügung gestellten Funktionen für das Session-Management.

Die wohl interessanteste Fähigkeit von PHP ist jedoch die einfache Anbindung an zahlreiche SQL-Datenbanken. Die wichtigsten der von PHP unterstützten Datenbanken sind in der folgenden Auflistung zusammengestellt:

- Adabas D
- Dbase
- FilePro
- Informix
- MSQL
- MySQL
- Oracle
- PostgreSQL
- Solid
- Sybase
- Unid dbm
- Velocis

Insbesondere unterstützt PHP den Zugriff auf MySQL-Datenbankserver, da hierfür eine Vielzahl von Funktionen zur Verfügung stehen.

Eine umfangreiche Anzahl von ODBC-Funktionen ermöglicht zusätzlich den Zugriff auf ODBC-Datenbanken.

6.2   Wie arbeitet PHP?

Im Gegensatz zu Perl oder TCL, bei denen der Client, beispielsweise ein Browser, die Skripts direkt vom Server anfordert, wird der PHP-Code in die HTML-Seite eingebunden. Der Betrachter einer derartigen Seite bekommt von diesem Code allerdings nichts zu sehen, da dieser bereits serverseitig interpretiert und in HTML-Code umgewandelt wird. Hierzu startet der Webserver den PHP-Interpreter, der das angeforderte Dokument übersetzt und den PHP-Sourcecode der Seite ausführt. Die enthaltenen Befehle werden interpretiert und das Resultat findet seinen Platz als HTML-Ausgabe anstelle des Sourcecodes im gleichen Dokument. Nach der Übersetzung wird die modifizierte Seite zum Client geschickt und dort durch den Browser dargestellt.

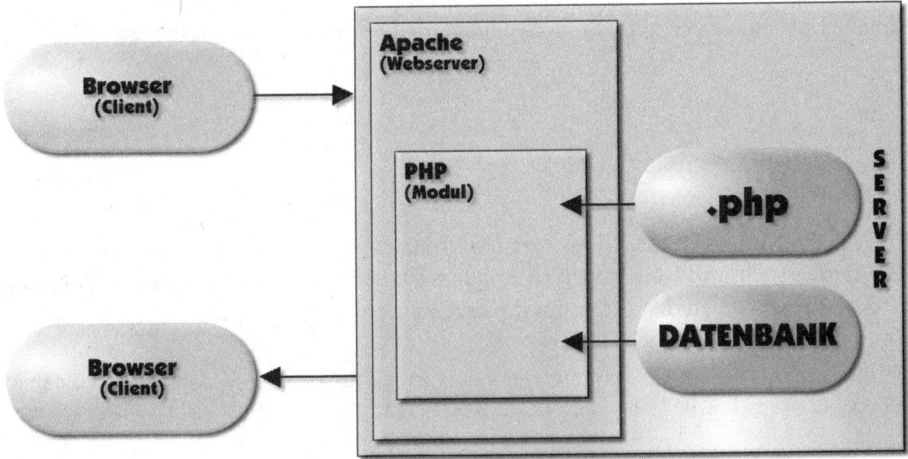

Bild 6.1: PHP als Apache-Modul

Ob das vom Client aufgerufene Dokument PHP-Programmcode enthält, erkennt der Webserver an der von reinen HTML-Seiten abweichenden Dateiendung. Welche Dateiendungen vom Webserver akzeptiert werden sollen, kann in der Konfigurationsdatei des Webservers festgelegt werden.

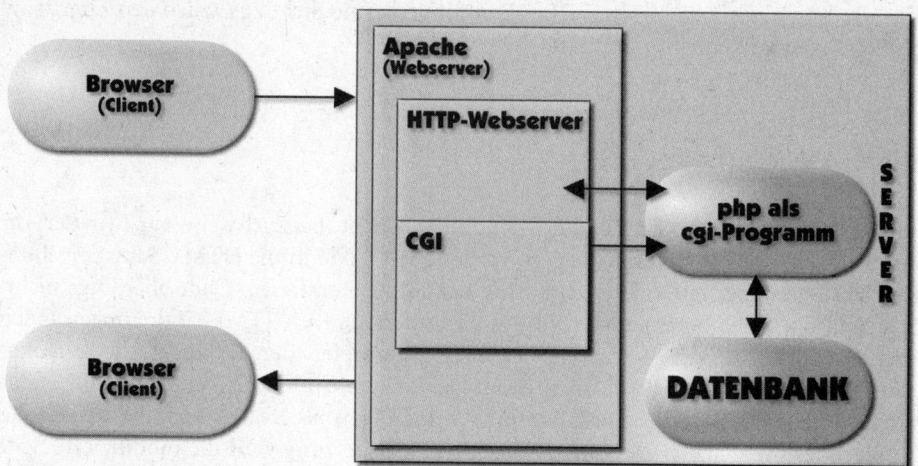

Bild 6.2: PHP als CGI-Programm

Gängige Dateiendungen, die sich in den letzten Jahren durchgesetzt haben, sind:

- .php
- .php3
- .php4
- .phtml

Die Website wird auf diese Weise dynamisch, d.h. erst ab dem Zugriffszeitpunkt durch den Client erstellt und kann daher, in Abhängigkeit von einer Benutzerinteraktion, noch vor dem Versenden an den Client modifiziert werden.

Hinweis: Aufgrund der für den Interpretationsvorgang des PHP-Codes benötigten Zeit sind PHP-Seiten grundsätzlich langsamer als statische HTML-Seiten.

6.3 Neuerungen von PHP 4

PHP 4 weist gegenüber PHP 3 einige wesentliche Verbesserungen auf. Diese liegen vor allem in der Steigerung der Performance aufgrund der intern verwendeten ZEND-Scripting Engine, die das Skript beim Aufruf kompiliert und zusätzliche Argumente für einen Umstieg liefert. Die wesentlichen Neuerungen betreffen eine verbesserte Speicherverwaltung, Spracherweiterungen sowie eine Verbesserung der Implementation der objektorientierten Programmierweise. Die folgende kurze Auflistung zeigt Ihnen die wesentlichen Neuerungen auf:

- Freigabe von nicht benutztem Speicher
- Boolesche Konstanten
- OOP-Erweitertung

- COM-Unterstützung
- For-Each-Schleife zur Verarbeitung von Arrays
- Neue Array-Funktionen
- Referenzen auf Variablen (Pointer)
- Sessions
- Entfernen von Variablen aus dem Speicher mit unset()
- Variablen innerhalb von Strings
- Verbessertes Syntax-Highlighting
- Verbesserte Konfigurationsmöglichkeiten
- Vereinfachte Anpassung an Webserver

Darüber hinaus stehen neue verbesserte Array- und Session-Funktionen zur Verfügung und ein neues Schleifenkonstrukt erleichtert die Verarbeitung von Arrays.

6.4 Sprachelemente von PHP

Die Syntax von PHP basiert hauptsächlich auf der Programmiersprache C. Weiterhin wurden einige Eigenschaften von Java und Perl übernommen. Jedes PHP-Skript besteht aus einer Abfolge von Anweisungen und Kommentaren.

PHP Code wird direkt in HTML-Dokumente eingebettet und kann dort an beliebigen Positionen abgelegt werden und auch mehrfach unterbrochen werden. Beginn und Ende von Abschnitten mit PHP-Code sind für den PHP-Interpreter gekennzeichnet. Es gibt mehrere Möglichkeiten, wie PHP-Code in ein HTML-Dokument eingebunden werden kann. Eine häufig verwendete Möglichkeit ist der so genannte SGML-Stil (Standard Generalized Markup Language).

```
<?
        echo "Einbindung in SGML-Stil";
?>
```

Eine weitere Möglichkeit der Einbindung lehnt sich an die unter XML (Extensible Markup Language) gebräuchliche Methode an. Die Kennzeichnung PHP kann sowohl über Großbuchstaben definiert werden

```
<?PHP
        echo "Einbindung in XML-Stil";
?>
```

als auch über Kleinbuchstaben:

```
<?php
        echo "Einbindung in XML-Stil";
?>
```

Den so genannten ASP-Stil (Active Server Pages) können Sie nur verwenden, wenn Sie in der PHP-Konfigurationsdatei php.ini unter Language Options die Option asp_tags auf On gesetzt haben.

```
<%
     echo "Einbindung in ASP-Stil";
%>
```

Abschließend steht Ihnen noch das Skript-Tag zur Verfügung, welches auch zum Einbinden von JavaScript verwendet wird.

```
<script language="php">
     echo "Einbindung im JavaScript-Stil";
</script>
```

6.5   MySQL-Funktionen von PHP

Im vorangegangenen Abschnitt wurde Ihnen PHP kurz vorgestellt, nun kommen wir zu den wichtigsten MySQL-Funktionen von PHP. Bei der folgenden Kurszusammenstellung der Funktionen werden die folgenden Begriffe verwendet:

- $res: Jeweils der erforderliche oder zurückgegebene Verweis auf die Ergebnisliste einer durchgeführten Abfrage.

- $db: Name der Datenbank.

- $sql: Eine String-Variable mit einem SQL-Befehl.

- $lkid: Verbindungs-Handle einer bestehenden Datenbankverbindung dieser Parameter ist optional, falls nicht angegeben, wird die aktuell geöffnete Verbindung verwendet.

- $succ: Liefert den Rückgabewert der betreffenden Funktion, welcher den Erfolg (True,1) oder Misserfolg (False, 0) der durchgeführten Operation anzeigt.

Funktion	Beispiel	Beschreibung
mysql_affected_rows	$anz=mysql_affected_rows($lkid)	Liefert die Anzahl betroffener Datensätze durch die letzte INSERT-, UPDATE- oder DELETE-Anfrage an den Server, die mit der angegebenen Verbindungskennung assoziiert wird. Wird die Verbindungskennung nicht angegeben, wird die letzte durch mysql_connect() geöffnete Verbindung angenommen.
mysql_change_user	$succ=mysql_change_user($name,$passwd,$db,$lkid)	Ändert den angemeldeten Benutzer der aktuell aktiven Datenbankverbindung oder steht für die Verbindung, die mit dem optionalen Parameter Verbindungskennung bestimmt wurde. Wurde eine Datenbank angegeben, wird diese zur aktiven Datenbank, nachdem der Benutzer gewechselt hat.

Funktion	Beispiel	Beschreibung
mysql_close	mysql_close($lkid)	Schließt eine Verbindung zum Datenbankserver.
mysql_connect	$succ=mysql_connect($host ,$user,$passwd)	Öffnet eine Verbindung zum Datenbankserver.
mysql_create_db	$succ=mysql_create_db($db ,$lkid)	Erzeugt eine Datenbank mit dem Namen $db.
mysql_data_seek	$succ=mysql_data_seek($re s,$row)	Bewegt den internen Datensatzzeiger eines Anfrageergebnisses zum Datensatz mit der übergebenen Nummer. Der nächste Aufruf von mysql_fetch_ row() liefert den entsprechenden Datensatz.
mysql_db_query	$res=mysql_db_query($db,$ sql,$lkid)	Aufruf einer SQL-Anfrage $sql an die Datenbank.
mysql_drop_db	$succ=mysql_drop_db($db, $lkid)	Versucht eine komplette Datenbank vom Server, der mit der übergebenen Verbindungskennung assoziiert wird, zu löschen.
mysql_errno	$err=mysql_errno($lkid)	Liefert die Nummer einer Fehlermeldung einer zuvor ausgeführten MySQL Operation.
mysql_error	$errmsg=mysql_error($lkid)	Liefert den Fehlertext der zuvor ausgeführten MySQL Operation.
mysql_fetch_array	$arr=mysql_fetch_array($re s,$type)	Liefert einen Datensatz als assoziatives Array, als numerisches Array oder beides. $type gibt den Typ des Arrays an: MYSQL_ASSOC: assoziativ MYSQL_NUM: numerisch MYSQL_BOTH: beides
mysql_fetch_field	$obj=mysql_fetch_field($res ,$offset)	Liefert ein Objekt mit Feldinformationen aus einem Anfrageergebnis.
mysql_fetch_lengths	$arr=mysql_fetch_lengths($ res)	Liefert ein Array, das die Länge eines jeden Feldes in dem zuletzt über mysql_fetch_row() geholten Datensatz enthält oder FALSE im Fehlerfall.
mysql_fetch_object	$obj=mysql_fetch_object($r es,$type)	Liefert ein Objekt mit Eigenschaften, die den Feldern des geholten Datensatzes entsprechen oder FALSE, wenn keine weiteren Datensätze vorhanden sind.
mysql_fetch_row	$arr=mysql_fetch_row($res)	Liefert einen Datensatz aus dem Anfrageergebnis mit der übergebenen Kennung. Der Datensatz wird als Array geliefert. Jedes Feld wird in einem Array-Offset abgelegt. Der Offset beginnt bei 0.

Funktion	Beispiel	Beschreibung
mysql_field_name	$name=mysql_field_name($res,$index)	Liefert den Namen des Feldes, das dem angegebenen Feldindex entspricht. Der Paramater Ergebnis-Kennung muss eine gültige Ergebniskennung sein, und Feldindex bestimmt den numerischen Offset des Feldes.
mysql_field_seek	$erg=mysql_field_seek($res,$offset)	Setzt den Feldzeiger auf den angegebenen Feldoffset. Wird beim nächsten Aufruf von mysql_fetch_field() kein Feldoffset übergeben, wird der Feldoffset zurückgeliefert, der bei mysql_field_seek() angegeben wurde.
mysql_field_table	$name=mysql_field_table($res,$offset)	Liefert den Namen der Tabelle, die das genannte Feld enthält.
mysql_field_type	$type=mysql_field_type($res,$offset)	Liefert den Typ eines Feldes in einem Ergebnis.
mysql_field_flags	$opt=mysql_field_flags($res,$offset)	Liefert die Flags des Feldes mit dem übergebenen Offset. Die Flags werden als einzelne Werte pro Flag und durch ein einziges Leerzeichen getrennt geliefert, so dass sie leicht mit explode() getrennt werden können.
mysql_field_len	$len=mysql_field_len($res,$offset)	Liefert die Länge des angegebenen Feldes.
mysql_free_result	$succ=mysql_free_result($res)	Gibt den Speicher frei, der mit der Ergebniskennung assoziiert ist.
mysql_insert_id	$id=mysql_insert_id($lkid)	Liefert die ID, die bei der letzten INSERT-Operation für ein Feld vom Typ AUTO_INCREMENT vergeben wurde. Wenn die Verbindungskennung nicht angegeben wird, wird die zuletzt geöffnete Verbindung angenommen.
mysql_list_fields	$res=mysql_list_fields($db,$table,$lkid)	Gibt einen Verweis auf Felder einer Tabelle zurück.
mysql_list_dbs	$res=mysql_list_dbs($lkid)	Liefert eine Ergebniskennung, die alle Datenbanken auf dem Datenbankserver enthält. Um diese Ergebniskennung zu durchlaufen, benutzen Sie die Funktion mysql_tablename() oder irgendeine der Funktionen, die mit Ergebnistabellen umgehen kann, wie zum Beispiel mysql_fetch_array().
mysql_list_tables	$res=mysql_list_tables($db,$lkid)	Gibt eine Liste der Tabellen einer Datenbank zurück.

Funktion	Beispiel	Beschreibung
mysql_num_fields	$anz=mysql_num_fields($res)	Liefert die Anzahl der Felder in der Ergebnismenge, die mit dem Parameter Ergebnis-Kennung angegeben wurde.
mysql_num_rows	$anz=mysql_num_rows($res)	Liefert die Anzahl der Datensätze einer Ergebnismenge. Diese Funktion ist nur gültig für SELECT-Befehle. Haben Sie eine INSERT-, UPDATE- oder DELETE-Abfrage ausgeführt und möchten die Anzahl der betroffenen Datensätze ermitteln, verwenden Sie die Funktion mysql_affected_rows().
mysql_pconnect	$succ=mysql_pconnect($host,$user,$passwd)	Öffnet eine persistente Verbindung zu einem MySQL-Datenbankserver.
mysql_query	$succ=mysql_query($sql,$lkid)	Sendet eine Anfrage an die zurzeit aktive Datenbank, die mit der angegebenen Verbindungskennung assoziiert wird. Wird die Verbindungskennung nicht angegeben, wird die zuletzt geöffnete Verbindung angenommen. Wenn keine offene Verbindung besteht, wird versucht eine Verbindung aufzubauen, wie beim Aufruf von mysql_connect() ohne Argumente, und diese wird dann benutzt.
mysql_result	$erg=mysql_result($res,$row,$field)	Gibt den Inhalt des Abfrageergebnisses für ein Feld zurück.
mysql_select_db	$succ=mysql_select_db($db,$lkid)	Wählt eine Datenbank aus.
mysql_tablename	$name=mysql_tablename($res,$i)	Liefert den zu einem Feld dazugehörigen Tabellennamen.

6.6 PHP und MySQL-Anwendung

Hier nun eine Auswahl von Anwendungen. Die Anwendungen wurden uns von Thomas Ehrhardt freundlicherweise zur Verfügung gestellt. Sie sind unter folgender URL zu beziehen: http://www.powie.de

6.6.1 Lizenzbedingungen

Bei der Nutzung der Anwendungen sind folgende Lizenzbedingungen zu berücksichtigen:

- Powie's Software ist für private Anwender mit nichtkommerzieller Nutzung Freeware.

- Für Firmen/kommerzielle Nutzung ist der Einsatz nur nach vorheriger Rücksprache mit mir zulässig. Ich behalte mir vor, je nach Einsatzzweck eine Lizenzgebühr zu erheben. Bei Rückfragen: te@powie.de.

- Auf die Software übernehme ich keinerlei Haftung/Gewährleistung.

- Ich verbiete ausdrücklich Änderungen an den zur Verfügung gestellten Programmen, sofern diese nicht zur Anpassung des Designs notwendig sind (PHP-Skripts).

- Die zur Verfügung gestellte Software/Skripts sind geistiges Eigentum des Autors. Ich verbiete jegliche Entfernung/Veränderung des Copyright-Vermerks an den Skripts. Im Falle eines Verstoßes gegen geltende Urheberrechte behalte ich mir weitere Schritte vor.

- Ich verbiete jegliche Weiterverbreitung von geänderten Versionen meiner Skripts, über welche Wege auch immer !

- Mit dem Download der Software/Skripts erkennen Sie diese Lizenzbedingungen ausnahmslos an.

6.6.2   Gästebuch

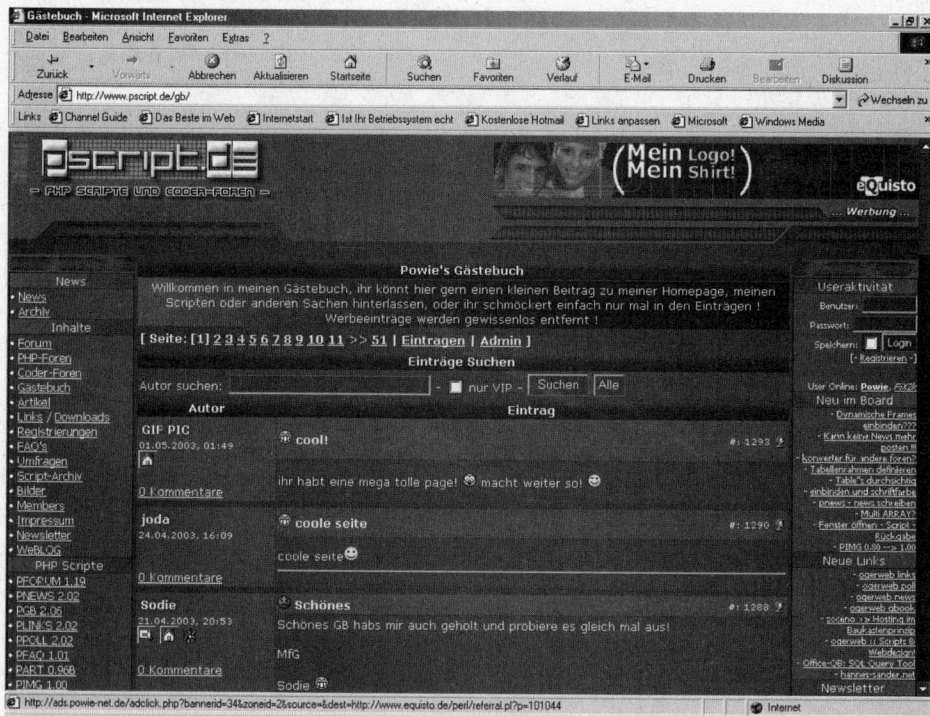

Bild 6.3: Gästebuch

Voraussetzungen

Um das Gästebuch betreiben zu können, sind folgende Mindestanforderungen zu erfüllen:

- Webserver: Apache, IIS4 oder ein anderer WWW-Server mit Unterstützung von PHP4.

- PHP: ab Version 4.0.4.

- MySQL: ab Version 3.21.33.

- Genügend freier Speicherplatz, sowohl auf dem Webserver als auch in der Datenbank.

- Sendmail für Email Notification korrekt auf dem Webserver installiert.

Installation

Erstellen Sie auf Ihrem Webserver ein beliebiges Verzeichnis, in dem Sie das Gästebuch betreiben wollen.

Entpacken Sie alle Dateien aus der .zip-Datei und übertragen Sie diese mit Ihrem FTP-Programm in das entsprechende Verzeichnis auf den Webserver. Stellen Sie sicher, dass die Bilder (.gif) im Binärmodus übertragen werden. Bei Webservern auf Linux-Basis achten Sie auf die korrekte GROSS/kleinschreibung der Files.

In der Datei config.inc.php finden Sie alle relevanten Parameter, um das Gästebuch an Ihre MySQL-Datenbank anzubinden und einzustellen. Beachten Sie, dass alle Werte in "" eingeschlossen sind und am Ende der Zeile ein Semikolon steht.

- $database: Der Name Ihrer Datenbank, auf dem MySQL Server.

- $sqlhost: Der Hostname, auf dem die MySQL-Datenbank läuft. Meistens : "localhost".

- $sqluser: Der Username für die Datenbank.

- $sqlpass: Das Passwort für die Datenbank.

- $tab_data: Tabellenname für die Einträge (SQL-fähiger Name !).

- $tab_kom: Tabellenname für die Kommentare (SQL-fähiger Name !).

- $adminpass: Passwort zum Löschen von Einträgen.

- $adminemail: E-Mail-Adresse das Administrators. An diese werden bei $notify=1 die neuen Einträge geschickt.

- $notify: Wenn $notify = 1 , werden neue Einträge via E-Mail an den Admin verschickt.

- $time_offset: Zur Anpassung an verschiedene Zeitzonen. 3600 pro Stunde.

- $glowstyle: Dieser Tag ermöglicht es, das Glühen des Autor-Namens anzupassen.

Nach der Anpassung der Parameter $database, $sqlhost, $sqluser und $sqlpass haben Sie bereits Zugang zur Datenbank. Die benötigten Tabellen für das Gästebuch erstellen Sie dann automatisch mit dem Skript pgb_createdb.php. Beim Aufruf werden die Tabellen erstellt. Die Tabellennamen $tab_data und $tab_kom müssen nicht geändert werden. Sie liefern jedoch die Möglichkeit auf einer Datenbank 2 verschiedene Gästebücher zu installieren, indem die Tabellennamen einfach entsprechend geändert werden.

Bei $adminemail tragen Sie Ihre E-Mail-Adresse ein. Dorthin werden Benachrichtigungen über neue Gästebucheinträge geschickt, wenn $notify auf 1 steht. Unterstützt der Webserver kein Versenden von E-Mail, muss diese Option auf 0 stehen, sonst erscheint beim Eintragen ins Gästebuch eine Fehlermeldung.

$time_offset gibt den Zeitunterschied des Gästebuchs zur Serverzeit an. Somit kann man das Gästebuch genau an eine Zeitzone anpassen. Der Wert gibt den Unterschied in Sekunden an. +3600 steht für +1 Stunde, -3600 steht für -1 Stunde.

6.6.3   Forum

Bild 6.4: Forum

Voraussetzung

Um das Skript betreiben zu können, sind folgende Mindestanforderungen zu erfüllen:

- Webserver: Apache, IIS4 oder einen anderer WWW-Server mit Unterstützung von PHP4.

- PHP: ab Version 4.0.4

- MySQL: ab Version 3.21.33.

- genügend freier Speicherplatz, sowohl auf dem Webserver als auch in der Datenbank.

- Sendmail auf dem Webserver für Email Notification und neue User.

Installation

Erstellen Sie auf Ihrem Webserver ein beliebiges Verzeichnis, in dem Sie das Forum betreiben wollen.

Entpacken Sie alle Dateien aus der .zip-Datei und übertragen Sie diese mit Ihrem FTP-Programm in das entsprechende Verzeichnis auf den Webserver. Stellen Sie sicher, dass die Bilder (.gif) im Binärmodus übertragen werden. Bei Webservern auf Linux-Basis achten Sie auf die korrekte GROSS/kleinschreibung der Files. Achten Sie auch auf die korrekte Anlage der Unterverzeichnisse.

Damit User einen eigenen Avatare uploaden können, muss das Unterverzeichnis »/useravatar« Schreibrechte für die User erhalten (Linux : chmod 777).

In der Datei config.inc.php finden Sie alle relevanten Parameter, um das Skript an Ihre MySQL-Datenbank anzubinden und einzustellen. Beachten Sie, dass alle Werte in "" eingeschlossen sind und am Ende der Zeile ein Semikolon steht.

- $database: Der Name Ihrer Datenbank auf dem MySQL Server.

- $sqlhost: Der Hostname, auf dem die MySQL-Datenbank läuft. Meistens : "localhost".

- $sqluser: Der Username für die Datenbank.

- $sqlpass: Das Passwort für die Datenbank. Keine Angst, sieht der Besucher der News-Seite nicht.

- $ups: User, die pro Seite im Adminbereich aufgelistet werden.

- $forumurl: Die korrekte URL zum Forum, am Ende darf kein "/" stehen.

- $adminemail: E-Mail-Adresse des Admins.

- $allownotify: Auf "1" stellen, wenn Email Notification erlaubt werden soll.

- $notifyguest: Wenn dies auf 0 steht, wird Gästen die Email Notification nicht ermöglicht.

- $ex_post: Nach so vielen Tagen werden alte Posts automatisch aus dem Forum gelöscht.

- $ex_user: Nach so vielen Tagen werden User gelöscht, die sich nicht wieder eingeloggt haben.

- $time_offset: Zeitzonenanpassung möglich, – 3600 pro Stunde.

- $threadhot: Anzahl an Antworten auf ein Thema, die notwendig sind für einen HOT Thread.

- $topuser: Anzahl an Top-Usern, die in der Topliste angezeigt werden. Wird $topuser auf 0 gestellt, erscheint die Liste nicht im Menü.

- $checkuser: Auf 1 wird ein Passwort generiert und an die E-Mail-Adresse des Users geschickt.

- $maxpolls: Gibt an, wie viele Optionen in einer Umfrage maximal möglich sind.

Nach der Anpassung der Parameter $database, $sqlhost, $sqluser und $sqlpass haben Sie bereits Zugang zur Datenbank. Die benötigten Tabellen für das Forum erstellen Sie dann automatisch mit dem Skript pforum_createdb.php. Beim Aufruf werden die Tabellen erstellt und der Admin Account zur Verwaltung angelegt.

Mit den Variablen $tab_* haben Sie die Möglichkeit, die Tabellennamen zu verändern, so dass es in bestimmten Fällen möglich ist, das Forum auch mehrmals auf einer Datenbank laufen zu lassen. Beachten Sie, dass die Tabellennamen SQL-konform sind und keine Sonderzeichen enthalten.

Der Parameter $forumurl ist unbedingt notwendig. Über diesen werden die Weiterleitungen gesteuert. Außerdem wird diese URL auch in den Anmelde-E-Mails verwendet.

$time_offset gibt den Zeitunterschied des Gästebuchs zur Serverzeit an. Somit kann man das Gästebuch genau an eine Zeitzone anpassen. Der Wert gibt den Unterschied in Sekunden an. +3600 steht für +1 Stunde, -3600 steht für -1 Stunde.

$allownotify auf 1 gestellt aktiviert die Email Notification. Somit kann ein User zu seinem Post per E-Mail informiert werden, wenn neue Antworten geschrieben werden. Der Parameter $notifyguest ist $notify untergeordnet, dieser ermöglicht es anzugeben, ob auch Gäste dieses Feature nutzen können oder nicht. Beispiel: $allownotify = 1, $notifyguest = 0: registrierte Forum-Nutzer können die Notification-Funktion nutzen, Gäste nicht.

$checkuser auf 1 gestellt ermöglicht es, die E-Mail-Adresse neuer Benutzer zu prüfen. Das Passwort für den neuen Account wird an die E-Mail-Adresse versandt, die der User angegeben hat.

Zum Update einer vorangegangenen Version rufen Sie »pforum_createdb.php« noch einmal auf.

6.6.4 News-System

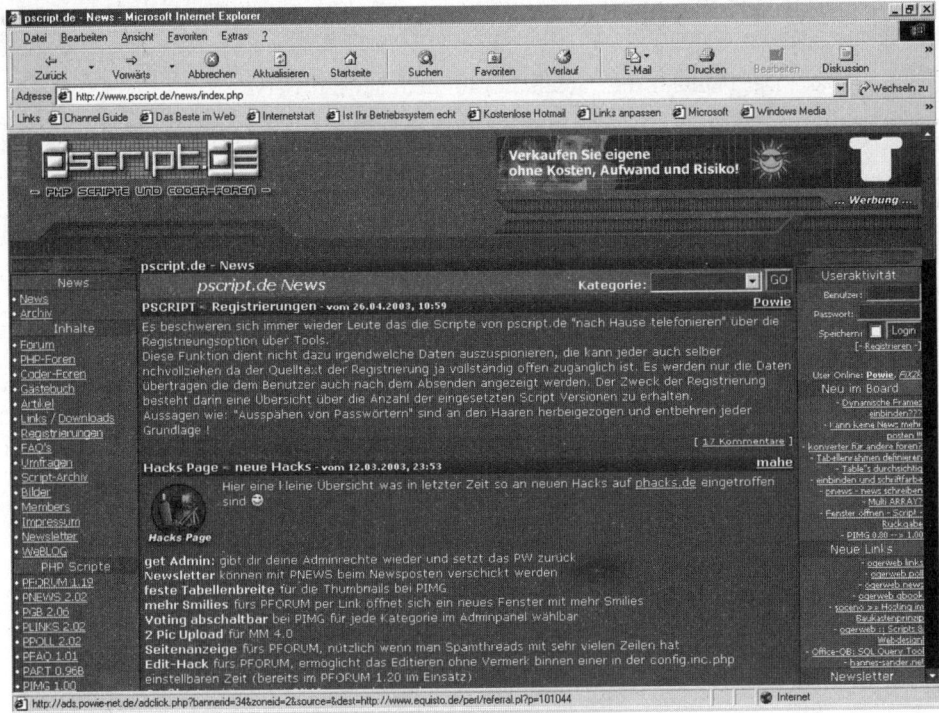

Bild 6.5: News-System

Voraussetzungen

Um das Skript betreiben zu können, sind folgende Mindestanforderungen zu erfüllen:

- Webserver: Apache, IIS4 oder einen anderen WWW-Server mit Unterstützung von PHP4.

- PHP: ab Version 4.1.x.

- MySQL: ab Version 3.21.33.

- Genügend freier Speicherplatz sowohl auf dem Webserver als auch in der Datenbank.

Installation

Erstellen Sie auf Ihrem Webserver ein beliebiges Verzeichnis, in dem Sie das News-Skript betreiben wollen. Entpacken Sie alle Dateien aus der .zip-Datei und übertragen diese mit Ihrem FTP-Programm in das entsprechende Verzeichnis auf den Webserver. Stellen Sie sicher, dass die Bilder (.gif) im Binärmodus übertragen werden. Bei Webservern auf Linux-Basis achten Sie auf die korrekte GROSS/kleinschreibung der Files.

In der Datei config.inc.php3 finden Sie alle relevanten Parameter, um das Skript an Ihre MySQL-Datenbank anzubinden und einzustellen. Beachten Sie, dass alle Werte in "" eingeschlossen sind und am Ende der Zeile ein Semikolon steht:

- $database: Der Name Ihrer Datenbank, auf dem MySQL Server.

- $sqlhost: Der Hostname, auf dem die MySQL-Datenbank läuft. Meistens : "localhost".

- $sqluser: Der Username für die Datenbank.

- $sqlpass: Das Passwort für die Datenbank. Keine Angst, sieht der Besucher der News-Seite nicht.

- $tab_news: Tabellenname für die News.

- $tab_newskom: Tabellenname für die Kommentare.

- $tab_newsuser: Tabellenname für die User.

- $c_header: Farbangabe in der Form #RRGGBB für den Tabellenkopf.

- $c_left: Farbangabe in der Form #RRGGBB für die linke Tabellenspalte.

- $c_right: Farbangabe in der Form #RRGGBB für die rechte Tabellenspalte.

- $zps: News, die insgesamt angezeigt werden.

- $viewticker: Wenn dies auf 1 gesetzt wird, erscheint der Ticker oberhalb der News.

- $tickerframe: In dieses Frame linkt der Ticker, es kann _blank, _self, _parent etc. verwendet werden.

- $tickerwidth: Breite des News-Tickers in Pixel.

- $headlines: Anzahl der Headlines, die mit dem Skript "headlines.php3" angezeigt werden.

- $headlinesframe: FRAME, auf das die Links aus den HeadLines linken (_top, _blank, ...).

- $scripturl: Die komplette URL zum Skript, bitte keine / am Ende ! (http://www.deineurl.de/pfad).

- $time_offset: Zum Anpassen der Zeit, 3600 pro Stunde.

- $notifyemail: Neue Posts, die erst freigeschalten werden müssen. Sie werden an diese E-Mail-Adresse gemeldet.

- $allowsubmit: Wenn auf 1 gestellt, können Besucher News einsenden. Diese müssen dann von einem Moderator freigeschaltet werden.

- $archivnews: Hier kann eine Zeit in Tagen eingestellt werden, nach welcher News automatisch gelöscht werden sollen. MIN = 30 Tage.

Nach der Anpassung der Parameter $database, $sqlhost, $sqluser und $sqlpass haben Sie bereits Zugang zur Datenbank. Die benötigten Tabellen für das News-Skript erstellen Sie dann automatisch mit dem Skript pnews_createdb.php. Beim Aufruf werden die Tabellen erstellt und der Admin Account zur Verwaltung angelegt.

Die Tabellennamen müssen nicht geändert werden. Sie geben jedoch die Möglichkeit, auf einer Datenbank 2 verschiedene Skripts zu installieren, indem man die Tabellennamen einfach entsprechend ändert.

$time_offset gibt den Zeitunterschied des Gästebuchs zur Serverzeit an. Somit kann man das Gästebuch genau an eine Zeitzone anpassen. Der Wert gibt den Unterschied in Sekunden an. +3600 steht für +1 Stunde, -3600 steht für -1 Stunde.

$notifyemail ermöglicht es, bei Einsatz von Usern als »Writer«, eine E-Mail auszulösen, wenn eine News gepostet wird, die freigeschaltet werden muss. Hier können auch mehrere Adressen durch Kommata getrennt angegeben werden. Diese Notification kann auch an ICQ gesendet werden, wenn man als Adresse »ICQ#@pager.icq.com« angibt. Möchten Sie keine Notification bekommen, stellen Sie $notify="" ein.

6.6.5   Linkportal

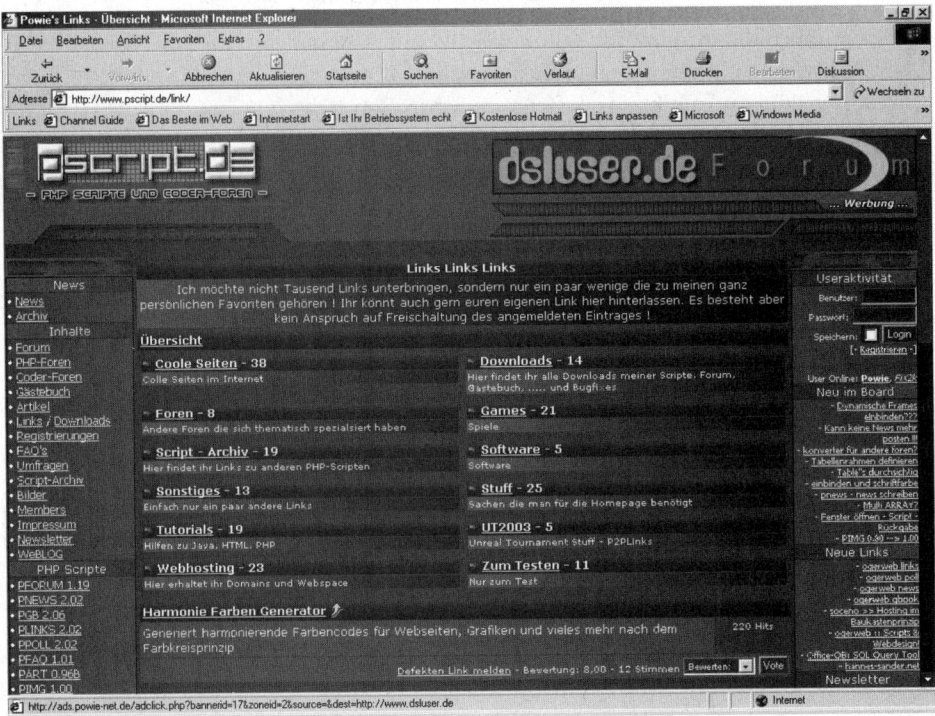

Bild 6.6: Linkportal

Voraussetzung

Um das Skript betreiben zu können, sind folgende Mindestanforderungen zu erfüllen:

- Webserver: Apache, IIS4 oder ein anderer WWW-Server mit Unterstützung von PHP4.

- PHP: ab Version 4.1.x.

- MySQL: ab Version 3.21.33.

- Genügend freier Speicherplatz sowohl auf dem Webserver als auch in der Datenbank.

- Sendmail korrekt auf dem Webserver installiert für Email Notification.

Installation

Erstellen Sie auf Ihrem Webserver ein beliebiges Verzeichnis, in dem Sie das Skript betreiben wollen.

Entpacken Sie alle Dateien aus der .zip-Datei und übertragen Sie diese mit ihrem FTP-Programm in das entsprechende Verzeichnis auf den Webserver. Stellen Sie sicher, dass die Bilder (.gif) im Binärmodus übertragen werden. Bei Webservern auf Linux-Basis achten Sie auf die korrekte GROSS/kleinschreibung der Files.

In der Datei config.inc.php finden Sie alle relevanten Parameter, um das Skript an Ihre MySQL-Datenbank anzubinden und einzustellen. Beachten Sie, dass alle Werte in "" eingeschlossen sind und am Ende der Zeile ein Semikolon steht.

- $database: Der Name ihrer Datenbank auf dem MySQL Server.

- $sqlhost: Der Hostname, auf dem die MySQL-Datenbank läuft. Meistens: "localhost".

- $sqluser: Der Username für die Datenbank.

- $sqlpass: Das Passwort für die Datenbank.

- $notify: Wenn $notify = 1 , werden neue Einträge via E-Mail an den Admin verschickt.

- $time_offset: Zur Anpassung an verschiedene Zeitzonen. 3600 pro Stunde.

Nach der Anpassung der Parameter $database, $sqlhost, $sqluser und $sqlpass haben Sie bereits Zugang zur Datenbank. Die benötigten Tabellen für das Skript erstellen Sie dann automatisch mit dem Skript plink_createdb.php. Beim Aufruf werden die Tabellen erstellt.

Die Tabellennamen müssen nicht geändert werden. Sie geben jedoch die Möglichkeit, auf einer Datenbank 2 verschiedene Skripts zu installieren, indem man die Tabellennamen einfach entsprechend ändert.

$time_offset gibt den Zeitunterschied des Gästebuchs zur Serverzeit an. Somit kann man das Skript genau an eine Zeitzone anpassen. Der Wert gibt den Unterschied in Sekunden an. +3600 steht für +1 Stunde, -3600 steht für -1 Stunde.

6.6.6   Wahlsystem

Voraussetzung

Um das Skript betreiben zu können, sind folgende Mindestanforderungen zu erfüllen:

- Webserver: Apache mit Unterstützung von PHP4.

- PHP: ab Version 4.1.x.

- MySQL: ab Version 3.21.33.

- Genügend freier Speicherplatz sowohl auf dem Webserver als auch in der Datenbank.

- Leider ist es momentan nicht möglich, das Skript auf einem IIS einzusetzen, da dieser einen Fehler bei der gleichzeitigen Verarbeitung von Cookies und Header-Informationen hat.

Installation

Erstellen Sie auf Ihrem Webserver ein beliebiges Verzeichnis, in dem Sie das Poll-Skript betreiben wollen.

Entpacken Sie alle Dateien aus der .zip-Datei und übertragen Sie diese mit Ihrem FTP-Programm in das entsprechende Verzeichnis auf dem Webserver. Stellen Sie sicher, dass die Bilder (.gif) im Binärmodus übertragen werden. Bei Webservern auf Linux-Basis achten Sie auf die korrekte GROSS/kleinschreibung der Files.

In der Datei config.inc.php finden Sie alle relevanten Parameter, um das Skript an Ihre MySQL-Datenbank anzubinden und einzustellen. Beachten Sie, dass alle Werte in "" eingeschlossen sind und am Ende der Zeile ein Semikolon steht:

- $database: Der Name Ihrer Datenbank auf dem MySQL Server

- $sqlhost: Der Hostname, auf dem die MySQL-Datenbank läuft. Meistens : "localhost".

- $sqluser: Der Username für die Datenbank.

- $sqlpass: Das Passwort für die Datenbank. Keine Angst, sieht der Besucher der News-Seite nicht.

Nach der Anpassung der Parameter $database, $sqlhost, $sqluser und $sqlpass haben Sie bereits Zugang zur Datenbank. Die benötigten Tabellen für das Skript erstellen Sie dann automatisch mit dem Skript poll_createdb.php. Beim Aufruf werden die Tabellen erstellt und der Admin Account zur Verwaltung angelegt.

Die Tabellennamen müssen nicht geändert werden. Diese geben jedoch die Möglichkeit, auf einer Datenbank 2 verschiedene Skripts zu installieren, indem man die Tabellennamen einfach entsprechend ändert.

$time_offset gibt den Zeitunterschied des Skripts zur Serverzeit an. Somit kann man das Skript genau an eine Zeitzone anpassen. Der Wert gibt den Unterschied in Sekunden an. +3600 steht für +1 Stunde, -3600 steht für -1 Stunde.

$notifyemail ermöglich es, bei Einsatz von Usern als »Writer« eine E-Mail auszulösen, wenn eine Poll gepostet wird, die freigeschaltet werden muss. Hier können auch mehrere Adressen durch Kommata getrennt angegeben werden. Diese Notification kann auch an ICQ gesendet werden, wenn man als Adresse »ICQ#@pager.icq.com« angibt. Möchten Sie keine Notification bekommen, stellen Sie $notify="" ein.

Windows/IIS: Da der Internet Information Server einen Bug hat, welcher verhindert, dass man nicht gleichzeitig einen Header senden und einen Cookie speichern kann, gibt es am Ende der Datei vote.php zwei unterschiedliche Abschnitte: Abschnitt 1 für Apache, Abschnitt 2 für IIS. Standardmäßig ist der Abschnitt für Apache aktiv. Der Bereich zwischen /* und */ ist auskommentiert und wird nicht genutzt. Wenn Sie als Server einen IIS benutzen, kommentieren Sie den Apache-Abschnitt aus und entfernen die Zeichen /* und */ aus dem Windows-IIS-Abschnitt.

7   Verwaltung und Sicherheit

In diesem Kapitel wird Ihnen gezeigt, wie eine Datenbank verwaltet wird und welche Handgriffe dafür notwendig sind. Hierzu gehört die Möglichkeit, den laufenden Betrieb zu überwachen, die Protokollierung von Servervorgängen zu verfolgen, die Überprüfung der Konsistenz von Tabellen zu gewährleisten, die Einstellungen und Methoden, die die Sicherheit auf dem Server gewährleisten, zu überprüfen sowie die Einstellungen der Datensicherung festzulegen.

7.1   Laufenden Betrieb überwachen

Im laufenden Betrieb können immer wieder Schwierigkeiten auftreten. Diese reichen von der Überlastung des Servers durch Benutzeranfragen über mutwillige Versuche, das Passwortsystem zu überwinden, bis zu defekten Datenbanken und Tabellen. Für den Systemadministrator heißt das dann, möglichst schnell ein Problem zu erkennen oder vielleicht sogar schon im Vorfeld eine Warnung zu erhalten, sowie möglichst schnell die jeweilige Schwierigkeit zu beseitigen.

Überwachung mit SHOW STATUS

Dieser MySQL-Befehl ermöglicht die Serverüberwachung.

```
mysql>SHOW STATUS;
```

SHOW STATUS listet eine Reihe von Parametern auf, die für die Analyse des MySQL-Servers hilfreich sind. Die wichtigsten sind:

Uptime

Gibt die Zeit in Sekunden an, die der MySQL-Server bereits in Betrieb ist. Wenn Sie beispielsweise bei einem Internet Service Provider eine MySQL-Datenbank nutzen, können Sie so überprüfen, ob oder wie häufig ein MySQL-Server neu gestartet wird. Lange Laufzeiten des Systems können dabei als ein Zeichen für Stabilität gewertet werden.

Threads_connected

Gibt die Anzahl der aktuell geöffneten Verbindungen zurück. In der Regel ist dies also die Anzahl der Clients, die mit der Datenbank verbunden sind.

Max_user_connections

Gibt die Anzahl der maximal möglichen Verbindungen an. Wenn also Threads_
connected die maximale Zahl erreicht hat, ist in diesem Momemt keine weitere Verbindung möglich.

Aborted clients

Zählt Clients auf, welche während eines Datentransfers unterbrochen wurden, deren
Client über eine bestimmte Zeit inaktiv war oder deren Client den Datentransfer nicht
ordnungsgemäß über mysql_close() beendet hat. Aborted clients kann also ein Hinweis
auf Probleme im Anwendungsprogramm (Client) sein.

Aborted connects

Zählt erfolglose Anmeldungen/Verbindungsversuche. Diese können auftreten, wenn der
Benutzer keine ausreichenden Privilegien für den Zugriff auf die Datenbank besitzt oder
ein falsches Passwort eingibt. Eine hohe Zahl könnte ein Hinweis darauf sein, dass ein
Einbruch in Ihre Datenbank versucht wurde.

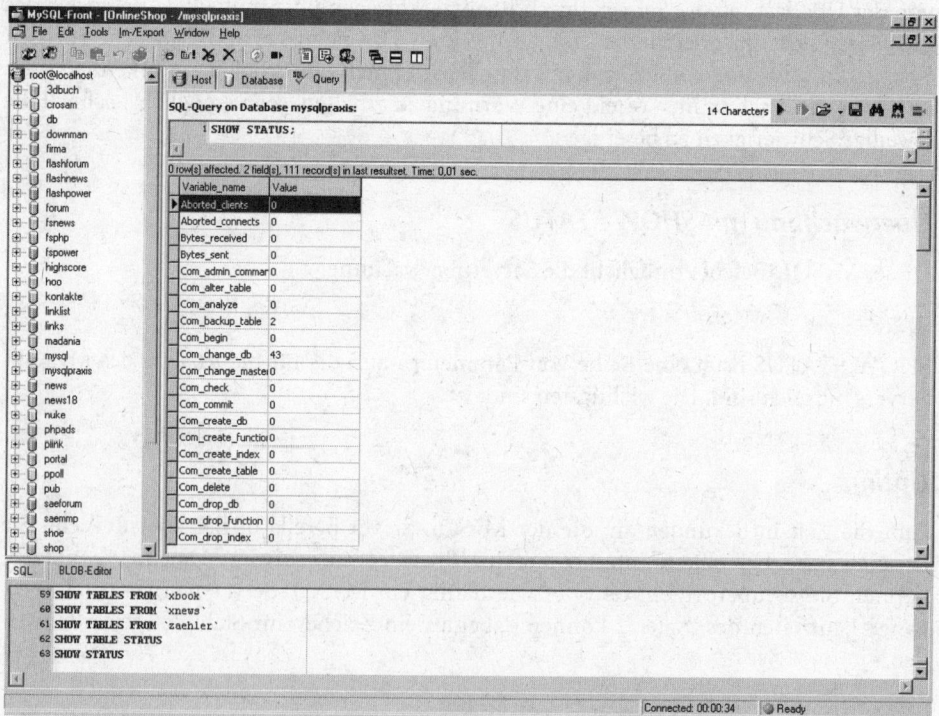

Bild 7.1: Statusinformationen durch SHOW STATUS

Ausgabe einschränken

Wenn Sie nur bestimmte Werte der Statusinformation auslesen wollen, können Sie den Befehl mit LIKE <Variablename> ergänzen. Wildcards sind dabei möglich. So liest die folgende Befehlszeile nur die Variable Uptime aus.

```
myslq>SHOW STATUS LIKE 'Uptime';
```

Überwachung mit mysqladmin extended status

Die gleichen Informationen wie SHOW STATUS können Sie sich auch mit dem Kommandozeilenwerkzeug mysqladmin anzeigen lassen. Der Befehl hierfür lautet:

```
$>mysqladmin extended-status
```

Alle Werte, die SHOW STATUS bzw. mysqladmin extended-status ausgibt, sind im Referenzteil dieses Buchs nachzulesen.

7.2   Protokollierung von Servervorgängen

Eine umfassende Analyse ermöglicht die Protokollierung der Vorgänge, die mit dem Betrieb der MySQL-Datenbank zusammenhängen. Mit Hilfe der Protokolldateien, den so genannten Log-Files, lassen sich

*   Fehler, die der MySQL-Datenbankserver meldet, analysieren,

*   der Betrieb von MySQL protokollieren,

*   die Optimierung des Systems erreichen.

Die Log-Files werden automatisch von MySQL im laufenden Betrieb angelegt. Sie können die Log-Files anschließend analysieren.

MySQL kann verschiedene Arten von Protokollen erzeugen, die in den folgenden Abschnitten beschrieben werden.

7.2.1   Das Fehlerprotokoll (error log)

Das Fehlerprotokoll zeichnet alle Probleme bezüglich Start, Betrieb und Herunterfahren des MySQL-Servers auf. Zusätzlich wird mitprotokolliert, wann der MySQL-Server gestartet bzw. heruntergefahren wurde.

Das Protokoll wird unter dem Namen <Rechnername>.err standardgemäß im Datenverzeichnis von MySQL gespeichert.

Aufbau

Das Fehlerprotokoll kann folgenden Aufbau haben:

```
Mysqld started on Wed Feb 26 19:30:28 CET 2003
/usr/sbin/mysql: ready for connections
011098 20:30:29 /usr/sbin/mysql: Normal shutdown
011098 20:30:29 /usr/sbin/mysql: Shutdown Complete
mysqld ended on Wed Feb 26 20:30:29 CET 2003
```

Dieses Beispiel meldet den Start und den Shutdown des MySQL-Servers.

In diesem Fehlerprotokoll werden auch Warnungen zu fehlerhaften Tabellen gespeichert, die überprüft oder repariert werden müssen.

7.2.2 Laufende Betriebsprotokollierung

Für die Protokollierung des laufenden Betriebs stehen Ihnen das Query-Protokoll, welches benutzerabhängige Aktionen aufzeichnet, sowie das Änderungsprotokoll, das alle Vorgänge, die zu einer Änderung des Datenbestandes oder der Datenbank- und Tabellendefinition führen, zur Verfügung.

Query-Protokoll

Das Query-Protokoll (query log) protokolliert alle Verbindungen und ausgeführten Abfragen.

Aufbau

Ein Query-Protokoll kann folgenden Aufbau haben:

```
/usr/sbin/mysql, Version: 3.23.49-log, started with:
Tcp port: 3306 Unix socket: /tmp/mysql.sock
Time              Id        Command Argument
011077 10:15:11   2         Connect m@localhost on
011077 10:15:13   2         Init DB mysql
011077 10:15:25   2         Query       select * from mysql
011077 10:15:27   2         Query       select * from user
011077 10:15:13   2         Quit
```

Anhand dieses Protokolls können Sie praktisch jeden Vorgang auf der MySQL-Datenbank mitprotokollieren. Wenn Sie das obige Beispiel durchsehen, können Sie einzelne Aktionen über die ID den jeweiligen Benutzern zuordnen. Jede Verbindung erhält dabei eine eigene ID, so dass die einzelnen Vorgänge einer jeweiligen Verbindung zugeordnet werden können.

Query-Protokoll aktivieren

Um ein Query-Protokoll zu erzeugen, muss der MySQL-Server mit der Option –log [=<Datei>] gestartet werden. Die Option kann beim Start des Servers (mysqld) über die

Kommandozeile mitgegeben oder in der my.cnf bzw. my.ini eingetragen werden. Ein Eintrag in der my.cnf bzw. my.ini erfolgt in der Sektion [mysqld] und kann wie folgt aussehen:

```
# in my.cnf bzw. unter Windows in my.ini
[mysqld]
log=/var/log/mysqllog
```

In diesem Fall wird das Query-Protokoll in der Datei mysqllog im Verzeichnis /var/log gespeichert.

Falls Sie keinen Dateinamen angeben, speichert MySQL die Protokolldatei standardgemäß im Datenverzeichnis von MySQL als <Rechnername>.log.

> **Hinweis:** Beachten Sie bitte, dass der Query-Log in seiner Größe sehr schnell anwachsen und Ihnen dadurch Probleme in Bezug auf den verfügbaren Festplattenplatz bereiten kann. Sie sollten daher überlegen, inwieweit Sie diese Protokolldatei wirklich benötigen.

Änderungsprotokoll

MySQL bietet die Möglichkeit, alle Vorgänge, die zur Änderung der Datenbank führen, zu protokollieren. Sie können das Änderungsprotokoll als ASCII-Datei (Update-Log) oder als kompaktere Binärdatei (Binary-Log) speichern. Die MySQL AB-Gruppe empfiehlt, das binäre Dateiformat zu wählen, da zukünftige Versionen von MySQL nur das Binary-Log unterstützen werden.

Update-Log aktivieren

Zur Aktivierung des Änderungsprotokolls müssen Sie wiederum den MySQL-Server mit der entsprechenden Option starten oder diese Option in der my.cnf bzw. my.ini in der Sektion [mysqld] definieren.

Für das Update-Log muss der MySQL-Server mit der folgenden Option gestartet werden.

```
$>mysqld --log-update[=<Dateiname>]
```

Für das Binary-Log ist dies analog

```
$>mysql --log-bin[=<Dateiname>]
```

Wenn Sie das Änderungsprotokoll über einen Eintrag in der my.cnf bzw. unter Windows in der my.ini aktivieren wollen, lautet der Eintrag für das Update-Log folgendermaßen

```
# in my.cnf bzw. my.ini
[mysqld]
log-update[=<Dateiname>]
```

bzw. für das Binary-Log

```
# in my.cnf bzw my.ini
[mysqld]
log-bin[=<Dateinam>]
```

Wird kein Dateiname angegeben, wird die Protokolldatei im Datenverzeichnis der MySQL-Installation unter dem Namen <Hostname>.xxx gespeichert. XXX steht hierbei für eine fortlaufende Nummerierung. MySQL erzeugt also dieses Protokoll unter bestimmten Bedingungen neu. Eine neue Protokolldatei mit einer neuen Nummer wird in folgenden Fällen angelegt:

- beim Neustart des MySQL-Servers,

- wenn mysqladmin refresh ausgeführt wird,

- beim Ausführen von mysqladmin flush logs,

- durch Ausführen des Befehls FLUSH LOGS.

Das Änderungsprotokoll wird auch bei der Einrichtung von Replikationssystemen verwendet.

Abfragen analysieren

Für die Analyse von langsamen Abfragen bietet MySQL noch das Slow-Query-Log an. In diesem Protokoll werden alle Abfragen gespeichert, deren Ausführung länger als die in der Umgebungsvariablen long_query_time definierte Ausführungszeit beträgt. Als Ausführungszeit gilt hierbei nur die Zeit für die eigentliche Bearbeitung des Befehls, die Zeit für ein vorausgehendes Locking einer Tabelle geht dabei nicht mit ein.

Die Analyse von Slow-Query-Logs kann insbesondere dann angebracht sein, wenn der MySQL-Server Anfragen nur mit Zeitverzögerung beantwortet.

Slow-Query-Log aktivieren

Auch hier erfolgt die Aktivierung über einen Kommandozeilenparameter des MySQL-Servers oder über die Konfigurationsdatei my.cnf bzw. unter Windows my.ini erfolgen.

Soll der Slow-Query-Log beim Start des MySQL-Servers erfolgen, lautet der Parameter:

```
$>mysql --log-slow-queries[=<Dateiname>]
```

Für die Konfigurationsdatei von MySQL sieht das Ganze beispielsweise wie folgt aus:

```
# in my.cnf bzw in my.ini
[mysqld]
log-slow-queries[=<Dateiname>]
set-variable=long_query_time=3
```

Standardmäßig wird das Protokoll im Datenverzeichnis von MySQL unter dem Namen <Rechnername>-query.log gespeichert.

Ob eine Analyse von langsamen Abfragen notwendig ist, kann mit dem Kommandozeilenwerkzeug mysqladmin wie folgt ermittelt werden:

```
$>mysqladmin -uuser -ppass status
Uptime: 928    Threads: 3    Questions: 100
Slow queries:16        Opens: 18      Flush tables: 0
Open tables: 2 Queries per second avg: 0.056
```

Unter Slow-Queries wird hier die Anzahl der lansgamen Abfragen aufgelistet. Ist der Wert im Vergleich zu dem der Anfragen insgesamt hoch, empfiehlt sich die genauere Analyse der langsamen Abfragen. Ein Slow-Query-Log besitzt in seiner einfachsten Form folgenden Aufbau:

```
C:/MYSQL/bin/mysqld-max.exe
Version : 3.23.49-max-log, started with:
Tcp port: 3306 Unix socket: MySQL
Time           Id            Command        Argument
...
use kunden;
select * from kundenliste where name like "%bern%";
...
```

Aufgelistet werden all die Abfragen, die länger als die definierte Zeit gedauert haben. Sie können also jetzt diese einzelnen Abfragen überprüfen. Gründe für die unzureichende Performance können beispielsweise die mangelnde Indizierung von Feldern oder eine ungünstige Abfrage sein. Eine schlechte Abfrage wäre die in der obigen Log-Datei dargestellte unscharfe Suche nach einem Begriff in einer Tabelle. MySQL muss hierfür praktisch jeden Datensatz durchsuchen, was entsprechend lange dauert. Sie sehen an diesem Beispiel, dass die Überprüfung einer Mindestzahl von Zeichen, die gesucht werden sollen, durchaus sinnvoll ist.

Unter UNIX/LINUX liefert MySQL mit mysqldumpslow noch ein Skript mit, das eine Zusammenfassung der Einträge im Slow-Query-Log liefert.

7.3 Tabellenüberprüfung und -wartung

Neben der Überprüfung des laufenden Serverbetriebs bietet MySQL eine Reihe von Möglichkeiten zur Überprüfung und Wartung des Standardtabellentyps MyISAM an.

Aufgaben

Damit lassen sich Tabellen

- auf Konsistenzfehler überprüfen,
- reparieren,
- optimieren.

Die regelmäßige Überprüfung von Tabellen ist vor allem bei umfangreichen und unternehmenskritischen Anwendungen bedeutsam. Grundsätzlich ist MySQL äußerst robust, d.h., Fehlverhalten der Tabellen sind die Ausnahme. Da das Speichern der Daten aber auch von der jeweiligen Hardware und hier vor allem der Festplatten abhängt, können Fehlfunktionen auch durch Hardwaredefekte verursacht werden. Eine regelmäßige Überprüfung der Tabellen kann also frühzeitig Probleme aufzeigen. Gleichzeitig ist eine positive Prüfung der Tabellen ein Indiz dafür, dass die Datenbank problemlos läuft.

Dazu stehen Ihnen die Befehle CHECK TABLE und myisamchk zur Verfügung, die im Folgenden dargestellt werden.

7.3.1   Tabellenüberprüfung

Tabellenüberprüfung mit CHECK TABLE

Mit dem Befehl CHECK TABLE können Sie eine oder mehrere Tabellen auf Fehler hin untersuchen. Dieser Befehl kann auch auf InnoDB-Tabellen ausgeführt werden. Die Syntax lautet:

```
mysql>CHECK TABLE <Tabellenname> [, <Tabellenname>, ...] <Optionen>
```

Beispiel

```
mysql> CHECK TABLE newstab, termintab;
+--------------------+-------+----------+------------------+
| Table              | Op    | Msg_type | Msg_text         |
+--------------------+-------+----------+------------------+
| flashnews.newstab  | check | status   | OK               |
| flashnews.termintab| check | status   | OK               |
+--------------------+-------+----------+------------------+
```

Es können also, durch Kommata getrennt, beliebig viele Tabellen auf einmal überprüft werden. In der Ausgabe gibt MySQL vier Felder zurück. Unter Table werden die geprüften Tabellen aufgeführt, Op steht immer auf check, Msg_type und Msg_text geben das Ergebnis des Prüfdurchlaufs wieder. Wenn alle geprüften Tabellen in Ordnung sind, erfolgt die Rückgabe status und OK.

Für fehlerhafte Tabellen würde CHECK TABLE beispielsweise folgende Ausgabe produzieren:

```
mysql> CHECK TABLE newstab, termintab;
+--------------------+-------+----------+------------------+
| Table              | Op    | Msg_type | Msg_text         |
+--------------------+-------+----------+------------------+
| flashnews.newstab  | check | warning  | ...              |
| flashnews.termintab| check | error    | ...              |
+--------------------+-------+----------+------------------+
```

Fehler werden also in der Msg_type-Spalte als error oder warning deklariert und in Msg_text näher spezifiziert.

Wenn bei CHECK TABLE Fehler oder Warnungen auftreten, sollte die Beseitigung der Fehler mit myisamchk versucht werden.

Optionen

CHECK TABLE kennt verschiedene Optionen, mit denen Sie den Umfang der Prüfung bestimmen können:

- QUICK überprüft die einzelnen Datensätze, ohne Berücksichtigung fehlerhafter Links.

- FAST überprüft Tabellen, die nicht ordnungsgemäß geschlossen wurden.

- CHANGED überprüft Tabellen, die seit der letzten Überprüfung geändert oder nicht ordnungsgemäß geschlossen wurden.

- MEDIUM überprüft alle Datensätze. Es erzeugt eine Checksumme für die einzelnen Datensätze und vergleicht diese mit der kalkulierten Checksumme aus den Indizes.

- EXTENDED überprüft die Indizes jeglicher Datensätze auf 100%ige Übereinstimmung.

Optionen können auch kombiniert werden.

Beispiel

```
mysql>CHECK TABLE Anschriften FAST QUICK;
```

Als fehlerhaft gekennzeichnete Tabellen können nicht benutzt werden.

Tabellenüberprüfung mit myisamchk

Analog zum Befehl CHECK TABLE können MyISAM-Tabellen mit myisamchk überprüft werden. Die Tabellen werden dabei als Datei über das Betriebssystem geprüft. Der Aufruf lautet:

```
$>myisamchk <Optionen> <Tabllenname> [.MYI, <Tabellenname> [.MYI]...]
```

Die einzelnen Tabellen befinden sich bei MySQL im jeweiligen Unterverzeichnis des Datenverzeichnisses, welches den Datenbanknamen trägt. Wenn Sie Ihre MySQL-Daten beispielsweise grundsätzlich im Verzeichnis /usr/local/mysql/data speichern und die Tabelle Kunden der Datenbank mysqlpraxis überprüfen wollen, lautet der Befehl:

```
$>myisamchk /usr/local/mysql/data/Kunden/Kunden.MYI
```

7.3.2 MyISAM-Tabellen reparieren

Ein Anzeichen dafür, dass eine oder mehrere Tabellen defekt sind, kann Folgendes sein:

- Tabellen sind gegen Änderungen gesperrt.

- Die Fehlermeldung »Can't find file Tabellenname.MYI«.

- Unerwartetes Dateiende.

Wie oben beschrieben, können solche Tabellen auf ihre interne Konsistenz überprüft werden. Falls sich herausstellt, dass eine Tabelle Defekte aufweist, bietet MySQL mit dem Befehl REPAIR TABLE und dem Kommandozeilenwerkzeug myisamchk Werkzeuge, um defekte Tabellen unter Umständen wieder herzustellen. Ob die Wiederherstellung Erfolg hat, hängt vom jeweiligen Einzelfall ab. Eine Reparatur muss nicht zum Erfolg führen. In diesem Fall muss dann auf die Datensicherung zurückgegriffen werden. Insgesamt ist es ratsam, vor der Reparatur von Tabellen Sicherungskopien herzustellen.

Tabellen reparieren mit REPAIR TABLE

Falls eine MyISAM-Tabelle als fehlerhaft gekennzeichnet ist, kann versucht werden, sie mit dem Befehl REPAIR TABLE zu reparieren. Die Syntax des Befehls lautet:

```
mysql>REPAIR TABLE <Tabellenname> [QUICK] [EXTENDED];
```

Für den Versuch, die Tabelle mit dem Namen kundenliste zu reparieren, lautet der Befehl:

```
myql>REPAIR TABLE kundenliste;
```

Mit den Optionen QUICK bzw. EXTENDED können Sie den Reparaturvorgang genauer bestimmen. Bei QUICK wird lediglich versucht, den Index zu reparieren, bei EXTENDED wird der Index Zeile für Zeile erzeugt.

Tabellen reparieren mit myisamchk

Mit dem Kommandozeilenwerkzeug myisamchk steht ein weiteres Hilfsmittel zur Verfügung, mit dem die Tabellenüberprüfung und -wartung erfolgen kann. Hierfür kennt der Befehl verschiedene Optionen. Die wichtigste ist die Option – -recover, die nahezu alle Fehler bearbeiten kann:

```
$>myisamchk - -recover <Datenbankverzeichnis/>*.MYI
```

Für besonders schwierige Fälle hält myisamchk die Option – -safe-recover bereit. Falls nur die Indexdatei aufgebaut werden soll, steht die Option – -quck zur Verfügung.

> **Hinweis:** Falls Sie myisamchk benutzen, sollten Sie den MySQL-Server herunterfahren, da sonst Schreib- oder Lesezugriffe auf die jeweilige Tabelle den Erfolg verhindern können.

7.3.3 Tabellen optimieren

MySQL versucht normalerweise die Tabelle so klein wie möglich zu halten. Dies erfolgt dadurch, dass bei Lösch- oder Änderungsvorgängen freigegebener Tabellenplatz beim Speichern von Informationen wieder verwendet wird.

Fragmentierung

Wenn Sie allerdings in einer Tabelle häufig Daten einfügen oder löschen, ist es möglich, dass die Tabellenspeicherung nicht mehr optimal verläuft, da die Daten über die ganze Datei verteilt (fragmentiert) sind und innerhalb der Datei mehr oder minder große Lücken vorhanden sind, die nicht gefüllt werden können.

Für die Optimierung von Tabllen stehen die Befehle OPTIMIZE TABLE und myisamchk zur Verfügung.

Tabellen optimieren mit OPTIMIZE TABLE

Um Tabellen zu defragementieren und unbenutzten Tabellenplatz wieder verfügbar zu machen, kann für MyISAM- und BDB-Tabellen der Befehl OPTIMIZE TABLE verwendet werden. Dieser Befehl sorgt dafür, dass die Zieltabelle neu aufgebaut wird. Die allgemeine Syntax für diesen Befehl lautet:

```
mysql>OPTIMIZE TABLE <Tabellenname> [, <Tabellenname>, ...];
```

Ein konkretes Beispiel mit Ausgabe würde wie folgt aussehen:

```
mysql> OPTIMIZE TABLE kunden;
+--------------------+----------+----------+----------+
| Table              | Op       | Msg_type | Msg_text |
+--------------------+----------+----------+----------+
| mysqlpraxis.kunden | optimize | status   | OK       |
+--------------------+----------+----------+----------+
```

Während der Befehl ausgeführt wird, werden die betroffenen Tabellen gesperrt.

Tabellen optimieren mit myisamchk

Ein anderer Weg, Tabellen zu optimieren, ist der Befehl myisamchk. Weiter oben wurde myisamchk bereits zur Reparatur defekter Tabellen vorgestellt. Die Tabellenoptimierung ist nichts anderes als der Neuaufbau der Tabelle, einschließlich der Indizes.

Der analoge Befehl zu OPTIMIZE TABLE zur Optimierung von Tabellen lautet:

```
$>myisamchk --quick --check-changed-tables --sort-index --analyze
```

Tabellen optimieren bei InnoDB-Tabellentypen

Für InnoDB-Tabellentypen können die oben beschriebenen Optimierungsmethoden zurzeit noch nicht angewendet werden. Allerdings könnte eine gelegentliche Defragmentierung dieser Tabellen auch sinnvoll sein. Fragmentierte Tabellen machen sich vor allem bei umfangreichen Tabellen mit vielen Schreib- und Änderungsvorgängen bemerkbar. Für InnoDB-Tabellen können folgende Defragmentierungsmethoden angewendet werden:

- Speichern der Tabelle mit mysqldump und anschließender Re-Import nach MySQL.

- Änderung des InnoDB-Tabellentyps in MyISAM und zurück.

Beispiel:

```
Mysql>ALTER TABLE <Tabellenname> TYPE=MyISAM;
Mysql>ALTER TABLE <Tabellenname> TYPE=InnoDB;
```

Tabellen komprimieren

Falls Sie Tabellen in Ihrer Datenbank angelegt haben, die nur gelesen werden, bietet MySQL die Option der Datenkomprimierung. Solche Tabellen können Hilfstabellen sein, wie beispielsweise für Bank- oder Postleitzahlen. Vorteil ist, dass solche gepackten Tabellen aufgrund der geringeren Dateigröße schneller gelesen werden können, da die Suchzeiten auf der Festplatte kürzer sind.

Die Komprimierung kann mit dem Kommandozeilenwerkzeug myisampack durchgeführt werden. Die Syntax hierfür lautet:

```
$>myisampack [Optionen] <Dateiname>
```

Der Befehl stellt einige Optionen, wie –b für das gleichzeitige Erstellen eines Backups oder –t für den Test der Funktion, zur Verfügung. Die vollständige Liste aller Optionen finden Sie in Kapitel 9.

Im folgenden Beispiel wird eine Bankleitzahlentabelle gepackt. Der Befehl gibt Ihnen am Ende die Rate der Kompression aus.

```
$>myisampack /usr/local/mysql/data/blz_verzeichnis
Compressing /usr/local/mysql/data/blz_verzeichnis.MYD:
(29190 records)
- Calculating statistics
- Compressing file
61.25%
Remember to run myisamchk -rq on compressed tables
```

Beachten Sie bitte, dass nach dem Packen der Datei der Index neu erzeugt werden muss. Dies erfolgt über den Befehl:

```
$>myisamchk -rq <Tabellenname>
```

Nach dem Packen sind diese Dateien automatisch schreibgeschützt, Sie können also keine Änderungen an der Tabelle vornehmen. Falls Sie Änderungen an der Tabelle vornehmen wollen, ist die Tabelle zuerst wieder zu entpacken. Dies erfolgt mit myisamchk wie folgt:

```
$>myisamchk -unpack <Tabellenname>
```

Wenn Sie also einmal ein Update auf eine solche gepackte Tabelle vornehmen wollen, entpacken Sie die Datei, nehmen die Änderungen vor und packen sie anschließend wieder.

7.4 Sicherheit

7.4.1 Passwortsystem

Natürlich verfügt MySQL auch über ein leistungsfähiges System zur Vergabe von Zugriffsrechten auf Datenbanken, Tabellen und Felder. Im Betrieb können beliebig viele verschiedene Datenbanken mit einer unbeschränkten Datenbank und einer unbeschränkten Anzahl von Benutzern auf dem MySQL-Server betrieben werden. Je nach Systemumgebung müssen dann für den Benutzer bzw. die Benutzergruppen die Rechte eingerichtet und vergeben werden. So könnten in einem Unternehmen eine Marketing- und eine Supportdatenbank beispielsweise auf dem gleichen Rechner betrieben werden. Nun soll die Marketingabteilung nur Zugriffsrechte auf die Marketingdatenbank, die Supportabteilung nur Rechte auf die Supportdatenbank, die Geschäftsleitung jedoch Zugriff auf beide Datenbanken erhalten.

Ein anderes Beispiel für eine strikte Trennung von Zugriffsrechten sind MySQL-Installationen bei Internet-Serviceprovidern. Für jeden Benutzer werden in diesem Fall die Zugriffsrechte individuell für die jeweilige Datenbank vergeben.

Die Vergabe von Rechten auf der Datenbank ist die Aufgabe des Datenbankadministrators und sollte nur von Personen vorgenommen werden, die den entsprechende Vertrauens- und Know-how-Level besitzen. Alle Personen, die mit administrativen Aufgaben für MySQL betraut sind, sollten das Rechtesystem von MySQL sehr genau kennen, da durch Fehler oder Lücken in der Rechtevergabe ein Datenmissbrauch bzw. Datenverlust möglich ist. Im Folgenden erhalten Sie Informationen, um das Passwortsystem von MySQL in dieser Hinsicht verwalten zu können.

Zugriffslevel

MySQL kennt vier verschiedene Level zur Vergabe von Benutzerrechten:

- Global
  Regelt die Zugriffsrechte auf den MySQL-Server und gilt für alle Datenbanken, die auf diesem Server laufen.

- Datenbank
  Regelt die Zugriffsrechte auf einer bestimmten Datenbank. Die Zugriffsrechte gelten dann für alle Tabellen dieser Datenbank.

- Tabelle
  Regelt die Zugriffsrechte auf einer bestimmten Tabelle. Die Zugriffsrechte gelten dann für alle Spalten dieser Tabelle.

- Spalte
  Regelt die Zugriffsrechte für eine bestimmte Spalte.

Zur Verwaltung des Zugriffs benutzt MySQL eine eigene Datenbank mit dem Namen mysql, in der die jeweiligen Zugriffsrechte eingetragen werden. Auf diese Datenbank ist deshalb auch ein besonderes Augenmerk zu richten. Zu vermeiden ist, dass nicht autorisierte Personen Schreibzugriffe auf diese Tabelle erhalten. Beachten Sie bitte, dass bei der Neuinstallation von MySQL ein root-Benutzer ohne Passwort eingetragen wird. Sie sollten als Administrator also auf jeden Fall überprüfen, dass ein root-Passwort gesetzt ist, das Ihnen uneingeschränkten Zugriff zur Datenbank erlaubt.

Passwort ändern

Am einfachsten können Sie ein Passwort für den bestehenden default root-Bernutzer über das Kommandozeilenwerkzeug mysqladmin einrichten. Der Befehl hierfür lautet:

```
$>mysqladmin -uroot password <Neues_Passwort>
```

Falls bereits ein Passwort für root besteht, können Sie dieses mit diesem Befehl natürlich auch verändern. Die Syntax hierfür lautet:

```
$>mysqladmin -uroot -p<Altes_Passwort> password <Neues_Passwort>
```

Natürlich können Sie oder der jeweilige Benutzer über diesen Befehl das eigene Passwort ändern. Voraussetzung ist, dass der Benutzeraccount mit Passwort bekannt ist, also beispielsweise wie folgt lautet:

```
$>mysqladmin -uBenutzer -pPasswort password <Neues_Passwort>
```

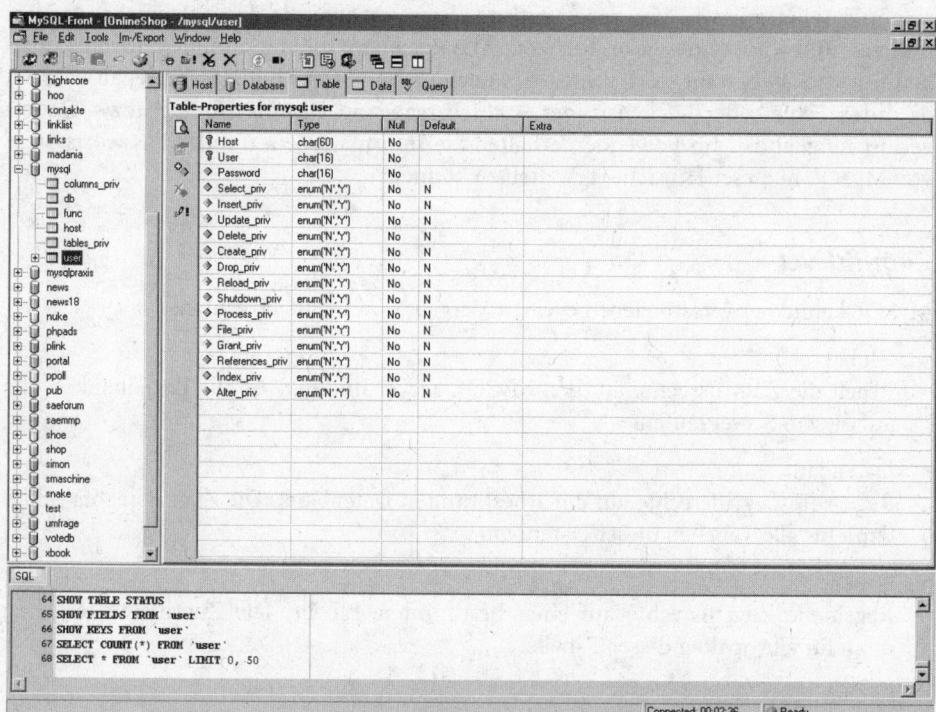

Bild 7.2: In der MySQL-Datenbank werden sämtliche Zugriffsrechte verwaltet

Ebenso darf diese Datenbank nicht gelöscht werden, da sonst kein Zugriff mehr auf die Datenbank möglich ist. Anfängern passiert es schon einmal, dass sie diese mysql-

Datenbank mit den Benutzerrechten löschen. Das standardmäßige Rechtesystem lässt sich am einfachsten mit dem mysql_install_db-Skript wiederherstellen.

Rechteverwaltung

Die mysql-Datenbank hat insgesamt fünf Tabellen zur Rechteverwaltung. In der user-Tabelle werden die Benutzer, welche Zugriffsrechte auf den MySQL-Server haben, und deren globale Einstellungen gespeichert. Zugriffsrechte auf Datenbankebene werden in den Tabellen db und host gespeichert. Die Tabelle tables_priv steht für Zugriffsrechte auf Tabellenebene und die Tabelle columns_priv für die Zugriffsrechte auf Spaltenebene zur Verfügung. Die Tabelle func hat mit dem Rechtesystem von MySQL nichts zu tun, sondern verwaltet die benutzerdefinierten Funktionen.

Möglichkeiten

Zum Anlegen neuer Benutzer oder zur Änderung der Rechte von schon registrierten Benutzern haben Sie grundsätzlich folgende Möglichkeiten:

- Sie verwenden die Befehle GRANT und REVOKE.
- Sie ändern oder ergänzen die Einträge in der mysql-Datenbank mit UPDATE, INSERT oder DELETE.
- Sie benutzen ein Hilfsprogramm, das die Benutzerverwaltung grafisch unterstützt, wie beispielsweise MySQLFront.

Diese Möglichkeiten werden weiter unten noch näher erläutert werden.

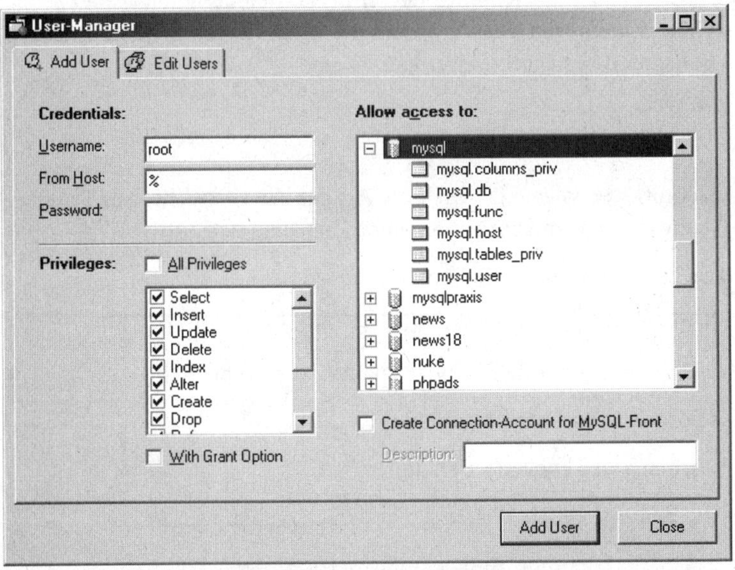

Bild 7.3: Einrichtung der Benutzerrechte mit Hilfe von MySQL-Front

Prinzip dabei ist, dass Sie Benutzer anlegen und diesen Benutzern Zugriffsrechte auf den Datenbankserver, die Datenbanken, Tabellen und Spalten zuweisen. Wenn Sie kein grafisches Hilfsprogramm für die Einrichtung von Zugriffsrechten verwenden, ist die Einrichtung für Anfänger teilweise wenig transparent und damit nicht immer ganz einfach nachzuvollziehen. Wenn Sie zum ersten Mal Zugriffsrechte definieren, sollten Sie das für einen Testbenutzer und nicht für den bereits angelegten Superuser root tun. Sie sollten sich also die Zeit nehmen, die Rechtevergabe mit verschiedenen Parametern zu üben und die Ergebnisse zu überprüfen.

Benutzer anlegen und Rechte zuweisen mit GRANT

Der Befehl GRANT ist eine Möglichkeit, neue Benutzer anzulegen bzw. bestehenden Benutzern Rechte zuzuweisen. Die grundsätzliche Syntax lautet dabei wie folgt:

```
mysql>GRANT <Privilegien> [(<Spalten>)]
      ON {<Tabellenname> | * | *.* | <Datenbankname>.* }
      TO <Benutzername> [IDENTIFIED BY 'password'] [, <Benutzername>
[IDENTIFIED BY 'password'] ...]
[WITH GRANT OPTION]
```

Wenn Sie beispielsweise eine Datenbank mit dem Namen Kunden angelegt haben und für diese Datenbank einen neuen Benutzer mit dem Namen CaroKlein und dem Passwort RUMB2#8 anlegen möchten, wobei dieser Benutzer Daten lesen, speichern, ändern oder löschen können soll, lautet der Befehl:

```
mysql>GRANT SELECT,INSERT,UPDATE,DELETE ON Kunden.* TO
CaroKlein@'localhost' IDENTIFIED BY 'RUMB2#8'
```

An diesem Beispiel lassen sich die Elemente des GRANT-Befehls gut erkennen. Der GRANT-Befehl besteht aus mehreren Teilen, gemäß der oben dargestellten grundsätzlichen Syntax, die im Folgenden beschrieben werden.

Privilegien

Die Privilegien in Abschnitt <Privilegien> regelt die Art der Zugriffsrechte auf Tabellen- und Spaltenebene. Grundsätzlich sind zurzeit folgende Zugriffstypen aktiv:

- ALL PRIVILEGES (T, S, D), vergibt alle Rechte.
- ALTER (T), der Benutzer darf Änderungen über ALTER durchführen.
- CREATE (T), das Erzeugen von Tabellen oder Spalten ist erlaubt.
- DELETE (T), das Löschen von Daten ist erlaubt.
- DROP (T), das Löschen von Tabellen ist erlaubt.
- GRANT (T), eigene Benutzerrechte dürfen für andere vergeben werden.
- INDEX (T), Indizes dürfen definiert und gelöscht werden.
- INSERT (S, T), der Benutzer darf Daten per INSERT einfügen.
- SELECT (S, T), der Benutzer darf Daten per SELECT lesen.

- UPDATE (S,T), der Benutzer darf Daten per UPDATE aktualisieren.

- SHUTDOWN (D), der Benutzer darf die Datenbank herunterfahren.

- PROCESS, der Benutzer darf die Prozessliste einsehen und Prozesse löschen.

- RELOAD, Reload-Befehle, wie beispielsweise FLUSH, sind erlaubt.

- USAGE, Synonym für »keine Berechtigungen«.

- FILE, Zugriffe auf das lokale Dateiensystem sind erlaubt.

In den Klammern ist jeweils die Gültigkeit des Zugriffstyps definiert.

- »T« steht für Tabelle, d.h., dieser Zugriff kann auf Tabellenebene angewendet werden.

- »S« steht für Spalte, d.h., dieser Zugriffstyp steht für Spaltendefinitionen zur Verfügung.

- »D« bezieht sich auf die gesamte Datenbank.

Zuweisung der Rechte auf Datenbank und Tabellen

Hinter dem ON des GRANT-Befehls wird der Datenbank- oder Tabellenname angegeben, für den die Zugriffsrechte gelten sollen. Hierbei gelten folgende Regeln:

Datenbankzugriff

Die Rechte für Datenbanken werden in der Form ON <Datenbankname>.* vergeben. So gilt beispielswesie ON Kunden.* für alle Tabellen der Datenbank Kunden.

Tabellenzugriff

Die Rechte für Tabellen werden in der Form ON <Tabellenname> definiert, die Wildcard kommt hier nicht zum Einsatz. Der Ausdruck ON blz_tab betrifft also die Tabelle blz_tav. Ohne weitere Angaben werden die Rechte für die aktuell gewählte Datenbank eingerichtet. Wer auf Nummer sicher gehen will, gibt den Datenbanknamen über die Dot-Notation mit an. So definiert ON Kunden.blz_tab die Rechte für die Tabelle blz_tab der Datenbank Kunden.

Globale Rechte

Mit ON *.* vergeben Sie globale Rechte für alle Datenbanken und Tabellen.

Alle Rechte an der aktuellen Datenbank

Mit ON * vergeben Sie alle Rechte an der aktuell ausgewählten Datenbank. Falls Sie keine Datenbank ausgewählt haben, werden globale Rechte verteilt.

Rechte Benutzern zuweisen

Mit TO und IDENTIFIED BY des GRANT-Befehls werden den Benutzern die jeweiligen Rechte mit den entsprechenden Passwörtern zugewiesen. Mit der Benutzerkennung kann auch die Angabe verbunden werden, von welchem Rechner aus ein Zugriff gestattet ist. Die Syntax lautet:

```
<Benutzername>@<Hostname> IDENTIFIED BY <Passwort>
```

Über die Definition des Hostnamens ist eine Beschränkung der Zugangsrechte auf bestimmte Rechner möglich. Hier können Sie entweder einen bestimmten Rechner angeben, über die %-Wildcard auch Gruppen von Rechnern, oder Sie können einen unbeschränkten Zugang definieren. So gestattet <Benutername>@'%' beispielsweise den Zugang von jedem beliebigen Rechner aus. Dies gilt auch, wenn Sie keinen Hostnamen angeben. Der Hostname kann als IP-Adresse oder als Name angegeben werden. Mit <Benutzername>@'%.meinedomain.de' kann der Benutzer aus der Domain meinedomain.de auf den MySQL-Server zugreifen. Zur Beschränkung des Zugangs auf den jeweiligen Rechner, auf dem der MySQL-Datenbankserver läuft, lautet der Eintrag <Benutzername>@localhost. Vielfach wird MySQL von Internet-Serviceprovidern so eingerichtet, dass Sie nur Zugang von dem jeweiligen Rechner aus haben, auf dem die Datenbank installiert ist.

Wenn Sie Spezialzeichen wie % verwenden möchten, muss der Benutzername oder der Host in Hochkommata gesetzt werden. Falls Sie mehrere Benutzer mit den gleichen Zugriffsrechten anlegen wollen, können Sie diese hintereinander durch Kommata getrennt auflisten.

Passwort

Das Passwort wird hinter dem Benutzernamen mit IDENTIFIED BY definiert. MySQL verlangt nicht zwingend ein Passwort für einen Benutzer. Wird also kein Passwort für einen Benutzer definiert, kann der Benutzer ohne Angabe eines Passworts auf die Datenbank gelangen. Aus Sicherheitsgründen sollte daher für jeden Benutzer auch ein Passwort vergeben werden.

WITH GRANT OPTION

Die Option WITH GRANT OPTION definiert, dass dieser Benutzer auch anderen Benutzern Rechte auf der Datenbank einräumen darf. Sie sollten einen Benutzer mit der WITH GRANT OPTION also nur dann anlegen, wenn der Benutzer dieses Recht, beispielsweise als Datenbankadministrator, auch wirklich benötigt. Für normale Benutzer, die keine Administrationsaufgaben wahrnehmen, ist diese Option daher in der Regel nicht anzuwenden.

Die Länge eines Usernamens darf höchstens 16 Zeichen betragen, die Länge von Host-, Tabellen-, Datenbank- und Spaltennamen höchstens 60 Zeichen.

Benutzerrechte aktualisieren

Alle Rechte der jeweiligen Benutzer werden von MySQL beim Start in den Speicher geladen und stehen dann während der Betriebszeit zur Verfügung. Aus diesem Grund müssen Sie die Rechtetabellen neu einlesen, wenn Sie Rechte während des laufenden Betriebs ändern. Dies erfolgt mit dem Befehl

```
mysql>FLUSH PRIVILEGES;
```

Beispiele

Anlegen eines weiteren Benutzers mit Administratorrechten:

```
mysql>GRANT ALL PRIVILEGES ON *.* TO dbadmin@'%' WITH GRANT OPTION;
```

Anlegen eines Benutzers, der nur auf einer bestimmten Datenbank Lese- und Schreibrechte hat:

```
mysql>GRANT SELECT,UPDATE  ON Kunden.* TO dbadmin@'%';
```

Anlegen eines Benutzers, der nur vom Rechner aus, auf dem der MySQL-Datenbankserver läuft, Zugriffsrechte hat:

```
mysql>GRANT ALL PRIVILEGES ON Kunden.* TO dbadmin@localhost;
```

Benutzerrechte ändern mit REVOKE

Für bestehende Benutzer können Rechte gelöscht werden. Die Syntax hierfür lautet:

REVOKE priv_type [(<Spalten>)] [,priv_type [(<Spalten>)] ON {<Tabellenname> | * | *.* | <Datenbankname>.* } FROM <Benutzername> [, <Benutzername> ...]

Sie können also, analog zum GRANT-Befehl, einzelne Privilegien für bestimmte Benutzer wieder löschen.

Beispiel

Wenn Sie der oben angelegten Benutzerin CaroKlein die Änderungsrechte für alle Tabellen der Datenbank Kunden entziehen wollen, lautet der Befehl:

```
mysql>REVOKE UPDATE  ON Kunden.* FROM CaroKlein@'localhost';
```

Auch hier ist wieder mit FLUSH PRIVILEGES die Rechtetabelle zu aktualisieren. Anschließend kann die Benutzerin CaroKlein keine Änderungen mehr vornehmen.

Benutzer anlegen und ändern mit INSERT, UPDATE, DELETE

Außer mit GRANT und REVOKE können Benutzer- und Zugriffsrechte auch direkt durch INSERT-, UPDATE- oder DELETE-Befehle auf den Systemtabellen durchgeführt werden. Diese Methode ist etwas mühsamer, da die entsprechenden Befehle länger sind und, wie oben bereits erwähnt, die Tabellen db, host, tables_priv und columns_priv für das Speichern der jeweiligen Zugriffsrechte innerhalb der MySQL-Datenbank zuständig sind. Wenn Sie also Rechte einrichten wollen, müssen die entsprechenden Einträge in den Tabellen geändert werden.

Neue Benutzer werden mit Hilfe des INSERT-Befehls in die Tabelle user geschrieben.

Beispiel

```
mysql>INSERT INTO user
VALUES('localhost','Klein','PASSWORD('pass')','Y','Y','Y','Y','Y','Y','Y','
Y','Y','Y','Y','Y','Y','Y');
```

In diesem Beispiel werden dem Benutzer Klein mit dem Passwort pass bei lokalem Zugriff die kompletten Rechte auf dem MySQL-Server zugewiesen.

Wenn Sie diesem Benutzer beispielsweise den INSERT-Befehl untersagen wollen, ist das Feld Insert_priv mit 'N' zu definieren.

```
mysql>INSERT INTO user
VALUES('localhost','Klein','PASSWORD('pass')','Y','N','Y','Y','Y','Y','Y','
Y','Y','Y','Y','Y','Y','Y');
```

Sie können sich die Feldliste über folgenden Befehl anzeigen lassen:

```
mysql>USE mysql;
mysql> SHOW FIELDS FROM user
```

Dies gilt auch für die Tabellen tables_priv, db und host. Folgendes ist dabei zu beachten:

Erstens muss das Passwort verschlüsselt mit der PASSWORD()-Funktion gespeichert werden. Da MySQL bei der Anmeldung das Passwort entschlüsselt, werden unverschlüsselte Passwörter nicht erkannt. Eine Anmeldung ist so nicht möglich. Zweitens kann die Anzahl der Felder zwischen den MySQL-Versionen variieren.

Analog können Sie Rechte auf Tabellen, Datenbanken oder Hosts vergeben. Zur Einrichtung einer Zugriffsberechtigung auf eine Tabelle sieht der INSERT-Befehl wie folgt aus:

```
mysql>INSERT INTO tables_priv VALUES
('localhost','Kunden','Klein','blz_tab','root@localhost',20030112130645,'S
elect,Insert,Update,Delete,Create,Drop,Grant,References,Index,Alter','');
```

In diesem Fall werden dem Benutzer Klein für die Tabelle blz_tab der Datenbank Kunden für den lokalen Zugriff die Rechte 'Select, Insert, Update, Delete, Create, Drop, Grant, References, Index, Alter' vergeben.

Achtung: Auch wenn Sie die Rechte mit INSERT, UPDATE oder DELETE ändern, muss die Rechtetabelle mit FLUSH PRIVILEGES zur Aktualisierung neu eingelesen werden.

Benutzer löschen

Um Benutzer vollständig aus der Datenbank zu löschen, reicht ein

```
mysql>REVOKE ALL ON *.* FROM Benutzer@localhost;
```

nicht aus. Es werden zwar alle Privilegien gelöscht, der Benutzer bleibt jedoch als Eintrag in der Datenbank erhalten. Falls Sie einen Benutzer vollständig aus der Datenbank löschen wollen, müssen Sie alle entsprechenden Einträge in den einzelnen Tabellen (user, db, host, column_priv und tables_priv) löschen. Um einen Benutzer endgültig aus der Usertabelle zu löschen, können Sie folgenden DELETE-Befehl verwenden:

```
mysql>DELETE FROM user WHERR User = "<Benutzername>";
```

Analog sind die Einträge in den anderen Tabellen zu löschen. Natürlich ist beim Löschen zu beachten, dass Sie über die WHERE-Bedingung den richtigen Benutzer auswählen.

Passwort für root vergessen

Falls Sie einmal das root-Passwort vergessen haben sollten und über keinen anderen Benutzer mit Administratorrechten die Rechte vergeben können, können Sie wie folgt einen Zugriff auf das System wiederherstellen:

- Stoppen Sie den MySQL-Server.

- Starten Sie anschließend mysqld von der Kommandozeile aus mit der Option --skrip-grant-tables. Durch diese Option werden sämtliche Berechtigungen ignoriert, und Sie können sich einloggen.

- Danach ändern Sie das root-Passwort.

- Anschließend stoppen Sie den MySQL-Server und starten ihn erneut mit den üblichen Optionen.

Benutzerrechte anzeigen

Natürlich können Sie sich die bestehenden Zugriffsrechte eines Benutzers auch anzeigen lassen. Hierfür steht ihnen folgender Befehl zur Verfügung:

```
mysql>SHOW GRANTS FOR <Benutzername>
```

Die Anzeige der Zugriffsrechte sieht dann beispielsweise wie folgt aus:

```
+----------------------------------------------------------+
| Grants for root@%                                        |
+----------------------------------------------------------+
| GRANT ALL PRIVILEGES ON *.* TO 'root'@'%' WITH GRANT ... |
+----------------------------------------------------------+
```

Wenn Sie einen externen Zugang zur MySQL-Datenbank realisieren möchten, beispielsweise für Aussendienstmitarbeiter, die Daten direkt in die Datenbank eingeben sollen, stellt sich die Frage nach der Sicherheit der Verbindung. Grundsätzlich werden die Benutzerkennungen unverschlüsselt über Netzwerke übertragen. Wenn Sie sich mit dem mysql-Client über mysql –h<Zielrechner> -u<User> -p<Passwort> mit der Datenbank verbinden, werden der Benutzer und das Passwort unverschlüsselt übertragen.

Anzeigerechte beschränken

Im Betrieb ist es vielleicht nicht erwünscht, dass ein Benutzer die gesamte Struktur der Datenbank über den Befehl SHOW DATABASES einsehen kann. Für diesen Fall kennt MySQL die Startoption --skip-show-databases und --safe-show-database. Beim ersten Befehl liefert SHOW DATABASES überhaupt nichts zurück, bei der zweiten Option werden nur die Datenbanken angezeigt, auf denen der aktuelle Benutzer Rechte besitzt.

Diese Optionen werden entweder beim Start des MySQL-Servers als Kommandozeilen-parameter (--skip-show-database bzw. --safe-show-database) oder in der my.cnf bzw. unter Windows in der my.ini unter der Sektion [mysqld] definiert.

```
# in my.cnf bzw. my.ini
[mysqld]
safe-show-database
```

Anzahl der Abfragen beschränken

Ab Version 4.02 von MySQL kann für Benutzer die Anzahl der Abfragen pro Stunde definiert werden. Dies erfolgt über die zusätzliche Option MAX_QUERIES_PER_HOUR=#. Das # steht dabei für die maximal zulässige Anzahl pro Stunde. Bei der Definition von 0 werden keine Beschränkungen auferlegt.

Falls Sie die Verbindung sicherer gestalten wollen, steht Ihnen die oben genannte Möglichkeit zur Verfügung, den Zugang lediglich auf ganz bestimmte Domains zu beschränken. Damit läßt sich ein Missbrauch auf ein Minimum beschränken. Weiterhin können Sie die Sicherheit der Verbindung erhöhen, indem Sie die ab Version 4 zur Verfügung stehenden Möglichkeiten einer SSH-Verbindung oder SSL-Verschlüsselung nutzen. Diese zwei Methoden sind in den beiden folgenden Abschnitten beschrieben.

7.4.2   Daten verschlüsselt speichern

Vielfach besteht die Anforderung, sensible Daten in einer MySQL-Datenbank zu speichern. Gerade in Internet- und E-Commerce-Projekten ist es nicht selten, dass personenbezogene Daten bis hin zu Kredikartennummern gespeichert werden müssen.

Zur Erhöhung der Sicherheit von Daten in der MySQL-Datenbank, können die Daten zusätzlich verschlüsselt in der Datenbank gespeichert werden. Hierfür stellt MySQL die Funktionen ENCODE() und DECODE() zur Verfügung. Mit diesen Funktionen können Daten mit einem Passwort-String codiert werden. Eine Decodierung der Daten ist nur mit bekanntem Passwort möglich.

Die Verschlüsselung ist allerdings auf BLOB-Felder beschränkt:

Beispiel

```
mysql>CREATE TABLE crypttab
(
kostenNr BLOB,
notstr INT
);
```

Die Tabelle enthält ein BLOB-Zeichenkettenfeld und ein Zahlenfeld, mit dem die Verschlüsselung nicht funktionieren wird. Anschließend werden in die neue Tabelle einige Daten eingefügt:

```
mysql>INSERT INTO crypttab VALUES(ENCODE('GEHEIM', 'PASSWORT'), ENCODE(10,
'PASSWORT'));
```

Wenn jetzt die Daten mit einem normalen SELECT selektiert werden, können Sie nicht gelesen werden.

```
mysql> SELECT * FROM crypttab;
+-----------+-------+
| kostenNr  | nostr |
+-----------+-------+
| È•?ü•9    |     0 |
+-----------+-------+
```

Decodierung

Erst die Decodierung mit DECODE() und dem Schlüsselwort bringt wieder die Ursprungsinformation zum Vorschein.

```
mysql> SELECT DECODE(kostenNr,'PASSWORT') FROM crypttab;
+----------------------------+
| DECODE(kostenNr,'PASSWORT') |
+----------------------------+
| GEHEIM                     |
+----------------------------+

mysql> SELECT DECODE(nostr,'PASSWORT') FROM crypttab;
+--------------------------+
| DECODE(nostr,'PASSWORT') |
+--------------------------+
| ¦                        |
+--------------------------+
```

An diesem Beispiel sehen Sie, dass lediglich das Feld mit Verschlüsselung behandelt werden kann.

Krypto-Filesystem

Wenn Sie für Ihre Daten ein Hochsicherheitssystem aufbauen wollen, sollten Sie sie zusätzlich auf einer verschlüsselten Partition speichern. Auch die Erstellung von solchen verschlüsselten Filesystemen ist keine allzu aufwendige Angelegenheit. Bei LINUX-

Distributionen, wie beispielsweise SuSE, kann dies schnell menügesteuert durchgeführt werden.

Falls ein solcher Rechner mit kryptographiertem Filesystem in unbefugte Hände kommen sollte, hätte der Angreifer keine Chance, an Ihre Daten heranzukommen.

Nähere Informationen zu Krypto-Filesystemen für LINUX erhalten Sie auch unter der URL encryptionhowto.sourceforge.net.

Und noch etwas gilt es zu beachten, wenn Sie einen hohen Sicherheitsstandard mit MySQL erreichen wollen: Teilen Sie den Rechner, auf dem die MySQL-Datenbank läuft, nicht mit anderen Benutzern. So verbietet es sich grundsätzlich, eine MySQL-Datenbank mit kritischen Daten beim Internet Service Provider über deren Standard-Webhosting-Angebot zu betreiben. Man teilt sich nämlich in diesem Fall auch den MySQL-Datenbankserver mit anderen völlig unbekannten Benutzern. Diese Personen können zwar standardgemäß nicht in Ihre Datenbank gelangen, allerdings ist Ihnen auch nicht genau bekannt, welche Sicherheitslücken im System bestehen. So lassen sich bereits mit einem einfachen SHOW DATABASES alle Datebanken anzeigen, die auf einem MySQL-Datenbankserver laufen. Kritische Daten gehören also immer auf einen Standalone-Rechner.

7.4.3   SSH-Verbindungen

Eine Möglichkeit zur Absicherung der Verbindung externer Systeme und Anwender ist es, die Verbindung nur vom lokalen System zuzulassen und die Anwender, die auf der MySQL-Datenbank arbeiten werden, über sichere SSH-Verbindungen einloggen zu lassen.

SSH steht für Secure Shell und bietet eine sichere Kommunikation über unsichere Netzwerke. Sämtliche Verbindungsinformationen werden bei SSH-Verbindungen verschlüsselt über das Netz transportiert. SSH ersetzt unter UNIX die Programme telnet, rlogin und rsh, also die klassischen Möglichkeiten zur Arbeit auf entfernten Rechnern. SSH steht nahezu für alle Betriebssystemplattformen zur Verfügung.

Eigenschaften

Die Eigenschaften von SSH im Überblick:

- Schutz von Passwörtern und Daten. Passwörter werden nicht im Klartext gesendet, sondern nur verschlüsselt.

- Voll intergrierter sicherer Datentransfer.

- Authentifizierung auf beiden Seiten der Verbindung (Client/Server), um trojanische Pferde oder Ähnliches auszuschließen.

- Kompression zur Beschleunigung des Datenaustauschs.

- Verschiedene Methoden der Verschlüsselung möglich.

Verbindung einrichten

Eine MySQL-Verbindung über SSH wird wie folgt eingerichtet:

- Installieren Sie auf dem Server, auf dem die MySQL-Datenbank läuft, einen SSH-Server. Unter LINUX kann dies beispielsweise OpenSSH sein.

- Installieren Sie auf dem Client, der die Verbindung zum MySQL-Datenbankserver aufnehmen soll, einen SSH-Client.

- Richten Sie einen Benutzer-Account auf dem Rechner ein, auf dem auch der MySQL-Datenbankserver läuft.

- Richten Sie einen Benutzer-Account auf der MySQL-Datenbank ein.

- Starten Sie den SSH-Client und melden Sie sich mit dem eingerichteten Account an.

Beispiel

```
ssh -L 4000:xxx:3306 xxx -l user
```

Sie können, nach der Anmeldung mit mysql und den üblichen Optionen wie Benutzer und Passwort, mit dem MySQL-Datenbankserver über die geschützte SSH-Verbindung kommunizieren.

7.4.4 SSL-verschlüsselte Verbindungen

Grundsätzlich kann auch der Datenverkehr zwischen einem MySQL-Server und dem Client mit den nötigen Werkzeugen und dem notwendigen Know-how abgehört und analysiert werden. Standardgemäß erfolgt bei MySQL dieser Datenverkehr zwischen Client und Server unverschlüsselt.

SSL ab Version 4

Ab Version 4 von MySQL steht, mit der SSL-Verschlüsselung des Datenverkehrs, ein weiteres Feature zur Absicherung zur Verfügung. Damit können auch sensible Daten auf öffentlichen Netzwerken verwendet werden. Mit dem SSL-Protokoll sind sehr sichere Datenverbindungen möglich, da

- der Inhalt verschlüsselt über das Netz geht,

- die Identität der Teilnehmer überprüft werden kann,

- der unveränderte Empfang der Daten durch Prüfalgorithmen überwacht wird.

SSL-Verschlüsselung ist insbesondere bei Webservern und Browsern verbreitet. Wenn eine Webanwendung mit SSL realisiert werden soll, ist eine Realisierung der SSL-Funktionen im System Browser-Webserver empfehlenswert. Für MySQL bietet diese neue SSL-Funktionalität aber sicherlich auch eine Reihe von sinnvollen Anwendungen. So lassen sich unabhängig von Browsern und Webservern hochsichere Anwendungen mit einem Datenaustausch über öffentliche Netze realisieren. Als Anwendungsgebiete können der Austausch bzw. der Abgleich von geschäftskritischen Daten verschiedener Datenbanken genannt werden. Ein weiterer Vorteil im Vergleich zum Browser/Webserver-System liegt darin, dass auch die Identität des Clients überprüft werden kann.

Wie funktioniert SSL?

SSL ist die Abkürzung für Secure Socket Layer und eigentlich nur das Protokoll, das die verschlüsselte Verbindung zwischen dem Server und den Clients herstellt. Die gesamte Verschlüsselung besteht aus einer Benutzerauthentifizierung, Verschlüsselungsalgorithmen (Kryptographie) und der Übertragungsüberprüfung.

Zertifizierung

Sowohl der Client als auch der Server müssen über einen Private Key und einen Public Key verfügen, der bei der Installation der SSL-Software erzeugt wird. Der Public Key erhält anschließend ein digitales Zertifikat, das die Identität der Partei und den Public Key digital bestätigt. Die Ausstelung dieses Zertifikats kann durch ein unabhängiges Institut, die CA (Certifications Authority), vorgenommen werden. Dies ist vor allem bei unbekannten Netzteilnehmern sinnvoll, da dadurch die Echtheit des Servers unabhängig festgestellt wird. Daher werden in der Regel alle Webserver durch ein unabhängiges Institut zertifiziert.

Grundsätzlich kann dieses Zertifikat aber auch selbst erstellt werden. Zur Übertragung des Systems auf einen MySQL-Server ist es bei der Anbindung von bekannten Clients an einen MySQL-Server nicht unbedingt nötig, ein Zertifikat einer unabhängigen CA zu besorgen. Die Vertrauenswürdigkeit entsteht dann dadurch, dass das Zertifikat direkt an die Anwender gegeben wird.

Sind Parteien im Besitz eines Zertifikats, also eines Private und eines Public Keys, können die Botschaften mit den Schlüsseln so codiert werden, dass der Datenverkehr nur diesen beiden Parteien verständlich ist. Die Partei A verschlüsselt dabei die Botschaft mit dem eigenen Private Key und dem Public Key der Partei B. Erhält die Partei B die Nachricht, kann sie diese mit dem eigenen Private Key und dem Public Key von Partei A entschlüsseln.

Der Ablauf einer verschlüsselten Datenübertragung wird begleitet von einem mehrmaligen Austausch von Authentifizierungsinformationen zwischen Client und Server. Der Client generiert einen zufälligen Schlüssel für die Sitzung, der mit dem Public Key des Servers verschlüsselt wurde. Dieser Schlüssel kann dann nur noch mit dem passenden Private Key vom Server entschlüsselt werden. Der Server entschlüsselt einen ankommenden Sitzungsschlüssel, womit dann sowohl Client als auch Server über denselben eindeutigen Sitzungsschlüssel verfügen. Mit diesem Sitzungsschlüssel wird anschließend der Datenverkehr verschlüsselt. Ehe dann der Datenaustausch vollzogen wird, sendet der Server zur Überprüfung der korrekten Verbindung sicherheitshalber eine Testnachricht. Der gesamte Datenverkehr läuft anschließend verschlüsselt ab, so dass auch Daten, die während der Übermittlung abgefangen oder gelesen werden, aufgrund des fehlenden Sitzungsschlüssels nicht lesbar sind. Zusätzlich kann zur Vermeidung von Missbrauch

auch noch überprüft werden, ob die Nachricht auf dem Weg zwischen Client und Server verändert wurde.

> **Hinweis:** Die SSL-Verschlüsselung des Datenverkehrs in MySQL ist ein optionales Feature, das erst bei entsprechender Kompilierung von MySQL aktiv ist. Um dieses Feature installieren zu können, sollten Sie daher über Erfahrung in der Kompilierung von Programmen verfügen.

Installation von OpenSSL

Benötigt wird hierfür die OpenSSL-Implementierung des SSL-Protokolls, die unter www.openssl.org sowohl für kommerzielle als auch nicht kommerzielle Nutzung zur Verfügung steht.

Im ersten Schritt müssen Sie auf Ihrem Zielrechner, auf dem später der MySQL-Server laufen soll, die OpenSSL-Bibliotheken installieren.

Je nach Betriebssystem benötigen Sie für die Installation verschiedene Voraussetzungen:

Unter UNIX (LINUX):

- Perl 5
- Einen C-Compiler (ANSI-C)

Unter Windows

- Perl für Windows
- Einen C-Compiler (Borland C, Visual C++)

Unter UNIX wird OpenSSL, nachdem Sie es auf Ihren Zielrechner kopiert und das Archiv ausgepackt haben, wie folgt installiert:

```
$>config
$>make
$>make test
$>make install
```

Die Installation von OpenSSL läuft in der Regel relativ unproblematisch. Weitergehende Informationen zur Installation von OpenSSL entnehmen Sie bitte der Datei INSTALL, die den Installationsdateien beiliegt.

Angepasste Kompilierung von MySQL notwendig

Nachdem die Installation von OpenSSL abgeschlossen ist, muss MySQL neu kompiliert werden. Die Kompilierung von MySQL wurde bereits erläutert. Zur Integration der SSL-Funktionen ist MySQL zusätzlich mit zu übersetzen.

```
$>configure -with-vio -with-openssl
```

Sobald der MySQL-Server neu übersetzt wurde, können Sie ihn starten. Die erfolgreiche Kompilierung der SSL-Funktionalität in MySQL können Sie durch die Abfrage der Variablen have_openssl überprüfen, die YES zurückgeben sollte.

```
mysql> SHOW VARIABLES LIKE 'have_openssl';
+---------------+-------+
| Variable_name | Value |
+---------------+-------+
| have_openssl  | YES   |
+---------------+-------+
```

Zugriffssteuerung über das Passwortsystem

Über das Passwortsystem von MySQL können generell Zugriffsrechte für SSL-Clients vergeben werden. Zu diesem Zweck verfügt die user-Tabelle der MySQL-Datenbank über die Felder ssl_type, ssl_cipher, x509_issuer und x509_subject, in denen alle notwendigen Informationen gespeichert werden können. Falls die Tabellenstruktur Ihrer Datenbank noch nicht diese Felder enthält, müssen Sie ein Update der user-Tabelle vornehmen. Zu diesem Zweck verwenden Sie am besten das Skript mysql_fix_privilege_tables.sh aus dem Verzeichnis scripts.

Wurde das Prinzip der Verschlüsselung verstanden, ist die Definition dieser Zugriffsrechte in MySQL überschaubar.

Die Rechte werden wiederum bestimmten Benutzern zugeordnet. So kann beispielsweise definiert werden, dass der Benutzer x nur Zugriff auf die Datenbank über eine SSL-Verbindung erhält, ein anderer Benutzer y allerdings auch über eine nicht verschlüsselte Verbindung.

Im Feld ssl_type wird der Verschlüsselungstyp eingetragen. Zur Auswahl stehen hierbei:

* None, keine Verschlüsselung.
* ANY, die Verbindung muss per SSL erfolgen.
* X509, der Client muss über ein gültiges Zertifikat verfügen.
* SPECIFIED, hierbei werden zusätzlich die Inhalte des Zertifikats überprüft.

Verschlüsselte Verbindung aufbauen

Sie haben weiter oben die Regelungen kennen gelernt, welche als Vorarbeit für den Aufbau einer verschlüsselten Verbindung mit MySQL notwendig sind. Um jetzt eine verschlüsselte Verbindung aufzunehmen, gehen Sie folgendermaßen vor.

* Starten Sie den MySQL-Server mit den SSL-Optionen neu.
* Richten Sie einen Benutzer ein, der per SSL mit dem Server kommunizieren darf.
* Um eine verschlüsselte Verbindung zwischen MySQL-Client/Server herzustellen, muss der Client mit den SSL-Optionen aufgerufen werden.

Beispiel

```
$>mysqld --skip-grant-tables --user=mysql& --ssl-cert=server.crt --ssl-
key=server.key
```

```
mysql>GRANT ALL PRIVILEGES ON ssltest.* IDENTIFIED BY "password" REQUIRE
SSL;
```

```
$>mysql -u<Benutzername> -p<Passwort> --ssl
```

> **Hinweis:** Um die SSL-Funktionen zu testen, stehen im Verzeichnis vio/ Ihrer MySQL-Installation, nach der Kompilierung, die Programme testssl, test-sslclient und test-sslserver zur Verfügung.

7.5 Backup und Datensicherung

Oft erkennt man den Wert einer Sache erst dann, wenn man sie verloren hat. Mit Daten ist es nicht anders. Vielfach wird unterschätzt, welchen Aufwand, aber auch welche Kosten verloren gegangene Daten verursachen. Eine regelmäßige Sicherung sowie ein Datensicherungskonzept dürfen daher bei keiner Datenbank im Einsatz fehlen. In diesem Abschnitt werden Möglichkeiten dargestellt, wie Daten einer MySQL-Datenbank gesichert werden können.

7.5.1 Grundsätzliche Strategien für die Datensicherung

Die Datensicherung gehört zu den wichtigen Themen beim Betrieb einer Datenbank, vor allem dann, wenn die Daten in Ihrer MySQL-Datenbank einen bezifferbaren Wert haben. Dieser Wert kann bereits allein durch den Aufwand erreicht werden, den eine Wiederbeschaffung der Daten verursachen würde.

Der Aufwand, den Sie für Ihre Backup-Strategie einsetzen, sollte sich daher immer am Wert der Daten und nicht an dem der Kosten für die Datensicherung orientieren. Wie eine Datensicherung beschaffen ist, hängt natürlich erst einmal von der gesamten Organisation Ihrer gesamten IT ab.

Im Folgenden soll als Übersicht dargestellt werden, welche Möglichkeiten der Datensicherung Ihnen MySQL oder Hilfsprogramme zu MySQL bieten. In den folgenden Abschnitten werden diese noch näher besprochen.

Aspekte der Datensicherung

Die wichtigsten Aspekte für die Datensicherung sind die Verfügbarkeit der Daten und die Vermeidung von Datenverlusten. Unter Verfügbarkeit werden alle Maßnahmen verstanden, die einen Ausfall beim Betrieb des MySQL-Datenbankservers verhindern. Vor allem bei unternehmenskritischen Anwendungen können Ausfälle oder unproduktive Standzeiten leicht hohe Summen kosten. Die reine Datensicherung konzentriert sich dagegen eher auf die Verhinderung von Datenverlusten. Hier ist es in erste Linie von Interesse, alle relevanten Daten periodisch so zu sichern, dass der Datenbestand reproduzierbar ist.

Verhinderung von Datenverlusten

Beginnen wir bei den Möglichkeiten, die sich zur Durchführung bzw. Rücksicherung einer Datensicherung anbieten. Zum vollständigen Kopieren einer Datenbank benötigen Sie die Datenbank, einschließlich aller Tabellendefinitionen. Ebenfalls zu sichern ist in der Regel das Zugangs- bzw. Rechtesystem für die Datenbank. Hierfür ist die Datenbank mit dem Namen myslq, in der alle Rechte definiert sind, zu sichern.

Bei der Sicherung einer MySQL-Datenbank stellt die mangelnde referenzielle Integrität, durch das Fehler der Fremdschlüssel (FOREIGN KEY), durchaus einen Vorteil dar, da die einzelnen Tabellen einer Datenbank unabhängig kopiert und restauriert werden können. Bei anderen Datenbanken, die Fremdschlüssel unterstützen, ist nämlich die Reihenfolge der Sicherung und der Rücksicherung entscheidend, da nur so die Abhängigkeiten innerhalb der verschiedenen Tabellen berücksichtigt werden können. Aus diesem Grund verfügen andere Datenbanken auch über spezielle Tools zur Datensicherung, die gerade diese referenzielle Integrität berücksichtigen und sicherstellen. Damit ist das Sichern von MySQL-Datenbanken im Vergleich zu anderen Datenbanken relativ einfach.

Möglichkeiten der Datensicherung

Sie können die Datensicherung einer MySQL-Datenbank über folgende Wege realisieren:

- mysqldump erstellt eine Kopie der Datenbank mit Hilfe des Kommandozeilenwerkzeugs mysqldump.

- Kopie der Datenbankdateien auf Betriebssystemebene erstellen.

- Den BACKUP TABLE-Befehl geben.

- Datensicherung über den Befehl SELECT INTO OUTFILE vornehmen.

- Eigene Backup-Programme programmieren.

Sie werden die verschiedenen Methoden in den folgenden Abschnitten genauer kennen lernen.

Tabellenlocking während der Datensicherung

Grundsätzlich ist bei der Datensicherung von im laufenden Betrieb stehenden Datenbanken zu beachten, dass eine vollständige Datensicherung nur dann gewährleistet ist, wenn zum Zeitpunkt der Sichereung keine schreibenden Zugriffe auf diese Tabellen erfolgen. Daher sind die Tabellen während der Sicherung für Schreibzugriffe zu blockieren.

Dies erfolgt mit dem Befehl LOCK TABLES in folgender Form:

```
LOCK TABLES <Tabellenname> {READ | [READ LOCAL] | [LOW_PRIORITY] WRITE} [,
<Tabellenname> {READ | [LOW_PRIORITY] WRITE} ...]
```

Der LOCK-Befehl kennt verschiedene Typen zur Blockierung von Tabellen:

- READ: Bei der Option READ werden die Tabellen für alle Benutzer schreibgeschützt, Leseoperationen sind möglich.

- WRITE: Bei WRITE wird die Tabelle für alle anderen Benutzer, außer dem aktuellen Benutzer, sowohl für Schreib- als auch für Lesevorgänge gesperrt. Der Benutzer des Threads darf auf dieser Tabelle lesen und schreiben.

- READ LOCAL: Hierbei sind INSERT-Befehle erlaubt, solange keine Konflikte mit dem Schreibschutz bestehen.

Sie können beliebig viele Tabellen durch einen Aufruf von LOCK TABLES blockieren. Die Tabellen mit den gewünschten Locks werden dann durch Kommata getrennt nacheinander formuliert.

Die Blockierung einer Tabelle wird erst wieder aufgehoben, wenn explizit das Kommando

```
mysql>UNLOCK TABLES
```

aufgerufen wird oder der Prozess, der die Blockierung verursacht hat, beendet ist.

Wenn Sie also eine Datensicherung durchführen wollen, sollten Sie immer gleichzeitig TABLE LOCK WRITE anwenden, um zu vermeiden, dass während der Datensicherung der Datenbestand verändert wird.

Interne Caches für die Datensicherung leeren

Ebenso sollten vor Beginn der Datensicherung alle internen Caches geleert werden. Hier stellt MySQL den folgenden Befehl zur Verfügung:

```
mysql>FLUSH <option> [, <option>]
```

Für die Datensicherung sind hier insbesondere folgende zwei Optionen wichtig:

- TABLES schliesst und öffnet alle geöffneten Tabellen, auch wenn diese in Benutzung sind.

- [TABLE | TABLES] <Tabellenname> [, <Tabellenname>...] schliesst und öffnet alle unter <Tabellenname> angegebenen Tabellen. Kann also zum selektiven Locking von Tabellen verwendet werden.

Wenn Sie vor der Datensicherung alle geöffneten Tabellen schließen wollen, lautet der Befehl:

```
mysql>FLUSH TABLES;
```

7.5.2   Backup mit mysqldump

Mit mysqldump können Sie, wie oben bereits erläutert, auf Betriebssystemen Daten-
bankkopien bzw. Sicherungen anlegen. Im Folgenden wird an einem Beispiel erläutert,
wie auf diese Weise eine Datensicherung auf einen Backup-Rechner durchgeführt werden kann. Die Sicherung auf einem Backup-Rechner ist praktisch für Arbeitskopien
oder für die schnelle Wiederherstellung von Datenbankinhalten, da keine Backup-
Medien wie Bänder benötigt werden.

Nehmen wir als einfaches Beispiel einmal eine Intranetanwendung, die Kundenadressen
und -informationen enthält, einschließlich einiger Hilfsdateien wie ein Postleitzahlen-
verzeichnis. Die Datenbank wird täglich von 20 Personen benutzt, die auch Änderungen
in der Datenbank vornehmen. Der MySQL-Server läuft dabei auf einem UNIX-System.

Die Aufgabe besteht darin, diese Datenbank täglich automatisch während der Nacht zu
sichern.

Mysqldump ist ein Kommandozeilenwerkzeug, das im bin-Verzeichnis zu finden ist.
Der Aufruf erfolgt mit

```
$>mysqldump [OPTION] <Datenbankname> [Tabellenname]
```

Es liest die angegebene Datenbank bzw. die angegebenen Tabellen als ASCII-SQL-Datei
aus. Standardgemäß erfolgt die Ausgabe auf die Konsole. Wenn Sie also beispielsweise
eingeben

```
$>mysqldump -uuser -ppass -hhost kunden
```

erhalten Sie die folgende Bildschirmausgabe:

```
-- Host: 127.0.0.1    Database: mysqlpraxis
-------------------------------------------------------------
-- Table structure for table 'kunden'

CREATE TABLE kunden (
  id int(11) NOT NULL auto_increment,
  name varchar(60) default NULL,
  ort varchar(40) default NULL,
  plz varchar(5) default NULL,
  PRIMARY KEY (id)
) TYPE=MyISAM;


--
-- Dumping data for table `kunden`
--

INSERT INTO kunden VALUES (1, 'Matthias k', 'Berlin', '12777');
INSERT INTO kunden VALUES (2, 'Caroline', 'Berlin', '12777');
INSERT INTO kunden VALUES (3, 'Gülten', 'Berlin', '12777');
INSERT INTO kunden VALUES (4, 'Bernd', 'München', '80889');
```

Der Befehl mysqldump erzeugt also die komplette Tabellendefinition sowie die Inhalte
der Tabellen in Form eines INSERT-SQL-Kommandos.

Mysqldump in eine Datei umleiten

Natürlich wollen Sie Ihre Datensicherung als Datei und nicht als Bildschirmausgabe erzeugen. Sie müssen daher die Ausgabe von mysqldump in eine Datei umleiten. Dies funktioniert wie folgt:

```
$>mysqldump [OPTIONS] <Datenbankname> [Tabellenname] > <Ausgabedatei>
```

Optionen von mysqldump

Mysqldump bietet eine Reihe von Optionen an, die Sie mit mysqldump –help aufgelistet bekommen. Um jetzt eine Datensicherung mit mysqldump herzustellen, müssen Sie einige der Optionen benutzen. Für die Datensicherung sollten die Tabellen auf jeden Fall für Schreibzugriffe gesperrt werden. Dies erfolgt mit der Option –l. Weiterhin kann man die Ausgabe speziell für die Datensicherung, optimieren. Mit der Option –e (--extenden-insert) werden die INSERT-Befehle in einer optimierten Syntax ausgegeben, die durch die Tatsache, dass mehrere INSERT-Befehle in einer Reihe formuliert werden können, schneller ist.

Die Vorbereitung für eine vollständige Rücksicherung kann mit der Option --add-drop-table erreicht werden. Hierbei schreibt MySQL vor jeden CREATE TABLE noch einen DROP TABLE IF EXIST-Befehl, so dass die Datenbank vor der Rücksicherung definitiv keine Daten der betroffenen Tabellen mehr enthält.

Speziell für Backup-Aufgaben kann auch die Option –opt verwendet werden, die die oben erwähnten Optionen beinhaltet und zusätzlich MySQL-spezifische Befehle berücksichtigt und die Ausgabe nicht puffert.

Soll die Datensicherung zwischen entfernten Rechnern erfolgen, kann zusätzlich noch die Option –C verwendet werden, die den Datenstrom komprimiert und damit effektiver macht.

Das Praktische an mysqldump, wie im Übrigen auch an den anderen Kommandozeilenwerkzeugen von MySQL, ist die Tatsache, dass Sie mit der Option –h (Hostdefinition) auf jedem beliebigen Rechner arbeiten können. So kann eine Datensicherung auch ganz einfach auf einer entfernten MySQL-Datenbank durchgeführt werden. Die vollständige Syntax von mysqldump können Sie in der Befehlsreferenz nachschlagen.

Mysqldump auf UNIX-Rechner automatisieren

Die abschließende Aufgabe besteht jetzt darin, mysqldump zu automatisieren. Unter UNIX legt man sich hierfür am besten ein kleines Shell-Skript und einen Cron-Job an, der diese Aufgabe erledigt. Das folgende Skript legt ein Unterverzeichnis mit dem aktuellen Datum und der Uhrzeit an. Anschließend werden die Datenbanken db1, db2 und db3 einzeln mit Hilfe von mysqldump ausgelesen und anschließend noch mit gzip gepackt.

```
# /usr/sbin/sh
DIR='date +"%Y_%m_%d - %H_%M"'
mkdir -p $DIR
```

```
cd $DIR
for S in db1 db2 db3
do mysqldump --add-drop-table -q -uusername -ppasswort
$> $S.sql
rm - rf $S.sql.gz
gzip $S.sql
done
```

Um dieses Skript beispielsweise jeden Tag um 3 Uhr automatisch ablaufen zu lassen, richten Sie sich einen Cron-Job mit crontab –e in folgender Form ein:

```
01 03 * * * /mysql/makebackup.sh
```

Restore von mysqldump-Dateien

Falls Sie eine Datensicherung wieder rücksichern wollen, erfolgt dies nicht mit Hilfe von mysqldump, sondern mit der MySQL-Shell. Da in der Sicherungsdatei alle Informationen über SQL-Kommandos definiert sind, muss also nur die Sicherungskopie ausgeführt werden. Am einfachsten erfolgt dies über die Kommandozeilen mit dem mysql-Client in folgender Form:

```
$>mysql -u<Benutzername> -p<Passwort> -h<name_des_zielrechners> < <Siche-
rungsdatei>
```

Die Sicherungsdatei wird hierbei einfach über < eingelesen. Die Rücksicherung einer Datenbank über eine bestehende Datenbank kann zur Dateninkonsistenz führen. Beim Import werden nämlich Datensätze abgelehnt, für die ein Schlüsselfeld definiert ist und die bereits einen Eintrag aufweisen. Andere Datensätze, die keine Konflikte mit Schlüsselfeldern aufweisen, sind danach doppelt vorhanden. Aus diesem Grund ist eine Rücksicherung auf eine leere Datenbank vorzunehmen. Wie oben bereits erwähnt, kann beim Erzeugen der Sicherungsdatei bereits der Löschbefehl für die bestehende Datenbank integriert werden. Aber auch dabei ist natürlich Vorsicht geboten, falls die Rücksicherung nicht wegen Totalverlusts, sondern beispielsweise wegen Inkonsistenzen innerhalb der Datenbank erfolgt. Alle Daten, die seit der letzten Sicherung erfasst wurden, sind unwiderruflich verloren.

7.5.3 Backup durch Datenbankkopie

Sie können MyISAM-Tabellen auch auf Betriebssystemebene kopieren. Hierzu sind das entsprechende Datenverzeichnis oder einzelne Tabellen im Datenverzeichnis zu sichern. Zu jeder Datenbank gehört ein gleichnamiges Unterverzeichnis im data-Verzeichnis der jeweiligen Installation. Die Tabellen zu einer Datenbank befinden sich ebenfalls im jeweiligen Unterverzeichnis, als Datei unter ihrem Namen. Bei der Sicherung einzelner Tabellen ist darauf zu achten, dass <Tabellen>.* gesichert wird. Eine Tabelle besteht beim MyISAM-Tabellentyp aus drei Dateien (*.MYI, *.MYD, *.frm).

7.5.4 Backup mit BACKUP TABLE

Die Syntax von BACKUP TABLE lautet wie folgt:

mysql>BACKUP TABLE Tabellenname[,Tabellenname, ...] TO '<Zielverzeichnis>'

Dieser Befehl steht allerdings nur für MyISAM-Tabellen und erst ab MySQL-Version 3.23.25 zur Verfügung. Hierbei werden die Definitions- (*.frm) und Datenbankdateien (*.MYD) in das Zielverzeichnis kopiert. BACKUP TABLE ist also gleichzusetzen mit einem copy auf Betriebssystemebene.

> **Achtung:** Zu beachten ist unter Windows-Betriebssystemen, dass das Zielverzeichnis in UNIX-Notation ('/backup') oder maskiert angegeben werden muss ('c:\\backup').

MySQL gibt als Ergebnis des BACKUP TABLE-Befehls eine Information aus, die den Tabellennamen und eine Statusinformation enthält.

Beispiel:

```
mysql> BACKUP TABLE kunden to '/dbbackup';
+--------------------+--------+----------+----------+
| Table              | Op     | Msg_type | Msg_text |
+--------------------+--------+----------+----------+
| mysqlpraxis.kunden | backup | status   | OK       |
+--------------------+--------+----------+----------+
```

7.5.5 Datensicherung mit SELECT INTO OUTFILE

Sie können komplette Tabellen auch mit dem Befehl SELECT INTO OUTFILE sichern. Hierbei wird eine Delimited-ASCII-Datei erzeugt, die die Datensätze der jeweiligen Tabelle(n) enthält. Nachteilig an dieser Methode ist, dass die Tabellenstruktur nicht ausgegeben wird.

7.5.6 Replikationsmechanismen von MySQL

MySQL verfügt ab Version 3.23.15 über die Möglichkeit, verschiedene MySQL-Datenbankserver als Master-Slave-System zu synchronisieren. Dabei werden alle Informationen auf dem Hauptsystem (Master) sofort auf einem korrespondieren Rechner (Slave) so aktualisiert, dass ein identischer Datenbestand auf beiden Rechnern vorhanden ist. Da alle Änderungen auf dem Master direkt auf dem Slave nachvollzogen werden, spricht man hier von Replikation. Ein Master kann dabei beliebig viele Slave-Systeme bedienen.

Vorteile

Welche Vorteile bringt nun ein System, das auf diese Art und Weise repliziert wird? Zum einen erhält man, zusätzlich zur Laufzeit, eine identische Kopie der Datenbank. Damit wird die Wahrscheinlichkeit von Datenverlusten minimiert. Falls einer der Rechner ausfällt, kann mit den Daten des anderen sofort oder mit kalkulierbarer Unterbrechung weitergearbeitet werden. Sollte ein Slave-Rechner ausfallen, kann dieser im laufenden Betrieb ersetzt werden. Das Gesamtsystem ist so angelegt, dass ein ausgewechselter Slave sich automatisch wieder synchronisiert. Falls der Master ausfallen sollte, kann ein Slave zu einem Master gemacht werden und das System wieder herstellen.

Ein weiterer Vorteil eines replizierten Systems ist die mögliche Lastverteilung von Leseanfragen an die Datenbank. Da solche lesenden Anfragen mit keiner Veränderung des Datenbestands verbunden sind, kann eine derartige Abfrage von einem beliebigen Rechner des Verbunds beantwortet werden. Da dadurch die Belastung des Master-Systems geringer wird, können unter Umständen Performancegewinne erreicht werden.

Das Replikationssystem von MySQL ist noch in der Entwicklung begriffen. Das bedeutet, dass die volle Leistungsfähigkeit sicherlich nocht nicht erreicht ist. Der derzeitige Entwicklungsstand bringt jedoch auch einige Einschränkungen bei Standardfunktionen mit sich, die beachtet werden müssen. Diese sind:

- AUTO_INCREMENT-, LAST_INSERT_ID- und TIMESTAMP-Werte werden nicht korrekt synchronisiert. Auf ihren Einsatz sollte also verzichtet werden. Da gerdae AUTO_INCREMENT häufig für eindeutige Felder verwendet wird, kann dies als spürbare Einschränkung betrachtet werden.

- Zufallszahlen RAND() werden auf dem Slave mit einem anderen Wert erzeugt. Abhilfe kann hier die Verwendung einer pseudozufälligen Zahl wie beispielsweise eines Timestamp schaffen.

- Auf dem Master- und dem Slave-System muss der gleiche Zeichensatz installiert sein.

Des Weiteren besteht auf Anwenderseite noch relativ wenig Erfahrung mit dieser Funktion. Ein Einsatz erfolgt daher immer auf eigenes Risiko und ohne Absicherung durch Erfahrungen anderer Benutzer.

Um ein Replikationssystem aufzusetzen, muss die Versionsnummer von MySQL beachtet werden. Am unproblematischsten ist das Betreiben der gleichen MySQL-Version auf Master- und Slave-Systemen. Slave-Rechner mit 3.23er-Version können nicht mit 4.0-Master-Systemen kommunizieren. 4.0-Slave-Systeme können erst ab Version 4.0.1 mit 3.23-Master-Systemen kommunizieren.

Setup eines Replikationssystems

Zur Installation eines Replikationssystems benötigen Sie natürlich mehr als nur einen Rechner. Wie oben bereits erwähnt, kann ein Replikationssystem aus einem Master und einer unbegrenzten Anzahl von Slave-Systemen bestehen. Selbstverständlich sollte der leistungsfähigste bzw. betriebssicherste Rechner als Master verwendet werden, da ein Ausfall eines Slaves nicht zum Ausfall des Gesamtsystems führen kann, der Ausfall des Masters aber das gesamte System lahm legt.

User für Replikation anlegen

Auf dem Master-Rechner muss ein User angelegt werden, mit dem die Slaves auf den Master zugreifen können. Dieser User benötigt FILE-Rechte, muss also auf das lokale Dateiensystem des Masters zugreifen können.

```
myslq>GRANT FILE ON *.* TO slave@"%" IDENTIFIED BY '<Passwort>';
```

Um das System aufsetzen zu können, muss MySQL auf dem Master heruntergefahren werden.

```
$>mysqladmin -uroot -p<passwort> shutdown
```

Anschließend müssen die Daten des Servers auf die Slaves kopiert werden. Das System basiert darauf, dass auf einen bestimmten Datenbestand des Servers aufgesetzt wird. Bis Version 4 von MySQL müssen hierfür alle Datenbanken des Masters kopiert und auf die Slaves verteilt werden. Am einfachsten erfolgt dies als Kopie der Dateien auf Betriebssystemebene. Ab Version 4 kann hierfür auch der Befehl LOAD DATE FROM MASTER verwendet werden, hierzu sind für den User allerdings auch SELECT-, RELOAD- und PROCESS-Rechte notwendig.

Auf dem Master muss anschließend das Änderungsprotokoll aktiviert werden. Weiterhin benötigt der Server eine eindeutige Server-ID. Diese Parameter werden am besten in der Konfigurationsdatei von MySQL gespeichert. Der Eintrag in [mysqld] in der my.cnf bzw. my.ini für diese Einstellungen sieht wie folgt aus:

```
[mysqld]
log-bin
server-id=1
```

In den Konfigurationsdateien der Slaves sind jeweils folgende Einträge vorzunehmen:

```
master-host=<Hostname des Masters>
master-user=<Benutzername für das Replikation-System>
master-password=<Benutzerpasswort für das Replikation-System>
master-port=<TCP/IP port des Masters>
server-id=<Eindeutige_Tahl_zwischen_2 und 2^32-1>
```

Starten Sie anschließend die MySQL-Datenbank auf dem Master und die MySQL-Datenbanken auf den Slaves neu.

Für die Verwaltung des Replikationssystems stehen SQL-Kommandos zur Verfügung. Wichtige Befehle hierfür sind:

```
mysql>SHOW MASTER STATUS;
```

Zeigt Informationen zum Änderungsprotokoll des Masters an.

```
mysql>SHOW SLAVE HOSTS;
```

Gibt eine Lister aller Slaves aus, die gerade beim Master angemeldet sind (verfügbar ab Version 4.0.0):

```
mysql>SHOW SLAVE STATUS;
```

Zeigt Statusinformationen auf einem Slave an.

7.6   Uploads und Datensicherung bei Providern

Uploads von Daten und die Datensicherung bei IS-Providern, bei denen man Webspace-Angebote nutzt, sind teilweise ein mühsames Geschäft. Es folgen daher an dieser Stelle noch einige Hinweise zu diesem Thema.

Wie weiter oben bereits erwähnt wurde, gewähren die meisten ISPs bedauerlicherweise keinen externen Zugriff auf die Datenbank. Dadurch werden gerade Uploads von Daten und Datensicherungsvorgänge behindert.

Folgende Möglichkeiten haben Sie, um Uploads auf MySQL-Datenbanken, für die Sie keinen externen Zugriff haben, durchzuführen:

Eine Möglichkeit besteht darin, die Datei auf den Zielserver per ftp hochzuladen und von dort nach MySQL zu importieren. Die Datei muss dabei ein importfähiges Format aufweisen. Dies kann entweder Delimited ASCII oder eine Datei sein, die mit Hilfe von mysqldump erstellt wurde.

Anschließend muss diese Datei noch nach MySQL importiert werden. Wenn kein Telnet-Zugang zum Webserver besteht, bedient man sich am besten einer Skriptsprache. PHP eignet sich hierfür hervorragend. Um eine Datei einzulesen, die mit Hilfe von mysqldump erzeugt wurde, eignet sich folgendes PHP-Skript:

```php
<?php
system("mysql -uUsername -pPasswort -hDatenbankserver.de Datenbankname <
/pfad/dump.sql", $fp);
if ($fp==0) echo "Daten importiert";
else echo "Ein Fehler ist aufgetreten!";
?>
```

Dieses Skript muss an die eigenen Verhältnisse angepasst und per ftp heruntergeladen werden. Anschließend kann dieses Skript über den Browser gestartet werden.

Eine Delimited-ASCII-Datei kann entweder über mysqlimport oder über den Befehl LOAD DATA INFILE nach MySQL importiert werden.

Falls Sie per mysqldump eine Datei erstellt haben, ist es auch möglich, über ein serverseitiges Tool wie phpMyAdmin die Daten zu integrieren. Kopieren Sie den Inhalt der Dump-Datei in das SQL-Fenster und führen Sie den Befehl aus.

Falls Sie einen externen Zugriff auf Ihre Datenbank haben, sind Uploads einfacher durchzuführen. Das Kopieren der Datei auf den Zielrechner sowie ein Hilfsprogramm wie das PHP-Skript entfallen hier.

In diesem Fall können die Daten über folgende Kommandozeile auf den Zielrechner kopiert werden:

```
$>mysql -uUsername -pPasswort -hDatenbankserver.de Datenbankname <
/pfad/dump.sql
```

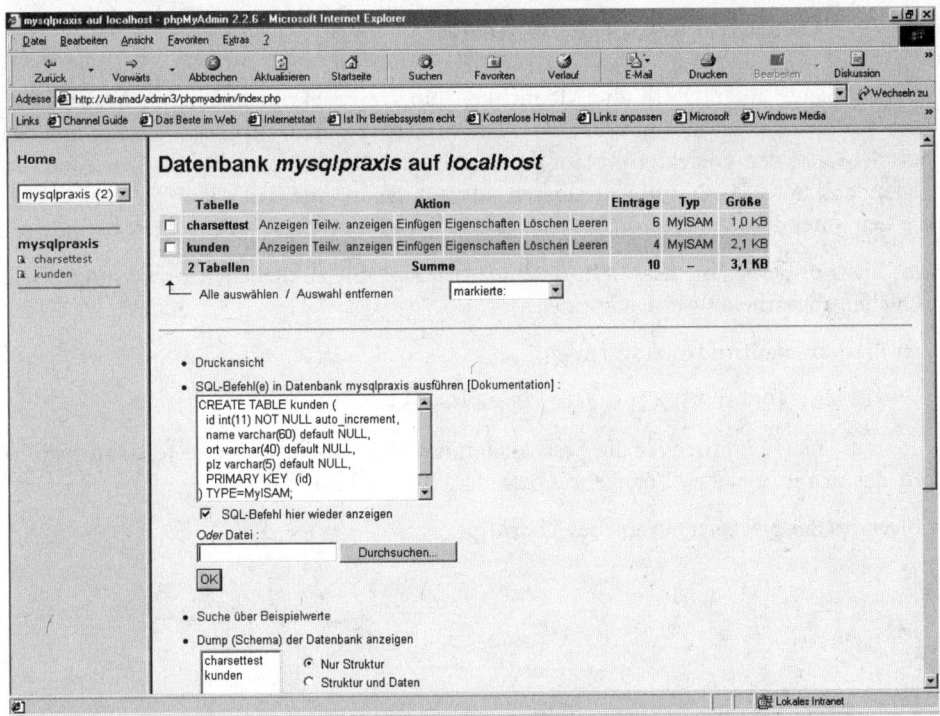

Bild 7.4: Copy&Paste über SQL-INSERT-Befehle (phpMyAdmin)

Natürlich müssen Sie beim Import von Dateien auf Ihren Webserver noch einige Dinge beachten. Wenn Sie die Daten über eine Dump-Datei in eine bestehende Datenbank importieren wollen, erzeugen Sie die Dump-Datei am besten mit der Option –t. Die Definition der Tabelle wird dabei nicht erzeugt. Zu beachten ist auch, dass keine Doubletten importiert werden. Sie müssen also im Vorfeld entscheiden, ob Sie eine Datenergänzung oder einen kompletten Austausch der Datenbank vornehmen. Vorteilhaft ist bei dieser Aufgabe, dass auch einzelne Tabellen importiert werden können. Achten Sie hier jedoch immer darauf, dass die referenzielle Integrität der Daten gewährleistet ist.

Datensicherung

Analog zum Update einer MySQL-Datenbank beim ISP, kann die Datensicherung erfolgen. Auch hier muss wieder unterschieden werden, ob ein externer Zugriff zur MySQL-Datenbank möglich ist oder nicht.

Grundsätzlich können Sie die oben dargestellten Verfahren verwenden, nur in umgekehrter Anordnung, d.h., Sie kopieren vom entfernten Rechner auf einen lokalen Rechner.

7.7   Datenbanktests durchführen

MySQL bietet unter UNIX die Möglichkeit, über eine Skriptsprache auch komplexe Datenbankvorgänge automatisiert zu Testzwecken ablaufen zu lassen. So können Sie beispielsweise den korrekten Ablauf der Installation überprüfen oder das Verhalten der Datenbank unter Auslastung simulieren. MySQL liefert eine Reihe von Testskripts mit, die sich unter dem Installationsverzeichnis im Verzeichnis mysql-text/t/*.test befinden.

Das Prinzip hierbei ist, dass SQL-Befehle als Skript mit zusätzlichen Anweisungen wie Schleifen abgearbeitet werden können.

Der Programmaufruf lautet wie folgt:

```
$>mysqltest [OPTIONEN] [Datenbankname] <Testdatei>
```

Alternativ hierzu können Sie die Tests auch mit dem Shell-Skript mysql-test-run ausführen, das sich im gleichen Verzeichnis befindet.

Folgendes Beispiel zeigt ein solches Testskript:

```
let $1 = 1000;
set @i=1;
while($1)
{
        set @i=@i+1;
        INSERT INTO testtab (period) VALUES (@i);
        dec $1;
}
```

Dieses Beispiel füllt die Tabelle testtab mit einer fortlaufenden Zahl.

Aufbau und Regeln

Der Aufbau und die Regeln der Testskripts lauten folgendermaßen:

* Einzelne Befehle werden durch Semikolon (;) getrennt. Dies entspricht einem MySQL-Befehl auf Kommandozeile.

* Solange kein spezielles Kommando vorhanden ist, werden die Befehle als ganz normale SQL-Befehle von MySQL gehandhabt.

* Alle Abfragen, die eine Ausgabe erzeugen, müssen mit einem @/pfad/zur/ Ausgabedatei begonnen werden. Zum Erzeugen der Ausgabedatei ist mysqltest –r zu verwenden.

* Schleifen können, entsprechend dem Eingangsbeispiel, erzeugt werden.

* Mit sleep können Pausen in das Skript eingefügt werden.

* Fehler im Skript können abgefangen werden. Zum Unterdrücken von Fehlern müss in der Zeile vor dem jeweiligen Befehl --error-numer=<Fehlernummer> definiert werden.

Demjenigen, der sich noch intensiver mit diesem Thema befassen möchte, seien die Skripts unter mysql-test/t ans Herz gelegt. Sie dienen zum Testen von MySQL, eignen sich aber auch hervorragend als Studienobjekte.

Anwendungsfälle

Diese Skripts können Ihnen eine wertvolle Hilfestellung sein, vor allem beim Testen umfangreicher Datenbanken. Sie können so, ohne explizit eine Programmiersprache bemühen zu müssen, automatisiert viele Testdatensätze produzieren und anschließend Ihre Abfrage automatisch über das System laufen lassen und Funktions- und Performance-Tests durchführen.

Ebenfalls als Unterstützung können Ihnen diese Testskripts dienen, wenn Sie häufig MySQL-Datenbanken installieren. Sie können so die Funktionsfähigkeit der Installation automatisiert testen.

8 Schritte zur MySQL-Anwendung

In der Regel werden Datenbanken in eine vollständige Anwendung eingebunden. In diesem Kapitel sollen Ihnen anhand eines Online-Shops die einzelnen Schritte gezeigt werden, wie eine solche Anwendung mit MySQL-Unterstützung realisiert werden kann.

8.1 Ziel

In diesem Kapitel soll an einem zusammenhängenden Beispiel gezeigt werden, wie eine MySQL-Anwendung realisiert wird. Das Beispiel nimmt ein Thema auf, das für das E-Business unabdingbar ist, nämlich die Koordinierung und Abwicklung von Bestellvorgängen über das Internet in einem Online-Shop. Die einzelnen Schritte von der Definition der Anwendung über die Erstellung des Datenbankentwurfs bis hin zur Realisierung der Benutzerschnittstelle, einschließlich hierfür notwendiger Funktionen, werden im Folgenden dargestellt.

Ratsam ist auf jeden Fall, den gesamten Anwendungsfall vor Beginn der Definition von Datenbank und Tabellen ausreichend genau zu definieren. Auch wenn vielleicht der eine oder andere den Aufwand hierfür scheut, eine gute Anwendungsplanung wird sich immer positiv auswirken. Folgende Gründe können hierfür angeführt werden:

- Besseres Datenbankdesign: Auf der Basis vollständiger Informationen zum Umfang und Inhalt der zu speichernden Daten kann ein optimiertes Datenmodell besser erstellt werden, beispielsweise um Redundanzen zu vermeiden.

- Abfragen: Wenn Sie neue Felder in die Datenbank integrieren, müssen Sie in der Regel auch eine Reihe von SQL-Befehlen überarbeiten. Der Aufwand zur Überarbeitung der Abfragen ist dann nicht zuletzt wegen des notwendigen Bedarfs an Überprüfung der Funktion höher.

- Benutzerschnittstellen: Die Benutzerschnittstellen können kompakt realisiert werden. Ansonsten müssen bei Erweiterung der Anwendung auch die Benutzerschnittstellen erweitert werden. Im schlimmsten Fall müssen ganze Dialogelemente aufgrund neuer Gewichtung von Inhalten oder Platzbedarf neu erzeugt werden.

- Aufwandseinschätzung: Der Bedarf an Hard- und Softwarekomponenten kann genau festgelegt werden und führt somit zu keinen unliebsamen Überraschungen während des Betriebs.

8.2 Planung und Definition der Anwendung

8.2.1 Anwendungsübersicht

Bei der Anwendung handelt es sich um eine typische Shop-Lösung für das Internet. Dem Kunden wird ein Warenangebot in Form eines Katalogs angeboten. Er hat die Möglichkeit, in diesem Katalog zu suchen und Waren daraus online zu bestellen.

Merkmale des Online-Shops

Folgende Merkmale soll dieses Beispiel besitzen:

Bild 8.1: Schema der Merkmale des Online Shops

Kunden

- Katalog mit Suchfunktion

- Bestell-/Warenkorbsystem

- Kundenkonto mit der Möglichkeit, Bestellungen und deren Status einzusehen

Interne Verwaltung

- Anlegen neuer Artikel in Kategorien

- Berechnung der Versandkosten nach Gewicht des Artikels

- Arikelverwaltung (Preis, Bezeichnung, Beschreibung)

- Bearbeitung der Bestellung

- Bestellstatus (offen, in Bearbeitung, versendet)

- Zahlungseingang überwachen

- Statistikfunktionen (gekaufte Artikel, Kundenstatistik)

Wie Sie sehen, erfolgt die erste Planung am zweckmäßigsten in kurzer Form als Übersicht. Diese Ausarbeitung wird häufig auch als Lastenheft bezeichnet, da sie den Zweck und den Umfang einer Anwendung allgemein verständlich definiert. Die Anwendung wird in dieser Phase mehr aus der Sicht des »use case« und weniger aus der Sicht der technischen Funktionen formuliert.

8.2.2 Anwendungsfunktionen

Nachdem die Anwendungsziele definiert sind, werden die Funktionen detailliert spezifiziert. Dies erfolgt zum einen, um anschließend das Datenmodell aufstellen zu können, zum anderen können auf Basis dieser genauen Beschreibung der Funktionalität die Benutzerschnittstellen sowie die notwendigen Softwarefunktionen geplant werden. In der Praxis wird dieser Teil häufig als Pflichtenheft bezeichnet. In dieser Phase wird die Anwendung auch verstärkt bezüglich ihrer technischen Realisierbarkeit geplant. Jetzt werden auch die Funktionen konkret benannt, die realisiert werden sollen. Da unser Beispiel überschaubar bleiben soll, werden hier nur die wichtigsten Punkte aufgelistet.

Die detaillierte Beschreibung der Funktionen sieht wie folgt aus:

Funktionen für den Kunden

Konto einrichten

Der Kunde kann ein persönliches Benutzerkonto beim Online-Shop einrichten. Dies dient der Hinterlegung der

- Versandaten (Zustelladresse),
- Kontaktinformationen (Telefon, E-mail),
- Login-Daten (Anmeldename, Passwort).

Nach dem Einrichten erhält der neue Kunde eine E-Mail-Benachrichtigung. Mit den Login-Daten kann der Kunde sein Konto einsehen.

Artikel suchen

Der Kunde erhält die Möglichkeit, Artikel des Online-Shops zu suchen.

Artikel in Warenkorb speichern

Der Kunde kann Produkte des Online-Shops aussuchen und in den Warenkorb legen. Der Warenkorb ist der virtuelle Einkaufswagen.

Artikel bestellen

Der Kunde kann beliebige Artikel bestellen. Der Bestellvorgang wird dabei über den Warenkorb ausgeführt, d.h., der Inhalt des Warenkorbs wird vom Kunden bestätigt.

Konto prüfen

Der Kunde kann seine Stammdaten sowie seine Bestellungen überprüfen.

Verwaltungsfunktionen

Für die Verwaltung des Online-Shops sind folgende Funktionen vorgesehen:

Produkte anlegen

Über ein Verwaltungsmenü können Produkte und deren Eigenschaften angelegt werden.

Bestellungen prüfen

Aktuell eingegangene Bestellungen können überprüft werden.

Bestellungen bearbeiten

Der Status einer Bestellung kann die Zustände

- offen,
- in Bearbeitung und
- versendet

erhalten. Diese Informationen bekommt der Kunde angezeigt.

Produkte löschen

Löschen von Artikeln aus dem Online-Katalog.

Kunden verwalten

Verwaltung der Kundeninformationen, einschließlich der Kundenstatistiken und gekaufter Artikel.

8.3   Datenbankentwurf

8.3.1   Entitätstypen und Beziehungen ermitteln

Nachdem alle Anforderungen definiert sind, erfolgt im nächsten Schritt die Strukturierung der Daten. Hierzu werden alle Daten, die gespeichert werden, so strukturiert, dass sie zusammenhängende Einheiten bilden, also Entitätstypen. Die Bildung der Entitätstypen erfolgt im ersten Schritt aus der Überlegung heraus, welche Informationen zusammengehören. Folgende Entitätstypen können für das Beispiel ermittelt werden:

Kunden

Beinhaltet alle Kundeninformationen, wie Namens- und Adressbestandteile.

Hersteller

Enthält alle notwendigen Informationen zu den Herstellern der Produkte.

Produkte

Enthält alle Informationen zu den einzelnen Produkten, wie Preis, Bezeichnung, Beschreibung, etc.

Warenkorb

Alle Produkte, die der Kunde während eines Einkaufs in den virtuellen Einkaufswagen legt. Einträge aus dem Warenkorb können während der Einkaufstour wieder gelöscht werden.

Bestellungen

Enthält die Informationen zu Bestellvorgängen, wie z.B. das Datum der Bestellung.

Bestellte Produkte

Enthält alle Produkte, die bestellt wurden. Der Unterschied zum Warenkorb besteht darin, dass dieser Entitätstyp die rechtlichen verbindlichen Bestellungen enthält und somit eine andere Behandlung erhält. Daher ist das Löschen von Datensätzen in diesem Abschnitt nicht zulässig.

Bei der Einteilung von Entitätstypen gilt natürlich auch das Prinzip, Redundanzen zu vermeiden. Die Entitätstypen Warenkorb und Bestellte Produkte haben mit der Speicherung einer Produktauswahl eigentlich die gleichen Inhalte. An dieser Stelle würde man grundsätzlich überlegen, ob diese nicht zusammengefasst werden können. Die Trennung dieser beiden Entitätstypen erfolgt hier auf Basis der unterschiedlichen Behandlung. Der Warenkorb ist eine temporäre Tabelle, mit vielen Löschvorgängen, der Entitätstyp Bestellte Produkte enthält dagegen die rechtlich verbindlichen Produktbestellungen.

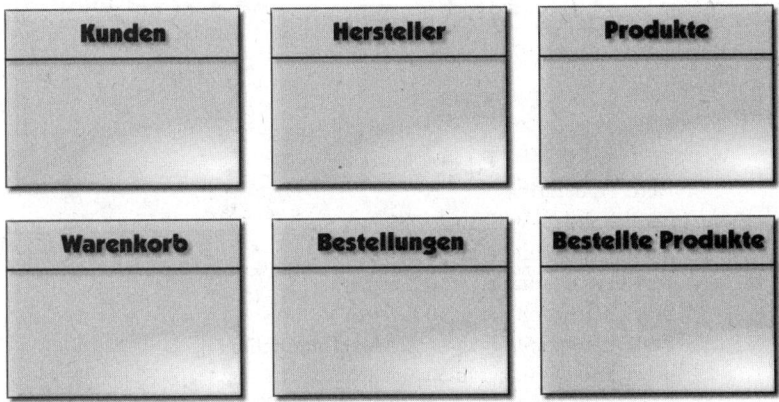

Bild 8.2: Modellierung der Entitätstypen für das Shop-System

Sie haben an dieser Stelle schon die erste wichtige Grundlage geschaffen, die Inhalte der Datenbank von ihrer Struktur und Funktion her zu ermitteln.

Jede Entität weist bestimmte Eigenschaften auf, die für die Anwendung relevant sind. Während der Modellierung werden die benötigten Eigenschaften als Attribute des Entitätstyps erfasst. Die Eigenschaften werden dabei möglichst fein zerlegt, da später mit den einzelnen Attributen, beispielsweise bei den Auswertungen, gearbeitet wird. Je genauer diese Attribute unterteilt sind, um so mehr Kombinationen sind später möglich. Die erste Näherung der Beschreibung der Attribute kann verbal erfolgen.

Im relationalen Modell und bei der Umsetzung in die Datenbank werden aus den Entitätstypen dann die Relationen (Tabellen) und aus den Attributen die Tabellenspalten (Felder) mit ihren Datentypen.

Attribute

Im nächsten Schritt müssen also die Attribute der einzelnen Entitätstypen genauer beschrieben werden. Dieser Schritt begrenzt die Informationen zu einem Entitätstyp auf die wesentlichen und bringt Sie in der Modellierung weiter, da Sie mit diesen Merkmalen weiterarbeiten können.

Für die Kunden sollen alle Informationen gespeichert werden, die für die Abwicklung einer Bestellung notwendig sind. Um das Beispiel überschaubar zu halten, werden Attribute, die für die Funktionsfähigkeit nicht gebraucht werden, aber in einem umfangreichen Online-Shop vorhanden sind, nicht berücksichtigt. Solche Attribute sind beispielsweise eine separate Rechnungsadresse, die Verwaltung mehrerer Währungen oder mengenabhängige Preise.

Durchaus sinnvoll ist es, bei der Ermittlung der Attribute bereits den Gültigkeitsbereich der Informationen zu benennen. Für das im nächsten Schritt zu erstellende ER-Modell ist das zwar nicht notwendig, Sie bereiten damit aber schon die spätere Umsetzung in das relationale Datenmodell vor.

Für unser Beispiel ergeben sich folgende Attribute mit entsprechenden Gültigkeitsbereichen:

Kunden

Attribut	Gültigkeitsbereich
Anrede	Herr, Frau, Firma
Titel	Bezeichnung mit bis zu 20 Zeichen
Name1	Bezeichnung mit bis zu 50 Zeichen
Name2	Bezeichnung mit bis zu 50 Zeichen
Ort	Bezeichnung mit bis zu 50 Zeichen
Plz	Bezeichnung mit bis zu 14 Zeichen (international)
Straße	Bezeichnung mit bis zu 50 Zeichen
Hausnummer	Bezeichnung mit bis zu 6 Zeichen
Land	Bezeichnung mit bis zu 30 Zeichen
Telefonnummer	Bezeichnung mit bis zu 50 Zeichen
Faxnummer	Bezeichnung mit bis zu 50 Zeichen
E-Mail	Bezeichnung mit bis zu 50 Zeichen
Anmeldename	Bezeichnung mit bis zu 10 Zeichen
Passwort	Bezeichnung mit bis zu 60 Zeichen

Hersteller

Attribut	Gültigkeitsbereich
Name	Bezeichnung mit bis zu 60 Zeichen
Ort	Bezeichnung mit bis zu 50 Zeichen
Plz	Bezeichnung mit bis zu 14 Zeichen (international)
Straße	Bezeichnung mit bis zu 50 Zeichen
Hausnummer	Bezeichnung mit bis zu 6 Zeichen
Land	Bezeichnung mit bis zu 30 Zeichen
Telefonnummer	Bezeichnung mit bis zu 50 Zeichen
Faxnummer	Bezeichnung mit bis zu 50 Zeichen
E-Mail	Bezeichnung mit bis zu 50 Zeichen

Produkte

Attribut	Gültigkeitsbereich
Artikelnummer	Zahlen zwischen 1 und 999999
Kategorie	Bezeichnung mit bis zu 40 Zeichen
Bezeichnung	Bezeichnung mit bis zu 50 Zeichen
Beschreibung	Beschreibungstext mit variabler Länge
Preis	Zahl zwischen 0,00 und 999999,99
Umsatzsteuer	Prozentzahl
Bilddatei	Bezeichnung mit bis zu 50 Zeichen
Lagermenge	Zahl zwischen 0 und 1000000
Hersteller	Bezeichnung mit bis zu 60 Zeichen
Hinzugefügt	Datum
Zuletzt geändert	Datum
Gewicht	Zahl zwischen 0,00 und 9999,99

Warenkorb

Attribut	Gültigkeitsbereich
Kundennummer	Zahl zwischen 1 und 99999
Artikelnummer	Zahl zwischen 1 und 999999
Anzahl	Zahl zwischen 0 und 99999
Gesamtpreis	Zahl zwischen 0,00 und 999999,99
Hinzugefügt am	Datum

Bestellungen

Attribut	Gültigkeitsbereich
Bestelldatum	Datum
Status	»offen«, »in Bearbeitung«, »versendet«
Gesamtpreis	Zahl zwischen 0,00 und 99999,99
Bemerkung	Bezeichnung mit bis zu 255 Zeichen

Bestellte Produkte

Attribut	Gültigkeitsbereich
Kundennummer	Zahl zwischen 1 und 99999
Artikelnummer	Zahl zwischen 1 und 999999
Anzahl	Zahl zwischen 0 und 99999
Preis	Zahl zwischen 0,00 und 999999,99
Umsatzsteuer	Prozentzahl
Bestellt am	Datum

8.3.2   ER-Modell erstellen

Im nächsten Schritt werden die Beziehungen zwischen den Entitäten ermittelt, und anschließend wird mit dem ER-Modell (Entity-Relationship-Model) die grundlegende Beziehungsstruktur der Datenbank entworfen. Diese Beziehungen sind Abhängigkeiten zwischen den Entitäten und erlauben es, die gegliederten Daten wieder passend zusammenzufügen.

Die Abhängigkeiten können dabei nicht automatisch erzeugt werden, sondern müssen manuell festgestellt werden. Ein gutes Datenmodell stellen Sie dann auf, wenn Sie alle Arbeitsschritte und Inhalte begründen können.

Für unser Beispiel sehen die Beziehungen einschließlich ihrer Beziehungstypen (1:n, 1:1, n:m) wie folgt aus:

- Kunde erstellt Warnauswahl (Warenkorb 1:1).

- Kunde nimmt Bestellung vor (1:n).

- Eine Bestellung besteht aus (bestellten) Produkten (1:n).

- Bestellte Produkte werden aus Warenkorb übernommen (1:1).

- Warenkorb besteht aus Produkten (1:n).

- Hersteller stellt Produkt her (1:n).

Die Beziehungen sehen in der grafischen Darstellung wie folgt aus:

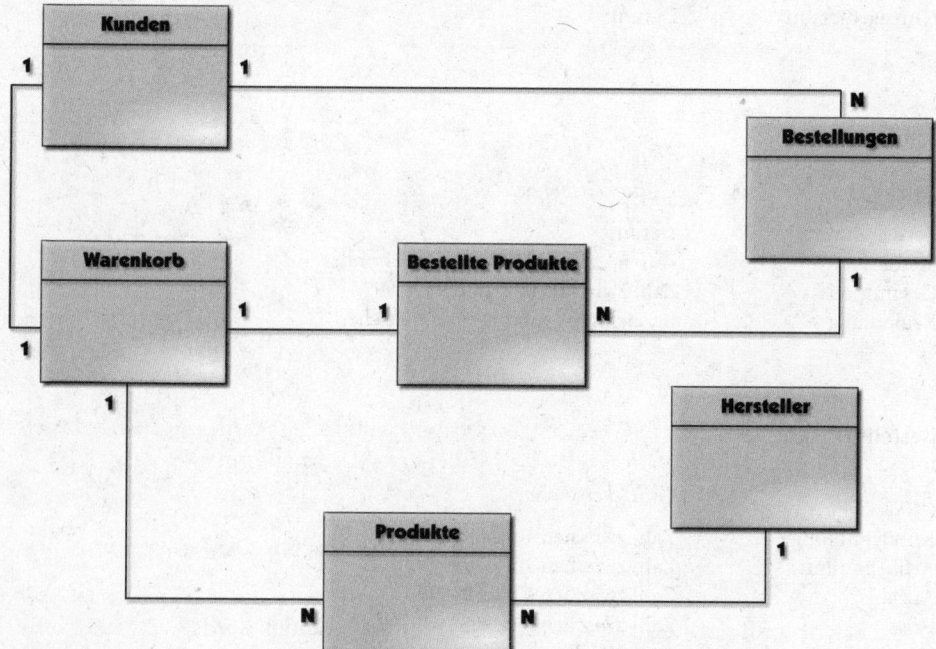

Bild 8.3: Darstellung des Beziehungen (ohne Attribute)

8.3.3 Relationales Datenmodell erstellen

Nachdem die Basisarbeit der Modellierung durchgeführt ist, kann im nächsten Schritt die Überführung in das relationale Datenbankmodell erfolgen. Damit erfolgt die Umsetzung des konzeptionellen Schemas in ein internes Schema zur Datenspeicherung.

Nach dieser Vorarbeit ist die Umsetzung dann auch relativ einfach. Aus den Entitätstypen werden Tabellen und aus den Attributen die Spalten der Tabellen. Da wir oben bereits einen Gültigkeitsbereich für die Attribute festgelegt haben, kann daraus der am besten geeignete Datentyp abgeleitet werden.

Was für die Aufstellung des relationalen Datenmodells noch fehlt, ist die Darstellung der Beziehungen. Diese werden im relationalen Datenbankmodell über die Schlüssel hergestellt. Auch hier ist die Ableitung einfach. Um Beziehungen über Werte herzustellen, benötigen wir einen Wert, der jeden Datensatz eindeutig bestimmt, den Primärschlüssel. Ein Primärschlüssel kann aus einem oder mehreren Feldern bestehen. Die Handhabung von Primärschlüsseln, die nur aus einem Feld bestehen, ist in der Praxis wesentlich einfacher. Aus diesem Grund werden im Allgemeinen Tabellen mit einer fortlaufenden Nummer versehen, der als Primärschlüssel dient. Mit AUTO_INCREMENT wird diese fortlaufende Nummer automatisch erzeugt.

Anschließend werden die Beziehungen zwischen den Tabellen über Fremdschlüssel definiert. Prinzip ist, dass in einer Detailtabelle ein zusätzliches Feld eingeführt wird, welches auf den Primärschlüssel einer Mastertabelle verweist.

Auch an dieser Stelle kann die Vorarbeit des ER-Modells also nahtlos in die Umsetzung des relationalen Datenmodells übergehen. Dort haben wir die Beziehungen benannt, im Datenmodell wird bei einer solchen Beziehung dann ein zusätzliches Feld in der Detailtabelle eingefügt.

8.3.4 Datenmodell optimieren

In diesem Abschnitt erfolgt die Optimierung durch die so genannte Normalisierung. Hier kurz zur Erinnerung die verschiedenen Normalformen.

1. Normalform

Alle Attribute einer Tabelle liegen in atomarer Form vor.

2. Normalform

Alle Werte, dass heißt, alle Nicht-Schlüsselattribute ausschließlich des Primärschlüssels sind zu bestimmen. Die Relation muss sich in der ersten Normalform befinden.

3. Normalform

Es bestehen keine Abhängigkeiten von Nicht-Schlüsselattributen. Die Relation muss sich in der zweiten Normalform befinden.

Bei Betrachtung unseres obigen ER-Modells kann festgehalten werden, dass die erste und zweite Normalform erfüllt sind. Durch die Einführung einer eindeutigen fortlaufenden ID in den Tabellen sind diese automatisch in der zweiten Normalform.

8.4   Benutzerschnittstellen

8.4.1   Softwarekomponenten definieren

Die definierten Anforderungen sowie das relationale Datenmodell sind zum jetzigen Zeitpunkt noch universell und nicht an eine bestimmte Software gebunden.

An diesem Punkt fällt dann die Entscheidung, mit welcher Software die Anwendung realisiert wird. Ein solcher Entscheidungsprozess kann durchaus aufwendig sein. In die Entscheidung sind

- Kostenkalkulationen,

- Personalfragen und

- technologische Gesichtspunkte

einzubeziehen. Diese Entscheidung hat fundamentalen Charakter, da sie bis zur endgültigen Realisierung der Anwendung gelten sollte. Alle nachträglichen Änderungen führen in der Regel zu Zeitverzögerungen und einem erhöhten Aufwand in der Gesamtrealisierung.

Da dies ein MySQL-Buch ist, steht die Wahl des Datenbankservers fest. Aus den Anforderungen ergibt sich weiterhin, dass als Internetapplikation ein Webserver die Basistechnologie sein sollte. Für unsere Zwecke nehmen wir hier Apache, den zurzeit am weitesten verbreiteten Webserver. Über den Webserver können dann alle HTML-Seiten an den Benutzer ausgeliefert werden.

Bleibt noch die Wahl der Programmiersprache, um die Funktionen sowie die Benutzerschnittstellen zu realisieren. Als Internetapplikation für Massenanwendungen sollte die Programmiersprache Internetoperationen wie E-Mail-Unterstützung, MySQL-Unterstützung sowie eine enge Anbindung an den Webserver aufweisen. Eine gute Wahl kann auch in diesem Fall PHP sein.

In der Zusammenfassung sieht die Softwaretechnologie für unsere Beispielanwendung wie folgt aus:

Software	Aufgabe
Apache	Webserver. Bedienung von Anfragen über das Internet
MySQL	Speichern aller relevanten Anwendungsdaten
PHP	Programmiersprache für anwendungsspezifische Funktionen
HTML	Seitenbeschreibungssprache für die Benutzerschnittstellen

Unsere Beispielanwendung läuft also auf einem typischen LAMP-System.

8.4.2   Benutzerschnittstellen entwerfen

Wie bereits erläutert, lassen sich PHP und HTML sehr leicht kombinieren. Für unsere Anwendung ist dies auch in Bezug auf die Entwicklungsarbeit ideal. Die grafische Benutzeroberfläche wird per HTML definiert, und alle notwendigen Funktionen können über PHP eingebaut werden.

Dies kommt auch einem Projektablauf entgegen. Sinnvoll ist es in der Regel, einen Prototyp der Anwendung zu erzeugen, um mit diesem die Benutzerführung und die Funktionalität überprüfen zu können. Durch einen Prototyp können auch noch Schwachstellen im Konzept aufgedeckt werden.

Die Kombination von HTML und PHP erlaubt ein sehr einfaches Prototyping. Die Programmoberfläche kann mit HTML-Elementen relativ schnell erstellt werden. Hierfür ist es sinnvoll, ein Programm zur Webseitengestaltung wie Dreamweaver, HomeSite oder Frontpage zu verwenden. Bevor man die Dialoge gestaltet, sollte man sich zur besseren Planung am besten eine Liste aller benötigten Dialoge erstellen. Für den Besucher müssen folgende Dialoge erstellt werden:

Anmeldung

Name und Login-Daten bzw. Neuanmeldung mit Konto einrichten.

Online-Shop

Der Hauptdialog für den Benutzer, um Produkte zu suchen und auszuwählen.

Produktdetails

Detailinformationen zu einem Produkt anzeigen.

Warenkorb

Anzeige aller ausgewählten Produkte. Der Benutzer hat die Möglichkeit, die Mengen zu ändern bzw. Produkte aus dem Warenkorb zu löschen.

Kasse

Endgültige Bestätigung der Bestellung und nochmalige Überprüfung der Kontaktdaten.

Kundenkonto

Anzeige aller Bestellungen und ihres Status.

Für die Verwaltung benötigen wir die folgenden Dialoge:

Produktverwaltung

Verwaltung des Produktkatalogs mit Anlegen, Aktualisieren und Löschen der Produkte.

Bestellverwaltung

Anzeige und Bearbeitung der Bestellungen.

Kundenverwaltung

Anzeige der Kunden einschließlich der Kontakt- und Bestellinformationen.

> **Achtung:** Für die Erstellung der Benutzerschnittstellen sind wie oben erwähnt HTML-Kenntnisse notwenidg, die hier als gegeben vorausgesetzt werden. Eine umfassende Einleitung zur Erstellung von HTML findet sich beispielsweise im Internet unter SELFHTML *http://selfhtml. teamone.de.*

8.5 Implementierung

8.5.1 Datenbank und Tabellen anlegen

Nachdem die Anforderungen definiert sind, das Datenbankmodell erarbeitet und die Oberfläche gestaltet ist, kann im nächsten Schritt die vollständige Implementierung der Anwendung beginnen.

Hierfür müssen Sie jetzt auch endgültig die Datenbank und Tabellen in MySQL anlegen.

Zuerst muss eine Datenbank angelegt werden:

```
mysql>CREATE DATABASE shop;
```

Anschließend werden die einzelnen Tabellen angelegt. Sie können die Tabellendefinitionen per Hand eingeben.

Die Tabellendefinitionen sind im Folgenden aufgelistet. In den Tabellendefinitionen sind auch die Fremdschlüssel (FOREIGN KEY) definiert, die allerdings nicht von den MyISAM-Tabellentypen unterstützt werden. Daher wurde hier der Tabellentyp InnoDB gewählt. Falls Sie eine MySQL-Installation ohne InnoDB besitzen, lassen Sie einfach in den folgenden Tabellendefinitionen den Eintrag [TYPE=INNODB] weg. In den Tabellen wurden Indizes für Felder angelegt, in denen später häufig gesucht wird. Dies sind beispielsweise die Produktbezeichnung oder der Anmeldename. Ob diese Indizes vollständig ausreichend sind, kann unter Umständen erst im Betrieb mit vielen Datensätzen abschließend bewertet werden. Ergänzend sei an dieser Stelle darauf hingewiesen, dass bei InnoDB-Tabellen für FOREIGN KEY Indices auch die Primärschlüssel benötigt werden.

Tabellendefinitionen

Bestellte Produkte

```
CREATE TABLE bestellte_produkte
(
  ID int DEFAULT '0' NOT NULL auto_increment,
  kunden_id int DEFAULT '0' NOT NULL,
  produkte_id int DEFAULT '0' NOT NULL,
  bestellungen_id int DEFAULT '0' NOT NULL,
  anzahl int,
  preis decimal(10,2),
  ust int,
  bestellam datetime,
  PRIMARY KEY (ID),
  KEY produktid_ind (produkte_id),
  KEY kundenid_ind (kunden_id),
  KEY bestellungenid_ind (bestellungen_id)
);
```

Bestellungen

```
CREATE TABLE bestellungen
(
  ID int DEFAULT '0' NOT NULL auto_increment,
  bestelldatum datetime,
  status varchar(50),
  gesamtpreis decimal(10,2),
  bemerkung blob,
  kunden_id int,
  PRIMARY KEY (ID)
);
```

Hersteller

```
CREATE TABLE hersteller
(
  ID int DEFAULT '0' NOT NULL auto_increment,
  name varchar(60),
  PRIMARY KEY (ID)
);
```

Kunden

```
CREATE TABLE kunden
(
  ID int DEFAULT '0' NOT NULL auto_increment,
  anrede varchar(6),
  titel varchar(20),
  name1 varchar(60) DEFAULT '' NOT NULL,
  name2 varchar(60) DEFAULT '' NOT NULL,
  plz varchar(14),
  ort varchar(46) DEFAULT '' NOT NULL,
  strasse varchar(46),
  hausnummer varchar(6),
  land varchar(30),
  email varchar(50),
  faxnummer varchar(60),
  anmeldename varchar(10) DEFAULT '' NOT NULL,
  passwort varchar(60),
  telefonnummer varchar(60),
  PRIMARY KEY (ID),
  KEY name1_ind (name1),
  KEY name2_ind (name2),
  KEY ort_ind (ort),
  KEY anmeldename_ind (anmeldename)
);
```

Produkte

```
CREATE TABLE produkte
(
  ID int DEFAULT '0' NOT NULL auto_increment,
  bezeichnung varchar(60) DEFAULT '' NOT NULL,
```

```
    beschreibung text,
    kategorie varchar(60),
    preis decimal(7,2),
    umsatzsteuer int,
    bilddatei varchar(60),
    lagermenge int,
    hinzugefügt datetime,
    zuletzt_geaendert datetime,
    gewicht_kg decimal(6,2),
    hersteller_id int,
    PRIMARY KEY (ID),
    KEY bezeichnung_ind (bezeichnung)
);
```

Warenkorb

```
CREATE TABLE warenkorb
(
    ID int DEFAULT '0' NOT NULL auto_increment,
    kundennr int,
    artikelnr int,
    anzahl int,
    gesamtpreis decimal(10,2),
    hinzugefuegt_am datetime,
    produkte_id int DEFAULT '0' NOT NULL,
    PRIMARY KEY (ID),
    KEY produkte_ind (produkte_id)
);
```

Zusätzlich könen Sie einige Testdaten in die einzelnen Tabellen eintragen. Hier einige Beispiele:

Hersteller

```
INSERT INTO hersteller VALUES (1,'IBM');
INSERT INTO hersteller VALUES (2,'Franzis');
INSERT INTO hersteller VALUES (3,'Microsoft');
```

Kunden

```
INSERT INTO kunden VALUES
(1,'Herr',NULL,'Matthias','Mustermann','18782','Berlin','Leopoldplatz','62
','Deutschland','mm@mustermann.de','09999/999999','demo','demo','09999/222
2');
```

Produkte

```
INSERT INTO produkte VALUES (1,'Notebook mit Tasche','Produktbeschreibung
und noch viel merh...','1',1999.95,16,'bilder/notebook.gif',10,'2003-02-03
00:00:00',NULL,0.20,1);
```

8.5.2 PHP-Funktionen definieren

Im ersten Schritt haben wir bereits die grundsätzlichen Anwendungsanforderungen definiert, die der Shop aufweisen soll. Diese Anwendungsanforderungen sind jetzt in PHP zu realisieren.

Bei umfangreichen Projekten stellt sich für Sie natürlich auch die Frage einer effektiven Anwendungsentwicklung. Zu den wesentlichen Prinzipien der Anwendungsentwicklung gehören

- die einfache Wartbarkeit von Programmcode und

- die Wiederverwendbarkeit von Programmcode.

Da dieser Teil der Anwendung bereits in Kapitel 6 anhand zahlreicher Beispiele beschrieben wurde, ersparen wir es uns, die PHP-Bestandteile einzeln umzusetzen.

8.5.3 Anwendung testen

Im letzten Schritt sollte dann die Anwendung intensiv getestet werden. In der Regel werden sich in der Anwendung noch kleinere oder größere Fehler befinden. Die abschließende Aufgabe besteht also darin, die gesamte Anwendung auf Fehler zu testen. Außer der Gesamtfunktionalität interessiert uns im Rahmen dieses Kapitels vor allem die Frage, ob die MySQL-Funktionen richtig funktionieren. Daher sollte nicht nur überprüft werden, ob das Programm richtig arbeitet, sondern auch, ob die Datenbank-eingaben während der Programmbenutzung korrekt erfolgen und vollständig sind. Am besten macht man dies, indem man die Speichervorgänge in der Datenbank betrachtet, also direkt in den Tabellen die Datenänderungen mitverfolgt.

8.5.4 Abschließende Fragen

Abschließend könnten noch die folgenden Fragen während der Testphase beantwortet werden:

- Sind die richtigen Datenbankfelder indiziert?

- Ist die Datenbank für die zu erwartenden Zugriffszahlen konfiguriert?

- Sind Backup-Verfahren für die Datenbank notwendig, und funktionieren sie?

- Welche Größe wird die Datenbank erreichen?

9 MySQL-Referenz

MySQL besitzt eine sehr komplexe, aber intuitive und leicht zu erlernende SQL-Schnittstelle. Dieses Kapitel beschreibt die verschiedenen Befehle, Typen und Funktionen, die Sie kennen müssen, um MySQL effizient und effektiv zu benutzen. Es dient auch als Referenz für die gesamte in MySQL enthaltene Funktionalität.

9.1 Sprachsyntax

9.1.1 Literale

Dieser Abschnitt beschreibt die verschiedenen Arten, in MySQL Zeichenketten und Zahlen zu schreiben. Ebenfalls enthalten sind die verschiedenen Nuancen und Fallstricke, in denen man sich bei den grundlegenden Datentypen von MySQL verfangen kann.

Zeichenketten

Eine Zeichenkette ist eine Folge von Zeichen, die entweder von Apostrophen (einfachen Anführungszeichen, ") oder (doppelten) Anführungszeichen ("") umgeben ist.

Beispiele

'Dieser Satz stellt eine Zeichenkette dar.'

"Auch dieser Satz stellt eine Zeichenkette dar."

Innerhalb einer Zeichenkette haben bestimmte Folgen eine spezielle Bedeutung. Jede dieser Folgen fängt mit einem Backslash (\) an, bekannt als Escape-Zeichen. MySQL erkennt folgende Escape-Sequenzen:

Escape-Sequenz	Beschreibung
\0	Ein ASCII-0- (NUL) Zeichen.
\'	Ein Apostroph-Zeichen (').
\"	Ein Anführungszeichen (").
\b	Ein Backspace-Zeichen.
\n	Ein Neue-Zeile-Zeichen.
\r	Ein Wagenrücklauf-Zeichen.
\t	Ein Tabulator-Zeichen.

Escape-Sequenz	Beschreibung
\z	ASCII(26) (Steuerung-Z). Dieses Zeichen kann codiert werden, um das Problem zu umgehen, dass ASCII(26) unter Windows für Dateiende (END-OF-FILE) steht. ASCII(26) verursacht Probleme, wenn Sie mysql Datenbank < Dateiname benutzen.
\\	Ein Backslash-Zeichen (\).
\%	Ein '%'-Zeichen. Dieses wird benutzt, um nach literalen Instanzen von '%' in Zusammenhängen zu suchen, wo '%' sonst als Platzhalterzeichen interpretiert werden würde.
_	Ein '_'-Zeichen. Dieses wird benutzt, um nach literalen Instanzen von '_' in Zusammenhängen zu suchen, wo '_' sonst als Platzhalterzeichen interpretiert werden würde.

Beachten Sie, dass bei Gebrauch von '\%' oder '_' in einigen Zeichenketten-Zusammenhängen diese die Zeichenketten '\%' und '_' und nicht '%' und '_' zurückgeben. Es gibt verschiedene Möglichkeiten, Anführungszeichen innerhalb einer Zeichenkette zu schreiben:

- Ein '"' innerhalb einer Zeichenkette, die mit '"' begrenzt wird, kann als '""' geschrieben werden.

- Ein '"' innerhalb einer Zeichenkette, die mit '"' begrenzt wird, kann als '""' geschrieben werden.

- Sie können dem Anführungszeichen ein Escape-Zeichen ('\') voranstellen.

- Ein '"' innerhalb einer Zeichenkette, die mit '"' begrenzt wird, braucht keine spezielle Behandlung und muss nicht verdoppelt oder »escapet« werden. In gleicher Weise benötigt '"' innerhalb einer Zeichenkette, die mit '"' begrenzt wird, keine spezielle Behandlung.

Beispiele

```
mysql> SELECT 'hallo', '"hallo"', '""hallo""', 'hal''lo', '\'hallo';
+-------+---------+-----------+--------+--------+
| hallo | "hallo" | ""hallo"" | hal'lo | 'hallo |
+-------+---------+-----------+--------+--------+

mysql> SELECT "hallo", "'hallo'", "''hallo''", "hal""lo", "\"hallo";
+-------+---------+-----------+--------+--------+
| hallo | 'hallo' | ''hallo'' | hal"lo | "hallo |
+-------+---------+-----------+--------+--------+

mysql> SELECT "Wie\nviele\nZeilen\n?";
+-------------------+
| Wie
viele
Zeilen
? |
+-------------------+
```

Wenn Sie Binärdaten in eine BLOB-Spalte einfügen, müssen folgende Zeichen durch Escape-Sequenzen repräsentiert werden:

- NUL ASCII 0 geben Sie als \0 ein.
- \ ASCII 92, Backslash geben Sie als \\ ein.
- ' ASCII 39, Apostroph geben Sie als \' ein.
- " ASCII 34, Anführungszeichen geben Sie als \" ein.

> **Hinweis:** Wenn Sie C-Code schreiben, können Sie die C-API-Funktion mysql_escape_string() für Escape-Zeichen des INSERT-Statements benutzen.

Sie sollten auf jede Zeichenkette, die eins der oben erwähnten Sonderzeichen enthalten könnte, eine der Flucht-Funktionen anwenden!

Zahlen

Ganzzahlen werden als Folge von Ziffern repräsentiert. Fließkommazahlen benutzen '.' als Dezimalseparator. Jedem Zahlentyp kann ein '-' vorangestellt werden, um einen negativen Wert anzuzeigen.

Beispiele (Ganzzahlen)

```
1000
0
99
-50
```

Beispiele (Fließkommazahlen)

```
95.99
-7.9989e+10
150.00
```

Eine Ganzzahl kann in einem Fließkomma-Zusammenhang benutzt werden, sie wird dann als die äquivalente Fließkommazahl interpretiert.

Hexadezimale Werte

MySQL unterstützt hexadezimale Werte. In Zahlen-Zusammenhängen funktionieren diese wie eine Ganzzahl mit 64-Bit-Genauigkeit. Im Zeichenketten-Zusammenhang funktionieren sie wie eine binäre Zeichenkette, wobei jedes Paar hexadezimaler Ziffern in ein Zeichen umgewandelt wird:

```
mysql> SELECT x'FF';
+-------+
| x'FF' |
+-------+
```

```
|    16 |
+-------+
```

```
mysql> SELECT 0xF+1;
+-------+
| 0xF+1 |
+-------+
|    16 |
+-------+
```

```
mysql> SELECT 0x4d7953514c;
+--------------+
| 0x4d7953514c |
+--------------+
| MySQL        |
+--------------+
```

Die x'hexadezimale_Zeichenketten'-Syntax steht ab Version 4.0 zur Verfügung und basiert auf ANSI-SQL. Die 0x-Syntax basiert auf ODBC. Hexadezimale Zeichenketten werden oft von ODBC benutzt, um Werte für BLOB-Spalten anzugeben.

NULL-Werte

Der NULL-Wert bedeutet "keine" Daten und unterscheidet sich von Werten wie 0 bei numerischen Typen oder der leeren Zeichenkette bei Zeichenkettentypen.

NULL kann durch \N repräsentiert werden, wenn Sie die Textdatei-Import- oder Exportformate (LOAD DATA INFILE, SELECT ... INTO OUTFILE) benutzen.

9.1.2 Namen und Bezeichner

Datenbank-, Tabellen-, Index-, Spalten- und Aliasnamen folgen in MySQL alle denselben Regeln.

Beachten Sie, dass sich die Regeln ab MySQL-Version 3.23.6 geändert haben. Das »Quoten« von Bezeichnern (für Datenbank-, Tabellen- und Spaltennamen) wurde eingeführt. Mit (') bzw. (") funktioniert dies ebenfalls, um Bezeichner zu quoten, wenn Sie im ANSI-Modus fahren.

Bezeichner	Länge (max.)	Erlaubte Zeichen
Datenbank	64	Jedes Zeichen, das für ein Verzeichnis erlaubt ist, außer '/' oder '.'.
Tabelle	64	Jedes Zeichen, das für einen Dateinamen erlaubt ist, außer '/' oder '.'.
Spalte	64	Sämtliche Zeichen.
Alias	255	Sämtlliche Zeichen.

Hinzuzufügen ist, dass Sie ASCII(0), ASCII(255) oder das Quote-Zeichen in einem Bezeichner nicht verwenden dürfen.

Beachten Sie, dass falls der Bezeichner ein reserviertes Wort ist oder Sonderzeichen enthält, dieser bei Anwendungen immer in (') angegeben sein muss:

```
SELECT * from 'select' where 'select'.id < 10;
```

In vorherigen Versionen von MySQL sind die Namensregeln wie folgt:

- Ein Name muss aus alphanumerischen Zeichen des aktuellen Zeichensatzes bestehen und darf darüber hinaus '_' und '$' enthalten. Der vorgabemäßige Zeichensatz ist ISO-8859-1 Latin1; das kann durch die --default-character-set-Option für mysqld geändert werden.

- Ein Name kann mit jedem Zeichen anfangen, das in einem Namen erlaubt ist. Insbesondere kann ein Name auch mit einer Zahl anfangen, jedoch kann ein Namen nicht nur aus Zahlen bestehen.

- Sie können das '.'-Zeichen in Namen nicht benutzen, weil es benutzt wird, um das Format zu erweitern, mit dem man auf Spalten verweist.

Es wird empfohlen, dass Sie keine Namen wie 1e verwenden, weil ein Ausdruck wie 1e+1 mehrdeutig ist. Er kann als der Ausdruck 1e + 1 oder als die Zahl 1e+1 interpretiert werden.

In MySQL können Sie in folgender Form auf Spalten verweisen:

Spaltenverweis	*Bedeutung*
spalten_name	Spalte des Namens spalten name einer beliebigen in der Anfrage verwendeten Tabelle.
tabelle.spalten_name	Spalte des Namens spalten name der Tabelle tabelle der aktuellen Datenbank.
datenbank.tabelle.spalten_name	Spalte des Namens spalten name der Tabelle tabelle der Datenbank datenbank. Diese Form ist ab MySQL-Version 3.22 verfügbar.
`spalte`	Eine Spalte, die ein reserviertes Wort ist oder Sonderzeichen enthält.

Das tabelle- oder datenbank.tabelle-Präfix müssen Sie bei einem Spaltenverweis in einem Statement nicht angeben, es sei denn, der Verweis wäre sonst doppeldeutig.

Die Syntax .tabelle benennt die Tabelle tabelle in der aktuellen Datenbank. Diese Syntax wird aus Gründen der ODBC-Kompatibilität akzeptiert, weil einige ODBC-Programme Tabellennamen ein '.'-Zeichen voranstellen.

9.1.3 Groß-/Kleinschreibung

In MySQL entsprechen Datenbanken Verzeichnissen und Tabellen Dateien innerhalb dieser Verzeichnisse. Folglich hängt die Groß-/Kleinschreibung davon ab, wie das zugrunde liegende Betriebssystem die Groß-/Kleinschreibung von Datenbank- und

Tabellennamen festlegt. Das bedeutet, dass Datenbank- und Tabellennamen unter UNIX von der Groß-/Kleinschreibung abhängen und unter Windows nicht.

> **Hinweis:** Obwohl die Groß-/Kleinschreibung für Datenbank- und Tabellennamen unter Windows keine Rolle spielt, sollten Sie nicht auf eine angegebene Datenbank oder Tabelle innerhalb derselben Anfrage mit unterschiedlicher Schreibweise verweisen.

Folgende Anfrage würde nicht funktionieren, da sie sowohl mit kunden_tabelle als auch mit KUNDEN_TABELLE auf eine Tabelle verweist:

```
mysql> SELECT * FROM kunden_tabelle WHERE KUNDEN_TABELLE.spalte=1;
```

Spaltennamen hängen in keinem Fall von der verwendeten Groß-/Kleinschreibung ab.

Aliase auf Tabellen hängen von der Groß-/Kleinschreibung ab. Folgende Anfrage würde nicht funktionieren, da sie auf den Alias sowohl mit a als auch mit A verweist:

```
mysql> SELECT spalten_name FROM tabelle AS a WHERE a.spalten_name = 1 OR
A.spalten_name = 2;
```

Aliase auf Spalten hängen nicht von der verwendeten Groß-/Kleinschreibung ab.

Wenn Sie Probleme damit haben, sich an die Schreibweise von Tabellennamen zu erinnern, halten Sie sich an eine durchgehende Konvention. Benutzen Sie zum Beispiel beim Erzeugen von Datenbanken und Tabellen Kleinschreibung in Namen.

Eine Möglichkeit, dieses Problem zu vermeiden, ist, mysqld mit -O lower_case_tabelles=1 zu starten. Vorgabemäßig ist diese Option 1 unter Windows und 0 unter UNIX.

Wenn lower_case_tabelles auf 1 steht, wandelt MySQL alle Tabellennamen in Kleinbuchstaben um, sowohl beim Speichern als auch beim Nachschlagen. Wenn Sie diese Option ändern, beachten Sie, dass Sie zuerst Ihre alten Tabellennamen in Kleinbuchstaben umwandeln müssen, bevor Sie mysqld starten.

9.1.4 Benutzer-Variablen

MySQL unterstützt Thread-spezifische Variablen mit der @variablename-Syntax. Eine Variable kann aus alphanumerischen Zeichen des aktuellen Zeichensatzes sowie aus '_', '$' und '.' bestehen. Der vorgabemäßige Zeichensatz ist ISO-8859-1 Latin1; das kann mit der --default-character-set-Option für mysqld geändert werden.

Variablen müssen nicht initialisiert werden. Sie enthalten vorgabemäßig den Wert NULL und können Ganzzahl-, Real- oder Zeichenketten-Werte speichern. Alle Variablen für einen Thread werden automatisch freigegeben, wenn der Thread beendet wird.

Sie können eine Variable mit der SET-Syntax setzen:

```
SET @variable= { ganzzahl_ausdruck | realzahl_ausdruck | zeichenketten_
ausdruck } [,@variable= ...].
```

Sie können eine Variable in einem Ausdruck auch mit der @variable:=expr-Syntax setzen:

```
mysql> SELECT @x1:=(@x2:=1)+@x3:=4,@x1,@x2,@x3;
+----------------------+------+------+------+
| @x1:=(@x2:=1)+@x3:=4 | @x1  | @x2  | @x3  |
+----------------------+------+------+------+
|                    5 | 5    | 1    | 4    |
+----------------------+------+------+------+
```

(Wir mussten hier die :=-Syntax benutzen, da = für Vergleiche reserviert ist.)

Benutzer-Variablen können verwendet werden, wo Ausdrücke erlaubt sind. Beachten Sie, dass das momentan keine Zusammenhänge einschließt, in denen explizit Zahlen erforderlich sind wie in der LIMIT-Klausel einer SELECT-Anweisung oder der IGNORE Anzahl LINES-Klausel einer LOAD DATA-Anweisung.

> **Hinweis:** In einer SELECT-Anweisung wird jeder Ausdruck erst dann ausgewertet, wenn er an den Client geschickt wird. Das heißt, dass Sie in der HAVING-, GROUP BY- oder ORDER BY-Klausel nicht auf einen Ausdruck verweisen können, der Variablen beinhaltet, die nicht im SELECT-Teil gesetzt wurden.

Folgende Anweisung funktioniert beispielsweise nicht:

```
SELECT (@aa:=id) AS a, (@aa+1) AS b FROM tabelle HAVING b=5;
```

Der Grund ist, dass @aa nicht den Wert der aktuellen Zeile enthält, sondern den Wert von id der vorher akzeptierten Zeile.

Kommentare

Der MySQL-Server erkennt folgende Kommentare:

- # bis Zeilenende
- -- bis Zeilenende
- /* mittendrin oder mehrzeilig */

Beispiele:

```
mysql> select 10*2;      # Kommentar geht bis zum Zeilenende
mysql> select 10/2;      -- Kommentar geht bis zum Zeilenende
mysql> select 10 /* Kommentar mittendrin */ * 2;
mysql> select 1+
/*
mehrzeiliger
Kommentar
*/
1;
```

Beachten Sie, dass Sie beim Kommentar -- mindestens ein Leerzeichen hinter -- setzen müssen!

Obwohl der Server die Kommentar-Syntax wie beschrieben versteht, gibt es einige Einschränkungen bei der Art, wie der mysql-Client /* ... */-Kommentare parst:

- Einfache und doppelte Anführungszeichen werden verwendet, um den Anfang einer Zeichenkette zu bestimmen, selbst innerhalb eines Kommentars. Wenn die Zeichenkette nicht durch ein zweites Anführungszeichen innerhalb des Kommentars abgeschlossen wird, bemerkt der Parser nicht, dass der Kommentar zu Ende ist. Wenn Sie mysql interaktiv ausführen, sehen Sie, dass mysql verwirrt ist, weil sich die Eingabeaufforderung von mysql> zu to '> oder "> ändert.

- Ein Semikolon wird verwendet, um das Ende des aktuellen SQL-Statements kenntlich zu machen. Alles Folgende wird als Anfang des nächsten Statements aufgefasst.

Diese Einschränkungen gelten, sowohl wenn Sie mysql interaktiv ausführen als auch wenn Sie Befehle in eine Datei schreiben und mysql mit mysql < some-file anweisen, seine Eingaben aus dieser Datei auszulesen.

MySQL unterstützt den ANSI-SQL-Kommentarstil '--' ohne nachfolgendes Leerzeichen nicht.

9.1.5 Reservierte Wörter

Ein häufiges Problem rührt daher, dass versucht wird, eine Tabelle mit Spaltennamen zu erzeugen, die den Namen von Datentypen oder in MySQL eingebauten Funktionen entsprechen, wie TIMESTAMP oder GROUP. Sie dürfen das tun, ABS ist beispielsweise ein zulässiger Spaltenname, aber es sind dann keine Leerzeichen zwischen einem Funktionsnamen und der '(' erlaubt, wenn Sie Funktionen verwenden, deren Namen auch Spaltennamen sind.

Die nachfolgend angeführten Wörter sind in MySQL explizit reserviert. Die meisten davon sind in ANSI-SQL92 als Spalten- und/oder Tabellennamen verboten. Einige wenige sind reserviert, da MySQL sie benötigt:

action	add	aggregate	all
alter	after	and	as
asc	avg	avg_row_length	auto_increment
between	bigint	bit	binary
blob	Bool	both	by
cascade	Case	char	character
change	check	checksum	column
columns	comment	constraint	create
cross	current_date	current_time	current_timestamp
data	database	databases	date
datetime	day	day_hour	day_minute
day_second	dayofmonth	dayofweek	dayofyear
dec	decimal	default	delayed

delay_key_write	delete	desc	describe
distinct	distinctrow	double	drop
end	Else	escape	escaped
enclosed	Enum	explain	exists
fields	File	first	float
float4	float8	flush	foreign
from	for	full	Funktion
global	grant	grants	group
having	Heap	high_priority	hour
hour_minute	hour_second	hosts	identified
ignore	in	index	infile
inner	insert	insert_id	int
integer	interval	int1	int2
int3	int4	int8	into
if	is	isam	join
key	keys	kill	last_insert_id
leading	left	length	like
lines	limit	load	local
lock	logs	long	longblob
longtext	low_priority	max	max_rows
match	mediumblob	mediumtext	mediumint
middleint	Min_rows	minute	minute_second
modify	month	monthname	myisam
natural	numeric	no	not
null	on	optimize	option
optionally	or	order	outer
outfile	pack_keys	partial	password
precision	primary	procedure	process
processlist	privileges	read	real
references	reload	regexp	rename
replace	restrict	returns	revoke
rlike	Row	rows	second
select	Set	show	shutdown
smallint	soname	sql_big_tables	sql_big_selects
sql_low_priority_updates	sql_log_off	sql_log_update	sql_select_limit
sql_small_result	sql_big_result	sql_warnings	straight_join
starting	status	string	table
tables	temporary	terminated	text
then	time	timestamp	tinyblob
tinytext	tinyint	trailing	to
type	Use	using	unique
unlock	unsigned	update	usage
values	varchar	variables	varying
varbinary	Mit	write	when
where	year	year_month	zerofill

Folgende Symbole aus der Tabelle sind in ANSI-SQL verboten, aber in MySQL als Spalten- und Tabellenname zugelassen. Der Grund hierfür ist, dass einige davon sehr natürliche Namen sind und viele Leute diese bereits in Benutzung haben.

* ACTION
* BIT
* DATE
* ENUM
* NO
* TEXT
* TIME
* TIMESTAMP

9.2   Spaltentypen

MySQL unterstützt eine Reihe von Spaltentypen, die in drei Kategorien unterteilt werden können: numerische Typen, Datums- und Zeit-Typen und Zeichenketten-Typen. Dieser Abschnitt gibt zuerst einen Überblick über die verfügbaren Typen und fasst den Speicherbedarf jedes Spaltentyps zusammen. Anschließend folgt eine detaillierte Beschreibung der Eigenschaften der Typen einer jeden Kategorie. Die detaillierte Beschreibung sollte wegen zusätzlicher Informationen über bestimmte Spaltentypen herangezogen werden, wie zur Verwendung der erlaubten Formate, in denen Sie Werte festlegen können.

Die von MySQL unterstützten Spaltentypen sind unten aufgeführt. Folgende Code-Buchstaben werden in der Beschreibung benutzt:

* M gibt die maximale Anzeigebreite an. Die größte erlaubte Anzeigebreite ist 255.

* D trifft auf Fließkomma-Typen zu und bezeichnet die Anzahl von Ziffern nach dem Dezimalpunkt. Der größte mögliche Wert ist 30, aber er sollte nicht größer sein als M-2.

Eckige Klammern ('[' und ']') geben Teile der Typ-Festlegung an, die optional sind.

Wenn Sie ZEROFILL für eine Spalte angeben, beachten Sie, dass MySQL der Spalte automatisch ein UNSIGNED-Attribut hinzufügt.

```
TINYINT[(M)] [UNSIGNED] [ZEROFILL]
```

Eine sehr kleine Ganzzahl. Der vorzeichenbehaftete Bereich ist -128 bis 127, der vorzeichenlose Bereich ist 0 bis 255.

```
SMALLINT[(M)] [UNSIGNED] [ZEROFILL]
```

Eine kleine Ganzzahl. Der vorzeichenbehaftete Bereich ist -32768 bis 32767, der vorzeichenlose Bereich ist 0 bis 65535.

```
MEDIUMINT[(M)] [UNSIGNED] [ZEROFILL]
```

Eine Ganzzahl mittlerer Größe. Der vorzeichenbehaftete Bereich ist -8388608 bis 8388607, der vorzeichenlose Bereich ist 0 bis 16777215.

INT[(M)] [UNSIGNED] [ZEROFILL]

Eine Ganzzahl normaler Größe. Der vorzeichenbehaftete Bereich ist -2147483648 bis 2147483647, der vorzeichenlose Bereich ist 0 bis 4294967295.

INTEGER[(M)] [UNSIGNED] [ZEROFILL]

Ein Synonym für INT.

BIGINT[(M)] [UNSIGNED] [ZEROFILL]

Eine große Ganzzahl. Der vorzeichenbehaftete Bereich ist -9223372036854775808 bis 9223372036854775807, der vorzeichenlose Bereich ist 0 bis 18446744073709551615.

Folgendes sollte Ihnen bei BIGINT-Spalten bewusst sein:

Weil alle arithmetischen Berechnungen mit vorzeichenbehafteten BIGINT- oder DOUBLE-Werten durchgeführt werden, sollten Sie keine vorzeichenlosen Ganzzahlen größer als 9223372036854775807 (63 Bits) benutzen, außer Sie verwenden Bit-Funktionen! Wenn Sie das doch tun, können einige der letzten Ziffern im Ergebnis falsch sein, weil Rundungsfehler beim Umwandeln von BIGINT in DOUBLE auftreten. MySQL 4.0 kann BIGINT in folgenden Fällen handhaben:

- Benutzen Sie Ganzzahlen, um große vorzeichenlose Wert in einer BIGINT-Spalte zu speichern.

- Bei MIN(große_Ganzzahl-Spalte) und MAX(große_Ganzzahl-Spalte).

- Bei Verwendung der Operatoren (+, -, * usw.), wenn beide Operanden Ganzzahlen sind.

- Sie können immer genaue Ganzzahlwerte in einer BIGINT-Spalte speichern, wenn Sie sie als Zeichenkette speichern, denn in diesem Fall wird diese nicht zwischendurch als Double dargestellt. '-', '+' und '*' benutzen arithmetische BIGINT-Berechnungen, wenn beide Argumente INTEGER-Werte sind. Das heißt, wenn Sie zwei Ganzzahlen multiplizieren, erhalten Sie vielleicht unerwartete Ergebnisse, wenn das Ergebnis größer ist als 9223372036854775807.

FLOAT(genauigkeit) [ZEROFILL]

Eine Fließkommazahl. Kann nicht vorzeichenlos sein. Genauigkeit ist <=24 bei einer Fließkommazahl einfacher Genauigkeit und liegt zwischen 25 und 53 bei einer Fließkommazahl doppelter Genauigkeit. Diese Typen entsprechen den unten beschriebenen FLOAT und DOUBLE-Typen. FLOAT(X) hat denselben Wertebereich wie die entsprechenden FLOAT- und DOUBLE-Typen, jedoch ist die Anzeigebreite und die Anzahl der Dezimalstellen undefiniert. In MySQL-Version 3.23 ist das ein echter Fließkommawert. In früheren MySQL-Versionen hat FLOAT(genauigkeit) immer 2 Dezimalstellen. Beachten Sie, dass bei der Verwendung von FLOAT unerwartete Probleme auftreten können, weil alle Berechnungen in MySQL mit doppelter Genauigkeit durchgeführt werden. Diese Syntax steht wegen der ODBC-Kompatibilität zur Verfügung.

```
FLOAT[(M,D)] [ZEROFILL]
```

Eine kleine Fließkommazahl (einfacher Genauigkeit). Kann nicht vorzeichenlos sein. Der Wertebereich umfasst -3.402823466E+38 bis -1.175494351E-38, 0 und 1.175494351E-38 bis 3.402823466E+38. M ist die Anzeigebreite und D ist die Anzahl der Dezimalstellen. FLOAT ohne Argument oder mit einem Argument <= 24 steht für eine Fließkommazahl einfacher Genauigkeit.

```
DOUBLE[(M,D)] [ZEROFILL]
```

Eine normal große Fließkommazahl (doppelter Genauigkeit). Kann nicht vorzeichenlos sein. Der Wertebereich umfasst -1.7976931348623157E+308 bis -2.2250738585072014E-308, 0 und 2.2250738585072014E-308 bis 1.7976931348623157E+308. M ist die Anzeigebreite und D ist die Anzahl der Dezimalstellen. DOUBLE ohne Argument oder FLOAT(X) mit 25 <= X <= 53 steht für eine Fließkommazahl doppelter Genauigkeit.

```
DOUBLE PRECISION[(M,D)] [ZEROFILL]
REAL[(M,D)] [ZEROFILL]
```

Synonyme für DOUBLE.

```
DECIMAL[(M[,D])] [ZEROFILL]
```

Eine unkomprimierte Fließkommazahl. Kann nicht vorzeichenlos sein. Verhält sich wie eine CHAR-Spalte: "Unkomprimiert" bedeutet, dass die Zahl als Zeichenkette gespeichert wird, wobei ein Zeichen für jede Ziffer des Wertes steht. Der Dezimalpunkt und bei negativen Zahlen das '-'-Zeichen werden in M nicht mitgezählt (aber hierfür wird Platz reserviert). Wenn D 0 ist, haben Werte keinen Dezimalpunkt oder Bruchteil. Der maximale Wertebereich von DECIMAL-Werten ist derselbe wie für DOUBLE, jedoch kann der tatsächliche Wertebereich einer gegebenen DECIMAL-Spalte durch die Auswahl von M und D eingeschränkt sein. Wenn D weggelassen wird, wird sie auf 0 gesetzt. Wenn M ausgelassen wird, wird sie auf 10 gesetzt. Beachten Sie, dass in MySQL-Version 3.22 das M-Argument den Platz für das Vorzeichen und den Dezimalpunkt beinhaltet.

```
NUMERIC(M,D) [ZEROFILL]
```

Synonym für DECIMAL.

```
DATE
```

Ein Datum. Der unterstützte Wertebereich ist '1000-01-01' bis '9999-12-31'. MySQL zeigt DATE-Werte im 'YYYY-MM-DD'-Format an, gestattet jedoch, DATE-Spalten Werte als Zeichenkette oder als Zahl zuzuweisen.

```
DATETIME
```

Eine Datums/Zeit-Kombination. Der unterstützte Wertebereich ist '1000-01-01 00:00:00' bis '9999-12-31 23:59:59'. MySQL zeigt DATETIME-Werte im 'YYYY-MM-DD HH:MM:SS'-Format an, gestattet jedoch, DATETIME-Spalten Werte als Zeichenkette oder als Zahl zuzuweisen.

TIMESTAMP[(M)]

Ein Zeitstempel. Der Wertebereich ist '1970-01-01 00:00:00' bis irgendwann im Jahr 2037. MySQL zeigt TIMESTAMP-Werte im YYYYMMDDHHMMSS-, YYMMDDH HMMSS-, YYYYMMDD- oder YYMMDD-Format an, abhängig davon, ob M 14 (oder fehlend), 12, 8 oder 6 ist, gestattet jedoch, dass Sie TIMESTAMP-Spalten Werte als Zeichenkette oder als Zahl zuweisen. Eine TIMESTAMP-Spalte ist nützlich, um Datum und Zeit einer INSERT- oder UPDATE-Operation zu speichern, weil diese automatisch auf das Datum und die Zeit der jüngsten Operation gesetzt wird, wenn Sie nicht selbst einen Wert zuweisen. Sie können sie auch auf das aktuelle Datum und die aktuelle Zeit setzen, indem Sie einen NULL-Wert zuweisen. Ein TIMESTAMP wird immer mit 4 Bytes gespeichert. Das M-Argument betrifft nur die Anzeige der TIMESTAMP-Spalte. Beachten Sie, dass TIMESTAMP(X)-Spalten, bei denen X 8 oder 14 ist, als Zahlen interpretiert werden, während andere TIMESTAMP(X)-Spalten als Zeichenketten interpretiert werden. Das soll lediglich sicherstellen, dass Sie Tabellen mit diesen Typen verlässlich dumpen und wiederherstellen können.

TIME

Ein Zeit-Typ. Der Wertebereich ist '-838:59:59' bis '838:59:59'. MySQL zeigt TIME-Werte im 'HH:MM:SS'-Format an, gestattet jedoch, TIME-Spalten Werte entweder als Zeichenkette oder als Zahl zuzuweisen.

YEAR[(2|4)]

Ein Jahr in 2- oder 4-Ziffern-Format (Vorgabe ist 4-Ziffern). Die zulässigen Werte reichen von 1901 bis 2155, sowie 0000 im 4-Ziffern-Jahresformat und von 1970 bis 2069 im 2-Ziffern-Format (70 bis 69). MySQL zeigt YEAR-Werte im YYYY-Format an, gestattet jedoch, YEAR-Spalten Werte entweder als Zeichenkette oder als Zahl zuzuweisen. Der YEAR-Typ ist neu seit MySQL-Version 3.22.

[NATIONAL] CHAR(M) [BINARY]

Eine Zeichenkette fester Länge, die beim Speichern rechts stets mit Leerzeichen bis zur angegebenen Länge aufgefüllt wird. Der Wertebereich von M ist 1 bis 255 Zeichen. Leerzeichen am Ende werden beim Abruf des Wertes entfernt. CHAR-Werte werden nach dem vorgabemäßigen Zeichensatz ohne Berücksichtigung der Groß-/Kleinschreibung sortiert und verglichen, es sei denn, dass Schlüsselwort BINARY wird angegeben. NATIONAL CHAR (Kurzform NCHAR) ist die Art, wie ANSI-SQL bei einer CHAR-Spalte festlegt, dass der vorgabemäßige Zeichensatz verwendet werden soll. Das ist der Vorgabewert in MySQL. CHAR ist eine Abkürzung für CHARACTER. MySQL erlaubt das Anlegen einer Spalte des Typs CHAR(0). Das ist hauptsächlich nützlich, wenn Sie zu alten Applikationen kompatibel sein müssen, die auf die Existenz einer Spalte vertrauen, den Wert aber nicht tatsächlich benutzen. Es ist ebenfalls nützlich, um eine Spalte anzulegen, die nur 2 Werte annehmen kann: Eine CHAR(0), die nicht als NOT NULL definiert ist, belegt nur 1 Bit und kann 2 Werte annehmen: NULL oder "".

[NATIONAL] VARCHAR(M) [BINARY]

Eine Zeichenkette variabler Länge. HINWEIS: Leerzeichen am Ende werden beim Speichern des Wertes entfernt (das unterscheidet den Typ von der ANSI-SQL-Spezifikation). Der Wertebereich von M ist 1 bis 255 Zeichen. VARCHAR-Werte werden nach dem vorgabemäßigen Zeichensatz ohne Berücksichtigung der Groß-/Kleinschreibung sortiert und verglichen, es sei denn, dass Schlüsselwort BINARY wird angegeben. Stille Spaltentyp-Änderungen. VARCHAR ist eine Abkürzung für CHARACTER VARYING.

```
TINYBLOB
TINYTEXT
```

Eine BLOB- oder TEXT-Spalte mit einer maximalen Länge von 255 ($2^8 - 1$) Zeichen.

```
BLOB
TEXT
```

Eine BLOB- oder TEXT-Spalte mit einer maximalen Länge von 65535 ($2^{16} - 1$) Zeichen.

```
MEDIUMBLOB
MEDIUMTEXT
```

Eine BLOB- oder TEXT-Spalte mit einer maximalen Länge von 16777215 ($2^{24} - 1$) Zeichen.

```
LONGBLOB
LONGTEXT
```

Eine BLOB- oder TEXT-Spalte mit einer maximalen Länge von 4294967295 ($2^{32} - 1$) Zeichen. Beachten Sie, dass Sie nicht den gesamten Wertebereich dieses Typs benutzen können, weil das Client/Server-Protokoll und MyISAM-Tabellen momentan eine Beschränkungen auf 16 MB pro Kommunikationspaket/Tabellenzeile haben.

```
ENUM('wert1','wert2',...)
```

Eine Aufzählung. Ein Zeichenkettenobjekt, das nur einen Wert haben kann, der aus den Auflistungswerten 'wert1', 'wert2', ..., NULL oder dem speziellen ""-Fehlerwert ausgewählt wird. Eine ENUM kann maximal 65535 unterschiedliche Werte haben.

```
SET('wert1','wert2',...)
```

Eine Reihe. Ein Zeichenkettenobjekt, das 0 oder mehr Werte haben kann, von denen jeder aus den Auflistungswerten 'wert1', 'wert2', ... ausgewählt werden muss. Eine SET kann maximal 64 Elemente haben.

9.2.1   Numerische Typen

MySQL unterstützt alle numerischen Typen von ANSI/ISO-SQL92. Diese Typen beinhalten die exakten numerischen Datentypen (NUMERIC, DECIMAL, INTEGER und SMALLINT) sowie die näherungsweisen numerischen Datentypen (FLOAT, REAL und DOUBLE PRECISION). Das Schlüsselwort INT ist ein Synonym für INTEGER, das Schlüsselwort DEC ein Synonym für DECIMAL.

Die NUMERIC- und DECIMAL-Typen sind in MySQL als derselbe Typ implementiert wie er vom SQL92-Standard zugelassen wurde. Sie werden für Werte benutzt, bei denen es wichtig ist, die exakte Genauigkeit zu bewahren. Wenn Sie eine Spalte mit einem dieser Typen deklarieren, können Genauigkeit und Bereich festgelegt werden.

Beispiel

```
gehalt DECIMAL(9,2)
```

In diesem Beispiel repräsentiert 9 die Genauigkeit, die Anzahl signifikanter Dezimalziffern, die für Werte gespeichert werden. 2 repräsentiert den Bereich der Werte in Bezug auf die Anzahl von Ziffern, die nach dem Dezimalpunkt gespeichert werden. In diesem Fall liegt der Wertebereich, der in der gehalt-Spalte gespeichert werden kann, deswegen zwischen -9999999.99 und 9999999.99. MySQL kann tatsächlich Zahlen bis 9999999.99 in dieser Spalte speichern, da nicht das Vorzeichen für positive Zahlen gespeichert werden muss.

In ANSI/ISO-SQL92 ist die Syntax DECIMAL(p) äquivalent zu DECIMAL(p,0). Gleichermaßen ist die Syntax DECIMAL äquivalent zu DECIMAL(p,0), wobei es der Implementation überlassen bleibt, den Wert von p festzulegen. MySQL unterstützt momentan keine dieser abweichenden Formen der DECIMAL-/NUMERIC-Datentypen. Das ist im Allgemeinen kein ernstes Problem, weil der hauptsächliche Nutzen dieser Typen darin liegt, sowohl Genauigkeit als auch Bereich explizit steuern zu können.

DECIMAL- und NUMERIC-Werte sind als Zeichenketten gespeichert statt als Fließkommazahlen, um die dezimale Genauigkeit dieser Werte zu bewahren. Ein Zeichen wird benutzt für jede Ziffer des Werts, den Dezimalpunkt (wenn bereich > 0) und das '-'-Zeichen (für negative Zahlen). Wenn bereich 0 ist, enthalten DECIMAL- und NUMERIC-Werte weder Dezimalpunkt noch Bruchteil.

Der maximale Wertebereich von DECIMAL- und NUMERIC-Werten ist derselbe wie für DOUBLE, aber der tatsächliche Wertebereich einer gegebenen DECIMAL- oder NUMERIC-Spalte kann durch genauigkeit oder bereich für eine gegebene Spalte beschränkt werden. Wenn einer solchen Spalte ein Wert mit mehr Ziffern nach dem Dezimalpunkt zugewiesen wird, als durch bereich zugelassen, wird der Wert auf diesen bereich gerundet. Wenn einer DECIMAL- oder NUMERIC-Spalte ein Wert zugewiesen wird, dessen Größe den Wertebereich überschreitet, der von genauigkeit und bereich festgelegt wird, speichert MySQL den Wert des entsprechenden Endpunkts des Wertebereichs.

Als Erweiterung zum ANSI/ISO-SQL92-Standard unterstützt MySQL auch die Ganzzahltypen TINYINT, MEDIUMINT und BIGINT, wie oben bereits aufgelistet. Eine andere Erweiterung wird von MySQL unterstützt, um optional die Anzeigebreite eines Ganzzahlwertes in Klammern festzulegen, die auf das Basisschlüsselwort des Typs folgen (zum Beispiel INT(4)). Die optionale Breitenspezifizierung wird verwendet, um die Anzeige von Werten, deren Breite geringer ist, als für die Spalte festgelegt, linksseitig mit Leerzeichen aufzufüllen. Das begrenzt allerdings weder den Wertebereich, der in der Spalte gespeichert werden kann, noch die Anzahl von Ziffern, die bei Werten angezeigt werden, die die angegebene Breite für die Spalte überschreiten. In Verbindung mit dem optionalen Erweiterungsattribut ZEROFILL wird – statt vorgabemäßig mit Leerzeichen – mit Nullen aufgefüllt. Bei einer Spalte zum Beispiel, die als INT(5) ZEROFILL deklariert wurde, wird 4 als 00004 dargestellt. Beachten Sie, dass Werte in einer Ganzzahlspalte, die größer sind als die Anzeigebreite, Probleme beim Erzeugen temporärer Tabellen für einige komplizierte Joins durch MySQL hervorrufen können, weil MySQL in diesen Fällen darauf vertraut, dass die Daten in die Originalspaltenbreite passen.

Alle Ganzzahltypen können ein optionales (Nicht-Standard-) Attribut UNSIGNED haben. Vorzeichenlose Werte können dafür benutzt werden, nur positive Zahlen in einer Spalte zuzulassen, wenn Sie einen Wertebereich brauchen, der etwas größer ausfällt.

Der FLOAT-Typ wird benutzt, um näherungsweise numerische Datentypen zu repräsentieren. Der ANSI/ISO-SQL92-Standard erlaubt eine optionale Festlegung der Genauigkeit in Bits, gefolgt vom Schlüsselwort FLOAT in Klammern. Die MySQL-Implementation unterstützt ebenfalls diese optionale Genauigkeitsfestlegung. Wenn das Schlüsselwort FLOAT für einen Spaltentyp ohne Genauigkeitsfestlegung benutzt wird, benutzt MySQL 4 Bytes, um die Werte zu speichern. Eine abweichende Syntax wird ebenfalls unterstützt, wobei zwei Zahlen in Klammern dem FLOAT-Schlüsselwort folgen. Mit dieser Option legt die erste Zahl wie gehabt den Speicherbedarf für den Wert in Byte fest, und die zweite Zahl legt die Anzahl von Ziffern fest, die nach dem Dezimalpunkt gespeichert und angezeigt werden sollen (wie bei DECIMAL und NUMERIC). Wenn MySQL in einer solchen Spalte einen Wert mit mehr Dezimalziffern nach dem Dezimalpunkt speichern soll, als für die Spalte festgelegt, wird der Wert beim Speichern gerundet, um die zusätzlichen Ziffern zu entfernen.

Die REAL- und DOUBLE PRECISION-Typen akzeptieren keine Genauigkeitsfestlegungen. Als Erweiterung zum ANSI/ISO-SQL92-Standard erkennt MySQL DOUBLE als ein Synonym für den DOUBLE PRECISION-Typ. Im Gegensatz zur Anforderung des Standards, dass die Genauigkeit für REAL kleiner sein muss als die für DOUBLE PRECISION, implementiert MySQL beide als 8-Byte-Fließkommawerte doppelter Genauigkeit (wenn er nicht im "ANSI-Modus" läuft). Für maximale Portabilität sollte Code, der das Speichern näherungsweiser numerischer Daten erfordert, FLOAT oder DOUBLE PRECISION ohne Festlegung der Genauigkeit oder Anzahl von Dezimalstellen benutzen.

Wenn ein Wert in einer numerischen Spalte gespeichert werden soll, der außerhalb des erlaubten Wertebereichs des Spaltentyps liegt, schneidet MySQL den Wert in Bezug auf den entsprechenden Endpunkt des Wertebereichs ab und speichert stattdessen diesen Wert.

Der Wertebereich einer INT-Spalte ist zum Beispiel -2147483648 bis 2147483647. Wenn Sie versuchen, -9999999999 in eine INT-Spalte einzufügen, wird der Wert auf den unteren Endpunkt des Bereichs abgeschnitten, und es wird -2147483648 gespeichert. Gleichermaßen wird beim Einfügen in eine solche Spalte nicht 9999999999, sondern 2147483647 gespeichert.

Wenn die INT-Spalte UNSIGNED ist, ist die Größe des Wertebereichs dieselbe, aber ihre Endpunkte verschieben sich zu 0 und 4294967295 hin. Wenn Sie versuchen, -9999999999 bzw. 9999999999 zu speichern, werden die in der Spalte gespeicherten Werte stattdessen zu 0 bzw. 4294967296.

Umwandlungen, die durch das Abschneiden entstehen, werden als "Warnungen" bei ALTER TABLE, LOAD DATA INFILE, UPDATE und in mehrzeiligen INSERT-Statements ausgegeben.

9.2.2 Datum- und Zeit-Typen

Die Datums- und Zeit-Typen sind DATETIME, DATE, TIMESTAMP, TIME und YEAR. Jeder dieser Typen hat einen zulässigen Wertebereich sowie einen "0"-Wert, der benutzt wird, wenn Sie einen wirklich unzulässigen Wert speichern. Beachten Sie, dass MySQL es zulässt, dass Sie bestimmte »nicht ganz« zulässige Datumswerte speichern, zum Beispiel 1999-11-31. Der Grund hierfür ist, dass wir meinen, dass es in der Verantwortung der Applikation liegt, Datumsüberprüfungen vorzunehmen, und nicht beim SQL-Server. Um Datumsprüfungen schnell zu machen, überprüft MySQL nur, dass der Monat im Bereich 0 bis 12 liegt und der Tag im Bereich 0 bis 31. Diese Bereiche sind deshalb so definiert, weil es MySQL zulässt, dass Sie in einer DATE- oder DATETIME-Spalte Datumsangaben speichern, bei denen der Tag oder Monat-Tag 0 sind. Das ist extrem nützlich für Applikationen, die einen Geburtstag speichern müssen, dessen exaktes Datum unbekannt ist. In diesem Fall können Sie einfach Datumsangaben wie 1999-00-00 oder 1999-01-00 speichern.

Einige allgemeine Überlegungen, die man im Kopf behalten sollte, wenn man mit Datums- und Zeit-Typen arbeitet:

- MySQL ruft Werte für einen gegebenen Datums- oder Zeit-Typ in einem Standardformat ab, versucht aber, eine Vielzahl von Formaten zu interpretieren, die Sie bereitstellen, wenn Sie zum Beispiel einen Wert angeben, der zugewiesen oder mit einem Datums- oder Zeit-Typ verglichen werden soll. Dennoch werden nur die in den folgenden Abschnitten beschriebenen Formate korrekt unterstützt. Es wird davon ausgegangen, dass Sie zulässige Werte bereitstellen. Es können jedoch unvorhersehbare Ergebnisse zustande kommen, wenn Sie Werte in anderen Formaten angeben.

- Obwohl MySQL versucht, Werte in verschiedenen Formaten zu interpretieren, wird immer erwartet, dass der Jahresanteil von Datumswerten ganz links steht. Datumsangaben müssen in der Reihenfolge Jahr – Monat – Tag gemacht werden (zum Beispiel '98-09-04'), statt in der Reihenfolge Monat – Tag – Jahr oder Tag – Monat – Jahr, die anderswo häufig gebraucht werden (zum Beispiel '09-04-98', '04-09-98').

- MySQL wandelt einen Datums- oder Zeitwert automatisch in eine Zahl um, wenn der Wert in einem numerischen Zusammenhang benutzt wird, und umgekehrt.

- Wenn MySQL auf einen Datums- oder Zeitwert trifft, der außerhalb des Wertebereichs oder in sonstiger Weise für den Typ nicht zulässig ist, wird der Wert zum "0"-Wert dieses Typs umgewandelt. Die Ausnahme ist, dass TIME-Werte außerhalb des Wertebereichs auf den entsprechenden Endpunkt des TIME-Wertebereichs abgeschnitten werden.

- Die "0"-Werte sind speziell, jedoch können Sie auch diese explizit speichern oder auf sie verweisen, indem Sie die in der Tabelle dargestellten Werte benutzen. Sie können das auch mit den Werten '0' oder 0 machen, die leichter zu schreiben sind.

- "0"-Datums- oder -Zeitwerte, die über MyODBC benutzt werden, werden in MyODBC-Version 2.50.12 und höher automatisch in NULL umgewandelt, weil ODBC solche Werte nicht handhaben kann.

Die unten stehende Tabelle zeigt das Format des "0"-Werts für jeden Typ:

Spaltentyp	"0"-Wert
DATETIME	'0000-00-00 00:00:00'
DATE	'0000-00-00'
TIMESTAMP	00000000000000 (Länge abhängig von der jeweiligen Anzeigebreite)
TIME	'00:00:00'
YEAR	0000

Jahr-2000-Problem und Datumstypen

MySQL selbst ist Jahr-2000-konform, aber Eingabewerte, die an MySQL übergeben werden, sind das möglicherweise nicht. Jede Eingabe von Jahreswerten mit 2 Ziffern ist mehrdeutig, weil das Jahrhundert unbekannt ist. Solche Werte müssen in 4-stellige Form umgedeutet werden, weil MySQL Jahre intern mit 4 Ziffern speichert.

Bei DATETIME-, DATE-, TIMESTAMP- und YEAR-Typen interpretiert MySQL Datumsangaben mit mehrdeutigen Jahreswerten nach folgenden Regeln:

- Jahreswerte im Bereich 00 bis 69 werden in 2000 bis 2069 umgewandelt.

- Jahreswerte im Bereich 70 bis 99 werden in 1970 bis 1999 umgewandelt.

Denken Sie daran, dass diese Regeln nur eine vernünftige Schätzung dessen bedeuten, was die Daten tatsächlich darstellen sollen. Wenn die von MySQL benutzten Heuristiken keine korrekten Werte ergeben, müssen Sie eindeutige Eingaben in Form 4-stelliger Jahreswerte bereitstellen.

ORDER BY sortiert 2-stellige YEAR/DATE/DATETIME-Typen korrekt.

Beachten Sie, dass einige Funktionen wie MIN() und MAX() ein TIMESTAMP / DATE in eine Zahl umwandeln. Das heißt, dass ein Zeitstempel mit einer 2-stelligen Jahresangabe bei diesen Funktionen nicht korrekt funktioniert. Das kann in diesem Fall dadurch behoben werden, dass der TIMESTAMP / DATE in ein 4-stelliges Jahresformat umgewandelt wird oder etwas wie MIN(DATE_ADD(zeitstempel,INTERVAL 0 DAYS)) benutzt wird.

DATETIME-, DATE- und TIMESTAMP-Typen

Die DATETIME-, DATE- und TIMESTAMP-Typen sind verwandt miteinander. Dieser Abschnitt behandelt ihre Charakteristiken und beschreibt, wo sie sich ähneln und wo sie sich unterscheiden.

Der DATETIME-Typ wird benutzt, wenn Sie Werte brauchen, die sowohl Datums- als auch Zeitinformationen beinhalten. MySQL ruft DATETIME-Werte ab und zeigt sie an im 'YYYY-MM-DD HH:MM:SS'-Format. Der unterstützte Wertebereich ist '1000-01-01 00:00:00' bis '9999-12-31 23:59:59'.

> **Hinweis:** »Unterstützt« heißt, dass frühere Werte zwar funktionieren können, dass es aber keine Garantie dafür gibt.

Der DATE-Typ wird benutzt, wenn Sie lediglich einen Datumswert ohne Zeitanteil benötigen. MySQL ruft DATE-Werte ab und zeigt sie im 'YYYY-MM-DD'-Format an. Der unterstützte Wertebereich ist '1000-01-01' bis '9999-12-31'.

Der TIMESTAMP-Typ ist ein Typ, den Sie verwenden können, um INSERT- oder UPDATE-Operationen mit dem aktuellen Datum und der aktuellen Zeit zu stempeln. Wenn Sie mehrfache TIMESTAMP-Spalten haben, wird nur die erste automatisch aktualisiert.

Die automatische Aktualisierung der TIMESTAMP-Spalte geschieht unter einer der folgenden Bedingungen:

- Die Spalte wird in einem INSERT- oder LOAD DATA INFILE-Statement nicht explizit angegeben.

- Die Spalte wird in einem UPDATE-Statement nicht explizit angegeben, aber ein anderer Spaltenwert ändert sich. (Beachten Sie, dass ein UPDATE, das eine Spalte auf einen jeweiligen Wert setzt, den diese bereits hat, nicht dazu führt, dass die TIMESTAMP-Spalte aktualisiert wird, weil MySQL das Aktualisieren in einem solchen Fall aus Effizienzgründen ignoriert.)

- Wenn Sie die TIMESTAMP-Spalte explizit auf NULL setzen.

TIMESTAMP-Spalten, abgesehen von der ersten, können ebenfalls auf das aktuelle Datum und die aktuelle Zeit gesetzt werden. Setzen Sie die Spalte einfach auf NULL oder auf NOW().

Sie können jede TIMESTAMP-Spalte auf einen Wert setzen, der vom aktuellen Datum und der aktuellen Zeit abweicht, indem Sie diese explizit auf den gewünschten Wert setzen. Dies gilt sogar für die erste TIMESTAMP-Spalte. Sie können diese Eigenschaft vorzugsweise dann verwenden, wenn Sie einen TIMESTAMP auf das aktuelle Datum und die aktuelle Zeit setzen wollen oder auch, wenn Sie eine Zeile an sich erzeugen wollen, nicht aber, wenn die Zeile später aktualisiert werden soll:

- Lassen Sie MySQL die Spalte setzen, wenn die jeweilige Zeile erzeugt wird. Das initialisiert diese direkt auf das aktuelle Datum und die aktuelle Zeit.

- Wenn Sie die nachfolgenden Aktualisierungsoptionen auf die anderen Spalten in der entsprechenden Zeile anwenden wollen, setzen Sie die TIMESTAMP-Spalte explizit auf ihren aktuellen Wert.

Andererseits finden Sie es vielleicht mindestens genauso einfach, eine DATETIME-Spalte zu benutzen, die Sie auf NOW() initialisieren, als wenn die Zeile erzeugt wird und Sie dies bei nachfolgenden Aktualisierungen nicht mit einbeziehen.

TIMESTAMP-Werte haben einen Wertebereich von 1970 bis irgendwann im Jahr 2037, bei einer Auflösung von einer Sekunde. Werte werden als Zahlen angezeigt.

Das Format, in dem MySQL TIMESTAMP-Werte abruft und anzeigt, hängt von der Anzeigebreite ab, wie in der obigen Tabelle dargestellt. Das volle TIMESTAMP-Format beinhaltet 14 Ziffern, aber TIMESTAMP-Spalten können auch mit kürzeren Anzeigebreiten angelegt werden:

Spaltentyp	Anzeigeformat
TIMESTAMP(14)	YYYYMMDDHHMMSS
TIMESTAMP(12)	YYMMDDHHMMSS
TIMESTAMP(10)	YYMMDDHHMM
TIMESTAMP(8)	YYYYMMDD
TIMESTAMP(6)	YYMMDD
TIMESTAMP(4)	YYMM
TIMESTAMP(2)	YY

Alle TIMESTAMP-Spalten haben dieselbe Speichergröße unabhängig von der jeweiligen Anzeigebreite. Die gebräuchlichsten Anzeigebreiten sind 6, 8, 12 und 14. Sie können beim Erzeugen der Tabelle beliebige Anzeigebreiten festlegen. Alle Werte, die den Wert 0 haben oder größer sind als 14, werden automatisch auf 14 gesetzt. Ungerade Werte im Bereich von 1 bis 13 werden auf die nächsthöhere gerade Zahl gesetzt.

Sie können DATETIME-, DATE- und TIMESTAMP-Werte mit folgenden Formaten festlegen:

- Als eine Zeichenkette im 'YYYY-MM-DD HH:MM:SS'- oder 'YY-MM-DD HH:MM: SS'-Format. Eine "entspannte" Syntax ist zugelassen – jedes Satzzeichen kann als Begrenzer zwischen Datumsanteilen oder Zeitanteilen verwendet werden. Beispielsweise sind '98-12-31 11:30:45', '98.12.31 11+30+45', '98/12/31 11*30*45' und '98@12@31 11^30^45' äquivalent.

- Als eine Zeichenkette im 'YYYY-MM-DD'- oder 'YY-MM-DD'-Format. Auch hier ist eine "entspannte" Syntax zugelassen. Beispielsweise sind '98-12-31', '98.12.31', '98/12/31' und '98@12@31' äquivalent.

- Als eine Zeichenkette ohne Begrenzer im 'YYYYMMDDHHMMSS'- oder 'YYMMDDHHMMSS'-Format, vorausgesetzt, die Zeichenkette ergibt als Datum einen Sinn. '19970523091528' und '970523091528' beispielsweise werden als '1997-05-23 09:15:28' interpretiert, aber '971122129015' ist unzulässig (es hat einen Minutenanteil, der keinen Sinn ergibt) und wird in '0000-00-00 00:00:00' umgewandelt.

- Als eine Zeichenkette ohne Begrenzer im 'YYYYMMDD'- oder 'YYMMDD'-Format, vorausgesetzt, die Zeichenkette ergibt als Datum einen Sinn. '19970523' und '970523' werden als '1997-05-23' interpretiert, aber '971332' ist unzulässig (es hat einen Monatsanteil und einen Tagesanteil, der keinen Sinn ergibt) und wird in '0000-00-00' umgewandelt.

- Als eine Zahl im YYYYMMDDHHMMSS- oder YYMMDDHHMMSS-Format, vorausgesetzt, die Zahl ergibt als Datum einen Sinn. 19830905132800 und 830905132800 zum Beispiel werden als '1983-09-05 13:28:00' interpretiert.

- Als eine Zahl im YYYYMMDD- oder YYMMDD-Format, vorausgesetzt, die Zahl ergibt als Datum einen Sinn. 19830905 und 830905 zum Beispiel werden als '1983-09-05' interpretiert.

- Als Ergebnis einer Funktion, die einen Wert zurückgibt, der in einem DATETIME-, DATE- oder TIMESTAMP-Zusammenhang einen Sinn ergibt, wie NOW() oder CURRENT_DATE.

Unzulässige DATETIME-, DATE- oder TIMESTAMP-Werte werden in den "0"-Wert des jeweiligen Typs umgewandelt ('0000-00-00 00:00:00', '0000-00-00' oder 00000000000000).

Bei Werten, die als Zeichenketten angegeben werden und die Begrenzer für Datumsanteile enthalten, ist es nicht notwendig, zwei Ziffern für Monats- oder Tageswerte anzugeben, die kleiner sind als 10. '1979-6-9' ist dasselbe wie '1979-06-09'. Gleichermaßen ist es bei Zeichenketten, die Begrenzer für Zeitanteile enthalten, nicht notwendig, zwei Ziffern für Stunden-, Monats- oder Sekundenwerte anzugeben, die kleiner sind als 10. '1979-10-30 1:2:3' ist dasselbe wie '1979-10-30 01:02:03'.

Werte, die als Zahlen angegeben sind, sollten 6, 8, 12 oder 14 Ziffern lang sein. Wenn die Zahl 8 oder 14 Ziffern lang ist, wird angenommen, dass sie im YYYYMMDD- oder YYYYMMDDHHMMSS-Format steht und dass das Jahr durch die ersten 4 Ziffern angegeben wird. Wenn die Zahl 6 oder 12 Ziffern lang ist, wird angenommen, dass sie im YYMMDD- oder YYMMDDHHMMSS-Format steht und dass das Jahr durch die ersten 2 Ziffern angegeben wird. Zahlen, die nicht diesen Längen entsprechen, werden interpretiert, als ob sie mit führenden Nullen auf die nächst mögliche Länge gebracht worden wären.

Werte, die als nicht begrenzte Zeichenketten angegeben werden, werden interpretiert, indem ihre Länge als gegeben angenommen wird. Wenn die Zeichenkette 8 oder 14 Zeichen lang ist, wird angenommen, dass das Jahr durch die ersten 4 Zeichen angegeben wird. Ansonsten wird angenommen, dass das Jahr durch die ersten 2 Zeichen angegeben wird. Die Zeichenkette wird von links nach rechts interpretiert, um die Jahres-, Monats-, Tages-, Stunden- und Sekundenwerte zu finden, jeweils für so viele Anteile, wie sie entsprechend in der Zeichenkette vorkommen. Das bedeutet, dass Sie keine Zeichenketten benutzen sollten, die weniger als 6 Zeichen besitzen. Wenn Sie zum Beispiel '9903' angeben, in der Annahme, dass das März 1999 darstellt, werden Sie feststellen, dass MySQL einen "0"-Datumswert in Ihre Tabelle einfügt. Das liegt daran, dass die Jahres- und Monatswerte 99 und 03 sind, aber der Tagesanteil fehlt (0). Somit stellt dieser Wert kein zulässiges Datum dar.

TIMESTAMP-Spalten speichern zulässige Werte mit der vollen Genauigkeit, mit der der Wert angegeben wurde, unabhängig von der Anzeigebreite. Das hat mehrere Auswirkungen:

- Geben Sie immer Jahr, Monat und Tag an, selbst wenn Ihre Spaltentypen TIME-STAMP(4) oder TIMESTAMP(2) sind. Ansonsten wäre der Wert kein zulässiges Datum und 0 würde gespeichert werden.

- Wenn Sie ALTER TABLE benutzen, um eine enge TIMESTAMP-Spalte breiter zu machen, werden Informationen angezeigt, die vorher "versteckt" waren.

- Gleichermaßen führt das Verengen einer TIMESTAMP-Spalte jedoch nicht dazu, dass Informationen verloren gehen, außer in dem Sinn, dass weniger Informationen dargestellt werden, wenn die Werte angezeigt werden.

- Obwohl TIMESTAMP-Werte mit voller Genauigkeit gespeichert werden, ist die einzige Funktion, die direkt mit dem zugrunde liegenden gespeicherten Wert arbeitet, UNIX_TIMESTAMP(). Alle anderen Funktionen arbeiten mit dem formatierten abgerufenen Wert. Das bedeutet, Sie können keine Funktionen wie HOUR() oder SECOND() benutzen, wenn nicht auch der relevante Teil des TIMESTAMP-Werts im formatierten Wert enthalten ist. Wenn zum Beispiel der HH-Teil einer TIME-STAMP-Spalte nicht angezeigt wird, falls die Anzeigebreite nicht mindestens 10 beträgt, wird der Versuch, HOUR() auf kürzere TIMESTAMP-Werte anzuwenden, unsinnige Ergebnisse erzeugt.

Bis zu einem gewissen Grad können Sie einem Objekt eines Datumstyps Werte eines anderen Datumstyps zuweisen. Hierbei kann es jedoch zu einer kompletten Änderung des Wertes oder zu Informationsverlusten kommen:

- Wenn Sie einem DATETIME- oder TIMESTAMP-Objekt einen DATE-Wert zuweisen, wird der Zeitanteil im Ergebniswert auf '00:00:00' gesetzt, weil der DATE-Wert keine Zeitinformationen enthält.

- Wenn Sie einem DATE-Objekt einen DATETIME- oder TIMESTAMP-Wert zuweisen, wird der Zeitanteil des Ergebniswertes gelöscht, weil der DATE-Typ keine Zeitinformationen speichert.

- Denken Sie daran, dass DATETIME-, DATE- und TIMESTAMP-Werte zwar in denselben Formaten angegeben werden können, dass die Typen jedoch nicht alle denselben Wertebereich haben. TIMESTAMP-Werte zum Beispiel können nicht früher als 1970 oder später als 2037 sein. Das bedeutet, dass ein Datum wie '1968-01-01', was als DATETIME oder DATE-Wert zulässig wäre, kein gültiger TIMESTAMP-Wert ist und in 0 umgewandelt werden würde, wenn er einem solchen Objekt zugewiesen wird.

Seien Sie auf der Hut vor Fallstricken, wenn Sie Datumswerte angeben:

- Das entspannte Format lässt Werte als Zeichenketten zu, die täuschen können. Ein Wert wie '10:11:12' zum Beispiel sieht wegen des ':'-Begrenzers wie ein Zeitwert aus, wird er aber in einem Datums-Zusammenhang benutzt, wird er als das Datum '2010-11-12' interpretiert. Der Wert '10:45:15' wird in '0000-00-00' umgewandelt, weil '45' kein zulässiger Monat ist.

- Jahreswerte, die in zwei Ziffern angegeben werden, sind mehrdeutig, weil das Jahrhundert unbekannt ist – unknown. MySQL interpretiert 2-stellige Jahreswerte nach folgenden Regeln:

  - Jahreswerte im Bereich 00 bis 69 werden in 2000 bis 2069 umgewandelt.

  - Jahreswerte im Bereich 70 bis 99 werden in 1970 bis 1999 umgewandelt.

TIME-Typ

MySQL ruft TIME-Werte ab und zeigt sie im 'HH:MM:SS'-Format (oder 'HHH:MM: SS'-Format für große Stundenwerte) an. TIME-Werte rangieren von '-838:59:59' bis '838:59:59'. Der Grund dafür, dass der Stundenanteil so groß sein kann, liegt darin, dass der TIME-Typ nicht nur benutzt werden kann, um die Tageszeit zu repräsentieren (wobei die Stunden weniger als 24 sein müssen), sondern auch um eine abgelaufene Zeit oder ein Zeitintervall (das viel größer als 24 Stunden oder sogar negativ sein kann) zwischen zwei Ereignissen darzustellen.

Sie können TIME-Werte in einer Vielzahl von Formaten angeben:

- Als eine Zeichenkette im 'D HH:MM:SS.bruchteil'-Format. (Beachten Sie, dass MySQL bislang nicht den Bruchteil für die TIME-Spalte speichert.) Man kann auch folgende "entspannte" Syntax verwenden: HH:MM:SS.bruchteil, HH:MM:SS, HH:MM, D HH:MM:SS, D HH:MM, D HH oder SS. Hierbei sind D Tagesangaben zwischen 0 und 33.

- Als eine Zeichenkette ohne Begrenzer im 'HHMMSS'-Format, vorausgesetzt, dass diese als Zeitangabe einen Sinn ergibt. '101112' zum Beispiel wird als '10:11:12' interpretiert, aber '109712' ist unzulässig (es hat einen Minutenanteil, der keinen Sinn ergibt) und wird in '00:00:00' umgewandelt.

- Als eine Zahl im HHMMSS-Format, vorausgesetzt, dass diese als Zeitangabe einen Sinn ergibt. 101112 zum Beispiel wird als '10:11:12' interpretiert. Folgende alternativen Formate werden ebenfalls verstanden: SS, MMSS, HHMMSS, HHMMSS.bruchteil. Beachten Sie, dass MySQL bislang noch nicht den Bruchteil speichert.

- Als Ergebnis einer Funktion, die einen Wert zurückgibt, der in einem TIME-Zusammenhang akzeptabel ist, wie CURRENT_TIME.

Bei TIME-Werten, die als Zeichenkette angegeben werden, die einen Begrenzer für den Zeitanteil beinhalten, ist es nicht notwendig, zwei Ziffern für Stunden-, Minuten- oder Sekunden-Werte anzugeben, die kleiner als 10 sind. '8:3:2' ist dasselbe wie '08:03:02'.

Seien Sie vorsichtig damit, einer TIME-Spalte "kurze" TIME-Werte zuzuweisen. Ohne Semikolon interpretiert MySQL Werte unter der Annahme, dass die am weitesten rechts stehenden Ziffern Sekunden repräsentieren. (MySQL interpretiert TIME-Werte als vergangene Zeit statt als Tageszeit.) Sie könnten zum Beispiel denken, dass '1112' und 1112 '11:12:00' bedeuten (12 Minuten nach 11 Uhr), aber MySQL interpretiert sie als '00:11:12' (11 Minuten, 12 Sekunden). Gleichermaßen wird '12' und 12 als '00:00:12' interpretiert. TIME-Werte mit Semikolon werden stattdessen immer als Tageszeit interpretiert. Das heißt, '11:12' bedeutet '11:12:00', nicht '00:11:12'.

Werte, die außerhalb des TIME-Wertebereichs liegen, ansonsten aber zulässig sind, werden auf den entsprechenden Endpunkt des Wertebereichs abgeschnitten. '-850:00:00' bzw. '850:00:00' werden in '-838:59:59' bzw. '838:59:59' umgewandelt.

Unzulässige TIME-Werte werden in '00:00:00' umgewandelt. Beachten Sie, dass es keine Möglichkeit gibt zu unterscheiden, ob ein Wert, der in Form von '00:00:00' in einer Tabelle gespeichert wurde, als '00:00:00' eingegeben wurde, da '00:00:00' selbst ein zulässiger TIME-Wert ist, oder ob es ein unzulässiger Wert war.

YEAR-Typ

Der YEAR-Typ ist ein 1-Byte-Typ, der für die Darstellung von Jahren benutzt wird.

MySQL ruft YEAR-Werte ab und speichert sie im YYYY-Format. Der Wertebereich ist 1901 bis 2155.

Sie können YEAR-Werte in einer Vielzahl von Formaten angeben:

- Als vierstellige Zeichenkette im Wertebereich von '1901' bis '2155'.

- Als vierstellige Zahl im Wertebereich von 1901 bis 2155.

- Als zweistellige Zeichenkette im Wertebereich von '00' bis '99'. Werte in den Bereichen von '00' bis '69' und '70' bis '99' werden in YEAR-Werte der Bereiche von 2000 bis 2069 und 1970 bis 1999 umgewandelt.

- Als zweistellige Zahl im Wertebereich von 1 bis 99. Werte in den Bereichen von 1 bis 69 und 70 bis 99 werden in YEAR-Werte der Bereiche von 2001 bis 2069 und 1970 bis 1999 umgewandelt. Beachten Sie, dass der Wertebereich für zweistellige Zahlen sich geringfügig vom Wertebereich für zweistellige Zeichenketten unterscheidet, weil Sie 0 nicht direkt als Zahl eingeben können und sie dann als 2000 interpretiert wird. Sie müssen sie als Zeichenkette '0' oder '00' angeben, oder sie wird als 0000 interpretiert.

- Als Ergebnis einer Funktion, die einen Wert zurückgibt, der in einem YEAR-Zusammenhang akzeptabel ist, wie NOW().

Unzulässige YEAR-Werte werden in 0000 umgewandelt.

9.2.3 Zeichenketten-Typen

Die Zeichenketten-Typen sind CHAR, VARCHAR, BLOB, TEXT, ENUM und SET. Dieser Abschnitt beschreibt, wie diese Typen funktionieren, sowie ihren Speicherbedarf und ihre Verwendung in Anfragen.

CHAR- und VARCHAR-Typen

Die CHAR- und VARCHAR-Typen sind ähnlich, unterscheiden sich aber in der Art, wie sie gespeichert und abgerufen werden.

Die Länge einer CHAR-Spalte wird auf die Länge festgelegt, die Sie bei beim Erzeugen der Tabelle angeben. Die Länge kann zwischen 1 und 255 variieren. Ab MySQL-Version 3.23 kann die Länge zwischen 0 und 255 liegen. Wenn CHAR-Werte gespeichert werden, werden sie am rechten Ende bis hin zur festgelegten Länge mit Leerzeichen aufgefüllt. Wenn CHAR-Werte abgerufen werden, werden die Leerzeichen am Ende entfernt.

Werte in VARCHAR-Spalten sind Zeichenketten variabler Länge. Sie können eine VARCHAR-Spalte mit jeder Länge zwischen 1 und 255 deklarieren, genau wie für CHAR-Spalten. Im Gegensatz zu CHAR, werden VARCHAR-Werte jedoch nur mit so vielen Zeichen wie nötig gespeichert, plus 1 Byte, um die Länge zu speichern. Die Werte werden nicht aufgefüllt, stattdessen werden Leerzeichen am Ende beim Speichern entfernt. Dieses Entfernen von Leerzeichen weicht von der ANSI-SQL-Spezifikation ab.

Wenn Sie einer CHAR- oder VARCHAR-Spalte einen Wert zuweisen, der die maximale Spaltenlänge überschreitet, wird der Wert so zurechtgeschnitten, dass er passt.

Die unten stehende Tabelle stellt die Unterschiede zwischen den beiden Spaltentypen dar, indem das Ergebnis des Speicherns unterschiedlicher Zeichenkettenwerte in CHAR(4)- und VARCHAR(4)-Spalten angezeigt wird:

Wert	CHAR(4)	Speicherbedarf
''	' '	4 Bytes
'ab'	'ab'	4 Bytes
'abc'	'abc'	4 Bytes
'abcd'	'abcd'	4 Bytes

Wert	VARCHAR(4)	Speicherbedarf
''	' '	1 Byte
'ab'	'ab'	3 Bytes
'abc'	'abc'	5 Bytes
'abcd'	'abcd'	5 Bytes

Die Werte, die aus den CHAR(4)- und VARCHAR(4)-Spalten abgerufen werden, sind in jedem Fall gleich, weil Leerzeichen am Ende von CHAR-Spalten beim Abruf entfernt werden.

Werte in CHAR- und VARCHAR-Spalten werden unabhängig von der Groß-/Kleinschreibung sortiert und verglichen, es sei denn, beim Erzeugen der Tabelle wurde das BINARY-Attribut festgelegt. Das BINARY-Attribut bedeutet, dass Spaltenwerte in Abhängigkeit der Groß-/Kleinschreibung in Übereinstimmung mit der ASCII-Reihenfolge der Maschine sortiert und verglichen werden, auf der der MySQL-Server läuft. BINARY beeinflusst nicht, wie die Spalte gespeichert oder abgerufen wird.

Das BINARY-Attribut ist »klebrig«, das heißt, dass der gesamte Ausdruck als ein BINARY-Wert verglichen wird, sobald eine BINARY-Spalte im Ausdruck benutzt wird.

MySQL ändert eventuell »still« den Typ von CHAR- oder VARCHAR-Spalten beim Erzeugen der Tabelle.

BLOB- und TEXT-Typen

Ein BLOB ist ein großes Binärobjekt (Binary Large OBject), das eine variable Menge von Daten enthalten kann. Die vier BLOB-Typen TINYBLOB, BLOB, MEDIUMBLOB und LONGBLOB unterscheiden sich untereinander nur hinsichtlich der maximalen Länge der Werte, die sie aufnehmen können.

Die vier TEXT-Typen TINYTEXT, TEXT, MEDIUMTEXT und LONGTEXT entsprechen den vier BLOB-Typen und haben dieselben maximalen Längen und denselben Speicherbedarf. Der einzige Unterschied zwischen BLOB- und TEXT-Typen ist, dass beim Sortieren und Vergleichen bei BLOB-Werten die Groß-/Kleinschreibung berücksichtigt wird, bei TEXT-Werten dagegen nicht. Mit anderen Worten ist ein TEXT ein BLOB ohne Berücksichtigung der Groß-/Kleinschreibung.

Wenn Sie einer BLOB- oder TEXT-Spalte einen Wert zuweisen, der die maximale Länge des Spaltentyps überschreitet, wird der Wert so zurechtgeschnitten, dass er passt.

In fast jeder Hinsicht können Sie eine TEXT-Spalte als eine VARCHAR-Spalte betrachten, die so groß sein kann wie Sie wollen. Gleichermaßen können Sie eine BLOB-Spalte als eine VARCHAR BINARY-Spalte betrachten. Die Unterschiede sind:

- Seit MySQL-Version 3.23.2 können Sie Indexe auf BLOB- und TEXT-Spalten anlegen. Ältere Versionen von MySQL unterstützten dies jedoch nicht.

- Leerzeichen am Ende werden beim Speichern von BLOB- und TEXT-Spalten nicht wie bei VARCHAR-Spalten entfernt.

- BLOB- und TEXT-Spalten können keine DEFAULT-Werte haben.

MyODBC definiert BLOB-Werte als LONGVARBINARY und TEXT-Werte als LONG-VARCHAR.

Weil BLOB- und TEXT-Werte extrem lang sein können, treffen Sie beim Benutzen eventuell auf Beschränkungen:

- Wenn Sie GROUP BY oder ORDER BY für BLOB- oder TEXT-Spalten benutzen wollen, müssen Sie den Spaltenwert in ein Objekt fester Länge umwandeln. Standardmäßig wird das mit der SUBSTRING-Funktion gemacht.

Beispiel

```
mysql> select kommentar from tabelle,substring(kommentar,20) as substr
ORDER BY substr;
```

Wenn Sie das nicht tun, werden nur die ersten max_sort_length Bytes der Spalte beim Sortieren benutzt. Der Vorgabewert von max_sort_length ist 1024. Dieser Wert kann mit der -O-Option geändert werden, wenn der mysqld-Server gestartet wird.

Sie können auch einen Ausdruck, der BLOB- oder TEXT-Werte enthält, gruppieren, indem Sie die Spaltenposition angeben oder ein Alias benutzen:

```
mysql> select id,substring(blob_spalte,1,100) from tabelle GROUP BY 2;

mysql> select id,substring(blob_spalte,1,100) as b from tabelle GROUP BY b;
```

- Die maximale Größe eines BLOB- oder TEXT-Objekts wird durch seinen Typ festgelegt, aber der größte Wert, den Sie tatsächlich zwischen Client und Server übertragen können, wird von der Menge verfügbaren Arbeitsspeichers und der Größe des Kommunikationspuffers festgelegt. Sie können die Nachrichtenpuffergröße ändern, müssen das aber auf beiden Seiten tun, also beim Client und beim Server.

Beachten Sie, dass intern jeder BLOB- oder TEXT-Wert durch ein separat zugewiesenes Objekt dargestellt wird. Dies steht im Gegensatz zu allen anderen Spaltentypen, für die der Speicherplatz nur einmal pro Spalte zugewiesen wird, wenn die Tabelle geöffnet wird.

ENUM-Typ

Ein ENUM ist ein Zeichenketten-Objekt, dessen Wert normalerweise aus einer Liste zulässiger Werte ausgesucht wird, die explizit bei der Spaltenspezifizierung beim Erzeugen der Tabelle aufgezählt werden.

Der Wert kann unter bestimmten Umständen auch die leere Zeichenkette ("") oder NULL sein:

- Wenn Sie in eine ENUM einen ungültigen Wert einfügen (das ist eine Zeichenkette, die es in der Auflistung zugelassener Werte nicht gibt), wird stattdessen die leere Zeichenkette als spezieller Fehlerwert eingefügt. Diese Zeichenkette kann von einer normalen leeren Zeichenkette dadurch unterschieden werden, dass diese Zeichenkette den numerischen Wert 0 hat. Mehr dazu später.

- Wenn ein ENUM als NULL deklariert ist, ist NULL ebenfalls ein zulässiger Wert für die Spalte und der Vorgabewert ist NULL. Wenn ein ENUM als NOT NULL deklariert ist, ist der Vorgabewert das erste Element der Auflistung erlaubter Werte.

Jeder Aufzählungswert hat einen Index:

- Werte der Auflistung zulässiger Elemente in der Spaltenspezifikation fangen mit 1 an.

- Der Indexwert des Fehlerwerts leere Zeichenkette ist 0.

- Der Index des NULL-Werts ist NULL.

Wenn beispielsweise eine Spalte als ENUM("eins", "zwei", "drei") festgelegt wurde, kann sie einen der unten dargestellen Werte besitzen. Der Index jedes Werts wird auch dargestellt:

Wert	Index
NULL	NULL
""	0
"eins"	1
"zwei"	2
"drei"	3

Eine Aufzählung kann maximal 65535 Elemente enthalten.

Groß-/Kleinschreibung ist irrelevant, wenn Sie einer ENUM-Spalte Werte zuweisen. Werte, die später aus der Spalte abgerufen werden, haben jedoch dieselbe Groß-/Klein-schreibung wie die Werte, die für das Festlegen zulässiger Werte beim Erzeugen der Tabelle verwendet wurden.

Wenn Sie eine ENUM in einem numerischen Zusammenhang benutzen, wird der Index des Spaltenwerts zurückgegeben. Sie können beispielsweise numerische Werte aus einer ENUM-Spalte wie folgt abrufen:

```
mysql> SELECT enum_spalte+0 FROM tabelle;
```

Wenn Sie eine Zahl in eine ENUM speichern, wird die Zahl als Index behandelt und der gespeicherte Wert ist das Aufzählungselement mit dem entsprechenden Index. (Das funktioniert jedoch nicht bei LOAD DATA, was alle Eingaben als Zeichenketten behandelt.)

ENUM-Werte werden in der Reihenfolge sortiert, wie die Aufzählungselemente bei der Spaltenspezifizierung eingegeben wurden. (Mit anderen Worten, werden ENUM-Werte nach ihren Indexzahlen sortiert.) So wird beispielsweise "a" vor "b" einsortiert bei ENUM("a", "b"), aber "b" vor "a" bei ENUM("b", "a"). Die leere Zeichenkette wird vor nicht leeren Zeichenketten und NULL-Werte vor allen anderen Aufzählungswerten einsortiert.

Wenn Sie alle möglichen Werte einer ENUM-Spalte erhalten wollen, benutzen Sie: SHOW COLUMNS FROM tabelle LIKE enum_spalte und gehen die ENUM-Definition in der zweiten Spalte durch.

SET-Typ

Ein SET ist ein Zeichenketten-Objekt, das 0 oder mehr Werte haben kann, wovon jedes aus einer Auflistung zulässiger Werte stammen muss, die beim Erzeugen der Tabelle festgelegt wurden. SET-Spaltenwerte, die aus mehrfachen SET-Elementen bestehen, werden angegeben, indem die Elemente durch Kommas (',') getrennt werden. Daraus ergibt sich, dass SET-Elemente selbst keine Kommas enthalten dürfen.

Eine Spalte beispielsweise, die als SET("eins", "zwei") NOT NULL festgelegt wurde, kann folgende Werte haben:

```
""
"eins"
"zwei"
"eins,zwei"
```

Eine SET kann maximal 64 unterschiedliche Elemente besitzen.

MySQL speichert SET-Werte numerisch, wobei das niedrigste Bit in der Reihenfolge der gespeicherten Werte dem ersten SET-Element entspricht. Wenn Sie einen SET-Wert in einem numerischen Zusammenhang abrufen, hat der abgerufene Werte Bits gesetzt, die den SET-Elementen entspricht, aus denen sich der Spaltenwert zusammensetzt. Beispielsweise können Sie numerische Werte aus einer SET-Spalte wie folgt abrufen:

```
mysql> SELECT set_spalte+0 FROM tabelle;
```

Wenn in einer SET-Spalte eine Zahl gespeichert wird, legen die Bits, die in der binären Darstellung der Zahl gesetzt sind, die SET-Elemente im Spaltenwert fest. Angenommen, eine Spalte ist als SET("a","b","c","d") festgelegt, dann haben die Elemente folgende Bit-werte:

SET Element	Dezimalwert	Binärwert
a	1	0001
b	2	0010
c	4	0100
d	8	1000

Wenn Sie dieser Spalte einen Wert von 9 zuweisen, ist das binär 1001. Daher werden der erste und der vierte SET-Wert, die Elemente "a" und "d", ausgewählt, und der Ergebnis-wert ist "a,d".

Bei einem Wert, der mehr als ein SET-Element enthält, spielt es keine Rolle, in welcher Reihenfolge die Elemente aufgelistet sind, wenn Sie den Wert einfügen. Es spielt ebenfalls keine Rolle, wie oft ein gegebenes Element im Wert aufgelistet ist. Wenn der Wert später abgerufen wird, erscheint jedes Element im Wert einmal, wobei die Elemente in der Reihenfolge erscheinen, in der sie beim Erzeugen der Tabelle festgelegt wurden. Wenn eine Spalte beispielsweise als SET("a","b","c","d") festgelegt ist, erscheinen "a,d", "d,a" und "d,a,a,d,d" als "a,d", wenn sie abgerufen werden.

SET-Werte werden numerisch sortiert. NULL-Werte werden vor Nicht-NULL-SET-Werten einsortiert.

Normalerweise führt man SELECT auf eine SET-Spalte mit dem LIKE-Operator oder der FIND_IN_SET()-Funktion aus:

```
mysql> SELECT * FROM tabelle WHERE set_spalte LIKE '%wert%';

mysql> SELECT * FROM tabelle WHERE FIND_IN_SET('wert',set_spalte)>0;
```

Aber auch Folgendes funktioniert:

```
mysql> SELECT * FROM tabelle WHERE set_spalte = 'wert1,wert2';

mysql> SELECT * FROM tabelle WHERE set_spalte & 1;
```

Das erste dieser Statements sucht nach einer exakten Übereinstimmung, das zweite sucht Werte, die das erste SET-Element enthalten.

Wenn Sie alle möglichen Werte einer SET-Spalte erhalten wollen, benutzen Sie: SHOW COLUMNS FROM tabelle LIKE set_spalte und gehen die SET-Definition in der zweiten Spalte durch.

9.2.4 Den richtigen Typ für eine Spalte wählen

Um möglichst effizient zu speichern, benutzen Sie in jedem Fall den präzisesten Typ. Wenn zum Beispiel eine Ganzzahl-Spalte für Werte im Bereich zwischen 1 und 99999 benutzt wird, ist MEDIUMINT UNSIGNED der beste Typ.

Die akkurate Darstellung monetärer Werte ist ein häufiges Problem. In MySQL sollten Sie den DECIMAL-Typ benutzen. Dieser wird als Zeichenkette gepeichert, weshalb kein Genauigkeitsverlust auftreten sollte. Wenn Genauigkeit nicht allzu wichtig ist, sollte auch der DOUBLE-Typ ausreichen.

Um eine hohe Präzision zu erzielen, können Sie Werte auch immer in einen Festkommawert umwandeln, der in einer BIGINT gespeichert wird. Dies erlaubt Ihnen alle Berechnungen mit Ganzzahlen durchzuführen und die Ergebnisse nur wenn notwendig in Fließkommawerte zurückzuwandeln.

9.2.5 Spaltentypen anderer Datenbanken nutzen

Um es einfacher zu machen, Code zu verwenden, der für SQL-Implementationen anderer Hersteller geschrieben wurde, ordnet (mappt) MySQL Spaltentypen wie in unten stehenden Tabelle dargestellt zu. Diese Mappings machen es leichter, Tabellendefinitionen anderer Datenbanken nach MySQL zu verschieben:

Typ anderer Hersteller	MySQL-Typ
BINARY(NUM)	CHAR(NUM) BINARY
CHAR VARYING(NUM)	VARCHAR(NUM)
FLOAT4	FLOAT
FLOAT8	DOUBLE
INT1	TINYINT
INT2	SMALLINT
INT3	MEDIUMINT
INT4	INT
INT8	BIGINT
LONG VARBINARY	MEDIUMBLOB

Typ anderer Hersteller	MySQL-Typ
LONG VARCHAR	MEDIUMTEXT
MIDDLEINT	MEDIUMINT
VARBINARY(NUM)	VARCHAR(NUM) BINARY

Dass Zuordnen (Mapping) von Spaltentypen geschieht beim Erzeugen der Tabelle. Wenn Sie eine Tabelle mit Typen erzeugen, die von anderen Herstellern benutzt werden und dann ein DESCRIBE tabelle-Statement absetzen, zeigt MySQL die Tabellenstruktur mit den äquivalenten MySQL-Typen an.

9.2.6 Speicherbedarf von Spaltentypen

Der Speicherbedarf jedes Spaltentyps, der von MySQL unterstützt wird, ist unten nach Kategorie sortiert aufgelistet:

Speicherbedarf für numerische Typen

Spaltentyp	Speicherbedarf
TINYINT	1 Byte
SMALLINT	2 Bytes
MEDIUMINT	3 Bytes
INT	4 Bytes
INTEGER	4 Bytes
BIGINT	8 Bytes
FLOAT(X)	4, wenn X <= 24, oder 8, wenn 25 <= X <= 53
FLOAT	4 Bytes
DOUBLE	8 Bytes
DOUBLE PRECISION	8 Bytes
REAL	8 Bytes
DECIMAL(M,D)	M+2 Bytes, wenn D > 0, M+1 Bytes, wenn D = 0 (D+2, wenn M < D)
NUMERIC(M,D)	M+2 Bytes, wenn D > 0, M+1 Bytes, wenn D = 0 (D+2, wenn M < D)

Speicherbedarf für Datums- und Zeit-Typen

Spaltentyp	Speicherbedarf
DATE	3 Bytes
DATETIME	8 Bytes
TIMESTAMP	4 Bytes
TIME	3 Bytes
YEAR	1 Byte

Speicherbedarf für Zeichenketten-Typen

Spaltentyp	Speicherbedarf
CHAR(M)	M Bytes, 1 <= M <= 255
VARCHAR(M)	L+1 Bytes, wobei L <= M und 1 <= M <= 255
TINYBLOB, TINYTEXT	L+1 Bytes, wobei L < 2^8
BLOB, TEXT	L+2 Bytes, wobei L < 2^16
MEDIUMBLOB, MEDIUMTEXT	L+3 Bytes, wobei L < 2^24
LONGBLOB, LONGTEXT	L+4 Bytes, wobei L < 2^32
ENUM('wert1','wert2',...)	1 oder 2 Bytes, abhängig von der Anzahl der Aufzählungswerte (65535 Werte maximal)
SET('wert1','wert2',...)	1, 2, 3, 4 oder 8 Bytes, abhängig von der Anzahl an SET-Elementen (64 Elemente maximal)

VARCHAR und die BLOB- und TEXT-Typen sind Typen variabler Länge, bei denen der Speicherbedarf von der tatsächlichen Länge der Spaltenwerte abhängt (in der vorstehenden Tabelle dargestellt durch L), statt von der maximal möglichen Größe des Typs. VARCHAR(10) zum Beispiel kann eine Zeichenkette mit einer maximalen Länge von 10 Zeichen enthalten. Der tatsächliche Speicherbedarf ist die Länge der Zeichenkette (L) plus 1 Byte, um die Länge zu speichern. Bei der Zeichenkette 'abcd' ist L 4 und der Speicherbedarf 5 Bytes.

Die BLOB- und TEXT-Typen benötigen 1, 2, 3 oder 4 Bytes, um die Länge des Spaltenwerts zu speichern, abhängig von der maximal möglichen Länge des Typs.

Wenn eine Tabelle irgendwelche Spaltentypen variabler Länge enthält, ist das Datensatzformat ebenfalls von variabler Länge. Beachten Sie, dass MySQL beim Erzeugen einer Tabelle unter bestimmten Umständen eine Spalte eines Typs variabler Länge in einen Typ fester Länge umwandelt, und umgekehrt.

Die Größe eines ENUM-Objekts hängt von der Anzahl unterschiedlicher Aufzählungswerte ab. Bei Aufzählungen mit bis zu 255 möglichen Werten wird 1 Byte benutzt, bei Aufzählungen mit bis zu 65535 Werten 2 Bytes.

Die Größe eines SET-Objekts hängt von der Anzahl unterschiedlicher SET-Elemente ab. Wenn die SET-Größe N ist, belegt das Objekt (N+7)/8 Bytes, gerundet auf 1, 2, 3, 4 oder 8 Bytes. Ein SET kann maximal 64 Elemente besitzen.

9.3 Funktionen in SELECT- und WHERE-Klauseln

Ein select-Ausdruck oder eine where-Definition in einer SQL-Anweisung können aus jedem beliebigen Ausdruck bestehen, der die unten beschriebenen Funktionen benutzt.

Ein Ausdruck, der NULL enthält, erzeugt immer einen NULL-Wert, wenn es in der Dokumentation für die Operatoren und Funktionen, die im Ausdruck vorkommen, nicht anders beschrieben ist.

> **Hinweis:** Zwischen dem Funktionsnamen und der nachfolgenden Klammer darf kein Leerzeichen stehen. Dies hilft dem MySQL-Parser, zwischen Funktionsaufrufen und Tabellen- oder Spaltenverweisen zu unterscheiden, die denselben Namen haben wie eine Funktion. Leerzeichen um Argumente herum sind dagegen zulässig.

9.3.1 Nicht typenspezifische Operatoren und Funktionen

Klammer

Benutzen Sie Klammern, um die Reihenfolge der Auswertung in einem Ausdruck zu erzwingen.

Beispiel

```
mysql> SELECT 5+10*2;
+--------+
| 5+10*2 |
+--------+
|     25 |
+--------+

mysql> SELECT (5+10)*2;
+----------+
| (5+10)*2 |
+----------+
|       30 |
+----------+
```

Vergleichsoperatoren

Vergleichsoperationen ergeben einen Wert von 1 (TRUE), 0 (FALSE) oder NULL. Diese Funktionen funktionieren sowohl bei Zahlen, als auch bei Zeichenketten. Zeichenketten werden bei Bedarf automatisch in Zahlen und Zahlen in Zeichenketten umgewandelt (wie in Perl oder PHP).

MySQL führt Vergleiche nach folgenden Regeln durch:

- Wenn ein oder beide Argumente NULL sind, ist das Ergebnis des Vergleichs NULL, außer beim <=> Operator.

- Wenn beide Argumente in einer Vergleichsoperation Zeichenketten sind, werden sie als Zeichenketten verglichen.

- Wenn beide Argumente Ganzzahlen sind, werden sie als Ganzzahlen verglichen.

- Hexadezimale Werte werden als binäre Zeichenketten behandelt, wenn sie nicht mit einer Zahl verglichen werden.

- Wenn eins der Argumente eine TIMESTAMP- oder DATETIME-Spalte ist und das andere Argument eine Konstante, wird die Konstante in einen Zeitstempel umgewandelt, bevor der Vergleich durchgeführt wird. Das wird gemacht, um ODBC-freundlicher zu sein.

- In allen anderen Fällen werden die Argumente als Fließkommazahlen verglichen.

Vorgabemäßig werden Zeichenketten-Vergleiche unabhängig von der verwendeten Groß-/Kleinschreibung durchgeführt, indem der aktuelle Zeichensatz benutzt wird (vorgabemäßig ISO-8859-1 Latin1, der auch für englisch exzellent funktioniert).

Die unten stehenden Beispiele erläutern die Umwandlung von Zeichenketten in Zahlen für Vergleichsoperationen:

```
mysql> SELECT 1 > '6x';
+----------+
| 1 > '6x' |
+----------+
|        0 |
+----------+

mysql> SELECT 7 > '6x';
+----------+
| 7 > '6x' |
+----------+
|        1 |
+----------+

mysql> SELECT 0 > '6x';
+----------+
| 0 > '6x' |
+----------+
|        0 |
+----------+

mysql> SELECT 0 = 'x6';
+----------+
| 0 = 'x6' |
+----------+
|        1 |
+----------+
```

Gleich (=)

```
mysql> SELECT 1 = 0;
+-------+
| 1 = 0 |
+-------+
|     0 |
+-------+

mysql> SELECT '0' = 0;
+---------+
| '0' = 0 |
```

```
+---------+
|       1 |
+---------+

mysql> SELECT 0.0 = 0;
+---------+
| 0.0 = 0 |
+---------+
|       1 |
+---------+
```

Ungleich (<> oder !=)

```
mysql> SELECT '1.0' <> 1;
+------------+
| '1.0' <> 1 |
+------------+
|          0 |
+------------+

mysql> SELECT 1.0 != '1.0';
+--------------+
| 1.0 != '1.0' |
+--------------+
|            0 |
+--------------+

mysql> SELECT 5 <> 1;
+--------+
| 5 <> 1 |
+--------+
|      1 |
+--------+
```

Kleiner oder gleich (<=)

```
mysql> SELECT 1 <= 2;
+--------+
| 1 <= 2 |
+--------+
|      1 |
+--------+
```

Kleiner als (<)

```
mysql> SELECT 1 < 2;
+-------+
| 1 < 2 |
+-------+
|     1 |
+-------+
```

Größer oder gleich (>=)

```
mysql> SELECT 1 >= 2;
+--------+
| 1 >= 2 |
+--------+
|      0 |
+--------+
```

Größer als (>)

```
mysql> SELECT 1 > 2;
+-------+
| 1 > 2 |
+-------+
|     0 |
+-------+
```

Null-sicheres gleich (<=>)

```
mysql> SELECT 1 <=> 1;
+---------+
| 1 <=> 1 |
+---------+
|       1 |
+---------+

mysql> SELECT NULL <=> NULL;
+---------------+
| NULL <=> NULL |
+---------------+
|             1 |
+---------------+
```

```
IS NULL
IS NOT NULL
```

Testet, ob ein Wert NULL ist oder nicht:

```
mysql> SELECT 1 IS NULL;
+-----------+
| 1 IS NULL |
+-----------+
|         0 |
+-----------+

mysql> SELECT 0 IS NULL;
+-----------+
| 0 IS NULL |
+-----------+
|         0 |
+-----------+
```

```
mysql> SELECT NULL IS NULL;
+--------------+
| NULL IS NULL |
+--------------+
|            1 |
+--------------+
```

`ausdruck BETWEEN min AND max`

Wenn ausdruck größer oder gleich min ist und ausdruck kleiner oder gleich max ist, gibt BETWEEN 1 zurück, andernfalls 0. Das ist äquivalent zum Ausdruck (min <= ausdruck AND ausdruck <= max), wenn alle Argumente vom selben Typ sind. Das erste Argument (ausdruck) legt fest, wie der Vergleich durchgeführt wird:

- Wenn ausdruck eine TIMESTAMP-, DATE- oder DATETIME-Spalte ist, werden MIN() und MAX() im selben Format formatiert, als wären sie Konstanten.

- Wenn ausdruck ein Zeichenketten-Ausdruck ohne Berücksichtigung der Groß-/Kleinschreibung ist, wird ein Zeichenkettenvergleich ohne Berücksichtigung der Groß-/Kleinschreibung durchgeführt.

- Wenn ausdruck ein Zeichenketten-Ausdruck mit Berücksichtigung der Groß-/Kleinschreibung ist, wird ein Zeichenkettenvergleich mit Berücksichtigung der Groß-/Kleinschreibung durchgeführt.

- Wenn ausdruck ein Ganzzahl-Ausdruck ist, wird ein Ganzzahlvergleich durchgeführt.

- Ansonsten wird ein Fließkommazahlenvergleich durchgeführt.

```
mysql> SELECT 2 BETWEEN 1 AND 3;
+-------------------+
| 2 BETWEEN 1 AND 3 |
+-------------------+
|                 1 |
+-------------------+

mysql> SELECT 'B' BETWEEN 'A' AND 'C';
+-------------------------+
| 'B' BETWEEN 'A' AND 'C' |
+-------------------------+
|                       1 |
+-------------------------+
```

`ausdruck IN (wert,...)`

Gibt 1 zurück, wenn ausdruck einen Wert hat, der in der IN-Liste enthalten ist, ansonsten 0. Wenn alle Werte Konstanten sind, werden alle Werte gemäß dem Typ von ausdruck ausgewertet und sortiert. Danach wird ein Element mittels binärer Suche gesucht. Das heißt, dass IN sehr schnell ist, wenn die IN-Werteliste ausschließlich aus Konstanten besteht. Wenn ausdruck ein Zeichenketten-Ausdruck mit Berücksichtigung der Groß-

/Kleinschreibung ist, wird der Zeichenkettenvergleich unter Berücksichtigung der Groß-/Kleinschreibung durchgeführt:

```
mysql> SELECT 'Matze' IN ('Caro','Matze','Gülten');
+--------------------------------------+
| 'Matze' IN ('Caro','Matze','Gülten') |
+--------------------------------------+
|                                    1 |
+--------------------------------------+
```

```
ausdruck NOT IN (wert,...)
Dasselbe wie NOT (ausdruck IN (wert,...)).
ISNULL(ausdruck)
```

Wenn ausdruck NULL ist, gibt ISNULL() 1 zurück, ansonsten 0:

```
mysql> SELECT ISNULL(1/0);
+-------------+
| ISNULL(1/0) |
+-------------+
|           1 |
+-------------+
```

Achtung: Beachten Sie, dass ein Vergleich von NULL-Werten mit = immer UNWAHR ergibt.

```
COALESCE(liste)
```

Gibt das erste Nicht-NULL-Element in der Liste zurück:

```
mysql> SELECT COALESCE(NULL,1);
+------------------+
| COALESCE(NULL,1) |
+------------------+
| 1                |
+------------------+
```

```
INTERVAL(N,N1,N2,N3,...)
```

Gibt 0 zurück, wenn $N < N1$, 1, wenn $N < N2$ usw. Alle Argumente werden als Ganzzahlen behandelt. Es ist erforderlich, dass $N1 < N2 < N3 < ... < Nn$ ist, damit diese Funktion korrekt funktioniert. Das liegt daran, dass eine (sehr schnelle) binäre Suche benutzt wird:

```
mysql> SELECT INTERVAL(10,20,30,40);
+-----------------------+
| INTERVAL(10,20,30,40) |
+-----------------------+
|                     0 |
+-----------------------+
```

Wenn Sie eine Zeichenkette, die Groß-/Kleinschreibung nicht berücksichtigt, mit einem der Standardoperatoren vergleichen (=, <>..., aber nicht LIKE), werden Leerzeichen am Ende ignoriert:

```
mysql> SELECT "a" = "A ";
+-----------+
| "a" = "A " |
+-----------+
|         1 |
+-----------+
```

Logische Operatoren

Alle logischen Funktionen geben 1 (TRUE), 0 (FALSE) oder NULL (unbekannt, was in den meisten Fällen dasselbe wie FALSE ist) zurück:

NICHT (NOT oder !)

Logisch NOT. Gibt 1 zurück, wenn das Argument 0 ist, ansonsten 0. Ausnahme: NOT NULL gibt NULL zurück:

```
mysql> SELECT NOT 1;
+-------+
| NOT 1 |
+-------+
|     0 |
+-------+

mysql> SELECT NOT 0;
+-------+
| NOT 0 |
+-------+
|     1 |
+-------+

mysql> SELECT NOT NULL;
+----------+
| NOT NULL |
+----------+
|     NULL |
+----------+
```

ODER (OR oder ||)

Logisch OR. Gibt 1 zurück, wenn eins der Argumente nicht 0 und nicht NULL ist:

```
mysql> SELECT 1 OR 0;
+--------+
| 1 OR 0 |
+--------+
|      1 |
+--------+

mysql> SELECT 0 || 1;
```

```
+---------+
| 0 || 1 |
+---------+
|       1 |
+---------+
```

UND (AND oder &&)

Logisch AND. Gibt 0 zurück, wenn eins der Argumente 0 oder NULL ist, ansonsten 1:

```
mysql> SELECT 1 AND 0;
+---------+
| 1 AND 0 |
+---------+
|       0 |
+---------+

mysql> SELECT 0 AND 1;
+---------+
| 0 AND 1 |
+---------+
|       0 |
+---------+

mysql> SELECT 1 AND 1;
+---------+
| 1 AND 1 |
+---------+
|       1 |
+---------+
```

Ablaufsteuerungsfunktionen

```
IFNULL(ausdruck1,ausdruck2)
```

Wenn ausdruck1 nicht NULL ist, gibt IFNULL() ausdruck1 zurück, ansonsten ausdruck2. IFNULL() gibt einen numerischen oder einen Zeichenketten-Wert zurück, je nachdem, in welchem Zusammenhang es benutzt wird:

```
mysql> SELECT IFNULL(1,0);
+-------------+
| IFNULL(1,0) |
+-------------+
|           1 |
+-------------+

mysql> SELECT IFNULL(NULL,'Fehler');
+----------------------+
| IFNULL(NULL,'Fehler') |
+----------------------+
| Fehler               |
+----------------------+
```

```
NULLIF(ausdruck1,ausdruck2)
```

Wenn ausdruck1 = ausdruck2 wahr ist, gibt die Funktion NULL zurück, ansonsten ausdruck1. Das ist dasselbe wie CASE WHEN x = y THEN NULL ELSE x END:

```
mysql> SELECT NULLIF(10,10);
+---------------+
| NULLIF(10,10) |
+---------------+
|          NULL |
+---------------+

mysql> SELECT NULLIF(1,10);
+--------------+
| NULLIF(1,10) |
+--------------+
|            1 |
+--------------+
```

> **Achtung:** Beachten Sie, dass ausdruck1 in MySQL zweimal ausgewertet wird, wenn die Argumente gleich sind.

```
IF(ausdruck1,ausdruck2,ausdruck3)
```

Wenn ausdruck1 TRUE ist (ausdruck1 <> 0 und ausdruck1 <> NULL), gibt IF() ausdruck2 zurück, ansonsten ausdruck3. IF() gibt einen numerischen oder einen Zeichenketten-Wert zurück, je nachdem, in welchem Zusammenhang es benutzt wird:

```
mysql> SELECT IF(1>2,'ja','nein');
+---------------------+
| IF(1>2,'ja','nein') |
+---------------------+
| nein                |
+---------------------+

mysql> SELECT IF(1<2,'ja','nein');
+---------------------+
| IF(1<2,'ja','nein') |
+---------------------+
| ja                  |
+---------------------+
```

ausdruck1 wird als Ganzzahlwert ausgewertet, woraus folgt, dass Sie das Testen auf Fließkomma- oder Zeichenketten-Werte mit einer Vergleichsoperation durchführen sollten:

```
mysql> SELECT IF(1.0<>0,1,0);
+----------------+
| IF(1.0<>0,1,0) |
+----------------+
|              1 |
+----------------+
```

Im ersten Fall gibt IF(0.1) 0 zurück, weil 0.1 in einen Ganzzahlwert umgewandelt wird, wodurch es auf IF(0) getestet wird. Das ist vielleicht nicht das, was Sie erwarten. Im zweiten Fall testet der Vergleich den Original-Fließkommawert, um zu sehen, ob er nicht 0 ist. Das Ergebnis des Vergleichs wird als Ganzzahl benutzt. Der vorgabemäßige Rückgabewert von IF() (der eine Rolle spielen kann, wenn er in einer temporären Tabelle gespeichert wird), wird in MySQL-Version 3.23 wie folgt berechnet:

Ausdruck	*Rückgabewert*
ausdruck2 oder ausdruck3 gibt Zeichenkette zurück	Zeichenkette
ausdruck2 oder ausdruck3 gibt Fließkommawert zurück	Fließkommawert
ausdruck2 oder ausdruck3 gibt Ganzzahl zurück	Ganzzahl

```
CASE wert WHEN [vergleichs-wert] THEN ergebnis [WHEN [vergleichs-wert]
THEN ergebnis ...] [ELSE ergebnis] END

CASE WHEN [bedingung] THEN ergebnis [WHEN [bedingung] THEN ergebnis ...]
[ELSE ergebnis] END
```

Die erste Version gibt ergebnis zurück, wo wert=vergleichs-wert ist. Die zweite Version gibt das Ergebnis für die erste Bedingung zurück, die WAHR ist. Wenn es keinen übereinstimmenden Ergebniswert gab, wird das Ergebnis nach ELSE zurückgegeben. Wenn es keinen ELSE-Teil gibt, wird NULL zurückgegeben:

```
mysql> SELECT CASE 1 WHEN 1 THEN "eins" WHEN 2 THEN "zwei" ELSE "mehr"
END;
+--------------------------------------------------------------+
| CASE 1 WHEN 1 THEN "eins" WHEN 2 THEN "zwei" ELSE "mehr" END |
+--------------------------------------------------------------+
| eins                                                         |
+--------------------------------------------------------------+

mysql> SELECT CASE WHEN 10>100 THEN "wahr" ELSE "unwahr" END;
+------------------------------------------------+
| CASE WHEN 10>100 THEN "wahr" ELSE "unwahr" END |
+------------------------------------------------+
| unwahr                                         |
+------------------------------------------------+
```

Der Typ des Rückgabewerts (INTEGER, DOUBLE oder STRING) ist derselbe wie der Typ des ersten zurückgegebenen Werts (der Ausdruck nach dem ersten THEN).

9.3.2 Zeichenketten-Funktionen

Funktionen für Zeichenkettenwerte geben NULL zurück, wenn die Länge des Ergebnisses größer wäre als der max_allowed_packet-Serverparameter.

Bei Funktionen, die mit Zeichenkettenpositionen arbeiten, wird die erste Position als 1 gezählt.

```
ASCII(zeichenkette)
```

Gibt den ASCII-Code-Wert des äußersten linken Zeichens der Zeichenkette zeichen-kette zurück. Gibt 0 zurück, wenn zeichenkette die leere Zeichenkette ist. Gibt NULL zurück, wenn zeichenkette NULL ist:

```
mysql> SELECT ASCII('M');
+------------+
| ASCII('M') |
+------------+
|         77 |
+------------+
```

Siehe auch ORD()-Funktion.

```
ORD(zeichenkette)
```

Wenn das äußerste linke Zeichen der Zeichenkette zeichenkette ein Multi-Byte-Zeichen ist, gibt diese Funktion den Code des Multi-Byte-Zeichens zurück, indem der ASCII-Code-Wert des Zeichens in folgendem Format zurückgegeben wird: ((erstes Byte ASCII code)*256+(zweites Byte ASCII code))[*256+drittes Byte ASCII code...]. Wenn das äußerste linke Zeichen kein Multi-Byte-Zeichen ist, wird derselbe Wert wie bei der ASCII()-Funktion zurückgegeben:

```
mysql> SELECT ORD('M');
+----------+
| ORD('M') |
+----------+
|       77 |
+----------+
```

```
CONV(N,von_basis,zu_basis)
```

Wandelt Zahlen zwischen verschiedenen Zahlsystemen um. Gibt eine Zeichenketten-darstellung der Zahl N zurück, umgewandelt vom Verhältnis Basis von_basis zum Ver-hältnis Basis zu_basis. Gibt NULL zurück, wenn irgendein Argument NULL ist. Das Argument N wird als Ganzzahl interpretiert, kann aber als Ganzzahl oder Zeichenkette angegeben werden. Die kleinste Basis ist 2 und die größte Basis 36. Wenn zu_basis eine negative Zahl ist, wird N als vorzeichenbehaftete Zahl betrachtet, ansonsten wird N als vorzeichenlos behandelt. CONV arbeitet mit 64-Bit-Genauigkeit:

```
mysql> SELECT CONV("f",16,2);
+----------------+
| CONV("f",16,2) |
+----------------+
| 1111           |
+----------------+

mysql> SELECT CONV("FF",18,8);
+-----------------+
| CONV("FF",18,8) |
+-----------------+
| 435             |
+-----------------+
```

BIN(N)

Gibt eine Zeichenkettendarstellung des Binärwerts von N zurück, wobei N eine BIGINT-Zahl ist; das ist äquivalent zu CONV(N,10,2). Gibt NULL zurück, wenn N NULL ist:

```
mysql> SELECT BIN(100);
+-----------+
| BIN(100) |
+-----------+
| 1100100  |
+-----------+
```

OCT(N)

Gibt eine Zeichenkettendarstellung des Oktalwerts von N zurück, wobei N eine BIGINT-Zahl ist; das ist äquivalent zu CONV(N,10,8). Gibt NULL zurück, wenn N NULL ist:

```
mysql> SELECT OCT(10);
+----------+
| OCT(10) |
+----------+
| 12      |
+----------+
```

HEX(N)

Gibt eine Zeichenkettendarstellung des hexadezimalen Werts von N zurück, wobei N eine BIGINT-Zahl ist; das ist äquivalent zu CONV(N,10,16). Gibt NULL zurück, wenn N NULL ist:

```
mysql> SELECT HEX(255);
+-----------+
| HEX(255) |
+-----------+
| FF       |
+-----------+
```

CHAR(N,...)

CHAR() interpretiert die Argumente als Ganzzahlen und gibt eine Zeichenkette zurück, die aus den Zeichen besteht, die durch die ASCII-Code-Werte dieser Ganzzahlen gegeben sind. NULL-Werte werden übersprungen:

```
mysql> SELECT CHAR(77,121,83,81,76);
+-----------------------+
| CHAR(77,121,83,81,76) |
+-----------------------+
| MySQL                 |
+-----------------------+
```

```
CONCAT(zeichenkette1,zeichenkette2,...)
```

Gibt die Zeichenkette zurück, die durch die Verkettung der Argumente entsteht. Gibt
NULL zurück, wenn irgendein Argument NULL ist. Kann mehr als 2 Argumente haben.
Ein numerisches Argument wird in die äquivalente Zeichenkettenform umgewandelt:

```
mysql> SELECT CONCAT('Auto', '-', 'Kino');
+----------------------------+
| CONCAT('Auto', '-', 'Kino') |
+----------------------------+
| Auto-Kino                   |
+----------------------------+

mysql> SELECT CONCAT('Auto', NULL, 'Kino');
+-----------------------------+
| CONCAT('Auto', NULL, 'Kino') |
+-----------------------------+
| NULL                         |
+-----------------------------+
```

```
CONCAT_WS(trennzeichen, zeichenkette1, zeichenkette2,...)
```

CONCAT_WS() steht für CONCAT mit Trennzeichen und ist eine spezielle Form von
CONCAT(). Das erste Argument ist das Trennzeichen für die restlichen Argumente. Das
Trennzeichen kann entsprechend den übrigen Argumenten ebenfalls eine Zeichenkette
sein. Wenn das Trennzeichen NULL ist, ist das Ergebnis NULL. Die Funktion über-
springt jegliche NULLs und leere Zeichenketten nach dem Trennzeichen-Argument. Das
Trennzeichen wird zwischen den zu verknüpfenden Zeichenketten hinzugefügt:

```
mysql> SELECT CONCAT_WS("-", "20", "November", "2002");
+------------------------------------------+
| CONCAT_WS("-", "20", "November", "2002") |
+------------------------------------------+
| 20-November-2002                         |
+------------------------------------------+

mysql> SELECT CONCAT_WS("-", "20", NULL, "2002");
+------------------------------------+
| CONCAT_WS("-", "20", NULL, "2002") |
+------------------------------------+
| 20-2002                            |
+------------------------------------+
```

```
LENGTH(zeichenkette)
OCTET_LENGTH(zeichenkette)
CHAR_LENGTH(zeichenkette)
CHARACTER_LENGTH(zeichenkette)
```

Gibt die Länge der Zeichenkette zeichenkette an:

```
mysql> SELECT LENGTH('MySQL');
+-----------------+
| LENGTH('MySQL') |
```

```
+-----------------+
|               5 |
+-----------------+
```

```
mysql> SELECT CHAR_LENGTH('MySQL');
+---------------------+
| CHAR_LENGTH('MySQL') |
+---------------------+
|                   5 |
+---------------------+
```

> **Achtung:** Beachten Sie, dass bei CHAR_LENGTH() Multi-Byte-Zeichen nur einmal gezählt werden.

```
LOCATE(teilzeichenfolge,zeichenkette)
```

```
POSITION(teilzeichenfolge IN zeichenkette)
```

Gibt die Position des ersten Auftretens der Teilzeichenfolge teilzeichenfolge in der Zeichenkette zeichenkette an. Gibt 0 zurück, wenn teilzeichenfolge nicht in zeichenkette enthalten ist:

```
mysql> SELECT LOCATE('Kino', 'Auto-Kino');
+---------------------------+
| LOCATE('Kino', 'Auto-Kino') |
+---------------------------+
|                         6 |
+---------------------------+
```

Diese Funktion ist Multibytesicher.

```
LOCATE(teilzeichenfolge,zeichenkette,position)
```

Gibt die Position des ersten Auftretens der Teilzeichenfolge teilzeichenfolge in der Zeichenkette zeichenkette ab Position position an. Gibt 0 zurück, wenn teilzeichenfolge nicht in zeichenkette enthalten ist:

```
mysql> SELECT LOCATE('Hey', 'HeyHoHey', 5);
+---------------------------+
| LOCATE('Hey', 'HeyHoHey', 5) |
+---------------------------+
|                         6 |
+---------------------------+
```

Diese Funktion ist Multibytesicher.

```
INSTR(zeichenkette,teilzeichenfolge)
```

Gibt die Position des ersten Auftretens der Teilzeichenfolge teilzeichenfolge in der Zeichenkette zeichenkette an. Dies entspricht dem LOCATE() mit zwei Argumenten, außer dass die Argumente vertauscht sind:

```
mysql> SELECT INSTR('Auto-Kino', 'Kino');
+---------------------------+
```

```
| INSTR('Auto-Kino', 'Kino') |
+----------------------------+
|                          6 |
+----------------------------+
```

Diese Funktion ist multibytesicher.

`LPAD(zeichenkette,laenge,fuellzeichenkette)`

Gibt die Zeichenkette zeichenkette zurück, links aufgefüllt mit der Zeichenkette fuellzeichenkette, bis zeichenkette laenge Zeichen lang ist. Wenn zeichenkette länger als laenge ist, wird sie auf laenge Zeichen verkürzt.

```
mysql> SELECT LPAD('Kino',8,'**');
+--------------------+
| LPAD('Kino',8,'**') |
+--------------------+
| ****Kino            |
+--------------------+
```

`RPAD(zeichenkette,laenge,fuellzeichenkette)`

Gibt die Zeichenkette zeichenkette zurück, rechts aufgefüllt mit der Zeichenkette fuellzeichenkette, bis zeichenkette laenge Zeichen lang ist. Wenn zeichenkette länger als laenge ist, wird sie auf laenge Zeichen verkürzt.

```
mysql> SELECT RPAD('Kino',8,'**');
+--------------------+
| RPAD('Kino',8,'**') |
+--------------------+
| Kino****            |
+--------------------+
```

`LEFT(zeichenkette,laenge)`

Gibt die äußersten linken laenge Zeichen der Zeichenkette zeichenkette zurück:

```
mysql> SELECT LEFT('Auto-Kino', 5);
+--------------------+
| LEFT('Auto-Kino', 5) |
+--------------------+
| Auto-               |
+--------------------+
```

Diese Funktion ist multibytesicher.

`RIGHT(zeichenkette,laenge)`

Gibt die äußersten rechten laenge Zeichen der Zeichenkette zeichenkette zurück:

```
mysql> SELECT RIGHT('Auto-Kino', 5);
+--------------------+
| RIGHT('Auto-Kino', 5) |
+--------------------+
| -Kino               |
+--------------------+
```

Diese Funktion ist Multibytesicher.

```
SUBSTRING(zeichenkette,position,laenge)
```

```
SUBSTRING(zeichenkette FROM position FOR laenge)
```

```
MID(zeichenkette,position,laenge)
```

Gibt eine laenge Zeichen lange Teilzeichenfolge der Zeichenkette zeichenkette ab Position position zurück. Die abweichende Form, die FROM benutzt, entspricht der ANSI-SQL92-Syntax:

```
mysql> SELECT SUBSTRING('Kaufhaus',5,4);
+--------------------------+
| SUBSTRING('Kaufhaus',5,4) |
+--------------------------+
| haus                     |
+--------------------------+
```

Diese Funktion ist Multibytesicher.

```
SUBSTRING(zeichenkette,position)
```

```
SUBSTRING(zeichenkette FROM position)
```

Gibt eine Teilzeichenfolge der Zeichenkette zeichenkette ab Position position zurück:

```
mysql> SELECT SUBSTRING('Kaufhaus',5);
+-----------------------+
| SUBSTRING('Kaufhaus',5) |
+-----------------------+
| haus                  |
+-----------------------+
```

Diese Funktion ist Multibytesicher.

```
SUBSTRING_INDEX(zeichenkette,begrenzer,zaehler)
```

Gibt die Teilzeichenfolge von Zeichenkette zeichenkette vor zaehler Vorkommen des Begrenzers begrenzer zurück. Wenn zaehler positiv ist, wird alles links vom letzten Begrenzer zurückgegeben (von links gezählt). Wenn zaehler negativ ist, wird alles rechts vom letzten Begrenzer (von rechts gezählt) zurückgegeben:

```
mysql> SELECT SUBSTRING_INDEX('www.franzis.de','.',2);
+----------------------------------------+
| SUBSTRING_INDEX('www.franzis.de','.',2) |
+----------------------------------------+
| www.franzis                            |
+----------------------------------------+

mysql> SELECT SUBSTRING_INDEX('www.franzis.de','.',-2);
+-----------------------------------------+
| SUBSTRING_INDEX('www.franzis.de','.',-2) |
+-----------------------------------------+
| franzis.de                              |
+-----------------------------------------+
```

Diese Funktion ist Multibytesicher.

```
LTRIM(zeichenkette)
```

Gibt die Zeichenkette zeichenkette zurück, bei der führende Leerzeichen entfernt wurden:

```
mysql> SELECT LTRIM('    MySQL');
+-------------------+
| LTRIM('    MySQL') |
+-------------------+
| MySQL             |
+-------------------+
```

Diese Funktion ist Multibytesicher.

```
RTRIM(zeichenkette)
```

Gibt die Zeichenkette zeichenkette zurück, bei der Leerzeichen am Ende entfernt wurden:

```
mysql> SELECT RTRIM('MySQL    ');
+-------------------+
| RTRIM('MySQL    ') |
+-------------------+
| MySQL             |
+-------------------+
```

Diese Funktion ist Multibytesicher.

```
TRIM([[BOTH | LEADING | TRAILING] [entfernzeichenkette] FROM] zeichen-
kette)
```

Gibt die Zeichenkette zeichenkette zurück, bei der alle entfernzeichenkette-Präfixe und / oder -Suffixe entfernt wurden. Wenn keiner der Spezifizierer BOTH, LEADING oder TRAILING angegeben wurde, wird BOTH angenommen. Wenn entfernzeichenkette nicht angegeben ist, werden Leerzeichen entfernt:

```
mysql> SELECT TRIM('  MySQL   ');
+-------------------+
| TRIM('  MySQL   ') |
+-------------------+
| MySQL             |
+-------------------+

mysql> SELECT TRIM(LEADING '*' FROM '***MySQL***');
+-----------------------------------+
| TRIM(LEADING '*' FROM '***MySQL***') |
+-----------------------------------+
| MySQL***                          |
+-----------------------------------+

mysql> SELECT TRIM(BOTH '*' FROM '***MySQL***');
+--------------------------------+
| TRIM(BOTH '*' FROM '***MySQL***') |
```

```
+----------------------------------+
| MySQL                            |
+----------------------------------+
```

```
mysql> SELECT TRIM(TRAILING '*' FROM '***MySQL***');
+---------------------------------------+
| TRIM(TRAILING '*' FROM '***MySQL***') |
+---------------------------------------+
| ***MySQL                              |
+---------------------------------------+
```

Diese Funktion ist Multibytesicher.

`SOUNDEX(zeichenkette)`

Gibt eine Soundex-Zeichenkette von zeichenkette zurück. Zwei Zeichenketten, die fast gleich klingen, sollten identische Soundex-Zeichenketten haben. Eine Standard-Soundex-Zeichenkette ist 4 Zeichen lang, aber die SOUNDEX()-Funktion gibt eine beliebig lange Zeichenkette zurück. Sie können SUBSTRING() auf das Ergebnis anwenden, um eine Standard-Soundex-Zeichenkette zu erhalten. Alle nicht alphanumerischen Zeichen in der angegebenen Zeichenkette werden ignoriert. Alle internationalen alphabetischen Zeichen außerhalb des Wertebereichs A bis Z werden als Vokale behandelt:

```
mysql> SELECT SOUNDEX('MySQL');
+------------------+
| SOUNDEX('MySQL') |
+------------------+
| M240             |
+------------------+
```

`SPACE(N)`

Gibt eine Zeichenkette zurück, die aus N Leerzeichen besteht:

```
mysql> SELECT SPACE(6);
+----------+
| SPACE(6) |
+----------+
|          |
+----------+
```

`REPLACE(zeichenkette,von_zeichenkette,zu_zeichenkette)`

Gibt die Zeichenkette zeichenkette zurück, bei der alle Vorkommen der Zeichenkette von_zeichenkette durch die Zeichenkette zu_zeichenkette ersetzt wurden:

```
mysql> SELECT REPLACE('www.franzis.de', 'franzis', 'google');
+------------------------------------------------+
| REPLACE('www.franzis.de', 'franzis', 'google') |
+------------------------------------------------+
| www.google.de                                  |
+------------------------------------------------+
```

Diese Funktion ist Multibytesicher.

```
REPEAT(zeichenkette,zaehler)
```

Gibt eine Zeichenkette zurück, die aus der Zeichenkette zeichenkette besteht, die zaehler mal wiederholt wurde. Wenn zaehler <= 0 ist, wird eine leere Zeichenkette zurückgegeben. Gibt NULL zurück, wenn zeichenkette oder zaehler NULL sind:

```
mysql> SELECT REPEAT('Hi', 3);
+-----------------+
| REPEAT('Hi', 3) |
+-----------------+
| HiHiHi          |
+-----------------+
```

```
REVERSE(zeichenkette)
```

Gibt die Zeichenkette zeichenkette in umgedrehter Reihenfolge der Zeichen zurück:

```
mysql> SELECT REVERSE('123');
+----------------+
| REVERSE('123') |
+----------------+
| 321            |
+----------------+

mysql> SELECT REVERSE('MySQL');
+------------------+
| REVERSE('MySQL') |
+------------------+
| LQSyM            |
+------------------+
```

Diese Funktion ist Multibytesicher.

```
INSERT(zeichenkette,position,laenge,neue_zeichenkette)
```

Gibt die Zeichenkette zeichenkette zurück, wobei eine Teilzeichenfolge ab Position position mit laenge Zeichen Länge durch die Zeichenkette neue_zeichenkette ersetzt wurde:

```
mysql> SELECT INSERT('Autokino',5,6,'mobile');
+---------------------------------+
| INSERT('Autokino',5,6,'mobile') |
+---------------------------------+
| Automobile                      |
+---------------------------------+
```

Diese Funktion ist Multibytesicher.

```
ELT(N,zeichenkette1,zeichenkette2,zeichenkette3,...)
```

Gibt zeichenkette1 zurück, wenn N = 1 ist, zeichenkette2, wenn N = 2 ist usw. Gibt NULL zurück, wenn N kleiner als 1 oder größer als die Anzahl von Argumenten ist. ELT() ist das Komplement von FIELD():

```
mysql> SELECT ELT(2, 'Hey', 'Ho', 'Hallo', 'Hi');
+-------------------------------------+
| ELT(2, 'Hey', 'Ho', 'Hallo', 'Hi') |
```

```
+-------------------------------------------+
| Ho                                        |
+-------------------------------------------+
```

```
FIELD(zeichenkette,zeichenkette1,zeichenkette2,zeichenkette3,...)
```

Gibt den Index von zeichenkette in der Liste zeichenkette1, zeichenkette2, zeichenkette3, ... zurück. Gibt 0 zurück, wenn zeichenkette nicht gefunden wird. FIELD() ist das Komplement von ELT():

```
mysql> SELECT FIELD('Ho', 'Hey', 'Ho', 'Hallo', 'Hi');
+------------------------------------------+
| FIELD('Ho', 'Hey', 'Ho', 'Hallo', 'Hi') |
+------------------------------------------+
|                                        2 |
+------------------------------------------+

mysql> SELECT FIELD('Howdy', 'Hey', 'Ho', 'Hallo', 'Hi');
+--------------------------------------------+
| FIELD('Howdy', 'Hey', 'Ho', 'Hallo', 'Hi') |
+--------------------------------------------+
|                                          0 |
+--------------------------------------------+
```

```
FIND_IN_SET(zeichenkette,zeichenkettenliste)
```

Gibt einen Wert 1 bis N zurück, wenn die Zeichenkette zeichenkette in der Liste zeichenkettenliste enthalten ist, die aus N Teilzeichenfolgen besteht. Eine Zeichenkettenliste ist eine Zeichenkette, die aus Teilzeichenfolgen zusammengesetzt ist, die durch ','-Zeichen getrennt sind. Wenn das erste Argument eine Zeichenketten-Konstante ist und das zweite eine Spalte des Typs SET, wird die FIND_IN_SET()-Funktion optimiert; es wird empfohlen, die Bit-Arithmetik zu benutzen. Gibt 0 zurück, wenn zeichenkette nicht in zeichenkettenliste enthalten ist oder wenn zeichenkettenliste die leere Zeichenkette ist. Gibt NULL zurück, wenn eines oder beide Argumente NULL sind. Diese Funktion funktioniert nicht korrekt, wenn das erste Argument ein ',' enthält:

```
mysql> SELECT FIND_IN_SET('c','a,b,c,d,e');
+------------------------------+
| FIND_IN_SET('c','a,b,c,d,e') |
+------------------------------+
|                            3 |
+------------------------------+
```

```
MAKE_SET(bits,zeichenkette1,zeichenkette2,...)
```

Gibt einen Satz (eine Zeichenkette, die Teilzeichenfolgen enthält, die durch ',' getrennt sind) zurück, der aus Zeichenketten besteht, die das entsprechende Bit in bits gesetzt haben. zeichenkette1 entspricht Bit 0, zeichenkette2 Bit 1 usw. NULL-Zeichenketten in zeichenkette1, zeichenkette2 usw. werden nicht an das Ergebnis angehängt:

```
mysql> SELECT MAKE_SET(1,'Matze','Caro','Gülten');
+-------------------------------------+
| MAKE_SET(1,'Matze','Caro','Gülten') |
```

```
+---------------------------------------+
| Matze                                 |
+---------------------------------------+

mysql> SELECT MAKE_SET(1 | 4,'Matze','Caro','Gülten');
+-----------------------------------------+
| MAKE_SET(1 | 4,'Matze','Caro','Gülten') |
+-----------------------------------------+
| Matze,Gülten                            |
+-----------------------------------------+
```

EXPORT_SET(bits,an,aus,[trennzeichen,[anzahl_bits]])

Gibt eine Zeichenkette zurück, in der Sie für jedes Bit, das in 'bit' gesetzt ist, eine 'an'-Zeichenkette erhalten, und für jedes zurückgesetzte Bit eine 'aus'-Zeichenkette. Jede Zeichenkette wird mit 'trennzeichen' getrennt (vorgabemäßig ','), und nur die 'anzahl_bits' (vorgabemäßig 64) von 'bits' wird benutzt:

```
mysql> SELECT EXPORT_SET(5,'Y','N','*',4);
+----------------------------+
| EXPORT_SET(5,'Y','N','*',4) |
+----------------------------+
| Y*N*Y*N                     |
+----------------------------+
```

LCASE(zeichenkette)

LOWER(zeichenkette)

Gibt die Zeichenkette zeichenkette zurück, bei der alle Zeichen in Kleinschreibung gemäß dem aktuellen Zeichensatz-Mapping (Vorgabe ist ISO-8859-1 Latin1) umgewandelt wurden:

```
mysql> SELECT LCASE('MySQL');
+----------------+
| LCASE('MySQL') |
+----------------+
| mysql          |
+----------------+
```

Diese Funktion ist Multibytesicher.

UCASE(zeichenkette)
UPPER(zeichenkette)

Gibt die Zeichenkette zeichenkette zurück, bei der alle Zeichen in Großbuchstaben gemäß dem aktuellen Zeichensatz-Mapping (Vorgabe ist ISO-8859-1 Latin1) umgewandelt wurden:

```
mysql> SELECT UCASE('MySQL');
+----------------+
| UCASE('MySQL') |
+----------------+
| MYSQL          |
+----------------+
```

Diese Funktion ist Multibytesicher.

```
LOAD_FILE(datei)
```

Liest die Datei datei aus und gibt den Dateiinhalt als Zeichenkette zurück. Die Datei muss auf dem entsprechenden Server liegen. Sie müssen den vollen Pfadnamen zur Datei angeben und Sie müssen die file-Berechtigung besitzen. Die Datei muss für alle als lesbar deklariert sein und muss kleiner sein als max_allowed_packet. Wenn die Datei nicht existiert oder aus den oben genannten Gründen nicht gelesen werden kann, gibt die Funktion NULL zurück:

```
mysql> UPDATE bild_tab SET blob_spalte=LOAD_FILE("/bilder/bild") WHERE
id=1;
```

Wenn Sie nicht MySQL Version 3.23 benutzen, müssen Sie das Lesen der Datei innerhalb Ihrer Applikation durchführen und ein INSERT-Statement erzeugen, um die Datenbank mit der Dateiinformation zu aktualisieren.

MySQL konvertiert Zahlen bei Bedarf automatisch in Zeichenketten, und umgekehrt:

```
mysql> SELECT 1+"1";
+-------+
| 1+"1" |
+-------+
|     2 |
+-------+

mysql> SELECT CONCAT(100,' Eier');
+--------------------+
| CONCAT(100,' Eier') |
+--------------------+
| 100 Eier           |
+--------------------+
```

Wenn Sie eine Zahl explizit in eine Zeichenkette umwandeln wollen, übergeben Sie sie als Argument an CONCAT().

Wenn in einer Zeichenketten-Funktion eine binäre Zeichenkette als Argument angegeben wird, ist die resultierende Zeichenkette ebenfalls eine binäre Zeichenkette. Eine Zahl, die in eine Zeichenkette umgewandelt wird, wird als binäre Zeichenkette behandelt. Das betrifft nur Vergleichsoperationen.

Zeichenketten-Vergleichsfunktionen

Normalerweise wird ein Vergleich unter Berücksichtigung der Groß-/Kleinschreibung durchgeführt, wenn irgendein Ausdruck in einem Zeichenkettenvergleich abhängig ist von der verwendeten Groß-/Kleinschreibung.

```
ausdruck LIKE muster [ESCAPE 'fluchtzeichen']
```

Mustervergleich, der den einfachen SQL-Vergleich mit regulären Ausdrücken verwendet. Gibt 1 (TRUE) oder 0 (FALSE) zurück.

Bei LIKE können Sie die folgenden zwei Platzhalterzeichen im Muster benutzen:

- % entspricht einer beliebigen Anzahl von Zeichen, selbst 0 Zeichen.

- _ (Leerzeichen) entspricht genau einem Zeichen.

```
mysql> SELECT 'Auto?' LIKE 'Auto_';
+----------------------+
| 'Auto?' LIKE 'Auto_' |
+----------------------+
|                    1 |
+----------------------+

mysql> SELECT 'Autokino' LIKE '%oki%';
+-------------------------+
| 'Autokino' LIKE '%oki%' |
+-------------------------+
|                       1 |
+-------------------------+
```

Um auf literale Instanzen des Platzhalterzeichens zu testen, stellen Sie dem Zeichen ein Fluchtzeichen (Escape-Zeichen) voran. Wenn Sie das Escape-Zeichen nicht angeben, wird '\' angenommen:

- \% entspricht einem %-Zeichen.

- _ entspricht einem _-Zeichen.

```
mysql> SELECT 'Auto?' LIKE 'Auto\_';
+----------------------+
| 'Auto?' LIKE 'Auto\_' |
+----------------------+
|                    0 |
+----------------------+

mysql> SELECT 'Auto_' LIKE 'Auto\_';
+----------------------+
| 'Auto_' LIKE 'Auto\_' |
+----------------------+
|                    1 |
+----------------------+
```

Um ein anderes Escape-Zeichen anzugeben, benutzen Sie die ESCAPE-Klausel:

```
mysql> SELECT 'Auto_' LIKE 'Auto|_' ESCAPE '|';
+---------------------------------+
| 'Auto_' LIKE 'Auto|_' ESCAPE '|' |
+---------------------------------+
|                               1 |
+---------------------------------+
```

Die folgenden beiden Anweisungen zeigen, dass Zeichenkettenvergleiche die Groß-/Kleinschreibung nicht berücksichtigen, solange nicht einer der Operanden eine binäre Zeichenkette ist:

```
mysql> SELECT 'matze' LIKE 'MATZE';
+----------------------+
| 'matze' LIKE 'MATZE' |
+----------------------+
|                    1 |
+----------------------+

mysql> SELECT 'matze' LIKE BINARY 'MATZE';
+-----------------------------+
| 'matze' LIKE BINARY 'MATZE' |
+-----------------------------+
|                           0 |
+-----------------------------+
```

LIKE ist bei numerischen Ausdrücken zulässig.

```
mysql> SELECT 100 LIKE '1%';
+---------------+
| 100 LIKE '1%' |
+---------------+
|             1 |
+---------------+
```

Hinweis: Weil MySQL die C-Escape-Syntax in Zeichenketten benutzt (beispielsweise '\n'), müssen Sie jedes '\'-Zeichen, das Sie in LIKE-Zeichenketten benutzen, verdoppeln. Um zum Beispiel nach '\n' zu suchen, geben Sie '\\n' ein. Um nach '\' zu suchen, geben Sie '\\\\' ein. Die Backslashes werden einmal vom Parser entfernt und noch einmal, wenn der Mustervergleich durchgeführt wird, so dass letztlich ein einzelner Backslash übrig bleibt.

```
ausdruck NOT LIKE muster [ESCAPE 'Zeichen']
```

Dasselbe wie NOT (ausdruck LIKE muster [ESCAPE 'Zeichen']).

```
ausdruck REGEXP muster
ausdruck RLIKE muster
```

Führt einen Mustervergleich eines Zeichenkettenausdrucks ausdruck gegen ein Muster muster durch. Das Muster kann ein erweiterter regulärer Ausdruck sein. Gibt 1 zurück, wenn ausdruck mit muster übereinstimmt, sonst 0. RLIKE ist ein Synonym für REGEXP, was aus Gründen der mSQL-Kompatibilität zur Verfügung steht.

Hinweis: Weil MySQL die C-Escape-Syntax in Zeichenketten benutzt (beispielsweise '\n'), müssen Sie jeden '\', den Sie in Ihren REGEXP-Zeichenketten benutzen, verdoppeln. Ab MySQL-Version 3.23.4 berücksichtigt REGEXP nicht die verwendete Groß-/Kleinschreibung für normale (nicht binäre) Zeichenketten.

```
mysql> SELECT 'Matze' REGEXP 'm%z%%';
+------------------------+
| 'Matze' REGEXP 'm%z%%' |
+------------------------+
|                      0 |
```

```
+-----------------------+
```

```
mysql> SELECT 'Matze' REGEXP '.*';
+-----------------------+
| 'Matze' REGEXP '.*' |
+-----------------------+
|                     1 |
+-----------------------+
```

REGEXP und RLIKE benutzen den aktuellen Zeichensatz (vorgabemäßig ISO-8859-1 Latin1), wenn über den Typ eines Zeichens entschieden wird.

```
ausdruck NOT REGEXP muster
ausdruck NOT RLIKE muster
```

Dasselbe wie NOT (ausdruck REGEXP muster).

```
STRCMP(ausdruck1,ausdruck2)
```

STRCMP() gibt 0 zurück, wenn die Zeichenketten gleich sind, -1, wenn das erste Argument kleiner als das zweite ist (nach der aktuellen Sortierreihenfolge), und sonst 1:

```
mysql> SELECT STRCMP('text', 'text2');
+------------------------+
| STRCMP('text', 'text2') |
+------------------------+
|                     -1 |
+------------------------+

mysql> SELECT STRCMP('text2', 'text');
+------------------------+
| STRCMP('text2', 'text') |
+------------------------+
|                      1 |
+------------------------+

mysql> SELECT STRCMP('text', 'text');
+-----------------------+
| STRCMP('text', 'text') |
+-----------------------+
|                     0 |
+-----------------------+
```

```
MATCH (spalte1,spalte2,...) AGAINST (ausdruck)
```

MATCH ... AGAINST() wird für Volltextsuche verwendet und gibt die Relevanz zurück – ein Ähnlichkeitsmaß zwischen dem Text in den Spalten (spalte1,spalte2,...) und der Anfrage ausdruck. Die Relevanz ist eine positive Fließkommazahl. 0 Relevanz bedeutet keine Ähnlichkeit. Damit MATCH ... AGAINST() funktioniert, muss zuerst ein FULL-TEXT-Index erzeugt werden. MATCH ... AGAINST() ist verfügbar ab MySQL-Version 3.23.23.

MySQL-Syntax für reguläre Ausdrücke

Ein regulärer Ausdruck (regex) ist eine äußerst effektive Möglichkeit, eine komplexe Suche zu formulieren.

MySQL verwendet Henry Spencers Implementation regulärer Ausdrücke, die anstrebt, POSIX-1003.2-konform zu sein. MySQL benutzt die erweiterte Version. Die vorliegende vereinfachte Referenz überspringt diese Details.

Ein regulärer Ausdruck beschreibt einen Satz von Zeichenketten. Der einfachste regexp ist einer, der keine Sonderzeichen enthält. Der regexp hello beispielsweise stimmt mit hello und sonst nichts überein.

Nicht triviale reguläre Ausdrücke verwenden bestimmte spezielle Konstrukte, so dass sie mit mehr als einer Zeichenkette übereinstimmen können. Der regexp hallo|stefan beispielsweise stimmt entweder mit der Zeichenkette hallo oder der Zeichenkette stefan überein.

Um ein komplexeres Beispiel zu geben, stimmt der regexp B[an]*s mit jeder der Zeichenketten Bananas, Baaaaas, Bs und jeder anderen Zeichenkette überein, die mit einem B anfängt, mit einem s aufhört und jede beliebige Anzahl von a- oder n-Zeichen dazwischen enthält.

Ein regulärer Ausdruck kann jedes der folgenden Sonderzeichen bzw. Konstrukte benutzen (0 = keine Übereinstimmung):

- ^ stimmt mit dem Anfang einer Zeichenkette überein.

- $ stimmt mit dem Ende einer Zeichenkette überein.

- . stimmt mit jedem Zeichen überein (inklusive neue Zeile).

- a* stimmt mit jeder Folge von 0 oder mehr a-Zeichen überein.

- a+ stimmt mit jeder Folge von einem oder mehr a-Zeichen überein.

- a? stimmt mit 0 oder einem a-Zeichen überein.

- de|abc stimmt mit den Zeichenfolgen de oder abc überein.

- (abc)* stimmt mit 0 oder mehr Instanzen der Folge abc überein.

{1}
{2,3}

Es gibt eine verallgemeinerte Schreibweise für regexps, die mit dem Vorkommen des vorherigen Atoms übereinstimmen.

- a* kann als a{0,} geschrieben werden.

- a+ kann als a{1,} geschrieben werden.

- a? kann als a{0,1} geschrieben werden.

Um genauer zu sein, stimmt ein Atom, gefolgt von einer Begrenzung, die eine Ganzzahl i und keine Kommatas enthält, mit einer Folge von genau i Übereinstimmungen des Atoms überein. Ein Atom, gefolgt von einer Begrenzung, die eine Ganzzahl i und ein

Komma enthält, stimmt mit einer Folge von i oder mehr Übereinstimmungen des Atoms überein. Ein Atom, gefolgt von einer Begrenzung, die zwei Ganzzahlen i und j Übereinstimmungen enthält, stimmt mit einer Folge von i bis j (inklusive) Übereinstimmungen des Atoms überein. Beide Argumente müssen im Bereich von 0 bis RE_DUP_MAX (Vorgabe 255) inklusive liegen. Wenn es zwei Argumente gibt, muss das zweite größer oder gleich dem ersten sein.

```
[a-dX]
[^a-dX]
```

Stimmt mit jedem Zeichen überein, was entweder a, b, c, d oder X ist (oder nicht ist, wenn ^ benutzt wird). Um ein literales]-Zeichen einzuschließen, muss es unmittelbar der öffnenden Klammer [folgen. Um ein literales --Zeichen einzuschließen, muss es zuerst oder zuletzt geschrieben werden. Daher stimmt [0-9] mit jeder Dezimalziffer überein. Alle Zeichen, die innerhalb eines []-Paars keine definierte Bedeutung haben, haben keine spezielle Bedeutung und stimmen nur mit sich selbst überein.

```
[[.zeichen.]]
```

Die Zeichenfolge des vereinigten Elements. Die Folge ist ein einzelnes Element der Ausdrucksliste in der Klammer. Ein Klammerausdruck, der ein Mehrzeichen-Vereinigungselement enthält, kann daher mit mehr als einem Zeichen übereinstimmen. Wenn die Vereinigungsfolge zum Beispiel ein ch-Vereinigungselement enthält, stimmt der reguläre Ausdruck [[.ch.]]*c mit den ersten fünf Zeichen von chchcc überein.

```
[=zeichen_klasse=]
```

Eine Äquivalenzklasse, die für Zeichenfolgen aller Vereinigungselemente der entsprechenden Klasse steht, inklusive sich selbst. Wenn zum Beispiel o und (+) die Mitglieder einer Äquivalenzklasse sind, sind [[=o=]], [[=(+)=]] und [o(+)] allesamt Synonyme. Eine Äquivalenzklasse darf kein Endpunkt eines Bereichs sein.

```
[:zeichen_klasse:]
```

Innerhalb eines Klammerausdrucks steht der Name einer Zeichenklasse, die für die Auflistung aller Zeichen, die zu dieser Klasse gehören, in [: und :] eingeschlossen ist. Standard-Zeichenklassennamen sind:

alnum	digit	punct
alpha	graph	space
empty	lower	upper
cntrl	print	xdigit

Diese stehen für die Zeichenklassen, die auf der ctype(3)-Handbuchseite definiert sind. Ein Locale darf andere zur Verfügung stellen. Eine Zeichenklasse darf nicht als Endpunkt eines Bereichs verwendet werden.

```
[[:<:]]
[[:>:]]
```

Diese stimmen mit der Null-Zeichenkette am Anfang bzw. am Ende eines Worts überein. Ein Wort ist definiert als Folge von Wort-Zeichen, dem keine Wortzeichen vorangestellt sind und auch keine folgen. Ein Wortzeichen ist ein alnum-Zeichen (wie in ctype(3) definiert) oder ein Unterstrich (_).

Groß-/Kleinschreibung

BINARY

Der BINARY-Operator macht die folgende Zeichenkette zu einer binären Zeichenkette. Dies ist eine einfache Möglichkeit, einen Spaltenvergleich zwangsweise in Abhängigkeit von der verwendeten Groß-/Kleinschreibung durchzuführen, selbst wenn die Spalte nicht als BINARY oder BLOB definiert ist:

```
mysql> SELECT "MySQL" = "MYSQL";
+-------------------+
| "MySQL" = "MYSQL" |
+-------------------+
|                 1 |
+-------------------+

mysql> SELECT BINARY "MySQL" = "MYSQL";
+--------------------------+
| BINARY "MySQL" = "MYSQL" |
+--------------------------+
|                        0 |
+--------------------------+
```

BINARY wurde in MySQL-Version 3.23.0 eingeführt. Beachten Sie, dass MySQL in manchen Fällen nicht in der Lage ist, den Index effizient zu nutzen, wenn Sie eine indizierte Spalte zu BINARY machen.

Wenn Sie einen Blob ohne Berücksichtigung der Groß-/Kleinschreibung vergleichen wollen, können Sie den Blob jederzeit in Großschreibung umwandeln, bevor Sie den Vergleich durchführen:

```
SELECT 'A' LIKE UPPER(blob_spalte) FROM tabelle;
```

Geplant ist, ein Casting zwischen den unterschiedlichen Zeichensätzen einzuführen, um Zeichenketten-Vergleiche noch flexibler zu machen.

9.3.3   Numerische Funktionen

Arithmetische Operationen

Es gibt die üblichen arithmetischen Operatoren. Beachten Sie, dass das Ergebnis im Falle von '-', '+' und '*' mit BIGINT-Genauigkeit (64-Bit) berechnet wird, wenn beide Argumente Ganzzahlen sind.

Addition (+)

```
mysql> SELECT 10+5;
+------+
| 10+5 |
+------+
|   15 |
+------+
```

Subtraktion (-)

```
mysql> SELECT 10-5;
+------+
| 10-5 |
+------+
|    5 |
+------+
```

Multiplikation (*)

```
mysql> SELECT 10*5;
+------+
| 10*5 |
+------+
|   50 |
+------+
```

Division (/)

```
mysql> SELECT 10/5;
+------+
| 10/5 |
+------+
| 2.00 |
+------+
```

Die Division durch 0 ergibt ein NULL-Ergebnis:

```
mysql> SELECT 10/0;
+------+
| 10/0 |
+------+
| NULL |
+------+
```

Eine Division wird nur dann mit BIGINT-Arithmetik berechnet, wenn sie in einem Zusammenhang durchgeführt wird, in dem das Ergebnis in eine Ganzzahl umgewandelt wird.

Mathematische Funktionen

Alle mathematischen Funktionen geben im Fehlerfall NULL zurück.

```
Unäres Minus (-)
```

Ändert das Vorzeichen des Arguments:

```
mysql> SELECT -2;
+----+
| -2 |
+----+
| -2 |
+----+
```

Wenn dieser Operator mit einer BIGINT benutzt wird, beachten Sie bitte, dass der Rückgabewert eine BIGINT ist. Das bedeutet, dass Sie ein – auf Ganzzahlen, die den Wert -2^63 haben könnten, vermeiden sollten.

```
ABS(X)
```

Gibt den absoluten Wert von X zurück:

```
mysql> SELECT ABS(-2);
+---------+
| ABS(-2) |
+---------+
|       2 |
+---------+
```

Diese Funktion kann bei BIGINT-Werten sicher benutzt werden.

```
SIGN(X)
```

Gibt das Vorzeichen des Arguments als -1, 0 oder 1 zurück, in Abhängigkeit davon, ob X negativ, 0 oder positiv ist:

```
mysql> SELECT SIGN(100);
+-----------+
| SIGN(100) |
+-----------+
|         1 |
+-----------+

mysql> SELECT SIGN(0);
+---------+
| SIGN(0) |
+---------+
|       0 |
+---------+

mysql> SELECT SIGN(-100);
+------------+
| SIGN(-100) |
+------------+
|         -1 |
+------------+
```

```
MOD(N,M)
%
```

Modulo (wie der %-Operator in C). Gibt den Rest von N dividiert durch M zurück:

```
mysql> SELECT MOD(100, 9);
+-------------+
| MOD(100, 9) |
+-------------+
|           1 |
+-------------+

mysql> SELECT 20%3;
+------+
| 20%3 |
+------+
|    2 |
+------+
```

Diese Funktion kann bei BIGINT-Werten sicher benutzt werden.

```
FLOOR(X)
```

Gibt den größten ganzzahligen Wert zurück, der nicht größer als X ist:

```
mysql> SELECT FLOOR(1.5);
+------------+
| FLOOR(1.5) |
+------------+
|          1 |
+------------+

mysql> SELECT FLOOR(-1.5);
+-------------+
| FLOOR(-1.5) |
+-------------+
|          -2 |
+-------------+
```

Beachten Sie, dass der Rückgabewert in eine BIGINT umgewandelt wird.

```
CEILING(X)
```

Gibt den kleinsten ganzzahligen Wert zurück, der nicht kleiner als X ist:

```
mysql> SELECT CEILING(1.5);
+--------------+
| CEILING(1.5) |
+--------------+
|            2 |
+--------------+

mysql> SELECT CEILING(-1.5);
+---------------+
| CEILING(-1.5) |
```

```
+----------------+
|             -1 |
+----------------+
```

Beachten Sie, dass der Rückgabewert in eine BIGINT umgewandelt wird.

ROUND(X)

Gibt das Argument X zurück, gerundet auf die nächstliegende Ganzzahl:

```
mysql> SELECT ROUND(1.51);
+--------------+
| ROUND(1.51) |
+--------------+
|            2 |
+--------------+

mysql> SELECT ROUND(-1.6);
+--------------+
| ROUND(-1.6) |
+--------------+
|           -2 |
+--------------+
```

Beachten Sie, dass das Verhalten von ROUND() abhängig ist von der C-Bibliothek-Implementation, wenn das Argument in der Mitte zwischen zwei Ganzzahlen liegt. Einige runden auf die nächstliegende gerade Zahl, immer nach oben, immer nach unten oder immer Richtung 0 auf. Wenn Sie eine bestimmte Art zu runden brauchen, sollten Sie stattdessen wohldefinierte Funktionen wie TRUNCATE() oder FLOOR() vewenden.

ROUND(X,D)

Gibt das Argument X zurück, gerundet auf eine Zahl mit D Dezimalstellen. Wenn D 0 ist, hat das Ergebnis keinen Dezimalpunkt oder Bruchteil:

```
mysql> SELECT ROUND(99.999, 2);
+-----------------+
| ROUND(99.999, 2) |
+-----------------+
|          100.00 |
+-----------------+

mysql> SELECT ROUND(10.56, 1);
+-----------------+
| ROUND(10.56, 1) |
+-----------------+
|            10.6 |
+-----------------+
```

```
EXP(X)
```

Gibt den Wert e (die Basis des natürlichen Logarithmus) hoch X zurück:

```
mysql> SELECT EXP(10);
+--------------+
| EXP(10)      |
+--------------+
| 22026.465795 |
+--------------+
```

```
LOG(X)
```

Gibt den natürlichen Logarithmus von X zurück:

```
mysql> SELECT LOG(10);
+----------+
| LOG(10)  |
+----------+
| 2.302585 |
+----------+
```

Wenn Sie den Logarithmus einer Zahl X zu einer beliebigen Basis B errechnen wollen, verwenden Sie die Formel LOG(X)/LOG(B).

```
LOG10(X)
```

Gibt den Logarithmus zur Basis 10 von X zurück:

```
mysql> SELECT LOG10(100);
+------------+
| LOG10(100) |
+------------+
|   2.000000 |
+------------+

mysql> SELECT LOG10(-100);
+-------------+
| LOG10(-100) |
+-------------+
|        NULL |
+-------------+
```

```
POW(X,Y)
POWER(X,Y)
```

Gibt den Wert X hoch Y zurück:

```
mysql> SELECT POW(2,3);
+----------+
| POW(2,3) |
+----------+
| 8.000000 |
+----------+

mysql> SELECT POW(2,-3);
```

```
+-----------+
| POW(2,-3) |
+-----------+
|  0.125000 |
+-----------+

mysql> SELECT POW(2,24);
+-----------------+
| POW(2,24)       |
+-----------------+
| 16777216.000000 |
+-----------------+
```

SQRT(X)

Gibt die nicht negative Quadratwurzel von X zurück:

```
mysql> SELECT SQRT(4);
+----------+
| SQRT(4)  |
+----------+
| 2.000000 |
+----------+
```

PI()

Gibt den Wert PI zurück. Die vorgabemäßig angezeigte Anzahl von Dezimalstellen ist 5, aber MySQL verwendet intern die volle doppelte Genauigkeit für PI.

```
mysql> SELECT PI();
+----------+
| PI()     |
+----------+
| 3.141593 |
+----------+

mysql> SELECT PI()+0.0000000000;
+-------------------+
| PI()+0.0000000000 |
+-------------------+
|      3.1415926536 |
+-------------------+
```

SIN(X)

Gibt den Sinus von X zurück, wobei X in Radianten angegeben wird:

```
mysql> SELECT SIN(45);
+----------+
| SIN(45)  |
+----------+
| 0.850904 |
+----------+
```

COS(X)

Gibt den Cosinus von X zurück, wobei X in Radianten angegeben wird:

```
mysql> SELECT COS(45);
+----------+
| COS(45)  |
+----------+
| 0.525322 |
+----------+
```

TAN(X)

Gibt den Tangens von X zurück, wobei X in Radianten angegeben wird:

```
mysql> SELECT TAN(45);
+----------+
| TAN(45)  |
+----------+
| 1.619775 |
+----------+
```

ASIN(X)

Gibt den Arcussinus von X zurück, das heißt den Wert, dessen Sinus X ist. Gibt NULL zurück, wenn X nicht im Bereich von -1 bis 1 liegt:

```
mysql> SELECT ASIN(0.5);
+-----------+
| ASIN(0.5) |
+-----------+
|  0.523599 |
+-----------+
```

ACOS(X)

Gibt den Arcuscosinus von X zurück, dass heißt den Wert, dessen Cosinus X ist. Gibt NULL zurück, wenn X nicht im Bereich von -1 bis 1 liegt:

```
mysql> SELECT ACOS(0.5);
+-----------+
| ACOS(0.5) |
+-----------+
|  1.047198 |
+-----------+
```

ATAN(X)

Gibt den Arcustangens von X zurück, das heißt den Wert, dessen Tangens X ist:

```
mysql> SELECT ATAN(0.5);
+-----------+
| ATAN(0.5) |
+-----------+
|  0.463648 |
+-----------+
```

```
ATAN2(Y,X)
```

Gibt den Arcustangens der beiden Variablen X und Y zurück. Dies ähnelt der Berechnung des Arcustangens von Y / X, außer dass die Vorzeichen beider Argumente dazu verwendet werden, den Quadranten des Ergebnisses zu bestimmen:

```
mysql> SELECT ATAN2(-5,2);
+-------------+
| ATAN2(-5,2) |
+-------------+
|   -1.190290 |
+-------------+
```

```
COT(X)
```

Gibt den Cotangens von X zurück:

```
mysql> SELECT COT(10);
+------------+
| COT(10)    |
+------------+
| 1.54235105 |
+------------+
```

```
RAND()
```

```
RAND(N)
```

Gibt eine Zufallszahl (Fließkommawert) im Bereich von 0 bis 1.0 zurück. Wenn ein Ganzzahl-Argument N angegeben wird, wird es als Ausgangswert verwendet:

```
mysql> SELECT RAND();
+-----------------+
| RAND()          |
+-----------------+
| 0.51634312934833 |
+-----------------+

mysql> SELECT RAND(50);
+-----------------+
| RAND(50)         |
+-----------------+
| 0.18109066149321 |
+-----------------+
```

Sie können eine Spalte mit RAND()-Werten nicht in einer ORDER BY-Klausel verwenden, weil ORDER BY die Spalte mehrfach auswerten würde. In MySQL-Version 3.23 können Sie jedoch Folgendes tun: SELECT * FROM tabelle ORDER BY RAND(). Das ist nützlich, um eine Zufallsstichprobe aus SELECT * FROM tabelle1,tabelle2 WHERE a=b AND c<d ORDER BY RAND() LIMIT 1000 zu erhalten. Beachten Sie, dass ein RAND() in einer WHERE-Klausel jedes Mal von Neuem ausgewertet wird, wenn WHERE ausgeführt wird.

```
LEAST(X,Y,...)
```

Mit zwei oder mehr Argumenten gibt die Funktion das kleinste Argument (das mit dem niedrigsten Wert) zurück. Die Argumente werden nach folgenden Regeln verglichen:

- Wenn der Rückgabewert in einem INTEGER-Zusammenhang verwendet wird oder alle Argumente Ganzzahl-Werte sind, werden sie als Ganzzahlen verglichen.

- Wenn der Rückgabewert in einem REAL-Zusammenhang verwendet wird oder alle Argumente Realzahlen sind, werden sie als Realzahlen verglichen.

- Wenn irgend ein Argument eine von der Groß-/Kleinschreibung abhängige Zeichenkette ist, werden die Argumente als Zeichenketten verglichen, die von der Groß-/Kleinschreibung abhängen.

- In sonstigen Fällen werden die Argumente als Zeichenketten verglichen, die nicht von der Groß-/Kleinschreibung abhängen.

```
mysql> SELECT LEAST(2,0,10);
+---------------+
| LEAST(2,0,10) |
+---------------+
|             0 |
+---------------+

mysql> SELECT LEAST("m","x","a","b");
+------------------------+
| LEAST("m","x","a","b") |
+------------------------+
| a                      |
+------------------------+
```

Tipp: In MySQL-Versionen vor Version 3.22.5 können Sie MIN() statt LEAST benutzen.

```
GREATEST(X,Y,...)
```

Gibt das größte Argument (das mit dem höchsten Wert) zurück. Die Argumente werden nach denselben Regeln wie bei LEAST verglichen:

```
mysql> SELECT GREATEST(2,0,10);
+------------------+
| GREATEST(2,0,10) |
+------------------+
|               10 |
+------------------+

mysql> SELECT GREATEST("m","x","a","b");
+---------------------------+
| GREATEST("m","x","a","b") |
+---------------------------+
| x                         |
+---------------------------+
```

Tipp: In MySQL-Versionen vor Version 3.22.5 können Sie MAX() statt GREATEST benutzen.

DEGREES(X)

Gibt das Argument X zurück, von Radianten in Grad umgewandelt:

```
mysql> SELECT DEGREES(PI());
+---------------+
| DEGREES(PI()) |
+---------------+
|           180 |
+---------------+

mysql> SELECT DEGREES(2*PI());
+-----------------+
| DEGREES(2*PI()) |
+-----------------+
|             360 |
+-----------------+
```

RADIANS(X)

Gibt das Argument X zurück, von Grad in Radianten umgewandelt:

```
mysql> SELECT RADIANS(180);
+----------------+
| RADIANS(180)   |
+----------------+
| 3.1415926535898 |
+----------------+

mysql> SELECT RADIANS(360);
+----------------+
| RADIANS(360)   |
+----------------+
| 6.2831853071796 |
+----------------+
```

TRUNCATE(X,D)

Gibt die Zahl X auf D Dezimalstellen beschnitten zurück. Wenn D 0 ist, hat das Ergebnis keinen Dezimalpunkt oder Bruchteil:

```
mysql> SELECT TRUNCATE(1.546,1);
+-------------------+
| TRUNCATE(1.546,1) |
+-------------------+
|               1.5 |
+-------------------+
```

Achtung: Beachten Sie, dass Dezimalzahlen im Computer normalerweise nicht als exakte Zahlen, sondern als Double-Werte gespeichert werden.

9.3.4 Datums- und Zeit-Funktionen

Hier nunmehr ein Beispiel, das Datums-Funktionen verwendet. Die unten stehende Anfrage wählt alle Datensätze mit einem datum_spalte-Wert innerhalb der letzten 30 Tage aus:

```
mysql> SELECT * FROM kunden_tab WHERE TO_DAYS(NOW()) -
TO_DAYS(datum_spalte) <= 30;
```

```
DAYOFWEEK(datum)
```

Gibt den Wochentag-Index zurück. Für datum gilt:

Index	Wochentag
1	Sonntag
2	Montag
3	Dienstag
4	Mittwoch
5	Donnerstag
6	Freitag
7	Samstag

Diese Index-Werte entsprechen dem ODBC-Standard:

```
mysql> SELECT DAYOFWEEK('2003-03-30');
+-------------------------+
| DAYOFWEEK('2003-03-30') |
+-------------------------+
|                       1 |
+-------------------------+
```

```
WEEKDAY(datum)
```

Gibt den Wochentag-Index für datum zurück.

Index	Wochentag
0	Montag
1	Dienstag
2	Mittwoch
3	Donnerstag
4	Freitag
5	Samstag
6	Sonntag

```
mysql> SELECT WEEKDAY('2003-03-30');
+-----------------------+
| WEEKDAY('2003-03-30') |
+-----------------------+
|                     6 |
+-----------------------+
```

DAYOFMONTH(datum)

Gibt den Tag des Monats für datum im Bereich 1 bis 31 zurück:

```
mysql> SELECT DAYOFMONTH('2003-03-30');
+--------------------------+
| DAYOFMONTH('2003-03-30') |
+--------------------------+
|                       30 |
+--------------------------+
```

DAYOFYEAR(datum)

Gibt den Tag des Jahres für datum im Bereich 1 bis 366 zurück:

```
mysql> SELECT DAYOFYEAR('2003-03-30');
+-------------------------+
| DAYOFYEAR('2003-03-30') |
+-------------------------+
|                      89 |
+-------------------------+
```

MONTH(datum)

Gibt den Monat für datum im Bereich 1 bis 12 zurück:

```
mysql> SELECT MONTH('2003-03-30');
+---------------------+
| MONTH('2003-03-30') |
+---------------------+
|                   3 |
+---------------------+
```

YEAR(datum)

Gibt das Jahr für datum im Bereich 1000 bis 9999 zurück:

```
mysql> SELECT YEAR('2003-03-30');
+--------------------+
| YEAR('2003-03-30') |
+--------------------+
|               2003 |
+--------------------+
```

DAYNAME(datum)

Gibt den Namen des Wochentags für datum zurück (auf englisch):

```
mysql> SELECT DAYNAME('2003-03-30');
+-----------------------+
| DAYNAME('2003-03-30') |
+-----------------------+
| Sunday                |
+-----------------------+
```

```
MONTHNAME(datum)
```

Gibt den Namen des Monats für datum zurück (auf englisch):

```
mysql> SELECT MONTHNAME('2003-03-30');
+-----------------------+
| MONTHNAME('2003-03-30') |
+-----------------------+
| March                 |
+-----------------------+
```

```
QUARTER(datum)
```

Gibt das Quartal des Jahres für datum im Bereich 1 bis 4 zurück:

```
mysql> SELECT QUARTER('2003-03-30');
+---------------------+
| QUARTER('2003-03-30') |
+---------------------+
|                   1 |
+---------------------+
```

```
WEEK(datum)
```

```
WEEK(datum,erste)
```

Mit einem einzelnen Argument gibt diese Funktion die Woche für datum im Bereich 0 bis 53 zurück (ja, es kann Anfänge der Woche 53 geben), und zwar für Orte, in denen Sonntag als erster Wochentag gewertet wird. In der Form der Verwendung mit zwei Argumenten gestattet WEEK() es festzulegen, ob die Woche am Sonntag oder am Montag beginnt. Die Woche beginnt am Sonntag, wenn das zweite Argument 0 ist, und am Montag, wenn das zweite Argument 1 ist:

```
mysql> SELECT WEEK('2003-03-30');
+------------------+
| WEEK('2003-03-30') |
+------------------+
|               14 |
+------------------+
```

```
YEARWEEK(datum)
```

```
YEARWEEK(datum,erste)
```

Gibt Jahr und Woche für ein Datum zurück. Das zweite Argument funktioniert genau wie das zweite Argument von WEEK(). Beachten Sie, dass das Jahr sich in der ersten und letzten Woche des Jahres vom Jahr im Datums-Argument unterscheiden kann:

```
mysql> SELECT YEARWEEK('2003-03-30');
+----------------------+
| YEARWEEK('2003-03-30') |
+----------------------+
|               200314 |
+----------------------+
```

```
HOUR(zeit)
```

Gibt die Stunde für zeit im Bereich 0 bis 23 zurück:

```
mysql> SELECT HOUR('11:25:20');
+------------------+
| HOUR('11:25:20') |
+------------------+
|               11 |
+------------------+
```

```
MINUTE(zeit)
```

Gibt die Minute für zeit im Bereich 0 bis 59 zurück:

```
mysql> SELECT MINUTE('11:25:20');
+--------------------+
| MINUTE('11:25:20') |
+--------------------+
|                 25 |
+--------------------+
```

```
SECOND(zeit)
```

Gibt die Sekunde für zeit im Bereich 0 bis 59 zurück:

```
mysql> SELECT SECOND('11:25:20');
+--------------------+
| SECOND('11:25:20') |
+--------------------+
|                 20 |
+--------------------+
```

```
PERIOD_ADD(P,N)
```

Zählt N Monate zur Periode P hinzu (im Format YYMM oder YYYYMM). Gibt einen Wert im Format YYYYMM zurück. Beachten Sie, dass das Perioden-Argument P kein Datums-Wert ist:

```
mysql> SELECT PERIOD_ADD(9910,1);
+--------------------+
| PERIOD_ADD(9910,1) |
+--------------------+
|             199911 |
+--------------------+
```

```
PERIOD_DIFF(P1,P2)
```

Gibt die Anzahl von Monaten zwischen den Perioden P1 und P2 zurück. P1 und P2 sollten im Format YYMM oder YYYYMM vorliegen. Beachten Sie, dass die Perioden-Argumente P1 und P2 keine Datumswerte sind:

```
mysql> SELECT PERIOD_DIFF(199912,9810);
+--------------------------+
| PERIOD_DIFF(199912,9810) |
```

```
+-------------------------+
|                      14 |
+-------------------------+
```

```
DATE_ADD(datum,INTERVAL ausdruck typ)
```

```
DATE_SUB(datum,INTERVAL ausdruck typ)
```

```
ADDDATE(datum,INTERVAL ausdruck typ)
```

```
SUBDATE(datum,INTERVAL ausdruck typ)
```

Diese Funktionen führen Datumsberechnungen durch. Sie wurden in MySQL-Version 3.22 eingeführt. ADDDATE() und SUBDATE() sind Synonyme für DATE_ADD() und DATE_SUB(). In MySQL-Version 3.23 können Sie + und – anstelle von DATE_ADD() und DATE_SUB() verwenden, wenn der Ausdruck auf der rechten Seite eine DATE oder DATETIME-Spalte ist (siehe Beispiel). datum ist ein DATETIME- oder DATE-Wert, der das Anfangsdatum festlegt. ausdruck ist ein Ausdruck, der den Intervallwert festlegt, der zum Anfangsdatum hinzugezählt oder von diesem abgezogen wird. ausdruck ist eine Zeichenkette; sie kann mit einem '-' für negative Intervalle beginnen. typ ist ein Schlüsselwort, das angibt, wie der Ausdruck interpretiert werden soll. Die verwandte Funktion EXTRACT(typ FROM datum) gibt das 'typ'-Intervall des Datums zurück. Folgende Tabelle zeigt, in welchem Zusammenhang die typ- und ausdruck-Argumente stehen:

Typwert	Ausdruckformat
SECOND	Sekunden
MINUTE	Minuten
HOUR	Stunden
DAY	Tage
MONTH	Monate
YEAR	Jahre
MINUTE_SECOND	"Minuten:Sekunden"
HOUR_MINUTE	"Stunden:Minuten"
DAY_HOUR	"Tage Stunden"
YEAR_MONTH	"Jahre-Monate"
HOUR_SECOND	"Stunden:Minuten:Sekunden"
DAY_MINUTE	"Tage Stunden:Minuten"
DAY_SECOND	"Tage Stunden:Minuten:Sekunden"

MySQL erlaubt beliebige Satzzeichen-Begrenzer im ausdruck-Format. Die in der Tabelle gezeigten Begrenzer sind lediglich Vorschläge. Wenn das datum-Argument ein DATE-Wert ist und Ihre Berechnungen nur YEAR, MONTH und DAY-Anteile beinhalten (also keine Zeit-Anteile), ist das Ergebnis ein DATE-Wert. Ansonsten ist das Ergebnis ein DATETIME-Wert:

```
mysql> SELECT '1999-12-31 23:59:59' + INTERVAL 1 SECOND;
+---------------------------------------------+
| '1999-12-31 23:59:59' + INTERVAL 1 SECOND |
+---------------------------------------------+
```

```
| 2000-01-01 00:00:00                          |
+---------------------------------------------+

mysql> SELECT DATE_ADD('1999-12-31 23:59:59', INTERVAL 1 SECOND);
+-----------------------------------------------------+
| DATE_ADD('1999-12-31 23:59:59', INTERVAL 1 SECOND) |
+-----------------------------------------------------+
| 2000-01-01 00:00:00                                 |
+-----------------------------------------------------+
```

Wenn Sie einen Intervallwert angeben, der zu kurz ist (nicht alle Intervall-Anteile beinhaltet, die vom typ-Schlüsselwort erwartet werden), nimmt MySQL an, dass Sie den äußersten linken Teil des Intervallwerts ausgelassen haben. Wenn Sie beispielsweise einen typ DAY_SECOND angeben, wird vom Wert von ausdruck erwartet, dass dieser Tages-, Stunden-, Minuten- und Sekunden-Anteile enthält. Wenn Sie einen Wert wie "1:10" angeben, nimmt MySQL an, dass die Tages- und Stunden-Anteile fehlen und der Wert Minuten und Sekunden darstellt. Mit anderen Worten wird "1:10" DAY_SECOND so interpretiert, dass es äquivalent zu "1:10" MINUTE_SECOND ist. Dies ist analog zu der Art und Weise, wie MySQL TIME-Werte interpretiert, die eher vergangene Zeit als Tageszeit darstellen. Beachten Sie, dass ein Datumswert automatisch in einen DATE-TIME-Wert umgewandelt wird, wenn Sie einen DATE-Wert zu etwas hinzuzählen oder von etwas abziehen, das einen Zeit-Anteil hat:

```
mysql> SELECT DATE_ADD('2000-01-01', INTERVAL 1 day);
+---------------------------------------+
| DATE_ADD('2000-01-01', INTERVAL 1 day) |
+---------------------------------------+
| 2000-01-02                            |
+---------------------------------------+
```

Wenn Sie wirklich falsche Datumsangaben benutzen, ist das Ergebnis NULL. Wenn Sie MONTH, YEAR_MONTH oder YEAR hinzuzählen und das Datumsergebnis einen Tag hat, der größer ist als der höchste Tag für den neuen Monat, wird der Tag auf den höchsten Tag des neuen Monats angepasst:

```
mysql> SELECT DATE_ADD('2003-01-30', INTERVAL 1 month);
+---------------------------------------+
| DATE_ADD('2003-01-30', INTERVAL 1 month) |
+---------------------------------------+
| 2003-02-28                            |
+---------------------------------------+
```

Hinweis: Beachten Sie, dass das Wort INTERVAL und das typ-Schlüsselwort in den vorliegenden Beispielen nicht von der verwendeten Groß-/Kleinschreibung abhängen.

```
EXTRACT(typ FROM datum)
```

Die EXTRACT()-Funktion benutzt dieselbe Art von Intervalltyp-Spezifikatoren wie DATE_ADD() oder DATE_SUB(), extrahiert jedoch Anteile aus dem Datum, statt Datumsberechnungen durchzuführen:

```
mysql> SELECT EXTRACT(YEAR FROM '2003-03-30');
+-------------------------------+
| EXTRACT(YEAR FROM '2003-03-30') |
+-------------------------------+
|                          2003 |
+-------------------------------+
```

`TO_DAYS(datum)`

Gibt für ein Datum datum eine Tagesanzahl zurück (die Anzahl von Tagen seit dem Jahr 0):

```
mysql> SELECT TO_DAYS('2003-03-30');
+----------------------+
| TO_DAYS('2003-03-30') |
+----------------------+
|               731669 |
+----------------------+
```

TO_DAYS() ist nicht für die Verwendung mit Werten vor Einführung des Gregorianischen Kalenders (1582) vorgesehen, weil es nicht die Tage berücksichtigt, die verloren gingen, als der Kalender geändert wurde.

`FROM_DAYS(N)`

Gibt für eine Tagesanzahl N einen DATE-Wert zurück:

```
mysql> SELECT FROM_DAYS(730000);
+------------------+
| FROM_DAYS(730000) |
+------------------+
| 1998-09-03       |
+------------------+
```

FROM_DAYS() ist nicht für die Verwendung von Werten vor Einführung des Gregorianischen Kalenders (1582) vorgesehen, weil es nicht die Tage berücksichtigt, die verloren gingen, als der Kalender geändert wurde.

`DATE_FORMAT(datum,format)`

Formatiert den datum-Wert gemäß der format-Zeichenkette. Folgende Spezifikatoren können in der format-Zeichenkette verwendet werden:

Format	Ausdruck
%M	Monatsname auf englisch (January bis December)
%W	Name des Wochentags auf englisch (Sunday bis Saturday)
%D	Tag des Monats mit englischem Suffix (1st, 2nd, 3rd usw.)
%Y	Jahr, numerisch, 4 Ziffern
%y	Jahr, numerisch, 2 Ziffern

Format	Ausdruck
%X	Jahr der Woche, wobei Sonntag der erste Tag der Woche ist, numerisch, 4 Ziffern, benutzt mit '%V'
%x	Jahr der Woche, wobei Montag der erste Tag der Woche ist, numerisch, 4 Ziffern, benutzt mit '%v'
%a	Abgekürzter Name des Wochentags auf englisch (Sun..Sat)
%d	Tag des Monats, numerisch (00 bis 31)
%e	Tag des Monats, numerisch (0 bis 31)
%m	Monat, numerisch (01 bis 12)
%c	Monat, numerisch (1 bis 12)
%b	Abgekürzter Monatsname auf englisch (Jan bis Dec)
%j	Tag des Jahrs (001 bis 366)
%H	Stunde (00 bis 23)
%k	Stunde (0 bis 23)
%h	Stunde (01 bis 12)
%I	Stunde (01 bis 12)
%l	Stunde (1 bis 12)
%i	Minuten, numerisch (00 bis 59)
%r	Uhrzeit, 12-Stunden-Format (hh:mm:ss [AP]M)
%T	Uhrzeit, 24-Stunden-Format (hh:mm:ss)
%S	Sekunden (00 bis 59)
%s	Sekunden (00 bis 59)
%p	AM oder PM
%w	Wochentag (0=Sonntag bis 6=Samstag)
%U	Woche (0 bis 53), wobei Sonntag der erste Tag der Woche ist
%u	Woche (0 bis 53), wobei Montag der erste Tag der Woche ist
%V	Woche (1 bis 53), wobei Sonntag der erste Tag der Woche ist. Benutzt mit ' %X'
%v	Woche (1 bis 53), wobei Montag der erste Tag der Woche ist. Benutzt mit ' %x'
%%	Ein Literal '%'.

```
mysql> SELECT DATE_FORMAT('2003-03-30', '%W%M%Y');
+-------------------------------------+
| DATE_FORMAT('2003-03-30', '%W%M%Y') |
+-------------------------------------+
| SundayMarch2003                     |
+-------------------------------------+
```

Achtung: Ab MySQL-Version 3.23 ist das '%'-Zeichen vor Format-Spezifikatorzeichen erforderlich. In früheren Versionen von MySQL war '%' optional.

```
TIME_FORMAT(zeit,format)
```

Dieses wird verwendet wie die obige DATE_FORMAT()-Funktion, aber die format-Zeichenkette darf nur die Spezifikatoren enthalten, die Stunden, Minuten und Sekunden handhaben. Andere Spezifikatoren erzeugen einen NULL-Wert oder 0.

```
mysql> SELECT TIME_FORMAT('12:25:20', '%r');
+------------------------------+
| TIME_FORMAT('12:25:20', '%r') |
+------------------------------+
| 12:25:20 PM                  |
+------------------------------+
```

CURDATE()
CURRENT_DATE

Gibt das Datum von heute im 'YYYY-MM-DD'- oder YYYYMMDD-Format zurück, abhängig davon, ob die Funktion in einem Zeichenketten- oder in einem numerischen Zusammenhang verwendet wird:

```
mysql> SELECT CURDATE();
+------------+
| CURDATE()  |
+------------+
| 2003-04-12 |
+------------+

mysql> SELECT CURDATE() + 0;
+---------------+
| CURDATE() + 0 |
+---------------+
|      20030412 |
+---------------+
```

CURTIME()
CURRENT_TIME

Gibt die aktuelle Zeit als einen Wert im 'HH:MM:SS'- oder HHMMSS-Format zurück, abhängig davon, ob die Funktion in einem Zeichenketten- oder in einem numerischen Zusammenhang verwendet wird:

```
mysql> SELECT CURTIME();
+-----------+
| CURTIME() |
+-----------+
| 15:56:08  |
+-----------+

mysql> SELECT CURTIME() + 0;
+---------------+
| CURTIME() + 0 |
+---------------+
|        155628 |
+---------------+
```

```
NOW()
SYSDATE()
CURRENT_TIMESTAMP
```

Gibt das aktuelle Datum und die aktuelle Zeit als einen Wert im 'YYYY-MM-DD HH:MM:SS'- oder YYYYMMDDHHMMSS-Format zurück, abhängig davon, ob die Funktion in einem Zeichenketten- oder in einem numerischen Zusammenhang verwendet wird:

```
mysql> SELECT NOW();
+---------------------+
| NOW()               |
+---------------------+
| 2003-04-12 15:56:50 |
+---------------------+

mysql> SELECT NOW() + 0;
+----------------+
| NOW() + 0      |
+----------------+
| 20030412155701 |
+----------------+
```

```
UNIX_TIMESTAMP()
UNIX_TIMESTAMP(datum)
```

Ohne Argument aufgerufen, gibt diese Funktion einen Unix-Zeitstempel zurück (Sekunden seit '1970-01-01 00:00:00' GMT). Wenn UNIX_TIMESTAMP() mit einem datum-Argument aufgerufen wird, gibt sie den Wert des Arguments als Sekunden seit '1970-01-01 00:00:00' GMT zurück. datum kann eine DATE-Zeichenkette, eine DATETIME-Zeichenkette, ein TIMESTAMP oder eine Zahl im Format YYMMDD oder YYYYMMDD lokaler Zeit sein:

```
mysql> SELECT UNIX_TIMESTAMP();
+------------------+
| UNIX_TIMESTAMP() |
+------------------+
|       1051019871 |
+------------------+
```

Wenn UNIX_TIMESTAMP auf einer TIMESTAMP-Spalte verwendet wird, erhält die Funktion den Wert direkt, ohne implizierte "zeichenkette-zu-unix-zeitstempel"-Umwandlung. Wenn Sie UNIX_TIMESTAMP() einen falschen Wert oder einen Wert außerhalb des Wertebereichs vergeben, gibt die Funktion den Wert 0 zurück.

```
FROM_UNIXTIME(unix_zeitstempel)
```

Gibt das unix_timestamp-Argument als Wert im 'YYYY-MM-DD HH:MM:SS'- oder YYYYMMDDHHMMSS-Format zurück, abhängig davon, ob die Funktion in einem Zeichenketten- oder in einem numerischen Zusammenhang verwendet wird:

```
mysql> SELECT FROM_UNIXTIME(1041020000);
+---------------------------+
```

```
| FROM_UNIXTIME(1041020000) |
+---------------------------+
| 2002-12-27 21:13:20       |
+---------------------------+
```

```
FROM_UNIXTIME(unix_zeitstempel,format)
```

Gibt das unix_zeitstempel-Argument als Wert zurück, der entsprechend der format-Zeichenkette formatiert ist. format kann dieselben Spezifikatoren wie die DATE_FORMAT()-Funktion enthalten:

```
mysql> SELECT FROM_UNIXTIME(1041020000, '%D%M%Y');
+-------------------------------------+
| FROM_UNIXTIME(1041020000, '%D%M%Y') |
+-------------------------------------+
| 27thDecember2002                    |
+-------------------------------------+
```

```
SEC_TO_TIME(sekunden)
```

Gibt das sekunden-Argument, umgewandelt in Stunden, Minuten und Sekunden, als Wert im 'HH:MM:SS'- oder HHMMSS-Format zurück, abhängig davon, ob die Funktion in einem Zeichenketten- oder in einem numerischen Zusammenhang verwendet wird:

```
mysql> SELECT SEC_TO_TIME(1000);
+-------------------+
| SEC_TO_TIME(1000) |
+-------------------+
| 00:16:40          |
+-------------------+

mysql> SELECT SEC_TO_TIME(1000) + 0;
+-----------------------+
| SEC_TO_TIME(1000) + 0 |
+-----------------------+
|                  1640 |
+-----------------------+
```

```
TIME_TO_SEC(zeit)
```

Gibt das zeit-Argument umgewandelt in Sekunden zurück:

```
mysql> SELECT TIME_TO_SEC('16:30:15');
+-------------------------+
| TIME_TO_SEC('16:30:15') |
+-------------------------+
|                   59415 |
+-------------------------+
```

9.3.5   Weitere Funktionen

Bit-Funktionen

MySQL verwendet BIGINT-Berechnungen (64-Bit) für Bit-Operationen, so dass diese Operatoren einen maximalen Wertebereich von 64 Bits haben.

Bitweises OR (|)

```
mysql> SELECT 30 | 15;
+---------+
| 30 | 15 |
+---------+
|      31 |
+---------+
```

Bitweises AND (&)

```
mysql> SELECT 30 & 15;
+---------+
| 30 & 15 |
+---------+
|      14 |
+---------+
```

Bitweises <<

Verschiebt eine BIGINT-Zahl nach links:

```
mysql> SELECT 1 << 2;
+--------+
| 1 << 2 |
+--------+
|      4 |
+--------+
```

Bitweises >>

Verschiebt eine BIGINT-Zahl nach rechts:

```
mysql> SELECT 4 >> 2;
+--------+
| 4 >> 2 |
+--------+
|      1 |
+--------+
```

Bitweises ~

Invertiert alle Bits:

```
mysql> SELECT 5 & ~1;
+--------+
| 5 & ~1 |
+--------+
|      4 |
+--------+
```

BIT_COUNT(N)

Gibt die Anzahl von Bits zurück, die im Argument N gesetzt sind:

```
mysql> SELECT BIT_COUNT(30);
+---------------+
| BIT_COUNT(30) |
+---------------+
|             4 |
+---------------+
```

Verschiedene Funktionen

DATABASE()

Gibt den aktuellen Datenbanknamen zurück:

mysql> SELECT DATABASE();

```
+------------+
| DATABASE() |
+------------+
| mysqlpraxis |
+------------+
```

Wenn es keine aktuelle Datenbank gibt, gibt DATABASE() eine leere Zeichenkette zurück.

USER()
SYSTEM_USER()
SESSION_USER()

Gibt den aktuellen MySQL-Benutzernamen zurück:

```
mysql> SELECT USER();
+----------------+
| USER()         |
+----------------+
| ODBC@localhost |
+----------------+
```

Ab MySQL-Version 3.22.11 beinhaltet dieser Wert den Client-Hostnamen sowie den Benutzernamen. Sie können nur den Benutzernamen-Anteil wie folgt extrahieren (was funktioniert, egal ob der Wert nun einen Hostnamen-Anteil hat oder nicht):

```
mysql> SELECT substring_index(USER(),"@",1);
+-------------------------------+
| substring_index(USER(),"@",1) |
+-------------------------------+
| ODBC                          |
+-------------------------------+
```

`PASSWORD(zeichenkette)`

Berechnet eine Passwort-Zeichenkette aus dem Klartext-Passwort zeichenkette. Diese Funktion wird verwendet, um MySQL-Passwörter zum Speichern in der Password-Spalte der user-Berechtigungstabelle zu verschlüsseln:

```
mysql> SELECT PASSWORD('Passwort');
+----------------------+
| PASSWORD('Passwort') |
+----------------------+
| 2f18e46923cc7d97     |
+----------------------+
```

Die PASSWORD()-Verschlüsselung ist nicht umkehrbar. PASSWORD() führt keine Passwort-Verschlüsselung entsprechend der Art der Verschlüsselung von Unix-Passwörtern durch. Sie sollten nicht annehmen, dass Ihr Unix-Passwort und Ihr MySQL-Passwort dasselbe sind. PASSWORD() ergibt denselben verschlüsselten Wert, der in der Unix-Passwortdatei gespeichert ist (siehe: ENCRYPT()).

`ENCRYPT(zeichenkette[,salt])`

Verschlüsselt zeichenkette unter Verwendung des Unix-crypt()-Systemaufrufs. Das salt-Argument sollte eine Zeichenkette mit zwei Zeichen sein. (Ab MySQL-Version 3.22.16 darf salt auch länger als zwei Zeichen sein):

```
mysql> SELECT ENCRYPT('Passwort');
+---------------------+
| ENCRYPT('Passwort') |
+---------------------+
| NULL                |
+---------------------+
```

Wenn crypt() auf Ihrem System nicht verfügbar ist, gibt ENCRYPT() immer NULL zurück. ENCRYPT() ignoriert zumindest auf einigen Systemen alle Zeichen außer den ersten 8 Zeichen von zeichenkette. Dies wird durch den zugrunde liegenden crypt()-Systemaufruf festgelegt.

`ENCODE(zeichenkette,passwort_zeichenkette)`

Verschlüsselt zeichenkette, indem passwort_zeichenkette als Passwort verwendet wird. Um das Ergebnis zu entschlüsseln, verwenden Sie DECODE(). Das Ergebnis ist eine binäre Zeichenkette derselben Länge wie zeichenkette. Wenn Sie sie in einer Spalte speichern wollen, verwenden Sie eine BLOB-Spalte.

`DECODE(crypt_zeichenkette,passwort_zeichenkette)`

Entschlüsselt die verschlüsselte Zeichenkette crypt_zeichenkette, indem passwort_zeichenkette als Passwort verwendet wird. crypt_zeichenkette sollte eine Zeichenkette sein, die von ENCODE() zurückgegeben wird.

```
MD5(zeichenkette)
```

Berechnet eine MD5-Prüfsumme für zeichenkette. Der Wert wird als eine 32 Stellen lange hexadezimale Zahl zurückgegeben, die zum Beispiel als Hash-Schlüssel verwendet werden kann:

```
mysql> SELECT MD5('Passwort');
+---------------------------------+
| MD5('Passwort')                 |
+---------------------------------+
| 3e45af4ca27ea2b03fc6183af40ea112 |
+---------------------------------+
```

Hinweis: Dies ist ein "RSA Data Sicherheit, Inc. MD5 Message-Digest Algorithm".

```
LAST_INSERT_ID([ausdruck])
```

Gibt den letzten automatisch erzeugten Wert zurück, der in eine AUTO_INCREMENT-Spalte eingefügt wurde.

```
mysql> SELECT LAST_INSERT_ID();
+------------------+
| last_insert_id() |
+------------------+
|                5 |
+------------------+
```

Die letzte ID, die erzeugt wurde, wird im Server für jede Verbindung separat gespeichert. Sie wird nicht durch andere Clients geändert. Sie wird nicht einmal geändert, wenn Sie eine andere AUTO_INCREMENT-Spalte mit einem nicht 'magischen' Wert aktualisieren (also einem Wert, der nicht NULL und nicht 0 ist). Wenn Sie viele Zeilen zugleich mit einem Insert-Statement einfügen, gibt LAST_INSERT_ID() den Wert für die erste eingefügte Zeile zurück. Der Grund liegt darin, dass es Ihnen dadurch ermöglicht wird, dasselbe INSERT-Statement auf einfache Weise auf einem anderen Server zu reproduzieren. Wenn ausdruck als Argument zu LAST_INSERT_ID() angegeben wird, wird der Wert des Arguments durch die Funktion zurückgegeben, als nächster Wert eingesetzt, der von LAST_INSERT_ID() zurückgegeben wird, und als nächster auto_increment-Wert verwendet. Hiermit können Sie somit auch Zahlenfolgen emulieren.

Sie können Zahlenfolgen erzeugen, ohne LAST_INSERT_ID() aufzurufen. Der Hauptnutzen, die Funktion auf diese Art zu verwenden, liegt darin, dass der ID-Wert vom Server für den letzten automatisch erzeugten Wert gehalten wird. So können Sie die neue ID auf dieselbe Art und Weise abrufen, wie Sie jeden anderen normalen AUTO_INCREMENT-Wert in MySQL lesen würden. LAST_INSERT_ID() (ohne Argument) zum Beispiel gibt diese neue ID zurück. Die C-API-Funktion mysql_insert_id() kann ebenfalls vewendet werden, um den ID-Wert zu erhalten. Beachten Sie, dass Sie diese Funktion nicht verwenden können, um den Wert von LAST_INSERT_ID(ausdruck) abzurufen, nachdem Sie andere SQL-Statements wie SELECT oder SET ausgeführt haben. mysql_insert_id() kann nur nach INSERT- und UPDATE-Statements aktualisiert werden.

FORMAT(X,D)

Formatiert die Zahl X in ein Format wie '#,###,###.##', gerundet auf D Dezimalstellen. Wenn D 0 ist, hat das Ergebnis keinen Dezimalpunkt oder Bruchteil:

```
mysql> SELECT FORMAT(999.999,4);
+-------------------+
| FORMAT(999.999,4) |
+-------------------+
| 999.9990          |
+-------------------+
```

VERSION()

Gibt eine Zeichenkette zurück, die die MySQL-Serverversion anzeigt:

```
mysql> SELECT VERSION();
+-------------------+
| VERSION()         |
+-------------------+
| 3.23.49-max-debug |
+-------------------+
```

Wenn Ihre Versionsnummer mit -log endet, bedeutet das, dass Loggen angeschaltet ist.

CONNECTION_ID()

Gibt die Verbindungskennnummer (Thread_id) für die Verbindung zurück. Jede Verbindung hat ihre eigene eindeutige Kennnummer:

```
mysql> SELECT CONNECTION_ID();
+-----------------+
| CONNECTION_ID() |
+-----------------+
|               1 |
+-----------------+
```

GET_LOCK(zeichenkette,zeitueberschreitung)

Versucht eine Sperre mit dem Namen, der durch die Zeichenkette zeichenkette angegeben wird, zu erlangen, mit einem Timeout von zeitueberschreitung in Sekunden. Gibt 1 zurück, wenn die Sperre erfolgreich angelegt wurde, und 0, wenn der Versuch wegen Zeitüberschreitung abgebrochen wurde. NULL wird zurückgegeben, falls ein Fehler aufgetreten seien sollte. Dies geschieht zum Beispiel, wenn kein Arbeitsspeicher mehr frei ist oder der Thread mit mysqladmin kill gekillt wurde. Eine Sperre wird aufgehoben, wenn Sie RELEASE_LOCK() ausführen, einen neuen GET_LOCK() ausführen oder der Thread beendet wird. Diese Funktion kann verwendet werden, um Applikations-Sperren zu implementieren oder um Datensatz-Sperren zu simulieren. Sie blockiert nach dem Sperren Anfragen von anderen Clients, die denselben Namen verwenden. Clients, die sich auf einen angegebenen Namen für die Sperr-Zeichenkette einigen, können die Zeichenkette verwenden, um ein kooperatives beratendes Sperren (advisory locking) auszuführen:

`RELEASE_LOCK(zeichenkette)`

Hebt die Sperre auf, die durch die Zeichenkette zeichenkette benannt wurde, welche über die Anweisung GET_LOCK() angelegt wurde. Gibt 1 zurück, wenn die Sperre aufgehoben wurde, und 0, wenn die Sperre nicht durch diesen Thread erzeugt wurde. In diesem Fall wird die Sperre nicht aufgehoben. NULL wird ausgegeben, wenn die benannte Sperre nicht existiert. Die Sperre existiert nicht, wenn sie nie durch einen Aufruf von GET_LOCK() angelegt oder wenn sie bereits aufgehoben wurde.

`BENCHMARK(zaehler,ausdruck)`

Die BENCHMARK()-Funktion führt den Ausdruck ausdruck wiederholt zaehler mal aus. Sie kann verwendet werden, um die Zeit zu ermitteln, die MySQL benötigt, um den Ausdruck zu verarbeiten. Der Ergebniswert ist immer 0. Diese Funktion ist für die Verwendung im mysql-Client gedacht, der die Ausführungszeiten von Anfragen beispielsweise wie folgt darstellt:

```
mysql> SELECT BENCHMARK(1000000,encode('Passwort','Hey'));
+---------------------------------------------+
| BENCHMARK(1000000,encode('Passwort','Hey')) |
+---------------------------------------------+
|                                           0 |
+---------------------------------------------+
1 row in set (2.53 sec)
```

Die angegebene Zeit entspricht der am Client-Ende verstrichenen Zeit, nicht der der Prozessorzeit am Server-Ende. Es ist ratsam, BENCHMARK() mehrere Male auszuführen und das Ergebnis unter Berücksichtigung der Last, unter der die Servermaschine fährt, zu interpretieren.

`INET_NTOA(ausdruck)`

Gibt die Netzwerkadresse (4 oder 8 Bytes) für den numerischen Ausdruck zurück:

```
mysql> SELECT INET_NTOA(28989299);
+--------------------+
| INET_NTOA(28989299) |
+--------------------+
| 1.186.87.115       |
+--------------------+
```

`INET_ATON(ausdruck)`

Gibt eine Ganzzahl zurück, die den numerischen Wert einer Netzwerkadresse darstellt. Adressen können 4-Byte- oder 8-Byte-Adressen sein:

```
mysql> SELECT INET_ATON('190.180.127.1');
+-------------------------+
| INET_ATON('190.180.127.1') |
+-------------------------+
|              3199500033 |
+-------------------------+
```

```
MASTER_POS_WAIT(log_name, log_position)
```

Blockiert die Ausführung, bis der Slave während der Replikation die festgelegte Position in der Master-Log-Datei erreicht. Wenn die Master-Information nicht initialisiert wird, wird NULL zurückgegeben. Wenn der Slave nicht läuft, blockiert die Funktion und wartet, bis er gestartet wurde, und geht dann hinter die angegebene Position. Wenn der Slave bereits hinter der angegebenen Position ist, kehrt die Funktion sofort zurück. Der Rückgabewert ist die Anzahl von Log-Events, die sie warten muss, um bis zur angegebenen Position zu kommen, oder NULL im Falle eines Fehlers. Diese Funktion ist nützlich für die Steuerung der Master-Slave-Synchronisation, ursprünglich jedoch geschrieben, um das Testen der Replikation zu erleichtern.

9.3.6 Funktionen zur Verwendung bei GROUP BY-Klauseln

Wenn Sie in einem Statement eine Gruppierungsfunktion verwenden, die keine GROUP BY-Klausel enthält, ist das gleichbedeutend mit der Gruppierung aller Zeilen.

```
COUNT(ausdruck)
```

Gibt die Anzahl der Zeilen mit Nicht-NULL-Werten zurück, die durch ein SELECT-Statement abgerufen werden:

```
mysql> SELECT kunden.name,COUNT(*) FROM kunden GROUP BY kunden.name;
+------------+----------+
| name       | COUNT(*) |
+------------+----------+
| Bernd      |        1 |
| Caroline   |        1 |
| Gülten     |        1 |
| Matthias k |        1 |
+------------+----------+
```

COUNT(*) ist insofern anders, als es die Anzahl der abgerufenen Zeilen zurückgibt, egal ob sie NULL-Werte enthalten oder nicht. COUNT(*) ist darauf optimiert, das Ergebnis sehr schnell zurückzugeben, wenn es mittels eines SELECT aus einer Tabelle abgerufen wird, keine weiteren Spalten abgerufen werden und es keine WHERE-Klausel gibt. Beispiel:

```
mysql> SELECT COUNT(*) FROM kunden;
+----------+
| COUNT(*) |
+----------+
|        4 |
+----------+
```

```
COUNT(DISTINCT ausdruck,[ausdruck...])
```

Gibt die Anzahl unterschiedlicher Nicht-NULL-Werte zurück:

```
mysql> SELECT COUNT(DISTINCT kunden.name) FROM kunden;
+----------------------------+
| COUNT(DISTINCT kunden.name) |
+----------------------------+
|                          4 |
+----------------------------+
```

Bei MySQL erhalten Sie die Anzahl unterschiedlicher Ausdruckskombinationen, die nicht NULL enthalten, indem Sie eine Liste von Ausdrücken angeben. In ANSI-SQL müssten Sie eine Verkettung aller Ausdrücke innerhalb von CODE(DISTINCT ..) angeben.

```
AVG(ausdruck)
```

Gibt den Durchschnittswert von ausdruck zurück.

```
MIN(ausdruck)
MAX(ausdruck)
```

Gibt den kleinsten oder größten Wert von ausdruck zurück. MIN() und MAX() können Zeichenketten-Argumente aufnehmen und geben in solchen Fällen den kleinsten oder größten Zeichenketten-Wert zurück.

```
SUM(ausdruck)
```

Gibt die Summe von ausdruck zurück. Beachten Sie, dass der Rückgabewert NULL ist, wenn die Ergebnismenge keine Zeilen hat.

```
STD(ausdruck)
STDDEV(ausdruck)
```

Gibt die Standardabweichung von ausdruck zurück. Das ist eine Erweiterung zu ANSI-SQL. Die STDDEV()-Form dieser Funktion wird aus Gründen der Oracle-Kompatibilität zur Verfügung gestellt.

```
BIT_OR(ausdruck)
```

Gibt das bitweise OR aller Bits in ausdruck zurück. Die Berechnung wird mit 64-Bit-(BIGINT)-Genauigkeit durchgeführt.

```
BIT_AND(ausdruck)
```

Gibt das bitweise AND aller Bits in ausdruck zurück. Die Berechnung wird mit 64-Bit-(BIGINT)-Genauigkeit durchgeführt.

9.4 Datenmanipulation

9.4.1 SELECT-Syntax

Definition:

```
SELECT
   [STRAIGHT_JOIN] [SQL_SMALL_RESULT]
   [SQL_BIG_RESULT] [SQL_BUFFER_RESULT]
   [HIGH_PRIORITY][DISTINCT | DISTINCTROW | ALL]
select_ausdruck,...
   [INTO {OUTFILE | DUMPFILE} 'datei' export_optionen]
[FROM tabellenreferenz
   [WHERE where_definition]
   [GROUP BY {positive_ganzzahl | spalten_name | formel}
      [ASC | DESC], ...]
   [HAVING where_definition]
   [ORDER BY {positive_ganzzahl | spalten_name | formel}
      [ASC | DESC] ,...]
   [LIMIT [offset,] zeilen]
   [PROCEDURE prozedur_name]
   [FOR UPDATE | LOCK IN SHARE MODE]]
```

SELECT wird verwendet, um ausgewählte Zeilen aus einer oder mehreren Tabellen abzurufen. select_ausdruck gibt die Spalten an, die Sie abrufen wollen. SELECT kann auch verwendet werden, um Zeilen, ohne Bezug zu irgendeiner Tabelle, abzurufen.

Beispiel:

```
mysql> SELECT 10 * 10;
+---------+
| 10 * 10 |
+---------+
|     100 |
+---------+
```

Alle verwendeten Schlüsselwörter müssen genau in der oben angegebenen Reihenfolge genannt werden. Beispielsweise muss eine HAVING-Klausel nach jeglicher GROUP BY-Klausel und vor jeglicher ORDER BY-Klausel angegeben werden.

Die Elemente haben folgende Bedeutung:

```
[STRAIGHT_JOIN]
```

Weist den internen Abfrageoptimierer an, die Tabellen in der Reihenfolge zu verknüpfen, wie sie hinter FROM aufgelistet sind.

```
[SQL_SMALL_RESULT]
```

Definiert eine kurze Ausgabemenge bei GROUP BY oder DISTINCT. Bei Gebrauch dieser Option verwendet MySQL schnellere temporäre Tabellen.

```
[SQL_BIG_RESULT]
```

Definiert eine lange Ausgabemenge bei GROUP BY oder DISTINCT. MySQL verwendet sofort die Festplatte für temporäre Tabellen.

```
[SQL_BUFFER_RESULT]
```

Weist MySQL an, das Abfrageergebnis in einen temporären Zwischenspeicher abzulegen. Dadurch können Probleme bei verspäteter Freigabe der Tabelle durch lange Abfragen vermieden werden.

```
[SQL_CACHE | SQL_NO_CACHE]
```

Weist MySQL bei SQL_CACHE an, das Abfrageergebnis im Query Cache zu speichern, soweit die Option SQL_QUERY_CACHE_TYPE = 2 vorliegt. Bei SQL_NO_CACHE wird das Abfrageergebnis nicht im Query Cache gespeichert.

```
[SQL_CALC_FOUND_ROWS]
```

Berechnet die Anzahl der Datensätze, die durch die Abfrage gefunden werden.

```
[HIGH_PRIORITY]
```

Behandelt die Abfrage mit höherer Priorität als Tabellen-Updates.

```
[DISTINCT | DISTINCTROW | ALL]
```

Regelt das Verhalten von doppelten Datensätzen. DISTINCT und sein Synonym DISTINCTROW bewirken, dass gleiche Datensätze nur einmal ausgegeben werden. Bei ALL, das dem Standard entspricht werden auch doppelte Datensätze ausgegeben.

```
select_ausdruck,...
```

Hier werden alle Felder aufgelistet, die ausgegeben werden sollen. Bei einer Abfrage über mehrere Tabellen sind die Felder in der Form <tabelle>.<spaltenname> anzugeben. Felder können auch berechnet werden. [INTO {OUTFILE | DUMPFILE } 'file_name' <Exportoptionen>] Erzeugt für die Abfrage eine Ausgabe.

```
[FROM <Tabellenreferenz>
```

Listet die notwendigen Tabellen für die Abfrage einschließlich deren Verknüpfungen auf. Für die Verknüpfung von Tabellen wird die JOIN-Syntax benötigt.

```
[WHERE where_definition]
```

Definiert die Auswahlbedingung, beispielsweise WHERE name = 'Schmidt'.

```
[GROUP BY {positive_ganzzahl | spalten_name | formel}
      [ASC | DESC], ...]
```

Gruppiert die Ausgabe nach den angegebenen Kriterien. In der Regel erfolgt die Gruppierung nach Feldnamen. Mit DESC wird eine absteigende Sortierung erreicht.

```
[HAVING where_definition]
```

Dieselbe Funktion wie der WHERE-Bestandteil mit dem Unterschied, dass auch auf Felder Bezug genommen wird, die Teil der Abfrage sind.

```
[ORDER BY {positive_ganzzahl | spalten_name | formel}
    [ASC | DESC] ,...]
```

Sortiert die Ausgabe nach den angegebenen Kriterien. In der Regel erfolgt die Sortierung nach einem Feldnamen.

```
[LIMIT [offset,] zeilen]
```

Beschränkt die Ausgabe auf eine definierte Anzahl von Datensätzen. Mit offset kann der Startwert des Datensatzes innerhalb der Ausgabemenge definiert werden.

Zusätzlich sind in der Tabellenreferenz die Verknüpfungen zwischen den Tabellen zu definieren.

MySQL unterstützt folgende JOIN-Syntaxen für SELECT-Statements:

```
tabellen_verweis, tabellen_verweis
tabellen_verweis [CROSS] JOIN tabellen_verweis
tabellen_verweis INNER JOIN tabellen_verweis join_bedingung
tabellen_verweis STRAIGHT_JOIN tabellen_verweis
tabellen_verweis LEFT [OUTER] JOIN tabellen_verweis join_bedingung
tabellen_verweis LEFT [OUTER] JOIN tabellen_verweis
tabellen_verweis NATURAL [LEFT [OUTER]] JOIN tabellen_verweis
{ oder tabellen_verweis LEFT OUTER JOIN tabellen_verweis ON bedin-
gungs_ausdruck }
tabellen_verweis RIGHT [OUTER] JOIN tabellen_verweis join_bedingung
tabellen_verweis RIGHT [OUTER] JOIN tabellen_verweis
tabellen_verweis NATURAL [RIGHT [OUTER]] JOIN tabellen_verweis
```

tabellen_verweis ist hierbei definiert wie folgt:

```
tabelle [[AS] alias] [USE INDEX (schluessel_liste)] [IGNORE INDEX
(schluessel_liste)]
```

Die join_bedingung ist definiert als:

```
ON bedingungs_ausdruck |
USING (spalten_liste)
```

Sie sollten nie irgendwelche Bedingungen im ON-Teil haben, die dazu verwendet werden, um die Zeilen, die im Ergebnissatz auftauchen, zu beschränken. Wenn Sie so etwas tun wollen, müssen Sie dies in der WHERE-Klausel tun.

> **Hinweis:** Beachten Sie, dass vor Version 3.23.17 INNER JOIN keine join_bedingung annehmen konnte.

Die letzte oben dargestellte LEFT OUTER JOIN-Syntax gibt es nur aus Gründen der Kompatibilität zu ODBC. Beispiele:

```
mysql> select * from tabelle1,tabelle2 where tabelle1.id=tabelle2.id;

mysql> select * from tabelle1 LEFT JOIN tabelle2 ON
tabelle1.id=tabelle2.id;
```

```
mysql> select * from tabelle1 LEFT JOIN tabelle2 USING (id);

mysql> select * from tabelle1 LEFT JOIN tabelle2 ON
tabelle1.id=tabelle2.id
        LEFT JOIN table3 ON tabelle2.id=table3.id;

mysql> select * from tabelle1 USE INDEX (schluessel1,schluessel2) WHERE
schluessel1=1 und schluessel2=2 AND
        schluessel3=3;

mysql> select * from tabelle1 IGNORE INDEX (schluessel3) WHERE
schluessel1=1 und schluessel2=2 AND
        schluessel3=3;
```

UNION-Syntax

Definition:

```
SELECT ....
UNION [ALL]
SELECT ....
   [UNION
    SELECT ...]
```

Hinweis: UNION ist implementiert in MySQL 4.0.0.

UNION wird verwendet, um das Ergebnis vieler SELECT-Statements in einem Ergebnissatz zu kombinieren.

Die SELECT-Befehle sind normale SELECT-Befehle, jedoch mit folgenden Einschränkungen:

- Nur der letzte SELECT-Befehl darf INTO OUTFILE enthalten.

- Nur der letzte SELECT-Befehl darf ORDER BY enthalten.

Wenn Sie das Schlüsselwort ALL für UNION nicht verwenden, sind alle zurückgegebenen Zeilen eindeutig (unique), als hätten Sie ein DISTINCT für den gesamten Ergebnissatz ausgeführt. Wenn Sie ALL angeben, erhalten Sie alle übereinstimmenden Zeilen aller verwendeter SELECT-Statements.

9.4.2 INSERT-Syntax

Definition:

```
INSERT
        [LOW_PRIORITY | DELAYED] [IGNORE]
    [INTO] tabelle [(spalten_name,...)]
VALUES (ausdruck,...),(...),...
```

```
oder
INSERT
      [LOW_PRIORITY | DELAYED] [IGNORE]
    [INTO] tabelle [(spalten_name,...)]
SELECT ...
oder
INSERT
      [LOW_PRIORITY | DELAYED] [IGNORE]
    [INTO] tabelle
SET spalten_name=ausdruck, spalten_name=ausdruck, ...
```

INSERT fügt neue Zeilen in eine bestehende Tabelle ein. Die INSERT ... VALUES-Form des Statements fügt Zeilen ein, basierend auf explizit angegebenen Werten. Die INSERT ... SELECT-Form fügt Zeilen ein, die aus einer oder mehreren anderen Tabellen ausgewählt wurden. Die INSERT ... VALUES-Form, mit mehrfachen Wertelisten, wird seit MySQL-Version 3.22.5 unterstützt. Die spalten_name=expression-Syntax wird seit MySQL-Version 3.22.10 unterstützt.

tabelle ist die Tabelle, in die Zeilen eingefügt werden sollen. Die Spaltennamenliste oder die SET-Klausel geben an, für welche Spalten das Statement Werte angibt.

INSERT ... SELECT-Syntax

```
INSERT [LOW_PRIORITY] [IGNORE] [INTO] tabelle [(spalten_liste)] SELECT ...
```

Mit dem INSERT ... SELECT-Statement können Sie schnell eine größere Anzahl an Zeilen einfügen, aus einer oder mehreren Tabellen stammen.

```
INSERT INTO temporaere_tabelle2 (fldID) SELECT
temporaere_tabelle1.fldOrder_ID FROM temporaere_tabelle1 WHERE
temporaere_tabelle1.fldOrder_ID > 100;
```

Folgende Bedingungen gelten für ein INSERT ... SELECT-Statement:

- Die Zieltabelle des INSERT-Statements darf nicht in der FROM-Klausel des SELECT-Teils der Anfrage erscheinen, weil es in ANSI-SQL verboten ist, aus derselben Tabelle auszuwählen (SELECT), in die eingefügt wird. Das Problem liegt darin, dass das SELECT möglicherweise Datensätze finden würde, die bereits vorher während desselben Laufs eingefügt wurden. Wenn man Sub-Select-Klauseln verwendet, könnte die Situation schnell sehr verwirrend werden.

- AUTO_INCREMENT-Spalten funktionieren wie gehabt.

- Sie können die C-API-Funktion mysql_info() verwenden, um Informationen über die Anfrage zu erhalten.

- Um sicherzustellen, dass die Update-Log-Datei/Binär-Log-Datei verwendet werden kann, um die Originaltabellenlänge neu zu erzeugen, lässt MySQL während INSERT .... SELECT keine gleichzeitigen Einfügeoperationen zu.

Sie können natürlich auch REPLACE anstelle von INSERT verwenden, um alte Zeilen zu überschreiben.

9.4.3   HANDLER-Syntax

Definition:

```
HANDLER tabelle OPEN [ AS alias ]
HANDLER tabelle READ index { = | >= | <= | < } (wert1, wert2, ... )  [
WHERE ... ] [LIMIT ... ]
HANDLER tabelle READ index { FIRST | NEXT | PREV | LAST } [ WHERE ... ]
[LIMIT ... ]
HANDLER tabelle READ { FIRST | NEXT }  [ WHERE ... ] [LIMIT ... ]
HANDLER tabelle CLOSE
```

Das HANDLER-Statement ermöglicht den direkten Zugriff auf die MySQL-Tabellen-schnittstelle unter Umgehung des SQL-Optimierers, daher ist es schneller als SELECT.

- Die erste Form des HANDLER-Statements öffnet eine Tabelle und macht sie über die angefügten HANDLER ... READ-Routinen zugänglich. Dieses Tabellenobjekt wird nicht mit anderen Threads geteilt und wird so lange nicht geschlossen, bis der Thread HANDLER tabelle CLOSE aufruft oder stirbt.

- Die zweite Form holt eine oder mehrere Zeilen, (festgelegt durch die LIMIT-Klausel), bei denen der angegebene Index mit der Bedingung übereinstimmt und die WHERE-Bedingung erfüllt ist. Wenn der Index aus mehreren Teilen besteht (also mehrere Spalten überspannt), werden die Werte in einer durch Kommata getrennten Liste angegeben, wobei es möglich ist, nur Werte für Teile der Spalten anzugeben.

- Die dritte Form holt eine oder mehrere Zeilen (festgelegt durch die LIMIT-Klausel) in der entsprechenden Indexreihenfolge aus der Tabelle, bei denen die WHERE-Bedingung erfüllt ist.

- Die vierte Form (ohne Indexangabe) holt eine oder mehrere Zeilen (festgelegt durch die LIMIT-Klausel) in natürlicher Zeilenreihenfolge aus der Tabelle (entsprechend wie in der Daten-Datei gespeichert), bei denen die WHERE-Bedingung erfüllt ist. Dies ist schneller als HANDLER tabelle READ index, wenn ein kompletter Tabellen-Scan erwünscht ist.

- Die letzte Form schließt eine mit HANDLER ... OPEN geöffnete Tabelle.

HANDLER ist in gewisser Hinsicht ein Statement auf niedriger Ebene (Low-Level), welches zum Beispiel keine Konsistenz gewährleistet. Das heißt, HANDLER ... OPEN nimmt KEINEN Schnappschuss der Tabelle auf und sperrt die Tabelle auch NICHT. Das bedeutet, dass nach HANDLER ... OPEN Tabellendaten verändert werden können (durch diesen oder einen anderen Thread) und dass diese Veränderungen nur teilweise in HANDLER ... NEXT- oder HANDLER ... PREV-Scans erscheinen.

9.4.4   INSERT DELAYED-Syntax

Definition:

```
INSERT DELAYED ...
```

Die DELAYED-Option für das INSERT-Statement ist eine MySQL-spezifische Option, die sehr nützlich sein kann, wenn Sie Clients haben, die nicht warten können, bis das INSERT fertig ist. Dies ist ein häufiges Problem, wenn Sie MySQL zum Loggen benutzen und gelegentlich SELECT- und UPDATE-Statements laufen lassen, welche einen längeren Zeitraum zur Ausführung benötigen. DELAYED wurde in MySQL-Version 3.22.15 eingeführt. Es ist eine MySQL-Erweiterung zu ANSI-SQL92. INSERT DELAYED funktioniert nur bei ISAM- und MyISAM-Tabellen. Beachten Sie: Da MyISAM-Tabellen gleichzeitig SELECT und INSERT unterstützen, solange es keine freien Blöcke mitten in der Datendatei gibt, sollten Sie INSERT DELAYED bei MyISAM nur sehr selten verwenden.

Wenn Sie INSERT DELAYED benutzen, erhält der Client sofort ein Okay und die Zeile wird eingefügt, wenn die Tabelle nicht mehr durch einen anderen Thread in Verwendung steht. Ein weiterer großer Vorteil von INSERT DELAYED ist, dass Einfügeoperationen vieler Clients gebündelt und in einem Block geschrieben werden können. Dies ist sehr viel schneller, als viele einzelne separate Inserts durchzuführen.

Beachten Sie, dass momentan die Zeilen in der Warteschlange gehalten werden, das heißt, sie befinden sich lediglich im Arbeitsspeicher, bis sie in die Tabelle eingefügt werden. Falls Sie also mysqld auf die harte Tour killen (kill -9) oder mysqld unerwartet stirbt, sind Zeilen in der Warteschlange, die noch nicht auf die Festplatte geschrieben wurden, verloren.

Im Folgenden wird detailliert beschrieben, was geschieht, wenn Sie die DELAYED-Option für INSERT oder REPLACE verwenden. In dieser Beschreibung ist der "Thread" der Thread, der einen INSERT DELAYED-Befehl empfängt. "Handler" ist der Thread, der alle INSERT DELAYED-Statements für ein bestimmte Tabelle handhabt.

Achtung: Beachten Sie, dass INSERT DELAYED langsamer ist als ein normales INSERT, wenn die Tabelle nicht in Verwendung ist. Außerdem gibt es einen zusätzlichen Overhead für den Server, um einen separaten Thread für jede Tabelle zu handhaben, für die Sie INSERT DELAYED verwenden. Das heißt, Sie sollten INSERT DELAYED nur benutzen, wenn Sie es wirklich benötigen.

9.4.5   UPDATE-Syntax

Definition:

```
UPDATE
    [LOW_PRIORITY] [IGNORE] tabelle
SET spalten_name1=ausdruck1, [spalten_name2=ausdruck2, ...]
    [WHERE where_definition]
    [LIMIT #]
```

UPDATE aktualisiert Spalten in bestehenden Tabellenzeilen mit neuen Werten. Die SET-Klausel gibt an, welche Spalten geändert werden sollen und welche Werte ihnen zugewiesen werden. Die WHERE-Klausel legt – falls angegeben – fest, welche Zeilen aktualisiert werden sollen, ansonsten werden alle Zeilen aktualisiert. Wenn die ORDER BY-Klausel angegeben ist, werden die Zeilen in der angegebenen Reihenfolge aktualisiert.

Wenn Sie das Schlüsselwort LOW_PRIORITY angeben, wird die Ausführung von UPDATE verzögert, bis keine anderen Clients mehr aus der Tabelle lesen.

Wenn Sie das Schlüsselwort IGNORE angeben, bricht das UPDATE-Statement nicht ab, selbst wenn während der Aktualisierung Fehler wegen doppelter Schlüsseleinträge auftreten. Zeilen, die Konflikte verursachen würden, werden nicht aktualisiert.

Wenn Sie auf eine Spalte von tabelle in einem Ausdruck zugreifen, benutzt UPDATE den momentanen Wert der Spalte. Folgendes Statement zum Beispiel setzt die age-Spalte auf ihren momentanen Wert plus 1:

```
mysql> UPDATE personen SET alter=alter+1;
```

UPDATE-Zuweisungen werden von links nach rechts ausgewertet. Folgendes Statement zum Beispiel verdoppelt die age-Spalte und inkrementiert sie danach:

```
mysql> UPDATE personen SET alter=alter*2, alter=alter+1;
```

Wenn Sie eine Spalte auf einen Wert setzen, den sie momentan besitzt, erkennt MySQL dies und aktualisiert sie nicht.

UPDATE gibt die Anzahl von Zeilen zurück, die tatsächlich geändert wurden. Ab MySQL-Version 3.22 gibt die C-API-Funktion mysql_info() die Anzahl von Zeilen zurück, die miteinander übereingestimmt haben und aktualisiert wurden, sowie die Anzahl an Warnungen, die während UPDATE ausgegeben wurden.

In MySQL-Version 3.23 können Sie LIMIT # verwenden, um sicherzustellen, dass nur eine angegebene Anzahl von Zeilen geändert wird.

9.4.6 DELETE-Syntax

Definition:

```
DELETE
       [LOW_PRIORITY | QUICK] FROM tabelle
    [WHERE where_definition]
    [ORDER BY ...]
    [LIMIT zeilen]
```

oder

```
DELETE
       [LOW_PRIORITY | QUICK] tabelle[.*]
       [tabelle[.*] ...] FROM
```

```
tabellenverweis
     [WHERE where_definition]
```

DELETE löscht Zeilen aus tabelle, die mit der in where_definition angegebenen Bedingung übereinstimmen, und gibt die Anzahl der gelöschten Datensätze zurück.

Wenn Sie DELETE ohne WHERE-Klausel angeben, werden alle Zeilen gelöscht. Wenn Sie das im AUTOCOMMIT-Modus machen, funktioniert es wie TRUNCATE. In MySQL 3.23 gibt DELETE, ohne eine WHERE-Klausel, als Anzahl von betroffenen Datensätzen den Wert 0 zurück.

Wenn Sie wissen wollen, wie viele Datensätze tatsächlich gelöscht wurden, oder wenn Sie alle Zeilen löschen und eine Geschwindigkeitseinbuße in Kauf nehmen, können Sie ein DELETE-Statement in folgender Form eingeben:

```
mysql> DELETE FROM tabelle WHERE 1>0;
```

> **Hinweis:** Beachten Sie, dass dies VIEL langsamer ausgeführt wird als DELETE FROM tabelle ohne WHERE-Klausel, da es jeweils lediglich eine Zeile nach der anderen löscht.

Wenn Sie das Schlüsselwort LOW_PRIORITY angeben, wird die Ausführung von DELETE verzögert, bis kein anderer Client mehr aus der Tabelle liest.

Wenn Sie das Wort QUICK angeben, fasst der Tabellen-Handler während des Löschvorgangs keine Index-Blätter (Index Leafs) zusammen, was bestimmte Arten von Löschvorgängen beschleunigen kann.

In MyISAM-Tabellen werden gelöschte Datensätze in einer verknüpften Liste verwaltet. Nachfolgende INSERT-Operationen benutzen alte Datensatzpositionen neu. Um unbenutzten Platz freizugeben und Dateigrößen zu verringern, verwenden Sie das OPTIMIZE TABLE-Statement oder das myisamchk-Dienstprogramm, um die Tabellen neu zu organisieren. OPTIMIZE TABLE ist einfacher, myisamchk jedoch schneller.

Das Multi-Tabellen-Löschformat wird ab MySQL 4.0.0 unterstützt.

Die Idee ist, dass nur übereinstimmende Zeilen aus den Tabellen, die vor der FROM-Klausel stehen, gelöscht werden. Der Vorteil besteht darin, dass Sie Zeilen aus vielen Tabellen zugleich löschen können, sowie in der Möglichkeit, dass zusätzliche Tabellen zum Suchen genutzt werden können.

Das .*-Zeichen nach den Tabellennamen ist nur aus Gründen der Kompatibilität mit Access vorhanden:

```
DELETE t1,t2 FROM t1,t2,t3 WHERE t1.id=t2.id AND t2.id=t3.id
```

In diesem Fall werden übereinstimmende Zeilen nur aus den Tabellen t1 und t2 gelöscht.

ORDER BY und die Verwendung mehrfacher Tabellen bei DELETE wird in MySQL 4.0 unterstützt.

Wenn eine ORDER BY-Klausel verwendet wird, werden die Zeilen in der entsprechenden Reihenfolge gelöscht. Das ist nur in Verbindung mit LIMIT wirklich sinnvoll. Beispiel:

```
DELETE FROM logdatei
WHERE user = 'caroline'
ORDER BY zeitstempel
LIMIT 1
```

Dies löscht den ältesten Eintrag (von zeitstempel), wo die Zeile entsprechend mit der WHERE-Klausel übereinstimmt.

Die MySQL-spezifische LIMIT rows-Option für DELETE teilt dem Server mit, welche maximale Anzahl an Zeilen gelöscht wird, bevor die Kontrolle an den Client zurückgegeben wird. Dies kann verwendet werden, um sicherzustellen, dass ein bestimmter DELETE-Befehl nicht zu viel Zeit beansprucht. Sie können den DELETE-Befehl einfach wiederholen, bis die Anzahl betroffener Zeilen kleiner ist als der LIMIT-Wert.

9.4.7 TRUNCATE-Syntax

Definition:

```
TRUNCATE TABLE tabelle
```

In Version 3.23 wird TRUNCATE TABLE auf COMMIT ; DELETE FROM tabelle gemappt.

Die Unterschiede zwischen TRUNCATE TABLE und DELETE FROM .. sind:

- TRUNCATE führt ein Löschen und Neuerzeugen der Tabelle durch, was viel schneller ist, als die Zeilen jeweils eine nach der anderen zu löschen.

- Ist nicht transaktionssicher. Sie erhalten einen Fehler, wenn Sie eine aktive Transaktion haben oder eine aktive Tabellensperre.

- Gibt die Anzahl gelöschter Zeilen nicht zurück.

- Solange die Tabellendefinitionsdatei 'tabelle.frm' gültig ist, kann die Tabelle auf diese Weise neu erzeugt werden, selbst wenn die Daten- oder Indexdateien beschädigt wurden.

TRUNCATE ist eine Oracle-SQL-Erweiterung.

9.4.8 REPLACE-Syntax

Definition:

```
REPLACE
      [LOW_PRIORITY | DELAYED]
   [INTO] tabelle [(spalten_name,...)]
VALUES (ausdruck,...),(...),...
```

oder

```
REPLACE
        [LOW_PRIORITY | DELAYED]
    [INTO] tabelle [(spalten_name,...)]
SELECT ...
```

oder

```
REPLACE
        [LOW_PRIORITY | DELAYED]
    [INTO] tabelle
SET spalten_name=ausdruck, spalten_name=ausdruck,...
```

REPLACE funktioniert genau wie INSERT, außer dass der alte Datensatz gelöscht wird, bevor ein neuer eingefügt wird. Dies geschieht, falls ein alter Datensatz in der Tabelle denselben Wert wie der neue auf einem eindeutigen Index hat.

Mit anderen Worten, Sie können auf die Werte einer alten Zeile nicht mit einem REPLACE-Statement zugreifen. In einigen alten MySQL-Versionen sah es so aus, als könnten Sie das tun, aber das war ein Bug und wurde korrigiert.

Wenn man einen REPLACE-Befehl verwendet, gibt mysql_affected_rows() 2 zurück, falls die neue Zeile eine alte ersetzt. Das liegt daran, dass in diesem Fall eine Zeile eingefügt wird und dann das Duplikat gelöscht wurde.

Das macht es einfach zu überprüfen, ob REPLACE eine Zeile hinzugefügt oder eine ersetzt hat.

9.4.9   LOAD DATA INFILE-Syntax

Definition:

```
LOAD DATA
        [LOW_PRIORITY | CONCURRENT]
        [LOCAL] INFILE 'datei.txt'
    [REPLACE | IGNORE]
INTO TABLE tabelle
    [FIELDS
    [TERMINATED BY '\t']
    [[OPTIONALLY] ENCLOSED BY '']
        [ESCAPED BY '\\' ]
    ]
    [LINES TERMINATED BY '\n']
    [IGNORE Anzahl LINES]
    [(spalten_name,...)]
```

Das LOAD DATA INFILE-Statement liest Zeilen aus einer Textdatei in eine Tabelle mit sehr hoher Geschwindigkeit aus. Wenn das LOCAL-Schlüsselwort angegeben wird, wird die Datei vom Client-Host gelesen. Wenn LOCAL nicht angegeben wird, muss die Datei auf dem Server liegen. LOCAL ist verfügbar ab MySQL-Version 3.22.6.

Aus Sicherheitsgründen müssen Dateien, die als auf dem Server liegende Textdateien eingelesen werden, entweder im Datenbankverzeichnis liegen oder von allen lesbar sein. Darüber hinaus brauchen Sie, wenn Sie LOAD DATA INFILE mit Serverdateien benutzen, die file-Berechtigung auf dem Server-Host.

Wenn Sie das Schlüsselwort LOW_PRIORITY angeben, wird das LOAD DATA-Statement verzögert, bis keine anderen Clients mehr aus der Tabelle lesen.

Wenn Sie das Schlüsselwort CONCURRENT bei einer MyISAM-Tabelle angeben, können andere Threads Daten aus der Tabelle abrufen, während LOAD DATA ausgeführt wird. Die Verwendung dieser Option beeinflusst geringfügig die Performance von LOAD DATA, selbst wenn kein anderer Thread die Tabelle zur gleichen Zeit benutzt.

LOCAL ist etwas langsamer, als wenn der Server direkt auf die Dateien zugreifen kann, weil die Inhalte der Datei vom Client-Host auf den Server-Host übertragen werden müssen. Auf der anderen Seite benötigen Sie keine file-Berechtigung, um lokale Dateien zu laden.

Wenn Sie MySQL vor Version 3.23.24 verwenden, können Sie nicht aus einer FIFO lesen, falls Sie LOAD DATA INFILE benutzen. Wenn Sie aus einer FIFO lesen müssen (zum Beispiel aus der Ausgabe von gunzip), verwenden Sie stattdessen LOAD DATA LOCAL INFILE.

Das folgende LOAD DATA-Statement beispielsweise liest die Datei 'daten.txt' aus dem Datenbankverzeichnis von datenbank1 aus, da datenbank1 die aktuelle Datenbank ist, obwohl das Statement die Datei explizit in eine Tabelle der datenbank2-Datenbank lädt:

```
mysql> USE datenbank1;
mysql> LOAD DATA INFILE "daten.txt" INTO TABLE datenbank2.meine_tabelle;
```

Die REPLACE- und IGNORE-Schlüsselwörter steuern die Handhabung von Eingabe-Datensätzen, die bestehende Datensätze auf eindeutigen Schlüsselwerten duplizieren. Wenn Sie REPLACE angeben, ersetzen neue Zeilen die bereits bestehenden Zeilen, die denselben eindeutigen Schlüsselwert besitzen. Wenn Sie IGNORE angeben, werden Eingabezeilen, die eine bestehende Zeile auf einem Schlüsselwert duplizieren, übersprungen. Wenn Sie keine der beiden Optionen angeben, tritt ein Fehler auf, sobald ein doppelter Schlüsselwert gefunden wird, und der Rest der Textdatei wird ignoriert.

Wenn Sie Daten aus einer lokalen Datei mit dem LOCAL-Schlüsselwort laden, hat der Server keine Möglichkeit, die Übertragung der Datei mitten in einer Operation zu beenden. Daher ist das vorgabemäßige Verhalten dasselbe, als wenn IGNORE angegeben werden würde.

Wenn Sie LOAD DATA INFILE auf einer leeren MyISAM-Tabelle vewenden, werden alle nicht eindeutigen Indexe in einem separaten Stapel erzeugt (wie bei REPAIR). Das macht LOAD DATA INFILE normalerweise viel schneller, wenn Sie viele Indexe haben.

LOAD DATA INFILE ist das Komplement von SELECT ... INTO OUTFILE. Um Daten aus einer Datenbank in eine Datei zu schreiben, verwenden Sie SELECT ... INTO OUT-

FILE. Um die Datei zurück in die Datenbank zu lesen, verwenden Sie LOAD DATA INFILE. Die Syntax der FIELDS- und LINES-Klauseln ist für beide Befehle dieselbe. Beide Klauseln sind optional, aber FIELDS muss LINES voranstehen, wenn beide angegeben werden.

Wenn Sie eine FIELDS-Klausel angeben, ist jede ihrer Unterklauseln (TERMINATED BY, [OPTIONALLY] ENCLOSED BY und ESCAPED BY) ebenfalls optional, abgesehen von der Tatsache, dass Sie zumindest eine von ihnen angeben MÜSSEN.

Wenn Sie keine FIELDS-Klausel verwenden, sind die Vorgabewerte dieselben, als wenn Sie Folgendes geschrieben hätten:

```
FIELDS TERMINATED BY '\t' ENCLOSED BY '' ESCAPED BY '\\'
```

Wenn Sie keine LINES-Klausel angeben, sind die Vorgabewerte dieselben, als wenn Sie Folgendes geschrieben hätten:

```
LINES TERMINATED BY '\n'
```

Diese Vorgabewerte veranlassen also LOAD DATA INFILE, beim Lesen von Eingaben wie folgt zu arbeiten:

- Zeilenbegrenzungen werden an Neue-Zeile-Zeichen gesucht (\n).

- Zeilen werden an Tabulatoren (\t) in Felder aufgeteilt.

- Es wird nicht davon ausgegangen, dass Felder in Anführungszeichen eingeschlossen sind.

- Tabulatoren, Neue-Zeile-Zeichen oder '\', denen ein '\'-Zeichen vorangestellt ist, werden als Literale interpretiert, die Teil des Feldwerts sind.

Im Vergleich dazu veranlassen die Vorgabewerte von SELECT ... INTO OUTFILE dieses wie folgt zu arbeiten:

- Zwischen Feldern werden Tabulatoren (\t) geschrieben.

- Felder werden nicht in Anführungsstriche geschrieben.

- '\' wird verwendet, um Tabulator, Neue-Zeile-Zeichen oder '\' innerhalb von Feldwerten zu escapen.

- Am Ende von Zeilen werden Neue-Zeile-Zeichen (\n) geschrieben.

> **Achtung:** Beachten Sie, dass Sie FIELDS ESCAPED BY '\\' (mit zwei Backslashes) schreiben müssen, damit der Wert als ein einzelner Backslash gelesen wird.

Die IGNORE anzahl LINES-Option kann verwendet werden, um eine Kopfzeile aus Spaltennamen am Anfang der Datei zu ignorieren:

```
mysql> LOAD DATA INFILE "/tmp/datei.txt" into Tabelle test IGNORE 1 LINES;
```

Wenn Sie SELECT ... INTO OUTFILE zusammen mit LOAD DATA INFILE verwenden, um Daten aus einer Datenbank in eine Datei zu schreiben, um diese Datei später zurück in die Datenbank zu lesen, müssen die Optionen für die Behandlung von Feldern und

Zeilen für beide Befehle übereinstimmen. Andernfalls interpretiert LOAD DATA INFILE die Inhalte der Datei nicht korrekt. Angenommen, Sie verwenden SELECT ... INTO OUTFILE, um eine Datei zu schreiben, deren Felder durch Kommata begrenzt sind:

```
mysql> SELECT * INTO OUTFILE 'daten.txt'
          FIELDS TERMINATED BY ','
          FROM ...;
```

Um die Kommata-begrenzte Datei wieder einzulesen, lautet das korrekte Statement:

```
mysql> LOAD DATA INFILE 'daten.txt' INTO TABLE tabelle2
          FIELDS TERMINATED BY ',';
```

Wenn Sie stattdessen versuchen, die Datei mit dem unten stehenden Statement einzulesen, funktioniert das nicht, da es LOAD DATA INFILE anweist, nach Tabulatoren zwischen Feldern zu suchen:

```
mysql> LOAD DATA INFILE 'daten.txt' INTO TABLE tabelle2
          FIELDS TERMINATED BY '\t';
```

Das wahrscheinliche Ergebnis ist, dass jede Eingabezeile als ein einzelnes Feld interpretiert wird.

LOAD DATA INFILE kann auch verwendet werden, um Dateien aus externen Quellen einzulesen. Eine Datei im dBASE-Format zum Beispiel hat Felder, die durch Kommata getrennt und in Anführungszeichen eingeschlossen sind. Wenn Zeilen in der Datei von Neue-Zeile-Zeichen begrenzt sind, zeigt der unten stehende Befehl die Feld- und Zeilen-Handhabungs-Optionen an, die für das Laden der Datei verwendet werden:

```
mysql> LOAD DATA INFILE 'daten.txt' INTO TABLE tabelle
          FIELDS TERMINATED BY ',' ENCLOSED BY '"'
          LINES TERMINATED BY '\n';
```

Jede der Feld- oder Zeilen-Handhabungs-Optionen kann eine leere Zeichenkette angeben ("). Wenn nicht leer, müssen die FIELDS [OPTIONALLY] ENCLOSED BY- und FIELDS ESCAPED BY-Werte ein einzelnes Zeichen sein. Die FIELDS TERMINATED BY- und LINES TERMINATED BY-Werte können aus mehr als einem Zeichen bestehen. Um zum Beispiel Zeilen zu schreiben, die durch Wagenrücklauf-Neue-Zeile-Paare getrennt sind, oder um eine Datei einzulesen, die solche Zeilen enthält, geben Sie eine LINES TERMINATED BY '\r\n'-Klausel an.

FIELDS [OPTIONALLY] ENCLOSED BY steuert die Art von Anführungszeichen von Feldern. Wenn Sie bei der Ausgabe (SELECT ... INTO OUTFILE) das Wort OPTIONALLY auslassen, sind alle Felder vom ENCLOSED BY-Zeichen eingeschlossen.

> **Hinweis:** Wir haben bewusst lediglich die wesentlichen Punkte der LOAD DATA INFILE Syntax in die Referenz mit aufgenommen.

9.5 Datendefinition

9.5.1 CREATE DATABASE-Syntax

Definition:

```
CREATE DATABASE [IF NOT EXISTS] datenbank
```

CREATE DATABASE erzeugt eine Datenbank mit dem angegebenen Namen. Ein Fehler tritt auf, wenn die Datenbank bereits existiert und Sie IF NOT EXISTS nicht angeben.

Datenbanken sind in MySQL als Verzeichnisse implementiert, die Dateien enthalten, die den Tabellen in der Datenbank entsprechen. Weil es keine Tabellen in einer Datenbank gibt oder wenn diese erstmalig erzeugt wird, erzeugt das CREATE DATABASE-Statement nur ein Verzeichnis unter dem MySQL-Daten-Verzeichnis.

Sie können auch mit mysqladmin Datenbanken erzeugen.

9.5.2 DROP DATABASE-Syntax

Definition:

```
DROP DATABASE [IF EXISTS] datenbank
```

DROP DATABASE löscht alle Tabellen in der Datenbank sowie die Datenbank an sich. Wenn Sie ein DROP DATABASE auf eine symbolisch verknüpfte Datenbank ausführen, werden sowohl der Link als auch die Originaldatenbank gelöscht. Seien Sie mit diesem Befehl sehr vorsichtig!

DROP DATABASE gibt die Anzahl von Dateien zurück, die aus dem Datenbankverzeichnis entfernt wurden. Normalerweise ist das dreimal die Anzahl der Tabellen, da normalerweise jede Tabelle einer '.MYD'-Datei, einer '.MYI'-Datei und einer '.frm'-Datei entspricht.

Der DROP DATABASE-Befehl entfernt aus dem angegebenen Datenbankverzeichnis alle Dateien mit folgenden Erweiterungen:

.BAK	.DAT	.HSH	.ISD
.ISM	.ISM	.MRG	.MYD
.MYI	.db	.frm	

Alle Unterverzeichnisse, die aus 2 Ziffern bestehen (RAID-Verzeichnisse), werden ebenfalls gelöscht.

Ab MySQL-Version 3.22 können Sie die Schlüsselwörter IF EXISTS benutzen, um eine Fehlermeldung zu vermeiden, die erscheint, wenn die Datenbank nicht existiert.

Hinweis: Sie können Datenbanken auch mit mysqladmin löschen.

9.5.3 CREATE-TABLE Syntax

Definition:

```
CREATE [TEMPORARY] TABLE [IF NOT EXISTS] tabelle [(create_definition,...)]

[tabellen_optionen] [select_statement]


create_definition:
  spalten_name typ [NOT NULL | NULL] [DEFAULT vorgabe_wert]
[AUTO_INCREMENT]
            [PRIMARY KEY] [referenz_definition]
  oder    PRIMARY KEY (index_spalten_name,...)
  oder    KEY [index_name] (index_spalten_name,...)
  oder    INDEX [index_name] (index_spalten_name,...)
  oder    UNIQUE [INDEX] [index_name] (index_spalten_name,...)
  oder    FULLTEXT [INDEX] [index_name] (index_spalten_name,...)
  oder    [CONSTRAINT symbol] FOREIGN KEY index_name
(index_spalten_name,...)
            [referenz_definition]
  oder    CHECK (ausdruck)


typ:
        TINYINT[(laenge)] [UNSIGNED] [ZEROFILL]
  oder    SMALLINT[(laenge)] [UNSIGNED] [ZEROFILL]
  oder    MEDIUMINT[(laenge)] [UNSIGNED] [ZEROFILL]
  oder    INT[(laenge)] [UNSIGNED] [ZEROFILL]
  oder    INTEGER[(laenge)] [UNSIGNED] [ZEROFILL]
  oder    BIGINT[(laenge)] [UNSIGNED] [ZEROFILL]
  oder    REAL[(laenge,dezimalstellen)] [UNSIGNED] [ZEROFILL]
  oder    DOUBLE[(laenge,dezimalstellen)] [UNSIGNED] [ZEROFILL]
  oder    FLOAT[(laenge,dezimalstellen)] [UNSIGNED] [ZEROFILL]
  oder    DECIMAL(laenge,dezimalstellen) [UNSIGNED] [ZEROFILL]
  oder    NUMERIC(laenge,dezimalstellen) [UNSIGNED] [ZEROFILL]
  oder    CHAR(laenge) [BINARY]
  oder    VARCHAR(laenge) [BINARY]
  oder    DATE
  oder    TIME
  oder    TIMESTAMP
  oder    DATETIME
  oder    TINYBLOB
  oder    BLOB
  oder    MEDIUMBLOB
  oder    LONGBLOB
  oder    TINYTEXT
  oder    TEXT
  oder    MEDIUMTEXT
  oder    LONGTEXT
```

```
oder      ENUM(wert1,wert2,wert3,...)
oder      SET(wert1,wert2,wert3,...)


index_spalten_name:
       spalten_name [(laenge)]


referenz_definition:
       REFERENCES tabelle [(index_spalten_name,...)]
                  [MATCH FULL | MATCH PARTIAL]
                  [ON DELETE referenz_option]
                  [ON UPDATE referenz_option]


referenz_option:
       RESTRICT | CASCADE | SET NULL | NO ACTION | SET DEFAULT


tabellen_optionen:
       TYPE = {BDB | HEAP | ISAM | InnoDB | MERGE | MRG_MYISAM | MYISAM }
oder   AUTO_INCREMENT = #
oder   AVG_ROW_LENGTH = #
oder   CHECKSUM = {0 | 1}
oder   COMMENT = "string"
oder   MAX_ROWS = #
oder   MIN_ROWS = #
oder   PACK_KEYS = {0 | 1 | DEFAULT}
oder   PASSWORD = "string"
oder   DELAY_KEY_WRITE = {0 | 1}
oder      ROW_FORMAT= { default | dynamic | fixed | compressed }
oder   RAID_TYPE= {1 | STRIPED | RAID0 } RAID_CHUNKS=#  RAID_CHUNKSIZE=#
oder   UNION = (tabelle,[tabelle...])
oder   INSERT_METHOD= {NO | FIRST | LAST }
oder      DATA directory="verzeichnis"
oder      INDEX directory="verzeichnis"


select_statement:
       [IGNORE | REPLACE] SELECT ...  (jedes zulässige SELECT-Statement)
```

CREATE TABLE erzeugt eine Tabelle mit dem angegebenen Namen in der aktuellen Datenbank.

Ab MySQL-Version 3.22 kann der Tabellenname als datenbank.tabelle angegeben werden. Das funktioniert unabhängig davon, ob es eine aktuelle Datenbank gibt oder nicht.

In MySQL-Version 3.23 können Sie das TEMPORARY-Schlüsselwort verwenden, wenn Sie eine Tabelle erzeugen. Eine temporäre Tabelle wird automatisch gelöscht, sobald eine Verbindung stirbt und der Name sich auf die Verbindung bezieht. Das bedeutet, dass zwei verschiedene Verbindungen denselben temporären Tabellennamen benutzen können, ohne miteinander oder mit einer bestehenden Tabelle gleichen Namens in

Konflikt zu geraten. (Die bestehende Tabelle ist versteckt, bis die temporäre Tabelle gelöscht wird.)

Ab MySQL-Version 3.23 können Sie die Schlüsselwörter IF NOT EXISTS verwenden, so dass kein Fehler auftritt, falls die Tabelle bereits besteht. Beachten Sie, dass keine Überprüfung erfolgt, so dass die Tabellenstrukturen identisch sind.

Jede Tabelle tabelle wird durch eigene Dateien im Datenbankverzeichnis dargestellt. Im Fall von MyISAM-Tabellen erhalten Sie:

Datei	Zweck
tabelle.frm	Tabellendefinitionsdatei (form)
tabelle.MYD	Daten-Datei
tabelle.MYI	Index-Datei

Beispiel:

```
CREATE TABLE highscore(
  vorname varchar(50) NOT NULL default '',
  nachname varchar(50) NOT NULL default '',
  punkte int(8) NOT NULL default '0',
  icon int(2) NOT NULL default '0'
);
```

9.5.4 ALTER TABLE-Syntax

Definition:

```
ALTER [IGNORE] TABLE tabelle aenderungs_angabe [, aenderungs_angabe ...]
aenderungs_angabe:
        ADD [COLUMN] create_definition [FIRST | AFTER spalten_name]
  oder  ADD [COLUMN] (create_definition, create_definition,...)
  oder  ADD INDEX [index_name] (index_spalten_name,...)
  oder  ADD PRIMARY KEY (index_spalten_name,...)
  oder  ADD UNIQUE [index_name] (index_spalten_name,...)
  oder  ADD FULLTEXT [index_name] (index_spalten_name,...)
  oder  ADD [CONSTRAINT symbol] FOREIGN KEY index_name
(index_spalten_name,...)
        [referenz_definition]
  oder  ALTER [COLUMN] spalten_name {SET DEFAULT literal | DROP DEFAULT}
  oder  CHANGE [COLUMN] alter_spalten_name create_definition
  oder  MODIFY [COLUMN] create_definition
  oder  DROP [COLUMN] spalten_name
  oder  DROP PRIMARY KEY
  oder  DROP INDEX index_name
  oder  DISABLE KEYS
  oder  ENABLE KEYS
  oder  RENAME [TO] neue_tabelle
```

```
oder    ORDER BY spalte
oder    tabellen_optionen
```

Mit ALTER TABLE können Sie die Struktur einer bestehenden Tabelle ändern. Sie können beispielsweise Spalten hinzufügen oder löschen, Indexe erzeugen oder löschen, den Typ bestehender Spalten ändern oder Spalten bzw. die Tabelle selbst umbenennen. Sie können auch den Kommentar für die Tabelle und den Typ der Tabelle ändern.

Wenn Sie ALTER TABLE verwenden, um eine Spaltenspezifikation zu ändern, und DESCRIBE tabelle anzeigt, dass die Spalte nicht geändert wurde, ist es möglich, dass MySQL Ihre Änderungen aus einem bestimmten Grund ignoriert hat. Wenn Sie beispielsweise versuchen, eine VARCHAR-Spalte in CHAR zu ändern, benutzt MySQL dennoch VARCHAR, sollte die Tabelle weitere Spalten variabler Länge enthalten.

ALTER TABLE funktioniert mittels Anlegen einer temporären Kopie der Originaltabelle. Die Änderungen werden an der Kopie durchgeführt, erst dann wird die Originaltabelle gelöscht und die Neue umbenannt. Dies wird so durchgeführt, dass alle Aktualisierungen automatisch, ohne irgendwelche fehlgeschlagenen Aktualisierungen, an die neue Tabelle weitergeleitet werden. Während ALTER TABLE ausgeführt wird, ist die alte Tabelle durch andere Clients lesbar. Aktualisierungen und Schreibvorgänge in die Tabelle werden angehalten, bis die neue Tabelle bereitsteht.

Hier ist ein Beispiel, das einige der Anwendungsfälle von ALTER TABLE aufzeigt. Wir fangen mit einer Tabelle t1 an, die wie folgt erzeugt wird:

```
mysql> CREATE TABLE tab1 (a INTEGER,b CHAR(10));
```

Um die Tabelle von t1 in t2 umzubenennen, geben Sie Folgendes ein:

```
mysql> ALTER TABLE tab1 RENAME tab2;
```

Um Spalte a von INTEGER nach TINYINT NOT NULL zu ändern (der Name bleibt derselbe) und Spalte b von CHAR(10) nach CHAR(20) zu ändern und gleichzeitig von b nach c umzubenennen, geben Sie Folgendes ein:

```
mysql> ALTER TABLE tab2 MODIFY a TINYINT NOT NULL, CHANGE b c CHAR(20);
```

Jetzt wird eine TIMESTAMP-Spalte namens d hinzugefügt:

```
mysql> ALTER TABLE tab2 ADD d TIMESTAMP;
```

Nunmehr erzeugen wir einen Index auf Spalte d und machen Spalte a zum Primärschlüssel:

```
mysql> ALTER TABLE tab2 ADD INDEX (d), ADD PRIMARY KEY (a);
```

Wir entfernen Spalte c

```
mysql> ALTER TABLE tab2 DROP COLUMN c;
```

und fügen eine neue AUTO_INCREMENT-Ganzzahl-Spalte Namens c hinzu:

```
mysql> ALTER TABLE t2 ADD c INT UNSIGNED NOT NULL AUTO_INCREMENT, ADD
INDEX (c);
```

> **Achtung:** Beachten Sie, dass wir c indiziert haben, weil AUTO_INCREMENT-Spalten indiziert sein müssen, und dass wir c außerdem als NOT NULL deklariert haben, da indizierte Spalten nicht NULL sein dürfen.

Wenn Sie eine AUTO_INCREMENT-Spalte hinzufügen, werden automatisch Spaltenwerte mit Zahlenfolgen eingefügt. Sie können die erste Zahl setzen, indem Sie SET INSERT_ID=# vor ALTER TABLE ausführen oder indem Sie die AUTO_INCREMENT = #-Tabellenoption verwenden.

Solange Sie bei MyISAM-Tabellen nicht die AUTO_INCREMENT-Spalte ändern, ist die Folgezahl davon auch nicht betroffen. Wenn Sie eine AUTO_INCREMENT-Spalte löschen und dann eine weitere AUTO_INCREMENT-Spalte hinzufügen, fangen die Zahlen wieder bei 1 an.

9.5.5 RENAME TABLE-Syntax

Definition:

```
RENAME TABLE tabelle TO neue_tabelle[, tabelle2 TO neue_tabelle2,...]
```

Das Umbenennen wird atomisch durchgeführt, was heißt, dass kein anderer Thread auf die Tabelle(n) zugreifen kann, während umbenannt wird. Dies ermöglicht, eine bereits bestehende Tabelle durch eine leere zu ersetzen:

```
CREATE TABLE neue_tabelle (...);
RENAME TABLE alte_tabelle TO datensicherung_tabelle, neue_tabelle TO
alte_tabelle;
```

Das Umbenennen wird von links nach rechts durchgeführt, was bedeutet, dass Sie beim Vertauschen zweier Tabellennamen Folgendes tun können:

```
RENAME TABLE alte_tabelle    TO datensicherung_tabelle, neue_tabelle    TO
alte_tabelle,datensicherung_tabelle TO neue_tabelle;
```

Solange zwei Datenbanken auf derselben Platte liegen, können Sie auch von einer Datenbank in eine andere umbenennen:

```
RENAME TABLE aktuelle_datenbank.tabelle TO andere_datenbank.tabelle;
```

Wenn Sie RENAME ausführen, dürfen Sie keine gesperrten Tabellen verwenden oder aktive Transaktionen haben. Außerdem benötigen Sie die ALTER- und DROP-Berechtigungen für die Originaltabelle und die CREATE- und INSERT-Berechtigungen auf die neue Tabelle.

Wenn beim Umbenennen mehrfacher Tabellen Fehler auftreten, führt MySQL ein entgegengesetztes Umbenennen aller umbenannten Tabellen durch, um so alles wieder in den Ausgangszustand zu versetzen.

9.5.6 DROP TABLE-Syntax

Definition:

```
DROP TABLE [IF EXISTS] tabelle [, tabelle,...] [RESTRICT | CASCADE]
```

DROP TABLE entfernt eine oder mehrere Tabellen. Alle Tabellendaten sowie die Tabellendefinition werden zerstört. Sein Sie daher vorsichtig mit diesem Befehl!

Ab MySQL-Version 3.22 können Sie die Schlüsselwörter IF EXISTS verwenden, um Fehler zu vermeiden, die auftreten, falls Tabellen nicht existieren.

RESTRICT und CASCADE sind wegen leichterer Portierung zugelassen. Momentan tun sie nichts.

> **Hinweis:** DROP TABLE ist nicht transaktionssicher und führt automatisch jegliche aktive Transaktion zu Ende.

9.5.7 CREATE INDEX-Syntax

Definition:

```
CREATE [UNIQUE|FULLTEXT] INDEX index_name ON tabelle (spal-
ten_name[(laenge)],... )
```

Das CREATE INDEX-Statement tat vor MySQL-Version 3.22 nichts. Ab Version 3.22 ist CREATE INDEX auf ein ALTER TABLE-Statement gemappt, um Indexe zu erzeugen.

Normalerweise erzeugen Sie alle Indexe auf eine Tabelle zu der Zeit, zu der die Tabelle selbst mit CREATE TABLE erzeugt wird. CREATE INDEX gestattet, bestehenden Tabellen Indexe hinzuzufügen.

Eine Spaltenliste der Form (spalte1,spalte2,...) erzeugt einen mehrspaltigen Index. Die Indexwerte werden durch Verkettung der Werte der angegebenen Spalten erzeugt.

Bei CHAR- und VARCHAR-Spalten können Indexe, die nur einen Teil einer Spalte verwenden, mit der spalten_name(laenge)-Syntax erzeugt werden. (Bei BLOB- und TEXT-Spalten ist die Längenangabe erforderlich.) Unten stehendes Statement zeigt, wie ein Index erzeugt wird, der die ersten 10 Zeichen der name-Spalte verwendet:

```
mysql> CREATE INDEX name ON kunden (name(10));
```

Weil sich die meisten Namen üblicherweise in den ersten 10 Zeichen unterscheiden, sollte dieser Index nicht viel langsamer sein, als wenn der Index aus der gesamten name-Spalte erzeugt worden wäre. Die Verwendung von Teilspalten für den Index kann die Indexdatei auch viel kleiner machen, was viel Speicherplatz sparen und zusätzlich INSERT-Operationen beschleunigen kann.

> **Hinweis:** Beachten Sie, dass Sie einen Index auf eine Spalte, die NULL-Werte besitzen darf, oder auf eine BLOB/TEXT-Spalte erst seit MySQL-Version 3.23.2 anwenden dürfen und nur in Verbindung mit dem MyISAM-Tabellentyp erzeugen können.

FULLTEXT-Indexe können nur VARCHAR- und TEXT-Spalten indexieren und funktionieren nur bei MyISAM-Tabellen. FULLTEXT-Indexe sind ab MySQL-Version 3.23.23 verfügbar.

9.5.8 DROP INDEX-Syntax

Definition:

```
DROP INDEX index_name ON tabelle
```

DROP INDEX löscht den Index namens index_name aus der Tabelle tabelle. DROP INDEX macht vor MySQL-Version 3.22 nichts. Ab Version 3.22 ist DROP INDEX auf ein ALTER TABLE-Statement gemappt, um den Index zu löschen.

9.6 Befehle des MySQL-Dienstprogramms

9.6.1 USE-Syntax

Definition:

```
USE datenbank
```

Das USE datenbank-Statement weist MySQL an, datenbank als vorgabemäßige Datenbank für nachfolgende Anfragen zu verwenden. Die Datenbank bleibt die aktuelle, entweder bis zum Ende der Sitzung, oder bis ein weiteres USE-Statement abgesetzt wird:

```
mysql> USE datenbank1;
mysql> SELECT count(*) FROM tabelle;
mysql> USE datenbank2;
mysql> SELECT count(*) FROM tabelle;
```

Wenn Sie eine bestimmte Datenbank mit dem USE-Statement zur aktuellen machen, heißt das nicht, dass Sie nicht auf Tabellen in anderen Datenbanken zugreifen können. Das unten stehende Beispiel zeigt den Zugriff zum einem auf die autor-Tabelle in der datenbank1-Datenbank und zum anderen auf die herausgeber-Tabelle in der datenbank2-Datenbank an:

```
mysql> USE datenbank1;
mysql> SELECT autor_name,herausgeber_name FROM
autor,datenbank2.herausgeber WHERE autor.herausgeber_id =
datenbank2.herausgeber.herausgeber_id;
```

Die USE-Anweisung wird für die Sybase-Kompatibilität zur Verfügung gestellt.

9.6.2 DESCRIBE-Syntax

Definition:

```
{DESCRIBE | DESC} tabelle {spalten_name | platzhalter}
```

DESCRIBE ist ein Kürzel für SHOW COLUMNS FROM.

DESCRIBE stellt Informationen über die Spalten einer Tabelle bereit. spalten_name kann ein Spaltenname oder eine Zeichenkette sein, die die SQL-'%'- und -'_'-Platzhalterzeichen enthält.

Wenn die Spaltentypen sich von dem unterscheiden, was Sie auf der Grundlage eines CREATE TABLE-Statements erwartet hätten, beachten Sie, dass MySQL manchmal Spaltentypen ändert.

Dieses Statement wird für die Oracle-Kompatibilität zur Verfügung gestellt.

Das SHOW-Statement stellt ähnliche Informationen bereit.

9.7 Transaktionale und Sperrbefehle von MySQL

9.7.1 BEGIN/COMMIT/ROLLBACK-Syntax

Vorgabemäßig läuft MySQL im autocommit-Modus. Das heißt, dass MySQL eine Aktualisierung auf die Festplatte speichert, sobald Sie eine Aktualisierung ausführen.

Wenn Sie transaktionssichere Tabellen (wie InnoDB oder BDB) verwenden, können Sie MySQL mit folgendem Befehl in den Nicht-autocommit-Modus setzen:

```
SET AUTOCOMMIT=0
```

Danach müssen Sie COMMIT verwenden, um Ihre Änderungen auf der Festplatte zu sichern, oder ROLLBACK, wenn Sie Änderungen verwerfen wollen, die Sie seit Beginn der Transaktion getroffen haben.

Wenn Sie für eine Reihe von Statements zum AUTOCOMMIT-Modus umschalten wollen, können Sie das BEGIN- oder BEGIN WORK-Statement verwenden:

```
BEGIN;
SELECT @A:=SUM(gehalt) FROM tabelle1 WHERE type=1;
UPDATE tabelle2 SET zusammenfassung=@A WHERE type=1;
COMMIT;
```

Beachten Sie, dass bei Verwendung nicht transaktionssicherer Tabellen die Änderungen dennoch sofort gespeichert werden, unabhängig vom Status des autocommit-Modus.

Wenn Sie ROLLBACK bei der Aktualisierung einer nicht transaktionalen Tabelle ausführen, erhalten Sie einen Fehler (ER_WARNING_NOT_COMPLETE_ROLLBACK) als Warnung. Alle transaktionssicheren Tabellen werden zurückgesetzt, nicht transaktionale Tabelle ändern sich jedoch nicht.

Wenn Sie BEGIN oder SET AUTOCOMMIT=0 verwenden, sollten Sie die MySQL-Binär-Log-Datei für die Datensicherungen verwenden statt einen älteren Update-Log-Datei. Transaktionen werden in der Binär-Log-Datei in einem Stück gespeichert. Bei COMMIT wird sichergestellt, dass Transaktionen, die zurückgesetzt werden (Rollback), nicht gespeichert werden.

Folgende Befehle beenden automatisch eine Transaktion so, als ob Sie ein COMMIT vor dem Ausführen des Befehls gesetzt hätten:

ALTER TABLE	BEGIN	CREATE INDEX
DROP DATABASE	DROP TABLE	RENAME TABLE
TRUNCATE		

Sie können die Isolationsebene (Isolation Level) für Transaktionen mit SET TRANSACTION ISOLATION LEVEL ... ändern.

9.7.2 LOCK TABLES/UNLOCK TABLES-Syntax

Definition:

```
LOCK TABLES tabelle
             [AS alias] {READ | [READ LOCAL] | [LOW_PRIORITY] WRITE}
       [, tabelle {READ | [LOW_PRIORITY] WRITE} ...]
...
UNLOCK TABLES
```

LOCK TABLES sperrt Tabellen für den aktuellen Thread. UNLOCK TABLES hebt alle Sperren auf, die vom aktuellen Thread gesetzt wurden. Alle Tabellen, die durch den aktuellen Thread gesperrt sind, werden automatisch entsperrt, wenn der Thread ein weiteres LOCK TABLES absetzt oder die Verbindung zum Server geschlossen wird.

Die wichtigsten Gründe für die Verwendung von LOCK TABLES sind die Emulation von Transaktionen oder ein Geschwindigkeitsvorteil bei der Aktualisierung von Tabellen. Dies wird später detaillierter erläutert.

Wenn ein Thread eine READ-Sperre auf eine Tabelle erlangt, kann dieser Thread (und alle anderen Threads) nur aus der Tabelle lesen. Wenn ein Thread eine WRITE-Sperre auf eine Tabelle erlangt, kann nur der Thread, der die Sperre veranlasst hat, READ oder WRITE auf der Tabelle durchführen. Andere Threads werden blockiert.

Der Unterschied zwischen READ LOCAL und READ ist, dass READ LOCAL nicht kollidierende INSERT-Statements während der Dauer der Sperre zulässt. Dies kann jedoch nicht verwendet werden, wenn Sie Datenbankdateien außerhalb von MySQL bearbeiten werden, während die Sperre aktiv ist.

Wenn Sie LOCK TABLES verwenden, müssen Sie alle Tabellen sperren, die Sie verwenden werden, und Sie müssen denselben Alias verwenden, den Sie in Ihren Anfragen verwenden werden! Wenn Sie eine Tabelle in einer Anfrage mehrfach (mit Aliasen) verwenden, müssen Sie für jeden Alias eine Sperre anlegen.

WRITE-Sperren haben normalerweise höhere Priorität als READ-Sperren, um sicherzustellen, dass Aktualisierungen so früh wie möglich bearbeitet werden. Das heißt, wenn ein Thread eine READ-Sperre erlangt und dann ein anderer Thread eine WRITE-Sperre verlangt, warten nachfolgende READ-Sperrenanfragen, bis der WRITE-Thread die Sperre erhalten und freigegeben hat. Sie können LOW_PRIORITY WRITE-Sperren verwenden, um anderen Threads zu gestatten, READ-Sperren zu erlangen, während der Thread auf die WRITE-Sperre wartet. Sie sollten nur dann LOW_PRIORITY WRITE-Sperren verwenden, wenn Sie sich sicher sind, dass es irgendwann eine Zeit gibt, in der kein anderer Thread eine READ-Sperre haben wird.

LOCK TABLES funktioniert wie folgt:

- Sortiert alle Tabellen, die gesperrt werden sollen, in einer intern definierten Reihenfolge (aus Benutzersicht ist die Reihenfolge undefiniert).

- Wenn eine Tabelle mit einer Lese- und einer Schreibsperre gesperrt ist, wird die Schreibsperre vor die Lesesperre platziert.

- Sperrt eine Tabelle nach der anderen, bis der Thread alle Sperren erhalten hat.

Diese Methode stellt sicher, dass Tabellensperren blockierungsfrei sind. Bei diesem Schema gibt es jedoch einiges, dessen man sich bewusst sein sollte:

Wenn Sie eine LOW_PRIORITY_WRITE-Sperre für eine Tabelle verwenden, heißt das, dass MySQL auf diese bestimmte Sperre wartet, bis es keinen Thread mehr gibt, der eine READ-Sperre will. Wenn der Thread die WRITE-Sperre erhalten hat und darauf wartet, die Sperre für die nächste Tabelle in der Tabellensperrliste zu erhalten, warten alle anderen Threads darauf, dass die WRITE-Sperre aufgehoben wird. Wenn das bei Ihrer Applikation zu ernsthaften Problemen führt, sollten Sie in Betracht ziehen, einige Ihrer Tabellen in transaktionssichere Tabellen umzuwandeln.

Es ist daher vorteilhafter, einen Thread, der auf eine Tabellensperre wartet mit KILL zu killen.

Beachten Sie, dass Sie nicht irgendwelche Tabellen sperren, die Sie mit einem INSERT DELAYED benutzen. Das liegt daran, dass in diesem Fall das INSERT von einem separaten Thread durchgeführt wird.

> **Hinweis:** LOCK TABLES ist nicht transaktionssicher und schickt automatisch jegliche aktiven Transaktionen ab (Commit), bevor es versucht, die Tabellen zu sperren.

9.7.3   SET TRANSACTION-Syntax

Definition:

```
SET [GLOBAL | SESSION] TRANSACTION ISOLATION LEVEL
[READ UNCOMMITTED | READ COMMITTED | REPEATABLE READ | SERIALIZABLE]
```

Setzt die Transaktionsisolationsebene für die globale gesamte Sitzung oder für die nächste Transaktion.

Das vorgabemäßige Verhalten ist das Setzen der Isolationsebene für die nächste (nicht angefangene) Transaktion.

Wenn Sie die GLOBAL-Berechtigung setzen, betrifft dies alle neu erzeugten Threads. Sie benötigen dafür die PROCESS-Berechtigung.

Wenn Sie die SESSION-Berechtigung setzen, betrifft dies die folgenden und alle zukünftigen Transaktionen.

Sie können die vorgabemäßige Isolationsebene für mysqld mit --transaction-isolation= ... setzen.

9.8 Optionen für MySQL-Programme

9.8.1 Konfigurationsdateien

Seit Version 3.22 kann MySQL vorgabemäßige Startoptionen für den Server und für Clients aus Optionsdateien lesen.

MySQL liest Vorgabeoptionen aus folgenden Dateien unter Unix:

Dateiname	Zweck
/etc/my.cnf	Globale Optionen
DATADIR/my.cnf	Serverspezifische Optionen
defaults-extra-file	Die Datei, die mit --defaults-extra-file=# festgelegt wird
~/.my.cnf	Benutzerspezifische Optionen

DATADIR ist das MySQL-Datenverzeichnis (typischerweise '/usr/local/mysql/data' bei einer Binärinstallation oder '/usr/local/var' bei einer Quellinstallation). Beachten Sie, dass das das Verzeichnis ist, welches zur Konfigurationszeit festgelegt wurde, und nicht das, welches mit --datadir festgelegt wird, wenn mysqld startet. (--datadir hat keinen Einfluss darauf, wo der Server nach Optionsdateien sucht, denn er sucht nach ihnen, bevor er irgendwelche Kommandozeilenargumente verarbeitet.) MySQL liest Vorgabeoptionen aus folgenden Dateien unter Windows:

Dateiname	Zweck
Windows-System-Verzeichnis\my.ini	Globale Optionen
C:\my.cnf	Globale Optionen
C:\mysql\data\my.cnf	Serverspezifische Optionen

Beachten Sie, dass Sie unter Windows alle Pfade mit / statt mit \ angeben sollten. Wenn Sie \ verwenden, müssen Sie das doppelt (\\) tun, weil \ in MySQL das Fluchtzeichen (Escape-Character) ist.

MySQL versucht, Optionsdateien in der oben angegebenen Reihenfolge zu lesen. Wenn es mehrere Optionsdateien gibt, erlangt eine Option, die in einer Datei festgelegt wird, welche erst später gelesen wird, Vorrang über dieselbe Option, die in einer sonst vorliegenden Optionsdatei festgelegt wurde. Optionen, die auf der Kommandozeile festgelegt werden, erlangen Vorrang vor Optionen in jeglichen weiteren Optionsdateien. Einige Optionen können durch Umgebungsvariablen festgelegt werden. Optionen, die auf der Kommandozeile oder in Optionsdateien festgelegt werden, haben Vorrang vor Werten in Umgebungsvariablen.

Sie können Optionsdateien verwenden, um jede beliebig lange Option festzulegen, die ein Programm unterstützt. Starten Sie das Programm mit --help, um eine Liste der verfügbaren Optionen zu erhalten. Eine Optionsdatei kann Zeilen der folgenden Formate enthalten:

```
#Kommentar
```

Kommentarzeilen fangen mit '#' oder ';' an. Leere Zeilen werden ignoriert.

```
[group]
```

group ist der Name des Programms oder der Gruppe, für das bzw. die Sie Optionen setzen wollen. Nach einer Gruppen-Zeile beziehen sich alle option- oder set-variable-Zeilen auf die benannte Gruppe. Dies erfolgt bis zum Ende der Optionsdatei oder bis eine andere Gruppe angegeben wird.

```
option
```

Dies ist äquivalent zu --option auf der Kommandozeile.

```
option=value
```

Dies ist äquivalent zu --option=value auf der Kommandozeile.

```
set-variable = variable=value
```

Dies ist äquivalent zu --set-variable variable=value auf der Kommandozeile. Diese Syntax muss verwendet werden, um eine mysqld-Variable zu setzen.

9.8.2 SHOW STATUS

SHOW STATUS zeigt Server-Status-Informationen an (wie mysqladmin extended-status).

Variable	Bedeutung
Aborted_clients	Anzahl der Verbindungen, die abgebrochen wurden, weil der Client starb, ohne die Verbindung ordnungsgemäß zu schließen.
Aborted_connects	Anzahl der fehlgeschlagenen Versuche, sich mit dem MySQL-Server zu verbinden.
Bytes_received	Anzahl der Bytes, die von allen Clients empfangen wurden.
Bytes_sent	Anzahl der Bytes, die an alle Clients gesendet wurden.

Variable	Bedeutung
Connections	Anzahl der Verbindungsversuche zum MySQL-Server.
Created_tmp_disk_tables	Anzahl der (implizit) auf der Platte erzeugten temporären Tabellen bei Ausführung von Statements.
Created_tmp_tables	Anzahl der (implizit) im Arbeitsspeicher erzeugten temporären Tabellen bei Ausführung von Statements.
Created_tmp_files	Gibt an, wie viele temporäre Dateien mysqld erzeugt hat.
Delayed_insert_Threads	Anzahl der verzögerten Insert-Handler-Threads in Verwendung.
Delayed_writes	Anzahl der Zeilen, die mit INSERT DELAYED geschrieben wurden.
Delayed_errors	Anzahl der Zeilen, die mit INSERT DELAYED geschrieben wurden und bei denen irgendein Fehler auftrat (wahrscheinlich duplicate key).
Flush_commands	Anzahl der ausgeführten FLUSH-Befehle.
Handler_delete	Gibt an, wie oft eine Zeile aus einer Tabelle gelöscht wurde.
Handler_read_first	Gibt an, wie oft der erste Eintrag aus einem Index gelesen wurde. Wenn dieser Wert hoch ist, legt dies nahe, dass der Server viele komplette Index-Scans ausführt (zum Beispiel SELECT spalte1 FROM foo, unter der Annahme, dass spalte1 indiziert ist).
Handler_read_key	Anzahl der Anfragen, eine Zeile, basierend auf einem Schlüssel, zu lesen. Wenn dieser Wert hoch ist, ist dies ein gutes Indiz dafür, dass Ihre Anfragen und Tabellen korrekt indiziert sind.
Handler_read_next	Anzahl der Anfragen, die nächste Zeile in der Reihenfolge des Schlüssels zu lesen. Dieser Wert wird heraufgezählt, wenn Sie eine Indexspalte mit einer Bereichsbeschränkung (Limit) abfragen. Er wird ebenfalls heraufgezählt, wenn Sie einen Index-Scan durchführen.
Handler_read_rnd	Anzahl der Anfragen, eine Zeile, basierend auf einer festen Position, zu lesen. Dieser Wert wird hoch sein, wenn Sie viele Anfragen ausführen, die erfordern, dass das Ergebnis sortiert wird.
Handler_read_rnd_next	Anzahl der Anfragen, die nächste Zeile in der Datendatei zu lesen. Dieser Wert wird hoch sein, wenn Sie viele Tabellen-Scans durchführen. Im Allgemeinen weist dies darauf hin, dass Ihre Tabellen nicht korrekt indiziert sind oder dass Ihre Anfragen nicht so geschrieben sind, dass Sie Vorteile aus den Indizes ziehen, die Sie haben.
Handler_update	Anzahl der Anfragen, eine Zeile in einer Tabelle zu aktualisieren.
Handler_write	Anzahl der Anfragen, eine Zeile in eine Tabelle einzufügen.
Key_blocks_used	Anzahl der verwendeten Blocks im Schlüssel-Cache.
Key_read_requests	Anzahl der Anfragen, einen Schlüssel-Block aus dem Cache zu lesen.
Key_reads	Anzahl physikalischer Lesezugriffe eines Schlüssel-Blocks von der Platte.
Key_write_requests	Anzahl der Anfragen, einen Schlüssel-Block in den Cache zu schreiben.

Variable	Bedeutung
Key_writes	Anzahl physikalischer Schreibvorgänge eines Schlüssel-Blocks auf Platte.
Max_used_connections	Die höchste Anzahl von Verbindungen, die gleichzeitig in Verwendung sind.
Not_flushed_key_blocks	Schlüssel-Blöcke im Schlüssel-Cache, die verändert wurden, aber noch nicht auf die Platte zurückgeschrieben wurden (flush).
Not_flushed_delayed_rows	Anzahl der Zeilen, die in INSERT DELAY-Warteschleifen darauf warten, geschrieben zu werden.
Open_tables	Anzahl der offenen Tabellen.
Open_files	Anzahl der offenen Dateien.
Open_streams	Anzahl der offenen Streams (hauptsächlich zum Loggen verwendet).
Opened_tables	Anzahl der Tabellen, die geöffnet wurden.
Select_full_join	Anzahl der Joins ohne Schlüssel (sollte 0 sein).
Select_full_range_join	Anzahl der Joins, bei denen eine Bereichssuche auf die Referenztabelle stattfand.
Select_range	Anzahl der Joins, bei denen Bereiche aus der erste Tabelle verwendet wurden. (Es ist normalerweise unkritisch, wenn dieser Wert hoch ist.)
Select_scan	Anzahl der Joins, bei denen die erste Tabelle gescannt wurde.
Select_range_check	Anzahl der Joins ohne Schlüssel, bei denen nach jeder Zeile auf Schlüsselverwendung geprüft wurde (sollte 0 sein).
Questions	Anzahl der Anfragen, die zum Server geschickt wurden.
Slave_open_temp_tables	Anzahl der temporären Tabellen, die momentan vom Slave-Thread geöffnet sind.
Slow_launch_threads	Anzahl der Threads, die länger als slow_launch_time brauchten, um sich zu verbinden.
Slow_queries	Anzahl der Anfragen, die länger als long_query_time benötigten.
Sort_merge_passes	Anzahl der Verschmelzungen (Merge), die von einem Sortiervorgang benötigt wurden. Wenn dieser Wert hoch ist, sollten Sie in Betracht ziehen, sort_buffer heraufzusetzen.
Sort_range	Anzahl der Sortiervorgänge, die mit Bereichen durchgeführt wurden.
Sort_rows	Anzahl der sortierten Zeilen.
Sort_scan	Anzahl der Sortiervorgänge, die durchgeführt wurden, indem die Tabelle gescannt wurde.
Table_locks_immediate	Wie oft eine Tabellensperre sofort erlangt wurde. Verfügbar nach Version 3.23.33.
Table_locks_waited	Wie oft eine Tabellensperre nicht sofort erlangt werden konnte und gewartet werden musste. Wenn dieser Wert hoch ist und Sie Performance-Probleme haben, sollten Sie zunächst Ihre Anfragen optimieren und dann entweder Ihre Tabelle(n) zerteilen oder Replikationen verwenden. Verfügbar nach Version 3.23.33.
Threads_cached	Anzahl der Threads im Thread-Cache.

Variable	Bedeutung
Threads_connected	Anzahl der momentan offenen Verbindungen.
Threads_created	Anzahl der Threads, die zur Handhabung von Verbindungen erzeugt wurden.
Threads_running	Anzahl der Threads, die nicht schlafen.
Uptime	Seit wie vielen Sekunden der Server hochgefahren ist.

9.8.3 SHOW VARIABLES

Definition:

```
SHOW VARIABLES [LIKE platzhalter]
```

SHOW VARIABLES zeigt die Werte einiger MySQL-Systemvariablen. Sie erhalten diese Liste auch mit dem mysqladmin variables-Befehl. Wenn die Vorgabewerte unpassend sind, können Sie die meisten dieser Variablen mit Kommandozeilenoptionen neu setzen, wenn Sie mysqld hochfahren.

Jede Option ist unten beschrieben. Die Werte für Puffergrößen, Längen und Stack-Größen sind in Byte angegeben. Sie können einen Wert mit den Suffixen 'K' oder 'M' angeben, um Kilobytes oder Megabytes zu kennzeichnen. 16M zum Beispiel bedeutet 16 Megabytes. Bei den Suffixen spielt die Groß-/Kleinschreibung keine Rolle, 16M und 16m sind äquivalent:

```
ansi_mode
```

Ist ON, wenn mysqld mit --ansi gestartet wurde.

```
back_log
```

Die Anzahl unerledigter Verbindungsanforderungen, die MySQL haben kann. Dies kommt dann ins Spiel, wenn der Hauptthread von MySQL sehr viele Verbindungsanforderungen in sehr kurzer Zeit erhält. Dann dauert es etwas (wenngleich sehr kurz), damit der Hauptthread die Verbindung prüfen und einen neuen Thread starten kann. Der back_log-Wert zeigt an, wie viele Verbindungen während dieser kurzen Zeit gestapelt (gestackt) werden können, bevor MySQL für einen Moment aufhört, neue Anforderungen zu beantworten. Sie brauchen diesen Wert nur dann heraufzusetzen, wenn Sie eine große Zahl an Verbindungen in kurzer Zeit erwarten. Dieser Wert stellt also die Größe der Listen-Queue (Warteschlange) für hereinkommende TCP/IP-Verbindungen dar. Ihr Betriebssystem hat seine eigene Beschränkung hinsichtlich der Größe dieser Queue. Die Handbuchseiten zum Unix-listen(2)-System sollten hierfür weitere Details liefern. Sehen Sie in der Dokumentation Ihres Betriebssystems nach, wie hoch der Wert dieser Variablen maximal sein kann. Wenn Sie versuchen, back_log höher als die Begrenzung Ihres Betriebssystems zu setzen, ist dies ineffektiv.

```
basedir
```

Der Wert der --basedir-Option.

`bdb_cache_size`

Der zugewiesene Puffer, um Index und Zeilen bei BDB-Tabellen zu cachen. Wenn Sie keine BDB-Tabellen verwenden, sollten Sie mysqld mit --skip-bdb starten, um für diesen Cache keinen Arbeitsspeicher zu verschwenden.

`bdb_log_buffer_size`

Der zugewiesene Puffer, um Index und Zeilen bei BDB-Tabellen zu cachen. Wenn Sie keine BDB-Tabellen verwenden, sollten Sie diesen Wert auf 0 setzen und mysqld mit --skip-bdb starten, um für diesen Cache keinen Arbeitsspeicher zu verschwenden.

`bdb_home`

Der Wert der --bdb-home-Option.

`bdb_max_lock`

Die maximale Anzahl von Sperren (Vorgabewert: 1000), die bei einer BDB-Tabelle aktiv seien können. Sie sollten diesen Wert heraufsetzen, wenn Sie Fehler folgender Art bekommen: bdb: Lock table is out of available locks oder Got error 12 from ..., wenn Sie lange Transaktionen durchführen oder wenn mysqld viele Zeile untersuchen muss, um die Anfrage zu berechnen.

`bdb_logdir`

Der Wert der --bdb-logdir-Option.

`bdb_shared_data`

Ist ON, wenn Sie --bdb-shared-data verwenden.

`bdb_tmpdir`

Der Wert der --bdb-tmpdir-Option.

`binlog_cache_size.`

Die Größe des Caches, in dem SQL-Statements für das Binär-Log während einer Transaktion vorgehalten werden. Wenn Sie oft große und aus vielen einzelnen Statements bestehende Transaktionen durchführen, können Sie diesen Wert heraufsetzen, um eine bessere Performance zu erzielen.

`character_set`

Der vorgabemäßige Zeichensatz.

`character_sets`

Die unterstützten Zeichensätze.

`concurrent_inserts`

Falls ON (Vorgabe), lässt MySQL INSERT auf MyISAM-Tabellen zu, auf die zur gleichen Zeit SELECT-Anfragen laufen. Sie können diese Option ausschalten, indem Sie mysqld mit --safe oder --skip-new starten.

`connect_timeout`

Die Anzahl von Sekunden, die der mysqld-Server auf ein Verbindungspaket wartet, bevor er mit Bad handshake antwortet.

`datadir`

Der Wert der --datadir-Option.

`delay_key_write`

Falls aktiv (Vorgabe), akzeptiert MySQL die delay_key_write-Option von CREATE TABLE. Das heißt, dass der Schlüsselpuffer für Tabellen bei dieser Option nicht bei jeder Indexaktualisierung auf die Festplatte zurückgeschrieben (flush) wird, sondern nur dann, wenn eine Tabelle geschlossen wird. Dies beschleunigt Schreibvorgänge auf Schlüssel ganz erheblich. Sie sollten jedoch eine automatische Prüfung aller Tabellen mit myisamchk --fast --force hinzufügen, wenn Sie diese Option verwenden. Beachten Sie: Wenn Sie mysqld mit der --delay-key-write-for-all-tables-Option starten, heißt das, dass alle Tabellen so behandelt werden, als wenn sie mit der delay_key_write-Option erzeugt worden wären. Sie können diesen Flag löschen, wenn Sie mysqld mit --skip-new oder --safe-mode starten.

`delayed_insert_limit`

Nachdem delayed_insert_limit Zeilen eingefügt wurden, prüft der INSERT DELAYED-Handler, ob noch irgendwelche SELECT-Statements anhängig sind. Falls ja, wird deren Ausführung zugelassen, bevor weitere Aktionen ausgeführt werden.

`delayed_insert_timeout`

Gibt an, wie lange ein INSERT DELAYED-Thread auf INSERT-Statements warten soll, bevor abgebrochen wird.

`delayed_queue_size`

Gibt an, welche Warteschleifen (Queue)-Speichergröße (in Zeilen) für die Handhabung von INSERT DELAYED zugewiesen werden soll. Wenn die Queue voll ist, wartet jeder Client, der INSERT DELAYED ausführt, bis es wieder Platz in der Queue gibt.

`flush`

Ist ON, wenn Sie MySQL mit der --flush-Option gestartet haben.

`flush_time`

Wenn diese Variable auf einen Wert ungleich 0 gesetzt wird, dann werden alle flush_time Sekunden alle Tabellen geschlossen (um Ressourcen freizugeben und die Werte auf die Festplatte zurückzuschreiben). Diese Option empfehlen wir nur auf Windows 95, Windows 98 oder auf Systemen, auf denen Sie sehr wenige Ressourcen haben.

`have_bdb`

Ist YES, wenn mysqld Berkeley-DB-Tabellen unterstützt. Ist DISABLED, wenn --skip-bdb verwendet wird.

`have_innodb`

Ist YES, wenn mysqld InnoDB-Tabellen unterstützt. Ist DISABLED, wenn --skip-innodb verwendet wird.

`have_raid`

Ist YES, wenn mysqld die RAID-Option unterstützt.

`have_openssl`

Ist YES, wenn mysqld SSL (Verschlüsselung) auf dem Client/Server-Protokoll unterstützt.

`init_file`

Der Name der Datei, die mit der --init-file-Option angegeben wurde, sobald Sie den Server starten. Dies ist eine Datei mit SQL-Statements, die der Server beim Start selbstständig ausführen soll.

`interactive_timeout`

Die Anzahl an Sekunden, die der Server bei einer interaktiven Verbindung wartet, bis er sie schließt. Ein interaktiver Client ist definiert als Client, der die CLIENT_INTERACTIVE-Option für mysql_real_connect() verwendet. Siehe auch wait_timeout.

`join_buffer_size`

Die Größe des Puffers, der für volle Joins verwendet wird (Joins, die keine Indizes verwenden). Der Puffer wird einmal pro vollem Join zwischen zwei Tabellen zugewiesen. Setzen Sie diesen Wert herauf, um einen schnelleren vollen Join zu erhalten, sollte das Addieren von Indizes nicht möglich sein. Normalerweise ist die beste Art, schnelle Joins zu erhalten, das Addieren von Indizes.

`key_buffer_size`

Indexblöcke werden gepuffert und von allen Threads geteilt. key_buffer_size ist die Größe des Puffers, der für Indexblöcke verwendet wird. Setzen Sie diesen Wert herauf, um eine bessere Indexhandhabung zu erzielen.

`language`

Die Sprache, in der Fehlermeldungen ausgegeben werden.

`large_file_support`

Gibt an, ob mysqld mit Optionen für die Unterstützung großer Dateien kompiliert wurde.

`locked_in_memory`

Gibt an, ob mysqld mit --memlock in den Speicher gesperrt wurde.

`log`

Gibt an, ob das Loggen aller Anfragen angeschaltet ist.

`log_update`

Gibt an, ob das Update-Log angeschaltet ist.

`log_bin`

Gibt an, ob das Binär-Log angeschaltet ist.

`log_slave_updates`

Gibt an, ob eine Aktualisierung von Seiten des Slaves geloggt werden soll.

`long_query_time`

Wenn eine Anfrage zeitlich gesehen länger dauert, als dieser Wert in Sekunden darstellt, wird der Slow_queries-Zähler hochgezählt. Wenn Sie --log-slow-queries verwenden, wird die Anfrage in die Slow-Query-Logdatei geschrieben.

`lower_case_table_names`

Auf 1 gesetzt, werden Tabellennamen in Kleinschreibung auf der Festplatte gespeichert. Tabellennamen sind hierbei unabhängig von der verwendeten Groß-/Kleinschreibung.

`max_allowed_packet`

Die maximale Größe eines Pakets. Der Nachrichtenpuffer wird auf net_buffer_length Bytes Länge initialisiert, kann aber wenn nötig bis zu max_allowed_packet Bytes groß werden.

`max_binlog_cache_size`

Wenn eine Transaktion aus mehreren Statements mehr an Speichermenge benötigt als dieser Wert, erhält man den Fehler "Multi-Statement transaction required more than 'max_binlog_cache_size' bytes of storage".

`max_binlog_size`

Verfügbar seit Version 3.23.33. Wenn ein Schreibvorgang in das binäre (Replikations-) Log den angegebenen Wert übersteigt, werden die Logs rotiert. Sie können den Wert auf weniger als 1024 Bytes setzen oder auf mehr als 1 GB. Vorgabe ist 1 GB.

`max_connections`

Die Anzahl von Clients, die gleichzeitig verbunden sind. Wenn Sie diesen Wert hochsetzen, wird die Anzahl der Datei-Deskriptoren, die mysqld benötigt, heraufgesetzt. Hierzu mehr weiter unten unter den Bemerkungen zur Beschränkungen bei Datei-Deskriptoren.

`max_connect_errors`

Wenn es mehr unterbrochene Verbindungen von einem Host gibt, als dieser Wert darstellt, wird der Host von weiteren Verbindungen abgeschnitten. Sie können diese Sperre mit dem FLUSH HOSTS-Befehl wieder aufheben.

`max_delayed_Threads`

Nicht mehr als diese Anzahl von Threads zulassen, um INSERT DELAYED-Statements abzuarbeiten. Wenn Sie versuchen, Daten in eine neue Tabelle einzufügen oder wenn alle INSERT DELAYED-Threads in Verwendung sind, wird die Zeile eingefügt, als ob das DELAYED-Attribut nicht angegeben wäre.

`max_heap_table_size`

Das Erzeugen von Heap-Tabellen, größer als dieser Wert, wird nicht zugelassen.

`max_join_size`

Joins, die voraussichtlich mehr als max_join_size Datensätze lesen werden, geben einen Fehler zurück. Setzen Sie diesen Wert, falls Ihre Anwender dazu neigen, Joins auszuführen, denen eine WHERE-Klausel fehlt, welche daher längere Zeit benötigen und womöglich Millionen von Zeilen zurückgeben.

`max_sort_length`

Die Anzahl an Bytes, die beim Sortieren von BLOB- oder TEXT-Werten verwendet werden (nur die ersten max_sort_length Bytes jedes Werts werden verwendet, der Rest wird ignoriert).

`max_user_connections`

Die maximale Anzahl aktiver Verbindungen für einen einzelnen Benutzer (0 = keine Beschränkung).

`max_tmp_tables`

Diese Option tut bislang noch nichts. Maximale Anzahl von temporären Tabellen, die ein Client zur selben Zeit offen halten darf.

`max_write_lock_count`

Nach dieser Anzahl an Schreibsperren wird einigen davon eine Lesesperre erlaubt, welche zwischendurch laufen darf.

`myisam_recover_options`

Der Wert der --myisam-recover-Option.

`myisam_sort_buffer_size`

Der Puffer, der beim Sortieren des Index zugewiesen wird, falls man ein REPAIR ausführt oder Indizes mit CREATE INDEX oder ALTER TABLE erzeugt werden sollen.

`myisam_max_extra_sort_file_size`

Wenn das Erzeugen der temporären Datei für eine schnelle Index-Erzeugung um diesen Wert größer sein würde, als die Verwendung des Schlüssel-Caches, wird die Schlüssel-Cache-Methode bevorzugt. Wird hauptsächlich verwendet, um lange Zeichenschlüssel in großen Tabellen zu zwingen, die langsamere Schlüssel-Cache-Methode zu verwenden um den Index zu erzeugen. Dieser Parameter wird in Megabyte angegeben.

`myisam_max_sort_file_size`

Die maximale Größe der temporären Datei, die MySQL verwenden darf, während es den Index erzeugt (während REPAIR, ALTER TABLE oder LOAD DATA INFILE). Sollte die Datei größer werden als dieser Wert, wird der Index über den Schlüssel-Cache erzeugt (was langsamer ist). Dieser Parameter wird in Megabyte angegeben.

`net_buffer_length`

Der Kommunikationspuffer zwischen Anfragen wird auf diesen Wert zurückgesetzt. Normalerweise sollte dies nicht geändert werden, aber falls Sie sehr wenig Arbeitsspeicher haben, können Sie diesen auf die erwartete Größe einer Anfrage setzen, also die erwartete Länge von SQL-Statements, die von Clients gesendet werden. Wenn Statements diese Länge überschreiten, wird der Puffer automatisch bis zu max_allowed_packet Bytes vergrößert.

`net_read_timeout`

Anzahl an Sekunden, die in einer bestehenden Verbindung auf weitere Daten gewartet wird, bevor das Lesen abgebrochen wird. Beachten Sie: Wenn keine Daten von einer Verbindung erwartet werden, ist der Timeout durch write_timeout definiert. Siehe auch slave_read_timeout.

`net_retry_count`

Wenn ein Lesevorgang auf einem Kommunikations-Port unterbrochen wird, wird so oft wie angegeben ein neuer Versuch gestartet, bevor aufgegeben wird. Dieser Wert sollte auf FreeBSD recht hoch sein, da interne Unterbrechnungsanforderungen (Interrupts) an alle Threads gesendet werden.

`net_write_timeout`

Anzahl an Sekunden, die auf das Schreiben eines Blocks während einer bestehenden Verbindung gewartet wird, bis das Schreiben abgebrochen wird.

`open_files_limit`

Wenn dieser Wert ungleich 0 ist, verwendet mysqld Datei-Deskriptoren, die mit setrlimit() angewendet werden. Wenn dieser Wert gleich 0 ist, reserviert mysqld max_connections * 5 oder max_connections + table_cache * 2 (je nachdem, was größer ist) Anzahl an Dateien. Sie sollten diesen Wert heraufsetzen, wenn mysqld Ihnen die Fehlermeldung 'Too many open files' gibt.

`pid_file`

Der Wert der --pid-file-Option.

`port`

Der Wert der --port-Option.

`protocol_version`

Die Protokollversion, die vom MySQL-Server verwendet wird.

```
record_buffer
```

Jeder Thread, der einen sequentiellen Scan ausführt, iniziiert einen Puffer dieser Größe für jede Tabelle, die er scannt. Wenn Sie viele sequentielle Scans durchführen, sollten Sie diesen Wert heraufsetzen.

```
record_rnd_buffer
```

Wenn Zeilen nach einem Sortiervorgang in sortierter Reihenfolge gelesen werden, werden die Zeilen aus diesem Puffer gelesen, um Suchvorgänge auf der Festplatte zu vermeiden. Wenn dieser Wert nicht gesetzt ist, wird er auf den Wert von record_buffer gesetzt.

```
query_buffer_size
```

Die anfängliche Zuweisung des Anfragen-Puffers. Wenn die meisten Ihrer Anfragen lang sind, zum Beispiel beim Einfügen von Blobs, sollten Sie diesen Wert heraufsetzen.

```
safe_show_databases
```

Keine Datenbanken zeigen, wenn der Benutzer keinerlei Datenbank- oder Tabellenberechtigungen dafür hat. Dies kann die Sicherheit erhöhen, falls Sie sich Sorgen darüber machen, dass jemand in der Lage sein könnte herauszubekommen, welche Datenbanken andere Benutzer haben. Siehe auch skip_show_databases.

```
server_id
```

Der Wert der --server-id-Option.

```
skip_locking
```

Ist OFF, wenn mysqld externes Sperren verwendet.

```
skip_networking
```

Ist ON, wenn nur lokale (Socket-)Verbindungen zugelassen sind.

```
skip_show_databases
```

Hält Benutzer davon ab, SHOW DATABASES zu verwenden, wenn sie keine PROCESS_ PRIV-Berechtigung haben. Dies kann die Sicherheit erhöhen, falls Sie sich Sorgen darüber machen, dass jemand in der Lage sein könnte herauszubekommen, welche Datenbanken andere Benutzer haben. Siehe auch safe_show_databases.

```
slave_read_timeout
```

Anzahl an Sekunden, die in einer bestehenden Verbindung auf weitere Daten in einer Master/Slave-Verbindung gewartet wird, bevor das Lesen abgebrochen wird.

```
slow_launch_time
```

Wenn das Erzeugen des Threads länger benötigt als dieser Wert in Sekunden, wird der Slow_launch_threads-Zähler heraufgezählt.

```
socket
```

Der Unix-Socket, der vom Server verwendet wird.

`sort_buffer`

Jeder Thread, der einen Sortierdurchgang durchführen muss, iniziiert einen Puffer dieser Größe. Setzen Sie diesen Wert herauf, um schnellere ORDER BY- oder GROUP BY-Operationen zu erhalten.

`table_cache`

Die Anzahl offener Tabellen für alle Threads. Wenn dieser Wert heraufgesetzt wird, erhöht sich die Anzahl an Datei-Deskriptoren, die mysqld benötigt. Sie können prüfen, ob Sie den Tabellen-Cache vergrößern müssen, indem Sie die Opened_tables-Variable prüfen.Wenn diese Variable sehr groß ist und Sie FLUSH TABLES nicht oft brauchen, was lediglich alle Tabellen zwingt, geschlossen und wieder geöffnet zu werden, sollten Sie den Wert dieser Variablen heraufsetzen.

`table_type`

Der vorgabemäßige Tabellentyp.

`thread_cache_size`

Gibt an, wie viele Threads in einem Cache für eine weitere Verwendung offen gehalten werden sollen. Wenn ein Client die Verbindung schließt, werden die Threads des Clients in den Cache geschrieben, falls es nicht mehr als Thread_cache_size Threads als vorher gibt. Alle neuen Threads werden zuerst aus dem Cache genommen. Nur wenn der Cache leer ist, wird ein neuer Thread erzeugt. Diese Variable kann hochgesetzt werden, um die Performance zu verbessern, wenn Sie sehr viele neue Verbindungen haben. (Normalerweise führt dies nicht zu einer nennenswerten Performance-Steigerung, wenn Sie eine gute Thread-Implementierung haben.) Wie effizient der aktuelle Thread-Cache für Sie ist, können Sie feststellen, indem Sie den Unterschied zwischen Connections und Threads_created betrachten.

`thread_concurrency`

Auf Solaris wird mysqld den setconcurrency() mit diesem Wert aufrufen. Setconcurrency() ermöglicht es der Applikation, dem System einen Bezug auf die bevorzugte Anzahl von Threads zu geben, welche gleichzeitig ausgeführt werden sollen.

`thread_stack`

Die Stack-Größe jedes Threads. Viele der Beschränkungen, die durch den crash-me-Test festgestellt werden, hängen von diesem Wert ab. Der Vorgabewert ist groß genug für normale Operationen.

`timezone`

Die Zeitzone für den Server.

`tmp_table_size`

Wenn eine temporäre Tabelle im Arbeitsspeicher diese Größe überschreitet, wandelt MySQL sie automatisch in eine MyISAM-Tabelle auf der Festplatte um. Setzen Sie den Wert von tmp_table_size herauf, falls Sie viele fortgeschrittene GROUP BY-Anfragen und viel Arbeitsspeicher haben.

`tmpdir`

Das Verzeichnis, das für temporäre Dateien und temporäre Tabellen genutzt wird.

`version`

Die Versionsnummer des Servers.

`wait_timeout`

Die Anzahl an Sekunden, die der Server auf Aktivität während einer Verbindung wartet, bevor er sie schließt. Siehe auch interactive_timeout.

9.8.4   MySQL Server (mysqld)

mysqld akzeptiert folgende Kommandozeilenoptionen:

`--ansi`

ANSI-SQL-Syntax anstelle von MySQL-Syntax benutzen.

`-b, --basedir=path`

Pfad zum Installationsverzeichnis. Gewöhnlich werden alle Pfade relativ zu diesem aufgelöst.

`--big-tables`

Große Ergebnismengen zulassen, indem alle temporären Mengen in einer Datei gesichert werden. Dies löst die meisten 'table full'-Fehler, verlangsamt aber in den meisten Fällen Anfragen, in denen Tabellen im Speicher ausreichen würden. Ab Version 3.23.2 ist MySQL in der Lage, dies automatisch zu lösen, indem für kleine temporäre Tabellen der Arbeitsspeicher verwendet wird und selbstständig auf Festplattentabellen umgeschaltet, falls dies nötig ist.

`--bind-address=IP`

IP-Adresse zum Anbinden (bind).

`--character-sets-dir=path`

Verzeichnis, in dem Zeichensätze liegen.

`--chroot=path`

Chrootet den mysqld-Daemon beim Start. Empfohlene Sicherheitsmaßnahme. Wird allerdings LOAD DATA INFILE und SELECT ... INTO OUTFILE etwas einschränken.

`--core-file`

Schreibt eine Core-Datei, wenn mysqld stirbt. Auf manchen Systemen müssen Sie zusätzlich --core-file-size für safe_mysqld angeben.

`-h, --datadir=path`

Pfad zum Datenbank-Wurzelverzeichnis.

`--default-character-set=charset`

Setzt den vorgabemäßigen Zeichensatz.

`--default-table-type=type`

Setzt den vorgabemäßigen Tabellentyp für Tabellen.

`--debug[...]=`

Wenn MySQL mit --with-debug konfiguriert ist, können Sie diese Option verwenden, um eine Trace-Datei darüber zu erhalten, was mysqld tut.

`--delay-key-write-for-all-tables`

Schlüsselpuffer (Key Buffer) für jegliche MyISAM-Tabellen nicht leeren (flush).

`--enable-locking`

System-Sperren einschalten. Beachten Sie, dass Sie bei Verwendung dieser Option auf Systemen, die kein voll funktionsfähiges lockd() besitzen (wie Linux), mysqld leicht zum Deadlock bringen können.

`-T, --exit-info`

Eine Bit-Maske verschiedener Flags, mit denen man den mysqld-Server debuggen kann. Man sollte diese Option nicht verwenden, wenn man nicht ganz genau weiß, was sie tut.

`--flush`

Jegliche Änderungen nach jedem SQL-Befehl auf Festplatte zurückschreiben (flush). Normalerweise schreibt MySQL alle Änderungen nach jedem SQL-Befehl auf die Festplatte und lässt das Betriebssystem sich um die Synchronisation auf der Festplatte kümmern.

`-?, --help`

Kurze Hilfe ausgeben und beenden.

`--init-file=file`

Beim Start SQL-Befehle aus dieser Datei lesen.

`-L, --language=...`

Client-Fehlermeldungen in der angegebenen Sprache. Kann als voller Pfad angegeben werden.

`-l, --log[=datei]`

Loggt Verbindungen und Anfragen in datei.

`--log-isam[=datei]`

Loggt alle ISAM- / MyISAM-Änderungen in datei und wird nur verwendet, um ISAM / MyISAM zu debuggen.

`--log-slow-queries[=datei]`

Loggt alle Anfragen in datei, die länger als long_query_time an Sekunden für die Ausführung benötigt haben.

`--log-update[=datei]`

Loggt Updates in datei.#, wobei # eine eindeutige Zahl ist, falls nicht vorgegeben.

`--log-long-format`

Loggt einige zusätzliche Informationen ins Update-Log. Wenn Sie --log-slow-queries verwenden, werden Anfragen, die keine Indizes verwenden, in die Langsame-Anfragen-Log-Datei geloggt.

`--low-priority-updates`

Operationen, die Tabellen ändern (INSERT/DELETE/UPDATE), haben geringere Priorität als Selects. Dies kann auch mit {INSERT | REPLACE | UPDATE | DELETE} LOW_PRIORITY ... durchgeführt werden, um lediglich die Priorität einer einzelnen Anfrage zu verringern, oder mit SET OPTION SQL_LOW_PRIORITY_UPDATES=1, um die Priorität in einem Thread zu ändern.

`--memlock`

Sperrt den mysqld-Prozess in den Arbeitsspeicher. Das funktioniert nur, wenn Ihr System den mlockall()-Systemaufruf versteht (wie Solaris). Dies kann helfen, wenn Sie Probleme damit haben, dass Ihr Betriebssystem mysqld veranlasst, auf Festplatte zu swappen.

`--myisam-recover [=option[,option...]]]`

option stellt hier eine Kombination aus DEFAULT, BACKUP, FORCE oder QUICK dar. Sie können sie auch explizit auf "" setzen, wenn Sie diese Option ausschalten wollen.

`--pid-file=pfad`

Pfad zur pid-Datei, die von safe_mysqld verwendet wird.

`-P, --port=...`

Portnummer, um auf TCP/IP-Verbindungen zu warten (listen).

`-o, --old-protocol`

Das 3.20-Protokoll für Kompatibilität zu einigen sehr alten Clients verwenden.

`--one-thread`

Nur einen Thread verwenden (zum Debuggen unter Linux).

`-O, --set-variable var=option`

Weist einer Variablen einen Wert zu. --help listet Variablen auf. Sie finden eine komplette Beschreibung aller Variablen im SHOW VARIABLES-Abschnitt dieses Handbuchs.

`--safe-mode`

Einige Optimierungsschritte überspringen. Setzt --skip-delay-key-write voraus.

`--safe-show-database`

Keine Datenbanken anzeigen, für die der Benutzer keine Zugriffsrechte hat.

`--safe-user-create`

Wenn dies angeschaltet ist, kann ein Benutzer keine neuen Benutzer mit dem GRANT-Befehl anlegen, sollte der Benutzer kein INSERT-Zugriffsrecht auf die mysql.user-Tabelle oder irgendwelche Spalten dieser Tabelle haben.

`--skip-concurrent-insert`

Die Fähigkeit abschalten, gleichzeitig auf MyISAM-Tabellen etwas auszuwählen (select) und einfügen (insert)zu können. Sollte nur verwendet werden, wenn Sie der Meinung sind, einen Bug in diesem Feature gefunden zu haben.

`--skip-delay-key-write`

Die delay_key_write-Option für alle Tabellen ignorieren.

`--skip-grant-tables`

Diese Option veranlasst den Server, das Zugriffsrechtesystem überhaupt nicht zu verwenden. Dies gibt jedem vollen Zugriff auf alle Datenbanken! (Einen laufenden Server können Sie anweisen, die Berechtigungstabellen erneut zu verwenden, indem Sie mysqladmin flush-privileges oder mysqladmin reload ausführen.)

`--skip-host-cache`

Nie den Host-Name-Cache für schnellere Name-IP-Auflösung benutzen, sondern stattdessen bei jeder Verbindung beim DNS-Server anfragen.

`--skip-locking`

Systemsperren nicht verwenden. Um isamchk oder myisamchk auszuführen, müssen Sie den Server herunterfahren. Beachten Sie, dass Sie in MySQL-Version 3.23 REPAIR und CHECK verwenden können, um MyISAM-Tabellen zu reparieren bzw. zu prüfen.

`--skip-name-resolve`

Hostnamen werden nicht aufgelöst. Alle Hostspaltenwerte in den Berechtigungstabellen müssen IP-Nummern oder localhosts sein.

`--skip-networking`

Auf überhaupt keine TCP/IP-Verbindungen warten (listen). Jede Interaktion mit mysqld muss über Unix-Sockets erfolgen. Diese Option wird ausdrücklich empfohlen für Systeme, auf denen nur lokale Anfragen (Requests) erlaubt sind.

`--skip-new`

Keine neuen, möglicherweise falschen Routinen verwenden. Setzt --skip-delay-key-write voraus. Setzt außerdem den vorgabemäßigen Tabellentyp auf ISAM.

`--skip-symlink`

Keine Dateien löschen oder umbenennen, auf die eine mit Symlink verknüpfte Datei im Datenverzeichnis zeigt.

`--skip-safemalloc`

Wenn MySQL mit --with-debug=full konfiguriert wird, überprüfen alle Programme den Arbeitsspeicher bei jeder Speicherallokation und -Freigabe auf Überlauf. Da dieses Prüfen sehr langsam ist, können Sie dies vermeiden, indem Sie diese Option verwenden, falls Sie keine Arbeitsspeicherprüfung benötigen.

`--skip-show-database`

Keine 'SHOW DATABASE'-Befehle zulassen, wenn der Benutzer keine process-Berechtigung hat.

`--skip-stack-trace`

Keine Stack-Traces schreiben. Diese Option ist nützlich, wenn Sie mysqld unter einem Debugger laufen lassen.

`--skip-thread-priority`

Die Verwendung von Thread-Prioritäten abschalten, um schnellere Antwortzeiten zu erzielen.

`--socket=pfad`

Socket-Datei, die anstelle des vorgabemäßigen /tmp/mysql.sock für lokale Verbindungen verwendet wird.

`--sql-mode=option[,option[,option...]]`

option kann jede beliebige Kombination von REAL_AS_FLOAT, PIPES_AS_CONCAT, ANSI_QUOTES, IGNORE_SPACE, SERIALIZE und ONLY_FULL_GROUP_BY sein. Sie kann auch leer sein (""), wenn Sie sie zurücksetzen wollen. Alle oben angegebenen Optionen festzulegen ist dasselbe, wie --ansi zu verwenden. Mit dieser Option kann man nur exakt benötigte SQL-Modi anschalten.

`transaction-isolation= { READ-UNCOMMITTED | READ-COMMITTED | REPEATABLE-READ | SERIALIZABLE }`

Setzt das vorgabemäßige Transaktions-Isolations-Level.

`-t, --tmpdir=pfad`

Pfad für temporäre Dateien. Kann nützlich sein, falls Ihr vorgabemäßiges /tmp-Verzeichnis auf einer Partition liegt, die zu klein ist, um temporäre Tabellen zu speichern.

`-u, --user=benutzername`

Den mysqld-Daemon unter dem Benutzer benutzername laufen lassen. Diese Option ist zwingend notwendig, wenn mysqld als Root gestartet wird.

`-V, --version`

Versionsinformationen ausgeben und beenden.

`-W, --warnings`

Warnmeldungen wie Aborted connection... in die .err-Datei ausgeben.

9.8.5 MySQL-Kommandozeilenwerkzeuge

Es folgt eine Zusammenstellung der MySQL-Kommandozeilenwerkzeuge, welche im Verzeichnis bin/ des Installationsverzeichnisses zu finden sind. Unter den Werkzeugen unterstützen folgende die Einstellung über eine Konfigurationsdatei:

* Mysql

* Mysqladmin

* Myssldump

* Mysqlimport

* Mysqlshow

* Mysqlcheck

* Myisamchk

* Myisampack

Gemeinsame Optionen

Die Werkzeuge weisen gemeinsame Optionen auf. Dies sind beispielsweise die Abfrage nach Host- und Benutzernamen, sowie das Passwort des Benutzers. Für die Werkzeuge mysql, mysqladmin, myssldump, mysqlimport, mysqlshow, mysqlcheck und myisamchk gelten folgende Optionen:

`-?, --help`

Zeigt die Hilfe an

`-h, --host=...`

Name des Hosts

`-u, --host=#`

Benutzername

`-p, --password[=...]`

Das zur Verbindung mit dem Server verwendete Passwort. Wurde kein Passwort vergeben, wird es angefragt.

`-#, --debug=...`

Erzeugt eine Protokolldatei.

`--character-sets-dir=...`

Verzeichnis, das die Zeichensatzdateien enthält.

`-P, --port=...`

Die zur Verbindung mit dem Server verwendete Pornummer.

`-S, --socker=...`

Die zur Verbindung mit dem Server verwendete Socket-Datei.

`-V, --version`

Gibt die Informationen der Version heraus und beendet das Programm.

`-W, --pipe`

Die zur Verbindung mit dem Server verwendeten Named Pipes.

`-v, --verbose`

Gibt die Informationen zum Verarbeitungsstatus zurück.

`O, --set-variable-var=option`

Ordnet der Variablen einen Wert zu.

myisamchk

Überprüft die Integrität von MyISAM-Tabellen. Das Programm umfasst Prüf- und Reparaturbefehle.

`myisamchk [OPTIONEN] <Tabellenname>[.MYI]`

Optionen, die für den Programmaufruf zur Verfügung stehen:

`-# oder --debug=debug_optionen`

Ausgabe eines Debug-Logs. Die Zeichenkette debug_optionen ist häufig 'd:t:o,dateiname'.

`-? oder --help`

Hilfetext ausgeben und beenden.

`-O var=option, --set-variable var=option`

Setzt den Wert einer Variablen. Mögliche Variablen und ihre Vorgabewerte für myisamchk können mit myisamchk --help herausgefunden werden.

`-s oder --silent`

Schweigsamer Modus. Ausgaben erfolgen nur im Fehlerfall. Sie können -s doppelt verwenden(-ss), um myisamchk sehr schweigsam zu machen.

`-v oder --verbose`

Geschwätziger Modus. Es werden mehr Informationen ausgegeben. Dies kann auch mit -d und -e verwendet werden. Benutzen Sie -v mehrfach (-vv, -vvv), um noch ausführlichere Meldungen auszugeben.

`-V oder --version`

Die aktuelle Version von myisamchk ausgeben und das Programm beenden.

`-w or, --wait`

Statt einen Fehler auszugeben, wenn die Tabelle gesperrt ist, warten, bis die Tabelle entsperrt ist, bevor fortgefahren wird. Beachten Sie: Wenn Sie mysqld auf der Tabelle mit --skip-locking laufen lassen, kann die Tabelle nur mit einem weiteren myisamchk-Befehl gesperrt werden.

Prüfoptionen

`-c oder --check`

Tabelle auf Fehler überprüfen. Dies ist die vorgabemäßige Operation, wenn Sie myisamchk keine sonstigen Optionen angeben, die dies überschreiben.

`-e oder --extend-check`

Tabelle sehr gründlich prüfen (was recht langsam ist, wenn Sie viele Indizes haben). Diese Option sollte nur in Extremfällen verwendet werden. Normalerweise sollten myisamchk oder myisamchk --medium-check in fast allen Fällen in der Lage sein herauszufinden, ob es in der Tabelle irgendwelche Fehler gibt. Wenn Sie --extended-check verwenden und viel Arbeitsspeicher zur Verfügung haben, setzen Sie den Wert von key_buffer_size um etliches herauf.

`-F oder --fast`

Nur Tabellen prüfen, die nicht ordnungsgemäß geschlossen wurden.

`-C oder --check-only-changed`

Nur Tabellen prüfen, die seit der letzten Prüfung geändert wurden.

`-f oder --force`

myisamchk mit -r (repair) auf die Tabelle neu starten, wenn myisamchk in der Tabelle irgendwelche Fehler findet.

`-i oder --information`

Statistische Informationen über die Tabelle ausgeben, die geprüft wird.

`-m oder --medium-check`

Schneller als extended-check, findet aber nur 99,99% aller Fehler. Das sollte allerdings in den meisten Fällen ausreichen.

`-U oder --update-state`

In der '.MYI'-Datei speichern, wann die Tabelle geprüft wurde und ob die Tabelle beschädigt wurde. Dies sollte verwendet werden, um den vollen Nutzen aus der --check-only-changed-Option ziehen zu können. Sie sollten diese Option nicht verwenden, wenn der mysqld-Server die Tabelle benutzt und Sie ihn mit --skip-locking laufen lassen.

`-T oder --read-only`

Die Tabelle als nicht geprüft kennzeichnen. Dies ist hilfreich, wenn Sie myisamchk verwenden, um eine Tabelle zu prüfen, die von irgend einer anderen Applikation verwendet wird, welche kein Sperren durchführt (wie mysqld --skip-locking).

Reparaturoptionen

Folgende Optionen werden verwendet, falls Sie myisamchk mit -r oder -o starten:

`-D # oder --data-file-length=#`

Maximale Länge der Datendatei (wenn die Datendatei neu erzeugt wird, falls diese 'voll' seien sollte).

`-e oder --extend-check`

Es wird versucht, jede mögliche Zeile der Datendatei wiederherzustellen. Normalerweise wird diese Option auch eine Menge Zeilen-'Müll' finden. Benutzen Sie diese Option nur dann, wenn Sie völlig verzweifelt sind.

`-f oder --force`

Alte temporäre Dateien (tabelle.TMD) werden überschrieben, anstatt abzubrechen.

`-k # oder keys-used=#`

Wenn Sie ISAM verwenden, weist dies den ISAM-Tabellen-Handler an, nur die ersten #-Indizes zu benutzen. Wenn Sie MyISAM verwenden, sagt dies dem Handler, welche Schlüssel benutzt werden sollen, wobei jedes Binärbit für einen Schlüssel steht (der erste Schlüssel ist Bit 0). Dies kann verwendet werden, um ein schnelleres Einfügen (Insert) zu erreichen. Deaktivierte Indizes können reaktiviert werden, indem man myisamchk -r verwendet.

`-1 oder --no-symlinks`

Symbolischen Links wird nicht gefolgt. Normalerweise repariert myisamchk die Tabelle, auf die ein Symlink verweist. Diese Option gibt es in MySQL 4.0 nicht, weil MySQL 4.0 während der Reparatur keine Symlinks entfernt.

`-r oder --recover`

Kann fast alles reparieren außer eindeutige Schlüssel, die nicht eindeutig sind (was ein extrem unwahrscheinlicher Fehler bei ISAM- / MyISAM-Tabellen ist). Wenn Sie eine Tabelle wiederherstellen wollen, sollten Sie zuerst diese Option ausprobieren. Nur wenn myisamchk berichtet, dass die Tabelle mit -r nicht wiederhergestellt werden kann, sollten Sie -o probieren. (Hinweis: Im unwahrscheinlichen Fall, dass -r fehlschlägt, ist die Datendatei immer noch intakt.) Wenn Sie viel Arbeitsspeicher haben, sollten Sie die Größe von sort_buffer_size heraufsetzen

`-o oder --safe-recover`

Benutzt eine alte Wiederherstellungsmethode (liest alle Zeilen der Reihe nach aus und aktualisiert alle Indexbäume, basierend auf den gefundenen Zeilen); dies ist sehr viel langsamer als -r, kann aber eine Reihe sehr unwahrscheinlicher Fälle behandeln, die -r nicht behandeln kann. Diese Wiederherstellungsmethode benötigt viel weniger Festplattenspeicher als -r. Normalerweise sollte man immer zuerst versuchen, mit -r zu reparieren und nur im Falle des Fehlschlagens -o benutzen. Wenn Sie viel Arbeitsspeicher haben, sollten Sie die Größe von key_buffer_size heraufsetzen.

`-n oder --sort-recover`

Zwingt myisamchk zum Sortieren, um Schlüssel aufzulösen, selbst wenn die temporären Dateien sehr groß seien sollten. Diese Option hat keine Auswirkung, falls Sie Volltextschlüssel in der Tabelle haben.

`--character-sets-dir=...`

Verzeichnis, in dem Zeichensätze gespeichert sind.

`--set-character-set=name`

Ändert den Zeichensatz, der vom Index benutzt wird.

`-t oder --tmpdir=path`

Pfad zum Speichern temporärer Dateien. Wenn dieser nicht gesetzt ist, benutzt myisamchk hierfür die Umgebungsvariable TMPDIR.

`-q oder --quick`

Repariert schneller, indem die Datendatei nicht verändert wird. Man kann ein zweites -q angeben, um myisamchk zu zwingen, die Originaldatendatei zu ändern, falls doppelte Schlüssel auftreten.

`-u oder --unpack`

Datei entpacken, die mit myisampack gepackt wurde.

Zusätzliche Optionen

Weitere Aktionen, die myisamchk neben der Prüfung und Reparatur von Tabellen ausführen kann:

`-a oder --analyze`

Analysiert die Verteilung von Schlüsseln. Dies verbessert die Performance bei Tabellenverknüpfungen (Joins), indem der Join-Optimierer in die Lage versetzt wird, besser auszuwählen, in welcher Reihenfolge die Tabellen verknüpft werden und welche Schlüssel er dabei verwenden sollte: myisamchk --describe --verbose tabelle' oder per Verwendung von SHOW KEYS in MySQL.

`-d oder --description`

Gibt ein paar Informationen über die Tabelle aus.

`-A oder --set-auto-increment[=value]`

Zwingt auto_increment, mit diesem oder einem höheren Wert anzufangen. Wenn kein Wert angegeben wird, wird der nächste auto_increment-Wert auf den höchsten verwendeten Wert für den auto-Schlüssel + 1 gesetzt.

`-S oder --sort-index`

Sortiert die Blöcke des Indexbaums in Hoch-Niedrig-Reihenfolge. Dies optimiert Suchoperationen und beschleunigt das Durchsehen (Scanning) von Tabellen nach Schlüsseln.

`-R oder --sort-records=#`

Sortiert Datensätze in Übereinstimmung mit einem Index. Dies macht Ihre Daten sehr viel übersichtlicher und kann SELECT mit Bereichen und ORDER BY-Operationen auf diesem Index erheblich beschleunigen. (Beim ersten Sortieren kann dies sehr langsam sein!) Um die Anzahl an Indizes einer Tabelle herauszufinden, benutzen Sie SHOW INDEX, was die Indizes einer Tabelle in genau der Reihenfolge anzeigt, in der myisamchk sie sieht. Indizes werden bei 1 beginnend nummeriert.

myisampack

Mit Hilfe von myisampack können Tabellen gepackt werden. Durch die geringe Größe sind diese gepackten Tabellen schneller bei der Datenausgabe.

`myisampack [OPTIONEN] <Dateiname> <Dateiname> ...`

myisampack unterstützt folgende Optionen:

`-b, --backup`

Stellt eine Datensicherung der Tabelle als tabelle.OLD her.

`-#, --debug=debug_options`

Debug-Log ausgeben. Die debug_options-Zeichenkette ist häufig 'd:t:o,filename'.

`-f, --force`

Erzwingt die Komprimierung der Tabelle, selbst wenn sie dadurch größer wird oder die temporäre Datei existiert. myisampack erzeugt eine temporäre Datei namens 'tabelle.TMD', während es die Tabelle komprimiert. Wenn Sie myisampack killen, kann es sein, dass die '.TMD'-Datei nicht gelöscht wird. Normalerweise wird myisampack mit einer Fehlermeldung beendet, wenn es eine existierende 'tabelle.TMD'-Datei findet. Mit --force packt myisampack die Tabelle trotzdem.

`-?, --help`

Hilfetext ausgeben und beenden.

`-j große_tabelle, --join=große_tabelle`

Verbindet alle Tabellen, die auf der Kommandozeile angegeben wurden, in eine einzige große Tabelle große_tabelle. Alle Tabellen, die kombiniert werden sollen, müssen identisch sein (dieselben Spaltennamen und -typen, dieselben Indizes usw.).

`-p #, --packlength=#`

Legt die Speichergröße der Datensatzlänge in Byte fest. Der Wert sollte 1, 2 oder 3 sein. (myisampack speichert alle Zeilen mit Längenzeigern von 1, 2, oder 3 Bytes. In den meisten Fällen kann myisampack den richtigen Längenwert festlegen, bevor es anfängt, die Datei zu komprimieren. Während des Komprimierungsprozesses stellt es aber eventuell fest, dass es eine kürzere Länge hätte nehmen können. In diesem Fall gibt myisampack einen Hinweis aus, dass Sie beim nächsten Mal, wenn Sie dieselbe Datei packen, eine kürzere Datensatzlänge nehmen sollten.)

`-s, --silent`

Schweigsamer Modus. Ausgaben erfolgen nur, wenn Fehler auftreten.

`-t, --test`

Tabelle nicht tatsächlich komprimieren, sondern nur testweise packen.

`-T dir_name, --tmp_dir=dir_name`

Das genannte Verzeichnis als Speicherort der temporären Tabelle verwenden.

`-v, --verbose`

Geschwätziger Modus. Informationen über den Fortschritt und das Komprimierungsergebnis ausgeben.

`-V, --version`

Versionsinformationen ausgeben und beenden.

`-w, --wait`

Warten und noch einmal versuchen, falls die Tabelle in Verwendung ist. Wenn der mysqld-Server mit der --skip-locking-Option aufgerufen wurde, ist es keine gute Idee, myisampack aufzurufen, wenn die Tabelle während des Komprimierungsprozesses möglicherweise aktualisiert wird.

mysql

Die Kommandozeilen-Shell für MySQL. Mit der Shell können interaktiv Befehle an den Datenbankserver gerichtet werden.

`myslq [OPTIONEN] [Datenbankname]`

Folgende Optionen stehen für den Programmaufruf von mysql zur Verfügung:

`-?, --help`

Hilfetext ausgeben und beenden.

`-A, --no-auto-rehash`

Kein automatisches Rehashing. Man muss 'rehash' verwenden, um Tabellen- und Feld-Vervollständigungen zu erhalten. Durch die Option wird mysql schneller gestartet.

`-B, --batch`

Ergebnisse mit einem Tabulator als Trennzeichen ausgeben. Jede Tabellenzeile hierbei auf eine neue Zeile setzen. Keine History-Datei verwenden.

`--character-sets-dir=...`

Verzeichnis, in dem sich die Zeichensätze befinden.

`-C, --compress`

Im Client/Server-Protokoll Komprimierung verwenden.

`-#, --debug[=...]`

Debug loggen. Vorgabe ist 'd:t:o,/tmp/mysql.trace'.

`-D, --database=...`

Datenbank, die verwendet werden soll. Hauptsächlich nützlich in der my.cnf-Datei.

`--default-character-set=...`

Den vorgabemäßigen Zeichensatz setzen.

`-e, --execute=...`

Befehl ausführen und beenden (Ausgabe wie bei --batch).

`-E, --vertical`

Ausgabe einer Anfrage (Zeilen) vertikal darstellen. Ohne diese Option können Sie dieses auch dadurch erzwingen, dass Sie Ihre Statements mit \G beendet.

`-f, --force`

Weitermachen, auch wenn ein SQL-Fehler auftritt.

`-g, --no-named-commands`

Benannte Befehle werden deaktiviert. Verwenden Sie vorzugsweise die *-Form oder achten Sie darauf, dass die benannten Befehle nur bei Zeilen, die mit einem Semikolon enden, angewendet werden. Ab Version 10.9 startet der Client vorgabemäßig mit ANGESCHALTETER Option! Wenn die -g-Option angeschaltet ist, funktionieren Befehle im Langformat jedoch immer noch von der ersten Zeile aus.

`-G, --enable-named-commands`

Benannte Befehle sind angeschaltet. Befehle im Langformat sind ebenso zugelassen wie die abgekürzten *-Befehle.

`-i, --ignore-space`

Leerzeichen nach Funktionsnamen ignorieren.

`-h, --host=...`

Verbindung zum Host.

`-H, --html`

HTML-Ausgabe produzieren.

`-L, --skip-line-numbers`

Bei Fehlern keine Zeilennummer ausgeben. Nützlich, wenn man mit Ergebnisdateien vergleichen will, die Fehlermeldungen enthalten.

`--no-pager`

Pager deaktivieren und nach stdout ausgeben. Siehe auch interaktive Hilfe (\h).

`--no-tee`

Ausgabedatei (Outfile) deaktivieren. Siehe auch interaktive Hilfe (\h).

`-n, --unbuffered`

Nach jeder Anfrage Buffer zurückschreiben (flush).

`-N, --skip-column-names`

In Ergebnissen keine Spaltennamen ausgeben.

`-O, --set-variable var=option`

Einer Variablen einen Wert zuweisen. --help listet Variablen auf.

`-o, --one-database`

Nur die vorgabemäßige Datenbank aktualisieren. Dies ist nützlich, wenn man in der Update-Logdatei Aktualisierungen (Updates) in Bezug auf eine andere Datenbank überspringen will.

`--pager[=...]`

Ausgabetyp. Vorgabe ist Ihre ENV-Variable PAGER. Gültige Pager sind less, more, cat [> Dateiname] usw. Siehe auch interaktive Hilfe (\h). Diese Option funktioniert nicht im Stapelmodus. Der Pager funktioniert nur unter UNIX.

`-p[password], --password[=...]`

Passwort, das für die Verbindung zum Server verwendet wird. Wenn das Passwort nicht auf der Kommandozeile angegeben wird, wird eine Eingabeaufforderung dafür ausgegeben. Beachten Sie: Wenn Sie die Kurzform -p verwenden, darf zwischen der Option und dem Passwort kein Leerzeichen stehen.

`-P --port=...`

TCP/IP-Portnummer, die für die Verbindung verwendet wird.

`-q, --quick`

Ergebnisse nicht cachen, Zeile für Zeile ausgeben. Das kann den Server verlangsamen, wenn die Ausgabe verschoben wird. Keine History-Datei benutzen.

`-r, --raw`

Spaltenwerte ohne Escape-Umwandlung schreiben. Verwendet für --batch.

`-s, --silent`

Schweigsamer sein.

`-S --socket=...`

Socket-Datei, die für die Verbindung verwendet wird.

`-t --table`

Ausgabe im Tabellenformat. Dies ist die Vorgabe im Nicht-Stapelmodus.

`-T, --debug-info`

Beim Verlassen einige Debug-Informationen ausgeben.

`--tee=...`

Alles an die Ausgabedatei anhängen. Siehe auch interaktive Hilfe (\h). Funktioniert nicht im Stapelmodus.

`-u, --user=#`

Benutzer zum Einloggen, falls nicht der aktuelle UNIX-Benutzer.

`-U, --safe-updates[=#], --i-am-a-dummy[=#]`

Lässt nur UPDATE und DELETE zu, die Schlüssel verwenden. Siehe unten für weitere Informationen über diese Option. Sie können diese Option zurücksetzen, wenn Sie sie in Ihrer my.cnf-Datei haben, indem Sie --safe-updates=0 verwenden.

`-v, --verbose`

Geschwätzigere Ausgabe (-v -v -v ergibt das Tabellen-Ausgabeformat).

`-V, --version`

Versionsinformationen ausgeben und das Progamm beenden.

`-w, --wait`

Falls die Verbindung geschlossen wurde, warten und noch einmal versuchen, statt abzubrechen.

mysqladmin

Das Programm mysqladmin unterstützt administrative Aufgaben.

```
mysqladmin [OPTIONEN] Befehl Befehl...
```

Folgende Programmbefehle stehen für mysqladmin zur Verfügung:

```
create datenbank
```

Eine neue Datenbank erzeugen.

```
drop datenbank
```

Eine Datenbank und alle ihre Tabellen löschen.

```
extended-status
```

Eine erweiterte Statusmeldung vom Server ausgeben.

```
flush-hosts
```

Alle gecachten Hosts zurückschreiben (flush).

```
flush-logs
```

Alle Logs zurückschreiben (flush).

```
flush-tables
```

Alle Tabellen zurückschreiben (flush).

```
flush-privileges
```

Berechtigungstabellen neu laden (dasselbe wie reload).

```
kill id,id,...
```

MySQL-Threads killen.

```
password
```

Ein neues Passwort setzen. Altes Passwort in neues Passwort ändern.

```
ping
```

Überprüfen, ob mysqld lebt.

```
processlist
```

Auflistung aktiver Threads im Server.

```
reload
```

Berechtigungstabellen neu laden.

```
refresh
```

Alle Tabellen zurückschreiben (flush), Log-Dateien schließen und erneut öffnen.

```
shutdown
```

Server herunterfahren.

```
slave-start
```

Slave-Replikations-Thread starten.

```
slave-stop
```

Slave-Replikations-Thread anhalten.

```
status
```

Eine kurze Statusmeldung vom Server ausgeben.

```
variables
```

Verfügbare Variablen ausgeben.

```
version
```

Versionsinformation vom Server abrufen.

mysqldump

Erzeugt die Definition und Daten von Datenbanken und Tabellen.

```
mysqldump [OPTIONS] datenbank [tabellen]
```

oder

```
mysqldump [OPTIONS] --databases [OPTIONS] datenbank1 [datenbank2 daten-
bank3...]
```

oder

```
mysqldump [OPTIONS] --all-databases [OPTIONS]
```

Folgende Optionen stehen für mysqldump zur Verfügung:

```
--add-locks
```

Führt LOCK TABLES vor und UNLOCK TABLE nach jedem Tabellen-Dump durch (um ein schnelleres Einfügen in MySQL zu erreichen).

```
--add-drop-table
```

Ein drop table vor jedem create-Statement hinzufügen.

```
-A, --all-databases
```

Alle Datenbanken dumpen. Dies ist dasselbe wie --databases mit allen Datenbanken auszuwählen.

```
-a, --all
```

Alle MySQL-spezifischen Optionen für create verwenden.

`--allow-keywords`

Das Erzeugen von Spaltennamen zulassen, die Schlüsselwörter sind. Dies funktioniert, indem jedem Spaltennamen der Tabellenname als Präfix angefügt wird.

`-c, --complete-insert`

Vollständige insert-Statements verwenden (mit Spaltennamen).

`-C, --compress`

Alle Informationen zwischen Client und Server komprimieren bzw. bei der Kompression unterstützen.

`-B, --databases`

Mehrere Datenbanken prüfen. Beachten Sie den Unterschied im Gebrauch: In diesem Fall werden keine Tabellen angegeben. Alle Namensargumente werden als Datenbanknamen erachtet. Vor jeder Ausgabe einer neuen Datenbank wird USE datenbank eingefügt.

`--delayed`

Zeilen mit dem INSERT DELAYED-Befehl einfügen.

`-e, --extended-insert`

Die neue mehrzeilige INSERT-Syntax verwenden. (Ergibt kompaktere und schnellere insert-Statements.)

`-#, --debug[=option_string]`

Programmverwendung tracen (für Debug-Zwecke).

`--help`

Hilfetext ausgeben und Progamm beenden.

`--fields-terminated-by=...`

`--fields-enclosed-by=...`

`--fields-optionally-enclosed-by=...`

`--fields-escaped-by=...`

`--lines-terminated-by=...`

Diese Optionen werden zusammen mit der -T-Option verwendet und haben dieselbe Bedeutung wie die entsprechenden Klauseln für LOAD DATA INFILE.

`-F, --flush-logs`

Log-Datei im MySQL-Server zurückschreiben, bevor der Dump durchgeführt wird.

`-f, --force`

Fortfahren, selbst wenn beim Dump einer Tabelle ein SQL-Fehler auftritt.

`-h, --host=...`

Daten auf dem MySQL-Server auf dem genannten Host dumpen. Der vorgabemäßige Host ist localhost.

`-l, --lock-tables`

Alle Tabellen sperren, bevor mit dem Dump begonnen wird. Die Tabellen werden mit READ LOCAL gesperrt, um ein gleichzeitiges Einfügen zu erlauben (bei MyISAM-Tabellen).

`-n, --no-create-db`

'CREATE DATABASE /*!32312 IF NOT EXISTS*/ datenbank;' wird nicht in die Ausgabe geschrieben. Diese Zeile wird sonst hinzugefügt, falls --databases oder --all-databases angegeben wurde.

`-t, --no-create-info`

Keine Tabellenerzeugungsinformation schreiben (das CREATE TABLE-Statement).

`-d, --no-data`

Keine Zeileninformationen für die Tabelle schreiben. Das ist sehr nützlich, falls Sie lediglich einen Dump der Tabellenstruktur erzeugen wollen.

`--opt`

Dasselbe wie --quick --add-drop-table --add-locks --extended-insert --lock-tables. Dies sollte den schnellstmöglichen Dump zum Einlesen in einen MySQL-Server ergeben.

`-pihr_passwort, --password[=ihr_passwort]`

Das Passwort, das für die Verbindung zum Server verwendet werden soll. Wenn Sie keinen '=ihr_passwort'-Teil angeben, zeigt mysqldump eine Eingabeaufforderung für Ihr Passwort an.

`-P port_num, --port=port_num`

Die TCP/IP-Portnummer, die für die Verbindung zu einem Host verwendet werden soll. (Diese wird für Verbindungen zu Hosts außer localhost angewendet, für den Unix-Sockets verwendet werden.)

`-q, --quick`

Anfrage nicht puffern, sondern direkt zu stdout dumpen. Verwendet für die Durchführung von mysql_use_result().

`-r, --result-file=...`

Direkte Ausgabe in die angegebene Datei. Diese Ausgabe sollte bei MS-DOS verwendet werden, weil sie verhindert, dass das Zeichen für neue Zeile '\n' in '\n\r' (new line + carriage return) umgewandelt wird.

`-S /pfad/zu/socket, --socket=/pfad/zu/socket`

Die Socket-Datei, die für die Verbindung zu localhost verwendet werden soll (was der vorgabemäßige Host ist).

`--tables`

Überschreibt die Option --databases (-B).

`-T, --tab=pfad-zu-einem-verzeichnis`

Erzeugt eine tabelle.sql-Datei, die die SQL-CREATE-Befehle enthält, und eine tabelle.txt-Datei, die die Daten für jede angegebene Tabelle enthält. HINWEIS: Dies funktioniert nur dann, wenn mysqldump auf derselben Maschine läuft wie der mysqld-Daemon. Das Format der .txt-Datei hängt von den --fields-xxx- und --lines--xxx-Optionen ab.

`-u benutzername, --user=benutzername`

Der MySQL-Benutzername, der für die Verbindung zum Server verwendet werden soll. Der Vorgabewert ist Ihr Unix-Login-Name.

`-O var=option, --set-variable var=option`

Den Wert einer Variablen setzen. Die möglichen Werte sind unten aufgeführt.

`-v, --verbose`

Geschwätziger Modus. Gibt mehr Informationen darüber aus, was das Programm tut.

`-V, --version`

Versionsinformationen ausgeben und das Programm beenden.

`-w, --where='wo-bedingung'`

Nur ausgewählte Datensätze dumpen. Beachten Sie, dass Anführungszeichen zwingend erforderlich sind:

`"--where=user="jimf" "-wuserid>1" "-wuserid<1"`

`-O net_buffer_length=#, where # < 16M`

Beim Erzeugen von mehrzeiligen insert-Statements (wie bei der Option --extended-insert oder --opt), erzeugt mysqldump Zeilen bis zur Länge von net_buffer_length. Wenn Sie diesen Wert heraufsetzen, müssen Sie sicherstellen, dass die max_allowed_packet-Variable im MySQL-Server größer ist als net_buffer_length.

mysqlimport

Mit mysqlimport können Delimited ASCII-Dateien in MySQL-Tabellen importiert werden. Dieses Werkzeug entspricht dem Kommando LOAD DATA.

`mysqlimport [OPTIONEN] <Datenbank> <Importdatei>...`

Folgende Optionen stehen für mysqlimport zur Verfügung:

`-c, --columns=...`

Diese Option nimmt eine durch Kommata getrennte Auflistung von Feldnamen als Argument entgegen. Die Feldliste wird verwendet, um einen korrekten LOAD DATA INFILE-Befehl zu erzeugen, der an MySQL durchgereicht wird.

`-C, --compress`

Komprimiert alle Informationen zwischen Client und Server bzw. unterstützt diese bei der Kompression.

`-#, --debug[=option_string]`

Programmverwendung tracen (zum Debuggen).

`-d, --delete`

Tabelle leeren, bevor die Textdatei importiert wird.

`--fields-terminated-by=...`

`--fields-enclosed-by=...`

`--fields-optionally-enclosed-by=...`

`--fields-escaped-by=...`

`--lines-terminated-by=...`

Diese Optionen haben dieselbe Bedeutung wie die entsprechenden Klauseln für LOAD DATA INFILE.

`-f, --force`

Fehler ignorieren. Wenn beispielsweise eine Tabelle für eine Textdatei nicht existiert, mit den verbliebenen Dateien weitermachen. Ohne --force wird mysqlimport beendet, wenn die Tabelle nicht existiert.

`--help`

Hilfetext ausgeben und das Programm beenden.

`-h host_name, --host=host_name`

Daten in den MySQL-Server auf dem genannten Host importieren. Der vorgabemäßige Host ist localhost.

`-i, --ignore`

Siehe Beschreibung für die --replace-Option.

`-l, --lock-tables`

Alle Tabellen für Schreibvorgänge sperren, bevor irgendwelche Textdateien verarbeitet werden. Dies stellt sicher, dass alle Tabellen auf dem Server synchronisiert werden.

`-L, --local`

Liest Eingabedateien vom Client. Vorgabemäßig wird angenommen, dass Textdateien auf dem Server liegen, wenn Sie sich über localhost verbinden (was der vorgabemäßige Host ist).

`-pihr_passwort, --password[=ihr_passwort]`

Das Passwort, das für die Verbindung zum Server verwendet werden soll. Wenn Sie keinen '=ihr_passwort'-Teil angeben, zeigt mysqlimport eine Eingabeaufforderung für Ihr Passwort an.

`-P port_num, --port=port_num`

Die TCP/IP-Portnummer, die für die Verbindung zu einem Host verwendet werden soll. (Diese wird für Verbindungen zu Hosts angewendet außer localhost, für den Unix-Sockets verwendet werden.)

`-r, --replace`

Die --replace- und --ignore-Optionen steuern die Handhabung von Eingabedatensätzen, die bestehende Datensätze auf eindeutigen Schlüsseln duplizieren würden. Wenn Sie --replace angeben, werden bestehende Zeilen ersetzt, die denselben eindeutigen Schlüsselwert besitzen. Wenn Sie --ignore angeben, werden Zeilen, die eine bestehende Zeile duplizieren würden, übersprungen. Wenn Sie keine der beiden Optionen angeben, tritt ein Fehler auf, falls ein doppelter Schlüsseleintrag gefunden wird, und der Rest der Textdatei wird ignoriert.

`-s, --silent`

Schweigsamer Modus. Ausgaben erfolgen nur, wenn Fehler auftreten.

`-S /pfad/zu/socket, --socket=/pfad/zu/socket`

Die Socket-Datei, die für die Verbindung zu localhost verwendet werden soll (der der vorgabemäßige Host ist).

`-u benutzername, --user=benutzername`

Der MySQL-Benutzername, der für die Verbindung zum Server verwendet werden soll. Der Vorgabewert ist Ihr Unix-Loginname.

`-v, --verbose`

Geschwätziger Modus. Mehr Informationen darüber ausgeben, was das Programm macht.

`-V, --version`

Versionsinformationen ausgeben und beenden.

mysqlshow

Zeigt die Struktur von Datenbanken, Tabellen oder Spalten einer Tabelle an.

`mysqlshow [OPTIONEN] [<Datenbankname> [<Tabellenname> [<Feldname>]]]`

Folgende Optionen stehen mysqlshow zur Verfügung:

```
-i, --status
```

Zeigt zusätzliche Informationen zu allen Tabellen an.

```
-k, --keys
```

Zeigt Indizes einer Tabelle an.

- Wenn keine Datenbank angegeben wird, werden alle passenden Datenbanken gezeigt.

- Wenn keine Tabelle angegeben wird, werden alle passenden Tabellen in der Datenbank gezeigt.

- Wenn keine Spalte angegeben wird, werden alle passenden Spalten und Spaltentypen in der Tabelle gezeigt.

Beachten Sie, dass Sie in neueren MySQL-Versionen nur die Datenbanken, Tabellen und Spalten sehen können, für die Sie auch eine jeweilige Berechtigung besitzen.

Wenn das letzte Argument einen Shell- oder SQL-Platzhalter enthält (*, ?, % oder _), wird nur das gezeigt, was dem Platzhalter entspricht. Dies kann leicht zu Verwirrung führen, wenn Sie Spalten einer Tabelle anzeigen, die einen Unterstrich (_) enthalten, weil Ihnen mysqlshow in diesem Fall nur die Tabellennamen anzeigt, die dem jeweiligen Muster entsprechen. Dies kann leicht durch das Hinzufügen eines zusätzlichen % am Ende der Kommandozeile (als separates Argument) behoben werden.

A   Fehlercodes & Meldungen

In der folgenden Liste finden Sie die Fehlercodes des MySQL-Servers. Sie erhalten als Fehlermeldung von MySQL in der Regel den Errorcode und die entsprechende Fehlerbezeichnung. Die folgende Auflistung beinhaltet die deutschen Fehlermeldungen. Das * steht für einen beliebigen Namen.

Errorcode	Fehlerbezeichnung
1004	Kann Datei * nicht erzeugen
1005	Kann Tabelle * nicht erzeugen
1006	Kann Datenbank * nicht erzeugen
1007	Kann Datenbank * nicht erzeugen. Datenbank * existiert bereits
1008	Kann Datenbank * nicht löschen. Keine Datenbank * vorhanden
1009	Fehler beim Löschen der Datenbank. (* kann nicht gefunden werden)
1010	Fehler beim Löschen der Datenbank. (Verzeichnis * kann nicht gelöscht werden)
1011	Fehler beim Löschen von *
1012	Datensatz in der Systemtabelle nicht lesbar
1013	Kann Status von * nicht erhalten
1014	Kann Arbeitsverzeichnis nicht erhalten
1015	Datei nicht sperrbar
1016	Kann Datei * nicht öffnen
1017	Kann Datei * nicht finden
1018	Verzeichnis von * nicht lesbar
1019	Verzeichnis kann nicht nach *gewechselt werden
1020	Datensatz hat sich seit dem letzten Zugriff auf Tabelle * geändert
1021	Festplatte voll. Warte bis jemand Platz schafft
1022	Kann nicht speichern, doppelter Schlüssel in Tabelle *
1023	Fehler beim Schließen von *
1024	Fehler beim Lesen der Datei *
1025	Fehler beim Umbenennen von * nach *
1026	Fehler beim Speichern der Datei *
1027	* ist für Veränderungen gesperrt
1028	Sortieren abgebrochen
1029	View * existiert für * nicht
1030	Fehler <Fehlernumme>
1031	Diese Option gibt es nicht
1032	Kann Datensatz nicht finden
1033	Falsche Information in Datei: *
1034	Falsche Schlüssel-Datei für Tabelle *. Versuche zu reparieren!
1035	Alte Schlüssel-Datei für *. Repariere!

Errorcode	Fehlerbezeichnung
1036	* ist nur lesbar
1037	Kein Speicher (benötigt werde * Bytes). Server neu starten
1038	Kein Speicher zum Sortieren. Server Sortier-Buffer erhöhen
1039	Unerwartetes EOF beim Lesen der Datei *
1040	Zu viele Verbindungen
1041	Zu wenig Speicher
1042	Kann Hostname für diese Adresse nicht erhalten
1043	Schlechter Handshake
1044	Keine Zugriffsberechtigung für Benutzer * für Datenbank *
1045	Keine Zugriffsberechtigung für Benutzer * (verwendetes Passwort *)
1046	Keine Datenbank ausgewählt
1047	Unbekannter Befehl
1048	Feld * kann nicht NULL sein
1049	Unbekannte Datenbank *
1050	Tabelle * bereits vorhanden
1051	Unbekannte Tabelle *
1052	Spalte * in * ist missverständlich
1053	Der Server wird heruntergefahren...
1054	Unbekanntes Tabellenfeld * in *
1055	* ist nicht in GROUP BY
1056	Gruppierung nicht möglich bei *
1057	Im Statement wurden sowohl sum-Fumktionen als auch Spalten verwendet. Nicht möglich
1058	Spaltenzähler entspricht nicht dem Wertzähler
1059	Name des Identifizierers * ist zu lang
1060	Doppelter Spaltenname vorhanden: *
1061	Doppelter Name für Schlüssel (Key) vorhanden: *
1062	Doppelter Eintrag * für Schlüssel
1063	Falsche Spaltenspezifizierung für Spalte *
1064	* bei * in Zeile *
1065	Leere Abfrage
1066	Keine eindeutige(n) Tabelle/Alias: *
1067	Fehlerhafte Vorgabewert (Default-Wert): *
1068	Mehrfacher Primärschlüssel (Primary Key) definiert
1069	Zu viele Schlüssel definiert. Maximal * Schlüssel erlaubt
1070	Zu viele Teilschlüssel definiert. Maximal sind * Teilschlüssel erlaubt
1071	Schlüssel ist zu lang. Die maximale Schlüssellänge beträgt *
1072	In der Tabelle gibt es keine Schlüsselspalte *
1073	BLOB-Feld * kann nicht als Schlüssel verwendet werden
1074	Feldlänge für Feld * zu groß (max = *). BLOB-Feld verwenden
1075	Nur ein Auto-Feld möglich, welches als Schlüssel definiert werden muss
1076	*: Warten auf Verbindungen.\n
1077	*: Normal beendet.\n
1078	*:Signal * erhalten. Abbruch!\n
1079	*:Shutdown ausgeführt.\n

Errorcode	Fehlerbezeichnung
1080	*: Beendigung des Thread %ld veranlasst. Benutzer: *\n
1081	Kann IP-Socket nicht erstellen
1082	Tabelle * hat keinen solchen Index wie in CREATE INDEX verwendet. Index neu anlegen
1083	Feld-Separator Argument entspricht nicht der erwarteten Form. Bitte im Manual nachlesen
1084	Eine feste Reihenlänge kann für BLOBs nicht verwendet werden. Verwende 'fields terminated by'
1085	Feld * muss im Datenbank-Directory vorhanden und lesbar für alle sein
1086	File * bereits vorhanden
1087	Datensätze: * Gelöscht: * Ausgelesen: * Warnungen: *
1088	Datensätze: * Duplikate
1089	Falscher Subteilschlüssel. Der verwendete Schlüsselteil ist entweder kein String, oder die verwendete Länge ist länger als der Teilschlüssel
1090	Mit ALTER TABLE können nicht alle Felder auf einmal gelöscht werden Verwende DROP TABLE stattdessen
1091	Kann nicht löschen (DROP). Existiert das Feld/ der Schlüssel?
1092	Datensätze: * Duplikate * Warnungen
1093	INSERT TABLE *nicht erlaubt im FROM-Abschnitt
1094	Unbekannte Thread-ID
1095	Nicht Besitzer des Threads
1096	Keine Tabelle in Verwendung
1097	Zu viele Strings für Spalte und SET.
1098	Kann keinen eindeutigen Log-Filenamen erstellen. *.(1-999)\n
1099	Tabelle * mit READ-Lock. Kann nicht upgedated werden
1100	Tabelle * wurde nicht mittels LOCK TABLES gesperrt
1101	BLOB-Feld * kann keinen Vorgabewert (Default-Value) besitzen
1102	Unerlaubter Datenbankname *
1103	Unbekannter Tabellenname *
1104	Das Ausführen des SELECT würde zu viele Datensätze untersuchen und wahrscheinlich sehr lange dauern. Bitte WHERE überprüfen und SET OPTION SQL_BIG_SELECTS = 1 verwenden, sofern SELECT OK ist
1105	Unbekannter Fehler
1106	Unbekannte Procedure *
1107	Falsche Parameterzahl für Procedure *
1108	Falsche Parameter in Procedure *
1109	Unbekannte Tabelle * in *
1110	Feld * wurde zweimal spezifiziert
1111	Falsche Verwendung der GROUP-Funktion
1112	Tabelle * verwendet eine Extension, die in dieser MySQL-Version nicht verfügbar ist
1113	Eine Tabelle muss mindestens eine Spalte besitzen
1114	Tabelle voll
1115	Unbekannter Zeichensatz: *
1116	Zu viele Tabellen. MySQL kann maximal * Tabellen in einem Join verwenden

Errorcode	Fehlerbezeichnung
1117	Zu viele Felder
1118	Zu viele Spalten. Maximal sind * Spalten erlaubt (ohne BLOBs). Einige Felder sollten in BLOBs umgewandelt werden
1119	Thread Stack-Überlauf: Verwendet: * von * Stack. Verwende 'mysqld-O thread_stack=#', um gegebenenfalls einen größeren Starck anzulegen
1120	OUTER JOIN enthält fehlerhafte Abhängigkeiten. Prüfen Sie Ihre ON-Bedingungen
1121	Spalte * wurde mit UNIQUE oder INDEX benutzt ohne als NOT NULL definiert zu sein.
1122	Kann Funktion nicht laden
1123	Kann Funktion nicht initialisieren
1124	Keine Pfade gestattet für Shared Library
1125	Funktion existiert schon
1126	Kann Shared Library * nicht öffnen. (Fehler: %id %-.645)
1127	Kann Funktion * in der Library nicht finden
1128	Funktion * ist nicht definiert
1129	Host blockiert wegen zu vieler Verbindungsfehler. Aufheben der Blockierung mit 'mysqladmin flush-host'
1130	Host hat keine Berechtigung, eine Verbindung zu diesem MySQL-Server herzustellen
1131	Sie benutzen MySQL als anonymer User; diese User dürfen keine Passwörter ändern
1132	Sie müssen autorisiert sein zum UPDATE von Tabellen in der MySQL-Datenbank, um für andere Benutzer Passwörter ändern zu können
1133	Kann keinen passenden Datensatz in der User-Tabelle finden
1134	Datensätze gefunden: * Geändert: * Warnungen: *
1135	Kann keinen neuen Thread erzeugen (errno *). Sollte nicht die Speichergrenze erreicht sein, bitte im Manual nach OS-abhängigen Fehlern nachschauen
1136	Spaltenanzahl stimmt nicht mit der Zahl der Werte überein in Reihe *
1137	Kann Tabelle nicht wieder öffnen
1138	Unerlaubte Anwendung eines NULL-Wertes
1139	Fehler von regexp
1140	Das Vermischen von GROUP-Spalten (MIN(),MAX(),COUNT()...) mit Nicht-GROUP-Spalten ist nicht erlaubt, sofern keine GROUP BY-Klausel vorhanden ist
1141	Keine solche Berechtigung für User auf Host
1142	* Kommando abgelehnt für User: * für Tabelle *
1143	* Kommando abgelehnt für User: * in Spalte * in Tabelle *
1144	Unzulässiges GRANT/REVOKE-Kommando
1145	Das Host- oder User-Argument für GRANT ist zu lang
1146	Tabelle existiert nicht
1147	Keine solche Berechtigung für User * auf Host * an Tabelle *
1148	Das used-Kommando ist mit dieser MySQL-Version nicht erlaubt
1149	Fehler in der Syntax
1150	Verzögerter Einfüge-Thread konnte den angeforderten Lock für Tabelle * nicht bekommen

Errorcode	Fehlerbezeichnung
1151	Zu viele Delayed Threads in Verwendung
1152	Abbruch der Verbindung zur Datenbank: * User: *
1153	Empfangenes Packet ist größer als max_allowed_packet
1154	Lese-Fehler bei einer Kommunikations-Pipe
1155	Fehler von fcnt1()
1156	Empfangenes Packet ist nicht in Reihenfolge
1157	Communication-Packet lässt sich nicht entpacken
1158	Fehler beim Lesen eine Communication-Packets
1159	Timeout beim Lesen eines Communication-Packets
1160	Fehler beim Schreiben eines Communication-Packets
1161	Timeout beim Schreiben eines Communication-Packets
1162	Ergebnis-String ist länger als max_allowed_packet
1163	Der verwendete Tabellentyp unterstützt keine BLOB/TEXT-Spalten
1164	Der verwendete Tabellentyp unterstützt keine AUTO_INCREMENT-Spalte
1165	INSERT DELAYED kann nicht auf die Tabelle * angewendet werden, da diese mit LOCK TABLES gesperrt ist
1166	Falscher Spaltenname
1167	Der verwendete Tabellen-Handler kann die Spalte * nicht indizieren
1168	Die Tabellen in der MERGE-Tabelle sind nicht gleich definiert
1169	Schreiben in Tabelle * nicht möglich wegen eines Unique Constraint
1170	BLOB-Spalte * wird in der Key-Definition ohne Längenangabe verwendet
1171	Alle Teile eines PRIMARY KEY müssen als NOT NULL definiert sein; wenn NULL benötigt wird, sollte ein UNIQUE Key verwendet werden
1172	Ergebnis besteht aus mehr als nur einer Reihe
1173	Dieser Tabellentyp verlangt nach einem PRIMARY KEY
1174	Diese MySQL-Version ist nicht mit RAID-Unterstützung kompiliert.
1175	Unter Verwendung des sicheren Updatemodes wurde versucht eine Tabelle zu aktualisieren ohne eine WHERE-Klausel
1176	Schlüssel * existiert nicht in der Tabelle
1177	Kann Tabelle nicht öffnen
1178	Der Tabellen-Handler für diese Tabelle unterstützt kein CHECK/ REPAIR
1179	Keine Berechtigung, dieses Kommando in einer Transaktion auszuführen
1180	Fehler während COMMIT
1181	Fehler während ROLLBACK
1182	Fehler während FLUSH_LOGS
1183	Fehler während CHECKPOINT
1184	Verbindungsabbruch
1185	Der Tabellen-Handler für die Tabelle unterstützt kein Binary Tabellendump
1186	Binlog wurde beendet während Ausführung von FLUSH MASTER
1187	Neuaufbau des Index der gedumten Tabelle * fehlgeschlagen
1188	Fehler vom Master: *
1189	Netzfehler beim Lesen vom Master
1190	Netzfehler beim Schreiben zum Master
1191	Kann kein FULLTEXT-Index finden, der der Spaltenliste entspricht

Errorcode	Fehlerbezeichnung
1192	Kann das aktuelle Kommando wegen aktiver Tabellensperre oder aktiver Transaktion nicht ausführen
1193	Unbekannte System-Variable *
1194	Tabelle * ist als defekt markiert und soll repariert werden
1195	Tabelle * ist als defekt markiert und der letzte (automatische) Reparaturversuch schlug fehl
1196	Warnung: Das Rollback konnte bei einigen Tabellen, die nicht mittels Transaktionen geändert wurden, nicht ausgeführt werden
1197	Multi-Statement-Transaktionen benötigen mehr als max_binlog_cache_size-Bytes an Speicher. Dies mysqld-Variable vergrößern und noch mal versuchen
1198	Diese Operation kann nicht bei einem aktiven Slave durchgeführt werden. Das Kommando SLAVE STOP muss zuerst ausgeführt werden
1199	Diese Operation benötigt einen aktiven Slave. Slave konfigurieren und mittels SLAVE START aktivieren
1200	Der Server ist nicht als Slave konfiguriert. Im Konfigurations-File oder mittels CHANGE MASTER TO beheben
1201	Konnte Master-Info-Struktur nicht initialisieren; Berechtigung von master.info prüfen
1202	Konnte keinen Slave-Thread starten. System-Resourcen überprüfen
1203	Benutzer hat mehr als 'max_use_connections' aktive Verbindungen
1204	Bei der Verwendung mit SET dürfen nur konstante Ausdrücke verwendet werden
1205	Wartezeit für Lock ist abgelaufen
1206	Die Gesamtzahl von Locks zu hoch
1207	Ein Update Lock kann nicht während eines READ UNCOMMITTED ausgeführt werden
1208	DROP DATABASE ist während eines READ LOCK nicht erlaubt
1209	CREATE DATABASE ist während eines globalen READ LOCK nicht erlaubt
1210	Falsche Argumente für *
1211	* darf keine neuen Benutzer anlegen
1212	Ungültige Tabellendefinition. Alle MERGE-Tabellen müssen sich in der gleichen Datenbank befinden
1213	Abbruch während eines Locks gefunden. Versuche Transaktion erneut zu starten
1214	Die benutzte Tabelle unterstützt einen FULLTEXT-Index nicht
1215	Kann den Fremdschlüssel nicht anlegen
1216	Kann den Datensatz nicht anlegen. Fremdschlüsselfehler
1217	Kann Datensatz (Master) nicht löschen. Fremdschlüsselfehler
1218	Fehler beim Verbinden mit dem Master: *
1219	Fehler bei der Abfrage auf dem Master: *
1220	Fehler bei der Ausführung des Befehls: *
1221	Falsche Syntax bei * und *
1222	Die verwendeten SELECT-Befehle haben eine unterschiedliche Anzahl von Feldern
1223	Kann die Abfrage aufgrund eines READ LOCK nicht ausführen
1224	Das Mischen von Transaktions- und Nicht-Transaktionstabellen ist abgeschaltet
1225	Die Option * wurde in diesem Befehl zweimal verwendet

B   Informationsquellen

Hier eine Auflistung weiterer Informationsquellen zum Thema.

MySQL

www.mysql.com

www.nusphere.com

PHP

www.php.net

www.php-center.de

www.php-archiv.de

www.phpbuilder.com

www.hotscripts.com

www.powie.de

www.phpwelt.de

www.dynamic-webpages.de

www.php-mysql.de

Perl

www.perl-archiv.de

Foren

www.tutorials.de

www.php-homepage.de

www.php-mysql.de/forum/

www.phpforum.de

C Lizenztexte

C.1 GNU General Public License

Version 2, June 1991

Copyright © 1989, 1991 Free Software Foundation, Inc.

59 Temple Place – Suite 330, Boston, MA 02111-1307, USA

Everyone is permitted to copy and distribute verbatim copies of this license document, but changing it is not allowed.

Preamble

The licenses for most software are designed to take away your freedom to share and change it. By contrast, the GNU General Public License is intended to guarantee your freedom to share and change free software--to make sure the software is free for all its users. This General Public License applies to most of the Free Software Foundation's software and to any other program whose authors commit to using it. (Some other Free Software Foundation software is covered by the GNU Library General Public License instead.) You can apply it to your programs, too.

When we speak of free software, we are referring to freedom, not price. Our General Public Licenses are designed to make sure that you have the freedom to distribute copies of free software (and charge for this service if you wish), that you receive source code or can get it if you want it, that you can change the software or use pieces of it in new free programs; and that you know you can do these things.

To protect your rights, we need to make restrictions that forbid anyone to deny you these rights or to ask you to surrender the rights. These restrictions translate to certain responsibilities for you if you distribute copies of the software, or if you modify it.

For example, if you distribute copies of such a program, whether gratis or for a fee, you must give the recipients all the rights that you have. You must make sure that they, too, receive or can get the source code. And you must show them these terms so they know their rights.

We protect your rights with two steps: (1) copyright the software, and (2) offer you this license which gives you legal permission to copy, distribute and/or modify the software.

Also, for each author's protection and ours, we want to make certain that everyone understands that there is no warranty for this free software. If the software is modified by someone else and passed on, we want its recipients to know that what they have is not the original, so that any problems introduced by others will not reflect on the original authors' reputations.

Finally, any free program is threatened constantly by software patents. We wish to avoid the danger that redistributors of a free program will individually obtain patent licenses, in effect making the program proprietary. To prevent this, we have made it clear that any patent must be licensed for everyone's free use or not licensed at all.

The precise terms and conditions for copying, distribution and modification follow.

TERMS AND CONDITIONS FOR COPYING, DISTRIBUTION AND MODIFICATION

This License applies to any program or other work which contains a notice placed by the copyright holder saying it may be distributed under the terms of this General Public License. The »Program«, below, refers to any such program or work, and a »work based on the Program« means either the Program or any derivative work under copyright law: that is to say, a work containing the Program or a portion of it, either verbatim or with modifications and/or translated into another language. (Hereinafter, translation is included without limitation in the term »modification«.) Each licensee is addressed as »you«. Activities other than copying, distribution and modification are not covered by this License; they are outside its scope. The act of running the Program is not restricted, and the output from the Program is covered only if its contents constitute a work based on the Program (independent of having been made by running the Program). Whether that is true depends on what the Program does.

You may copy and distribute verbatim copies of the Program's source code as you receive it, in any medium, provided that you conspicuously and appropriately publish on each copy an appropriate copyright notice and disclaimer of warranty; keep intact all the notices that refer to this License and to the absence of any warranty; and give any other recipients of the Program a copy of this License along with the Program. You may charge a fee for the physical act of transferring a copy, and you may at your option offer warranty protection in exchange for a fee.

You may modify your copy or copies of the Program or any portion of it, thus forming a work based on the Program, and copy and distribute such modifications or work under the terms of Section 1 above, provided that you also meet all of these conditions:

You must cause the modified files to carry prominent notices stating that you changed the files and the date of any change.

You must cause any work that you distribute or publish, that in whole or in part contains or is derived from the Program or any part thereof, to be licensed as a whole at no charge to all third parties under the terms of this License.

If the modified program normally reads commands interactively when run, you must cause it, when started running for such interactive use in the most ordinary way, to print or display an announcement including an appropriate copyright notice and a notice that there is no warranty (or else, saying that you provide a warranty) and that users may redistribute the program under these conditions, and telling the user how to view a copy of this License. (Exception: if the Program itself is interactive but does not normally print such an announcement, your work based on the Program is not required to print an announcement.)

These requirements apply to the modified work as a whole. If identifiable sections of that work are not derived from the Program, and can be reasonably considered independent and separate works in themselves, then this License, and its terms, do not apply to those sections when you distribute them as separate works. But when you distribute the same sections as part of a whole which is a work based on the Program, the distribution of the whole must be on the terms of this License, whose permissions for other licensees extend to the entire whole, and thus to each and every part regardless of who wrote it. Thus, it is not the intent of this section to claim rights or contest your rights to work written entirely by you; rather, the intent is to exercise the right to control the distribution of derivative or collective works based on the Program. In addition, mere aggregation of another work not based on the Program with the Program (or with a work based on the Program) on a volume of a storage or distribution medium does not bring the other work under the scope of this License.

You may copy and distribute the Program (or a work based on it, under Section 2) in object code or executable form under the terms of Sections 1 and 2 above provided that you also do one of the following:

Accompany it with the complete corresponding machine-readable source code, which must be distributed under the terms of Sections 1 and 2 above on a medium customarily used for software interchange; or,

Accompany it with a written offer, valid for at least three years, to give any third-party, for a charge no more than your cost of physically performing source distribution, a complete machine-readable copy of the corresponding source code, to be distributed under the terms of Sections 1 and 2 above on a medium customarily used for software interchange; or,

Accompany it with the information you received as to the offer to distribute corresponding source code. (This alternative is allowed only for noncommercial distribution and only if you received the program in object code or executable form with such an offer, in accord with Subsection b above.)

The source code for a work means the preferred form of the work for making modifications to it. For an executable work, complete source code means all the source code for all modules it contains, plus any associated interface definition files, plus the scripts used to control compilation and installation of the executable. However, as a special exception, the source code distributed need not include anything that is normally distributed (in either source or binary form) with the major components (compiler, kernel, and so on) of the operating system on which the executable runs, unless that component itself accompanies the executable. If distribution of executable or object code is made by offering access to copy from a designated place, then offering equivalent access to copy the source code from the same place counts as distribution of the source code, even though third parties are not compelled to copy the source along with the object code.

You may not copy, modify, sublicense, or distribute the Program except as expressly provided under this License. Any attempt otherwise to copy, modify, sublicense or distribute the Program is void, and will automatically terminate your rights under this License. However, parties who have received copies, or rights, from you under this License will not have their licenses terminated so long as such parties remain in full compliance.

You are not required to accept this License, since you have not signed it. However, nothing else grants you permission to modify or distribute the Program or its derivative works. These actions are prohibited by law if you do not accept this License. Therefore, by modifying or distributing the Program (or any work based on the Program), you indicate your acceptance of this License to do so, and all its terms and conditions for copying, distributing or modifying the Program or works based on it.

Each time you redistribute the Program (or any work based on the Program), the recipient automatically receives a license from the original licensor to copy, distribute or modify the Program subject to these terms and conditions. You may not impose any further restrictions on the recipients' exercise of the rights granted herein. You are not responsible for enforcing compliance by third parties to this License.

If, as a consequence of a court judgment or allegation of patent infringement or for any other reason (not limited to patent issues), conditions are imposed on you (whether by court order, agreement or otherwise) that contradict the conditions of this License, they do not excuse you from the conditions of this License. If you cannot distribute so as to satisfy simultaneously your obligations under this License and any other pertinent obligations, then as a consequence you may not distribute the Program at all. For example, if a patent license would not permit royalty-free redistribution of the Program by all those who receive copies directly or indirectly through you, then the only way you could satisfy both it and this License would be to refrain entirely from distribution of the Program. If any portion of this section is held invalid or unenforceable under any particular circumstance, the balance of the section is intended to apply and the section as a whole is intended to apply in other circumstances. It is not the purpose of this section to induce you to infringe any patents or other property right claims or to contest validity of any such claims; this section has the sole purpose of protecting the integrity of the free software distribution system, which is implemented by public license practices. Many people have made generous contributions to the wide range of software distributed through that system in reliance on consistent application of that system; it is up to the author/donor to decide if he or she is willing to distribute software through any other system and a licensee cannot impose that choice. This section is intended to make thoroughly clear what is believed to be a consequence of the rest of this License.

If the distribution and/or use of the Program is restricted in certain countries either by patents or by copyrighted interfaces, the original copyright holder who places the Program under this License may add an explicit geographical distribution limitation excluding those countries, so that distribution is permitted only in or among countries not thus excluded. In such case, this License incorporates the limitation as if written in the body of this License.

The Free Software Foundation may publish revised and/or new versions of the General Public License from time to time. Such new versions will be similar in spirit to the present version, but may differ in detail to address new problems or concerns. Each version is given a distinguishing version number. If the Program specifies a version number of this License which applies to it and »any later version«, you have the option of following the terms and conditions either of that version or of any later version published by the Free Software Foundation. If the Program does not specify a version number of this License, you may choose any version ever published by the Free Software Foundation.

If you wish to incorporate parts of the Program into other free programs whose distribution conditions are different, write to the author to ask for permission. For software which is copyrighted by the Free Software Foundation, write to the Free Software Foundation; we sometimes make exceptions for this. Our decision will be guided by the two goals of preserving the free status of all derivatives of our free software and of promoting the sharing and reuse of software generally.

NO WARRANTY

BECAUSE THE PROGRAM IS LICENSED FREE OF CHARGE, THERE IS NO WARRANTY FOR THE PROGRAM, TO THE EXTENT PERMITTED BY APPLICABLE LAW. EXCEPT WHEN OTHERWISE STATED IN WRITING THE COPYRIGHT HOLDERS AND/OR OTHER PARTIES PROVIDE THE PROGRAM »AS IS« WITHOUT WARRANTY OF ANY KIND, EITHER EXPRESSED OR IMPLIED, INCLUDING, BUT NOT LIMITED TO, THE IMPLIED WARRANTIES OF MERCHANTABILITY AND FITNESS FOR A PARTICULAR PURPOSE. THE ENTIRE RISK AS TO THE QUALITY AND PERFORMANCE OF THE PROGRAM IS WITH YOU. SHOULD THE PROGRAM PROVE DEFECTIVE, YOU ASSUME THE COST OF ALL NECESSARY SERVICING, REPAIR OR CORRECTION.

IN NO EVENT UNLESS REQUIRED BY APPLICABLE LAW OR AGREED TO IN WRITING WILL ANY COPYRIGHT HOLDER, OR ANY OTHER PARTY WHO MAY MODIFY AND/OR REDISTRIBUTE THE PROGRAM AS PERMITTED ABOVE, BE LIABLE TO YOU FOR DAMAGES, INCLUDING ANY GENERAL, SPECIAL, INCIDENTAL OR CONSEQUENTIAL DAMAGES ARISING OUT OF THE USE OR INABILITY TO USE THE PROGRAM (INCLUDING BUT NOT LIMITED TO LOSS OF DATA OR DATA BEING RENDERED INACCURATE OR LOSSES SUSTAINED BY YOU OR THIRD PARTIES OR A FAILURE OF THE PROGRAM TO OPERATE WITH ANY OTHER PROGRAMS), EVEN IF SUCH HOLDER OR OTHER PARTY HAS BEEN ADVISED OF THE POSSIBILITY OF SUCH DAMAGES.

C.2   GNU Lesser General Public License

Version 2.1, February 1999

Copyright © 1991, 1999 Free Software Foundation, Inc.

59 Temple Place -- Suite 330, Boston, MA 02111-1307, USA

Everyone is permitted to copy and distribute verbatim copies of this license document, but changing it is not allowed.

[This is the first released version of the Lesser GPL. It also counts

as the successor of the GNU Library Public License, version 2, hence the

version number 2.1.]

Preamble

The licenses for most software are designed to take away your freedom to share and change it. By contrast, the GNU General Public Licenses are intended to guarantee your freedom to share and change free software--to make sure the software is free for all its users.

This license, the Lesser General Public License, applies to some specially designated software--typically libraries--of the Free Software Foundation and other authors who decide to use it. You can use it too, but we suggest you first think carefully about whether this license or the ordinary General Public License is the better strategy to use in any particular case, based on the explanations below.

When we speak of free software, we are referring to freedom of use, not price. Our General Public Licenses are designed to make sure that you have the freedom to distribute copies of free software (and charge for this service if you wish); that you receive source code or can get it if you want it; that you can change the software and use pieces of it in new free programs; and that you are informed that you can do these things.

To protect your rights, we need to make restrictions that forbid distributors to deny you these rights or to ask you to surrender these rights. These restrictions translate to certain responsibilities for you if you distribute copies of the library or if you modify it.

For example, if you distribute copies of the library, whether gratis or for a fee, you must give the recipients all the rights that we gave you. You must make sure that they, too, receive or can get the source code. If you link other code with the library, you must provide complete object files to the recipients, so that they can relink them with the library after making changes to the library and recompiling it. And you must show them these terms so they know their rights.

We protect your rights with a two-step method: (1) we copyright the library, and (2) we offer you this license, which gives you legal permission to copy, distribute and/or modify the library.

To protect each distributor, we want to make it very clear that there is no warranty for the free library. Also, if the library is modified by someone else and passed on, the recipients should know that what they have is not the original version, so that the original author's reputation will not be affected by problems that might be introduced by others.

Finally, software patents pose a constant threat to the existence of any free program. We wish to make sure that a company cannot effectively restrict the users of a free program by obtaining a restrictive license from a patent holder. Therefore, we insist that any patent license obtained for a version of the library must be consistent with the full freedom of use specified in this license.

Most GNU software, including some libraries, is covered by the ordinary GNU General Public License. This license, the GNU Lesser General Public License, applies to certain designated libraries, and is quite different from the ordinary General Public License. We use this license for certain libraries in order to permit linking those libraries into non-free programs.

When a program is linked with a library, whether statically or using a shared library, the combination of the two is legally speaking a combined work, a derivative of the original library. The ordinary General Public License therefore permits such linking only if the entire combination fits its criteria of freedom. The Lesser General Public License permits more lax criteria for linking other code with the library.

We call this license the Lesser General Public License because it does Less to protect the user's freedom than the ordinary General Public License. It also provides other free software developers Less of an advantage over competing non-free programs. These disadvantages are the reason we use the ordinary General Public License for many libraries. However, the Lesser license provides advantages in certain special circumstances.

For example, on rare occasions, there may be a special need to encourage the widest possible use of a certain library, so that it becomes a de-facto standard. To achieve this, non-free programs must be allowed to use the library. A more frequent case is that a free library does the same job as widely used non-free libraries. In this case, there is little to gain by limiting the free library to free software only, so we use the Lesser General Public License.

In other cases, permission to use a particular library in non-free programs enables a greater number of people to use a large body of free software. For example, permission to use the GNU C Library in non-free programs enables many more people to use the whole GNU operating system, as well as its variant, the GNU/Linux operating system.

Although the Lesser General Public License is Less protective of the users' freedom, it does ensure that the user of a program that is linked with the Library has the freedom and the wherewithal to run that program using a modified version of the Library.

The precise terms and conditions for copying, distribution and modification follow. Pay close attention to the difference between a »work based on the library« and a »work that uses the library«. The former contains code derived from the library, whereas the latter must be combined with the library in order to run.

TERMS AND CONDITIONS FOR COPYING, DISTRIBUTION AND MODIFICATION

This License Agreement applies to any software library or other program which contains a notice placed by the copyright holder or other authorized party saying it may be distributed under the terms of this Lesser General Public License (also called »this License«). Each licensee is addressed as »you«. A »library« means a collection of software functions and/or data prepared so as to be conveniently linked with application programs (which use some of those functions and data) to form executables. The »Library«, below, refers to any such software library or work which has been distributed under these terms. A »work based on the Library« means either the Library or any derivative work under copyright law: that is to say, a work containing the Library or a portion of it, either verbatim or with modifications and/or translated straightforwardly into another language. (Hereinafter, translation is included without limitation in the term »modification«.) »Source code« for a work means the preferred form of the work for making modifications to it. For a library, complete source code means all the source code for all modules it contains, plus any associated interface definition files, plus the scripts used to control compilation and installation of the library. Activities other than copying, distribution and modification are not covered by this License; they are outside its scope. The act of running a program using the Library is not restricted, and output from such a program is covered only if its contents constitute a work based on the Library (independent of the use of the Library in a tool for writing it). Whether that is true depends on what the Library does and what the program that uses the Library does.

You may copy and distribute verbatim copies of the Library's complete source code as you receive it, in any medium, provided that you conspicuously and appropriately publish on each copy an appropriate copyright notice and disclaimer of warranty; keep intact all the notices that refer to this License and to the absence of any warranty; and distribute a copy of this License along with the Library. You may charge a fee for the physical act of transferring a copy, and you may at your option offer warranty protection in exchange for a fee.

You may modify your copy or copies of the Library or any portion of it, thus forming a work based on the Library, and copy and distribute such modifications or work under the terms of Section 1 above, provided that you also meet all of these conditions:

The modified work must itself be a software library.

You must cause the files modified to carry prominent notices stating that you changed the files and the date of any change.

You must cause the whole of the work to be licensed at no charge to all third parties under the terms of this License.

If a facility in the modified Library refers to a function or a table of data to be supplied by an application program that uses the facility, other than as an argument passed when the facility is invoked, then you must make a good faith effort to ensure that, in the event an application does not supply such function or table, the facility still operates, and performs whatever part of its purpose remains meaningful. (For example, a function in a library to compute square roots has a purpose that is entirely well-defined independent of the application. Therefore, Subsection 2d requires that any application-supplied function or table used by this function must be optional: if the application does not supply it, the square root function must still compute square roots.)

These requirements apply to the modified work as a whole. If identifiable sections of that work are not derived from the Library, and can be reasonably considered independent and separate works in themselves, then this License, and its terms, do not apply to those sections when you distribute them as separate works. But when you distribute the same sections as part of a whole which is a work based on the Library, the distribution of the whole must be on the terms of this License, whose permissions for other licensees extend to the entire whole, and thus to each and every part regardless of who wrote it. Thus, it is not the intent of this section to claim rights or contest your rights to work written entirely by you; rather, the intent is to exercise the right to control the distribution of derivative or collective works based on the Library. In addition, mere aggregation of another work not based on the Library with the Library (or with a work based on the Library) on a volume of a storage or distribution medium does not bring the other work under the scope of this License.

You may opt to apply the terms of the ordinary GNU General Public License instead of this License to a given copy of the Library. To do this, you must alter all the notices that refer to this License, so that they refer to the ordinary GNU General Public License, version 2, instead of to this License. (If a newer version than version 2 of the ordinary GNU General Public License has appeared, then you can specify that version instead if you wish.) Do not make any other change in these notices. Once this change is made in a given copy, it is irreversible for that copy, so the ordinary GNU General Public License applies to all subsequent copies and derivative works made from that copy. This option is useful when you wish to copy part of the code of the Library into a program that is not a library.

You may copy and distribute the Library (or a portion or derivative of it, under Section 2) in object code or executable form under the terms of Sections 1 and 2 above provided that you accompany it with the complete corresponding machine-readable source code, which must be distributed under the terms of Sections 1 and 2 above on a medium customarily used for software interchange. If distribution of object code is made by offering access to copy from a designated place, then offering equivalent access to copy the source code from the same place satisfies the requirement to distribute the source code, even though third parties are not compelled to copy the source along with the object code.

A program that contains no derivative of any portion of the Library, but is designed to work with the Library by being compiled or linked with it, is called a »work that uses the Library«. Such a work, in isolation, is not a derivative work of the Library, and therefore falls outside the scope of this License. However, linking a »work that uses the Library« with the Library creates an executable that is a derivative of the Library (because it contains portions of the Library), rather than a »work that uses the library«. The executable is therefore covered by this License. Section 6 states terms for distribution of such executables. When a »work that uses the Library« uses material from a header file that is part of the Library, the object code for the work may be a derivative work of the Library even though the source code is not. Whether this is true is especially significant if the work can be linked without the Library, or if the work is itself a library. The threshold for this to be true is not precisely defined by law. If such an object file uses only numerical parameters, data structure layouts and accessors, and small macros and small inline functions (ten lines or less in length), then the use of the object file is unrestricted, regardless of whether it is legally a derivative work. (Executables containing this object code plus portions of the Library will still fall under Section 6.) Otherwise, if the work is a derivative of the Library, you may distribute the object code for the work under the terms of Section 6. Any executables containing that work also fall under Section 6, whether they are linked directly with the Library itself.

As an exception to the Sections above, you may also combine or link a »work that uses the Library« with the Library to produce a work containing portions of the Library, and distribute that work under terms of your choice, provided that the terms permit modification of the work for the customer's own use and reverse engineering for debugging such modifications. You must give prominent notice with each copy of the work that the Library is used in it and that the Library and its use are covered by this License. You must supply a copy of this License. If the work during execution displays copyright notices, you must include the copyright notice for the Library among them, as well as a reference directing the user to the copy of this License. Also, you must do one of these things:

Accompany the work with the complete corresponding machine-readable source code for the Library including whatever changes were used in the work (which must be distributed under Sections 1 and 2 above); and, if the work is an executable linked with the Library, with the complete machine-readable »work that uses the Library«, as object code and/or source code, so that the user can modify the Library and then relink to produce a modified executable containing the modified Library. (It is understood that the user who changes the contents of definitions files in the Library will not necessarily be able to recompile the application to use the modified definitions.)

Use a suitable shared library mechanism for linking with the Library. A suitable mechanism is one that (1) uses at runtime a copy of the library already present on the user's computer system, rather than copying library functions into the executable, and (2) will operate properly with a modified version of the library, if the user installs one, as long as the modified version is interface-compatible with the version that the work was made with.

Accompany the work with a written offer, valid for at least three years, to give the same user the materials specified in Subsection 6a, above, for a charge no more than the cost of performing this distribution.

If distribution of the work is made by offering access to copy from a designated place, offer equivalent access to copy the above specified materials from the same place.

Verify that the user has already received a copy of these materials or that you have already sent this user a copy.

For an executable, the required form of the »work that uses the Library« must include any data and utility programs needed for reproducing the executable from it. However, as a special exception, the materials to be distributed need not include anything that is normally distributed (in either source or binary form) with the major components (compiler, kernel, and so on) of the operating system on which the executable runs, unless that component itself accompanies the executable. It may happen that this requirement contradicts the license restrictions of other proprietary libraries that do not normally accompany the operating system. Such a contradiction means you cannot use both them and the Library together in an executable that you distribute.

You may place library facilities that are a work based on the Library side-by-side in a single library together with other library facilities not covered by this License, and distribute such a combined library, provided that the separate distribution of the work based on the Library and of the other library facilities is otherwise permitted, and provided that you do these two things:

Accompany the combined library with a copy of the same work based on the Library, uncombined with any other library facilities. This must be distributed under the terms of the Sections above.

Give prominent notice with the combined library of the fact that part of it is a work based on the Library, and explaining where to find the accompanying uncombined form of the same work.

You may not copy, modify, sublicense, link with, or distribute the Library except as expressly provided under this License. Any attempt otherwise to copy, modify, sublicense, link with, or distribute the Library is void, and will automatically terminate your rights under this License. However, parties who have received copies, or rights, from you under this License will not have their licenses terminated so long as such parties remain in full compliance.

You are not required to accept this License, since you have not signed it. However, nothing else grants you permission to modify or distribute the Library or its derivative works. These actions are prohibited by law if you do not accept this License. Therefore, by modifying or distributing the Library (or any work based on the Library), you indicate your acceptance of this License to do so, and all its terms and conditions for copying, distributing or modifying the Library or works based on it.

Each time you redistribute the Library (or any work based on the Library), the recipient automatically receives a license from the original licensor to copy, distribute, link with or modify the Library subject to these terms and conditions. You may not impose any further restrictions on the recipients' exercise of the rights granted herein. You are not responsible for enforcing compliance by third parties with this License.

If, as a consequence of a court judgment or allegation of patent infringement or for any other reason (not limited to patent issues), conditions are imposed on you (whether by court order, agreement or otherwise) that contradict the conditions of this License, they do not excuse you from the conditions of this License. If you cannot distribute so as to satisfy simultaneously your obligations under this License and any other pertinent obligations, then as a consequence you may not distribute the Library at all. For example, if a patent license would not permit royalty-free redistribution of the Library by all those who receive copies directly or indirectly through you, then the only way you could satisfy both it and this License would be to refrain entirely from distribution of the

Library. If any portion of this section is held invalid or unenforceable under any particular circumstance, the balance of the section is intended to apply, and the section as a whole is intended to apply in other circumstances. It is not the purpose of this section to induce you to infringe any patents or other property right claims or to contest validity of any such claims; this section has the sole purpose of protecting the integrity of the free software distribution system which is implemented by public license practices. Many people have made generous contributions to the wide range of software distributed through that system in reliance on consistent application of that system; it is up to the author/donor to decide if he or she is willing to distribute software through any other system and a licensee cannot impose that choice. This section is intended to make thoroughly clear what is believed to be a consequence of the rest of this License.

If the distribution and/or use of the Library is restricted in certain countries either by patents or by copyrighted interfaces, the original copyright holder who places the Library under this License may add an explicit geographical distribution limitation excluding those countries, so that distribution is permitted only in or among countries not thus excluded. In such case, this License incorporates the limitation as if written in the body of this License.

The Free Software Foundation may publish revised and/or new versions of the Lesser General Public License from time to time. Such new versions will be similar in spirit to the present version, but may differ in detail to address new problems or concerns. Each version is given a distinguishing version number. If the Library specifies a version number of this License which applies to it and »any later version«, you have the option of following the terms and conditions either of that version or of any later version published by the Free Software Foundation. If the Library does not specify a license version number, you may choose any version ever published by the Free Software Foundation.

If you wish to incorporate parts of the Library into other free programs whose distribution conditions are incompatible with these, write to the author to ask for permission. For software which is copyrighted by the Free Software Foundation, write to the Free Software Foundation; we sometimes make exceptions for this. Our decision will be guided by the two goals of preserving the free status of all derivatives of our free software and of promoting the sharing and reuse of software generally.

NO WARRANTY

BECAUSE THE LIBRARY IS LICENSED FREE OF CHARGE, THERE IS NO WARRANTY FOR THE LIBRARY, TO THE EXTENT PERMITTED BY APPLICABLE LAW. EXCEPT WHEN OTHERWISE STATED IN WRITING THE COPYRIGHT HOLDERS AND/OR OTHER PARTIES PROVIDE THE LIBRARY »AS IS« WITHOUT WARRANTY OF ANY KIND, EITHER EXPRESSED OR IMPLIED, INCLUDING, BUT NOT LIMITED TO, THE IMPLIED WARRANTIES OF MERCHANTABILITY AND FITNESS FOR A PARTICULAR PURPOSE. THE ENTIRE RISK AS TO THE QUALITY AND PERFORMANCE OF THE LIBRARY IS WITH YOU. SHOULD THE LIBRARY PROVE DEFECTIVE, YOU ASSUME THE COST OF ALL NECESSARY SERVICING, REPAIR OR CORRECTION.

IN NO EVENT UNLESS REQUIRED BY APPLICABLE LAW OR AGREED TO IN WRITING WILL ANY COPYRIGHT HOLDER, OR ANY OTHER PARTY WHO MAY MODIFY AND/OR REDISTRIBUTE THE LIBRARY AS PERMITTED ABOVE, BE LIABLE TO YOU FOR DAMAGES, INCLUDING ANY GENERAL, SPECIAL, INCIDENTAL OR CONSEQUENTIAL DAMAGES ARISING OUT OF THE USE OR INABILITY TO USE THE LIBRARY (INCLUDING BUT NOT LIMITED TO LOSS OF DATA OR DATA BEING RENDERED INACCURATE OR LOSSES SUSTAINED BY YOU OR THIRD PARTIES OR A FAILURE OF THE LIBRARY TO OPERATE WITH ANY OTHER SOFTWARE), EVEN IF SUCH HOLDER OR OTHER PARTY HAS BEEN ADVISED OF THE POSSIBILITY OF SUCH DAMAGES.

D   History

Changes in release 4.0.0 (Oct 2001: Alpha)

- Added --xml option to mysql for producing XML output.

- Added full-text variables ft_min_word_len, ft_max_word_len, and ft_max_word_len_for_sort.

- Added documentation for libmysqld, the embedded MySQL server library. Also added example programs (a mysql client and mysqltest test program) which use libmysqld.

- Removed all Gemini hooks from MySQL server.

- Removed my_thread_init() and my_thread_end() from 'mysql_com.h', and added mysql_thread_init() and mysql_thread_end() to 'mysql.h'.

- Support for communication packets > 16M. In 4.0.1 we will extend MyISAM to be able to handle these.

- Secure connections (with SSL).

- Unsigned BIGINT constants now work. MIN() and MAX() now handle signed and unsigned BIGINT numbers correctly.

- New character set latin1_de which provides correct German sorting.

- STRCMP() now uses the current character set when doing comparisons, which means that the default comparison behaviour now is case-insensitive.

- TRUNCATE TABLE and DELETE FROM tbl_name are now separate functions. One bonus is that DELETE FROM tbl_name now returns the number of deleted rows, rather than zero.

- DROP DATABASE now executes a DROP TABLE on all tables in the database, which fixes a problem with InnoDB tables.

- Added support for UNION.

- Added support for multi-table DELETE operations.

- A new HANDLER interface to MyISAM tables.

- Added support for INSERT on MERGE tables. Patch from Benjamin Pflugmann.

- Changed WEEK(#,0) to match the calendar in the USA.

- COUNT(DISTINCT) is about 30% faster.

- Speed up all internal list handling.

- Speed up IS NULL, ISNULL() and some other internal primitives.

- Full-text index creation now is much faster.

- Tree-like cache to speed up bulk inserts and myisam_bulk_insert_tree_size variable.

- Searching on packed (CHAR/VARCHAR) keys is now much faster.

- Optimised queries of type: SELECT DISTINCT * from tbl_name ORDER by key_part1 LIMIT #.

- SHOW CREATE TABLE now shows all table attributes.

- ORDER BY ... DESC can now use keys.

- LOAD DATA FROM MASTER "automatically" sets up a slave.

- Renamed safe_mysqld to mysqld_safe to make this name more in line with other MySQL scripts/commands.

- Added support for symbolic links to MyISAM tables. Symlink handling is now enabled by default for Windows.

- Added SQL_CALC_FOUND_ROWS and FOUND_ROWS(). This makes it possible to know how many rows a query would have returned without a LIMIT clause.

- Changed output format of SHOW OPEN TABLES.

- Allow SELECT expression LIMIT ....

- Added IDENTITY as a synonym for AUTO_INCREMENT (like Sybase).

- Added ORDER BY syntax to UPDATE and DELETE.

- SHOW INDEXES is now a synonym for SHOW INDEX.

- Added ALTER TABLE tbl_name DISABLE KEYS and ALTER TABLE tbl_name ENABLE KEYS commands.

- Allow use of IN as a synonym for FROM in SHOW commands.

- Implemented "repair by sort" for FULLTEXT indexes. REPAIR TABLE, ALTER TABLE, and OPTIMIZE TABLE for tables with FULLTEXT indexes are now up to 100 times faster.

- Allow SQL-99 syntax X'hexadecimal-number'.

- Cleaned up global lock handling for FLUSH TABLES WITH READ LOCK.

- Fixed problem with DATETIME = constant in WHERE optimisation.

- Added --master-data and --no-autocommit options to mysqldump. (Thanks to Brian Aker for this.)

- Added script mysql_explain_log.sh to distribution. (Thanks to mobile.de).

Changes in release 4.1.x (Alpha)

- Subqueries:
SELECT * FROM t1 WHERE t1.a=(SELECT t2.b FROM t2);
SELECT * FROM t1 WHERE (1,2,3) IN (SELECT a,b,c FROM t2);

- Derived tables:
SELECT t1.a FROM t1, (SELECT * FROM t2) t3 WHERE t1.a=t3.a;

- INSERT ... ON DUPLICATE KEY UPDATE ... syntax. This allows you to UPDATE an existing row if the insert would cause a duplicate value in a PRIMARY or UNIQUE key. REPLACE allows you to overwrite an existing row, which is something entirely different.

- A newly designed GROUP_CONCAT() aggregate function.

- Extensive Unicode (UTF8) support.

- Character sets can be defined per column, table and database.

- BTREE index on HEAP tables.

- Support for OpenGIS (Geographical data).

- SHOW WARNINGS shows warnings for the last command.

- Faster binary protocol with prepared statements and parameter binding.

- Multi-line queries: You can now issue several queries at once and then read the results in one go.

- Create Table: CREATE [TEMPORARY] TABLE [IF NOT EXISTS] table LIKE table.

- Server based HELP command that can be used in the mysql command line client (and other clients) to get help for SQL commands.

Changes in release 5.0.0 (Development)

For the time being, version 5.0 is only available in source code.

The following changelog shows what has already been done in the 5.0 tree:

- Basic support for stored procedures (SQL-99 style).

- Added SELECT INTO list_of_vars, which can be of mixed, i.e., global and local type.

- Deprecated the update log (no longer supported). It is fully replaced by the binary log.

- User variables' names are now case insensitive : if you do SET @a=10; then SELECT @A; will now return 10. Of course, the content of the variable is still case sensitive; only the name of this variable is case insensitive.

E   CD-ROM zum Buch

E.1   CD-ROM zum Buch

Die wichtigsten im Buch vorgestellten Beispielanwendungen werden Sie in Kapiteln geordnet auf der CD wiederfinden.

E.2   Anwendungen

- Gästebuch
- Forum
- Newssystem
- Linkportal
- Wahlsystem

E.3   Aufbau eines lokalen Webservers

- Apache 2.0.46
- MySQL 3.23.56
- MySQL 4.0.13
- PHP 4.3.2

Stichwortverzeichnis